陽泉年鑒

YANGQUAN YEARBOOK

2018

阳泉市地方志办公室　编

方志出版社
Publishing House of Local Recards

《阳泉年鉴（2018）》

图书在版编目（CIP）数据

阳泉年鉴.2018/ 阳泉市地方志办公室编. -- 北京：方志出版社，2018.11

ISBN 978-7-5144-3422-4

Ⅰ.①阳… Ⅱ.①阳… Ⅲ.①阳泉—2018—年鉴 Ⅳ.①Z522.53

中国版本图书馆 CIP 数据核字(2018)第 261105 号

阳泉年鉴(2018)

编　　者：阳泉市地方志办公室

责任编辑：罗　滔

出 版 人：冀祥德

出 版 者：方 志 出 版 社

地址：北京市朝阳区潘家园东里 9 号(国家方志馆 4 层)

邮编　100021

网址：http://www.fzph.org

发　　行：方志出版社图书经销中心

电话(010) 67110500

经　　销：各地新华书店

印　　刷：阳泉市正达彩色印刷有限责任公司

开　　本：889 × 1194　　1/16

印　　张：29.75

字　　数：1010 千字

版　　次：2018 年 11 月第 1 版　2018 年 11 月第 1 次印刷

印　　数：0001~1600 册

ISBN 978 - 7 - 5144 - 3422 - 4　　定价：288.00 元

·版权所有　翻印必究·

阳泉市地方志编纂委员会

顾　　问　关建勋

主　　任　雷健坤

副 主 任　王旭明　杨永生　巩　成　吴纪平　任建华　王铁梅　杨自明
黄海涛　张其光　郭卫东　孙季鸿　翟　红　郑清明　任晓华
王　刚

委　　员　张永忠　靳润喜　李　君　徐本宁　张立君　杨全生　彭喜平
陈明华　王廉允　张利军　焦文录　唐　麟　史玉宝　刘海民
刘玉琪　赵俊明　李维程　刘连生　史喜平　梁　庆　张丽娟
李文生　陈保明　郭玉珠　王建华　苏恒亮　冯维明　彭国勇
薛利敏　武　雪　于秉富　冉志伟　樊如珍　李宏革　王　军
杜平华　黄少英　郭爱聪　安海润　孙存恩　段宏华　巨建军
孙金宁　张俊堂　杨俊发　刘文军　姚文新　魏海文　崔正宏
文武全　张东民　王伟锁　杨日祥　吴东作　张谦琦　王骞元
赵雪青　张利平　李昱平　孙　轩　杨鸿龙　吴海平　张文才
郭小勇　陈友福　闫献忠　范文生　耿　毅　郗　君　李文炜
陈志刚　乔继光　卢东华　石光源　杨红梅　侯讵望　黄俊德
王文科　赵素卿　史俊宝　王晓丽　雷永平　宁文鑫　王建义
梁海昌　柳占文　卫剑铮　卫志嵘

阳泉市地方志编纂委员会办公室

主　　任　王　刚

副 主 任　董雪卉　张卫萍

《阳泉年鉴》编辑部

主　　编　王　刚

副 主 编　董雪卉　张卫萍

编　　辑　霍冬梅　孟学武　胡　蓉　任泉荣　李　静　王　兴　韩　冰

彩页供图　王世钧　张哲远　张　晨　续　敏　王　辉　李爱国　赵五明

封面题字　郑恩田

英文目录　路予强

编辑说明

一、《阳泉年鉴》以马克思列宁主义、毛泽东思想、邓小平理论、“三个代表”重要思想、科学发展观、习近平新时代中国特色社会主义思想为指导，坚持辩证唯物主义和历史唯物主义的立场、观点和方法进行记述。

二、《阳泉年鉴》创始于1989年，是中共阳泉市委、阳泉市人民政府组织，阳泉市地方志办公室主持编纂的地方综合年鉴，逐年记载全市经济和社会发展的历史进程，翔实反映各领域的新成就、新进展、新经验和新问题，为社会各界了解阳泉、认识阳泉、投资阳泉、建设阳泉提供服务。

三、《阳泉年鉴(2018)》为阳泉市地方志办公室主持编纂的第23部年鉴，记述时限为2017年1月1日至12月31日，彩页、特载及部分事物追述需要除外。

四、《阳泉年鉴(2018)》遵循年鉴通例分类编排、设条记述，全书分类目、分目、次分目、条目4个层次，条目标题统一使用黑体字加【】表示。全书共设29个类目、151个分目、62个次分目、1576个条目，收录照片图表339张(个)，并设有附录、英文目录和中文索引。

五、年鉴稿件均经撰稿单位审核，主要数据经阳泉市统计局审核。计量单位采用国家标准，个别遵从社会习惯。

阳泉市行政区划图

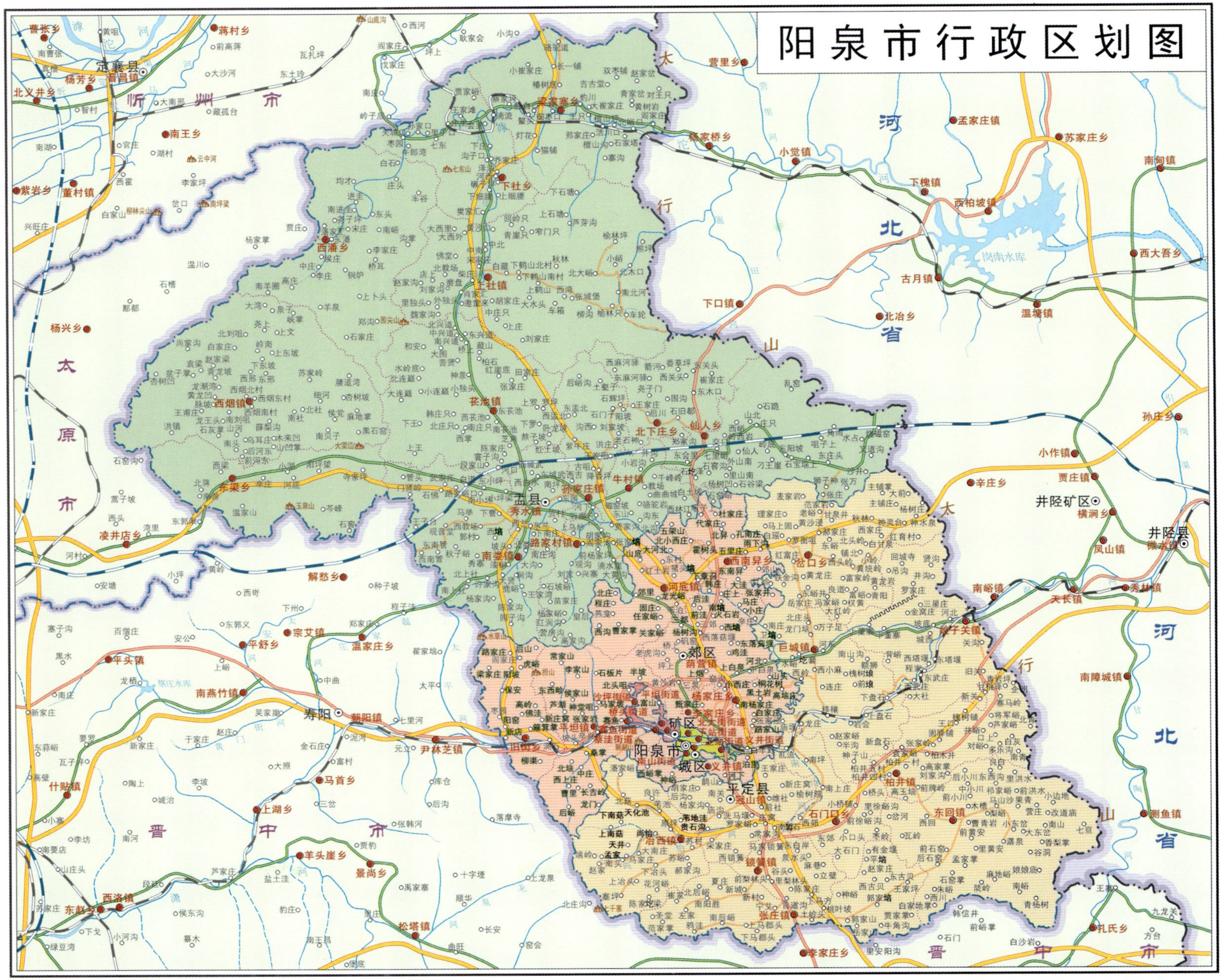

阳泉市在山西省的位置

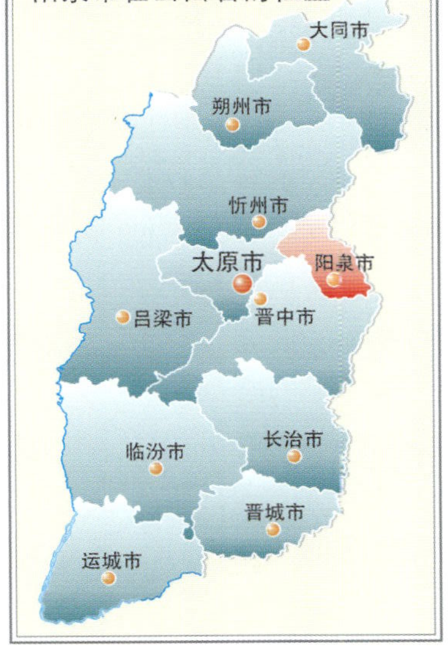

◎阳泉市 地级行政中心
⊙郊区 县级行政中心
●娘子关镇 乡、镇、街办
○藏山 行政村
省界
地级市界
县级（市、区）界
乡镇界
高速铁路
铁路
高速公路
国道
省道
县道
河流、水库
渠道
太行山 山脉
大梁山 山峰
长城、关隘

比例尺 1：400 000

审图号：晋S(2018)021号

城市建设

山城巨变新面貌

阳泉商业中心——滨河

南山公园凌云阁

城市中心公园

北山公园

泉西路环形高架桥

香岛公园

滨河之晨

桃河夜色

鸟瞰山城

精准扶贫

日新月异新农村

希望的田野

矿区石卜咀村油菜花田

平定县冠山镇宋家庄文化广场

盂县光伏发电产业扶贫项目

滹沱河畔肉牛养殖

盂县西潘乡东头村高山水稻丰收

郊区西南异乡东林尖村苹果园

平定县东回镇岔河村高粱丰收

盂县西烟镇南头村玉米机械收割

全国文明村——郊区桃林沟村

旅游景点

全域旅游新时代

中共第一城

盂县藏山

太行古村落——盂县大汖

大汖温泉度假村

翠枫山秋韵

平定固关长城

天下第九关——娘子关

刘慈欣

中国科幻新高度

2018 年 10 月 10 日，中国科幻文学 40 年高峰研讨会暨“刘慈欣创作研究工作室”揭牌仪式在阳泉市经济技术开发区龙柱公园举行

2014年，刘慈欣与《三体》英文版翻译刘宇昆在北京出席第五届全球华语科幻星云奖颁奖大会

2016年4月，刘慈欣入选百度凡尔纳计划

2016年4月，刘慈欣参加央视《对话》节

影响世界华人奖杯

2017年1月，刘慈欣与首次登月宇航员美国巴兹·奥尔德林在北京参加极客公园创新大会

2018日11月8日，刘慈欣获得克拉克想象力贡献社会奖

2017年6月，刘慈欣任航空大世界首席科学顾问

《三体》外文版

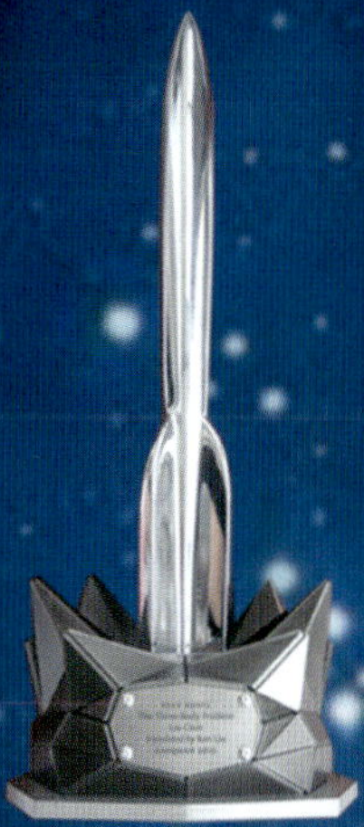

雨果奖奖杯

刘慈欣，1963 年 6 月出生于北京，1965 年随父母到阳泉生活，1981 年阳泉一中毕业后考入华北水利水电学院。1985 年大学毕业后回到阳泉工作。2016 年 3 月当选山西省作协副主席。系中国作协会员、中国新生代科幻小说代表作家之一、阳泉市作协副主席、阳泉市政协委员。其主要作品包括 7 部长篇小说、9 部作品集、16 篇中篇小说、18 篇短篇小说及部分评论文章，其中《三体》三部曲作为中国科幻文学的里程碑之作，将中国科幻文学推上了世界高度。

1999 年至 2006 年，连续获中国科幻银河奖
2010 年，获中国科幻银河奖特别奖
2011 年，获全球华语科幻星云奖最佳长篇小说金奖
2015 年，获第 73 届世界科幻大会颁发的雨果奖
获第 26 届科幻银河奖特别功勋奖
获第六届全球华语科幻文学最高成就奖
2016 年，被评为“2015 中国科学年度新闻人物”
2017 年，获 Locus Award 最佳长篇小说奖
获德国科幻大奖“库尔德 · 拉西茨奖”
获“伊格诺特斯奖”最佳国外长篇小说奖
2018 年，获克拉克想象力贡献社会奖

五城联创

全民共建新阳泉

2018年4月10日，阳泉市“五城联创”动员大会召开，安排部署相关工作。总的目标是今年全面启动“五城联创”工作，力争用2至4年完成创建任务。会议表示，要以“唯旗誓夺”的志气和士气，重整行装再出发，撸起袖子加油干，奋力夺取“五城联创”的全面胜利。

“五城联创”是哪五城？

国家卫生城市

国家智慧城市

国家双拥模范城市

国家创新型城市

省级文明城市

在创建国家卫生城市方面

- 今年，“五城联创”的重点是创卫，创卫的重点是进行综合整治。要对照创卫标准，加快推进一大批基础设施项目建设，开展多项综合整治。要抓住城市综合执法力度，实行规范管理。

- 按照“条块结合，以块为主”的管理模式，加强日常管理。利用数字化城管平台，强化精细化管理。落实属地政府主体责任，实行网格化管理。

实施好创卫“四大工程”

- 基础设施建设提升工程
- 市容市貌综合整治工程
- 环境卫生综合整治工程
- 交通秩序综合整治工程

抓好三项重点工作

- 推进一批创卫攻坚项目
  “公厕革命”，垃圾分类，停车场建设，修建健步道
- 抓好公共场所卫生改善
- 规范设置早夜市
  便民市场和农贸市场

在创建国家新型智慧城市方面

加强规划与设计，积极推进智能物联网应用基地试点建设

建成市级统一的政务信息系统数据共享交换平台，实现与省级数据共享交换平台对接

完成公共信用信息共享平台建设

推进“互联网+”政务服务

在创建全国双拥模范城市方面

拍摄一部反映双拥工作情况的电视专题汇报片、制作一本反映双拥工作成果的纪实材料汇编和图片集、编排一台双拥汇报文艺晚会，加大宣传教育力度。

研究制定出台随军家属就业安置办法。政府要加大投入力度，解决部队实际困难，支持国防和军队建设。

通过“双拥活动月”“八一”军政座谈会、军地互访、“文化进军营”“双拥杯联谊赛”等形式，开展双拥活动。

在创建国家创新型城市方面

目标

行动

以科技创新为核心

以产业创新为重点

以制度创新和双创人才队伍为保障

实施重大创新行动

培育创新发展新动力

构建现代产业新体系

抓住国发42号文件赋予阳泉智能物联网应用基地试点建设的有利时机，编制全市智能物联网应用基地试点建设三年规划和2018年行动计划，建设智能物联网基础能力平台、产业交易平台和产业孵化基地。

在创建省级文明城市方面

以实施好核心价值观建设融入工程、公民道德建设工程、时代新人培育工程为载体，以省级文明城市和文明县城创建为龙头，带动国家、省、市、县四级文明村镇、文明单位、文明校园、文明家族等群众性精神文明创建活动。

2018年，平定、盂县要全面启动省级文明县城的创建工作，力争实现省级文明县城破零。

同时，推进城区、矿区、郊区、开发区的创建工作。

数字阳泉

Mathematics Yangquan

综合

地区生产总值	672亿元
第一产业	10.4亿元
第二产业	320.4亿元
第三产业	341.2亿元
人均地区生产总值	47790元

人口

总户数	534383户
常住人口	140.88万人
男性	72.65万人
女性	68.24万人
出生人口	1.33万人
死亡人口	0.81万人

农业

农作物种植面积	5.5万公顷
粮食种植面积	5.3万公顷
油料种植面积	123.5公顷
粮食总产量	26.0万吨
肉类产量	2.1万吨

工业

工业企业单位数（规模以上）	123家
工业增加值	217.0亿元
原煤产量	5132.6万吨
发电量	125.5亿千瓦小时
水泥产量	196.4万吨
氧化铝	85.6万吨

固定资产投资

全社会固定资产投资	245.7亿元
第一产业	3.0亿元
第二产业	149.7亿元
第三产业	93.0亿元

商业贸易

社会消费品零售总额	325.0亿元
城镇消费品零售总额	293.2亿元
乡村消费品零售总额	31.8亿元
海关进出口总额	12336万美元
出口总额	8630万美元
进口总额	3706万美元
实际利用外资额	11501万美元

财政 金融 保险

一般公共预算收入	50.0亿元
一般公共预算支出	105.8亿元
金融机构存款余额	1484.6亿元
金融机构贷款余额	884.7亿元
保险费收入	31.7亿元

交通 邮电

增加值	50.0亿元
公路线路里程	5660.4千米
铁路货运量	4497.1万吨
铁路客运量	264.0万人
民用汽车保有量	21.7万辆
移动电话用户	142.2万户
互联网接入用户	47.0万户

人民生活

城镇居民人均可支配收入	29581元
农村居民人均可支配收入	12963元
参加城镇职工基本养老保险	31.09万人
参加城镇职工基本医疗保险	38.60万人
参加工伤保险	26.0万人
参加失业保险	25.12万人
参加生育保险	24.67万人
城市最低生活保障对象	3.43万人
农村最低生活保障对象	4.08万人

（以上数据来源于阳泉市2017年国民经济和社会发展统计公报）

特　载

大事记

市情概览

中国共产党阳泉市委员会

阳泉市人民代表大会常务委员会

阳泉市人民政府

中国人民政治协商会议阳泉市委员会

中国共产党阳泉市纪律检查委员会 阳泉市监察委员会

军　事

民主党派

人民团体

法　治

经济管理

工 业

农　业

水 务

商业贸易

交通　邮电

城乡建设

环境保护

财税　金融

教育 科技

文 化

卫生　体育

旅游　服务

社会生活

人 物

区县简况

统计资料

附 录

CONTENTS

SPECIAL ARTICLES

IMPORTANT EVENTS

BRIEF INTRODUCTION

The Communist Party of China Yangquan Commission

The Standing Committee of the People's Congress of Yangquan City

The People's Government of Yangquan City

CPPCC Yangquan Committee

The CPC Yangquan Discipline Inspection and Supervision Commission

Military Work

DEMOCRATIC PARTIES

MASS ORGANIZATIONS

Rule By Law

ECONOMIC MANAGEMENT

INDUSTRIES

AGRICULTURE

WATER CONSERVANCE

COMMERCE AND TRADE

TRANSPORTATION POST AND TELECOMMUNICATION

RURAL & URBAN DEVELOPMENT

ENVIRONMENTAL PROTECTION

FINANCE AND BANKING

EDUCATION SCIENCE AND TECHNOLOGY

CULTURE

PUBLIC HEALTH AND SPORTS

TOURISM AND SERVICE INDUSTRY

SOCIAL LIFE

CELEBRITY

COUNTIES AND DISTRICTS

STATISTIC DATA

APPENDIX

在全市“五城联创”动员大会上的讲话

中共阳泉市委书记　关建勋

（2018 年 4 月 10 日）

一、坚持目标导向，凝聚思想共识，增强“五城联创”的信心和决心

我市过去也开展过一些创建活动，取得了一定成效。这次“五城联创”不是对过去创建活动的翻版改造或简单升级，而是一次内涵和外延更为丰富的创建活动。

开展“五城联创”是践行新发展理念的需要。理念是行动的先导。创新、协调、绿色、开放、共享的发展理念，是管全局、管根本、管长远的导向，具有战略性、纲领性、引领性。我市作为典型的煤炭资源型经济地区和老工业基地，长期形成的结构性体制性素质性矛盾突出。要加快转型发展，推动质量变革、效率变革、动力变革，必须牢固树立和忠实践行新发展理念。创新是引领发展的第一动力，开展“五城联创”特别是创建国家创新型城市，就是要把创新摆在发展全局的核心位置，不断推进各方面创新，让创新在全社会蔚然成风。协调是持续健康发展的内在要求，开展“五城联创”就是要运用辩证法，善于“弹钢琴”，处理好局部和全局、当前和长远、重点和非重点的关系，着力推动城乡统筹发展、物质文明和精神文明协调发展、经济建设和国防建设融合发展。绿色是人民对美好生活追求的重要体现，开展“五城联创”就是要坚持绿水青山就是金山银山的理念，坚定走生产发展、生活富裕、生态良好的文明发展道路，推动形成绿色发展方式和生活方式，让绿色成为美丽阳泉的“底色”。开放是繁荣发展的必由之路，开展“五城联创”就是要顺应时代潮流，坚持对外开放，拓宽视野眼界，充分运用发达地区的先进科技成果和有益管理经验，提升城市建设和管理水平。共享是中国特色社会主义的本质要求，开展“五城联创”就是要坚持以人民为中心的发展思想，坚持创建为了人民、创建依靠人民、创建成果由人民共享，使全市人民在共建共享中有更多的获得感幸福感。

开展“五城联创”是优化发展环境的需要。当今世界，地区、城市之间的竞争不仅仅是规模竞争、实力竞争，最根本的是环境、文化和人才的竞争。实践证明，优良的城市环境，是一种可转化的生产力要素，是实现经济高质量发展的“无形资本”。我市作为工矿型城市，长期以来城市基础设施建设欠账较多，规划建设不合理、城市功能不完善、特色不明显、环境不优越等问题较为突出。开展“五城联创”，就是要创造良好的发展环境，促进各种生产要素汇集，打造响亮的“国字号”城市名片，提升我市知名度、美誉度。从这个意义上讲，抓“五城联创”就是抓发展环境，就是抓“筑巢引凤”，就是抓招商引资，就是抓经济与社会发展。

开展“五城联创”是增进民生福祉的需要。人民对美好生活的向往，就是我们的奋斗目标。进入新时代，人民群众的需要呈现多样化多层次多方面的特点,不仅要吃好穿好住好,还要出行方便、环境舒适,而且还要文化丰富、精神充实。近年来,我们陆续开展了国家卫生城市和省级文明城市创建,深入实施了畅通工程、净空工程、城乡环境改善工程,大力推进道路综合整治,城乡卫生和环境质量有了较大提升。但对照人民对城市发展的新期待、新要求,我们的工作还有很大差距。比如,脏乱差现象依然突出,城市管理水平还比较粗放,市民的文明素质有待提高、公德意识有待加强、卫生习惯有待改进,乱倒垃圾、乱贴乱画、随地吐痰、踩踏绿地、破坏公益设施等不文明、不卫生行为时有发生。开展“五城联创”就是紧盯群众关注度高、反映集中、需要下气力解决的问题,逐个攻坚,逐项整治,让群众得实惠。可以说,“五城联创”是不折不扣的惠民利民之举,是民心所向、民意所求、民生所在的实事好事,是让群众舒心、满意、高兴的德政工程、民心工程。

同时,我们要清醒认识到,“五城联创”是硬任务。以创建省级文明城市为例,从2017年底省文明委的测评结果看,我市排名第八,总成绩82.87分,距达标要求89分还有较大差距。对照《全国文明城市测评体系》中90项测评内容、188条测评标准,我市还有33项不达要求。全省11个地级市中有8个是国家级或省级文明城市,同样是没有获评过文明城市的临汾、吕梁,所辖县(市、区)也都走在了全省创建前列,而我市连一个省级文明县城都没有,创建基础十分薄弱。再如,创建国家创新型城市方面。全国已经创建成功的城市有61个,我省的太原市名列其中。长治、大同、晋城等市正在加速推进创建工作,相比之下,我们的工作还有不少短板。总之,五个方面的创建工作没有哪一项是可以轻松成功的,个个都是硬仗。当然,我们也有很多优势。首先,有一定的工作基础。比如,在国家创新型城市创建方面,我们有政策红利,国发〔2017〕42号文件中明确“支持山西(阳泉)智能物联网应用基地试点建设”;有平台支撑,百度云计算中心在数据存储规模、计算能力等方面都处于亚洲一流水平,百度(阳泉)创新中心是百度公司首批在全国布点的9个创新中心之一;我们与中国信息通信研究院、山西大学都有战略合作。在国家卫生城市创建方面,我市自1996年至2017年连续22年被评为省级卫生城市,并先后获得“国家园林城市”和“全国造林绿化模范城市”称号,这些都为我们创建工作打下了较好的基础。其次,有良好的群众基础。在去年省级文明城市测评的问卷调查环节,我市的得分超过了太原和运城,反映出全市人民对刚刚起步的文明城市创建工作的殷切希望和大力支持。再次,有一支素质较高的干部队伍。近两年来,全市党员干部精神面貌和思想作风发生了明显变化,干事创业的氛围日益浓厚,干部队伍素质明显提升。总而言之,“五城联创”势在必行,有困难、有挑战,也有基础和条件。全市上下一定要站在战略和全局的高度,充分认识开展“五城联创”的重大意义,以舍我其谁的使命感、不容错失的责任感、等不得慢不起的紧迫感,以“唯旗誓夺”的志气和士气,重整行装再出发,撸起袖子加油干,奋力夺取“五城联创”的全面胜利。

二、坚持问题导向,把握五个关系,合力攻克创建工作的重点难点

“五城联创”是大事、好事,也是涉及方方面面的系统工程。从时间跨度来讲,需要2至4年甚至更长时间的努力;从工作任务来讲,涉及近千项指标;从工作范围来讲,涵盖了市、县(区)、乡镇(街道)、村庄(社区)、企业甚至每个小区、每个家庭、每个人。要想在规定时间内完成创建任务,必须坚持问题导向,从影响和制约创建的突出问题着手,发现问题、研究问题、解决问题,统筹谋划、协调推进。

一要把握单方面创建与“五城联创”的关系,防止单打独斗。“五城”既有共性内容,又有个性要求;既自成体系,又相互交叉,乃至互为前置条件。比如,创建国家卫生城市是创建省级文明城市的基础,申报文明城市还需要具备上一年度没有发生全国影响的重大安全事故、重大食品药品安全事故、危害国家安全和社会稳定的重大事件、重大刑事案件和重大环境污染事件;创建国家新型智慧城市涉及的惠民服务、精准治理、智慧政府等评价指标,与省级文明城市、国家卫生城市、国家创新型城市的创建都相互依赖,互为促进。同步创建则事半功倍,单打独斗则事倍功半。我们既要牢固树立“五城联创”一盘棋的思想,一体谋划同步推动,又要立足“一城”放眼“五城”,抓好“一城”带动“五城”。市创建领导小组要统揽全面工作,将“五城”指标整合为一个指标体系,把相同指标中最高数值作为标准,构成“五城联创”综合指标体系,并逐项分解落实到具体单位,明确责任目标和时限要求,强化督促检查,确保各项工作有序推进。

*二要把握“阶段攻坚”与“总体战役”的关系,防止前后脱节。*阶段攻坚是总体战役的组成部分,只有实施好阶段攻坚,才能取得总体战役的完胜。比如,国家卫生城市创建中,有11项“必备条件”和暗访内容的10个“一票否决”指标,无论有多大的困难,这些都必须克服,确保达标。我们一定要统筹好阶段性目标、年度目标和总体目标的关系,制定具体的时间表、路线图,一步一个脚印,一年一个台阶,积小胜为大胜,以量变换质变。

*三要把握政府主导与群众主体的关系,防止事与愿违。*党委、政府是“五城联创”的组织者、推动者,人民群众是参与者、受益者,许多工作都需要人民群众参与,依靠群众积极行动。“五城联创”的许多指标都涉及立改废,如

果群众不积极参与、支持和配合，即使我们投再多的人力物力财力，效果也不会很好。全市各级各部门要充分引导群众、发动群众、组织群众、依靠群众，大力开展“我是阳泉人、阳泉是我家”宣传活动，增强市民主人翁意识，做到自我教育、自我约束、自我提升，努力形成人人关心、人人支持、人人参与创建活动的浓厚氛围。

四要把握补齐短板与打造亮点的关系，防止顾此失彼。补齐短板和打造亮点是“五城联创”工作的一体两面。补齐短板就是要从群众意见最大、工作最薄弱的环节抓起，注意细节，不留漏洞，稳扎稳打，整治提高。打造亮点就是要根据我市山城地理特点、资源型城市产业特点和丰富的群众文化等，打造一批符合国家标准、具有阳泉特色的样板典型，推出一些高水平、彰显阳泉创建特点的示范标杆，带动和引领“五城联创”整体水平提升。要按照“城乡统筹、市县联创、人人参与、共建共享”思路，在补短板、提质量上下功夫，基础设施该建的要建，软件管理该完善的完善，彻底整治马路市场、占道经营、乱贴乱画等乱象，全面改造农贸市场、城中村、旱厕等重点难点，建成一批主题公园、园林小区、智慧服务示范社区等精品亮点工程，改善人居环境、提升城市品位。

五要把握财政投入和市场运作的关系，防止“独木难支”。“五城联创”需要大量的资金投入，仅仅依靠财政投入是不够的，要善于运用市场经济思维建设、经营、管理城市，实现城市的自我发展。要通过政府向社会购买公共服务的方式将“小广告”治理、环卫保洁、停车位管理等整体外包，从“花钱养人做事”到“花钱买服务”，推动相关部门专心履行好城市综合执法的职能。要进一步解放思想，更新观念，勇于借鉴，学会运用金融工具融资，真正激发市场、社会、民间资本活力，解决资金瓶颈问题，防止“独木难支”。当然，该政府管的事一定要管好、管到位。

三、坚持实干导向，明责履责尽责，确保“五城联创”取得实实在在的效果

“五城联创”能不能取得实效，关键在领导，关键在实干。全市各级各部门和广大干部群众要以“阳泉是我家”的高度责任感，真抓实干、久久为功，确保“五城联创”取得实效。

一要强化责任落实。市委市政府已经成立了高规格、强阵容的“五城联创”领导小组和五个专项工作组。领导小组要切实担负起总指挥、总调度的职责，领导和推动创建全局工作。各专项工作组要抓紧建立行之有效的工作机制，着力解决创建中的重大问题，真正做到领导坚强有力、协调灵活高效、督查全面到位，对所有创建指标，都要“定领导、定部门、定时间、定标准、定奖惩”，把任务落实到市直部门、县区、乡镇街道，形成事事有人管、件件有人抓的工作格局。各专项工作组的市级领导和牵头部门负责人，要切实履行好职责，深入一线抓指导、抓督导、抓推进、抓难题解决，确保创建工作扎实推进。各县区和市直部门都要把“五城联创”作为“一把手”工程，抓紧建立起办事机构和工作机构，组织开展好本辖区、本部门、本单位承担的创建工作。

二要强化机制创新。建立“五城联创”工作例会制度，及时进行阶段总结，研究重大问题，部署下一阶段工作。建立健全创建公示制度、督查制度、考核制度、红黄牌警告制度，树立实绩导向，奖惩分明。实行“谁主管、谁负责，谁丢分、谁负责”的责任追究制，将创建工作与干部的考评结合起来，对工作扎实、成绩突出的单位和个人，大张旗鼓表扬；对措施不力、行动迟缓，甚至消极应付、推诿扯皮，影响创建工作的单位和个人，严肃追责问责。

三要强化协调联动。各成员单位要切实履行职责，相互配合，相互支持，对分内任务要认真负责，抓好落实；对协同事项要积极配合，搞好协作；对共管工作要主动跟进，加强协调。文明单位和窗口单位要发挥模范作用，走在前、作表率。阳煤集团作为我市最大的驻地企业，要继续发扬共驻共建的好传统，主动参与创建，为驻地单位作出表率。

四要强化氛围营造。从学校抓起，采取“小手拉大手”的办法，教育学生、引导家长；从机关抓起，教育职工、引导家庭；从街道社区抓起，教育居民、引导社会，最大程度地把群众的积极性、主动性调动起来，把力量凝聚起来，努力让每一个单位、每一处楼院、每一个家庭都参与到创建工作中来。各级宣传部门和新闻媒体要加大舆论宣传力度，及时推广创建中的好典型和好经验，使各项创建工作学有榜样、赶有目标；对反面典型和不文明现象，进行公开曝光，发动市民讨论，发动社会监督。报纸、电视台、广播电台等新闻媒体要开辟“五城联创”的专栏，通过富有成效的宣传发动，激发全社会支持创建、参与创建、监督创建的热情，在全市上下形成全党动员、全民动手、全社会参与的浓厚氛围。

“五城联创”事关阳泉转型发展大局，事关阳泉城市形象，事关人民群众根本利益。我们要以只争朝夕的拼搏精神、锲而不舍的执着干劲、求真务实的工作作风，攻坚克难、实干苦干，确保如期实现“五城联创”目标，努力把我们的家园建设得更加生态宜居，让人民群众生活得更加幸福、更有质量！

政府工作报告

——在阳泉市第十五届人民代表大会第三次会议上

阳泉市人民政府代市长　雷健坤

（2018 年 3 月 27 日）

一、2017 年工作回顾

过去的一年，我们坚持以习近平新时代中国特色社会主义思想为指引，坚决贯彻落实党的十九大精神和习近平总书记视察山西重要讲话精神，按照省委“一个指引、两手硬”的思路和要求，在市委的坚强领导下，深入贯彻中央、省一系列会议精神，坚持稳中求进工作总基调，践行新发展理念，紧紧依靠全市广大干部群众，全力抓好稳增长、促改革、调结构、惠民生、防风险各项工作，经济发展实现由“疲”转“兴”，社会事业迈出新的步伐。

（一）经济增长步入合理区间

全市地区生产总值完成 672 亿元，同比增长 6.3%，较近年来增速最低点回升了 10.8 个百分点。规模以上工业增加值完成 217 亿元，增长 5.5%，规模以上工业企业主营业务收入增长 21.3%，实现利税增长 91%。九大产业重点项目加快推进，全社会固定资产投资完成 245.7 亿元，增长 6.6%。社会消费品零售总额完成 325 亿元，增长 6.1%。一般公共预算收入完成 50 亿元，增长 21.1%，较上年回升了 27.6 个百分点。全市经济呈现稳中向好、好中向优态势，发展质量效益稳步提升！

（二）结构调整和动能转换成效明显

产业结构加快调整，三次产业比例为 1.5∶47.7∶50.8，第三产业支撑作用进一步增强。工业结构持续优化，非煤产业对工业增长的贡献率达 84.8%。财政结构质量提升，税收收入同比增长 38.5%，占一般公共预算收入的比重达 75.7%。煤炭供给侧结构性改革成效显著，压减落后产能 210 万吨，优质产能占比提升到 64%。新登记各类市场主体 13914 户，同比增长 12.6%。新培育“小升规”企业 10 家，高新技术企业达 42 家，市级各类“双创”平台达 14 家。经济结构发生积极变化，新旧动能正在接续转换，转型发展呈现出良好态势！

（三）重点领域改革取得新突破

开发区“一体两翼”格局正式确立，整合改制扩区调规工作扎实推进，“三化三制”改革正在落地，阳泉经济技术开发区扩区至 80 平方公里，平定省级经济技术开发区挂牌成立，盂县经济技术开发区完成组建等待批复。国企国资改革的政策体系已经建立，改革路径基本明确，厂办大集体改革、国有资本运营投资公司组建工作得到省政府充分肯定。行政托管工作取得突破，城区整建制托管郊区义井镇，矿区托管郊区平坦镇 18 个行政村。同时，旅游景区体制机制、投融资体制、国有林场等各项改革走在全省前列。“改革决不能落后”的要求在阳泉得到充分体现！

（四）“三农”工作焕发出新活力

农业供给侧结构性改革迈出坚实步伐，现代特色高效农业快速发展，设施蔬菜、小杂粮、食用菌、中药材等种植面积不断扩大。粮食总产量达 2.6 亿公斤。脱贫攻坚再战再胜，贫困村退出 47 个、脱贫 8978 人，贫困发生率由建档立卡初期的 4.1%下降到 0.54%，为实施乡村振兴战略奠定了坚实的基础！

（五）城乡统筹基础更加巩固

阳大铁路、国道 307、207 绕城改线工程、中环快速路等一批覆盖城乡的基础设施项目进展顺利，公共停车场建设加快推进，道路交通秩序得到有效治理。以“六区六道”为重点的城乡环境集中整治行动迅速，措施有力，南大街、义平路综合整治成效显著。龙华口水库实现下闸蓄水。城乡人居环境进一步改善，城乡一体化发展水平再度提升，城镇化率达到 67.56%，正向省级统筹城乡示范区目标迈进！

（六）生态环境质量得到明显改善

大气、水、土壤污染防治“三大战役”捷报频传，大气环境质量进一步好转，市区空气质量综合指数同比下降 4.6%，PM2.5 平均浓度同比下降 3.2%，“大气十条” 目标任务全部完成。地表水环境质量持续向好，省控以上优良断面比例达到省定要求。矿山生态环境恢复治理有序推进，工业固体废弃物利用率71.9%，超过全省平均水平。各类营造林完成10.02万亩，森林覆盖率达到28.5%。环保治理工作扭转了被动局面！

（七）民生社会事业取得长足进步

各级财政用于民生支出83.5亿元，占一般公共预算支出近八成。城镇新增就业2.53万人，转移农村劳动力1.16万人。城乡居民人均可支配收入分别增长6.4%、6.5%，增速跑赢GDP，农村居民收入增速持续快于城镇居民。义务教育均衡发展成果继续巩固，高中教育办学质量稳步提升，“一本两专”高等教育和较完整的职业教育体系基本形成。公立医院综合改革全面推进，县乡医疗卫生机构一体化改革取得阶段性成效。保障性安居工程建设任务超额完成，公租房分配率全省排名第三。公共文化服务体系不断完善，举办各类文化惠民活动2850场。群众体育迈入全国先进行列，竞技体育再创佳绩。安全生产形势持续好转，各类事故死亡人数下降16.13%，连续两年煤炭百万吨死亡率为零，成为全省唯一杜绝较大及以上事故的市。人民群众的获得感、幸福感和安全感更加充实！

（八）政府自身建设实现全面提升

严格落实政府系统全面从严治党主体责任，深入推进党风廉政建设和反腐败斗争。坚持依法行政，主动接受人大、政协监督，办理人大代表建议205件、政协提案336件。“放管服效”改革有序推进，取消下放行政职权事项107项，取消行政审批前置申请材料210项，政府部门保留行政许可事项全省最少，网上政务服务平台建设在全省领先。“阳泉随手拍”问政平台深得民心，“13710”督办系统高效运行。服务型政府建设取得新成效！

一年来，民族宗教、外事侨务、科普、档案、史志等工作取得新进展，妇女儿童、青少年、老龄、残疾人、红十字等事业有了新发展，国防动员、双拥、人民防空等各项工作呈现出新气象。

各位代表，困难中的转型来之不易，压力下的收获更为可贵。成绩的取得，根本上靠的是习近平新时代中国特色社会主义思想的科学指引和以习近平同志为核心的党中央的英明领导，靠的是省委、省政府和市委的坚强领导，靠的是市人大、市政协和社会各界的有效监督、大力支持，靠的是全市上下凝心聚力、团结奋斗！在此，我代表阳泉市人民政府，向全市人民，向各民主党派、工商联和无党派人士，向各位人大代表、政协委员，向驻地部队、公安民警和中央、省驻地单位，向所有关心支持阳泉发展的各界朋友，表示崇高的敬意和衷心的感谢！

在肯定成绩的同时，我们也清醒地认识到，我市发展仍面临不少困难和挑战。集中表现为：长期积累的结构性体制性素质性矛盾依然突出，“一煤独大”“一股独大”尚未得到根本性改变，传统产业后劲不足，新兴产业刚刚起步；民营经济弱小，创新动力、创新人才不足；营商环境不优，生态环境基础脆弱，环境治理压力巨大；城乡基础设施、公共服务及民生社会事业欠账较多，社会治理还有薄弱环节；政府职能转变还不到位，“放管服效”改革有待深入，干部思想观念、能力素质与新时代要求还有差距，等等。对此，我们一定本着对人民群众高度负责的态度，采取有力举措，切实加以解决。

二、2018年工作安排

2018年是全面贯彻党的十九大精神的开局之年，是改革开放40周年，是决胜全面建成小康社会、实施“十三五”规划承上启下的关键一年，也是深化供给侧结构性改革和转型综改试验区建设的重要一年。做好今年政府工作，要以习近平新时代中国特色社会主义思想为指引，全面贯彻党的十九大、十九届二中、三中全会、全国两会精神和省委省政府、市委的一系列安排部署，把党的领导贯穿于政府工作全过程，坚持稳中求进工作总基调，坚持以人民为中心的发展思想，深入践行新发展理念，全年工作以“123335”为基本思路，即始终围绕供改与综改相结合这条主线，牢牢把握两个根本，即以转型发展为根本出路，以高质量发展为根本要求，围绕省委提出的“示范区”“排头兵”“新高地”三大目标定位，做好构建多元支撑产业体系、建设清洁能源供应基地、打造对外开放桥头堡“三篇文章”，补齐民营经济弱小、创新动力不足、金融支撑不够“三个短板”，坚决打好防范化解重大风险、精准脱贫、污染防治“三场硬仗”，统筹抓好重点领域改革、优化营商环境、转型项目建设、乡村振兴战略实施、保障和改善民生“五项重点工作”，以坚定的决心、一流的标准、过硬的作风，推动质量变革、效率变革、动力变革，促进经济社会持续健康发展。

2018年全市经济社会发展的主要预期指标是：地区生产总值增长6.5%左右；规上工业增加值增长6%左右；固定资产投资增长9%；社会消费品零售总额增长7%；一般公共预算收入增长6.5%；城镇居民人均可支配收入增长6.5%，农村居民人均可支配收入增长6.5%以上；新增就业岗位2.2万个，城镇登记失业率控制在4.2%以内；居民消费价格涨幅控制在3%左右。

约束性指标是：万元地区生产总值能耗下降3.2%，万元地区生产总值二氧化碳排放量下降3.9%，万元地区生产总值用水量下降2.5%。环境质量改善指标和主要污染物总量减排指标，完成省下达年度目标任务。

围绕上述总体思路和目标任务，重点抓好以下八个方面具体工作：

（一）认真做好“三篇文章”，加快走出资源型经济转型发展新路

1.构建多元支撑的现代产业体系

按照新兴化、集群化、规模化的要求，立足优势延长链条，利用先进技术改造提升传统产业，全力培育壮大战略性新兴产业，加快构建多元发展、多极支撑的现代产业体系。

改造提升传统产业。提高煤炭产业产品附加值，原煤入选率保持在90%以上。着力培育优质产能，力争到2020年优质产能占比达到2/3以上。重点在“煤—电—铝—材”“煤—电—化”上下功夫，加快推进阳煤集团50万吨电解铝及轻质铝合金项目。推动阳煤平定乙二醇一期项目投产达效并抓紧筹备二期项目。电力产业要加快国际能源裕光煤电2×100万千瓦项目建设，推动总规模18万千瓦的4个风电项目开工，加快阳煤二矿桑掌煤层气发电项目建设，谋划启动光伏领跑者基地二期项目。装备制造业要重点提升煤矿机械、电气设备等专业装备制造能力，支持华越机械、华鑫电器、奥伦胶带等企业进行技术创新推动智能制造，建设面向全国的煤矿机械电气生产及服务基地。推动全市耐火材料产业结构调整，鼓励耐火骨干企业开展跨区域、跨所有制兼并重组，提高产业集中度。支持耐火企业上档升级，提高产品质量档次，发展高附加值、高技术含量、低能耗型耐火产品。

培育发展新兴产业。抓住国发42号文赋予阳泉智能物联网应用基地试点建设的有利时机，加快发展壮大新一代信息技术产业。编制全市智能物联网应用基地试点建设三年规划和2018年行动计划，建设智能物联网基础能力平台、产业交易平台和产业孵化基地，并在群众感知度高的领域，如环卫、交通、教育、安监等，开展应用示范。与百度开展更加紧密的合作，大力引进大数据、物联网、云计算等产业项目，推动爱康山西智慧能源综合服务平台、三和国投互联网呼叫中心二期等项目投运，加快云谷科技创新园建设。新材料产业以精深加工和提升附加值为方向，瞄准磁性材料、陶瓷、陶粒砂、石墨电极、活性氧化钙等领域，提高自主研发能力，培育壮大龙头企业。重点支持中兴环能纳米洋葱碳项目扩大产能，加快贝特瑞3万吨高端人造石墨等项目建设，支持特种陶粒砂、空心微珠等新材料企业做大做强。文旅康养产业要坚持高端策划，突出阳泉特色，融入全省黄河长城太行三大旅游板块战略，启动太行山一号旅游公路阳泉段建设。重点推进以药林寺、大汖温泉景区为依托的文旅康养项目建设。实现娘子关景区高起点、全要素快速升级。加快发展乡村旅游。年内全市旅游总收入增长20%左右。现代物流产业，依托我市区位和交通优势，做强做优煤炭物流，同时加快大型综合类、专业类物流园区建设，积极发展供应链物流、第三方物流、互联网+物流、冷链物流，推进中岚国际、顺康蒙牛、金亿通商贸等物流项目建设。

2.建设清洁能源供应基地

按照我省建设国家清洁能源基地的安排部署，结合阳泉实际，着力在能源供给、消费和体制机制方面取得突破，使我市成为华北地区重要的清洁能源供应基地。

大力调整能源供给结构。提高清洁能源比重，推动能源供给多元化。严格执行煤矿减量重组实施方案，完成阳煤三矿裕公井、燕龛煤矿、鸿泰煤矿3座矿井关闭任务，退出产能205万吨，积极引导60万吨以下矿井有序退出。加快推进盂县电厂—河北辛集外送电通道建设，提升区域电力外送能力。有序放开煤层气勘查开采准入，支持发展煤层气综合利用发电项目。大力引进先进技术，有序发展薄膜太阳能、风能、地热、生物质能等新能源。

不断优化能源消费结构。作为全省首批煤炭消费总量控制城市，坚决完成禁煤区燃料煤炭清零任务，大力发展清洁煤燃烧技术，实施优质型煤等清洁燃料置换，实现煤炭消费总量负增长。抓好工业领域节能，推进重点行业能效提升，在高耗能行业开展能效对标，加快现役煤电机组节能改造，新增产能主要耗能设备能效达到国内先进水平。加大对农村电网改造升级的支持力度。

加快完善能源体制机制。切实推进电力体制改革综合试点工作，继续组织企业参加电力直接交易，积极争取在阳泉经济技术开发区东区工业园开展增量配电业务，进一步降低企业用电成本。全面实现矿业权竞争性出让，实行更加严格的煤层气勘查区块退出机制和公开竞争出让制度。鼓励煤炭矿业权人和煤层气矿业权人合资合作，支持符合条件的企业和我市煤炭、煤层气开采企业开展合作。

3.打造对外开放桥头堡

充分发挥我市位于晋冀要冲的区位优势，以更加开放的视野和更加主动的姿态融入国家、省发展战略，在对外合作、交流、贸易上实现新提升，构建全方位开放新格局。

拓展合作交流。主动对接融入京津冀，加大与北京、天津、石家庄、太原等地区的合作，深度融入太原、石家庄都市圈，推进国际友城之间的经贸合作、文化交流，建设更加开放、更具活力、更有优势的外向型经济体系。积极参与承办国际国内各类专业化论坛、大型赛事、文旅活动，扩大城市知名度与美誉度。支持鼓励外资企业的发展。积极培育外贸主体，扩大外贸规模，优化出口产品结构，努力做大做强新材料、日用陶瓷等出口品牌。

搭建开放平台。跟随国家“一带一路”倡议，抓住国家环保政策和供给侧结构性改革机遇，加快推动山西（阳

泉)国际陆港建设,融合公路、铁路、海运多种运输方式,发展钟摆式多式联运物流链。通过智能物流云平台,基本形成联结晋陕蒙与环渤海港口、长江沿江码头的现代物流网络。启动中心商务区、综合保税区建设,努力建成联结我国东西部经济发展的现代化、智能化、国际化物流网络。把我市建设成为联结“一带一路”的开放大通道。

加大引资力度。强化招商引资激励机制,今年市政府安排500万元专项资金,对超额完成任务指标或引进重大项目的县区予以奖励。围绕我市产业转型主攻方向,突出以商招商,扩大委托招商,积极探索开展网上招商和以资招商。深化乡情招商,继续开展“晋商晋才回乡创业创新、泉心泉意共促阳泉发展”招商活动。强化跟踪服务,推动招商引资项目尽快落地,提高招商项目履约率和资金到位率。年内全市引进5亿元以上项目25个,完成招商引资签约任务518亿元,到位资金151亿元。

各位代表!机遇稍纵即逝,转型迫在眉睫。我们要按照省委提出的“示范区”“排头兵”“新高地”三大目标定位,找准突破口,攻坚克难,奋力拼搏,打出转型组合拳,努力闯出一条结构优、质量高、效益好的转型发展新路!

(二)着力补齐“三个短板”,进一步提高发展质量

现代化的经济体系必须有现代化的产业体系作为支撑,产业体系的现代化不仅要多元发展、多极支撑,还需要实体经济、科技创新、现代金融、人力资源协同发展,这就要求我们必须补齐发展短板,提高发展系统性。

1.补齐民营经济弱小的短板,提高经济发展内在活力

民营经济在稳定增长、促进创新、增加就业、改善民生等方面具有重要作用。我们要努力创造更加宽松的环境,激发各类市场主体活力,推动民营经济蓬勃健康发展。

创造良好的政策和法治环境。认真落实支持非公经济发展的各项政策举措,按照非禁即入的原则,全面实施市场准入负面清单制度,保障权利平等、机会平等、规则平等。加强企业家队伍建设,营造健康成长环境,构建“亲”“清”政商关系,让民营企业家放心经营、放手发展。完善产权保护措施,支持司法机关甄别纠正一批社会反映强烈的产权纠纷案件。制定出台支持民营经济发展的金融政策,深化政银企保合作,构建财政—银行—担保三位一体的政策体系,努力扩大银行对小微企业贷款投放规模。积极推动政府与社会资本合作,遴选一批有较好盈利预期、适合民间资本进入的优质项目,鼓励民间资本组建联合体参与建设。推进干部入企服务常态化,帮助企业解决发展难题。

积极扶持各类市场主体成长。按照“个转企、小升规、规改股、股上市”的路径,大力实施中小微企业成长工程。创新中小微企业融资模式,筛选、帮助一批规范化股份制改造的企业实现上市挂牌直接融资。积极推动中兴环能等公司在新三板挂牌。鼓励民营企业发行债券。建立“小升规”帮扶工作机制。全年新培育小微企业1500户以上,新增规上企业7户以上。

2.补齐创新动力不足的短板,增强经济发展内在动力

创新是引领发展的第一动力。我们要以创建国家级创新型城市为引领,加快建立企业为主体、市场为导向、产学研深度融合的创新体系,促进新旧动能加快转换。

持续优化创新创业生态。加大科技企业孵化器、双创示范基地、众创空间培育力度,探索建立龙头示范、优势互补、共同发展的孵化联盟体系。积极开展对创新创业项目的“一条龙”“一帮一”服务。以阳泉高新技术创业园国家级孵化器为龙头,提升省级以上双创平台运营服务能力。抓好山西工程技术学院大学生创业孵化基地建设,推进百度创新中心、大唐阳泉369云工厂等项目,支持矿区依托阳煤集团建立专业性众创空间。举办好“五小”创新竞赛、青年创新创业大赛等活动。

切实加快创新成果转化。强化企业创新主体地位,引导企业加大研发投入,支持企业与高校、科研院所共建各类研发平台,鼓励企业设立或并购研发机构。加快实施一批重大专项及重点科技项目。积极培育知识产权优势企业和专利试点企业,完善科技成果转化和知识产权交易平台,建立科技成果转化引导基金,打通科技创新“最后一公里”。

不断夯实创新人才支撑。全面落实我省出台的以增加知识价值为导向的十四项配套政策,在全市医疗机构、科研院所落实用人、职称评审、工资分配三项自主权。加大对知识密集、人才集中事业单位绩效工资总量倾斜力度。研究出台支持大学毕业生回乡创业就业的政策措施。建立与各类智库、决策咨询机构的常态化合作机制,引进高端科技创新人才、高级经营管理人才和高技能工匠人才。大力支持院士工作站、技能大师创新工作室等平台建设,加大本地专业技术人才培养力度。

3.补齐金融支撑不够的短板,提高服务实体经济能力

金融是实体经济的血脉,任何时候都不能脱实向虚。我们要把握回归本源、优化结构、强化监管、市场导向的原则,推动金融业为高质量发展提供有力支撑。

营造良好的金融生态。推进银行业机构健康发展,充分发挥融资主渠道作用,加大信贷资金投放力度。支持金融机构围绕实体经济创新金融产品和服务,开展“文创贷”“商易贷”等业务,重点支持新兴产业发展和转型项目建设。创新政策性融资担保机构经营模式,利用专项建设基金、应急周转保障资金等渠道降低企业融资成本。

加快地方金融机构改革。支持市商业银行完善法人治理结构和治理机制,优化股权结构,尽快更名为阳泉银

行。加快推进平定、郊区农村信用社改制农村商业银行工作。规范盂县汇民、平定昌都等村镇银行业务经营，加强股东治理和违规整顿。支持企业财务公司发挥业务优势，提升服务能力。支持金融机构开展普惠金融业务，推广普惠金融产品。

有效发挥产业基金作用。今年市政府将设立1亿元的转型产业引导基金，主动对接省级产业投资基金，充分发挥财政资金的引领撬动作用，探索与其他风投资金进行合作，有效改善企业资本供给。引导资金投资方向，推动一批极具创新能力、市场前景好的初创期企业快速成长。

各位代表！发展的短板不会自动补齐。我们要坚持问题导向，盯住痛点下功夫，抓住短板齐发力，为我市协调发展、可持续发展厚植土壤，创造有利条件！

（三）坚决打好“三场硬仗”，进一步夯实发展基础

1.坚决打好防范化解重大风险攻坚战

下大力防范化解金融风险。要强化属地风险处置责任，建立风险监测预警和早期干预机制，加强对小额贷款公司、融资担保机构的监管，强化对个体网络借贷和网络小额贷款的整治，严防严打非法集资、传销等涉众型经济犯罪，做到金融监管全覆盖。今年要特别对政府债务加强管理，开前门、堵后门，双管齐下解决好债务问题。开前门就是要合理安排新增债务规模，合法合规举债融资；堵后门就是要严格落实地方政府债务限额管理和预算管理制度，防止盲目过度超前、不考虑偿还能力举债。

加强和创新社会治理。提高社会治理社会化、法治化、智能化、专业化水平，打造共建共治共享的社会治理格局。推动社会治理重心向基层下移，实现政府治理和社会调节、居民自治良性互动。提高预警、预判、预防和应急处置能力，严防重大公共安全事件发生。加强预防和化解社会矛盾机制建设，及时妥善处理重点领域矛盾纠纷。加强网络安全防护工作。深化平安阳泉建设，狠抓社会治安综合治理，推进扫黑除恶专项斗争，打击黄赌毒、盗抢骗等各类违法犯罪，推进综治视联网、“雪亮工程”建设。

2.坚决打好精准脱贫攻坚战

突出精准脱贫施策重点。加快推进“一村一品一主体”建设，实施特色产业扶贫，夯实稳定脱贫基础。加强基础设施建设和环境综合整治，不断提升贫困村村容村貌。强化扶贫工作队伍日常管理，做到包村领导包到位、帮扶单位帮到位、党员结对做到位，提升帮扶精准度。

办好精准脱贫保障实事。加强教育扶贫，落实各学龄段补助政策，开展优势教学资源校际交流帮扶。加强健康扶贫，落实“三保险三救助”“双签约”政策，完善先诊疗、后付费一站式结算平台，简化大病、慢性病认定程序。加强就业培训，抓好转移就业，支持鼓励创业。加强兜底保障，提高农村低保补助标准。

强化精准脱贫推进机制。坚持市县抓落实、党政一把手负总责。继续加大财政投入和涉农资金整合力度。积极开展公益活动和民营企业助脱贫活动，鼓励社会力量参与扶贫事业。加强宣传引导，形成浓厚的脱贫攻坚决战氛围。激发内生动力，推进“领帮带”模式在贫困村全覆盖，推广孝亲敬老补助政策。强化监督考核，深入开展扶贫领域作风建设年活动，严肃查处扶贫领域的不正之风和腐败问题。今年完成32个贫困村退出、3325人脱贫，在全省率先实现整体脱贫。

3.坚决打好污染防治攻坚战

大力推进环境污染综合整治。狠抓大气污染治理。继续抓好“控煤、治污、管车、降尘”等举措，坚决打赢蓝天保卫战。加大散煤整治力度，积极稳妥推进冬季清洁取暖工程，保留的燃煤锅炉全部实施特别排放限值改造。巩固“散乱污”企业取缔成果，杜绝异地转移和死灰复燃。严格落实货运车辆禁限行措施。加强建筑工地扬尘管控，加强道路清扫和洒水抑尘，继续推进储煤场、物料堆场全封闭改造。认真做好重污染天气应对工作，严格执行错峰生产和应急减排规定。狠抓水污染治理。全面落实河长制责任。推进煤矿矿井水提标改造。加快工业集聚区、建制镇污水处理设施建设。完成蒙村河、洪城河、桃河下游城区段3条黑臭水体治理。建成投用市污泥处理处置中心项目。完善规模化畜禽养殖场粪污治理设施。继续推进排污许可制度改革。加强娘子关水源地保护工作。狠抓土壤污染治理。推进土壤污染状况详查，加强土壤环境监测监管能力建设，实施农用地土壤环境分类管理。加强工业废物处理处置。狠抓环境问题整改。认真做好中央、省委省政府环保督察和环保部督查巡查问题整改，采取建账、对账、查账、销账、交账“五账工作法”，推动铁腕治污常态化，始终保持环保严打高压态势。加强生态环境修复治理。加快推进采煤沉陷区治理搬迁安置未竣工项目建设。加强矿山生态恢复治理，争取用2至3年时间基本治理矸石山污染问题。加强生态保护修复，完成各类营造林6.5万亩、水土流失治理13.95万亩。

改革完善生态环境管理体制。实行最严格的生态环境保护制度，构建政府为主导、企业为主体、社会组织和公众共同参与的环境治理体系。推进生态文明建设目标考核评价工作，建立多元化生态补偿机制，统筹推进环保信用评价、生态环境损害赔偿制度改革、生态保护红线划定等工作。落实生态环保责任制，严格执行领导干部离任审计和责任追究规定。

各位代表！三大攻坚战打得好不好，直接关系到全面建成小康社会质量高不高。我们必须牢固树立底线思维，拿出过硬措施，攻坚克难，为满足人民日益增长的美好生活需要而不懈奋斗！

(四)抓好重点领域改革,为深度转型添动力

深化开发区改革创新。深化体制机制改革。持续深入推进"三化三制"改革。落实好税收优惠政策。切实向开发区授权放权,确保放权充分,授权到位。提升平台建设水平。做好开发区总体规划、控制性详规和规划环评报告编制。加快新扩区和起步区建设。加快完善基础设施和公共服务平台建设,做好"七通一平"熟地供应,变"项目等地"为"地等项目"。推进转型项目建设。把招商引资和开发区建设有机统一起来,引进一批重大转型项目。今年,阳泉经济技术开发区新建5个投资超10亿元的转型项目,平定、盂县开发区各新建2个投资超5亿元的转型项目。

深化国企国资改革。紧紧抓住当前难得的窗口期,按照"1+7"政策体系和"五个一批"路径,加快推进国企国资改革。混合所有制改革发展壮大一批。加快水泵阀门退城进园、搬迁改制步伐,蔬菜公司新建农产品批发市场年内投运,完成市自来水公司及污水处理厂特许经营改革,探索市煤气公司改革方案,推动晋东化工厂搬迁。国有股退出放开搞活一批。对资产规模较大企业,通过引进社会资本和企业职工参股等方式实施改革。对资产规模较小企业,鼓励企业职工入股买断。完成市药材公司与国药集团山西公司合作组建批零公司,推进市食品总厂改革。"僵尸企业"清理退出一批。信建资产公司所属5户企业和建工集团所属机械化施工分公司实施歇业关闭,电石有限公司实施破产关闭。深化完善改革一批。对专业化职能企业,完善优化法人治理结构和资本结构。整合重组具有较强行业特殊性企业。精简整合企业改制留守处。加快内部改革一批。对物资集团、建工集团、信达投资管理公司、粮油公司和交通集团等集团类公司,强化内部管理,优化资本结构,推进下属二级企业改革,提高集团运营效率。同时,利用长期停产企业现有的闲置厂房、土地和设备等资产,通过招商引资,引入集生产、消费、娱乐于一体的新产业新业态,实现闲置国有资产有效利用。积极推进"两办"改革,以阳煤集团"三供一业"分离移交重组工作为重点,按照成熟一批分离一批的原则,稳妥推进国有企业分离办社会职能工作;年内完成厂办大集体改革任务。

深化政府机构改革。按照中央和省委关于政府机构改革的各项安排部署,加强和完善政府经济调节、市场监管、社会管理、公共服务、生态环境保护职能,优化机构设置和职能配置,形成职责明确、依法行政的政府治理体系。

同时,统筹抓好电力体制、财税体制、综合行政执法体制、旅游景区体制机制、医药卫生体制、行政区划调整等各项改革任务。

各位代表!当前发展和改革高度融合,发展前进一步,就需要改革前进一步。我们要按照省委省政府的要求,擦亮综改试验区"金字招牌",用好先行先试"尚方宝剑",打破体制机制障碍,突破制约发展瓶颈,推动我市重点领域改革挺进全省第一方阵!

(五)全力优化营商环境,进一步改善发展条件

全面推行企业投资项目承诺制。认真总结开发区试点经验,进一步简化程序、优化流程,不断完善具体操作办法,按照政府靠前服务、企业信用承诺的方式,推行清单告知、平台办理、流程再造、多图联审、收费管理"五统一",变先批后建为先建后验,进一步确立企业投资主体地位,释放企业投资兴业活力。

继续深化行政审批制度改革。进一步取消行政审批事项,凡是国内其他设区市不再审批的事项,原则上我市也一律不再审批;凡是其他地方在规定时限内能做到的事情,我们也要做到。承接落实好省取消下放行政审批事项。严格执行权力清单、责任清单、负面清单管理制度。加快推进证照分离改革。继续深化"两集中、两到位"工作,整合各类公共资源交易平台,实现大厅之外无审批、平台之外无交易。

全面推进投资项目并联审批。进一步优化建设项目并联审批方案,建立高效运转的工作机制。做好投资项目在线审批监管平台与政务服务网上平台的对接工作,将投资项目的全过程审批监管事项纳入市级政务服务平台,推行并联审批模式。

大力推进"互联网+政务服务"。完成市政务服务中心搬迁工作。市县两级全面推行网上审批改革,全面运行市级政务服务平台,开通县区级平台并与市级平台实现对接,努力做到能网上办理的事项全部网上办理,力争今年在全省率先实现网上审批,让企业、群众少跑路直到不跑路。

加强事中事后监管。改变重审批轻监管的行政管理方式,把更多行政资源从事前审批转到加强事中事后监管上来。全面推行"双随机、一公开",加快推进政府监管信息共享。加强信用体系建设,加大信息公开力度,建立完善守信联合激励和失信联合惩戒机制,促进市场主体依法诚信经营,营造诚信社会环境。

各位代表!优化营商环境就是解放生产力、提升竞争力。在转型发展关键时期,我们要进一步对表对标、自我革新,全力营造"六最"营商环境,让政府的主动服务、优质服务使群众舒心、企业顺心!

(六)抓好转型项目建设,为经济发展提供有力支撑

认真谋划储备转型项目。突出成长性原则、集聚性效应、产业链方向,积极谋划储备一批转型项目,建立市级项目储备库和行业项目储备子库,实行分级储备、动态管理。全市储备项目计划总投资达492亿元以上。

全力加快转型项目建设。开展项目集中开工月活动,

迅速掀起开工热潮，到4月底，续建项目全部复工，新建项目开工30%以上；到6月底，新建项目开工率达80%以上。发挥重点工程示范带动作用，继续推行领导包保、挂牌督办制度，开展“进工地、到一线、解难题”活动，严厉打击恶意阻工扰工行为，推进在建重点工程无障碍施工。加快项目建设投产，合并简化验收程序，推进竣工验收事项一站式完成，同步完成配套设施建设，推进项目早日达产达效。

强化项目要素保障。扎实推进土地占补平衡、压覆矿产、盘活闲置低效利用土地等各项工作，最大程度保障转型项目用地需求。积极争取上级各类资金和银行信贷资金支持，培育发展创业投资、风险投资、股权投资，广泛吸引社会资本，最大限度保障转型项目资金需求。加大高耗能、高污染项目节能减排力度，腾出环境容量，重点保障转型项目需求。同时，主动靠前服务，保障项目建设和生产运营过程中的用电、用水、用气等需求。

完善推进工作机制。严格落实责任，明确各县区政府和市直有关部门主要领导为推进项目建设的第一责任人，按照区域管理、部门职责，建立项目和拟办事项台账，明确具体事项办结时间。强化协调调度，每月召开一次投资项目调度会，每双月召开一次现场观摩会，协调解决突出问题。对各县区项目建设工作情况逐月进行排名、公示，排名末位的，对其主要领导进行约谈。加强督查考核，对推进缓慢的项目开展专项督查，将需要协调和解决的问题纳入“13710”督办系统进行跟踪督办、限期办结。

各位代表！项目兴，则经济兴；产业强，则阳泉强。我们要按照转型项目建设年工作方案，加快推进建设一批基础性、战略性、带动性强的优质项目，为我市转型发展夯实基础、积蓄力量！

（七）大力实施乡村振兴战略，加快推进城乡统筹发展

突出规划先导作用。以城乡统筹示范区建设规划为统揽，坚持乡村振兴与城乡融合一体设计，全面启动统筹城乡一体化总体规划和5个专项规划编制工作。规划要体现近中远期相结合，为全市实施乡村振兴战略、加快城乡统筹示范区建设指明方向与路径。

加快构建现代农业产业体系、生产体系和经营体系。大力发展特色高效农业，壮大杂粮、畜禽养殖、干鲜果、设施蔬菜、中药材、物流业六大产业。发展休闲农业，打造田园综合体，推进农林文旅康融合发展。实施区域品牌提升行动，抓好“三品一标”认证工作，做强半沟红薯、富硒小米、阳泉压饼等品牌。扎实推进农田水利基本建设，完成高标准农田建设9100亩。发展有机旱作农业，设立10个集成旱作农业技术推广示范点。提高现代农业生产机械装备水平。积极培育新型农业经营主体，以龙头企业为核心，以农民合作社为纽带，以专业大户和家庭农场为基础，构建股份制、合作制等紧密型利益联结机制。发展“互联网＋农业”，推动农村电子商务发展。

推进美丽宜居乡村建设。深入开展美丽宜居示范村三级联创，持续推进农村人居环境改善四大工程，重点抓好农村垃圾污水治理、厕所革命、“四好农村路”建设等工作。加强传统村落保护和农村风貌管控。继续抓好郊区西南异乡美丽宜居示范村集中连片建设，年内创建3个省级、10个市级美丽宜居示范村。

提升乡村文明程度。推进文明村镇、星级文明户、文明家庭创建工作，引导农民移风易俗，自觉抵制大操大办、厚葬薄养、人情攀比、天价彩礼等陈规陋习，培育文明乡风。强化“六议两公开”等民主治村工作程序，培育服务性、公益性、互助性农村社会组织，推进农村法治文化建设，发挥道德力量的导向作用，健全法治、德治和自治相结合的乡村治理体系。

全面深化农村改革。深化农村土地制度改革，在土地确权颁证的基础上，落实所有权、承包权、经营权“三权分置”办法，促进土地有序流转。推进农村集体产权制度改革，全面开展清产核资、规范管理和集体成员身份确认等工作，重点抓好郊区省级农村集体产权制度改革试点。有序推进集体经营性资产股份合作制改革，探索农村集体经济新的实现形式和运行机制。继续深化林权、水权制度改革。

进一步完善城乡基础设施。积极推进阳大铁路，国道307、207绕城改线工程，中环快速路等一批重大基础设施项目建设，鼓励支持社会资本依法依规参与建设。扎实推进生态修复、城市修补，加快桃河湿地公园建设。不断完善公共服务设施，完成市规划展览馆、市博物馆建设和布展，积极推进公共停车场、市中心医院等项目建设。支持娘子关镇申报国家特色小镇，支持盂县西烟、郊区河底等6个重点镇建设省级特色小城镇，提高城镇对人口和产业的承载力。

大力开展“五城联创”。创建省级文明城市。全面实施行政效能创优、市容整治优化、文明品牌创建等工程，进一步提升城市文明程度，切实增强全体市民的凝聚力和向心力。创建国家卫生城市。深入开展城乡环境综合整治行动，积极推进建筑垃圾、餐厨垃圾和有机废物、医疗废物等综合处置利用项目建设，创新引入以智慧环卫物联网管理为核心的信息化平台，努力创造优美整洁的城市环境，进一步提升城市品位。创建国家智慧城市。以智能物联网应用基地试点建设为契机，不断拓展应用领域，积极推进全市政务数据共享平台、公共信用信息共享平台、公共安全视频监控资源共享平台等项目建设，不断提升城市管理的智能化水平。创建国家创新型城市。加强创新投入，推进科技管理体制改革，加快实施科技政策创新、

企业创新主体建设等重大创新工程，进一步提升城市的自主创新能力和科技发展水平。创建全国双拥模范城。扎实开展各项双拥活动，健全社会化双拥长效机制，认真做好转业退役军人就业安置工作，落实好军人军属优待政策，大力推进军地合力、军民同心，努力开创双拥工作新局面。

各位代表！实施乡村振兴战略是新时代做好“三农”工作的总抓手。我们要通过开展“五城联创”，以城带乡、城乡融合，推动乡村产业振兴、人才振兴、文化振兴、生态振兴、组织振兴，加快建设省级城乡统筹示范区，努力实现农村美、农业强、农民富的目标，在全省率先走出一条城乡一体、绿色发展的道路！

（八）坚持以人民为中心的发展理念，持续保障和改善民生

稳定扩大就业。完善就业创业政策，统筹做好高校毕业生、去产能职工、农村转移劳动力、“4050”人员、返乡农民工、退役军人等重点群体就业工作。加大就业专项资金支持、失业保险基金帮扶和企业主体责任落实力度。组织以市场需求为导向的就业培训，提升劳动者素质和就业能力。

提高社会保障水平。更好地执行城镇职工、城乡居民基本养老保险制度，落实被征地农民参加基本养老保险政策，建立社会保障待遇正常调整机制。继续提高低保、五保标准。完善社会救助体系，加大医疗救助和临时救助力度，探索支出型贫困救助模式。

发展公平而有质量的教育。推进县域内城乡义务教育一体化发展，教育投入继续向困难地区和薄弱环节倾斜，在办好优质均衡教育上先行一步。按规划完成消除大班额任务，有效解决中小学生课外负担重、择校热等问题。扩大普惠性学前教育资源供给。做好高中阶段学校考试招生制度改革试点工作，全面启动以高考改革为核心的高中教育改革。建成并启用阳泉职业技术学院新校区。提升全民健康水平。继续推动医疗、医保、医药联动，努力解决看病难、看病贵问题。深化公立医院综合改革，完善政府办医体制。持续推进县乡医疗卫生机构一体化改革。加强基层医疗卫生服务机构标准化规范化建设。推进医保支付方式改革。推进和规范家庭医生签约服务。加强食品药品监管。以健康阳泉为目标，努力为人民提供全方位、全生命周期的健康服务。

改善住房保障能力。加强保障性住房建设管理，实现保障房体系覆盖所有困难群体。继续推进城中村改造、非成片棚户区改造。做好房地产去库存工作，确保供求关系稳定。积极推进住房制度改革，加快建立多主体供应、多渠道保障、租购并举的住房制度。

提升公共文化体育服务水平。提高公共文化服务普惠度，推进县级文化馆、图书馆总分馆制等改革。加快文化产业发展步伐，实施文化市场主体培育工程。围绕“不忘初心、牢记使命”主题教育，创作和打造一批文艺精品。加大文物和非遗保护力度。做好多功能文化综合体项目前期工作。完成第二届全国青年运动会射击射箭比赛场馆建设，做好第十五届全省运动会参赛及比赛项目承办工作。广泛开展全民健身活动，多渠道增加全民健身场所和设施。

下大力抓好安全生产。严格落实党政领导责任、部门监管责任和企业主体责任。加大执法检查力度，严厉打击安全生产非法违法行为，重拳打击私挖滥采和盗采国家矿产资源行为。继续深化煤矿、道路交通、危化品、建筑施工、城镇燃气、消防等重点行业领域专项整治，规范建立问题整改、挂牌督办、追责问责、联合惩戒四个清单。深入推进遏制重特大事故试点城市工作，构建完善风险分级管控和隐患排查治理双重预防工作机制。健全公共安全体系，提升防灾减灾救灾能力。

各位代表！人民对美好生活的向往就是我们的奋斗目标，我们所做的一切工作，都是为了人民。今年，市政府将在做好全面工作的基础上，重点办好10件民生实事。其中，省定民生实事5件：实施1460名残疾预防重点干预和残疾儿童抢救性康复项目，继续为怀孕妇女提供免费产前筛查与诊断服务，新建30个农村老年人日间照料中心，免费送戏下乡550场，实施全民技能提升工程。市定民生实事5件：提高城乡低保和特困供养标准，提高城乡居民基础养老金标准，规划建设6个城市公共停车场1500个停车位，实施10万平方米老旧小区综合整治工程，实施20个矸石山生态环境恢复治理示范工程。

同时，我们要坚决服务服从国防和军队调整改革大局，积极支持国防和军队建设，切实加强民兵和预备役部队建设，不断提升国防动员能力，提高国防教育质量，推动军民融合深度发展，创造军政、军民团结良好局面。

各位代表！我们的事业是全面发展的事业，是全市人民同心共建的事业。我们要支持工会、共青团、妇联等群团组织开展工作，加强气象、地震、人防、科普、政策咨询、经济普查、档案等工作，做好民族宗教、外事侨务、对台、对口援疆等各项工作，发展妇女儿童、老龄、慈善等各项事业，为我市改革发展凝聚强大合力！

三、努力建设人民满意的服务型政府

各位代表！进入新时代，开启新征程，政府工作必须要有新气象新作为。我们要以政治建设为统领，全面加强政府自身建设，深入推进政府职能转变，努力建设人民满意的服务型政府。

加强政治建设。自觉增强“四个意识”,坚定“四个自信”,坚决维护以习近平同志为核心的党中央权威和集中统一领导,始终在政治立场、政治方向、政治原则、政治道路上同党中央保持高度一致,不折不扣落实中央、省委和市委重大决策部署,把党的领导贯穿于政府工作全过程。深入推进“两学一做”学习教育常态化制度化,扎实开展“不忘初心、牢记使命”主题教育。

坚持依法行政。拥护宪法、尊崇宪法、维护宪法、学习宪法、宣传宪法,把政府活动全面纳入法治轨道。依法接受人大及其常委会的监督,自觉接受人民政协的民主监督,主动接受社会和舆论监督,认真听取各民主党派、工商联、无党派人士和各人民团体的意见建议。加强审计监督。严格规范公正文明执法,全面落实行政执法责任制。加快构建职能科学、权责法定、执法严明、公开公正、廉洁高效、守法诚信的法治政府。

提高政府效能。提升政府工作人员适应新时代、实现新目标、落实新部署的履职能力,着力解决不会为的问题,增强善作为的本领。全面推进政务公开,做好政务信息系统整合共享省级试点工作。强化督查考核,充分发挥“13710”督办系统的作用,促进各项工作部署落实到位。持续加大“阳泉随手拍”问政平台反映问题的解决力度,发挥好政府与群众之间的连心桥作用。以真抓的实劲、敢抓的狠劲、善抓的巧劲、常抓的韧劲,一步一个脚印,干出实打实的业绩,以实际行动赢得人民的信任和支持。

抓好作风建设。严格落实全面从严治党要求,深入推进政府系统党风廉政建设和反腐败斗争。坚决贯彻落实中央八项规定,驰而不息纠正“四风”,重点整治形式主义、官僚主义新表现。完善干部考核评价机制和激励约束、容错纠错机制,旗帜鲜明地为积极干事者撑腰鼓劲,大力整治和严肃查处不作为、慢作为、乱作为等问题,确保政府工作人员廉洁修身,勤勉尽责,清清白白做人,干干净净做事。

附:《政府工作报告》名词注释

1.“123335”工作思路:“1”即紧紧围绕一条主线(始终以供改与综改相结合为经济工作主线);“2”即牢牢把握两个根本(以转型发展为根本出路,以高质量发展为根本要求);第一个“3”即认真做好三篇文章(构建多元支撑产业体系、建设清洁能源供应基地、打造对外开放桥头堡);第二个“3”即着力补齐三个短板(民营经济弱小、创新动力不足、金融支撑不够);第三个“3”即坚决打好三场硬仗(防范化解重大风险、精准脱贫、污染防治);“5”即统筹做好五项重点工作(重点领域改革、优化营商环境、转型项目建设、乡村振兴战略实施、保障和改善民生)。

2.“三去一降一补”:是供给侧结构性改革的五大任务,即去产能、去库存、去杠杆、降成本、补短板。

3.“三化三制”:是我省开发区创新发展的核心要求,加快建立专业化、市场化、国际化的开发区管理运行机制和领导班子任期制、全员岗位聘任制和绩效工资制等制度。

4.“1+7”政策体系:是我市制定的国企国资改革政策体系,“1”是《关于进一步深化国企国资改革的实施意见》,“7”是7个配套政策文件:《阳泉市处置“僵尸企业”的实施方案》《阳泉市国有企业分离办社会职能总体工作方案》《关于在深化国有企业改革中激发企业家活力的实施意见》《关于在深化国有企业改革中坚持党的领导加强党的建设的实施意见》《市属国有企业发展混合所有制经济的实施办法》《深化市属国有商贸流通企业改革实施方案》《阳泉市国有企业公司制改制工作实施方案》。

5.“六区六道”:是我市城乡环境卫生集中整治行动的重点,“六区”指城镇建成区、农村居民区、厂(场)矿园区、库区、景区、城乡交会区;“六道”指国道、省道、城市街道、县乡道、村(巷)道、河道。

6.“大气十条”:是国务院2013年9月发布的《大气污染防治行动计划》中对2017年前大气污染治理涉及的燃煤、工业、机动车、重污染预警等十条措施。

7.“一本两专”:是山西工程技术学院和阳泉职业技术学院、阳泉师范高等专科学校。

8.“放管服效”:是简政放权、放管结合、优化服务、提高效能的简称。

9.“阳泉随手拍”:是我市于2016年6月启动的集微博、微信、APP客户端、PC网站于一体的畅通民意反映渠道的网络集群。

10.“13710”督办系统:是覆盖我省的省市县乡四级政府电子督办平台,“1”即当天要研究部署;“3”即3天内要反馈办理情况;“7”即一般性问题原则上7天内要落实解决;“1”即重大问题包括一些复杂问题要在1个月内落实解决,确实解决不了的,要拿出解决的时间节点和方案;“0”即所有事项都要跟踪到底、销号清零。

11.“示范区”“排头兵”“新高地”:是省委提出的“建设资源型经济转型发展示范区、打造能源革命排头兵和构建内陆地区对外开放新高地”三大目标定位。

12.“个转企、小升规、规改股、股上市”:是个体工商户转变为合格企业法人,小微企业提升为规模以上企业,规模以上企业加快股份制改造,股份制企业上市融资发展。

13.“新三板”：是全国性的非上市股份有限公司股权交易平台，主要针对中小微企业。

14.“科创贷”：是金融机构为科技型中小微企业提供的信贷业务的简称。

15.“五小”创新竞赛：是以小发明、小创造、小革新、小设计、小建议为主要内容的群众性创新竞赛活动。

16.“文创贷”：是金融机构为文化创意企业提供的信贷业务的简称。

17.“商易贷”：是金融机构和工商管理部门联合为小微企业、个体工商户提供的一款金融产品，用于满足其备货、门面装修、增开新店等融资需求。

18.“一村一品一主体”：是我省的一项产业扶贫措施和目标，即每个贫困村都要有特色产业和产品，都要有带动贫困户脱贫的新型农业经营主体。

19.“三保险三救助”：是我省针对农村建档立卡贫困人口的医疗保障帮扶政策，即基本医疗保险、大病保险、补充医疗保险和参保缴费救助、辅助器具免费适配救助、特殊困难帮扶救助。

20.“双签约”：是家庭医生团队与贫困群众签约，解决群众看病问题；乡村干部团队与贫困群众签约，解决群众报销问题。

21.“领帮带”：是我市在脱贫攻坚工作中创出的“好村领差村、富村帮穷村、强村带弱村”经验。

22.“五个一批”：是混合所有制改革发展壮大一批，国有股退出放开搞活一批，“僵尸企业”清理退出一批，深化完善改革一批，加快内部改革一批。

23.“两办”改革：是国有企业分离办社会职能改革和厂办大集体改革。

24.“三供一业”：是国有企业承担的职工家属区供水、供电、供热(供气)和物业管理项目。

25.证照分离：是工商管理部门颁发的营业执照和相关主管部门颁发的经营许可证的“相对脱钩”。

26.“两集中、两到位”：是各部门将行政审批职能向一个内设机构集中，内设机构成建制向政务服务中心集中；部门审批服务项目进驻中心到位，行政审批权向服务窗口授权到位。

27.“双随机、一公开”：是全国推行的一种监管模式，即在监管过程中随机抽取检查对象，随机选派执法检查人员，抽查情况及查处结果及时向社会公开。

28.“六最”营商环境：是审批最少、流程最优、体制最顺、机制最活、效率最高、服务最好的营商环境。

29.“三品一标”：是无公害农产品、绿色食品、有机农产品和农产品地理标志。

30.“三级联创”：是我省的美丽宜居示范村建设模式，省、市、县三级联动，按照分级创建、分类示范、分批实施的方式，有序推进全省美丽宜居示范村建设。

31.农村人居环境改善“四大工程”：是以农村基础设施和公共服务为重点的完善提质工程，以采煤沉陷治理、易地搬迁、危房改造为重点的农民安居工程，以垃圾污水治理为重点的环境整治工程，以美丽乡村建设为重点的宜居示范工程。

32.“四好农村路”：是习近平总书记提出的建好、管好、护好、运营好农村公路。

33.“六议两公开”：“六议”是动议、提议、商议、审议、民议、决议，“两公开”是决议公开、实施结果公开。

34.综治视联网：是通过电子政务网络或通信运营商提供的专线网络，整合视频会议、监控、通讯等功能，实现跨地区、跨部门、跨行业指挥调度、分析研判、应急处置、服务管理等业务应用可视化的综合高清视频网络系统。

35.“雪亮工程”：是整合全市公共安全视频监控和各类视频图像资源系统，在多领域开展视频图像信息应用，实现跨地域、跨行业指挥调度功能，全面提升社会治安防控水平。

阳泉市2017年大事记

1月

1日 阳泉市在全省率先执行城乡居民医疗保险整合后的惠民政策：统一城乡居民大病保险报销起付线；采取分段计算、累加支付的方法，并提高支付比例；增加跨省转诊就医定点医疗机构等。

5日 阳泉市青年创新创业大赛决赛结束。大赛由团市委、市工商业联合会、市人力资源和社会保障局、阳泉日报社、市广播电视台举办。“从善堂、晋善礼”旅游文化产品创意创业项目实施者张晓文获最具网络人气创业青年奖和一等奖，奖金5万元；2人获二等奖，奖金各2万元；5人获三等奖，奖金各5000元。

11日至12日 中国共产党阳泉市第十二届委员会第二次全体会议暨经济工作会议在阳泉宾馆召开。会议总结2016年全市经济工作，部署2017年经济工作；审议通过《十二届市委全会工作规则》；投票确定阳泉市提名山西省出席中共十九大代表候选人初步人选推荐名单。市委书记陈永奇作讲话，市委副书记、市长董一兵安排部署经济工作，市委委员、市委候补委员出席会议。

21日 省委常委、常务副省长高建民到阳泉市郊区平坦中心敬老院慰问老人，深入赛鱼村看望81岁孤残人员曹海先、矿区蔡洼街道菜市社区生活困难党员郭有元、85岁老党员高焕书等，代表省委、省政府向他们致以新春问候。

月内 在省国有林场改革工作领导小组对全省11市国有林场改革工作及主体责任落实情况督查排名中，阳泉市位列第一。

2月

7日 省高级人民法院党组书记、院长邱水平到阳泉市矿区人民法院诉讼服务中心、诉前调解室、法治文化园，市中级人民法院诉讼服务大厅、文化陈列室、司法信息集控（执行指挥）中心及郊区人民法院河底法庭，了解两级法院诉讼服务、队伍建设、司法改革、信息化建设、党建教育等工作，并与两级法院班子成员和一线干警及优秀法官代表进行座谈。

12日 新华社山西分社组织16人采访团队，到平定县娘子关镇下董寨村，对省级非遗“跑马排”民俗活动进行采访，分别于上午10时和11时，通过腾讯、搜狐、凤凰、网易、澎湃等5家国内影响力较大的网站和其他国内商业网站及推特、YouTube和Facebook海外主流网络媒体，对“跑马排”表演进行中文和英文报道并直播。

15日 在阳泉市重点城建工程安排动员会上，市委、市政府启动建设投资近30亿元的中环快速路。该项目以建设中的漾泉大道、平坦路、义白路、义平路局部和新选的南环为基本框架，规划建设一条围绕主城区的环形道路，双向8车道，全长26.1千米；主路设计时速60千米，辅路设计时速40千米。交叉路段全部采用互通立交设计，全线主路无红绿灯。

市光伏领跑者基地郊区白羊墅50兆瓦光伏发电项目开工建设。该项目由阳光能源股份有限公司出资成立的阳泉市慧阳新能源发电有限公司投资建设，规划占地130.7公顷（1960亩），总投资3.8亿元，分11个片区，布置50个1兆瓦光伏阵列，通过三回35千伏集电线路接入杨家庄220千伏变电站。

18日 全省首家投入使用的公共人才APP——“阳泉人才手机APP”上线。该项目由市人才开发交流服务中心研发，为全市用人单位和高校毕业生办理就业见习、交纳流动党员党费、查询供求信息、了解高校毕业生就业等开辟快捷通道，手机用户可登录阳泉人才网（www.yqrcsc.com）或扫描二维码下载。

20日 省委常委、省纪委书记、

省监委主任任建华到盂县部分重点工程项目、乡镇、县信访大厅和新成立的县监察委员会调研。

26日 山西省首批以县域冠名的高铁列车“盂县号”首发式在阳泉北站举行，冠名运营车次G606次（太原南—北京）和G1954（太原南—上海虹桥）。运行范围覆盖北京、上海两个直辖市和山西、河北、河南、安徽、江苏5省，年客流总量233万人次。

月内 在新浪网法院频道推出的“法院司法公开风云榜”中，阳泉市中级人民法院获“2016年庭审直播最有影响力奖”，是全省唯一获奖法院。

在国家科学技术奖励大会上，由阳泉煤业（集团）有限责任公司参与完成的“智能煤矿建设关键技术与示范工程”项目获得2016年度国家科学技术进步奖（通用项目）二等奖，系全省5个获奖项目之一，是自2006年国家科技奖励制度改革后阳泉市获得的最高荣誉。该项目由中国煤炭工业协会推荐，阳泉煤业（集团）有限公司与神华集团、北京天地玛珂电液控制系统有限公司、陕西煤化工集团等6家企业共同完成。

在最高人民法院召开的全国法院系统表彰大会上，阳泉市中级人民法院民三庭庭长张卫华被评为“全国法院办案标兵”。张卫华自1997年12月起担任法官承办案件，承办和参与承办近5000宗案件无一差错。

3月

6日至10日 政协阳泉市第十三届委员会第一次会议在阳泉宾馆召开。会议选举杨永生为政协阳泉市第十三届委员会主席，杨勇、徐本宁、王良义、张立君、杨全生、史友松为副主席，焦文录为秘书长，49人当选为政协常务委员。

7日至11日 阳泉市第十五届人民代表大会第一次会议在阳泉宾馆举行。王旭明当选市十五届人大常委会主任，董一兵当选市人民政府市长，孙金明、吕昌政、刘志强、张永忠、张宝明当选市人大常委会副主任，马爱锋、潘海燕、郭少敏、靳润喜、呼亚民当选市人民政府副市长，吴纪平当选市监察委员会主任，陈明华当选市中级人民法院院长，王廉允当选市人民检察院检察长，张利军当选市人大常委会秘书长。

10日 国家“十三五”重大专项“H型高血压精准医学与中风防控”项目在阳泉市第一人民医院启动，成为全省首批、全市首家参与国家“十三五”重大精准医学专项项目实施任务单位。市一院在门诊和住院部同时筛查H型高血压患者，并对该人群进行马来酸依那普利叶酸片等药物干预，医护人员定期进行病情随访并给予指导，患者还可获得国家一半的免费药物补贴。

13日 阳泉市监察委员会召开干部大会，市监察委员会正式组建挂牌。5个县（区）监察委员会于2月20日前组建挂牌，阳泉市在全省首家完成市、县（区）两级监察委员会组建挂牌。

14日和22日 盂县晋玉煤焦化有限公司因违反《中华人民共和国环境保护法》，环保部门和公安部门先后对该公司作出20万元行政处罚和环保工作负责人拘留10日的处罚决定。

21日 阳泉市中级人民法院43名员额法官正式入职，标志着市中级人民法院新审判权力运行机制启动。审判组织结构改革，成立专业化审判团队，保障主审法官依法独立办案，只管“审”和“判”，突出法官主体地位。

31日 阳煤集团与交通银行山西省分行按照市场化、法制化原则，签订市场化债转股合作协议，合作设立总规模为100亿元的“债转股”基金，主要用于阳煤集团偿还存量负债和经营周转、项目投资等。

4月

1日 阳泉检验检疫局对外贸企业停征出入境检验检疫费，全年减免100余万元。

4日 被誉为“科幻界诺贝尔奖”的雨果奖公布2017年提名名单，当代“中国科幻第一人”、山西省作家协会副主席、阳泉市作家协会副主席刘慈欣的《三体》系列第三部《三体Ⅲ：死神永生》入围，系《三体》三部曲第二次入围雨果奖。

14日 阳泉市创建国家卫生城市（县城）动员大会召开。市委书记陈永奇作讲话，市委副书记、市长董一兵主持，省卫计委副巡视员翟根红到会指导，副市长潘海燕对创建国家卫生城市实施方案及任务分工进行说明，相关县（区）、职能部门、驻市企业代表作表态发言。

21日 全国人大常委会法工委副主任张勇带领全国人大常委会法工委立法调研组到阳泉市，就《中华人民共和国中小企业促进法（修订草案）》进行专题调研。

24日 全阳煤集团院士专家工作站授牌仪式在阳泉宾馆会议中心举行。省人大常委会副主任、省科协主席周然为工作站授牌，并向入站院士、中国工程院院士岳光溪颁发聘书。阳煤化机与岳光溪合作研发的水煤浆水冷壁煤气化技术共获得25项国家专利，具有完全自主知识产权，研究成果处于国际领先水平。

26日 省委常委、省委统战部部长廉毅敏到阳泉市，就民营企业发展、民族宗教、民主党派基层组织建设进行调研。

5月

1日 城区整建制托管郊区义井镇及所辖义井村、义东沟、南庄村、大阳泉、王家峪、西峪、牛家峪、西峪掌、神峪、河下、泊里、小河、圪台、白羊墅14个行政村；矿区托管郊区平坦镇的赛鱼、大南沟、南山、小南沟、石卜咀、西河、富山、庙上、前庄、老坪掌、北头咀、大村、半坡、吴家掌、石板片、马家坡、神堂咀、官沟18个行政村。

4日 阳泉建市70周年座谈会在阳泉宾馆会议中心召开。市四大班子领导、市直有关部门负责人及各界代表欢聚一堂，共同回顾阳泉70年辉煌历程，缅怀先辈丰功伟绩，展望美好明天。

《辉煌阳泉70年》图片展和书画展在市展览馆开展。图片展分“红色记忆篇”“奋进历程篇”“展望未来篇”。书画展以《阳大筑路图》百米长卷为主画，辅以150多幅“写阳泉、画阳泉”的精品佳作。

5日至6日 在希腊举行的世界沙滩跆拳道锦标赛中，阳泉籍运动员刘雨青个人收获2金1铜，获得女子青年个人传统品势冠军、女子青年团体传统品势冠军和17岁以上团体自创品势第三名。此次比赛中，中国队获得4金1银4铜。

6日 阳泉市委常委会召开（扩大）会议，传达学习省委十一届三次全会精神、全省“践行总书记讲话，深化脱贫攻坚”吕梁现场推进会精神，以及全省“两学一做”学习教育常态化制度化、维护核心见诸行动主题教育推进会精神、全省干部监督工作座谈会精神。市委书记陈永奇主持会议。

8日 阳泉市首台公安交通管理智能服务“机器人”投入使用。“机器人”集机动车违法查询处理、驾驶证查询、处罚决定书补打等业务于一体，每天可自助处理非现场交通违法行为记录300次。

10日 阳泉市召开大会，贯彻省委部署，对全市推进“两学一做”学习教育常态化制度化、开展维护核心见诸行动主题教育进行动员部署。市委书记陈永奇出席会议并讲话。

16日至18日 第五届中蒙俄“万里茶道”市长峰会在平遥举行，阳泉市的藏山风景区、大汖温泉度假区、小河古村评梅景区、银圆山庄、娘子关景区、固关景区等重点景区组团参会，娘子关脆饼、平定砂锅、富硒小米等特色旅游产品受到游客青睐。

18日 阳泉广播电视台围绕境内新闻、文化、特色对节目进行全方位改版，突出新闻性、服务性、民生性和娱乐性。阳泉新闻综合频道、科教频道、睛彩阳泉频道、阳泉新闻综合广播、交通广播、经济广播改版和新版节目一并推出，各频道自办新版节目由原15个栏目180分钟增至27个栏目500分钟。

22日 在太原举行的2017年央企助力山西转型综改会议暨签约仪式上，阳泉市签约项目4个、战略合作协议2项、股权合作协议1项，分别是中国电信阳泉分公司与阳泉经济技术开发区签约山西阳泉电信生产机楼建设项目，中国航天建设集团有限公司与市政府签约阳泉养老及工业园区建设项目，大唐网络有限公司和城区政府签约369云工厂项目，中国供销石油（山西）有限公司与阳泉经济技术开发区签约中国供销石油山西总部项目；中国煤炭科工集团有限公司、中国医药集团总公司分别与市政府、阳泉医药药材公司签订战略合作协议；中国中钢集团公司与阳泉华岭耐火有限公司签约5万吨至10万吨耐火材料生产项目。

24日 市大气污染防治工作领导组发布《关于阳泉市建成区实施机动车单双号限行交通管理的通告》，时限为5月26日至6月4日每天7时至19时，限行区域为城市建成区，系阳泉市首次实施机动车单双号限行管理措施。

月内 市长董一兵率阳泉市经贸文化代表团对澳大利亚、新西兰部分城市进行工作访问。

6月

7日 阳泉市政府与中建交通、建设集团有限公司战略合作框架协议签约仪式在阳泉宾馆举行。市长董一兵，中建集团董事长、党委书记周宇鼪出席仪式。副市长郭少敏、中建集团副总经理成育军代表双方签署协议。

7日至9日 阳泉市10689名学生参加2017年全国普通高校招生统一考试。

10日 中国首个“文化和自然遗产日”，阳泉市第三批市级非物质文化遗产名录项目挂牌，名录包括民间文学，民间舞蹈，传统体育、游戏与杂技，传统美术，传统手工技艺，传统医药和民俗七大类32项。至此，阳泉市国家级“非遗”代表项目达4项，省级“非遗”代表项目达20项，市级“非遗”代表项目达111项，县级“非遗”项目156项；省级传承人22名，市级传承人126名。

10日至16日 在江苏省镇江市举办的“华诺菲”杯2017全国残疾人田径锦标赛中，矿区选手王秋霖获得金牌、银牌各1枚。比赛由中国残疾人联合会、中国残奥会主办，全国30个省、自治区、直辖市、新疆生产建设兵团的486名运动员参加28个田径项目。山西省选出12名运动员参赛，王秋霖是阳泉市唯一参赛选手。

15日 阳泉市民营企业家成长工程启动，民营企业家大讲堂在市众创电子商务产业园开班。市委常委、市委统战部部长王铁梅出席启动仪式并讲话。该工程由市委统战部牵头组织，市工商联、市中小企业局、市众创电子商务产业园具体实施。民营企业家大讲堂按照每月一期、每期半天组织实施。

16日 省政府第153次常务会议审议通过阳泉经济技术开发区扩区至总规划面积80平方千米，主导产业为新一代信息技术、装备制造和新材料产业。

20日至22日 阳泉市13083名考生参加2017年山西省中考。

27日 阳泉市委召开全市领导干部大会，传达学习习近平总书记视察山西重要讲话精神，安排部署阳泉市学习贯彻落实工作。市委书记陈永奇主持大会。

7月

10日 全市脱贫攻坚（平定）现场推进会召开。会议深入学习贯彻习近平总书记视察山西重要讲话精神和在全国深度贫困地区脱贫攻坚座谈会上的重要讲话精神，以及全省干部大会精神，动员全市各级各部门深化思想认识，强化工作举措，确保在全省率先整体脱贫。市委书记陈永奇出席会议并讲话，市委副书记、市长董一兵主持会议并作安排部署。

11日 阳泉市政府与百度公司签署多项战略合作协议，以云计算、物联网、移动互联网、大数据、智慧城市为引领，共同推进“智慧阳泉”“政务云计算”“大数据产业”等快速建设和发展。山西省委书记骆惠宁、省长楼阳生、百度董事长兼CEO李彦宏出席签约仪式。市长董一兵与百度副总裁、百度云总经理尹世明代表双方签约。

18日 省委副书记黄晓薇到矿区段南沟社区，郊区平坦镇桃林沟村、李家庄乡汉河沟村，实地了解“两学一做”学习教育常态化制度化、开展维护核心见诸行动主题教育推进情况；深入市纪委监委机关、城区义井社区、阳泉经济技术开发区三和园双创基地，就深化监察体制改革试点和群团改革路径与干部群众座谈。

26日 省委常委、省纪委书记、省监委主任任建华到阳泉市调研。

27日至28日 “晋商晋才回乡创业创新、泉心泉意共促阳泉发展”恳谈会暨招商引资活动在北京举行。该活动于3月16日启动，是阳泉市“引老乡、回故乡、建家乡”招商引资、招才引智活动的延续拓展，采取“1+5”模式进行，即举办一场“晋商晋才回乡创业创新、泉心泉意共促阳泉发展”恳谈会，组织“新能源新材料”“传统产业转型升级”“文化旅游融合发展暨招商引资、引智”“大数据引领智慧转型创新”“现代物流产业”5场主题论坛，共有265位晋商晋才赴会，签订各类经济技术合作协议合同21个，总投资123.96亿元。

月内 在交通运输部公布的全国52个县（市、区）城乡交通运输一体化示范县第一批创建县（市、区）名单中，平定县成为阳泉市唯一入选县区。

8月

4日 按照省委、省政府和省军区统一部署，阳泉市参加代号为“太行—2017”的山西省人民防空演习，市领导陈永奇、董一兵、马爱锋、巩成、田桂明、王铁梅、杨自明等在阳泉演习现场观摩。

上旬 环保部强化督察组在阳泉市督察期间，发现20家企业存在未安装污染治理设施等涉气环境问题。按照省委、省政府要求，市委、市政府迅速作出整改安排。18日，市长董一兵到被通报企业实地了解情况，督查问题整改落实。

14日 市长董一兵以“河长”身份赴盂县督导滹沱河河长制工作。

24日至28日 在中国（太原）煤炭交易中心举行的第三届山西文化产业博览交易会中，阳泉市19家企业的500多件文化产品参展。其中，由昱泉聚芳斋工艺品有限公司胡奔校创作的石雕作品《中共第一城》、阳泉美术院高建东创作的堆塑作品《五台山大白塔》获得金奖，由平定古窑陶艺有限公司赵怀仓创作的陶瓷作品《九龙天球瓶》等6件作品获得银奖，由山西晋明堂文化科技有限公司晋明堂创作的紫砂作品《魁方壶》等5件作品获得铜奖。

26日至9月17日 以“爱在桃林，情动山城”为主题的阳泉首届七夕节在桃林沟景区桃河民俗文化园举办。活动由市旅游发展委员会主办，桃林时光旅游文化开发有限公司承办，内容包括婚纱古装走秀、民俗情景剧、“桃花韵”摄影颁奖仪式、相亲活动、吃货大比拼、文艺表演等。

27日 省委常委、省委宣传部部长王清宪到第三届山西文博会阳泉展区参观指导，市委常委、市委统战部部长王铁梅汇报阳泉市布展情况和文化产业发展情况。

27日至9月8日 在天津市举行的第十三届全运会上，阳泉市23名运动员参加射击、蹦床、乒乓球、艺术体操等7个大项的比赛，获得2枚金牌、3枚银牌，其中射击运动员王智伟以227.9环成绩夺得男子50米手枪决赛冠军、10米气手枪银牌，蹦床运动员涂潇获得男子网上个人金牌和男子团体银牌。

月内 在《财富》杂志发布的2017年“世界500强”排行榜中，阳煤集团再次上榜，位列445位。

9月

1日 阳泉市国有资本运营投资有限责任公司挂牌，成为全省首家地方性国有资本投资运营公司。

8日 在广州市中国进出口商品交易会琶洲展馆举行的2017山西品牌中华行活动中，阳泉市开辟专场，为30家参展企业集中展示名优特新产品，参展的10大类产品500多种商品中有刻花瓷、砂器、响揭等国家级、省级非物质文化遗产项目，有山西老陈醋、中华老字号“龙筋”黄瓜干，有平定砂锅、阳泉压饼、连翘茶、盂县桃仁月饼、富硒杂粮、小米、核桃露、花椒等地方特色名优产品，也有煤雕、蛋画、面塑、根雕、剪纸、彩绘葫芦等手工艺品。

16日至20日 阳泉市30余家企业参加在中国（太原）煤炭交易中心举行的第五届中国（山西）特色农产品交易博览会，200余种特色农产品参展，集中展示特色农业、功能农业、高效农业、特色产业扶贫等发展成果，招商引资贸易签约金额达18.97亿元。

26日 省委常委、常务副省长高建民先后到平定县水峪村卫生所、巨城镇卫生院和平定县医疗集团，了解改革措施落实、家庭医生签约进展、药品供应保障、群众看病就医报销、医疗服务落实等情况，并召开座谈会听取相关工作开展情况汇报。

29日 中节能（阳泉）50兆瓦光伏领跑者发电项目成功并网发电，光伏项目配套公共基础设施累计完成近80亿元，2个220千伏汇集站、8个110千伏汇集站、110千伏汇集线路及220千伏送出工程建设完成。

月内 在第十八届世界华人学生作文大赛中，阳泉市洪城河小学五年级学生张志轩的作品《门里门外》获得特等奖（15名），系山西省唯一获奖学生。大赛由《快乐作文》杂志社发起，中国侨联、全国台联、人民日报海外版、中国国际广播电台、中央电视台联合主办，2000年开赛，每年举办一次。

10月

12日 副省长王一新到阳泉市调研督导市县国企国资改革工作。

13日 以“数聚阳泉·物联天下”为主题的山西阳泉大数据及智能物联网产业发展大会在阳泉宾馆召开。会议分山西阳泉大数据及智能物联网产业发展大会开幕式、签约及揭牌仪式和漾泉大讲堂、主题论坛3个阶段。副省长王一新作讲话，市委书记陈永奇致欢迎辞，市长董一兵主持开幕式。其间，中国工程院院士谭建荣等国内著名专家学者做客阳泉市“漾泉大讲堂”，围绕大数据、云计算、物联网等信息通信技术与社会经济各行各业的融合创新，为与会人员作演讲。百度（阳泉）创新中心、山西大学大数据阳泉实训基地、山西慧泉大数据产业发展有限公司揭牌成立。

14日 国家新型城镇化建设调研组到阳泉市调研，并召开国家新型城镇化（山西·阳泉）座谈会。国务院原副秘书长、国务院参事室主任崔占福等相关领域负责人、专家学者为阳泉市新型城镇化和特色小镇建设出谋划策。阳泉市政府还与中城新型城镇化基金管理有限责任公司签署基金规模60亿元的合作框架协议，共同发起设立阳泉市新型城镇化建设产业投资子基金，合力打造产业项目融资平台，为推进新型城镇化建设提供资金支撑。

16日至17日 市长董一兵会见德国莱法州比肯费尔德政府最高行政长官施耐德·马提亚斯一行，并代表市政府与比肯费尔德政府签署《中华人民共和国山西省阳泉市与德意志联邦共和国莱法州比肯费尔德友好城市合作备忘录》。

31日 6时，全国首套“加压气相萃冷年产5万吨三聚氰胺联产尿素”项目在阳煤丰喜集团一次试车成功。

月内 由《中国能源报》与中国能源经济研究院共同推出的大型公益评选活动中，阳煤集团以1613.27亿元营业收入位居22位，入选2017年度中国能源集团500强榜单。

11月

6日至15日 阳煤集团首批申报国家一级安全生产标准化的矿井接受国家煤矿安全监察局组织考核定级，新元、新景、一矿、大阳泉、五矿5座矿井通过验收，达到煤矿安全生产标准化一级标准。

8日 在太原举行的2017中国（山西）股权投资高峰论坛暨阳煤产业基金签约仪式上，阳煤集团与梧桐树资本集团联合成立100亿元阳煤产业基金，通过“产融结合”方式助力企业各产业改革发展，山西省首个国企发起市场化运作的国企混改基金成立。

22日 16时，由天津港出发的“盛发海”轮满载4.74万吨“阳优”末煤启航驶往南京西坝码头，此为阳煤集团煤炭销售历史上第一条“海进江”船舶。

23日 市政府与中建公司就国道307、207线阳泉市绕城改线工程PPP项目签约，系全省政府和社会资本合作PPP流程图出台后阳泉市首个签约项目。

月内 在全国精神文明建设表彰大会上，阳泉市8个集体和1名个人受到表彰。其中，阳泉市平定县公交公司调度员王玥获第六届全国道德模范提名奖；平定县冠山镇宋家庄村、平定县东回镇前黄安村、盂县牛村镇温池村、郊区河底镇山底村入选第五届全国文明村镇；市国家税务局、阳泉第一监狱、城区小阳泉南社区入选第五届全国文明单位；城区北大街小学入选第一届全国文明校园。

《阳泉市域总体规划（2011—2030）》调整方案获省政府通过。3月，根据省委、省政府《关于开发区改革创新发展的若干意见》和省住建厅《关于做好规划修改工作的通知》要求，阳泉市在确立“一体两翼”开发区总体布局基础上，按照“整合改制扩区调规”的要求，对2013年6月由省政府通过的《阳泉市域总体规划（2011—2030）》进行适当调整。

国家质检总局发布第98号公告，正式批准对平定砂器实施国家地理标志产品保护。平定砂器系阳泉市首个获得国家地理标志产品保护的产品。

12 月

2 日至 3日　在成都举行的第四届中国青年志愿服务公益创业赛全国赛服务项目大赛中，城区义家亲社会工作服务中心获铜奖。其间，全国179 个组织参加大赛。经专家评审，最终产生公益创业赛金奖 10 个、银奖 40 个、铜奖 50 个。

4 日至 5 日　市第十五届人民代表大会第二次会议在阳泉宾馆举行，选举出席山西省第十三届人民代表大会代表 25 名。

5 日　在四川武胜县举行的中国美丽休闲乡村建设现场会上，阳泉市的桃林沟村荣获"现代新村"称号。"2017 年中国美丽休闲乡村"评选推介活动由农业部主办，经地方推荐和专家评审，全国 150 个乡村被评为"2017 年中国美丽休闲乡村"。其中，特色民居村 41 个、特色民俗村 35个、现代新村 48 个、历史古村 26 个，山西省有 5 个村名列其中。

18 日　在太原举办的亚太广播影视奖与新媒体创新大会上，由阳泉市广播电视台新闻综合频道选送的《阳泉新闻》获"2016—2017 年度亚太地区创新力栏目"奖，频道总监高扬获"2016—2017 年度亚太地区广播影视影响力人物"称号。创新大会由亚广协（北京）媒体传播技术研究院主办，中华广播影视交流协会协办。

27 日至 28 日　省委常委、省委政法委书记商黎光到矿区赛鱼社区、矿区赛鱼派出所、矿区综治中心、阳煤平定煤制乙二醇项目、百度云计算（阳泉）中心、市中级人民法院、盂县信访大厅、市人民检察院、郊区桃林沟村等地，就贯彻中共十九大精神和政法队伍建设进行调研。

28 日　阳泉煤业（集团）有限责任公司、中国铁路北京局集团有限公司和天津港（集团）有限公司在北京市召开山西（阳泉）国际陆港集团有限公司成立新闻发布会。该公司以煤炭运输业务为主，白货（含集装箱）运输业务为辅，通过构建物流信息系统，完善供应链金融支撑体系，推动物流一体化向供应链一体化转变，建成联结中国东西部经济发展的现代化、智能化、国际化物流网络，构建联结"一带一路"大通道。

在北京召开的中央农村工作会议、全国农业工作会议期间，郊区汉河沟村党支部书记宋晓文受到习近平、李克强等党和国家领导人接见，并获得"全国农业劳动模范"称号。

30 日　在国家体育总局组织的2017 年全国体育事业突出贡献奖评选中，阳泉市体育运动学校获"全国体育事业突出贡献奖先进集体"称号。3 月，在 2017—2020 年奥运周期评选中，被国家体育总局命名为"国家重点高水平体育后备人才基地"，是山西省唯一入选前 100 名的综合类体育运动学校。8 月，在天津市举行的第十三届全运会"双先"表彰会上，市体育运动学校被评为"2013—2016 年度全国群众体育先进单位"。

月内　省委副书记黄晓薇先后到山西鑫磊循环经济产业园、山西康泰来农业生态科技有限公司、山西谷味天农业开发有限公司、山西圣天越投资集团古村落保护和旅游开发项目、山西裕光煤电 2 × 100 万千瓦发电项目、盂县石店煤业采煤沉陷区治理项目、盂县经济技术开发区中岚电子信息产业园，就"提升环境、优化政策，构建亲清新型政商关系，激发和保护企业家精神"进行实地调研。

在全国新闻出版统计工作年度评选中，阳泉市文化局被国家新闻出版广电总局评为 2017 年全国新闻出版统计工作先进单位。

市政府授予阳煤集团华越机械有限公司、阳泉市长青石油压裂支撑剂有限公司 "首届阳泉市市长质量奖"；授予山西盂县西小坪耐火材料有限公司、阳泉天元家用电器有限责任公司、平定冠窑砂器陶艺有限公司董事长张宏亮和山西省阳泉固庄煤矿选煤厂副厂长刘东升"首届阳泉市市长质量奖提名奖"。

在科技部印发的《科技部关于公布 2017 年度国家备案众创空间的通知》中，由阳泉市高新技术创业服务中心培育的"阳泉智拓众创空间"和由平定县金潭企业孵化基地有限公司培育的"金潭众创空间"获得科技部备案，纳入国家级科技企业孵化器管理服务体系。截至 2017 年底，阳泉市建成各级、各类众创空间和孵化器近20 家。其中国家级孵化器 1 家、国家级众创空间备案 2 家、省级孵化器 6家、省级众创空间 11 家、市级众创空间 13 家、国家级"星创天地"备案 2家，覆盖全市的科技孵化网络体系初步形成，阳泉市获得国家备案的众创空间和省级孵化器数量位居全省第二，省级众创空间数量位居全省第三。

交通银行阳泉分行营业部被中国银行业协会授予 "2017 年度中国银行业文明规范服务百佳示范单位"称号，成为阳泉市首家获奖银行业金融机构。交通银行阳泉北大街支行获评全国"五星"示范单位。

市情概览

基本情况

地理资源

【位置 面积】 阳泉市地处山西省东部,黄土高原东缘,太行山中段西麓。北与忻州市接壤,西与太原市连接,南与晋中市相毗,东与河北省石家庄市为邻。地理坐标:北纬37°40′~38°31′,东经112°54′~114°04′,朔黄铁路、石太铁路、石太高速铁路与太旧高速公路、太阳高速公路、307国道自西向东横穿市境,阳五高速公路、207国道纵贯市境南北;西距省城太原119千米,东距河北省会石家庄市123千米,距首都北京406千米,距天津新港561千米,距黄骅港500千米,交通便利。阳泉市轮廓呈由西北斜向东南的平行四边形,南北长96千米,东西宽99千米,总面积4558.93平方千米,占全省总面积的2.92%。 (杨 辑)

【地质 地貌】 地质 阳泉市位于山西中台隆东部,跨越五台隆起的南部、太行拱断束中段西侧、沁水台拗陷东北边缘,系3个构造单元的交汇处。

境内出露地层由老至新依次为:中太古界阜平岩群、龙泉关岩群,上太古界龙华河岩群,下元古界滹沱群,中元古界长城系,下古生界寒武系、奥陶系,上古生界石炭系、二叠系,中生界三叠系,新生界第三系、第四系。各地层分布情况:中太古界、上太古界和下元古界主要分布于盂县北部;中元古界主要分布于平定县东部;下古生界主要分布于盂县中部、东部和平定县东部,上古生界主要分布于盂县南部、阳泉市郊区及平定县中部和西部;中生界仅在平定县的西南部有少量分布;新生界分布于盂县、阳泉市郊区以及平定县的中部。

境内岩浆岩分布不广,主要发育在盂县北部基底变质岩系中,中北部和南部盖层中亦有出露。岩性以基性岩为主,中性岩为次,侵入岩、喷出岩、脉岩均有产出;其中吕梁期、燕山期的基性脉岩较为发育,喜山期喷出岩具一定规模。它们均有不同程度的次生变化,并且与许多重要矿产有密切关系。

地貌 阳泉市地貌以山地为主,山高谷深,地面崎岖不平。东部为太行山,西部为系舟山的支脉,均呈近南北向展布,山地约占总面积的75%。山脉之间分布着一些盆地,面积较大的有西烟盆地、盂城盆地和平定—阳泉盆地。西烟盆地和盂城盆地底部各为一块面积不大的平原,平定—阳泉盆地底部是一片起伏和缓的土石丘陵。平原和丘陵约占总面积的25%。境内黄土层厚度较薄,且西部大于东部,呈黄土高原东缘特色。从整体看,地势西高东低。最高点为北方山山脉的坪塔梁主峰,海拔1803.6米;最低点在娘子关绵河河谷与井陉县接壤处,海拔350米;最大相对高差1453.6米。市中心海拔约700米。 (杨 辑)

【自然资源】 截至2017年底,全市土地总面积4558.93平方千米。其中,城区14.77平方千米,占全市总面积的0.32%;矿区11.83平方千米,占全市总面积的0.25%;郊区627平方千米,占全市总面积的13.8%;平定县1391平方千米,占全市总面积的30.5%;盂县2514平方千米,占全市总面积的55%。

全市耕地76146.78公顷,占总面积16.70%;园地3142.88公顷,占总面积0.69%;林地155593.90公顷,占总面积34.13%;草地114574.08公顷,占总面积25.13%;城镇村及工矿用地28704.17公顷,占总面积6.30%;交通运输用地7005.92公顷,占总面积1.54%;水域及水利设施用地3625.23公顷,占总面积0.80%;其他土地67100.32公顷,占总面积14.72%。耕地中,水浇地为1529.37公顷,占总耕地的2.01%;旱地为74617.41公顷,占总耕地的97.99%。坡度15°以上耕地15767.99公顷,占总耕地的20.71%。

2017年度阳泉市土地利用现状变更情况一览表

表1 单位：公顷

变更后地类		代码	年初面积	年内减少面积	年内增加面积	年末面积
耕地	小　计	01	76087.47	131.04	190.35	76146.78
	水　田	011	0.00	0.00	0.00	0.00
	水浇地	012	1536.49	7.12	0.00	1529.37
	旱　地	013	74550.98	123.92	190.35	74617.41
园地	小　计	02	3156.65	13.77	0.00	3142.88
	果　园	021	2791.72	11.86	0.00	2779.86
	茶　园	022	0.00	0.00	0.00	0.00
	其他园地	023	364.93	1.91	0.00	363.02
林地	小　计	03	155638.60	44.70	0.00	155593.90
	有林地	031	41664.10	19.47	0.00	41644.63
	灌木林地	032	77389.84	6.67	0.00	77383.17
	其他林地	033	36584.66	18.56	0.00	36566.10
草地	小　计	04	114797.24	223.16	0.00	114574.08
	天然牧草地	041	0.65	0.00	0.00	0.65
	人工牧草地	042	10.54	0.00	0.00	10.54
	其他草地	043	114786.05	223.16	0.00	114562.89
城镇村及工矿用地	小　计	20	28489.79	29.86	244.24	28704.17
	城市	201	3729.64	0.00	125.04	3854.68
	建制镇	202	2908.77	3.57	16.98	2922.18
	村　庄	203	15768.39	75.29	176.02	15869.12
	采矿用地	204	5690.63	32.30	6.91	5665.24
	风景名胜及特殊用地	205	392.36	0.07	0.66	392.95
交通运输用地	小　计	10	6999.27	12.83	19.48	7005.92
	铁路用地	101	477.10	0.00	1.04	478.14
	公路用地	102	3388.97	7.81	13.96	3395.12
	农村道路	104	3129.91	5.53	4.99	3129.37
	机场用地	105	0.00	0.00	0.00	0.00
	港口码头用地	106	0.00	0.00	0.00	0.00
	管道运输用地	107	3.29	0.00	0.00	3.29
水域及水利设施用地	小　计	11	3628.88	3.65	0.00	3625.23
	河流水面	111	754.38	0.07	0.00	754.31
	湖泊水面	112	0.11	0.00	0.00	0.11
	水库水面	113	163.00	0.00	0.00	163.00
	坑塘水面	114	67.85	0.51	0.00	67.34
	沿海滩涂	115	0.00	0.00	0.00	0.00
	内陆滩涂	116	2468.84	2.97	0.00	2465.87
	沟　渠	117	150.54	0.10	0.00	150.44
	水工建筑用地	118	24.16	0.00	0.00	24.16
	冰川及永久积雪	119	0.00	0.00	0.00	0.00
其他土地	小　计	12	67095.38	39.42	44.36	67100.32
	设施农用地	122	341.90	3.51	18.16	356.55
	田　坎	123	11467.49	12.43	28.93	11483.99
	盐碱地	124	0.00	0.00	0.00	0.00
	沼泽地	125	0.00	0.00	0.00	0.00
	沙　地	126	0.00	0.00	0.00	0.00
	裸　地	127	55285.99	26.21	0.00	55259.78
合　计			455893.28	583.04	583.04	455893.28

矿产资源　截至2017年底，阳泉市发现矿产资源65种，其中探明资源储量的矿产资源13种，以煤炭、硫铁矿、铝土矿、耐火黏土等矿产储量较大，全市煤炭保有量约78亿吨，设置采矿权57亿吨，未利用的储量约19.85亿吨。全市煤炭年生产能力0.7亿吨，按平均回采率70%和储量备用系数1.4计算，全市煤炭可采储量服务年限约为32年。全市铝土资源保有储量约8700万吨，占全省保有储量（11亿吨）的7.9%。其中郊区勘探区4600万吨、盂县勘探区4100万吨。

水资源　2017年，阳泉市河川径流量为3.6145亿立方米（含泉水出露量），比上年减少了8.6%，比多年平均值偏枯29.6%；径流深为79.0毫米；地下水为2.6568亿立方米（含泉水分配量）；扣除重复量后全市水资源总量为2.9609亿立方米（含泉水分配量）。　（郭晓月　徐峰伟）

【水文】　阳泉市除西部有约22平方千米属黄河流域外，其余均属海河流域。滹沱河及桃河是境内主要河流。除滹沱河干流外，其余河流均属暴雨型间歇河流，含沙量较大。阳泉站2017年实测年输沙量2.62万吨，输沙模数53.47吨/平方千米。境内地下水丰富，主要类型是碳酸盐岩类岩溶裂隙水，在东部露头形成娘子关岩溶大泉。

年内，境内降水丰枯程度为"平水"。平均面降雨量为572.4毫米，折合水体26.2亿立方米。比上年减少21.1%。实测最大点雨量680.2毫米，为大南庄雨量站测得；最小点雨量433.4毫米，为三郊雨量站测得。最大点雨量与最小点雨量比值1.6∶1。境内主要河流水污染依然严重，市内河道断面除旧街、阳泉断面为Ⅲ类水质外，其他断面均为劣Ⅴ类水质以下。桃河白羊墅断面为劣Ⅴ类水质，超标项目为：氨氮（超标50.0%）、总磷（超标75.0%）；温河断面为劣Ⅴ类水质，超标项目为：氨氮（超标100%）；绵河娘子关断面为Ⅴ类水质，超标项目为：氨氮（超标75.0%）、挥发酚（超标50.0%）。　（徐峰伟）

【土壤】　2017年，阳泉市土壤面积384555公顷，占全市总面积的86.38%，分为4个土类、6个亚土类、23个土属和91个土种。4个土类是褐土土类、潮土土类、粗古土土类和石质土土类。其中褐土是一种地带性土壤，为境内主要土壤类型，面积334533公顷，约占全市土壤总面积的87%。（张　艳）

【动植物资源】　境内野生动物种类不多，据1987年野生动物调查，境内有陆栖脊椎动物4纲、17目、28科、49种。其中两栖纲1目、2科、3种，爬行纲3目、4科、5种，鸟纲8目、14科、27种，哺乳纲5目、8科、14种。截至2017年底，境内两栖类动物有中华大蟾蜍、黑斑蛙、中国林蛙，爬行类动物有无蹼壁虎、山地麻蜥、虎斑游蛇、枕纹锦蛇、甲鱼，鸟类有鸢、大狂鸟、金雕、白肩雕、鹊鹞、红脚隼、红隼、欧石鸡、野鸡、雉鸡、岩鸽、灰斑鸠、鹰头杜鹃、大杜鹃、长耳鸮、短耳鸮、麻雀、山麻雀、灰背伯劳、黑枕黄鹂、灰喜鹊、喜鹊、红嘴山鸦、秃鼻乌鸦、家燕、金腰燕、白鹡鸰、戴胜、斑啄木鸟，哺乳类动物有金钱豹、黄鼬、狗獾、猪獾、狼、赤狐、沙狐、草兔、小家鼠、棕色田鼠、梅花鹿、狍、麂、东方蝙蝠。有多种昆虫和少量鱼类。由于市境相对狭小，动物常随气候的变化和植被的改变而迁徙，动物种类时有增减，变化较为频繁。

境内属暖温带落叶林阔叶林地带。古代森林茂密，人烟稀少；后虽屡经破坏和砍伐，但直到元末（1368），仍保存着大片森林，植被情况尚佳。从明代初年开始，森林遭到大规模破坏；特别是明代中期以后，对森林摧残愈烈。至民国年间，深山古庙残留林木也砍伐殆尽。虽然民国初年搞过一点植树造林，但成效甚微。到1949年中华人民共和国成立时，森林覆盖率不到2%。中华人民共和国成立后，境内森林面积逐步扩大，牧坡草地得到保护和改良，植物资源得到有效的恢复和发展。植被随环境条件不同而形成6种类型：温性针叶林，主要是油松林、侧柏林；温性针阔叶混交林，主要为油松、辽东栎、麻栎混交林；温性阔叶林，主要为刺槐、杨树、鹅耳枥林；灌草丛，境内为山皂荚、白羊草灌草丛；草丛，主要为白羊草草丛；栽培植被，主要有玉米、小麦、谷类、豆类和水稻等。此外，还有常见的北方油料作物、蔬菜和瓜果等。野生经济植物有300余种，其中有较大经济价值且便于利用的药用植物、观赏植物和经济树种有100余种。主要有：银杏、油松、毛白杨、板栗、家榆、地榆、国槐、花椒、沙棘、山茱萸、杠柳、裂叶荆芥、芝麻、车前、知母、穿龙薯蓣等。古老珍稀树有95株，主要树种有银杏、松、柏、国槐、椿、榆、杨、柳、鹅耳枥、栎、云杉、皂角、黄栌、五角枫等。截至2017年底，全市林地面积13.0万公顷，森林覆盖率28.5%。（王秋生）

气　候

【概况】　2017年，阳泉市气候特点是：全市降水量大部偏多，平均气温偏高，日照时数大部偏多；主要有寒潮、大风、雾、霾、冰雹、短时强降水、暴雨、阶段性干旱、秋季连阴雨等气象灾害，极端天气气候事件以瞬时大风、冰雹、连阴雨为主。从季节分布上看，降水冬、春季少，夏、秋季多；气温各季皆偏高；日照时数冬、夏、秋季偏少，春季偏多。

降水　年内，全市年降水量在507.6毫米~609.5毫米之间，三个国家气象站降水量分别为阳泉站578.7毫米、盂县站507.6毫米、平定站609.5毫米。其中，阳泉站比常年平均

偏多 62.7 毫米，盂县站偏少 17.7 毫米，平定站偏多 100.9 毫米，全市降水量北部接近常年略偏少，中南部偏多 1~2 成。

三个国家站各月降水量与历年平均值分布见图。如图 1 所示，以阳泉站为例，阳泉站汛期 6 月至 7 月降水量偏多、10 月降水量异常偏多，其他月份降水量偏少。阳泉三个国家站 10 月降水量皆为建站以来最大值。

气温　年内，阳泉市平均气温在 10.5℃~11.9℃之间，三个国家站年平均气温分别为阳泉站 11.7℃、盂县站 10.5℃、平定站 11.9℃，其中，阳泉站比常年平均偏高 0.1℃，盂县和平定站比常年平均偏高 1.2℃和 1.0℃；年极端最高气温 36.7℃~38.7℃；年极端最低气温 −15.8℃~−13.4℃。阳泉站因 2011 年从市区迁至郊区荫营，故以平定站为例，如图 2 所示，6 月、10 月平均气温偏低，其他各月平均气温偏高，全年气温以偏高为主。

日照　年内，阳泉年日照时数在 2510.2 小时 ~2694.9 小时之间，三站日照时数分别为阳泉站 2558.1 小时，盂县站 2694.9 小时，平定站 2510.2 小时。其中，图 3 阳泉站比常年平均偏多 126.8 小时，盂县站偏多 10.6 小时，平定站偏少 164.6 小时。以阳泉站为例，阳泉站明显偏多的月份为 3 月、5 月、9 月、11 月、12 月，明显偏少的月份为 10 月，其他月份接近常年平均值。（袁　杰）

【四季气候特征】　阳泉市属暖温带大陆性季风气候，四季分明。

冬季　（2016 年 12 月至 2017 年 2 月）降水量与常年同期相比大部偏多，气温偏高，日照时数偏少。出现寒潮、大风、霾、阶段性干旱等灾害性天气和极端气候事件。降水量在 12.0 毫米 ~19.7 毫米之间，与常年同期相比，阳泉站偏少 1.7 毫米，偏少 1 成多；盂县站偏多 7.3 毫米，偏多近 6 成；平定

2017 年阳泉市降水情况统计简表

表 2　　　　单位：元、%

项　　目	阳　泉	盂　县	平　定
日降水量≥50.0 毫米日数	1	1	0
有效降水（≥0.1 毫米）日数	79（平均 80.5）	78（平均 81.5）	80（平均 82.4）
一日最大降水量	52.1（10 月 9 日）	55.5（10 月 9 日）	39.0（10 月 9 日）
最长连续无降水日数	43	43	43
起止日期	1 月 9 日至 2 月 20 日	1 月 9 日至 2 月 20 日	1 月 9 日至 2 月 20 日
最长连续降水日数	9	9	9
起止日期	7 月 21 日至 29 日	7 月 21 日至 29 日	7 月 21 日至 29 日

（袁　杰）

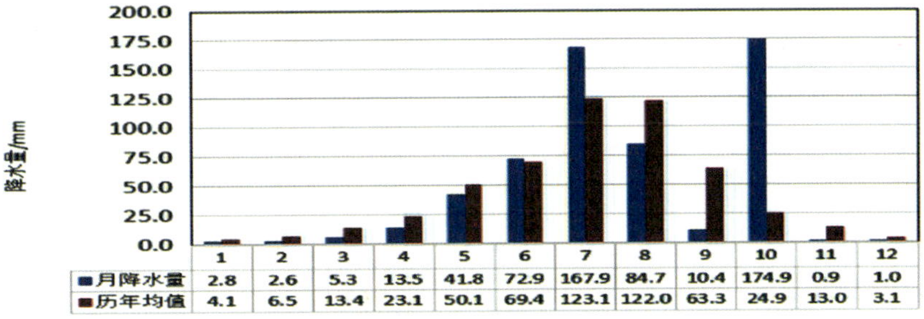

图 1　阳泉站 2017 年各月降水量与历年平均值示意图

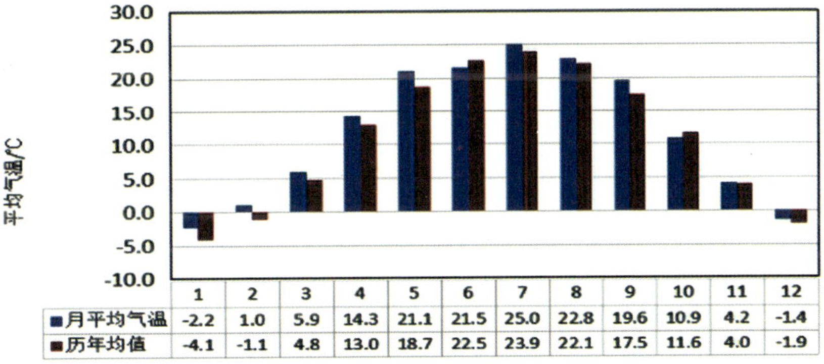

图 2　平定站 2017 年各月平均气温与历年平均值示意图

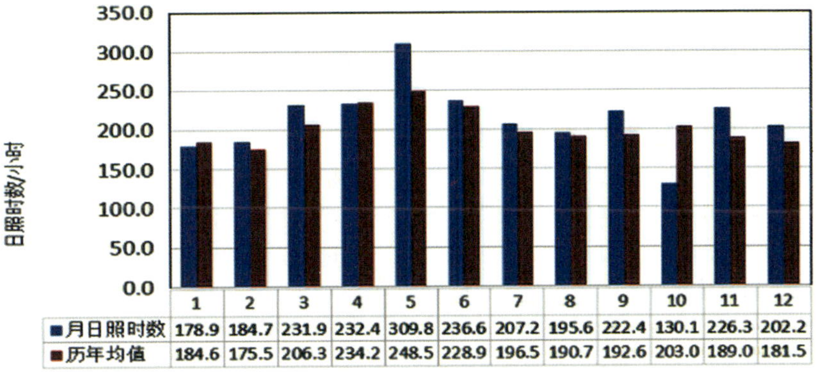

图 3　阳泉站 2017 年各月日照时数与历年平均值示意图

站偏多1.5毫米，偏多1成多。平均气温在-1.5℃~-0.3℃之间，阳泉站比常年同期偏高0.9℃，盂县站偏高2.4℃，平定站偏高2.1℃；其中盂县站冬季平均气温创建站以来新高，平定站冬季平均气温位列建站以来历史第二高值，仅次于1999年的0℃。日照时数在507.8小时~542.9小时之间，阳泉站比常年同期偏少3.6个小时，盂县站偏少51.1个小时，平定站偏少76.5个小时。

春季　（2017年3月至5月）降水偏少，气温偏高，日照时数北中部偏多。出现大风、强降温、沙尘、高温等天气。降水量为60.6毫米~76.6毫米，比常年同期偏少3.1毫米~26.0毫米，偏少0~3成。平均气温在12.0℃~13.8℃之间，偏高0.9℃~1.6℃。日照时数在749.9小时~827.4小时之间，阳泉和盂县站偏多81.2小时~85.1小时，平定偏少2.8个小时。

夏季　（2017年6月至8月）降水量为259.2毫米~369.1毫米，与常年均值相比北部偏少2成，南部偏多0~2成。最长连续降水日数为9天，最长连续无降水日数5天。平均气温为21.7℃~23.1℃，阳泉气象站比与常年均值相比偏低，盂县气象站和平定气象站偏高。日照时数在639.4小时~684.2小时之间，阳泉气象站偏多23.3个小时，盂县气象站和平定气象站偏少16.5小时~44.2小时。

秋季　（2017年9月至11月）降水量为156.0毫米~186.2毫米，比常年同期偏多54.8毫米~85.0毫米。平均气温在10.2℃~11.6℃之间，其中阳泉站比常年同期偏低0.3℃，盂县和平定站偏高0.8和0.6℃。日照时数在555.9小时~587.1小时之间。

阳泉市进入春季后，气温持续偏高，土壤失墒严重。夏季，冰雹、雷暴大风等强对流天气频发，部分地区出现卡脖子旱，对农作物生长造成不利影响。入冬后，天干物燥，全市森林防火工作形势严峻。　（袁　杰）

2017年阳泉市冬季气候资料统计简表

表3　　单位：毫米、℃、小时

项　目	降　水			气　温			日　照		
站　点	阳泉	盂县	平定	阳泉	盂县	平定	阳泉	盂县	平定
季　值	12.0	19.7	13.7	-0.6	-1.5	-0.3	538.0	542.9	507.8
均　值	13.7	12.4	12.2	-1.5	-3.9	-2.4	541.6	594.0	584.3
距　平	-1.7	7.3	1.5	1.0	2.4	2.0	-3.6	-51.1	-76.5

2017年阳泉市春季气候资料统计简表

表4　　单位：毫米、℃、小时

项　目	降　水			气　温			日　照		
站　点	阳泉	盂县	平定	阳泉	盂县	平定	阳泉	盂县	平定
季　值	60.6	64.9	76.6	13.5	12.0	13.8	774.1	827.4	749.9
均　值	86.6	80.7	79.7	12.6	10.4	12.2	689.0	746.2	752.7
距　平	-26.0	-15.8	-3.1	0.9	1.6	1.6	85.1	81.2	-2.8
第一场好雨（日降水量≥10.0毫米）	4月8日			4月8日			4月8日		
入春日期	3月29日			4月11日			3月29日		
大风日数	5日			4日			7日		

2017年阳泉市夏季气候资料统计简表

表5　　单位：毫米、℃、小时

项　目	降　水			气　温			日　照		
站　点	阳泉	盂县	平定	阳泉	盂县	平定	阳泉	盂县	平定
季　值	325.4	259.2	369.1	22.8	21.7	23.1	639.4	684.2	658.4
均　值	314.5	328.0	315.5	23.3	21.4	22.8	616.1	700.7	702.6
距　平	10.9	-68.8	53.6	-0.5	0.3	0.3	23.3	-16.5	-44.2

2017年阳泉市秋季气候资料统计简表

表6　　单位：毫米、℃、小时

项　目	降　水			气　温			日　照		
站　点	阳泉	盂县	平定	阳泉	盂县	平定	阳泉	盂县	平定
季　值	150.1	156.4	104.1	11.5	10.4	11.8	546.5	555.5	552.6
均　值	101.2	104.2	101.2	11.7	9.4	11.0	584.6	643.4	635.2
距　平	48.9	52.2	2.9	-0.2	1.0	0.8	-38.1	-87.9	-82.6
初霜日	10月30日			10月29日			10月30日		
初霜冻（地面最低温度≤0℃）	10月29日（偏晚）			10月29日（偏晚）			10月30日（偏晚）		

（袁　杰）

【主要气候事件及影响】 2017年，阳泉市相继出现冬季干旱、春季干旱、盛夏降水旱涝不均、局地风雹灾害，还出现暴雨、冰雹、大风、霜冻、寒潮、高温等灾害性天气。

暴雨　10月7日至10日，全市出现连阴雨天气。9日，阳泉站出现52.1毫米，盂县站55.5毫米，平定站39.0毫米。10月上旬阳泉市三个国家气象站降水量为135.6毫米~160.6毫米，与常年均值相比，偏多125.7毫米~150.4毫米，偏多12倍~15倍，三站皆刷新建站以来历史极值（10月上旬降水量历史极值情况：阳泉气象站116毫米，1968年；平定气象站81毫米，1973年；盂县气象站93毫米，1968年）。

冰雹 大风等强对流天气　6月，阳泉市雷阵雨天气频繁，多次出现短时强降水、大风、冰雹等强对流天气，局部出现冰雹灾害，但除17日平定站观测到最大直径1.5厘米冰雹外，其他时次冰雹因未落在观测站附近，无观测记录。7月，多次出现短时强降水、大风、冰雹等强对流天气，局部出现冰雹灾害，9日，阳泉气象站观测到最大直径7毫米冰雹。11日，阳泉站出现极大风速32.6米/秒瞬时大风；平定站出现极大风速为22.8米/秒瞬时大风。8月，多雷阵雨天气，多次出现短时强降水、大风、冰雹等强对流天气，局部出现冰雹灾害，11日，阳泉站观测到最大直径40毫米冰雹、平定气象站16毫米冰雹。年内，阳泉市三个国家站点测得：阳泉站大风天气17天，盂县站9天，平定站19天。

寒潮　2017年1月29日至30日，阳泉市出现强降温天气过程，30日最低气温-13.4℃~-15.8℃，盂县站24小时降温8.2℃，平定站24小时降温8.0℃，达到寒潮标准。11月，遭遇冷空气侵扰较频繁，其中9日至11日、12日至13日、28日至30日有3次冷空气过程，达到寒潮标准。

霾天气　2017年，阳泉市三站霾天气分别为阳泉站17天、盂县站50天、平定站12天，由于测量方式和标准改变，不能以此数据与以往对比。经过一系列治理措施，雾霾状况有所好转，但仍较严重。雾霾天气使空气质量下降；雾霾天气还导致能见度差，对人体健康及交通运输不利。

高温　2017年，阳泉三站高温天气较多，分别为阳泉站10天、盂县站7天、平定站13天，主要出现在夏季7月。（袁　杰）

【气候对各行业影响评价】 2017年，阳泉市降水量大部偏多，平均气温偏高，日照时数大部偏多；主要有寒潮、大风、雾、霾、冰雹、短时强降水、暴雨、阶段性干旱、秋季连阴雨等气象灾害，极端天气气候事件以瞬时大风、冰雹、连阴雨为主，对农业、林业、畜牧业、人体健康、水资源、旅游、交通、建筑业均有一定影响。

对农业影响　有利气候影响评价：2017年，阳泉市整体气候年景较好，气象条件对农业生产整体较为有利，但也出现阶段性气象灾害，如冬季全市温度偏高，对农业和设施农业生产较为有利，降雪天气对农作物安全越冬有利；夏季属于农作物生长期，降水分布不均，呈北少南多，前多后少特点，整体气候特征对农业生产较有利，如对春玉米开花授粉、籽粒形成有利；秋季降水量偏多、大部气温偏高，土壤墒情适宜，整体上对农作物和设施农业较为有利。不利气候影响评价：连续43天无有效降水、南部地区日照条件较差、频繁冷空气活动造成大风降温天气均对农作物生长和设施农业生产不利；春播前期降水较少，出现冬春连续干旱天气，对春播工作开展造成一定不利影响，导致春播期推迟；夏季个别时段出现雷暴、大风、短时强降水、冰雹等强对流天气及连续高温干旱天气对多地农业造成灾害，多处农田受灾甚至绝收，经济损失严重；秋季日照时数偏少、10月上旬连阴雨和11月冷空气活动频繁，对秋收期农作物生长、收割、晾晒及设施农业生产较为不利。

对林业影响　有利气候影响评价：降水较多，气温偏高，日照时数偏多，整体利于林业生产；冬季全市气温偏高，有利于树木生长；春季气温偏高，降水偏多，有利于林业生产；10月降水偏多、土壤墒情适宜，对树木生长较为有利。不利气候影响评价：连续43天无有效降水对树木生长不利，特别是2月气温明显偏高，森林火险气象等级居高不下；春季大风天气较多，森林防火工作压力较大；9月、11月降水偏少、大部分气温偏高，对森林防火工作有不利影响。

对畜牧业影响　气温适宜，对畜牧养殖有利；但秋冬季节的数次强冷空气对牲畜业有不利的影响。

对工业影响　气候变化特别是极端天气事件，如极端气温、强风、暴雨、恶劣能见度等影响工业生产的效率和质量，增加能耗，尤其对能源、建筑、采矿、交通、食品、石油化工等行业影响大。

对卫生行业影响　冬季天气干燥，老人、小孩、体弱者会易患感冒等疾病，呼吸道疾病、心脑血管疾病也明显增多。室内、室外温差大，容易引发疾病，对人体健康不利。秋季气温变化幅度大，昼夜温差也加大，容易因不适引发感冒、腹泻等秋季流行病；另外冬季雾霾天气较多，不利于人体健康。

对水资源影响　夏季降水偏多，秋季降水偏多，对涵养土壤水分和水资源储备有利。

对旅游 交通业影响　全年晴好，适宜天气多，整体对旅游业发展、交通通行有利。

对建筑业影响　四季气候适宜，除个别灾害性天气外，全年气候对野外施工、市政工程建设和建筑业基本有利。（袁　杰）

人口　语言

【年末总人口】 据2017年人口变动抽样调查，阳泉市年末总户数534383户，常住人口140.88万人，比上年末增加0.52万人。人口密度309人/平方千米。详见表7。(和继明)

【人口性别构成】 据2017年人口变动抽样调查，阳泉市总人口中，男性人口为726455人，占总人口的51.56%；女性人口为682360人，占总人口的48.44%；人口性别比为106.46。详见表8。　(和继明)

【城乡人口】 据2017年人口变动抽样调查，阳泉市居住在城镇的人口为951846人，占总人口的67.56%；居住在乡村的人口为456969人，占总人口的32.44%。详见表9。　(和继明)

【人口自然变动】 据2017年人口变动抽样调查，阳泉市出生人口1.33万人，人口出生率为9.46‰，比上年提高0.59个千分点；死亡人口0.81万人，死亡率为5.74‰，比上年提高0.66个千分点；自然增长率为3.72‰，比上年下降0.07个千分点。详见表10。　(和继明)

【语言】 阳泉方言属于山西中区方言。依据入声是否分阴阳，又分为平定话、盂县话两个小片。

平定话分布于阳泉市郊区河底村以南地区、城区、矿区、平定县全境，分布面积约2000平方千米。平定话有25个声母，比普通话多3个声母([v z ŋ])。有38个韵母，没有前鼻音韵母，只有后鼻音韵母，普通话二者兼有；有2组塞音尾韵母[-əʔ -ɑʔ]，而普通话没有塞音尾韵母。平定话入声不分阴阳，只有一个入声，单字调共有5个(阴平、阳平、上声、去声、入声)。

2017年阳泉市分县区年末人口及人口密度一览表

表7　单位：户、人、人/平方千米

	年末总户数	年末总人口	人口密度
阳泉市	534383	1408815	309.0
市　区	259193	740978	1133.7
其中：城　区	61459	198801	13459.8
矿　区	90074	251345	21246.4
郊　区	107660	290832	463.8
平定县	142608	345039	248.1
盂　县	132582	322798	128.4

2017年阳泉市分县区人口性别构成一览表

表8　单位：人

	男　性	女　性	性别比(以女性为100)
阳泉市	726455	682360	106.46
城　区	99146	99655	99.48
矿　区	128113	123232	103.96
郊　区	153997	136835	112.54
平定县	177533	167506	105.98
盂　县	167666	155132	108.07

2017年阳泉市分县区城乡人口一览表

表9　单位：人、%

	城镇人口	乡村人口	城镇人口比重
阳泉市	951846	456969	67.56
城　区	198801	—	100.00
矿　区	251345	—	100.00
郊　区	214823	76009	73.86
平定县	149286	195753	43.27
盂　县	137591	185207	42.62

2017年阳泉市分县区人口自然变动一览表

表10　单位：‰

	人口出生率	人口死亡率	人口自然增长率
阳泉市	9.46	5.74	3.72
城　区	9.24	5.67	3.57
矿　区	10.56	5.33	5.23
郊　区	8.19	7.14	1.05
平定县	9.58	6.52	3.06
盂　县	9.78	4.03	5.75

说明：开发区人口数包括在郊区人口数内　(和继明)

盂县话分布于盂县全境及阳泉市郊区牵牛镇、猪头垴、上章召、韩庄、大洼一线以北地区，分布面积约2570平方千米。盂县话有22个声母，比普通话多4个声母（[v z ŋ ȵ]），少4个声母（[tʂ tʂʰ ʂ ʐ]）。有39个韵母，没有鼻音韵母，有2组鼻化音韵母（[-ã　-ə̃]）；有2组塞音尾韵母[-ɤʔ　-ʌʔ]，而普通话没有塞音尾韵母。盂县话入声分阴阳，有阴入、阳入两个入声，单字调共有6个（阴平、阳平、上声、去声、阴入、阳入）。

阳泉方言因多种因素，特别是普通话和外地方言的影响产生语音变异。1956年国务院发出关于推广普通话的指示后，阳泉市开始在全市推广普通话。中华人民共和国建立后，随着经济的发展，阳泉大量外来人口带来多种方言。主要有煤矿职工及家属中的外来人口、铁路职工及家属中的外来人口和其他大型国有企业的职工及家属中的外来人口。20世纪80年代后，随着市场经济的快速发展和城镇化进程加快，前来阳泉务工和经商的流动人口大量增加。外来人口带来多种外地方言，与本地话一起通行于境内。主要外来方言有晋东六县中寿阳、昔阳、和顺、左权的方言，太原和山西其他各地方言，河北方言及其他省市自治区方言。20世纪90年代后，阳泉市加大推广普通话力度，普通话逐步成为全市学校和幼儿教育机构的教学语言，也逐步成为各级党政机关的会议用语、公共场合讲话用语、公务活动交际用语、机关内部工作用语。普通话还深入到人民群众日常生活中，日常交际大量使用普通话，部分家庭形成普通话和方言共存的语境。　　（王秋生）

民族　宗教

【民族】 截至2017年底，阳泉市共有38个少数民族族别，少数民族人口4492人，占全市总人口的0.32%，其中人数较多的少数民族有回族、满族、蒙古族等；还有少数民族流动人口500余人，主要是在境内经商的新疆维吾尔族，西藏、四川等地的藏族和青海、甘肃等地的回族、东乡族、保安族等。少数民族相对聚居街道有城区上站街道办事处、下站街道办事处、南山路街道办事处、城区义井街道办事处，均为回族相对居住区。少数民族聚居村盂县秀水镇东白水村，是山西唯一一个蒙古族聚居村，有蒙古族人口410人，占该村总人数的36.6%；蒙古族户数110户，占该村总户数的27%。　　（史海涛）

【宗教】 截至2017年底，阳泉市有佛教、道教、伊斯兰教、天主教、基督教五大宗教，寺观教堂和固定活动场所400余处，信教群众8.6万余人，其中佛教、道教信众6.2万余人，伊斯兰教0.3万余人，天主教0.5万余人，基督教1.4万余人。宗教团体有市佛教协会、市伊斯兰教协会、市基督教“两会”（基督教“三自”爱国运动委员会、基督教协会）。全市经政府批准的法定宗教活动场所38处（登记开放33处，筹备5处），其中，佛教24处（筹备3处）、道教3处、伊斯兰教1处、天主教2处、基督教8处（筹备2处）。全市依法备案的宗教教职人员66人。其中，佛教比丘（比丘尼）22人、道教3人、伊斯兰教阿訇1人、天主教神甫3人、基督教长老4人、传道员33人。　　（史海涛）

历史渊源

【人文阳泉】 境内历史渊源流长，文化底蕴深厚，自古为晋冀通衢之地，人文荟萃之区。

地质遗产　20世纪70年代，阳泉市修建跨越桃河南北的五渡大桥。在下五渡村南面、原市水泥厂北侧取土时，意外发现犀牛化石，文物管理部门搜集到化石头部下半部分，存于市文物管理委员会。1986年3月，在市郊黄砂堰公路隧道北约500米处左侧（西）断壁上，发现直径0.7米、长7至10米的古树化石；在郊区西南异乡西南异村与五里庄村交界处也发现大量动物化石。上述化石作为境内难得的自然地质遗产瑰宝，表明境内100万年前天气炎热，雨量充沛，森林密布，绿草遍地，河流纵横，是个气候温暖的地方。20世纪60年代山西省文物考古第一次普查中，专家们认定，桃河中下游一带为山西哺乳动物化石保护区。

石器时代　1957年，山西省考古所王择义等考古专家对平定县枣烟（今郊区旧街乡枣园村）、大梁丁等地进行考古发掘，在黄土和红土层交界处发现人工打制的石片、石核等石器，认定其为旧石器时代中期文化，距今10万年，表明先人已在此生息繁衍，散居生活，与丁村遗址基本同期，记录了阳泉地区最早的人类活动，也是阳泉地区最早的文化。比此稍晚的遗址还有盂县黑砚水河1号洞穴、平定县张庄遗址等，这些均为旧石器时代晚期文化。经过漫长的旧石器时代后，大约距今五六千年前进入新石器时代，人类在平定、盂县一带的活动更为频繁，主要遗址有盂县南兴道遗址、平定宁艾遗址、盂县土塔遗址、盂县西潘石斧出土点等。这些新石器遗址文化，特别是发掘出的经过打制的石头和燃烧后的炭灰，再现远古时期境内人类所处的自然风貌、经济生活和原始向往的鲜明特征，开拓了阳泉历史的进程。

史料传说　由于生产力总体水平低下和科学知识贫乏，人们无法战胜自然灾害的侵袭，便幻想用神的力量来保护自己，改造自然。许多神话在民间流传至今，平定一带流传“炼石补天在平定”传说，留存有东浮化山及娲皇人祖庙遗迹；“三过家门而不入”的禹王治水，显现“五渡平波”；老君爷在平定种煤等美丽传说。伴随

文明肇始和社会进程,一些史书典籍记载包括夏商和西周时期更替兴亡的变化轨迹,其中还有涉及阳泉地区的历史文化遗存,夏朝关龙逄纳谏遭害、周穆王巡天下过盘石关等史料,从不同侧面展示了阳泉地区进入文明社会的进程。

阳泉由来　阳泉初为泉名,原称漾泉,在流传中改漾为阳。清光绪版《平定州志》卷二《舆地·山川》中载:“阳泉,在州西十五里,泉源有五:一在村南涧中,俗名饮马坑;一在村西野子沟,皆夏秋有水,冬春则涸;一在村北寺沟,相去丈余,水盈盈常不涸;一在张氏山庄问渠亭右侧,深广丈余,石甃为池,土人常祷雨于此;或曰今村中上港井,亦泉也,今有石槽尚存,后填以巨石,因以为井,皆自平地涌出,本名漾泉,讹为阳泉。”阳泉是由一个山区小镇演变而来。据考古发现,远在旧石器中期,境内便有先人生息繁衍,散居生活。　(魏志清)

【建置沿革】　春秋后期,北狄的一支在今盂县境内建立仇犹国,此为境内建置之始。春秋末,晋卿智瑶灭仇犹,其境域并入晋国。周贞定王十六年(前453),韩、魏、赵灭智氏,三分晋地,今阳泉市境域属赵国。秦庄襄王三年(前247),秦将蒙骜“攻赵榆次、新城(今朔州西南)、狼孟(今阳曲东北),取三十七城”(《史记·秦本纪》),今阳泉市境域归秦国。

秦始皇二十六年(前221),秦统一全国,“分天下以为三十六郡”(《史记·秦始皇本纪》),市境属太原郡。西汉设上艾县,隶属太原郡,故治在今平定县南部阳胜河流域。东汉时上艾县属冀州常山国,三国时属魏并州乐平郡。西晋时属并州乐平郡。西晋后,上艾县历属后赵、前燕、前秦、后燕和北魏等国。北魏太平真君九年(448)撤上艾县,孝昌年间(525—527)重置上艾县,又改称石艾县,属并州乐平郡。后历属东魏、北齐、北周。

隋开皇初(581)撤销乐平郡,石艾县属太原郡。开皇十六年(596),设置原仇县,故治在今盂县城;设置辽州,石艾县与原仇县同属辽州;设置苇泽县,故治在今平定县娘子关,属并州。大业二年(606),原仇县改名为盂县;撤销辽州,石艾县及盂县同属太原郡。三年,撤销井州及苇泽县,将苇泽县境域划入井陉县。

唐武德元年(618),改太原郡为并州;设置乌河县,故治在今盂县西;石艾县、盂县及乌河县同属并州。三年,设置受州,故治在今盂县城,盂县属受州;于乐平设置辽州,石艾县属辽州。六年,受州移治受阳,石艾县及盂县同属受州。贞观八年(634),受州移治塞鱼城,其地在今阳泉市郊区平潭镇赛鱼村。贞观元年(627),撤销乌河县,将其境域划归盂县。八年,撤销受州,石艾县及盂县同属并州。开元十一年(723),以并州为太原府,石艾县及盂县同属太原府。天宝元年(742),石艾县移治广阳(今属昔阳县沾尚镇),改名广阳县。大历元年(766),于今平定县娘子关建承天军,后废。五代,广阳县和盂县历属后唐、后晋、后汉、北汉。

宋初攻取广阳,建广阳寨,划归镇州。太平兴国二年(977),在广阳寨设置平定军。四年,灭北汉,设置并州,盂县属并州;设置平定县,治榆关(今平定县上城),属平定军。元丰年间(1078—1085),设置太原府,属河东路;将并州及平定军划归太原府。金天会六年(1128),将河东路划分为南北二路,太原府、平定军属河东北路;盂县属太原府,平定县属平定军。大定二年(1162),平定军改为平定州,平定县为其属县。兴定年间(1217—1222)盂县升为州。元代,平定州及盂州属太原路。至元二年(1265),撤销平定县建置,其境域直辖于平定州。大德九年(1305),太原路改称冀宁路,平定州及盂州属冀宁路。明洪武二年(1369),盂州降为县;平定州及盂县同属山西太原府。清雍正二年(1724),平定州升为山西省直隶州,盂县属平定州。

民国元年(1912),平定废州设县。民国26年(1937)7月7日,抗日战争爆发。10月29日,日本侵略军占领平定城;30日,占领阳泉站;12月中旬,占领河底镇;翌年1月9日,占领盂县城;1月和6月,日军占领区分别设立伪平定县公署和伪盂县公署。抗日战争中,中国共产党领导的抗日武装力量在平定县和盂县的广大农村建立抗日根据地(边区),并设立县级行政建置。民国26年(1937)11月中旬,在原平定县正太铁路以北地区置平定(路北)县。12月初,在原平定县正太铁路以南、平(定)辽(县)公路以东地区置平(定)东县。12月中旬,平定(路北)县政府转移到盂县境内,不久撤销。12月底,又于正太铁路以南、平辽公路以西地区置平(定)西县,其政权机构始称办事处,后称县政府。民国27年(1938)1月中旬,盂县县政府改造为抗日民主政府。3月,设平定(路北)边区公署,后改称县佐公署、县政府。民国31年(1942)8月,撤销盂县建置,在盂县东部和河北省平山县西部置盂(县)平(山)县。12月,在盂县西部和阳曲县东部置盂(县)阳(曲)县。另外,原盂县西北部的部分地区一度划归定襄县,西南部的部分地区一度划归寿(阳)东县(后称盂寿县),东南部的部分地区一度划归平定(路北)县。8月27日,撤销盂平、盂阳二县,恢复盂县建置。9月,阎锡山派军队抢占平定县城、阳泉站及周围地区。民国35年(1946)2月,阎锡山山西省政府设第二行政督察区,其机构驻阳泉镇,名义上辖盂县、平定县等7县。6月1日,平(定)东、平(定)西二县合并为平定(路南)县。民国36年(1947)4月8日,阎锡山派军队攻占盂县城。4月26日,中国人民解放军收复盂县城。

民国36年(1947)5月2日,中国人民解放军解放平定县城和阳泉镇,阎锡山山西省政府所设的第二行政督察区及其所辖平定县等建置解体;5月4日,边区置阳泉市,成为中国共产党亲手创建的第一座人民城市。民国37年(1948)8月26日,平定(路北)县、平定(路南)县合并为平定县。民国38年(1949)9月中旬,阳泉市改设为阳泉工矿区,属榆次专区。

1952年4月1日,阳泉工矿区改称阳泉市,直辖于山西省。1958年7月1日,阳泉市划归榆次专区。8月,撤销平定县建置,原辖区并入阳泉市。11月,撤销盂县和昔阳县建置,二县辖区并入阳泉市。1959年6月,恢复盂县和昔阳县建置,直属晋中专区。1961年4月,恢复平定县建置,直属晋中专区。12月,阳泉市改由山西省直辖。1970年4月,阳泉市划归晋中地区。1972年3月,阳泉市再度直辖于山西省。

1983年7月,实行市管县体制,平定县和盂县划归阳泉市,全市形成三区两县格局。9月,盂县所辖的拦掌、石塘、活川口、御枣口4个公社分别更名为南娄、榆林坪、北峪口、梁家寨公社。至年底,阳泉市共辖3区、2县、11个街道办事处、1镇、57个公社、171个居民委员会、1043个生产大队。1984年2月至8月,全市完成政社分开、建立乡镇的工作:郊区设立2镇11乡,平定县设立6镇14乡,盂县设立4镇21乡。4月,矿区设贵石沟街道办事处。1985年7月,平定县城关乡并入城关镇,娘子关乡改设娘子关镇。8月,城区娘子关街道办事处更名为坡底街道办事处。至年末,全市农村生产大队全部完成改设村民委员会的工作。1986年,矿区所辖的菜洼街道办事处更名为蔡洼街道办事处。

1993年7月,撤销平定县南坳乡,设立南坳镇。1996年5月,撤销阳泉市郊区平坦乡、义井乡,设立平坦镇、义井镇。1999年7月,撤销盂县路家村乡,设立路家村镇。

2000年12月,经山西省政府批准,阳泉市原有16镇41乡调整为20镇12乡。其中平定县原有8镇11乡调整为8镇2乡,盂县原有4镇21乡调整为8镇6乡,郊区原有4镇9乡调整为4镇4乡。矿区原有的150个居民区重新划分为39个社区,并分别设立居民委员会。2001年,阳泉市城区原有的106个居民区重新划分为44个社区,分别设立居民委员会。2003年7月,撤销城区小阳泉社区,设立小阳泉南社区和小阳泉北社区。12月,矿区蔡洼街道办事处设立南台社区。年内,郊区平坦镇长吉岭村并入桑掌村,旧街乡梁家庄村并入旧街村。

2017年5月1日,城区整建制托管郊区义井镇及所辖义井村、义东沟、南庄村、大阳泉、王家峪、西峪、牛家峪、西峪掌、神峪、河下、泊里、小河、圪台、白羊墅14个行政村;矿区托管郊区平坦镇的赛鱼、大南沟、南山、小南沟、石卜咀、西河、富山、庙上、前庄、老坪掌、北头咀、大村、半坡、吴家掌、石板片、马家坡、神堂咀、官沟18个行政村。截至2017年底,阳泉市辖3区、2县、12个街道办事处、20镇、12乡、145个居民委员会(社区)和942个村民委员会。(王秋生)

国民经济和社会发展

【概况】 2017年,阳泉市委、市政府坚持供给侧改革和综改相结合,推动经济提质增效、优化升级,经济运行稳中有进、稳中向好、好于预期。全年实现地区生产总值672亿元,按可比价计算,比上年增长6.3%。其中,第一产业完成增加值10.4亿元,增长3.0%;第二产业完成增加值320.4亿元,增长5.6%;第三产业完成增加值341.2亿元,增长7.1%;三次产业构成由上年1.7∶48.0∶50.3调整为1.5∶47.7∶50.8。人均地区生产总值47790元,按平均汇率计算为7078美元。

2017年阳泉市居民消费价格涨幅统计简表

表12　　单位:%

指　标	涨　幅
居民消费价格	1.4
食品烟酒	-0.9
衣　着	0.2
居　住	2.6
生活用品及服务	-0.6
交通和通信	0.6
教育文化和娱乐	0.5
医疗保健	11.7
其他用品和服务	0.8

2017年阳泉市行政区划一览表

表11　　单位:个

	全市	城区	矿区	郊区	平定县	盂县
市辖区	3	1	1	1	—	—
市辖县	2	—	—	—	1	1
街道办事处	12	6	6	—	—	—
镇	20	—	—	4	8	8
乡	12	—	—	4	2	6
居民委员会(社区)	145	50	44	18	23	10
村民委员会	942	14	18	157	310	443

说明:开发区数据包括在郊区内

(和继明)

全市城镇新增就业25326人。转移农村劳动力11626人。年末城镇登记失业率3.11%，低于省定4.2%的控制目标。（和继明）

【农业】 2017年，阳泉市农作物种植面积5.5万公顷，比上年下降1.5%。其中，粮食种植面积5.3万公顷，下降2.5%；油料种植面积123.5公顷，增长32.4%。在粮食种植面积中，玉米种植面积4.5万公顷，下降3.4%。粮食总产量26.0万吨，比上年增长0.4%。其中，夏粮0.1万吨，增长2.8%；秋粮25.9万吨，增长0.4%。玉米23.9万吨，增长0.2%。油料产量0.01万吨，下降48.6%；蔬菜和食用菌产量6.9万吨，下降8.4%；园林水果1.4万吨，增长5.3%。

全年肉类总产量2.1万吨，增长5.1%。其中，猪肉产量1.6万吨，增长4.7%；牛肉产量0.04万吨，增长70.2%；羊肉产量0.1万吨，增长17.4%。牛奶产量0.6万吨，下降18.2%。禽蛋产量3.3万吨，下降2.2%。水产品产量701吨，增长12.8%。

全年完成造林面积3700公顷，比上年增长21.1%。其中，人工造林面积3300公顷，增长18.8%。荒山荒地造林面积3300公顷。全市林地面积13.0万公顷，森林覆盖率28.5%。

截至2017年底，全市农业机械总动力33.1万千瓦，比上年下降21.5%。机械耕地面积4.2万公顷，下降0.7%；机械播种面积4.4万公顷，增长1.1%；机械收获面积1.7万公顷，增长0.8%。全市农机化经营总收入2.1亿元，增长5.0%。（和继明）

【工业和建筑业】 2017年，阳泉市规模以上工业企业123个，比上年减少2家；实现工业增加值217亿元，增长5.5%。

全市规模以上工业企业原煤产量5132.6万吨，比上年增长1.1%；洗煤2388.1万吨，下降29.9%；煤层气107374万立方米，增长9.4%；电力125.5亿千瓦小时，增长27.7%；液体乳10261吨，下降31.9%；软饮料1165吨，下降89.9%；焦炭74.8万吨，增长7.9%；耐火材料324.3万吨，增长140.0%；水泥196.4万吨，下降22.0%；氧化铝85.6万吨，增长13.8%；铝锭20.4万吨，增长39.0%；铝材11.1万吨，增长7.2%；石墨及碳素2.97万吨，增长3.8%；润滑油4.29万吨，增长31.2%。

全年规模以上工业企业实现主营业务收入739.1亿元，比上年增长21.3%；实现利税40.1亿元，增长91%。其中，实现利润总额-16.4亿元，多盈利1.8亿元；实现税金56.5亿元，增长44.1%。企业“两项资金”（企业产成品占用资金和应收账款资金）占用144.7亿元，下降9.7%，其中，产成品26.6亿元，增长18.8%；应收账款118.1亿元，下降14.3%。亏损企业54家，亏损面43.9%；亏损额34.1亿元，增长30.7%。

全年建筑业实现增加值50.8亿元，比上年增长6.2%。具有建筑业资质等级的总承包和专业承包建筑业企业实现利润总额0.3亿元，比上年下降83.9%；上缴税金4.6亿元，增长96.7%。（和继明）

2017年阳泉市规模以上工业增加值及增长速度统计简表

表13　　单位：亿元、%

指　标	增加值	比上年增长
规模以上工业	217.0	5.5
其中：轻工业	3.3	-23.6
重工业	213.7	6.1
其中：国有控股企业	162.3	14.4
其中：集体企业	4.8	15.7
股份制企业	194.5	2.8
外商及港澳台投资企业	7.3	40.5
其中：煤炭行业	148.2	1.2
炼焦行业	1.3	1.4
冶金行业	12.9	28.6
电力行业	18.9	33.4
化工行业	0.9	34.1
机电行业	7.2	-18.3
建材行业	12.7	23.1
其他行业	14.8	1.7

2017年阳泉市规模以上工业企业实现利润统计简表

表14　　单位：亿元

指　标	2017年	2016年
规模以上工业	-16.4	-18.2
其中：国有控股企业	-17.0	-18.7
其中：国有企业	1.4	-2.1
股份制企业	-16.7	-14.3
外商及港澳台投资企业	-1.0	-1.7

（和继明）

【固定资产投资】 2017年，阳泉市固定资产投资（新口径，下同）完成245.7亿元，同口径比较，比上年增长6.6%。其中，第一产业投资3.0亿元，下降88.8%；第二产业投资149.7亿元，增长51.3%；第三产业投资93.0亿元，下降11%。按登记注册类型分，国有经济控股投资147.9亿元，增长29.4%。按主要行业分，工业投资149.7亿元，增长51.3%；基础设施投资36.1亿元，下降24.9%；其他投资59.9亿元，下降28.2%。

全年固定资产投资建成投产（不含房地产）项目193个，项目建成投产率53.0%；新增固定资产106.6亿元，固定资产交付使用率49.5%。

全年房地产开发投资30.3亿元，比上年下降52.7%。按工程用途分，商品住宅投资23.3亿元，下降55.1%；商业营业用房投资3.4亿元，下降46.8%。保障性住房建设完成投资41.6亿元，开工新建各类保障性住房16924套，基本建成保障性住房及棚户区改造住房12776套。（和继明）

【能源】 2017年，阳泉市一次能源生产折标准煤3788.8万吨，比上年增长0.7%，二次能源生产折标准煤277.81万吨，增长18.6%。全社会能源消费总量859.51万吨标准煤，增长2.87%；万元地区生产总值能耗1.31吨标准煤，下降3.21%。规模以上工业综合能源消费量折标准煤565.88万吨，上升0.7%。

主要耗能工业企业单位产品能源消耗有：吨原煤生产综合能耗6.27千克标准煤/吨，下降10.6%；炼焦工序单位能耗147.74千克标准煤/吨，下降3.6%；电厂火力发电标准煤耗300.47克标准煤/千瓦小时，上升0.4%；单位氧化铝综合能耗422.14千克标准煤/吨，上升3.0%。

全社会用电总量82.9亿千瓦小时，比上年增长16.5%。其中，第一产业用电0.6亿千瓦小时，增长8.3%；

2017年阳泉市分行业固定资产投资及增长速度统计简表

表15 单位：亿元、%

行　　业	投资额	比上年增长
全　市	245.7	6.6
农、林、牧、渔业	3.0	-88.8
采矿业	28.4	-17.0
制造业	10.7	-64.9
电力、热力、燃气及水的生产和供应业	110.6	222.4
建筑业	0.0	—
批发和零售业	5.2	0.6
交通运输、仓储和邮政业	22.8	36.7
住宿和餐饮业	0.4	474.9
信息传输、计算机服务和软件业	2.3	-34.0
金融业	0.1	159.9
房地产业	37.0	-56.7
租赁和商务服务业	2.1	-79.6
科学研究和技术服务业	0.7	128.9
水利、环境和公共设施管理业	14.8	-51.5
居民服务和其他服务业	0.4	-43.5
教　育	2.6	68.6
卫生、社会工作	1.0	-25.3
文化、体育和娱乐业	1.0	30.7
公共管理和社会组织	2.6	690.6

2017年阳泉市房地产开发和销售主要指标完成情况统计简表

表16 单位：亿元、万平方米、%

指　　标	绝对数	比上年增长
投资完成额	30.3	-52.7
其中：住宅	23.3	-55.1
房屋施工面积	652.6	3.8
其中：住宅	518.6	1.0
房屋新开工面积	121.4	-20.1
其中：住宅	89.7	-27.9
房屋竣工面积	47.3	-51.2
其中：住宅	46.5	-45.3
商品房销售面积	79.7	-16.7
其中：住宅	78.1	-10.5
待售面积	36.2	-64.2
其中：住宅	31.8	-58.2

（和继明）

第二产业用电66.9亿千瓦小时，增长18.1%，其中工业用电66.4亿千瓦小时，增长18.0%；第三产业用电9.3亿千瓦小时，增长14.3%；城乡居民生活用电6.1亿千瓦小时，增长4.4%。一、二、三产及城乡居民生活用电占全社会用电量比重分别为0.8%、79.6%、11.4%、8.2%。（和继明）

【国内贸易】 2017年，阳泉市社会消费品零售总额完成325.0亿元，比上年增长6.1%。其中，城镇消费品零售额293.2亿元，增长5.9%，占全市比重90.2%；乡村消费品零售额31.8亿元，增长8.2%，占9.8%。按消费形态分，全年商品零售275.08亿元，增长5.7%，占84.6%；餐饮收入49.9亿元，增长8.6%，占15.4%。全市限额以上批发和零售业（年销售额2000万元及以上批发企业和500万元及以上零售企业）实现零售额75.64亿元，比上年下降1.1%。（和继明）

【对外经济】 2017年，阳泉市海关进出口总额12336万美元，比上年下降6.6%，其中，出口额8630万美元，下降13.4%；进口额3706万美元，增长14.3%。全市新设立外商直接投资企业2家；按全口径统计实际使用外商直接投资金额11501万美元，下降63.1%。（和继明）

【交通 邮电】 2017年，阳泉市交通运输、仓储和邮政业实现增加值50亿元，比上年增长12.1%。公路线路年末里程5660.4千米，比上年末增加2.2千米。全年铁路货运量4497.1万吨，增长3.7%；铁路客运量264万人，增长1.3%。

年末全市民用汽车保有量达21.7万辆（包括三轮汽车和低速货车），比上年增长9.9%，其中私人汽车19万辆，增长11.3%。轿车保有量13.4万辆，增长10.9%，其中私人轿车12.6万辆，增长11.7%。

2017年阳泉市限额以上零售额及增长速度统计表

表17　　单位：亿元、%

指　　标	绝对数	比上年增长
汽车类	14.64	13.7
石油及制品类	12.39	1.3
文化办公类	0.77	45.7
家用电器和音像器材类	5.84	-1.8
日用品类	2.55	4.9
烟酒类	3.37	8.6
饮料类	1.57	-0.6
粮油类	7.80	-8.1
服装类、鞋帽、针织品类	12.65	-7.1
化妆品类	1.19	-6.6
金银珠宝类	1.71	-1.3

（和继明）

2017年阳泉市海关进出口总额及增长速度统计简表

表18　　单位：万美元、%

指　　标	绝对数	比上年增长
进出口总额	12336	-6.6
出口额	8630	-13.4
其中：一般贸易	8400	-15.7
加工贸易	228	—
其中：机电产品	867	14.4
高新技术产品	1	-94.6
其中：国有企业	0	-100.0
外商投资企业	1255	-3.1
进口额	3706	14.3
其中：一般贸易	3528	10.0
加工贸易	178	377.4
其中：机电产品	23	-94.2
高新技术产品	1	17.6
其中：国有企业	0	-100.0
外商投资企业	3682	29.3

（和继明）

全年完成邮电业务总量16.2亿元。其中,邮政业务总量2.3亿元,增长26.7%;电信业务总量13.9亿元。移动电话用户142.2万户,其中4G移动电话用户79.8万户。全市互联网接入用户47万户,增长26.3%。 (和继明)

【旅游】 2017年,按照旅游统计口径计算,阳泉市旅游总收入283.93亿元,比上年增长25.8%;星级宾馆10个,其中五星级1个、四星级3个;旅行社37个,其中经营出境旅游业务的2个;国家A级及以上旅游景区(点)11个,其中国家AAAA级以上4个。 (和继明)

【财政 金融 保险】 2017年,阳泉市一般公共预算收入完成50亿元,比上年增长21.1%。其中,税收收入37.9亿元,增长38.5%;国内增值税、营业税、企业所得税、个人所得税、资源税和城建税共计完成税收30.9亿元,分别增长76.9%、下降99.0%、增长175.8%、增长56.0%、增长65.7%和增长19.3%。

一般公共预算支出105.8亿元,比上年增长10.5%。其中,农林水事务支出下降1.2%、教育支出增长4.6%、社会保障和就业支出增长18.8%、医疗卫生与计划生育支出增长1.3%、节能环保支出增长21.4%、文化体育与传媒支出增长1.8%、城乡社区支出增长8.9%、公共安全支出增长1.0%。

全市金融机构本外币各项存款余额1484.6亿元,比年初增长8.5%。其中,住户存款862.72亿元,增长7.2%;非金融企业存款452.9亿元,增长7.8%。各项贷款余额884.7亿元,增长19.1%。其中,住户贷款79.34亿元,增长31.8%;非金融企业及机关团体贷款805.38亿元,增长18.0%。

全年全市保费收入31.66亿元,比上年增长6.9%。其中,寿险业务保费收入20.27亿元,下降0.4%;健康险和意外伤害险业务保费收入3.32亿元,增长41.3%;财产险业务保费收入8.07亿元,增长16.8%。支付各类赔款及给付13.85亿元,增长0.58%。其中,寿险业务给付7.15亿元,增长3.9%;健康险和意外伤害险业务赔款及给付1.33亿元,增长33.0%;财产险业务赔款5.37亿元,下降9.1%。 (和继明)

【教育 科技】 2017年,阳泉市普通高等学校2所。全年农民实用技术培训6.7万人次。

全年全市专利申请量1107件,比上年减少21.6%,其中发明专利申请量439件,增长7.6%;全市专利授权量360件,减少5.7%,其中发明专利授权量18件,减少21.7%。

全年取得市级以上科研成果41项,其中市级37项、省级4项。签订各类技术合同154项,技术合同成交总额2.5亿元。新登记科技成果26项。获得省级科学技术奖4项。国家认定企业技术中心1家,省级企业技术中心10家,市级企业技术中心30家。高新技术企业达42家。 (和继明)

【文化 卫生 体育】 2017年,阳泉市共有群众艺术馆和文化馆6个、艺术表演团体6个、公共图书馆6个。截至年末,有线电视用户33.2万户。全年共发行《阳泉日报》621万份。

年末,全市共有卫生机构(含诊所、村卫生室)1548个,编制床位6957张。妇幼保健院(所、站)6个。全市卫生机构共有卫生技术人员10162人。

阳泉市运动员在国内外重大比赛中获金、银、铜牌分别为36枚、33枚和53枚(包括非奥运项目比赛)。全市销售体育彩票1.18亿元,比上年翻近一番。 (和继明)

【人民生活和社会保障】 2017年,阳泉市城镇常住居民人均可支配收入29581元,增长6.4%;农村常住居民人均可支配收入12963元,增长6.5%。城镇占调查总户数20%的低收入户人均可支配收入10052元,增长8.2%;农村占调查总户数20%的低收入户可支配收入5553元,增长14.8%。

全年全市参加城镇职工基本养老保险31.09万人,比上年增加2.23万人;参加城乡居民养老保险44.09万人,增加0.03万人;城镇职工基本医疗保险参保38.60万人,城乡居民基本医疗保险参保81.56万人;参加工伤保险26万人,增加0.22万人;参加失业保险25.12万人,与上年持平;参加生育保险24.67万人,增加0.09万人。

全市三区两县的最低工资标准:城区、矿区、郊区1700元,平定县、盂县1500元,均比上年提高80元。全市共有城市最低生活保障对象3.43万人,减少999人;农村最低生活保障

2017年阳泉市各类教育发展情况统计简表

表19 单位:人

指　　标	招　生	在校生	毕业生
普通高等教育	4819	15726	3446
中等职业教育	2314	7094	3688
普通高中	7953	25355	9647
初　中	14098	40278	13204
小　学	12613	80936	14201
特殊教育	147	767	129
学前教育	13738	31996	12277

对象4.08万人,增加217人,0.63万人纳入农村五保供养,共发放最低保障资金2.45亿元,增加0.24亿元。

年末,全市有救助站3个。共有各类提供住宿的社会服务机构28个,养老服务机构床位数1995张,各类福利院床位数350张,收养102人。城镇各种社区服务设施576个,其中综合性社区服务中心90个。全年销售福利彩票1.99亿元,接收社会捐赠款10万元。 (和继明)

【环境和安全生产】 2017年,阳泉市区大气环境质量达标天数193天,达标天数比例54.8%,PM2.5平均浓度61微克/立方米,比上年下降3.2%;PM10平均浓度116微克/立方米,下降11.5%;空气质量综合指数7.28,下降4.6%,在全省11个地市中排名第六。

全年各类自然灾害造成直接经济损失6916.74万元;农作物受灾面积1.07万公顷,其中,绝收0.11万公顷。全年共发生生产安全事故24起,与上年持平;死亡26人,减少5人,下降16.13%。全市全年煤炭百万吨死亡率为0。 (和继明)

注:1.部分数据为初步统计数据。

2.地区生产总值、各产业增加值绝对数按现价计算,增长速度按不变价格计算。

3.规模以上工业企业统计标准为年主营业务收入2000万元;固定资产投资统计起点为计划总投资500万元;限额以上批发零售企业为年销售额2000万元及以上批发企业和年销售额500万元及以上零售企业。

4.2017年,国家统计局确定山西为唯一全口径投资统计改革先行先试省份,固定资产投资额统计方法由原来的以形象进度法为主变为以财务支出法为主,并以同样的方法对同期基数进行统计,实现投资增速的同口径比较。

机构设置和领导人名录

中共阳泉市委

书　记　陈永奇
副书记　董一兵(12月免)
雷健坤(女,12月任)
王旭明(2月免)
李云峰(5月任,12月免)
巩　成(12月任)
常　委　陈永奇　董一兵(12月免)
雷健坤(女,12月任)
王旭明(2月免)
李云峰(12月免)
巩　成　杨永生(2月免)
马爱锋(2月任)　吴纪平
任建华　田桂明
王铁梅(女)　杨自明
梁志勇(7月任,12月免)
张其光(12月任)
郭卫东(12月任)
秘书长　巩　成
常务副秘书长　高永红
副秘书长　叶　挺　韩晓晨
段宏华(兼,5月免)
程会平

市委工作部门

办公厅
主　任　巩　成
副主任　叶　挺　韩晓晨　陶文平
派驻纪检监察组组长
刘沁瑜(女,7月任)

组织部
部　长　任建华
常务副部长　张宝明
副部长　樊如珍(兼)　史喜平(兼)
王国胜
部务委员　崔晓亮
派驻纪检监察组组长
谷建立(7月任)
副组长　李若斌(7月任)

非公和社会组织工委
书　记　王国胜
专职副书记　张文斌

市委人才工作领导组办公室
主　任　王吉贵(2月免)

市年度目标责任考核领导组办公室
专职副主任　王志全

宣传部
部　长　杨永生(9月免)
王铁梅(女,9月任)
常务副部长　史玉宝
副部长　刘瑞平(女)　王海明
派驻纪检监察组组长
徐晓琴(女,7月任)

市精神文明办公室
主　任　郑满贵

统一战线工作部
部　长　王铁梅(女)
常务副部长　高和平(2月免)
刘海民(5月任)
副部长　张　弛
派驻纪检监察组组长　商广利(7月任)
副组长　王书霖(7月任)

政法委员会
书　记　杨自明
常务副书记　刘玉琪
副书记　王海贵　张映涛

社会治安综合治理委员会办公室
主　任　刘玉琪(4月任)
副主任　吴亚非　田卫国(挂职)

市委法治建设领导小组办公室
主　任　张映涛(9月任)
专职副主任　梁来柱(9月任)

政策研究室(深改办)
主　任　赵俊明
副主任　贾存宏(6月任)
专职副主任　梁俊杰(6月任)

因机构改革,政策研究室(深改办)加挂市国家资源型经济转型综合配套改革试验区工作领导组办公室牌子

机构编制委员会办公室
主　任　李维程
副主任　张瑞铭　秦新民

市直属机关工作委员会
书　记　张志先

纪工委书记　刘以源
副书记　翟朝晖　段满英
老干部局
局　长　史喜平
副局长　李姝君(女)
市委　市政府信访局
局　长　段宏华(5月免)
　　　　梁　庆(6月任)
副局长　梁　庆(5月任,6月免)
　　　　赵宏伟　延素荣(女)
纪检组组长　窦　彪(6月免)
市委防范办
主　任　张如晟
副主任　魏小宝
台湾工作办公室(挂市政府台湾事务办公室牌子)
主　任　张丽娟(女)
副主任　田剑钧　王东洪(挂职)
党校(行政学院)
校　长　王旭明(5月免)
　　　　任建华(5月任)
院　长　彭喜平(女)
常务副校长　彭喜平(女)
常务副院长　胡计平
副校长　胡计平　刘海峰　赵全锁
副院长　刘海峰　赵全锁
教育长　李青魁
保密委员会办公室(挂市国家保密局的牌子)
主任(局长)　刘彦忠
机要局
局　长　杨文耀
阳泉日报社
社　长　李文生
总　编　李　春
副总编　王　丽(女)
　　　　刘　峥(女)
副社长　王大江
纪检组组长　郑文君(女,7月免)
市新闻中心
主　任　陈保明
副主任　张海斌
市委党史研究室
主　任　郭玉珠
副主任　刘玉林　苏小平(女)
市接待办公室
主　任　程会平(5月免)
副主任　王建华(5月任,主持工作)
　　　　冯　智
市委讲师团
团　长　苏恒亮
副团长　武晓宏(9月免)
市委信息化中心
主　任　高海明

中共阳泉市纪律检查委员会
阳泉市监察委员会

书　记　吴纪平
常务副书记　朱　刚(9月免)
副书记　谭伟中　赵　彦
常　委　吴纪平　朱　刚(9月免)
　　　　谭伟中　赵　彦　穆素平
　　　　李贵亮　要　旗　张华林
　　　　李仁照
市监察委员会(3月成立)
主　任　吴纪平(3月任)
副主任　朱　刚(3月任,10月免)
　　　　谭伟中(3月任)
　　　　赵　彦(3月任)
委　员　穆素平(3月任)
　　　　李贵亮(3月任)
　　　　要　旗(3月任)
　　　　李燕林(女,3月任)
市委巡察办
主　任　邵满存
副主任　马贵智　赵世春(2月任)

阳泉市人大常委会

党组书记　刘高官(2月免)
　　　　　王旭明(2月任)
党组副书记　王振国(2月免)
　　　　　　孙金明(2月任)
主　任　刘高官(3月免)
　　　　王旭明(3月任)
副主任　王振国(3月免)
　　　　刘兆林(3月免)
　　　　吴丽萍(女,3月免)
　　　　孙金明　吕昌政　刘志强
　　　　张永忠(3月任)
　　　　张宝明(3月任)
秘书长　唐　麟(3月免)
　　　　张利军(3月任)
副秘书长　侯润林(3月免)
　　　　　桑晓飞(3月任)
　　　　　高永恩(3月任)

人大常委会工作机构

办公厅
主　任　张利军(3月任)
副主任　桑晓飞(3月任)
　　　　高永恩(3月任)
调查研究室
主　任　桑晓飞(3月免)
　　　　侯润林(3月任)
副主任　王　刚
法制委员会(法制工作委员会)
主任委员　吕志坚(女)
副主任委员　任　庆
　　　　　何丽萍(女,3月任)
财政经济委员会
主任委员　丁国忠(3月免)
　　　　　闫　亮(3月任)
副主任委员　郭玉霞(女,3月免)
　　　　　张慧清(3月任)
教育科学文化卫生委员会
主任委员　王玉明(3月免)
　　　　　白　平(3月任)
副主任委员　史小梅(女)
农村委员会
主任委员　李国庆(女,3月免)
　　　　　邓宝柱(3月任)
副主任委员　张国强
城乡建设环境保护委员会
主任委员　樊文平(3月免)
　　　　　王玉明(3月任)
副主任委员　董　英(女)
人事代表工作委员会
主　任　胡万明(3月免)
　　　　高和平(3月任)
副主任　王和平
民族宗教侨务外事工作委员会
主　任　赵永东(3月免)
　　　　王吉贵(3月任)

副主任　李东方

信访办公室

主　任　张俊福

派驻纪检监察组组长

贾小梅(女,7月任)

阳泉市人民政府

党组书记　董一兵

党组副书记　马爱锋(2月任)

市　长　董一兵

常务副市长　马爱锋(2月任)

副市长　任衍钢(3月免)

董仙桃(女,2月免)

赵　峰(3月免)

潘海燕(女,2月任)

郭少敏　靳润喜(3月任)

呼亚民(3月任)

李　君(10月任)

秘书长　郑清明

市长助理　呼亚民(兼,5月免)

副秘书长　张利军(兼,3月免)

王丽萍(女,6月免)

贾　权(5月任)　王耀东

郑守忠(6月任)

王存才(6月任)

李茂学(挂职)

政府机构

办公厅

党组书记 主任　郑清明

副主任　张利军(兼,3月免)

王丽萍(女,6月免)

王耀东(6月免)

王存才(6月免)

王拥国(6月任)　梁爱卿

李茂学(挂职)

派驻纪检监察组组长　魏雪云(7月任)

市政府研究室

主　任　赵成全

副主任　韩贵堂

市政府统筹城乡发展工作办公室

主　任　张东民(6月免)

副主任　张谦琦(6月免)

市政府金融工作办公室

主　任　郝千文

副主任　王拥国(6月免)

孙铁玲(女)

市政府应急管理办公室

专职副主任　郑守忠(6月免)

市政府督查室

主　任　赵瑞翔

市政府法制办公室

主　任　杜衡茂

市发展和改革委员会(市国家资源型经济转型综合配套改革试验区办公室)

党组书记　冯维明

党组副书记　巨建军(6月免)

主　任　冯维明

总工程师　巨建军(6月免)

副主任　彭国勇(6月免)　张　敏

白振东　张慧清(3月免)

纪检组组长　郭艳芳(女,7月免)

派驻纪检监察组组长

郭艳芳(女,7月任)

总经济师　刘全保(1月免)

郭志强(1月任)

重大项目稽察特派员办公室

主　任　张忠灵

特派员　张凤莲(女)　杨建康

因机构改革,市发展和改革委员会不再加挂市国家资源型经济转型综合配套改革试验区办公室牌子

市经济和信息化委员会(市政府国有资产监督管理委员会)

党委书记　武喜科(5月免)

彭国勇(6月任)

党委副书记　王良义(5月免)

主　任　王良义(6月免)

彭国勇(6月任)

副主任　武喜科(5月免)　姬振良

王开英　李建平(8月任)

刘志钧　常悟江

纪检书记　李建平(7月免)

派驻纪检监察组组长　郝惠平(7月任)

总工程师　仇录新

总会计师　赵志鹏

监事会主席　陈志斌　张晓东

路　毅

教育局

党组书记　高巨海(5月免)

薛利敏(6月任)

局　长　高巨海(6月免)

薛利敏(6月任)

党组副书记　史润才(6月免)

副局长　史润才(6月免)

冯素清　赵　鉴

纪检组组长　王兰英(女,7月免)

派驻纪检监察组组长

王兰英(女,7月任)

市直教育工委

书　记　高巨海(5月免)

薛利敏(6月任)

副书记　(空缺)

科学技术局

党组书记 局长　武　雪(女)

副局长　张永红(女,11月免)

高全红　黄洁诚

纪检组组长　白振才(7月免)

总工程师　闫守琦

公安局

党委书记 局长　靳润喜

党委副书记　刘　勇　张明川

常务副局长　刘　勇

副局长　李宝祥　邵　喜

李　华　张晋龙

纪检书记(组长)　高艳军(7月免)

派驻纪检监察组组长　高艳军(7月任)

政治部主任　仇利军

治安管理支队

队　长　李慧林

国内安全保卫支队

支队长　姚新平

刑事侦察支队

队　长　张广宏

交通警察支队

支队长　张明川

政　委　相秋亮

看守所

所　长　赵海金

监察局(因机构改革,原市监察局行政职务自行免去)

局　长　(空缺)

副局长　穆素平　要　旗　李仁照

民政局
党组书记 局长 于秉富
党组副书记 耿 胜
副局长 耿 胜 李先德
王骞元(6月免)
翟建光(12月任)
纪检组组长 郝惠平(7月免)
司法局
党组书记 张俊堂(5月免)
冉志伟(6月任)
局 长 张俊堂(6月免)
冉志伟(6月任)
党组副书记 李瑞平
副局长 李瑞平 段怀平(6月免)
冯正杰(8月任) 朱敬龙
纪检组组长 冯正杰(7月免)
政治部主任 李拉义
财政局
党组书记 局长 任晓华
党组副书记 孙存恩(6月免)
副局长 孙存恩(6月免) 程志强
张成宏(11月免)
赵玉兵
纪检组组长 谷建立(7月免)
派驻纪检监察组组长 袁丰庆(7月任)
副组长 郑文君(女,9月任)
总会计师 叶文鑫
人力资源和社会保障局
党组书记 局长 樊如珍
副局长 王素林 王东义
张小军
纪检组组长 苗国昌(7月免)
派驻纪检监察组组长 白振才(7月任)
环境保护局
党组书记 局长 荆存柱
副局长 高小选 李瑞明 胡贵卿
赵金亭
纪检组组长 毕映富(7月免)
总工程师 王建源
市住房保障和城乡建设管理局
党组书记 局长 杜平华
党组副书记 聂志福
副局长 聂志福 田联虎 张小武
总会计师 董华云
纪检组组长 王建国(7月免)
总工程师 梁 明
派驻纪检监察组副组长 王军民(9月任)
交通运输局
党组书记 局长 黄少英
副局长 解毛吉 曹慧晟
陈志刚(兼)
纪检组组长 贾小梅(女,7月免)
派驻纪检监察组组长 苏计成(7月任)
总工程师 张俊秀
总会计师 李 涵
市交通战备办公室
主 任 张运贤
水务局
党组书记 局长 郭爱聪
副局长 武小星(8月免) 高红波
赵泽毅 贺占忠(8月任)
纪检组组长 贺占忠(7月免)
派驻纪检监察组组长 胡书春(7月任)
总工程师 王吉魁
农业委员会(市委农村工作领导组办公室)
党组书记 主任 安海润
总农艺师 任仔苏
副主任 乔玉珍 刘卫东 郭真祥
闫贵寿 李鹏飞 高 宏
纪检组组长 商广利(7月免)
派驻纪检监察组组长 张其钊(7月任)
总畜牧兽医师 毛新辉
林业局
党组书记 局长 王建义
副局长 王洪波 李 旭 郗新华
总工程师 尹宝珍
纪检组组长 彭 飞(7月免)
商务粮食局
党组书记 姬德耀(5月免)
孙存恩(6月任)
局 长 姬德耀 孙存恩(6月任)
党组副书记 刘振华
副局长 刘振华 董 锁 郭清亮
周万谨
纪检组组长 崔丽青(女,7月免)
总会计师 余艳红(女,1月任)
文化局(文物局 版权局)
局 长 张立君
党组书记 李忠义
副局长 王玉林 白 平(3月免)
康菊芬(女) 李曜雷(女)
纪检组组长 石慧生(7月免)
派驻纪检监察组组长
崔丽青(女,7月任)
因机构改革,市文化局(市版权局)不再加挂市文物局牌子
卫生和计划生育委员会
党组书记 张永忠(5月免)
段宏华(5月任)
主 任 张永忠(6月免)
段宏华(6月任)
副主任 田 强 张松山 赵海贯
晋 玮
纪检组组长 徐晓琴(女,7月免)
派驻纪检监察组组长
毕映富(7月任)
爱国卫生运动委员会
专职副主任 李树成
审计局
党组书记 李润萍(女,5月免)
巨建军(6月任)
局 长 李润萍(女,6月免)
巨建军(6月任)
副局长 郭海天 彭乃良 陈 锋
纪检组组长 李燕飞(女,7月免)
总审计师 李 军
煤炭工业局
党组书记 呼亚民(5月免)
孙金宁(6月任)
局 长 呼亚民(6月免)
孙金宁(6月任)
纪检组组长 张爱生(7月免)
副局长 孙金宁(6月免)
王文生 郭建波
总工程师 麻俊军
工商行政管理局(改为地方管理)
党组书记 贾 权(5月免)
张俊堂(5月任)
局 长 贾 权(6月免)
张俊堂(6月任)
副局长 荆忠海 王希礼
李 艳(女)
总会计师 李立新
纪检组组长 袁丰庆(7月免)

派驻纪检监察组组长
彭　飞(7月任)
开发区分局局长　段战军(5月免)
个体劳动者协会秘书长　李文瑜
消费者协会秘书长　李树林
私营企业协会秘书长　刘怀禄

质量技术监督局

党组书记 局长　张志成
副局长　杨俊发　王叶峰　杜文明
纪检组组长　李卫平(7月免)
总工程师　孙玉平
质量技术监督检验测试所所长
武建林(5月免)
李卫平(8月任)
开发区分局党组书记 局长　胡彦明
稽查分局局长　赵俊如
特种设备监督检验所所长　武文霞(女)

食品药品监督管理局

党组书记　贺聪明(5月免)
刘文军(6月任)
局　　长　贺聪明(6月免)
刘文军(6月任)
纪检组组长　史元平(7月免)
副局长　高　恒　张宝安(女)
刘建民
食品总检验师　李建明

体育局

党组书记　马爱民(5月免)
姚文新(5月任)
局　长　马爱民(6月免)
姚文新(6月任)
副局长　张保泉　赵　强　王满田
纪检组组长　李若斌(7月免)

统计局

党组书记　魏海文
局　长　魏海文(2月任)
副局长　魏海文(1月免)
和继明(1月任)
商继萍(女)　张　华
总统计师　和继明(1月免)
高建华(女,1月任)
调查监测中心专职副主任　荆贵生

安监局

党组书记 局长　崔正宏
纪检组组长　张其钊(7月免)
副局长　何文斌　毕映楷　李　宏
总工程师　田俊茂

市旅游局(市政府外事侨务办公室)

党组书记 局长　苏　涛
纪检组组长　杨　杰(7月免)
副主任　杨　杰(8月任)　贺志强
王洲平

因机构改革更名为市旅游发展委员会,加挂市政府外事侨务办公室、市文物局牌子

民族宗教事务局

党组书记　刘海民(5月免)
文武全(6月任)
局　长　刘海民(6月免)
文武全(6月任)
纪检组组长　王书霖(7月免)
副局长　王保柱(3月免)
王斌全(挂职)

人民防空办公室

党组书记　尚永葆(5月免)
张东民(6月任)
主　任　尚永葆(6月免)
张东民(6月任)
副主任　许金海　赵建明
纪检组组长　苏计成(7月免)

规划局

党组书记 局长　王伟锁
总规划师　陈　海
纪检组组长　王惠卿(女,7月免)
副局长　耿年生　曹　浩　刘连生
穆素怀(挂职)

国土资源局

局　长　王　军
副局长　肖卯怀　王光荣　王叶森
纪检组组长　孔令杰
总工程师　孙玉鹏
总规划师　范晓力

其他机构

市人民政府机关事务管理局

党组书记 局长　杨日祥
副局长　王杰智(6月免)　张伟东
王保全(6月任)
纪检组组长　李俊贤(7月免)

市地方志办公室

党组书记 主任　任佟苏(5月免)
党组副书记　王　刚(5月任)
副主任　王　刚(5月任,主持工作)
董雪卉(女)　张卫萍(女)

市人民政府发展研究中心

党组书记 主任　吴东作
副主任　张红刚　赵全生

市行政审批服务中心

党组书记　弓林柱(2月免)
王骞元(6月任)
主　任　弓林柱(3月免)
王骞元(6月任)
副主任　董　晖　贺　艳(女)

因机构改革市行政审批服务中心更名为市政务服务中心

阳泉仲裁委员会秘书处

副主任　秘书长　张利平
副主任　姜彦杰

市农业机械化发展中心

党组书记 主任　卢怀长
副主任　李志钢
胡永胜(4月任)
杨秀明

市民营企业局(市中小企业局)

局　长　李　君
党组书记　王谦柱
副局长　刘玉寿　王瑞萍(女)
董　璋

市供销合作社联合社

党组书记　(空缺)
主　任　徐本宁
副主任　李志峰　光喜珍
孙黎军(2月任,5月免)
纪检书记　王武科(7月免)
监事会主任　王武科

市档案局(档案馆)

党组书记 局(馆)长　赵雪青(女)
副局(馆)长　王宇翔(3月免)
张瑞萍(女)

市地震局

党组书记 局长　李昱平
副 局 长　梁素萍(女)
尹小芳(女)
总工程师　郭连清

市经济信息中心(市信息化中心)
主　任　闫　亮(3月免)
　　　　张谦琦(6月任)
副主任　赵绍明

市投资促进局
党组书记　张利军(2月免)
　　　　　朱红梅(女,6月任)
局　长　张利军(3月免)
　　　　朱红梅(女,6月任)
副局长　翟占元　王占山

市强制隔离戒毒所
所　长　温　文
政　委　余建平
副所长　闫学智(1月免)
　　　　张　洁(1月任)

市住房公积金管理中心
党组书记　主任　崔建立

市失业保险管理服务中心
主　任　周国宏

市养老保险管理服务中心
主　任　陈海滨

市医疗保险管理服务中心
主　任　朱风雷

市水土保持委员会办公室(市水土保持监督监测总站)
主　任(站长)　翟金瑞

市人才开发交流服务中心(阳泉人才市场)
主　任　曹晓岚(女,5月免)

市政府采购中心
主　任　李瑞兴(3月免)

市老年大学
专职副校长　赵惠英(女)

市红十字会办公室
专职副会长　王金良

市公共资源交易中心
主　任　郭　斌(5月免)
　　　　王鲜义(5月任)

市城镇集体工业联合社
党委书记　主任　孙　轩
纪委书记　李永福(2月免)
　　　　　潘喜云(6月任,7月免)
副主任　刘晋明　商　忠
　　　　潘喜云(8月任)

市政府驻京联络处
主　任　王鲜义(5月免)
　　　　贾　权(5月任)

市生态新城建设管理中心
主　任　李毛俊
副主任　王蝉兆　何建亭

阳泉师范高等专科学校
党委书记　杨　勇(2月免)
党委副书记　校长　陈永昶
党委副书记　牛泉瓔(女)
副校长　王素明　郜润科
纪委书记　宋　斌

阳泉职业技术学院
党委书记　荆存柱(7月任)
院　长　曹学仁(8月任)

山西广播电视大学阳泉分校
校　长　吉云辉
副校长　石　维(11月免)
　　　　董志功　李　华

市工业学校
校长　党总支副书记　杜光辉
党总支书记　陈立军
副校长　张雅艳(女)　张大虎

市卫生学校
校　长　屈建民(10月免)
党总支书记　高海砚
副校长　梁永庆　王海平

市交通职业学校
校　长　张计珍
党总支书记　程致清(10月任)
党总支副书记　张计珍
副校长　程致清(11月免)
　　　　王镇南　李计元

市文化艺术学校
校　长　史秀莉(女)
党支部书记　王树敏
副校长　张有贵　孙福利

市第一高级职业中学(市现代技术学校)
党总支副书记　校长　吴计生
党总支书记　夏中权(2月免)
　　　　　　石　维(10月任)
副校长　郑晋宝　周珍祥(女)

市体育运动学校(市少年体育运动学校)
校　长　吴晋东
党支部书记　高书怀
副校长　李新光　葛志强
　　　　张小军

省农业广播电视学校阳泉分校
校　长　闫丽新(女)

阳泉高级技工学校
校　长　胡海泉
党总支书记　赵文飚

市工业干部学校
校　长　李巧生

市第一中学校
校　长　曹学仁(11月免)
　　　　张　毅(11月任)
党委副书记　曹学仁(10月免)
　　　　　　张　毅(10月任)
党委书记　苏有社
副校长　贾爱寿　刘和生
　　　　朱晋艺(女)

市第二中学校
校　长　李慎行(10月免)
　　　　李增秀(11月任)
党委副书记　李慎行(9月免)
　　　　　　李增秀(10月任)
党委书记　李建富
副校长　白丽萍(女)
　　　　张权泉(女)　卢晓东

市第三中学校
校　长　张　毅(11月免)
　　　　刘宏彬(11月任)
党总支副书记　张　毅(10月免)
　　　　　　　刘宏彬(10月任)
党总支书记　宫　辉
副校长　刘宏彬(11月免)　段宙耀
　　　　闫思善(6月免)

市第四中学校
校　长　武　瑾
党支部书记　史立新

市第六中学校
校　长　马润玉(6月免)
党总支书记　胡海中

市第七中学校
校　长　李增秀(11月免)
　　　　郭建忠(11月任)
党支部书记　李春元
党支部副书记　郭建忠(10月任)

市第十中学校
校　长　张瑞军
党支部书记　薛喜炎
市第十一中学校
校长 党委副书记　薛利敏(6月免)
　　史生岗(6月任)
党委书记　史生岗(6月免)
　　程润华(女,6月任)
副校长　程润华(女,6月免)
　　白敦华　李黎牛
市第十二中学校
校　长　原林生
党支部书记　冯丽萍(女)
市第十三中学校
校　长　史克利(11月免)
党支部书记　武世明
市第十四中学校
校　长　李文生
党支部书记　刘跃生
市第十五中学校
校　长　杨敬国(11月免)
　　高瑞斌(11月任)
党总支副书记　杨敬国(10月免)
　　高瑞斌(10月任)
党总支书记　张万龙
副校长　杜瑞平
　　王彦来(6月免)
　　杨　军
市第十六中学校
校　长　郭志明(11月免)
　　史克利(11月任)
党支部书记　温文平
党支部副书记　史克利(10月任)
市第十七中学校
校　长　高瑞斌(11月免)
　　郭志明(11月任)
党总支副书记　高瑞斌(10月免)
　　郭志明(10月任)
党总支书记　冯海林
副校长　张毅军
　　郭建忠(11月免)
　　李文珠
市第十八中学校
校　长　梁转孩(女)
党总支书记　毛平平(女)
市第十九中学校
校　长　郝连晖
党总支书记　晋庆平
市实验中学
校　长　张有明(5月免)
　　李晓文(11月任)
党支部副书记　张有明(4月免)
　　李晓文(10月任)
党支部书记　崔建国
副校长　李晓文(11月免)
　　刘锁贞
市疾病预防控制中心
主　任　王连栓(1月免)
　　武　滨(1月任)
副主任　石志英(7月免)　吴秋状
　　范志国　权红红(女)
　　胡长卿
市卫生监督所
所　长　杜俊德
市文化市场行政综合执法大队
队　长　霍美文
阳泉美术院
院　长　庞宏亮
阳泉展览馆
馆　长　张小平(5月免)
市青少年宫
主　任　宋嘉文
市招生考试中心
主　任　(空缺)
市社会福利院
院　长　任刚瑞
市军队离退休干部休养所
所　长　王　慧
市矿山救护大队(市安全生产应急救援中心)
队　长　李志刚(3月任)
政　委　郝常青
市蔬菜技术服务中心
主　任　王英利(女)
市水资源管理委员会办公室(市水资源征费稽查队)
主　任(队长)　张江华
市保障性住房管理中心(市经济适用住房发展中心)
主　任　鲁宏仁(5月免)
市治理非法超限超载办公室
主　任　程建军(1月免)
　　张五太(1月任)
市互联网信息办公室
主　任　尚俊杰
盂县龙华口水库筹建处
主　任　王建明
平定县娘子关旅游景区管理委员会
主　任　朱继明
市食品药品稽查队(市食品药品投诉举报中心)
队长(主任)　董万春
郊区白泉工业园区管理委员会
主　任　马大刚
党工委书记　朱红梅(女,6月免)
市广播电视台
党组书记 台长　杨鸿龙
总　编　苗振岗(5月免)
副台长　赵　雁(女)　高海平
　　侯永斌
纪检组组长　石　磊(7月免)
总会计师　(空缺)
市园林管理局
局　长　米　楠
副局长　李　海
纪检组组长　王军民(7月免)
市第一人民医院
院　长　王希章(1月任)
党委书记　景建刚
党委副书记　王希章
副院长　景建刚(1月免)
　　冯振山(11月免)
　　高健康　王世伟
纪检书记　姬九颖(女)
总会计师　郭风华(女)
市第二人民医院
院　长　张凤英(女,10月免)
　　赵计明(11月任)
党委书记　史一书
党委副书记　赵计明(10月任)
市第三人民医院
院　长　檀虎亮(8月免)
　　吕爱文(11月任)
党委副书记　檀虎亮(7月免)
　　吕爱文(10月任)
党委书记　田兰英(女,6月免)

副院长　董虎林　陈魁胜(11月免)
　　王希军　宋晋萍(女)
纪委书记　赵宏明(女)

市第四人民医院

院　长　吕爱文(11月免)
　　陈魁胜(11月任)
党委副书记　吕爱文(10月免)
　　陈魁胜(10月任)
党委书记　任巧花(女)

市中医医院

院长 党支部副书记　张秋万
党支部书记　于学仁(10月任)

市妇幼保健院

院　长　潘玉泉
党支部书记　宋智华(女)

市紧急医疗救援中心

主　任　王存义(5月免)
　　赵志刚(11月任)

市规划设计院

院　长　史金才(2月免)

市工人文化宫

主　任　马文林

市人事考试中心

主　任　任晓忠

山西省阳泉市晋东公证处

主　任　高天宝

市体育中心

主　任　刘丽娟(女)

市就业指导中心

主　任　冯　峰

市市政工程管理局

局长 党总支副书记　杨智滨

市娘子关泉域管理处

处　长　霍建光

市老干部活动中心(市老年人活动中心)

主　任　温银兔

市散装水泥办公室

主　任　贾东庆

市道路运输管理处

处　长　尚保银

市经贸资产经营中心

主　任　张学军

市梁家寨温泉疗养院

院　长　(空缺)

市建筑设计院

院长 党总支副书记　王　跃(5月免)
党总支书记　曹　宇
副院长　周兴高
总工程师　王海彦
总建筑师　孟旭鹏

平定县供水管理局

局　长　霍建洲
党委书记　韩俊富

市房地产开发总公司

经　理　(空缺)

市农村服务中心

主　任　葛景山

政协阳泉市委员会

党组书记　邰爱国(2月免)
　　杨永生(2月任)
党组副书记　曹凯民(2月免)
　　杨　勇(2月任)
主　席　邰爱国(3月免)
　　杨永生(3月任)
副主席　曹凯民(3月免)
　　许文珍(3月免)
　　赵永红(女,3月免)
　　李天祥(3月免)
　　任美福(3月免)
　　李顺宽(3月免)
　　赵平有(3月免)
　　杨　勇(3月任)
　　徐本宁(3月任)
　　王良义(3月任)
　　张立君(3月任)
　　杨全生(3月任)
　　史友松(3月任)
秘书长　郭运生(3月免)
　　焦文录(3月任)
副秘书长　姚文新(3月免)
　　苏向东(3月任)
　　王保柱(3月任)

政协工作机构

办公厅

主　任　姚文新(3月免)
　　焦文录(3月任)
副主任　苏向东(3月任)
　　王保柱(3月任)

研究室

主　任　王　镒
副主任　张　瑞(女,1月任)

提案委员会

主　任　焦文录(3月免)
　　张贵红(3月任)

经济委员会

主　任　李保明(3月免)
　　弓林柱(3月任)

农村委员会

主　任　靳爱银(3月免)
　　李瑞兴(3月任)

社会法制委员会

主　任　石建勋(3月免)
　　韩　静(女,3月任)

教科文卫体委员会

主　任　张贵红(3月免)
　　延鹏翀(3月任)

学习和文史资料委员会

主　任　杨静芳(女,3月免)
　　王宇翔(3月任)

派驻纪检监察组

组　长　李俊贤(7月任)

阳泉市中级人民法院

党组书记 院长　陈明华
党组副书记 常务副院长　吕冬(女)
副院长　刘瑞光　李永祥(8月任)
纪检组组长　刘敬辉(7月免)
派驻纪检监察组组长　牛贵生(7月任)
副组长　周满财(9月任)
政治部主任　刘秀成
院长助理　李　林
执行局局长　(空缺)

阳泉市人民检察院

党组书记　王廉允
检察长　王廉允(3月任)
党组副书记 常务副检察　范海生
副检察长　刘振斌　杨喜平
　　尚锐利(10月任)

纪检组组长　尚锐利(7月免)
检察委员会专职委员　车建丽
付利宝
派驻纪检监察组组长　付民(7月任)
政治部主任　王　刚
反贪污贿赂局局长　(空缺)

荫营地区检察院

党组书记　检察长　邓百福
副检察长　张存庆　庞有清
纪检组组长　张福拴

民主党派

中国国民党革命委员会阳泉市委员会
主　委　赵海润
副主委　朱建玲(女)
中国民主同盟阳泉市委员会
主　委　史友松
副主委　王凤娥(女)
中国民主建国会阳泉市委员会
主　委　石文斌
副主委　王建中
中国民主促进会阳泉市委员会
主　委　李　君
副主委　高爱萍(女)
中国农工民主党阳泉市委员会
主　委　张立君
九三学社阳泉市委员会
主　委　杨红梅
副主委　郑世军

群众团体

总工会
党组书记　王旭明(5月免)
程继喜(5月任)
党组副书记　程继喜(5月免)
主　席　王旭明(6月免)
张永忠(6月任)
常务副主席　程继喜
副主席　张建军　张建起(兼)
杜　莉(女)　任海平(兼)
权红红(女,9月任)
纪检组组长　胡书春(7月免)

中国共产主义青年团阳泉市委员会
书　记　石光源
副书记　王克波　李俊斌
代中海(挂职,9月任)
张卫珂(兼,9月任)
毕冠华(兼,9月任)
阳泉市少工委主任　张　鹏
妇女联合会
党组书记　主席　卢东华(女)
副主席　韩　静(女,2月免)
苏秀莲(女)
康翠荣(女,9月任)
张芳芝(女,挂职,9月任)
赵林英(女,兼,9月任)
尚娟敏(女,兼,9月任)
任红梅(女,兼,9月任)
郗慧萍(女,兼,9月任)
妇儿工委办公室主任
康翠荣(女,6月免)
王瑞花(女,6月任)
科学技术协会
党组书记　高　银
主　席　杨红梅(女)
副主席　王素琴(女)
归国华侨联合会
主　席　信秀莲(女)
党组书记　史俊宝
工商业联合会
党组书记　丁国华
主　席　赵素卿(女)
文学艺术界联合会
党组书记　主席　侯讵望
副主席　赵存珍
残疾人联合会
党组书记　理事长　黄俊德
副理事长　王　治　史向中
中国国际贸易促进委员会阳泉支会(中国国际商会阳泉商会)
党组书记　王文科
会　长　(空缺)
副会长　李录喜　延鹏翀(2月免)

中央 省驻阳泉单位

山西工程技术学院
党委书记　韩保清
院　长　卫英慧
党委副书记　卫英慧
宋　红(女,6月免)
郑德明　韩永清
纪委书记　魏克敏
副院长　宋　红(女,6月免)
王玉清　姜俊兵
王振林(6月任)
郑捧柱(6月任)
中国银监会阳泉监管分局
党委书记　局长　李　忠(2月免)
郭小勇(2月任)
副局长　郝建华　杨秀军
纪检书记　刘育东
中国人民银行阳泉市中心支行
党委书记　行长　马彦平(1月免)
张龙龙(1月任)
副行长　黄　奋(3月免)
张　勇　史润青　郝勤科
纪检书记　原许昌
工会主任　杨爱斌
中国农业发展银行阳泉市分行
党委书记　行　长　吴光如
副行长　申宝军　阎石玉　王　麟
纪委书记　申宝军(4月免)
阎石玉(4月任)
阳泉市邮政管理局
局　长　陈志刚
副局长　任　辉
阳泉供电分公司
总经理　党委副书记　王文贤
党委书记　陆　晨(2月免)
任宇路(2月任)
副总经理　陆　晨(2月免)
任宇路(2月任)
武立平
潘力志(5月免)
杨立峰
赵嘉兴(5月任)
党委副书记　纪委书记
郑继平(10月免)
郭建华(10月任)
工会主席　尚卫国
阳泉市国家税务局
党组书记　局长　曾随正

副局长　李兴文　王志刚　郎俊生
　　胡国胜
纪检组组长　王敏锋
总会计师　赵银启

阳泉市地方税务局

党组书记 局长　陈友福
副局长　张　旋　程志明　李建全
总会计师　雷志刚
总经济师　秦　峰
纪检组组长　田　野

阳泉市烟草专卖局(公司)

党组书记 局长 经理
　　程　智(7月免)
　　乔继光(7月任)
总会计师　耿　艳(女)
副局长　邵彦斌
纪检组组长　郭　兴
工会主席　李国民

山西省公路局阳泉分局

党委书记　闫献忠(8月免)
　　李传书(8月任)
局　长　闫献忠(7月任)
党委副书记　曹成江
纪委书记　曹成江(1月免)
　　王卫华(1月任)
副局长　宋振宏　吕彦明　冯仁科
工会主席　宋振宏
总工程师　冯仁科

阳泉市交通运输执法局

党委书记　范文生(9月免)
局　长　段志伟(9月免)
　　范文生(9月任)
党委副书记 纪检书记　冯晋泉
副局长　张晓阳
工会主席　冯晋泉(9月免)
　　张晓阳(10月任)

阳泉出入境检验检疫局

党组书记 局长　耿　毅
副局长　高少平　张志瑞
　　曹增华(12月任)

阳泉市气象局

党组书记 局长　郗　君
纪检组组长　高俊寿
副局长　崔文革

山西省阳泉市无线电管理局

局　长　李凤萍(7月任)

国家统计局阳泉调查队

队　长　(空缺)
副队长　张春雷　杨海田(3月免)
纪检组组长　刘玉祥

阳泉市水文水资源勘测分局

局　长　李文炜

山西省盐务管理局阳泉盐务分局

局　长　贾富华
副局长　张亚刚(3月免)
　　张宏亮(9月任)

山西省阳泉第一监狱

党委书记 监狱长(矿长)
　　李树民(7月免)
　　安年春(7月任)

山西省阳泉第二监狱

党委书记 监狱长(矿长)
　　安年春(7月免)
　　苗　键(7月任)

(王　玮　张　朝　杨　磊)

2017年，奋进中的阳泉迎来建市70年　(王世钧供图)

中国共产党阳泉市委员会

综合工作

【市委第十二届二次全体会议暨经济工作会议】 2017年1月11日至12日，中国共产党阳泉市第十二届委员会第二次全体会议暨经济工作会议在阳泉宾馆召开。市委书记陈永奇作重要讲话，市委副书记、市长董一兵安排部署全年经济工作，市委委员、市委候补委员出席会议。会议贯彻中央经济工作会议、省委十一届二次全体会议暨经济工作会议精神，落实市第十二次党代会精神，总结2016年全市经济工作，分析面临的经济形势，部署2017年经济工作，并审议通过《十二届市委全会工作规则》，投票确定阳泉市提名山西省出席中国共产党十九大代表候选人初步人选推荐名单。 （张璟熙）

【省考核组对阳泉市进行目标责任考核】 2017年2月4日，山西省年度目标责任考核组一行对阳泉市2016年各项目标责任完成情况进行考核。市委书记陈永奇主持会议，代表市领导班子述职并作个人述职。省考核组组织参会人员进行考核测评，并分别同市委、市人大常委会、市政府、市政协主要领导以及各县（区）党政正职进行谈话。 （张璟熙）

【任建华到阳泉市调研】 2017年2月20日，山西省委常委、省纪委书记、省监委主任任建华到阳泉市盂县部分重点工程项目、乡镇以及县信访大厅、县监察委员会进行调研。任建华要求提高政治站位，扎实推进监察体制改革试点工作，在挂牌转隶基础上，强化人员思想融合和工作机制磨合，自觉接受党内和社会监督，打造一支让党放心、人民信赖的纪检监察队伍。 （张璟熙）

【农村集体经济“破零攻坚”工程座谈会】 2017年3月2日，阳泉市召开农村集体经济“破零攻坚”工程座谈会。市委常委、市委组织部部长任建华出席并讲话。会议就《全市农村集体经济“破零攻坚”指导意见》的起草、修改等相关情况进行说明讲解。郊区、平定县、盂县代表及部分乡镇、村代表，结合各自推进集体经济“破零攻坚”情况提出意见建议。 （张璟熙）

【全市重点工作电视电话会】 2017年3月20日，阳泉市重点工作电视电话会议召开，对2016年全市安全生产、信访稳定、脱贫攻坚、生态环保等重点工作进行总结，对2017年工作进行安排部署。会议指出，2016年，市委、市政府带领全市广大干部群众，凝心聚力、攻坚克难，全面推进经济、政治、文化、社会、生态文明建设和党的建设。特别是按照知责、履责、尽责、问责要求，扎实做好安全生产、信访稳定、脱贫攻坚、生态环保等事关底线工作，取得新成绩。市委书记陈永奇作重要讲话。市委常委、市委政法委书记杨自明，副市长潘海燕、郭少敏、呼亚民分别对全市信访稳定、脱贫攻坚、环境保护、安全生产工作作总结和部署。 （张璟熙）

【市委全面深化改革领导小组第十一次会议】 2017年3月28日，阳泉市委全面深化改革领导小组召开第十一次会议，传达学习中央、省委全面深化改革领导小组会议精神，总结2016年深化改革工作，安排部署2017年工作。会议指出，2016年阳泉市坚持问题导向和目标导向相结合，加强领导，狠抓落实，稳步推进各项重点改革任务，取得积极成效。2017年是全面深化改革向纵深推进关键一年，也是供给侧结构性改革深化之年，全市要增强“改革决不能落后”的紧迫感和责任感，以深化转型综改试验区建设为主战场和总抓手，推进各领域改革，激发加快转型升级、实现振兴崛起的动力和活力。会议要求，各级党政主要负责人对改革工作负主责，自觉履行习近平总书记“重要改革亲自部署、重大方案亲自把关、关键环节亲自协调、落实情况亲自督察”的要求，亲力亲为抓改革，扑下身子抓落实，撸起袖子加油干。其他负责人抓好分管领域改革。深改领导小组对全面深化改革进行总体设计、统筹协调、整体推进、督促落实。各专项小组、各单位按照分工做好工作。（张璟熙）

【干以胜到阳泉市调研】 2017年4月5日，由全国政协常委、提案委员会副主任干以胜带领的全国政协提案委员会调研组到阳泉市，调研市、县(区)政协在提案审查和提案公开工作方面的经验做法，征求政协提案工作部门、提案承办单位等对《中国人民政治协商会议全国委员会提案委员会提案审查工作细则(修订稿)》和《中国人民政治协商会议全国委员会办公厅关于推进提案公开工作的意见(征求意见稿)》意见建议。座谈会上，市委书记陈永奇介绍阳泉市经济社会发展情况，市政协主席杨永生汇报市政协关于提案审查和提案公开工作开展情况，矿区、郊区政协分别汇报提案审查和公开工作情况。干以胜对阳泉市提案审查和提案公开工作给予肯定并对下一步工作提出要求。（张璟熙）

【张勇到阳泉市调研】 2017年4月21日，全国人大常委会法工委副主任张勇带领全国人大常委会法工委立法调研组一行到阳泉市，就《中华人民共和国中小企业促进法(修订草案)》进行专题调研。在深入山西邦奥伟业半导体照明有限公司、山西中兴环能科技有限公司调研后，张勇指出，阳泉市在中小企业公共服务平台建设、提升创新能力等方面有很多好做法，对中小企业发展起到明显促进作用。（张璟熙）

【市委脱贫攻坚专题会】 2017年4月22日，阳泉市委召开脱贫攻坚专题会议，听取阳泉市脱贫攻坚工作情况汇报，安排部署下一阶段工作。会议要求各级各部门把脱贫攻坚作为头等大事和第一民生工程来抓，坚持问题导向，增强紧迫感，确保2018年在全省率先全面脱贫；县区作为脱贫攻坚的主体，党政主要负责人把脱贫攻坚工作扛在肩上，抓在手上，一竿子插到底，做到亲自部署、亲自研究、亲自督办；市农委要发挥职能作用，加强对县区的指导和督查。发挥产业扶贫主渠道作用，加快易地搬迁步伐，用足金融扶贫政策，抓好生态脱贫、教育脱贫工作，用好社保兜底政策，坚持高标准、严要求，抓住关键环节，咬住重点问题，确保各项任务落实落地。（张璟熙）

2017年7月，市委书记陈永奇(右三)到郊区调研“三农”工作，在锦丰农业基地指导工作（张学超供图）

【周然到阳泉市调研】 2017年4月24日，山西省人大常委会副主任周然带领调研组到阳泉市，就非物质文化遗产保护工作进行调研。周然一行深入桃河民俗文化园、平定县冠窑砂器陶艺有限公司、山西鑫杰陶艺有限公司和平定古窑陶艺有限公司中国刻花瓷文化园，详细了解“非遗”传承基地建设、推进“非遗”生产性保护情况，听取有关工作汇报，并与部分国家级“非遗”传承人进行交流。

8月3日，周然带队就《山西省食品小作坊小经营店小摊点管理条例(草案)》、公共文化服务体系建设情况到阳泉市进行立法调研和专题调研。周然一行通过实地查看、听取相关负责人汇报、与店主交谈、翻阅台账等方式，了解食品小作坊小经营店小摊点监管主要做法、成效和监管中存在的突出问题，征求食品小作坊小经营店小摊点界定标准、监管制度设计等意见建议。（张璟熙）

【廉毅敏到阳泉市调研】 2017年4月26日，山西省委常委、省委统战部部长廉毅敏到阳泉市，就民营企业发展、民族宗教、民主党派基层组织建设进行调研。廉毅敏深入阳泉中小企业公共服务平台、御目(上海)品牌管理有限公司、山西中兴环能科技有限公司等民营企业，查看民营企业发展、经营及存在困难，并听取有关工作汇报。（张璟熙）

【王一新到阳泉市督查】 2017年5月3日，山西省副省长王一新带领省开发区改革创新发展专项督查组到阳泉市，督查开发区改革创新发展推进情况。王一新对阳泉市开发区改革创新发展工作给予肯定，并要求阳泉市要把信息产业作为开发区改革创新主导产业，依托百度云计算中心，在大数据应用领域积极探索，积累经验，打好政策“组合拳”，理顺开发区体制机制，高效精准选商引资，创优政务环境和营商环境，把开发区打造成新兴产业聚集高地。

10月12日，王一新到阳泉市调研督导市县国企国资改革工作。王一新先后到市农产品批发市场有限公司、市水泵厂有限责任公司，详细了解企业“退城进园、搬迁改制”进展情况，听取企业负责人汇报，并对阳泉市国企国资改革工作给予肯定。(张璟熙)

【阳泉建市70周年座谈会】 2017年5月4日，阳泉建市70周年座谈会在阳泉宾馆会议中心召开。座谈会上，市委、市人大常委会、市政府、市政协领导同全市各界人士代表共同回顾阳泉70年走过的辉煌历程，缅怀先辈们取得的丰功伟绩，展望阳泉的美好明天。陈永奇指出，阳泉是中国共产党在全国解放前亲手创建的第一座人民城市，70年中，历届市委、市政府带领全市人民，励精图治、接续奋斗，阳泉面貌发生巨变，经济社会发展成就巨大。全市上下要抓住大有作为重要战略机遇期，坚持解放思想不停滞，坚持以经济建设为中心不动摇，坚持主动适应经济发展新常态不彷徨，坚持转型升级主旋律不偏离，坚持统筹兼顾不盲动，不断推动党的建设新的伟大工程和党所领导的伟大事业在阳泉向纵深发展，取得新成就。(张璟熙)

【社会组织党建工作座谈会】 2017年5月4日，阳泉市社会组织党的建设工作座谈会召开。会议贯彻落实全国、全省社会组织党的建设工作座谈会精神，分析研究阳泉市社会组织党建形势，安排部署全市社会组织党的建设工作。市委常委、市委组织部部长任建华出席会议并讲话。任建华强调，要着力破解社会组织党建谁来管、怎么管，党组织组建率低、质量不高，党建工作缺人干、不会干，党组织活动不经常、形式化，党建经费投入少、力度弱等问题，以改革创新精神破解难题，推动社会组织党建工作整体提升。(张璟熙)

【市委农村工作领导组工作会议】 2017年5月5日，阳泉市委农村工作领导组工作会议召开。会议总结2016年全市“三农”(农业、农村、农民)工作，对2017年全市“三农”工作进行安排部署。市委副书记、市人大常委会主任王旭明，副市长潘海燕参加会议。2017年全市农业农村工作总体思路及目标是以农业供给侧结构性改革为主线，加快结构调整步伐，加大农村改革力度，改善农村人居环境，实现关键之年脱贫攻坚再战再胜。全年全市重点做好八个方面工作，即优化产业结构，加快特色发展；提升产品质量，实现现代农业换档升级；降低生产成本，增强农业可持续发展能力；补起基础短板，破除农业发展瓶颈制约；推动一、二、三产融合发展，壮大新产业新业态；改善人居环境，建设美丽宜居乡村；推进农村改革，激发内生发展活力；推进精准扶贫工作，实现脱贫攻坚再战再胜。(张璟熙)

【“两学一做”主题教育动员会】 2017年5月10日，阳泉市召开“两学一做”学习教育常态化制度化、开展维护核心见诸行动主题教育动员大会。市委书记陈永奇出席会议并讲话。市委副书记、市人大常委会主任王旭明主持会议。市委常委、市委组织部部长任建华安排工作。市四大班子党员领导干部和其他副市级领导，各县(区)委书记、组织部部长，开发区党工委书记，市委各部委常务副职，市直各党(工)委书记，市直各委、办、局党组(党委)书记，各人民团体党组书记，部分市管国有重点企业和省直属单位负责人，市委维护核心、见诸行动主题教育办公室组成人员及各组组长参加会议。陈永奇强调，全市各级党组织和党员干部要把思想和行动统一到中央和省委决策部署和要求上来，把推进“两学一做”学习教育常态化制度化、开展维护核心见诸行动主题教育作为重大政治任务，抓紧抓好抓出成效；要以实际行动维护核心、立足岗位践行讲话，保证各级党组织充分履行职能、发挥核心作用，保证党员领导干部忠诚干净担当、发挥表率作用，保证广大党员党性坚强、发挥先锋模范作用，推动全市各项事业沿着正确政治方向健康发展。(张璟熙)

【十二届市委第二轮巡察工作动员部署会】 2017年6月1日，十二届阳泉市委第二轮巡察工作动员部署会召开。市委常委、市纪委书记、市监察委员会主任、市委巡察工作领导小组组长吴纪平作动员部署。市委常委、市委组织部部长、市委巡察工作领导小组副组长任建华主持会议。市人大常委会副主任、市委组织部常务副部长张宝明宣读《十二届市委第二轮巡察工作方案》。参加第二轮巡察的工作人员接受业务辅导。会议安排，6月上旬至7月中旬，市委5个巡察组对盂县、郊区以及市农委、市民政局、市水务局党组织开展政治巡察，巡察内容为被巡察党组织是否严格执行政治纪律和政治规矩，是否经常、主动在思想上政治上行动上同党中央“对表”“对标”等。(张璟熙)

【姜新文到阳泉市调研】 2017年6月6日至7日，山西省政协副主席姜新文带队到阳泉市，通过座谈交流、实地走访等方式，就全面推开公立医院改革、公立医院全部取消药品加成情况进行监督调研。调研期间，姜新文一行先后深入市第一人民医院、郊区人民医院、平定县医疗集团(平定县人民医院），了解公立医院取消药品加成情况，与住院患者及医务工作者面对面交流，了解医生、患者对公立医院改革、公立医院全部取消药品加成的认识和看法，并征求他们的意见和建议。（张璟熙）

【改革推进会】 2017年6月21日，阳泉市召开改革推进会，深入学习贯彻习近平总书记关于全面深化改革特别是主要负责人亲力亲为抓改革的指示要求，学习贯彻落实全省改革推进会议精神，推动全市各级主要负责人抓好改革落实工作，巩固和发展全市全面深化改革的良好态势。市委书记陈永奇主持会议并讲话，市长董一兵对下一步工作提出要求。会议对抓好开发区改革、国企国资改革、旅游景区体制机制改革、成立新型主体、引进战略投资者和专业运营团队等方面提出具体要求。（张璟熙）

【全市领导干部大会】 2017年6月27日，阳泉市委召开全市领导干部大会。市委书记陈永奇主持大会并传达习近平总书记在山西省视察工作结束时的重要讲话精神。市委副书记、市长董一兵传达习近平总书记在全国深度贫困地区脱贫攻坚座谈会上的重要讲话精神。市四大班子领导李云峰、杨永生、马爱锋、巩成、吴纪平、田桂明、王铁梅、杨自明等出席会议。会议强调，习近平总书记在山西视察并发表重要讲话，为山西指明前进方向，提供根本遵循。全市各级干部要认真学习、深刻领会、全面贯彻习近平总书记重要讲话精神，做好改革发展稳定和党建各项工作。（张璟熙）

【脱贫攻坚（平定）现场推进会】 2017年7月10日，阳泉市脱贫攻坚（平定）现场推进会召开。市委书记陈永奇出席会议并讲话。市委副书记、市长董一兵主持会议并作安排部署。

2017年12月，山西省委常委、省委副书记黄晓薇（左三）在盂县山西康泰来农业生态科技有限公司调研食用菌项目生产情况（张哲远供图）

市领导李云峰、巩成、潘海燕、杨全生，市脱贫攻坚领导组及相关成员单位主要负责人，各县（区）党委和政府主要负责人，各县（区）脱贫办主要负责人，各有关乡镇党委书记参加会议。会议深入学习贯彻习近平总书记视察山西重要讲话精神和在全国深度贫困地区脱贫攻坚座谈会上的重要讲话精神，以及全省干部大会精神，动员全市各级各部门深化思想认识，强化工作举措，确保在全省率先整体脱贫。（张璟熙）

【黄晓薇到阳泉市调研】 2017年7月，山西省委常委、省委副书记黄晓薇到阳泉市，就上半年工作推进落实情况进行调研。黄晓薇先后深入矿区段南沟社区、郊区平坦镇桃林沟村、李家庄乡汉河沟村，实地了解“两学一做”学习教育常态化制度化、开展维护核心见诸行动主题教育推进情况，并赴市纪委监委机关、城区义井社区、阳泉经济技术开发区三和园双创基地，与干部群众共同研究深化监察体制改革试点和群团改革路径及举措。

12月，黄晓薇围绕“提升环境、优化政策，构建亲清新型政商关系，激发和保护企业家精神”专题赴盂县调研，与民营企业负责人交流，听取意见建议。黄晓薇先后到山西鑫磊循环经济产业园、山西康泰来农业生态科技有限公司、山西谷味天农业开发有限公司、山西圣天越投资集团古村落保护和旅游开发项目、山西裕光煤电2×100万千瓦发电项目、盂县石店煤业采煤沉陷区治理项目、盂县经济技术开发区中岚电子信息产业园等地，实地察看项目进展情况，了解企业存在的困难和问题。（张璟熙）

【北京阳泉企业商会成立】 2017年7月26日，北京阳泉企业商会成立大会在北京举行，会议选举产生商会领导班子。北京阳泉企业商会在市委统战部、市工商联指导下，由北京盛世银泰投资控股有限公司、北京天业建材科技有限公司、北京益智伊甸园园林绿化有限公司联合发起。商会聘请百度公司创始人、董事长兼首席执行官李彦宏担任总顾问，82位阳泉籍民营企业家成为初始会员。商会成立之后，在汇聚人才、开拓市场、外包服务、融通资金、招商引资、上市引导、区域协作、反哺家乡、对外交往等方面发挥作用。（张璟熙）

【市委十二届三次全会暨上半年经济工作会】 2017年7月31日，中共阳泉市委十二届三次全会暨上半年经济工作会在阳泉宾馆召开。会议学习贯彻习近平总书记视察山西重要讲话精神、在省部级主要领导干部专题研讨班上的重要讲话精神和省委十一届四次全会精神，审议通过中共阳泉市委《关于深入学习贯彻习总书记视察山西重要讲话精神，落实省委两个〈实施意见〉的实施办法》，总结上半年工作，安排部署下半年工作。（张璟熙）

【全市扶贫领域监督执纪问责工作会议】 2017年8月3日，阳泉市扶贫领域监督执纪问责工作会议召开，安排部署扶贫领域监督执纪问责专项工作。市委常委、市纪委书记、市监委主任吴纪平出席会议并讲话。会议要求，深入学习习近平总书记关于脱贫攻坚的重要讲话精神，深化思想认识，提高政治站位，准确把握纪检监察机关的职能职责定位，履行监督执纪问责、监督调查处置职责，确保扶贫领域监督执纪问责工作取得实效，以严明的纪律为全市打赢脱贫攻坚战提供坚强保证。1月至7月，全市共查处扶贫领域违纪违法、职务犯罪案件12件，比上年增长33%；给予党政纪处分19人，比上年增长110%。（张璟熙）

【全市深化打黑除恶专项斗争工作会议】 2017年8月3日，阳泉市深化打黑除恶专项斗争工作会议召开。市委常委、市委政法委书记杨自明出席会议并讲话。副市长、市公安局局长靳润喜主持会议。2014年以来，全市共打掉黑恶势力犯罪集团37个，抓获犯罪嫌疑人230人，破获各类刑事案件333起，收缴各类枪支16支、子弹70发，缴获毒品5000余克，扣押涉案车辆18辆，冻结涉案资金3000余万元。会议安排，全市以严厉打击农村黑恶势力犯罪活动、严厉打击矿山领域的黑恶势力、严厉打击重点建设工程领域的黑恶势力、深挖细查黑恶势力背后的"保护伞"为重点，加大对各类违法犯罪行为打击力度，净化全市社会治安环境。（张璟熙）

【十九大安全保卫誓师大会暨全市反恐怖演习】 2017年9月13日，阳泉市举行"迎接十九大，忠诚保平安"中国共产党十九大安全保卫誓师大会暨全市反恐怖演习。演习共有44家单位、1600余人、170辆车参加，分为19个徒步方队、9个车辆方队依次接受检阅。（张璟熙）

【烈士纪念日公祭活动】 2017年9月30日，阳泉市在市革命烈士纪念馆广场举行烈士纪念日公祭活动，缅怀革命先烈丰功伟绩，激励干部群众坚定中国共产党领导，激发热爱阳泉、心系阳泉、发展阳泉热情。市四套班子领导陈永奇、董一兵、李云峰、王旭明、杨永生、马爱锋、巩成、吴纪平、任建华、王铁梅、杨自明等，阳泉军分区司令员孙季鸿，市检察院党组书记、检察长王廉允等出席仪式。市长董一兵主持仪式。全市副市级以上领导，市直各单位和人民团体主要负责人，城区、矿区、开发区党政主要负责人，老干部、老党员、烈属、老战士代表，全市各界干部群众代表，大、中、小学师生代表，解放军和武警官兵、政法干警代表，医疗卫生系统代表等共计500余人参加公祭仪式。（张璟熙）

【"百企帮百村"精准扶贫工程现场推进会】 2017年10月23日，阳泉市召开"百企帮百村"精准扶贫工程现场推进会。市委常委、市委组织部部长任建华出席，市委常委、市委宣传部部长、市委统战部部长王铁梅出席会议并讲话，副市长潘海燕主持会议。会议总结"百企帮百村"精准扶贫工程情况，并对下一步工作做出安排。"百企帮百村"精准扶贫工程开展以来，全市民营企业家弘扬企业家精神，与贫困村、贫困户对接，在全省率先实现民营企业帮扶贫困村和民营企业家代表人士参与扶贫行动"两个全覆盖"，在商贸、产业、就业、教育等多领域多措并举参与精准帮扶，取得明显成效。会议要求，下一步要紧盯存在的问题和薄弱环节，提升"百企帮百村"精准扶贫工程成效，由以往给钱、给物"输血式"向"造血式"，由"大水漫灌"向"精准滴灌"转变，实现企业发展和农村脱贫双赢。（张璟熙）

2017年9月30日，阳泉市举行烈士纪念日公祭活动　（郑晓丹供图）

【市委常委议军会】 2017年11月2日，阳泉市委召开常委议军会，传达学习中国共产党十九大精神和习近平总书记强军思想，传达学习山西省委议军会议精神，研究部署相关工作。会议指出，2016年议军会议后，驻阳泉各部队坚决贯彻落实上级决策部署，举旗铸魂把方向、练兵备战谋打赢、改革转型促发展、夯实基础保稳定，为全市改革发展稳定作出重要贡献。会议要求驻阳泉各部队，学习贯彻中国共产党十九大精神，系统学习习近平新时代中国特色社会主义思想，重点学习习近平强军思想，在武装头脑、指导实践、推动工作上下功夫，把中国共产党十九大精神落实到国防和军队建设各领域，并向基层延伸拓展。（张璟熙）

【张建欣到阳泉市调研】 2017年11月15日至17日，山西省人大常委会副主任张建欣带领调研组到阳泉市调研指导工作。调研组一行先后深入驿拓电子商务产业园、阳煤平定乙二醇项目、娘子关旅游开发项目、山西裕光煤电盂县电厂项目、华北奕丰生态园、孙家庄镇王炭咀村人大代表活动基地、盂县文化中心以及郊区桃林沟村等实地查看，详细了解阳泉市建设资源型经济转型发展良好法治环境、加快立法步伐、加大重大领域项目建设及资金安排使用情况支持和监督力度、服务全省经济转型升级等方面的情况。（张璟熙）

【薛延忠到阳泉市调研】 2017年11月22日至23日，山西省政协主席薛延忠带队的省政协调研组到阳泉市，开展“提高城乡居民收入水平”大调研。调研组一行先后到平定县冠山镇杨家沟村、矿区桥头街道段南沟社区，与县（区）、镇（街道）、村（社区）干部座谈交流，走访慰问困难群众，送去慰问金，并深入重点工程项目——阳泉中环快速路工程建设工地，了解工程进展、建成后对推进地方经济社会发展的作用，慰问建设一线工作者。（张璟熙）

【李悦娥到阳泉市调研】 2017年12月11日，山西省政协副主席李悦娥带领省政协教科委有关人员到阳泉市，就“完善职业教育体系，深化产教融合、校企合作”进行专题调研。李悦娥一行先后到阳泉市交通集团汽车修理总厂、在建的阳泉职业技术学院工地、市工业学校，实地查看办学条件、在建工程进度和职业教育发展规划，详细了解阳泉市职业教育基础设施建设、专业结构设置、师资力量配备及实训就业情况。（张璟熙）

【深化监察体制改革试点工作小组（扩大）会议】 2017年12月19日，阳泉市召开深化监察体制改革试点工作小组（扩大）会议，深入学习贯彻中国共产党十九大精神，贯彻落实全国推开国家监察体制改革试点工作动员部署电视电话会议、全省进一步深化监察体制改革试点工作电视电话会议精神，研究深化阳泉市监察体制改革试点工作。市委常委、市纪委书记、市监委主任吴纪平对《进一步深化监察体制改革试点工作实施方案》《关于加强县级纪委监委派驻机构建设的指导意见》《关于开展乡镇（街道）监察试点工作的指导意见》作说明。市委书记陈永奇对全市监察体制改革试点工作取得的成绩给予肯定，要求深化思想认识，提高政治站位，发扬钉钉子精神，补“短板”、填“漏洞”、疏“堵点”、解“难题”，深化改革，推动阳泉市试点工作。（张璟熙）

【商黎光到阳泉市调研】 2017年12月27日至28日，山西省委常委、省委政法委书记商黎光到阳泉市政法相关单位以及矿区、郊区、平定县、盂县，围绕学习宣传贯彻中国共产党十九大精神和政法队伍建设进行调研。商黎光一行先后到矿区赛鱼社区、矿区赛鱼派出所、矿区综治中心、阳煤平定乙二醇项目、百度云计算（阳泉）中心、市中级人民法院、盂县信访大厅、市人民检察院、郊区桃林沟村等地进行实地调研，详细了解政法综治工作情况。（张璟熙）

组织工作

【概况】 2017年，阳泉市委组织部聚焦部门主责主业，履行管党治党责任，推动各项工作取得新进展新成效。聚焦初心使命，“两学一做”学习教育常态化制度化、维护核心见诸行动主题教育扎实开展。组织党员干部深入学习贯彻习近平新时代中国特色社会主义思想；举办迎接中国共产党十九大主题系列活动；分层次打造学习教育和主题教育示范点，牵头研究制订关于加强党内政治文化建设措施，组织实施回头看工作，把维护核心落实到行动上、融入工作中。聚焦服务转型发展，打造忠诚干净担当的干部队伍。完成市人大、市政府、市政协换届工作，确保换届风清气正；坚持精准科学选人用人，集中对市管领导班子建设情况进行调研；提升干部教育培训实效，统筹把握全市干部教育培训；从严干部日常监督管理，加大提醒函询诫勉力度；多渠道培养锻炼干部，加快干部成长步伐；推动干部“能上能下”，努力营造风清气正、奋发有为干事创业氛围。聚焦加强“三基建设”（基层组织、基础工作、基本能力建设），基层党建“五大提升工程”（组织功能提升工程、主干能力提升工程、党员素质提升工程、治理机制提升工程、保障水平提升工程）实现提档升级。开展“三基建设”大调研，专题督办重点任务；健全工作机构，理顺党建体制机制；提升基础保障，各项经费均达到省定标准，推

2017年4月20日，全市“两学一做”学习教育常态化制度化示范点建设工作部署会
（史丽娟供图）

动乡镇建立在外优秀人才台账（库）；建立教育培训、能力测试和实践锻炼三个常态化机制，全面落实党员干部全员学习引导计划；推动脱贫攻坚，建立通报、约谈、召回常态机制。聚焦体制机制创新，全面推进人才强市战略。深度推进全市人才体制机制改革，建立各级党员干部联系服务专家工作制度，加大对“本土人才”“草根人才”培养扶持力度；深化“海外博士阳泉行”成果，促进人才项目落地。聚焦从严治部常态化，持续建设模范部门和过硬队伍。开展维护核心、见诸行动主题教育，狠抓组织部门“三基建设”；拓宽组工干部来源渠道，加大调研力度，开展党风廉政教育，从严加强组工干部队伍建设；全面加强与省驻市和市级新闻单位紧密联系与协作，建立完善赴省对口汇报机制，加大组织工作推介宣传力度。（史丽娟）

【维护核心 见诸行动主题教育】 2017年，阳泉市将维护核心、见诸行动作为推进“两学一做”学习教育常态化制度化鲜明主题，组织党员干部深入学习贯彻习近平新时代中国特色社会主义思想。

坚持抓在“要”处。学习习近平总书记系列重要讲话精神、视察山西重要讲话精神和“7·26”重要讲话精神，特别是中国共产党十九大精神；举办“纪念建党96周年、喜迎党的十九大”主题党日活动，全市700余名党员领导干部集体重温入党誓词；举办“喜迎十九大、永远跟党走”知识竞赛，分层次打造学习教育和主题教育示范点190个。

坚持学在“深”处。推进“六上六进”（党员领导干部、专家学者、先进模范、党代表、党支部书记、理论骨干上讲台，进机关、进学校、进社区、进乡村、进企业、进军营）全面开展形式多样的讲党课活动送学上门，组织开展“百个支部过党日、千名书记讲党课、万名党员写感言”竞赛活动；邀请5名基层一线优秀党员代表，为全市党员领导干部讲党课；分层次、分领域举办不同形式交流研讨活动，推出一批先进典型；编制“两学一做”学习教育常态化制度化口袋书、提示卡和应知应会应记100题。

坚持做在“实”处。牵头研究制订关于加强党内政治文化建设措施；组织实施回头看工作，推动各级党组织全面盘点、紧盯问题、补齐短板、推动工作；开展“迎接党的十九大、庆祝建市70周年——党员先锋行”和“4+N”系列活动，全市7万余名在职党员进社区，认领微心愿4000余个；创新“互联网+党员教育”“报告会+主题党日”等形式，把维护核心落实到行动上、融入工作中。（史丽娟）

【干部教育工作】 2017年，阳泉市干部教育工作主要特点为“四围绕、四突出”。围绕强化领导，突出统筹协调指导。强化组织领导，逐步转变职能，统筹把握全市干部教育培训，加强对各县区、市直各部门单位干部教育培训工作的督促指导，分层分类有计划地组织开展各类培训。围绕重点内容，突出理想信念培训。把学习习近平总书记系列重要讲话精神作为重要政治任务，列入各级中心组学习、干部教育培训的重要内容，通过组织调训、专题研讨、在线学习等方式，按计划分层分批开展培训；重点围绕学习贯彻中国共产党十八届六中全会、山西省委第十一次党代表、第十一届五次全会和阳泉市委十二次党代会精神，将“十三五”规划、经济社会发展综合知识等列入培训计划；结合全市开展的“两学一做”学习教育常态化制度化和“维护核心见诸行动”主题教育活动，重点开展中国共产党章程、宗旨、规矩纪律、优良传统、党风廉政等教育培训，并在狮脑山百团大战纪念馆建立全市首个党性教育基地。截至2017年底，全市共建立市级党性教育基地1个、县级党性教育基地10个。围绕需求导向，突出素质能力提升。4月12日至26日，邀请市级领导对全市919名县级干部结合阳泉发展实际，围绕山西省委书记骆惠宁讲话精神进行集中辅导；9月4日至11月3日，对市直机关和各县区50名优秀中青年干部进行培训，培训内容包括党性教育、政治理论教育、经典著作教育、省情市情教育和能力素质教育五个方面；举办新任人大代

表、政协委员专题培训班，法治阳泉建设骨干培训班，妇女干部专题培训班，组工干部能力素质提升专题培训班，市直机关党组织书记培训班，市直教育系统党务干部素质能力提升班等班次。围绕改革创新，突出加强网络培训。提升“山西干部在线学院”阳泉学员学习水平，采用分段渐进式教学管理模式，提升“上线率、合格率、平均完成学时数”3项指标，全年在线学习人数达7379人；扩大“阳泉干部在线学习中心”学员规模，加强“阳泉干部在线学习中心”硬件建设，升级改造学习网站，购置最新在线课程，加强师资和技术保障；组织“全面深化改革”“商务发展”“旅游业改革发展”和“脱贫攻坚”4个网络专题班，全市146名领导干部和130名第一书记参加网络专题培训班。（史丽娟）

【班子换届工作】 2017年，阳泉市委高度重视市人大常委会、市政府、市政协班子换届工作，先后召开4次书记专题会和4次常委会，专题研究换届工作事宜。严把代表委员身份关、考察关和结构关，对中央规定的10种不得提名情况一律实行“一票否决”；严格落实“四个凡提”（换届提名人选的干部档案“凡提必审”，个人有关事项报告“凡提必核”，纪检监察机关有关廉政情况的意见“凡提必听”，反映有关问题的信访举报“凡提必查”）和“六查”（查档案、查个人事项报告、查民意、查业绩、查线索、查案件）要求，对全市287名人大代表和292名政协委员逐一进行审查；强化“五个责任主体”职责（地方各级党委、党委书记、纪检机关、组织部门，以及人大常委会党组、政府党组、政协党组及统战部门责任主体），严格换届纪律要求，杜绝违反换届纪律问题发生，确保换届风清气正。（史丽娟）

【干部队伍建设】 2017年，阳泉市委组织部从三方面加强干部队伍建设工作。坚持精准科学选人用人。集中对市管领导班子建设情况进行调研，为市委干部调整提供科学决策依据，配强综改主战场的干部；选人用人以德为先，推行“德考”系统，全年共调整14批次371名干部，均严格程序、严肃纪律，防止“带病提拔”。多渠道培养锻炼干部。采取信访挂职、双向交流等多种方式，选派8名干部到市扶贫办开展工作；选派6名新任副县级干部到信访局挂职；选派262名干部到乡镇挂职工作；在基层单位选拔优秀年轻干部到市直单位交流锻炼，加快干部成长步伐。提振干部干事创业精气神。利用容错纠错机制，坚持严管与厚爱、激励与约束相结合，推动干部“能上能下”，营造风清气正、奋发有为的干事创业氛围。（史丽娟）

【人才工作】 2017年，阳泉市人才工作全部完成。贯彻落实山西省委《关于深化人才发展体制机制改革的实施意见》，召开全市深化人才体制机制改革部署推进会，制订出台《市委关于深化人才发展体制机制改革的实施意见》，推进全市人才体制机制改革。建立各级党员干部联系服务专家工作制度，制订出台《第五届拔尖人才评选方案》《第三届产业英才岗位和产业英才评选方案》，加大对“本土人才”“草根人才”培养扶持力度，引导人才、技术、资金回乡助推阳泉发展。深化“海外博士阳泉行”成果，被国家外国专家局列入重点扶持的“癌症干细胞个体化药物筛选的临床转化”项目在市友爱医院正式启动，以“晋商晋才回乡创业创新、泉心泉意共促阳泉发展”（北京）招商活动为平台，持续加大招才引智力度。（史丽娟）

【干部监督工作】 2017年，阳泉市对1000余名县处级干部进行集中培训，全年共查核336人，诫勉27人；推行科级干部个人有关事项报告制度，抽查关键岗位科级干部和日常考察调研推选出的科级“好干部”108人；持续加大提醒函询诫勉力度，全年函询干部134人，对37个单位“一把手”履行干部选任职责进行专项检查。（史丽娟）

【基层党建工作】 2017年，阳泉市委组织部重点从五方面加强基层党组织建设工作。突出重点任务。开展“三基建设”大调研，制订出台《加强“三基建设”实施方案》，在郊区召开全市“两学一做”学习教育常态化制度化、维护核心见诸行动暨“三基建设”动员推进会，层层签订责任状，推进挂图作战、实施挂牌督办，13项重大牵引性任务全面完成；开展各级党组织书记抓基层党建述职评议考核工作，推动主体责任落实。强化基层组织。健全工作机构，新建非公有制企业和社会组织党组织546个，覆盖率明显提升；理顺中小学校党建体制机制，建立学校党组织173个；国有企业40项重点任务全部落实，党建要求全部写入公司章程，建立健全“双向进入、交叉任职”领导体制，逐步推行党组织书记、董事长一肩挑；以“双服务四联动”（地方服务企业、企业服务地方，项目联创、培训联办、活动联谊、人才联聚）为抓手，与阳煤集团开展地企党建互促共建，形成互惠共赢良好局面；全面推行“人人讲堂”“双积分管理”，解决机关党建“灯下黑”；推进街道大工委、社区大党委，构建城市党建一体化格局。提升基础保障。全市“三基建设”经费投入2.17亿元，机关事业单位增设基层党建经费专用科目，村级组织运转经费、社区工作经费、农村主干最低报酬和社区服务群众专项经费均达省定标准；推动乡镇全部建立在外优秀人才台账（库），储备后备人才1360余名；乡镇干部周转房、32个乡镇“五小”（小食堂、小澡堂、小卫生间、小阅览室、小文体活动室）建设、59个村级组织活动场所全部建成。提高基本能力。建立教育培训、能力测试和实践锻炼三个常态化机制;落实党员干部全员学习引导计划,基层党支部书记集中轮训全覆盖;选树推广“鸿雁精神”“民事代办”“三社联动”等一大批推得开、可复制的党建品牌。推动脱贫攻坚。创新“领帮带”模式,设立26个“联村党委”;村、社区“两委”换届工作提前完成;85个软弱涣散村党组织全部销号;对11个脱贫任务较重的乡镇书记实施台账管理,组织向市委全会述职;制订集体经济破零攻坚20条措施,“破零”率达97%;出台《“三支队伍”管理办法》,建立通报、约谈、召回常态机制,谈话提醒、约谈函询5名第一书记、8名帮扶队员。（史丽娟）

宣传工作

【概况】 2017年,阳泉市宣传系统围绕中心工作、服务大局,扎实做好理论武装、舆论引导、文明创建、文化繁荣和队伍建设各项工作,为全市经济社会发展提供坚强思想保证、强大精神力量和深厚文化滋养。全年共组织市委中心组集体学习20次,举办“漾泉大讲堂”8期,开展“七进大宣讲”,把党的理论成果送进机关、学校、社区、乡村、企业、军营和网络;把握正确的舆论导向,增强党的新闻舆论工作的传播力、引导力、影响力、公信力,在《阳泉日报》、阳泉广播电视台等市级主要媒体开设“两学一做在阳泉”“砥砺奋进的五年”等专栏专版专题刊播宣传中共十九大精神稿件600余篇;围绕建市70周年、建军90周年和中共十九大召开3个重要节点,开展多层面、高密度、大范围的社会宣传;以创建省级文明城市为抓手,思想教育引领,实践活动融入,先进典型带动,公民素质和社会文明程度得到提升,平定公交公司调度员王玥获第六届全国道德模范提名奖,4人被评为第六届山西道德模范提名奖,16个单位被授予市级学雷锋志愿服务站点示范单位;贯彻落实党的文艺方针政策和省委、市委安排部署,着力推出更多优秀作品,完善公共文化服务体系,推动文化产业,努力建设文化强市,推出电影《大寒》、专题片《一座战场上诞生的城市》、纪录片《山路弯弯》、广播剧《刻花流年》、剧本《中共第一城》和《初心》等一批优秀作品;加强领导班子建设和干部人才队伍建设,转变工作作风,加强党风廉政建设和反腐败斗争,为提高宣传思想文化工作的科学化水平提供保证。（马晓鹿）

【理论武装】 2017年,阳泉市委宣传部深化理论学习、理论宣传和理论研究,推动全市理论武装工作向纵深发展。发挥市级领导和市委中心组示范引领带头作用,全年共组织市委中心组集体学习20次,举办“漾泉大讲堂”8期。起草下发《市委关于认真学习宣传贯彻党的十九大精神的通知》以及《任务分解和工作方案》,市级领导带头深入基层宣讲中国共产党十九大精神,市委常委包县区、副市长包领域,督导各县区学习宣传贯彻工作,在全市建立起市、县、乡、村四级宣讲网络体系,组成市委宣讲团、基层宣讲小分队和宣讲志愿者3支宣讲队伍,形成按需宣讲模式。开展“七进大宣讲”,把党的理论成果送进机关、学校、社区、乡村、企业、军营和网络,拓展理论宣讲途径和空间,提升理论宣传影响力;在报纸、电视、电台开设宣传专题专栏,持续推出理论文章和访谈,确保党的最新理论成果能及时在报纸、电台、互联网等媒体上进行阐释,提升理论工作针对性、时效性;组织理论工作者、社科工作者、政工工作者,推出《推进中心组学习重在“学用结合”》《坚持“稳中求进”推动经济平稳健康持续发展》《加强和改善新常态下党委领导经济工作的思考》等一批理论文章,提升理论工作的决策参考作用。（马晓鹿）

【新闻宣传】 2017年,阳泉市委宣传部围绕全市工作大局,把握正确舆论导向,增强中国共产党新闻舆论工作传播力、引导力、影响力、公信力。把握节点,掀起学习宣传中国共产党十九大热潮。《阳泉日报》、阳泉广播电视台等市级主要媒体开设“两学一做在阳泉”“砥砺奋进的五年”“学好讲话、维护核心、讲好故事”“喜迎十九大、讲好阳泉故事”“争创新业绩、喜迎十九大”“学习贯彻落实党的十九大精神”“新时代 新气象 新作为”等专栏专版专题,共刊播稿件600余篇。其中通讯《争创新业绩·喜迎十九大——转型升级潮涌山城》获“中国报业十九大融合传播优秀作品报纸类十佳”。精心谋划重大主题宣传工作。围绕中央、省委和市委重大决策部署、重大活动、重点工作,组织学习贯彻习近平总书记视察山西重要讲话精神、庆祝建市70周年、重点工程、环保督查、脱贫攻坚、转型综改、创建国家卫生城市、创建省级文明城市、交通秩序综合大整治等30余项重大宣传工作,先后开设“撸起袖子加油干”“聚焦全面落实年”等45个专栏,总计刊播稿件1008篇。阳泉广播电视台《阳泉新闻》栏目在2016—2017年度亚太广播影视奖与新媒体创新大会上获亚太地区创新力栏目奖。（马晓鹿）

【网络宣传】 2017年,阳泉市委宣传部围绕重要时间节点和重点工作,先后完成香港回归20周年、“防范邪教”公益宣传、“讲文明树新风”公益广告宣传、创建国家卫生城市宣传、创建省级文明城市宣传等宣传任务,开展点赞十九大“五年发展·点滴印记·讲好阳泉故事”“我是家乡代言人·我为新阳泉点赞”等网上宣传活动，通过属地新闻网站、各类新媒体推送本地新闻 3.34 万篇。强化应对网络舆情工作力度，定期和中宣部舆情局、山西省委宣传部舆情处与调研室保持沟通交流，掌握阶段性课题需求，明确课题撰写方向。截至 2017 年底，向中宣部报送舆情 5168 条，采用 208 条，中央领导批示 12 条，在全国直报点排名中名列前茅，其中 1 条舆情信息被中宣部列入上半年十大优秀舆情信息范例；向山西省委宣传部报送舆情信息 1.59 万条，采用条数、总分排名均为全省第一。（马晓鹿）

【对外宣传】 2017 年，阳泉市委宣传部加大外宣力度，对接各级各类媒体，全面塑造阳泉市转型发展新形象、新面貌。组织“国省媒体看阳泉”活动，先后邀请新华社、《人民日报》、中央电视台、中新社、《光明日报》《山西日报》和山西广播电视台等媒体，针对阳泉市的重点工程、大数据、社会治理、民生改善、脱贫攻坚、优化营商环境、科技创新等亮点工作进行 22 批（次）采访，提升阳泉市外宣报道质量。截至 2017 年底，全市对外新闻宣传稿件刊发（播）2394 篇，其中，国家级媒体刊发（播）350 篇（含新媒体 88 篇），省级媒体刊发（播）2044 篇。（马晓鹿）

【媒体融合】 2017 年，阳泉市委宣传部把握媒体发展新情况新问题新趋势，推动传统媒体与新媒体融合，打造平台化、开放式、互联性的新兴媒体架构。阳泉日报社、阳泉广播电视台主动进军新媒体，与传统媒体内容共享、媒体互推，形成新媒体矩阵，提升综合影响力。“阳泉随手拍”和新闻综合频道联合创办《泉问政》栏目，新媒体平台第一时间提供素材，传统媒体跟进作深度报道。截至 2017 年底，“阳泉随手拍”入驻单位 453 家，网站及 APP 注册下载用户 15.60 万人，微信关注人数 1.01 万人。（马晓鹿）

【社会宣传】 2017 年，阳泉市委宣传部围绕培育和践行社会主义核心价值观总要求，以主题活动为抓手，思想教育为引领，丰富完善途径和方法，各项宣传活动得到落实。建设社会主义核心价值观主题公园，共建设主题性公园 1 个（香岛公园）和专题性公园 6 个（诚信公园——桃河公园、德孝公园——城市广场、廉政公园——儿童公园、法治公园——泉西桥下、红色公园——狮脑山公园、忠义公园——藏山）；举办社会主义核心价值观主题宣传活动，组织社会主义核心价值观主题微电影征集展示活动，启动红色文化进校园活动，在电梯、饭店等人员聚集能力较强场所张挂社会主义核心价值观公益广告；制作并发放 20 余种近 2 万份社会主义核心价值观日用宣传品；组织开展《辉煌阳泉 70 年》图片书画展和书法美术摄影展、“我们一起走过 70 年”主题知识竞赛、“热爱阳泉 心系阳泉 发展阳泉”有奖征文、戏剧专场晚会、“拥抱辉煌”公共文化大舞台等建市 70 周年系列活动；启动“阳泉市 2017 年文化科技卫生‘三下乡’活动暨集中服务示范活动”；在党政机关、广场公园、宾馆剧院等重点场所，利用 LED 显示屏、公交车、路灯、过街天桥、龙门架、擎天柱等载体，先后发布各类社会宣传标语 3 万条（次）；开展全市爱国主义教育基地调查摸底，加强对教育基地建设指导和管理，形成省、市、县三级教育基地网络；挖掘一批革命历史类爱国主义教育资源，新发现“日本侵华战争罪行进圭村遗址”“抗战英雄部队平山团旧址”等有一定价值的革命历史遗迹，丰富爱国主义教育资源。（马晓鹿）

【文明创建】 2017 年，阳泉市委宣传部以创建省级文明城市为抓手，开展一系列活动提升公民素质和社会文明程度。市文明委召开第十五次全体会议，调整市文明委主任、副主任及成员，专题研究文明城市创建等多项议题，修订《创建省级文明城市实施方案》，出台 9 项落实举措；印发《阳泉市市民文明读本》，举行“学文明读本、做文明市民、创文明城市”发放仪式，发放文明礼仪常识宣传页 4 万份和文明读本 3.8 万册；发出“春节期间不燃放烟花爆竹的倡议书”3 万份，得到市民积极响应；制作阳泉市创建省级文明城市电视宣传片、电视广播公益广告宣传片 10 条；更新 102 块公交候车厅公益广告，实现全市公交候车厅公益广告全覆盖；16 个单位被授予市级学雷锋志愿服务站点示范单位，全市在全国志愿服务信息系统上注册的志愿者达 7.17 万

2017 年，阳泉市围绕社会主义核心价值观总要求建设的主题公园香岛公园
（马晓鹿供图）

人、志愿团体达332个。全市各行各业创建活动均取得一定成绩。平定公交公司调度员王玥获第六届全国道德模范提名奖，阳泉市4人被评为第六届山西道德模范提名奖，平定县冠山镇、宋家庄村等4个村镇入选第五届全国文明村镇，市国家税务局等3个单位入选第五届全国文明单位，城区北大街小学入选第一届全国文明校园，阳泉市6人获第四届山西“美德少年”称号。（马晓鹿）

【文艺精品创作】 2017年，阳泉市委宣传部把繁荣文艺精品创作、丰富群众精神文化生活放在首位，推动文艺精品力作涌现。加强文艺创作规划，出台《中共阳泉市委关于繁荣发展社会主义文艺的实施意见》，全面贯彻中央和山西省委精神，结合阳泉文艺工作实际情况，提出繁荣发展文艺十大工程。挖掘阳泉历史文化资源，推出电影《大寒》、专题片《一座战场上诞生的城市》、纪录片《山路弯弯》、广播剧《刻花流年》、剧本《中共第一城》和《初心》等一批优秀作品。电影《大寒》在全国公映后引起强烈反响，陆续在南京、苏州、太原等地组织观影活动，得到观众与业内人士一致好评；纪录片《山路弯弯》入选国家新闻广电总局“百人百部中国梦短纪录片扶持计划”。（马晓鹿）

【群众文化】 2017年，阳泉市委宣传部围绕丰富群众文化生活水平，确保群众文化活动推陈出新、亮点频现。精心组织“三节”（元旦、春节、元宵节）群众文化活动、“群星风采”广场文化活动和“送文化进基层”“欢乐度两节 喜迎十九大”系列文化活动等；完成参加首届山西艺术节展演、展览、表演等各项任务，共组织10大项20小项活动，参展参演人数达400人，阳泉市获优秀组织奖；把乡村文化建设与核心价值观培育、精神文明建设、文化产业发展有机结合，涌现出盂县大汖村、平定县宋家庄村、郊区桃林沟村等美丽乡村，桃林沟桃花节、梁家寨河灯节、咀子上山楂花节、西南舁苹果节、半沟红薯节、锁簧槐花节等节庆活动活跃群众文化生活，成为带动文化产业发展的新引擎。（马晓鹿）

【文化产业发展】 2017年，阳泉市委宣传部按照文化强市总体目标，着力推动文化产业健康发展。组织文化产品参加深圳文博会和第三届山西省文博会，市委宣传部获省文博会优秀组织奖和优秀展示奖；组织申报“十三五”时期文化产业重点项目86项，申报2018年度省级文化产业发展专项资金项目23个。（马晓鹿）

【“习总书记视察山西讲话进基层”主题教育宣讲培训】 2017年8月29日，阳泉市委讲师团组织骨干教员在全市范围内开展“习总书记视察山西讲话进基层”理论骨干培训宣讲活动，市直各单位理论骨干、各县（区）委宣传部分管理论工作副部长及理论骨干共200人参加。培训旨在全面推动全市学习宣传贯彻习近平总书记视察山西重要讲话精神和“7·26”重要讲话精神，帮助和引导全市党员干部群众把思想统一到习近平总书记重要讲话精神上来。培训以集中授课、讨论交流等形式进行。（陈舒燕）

【“六上六进”宣讲活动】 2017年，阳泉市委讲师团继续开展“六上六进”宣讲活动，把党的理论、路线、方针、政策及时送到机关、企业、军营、学校、社区、农村。市委讲师团为全市参加“六上”讲台的领导干部代表、专家学者代表、理论骨干代表、道德模范代表、党代表和党支部书记等80人颁发“六上六进”宣讲志愿者聘书，并对宣讲员代表进行集中培训。截至2017年底，全市“六上六进”宣讲场次达2000多场，其中市委讲师团宣讲50场。（陈舒燕）

【理论调研】 2017年，阳泉市委讲师团教员在《前进》《阳泉日报》《阳泉宣传》等报刊上发表多篇理论文章。其中，在《前进》杂志上发表《推进中心组学习重在“学用结合”——阳泉市推进县级党委（党组）中心组学习的探索和思考》，在《阳泉日报》上发表《凝聚人心 开拓进取 发展社会主义民主政治》等9篇文章，在《阳泉宣

2017年8月29日，阳泉市学习习近平总书记视察山西暨“7·26”重要讲话精神理论骨干培训班开班（陈舒燕供图）

传》上发表《开展"六上六进"强化思想引领》一文。（陈舒燕）

【"十佳讲稿"评选】 2017年，阳泉市委讲师团在全市开展"十佳讲稿"征集评选活动。此次活动征集对象为中国共产党十八大以来，全市理论工作者有关学习习近平总书记系列重要讲话精神的党课讲稿200余篇，经过专家评审评出十佳讲稿。市委讲师团将优秀讲稿汇编成集，作为党员干部学习资料。（陈舒燕）

统战工作

【概况】 2017年，阳泉市统战系统学习贯彻全国、全省统战部长会议精神，统一战线各领域工作较好发展。全市统一战线有民革、民盟、民建、民进、农工党、九三学社6个民主党派市级组织和市工商联、市侨联2个统战团体，有民主党派成员1395人、基层组织76个。全市包括汉族在内共有39个民族，有少数民族人口4492人；有佛教、道教、伊斯兰教、天主教、基督教5大宗教，合法宗教活动场所33处，信教群众8.6万人。全市民营经济市场主体达6.75万户，从业人员24.6万人。年内，阳泉市统战信息工作获全省三等奖，市委统战部报送论文《山西"亲""清"政商关系构建的制度化路径研究》《阳泉民间信仰现状及管理对策》获全省统战理论政策研究优秀成果二等奖。（郭乾杰）

【党外代表人士双月座谈会】 2017年，阳泉市分别在4月11日、9月30日、12月28日召开3次外代表人士双月座谈会，市政府副市长郭少敏、马爱锋、潘海燕分别围绕"环境保护""优化营商环境""创建国家卫生城市"主题进行情况通报，民主党派、工商联、侨联、无党派人士、党外知识分子、新社会阶层的46名代表在会上发言。发言稿被整理后以专报、通报呈送有关领导和单位，大部分得到采纳。（郭乾杰）

【中共阳泉市委与民主党派新老主委座谈会】 2017年1月20日，中共阳泉市委召开与各民主党派新老主委座谈会。座谈会上，阳泉市各民主党派离任老主委对中共阳泉市委长期对党派工作支持和关心表示感谢，表示将继续关心党派工作，对新主委做到扶上马、送一程。新任主委一致表示，要坚定不移地贯彻落实国家基本政治制度，在中共阳泉市委领导下，带领新一届班子成员，履行好参政党职能。市委书记陈永奇代表中共阳泉市委对各民主党派完成换届工作、实现新老交替表示祝贺，希望离任老主委继续关心党派建设，要求新主委主动作为，勇于担当，成为各自党派的旗帜。（郭乾杰）

2017年1月20日，中共阳泉市委召开与各民主党派新老主委座谈会（郭乾杰供图）

【市工商联第十四次代表大会】 2017年2月27日，阳泉市工商业联合会（总商会）第十四次代表大会在阳泉宾馆召开。会议听取审议市工商联第十三届执行委员会工作报告，选举产生市工商联第十四届执委会委员、执委会领导班子以及总商会领导班子。赵素卿当选为市工商联第十四届执委会主席、总商会会长。山西省工商联副主席梁荣代表省委统战部、省工商联向大会表示祝贺并讲话，市委常委、市委统战部部长王铁梅代表中共阳泉市委向大会召开表示祝贺并讲话。（郭乾杰）

【统一战线诗歌朗诵会】 2017年4月27日，阳泉市委统战部举办以"热爱阳泉、心系阳泉、发展阳泉"为主题的全市统一战线诗歌朗诵会。各县（区）委统战部、各民主党派、市工商联、侨联、民宗局等14家单位或组织的20组近百名选手参加朗诵会。经过评比，民盟市委会荆丽娜朗诵的《爱在阳泉》、九三学社市委会刘晶朗诵的《写给山城的春天》获得一等奖，农工党市委会、民盟市委会、平定县委统战部选送的诗歌获二等奖，民建市委会、城区区委统战部、市工商联、市侨联等6家单位选送的诗歌获三等奖。（郭乾杰）

【市委统战部成立新社会阶层工作科】 2017年，经阳泉市委同意，市委统战部成立新社会阶层工作科。4月25日，《中共阳泉市委统一战线工作部增设内部机构的批复》（阳编办字〔2017〕27号）下发，市委统战部五科（挂新社会阶层工作科牌子）正式成立，核定规格为正科级，编制2名，职数1名。核定职责为：开展新的社会阶层人士统战工作，发现、培养、选拔和举荐代表性人士；运用多种方式了解和掌握新的社会阶层人士情况，为制订政策提供相关依据；反映新的社会阶层人士的思想动态及意见、建议，把其政治诉求纳入有序的政治参与中来；建立相应的工作机制和载体；指导、联系阳泉市新的社会阶层人士联谊会等有关工作。（郭乾杰）

【民营企业家成长工程】 2017年6月15日，阳泉市民营企业家成长工程启动，民营企业家大讲堂同时在阳泉市众创电子商务产业园开班。为将民营企业家成长工程开展好、落实好，市工商联与慧达NLP商学院、新晋商学院专门就民营企业家培训培养签订战略合作协议。讲座上，学院负责人各自介绍学院概况，全国十佳培训师、国际职业高级培训师刘安达作题为《新经济形势下领导智慧之思维致胜》的专题讲座，全市70余名民营企业家代表参加讲座。民营企业家大讲堂由市委统战部牵头组织，市工商联、市中小企业局、市众创电子商务产业园具体实施，每月一期、每期半天，持续至2018年11月。（郭乾杰）

【统一战线理论政策培训班】 2017年6月5日，阳泉市统一战线理论政策培训班开班。各民主党派、市工商联、市侨联班子成员及骨干成员，无党派代表人士、党外知识分子代表人士，党外后备干部，各县（区）统战、民族宗教等干部共180余人参加培训。山西省委统战部副部长、山西社会主义学院党委书记张云泽出席开班仪式并授课。此次培训针对全市民主党派、工商联换届后干部队伍建设新形势，为提升干部队伍能力素质，对标中央、省委目标任务，对标先进，争创一流，全面贯彻落实市委、市政府确定的“全面落实年”和全市党务工作会提出统战工作目标任务和工作思路，经过精心筹备，由市委组织部、市委统战部、阳泉社会主义学院共同主办，为期三天半，课程包括统战政策、新媒体统战、廉政教育等11个专题。（郭乾杰）

【党外人士学习贯彻习近平总书记视察山西重要讲话精神座谈会】 2017年7月4日，阳泉市召开党外人士学习贯彻习近平总书记视察山西重要讲话精神座谈会。市委常委、市委统战部部长王铁梅主持会议并讲话。会上，民革市委会主委赵海润、民盟市委会主委史友松、民建市委会主委石文斌、民进市委会专职副主委高爱萍、农工党市委会副主委马洪亮、九三学社市委会主委杨红梅、市工商联主席赵素卿、无党派人士徐本宁及市侨联负责人分别发言。王铁梅强调，全市党外人士要提高认识，深刻学习领会习近平总书记重要讲话精神的重大意义和丰富内涵，将学习贯彻习近平总书记重要讲话精神作为首要政治任务，学深悟透，凝聚思想共识，以优异业绩迎接中国共产党第十九次全国代表大会召开。（郭乾杰）

【省委督察组督察宗教工作】 2017年8月3日，山西省委统战部常务副部长郭海刚一行到盂县天齐庙、报国寺和城区天主教堂等宗教场所实地调研，采取查阅资料、座谈交流、听取汇报等形式，督察阳泉市贯彻落实省委关于宗教工作重大决策部署情况。市委书记陈永奇主持汇报会并作表态发言，市委常委、市委统战部部长王铁梅汇报阳泉市情况。郭海刚对阳泉市工作给予肯定，要求深入学习习近平总书记在全国宗教工作会议上的讲话精神，贯彻落实中央、省委关于宗教工作的重大决策部署，下大力气解决宗教领域重点难点问题，促进全市宗教工作迈上新台阶。（郭乾杰）

【民主党派基层组织调研观摩】 2017年9月27日，阳泉市委统战部、各民主党派市委会联合组织开展民主党派基层组织建设调研观摩活动。市政协副主席张立君、史友松参加活动，市委统战部、各民主党派市委会、部分基层支部负责人参加调研观摩。活动中，参加人员先后调研观摩民盟矿区支部组织的口腔义诊活动、民革山西工程技术学院支部组织的“拥戴核心、合作奋进”主题学习活动、民进市委组织的支教点成果展示、九三学社文卫支社组织的医疗知识讲座、农工党平定支部组织的捐资助教活动、民建平定总支组织的助力会员企业发展成果展示等。调研观摩结束后，市委统战部组织召开专题研讨会，对调研观摩活动进行交流发言和总结点评。此次调研观摩展示的民主党派基层组织活动各具特色，让参加人员感受到阳泉市民主党派基层组织建设的新面貌、新变化、新亮点，形式新颖直观，内容贴近实际。参加人员对照典型先进，查找差距，交流工作过程中的方式方法，分享各自工作成果和经验，就做好民主党派基层组织建设工作提出新要求。（郭乾杰）

【新的社会阶层人士统战工作会议】 2017年11月15日，阳泉市新的社会阶层人士统战工作会议召开。市委常委、市委宣传部部长、市委统战部部长王铁梅出席会议，向参会的新的社会阶层代表人士宣讲中国共产党十九大精神，对做好全市新的社会阶层人士统战工作提出要求。会议传达贯彻全国、全省新的社会阶层人士统战工作会议精神，研究讨论阳泉市《关于加强新的社会阶层人士统战工作的实施办法》，安排部署全市新的社会阶层人士统战工作。（郭乾杰）

【王铁梅到市各民主党派工商联侨联机关调研】 2017年11月28日，阳泉市委常委、市委宣传部部长、市委统战部部长王铁梅到各民主党派市委会机关、市工商联和侨联机关调研指导。座谈会上，王铁梅听取各民主党派市委会、市工商联、市侨联工作汇报，详细了解民主党派、工商联、侨联工作开展中面临的困难和问题以及相关建议，并从7个方面深入宣讲中国共产党十九大精神。（郭乾杰）

【阳泉市河北商会成立】 2017年12月3日，阳泉市河北商会成立大会在阳泉市举行。山西省工商联、阳泉市委统战部以及全省各市河北商会、河北省各市工商联有关人员参加会议。市委常委、市委宣传部部长、市委统战部部长王铁梅出席成立大会。会上，通过《阳泉市河北商会章程（草案）》和相关工作制度，选举产生商会领导班子，111位河北籍民营企业家成为初始会员。成立大会上，唐山市丰南区奉岗灰业有限公司与阳泉市星火金源工贸有限公司签订30万吨氧化钙项目合作协议。（郭乾杰）

市直机关党的建设

【机关党建主体责任落实】 2017年，阳泉市直机关工委采取多种措施推进党建主体责任落实。落实领导责任，推动《市直机关抓基层党建工作责任清单》落实，扛起做好基层党建工作主体责任，确保机关党建各项工作有领导、有组织，科学规范运作；完善规章制度，坚持《市直机关党组织落实党风廉政建设主体责任和监督责任的指导意见》《关于建立党员领导干部党建联系点工作制度》《年度党支部工作手册》，修订完善《市直机关党组织换届任前集体谈话制度》《市直机关党建约谈制度》《工委领导党建联系点和帮扶点工作制度》，保证党建工作健康、有序开展；创新述职评议，坚持书记抓、抓书记，开展机关党建述职评议，104家直属党组织书记全部述职，推动全面从严治党责任落实；组织4个督查小组对直属党组织推进“两学一做”学习教育常态化制度化开展维护核心见诸行动主题教育情况，以及加强“三基”建设提升支部规范化水平、落实年度党建工作目标责任制情况进行督查调研，巩固“两学一做”学习教育成果，推进机关党建工作。（褚静宜）

2017年3月23日，市直机关党的工作会议对先进单位进行表彰

（褚静宜供图）

【基层党组织建设】 2017年，阳泉市直机关工委提出“支部规范化建设年”工作总思路，采取一系列措施激发基层党组织活力。召开市直机关“三基建设”工作推进会，交流经验，传导压力，推动全面从严治党向基层延伸；批准成立45个非公有制和社会组织党组织，实现非公有制和社会组织党组织全覆盖；编印党支部规范化工作记录本以及《党支部规范化建设工作手册》，将支部各项活动流程编入记录本附页中，使党务干部能够做到“一本通”；向基层下拨党费200余万元，保障支部活动正常开展；对所属105个党组织党建责任状落实情况、“三基建设”贯彻情况等内容进行督导；完成全国党务系统党组织和党员信息采集、录入工作，高标准推进党内统计年报工作，提高机关党建科学化水平。（褚静宜）

【市直机关党员培训】 2017年，为加强市直机关党员队伍建设，阳泉市直机关工委开展一系列培训。5月至6月，举办入党积极分子、预备党员、纪检委员、组织委员、支部书记等各类培训班10个，参训党员及党务干部1200余人，分6期对627名基层支部书记进行轮训。

9月10日至16日，举办市直机关党组织书记延安干部培训学院培训班，市直机关直属党组织书记和工委领导共50余人参加培训，接受革命传统教育和延安精神洗礼，提升基层党组织书记基本能力。

11月，选派15名党务干部参加中国人民大学继续教育学院习近平新时代中国特色社会主义思想培训。市直机关工委聘请省、市专家教授针对“两学一做”学习教育和主题教育、习近平总书记视察山西重要讲话精神以及党建业务知识开展培训；组织39名流动党校教师送教讲学85次，参训党员4500余名，提高广大党员的“四个意识”。将《习近平

的七年知青岁月》书籍1640册下发至市直机关县处级以上领导和基层支部。（褚静宜）

【市直机关精神文明工作】2017年，阳泉市直机关工委积极做好各项精神文明创建工作。开展“两进”活动。围绕纪念中国共产党建党96周年和喜迎十九大胜利召开，组织开展走进老党员和走进重点工程“两进”活动，195名青年党员和入党积极分子对63名老党员进行慰问走访，30多名省、市党代表走进阳大铁路工程和光伏基地调研座谈、慰问演出。举办市直机关首届“道德讲堂”。市文明委、市直文明办联合举办以“孝老爱亲”为主题的“市直机关道德讲堂”，市四大班子领导和市直机关干部职工代表200余人参加。召开市直文明单位（标兵）命名大会。5月，市直文明办按照市直文明单位考核指标体系测评标准，采取实地察看、听取汇报、检查资料等形式，对原县（区）级文明单位（标兵）进行确认验收。6月22日，市直文明委召开大会对首批文明单位（标兵）进行命名和授牌。市老干部活动中心、市城镇集体联社等22个单位被命名为首批“市直文明单位标兵”，市体校、市中心血站等14个单位被命名为首批“市直文明单位”。参与阳泉市省级文明城市创建工作。为配合全市省级文明城市创建工作，市直各单位对单位内部及所辖区域展板、电子显示屏、墙体等户外广告进行清查，对过时标语、口号进行更换，为迎接中国共产党十九大召开营造浓厚氛围。10月26日，全市社区开展创建省级文明城市环境整治活动，市直各单位主动对接驻地社区，动员干部职工参与活动，为全市环境面貌改变作出贡献。（褚静宜）

【党风廉政建设】2017年，阳泉市直机关工委创新党风廉政建设工作机制，加强监督管理。召开纪检委员月例会，对如何履行纪检委员职责进行交流；从严执纪问责，对28名违纪党员给予党纪处分；制订《市直机关党员党纪处理批准权限和执行程序暂行办法》《上报处分决定备案所需材料提醒函》《上报处分决定所需材料提醒函》《处分决定执行情况提醒督办函》。（褚静宜）

【机关群团工作】2017年，阳泉市直机关工委发挥群团组织作为党和政府领导有力助手、联系群众桥梁和纽带作用，开展一系列工作。与市总工会、市体育局联合主办首届市直机关职工运动会，设竞赛、趣味2大项15小项，从4月15日开始到6月18日结束；与市总工会、市文化局、市文联共同举办以“心系阳泉发展 争创一流业绩为十九大献礼”为主题的市直机关干部职工书画摄影作品展，从10月9日开始到10月27日结束，由市书法家协会、市美术家协会、市摄影家协会具体承办，市直机关74家单位的564人次参加，展出作品188幅，其中，书法作品63幅，美术作品61幅，摄影作品64幅；在第54个学雷锋纪念日来临之际，组织动员市直机关团员青年开展系列“学雷锋”活动，清洁家园服务活动、知识普及、免费义诊、关爱困难弱势群体等。结合阳泉市城乡环境集中整治工作，组织开展市直机关团员青年“爱我家乡 志愿服务我先行”环境集中整治活动，共有150余名市直机关团员青年参加，对福寿街和新建街路段环境卫生情况进行集中整治，共粉刷树木200余棵，铲除“牛皮癣”和小广告400余处，捡拾白色垃圾40余袋、发放环保宣传单1000余份。（褚静宜）

2017年4月21日，市直机关干部职工参加篮球比赛（褚静宜供图）

政研工作

【调研工作】2017年，阳泉市委政研室（深改办、综改办）坚持问题导向，从推进国有企业改革、创新社会治理、加快文化旅游产业发展、壮大集体经济、推进全面深化改革情况等方面开展专题调查研究，形成《关于加快市属国有企业改革的对策研究》《关于加快推进我市文化产业发展的调研报告》《关于抢抓全省全域旅游战略机遇加快我市旅游大发展的调研报告》《关于发展壮大集体经济的调研报告》《关于加强政企合作助推小微企业发展的调研报告》《关于矿区创新社会治理工作的调研报告》《关于全市改革工作的调研报告》7篇调研报告，为市委科学决策提供翔实依据。为开展全市县处级领导干部大调研活动，市委政研室制订《关于对全市大调研工作开展专项督查的方案》。从11月5日至12月25日，全市市级领导、各县（区）和市直各部门县处级以上领导干部，市管本科院校和市属国有企业负责人，共计779人参加调研活动。此次活动坚持问题导向、目标导向，围绕“把情况摸透、把问题找准、把举措搞实”要求，共宣讲中国共产党十九大精神3120余次，召开座谈会311场，外出考察130余人次，走访联系点、走访基层3890余次，解决实际问题760多个。（贾德存）

【文稿撰写】 2017年，阳泉市委政研室坚持把文稿服务作为服务市委决策、当好参谋助手的重要载体，立足阳泉改革转型发展，为市委决策和各项重大活动提供高质量文稿服务。先后承担撰写市委主要领导在十二届二次、三次、四次全会上的讲话工作，起草《关于深入学习贯彻习总书记视察山西重要讲话精神落实省委两个〈实施意见〉的实施办法》《中共阳泉市委常委会2017年工作要点》《阳泉市2017年全面深化改革工作要点》等指导全市工作的重要性文件，撰写多篇市委主要领导和市委办公厅主要领导重要讲话、发言、汇报等材料。参与编写“争创新业绩、喜迎十九大”系列报道，其中由市委政研室撰写的《用好改革关键一招》专题文章在2017年9月23日《阳泉日报》上刊登。（贾德存）

【《阳泉工作》】 《阳泉工作》作为阳泉市委主办、市委政研室（改革办）具体承办的市级刊物，坚持“传达市委意图，指导工作实践，服务转型发展，对外展示阳泉风采”的办刊理念，整体刊物质量和水平得到提升。2017年共编发6期，刊发《纪念建市70周年专刊》《全面深化改革专刊》《学习宣传贯彻十九大精神专刊》特刊。6月，在武汉召开的全国城市党刊研究会第26届年会上，《阳泉工作》获全国党刊十佳称号。（贾德存）

【全面深化改革】 2017年，阳泉市委政研室践行“统筹协调牵头抓总、改革任务制定设计、督促检查落实”工作要求，健全完善“1套台账，统筹协调、对账盘点、通报反馈、督察督办、报审备案5项配套措施”工作机制，完善市领导分工负责与专项小组统筹协调相结合的领导运行机制，并将全市全面深化改革工作纳入全市年度目标责任考核体系，出台《阳泉市关于建立重点改革事项跟踪制度的实施办法（试行）》《阳泉市委全面深化改革考核实施细则（试行）》及《阳泉市委全面深化改革年度考评目标体系表（试行）》。将全面深化改革纳入山西省年度目标责任考核各市内容，分值10分，制订《阳泉市关于落实省第十一次党代会报告目标任务的实施办法》《阳泉市关于落实省第十一次党代会报告目标任务的任务分解表》，出台《中共阳泉市委全面深化改革领导小组2017年工作要点》，编制50项改革任务160条具体事项的分解表。为加快全面深化改革，全年全市先后组织召开改革专题会议6次，省委改革督察大型汇报会议2次、专题汇报会1次，召开全市改革推进大会、全面深化改革领导小组会议4次，审议通过《市直党群部门职责清单》《阳泉市总工会改革实施方案》《共青团阳泉市委员会改革实施方案》《阳泉市妇联改革实施方案》《关于进一步深化医药卫生体制改革的实施方案》等9个方面重大改革类制度文件，先后专题研究全市统筹城乡发展和转型综改试验区建设、创新大数据产业发展、深化开发区体制机制改革、完善脱贫攻坚体制机制等20余项重点改革工作。先后编发《阳泉改革信息》79期，信息采集量名列全省前茅，选编可供全市学习借鉴的全国改革先进经验和典型做法的《他山之石》12期，编印《全面深化改革资料汇编》《全面深化改革资料汇编——市委书记陈永奇关于改革的重要论述》两册内部刊物和《省委全面深化改革督察调研资料汇编》《全市改革推进会汇报资料汇编》等内部资料。（贾德存）

保密工作

【《中央关于加强和改进保密工作的意见》贯彻落实】 2017年，阳泉市国家保密局把学习宣传和贯彻落实《中央关于加强和改进保密工作的意见》（以下简称《意见》）和山西省委《中共山西省委贯彻落实〈中共中央关于加强和改进保密工作的意见〉的实施意见》（以下简称《实施意见》）作为全年工作首要任务。制订阳泉市《关于加强和改进保密工作的实施意见》，并以市委文件形式下发，以市委办公厅、政府办公厅文件下发《阳泉市“十三五”时期保密工作发展规划》，市委保密委下发《阳泉市“七五”保密法治宣传教育规划》并组织实施，指导和推动全市保密工作的开展。5月17日，全市保密工作会议召开，安排部署全市保密工作，对贯彻落实中央《意见》、省委《实施意见》以及中央、全省保密工作会议精神作出安排部署。（刘彦忠）

【保密宣传教育】 2017年，阳泉市国家保密局开展一系列保密宣传教育工作。及时向市委、市政府主要领导送阅失泄密典型案例，并在市委理论中心组通报学习，使市级领导强化保密意识、危机意识、风险意识及自我保护意识；8月，组织全市35名省管干部赴省参加集中轮训，使市县（区）主要领导干部接受保密法规和保密防范知识教育；利用机关工委流动党校平台，开展保密专题授课，先后为市委办、市政府办、市委组织部、市委统战部等市级机关和农行阳泉市分行等单位授课，增强机关干部和涉密人员保密意识；把保密教育纳入市直机关科级公务员轮训内容，组织保密员开展业务培训。（刘彦忠）

【保密监督检查】 2017年，阳泉市国家保密局围绕服务和保障中国共产党十九大召开，组织开展各种形式的保密监督检查。组织开展机关单位保密自查自评。各级党政机关、涉密单位对照《保密自查自评工作规则》，按照"立足防范、突出重点，严格标准，形成制度"要求，全面开展自查自评，对存在问题严重的单位进行通报，通过自查自评促进各机关、单位保密工作开展，起到落实责任、消除隐患、强化管理、规范工作作用。加强网上信息保密管理。市国家保密局督促在互联网上建有网站、网页的机关、单位（包括政府门户网站）严格落实信息发布保密审查制度，信息发布和流转（包括政务邮箱）坚持先审查、后公开和一事一审原则，坚决从源头上防止涉密和敏感信息在互联网上传播，利用检查平台，进行泄密隐患排查，加强网上涉密信息保密检查监测，做到及时发现问题，及时上报处理。开展公办网站安全检查。协助市网信办开展全市公办网站内容安全检查，对市级党务口网站基本情况进行调查摸底，对网页内容进行安全保密审查，保证对外公开事项不涉密、涉密事项不公开，网站安全运行。开展电子邮件系统安全专项整治。为加强党政机关、事业单位和国有企业互联网电子邮件系统安全管理和防护，市国家保密局和市公安局、市通信管理局联合出台行动方案，在全市组织开展党政机关、事业单位和国有企业互联网电子邮件系统安全专项整治行动。开展"问题地图"排查整治。市国家保密局和市国土局联合开展全覆盖排查整治"问题地图"专项行动，到城区、郊区新华书店以及学校、图书馆等，对危害国家安全和利益等严重问题地图进行排查整治。（刘彦忠）

老干部工作

【老领导老干部慰问】 2017年春节前夕，阳泉市四套班子领导分10组对市级老领导、老领导遗属和县区老干部代表73人进行慰问，送去慰问金、慰问信、春联和生肖剪纸。在春节、重阳节期间，市直各单位对本单位离退休干部均进行普遍慰问；市委老干部局对安置在北京、天津等地的11名离休干部进行慰问。（高　璐）

【离退休干部元宵节说唱晚会】 2017年2月13日，阳泉市离退休干部元宵节"金鸡高歌"说唱晚会在市老干部活动中心羽毛球馆上演，部分市级领导、老领导以及全市84个离退休党支部书记共300余人观看演出。晚会以阳泉评说为特色，在曲艺说唱《金鸡高歌》中拉开序幕，随后表演的相声《晒出幸福来》、小品《王老头买药》、快板小段《看升旗》、曲剧《小仓娃我离了登封小县》、小品《结伴》、曲艺联唱《找乐》、小品《守望》、情景演唱《常回家看看》等节目将晚会推向高潮。（杨贵洲）

【老干部情况通报会】 2017年4月7日，阳泉市召开向老干部通报情况会。市委常委、常务副市长马爱锋通报2016年全市经济发展情况和2017年经济工作计划。市委常委、市委组织部部长任建华向老领导、老同志通报2017年市人大常委会、政府、政协换届工作情况。8月28日，全市向老干部通报情况会在市政府12楼视频会议室举行。市委常委、常务副市长马爱锋向老干部通报全市1月至7月经济社会发展情况。（高　璐）

【票证收藏文化展】 2017年4月25日，为庆祝阳泉建市70周年，由阳泉市委组织部、市委老干部局主办，市老干部活动中心、山西省收藏家协会票证专业委员会、市集邮协会承办的"中共第一城"票证收藏文化展暨山西省第三届票证文化交流展示会开展。此次票证交流展设在市老干部活动中心文化广场，历时3天，共设80余个展位。（杨　斌）

【全省老年大学建设发展推进会在阳泉市召开】 2017年4月26日，山西省老年大学建设发展推进会在阳泉市召开，省委老干部局领导及全省各市、县（区）部分老干部局、老年大学负责人参加会议。会议贯彻落实全省老干部工作会议精神，对老年大学建设发展经验做法进行交流，分析工作中存在问题，探讨加强老年大学工作思路，推动全省老年大学工作进步。会上，省老年大学、阳泉市老年大学、晋中市老年大学等6所老年大学负责人介绍各自办学经验和做法，以及取得的成效。会议期间，与会人员参观考察阳泉市老年大学和城区老年大学晋东社区教学点、矿区老年大学段南沟社区分校，对阳泉市老年大学建设工作给予肯定。（赵文君）

【市级老领导参观重点工程】 2017年5月19日，阳泉市委老干部局组织市政协原主席李希曾、市人大常委会原主任丁贵生等43位市级老领导赴阳泉经济技术开发区及市级重点工程——阳大铁路参观调研。老领导分别参观百度云计算（阳泉）中心项目、百度（阳泉）创新中心、"呼叫中心"示范项目、御目（上海）品牌管理有限公司、山西中兴环能科技有限公司纳米洋葱碳材料项目、山西神盾智能科技有限公司高功率高速激光切割及智能抛光打磨机器人项目、阳泉爱康科技有限公司光伏支架项目，并在阳大铁路建

设工地听取建设项目指挥部负责人情况介绍。（高　璐）

【离退休干部培训】 2017年7月7日，阳泉市委老干部局举办离退休干部党支部书记和工作人员培训班，市直单位近40名离退休干部党支部书记和市委老干局工作人员参加。此次培训包括两部分内容，就推进“两学一做”学习教育常态化制度化、开展维护核心见诸行动主题教育活动作动员，邀请市委讲师团苏恒亮老师讲党课。10月17日，阳泉市委老干部局组织召开全市离退休干部党支部书记培训班。全市离退休干部党支部书记、老干部局党总支各党支部书记共110人参加，市直机关工委调研员郭海林为老同志作题为《如何做好党支部书记》的专题辅导讲座。12月20日，阳泉市委老干部局召开宣讲中国共产党十九大精神报告会，市直各单位、省营单位离退休干部党支部书记、老年大学临时党支部书记、老干部局全体党员130余人参加。会议邀请市委讲师团政策研究室主任韩继全进行宣讲。（杨贵洲）

【老干部书画展开展】 2017年9月25日至29日，由阳泉市委组织部、阳泉市委老干部局主办，阳泉市老年大学、阳泉市老年书画家协会承办的“追逐中国梦，喜迎十九大”全市老干部书画展在市展览馆展出。展览共展出书画作品120幅，其中，书法作品75幅、绘画作品45幅。（高　璐）

【赵胜利受邀到阳泉市作专题讲座】 2017年9月7日，阳泉市委老干部局邀请中组部老干部局副巡视员赵胜利到阳泉市为老干部工作者作专题讲座，市老干部工作领导组成员、县区组织部部长及老干部局局长、市直各单位分管领导、市老干部局系统科级以上干部100余人参加讲座。讲座中，赵胜利从认识制订出台《关于进一步加强和改进离退休干部工作的意见》的重要性以及准确理解、把握意见精神实质和主要特点、贯彻落实意见的基本要求和应注意问题三方面进行解读。（高　璐）

【赵建华到阳泉市调研】 2017年11月30日，山西省委组织部副部长、省委老干部局局长赵建华一行4人，先后到阳泉市老年大学、老干部活动中心调研指导工作。赵建华一行先后参观市老年大学教学楼各学科教室、特色文化长廊和综合楼校史陈列室，全面了解阳泉市阵地建设工作情况，并同参加活动的老干部交谈。赵建华对阳泉市老年大学近几年形成的多层次、多学科、多学制、多功能教育教学体系以及活动中心文化养老的理念给予高度评价。（高　璐）

【特殊困难离退休干部救助】 2017年，阳泉市市直单位离退休干部帮困救助工作完成，市直各单位共有122名离退休干部、离休干部遗孀提出困难救助申请。在原单位初审、公示基础上，市委老干部局成立审核组，对初次提出救助申请的32名救助对象进行核实。在全面掌握申请人基本情况、家庭情况、致困原因及困难程度基础上，按照500元、1000元、2000元、3000元标准为其中120人(2人不符合条件)发放救助金15万元，其中，离休干部18人，退休干部52人，离休干部遗孀50人。（仇喜廷）

【离休干部护理费调整】 2017年，根据中共中央组织部《关于提高生活长期完全不能自理的离休干部护理费标准的通知》，阳泉市对全市离休干部进行情况核实并进行护理费补发。全市共有545名离休干部，全部进行健康情况普查，其中符合提高护理费标准的离休干部有452人。符合提高护理费标准的离休干部由所在单位统一填报离休干部提高护理费审批表，经指定医院鉴定、单位初审、市委老干部局及市人社局联合审批，由市财政局、市养老保险所分别负责发放兑现。按政策规定每人每月补发1400元，补发6个月，每人补发8400元，452名离休干部共受益379万元。对新增需提高护理费的做到当月审批、当月兑现。针对驻地省级参保单位离休干部，阳泉市制订相应的护理费提高管理办法。（仇喜廷）

【老干部工作大调研】 2017年12月开始，阳泉市委老干部局对县区老干部局、部分市直单位开展老干部工作大调研。调研期间，通过召开座谈会、走访联系点、听取汇报等方式，带着课题对各单位进行详细了解，并就如何做好各单位老干部工作提出具体意见和要求。历时20余天调研结束后，完成一篇题为《关于阳泉市市直单位老干部工作情况的调研报告》。（高　璐）

党校工作

【概况】 2017年，中共阳泉市委党校(阳泉行政学院)贯彻落实中央、省委、市委关于加强和改进新形势下党校工作各项要求，完成年度目标任务。相继组织举办县干班、中青班、军转班、公务员班等各类主体班次27期(个)，参训学员累计6000余人次；承办市委交办的以会代训任务5次，完成大连市正处级干部进修班、山西空管分局党员培训班等班次教学任务；开展联合办学和委托培训工作，先后承办完成20余项培训任务；入选“专题库”新专题14个，其中优秀专题6个；择优选录急需人才4名，并有8名教师晋升中级职称，培养在职研究生毕业1名、在读1名；组织举办道德大讲堂4次，以及全市党校系统第六届校园文化艺术节和“喜迎十九大·颂歌献给党”红歌会演活动。（沈志红）

【县级干部专题研讨班】 2017年4月11日，阳泉市县级干部学习贯彻中国共产党十八届六中全会精神专题研讨班在阳泉宾馆开班，市委书记陈永奇出席并作专题辅导，全市在职副县以上领导干部900余人参加集中学习。此次专题研讨班采取大会报告、领导授课、分组讨论、专题辅导、集中考试等形式，共分5期，自4月12日至26日，第1期至第4期每期培训2天，每期200余人参加学习，第5期培训3天，参加学习的是新提拔的县级干部99人。培训内容包括习近平总书记系列重要讲话精神和省委书记骆惠宁在省管干部学习贯彻十八届六中全会精神专题研讨班上讲话精神等。 (沈志红)

【泉州市委党校教师到阳泉市学习考察】 2017年4月18日，福建省泉州市委党校一行4人到阳泉市委党校学习考察，主要围绕马克思主义经典著作教学、马克思主义经典著作党校师资培训工程建设等课题进行学术交流。市委党校常务副校长、阳泉行政学院院长彭喜平介绍校院马克思主义经典著作教学工作情况，教育长李青魁介绍校院推进马克思主义经典著作进课堂工作及师资培训情况，其他教师分别就马克思主义经典著作教学工作情况进行与泉州市委党校人员探讨交流。 (沈志红)

【“领头雁”市级示范培训班】 2017年4月18日至23日，阳泉市在市委党校组织“领头雁”市级示范培训班。此次培训分2期，为期3天，对象分别为各县(区)农村党支部书记和全市各社区党组织书记共200余人，采取专题辅导、分组讨论、座谈会、现场教学、观看教学影片等方式进行。培训内容主要包括中国共产党十八届六中全会专题辅导、如何做好基层党组织建设工作、农村脱贫攻坚暨集体经济“破零”座谈会、党组织书记党性教育、郊区平坦镇桃林沟村和城区德胜街社区现场观摩教学、观看教学影片、优秀党组织书记经验介绍、社区党组织书记先进经验交流等。 (沈志红)

【阳泉市党校系统教师进修学院成立】 为强化党校系统整体功能，推进党校教师培训工作，2017年5月10日，阳泉市党校系统教师进修学院成立。成立仪式后，市县(区)两级党校教师60余人参加为期2天的2017年度师资培训班。 (沈志红)

【阳泉市首个市级党性教育基地成立】 2017年6月2日，阳泉市首个市级党性教育基地在狮脑山百团大战纪念馆揭牌成立。市委常委、市委组织部部长、市委党校校长任建华出席揭牌仪式并讲话。市委党校常务副校长、阳泉行政学院院长彭喜平主持揭牌仪式。校院委有关领导，各县(区)委组织部分管干部教育工作副部长，郊区、城区、矿区、市住建局、市园林局党员代表，市委党校全体教师150余人参加。市委党校教育长李青魁、狮脑山公园管理处处长石爱民等4人作表态发言。 (沈志红)

【任建华到市委党校调研指导工作】 2017年7月12日，阳泉市委常委、市委组织部部长、市委党校校长任建华到阳泉市委党校调研指导工作。任建华实地参观教学楼、图书馆、活动中心、学员公寓、餐厅等教学设施，详细了解基础设施建设和师资队伍情况。参观后，任建华与校委班子成员、县(区)委党校校长以及校院部分中层干部座谈。任建华在听取工作情况汇报后，对市委党校的工作予以肯定，并对党校事业全面发展提出指导意见。 (沈志红)

【军转干部岗前培训】 2017年8月22日，阳泉市2017年度军转干部岗前培训班开班。参加此次培训的军转干部共21名，课程主要包括军转安置政策程序、市情市策、行政能力测验、申论等15个方面。培训按照教师讲授与学员座谈讨论方式组织实施教学。 (沈志红)

【市委党校2017年秋季开学暨第十一期中青班开班】 2017年9月4日，阳泉市委党校2017年秋季开学暨第十一期中青班开班。市第十一期中青班学员、市委党校全体教职工等120余人参加开班仪式。此次中青班培训对象为全市50名优秀中青年干部，学制为2个月，自9月4日至11月3日。培训内容包括党性教育、政治理论教育、经典著作教育、省情市情教育和能力素质教育。培训采取课堂教学、远程教育、现场教

2017年9月，阳泉市第十一期中青班召开《习近平的七年知青岁月》座谈会
(雷云强供图)

学、访谈式教学、分组讨论、实地调研等形式进行。（沈志红）

【县（区）级党校改革】 2017年10月，阳泉市委党校城区分校、矿区分校、郊区分校、盂县分校分别在城区党校、矿区党校、郊区党校、盂县党校挂牌。12月，市委党校平定县分校在平定县党校挂牌成立。至此，全市各县（区）委党校均完成市委党校分校挂牌工作。依托县（区）委党校成立市委党校分校，是党校系统办学体制的重大改革，标志着全市深化县（区）级党校办学体制改革迈出实质步伐。（沈志红）

【党校微课堂】 中国共产党十九大召开后，阳泉市委党校创新学习宣讲形式，利用现代网络信息平台，建立十九大精神“微课堂”，打造“全天候党校”。“微课堂”针对十九大报告提出的一系列新重要思想、重要观点、重大判断和重大举措进行选题，精心组织课程录制，及时更新课程内容，帮助党员干部解疑释惑，深化对十九大精神的理解和认识。扩大“微课堂”覆盖面，校院安排在校各类班次学员、全体教职员工及离退休干部关注“阳泉党校微平台”公众号，并通过市委组织部、各县（区）委党校组织安排党员干部进行普遍关注，实现对全市党员干部全覆盖。与市主要媒体联合开办专栏、专版，使“阳泉党校微课堂”走进阳泉党建网、《阳泉日报》理论专版和阳泉电视台“一日一课”，以灵活多样的形式营造学习中共十九大、宣传中共十九大氛围。（沈志红）

【全市2017年新录用公务员初任培训班】 2017年11月13日，阳泉市新录用公务员初任培训班开班。培训对象为全市2017年度新录用公务员和参照管理人员，其中，党群系统34人，政府系统65人，共99人，为期10天。培训以《公务员初任培训读本》为教材，包括习近平总书记系列重要讲话精神和治国理政新理念新思想新战略、党性党风党纪、社会主义核心价值体系、依法行政、公务员职业道德建设、公务员制度与管理、公务员权利与义务等。培训以集中授课为主，并组织学员进行分组讨论、开展班级主题活动、新录用公务员进行入职宣誓等。（沈志红）

【科研工作】 2017年，阳泉市委党校（阳泉行政学院）注重发挥理论研究阵地作用，强化党校科研基础地位，提升科研成果质量。在论文发表方面，全年在各级各类刊物发表理论文章共计37篇，其中，国家级刊物发表7篇，省级刊物发表4篇，市级刊物发表26篇。在课题研究方面，《山西农村土地流转中存在的问题及对策研究——以阳泉为例》《习近平关于“从严治党”的新论断》《充分发挥农村第一书记的作用研究》3个山西省哲学社会科学课题和《论晋商文化的现代价值》《山西省地方立法权研究》《把党的纪律规矩挺在前面》《学习型党组织建设研究》4个山西省党校行政学院系统课题完成结项，在全省11个市级党校排名第一。在成果获奖方面，《设区市地方立法权的取得与行使——以山西省为例》《干部成长要注重内外兼修》分获山西省党校系统第九届科研基金优秀成果二等奖、三等奖；在全省党校行政学院系统理论研讨会上，《从党的政治建设角度加强和创新党的理论教育》获一等奖，《实现中国梦的伟大中国道路》《着力振兴实体经济，培育发展新动力》获优秀奖。全年共编辑印发《问题研究》5期，呈送市委、市政府主要领导及相关部门参阅；《关于对深度挖掘我市“中共第一城”红色文化资源，精心打造“中共第一城”红色旅游名片的建议》得到市委书记陈永奇批示，并批转有关部门研究参考。全年校院学刊《阳泉论坛》编辑出版6期，编发各类文章60余篇。（沈志红）

【民航山西空管分局培训班】 2017年12月5日，民航山西空管分局学习贯彻中国共产党十九大精神党员学习培训班在阳泉市委党校开班。此次培训分2期进行，每期3天，培训对象为民航山西空管分局全体党员。教学内容为学习贯彻中国共产党十九大精神，主要课题有《新时代坚持和发展中国特色社会主义的政治宣言和行动纲领》《全面从严治党再动员、再部署、再出发》《认真学习贯彻新党章，永葆共产党员先进性》等。（沈志红）

【《党性教育阳泉红色景点教学案例》出版】 2017年1月，为纪念阳泉解放建市70周年，由市委书记陈永奇作序、市委党校组织编写的《党性教育阳泉红色景点教学案例》正式出版。该书按照“案例史实要精准，案例设问要精当，案例分析要精辟”的原则，精选编撰“百团大战”“七亘大捷”“中共第一城”“保矿运动”等红色景点教学案例18个，其中，阳泉市红色历史景点12个，阳泉市周边红色历史景点6个。全书12万余字，选用图片近40幅，在编排体例上，分为景点介绍、案例分析、问题思考三部分，图文并茂，可读性强。（沈志红）

【教学专题库评审】 2017年3月28日至29日，阳泉市委党校召开教学专题库评审会。山西省委党校原副校长李卫东，山西省委党校教务处原主任郭彩，阳泉市委党校各教研室主任担任评委。阳泉市委党校全体专兼职教师参加专题库评审会。评审会上，机关教师围绕各自专题进行讲授，评委进行点评并开展互动交流。截至2017年底，阳泉市委党校教学专题库涵盖政治、经济、文化、社会、党建等多个方面，针对性地开展干部教育培训。（沈志红）

【科研项目招标】 2017年12月21日，阳泉市委党校举行校级科研项目招标活动。招标课题围绕走中国特色社会主义乡村振兴道路，按照“产业兴旺、生态宜居、乡风文明、治理有效、生活富裕”要求，将“阳泉市实施乡村振兴战略研究”确定为招标课题。全体教研人员组成6个课题招标小组参与竞标，经评审组审定，经济教研室副教授史云花带领的课题组成功竞标。（沈志红）

党史工作

【《阳泉红色记忆回放》出版发行】 2017年12月，《阳泉红色记忆回放》正式出版发行。该书是阳泉市委党史研究室继《阳泉红色旅游指南》后编纂的又一部红色系列专辑，由山西出版传媒集团·三晋出版社出版，旨在全面展示阳泉地方党组织在各个历史时期的奋斗历程和成就。全书通过章目体形式，采取图文并茂、夹叙夹议等方式，突出编排的直观性、史实的真实性、内容的重点性和阅读的欣赏性。全书17章、298目、40万字、400余幅图片。（朱　静）

【《中共山西年鉴》（阳泉部分）组稿工作完成】 2017年5月，阳泉市委党史研究室完成《中共山西年鉴》（阳泉部分）组稿工作。《中共山西年鉴》编纂工作是由山西省委办公厅组织、山西省委党史办具体承办的一项常规性工作。年初，市委党史研究室印发《中共山西年鉴》（阳泉部分）实施方案，并建立联络员制度，要求各相关部门按照编写内容和时间进度进行统一报送。秘书科承办组稿工作，对稿件进行审校整理，并提出审改意见。3月底初稿编纂工作完成，5月按时上报省委党史办。市委党史研究室被省委党史办公室评为2017年度《中共山西年鉴》编辑工作先进集体。（朱　静）

【《阳泉党史》】 2017年，阳泉市委党史研究室出版《阳泉党史》（内部刊物）4期。该刊以挖掘党史资源、普及党史知识、弘扬民族精神、服务党的建设为宗旨，为社会各界人士搭建一个学习、交流、回忆、励志的平台。5月，在阳泉解放建市70周年之际，市委党史研究室专门出版专刊，回顾梳理阳泉解放建市前后经过和70年的巨大变化。（朱　静）

【党史知识“四进”活动】 2017年，阳泉市委党史研究室开展党史知识进学校、进机关、进社区、进乡村“四进”活动。市委党史研究室准备党史课件，分别到市委办公厅、市直机关工委、山西移动阳泉分公司、市文联、团市委、国安局等单位进行宣讲。“七一”期间，室领导分别到小河社区、后底沟社区和郊区后山村为党员群众讲授党课。11月，室领导为后山村和教育工委宣讲中国共产党十九大精神，掀起基层学习贯彻十九大精神热潮。（朱　静）

【《阳泉：砥砺奋进的五年》编写】 2017年10月，阳泉市委党史研究室编纂完成《阳泉：砥砺奋进的五年》。该书全面详实展示了阳泉市2012年至2017年在政治、经济、文化、社会、生态文明建设和党的建设等各方面取得的成就和经验，为市委决策提供依据和参考。全书共9章，约10万余字。（朱　静）

【《百团大战纪念馆》编写】 2017年8月，阳泉市委党史研究室编写《百团大战纪念馆》并上报至中宣部。该书为中宣部编纂全国爱国主义示范基地巡礼之一，共有“基地简介”“主题内容”“展陈故事”“特色活动”4部分。该书详述百团大战纪念碑和纪念馆建设历程，反映抗日战争时期发生在华北地区的“百团大战”历史进程和辉煌成果，近10万字。（朱　静）

关心下一代工作

【“中华魂”主题教育活动获奖】 2017年，阳泉市关工委“中华魂”主题教育活动在全国、全省获得多项奖励。在全国“中华魂”（辉煌与梦想）主题教育活动中，阳泉市“中华魂”主题教育活动组委会获先进集体，郊区荫营中学李腾等2人获一等奖，郊区文苑小学曹慧娴等4人获二等奖，郊区文苑小学刘天骄等7人获三等奖，矿区关工委吕广田等6人获优秀辅导员奖，郊区关工委主任、郊区组委会主任要宜为获先进个人奖。在山西省“中华魂”（辉煌与梦想）主题教育活动中，郊区组委会、平定县组委会获先进集体，郊区河底中学刘恒瑞等3人获一等奖，郊区荫营中学李腾等4人获二等奖，郊区文苑小学刘天骄等5人获三等奖，开发区教育局孙春先等2人获先进个人奖，第十中学张丽等3人获优秀辅导员奖。（张　琛）

【校外青少年心理健康教育】 2017年，阳泉市关工委在全市青少年中开展心理健康教育辅导工作。在职业中专学校，市关工委青少年心理健康教育辅导站联合市心理学会心理教育培训中心组织多次活动。3月新学期开学初，以“相逢是首歌”为主题开展春季新生入学团体心理辅导，由心理学高级讲师、国家二级心理咨询师梁桂霞主持，采取“团体心理游戏＋分组心理体验”形式，帮助中专学校新同学认识自己、适应职业学校生活；10月，组织主题为“人生的小船将驶向哪里”心理健康教育讲座，帮助职业学校学生做好职业生涯准备。在普通高中学校，市关工委青少年心理健康教育辅导站联合市心理学会心理教育培训中心组织两场团体心理辅导活动。第一场活动在阳泉一中举办，中学高级心理教师、国家二级心理咨询师陆海涛以"抬起头,定能看到蓝蓝的天——与同学们谈备考心态"为主题为高三学生做考前心态辅导;第二场活动在阳泉市外国语学校举办,心理教师、国家二级心理咨询师、国家高级心理保健师吴媛针对高三学生考前心理状况,通过"心理画"进行团体心理辅导。在阳泉高等师范专科学校,市关工委青少年心理健康教育辅导站联合市心理学会心理教育培训中心以"与心理同行,让青春更美"为题,开展关于人际交往的心理讲座,心理学副教授、国家二级心理咨询师孟兰洲主讲,100多名学生干部参加讲座。（张 琛）

【青少年视力保健宣教】 2017年,阳泉市关工委青少年视力保健宣教基地——来明眼镜商贸有限公司经过阳泉教育协会观摩考察,被认定为"身心健康教育基地"。4月26日,来明眼镜公司在阳泉实验中学举行全市"爱眼光明行"启动仪式,并现场发放首批视力保健宣传资料5000余份。6月16日,来明眼镜公司在平定县东关小学举行视力保健宣传资料发放仪式,普及青少年视力保健科学知识。10月13日,来明眼镜公司在矿区开展视力保健宣传资料和视力检测表发放。11月29日,市关工委、来明眼镜公司到盂县羊泉村开展"爱心光明行"公益活动,为村中孤寡老人做视力检查,免费赠送老花眼镜。12月16日,来明眼镜公司在郊区教育局举行视力保健宣教资料发放暨捐资助学仪式,向郊区各学校发放宣教资料2000余份,市来明眼镜公司出资5000元对5名贫困学生进行资助。（张 琛）

【青少年教育】 2017年,阳泉市关工委系统在网吧义务监督、家庭教育、学校教育和社会教育等方面开展青少年教育。在网吧义务监督方面,平定县关工委引导青少年实现自我管理,建立"五老"(老党员、老专家、老教师、老战士、老模范)网吧义务监督制度,聘用"五老"义务网吧监督员对全县网吧进行监督,城区德胜街社区"五老"义务网吧监督员对辖区网吧进行检查,重点检查各网吧是否有未成年人上网、是否传播不良文化等情况,矿区"五老"人员达500多人,不定期对辖区内网吧进行暗查明督,防止未成年人进入网吧。在家庭教育方面,平定县关工委采取多种形式开展赠书活动,为17所农村中小学校捐赠图书5万余册,为26个农村图书室赠送科普、政治、文学、实用技术4类图书4万余册,同时自编《平定抗日风云》《关工委60问》《娘子关下五老情》等乡土教材免费赠送给机关和乡村、学校。在学校教育方面,阳泉十中在教育信息网设置"家长学堂"专页,刊登《言传身教是教育子女的好方法》《小学生健康心理的培养》等文章,并通过退休教师赵小平、杨永茂针对学生行为习惯在开发区各学校进行讲座。根据开发区农民工子女较多,特困学生、特殊家庭和孤儿等弱势群体集中的现状,市关工委动员社会力量参与,运用思想引导、学习辅导、亲情关爱、物质帮助让学生感受到社会关心和家庭温暖。在社会教育方面,盂县关工委按照"三个一"(配一个好班子、创一个好条件、造一个好氛围)工作要求,组织"五老"人员到各中小学举办爱国主义教育、法制教育、传统教育报告会。城区新华东街社区组织辖区学生开展防震减灾培训及疏散演练活动。小北沟社区关工委开展法制教育,加强未成年人思想道德建设,提高青少年的法律意识。平定县关工委协调公安部门为学校聘任法制教育副校长,并开展扶贫助学活动,累计筹资42万余元,共救助学生240名。（张 琛）

阳泉市人民代表大会常务委员会

综合工作

【十五届人大一次会议】 2017年3月7日至11日，阳泉市第十五届人民代表大会第一次会议在阳泉宾馆召开。会议应出席代表287名，实际到会278名，列席人员161名。会议听取和审议阳泉市人民政府市长董一兵作的《阳泉市人民政府工作报告》、市十四届人大常委会主任刘高官作的《阳泉市人民代表大会常务委员会工作报告》、市中级人民法院院长陈明华作的《阳泉市中级人民法院工作报告》和市人民检察院代检察长王廉允作的《阳泉市人民检察院工作报告》。会议审查和批准阳泉市人民政府《关于阳泉市2016年国民经济和社会发展计划执行情况与2017年国民经济和社会发展计划草案的报告》，批准《阳泉市2017年国民经济和社会发展计划》，审查和批准阳泉市人民政府《关于阳泉市2016年全市和市本级预算执行情况与2017年全市和市本级预算草案的报告》，批准《阳泉市2017年市本级预算》。会议表决通过市十五届人大一次会议关于各专门委员会组成人员表决办法，市十五届人大法制委员会、财政经济委员会、教育科学文化卫生委员会、农村委员会、城乡建设环境保护委员会组成人员名单。会议还表决通过《关于阳泉市人民政府工作报告的决议》及其他有关决议。会议作出《关于〈关于推进阳泉市开发区改革创新发展的议案〉的决定》，表决通过《阳泉市地方立法条例》。

会议采取无记名投票方式，选举王旭明为市十五届人大常委会主任，孙金明、吕昌政、刘志强、张永忠、张宝明为市十五届人大常委会副主任，张利军为市十五届人大常委会秘书长；董一兵为市人民政府市长，马爱锋、潘海燕、郭少敏、靳润喜、呼亚民为市人民政府副市长；吴纪平为市监察委员会主任；陈明华为市中级人民法院院长；王廉允为市人民检察院检察长；选举产生市十五届人大常委会委员29人。其间，代表围绕全市工作大局和利民、惠民主要任务，向大会提出建议和意见。会议确立大会议案1件，形成代表建议212件，其中8件被确立为重点办理建议。（杨柳青）

【十五届人大二次会议】 2017年12月4日至5日，阳泉市第十五届人民代表大会第二次会议在阳泉宾馆召开。会议应出席代表282名，实际参会261名。会议选举王风琴等25人为阳泉市出席山西省第十三届人民代表大会代表。（杨柳青）

2017年12月4日至5日，阳泉市第十五届人民代表大会第二次会议召开

（杨柳青供图）

【代表工作】 2017年，阳泉市人大常委会坚持依靠代表、服务代表，创新代表活动方式，保障代表依法履职，促进代表主体作用发挥。

联系代表渠道畅通。制订出台“14710三联系”工作制度：1名主任会议成员联系4名委员，联系面覆盖所有常委会委员；1名委员联系7名市人大代表，联系面覆盖所有市人大代表；1名市人大代表联系10名以上县乡人大代表和人民群众，联系面覆盖3000余名各级人大代表和人民群众，打通联系人民群众“最后一公里”。主任会议成员带头深入基层，同所联系代表和群众进行座谈，征询意见，倾听呼声。坚持邀请代表列席常委会议、参加视察检查、法院庭审等活动，发挥代表在闭会期间作用。

议案建议督办强化。市十五届人大一次会议形成1件议案和212件建议，已办结175件，办结率82.2%，比上年提高8.9个百分点；推进办理工作33件，占15.5%；由于政策不允许或暂时不能办理5件，占2.3%。议案和重点建议办理结果，全部回复代表，全部向社会公示，并进行考核测评，代表评价总体满意。

代表能力素质提升。对新一届市人大常委会组成人员和新任代表进行履职培训，组织代表参加各类培训，加强代表思想政治、能力素质建设；推动选举单位监督代表履职，鼓励代表向原选举单位述职；严格代表资格审查，保持代表队伍纯洁性和先进性。（杨柳青）

【信访工作】 2017年，阳泉市人大常委会重视信访工作，坚持用法治思维和法治方式办理来信来访，提高化解矛盾和解决问题能力，维护人民群众合法权益。

依法有序做好接访办信工作。全年共受理来电来信来访108件139人次。针对3件关系人民群众切身利益和社会普遍关注重大信访案件开展督查督办，通过发函督办、电话催办等形式，督促有关机关或者组织及时进行处理，督办案件在办理期限内办理完结或取得明显进展。

加强信访信息综合分析。对在一定时间内收到的来信来电来访，按照不同性质、不同事件、不同程度进行分门别类统计，抓住带有普遍性或紧迫性问题形成专题报告，通过《信访月报》《人大信访工作情况与交流》《信访工作简报》等综合分析，提出有价值意见和建议。全年共编发《信访月报》12期、《人大信访工作情况与交流》8期、《信访工作简报》3期。

加强信访工作制度建设。为加强信访工作制度化、规范化、科学化建设，结合全国、全省涉法涉诉信访改革会议精神，对原有规章制度进行系统梳理，修订完善《阳泉市人大常委会信访工作办法》《阳泉市人大常委会信访督查督办工作规则》《阳泉市人大常委会接待人民来访工作规则》《阳泉市人大常委会办理人民来信工作规则》《阳泉市人大常委会信访信息报送制度》5项规章制度，为做好人大信访工作提供基本遵循和制度保障。

推进涉法涉诉信访改革。学习领会中办〔2013〕26号文件精神，探索建立符合人大实际的信访工作新机制；坚持将涉法涉诉信访从普通信访中分离出来，引导来访群众到政法机关反映问题，或将其转到同级司法机关依法处理，推动涉法涉诉信访问题纳入法治化轨道解决。（杨柳青）

依法履职

【立法工作】 2017年，阳泉市人大常委会发挥地方立法引领作用，开展立法工作。3月11日，市十五届人大一次会议表决通过《阳泉市地方立法条例》。5月19日，山西省十二届人大常委会第三十八次会议批准《阳泉市地方立法条例》，于2017年7月1日起正式施行。市人大常委会在调查研究、公开征集建议、广泛听取各方意见、认真分析论证基础上，制订出台五年立法项目建议，在报经阳泉市委同意后，确定把《阳泉市道路交通安全管理条例》和《阳泉市城市绿化条例》作为2017年立法项目。9月14日，市人大常委会召开立法工作部署动员会，对起草这两部法规进行部署，随后在第五次和第八次常委会会议上，对两部法规进行两次审议。9月28日，市人大常委会举行立法咨询专家聘任仪式，聘任20名有关领域专家为市十五届人大常委会立法咨询

2017年7月，市人大常委会召开全市立法工作推进会议 （杨柳青供图）

专家，为全市制订地方性法规提供专业支撑和智力支持。（杨柳青）

【监督工作】 2017年，阳泉市人大常委会依法开展各项监督工作，落实《关于提高常委会会议审议质量的意见》，做好会前深度视察调研，会中充分审议发言，会后强化跟踪落实，不断提升监督水平。全年共召开常委会会议10次，听取和审议"一府两院"专项工作报告17个，包括市政府《关于全市2016年度环境状况和环境保护目标完成情况的报告》《关于我市小微企业发展情况的报告》《关于2017年上半年国民经济和社会发展计划执行情况的报告》《关于2016年市本级财政决算（草案）和2017年上半年全市预算执行情况的报告》《关于阳泉市2017年新增地方政府债务限额暨市本级新增债券预算调整方案（草案）的报告》《关于2016年市级财政预算执行和其他财政收支的审计工作报告》等以及市中级人民法院《关于未成年人刑事审判工作情况的报告》；围绕促进经济增长、供给侧结构性改革、综改试验区建设、开发区改革创新发展、重点领域改革、优化发展环境、全方位扩大开放、城乡统筹发展、保障和改善民生、建设文化强市等重大课题开展专题调研活动；重点督办《关于推进阳泉市开发区改革创新发展的议案》《关于加快城市路网建设拉大城市框架的建议》《关于做好我市全面脱贫攻坚工作的建议》《关于加快我市全域旅游发展的建议》《关于持续推进"双创"促进民营经济健康发展的建议》等8件代表建议；开展对《中华人民共和国劳动法》《中华人民共和国教师法》《中华人民共和国旅游法》《中华人民共和国老年人权益保障法》《中华人民共和国农业机械化促进法》等法律法规执行情况检查；配合全国人大常委会完成《中华人民共和国中小企业促进法（修订草案）》和民法典婚姻家庭编立法调研；配合省人大常委会完成《山西省女职工劳动保护条例》贯彻落实情况检查，中小企业促进法"一法一办法"、刑罚执行情况、推进县乡人大工作和建设情况专题调研以及《山西省食品小作坊小经营店小摊点管理条例（草案）》《山西省农村扶贫开发条例（草案）》《山西省历史文化名城名镇名村保护条例（草案）》立法调研。（杨柳青）

【依法行使决定权】 2017年，阳泉市人大常委会执行《阳泉市人民代表大会常务委员会讨论、决定重大事项的规定》，依法行使决定权。为推进市政府及有关部门发挥财政调控作用和服务职能，依法强化税收征管，助力经济提质增效，统筹办好民生实事，提升科学理财、民主理财、依法理财水平，确保财政资金规范高效运行，常委会听取和审议市政府《关于2016年市本级财政决算（草案）和2017年上半年全市预算执行情况的报告》，作出关于批准2016年市本级财政决算决议。为推动市政府及财政部门建立健全债务风险预警机制，控制债务增量，防范化解债务风险，提高债券资金使用规范性、安全性和绩效性，常委会听取和审议《关于阳泉市2017年新增地方政府债务限额暨市本级新增债券预算调整方案（草案）的报告》，作出关于批准2017年市本级新增债券预算调整方案决议。为确保省市重点工程阳大铁路项目建设顺利、营运正常，满足人民群众出行需要，常委会听取和审议《关于将阳大铁路项目资金缺口列入财政预算的报告》，作出关于批准市政府将阳大铁路项目资金缺口列入财政预算的报告决议。为促进预算更加公开、透明、科学，更有利于发挥财政资金绩效，支持全市经济社会发展，常委会听取市政府《关于2017年市本级新增债券预算项目调整方案的报告》，对预算调整方案进行审议，作出关于批准《阳泉市人民政府关于2017年市本级新增债券预算项目调整方案》决议。（杨柳青）

【人事任免】 2017年，阳泉市人大常委会坚持党管干部和人大依法任免相结合原则，修订完善人事任免办法，严格拟任命人员审查提请、法律考试、供职发言和新任命人员向宪法宣誓等制度，任免权行使更加严格规范。全年共依法任免国家机关工作人员72人次，保证市委人事工作顺利开展。（杨柳青）

【县乡人大机构建设】 2017年，按照中央和山西省、阳泉市委关于推进县乡人大建设任务要求，阳泉市人大常委会领责履责，加强组织领导，安排部署各项任务。市人大常委会第八次主任会议研究批准《关于对加强县乡人大工作机构建设进行督导的通知》，组建专项督导组5个，从9月22日起，分赴各县（区）、乡镇（街道）调研指导，推动县乡两级党委、人大进一步提高认识，贯彻实施方案，并针对贯彻落实中存在问题，提出推动意见，确保提前完成省委关于县乡人大机构和人员配备任务要求。10月10日，市机构编制委员会办公室接连下发5个文件，对各县（区）人大机构编制事项调整作出批复。10月底前，全市农业县（区）人大常委会全部设立法制、财经、教科文卫、城建环保、农村、人事代表及办公室等"一室六委"7个机构，城区、矿区人大常委会将农村和其他机构合署，达到"一室五委"要求。通过增加56个人员编制，解决县级人大"一人一委"问题，乡级人大全部增加专职工作人员，各项指标达到省委规定要求。阳泉市率先在全省完成县乡人大机构建设任务。（杨柳青）

【"阳泉环保行"活动】 2017年9月25日，由市人大常委会组织的"阳泉

2017年4月，市人大常委会视察全市2016年度环境状况和环境保护目标完成情况 （杨柳青供图）

环保行”活动启动。市人大常委会副主任、市总工会主席张永忠出席启动仪式并讲话。启动仪式上，市人大城环委负责人就2017年“阳泉环保行”活动行程安排作具体说明，市环保局负责人汇报1月至8月全市环保工作情况，市经信委负责人汇报采暖季工业企业错峰生产方面工作准备情况，市住建局负责人汇报建筑工地扬尘管控和城市道路扬尘治理情况。张永忠强调，充分认识开展环保行活动对推进生态阳泉建设的重要意义，围绕市委重点、政府难点和百姓热点，自觉承担责任，强化部门联动，推进活动顺利进行。围绕主题、突出重点，做好环保行宣传报道工作，深入报道全市在环境保护方面的积极举措，加大绿色、低碳发展理念及相关政策、法规的宣传力度，精心组织、落实责任，确保环保行活动顺利开展、收到实效。2017年“阳泉环保行”活动主题为“坚持绿色发展理念，促进生态阳泉建设”。其间，市人大常委会组织有关市级新闻媒体深入各县区，对在生态文明建设中取得的成绩和涌现的先进典型进行报道，对破坏生态、污染环境的违法行为进行曝光批评。在为期2天的采访活动中，记者团先后走访13个环境治理单位和点源，通过亲自看、现场查、专人问等方式，深入了解阳泉市的环境保护工作推进情况，既报道环境保护取得的成绩，也发现部分单位企业环保责任意识不强、工作推进缓慢、环境整治不彻底等问题。对采访中发现的问题市人大常委会督促相关单位进行整改。 （杨柳青）

宣传工作

【新闻宣传】 2017年，阳泉市人大常委会坚持党管宣传、党管意识形态原则，按照团结稳定鼓劲、正面宣传为主的方针，通过加强制度建设、改进宣传方式、加大宣传力度，全方位加强人大宣传工作。8月16日，召开全市人大宣传工作会议，总结近年来全市人大宣传工作取得的成绩，提出加强和改进人大宣传工作总体思路、目标任务和具体要求，为提升人大宣传工作的时代性、科学性和实效性提供指导和遵循；选拔28名文字功底较好、熟悉人大业务、履职热情较高的各级人大代表和人大机关干部为特约通信员；出台《加强全市人大宣传工作实施方案》《市人大常委会有关活动新闻报道实施方案》《市人大常委会机关宣传工作奖励办法》等10项制度，健全人大新闻宣传制度；加强人大期刊、人大网站、人大微信公众号及市级新闻媒体人大专栏等宣传阵地建设，全年编发《阳泉人大》6期、“阳泉日报·人大广角”12期，播发“阳泉电台·人大之声”147期，在微信公众平台编发消息200余期约300条，在《阳泉日报》发稿280余件，在《山西日报》《人民代表报》《山西人大》发表文章13件；参加省人大常委会有关新闻宣传活动，其中撰写新闻稿《为环卫工早餐给政府发“督办函”》获省24届山西人大新闻奖二等奖。 （杨柳青）

【全国二十四城市人大工作研讨会参会】 2017年5月23日至24日，市人大常委会副主任张宝明带队，参加在山西省晋城市召开的全国二十四城市人大工作研讨会第二十七次会议。与会成员围绕“新形势下更好地发挥地方权力机关的实践与思考”和“新形势下如何加强人大监督工作的探索与实践”进行探讨，提出许多好的思路和办法。市人大常委会提交《把握关键环节，强化预算监督》的书面材料参会交流。 （杨柳青）

综合工作

【经济发展概况】 2017年,阳泉市经济社会发展总体呈现出稳中向好、由“疲”转“兴”的态势,主要经济指标好于上年同期、好于预期,速度、效益、结构、动能同步改善,经济增长步入合理区间,各项工作取得新成绩。全市地区生产总值完成672亿元,比上年增长6.3%;规模以上工业增加值完成217亿元,增长5.5%;全社会固定资产投资完成245.7亿元,增长6.6%;社会消费品零售总额完成325亿元,增长6.1%;一般公共预算收入完成50亿元,增长21.1%;城镇、农村居民人均可支配收入分别达29581元、12963元,增长6.4%、6.5%。 (陈 波)

【重点项目建设】 2017年,阳泉市加大重点项目建设力度,61项省市产业转型重点项目完成投资118.49亿元,省级重点工程投资完成率排全省第二位,省市重点工程投资完成率排全省第四位。出台《阳泉市招商引资优惠及奖励办法》,围绕产业链招商,实施政企联合招商。全市共签约招商项目141个,总投资531亿元;落地97个,投资267亿元;实际到位资金165.4亿元,完成省年度目标任务的111%。 (陈 波)

【转型发展加快】 2017年,阳泉市制订63项具体转型发展任务,重点在26项任务上谋求突破。坚持“供改”“综改”相结合,不断加快转型升级步伐。完善并实施“稳定煤炭、加快电力、扩大煤化、做强装备、创新冶金、重组耐材、做大旅游、突出信息、加强物流”的36字调产思路,加快传统产业改造提升和新兴产业培育发展,三次产业比例为1.5∶47.7∶50.8,第三产业支撑作用增强。工业结构持续优化,非煤产业对工业增长的贡献率达84.8%。财政结构质量提升,税收收入比上年增长38.5%,占一般公共预算收入比重达75.7%。稳定煤炭产业。平定县卫东煤矿、盂县辰通煤矿完成基建工程转入试运行,盂县二景和谐煤矿、盂县路家村煤矿完成产能置换正式转产。全市原煤产量4686.1万吨,比上年增长2.6%。煤炭行业完成工业增加值132.87亿元,占全市工业的比重68.3%。发展电力产业。国际能源盂县裕光煤电2×100万千瓦项目进展顺利,累计完成投资8.8亿元。盂县皇后煤矿、上社煤矿等5个瓦斯发电项目顺利推进。100万千瓦采煤沉陷区光伏领跑技术基地项目如期实现并网发电。全市建成并网普通光伏电站总装机容量18.5万千瓦,建成并网风电项目总装机容量达11.78万千瓦,中广核盂县风力发电有限公司西潘风电场一期5万千瓦项目开工建设。发展煤化工产业。煤制乙二醇一期20万吨项目建成投产,具有世界领先水平的中兴环能煤层气制备纳米洋葱碳项目实现吨级量产。发展信息产业。成功举办山西(阳泉)大数据与智能物联网产业发展大会,与百度公司、山西大学签订大数据产业技术战略合作协议,与百度伏泰公司组建阳泉信息产业有限公司,引进蓝色智造硅谷等一批产业链项目。发展旅游业。成立旅游投资有限责任公司,启动娘子关旅游景区与乌镇旅游公司前期合作项目,打造梁家寨国际旅游康养基地、藏山翠谷等精品旅游项目。发展物流产业。山西(阳泉)国际陆港集团有限公司完成工商登记,盂县中岚物流园区、平定晋东物流园区建设加快推进,以宏隆商贸为代表的新兴第三方物流企业快速成长。推进供给侧改革。落实“三去一降一补”(去产能、去库存、去杠杆、降成本、补短板)五大任务。坚决去产能,关闭矿井3座,再去产能210万吨,加快发展先进产能,12座煤矿通过现代化矿井验收,18座煤矿达到安全高效矿井标准,先进总产能达5040万吨,占比64.12%;有效去库存,全市可售商品房库存去化周期缩短为10.2个月,处于合理区间;稳步去杠杆,引导金融机构帮助企业置换债务，对煤炭企业实行债转股，降低企业负债率，全市金融机构不良贷款率下降4.23%；多方降成本，规模以上工业企业“三项费用”（管理费用、经营费用、财务费用）稳步下降，累计减轻企业负担3.53亿元，干部入企服务实现常态化；补短板，加快提升公共服务、基础设施、创新发展、资源环境等支撑能力。促进新旧动能接续转换。新登记各类市场主体13914户，比上年增长12.6%，新培育“小升规”企业10家，高新技术企业达42家，市级各类双创平台达14家。（陈　波）

2017年2月，市长董一兵（右三）调研漾泉大道、平阳街重点道路建设（陈　波供图）

【新型城镇化建设】 2017年，阳泉市按照“城乡一体、绿色发展”理念，围绕建设“生态、智慧、宜业、宜居”的现代化城市目标，推进中心市区、中心镇、美丽乡村建设同步发展。加快示范区建设步伐。制订统筹城乡示范区建设实施意见，完善市域总体规划和专项规划，推动城乡建设“五个一体化”（城乡规划建设、城乡经济发展、城乡基本公共服务、城乡社会治理、城乡生态环境保护），城镇化率达67.56%。推进阳大铁路、国道307线和207线绕城改线工程、中环快速路等一批覆盖城乡的基础设施项目建设，公共停车场建设加快推进。化义路、洪城北路、湿地公园、中央森林公园等重点工程建设。全市新建和改造城市道路完成77.4千米，新建和改造城市各类管网262.19千米，新增城市集中供热面积83.6万平方米，新增城市绿化面积23.2万平方米。生态新城建设重大工程平阳街一期、漾泉大道二期竣工，宁波北路路基工程基本完成。龙华口水库实现下闸蓄水。推进以“六区六道”，即城镇建成区、农村居民区、厂（场）矿园区、库区、景区、城乡交汇区，国道、省道、城市街道、县乡道、村（巷）道、河道，为重点的市容市貌、环境卫生、交通秩序综合整治行动。南大街、义平路综合整治成效显著，对主城区38条主要街道实施精细化管理。新申报平定县冠山镇宋家庄村、盂县仙人乡垴上村、郊区河底镇固庄村为省级美丽宜居示范创建村，截至2017年底，全市省级美丽宜居示范创建村达11个，累计完成投资2亿元。全市人居环境改善工程累计完成投资120.98亿元。（陈　波）

【“三农”和扶贫攻坚】 2017年，阳泉市各级财政对“三农”（农村、农业、农民）投入共计达1.27亿元。推进优质红薯产业带、小杂粮产业带、中药材产业带以及盂县西烟东梁现代农业示范园、平定县张庄锁簧现代农业示范园、郊区千亩坪现代农业示范园“三带三园”建设步伐。发展特色农业，盂县高产辣椒、平定县石门口乡杜仲育苗基地、郊区旧街和西南舁乡树莓种植及玉露香梨、樱桃等特色水果种植面积不断增加，郊区桃林沟成功申报中国美丽休闲乡村。粮食总产量达到2.6亿公斤。全市农产品加工企业销售收入可达30亿元。推进脱贫攻坚，开展“一村一品一主体”产业扶贫，全力构建“三位一体”（专项扶贫、行业扶贫、社会扶贫）大扶贫格局，实施“百企帮百村”精准扶贫工程。全年全市共脱贫8978人、退出贫困村47个，贫困发生率由建档立卡初期的4.1%下降到0.54%。（陈　波）

【改革创新发展】 2017年，阳泉市改革活力进一步增强。开发区“一体两翼”格局正式确立，即依托阳泉经济技术开发区整合东区工业园、白泉工业园和荫营工业园进行扩区，打造1个国家级开发区，在平定县和盂县各新设立一个开发区，建设2个省级经济技术开发区。阳泉经济技术开发区整合改制扩区调规工作扎实推进，面积扩区至80平方千米，平定省级经济技术开发区挂牌成立，盂县经济技术开发区完成组建等待批复。加大平台路网打造力度。全年投入资金10多亿元，挖山2050万立方米、填沟1500万立方米、修路26千米、造出平台12平方千米，累计签约各类项目44个，其中亿元以上项目29个。国企改革不断深化。研究制订“1+7”国企改革总体方案和10个专项文件，改革路径基本明确，厂办大集体改革、国有资本运营投资公司组建工作得到省政府肯定。“放管服效”改革继续开展。全市行政审批项目压缩到84项，办结时限平均压缩50%；向开发区下放和授予行政职权事项511项；将“13710”工作制度拓展到全市各系统各环节。阳泉“随手拍”关注人数达到17.5万人，网友问政帖办结率85%。加快投融资改革步伐。启动企业投资项目承诺制无审批试点，完善城市商业银行法人治理结构，推进农信社改制化险工作，支持企业直接融资，5家企业上市筹备工作稳步推进。促进科技创新。推进十大创新行动，出台《阳泉市创新驱动奖补政策十四条》，培育国家级B类科技企业孵化器1家、省级科技孵化器6家、省级众创空间9家。推进行政区划调整工作。矿区托管郊区18个村，城区成建制托管郊区1个镇共14个村，破解城矿区发展空间狭窄、有天没地问题。坚持市直部门季度对口向省直厅局汇报制度，争取各类资金8.98亿元。（陈　波）

【民生发展】 2017年，阳泉市各级政府统筹民生改善和经济发展，优先保障民生投入，各级财政用于民生支出83.5亿元，占一般公共预算支出近八成。就业形势保持稳定。全年实现新增就业2.53万人，城镇登记失业率为3.5%，转移农村劳动力1.16万人。社会保障提标扩面。全市城市、农村最低保障标准分别由每人每月452元和268元提高到487元和308元；农村特困人员供养标准，分散供养提高2000元，集中供养提高1500元。教育事业不断发展。发展有质量的普惠性学前教育，推动高中教育的特色化发展；阳泉职业技术学院新校区主体工程完工，"中职为主、一本两专"职业教育框架体系基本形成。城乡居民基本医保制度实现并轨，全民全覆盖的医保体系基本建成。全市城乡居民医疗保险财政补助标准和城乡居民人均基本公共卫生服务经费标准不断提高。公共文化服务体系持续完善，举办各类文化惠民活动2850场。住房保障力度加大，累计开工建设保障性住房8033套，基本建成11908套，710户农村危房改造全部竣工。安全形势持续好转，以实施全国遏制重特大事故试点为契机，全面做好各行业、各领域安全工作。连续17个月杜绝较大事故、89个月杜绝重特大事故，煤炭百万吨死亡率为零，社会保持和谐稳定。开展平安阳泉建设，保持打黑除恶高压态势。推动信访秩序和信访形势进一步好转，全国"两会"等重要时期、关键节点，均实现"零非访"，为全省唯一。（陈　波）

【生态文明建设】 2017年，阳泉市生态环境质量改善明显，全省排名第六名，PM2.5、二氧化硫平均浓度分别下降26.8%、36.4%，超额完成环保部下达的目标任务，受到省环保厅奖励。强化污染防治。市区空气质量综合指数比上年下降4.6%，PM2.5平均浓度下降3.2%；开展十大专项整治和双百日攻坚行动，取缔"土小"竖窑1150支；取缔"散乱污"企业476家，冬季清洁取暖工程完成煤改气、煤改电任务59179户；建立市、县、乡、村四级"河长制"体系，坚持饮用水、地下水、流域水、黑臭水、污废水"五水同治"，市区6条黑臭水体完成治理，河流断面水质持续改善。抓好问题整改。实施交办、督查、整改、公布、问责"五环联动"，抓好中央环保督察反馈问题、环保部强化督查和巡查发现问题的整改。统筹推进沉陷区治理、村民搬迁、生态修复和产业发展，启动实施总投资6.1亿元的示范项目20个。加大造林绿化力度，全市完成各类营造林0.67万公顷（10.02万亩），完成义务植树220万株，森林覆盖率28.5%。（陈　波）

【经济社会发展中存在的问题】 2017年，阳泉市经济与社会发展虽然取得一定成绩，但仍然存在一些问题。资源型老工业城市长期积累的结构性矛盾、体制性弊端、素质性障碍，"一煤独大""一企独大""一股独大"问题依然突出；国有企业活力不强，民营经济规模小、对经济发展的贡献率偏低；全市营商环境不优、开放意识不足，重点领域改革尚未取得突破性进展；新旧动能转换刚刚起步，深度转型、全面转型任重道远，生态环境压力依然很大，城市基础设施、公共服务及社会事业民生改善还需加强，社会治理仍有薄弱环节等。（陈　波）

人事工作

【人民满意公务员及集体获奖】 2017年7月27日，在山西省第四届人民满意的公务员和人民满意的公务员集体表彰大会上，阳泉市林业局营林管理科科长宋学军被授予"山西省人民满意的公务员"称号，阳泉市审计局被授予"山西省人民满意的公务员集体"称号，阳泉市公安局开发区分局副局长崔建明记个人一等功，盂县西烟镇人民政府记集体一等功。（娄正豹）

【军转干部安置】 2017年，阳泉市共接收军转干部21名，其中计划安置15名、自主择业6名，12月底前全部安置到位。（娄正豹）

【"三支一扶"计划】 "三支一扶"计划是中央部门组织实施的基层就业项目之一，岗位包括支农、支教、支医和扶贫岗位及基层公共服务岗位。2017年，阳泉市"三支一扶"计划公开招聘工作按照省、市部署，科学征集岗位，严把资格审查、笔试、复审、面试、体检和岗前培训等环节，共计为城区、郊区、平定县招募"三支一扶"大学生37名，于9月全部到岗。从2017年起，招募的"三支一扶"大学生两年服务期满考核合格，全部纳入事业编。（娄正豹）

【人员流动管理制度改革】 2017年10月30日，阳泉市人社局联合市委组织部、市编办、市财政局、市公安局等部门出台《阳泉市机关事业单位人员流动实施意见》，全面取消“控编卡”和“计划卡”，全市机关事业单位人员流动实行“顺向流动市场配置，横向流动协商办理，逆向流动科学调控”。（娄正豹）

【赴河北招聘人才】 2017年2月8日至9日，阳泉市人才开发交流服务中心带领山西天元绿环科技有限公司、三和国投信息技术有限公司两家企业赴河北石家庄参加“2017年河北省毕业生就业市场招聘大会”。招聘会期间，两家企业达成初步意向60余人。（娄正豹）

【“阳泉人才手机APP”上线】 2017年2月18日，“阳泉人才手机APP”正式上线，是山西省首家公共人才“手机APP”。全市各用人单位、高校毕业生可通过该系统办理就业见习申报对接和岗位落实，流动党员可以用微信和支付宝按时直接缴纳党费，查询供求信息、了解高校毕业生就业等相关政策。（娄正豹）

【天天专场人才交流会】 2017年2月3日至28日每周一至周五上午，阳泉市人才开发交流服务中心在人才交流大厅举办“天天专场人才交流会”。其间，共有154家单位报名参会，提供880个岗位，需求各类人才2483人，1.2万人次进场求职，2000余人达成初步就业意向。（娄正豹）

【春季人才交流会】 2017年2月26日，由阳泉市人社局主办，阳泉市人才开发交流服务中心承办的“阳泉市2017年春季人才交流会”在市展览馆召开，是全市连续第九年举办大型春季人才交流会。交流会上，共有108家企事业单位参加，提供就业岗位625个，需求人数1659人，包括行政管理、医药、电子商务、教育、文化、传媒、营销、高级技工、金融等行业。交流会当天进场人数约1.1万人次，提供免费就业政策和公共人才信息服务3000余人次，初步达成就业意向1800余人。（娄正豹）

【第九届女性专场人才交流会】 2017年3月8日，阳泉市人才开发交流服务中心举办第九届女性专场交流会，共有19家单位进场招聘，提供岗位93个，需求各类人才297人。此次人才交流会约450人入场求职，达成初步就业意向77人，其中女性求职者占65%。（娄正豹）

【精准就业服务试点工作】 2017年3月至5月，根据人社部办公厅《关于在部分大中城市联合招聘高校毕业生专场活动中开展精准就业服务试点工作的通知》要求，阳泉市人才开发交流服务中心开展精准就业服务试点工作。在为期两个月的试点工作中，市人才中心多次到企业和校园宣传，精准就业服务平台注册企业46家，发布职位130个，需求人才697人，系统从2092份简历中自动匹配推荐212名，实现招聘岗位、招聘单位信息全国共享。（娄正豹）

【与中国公共招聘网对接】 2017年6月5日，阳泉人才网接入中国公共招聘网，实现与全国就业信息数据共享。人社部就业信息公共服务网络建设工作领导小组办公室反馈的中国公共招聘网地方联网机构上报数据质量评估结果显示，阳泉人才网排名位于全国中上游水平。（娄正豹）

【人才智力交流大会】 2017年12月9日至10日，阳泉市人才开发交流服务中心组织22家企事业单位136个岗位参加山西·太原人才智力交流大会，接待应聘者1000余人次，其中165名应聘者与全市的各招聘单位达成初步就业意向。2个创业项目参加优秀创业项目推介展示，并与部分投资者和经销商达成合作意向，提升项目产品知名度，填补阳泉市在优秀创业项目展示方面空白。（娄正豹）

【行政机关公务员考录工作】 2017年，阳泉市行政机关公务员考录工作从3月17日发布招考公告开始，经过各项法定程序，共录用公务员和参照管理人员78人。其中，面向社会公开招考70名，公安机关面向公安院校公安专业应届毕业生招录5名、定向招录法医2名、定向招录懂维吾尔语的公务员1名，另外有1名考生因怀孕暂缓录用。按照省委组织部、省人社厅、省公务员局下发的《关于规范全省录用公务员工作流程和时限的通知》，2017年度阳泉市新录用公务员于9月18日到岗，比上年提前1个月。（娄正豹）

【职称类考试】 2017年，阳泉市考试中心组织职称类考试7项，应试总人数8689人。其中，山西省二级建造师职业资格考试（阳泉考区）应试人数2398人；全国一级建造师执业资格考试应试人数2811人；山西省机关事业单位工人技术等级高级工、技师（文秘资料员、驾驶员）机考482人，驾驶员实际操作136人；全国经济专业技术资格考试（初级）电子化考试100人；经济师中级考试（阳泉考区）1018人；执业药师资格考试（阳泉考区）1669人次；阳泉市机关事业单位中级工、初级工笔试人数75人。（娄正豹）

【公务员　事业单位工作人员招聘考试】 2017年，阳泉市考试中心共组织公务员、市直事业单位考试2项（笔试面试共5次），应试总人数16133人。其中，山西省2017年度考试录用公务员（阳泉考区）笔试应试总人数5824人，行政机关公务员面试人数213人、党群系统公务员面试人数95人；阳泉市2017年度市直事业单位公开招聘工作人员笔试应试

总人数9627人，事业单位面试人数374人。（娄正豹）

【社会化考试工作】 2017年，阳泉市考试中心共完成社会化考试18项,应试总人数30047人。平定县事业单位公开招聘工作人员2016年度笔试人数2398人、面试人数143人,2017年度笔试人数2393人;“三支一扶”高校毕业生招募考试,面试人数131人;盂县人民医院公开招聘卫生专业技术人员笔试人数87人,面试人数36人; 开发区公开招聘教师笔试人数1714人，面试人数98人;公开选聘阳泉市商业银行行长,面试人数5人;矿区事业单位、市不动产登记中心、市创研室公开招聘工作人员笔试2969人，面试人数分别为111人、30人、3人;市委组织部公开选调机关工作人员考试笔试人数6人,面试人数6人,测评人数6人;市纪委监委公开择优选拔公务员面试人数37人;完成吕梁市、中阳县等地社会化考试6项，参考人数共19874人。（娄正豹）

机构与编制管理

【行政审批制度改革】 2017年,阳泉市继续加大简政放权力度,深化行政审批制度改革。做好省政府取消下放行政审批等事项承接落实工作,取消行政审批事项11项，承接16项;加大市级简政放权力度,取消和下放行政职权事项107项,其中,取消61项、下放管理层级46项。(王志凤)

【“减证便民”专项行动】 2017年,阳泉市开展“减证便民”专项行动。经过动员部署、部门梳理上报、市编办审核规范、市政府法制办审查、征求相关部门意见等阶段，汇总形成保留的市政府部门减证便民“三清单”为行政审批事项前置申请材料清单、行政审批事项相关证照年审年检清单、政府指定培训清单。市级行政审批前置申请材料保留2223项、取消210项,精简8.6%;行政审批相关证照年审年检事项保留22项、取消2项,精简8.3%;政府指定培训保留2项。（王志凤）

【综合行政执法体制改革】 2017年,阳泉市深化综合行政执法体制改革领导小组成员重新调整,明确改革责任部门。修改完善《阳泉市深化综合行政执法体制改革实施方案》,并以市委、市政府(阳发〔2017〕29号)文件印发,报省编办备案;重点推进卫生计生、商务流通、文化旅游、市场监管(包括食品药品安全和工商质监)、城乡建设、城市管理6个领域综合行政执法体制改革，改革涉及的10个部门均制订本领域本系统推进改革具体实施方案,经领导小组会议审定后印发;按程序审定批复县区实施方案,市县(区)两级综合行政执法体系改革工作同步推进。（王志凤）

【开发区管理体制改革】 2017年，阳泉市经济技术开发区“三定”(定职能、定机构、定编制)方案重新制订并印发。按照突出经济、加强监管、完善职能、提高效率的原则,加强开发区在招商引资、商务流通、科技创新、产业转型升级、创新驱动发展等方面的经济管理职能，为开发区新增食药、规划、安监、环保等职能派驻机构。向开发区下放行政职权事项374项,授予派驻开发区机构行政职权事项137项,为开发区管理体制改革提供便利条件。（王志凤）

【“大科(室)制”改革】 2017年,在不超出市县(区)政府机构限额和行政编制总额前提下,阳泉市稳步推进市政府工作部门“大科(室)制”改革。制订印发《关于市政府各部门优化设置内设机构的通知》,将“大科(室)制”改革与行政审批制度改革、派驻纪检监察机构全覆盖统筹谋划、协调推进,政府部门在原有内设科室380个基础上,精简内设机构32个,精减比例为8.4%。通过合理设置党组(委)办、行政审批管理科、增加内审监督职能、纪检编制上划,优化机构设置,理顺部门职责,实现编制资源效益最大化,形成精干高效的政府组织体系。（王志凤）

【事业单位分类改革】 2017年,阳泉市事业单位改革领导组组成人员重新调整,明确市编办和市财政局分别为行政职能类和生产经营类事业单位改革牵头部门。在完成全市事业单位清理规范、分类批复基础上,完成市县(区)承担行政职能共5类21个事业单位的分类批复工作,分类批复文件全部在规定时限内印发,受到省验收评估组好评。（王志凤）

【机构编制事项优化调整】 2017年,根据中央和省严格控制机构编制有关精神,按照“严控总量、盘活存量、优化结构、增减平衡”要求,解决重点领域和关键环节20余项机构编制事项优化调整工作。成立市、县、区巡察工作领导小组办公室,设立巡察组;成立市旅游发展委员会（市人民政府外事侨务办公室、市文物局),强化旅游部门统筹发展职能;理顺城区、矿区托管郊区部分乡镇、行政村后涉及机构编制事项; 撤销市监察局及市检察院反贪污贿赂、反渎职侵权、职务犯罪预防等机构,相关职责整合至市监察委员会,按照“编随事走”的原则,市检察院将24%(30名）编制划转至市监察委员会，并对市纪委监委部分内设机构名称及职责进行规范；落实经济发达镇行政管理体制改革任务，向省推荐盂县南娄镇、郊区河底镇、平定县张庄镇3个经济发达镇参加评审;加强市委对改革统一领导,规范市委政研室、深改办和综改办机构设置，理顺市委政研室统筹改革管理体制；配合推进群团改革，规范市总工会、团市委、市妇联机构编制调整事项；为加强县乡人大工作机构建设，理顺县乡人大工作机构设置。（王志凤）

【机构编制核减】 2017年，阳泉市围绕财政供养人员只减不增总目标，核减事业编制616名。自2015年开展控编减编工作以来，全市核减事业编制2148名、政法专项编制252名，共计核减2400名，超额完成中央编办三年核减事业编制5%的任务。（王志凤）

【事业单位登记管理】 2017年，阳泉市事业单位登记管理工作全部完成。完成2016年事业单位法人年度报告公示工作，全市报送年度报告的事业单位992个，公示事业单位法人年度报告989个，公示率为99.6%；开展公示信息抽查工作，加强事业单位法人事中事后监管；推进统一社会信用代码赋码工作，经市县(区)两级登记机关审核相关材料从严从紧发放证书，推进党政群机关统一社会信用代码工作。（王志凤）

【机构编制电子政务建设】 2017年，为推进“机构编制云平台”建设试点工作，阳泉市成立由市编委主任任组长的建设工作领导小组，制订工作方案，召开动员培训会，并邀请中央编办事业发展中心专家现场培训指导，明确建设要求、规范，统一录入标准、流程，确保思想统一、步调一致，高标准推进平台建设。截至2017年底，全市完成“三定信息系统”“权责清单管理系统”录入和审核工作，并完成中文域名注册管理和续费工作，域名续费量1509个，实现中文域名全覆盖，完成党政机关、事业单位自建网站确认和挂标督导工作，挂标覆盖率100%。7月3日，阳泉市正式成为“机构编制云平台”建设全国首批50家试点试用地区之一。（王志凤）

2017年9月14日，阳泉市“机构编制云平台”建设动员暨培训会召开（梁卫华供图）

政务服务工作

【概况】 2017年7月20日，阳泉市行政审批服务中心（创建于2001年12月，位于德胜东街17号，办公面积2600余平方米）更名为阳泉市政务服务中心。中心为全额参公事业单位，管理层核定编制17名，下设综合科、政务科、业务科、督查科、信息科、联审科6个科室，主要职责为贯彻执行中央、省、市关于转变职能、简政放权、放管结合、优化服务的法律法规、方针政策和决策部署，组织协调开展政务服务、公共服务和便民服务，统筹、指导、协调全市政务服务管理和放管服工作，以及承担市级政务服务平台的日常管理，受理服务对象对进驻中心机构及人员违纪违规投诉。中心政务大厅各窗口主要办理公民、法人和其他组织申领各类证、照事务，审批、核发各类批准文件，以及受理有关投资政策、证照申领的咨询。截至2017年底，在中心单独设立窗口的政府职能部门有19个，纳入中心综合代理的政府职能部门窗口有8个。

2017年，市政务服务中心各窗口共办理各类行政审批事项13702件，比上年增长7.2%。按办件类别分：行政许可事项6440件，行政确认事项31件，其他类事项7231件；按办件性质分：承诺件8276件，即办件5358件，上报件68件。（程永璐）

【年度总结表彰大会】 2017年1月，阳泉市行政审批服务中心召开2016年度红旗窗口和先进工作者表彰大会，对窗口及个人工作开展情况进行总结表彰，并对2016年行政审批服务中心工作进行总结。会上宣读《关于表彰2016年度红旗窗口和先进工作者的决定》，并向评选出的市食药局、市质监局、市民政局3个“标兵红旗窗口”、市住建局、市卫计委、市水务局3个“红旗窗口”以及彭晶、王栋等12名先进工作者颁发荣誉证书。（程永璐）

【“双随机一公开”工作培训】 2017年3月，阳泉市行政审批服务中心组织全市“双随机一公开”（在监管过程中随机抽取检查对象，随机选派执法检查人员，抽查情况及查处结果及时向社会公开）相关部门工作人员约80人进行培训。培训特邀省工商局有关管理人员和技术专家就全国企业信用信息平台使用方法等内容进行授课。（程永璐）

【邮政快递窗口进驻中心】 2017年9月14日，阳泉市政务服务中心携手中国邮政速递物流股份有限公司阳泉分公司推进“互联网+政务服务”，在城区范围内开展政务服务事项办理邮政速递服务，减少办事群众和企业往返实体政务大厅次数，减少办事群众“跑腿”次数，最大限度利企便民，为下一步实现“不见面审批”打基础。（程永璐）

【人行征信窗口进驻中心】 2017年11月6日，人行阳泉市中心支行征信窗口进驻阳泉市政务服务中心，成为全省首家集征信查询、业务咨询、异议处理、投诉受理、机构信用代码办理、征信宣传、公共服务等功能为一体的综合性征信服务窗口，为全市企业、个人和政府部门提供便捷的征信服务。截至2017年底，为个人提供信用报告2456笔，为企业提供信用报告41笔，办理机构信用代码证1090户，办理信息变更1747户。（程永璐）

【网上政务服务平台开通试运行】 2017年11月，阳泉市政务服务中心按照国务院“互联网+政务服务”工作部署和省委省政府、市委市政府推动政务信息资源共享，加快政务服务“一张网”建设，推进政务服务网上办理工作要求，联合市经济信息中心、吉大正元软件开发公司启动全市市级行政审批事项信息梳理优化工作，进行网络平台建设。经过一个多月建设，网上政务服务平台基本部署完毕。12月18日，阳泉市网上政务服务平台启动试运行。平台上线运行后，全市32家机关事业单位所有根据申请的行政权力事项全部实现网上受理、网上办理，可缩短权力事项审批时间，方便群众和企业办事，亦可解决信息共享难、企业审批难、群众办事难等问题。（程永璐）

【优化营商环境专项工作】 2017年，阳泉市开展优化营商环境部署工作。市委召开常委会，学习贯彻全省会议精神，并专题研究全市优化营商环境专项行动，确定在全省率先实现“六最”工作目标；由市行政审批服务中心牵头起草制订《优化营商环境专项行动实施方案》《营造“六最”营商环境实施方案》及行动计划；召开全市优化营商环境动员大会和全市改革推进会，对优化营商环境、全面深化改革工作进行安排部署，进一步统一思想，凝聚力量，明确责任书、路线图和时间表。（程永璐）

【规范司法行政审批项目流程培训】 2017年4月，阳泉市行政审批服务中心应市司法局机关邀请，对涉及司法行政审批的分管领导和业务科室负责人进行规范行政审批项目流程培训。市行政审批服务中心就全市优化政务服务专项行动中，市司法局存在的行政审批流程方面存在的不足作重点强调和要求，并根据《中华人民共和国行政许可法》和《山西省政务服务管理办法》中“法无授权不可为、法有授权必须为”的原则，对市司法局行政审批项目的申请条件、申报材料、审批环节、审批责任人以及审批时限等方面内容，进行梳理和规范。此外，还对行政审批项目在阳泉市行政审批电子监察系统中如何开展运行进行现场演示。（程永璐）

【温国贵到阳泉市调研】 2017年12月20日，山西省政务服务中心副主任温国贵一行三人调研阳泉市政务服务工作开展情况。调研组一行先后到平定县行政审批服务中心、阳泉经济技术开发区行政审批局和市政务服务中心，实地查看政务大厅环境，详细了解窗口单位进驻事项、办件流程和服务运行情况。在随后的座谈会上，调研组一行听取市政务服务中心、阳泉经济技术开发区行政审批局和各县（区）审批中心工作运行情况汇报。调研组对阳泉市政务服务工作给予较好评价，并把收集的意见建议进行整理和分析，为统一全省政务服务建设标准提供参考。（程永璐）

【陈永奇到市政务服务中心调研】 2017年8月8日，市委书记陈永奇到市政务服务中心调研。陈永奇先后到统一受理平台和工商、卫计、食药、质监、住建等窗口，对精简审批事项、压缩申报材料、减少审批环节、缩短办理流程以及开展网上审批、电子实时监察等情况进行详细了解。陈永奇还到市民政、人社、住建3部门联合设立的军队退役人员服务窗口，详细询问来访人员数量批次、主要诉求和答复办理情况，要求窗口工作人员加强政策学习，耐心细致做好接待解释疏导工作，对于政策规定应该解决的问题，相关部门要及时给予办理和解决。之后，在座谈会上，陈永奇听取市政务服务中心的工作汇报，对近几年中心推进政务改革所取得的成绩给予肯定。（程永璐）

【董一兵到市政务服务中心调研】 2017年9月1日，市长董一兵到市政务服务中心调研。在政务大厅部分窗口，董一兵仔细查看“办事明白卡”和工作台账，详细了解审批事项进驻情况、办事流程、办理时限等，现场检查窗口工作人员业务能力，还与到中心办事的群众交谈，询问服务是否便捷、有哪些建议。在随后召开的座谈会上，市政务服务中心负责人从推进行政审批制度改革、推进实体政务大厅与网上服务平台融合发展等方面进行汇报。董一兵对近几年中心推进政务改革所取得的成绩和打造“六最”（审批最少、流程最优、体制最顺、机制最活、效率最高、服务最优）营商环境工作给予肯定。（程永璐）

【马爱锋调研行政审批工作】 2017年7月20日，阳泉市委常委、常务副市长马爱锋到市政务服务中心调研并召开座谈会。在与窗口工作人员交谈并了解工作情况后，马爱锋听取市政务服务中心负责人关于“放管服效”改革和优化营商环境工作情况汇报，并对中心工作给予肯定，认为市政务服务中心总体管理科学，运行规范，能够为全市人民、为市场主体提供便捷、高效服务。马爱锋一行到平定县政务服务大厅进行实地调研，并就合作建设新的市政务服务大厅事宜与有关单位负责人进行座谈交流。（程永璐）

对台工作

【全市对台工作会议】 2017年5月12日，阳泉市召开2017年全市对台工作会议，市委常委、市委秘书长巩成出席会议并讲话，市委台办主任张丽娟主持会议并作工作报告。会议要求，各级各部门要认真学习贯彻习近平总书记对台工作重要思想，按照中央和省委、市委的决策部署，结合阳泉实际，开展对台经济交流合作和对台文化教育等各领域交流，做好台资企业权益保障工作，帮助台胞台商台属等服务对象开展服务工作；要加强对台工作干部队伍建设，打造对党忠诚、业务专精、纪律严明的高素质对台工作干部队伍，为塑造阳泉美好形象作出贡献。（李伟伟）

【涉台宣传教育】 2017年，阳泉市委台办利用各类传统媒体及新媒体平台开展对台宣传。通过各类涉台媒体报道阳泉市经济社会建设成就、与台交流合作成果及文化旅游资源等，全面展示阳泉市宜居宜业宜商、充满活力的营商环境。维护专业对台宣传网站“文献名邦 魅力阳泉”，全年发稿300余篇，点击量、浏览量、信息发布量等多项指标在全省名列前茅，被华夏经纬网评为全国地市级优秀网站。向中央台办和省台办权威网站、刊物供稿发表30余篇，多篇稿件被山西新闻网、山西省政府网、阳泉政府网等网络媒体转载，指导阳泉市报纸、电视、互联网等各种媒体开展涉台宣传报道工作。依托内部学习刊物《台办学习专刊》和网络平台，发布涉台政策、交流动态等信息，开展涉台教育，印发学习专刊12期，发布涉台教育类信息80余篇。为有关领导及台办系统干部订阅发放《两岸关系》《台湾工作通讯》等权威工作刊物432册。（李伟伟）

【“互联网＋智慧旅游景区APP平台”建设】 为增强阳泉市在台湾地区影响力，提升全市旅游景区和文物保护单位智能化、网络化水平，市委台办开展“互联网＋智慧旅游景区APP”平台建设工作。2017年2月28日，阳泉市召开“互联网＋智慧旅游景区APP平台”建设协调会，成立项目建设联络小组，构建“市＋县区＋景区”三级工作网络，全面推进工作开展。通过系统摸底、统筹协调，确定旅游景区和文物单位25家为项目建设单位，完成项目建设单位现场信息采集任务，采集包括景区导览图、景区景点图片、讲解资料等在内资料共计200余件。经整理加工，景区简介、解说词、手绘地图、音频制作等后期制作工作于年底全部完成。（李伟伟）

【与台经济文化交流】 2017年，阳泉市委台办就全市经济发展情况和环保处理、项目投资环境、陶艺加工等项目邀请台商到阳泉市进行实地考察和对接。4月27日，台湾玩点子创意行销股份有限公司董事长林永鸿、台湾教育广播电台健康养生馆节目主持人赵二娟一行到平定县参观考察紫砂、陶瓷、砂器产业。6月20日，邀请杭州农冠生物科技有限公司董事长曾志文、台湾森森生物科技有限公司大陆销售部经理朱国昇一行到经济技术开发区就投资有机废弃物快速无害化生物发酵系统项目进行实地考察。8月20日至22日，邀请台北市商业总会和台湾中华台晋交流协会组成的台商经贸考察团一行20人到阳泉市进行实地考察。11月27日至30日，邀请台湾中华台晋文化交流协会、台湾上市公司同开科技工程有限公司一行5人到阳泉市考察氧化铝固废物赤泥再利用项目。（李伟伟）

【巩成带队与省城台商座谈】 2017年2月23日，阳泉市委、市政府与省城部分台商座谈会召开。市委常委、市委秘书长巩成带队赴太原市与太原台资企业协会座谈。市经信委、市投促局、市中小企业局、市委台办、阳泉经济技术开发区管委会、方大添加剂（阳泉）有限公司等部门、单位负责人及太原台资企业协会的14位台商参加座谈会。与会各方达成实地考察、加强合作、适时签订友好合作协议等诸多共识。（李伟伟）

【海峡两岸工业园承接工作】 2017年6月9日，市委书记陈永奇带队赴京分别拜会国台办有关领导和全国台企联负责人，就承接建立海峡两岸工业园有关事宜进行座谈交流。陈永奇介绍阳泉市基本情况，重点介绍阳泉市区位交通优势、产业发展思路、营商政策环境，表示将打造“六最”营商环境，做好承建海峡两岸工业园相关工作。国台办经济局局长张世宏对阳泉市吸引台商投资发展提出指导意见建议。全国台企联驻会常务副会长兼秘书长程金中表示将发挥台企联优势，为阳泉市与台商合作牵线搭桥，促成更多合作项目。阳泉市被确定为全省唯一一个重点承接建立海峡两岸工业园的地市。成立争取承接建立山西省海峡两岸（阳泉）工业园项目领导组，全面负责项目组织领导、统筹规划，领导组由市委常委、市委秘书长巩成和副市长呼亚民任组长，由阳泉经济技术开发区、市委台办、市发改委、市经信委、市国土局、市商粮局、市规划局、市环保局、市投促局、平定县、盂县、郊区等12家成员单位组成。(李伟伟)

【赴长三角考察调研承接产业转移协作】 2017年7月17日至23日，山西省台办副主任宋英民和阳泉市政协副主席、阳泉经济技术开发区管委会主任杨全生率队赴长三角台资企业集聚区，就承接产业转移协作进行考察调研。阳泉经济技术开发区和市委台办、市经信委、市商粮局等部门负责人参加考察。考察团一行先后拜会安徽、上海2个省级台办，合肥、昆山、温州、宁波4个市级台办，对接上海等3家台湾同胞投资企业协会，参观考察9家台资企业、3个试验园区，并参加4个专题座谈会。通过考察调研，宣传推介阳泉市良好的区位、资源、人文、产业优势和投资发展环境，促进全市承接建立海峡两岸工业园工作。(李伟伟)

【台商经贸考察团到阳泉市考察】 2017年8月20日至22日，由台北市商业总会副理事长吴发添和台湾中华台晋交流协会理事长陈旻沁带领的台商经贸考察团一行20人到阳泉市，就项目投资环境、经济发展情况等进行实地考察。考察团一行先后深入中嘉磨料磨具公司、关王庙文化旅游项目、中岚国际物流园、藏山文化旅游景区建设项目、滨河新天地商业中心、莹玉陶瓷有限公司、刻花瓷文化园、娘子关风景区开发建设项目、百度云计算(阳泉)中心、方大添加剂(阳泉)有限公司、北山公园生态修复项目等地，就循环经济、高新技术和物流、旅游、文化等相关产业进行考察。考察团表示，阳泉具有良好的投资环境，将以此次考察为开端，向台北市商业总会的139家商业同业公会及所属有会员宣传推介阳泉，促进投资合作。(李伟伟)

【与南京市台湾同胞投资企业协会座谈】 2017年11月8日，阳泉市委台办与南京市台湾同胞投资企业协会就招商引资推介活动举行座谈。在座谈会上，双方围绕“加强交流合作 吸引台商投资”主题，进行沟通交流。南京市台湾同胞投资企业协会负责人介绍该会的发展历程、优势与需求。市委台办、市投促局负责人介绍阳泉市的经济社会发展情况及产业结构、投资要素、优惠政策等。双方就建立友好关系、支持“山西省海峡两岸(阳泉)工业园”建设等方面进行交流。南京市台湾同胞投资企业协会表示将向内部成员推介阳泉，择机赴阳泉实地考察。(李伟伟)

【慰问台胞台属】 2017年1月19日、9月26日，阳泉市委常委、市委秘书长巩成带领市委台办负责人，看望慰问部分台胞台属代表，并走访慰问台资企业。在台属家中，巩成详细了解他们的生活情况以及在台亲友情况，对他们在台湾的亲人致以良好的祝愿。希望台胞台属发挥桥梁纽带作用，为推动两岸关系和平发展、促进经济文化交流作出积极贡献。(李伟伟)

外事工作与出入境管理

【因公出国(境)管理】 2017年，阳泉市外侨办结合全市因公出国(境)管理工作实际，加强外事工作归口管理，严把因公出国(境)审批关。全年全市共办理因公出国(境)团组9批、19人次(其中厅级干部3人)，内容包括交流、访问、学习、洽谈、援外、友城合作等任务，涉及澳大利亚、新西兰、德国、哈萨克斯坦、白俄罗斯、多哥6个国家以及中国香港、中国澳门地区。(付　超)

【APEC商务旅行卡申办】 APEC商务旅行卡是亚太经合组织为便利区域内商务人员来往所创立的特殊旅行证件。市外侨办按照《山西省国有企业人员APEC商务旅行卡申办及管理暂行办法》和《山西省民营企业人员APEC商务旅行卡申办及管理暂行办法》，宣传推介APEC商务旅行卡。2017年阳泉市多家企业咨询申办APEC商务旅行卡，5家企业递交申办材料，1家企业完成申领。(付　超)

【阳泉市“一带一路”国际交流中心筹建】 2017年，阳泉市外侨办以《阳泉市参与“一带一路”建设工作方案》为指导，开展阳泉市“一带一路”国际交流中心筹建工作。交流中心业务包括以联系“一带一路”沿线国内外企业、旅游企业、文化艺术机构等，建立经贸投资渠道和搭建信息与合作交流平台，并提供相关服务；为全市企业及特色产品推向国际市场提供相关服务；为“一带一路”沿线国家及主要城市的特色产品进入阳泉及山西市场提供相关服务。2017年，市外侨办完成阳泉市“一带一路”国际交流中心筹备方案、国际交流中心章程等前期工作。截至2017年底，阳泉市已同澳大利亚阿德莱德市、德国比肯费尔德市建立交流合作关系，确定参加德国、澳大利亚、匈牙利等国家会展物品清单。(付　超)

【外事信息化建设】 2017年，阳泉市外侨办完善全市外事网络系统建设，启动因公出国(境)网上申报管理系统，实现因公出国(境)业务网上申报、办理、监管服务。(付　超)

【领事保护】 2017年6月6日，阳泉市矿区外沙坪居民王某某申请领事保护，原因为其儿子赵某某在非法组织策动下，偷渡至缅甸参与赌博，因欠赌债遭对方扣留。接到报案后，市外侨办及时安抚当事人家属情绪，协助提供解决方案，帮助其通过12308领事保护平台推送案件工单至中国驻缅甸大使馆和驻曼德勒总领馆，请求领事官员协调缅方相关部门妥善处理此事，尽全力保障赵某某人身安全。经过一系列工作，赵某某最终被缅甸警方人员解救，并由缅甸军方护送回国。（付 超）

【董一兵带队赴外工作访问】 2017年5月10日至17日，应澳大利亚巴瑟斯特市政府、新西兰罗托鲁阿市政府邀请，市长董一兵率经贸文化代表团对澳大利亚、新西兰部分城市进行工作访问，并同巴瑟斯特市政府签署《阳泉市与巴瑟斯特合作意向书》，双方就建立友好城市关系达成初步共识。（付 超）

【董一兵向英国切斯特菲尔德市发贺电】 2017年5月10日，在阳泉市友好城市英国切斯特菲尔德市举行新一轮换届选举之际，为继续保持双方友好往来，推动在各领域交流与合作，阳泉市市长董一兵向切市发去贺电，巩固双方友好城市关系健康发展。（付 超）

【美籍专家到阳泉市开展医疗技术服务】 2017年6月3日，阳泉市外事办参与接待在阳泉市友爱医院开展医疗技术服务的美国籍医疗专家组一行3人。阳泉市人大常委会副主任张宝明对美国专家组提供医疗技术服务表示感谢，希望能通过双方合作，为阳泉百姓提供优质医疗卫生服务，阳泉市各相关部门和友爱医院将竭力为专家组服务，解决项目进程中遇到的困难，让专家安心开展工作。（付 超）

【外宾访问阳泉市】 2017年1月12日，德国爱德维奇有限公司董事长汉茨·爱德韦奇、总经理哈里德·爱德韦奇到阳泉市进行技术考察。市委书记陈永奇会见外宾并参加座谈。8月25日至26日，德国莱法州比肯费尔德联盟政府市长伯纳德·阿尔舍博士、德国ICCN有限公司执行总裁安德烈亚斯·肖尔茨一行到阳泉市进行友好访问，并就国际友好城市建立以及经贸、旅游、教育项目合作等事宜进行深层次交流对接。10月16日至17日，德国莱法州比肯费尔德政府最高行政长官施耐德·马提亚斯博士一行对阳泉市进行访问，市长董一兵与外宾会谈并签署《中华人民共和国山西省阳泉市与德意志联邦共和国莱法州比肯费尔德友好城市合作备忘录》。11月13日，澳中国际交流协会会长张旭飞一行访问阳泉，市委常委、市委秘书长巩成会见并就双方开展交流合作进行座谈。双方表示，将长期保持友好关系，加强交流，细化合作事项，早日取得实质进展，实现优势互补、合作共赢。（付 超）

侨务工作

【困难归侨侨眷慰问】 2017年1月17日，阳泉市外侨办开展慰问困难归侨侨眷活动，共计向全市17户21名困难归侨和6名"三侨生"（归侨青年、归侨子女、华侨在国内的子女）发放慰问金2.5万元。（付 超）

【归侨侨眷摸底入档】 2017年5月23日，阳泉市外侨办联合各县（区）外侨办开展困难老年归侨统计核实工作，确定困难老年归侨40名，并在市外侨办官网上进行公示，为困难老年归侨生活补助发放工作提供依据。5月24日，市外侨办联合各县（区）外侨办开展侨情调查核实工作，掌握归侨侨眷、海外华人华侨及其眷属、出归国留学人员基本情况，经统计，全市归侨总数达120名。（付 超）

【侨爱工程】 2017年10月9日，阳泉市外侨办组织符合条件的40名归侨在阳泉市第一人民医院参加2017年"侨爱工程——送温暖免费体检"活动，并建立健康体检信息库，将归侨的健康状况以及体检中发现的问题及时反馈给本人。（付 超）

民政工作

【优抚工作】 2017年，阳泉市贯彻执行各项优抚政策，保障优抚对象合法权益，及时足额发放各类优抚对象抚恤补助。全年共下拨各类优抚资金3463.72万元；审批全市60周岁以上农村籍退役士兵、带病回乡退伍军人、参战参试人员、老烈子、残疾子女生活补助等优抚对象500人；组织申请提等评残人员体检，审核上报评残提等、伤残军人关系转移、丢补证业务9人；提高部分优抚对象抚恤补助标准1~4级残疾人员护理费标准。（刘 蓉）

【"双拥"工作】 2017年，阳泉市调整市双拥工作领导组，组长为市委常委、市委秘书长巩成，领导组下设办公室，成员单位包括5个县区、经济技术开发区、41个市直单位和11个驻地部队。组织召开军地协调会，驻地部队反映的困难和问题得到解决。开展国防和双拥宣传教育，在太阳高速公路坡头出入口等地方设置大型固定双拥宣传牌，启动"爱军爱民爱阳泉"双拥微信平台，建立阳泉市双拥网站，在市区主要繁华街道和地段设253个楼宇电视广告，在市文化中心、广场、公园、加油站、医院、车站悬挂双拥宣传标语。参加"全国双拥模范创建成果展"，将阳泉的红色文化、地方风貌、双拥成果、军民融合、爱国拥军等内容以展板形式布展。在《阳泉日报》开设"山城老兵故事"宣传专栏，刊登老兵故事20多期。（刘 蓉）

【退役士兵安置】 2017年，阳泉市接收退役士兵和转业士官24人，完成安置24人，发放自谋职业金105.1万元，发放自主就业一次性经济补助687.15万元，解决历年遗留问题32人；开展退役士兵数据采集工作，基本摸清1978年至2014年全市冬季退役人员基本信息；落实军休干部政治待遇和生活待遇，下达经费1186.5万元；组织开展退役士兵自主就业职业教育和技能培训，开设烹饪班、计算机班、机电一体化班、汽车维修班、维修电工班，228人参加培训。（刘　蓉）

【军队退役人员信访问题化解】 2017年，阳泉市开展部分军队退役人员信访问题源头化解专项行动和信访突出问题大整治活动。走访慰问军队退役人员9355人，发放光荣牌匾44071块；解决军队退役人员32人安置问题；为退役人员4800余人发放生活补助费700余万元；为2258名生活困难退役士兵发放救助金787.9万元。在全省退役士兵安置工作会议上，市政府主要领导作先进经验介绍，阳泉市工作受到省政府表扬。（刘　蓉）

【社区建设】 2017年，阳泉市社区建设工作有序推进。城区开展的“全国社区治理和服务创新实验区”项目通过民政部中期评估，被给予充分肯定。出台全市城市社区活动场所和公益性服务设施建设实施办法和扶持补助办法，筹资1000万元扶持建设。农村社区建设试点工作推进顺利，先后出台《关于进一步推进农村社区建设试点工作的意见》《阳泉市农村社区建设指导标准》，明确提出2020年实现全市农村社区建设全覆盖目标任务。2017年建成农村社区示范点15个，并向民政部推荐上报郊区李家庄乡李家庄村、荫营镇老虎沟村、平坦镇桃林沟村、河底镇固庄村4个“全国农村社区建设示范单位”，其中固庄社区于11月通过国家农村社区建设示范单位验收组评审验收。（刘　蓉）

【行政村撤并】 2017年，阳泉市开展行政村撤并试点工作，制订《阳泉市撤并行政村试点工作的实施方案》，成立由宣传、教育、公安、财政、民政等部门组成撤并行政村试点工作领导小组推进工作。全市960个行政村撤并为942个，撤并18个，其中，盂县10个、平定县7个、郊区1个，试点任务顺利完成。（刘　蓉）

【村居“两委”换届】 2017年，阳泉市村委会、居委会换届工作全部完成。在经过前期调研摸底、软弱涣散村级组织整顿转化、换届业务骨干培训、“村霸”问题排查和整治以及制订方案、召开动员会和推进会等系列工作基础上，全市942个村党组织换届、村委会换届，143个社区换届全部顺利完成。换届工作整体呈现出秩序好、过程稳、进度快、效果好的特点。（刘　蓉）

【社会组织管理】 2017年，阳泉市社会组织新成立42个，变更20个，注销33个，清理“僵尸型”社会组织36个，年检社会组织170个。截至2017年底，全市共有社会组织457个，其中，社会团体305个、民办非企业152个，登记备案社区社会组织427个。（刘　蓉）

【社会组织党建工作】 2017年，阳泉市社会组织党建工作全面开展。通过召开工作推进会、在社会组织年检工作中同步检查党建工作、开展拉网式摸排建立党建工作动态台账、分类组建等系列举措，全市社会组织建立党组织226个，覆盖293个社会组织，覆盖率达63.8%，未建立党组织的社会组织，通过选派党建工作指导员180人，实现党的工作全覆盖。（刘　蓉）

【行政托管】 经2017年4月1日市政府第2次常务会议和4月7日市委常委扩大会议研究通过，阳泉市出台《中共阳泉市委 阳泉市人民政府关于城区、矿区托管郊区部分(乡)镇、行政村的意见》。从5月1日开始，城区整建制托管郊区义井镇及所辖的义井、义东沟、南庄、大阳泉、王家峪、西峪、牛家峪、西峪掌、神峪、河下、泊里、小河、圪台、白羊墅14个行政村；矿区托管郊区平坦镇的赛鱼、大南沟、南山、小南沟、石卜咀、西河、富山、庙上、前庄、老坪掌、北头咀、大村、半坡、吴家掌、石板片、马家坡、神堂咀、官沟18个行政村。（刘　蓉）

【地名工作】 2017年，按照国家、山西省的统一安排，阳泉市开展全国第二次地名普查核查验收和成果转化工作。核查验收组对全市5个县区1.10万余条地名、地名标志、数据库等工作逐项核查，通过三轮市级核查验收和整改，通过国务院普查办第一轮审核，完成上报98条跨界自然地理实体地名。开展地名普查成果转化，编纂《阳泉市地名故事》等书籍。对市辖区部分街路名称进行规范，按照尊重历史、增强指位、好找易记、通俗易懂原则，制订《市辖区部分城市街路命名、更名方案》，并向社会正式公布标准名称。开展边界纠纷隐患排查工作，完成郊区—平定界线联检，切块划定城区、矿区、郊区、开发区管理界线。（刘　蓉）

【行政审批】 2017年，阳泉市民政局取消、下放、调整涉及行政处罚、行政给付、其他类行政职权事项共计15项，其中，取消行政给付1项、其他类4项，下放行政处罚9项、行政给付1项；清理、调整、简化、优化行政审批重点事项，取消前置申请材料共计12项，其中，取消行政许可2项、其他类10项。全年民政服务窗口办理各类审批事项184件，其中，惠民殡葬服务共办理154人次，发放补助金22.07万元，社会组织办理30件，登记办结率100%。（刘 蓉）

【市民政局内设机构变更】 2017年，按照《阳泉市机构编制委员会办公室关于阳泉市民政局优化设置内设机构的批复》，阳泉市民政局内设机构作出如下优化：增设行政审批管理科，规格为正科级，编制2名（内部调整），职数1名；办公室（社会工作科）加挂党组办公室牌子，增加内审监督职责；民间组织管理科更名为社会组织管理科；优待抚恤科与安置科整合设置为优抚安置科（阳泉市人民政府复原退伍军人和军队离退休干部安置办公室），编制2名，职数1名；撤销纪检组（监察室），2名行政编制上划至市纪委监委。内设机构及编制调整后，市民政局共有内设机构8个、行政编制20名。（刘 蓉）

信访工作

【概况】 2017年，阳泉市信访形势稳定好转，整体工作保持全省领先。信访总量平稳下降。全年全市进京非正常上访16人次，全省排位第十一；赴省集体上访23批次302人次，比上年批次、人次分别下降25.8%和43.66%；到市信访总量7550件（人）次，比上年下降23.3%；全市信访总量10436件（人）次，比上年下降9.6%。国家、省、市、县四级信访信息系统登记上访批次占比分别为11.1%、7.3%、21.8%、59.9%。信访秩序趋于规范。全年全市进京非正常上访量全省最少，赴省集体访较大幅度下降。全国“两会”和“一带一路”国际高峰合作论坛、中共十九大期间，是全省唯一“零非访”地市；“博鳌论坛”期间“无上访”；省“两会”期间未发生赴省集体上访和非正常上访。重点工作任务推进有力。全省“特殊疑难信访问题集中攻坚”活动交办阳泉市信访事项4件，全部化解完成；“重点信访问题源头化解”专项行动、“重点群体大走访”活动任务完成到位，受到省联席办、省信访局肯定；“信访突出问题大整治”活动采取项目化推进、清单式管理，市委交办重点信访事项144件，全部化解；各县区、各部门梳理制订任务清单220件，全部化解。市信访局多次获奖。被人力资源和社会保障部、国家信访局授予“全国信访系统先进集体”称号，被山西省人力资源和社会保障厅、山西省社会治安综合治理委员会授予“全省社会治安综合治理先进集体”称号。（高惠洁）

【信访治理专项活动】 2017年，阳泉市开展多项信访治理专项活动，对重点地区、重点领域、重点群体、重点人员进行大排查大整治。市、县（区）、乡（镇）三级领导干部共走访9355人，汇总、梳理、解决诉求6类951条；涉军、住建、企业拖欠社保金3个重点领域及其他领域实现问题解决、隐患消除、人员稳定；市委交办重点信访事项144件及各县区、各部门梳理制订任务清单220件，全部化解；开展“学习枫桥经验，创建无越级上访乡镇（街道）”活动，全市10个乡镇（街道）由重点越级上访变为一般越级上访，4个乡镇（街道）由一般越级上访变为无越级上访，4个乡镇（街道）保持无越级上访。（高惠洁）

【违规信访责任追究】 2017年，阳泉市积极规范信访秩序，对信访工作不力者和信访过程中违法者进行责任追究。全年共责任追究信访工作不力者22人，其中，免职1人、党内严重警告1人、党内警告5人、行政警告1人、通报批评4人、诫勉谈话10人。全年共依法打击处理违法信访行为125人次，其中，判刑2人、收监服刑1人、批捕1人、刑事拘留8人、行政拘留92人、训诫2人、教育警告18人、罚款1人。（高惠洁）

【信访工作制度改革】 2017年，阳泉市开展信访工作制度改革。推行“阳光信访”。设立市、县（区）两级“网络投诉受理办公室”，建设视频信访系统，组织市、县（区）、乡（镇）三级160名信访干部进行网上信访业务培训，提升网上信访业务能力。全年市信访局受理办理网上信访事项809件，比上年上升106.38%。信访部门及时受理率98.27%，比上年增长10.38个百分点；群众满意率96.90%，比上年增长3.03个百分点。责任单位及时受理率99.13%，比上年增长23.87个百分点；按期答复率97.20%，比上年增长5.9个百分点；群众满意率95.67%，比上年增长2.27个百分点。开展律师参与信访工作。全市17家律师事务所的33名律师轮流到信访局参与接待。截至2017年底，全市律师共参与信访接待咨询900余次，参与化解信访案件58件，涉及群众2000余人；参与领导接待54批次，依法化解群体性纠纷30余起。（高惠洁）

统计工作

【统计服务社会】 2017年，阳泉市统计局提高服务社会水平。全年共撰写印发统计专报6篇、统计报告71篇，其中5篇得到市委、市政府主要领导批示、《一季度阳泉市消费品市场运行平稳》获市委书记陈永奇批示、4篇统计分析被《阳泉日报》刊发，部分意见建议体现在市委市政府决策部署中。全年共撰写统计信息及统计工作动态237篇，在市政府发布的《阳泉政务信息》采用通报中排在市直单位前列。在“中国统计开放日”活动中，设立展板20余块，反映阳泉统计工作成就。（王国婷）

【第三次全国农业普查】 2017年1月1日，第三次全国农业普查（阳泉）现场登记工作正式启动，经过宣传、培训、试点、物资准备、人员选调等工作，登记于3月15日结束。5月，省统计局抽查组对阳泉市第三次全国农业普查数据质量进行抽查，认为阳泉市第三次农业普查工作宣传到位、工作细致、基础扎实，登记入户率高，数据指标填报效果好、质量高。（王国婷）

【统计课题研究】 2017年，根据《2017年度山西省经济社会统计科研参考选题》的通知，市统计局立项"阳泉市消费和消费统计研究""关于阳泉矿区转型发展的探索"2个课题。其中"阳泉市消费和消费统计研究"申请市科技局软科学项目。截至2017年底，课题仍在研究中。（王国婷）

【《阳泉统计年鉴（2017）》出版发行】 2017年7月，《阳泉统计年鉴（2017）》由中国统计出版社公开出版发行。《阳泉统计年鉴（2017）》系统收录全市和各县区2016年经济、社会各方面的统计数据，是一部全面反映阳泉经济和社会发展情况的资料性年刊。年鉴正文分为11个篇章，内容涉及综合、工业、农业、能源、交通、投资、物价等方面，附录部分收录中华人民共和国2016年国民经济和社会发展统计公报、山西省2016年国民经济和社会发展统计公报、阳泉市2016年国民经济和社会发展统计公报、阳泉市2016年城市建设统计公报。（王国婷）

【月度劳动力调查】 2017年，阳泉市统计局开展月度劳动力调查工作。完成摸底、换户、核实、PDA录入上报、编码等工作，坚持开展基层调研、现场解决问题，各月度调查任务均按要求完成，调查失业率基本保持稳定。劳动工资电子台账推广工作初见成效，经过前期培训学习、全流程虚拟演练、实地操作，截至2017年底，在选定的55家具有代表性的企业中，已有24家单位全部具备报表条件。（王国婷）

2017年1月，省、市、县统计局工作人员到平定县锁簧镇开展全国第三次农业普查入户登记工作（石丽丽供图）

【投资统计方法制度改革】 2017年4月，阳泉市投资统计改革先行先试工作全面展开。与各县（区）签订改革试点工作目标责任书，单设固定资产投资统计科，充实投资统计业务骨干，完成动员、培训、报表、布置等工作。试点工作全面开展。从项目入库、数据审核、数据查询、质量核查等多方面严格把关，确保投资统计数据真实可靠；关注项目进展情况，深入企业专项调研、现场指导、及时梳理工作重点和难点，确保问题及时解决；将业务培训贯彻到投资统计改革全过程，确保试点工作高效推进，并组织相关工作人员赴西宁、大同学习先进经验，推动试点工作开展；定期对"双轨"运行下两种制度进行比对分析，改进数据上报、审核方法和范围，整理归纳问题建议，确保试点经验可参照、可复制。（王国婷）

【城区矿区托管郊区部分乡镇后统计数据衔接】 2017年，根据《关于城区、矿区托管郊区部分乡（镇）、行政村的意见》，阳泉市统计局对涉及城区、矿区的30多个调查单位和投资项目分别在名录库平台和一套表联网直报平台进行处理地变更，并针对城区、矿区首次接触农村统计情况，开展农村统计一套表联网直报培训，实现托管后统计数据不重不漏有效衔接。（王国婷）

【统计管理体制改革】 2017年，阳泉市统计局采取一系列措施完善统计体制改革。统计学习培训。9月13日，根据市委组织部安排，市统计局专职副主任荆贵生应邀到市委党校为中青班全体学员讲授《认识统计、依法统计，充分发挥统计功能》专题讲座。探索推进县以下统计机构垂直管理试点工作。市统计局领导带队深入县区开展实地调研，并与县（区）党委、政府座谈，听取基层对深化统计管理体制改革意见和建议，收集第一手资料；初步制订改革工作方案，开展乡镇统计工作人员大摸底，收集各类基本信息，抓实改革基础工作，以矿区、平定县为试点开展乡镇统计员派出制。（王国婷）

【区域经济转型升级考核评价】 2017年，阳泉市统计局采取一系列措施开展区域经济转型升级考核评价工作。以市政府名义下发《关于做好区域经济转型升级考评工作的通知》，指定专人负责季报和年报工作，完善联络人名录库，建立起全市、各县（区）相关部门具体分管领导、承办科室、具体承办人的联络人名单。主动与阳泉市年度目标责任考核领导组办公室联络沟通，组织全市相关单位开展区域经济培训会议，邀请省统计局专业人员专题授课，对考评办法工作制度进行系统培训。加强数据收集审核工作。按时收集整理季度考核指标数据，严格按照审核步骤层层把关，确保区域经济转型升级数据准确无误。截至2017年底，前三季度的指标测算工作完成，编写的《前三季度我市区域经济发展总体情况及存在问题》刊登在市委《阳泉信息》周刊上。（王国婷）

安全生产

【概况】 2017年，阳泉市安全生产监督管理部门针对各级、各单位、各企业，多措并举抓安全，全力以赴防事故，安全生产形势实现持续稳定好转。全年共发生各类生产安全事故24起、死亡26人，与上年事故起数持平，死亡人数减少5人、下降16.13%。其中，交通运输和仓储业发生事故21起、死亡22人，比上年事故起数减少1起、下降4.55%，死亡人数减少6人、下降21.43；商贸制造业发生事故1起、死亡2人，与上年事故起数持平，死亡人数增加1人、上升100%；其他行业发生事故2起、死亡2人，比上年事故起数增加1起、上升100%，死亡人数持平。全市无较大及以上事故发生，是全省唯一一个杜绝较大及以上事故的地市。截至2017年底，阳泉市连续32个月杜绝地方煤矿事故、连续18个月杜绝较大事故、连续91个月杜绝重特大事故。（荆向峰）

【安全生产责任体系建设】 2017年，阳泉市继续加强安全生产责任体系建设。市政府以1号文件印发《关于做好2017年安全生产工作的通知》，并要求每季度召开一次安委会议，推进安全生产重点工作落实到位。出台《阳泉市安全生产挂牌责任制实施办法》，将全市正常生产经营的12891个工商登记企业全部落实具体监管部门，煤矿、危险化学品、冶金工贸、交通运输、消防等重点行业企业均悬挂安全生产挂牌责任制公示牌。组织开展安全生产“知责、履责”活动，明确企业9个层级的岗位安全生产责任制清单和需建立的17项基本制度。截至2017年底，全市已有334家企业达到三级及以上安全生产标准。（荆向峰）

【安全生产监管方法创新】 2017年，阳泉市各部门开展安全生产监管方法创新工作。领导干部突查“456”工作法，每半年市长突查安全生产工作4次，各副市长突查5次，各县（区）政府和市直有关部门主要负责人突查6次。全年市、县（区）政府及市直有关部门主要负责人突查安全生产工作1561次。市煤炭工业局推行周一例会制度，每周一随机抽取一个矿井，由局长带领班子成员和有关专家深入矿井全面检查，将隐患消除在萌芽状态；市安监局聘请专家，对全市非煤矿山、危险化学品、冶金工贸等企业隐患问题进行全覆盖检查；市质监局建立特种设备动态监管系统，市交通运输局督促全市“两客一危”（从事旅游的包车、三类以上班线客车和运输危险化学品、烟花爆竹、民用爆炸物品的道路专用车辆）企业建立动态监控平台，通过信息化手段，加强行业安全监管工作。（荆向峰）

【安全生产执法检查】 2017年，全市开展安全生产大检查和重点行业领域专项整治工作，对查出的安全隐患，实行建账、对账、销账、报账、查账“五账”管理法。全市各级、各部门共出动检查组7092个，排查隐患29223条、整改29211条，剩余12条未整改隐患全部做闭环管理，累计停产停业整顿企业87家，实施行政处罚罚款599万元。7月至10月安全生产大检查中，通过《阳泉日报》先后曝光9起典型违法行为和5条重大安全隐患。此外，还对2017年发生的3起安全事故进行调查处理，追究19名责任人的责任。（荆向峰）

2017年4月29日，阳泉市开展城市燃气管网突发事件应急演练

（张文平供图）

【安全生产风险管控】 2017年，全市继续实施国家遏制重特大事故试点城市工作，在全省率先出台《阳泉市企业安全风险分级管控办法》，通过普查辨识、评估分级、强化管控、绘制四色图"四步走"方式，开展风险管控工作。截至2017年底，全市查找和制订风险标准38个，普查辨识风险源（包括风险路段）3253处，其中红色风险源196处、橙色风险源354处、黄色风险源1162处、蓝色风险源1541处，督促相关部门和企业制订管控措施5540条。企业以生产设施等为点、部门以所管企业具体位置为点，在企业平面布置图、阳泉行政区划图上标示风险，并绘制风险"四色图"396张。《中国安全生产报》先后2次宣传报道阳泉市遏制重特大事故试点工作的先进经验做法。（荆向峰）

【安全生产基础建设】 2017年，阳泉市、县（区）政府按上年度财政收入2‰的标准落实安全生产专项资金，为安全监管提供经费保障。开展"安全生产月""两法一条例知识竞赛"（《中华人民共和国安全生产法》《中华人民共和国职业病防治法》《山西省安全生产条例》）等宣教活动，营造安全生产氛围。启动阳泉智慧安监平台建设，硬件设施建设完成，软件平台投入试运行，上传239家企业数据，提升安全监管信息化水平。畅通"12350"举报电话，接到各类举报28起并全部核查处理。出台《对安全生产领域失信行为开展联合惩戒信息管理制度》，将发生事故主要负责人逃逸的阳泉汇鑫彩钢制品有限公司列入"黑名单"，提高企业违法成本。（荆向峰）

方志工作

【张志仁到阳泉市调研】 2017年12月6日，山西省地方志办公室党组书记、主任张志仁一行到城区调研志鉴"两全目标"工作。阳泉市地方志办公室负责人王刚、城区地方志办公室主任宋燕明分别就全市和城区志鉴编修"两全目标"完成情况进行汇报。张志仁带领与会人员学习1989年8月习近平担任福建宁德地委书记时在宁德地区地方志工作会议上的讲话，并对城区志鉴编修工作提出善于学习先进经验、借助社会力量、科学处理质量和进度关系等要求。随后调研组为城区地方志办公室赠送《山西省志》《山西年鉴（2016）》《山西省第二轮修志指导手册》《史志学刊》等工作用书。

2017年12月6日，山西省地方志办公室党组书记、主任张志仁（右五）一行到城区调研志鉴"两全目标"工作（史俊花供图）

12月21日，张志仁带队到平定县调研，并主持召开平定县志鉴"两全目标"推进会。阳泉市地方志办公室负责人王刚和平定县副县长张丽荣分别就阳泉市和平定县志鉴"两全目标"工作进行汇报。张志仁对阳泉市和平定县二轮修志工作取得的阶段性成果给予肯定，并对下一步工作提出要求，要把学习习近平新时代中国特色社会主义思想和习近平系列重要讲话精神结合起来，要提高对地方志工作重要性的认识，要一鼓作气，确保能够按时保质全面完成志鉴编纂"两全目标"。推进会后，张志仁向平定县委、县政府及县志办赠送志鉴图书。（王　兴）

【市县两级志书完成情况】 2017年，阳泉市地方志办公室主要领导多次深入城区地方志办公室、平定县地方志办公室调研，推进修志工作；分管领导进行精准指导，及时了解掌握和协调解决县区在编纂志书过程中存在的困难和问题。截至2017年底，阳泉市规划的6部市县（区）志书完成出版3部，分别是《盂县志》《阳泉市郊区志》《阳泉市矿区志》。《平定县志》《阳泉市志》于2016年1月和10月通过评审，2017年继续修改完善文字及图片内容；《阳泉市城区志》处于初稿编纂阶段。（王　兴）

【《阳泉年鉴（2017）》编纂工作完成】 2017年1月18日，阳泉市地方志办公室以阳厅字〔2017〕3号文件下发《中共阳泉市委办公厅、阳泉市人民政府办公厅关于组织完成〈阳泉年鉴（2017）〉撰稿工作的通知》，启动《阳泉年鉴（2017）》编纂工作。经过10个月紧张工作，《阳泉年鉴（2017）》的组稿、编辑、总纂等工作全部完成，10月底分别报送省地方志办公室和方志出版社审读。该书集中反映阳泉市2016年度的经济社会发展成果和基本情况，翔实记述全市各领域的新成就、新进展、新经验和新问题，为社会各界了解阳泉、认识阳泉、建设阳泉提供服务。全书遵循年鉴通例分类编排、设条记述，分类目、分目、细目、条目 4 个层次，共设 28 个类目、138 个分目、85 个细目、1447 个条目，收录统计图表 80 个，并设有附录、英文目录和中文索引，全书计 94.4 万字。系阳泉市委、市政府组织编纂的年度资料性文献，是市志办主持编纂的第 22 部年鉴。（孟学武）

【《阳泉年鉴（2015）》获奖】 2017 年 3 月，《阳泉年鉴（2015）》在中国出版协会年鉴工作委员会主办的 2015—2016 年度年鉴编校质量检查评比中获二等奖。《阳泉年鉴（2015）》设 28 个类目，另设附录、英文目录和中文索引，全书共计 86.6 万字，2015 年 11 月由方志出版社出版。全书融思想性、资料性、科学性、实用性于一体，编校质量上乘、封面设计清新、装帧精美大方，得到社会各界认可和好评。（孟学武）

【县区年鉴审稿工作】 2017 年 10 月至 12 月，阳泉市地方志办公室审读《阳泉市矿区年鉴（2013—2017）》《盂县年鉴（2012—2017）》。市志办安排 8 名专业人员对两部年鉴进行审读，并针对年鉴体例框架设计、语言文字使用、条目编排顺序，以及表格、标点、计量单位、数字、版式的统一规范等问题提出具体修改意见和建议，分别形成 1.6 万字的《阳泉市矿区年鉴（2013—2017）》审稿意见和 1 万字的《盂县年鉴（2012—2017）》审稿意见，分管领导带队深入矿区志办、盂县志办进行意见反馈。（孟学武）

【《山西省志·地方志志》供稿任务完成】 2017 年，阳泉市地方志办公室完成《山西省志·地方志志》阳泉部分稿件上报工作。《山西省志·地方志志》是全省地方志系统编纂的一部重要资料文献性志书。根据省地方志办公室制订的篇目和下限要求，阳泉市对相关内容进行编纂，内容涉及机构队伍、市县志编纂、乡镇村志编纂、年鉴与期刊、旧志整理与馆藏、开发利用、理论研究与优秀成果、人物等 8 篇13 章 19 节内容，计 9.4 万字，其中撰稿近 3 万字、收集整理论文资料 6.4 万字。（王　兴）

【《山西年鉴》供稿工作】 2017 年 5 月，阳泉市地方志办公室完成《山西年鉴（2017）》阳泉部分供稿任务。《山西年鉴》是由省人民政府组织、省地方志办公室主持编纂出版的大型资料性文献，为每年一册的省级综合年鉴。按照省地方志办公室文件要求，市地方志办公室精心组织开展阳泉部分撰稿工作，经过对 2017 年阳泉市大事、要事进行认真筛选和精心加工，保证稿件内容全面、真实、准确，高质量完成近万字的《山西年鉴》阳泉部分供稿任务，按时上报省地方志办公室。（霍冬梅）

【志鉴编修“两全目标”大调研】 根据山西省委《关于做好万名干部大调研活动有关事项的通知》和阳泉市委《关于在全市开展大调研工作的方案》要求，2017 年 11 月 10 日至 12 月 4 日，由市地方志办公室领导组成的调研组就志鉴编修“两全目标”进展情况，深入三区两县地方志办公室进行调研。通过宣讲中共十九大精神、填写调查问卷、召开座谈会等方式，调研组对盂县志办打造“盂县速度”，郊区、矿区志办“挂图作战”推进工作等经验给予肯定，对部分县区存在的领导重视不够、二轮修志工作滞后、年鉴编纂不平衡等问题进行汇总并协调解决。12 月 5 日，市地方志办公室形成《关于阳泉市志鉴编修“两全目标”完成情况的调研报告》上报市委政研室。（孟学武）

【“方志山西”供稿】 2017 年，根据山西省地方志办公室关于征集《方志山西》微信公众号稿件要求，阳泉市地方志办公室组织编辑人员编写关于阳泉地区的风土人情、地情地貌、名优特产以及方志知识、文化等各种类型稿件，定期向“方志山西”编辑部投稿。供稿始终坚持三审制，即一审编辑编写稿件，二审分管领导复审稿件，三审主要领导审核签发稿件。年内，阳泉市共向“方志山西”投稿 40 余篇 30 余万字，刊登 30 余篇，点击量过两万，受到省地方志办公室领导表扬。（胡　蓉）

【“靶向培训”】 2017 年，阳泉市地方志办公室针对县（区）方志部门和市直单位专兼职修志人员新人多、业务水平参差不齐的现状，区别情况，进行不同形式培训。培训坚持“三不一突出”原则，即不定时间、不定地点、不定形式，突出问题导向，通过机动灵活、形式多样的“靶向培训”，解决在修志编鉴工作实践中遇到的各类专业问题，从而达到提高全体专兼职修志队伍整体专业水平的目的。全年深入县区开展专项调研、座谈、培训 8 次，针对市直单位专兼职修志人员开展交流、座谈、培训近 20 次，全市修志人员水平普遍提高，志鉴编纂“两全目标”稳步推进，方志成果层出不穷。年内，郊区方志办实现一年一鉴，矿区方志办首部 5 年年鉴完成编审任务，盂县第二部 5 年年鉴编纂完成。全市编纂出版行业年鉴的单位有市统计局、阳煤集团，出版行业志的单位有盂县交通局，《走进梁家寨》《阳泉公安 70 年》、民国版《平定县志》（影印）等地情资料均于年内出版。（胡　蓉）

【《打造三晋文化名片　助力阳泉经济腾飞》入选第七届中国地方志学术年会】 2017 年 5 月 26 日至 27 日，地方志转型升级理论与实践探索——第七届中国地方志学术年会在重庆召开，阳泉市地方志办公室年鉴科科长孟学武撰写的论文《打造三晋文化名片 助力阳泉经济腾飞——关于纂修“中共创建第一城”阳泉地方史的思考》入选大会交流研讨。会议由中国地方志指导小组办公室、中国地方志学会主办，重庆市地方志办公室承办。中国地方志指导小组秘书长，中国地方志指导小组办公室党组书记、主任，中国地方志学会副会长兼秘书长冀祥德出席开幕式并讲话。此届学术年会采取以文与会的方式，共收到征文250余篇，从中评选出80多篇论文，邀请作者与会。会议研讨围绕地方志转型升级理论与实践探索、方志学学科体系建设、方志文化自信、方志人与方志工作定位、地方史与地方文化传承等多个方面展开深入研讨。（李　静）

【文明单位创建】 2017年，阳泉市地方志办公室以“追求卓越，选择愉快”为工作理念，以“五比五看修志鉴，资政育人启未来”（比贡献，看哪个科室做的工作多；比团结，看哪个科室大局观念强；比干劲，看哪个科室工作主动性大；比水平，看哪个科室成果质量高；比速度，看哪个科室工作进展快）党建品牌为引领，努力建设学习型、团结型、奋发型、创新型、有为型的“五型”领导班子，认真打造有追求、有匠心、有担当、有作为、有情怀的“五有”干部队伍，科学运用“一二三四五”工作法，积极开展文明单位创建工作。明确“执笔著信史、彰善引风气”职责定位，落实领导重视、规划投入“两个到位”，强化领导班子、党员道德、服务型机关“三个建设”，把握文明创建与干部队伍建设、年度目标考核、扶贫帮困、职工文体活动“四个结合”，突出修志工作、年鉴编纂、理论研究、读志用志、依法治志“五项业务”。经过全体干部职工的共同努力，全市志鉴“两全目标”稳步推进，《阳泉市志》通过评审并得到省志办专家肯定，多部《阳泉年鉴》在全国评比中获奖，单位职工在省级以上刊物发表学术论文60余篇。5月，市地方志办公室通过市直机关精神文明创建委员会检查验收。截至2017年底，获得“市直机关文明单位”称号。（胡　蓉）

【办公场所搬迁】 2017年12月，阳泉市地方志办公室办公场所整体搬迁至南大街23号市政府2号综合办公楼四层。搬迁后，市地方志办公室共有办公室8间、资料室1间、会议室1间，专设党员活动室、文明创建办公室、妇女之家、图书阅览室等，4个科室（秘书科、方志科、年鉴科、编研科）办公区域实现独立划分，满足日常办公需求，解决困扰市地方志办公室办公场所拥挤问题。（韩　冰）

【首届新春联谊会】 2017年底，阳泉市方志系统首届新春联谊会在市地方志办公室会议室举行，为全市方志系统首届新春联谊会，市地方志办公室全体职工、离退休干部及各县（区）方志办代表共计30余人参加。活动中，全市方志工作者欢聚一堂，回顾过去，畅想未来，共迎2018年新春。联谊会上，干部职工自编自演三句半、独舞、笛子独奏、配乐诗朗诵、独唱等十几个节目，两位书法家现场挥毫泼墨，市志办全体人员演唱《方志人之歌》。（韩　冰）

改革与发展研究

【课题研究】 2017年，阳泉市政府发展研究中心围绕市委、市政府中心工作，开展产业转型升级、能源革命、全域旅游、农业现代化、城乡统筹、开发区建设、生态环境建设等重点领域调研。6月至8月，完成《阳泉市县（区）级政府事权与支出责任相适应研究》课题，9月至10月，完成《供给侧背景下：加快我市国企业改革研究》课题。完成研究报告8个，分别是《刍议阳泉城市品位》《对做好我市金融扶贫助力脱贫攻坚的几点思考》《关于阳泉加快发展旅游产业的思路与建议》《新经济背景下：阳泉新能源产业对策研究》《关于深化行政管理体制改革工作的调研报告》《加快我市现代物流园区发展的建议》《关于盂县西烟镇泉子驻村帮扶调研报告》《阳泉加快发展新材料产业研究》。（郑　敏）

【文稿起草】 2017年，阳泉市政府发展研究中心完成市委、市政府交办的材料起草任务15项。承担市委交办材料任务5项，分别是市委十二届二次全会暨经济工作会议报告经济部分起草工作及书记第二次讲话材料，贯彻落实省委十一届二次全会暨经济工作会议情况汇报，全市信访安全脱贫环保工作会议书记讲话材料，配合中央环保督察提供生态环境保护典型材料，向中央环保督查组报送阳泉环保深度信息材料。承担市政府重要材料任务10项，分别是市十五届人大第一次会议《政府工作报告》初稿撰写，市长在全市优化营商环境会议上的讲话，《建设省级城乡统筹示范区》专题片文字解说词，常务副市长解读十九大报告讲稿《学习贯彻十九大精神 实现经济发展新作为》，全省经济工作会议和2018年政府工作报告报送材料，各县（区）重点工程、重点项目完成情况及对市政府工作建议，完成省长楼阳生调研阳泉城乡一体化情况汇报稿起草任务，2017年每月、每季全市经济运行分析报告，《关于落实市人大常委会审议意见情况的报告》《阳泉创建国家创新型城市行动方案（初稿）》。完成市委办公厅约稿3篇，分别是《当前新经济发展面临的困难、风险及对策建议》《上半年宏观经济运行中需要关注的突出风险、问题及对策建议》《2017阳泉经济领域盘点扫描及明年经济形势预测》；完成市委政研室约稿，贯彻落实国发〔2017〕42 号文件加快阳泉资源型城市转型发展建议《用改革创新和先行先试拓展转型发展新空间》。（郑　敏）

【《阳泉市建设省级城乡统筹示范区实施方案》起草】 2017 年 6 月至 7 月，根据省长楼阳生到阳泉考察调研时提出的“城乡一体　绿色发展”指示精神，阳泉市政府发展研究中心及有关部门配合编制起草《阳泉市建设省级城乡统筹示范区实施方案》。深入平定县娘子关镇、盂县梁家寨乡、郊区义井镇、郊区杨家庄乡，就特色小镇建设及城乡统筹项目征地拆迁和居民安置工作进行座谈调研，召集郊区、城区、矿区城市近郊乡（镇）长就全市城乡一体化进展情况进行座谈交流。召集各县区和市直相关部门开展专题讨论，在征求国家、省专家意见基础上形成初稿，并向省财政、省住建等有关部门征求修改意见。9 月，体现建设统筹城乡示范区思路、目标、路径、举措的实施方案成稿，经市委、市政府主要领导审定形成送审稿。（郑　敏）

【研究成果转化】 2017 年，阳泉市政府发展研究中心两项研究成果转化为决策部署。完成阳泉推进国家新型城镇化建设汇报材料，助推市政府与国家中城新型城镇化基金管理有限责任公司签署基金规模为 60 亿元的合作框架协议。完成阳泉市产业情况分析研究报告，为国务院出台国发〔2017〕42 号文件《国务院关于支持山西省进一步深化改革促进资源型经济转型发展的意见》提供决策依据。（郑　敏）

2017 年 10 月 14 日，市政府发展研究中心编写的《国家新型城镇化调研阳泉典型经验材料》在国家新型城镇化（山西·阳泉）座谈会上进行交流　（郑　敏供图）

机关事务管理

【概况】 阳泉市政府机关事务管理局前身是 1984 年成立的“阳泉市人民政府行政处”，1995 年 10 月 24 日成立“阳泉市人民政府机关事务管理局”，全额事业单位，为正县级规格，撤销“阳泉市人民政府行政处”。内设办公室、国资科、基建科、财务科、总务科。2017 年，内设办公室、财务科、国资科、行政科、基建科 5 个科室，编制 18 人。局属单位有阳泉市公共机构节能管理办公室（节能办）、市级机关幼儿园、市政府机关卫生所、市政府机关维修服务中心、市政府机关饮食中心、市机关后勤服务培训中心、市级机关物业管理中心。

2017 年，阳泉市政府机关事务管理局完成 31 个部门办公用房调整工作，处置 28 个主管单位、54 个科级局属单位固定资产金额 26.7 亿元，审核 42 个机关事业单位提出的 56 个维修项目（所列资金达 600 余万元），元旦、春节、“五一”“十一”等大型节日前集中对管辖范围内的基础设施设备进行安全大检查，全年机关后勤保障工作完成较好。（张炜生）

【办公格局优化】 2017 年，阳泉市政府机关事务管理局借助市政府综合环境整治的时机，优化现有办公用房。按照集中优化、精确标准的原则，在没有增加新的办公面积前提下，先后完成市委办公楼平层、市安监局及局属单位整体搬迁、市商务粮食局整合、市煤炭工业局 7 个局属单位整合搬迁，市直机关工委、市地方志办公室、市园林局、阳泉职业技术学校筹备处、市教育局 7 个局属单位重新安置等工作任务，共涉及 31 个部门、332 名工作人员、办公面积 1.5 万平方米。按时腾出因环境整治拆除的市实验中学行政楼、市安监局办公楼、市园林局办公楼，实现集中办公，使国有资产价值最大最优化。（张炜生）

【基建维修项目规范化管理】 为加强市政府机关基建工程项目规范化管理，建立工程项目组织实施运行机制，提高财政资金使用效益，保证工程高标准高质量完成，2017 年 5 月，市政府机关事务管理局制订《阳泉市政府机关事务管理局基建工程项目管理实施方案》，成立基建工程项目管理领导组及项目认定和预算小组、资格审查和公开遴选小组，做到责任主体明确、任务目标清晰、追究问责有章可循。截至 2017 年 11 月，共审核 42 个机关事业单位提出的 56 个维修项目，所列资金 600 余万元。通过审核，对部分维修项目的维修方案进行调整，维修投资进行核减，核准 28 个机关事业单位提出的 42 个维修项目，预算费用 349.49 万元，实际结算 292.62 万元，为市财政节约建设资金 56.87 万元，节约率 16.28%。（张炜生）

【国有资产规范】 2017年，阳泉市政府机关事务管理局出台《阳泉市行政事业单位国有资产处置管理暂行办法》，采取审核资料、查看实物、发现问题、剔除完善等程序，确保国有资产的安全完整，规范市级机关事业单位固定资产处置行为。年内，市政府机关事务管理局对全市行政事业单位2015年以前形成的固定资产进行清理，共处置28个主管单位、54个科级局属单位固定资产处置金额共26.7亿元，固定资产待报废19.3亿元、固定资产盘亏近750万元、剔除近600万元。（张炜生）

【节约型公共机构示范单位创建】 2017年，按照《关于2017—2018年节约型公共机构示范单位创建和能效领跑者遴选有关工作的通知》（晋政事发〔2017〕54号）要求，阳泉市政府机关事务管理局根据《节约型公共机构示范单位及公共机构能效领跑者评分表》严格筛选三区两县及开发区、市直公共机构参选单位，最终上报城区机关事务管理局、市文化中心管理处、市体育中心、市十中、盂县职工幼儿园、市高新技术创业服务中心等6家节约型公共机构示范单位，并确定盂县第一中学为公共机构能效领跑者，等待省机关事务管理局初验。

此项工作是继2014年阳泉市第一人民医院、盂县第一中学被评为全国第一批节约型公共机构示范单位、2015年阳泉市政府机关事务管理局与市外国语学校被评为全国第二批节约型公共机构示范单位之后，第三次参加该项评选。（张炜生）

【公共机构节约能源资源“十三五”规划】 2017年，按照《阳泉市人民政府办公厅〈关于印发阳泉市“十三五”市政专项规划编制工作方案的通知〉》要求，阳泉市政府机关事务管理局开始编制《阳泉市公共机构节约能源资源“十三五”规划》。通过向三区两县及开发区机关事务管理部门，以及科、教、文、卫、体和节约型公共机构示范单位征求意见，聘请3名节能专家对专项规划进行现场论证和修改后，报市发改委规划科审核。年底，《阳泉市公共机构节约能源资源“十三五”规划》经市政府批准，发文至各县区及市直公共机构。（张炜生）

【新能源推广】 2017年，按照《阳泉市人民政府办公厅关于印发阳泉市电动汽车充换电基础设施发展规划（2016—2020年）的通知》要求，本着降低出行成本、减少能源消耗、改善大气环境质量、党政机关起到示范引领作用的宗旨，阳泉市政府机关事务管理局主动联系市供电公司，在机关停车场瓦窑坡路段安装充电桩。经过1个月的施工，建成1座城市充电站，配置1台630千伏安箱变，配置4台60千瓦分体式直流充电机（1机1桩）、2台120千瓦分体式直流充电机（1机2桩），共计8个直流充电桩；建成采用7千瓦交流充电桩1机1桩方式，就近采用380伏特电源，按一个动力柜满足8个充电桩的终期规模配置，每个车位旁设置交流充电桩1台，共计32个交流充电桩；配备15个交流充电插座，共计55个充电桩位。（张炜生）

【幼师国培工作】 2017年，阳泉市直机关幼儿园作为阳泉市首批“国培计划”基地园，承担“幼师国培”乡村幼儿园园长三段式培训和乡村幼儿园教师访名校美术与手工专项技能提升培训2个项目。2017年11月开始，阳泉同来自太原、大同、运城、晋城、晋中、吕梁、朔州、忻州9个地市的310名学员，分6批次进行系统培训。（张炜生）

综合工作

【履职能力建设】 2017年，阳泉市政协把改革创新的时代要求贯穿于履职工作之中，以改革的思维、创新的理念、务实的举措，推进履职能力建设，提升政协工作科学化水平。

履行党建责任。落实全面从严治党各项要求，完成机关党总支换届选举；市政协主席带头讲授专题党课，开展5期主题党日活动；支持市纪委派驻市政协机关纪检组工作，遵守领导干部廉洁自律各项要求，实行个人重大事项报告制度。

委员服务管理。建立委员履职培训、考核机制，密切专委会与委员经常性联系，修订出台市政协委员年度履职考核细则和社情民意信息工作考核办法，组织各类履职联谊活动，搭建沟通交流平台；强化对委员参加会议、参加活动、撰写提案和信息等工作考核，作为委员奖惩和连任的重要依据，调动委员参政议政的责任意识和履职意识，发挥政协委员表率各界、影响社会的作用。

加强机关建设。巩固拓展"两学一做"学习教育常态化制度化和维护核心、见诸行动主题教育成果；围绕加强基层组织"三基建设"，推动作风建设常态化长效化，修订完善25项机关规章制度，使各项工作有章可循、机关运转有序高效，综合协调和服务保障水平逐步提升。（尚丽婧）

【团结民主】 2017年，阳泉市政协发挥人民政协作为爱国统一战线的组织优势，紧扣团结和民主两大主题，扩大团结面，增强包容性，把人民群众中蕴藏的积极性和创造性调动起来，把各方面的智慧和力量凝聚起来，形成推动全市改革发展合力。

加强党派团体合作共事。通过邀请民主党派、工商联、人民团体参加政协调研、座谈、视察、专项民主监督等活动，加大对各党派团体提出意见建议办理落实力度，并推荐支持各民主党派、工商联和无党派人士参与党委政府重大决策部署协商讨论和监督评议。

提升政协整体工作合力。年内，市政协加强对县区政协工作指导，以现场会、推进会、经验交流会等形式，在全市政协系统开展对表对标、争先创优活动，互学互鉴，增进了解，形成联动协作、开放共享局面，推动相关工作提档升级。

配合省政协就"实施文化强省战略，提升现代公共文化服务水平""深化农业供给侧结构性改革，发展功能农业" 等课题联合开展专题调研，取得实效。（尚丽婧）

【新闻宣传】 2017年，阳泉市政协强化新闻宣传，拓展政协组织影响力，巩固广播电视、报刊等宣传阵地，通过阳泉政协网页、"阳泉政协"微信等平台，将对外宣传阵地延伸到网络媒体。全年共编发《阳泉政协》6期、《阳泉日报》政协专刊12期，在市级以上新闻媒体发表理论文章、新闻稿件200多篇(幅)；全年共发布事关民生问题、基础设施建设等各类微信105期561篇，微信平台总关注用户数863个。营造中共十九大胜利召开的浓厚氛围，宣传政协工作，市政协与市委统战部、中国人寿阳泉分公司联合举办"喜迎十九大、同心促发展"征文活动，收到稿件140余篇。（尚丽婧）

【理论学习】 2017年，阳泉市政协以提升理论水平、增强参政议政能力为目标，组织开展一系列理论学习。学习贯彻中共十九大精神，领会习近平新时代中国特色社会主义思想内涵，并召开全市政协各界人士座谈会，分享交流学习体会，引领各党派、团体以及各界人士树立、增强"四个意识"（政治意识、大局意识、核心意识、看齐意识），坚定"四个自信"（道路自信、理论自信、制度自信、文化自信），自觉在思想上政治上行动上同以习近平为核心的党中央保持一致；

结合专委会专题调研,组织有关委员到企业社区、乡镇农村和对口帮扶农户家中,宣讲中共十九大精神;通过党组中心组学习、常委会学习和机关支部学习等,引导市政协各参加单位把思想和行动统一到中共中央和省委、市委各项决策部署上,推动各项工作落实;专题学习中共中央《关于加强和改进人民政协民主监督工作的意见》以及市委实施意见,领会人民政协民主监督精神实质,增进加强和改进人民政协民主监督工作共识,做到守牢方向不动摇、把握大局不偏离、坚定落实不含糊,确保政协履职与大局工作同心协力、同频共振、同轴运转、同向推进。(尚丽婧)

政治协商

【十三届委员会第一次会议】 2017年3月5日至10日,政协山西省阳泉市第十三届委员会第一次会议在阳泉宾馆召开。会议应出席委员292人,实际到会275人。到会委员通过联组发言、小组讨论方式,围绕全市全面建成小康社会目标,就阳泉市“十三五”时期经济社会发展和2016年重大决策、重要部署、重点工作以及人民政协事业发展中重要问题协商讨论、建言献策。会议审议和通过市政协主席郜爱国代表政协阳泉市第十二届委员会常务委员会所作工作报告和副主席许文珍所作提案工作情况报告。(尚丽婧)

【常委会专题会议】 2017年,阳泉市政协围绕市委、市政府重大决策部署,围绕“我市农民持续稳定增收”“我市重点国有企业‘退城进园、搬迁改造’”和“我市公立医院综合改革”3个重大问题进行调研。召开主席会议和3次常委会议进行专题协商,并形成《关于进一步促进我市农民持续稳定增收的建议》《关于加快推进我市重点国有企业“退城进园、搬迁改造”的建议》和《关于加快推进我市公立医院综合改革的建议》3个建议案和23个分建议,引起市委、市政府高度重视,推动有关问题及时妥善解决。(尚丽婧)

【对口协商】 2017年,阳泉市政协各专委会加强与市级党政部门对口联系,瞄准抓重点、补短板、强弱项,就国家级卫生城市创建、中环快速路工程建设、煤炭去产能、地方金融机构扶持民营经济发展、深化农业供给侧结构性改革,推进重点工程和开发区建设、反家庭暴力法及法律援助制度的贯彻落实等问题,开展调研视察,进行对口协商,精准建言。许多建设性意见建议被有关部门采纳,为党委和政府科学决策发挥作用,推动相关工作开展。(尚丽婧)

2017年3月5日至10日,政协山西省阳泉市第十三届委员会第一次会议在阳泉宾馆召开 (黄素兵供图)

民主监督

【提案办理】 2017年,阳泉市政协加强提案选题协商,注重培育推出集体提案和“精品提案”,加大督办力度,促进提案办理。市政协十三届一次会议后,市政协委员、市政协各参加单位和各专门委员会提交提案386件,立案357件,内容涉及全市经济社会发展诸多方面,其中与民生相关提案229件。为推动提案办理和落实,主席会议研究确定重点提案8件,由市领导牵头领办督办,促进大批民生问题得到解决。提案公开作为市政协工作创新重要内容,率先在全省推行内容和办理“双公开”,促进提案工作落地见效,受到全国政协提案委调研组肯定。(尚丽婧)

【社情民意信息工作】 2017年,阳泉市政协充分发挥政协社情民意信息在党委政府舆情汇集和分析机制中的作用,广辟渠道、加强沟通、定性分析,打造精品信息,为党委和政府了解民情、体察民意、集中民智、科学决策发挥重要作用。全年收集社情民意信息280篇,编发和上报198篇,其中全国政协采用2篇、省政协采用25篇,省、市主要领导批示2篇,特别是《关于实施精准扶贫中存在问题及建议》《建议我市申请以“阳泉舰”命名的海军舰艇》等社情民意引起各级党政领导关注。(尚丽婧)

【对外宣传】 2017年,阳泉市政协打造政协良好形象,开展一系列宣传工作。对接全国政协、省政协,与对口上级部门请示汇报和沟通联系,省政协领导多次到阳泉市视察调研、指导工作，并接待北京市、安徽省、福建省等地政协 11 批 120 多人次考察学习；深化文史和联络联谊工作，坚持“存史资政、团结育人”方针，组织开展抗战老兵史料征编出版工作，举办“迎接阳泉建市 70 周年社区行”系列活动，深入街道、社区、企业进行红色文化宣讲；拓宽政协对外开放渠道，利用“互联网 +”提升政协工作开放度，改进阳泉政协网站，拓展政协网上履职阵地，丰富阳泉政协微信公众号内容，精编《阳泉政协》杂志；加强与《人民政协报》等各类媒体联系协作，与《阳泉日报》联合办好政协专版，展现委员作为界别群众代表、本职工作模范、政协履职主体的良好形象。 （尚丽婧）

2017 年 11 月 28 日，市政协组织部分政协委员就“提高城乡居民收入”进行调研督导 （黄素兵供图）

参政议政

【专题视察】 2017 年，阳泉市政协各专委会围绕重点就交通秩序综合大整治、全民健身及体育场馆设施建设、古村落旅游开发、“铁腕”治污行动、《关于完善法律援助制度的意见》贯彻落实情况、贯彻落实《中华人民共和国反家庭暴力法》实施情况等直接关系民生的重大问题，组织委员进行专题调研，为市委、市政府解决事关民生重大问题，促进社会和谐稳定提供重要参考。市政协各专委会配合省政协围绕发挥开发区转型综改试验区建设、农业供给侧结构性改革、脱贫攻坚、宗教活动场所文物保护和管理情况等方面开展专题视察，形成 7 份调研报告并上报山西省政协。 （尚丽婧）

【专题调研】 2017 年，阳泉市政协主动适应经济发展新常态，创新常委会议议政方式，先后围绕“促进农民持续稳定增收”“加快推进我市国有重点企业退城进园、搬迁改造”和“加快推进公立医院综合改革”进行专题调研。调研中，在组织政协常委进行会前集中调研基础上，召开主席会议、常委会议进行专题协商，形成《关于进一步促进我市农民持续稳定增收的建议》《关于加快推进我市国有重点企业“退城进园、搬迁改造”的建议》和《关于加快推进我市公立医院综合改革建议》。对三个建议进行追踪落实，把协商与监督“无缝”对接，将落实情况在政协常委会上进行通报，有效推动调研成果的落地转化。此举获省政协领导和广大政协委员肯定，《人民政协报》《山西政协报》分别进行报道。 （尚丽婧）

【大调研活动】 2017 年，根据阳泉市委关于开展大调研活动的安排部署，阳泉市政协领导班子成员及机关县处级干部结合市政协调研课题，围绕“提高城乡居民收入水平”“助推我市公立医院综合改革”等内容，组织政协委员开展专题调研，形成《关于我市提高城乡居民收入水平的调研报告》。大调研活动开展以来，市政协共召开座谈会 12 次，走访基层和联系点 20 个 153 人次，宣讲中共十九大精神 50 次，发放并收回调查问卷 150 份。 （尚丽婧）

中国共产党阳泉市纪律检查委员会
阳泉市监察委员会

综合工作

【全面从严治党“两个责任”落实】 2017年，阳泉市各级党委积极履行全面从严治党主体责任。市委书记亲自抓、带头干，总体工作亲自部署、重大方案亲自把关、关键环节亲自协调、落实情况亲自督办，主持召开市委常委会会议研究全面从严治党相关议题70个。各级党组织履行全面从严治党主责、首责、全责，带头学习贯彻落实《关于新形势下党内政治生活的若干准则》和《中国共产党党内监督条例》。全年市县（区）两级党委常委会会议研究全面从严治党工作151次，批准立案审查、留置、处分等决定74人次；市县（区）两级人大、政府、政协、法院、检察院和各部门各单位党委（党组）以及各基层党组织认真履行管党治党政治责任，共同推动全面从严治党从宽松软走向严紧硬。

全年全市各级纪委（纪检组）认真履行党内监督专责职责。加强对准则、条例执行情况的监督检查，特别是对党委（党组）民主生活会班子成员落实“三个必谈”（涉及上级纪检监察机关已结案件的必谈，被组织进行谈话函询的必谈，地区、部门、单位发生违纪违法案件的必谈）情况的监督检查，对落实不到位的及时督促整改，推动全市各级党组织加强党内监督、规范党内政治生活。贯彻落实《中国共产党问责条例》，让失责必问、问责必严成为常态。全年追责问责党的领导弱化、党的建设缺失、全面从严治党不力、“两个责任”落实不到位的党组织30个、领导干部42人。加大对环境保护相关责任人的问责力度，对环境保护责任落实不到位、履职不力、监管缺失的147名相关责任人进行严肃问责，分3次对82人进行通报曝光。（石文亮）

【巡视整改自行“回头看”】 2017年，按照山西省委《关于在全省县以上党组织开展巡视整改自行“回头看”的安排意见》的部署要求，阳泉市委召开专题常委会会议开展肃清流毒警示教育、常委班子成员带头参加所在支部专题组织生活会，从贪腐、顶风违纪、不守规矩不讲政治、不作为懒政怠政、庸俗的工作生活态度和方式、工作标准不高6个方面，全面肃清市县（区）原主要负责人严重违纪违法问题流毒影响。市委组建3个专项督查组，督促指导全市245个县以上党组织做实“四个对照”[对照中央上一轮巡视山西指出的问题查摆依然存在的问题，对照中央近期巡视中直部门和有关省（市）指出的共性问题检视查摆自身存在的问题，对照前两轮省委巡视指出的问题检视查摆存在的问题，对照单位民主生活会剖析的问题检视查摆仍旧存在的问题]，严格落实“三清单一制度”（问题清单、整改清单、责任清单，根据中央八项规定精神和自身实际制订的《落

2017年3月13日，阳泉市监察委员会召开第一次干部大会 （石文亮供图）

实中央八项规定精神实施细则》)。全市县以上党组织共查摆问题2815条,制订整改措施3537项,明确责任人1037人,全部按照台账式管理,确保全部整改到位。在8月18日全省巡视整改自行"回头看"工作推进会上,阳泉市委作典型发言。 (赵 菲)

【市县(区)巡察工作】 2017年,阳泉市委提出"维护核心、看齐紧跟;围绕中心、服务大局;统筹安排、突出重点;整合力量、聚焦发力;动真碰硬、敢于亮剑;从严从细、见人见事;强化措施、抓常抓长"56字巡察工作要求,突出政治定位,着力发现问题。学习贯彻中央和省委关于深化政治巡视巡察的各项决策部署,制订本届市委五年巡察全覆盖工作计划,在全省率先实现市县(区)两级巡察机构、编制、人员、工作"四到位";在全面完成三轮巡察基础上,探索机动巡察,向相关县区和单位部门移交问题线索106件,立案21件,给予组织处理或党纪政务处分15人;坚持市级巡察与县区巡察统筹推进,巡察工作与执纪监督有机结合,巡察工作推进全面从严治党。 (石文亮)

【学习宣传贯彻中共十九大精神】 2017年,市纪委监委坚持把宣传贯彻中共十九大精神作为全市各级纪检监察机关和纪检监察干部的首要政治任务。组织开展笔记展示、专题宣讲、理论研讨等活动,坚持中心组、常委会、党支部、党小组集中学习与纪检监察干部个人自学相结合,深刻领会习近平新时代中国特色社会主义思想,贯彻落实中共十九大确定的各项任务,推动全面从严治党向纵深发展。举办"学习贯彻十九大精神,加强政治文化建设"主题书法展,展出80余名书法家的100余幅书法作品,引用中共十九大报告中的关键词、核心句,引用习近平总书记系列重要讲话中的名言、格言、经典,近万名党员干部特别是领导干部参观展览,推动全市掀起学习、宣传、贯彻中共十九大精神高潮。邀请中央纪委宣传部原常务副部长杨小平作题为《学习贯彻党的十九大精神,坚定不移推进全面从严治党》专题辅导,推动全市各级党委(党组)准确把握中共十九大关于全面从严治党的新部署、新举措、新要求,扛起全面从严治党主体责任。开展"深入学习党的十九大精神,坚定不移推进全面从严治党"主题大调研活动,落实省委、省纪委监委、市委部署要求,组织全市纪检监察机关53名副县级以上干部宣讲中共十九大精神,坚持问题导向,精心谋划下一步工作。 (石文亮)

【纪检监察干部队伍建设】 2017年,市纪委监委围绕对党忠诚、敢于担当、清正廉洁、勤学善思、凝心聚力"五个表率"目标,健全工作制度,强化内控机制,推进机关建设迈上新台阶。开展维护核心见诸行动主题教育、推进"两学一做"学习教育常态化制度化,举办"争做五个表率"演讲比赛、"牢记使命 忠诚向党"主题党日诵读、"七一党课"活动,在市直机关首家开展"党员政治生日"活动。围绕履行监督执纪问责、监督调查处置职责,坚持"走出去学"与"请进来教"相结合,全市纪检监察干部政治和业务培训实现全覆盖。以中央纪委、省纪委通报的纪检监察干部违纪案件为镜鉴,开展警示教育。落实严管厚爱要求,全面加强纪检监察干部监督管理,健全纪检监察干部廉洁档案,严格落实请示报告、外出报备、个人重大事项报告等制度,严格执行"三条禁令"(严禁泄露执纪监督、执纪审查调查工作秘密,严禁未经批准擅自接触被审查调查人、涉案人员及其特定关系人,严禁打听案情、过问案件、为涉案人员说情打招呼),加强对纪检监察干部教育、监督与管理。坚持对纪检监察干部违纪问题"零容忍",立查纪检监察干部违纪案件4件,处分4人,组织处理8人。 (赵 菲)

【廉政教育和廉政文化建设】 2017年,阳泉市纪委监委坚持将廉政教育、廉政文化建设放在工作的重要位置。在《阳泉日报》开设"党纪党规·每周一学"专栏,引导党员干部学习掌握党章党规党纪;将市预防职务犯罪警示教育基地提升改造为廉政警示教育基地,43个单位3000余名党员干部观看展览,接受警示教育;向市委党校、县(区)党校发放《党的十八大以来中纪委查处违纪违法中管干部忏悔录》和《党的十八大以来省纪委查处违纪违法领导干部忏悔录》,以典型案例为镜鉴,教育党员干部坚守廉洁底线;举办"树清廉家风·创最美家庭"主题演讲比赛,推进廉洁文化向家庭延伸;办好市纪委监委门户网站和微信公众号,推送最新党风廉政建设工作信息,营造讲规矩、守纪律的浓厚氛围。打造阳泉纪检监察干部学习和交流园地,12月《阳泉纪检监察》杂志正式创刊,每季度发行1期。 (石文亮)

监察体制改革

【阳泉市监察委员会成立】 截至2017年2月20日,阳泉市5个县(区)人民代表大会全部选举产生县(区)第一任监察委员会主任,县(区)人大常委会任命监察委员会副主任和委员。3月10日,市十五届人大一次会议选举吴纪平为首任阳泉市监察委员会主任。3月12日,市十五届人大常委会第一次会议任命朱刚、谭伟中、赵彦为阳泉市监察委员会副主任,任命穆素平、李贵亮、要旗、李燕林为阳泉市监察委员会委员。3月13日,阳泉市监察委员会召开第一次全体干部大会,阳泉市监察委员会正式成立。 (石文亮)

【监察体制改革试点工作】 2017年，阳泉市委、市纪委坚持做好监察体制改革试点工作，结合全市“先县后市”的实际，周密安排、精心组织，有序有效推进市县（区）两级改革试点工作，实现“六个走在前列”。

严把整合关、转隶关、融合关、节俭关，市县（区）两级监委组建挂牌走在全省前列。

坚持全员培训与制度建设同步推进，制订印发《市县（区）纪委监委执纪监督监察工作制度》走在全省前列。

全面摸清中共党员、干部及公职人员底数并建立健全廉洁档案，盂县监委办理盂县地产中心会计高某某职务犯罪自首案件，彰显对行使公权力的公职人员监督监察全覆盖的工作成效走在全省前列。

先行先试、探索履行监督执纪问责、监督调查处置职责的途径和方法，市县（区）两级监委实现移送审查起诉职务犯罪案件全覆盖，全国人大常委会赋予监察机关的12种审查措施全部、全要素规范使用走在全省前列。

办理山西省第一起追逃成功的职务犯罪案件，追逃工作走在全省前列。

完成市县（区）两级纪委监委派驻机构全覆盖和乡镇（街道）监察试点工作，其中市纪委监委派驻机构全覆盖走在全省前列。

按照省纪委监委关于谈话场所、留置场所分类建设的要求，完成谈话场所和留置场所改造；市县（区）两级纪委监委全部实行执纪监督、执纪审查部门分设，执纪监督、执纪审查、案件监督管理、案件审理相互协调和相互制约的工作机制初步建立；市委政法委牵头协调公、检、法、司部门制订完善“1+4”十项制度配套体系（山西省委政法委牵头协调法院、检察院、公安厅、司法厅4部门建立工作联席会议制度，制订以《省委政法委统筹指导政法机关支持配合监察体制改革试点工作意见》为牵引，以公、检、法、司各部门工作办法为主体的10个试行文件），执纪与执法贯通机制完善，党对反腐败工作的领导全面加强，权威高效的制度优势充分彰显。全年全国7省11市赴阳泉市考察学习试点工作经验，为试点工作在全国推开提供阳泉借鉴。 （王文博）

严格执纪

【正风肃纪】 2017年，市纪委监委坚持把尊崇党章、维护党章作为首要任务，把政治纪律、政治规矩和组织纪律挺在最前沿，把是否违反党章作为纪律审查的重要内容，引导被调查人对照入党誓词深刻反省，唤醒党章意识。在信访举报受理和问题线索处置环节，对“七个有之”（无视党的政治纪律和政治规矩，为了自己的所谓仕途，为了自己的所谓影响力，搞任人唯亲、排斥异己的有之，搞团团伙伙、拉帮结派的有之，搞匿名诬告、制造谣言的有之，搞收买人心、拉动选票的有之，搞封官许愿、弹冠相庆的有之，搞自行其是、阳奉阴违的有之，搞尾大不掉、妄议中央的也有之）等违反政治纪律和政治规矩、组织纪律的问题线索，单独建立台账，进行优先处置；在纪律审查和案件审理环节，突出党纪特点，运用纪言纪语，始终站在党章党规党纪的角度来审视违纪行为，把是否违反党章和违反政治纪律、政治规矩作为纪律审查的重要内容。全市各级纪检监察机关立查违反政治纪律的案件5件、违反组织纪律的案件14件，给予党纪处分22人，带动组织纪律、廉洁纪律、群众纪律、工作纪律和生活纪律立起来、严起来、执行到位。坚持党管干部原则，坚持“好干部标准”，严明选人用人纪律，对2名有问题的干部暂缓提拔、交流、调整；严把个人重大事项报告关，10名干部人选因个人有关事项报告不实暂缓提拔，牢牢把握正确用人导向。 （王文博）

【纠正“四风”工作】 2017年，阳泉市纪委监委坚持问题导向，采取有力举措，把纠正“四风”（形式主义、官僚主义、享乐主义和奢靡之风）往深里抓实里做。针对违反中央八项规定精神和“四风”问题线索信访室、党风政风监督室、案件监督管理室等多头管理的实际，制订《党风政风监督室收到问题线索（信访举报件）移送信访室的办法》，实行问题线索集中统一管理，优先处置。研究制订《关于进一步加强查处违反中央八项规定精神

2017年12月28日，阳泉市纪检监察机关开展“牢记使命 忠诚向党”主题党日诵读活动 （兰建玺供图）

问题、纠正“四风”工作的意见》，坚持“三个强化”（强化责任意识、强化主体责任、强化监督执纪问责），采取“九项措施”（加大重要时间节点的监督检查力度，解决阳泉版形式主义、官僚主义问题，严肃追责问责，实行月通报制度，加强督查督办，发挥整体合力，点名道姓通报曝光，广泛发动群众参与，完善制度机制），持续加大工作力度，严肃查处一批违反中央八项规定精神和“四风”问题。全年全市各级纪律检查监察机关立案查处违反中央八项规定精神和“四风”问题案件57件、94人，分别比上年增长30%、88%，分两批点名道姓通报曝光8起违反中央八项规定精神典型问题。健全完善作风建设长效机制，市委、市政府制订出台《关于进一步贯彻落实中央八项规定精神的实施细则》，市纪委监委督促各级各部门开展落实中央八项规定精神制度执行情况“回头看”，梳理存在问题，修订实施细则，制度建设的过程成为深化认识、强化执行的过程，有效遏制违反中央八项规定和“四风”问题发生，推动干部作风深刻转变、持续向好。（赵　菲）

【涉纪信访工作】 2017年，市纪委监委把做好涉纪信访工作放在突出位置，做好涉纪信访工作，推动纪委“案结”责任、党委“事了”责任落细落实，省纪委监委交办阳泉市第一批、第二批基层涉纪领域稳定风险源头化解信访件91件、市县（区）两级纪委监委自查的18件信访问题全部办结。针对全市涉纪重信重访和越级访突出的问题，对重复信访和越级访进行全面起底，开展涉纪重复访越级访专项治理。全年市本级涉纪信访重复举报比上年下降26.8%、占比下降6.5个百分点。（石文亮）

【扶贫领域监督执纪问责】 2017年，市纪委监委召开全市加强扶贫领域监督执纪问责工作会议，印发《阳泉市开展扶贫领域监督执纪问责专项工作方案》，开展为期5个月的扶贫领域监督执纪问责专项工作，推进扶贫领域监督执纪问责工作。全年立查扶贫领域不正之风和腐败问题42件，给予党纪政务处分30人，组织处理12人，分两批点名道姓通报曝光扶贫领域典型问题11件；县（区）专项治理交叉检查组走访贫困村80个、贫困户344户，检查项目68个，发现问题74个，并督促整改到位27个；县级自查自纠走访贫困村290个（次），走访贫困户2211户（次），检查项目381个（次），发现问题258个，整改问题185个，整改中问题全部纳入台账统一管理，严格对账销账，确保全部整改到位。（王文博）

案件查办

【谈话函询】 2017年，阳泉市纪委监委坚持在用好第一种形态（监督执纪的“四种形态”：经常开展批评和自我批评、约谈函询，让“红红脸、出出汗”成为常态；党纪轻处分、组织调整成为违纪处理的大多数；党纪重处分、重大职务调整的成为少数；严重违纪涉嫌违法立案审查的成为极少数）上下功夫，加大谈话函询力度，坚持严管和厚爱相结合，使批评教育成为常态，关口前移、防患未然，抓早抓小、防微杜渐，做到良医治未病。全年全市各级纪检监察机关谈话函询904件次，占线索处置总数的25.98%，比上年增长58.88%。更加注重谈话函询质量，发挥抽查核实的警示监督和采信告知的教育激励作用，接受谈话函询的党员干部要在民主生活会上作出说明，对隐瞒事实、欺骗组织，边谈边犯、边询边犯的从严从重处理。（赵　菲）

【反腐败案件查办】 2017年，阳泉市纪委监委坚持党对反腐败工作的集中统一领导，发挥深化监察体制改革试点工作制度优势，强化正风反腐，坚决减存量、重点遏增量，聚焦不收敛、不收手，问题反映集中、群众反映强烈，在重要岗位且可能提拔使用的领导干部，持续释放越往后执纪越严的强烈信号，始终保持惩治腐败的高压态势，构建“不敢腐、不能腐、不想腐”的长效机制。全市各级纪检监察机关受理涉纪信访举报1562件，比上年下降7.85%；处置问题线索1762件，比上年增长30.62%；立案367件，比上年增长28.32%；处分违纪党员干部445人，比上年增长10.15%，其中县处级19人、乡科级83人；给予政务处分92人，涉嫌职务犯罪移送检察机关审查起诉14人。（石文亮）

阳泉军分区

【概况】 2017年，中国人民解放军山西省阳泉军分区贯彻落实中央军委、军委国防动员部党委、中部战区党委、省军区党委要求，把握稳中求进总基调，瞄准“三个一流”（坚持一流标准，建设一流班子，创造一流业绩）下功夫，聚焦主责主业谋发展，在抓基层打基础上用气力，在依法从严治军上使足劲，完成党委班子建设、部队调整改革、备战打仗、兵役征集、军民融合发展、国防教育、综合保障等任务，部队保持安全稳定，实现连续13年无事故无案件。 （刘志平）

【兵役登记】 2017年，阳泉军分区综合施策、持续用力，以兵役登记为重点准备各项征兵工作。落实兵役登记“日上报、周通报”制度，对各县（区）兵役登记工作实施不间断督导；根据市委、市政府《关于城区、矿区托管郊区部分乡镇行政村的意见》，向省征兵办请示，重新核准各县（区）18周岁男性公民底数，为精准动员、全面登记提供基础数据；军分区包点常委不定期对各县区进行指导，要求登记实现全覆盖，登记率达100%；进入干部转业摸底上报期，由于人武部人员分工变动造成工作力量减弱，市征办对新担负兵役工作人员进行业务指导培训，确保工作衔接顺畅；《山西省兵役登记暂行规定》下发后，组织专门人员进校院、进社区、走村入户开展宣传宣讲，引导适龄青年依法依规参加兵役登记，推进征兵工作法制化规范化运行。全市18周岁男性公民兵役登记人数比上年增加。 （刘志平）

【“军营开放日”活动】 2017年3月26日，阳泉军分区依托盂县人武部组织开展“军营开放日”活动，新华小记者阳泉组委会组织300余名新华小记者走进人武部参观学习，感受军事文化魅力，了解国防历史，学习国防教育知识。活动期间，小记者先后参观盂县人民武装工作史馆、红24军纪念馆、强军梦展厅、国防书画展厅、强军兴武大讲堂、互动模拟射击场等国防教育主题展厅，进行队列训练，接受盂县人武部颁发的国防教育宣传员聘书、徽章，并与盂县人武部官兵进行访谈互动。 （刘志平）

【“争创安全年”活动】 2017年，阳泉军分区积极开展“争创安全年”活动。召开专题会议研究部署，制订下发《安全大检查暨争创安全年实施方案》，并先后4次召开推进会议。所属单位采取“会议分析查、领导带头查、个人对照查、科室交叉查”等自查普查方法，开展隐患纠查。针对“一带一路”特殊管控期实际，制定《特殊管控时期有关规定》，并由常委带队进行检查，梳理出条令法规考核不经常、安全工作军地协作机制不健全、安全教育制度落实不严格等28个问题，逐一整改。针对省军区对阳泉军分区检查时发现的问题，下发《开展“争创安全年”活动检查情况通报》，并就问题进行整改。汲取军队人员参与网络赌博和违规上网事件教训，开展安全形势分析和安全教育训练。平定县人武部专门设计安全工作漫画展，得到省军区肯定。 （刘志平）

【国防教育宣讲进校园】 2017年6月，阳泉军分区在山西工程技术学院、阳泉师范学院开展大学生征兵宣传暨国防教育宣讲进校园活动，现役官兵、专武民兵干部、师生代表1200余人参加。活动中，省国防教育宣讲团成员、昔阳县人武部部长陈建鹏作题为《薪火相传忆传统，携笔从戎报国家》国防教育宣讲，优秀退役大学生士兵代表和应征青年代表围绕“热血青春，献身军营”主题进行表态发言，市、县两级兵役工作人还提供政策解读和应征报名服务。（刘志平）

【防汛辅导】 2017年7月6日，阳泉军分区邀请市水务局防汛专家，通过视频会议系统为全区官兵、职工、专武干部及民兵骨干进行汛期灾害事故预防知识辅导。授课结束后，防汛专家对军分区办公楼及旧民兵装备仓库进行防汛隐患风险评估和防护措施研究。根据建议，对机关和旧仓库4个防汛风险点采取隔离、清理、分水、消坡及设置警示标志等措施，并对防汛应急预案进行研究修改，确保汛期部队自身安全。（刘志平）

【主题漫画巡展】 2017年7月下旬，阳泉军分区依托平定县人武部设计组织的“安全从心出发”主题漫画展，在全区进行巡回展览。漫画展包括安全条例篇、军委国防动员部篇和武装部篇3个部分、18个版面。各单位组织所属官兵、职工、非现役警勤人员、专武干部和民兵骨干350人进行观摩。巡展结束后，军分区编印《部队安全管理漫画图册》400册下发全区官兵。（刘志平）

【红色资源挖掘】 2017年8月，阳泉军分区采取多种方式挖掘红色资源，深化国防教育。军地联合对境内129处红色场所建管用情况进行全面普查，对40个战斗遗址、纪念场馆进行抢救性保护、修缮。搜集整理红24军资料，创办纪念馆，发掘整理第一支红军正规军历史，填补军史空白。汇编出版《红星照耀北国》《一支红军阳泉来》《阳泉红色旅游指南》等10多部史料文献，对红色历史、纪念碑馆、革命遗迹等系统梳理、全面展示。将红色文化融入旅游，对红色场馆进行连片开发，形成“百团大战纪念馆—七亘大捷遗址—娘子关保卫战遗址—红24军纪念馆”红色旅游专线，并举办红色旅游推介会，组织媒体集中进行宣传。组建百团大战纪念馆和张家垴惨案纪念馆2支女子民兵班，在乡镇、街道、社区、农村和学校挂牌成立“强军兴武大讲堂”42个，依托国防教育学院培训红色教育义务宣传员300名。（刘志平）

【新兵铁路运输“一站式”服务】 2017年9月10日，阳泉军分区针对新兵铁路运输期间接兵部队换票辗转多地、程序繁杂，新兵起运候车、登车组织混乱等问题，协调北京铁路局、阳泉火车站开通新兵铁路运输“一站式”服务。邀请铁路部门上门服务、现场办公，从运输计划发放、后付凭证填写、送换票服务、答疑解惑4个环节为接兵部队提供一体化服务；在阳泉站、阳泉北站建立新兵运输服务站，为各批次新兵配备专属引导员，从集结、候车、登车、托运全方位专人组织、专人负责，免费提供热水、方便食品等服务，并设立新兵家长专属休息区；编制富有当代军人特色的“军民共建鱼水情”“学兵、赞兵”专题广播，营造军民同乐、雨水情深良好氛围，用责任、用真情、用服务确保新兵安全顺利到达部队。（刘志平）

2017年9月11日，阳泉市新兵欢送大会在阳泉火车站举行（赵慧龙供图）

【五项措施助推中共十九大精神学习】 2017年，阳泉军分区采用“四统一分”（统一计划安排、统一组织实施、统一考核考评、统一交流讨论，分层分类指导）学习方法，研究制订五项措施推进中共十九大精神学习。

编写学习要点。摘录十九大报告中重点内容汇编成册，下发基层官兵，作为官兵学习十九大精神和基层宣传中国共产党创新理论一手资料。

组织骨干集训。组织现役干部、专武干部、民兵营连长、应急分队队员、国防教育宣传员等5类重点骨干500余人，集中宣讲辅导、开展讨论，掌握报告主题、观点和重大部署。

完善宣传阵地。发挥网络、微信平台、电视飞播字幕、电子显示屏、固定宣传栏、国防教育广场等全覆盖宣传优势，把精神要点传播到乡镇街道、厂矿企业等基层一线。

组织宣讲活动。以军分区开展的“用党的创新理论武装骨干、进村入户”活动为载体，以各级强军兴武大讲堂为平台，按照“培训—调研—再培训—进村入户”的方式，针对不同受众，以现役干部、专武干部、民兵骨干、国防教育义务宣传员4类人员为基础，聘请理论宣传骨干50名，深入学校、企业、乡村、社区、家庭等基层一线，开展面对面交流、互动式宣讲，共计宣讲42场次，受众达1.5万人次。

推动落地生根。对各项工作进行重新梳理，查找思想观念、建设标准、工作落实等方面存在不足，规范基层武装部和民兵营连部，不断加强基层阵地建设。（刘志平）

2017年11月13日，阳泉军分区组织全区党员在阳泉市百团大战纪念馆开展主题党日活动　　（赵慧龙供图）

【兴教助学】 2017年11月23日，阳泉军分区领导及机关干部15人赴盂县梁家寨乡中学，开展中共十九大精神进校园暨兴教助学活动。活动中，军分区领导围绕中共十九大报告内容，从主题、教育振兴战略、乡村振兴战略、国防军队建设4个方面进行系统讲解，并向学校师生发放宣传资料和国防教育读本。向梁家寨乡中学和全乡27名贫困学生捐赠篮球架、羽毛球器材、图书、音像制品等器材及奖学金1.35万元，投入2万元兴帮助该校更新教学设备。（刘志平）

【扶贫帮困】 2016年以来，阳泉军分区帮助对口帮扶贫困村郊区西南舁乡石窑堖村开展一系列精准扶贫工作。结对帮扶。军分区党员干部一对一结对帮扶贫困户83户、140人，并先后10余次深入村中实地调研。产业发展。帮助发展种植、养殖和红色旅游3个产业4个项目，并投入资金20万元发展特色果树种植产业，依托市农业局和市林业局组织农技培训3次，受益200余人。其他帮扶。修建雨水采集系统60套，并协调开展送医下乡义诊活动。（刘志平）

【荣誉墙设立】 2017年，盂县路家村镇西杜村八一希望小学设立“威武军人、杰出校友”荣誉墙。5月26日，阳泉军分区组织官兵走进该校举行揭牌仪式，并开展“爱心助学、书香六一”活动，为师生送上文化、体育、生活慰问品。该校在2004年由阳泉军分区捐资兴建，在学校设置荣誉墙系全市首次，对于抓好中小学生国防教育，增强全民国防观念和爱军兴武情怀具有深刻意义。（刘志平）

预备役部队

【思想政治建设】 2017年，中国人民解放军山西陆军预备役步兵第二四八团团党委采取多种方式加强全团思想政治建设。坚持中心组带机关理论学习制度，重点对习近平总书记重要指示精神进行学习，并结合改革形势和官兵思想特点，有针对性地开展经常性教育，官兵理论水平不断增强、思想保持集中统一；开展“合编合心合力”专题教育，结合转隶陆军新形势，通过教育促进官兵从思想上和行动上学习陆军标准、适应陆军氛围、融入陆军体制，并通过集中授课、个人学习、支部讨论等方式使全团官兵“四个意识”（政治意识、大局意识、核心意识、看齐意识）得到强化；开展“维护核心、听从指挥”主题教育，组织为期一周集中教育，以“学强军思想、讲强军故事、干强军事业”主题实践活动贯穿全年学教工作，在日常教育中着重体现维护核心、拥戴核心内容，加深官兵对军委主席负责制理解，增强理想信念，坚定维护核心的决；组织开展“学习十九大、担当新使命”专题教育，领导干部带头学习报告原文，官兵思想得到洗礼，看齐追随意识牢固树立；推进“两学一做”学习教育常态化制度化向纵深发展，团党委发挥“关键少数”示范带头作用，引导全团官兵跟着学、照着做，推动“两学一做”融入日常、辐射全员、成为习惯，使每名党员都能以“学”在经常、“做”在日常标准要求自己，自觉对照党章党规，对照系列讲话，对照先进典型，把自己摆进去，经常性自省修身、打扫思想灰尘；针对改革等待期官兵思想活跃实际，开展谈心活动，了解掌握官兵思想动态和个人、家庭情况，有针对性做好思想工作，为5名家庭困难官兵提供救助。（王向阳）

【精准扶贫】 2017年，预备役步兵第二四八团有序推进对平定县冠山镇宋家庄村的精准扶贫工作。在2016年建设核桃榨油厂基础上，2017年嫁接引入“礼品2号”核桃优良品种，开展技术培训，提高榨油工艺水平，出油率达预期指标。建成“元宝湖”生态旅游区，运营收入40余万元，为宋家庄村带来较高收入。（王向阳）

【军事训练】 2017年，预备役步兵二四八团组织学习两级陆军及中部战区新战备规定，修订完善各类战备行动方案，强化作战值班系统和信息互联系统建设。应急演练常态化，坚持每月组织一次应急拉动演练，每季度一次值班培训，提高值班值勤人员情况处置能力和部队应急出动能力。“两会”期间、“3·14”重要敏感期和国庆、“五一”战备期，按照比例控制人员在位率，保持部队随时出动。强化官兵能力素质，坚持军事训练一票否决制，组织全团官兵开展基础体能、作战理论、指挥技能训练，官兵综合素质得到提升。3月至4月，组织15名干部、4名战士参加师团两级组织的“练三基、强三能”活动，九连连长啜燕军被评为“优秀学员”，二营营长闫波年终考核取得营职以上组第三名。　（王向阳）

【后勤装备保障】 2017年，预备役步兵第二四八团继续开展后勤装备保障工作。开展财务生活费审计工作，落实物资集中采购规定，行政性消耗开支得到控制；开展军粮行业整治，查出14名现役官兵家属违规购粮，收缴粮差4167元；落实《军车违法抄告制度》《私家车管理规定》，对18名持地方驾照官兵和15辆私家车进行资料审查收集；落实每周车炮场日制度，装备管理秩序正规，对中部战区、预备役管理组及师三级交接各类装备数据共计5次，并按照要求组织“清仓查库”活动，采取“兜底式清查、地毯式筛查”方式，对团装备器材弹药进行普查。　（王向阳）

【预任官兵应急分队集训】 2017年8月，预备役步兵第二四八团根据中部战区陆军和师首长指示要求，组织86名预任官兵进行为期6天的集中训练，重点完成以抗洪、抗震、防火为主要内容的应急能力培训，部队应急出动、快速反应、执行任务能力得到增强。　（王向阳）

【一营二连被评为“大功三连”式先进连队】 2017年12月，预备役步兵第二四八团一营二连被中部战区陆军表彰为“大功三连”式先进连队，是中部战区预备役部队唯一当选连队。一营二连是学雷锋先进集体，历史上战功卓著，曾立集体一等功，1991年被原北京军区评为“学雷锋标兵集体”。该连始终按照两级陆军和师关于加强预备役部队建设指示精神，学习贯彻习近平新时代中国特色社会主义思想，践行强军目标，坚持以“大功三连”为榜样，开展“学系列讲话、育‘四有’新人、建‘四铁’部队”活动，连队建设水平稳步提升。　（王向阳）

武警阳泉市支队

【概况】 2017年，武警阳泉市支队开展系列活动推进各项工作顺利完成。

学习教育　抓好理论铸魂、教育固魂、传统育魂工作，用习近平新时代中国特色社会主义思想武装官兵、引领部队。用两项重大教育（“两学一做”学习教育、“改革强军”主题教育）铸军魂。召开推进会、座谈会，制订措施，组织问卷调查，找准教育切入点；班子成员带头编写教案、试讲试教，全年深入基层讲课13次。用改革强军目标聚共识。观看《将改革进行到底》系列纪录片之《强军之路》，开展“改革怎么看、工作怎么干、我该怎么办”大讨论；抓好谈心谈话，专题讲评干部队伍，做好政策指导、思想引导。用经常性思想工作稳心神。每月坚持召开政工例会，排查统计需要重点关注的人和事，及时搞好教育引导，澄清模糊认识；紧盯新兵“第二适应期”、干部“思想波动期”等重要时段，开展“带新促老”活动；开展“四知三责两到位”（知兵、知官、知情、知法，个人安全我负责、战友安全我有责、单位安全我尽责，思想工作和心理工作到位）活动，做好军队院校考生、长期病号等重点人员帮教工作。用强军文化蓄内涵。贯彻落实《先进军事文化建设达标实施办法》，浓厚警营文化氛围；携手市图书馆开展“优秀图书进警营”活动，组织开展军事体育运动会、“卫士辞章”诗词咏诵比赛，举办“魔鬼周”极限训练慰问晚会，“庆祝建军节、喜迎十九大”专题军民联欢晚会，在活动中传递正能量、培养精气神；抓实文化骨干培训，打造威风锣鼓队、军乐队、快板队等特色文化队伍，推进“卫士风采”系列文化活动。

练兵备战　以“多能一体、有效维稳”的战略要求为根本遵循，着眼职能定位，聚焦实战要求，摔打磨炼部队。立足正规秩序端牢执勤饭碗。召开“议中心”会议4次、派出突击检查工作组6次，落实查勤制度，推进执勤建设；开展执勤安全教育整顿活动，与目标单位召开联席会议5次，配合目标单位检查21次，组织联合演练24次，消除执勤隐患9处；直属大队三、四中队成功处置一起在押犯极端行为事件。着眼随时应急抓实战备建设。严格落实机关各类人员值班备勤制度，严密组织开展“战备月”活动，组织首长机关带机动中队特勤排、执勤中队应急班实兵拉动11次，网上拉动23次；全年共出动兵力4755人次，车辆520余台次，完成各类临时勤务122次。紧贴实战要求加强训练演练。开展首长机关训练，高标准完成三个季度“魔鬼周”极限训练，逐级签订“军事训练责任书”，加大压力传导力度，压紧压实抓训责任；组织2批教练员集训、4批勤训轮换、3批网络查勤员培训、1批预提指挥士官集训，为推进支队全面建设提供力量支撑。在总队全方位岗位大练兵比武中，取得侦察专业第一、狙击专业第二和军事课目团体第五的成绩；在总队特勤排和应急班考核中，二中队战士秦昌志获03式自动步枪快速射击课目全总队第一名。

依法治警　落实安全工作规范，在强化法治思维、强化制度执行、强化追责问责上下功夫。氛围营造常态化。推进“安全发展计时”活动，组织开展“学法规、用法规、守法规”“百日安全竞赛”活动；规范机关办公秩序，狠抓基层日常管理，坚持机关基层一样要求，干部战士一样严格。安全防

2017年国庆期间,武警阳泉市支队加强巡逻　　（乔银鹏供图）

范制度化。确保人员管控始终纳入视线,严格车辆管理、枪弹管理;从严"治酒"上,定期组织警示教育,加大对治酒检查督导和追查问责力度;防间谍防泄密保密上,人人签订保密承诺书,重要涉密场所全部配齐手机存放柜,用于办公和网络学习的计算机全部安装保密系统。问责整治实效化。研究制订《安全工作责任制实施细则》,逐级明责任,分岗定职责;采取明察与暗访相结合方式,突出重点时段、重点部位,5次组织拉网式安全大排查,确保部队安全。

基层建设　坚持重心下移、力量下沉,强化《军队基层建设纲要》统揽意识,着力在管根本、利长远、蓄底气工作上下功夫,实现全面均衡发展。建强组织固根基。选配7名中队主官,保证基层干部在职满编;指导基层规范改选各类组织,促进组织生活制度落实;持续开展岗位大练兵活动,利用季度考评帮建支部、帮带干部,借助比武活动锻炼队伍。强化意识抓执行。采取诫勉谈话、重点提示、常态督导等方法,实现官兵事不过夜、案无积卷。务实举措激活力。研究制订《调配干部十条原则》《激发干部内动力九条措施》,对各级干部坚持每季一考、逢晋必考;落实为官兵办好10件实事承诺,妥善协调12名干部子女入托、上学和转业干部安置工作,干部休满假率达85%,为困难党员干部发放补贴补助3万元。典型激励树榜样。举办"好班长""好战士""好军属"颁奖典礼,开展"十大感动军营优秀老兵"事迹报告会;挖掘发现优秀身边人、身边事,涌现出带兵好干部叶乃青、标兵教练员孟琨浩、爱兵好骨干马宁、全能好士官李平年、军事训练标兵蒋一豪等先进典型。精准帮建促提高。由抓基层领导小组牵头,逐个单位、逐项工作研究制订"一队一案"帮建规划,其中五中队、盂县中队精准帮建效果明显,进步较大。

后勤保障　加快后勤现代化建设步伐,综合服务保障效能全面提升。强化前勤理念。修订完善3大类18种方案预案,签订保障协议,优化物资储备,加强装备建设;开展后勤岗位练兵活动,培养一专多能型有用人才;突出抓好后勤保障要素和实案化拉动演练,有效提升执行任务保障能力,在总队组织的全方位岗位大练兵比武中,取得后勤团体第二和军械专业第一的成绩。注重规范管理。科学编制预算,严格审批规定,强化经费管理,在军委审计署石家庄审计中心生活费专项审计中受到好评;深化"伙食管理精细年"和现代警营饮食文化建设,确保官兵吃得营养、吃得节约、吃得安全;确保用车安全,投入14万元用于车辆购置保险、改装保养,3次组织开展驾驶员和机关干部带车安全教育,累计出动车辆1800余台次,行车22万千米,运输物资600余吨,运输人员5000余人次,实现全程安全。突出服务职能。完善就地医疗保障机制,解决战士医疗费问题,关注重点病号身体恢复情况;坚持每月到基层单位巡诊送药,全年累计诊治伤病员200余人次;针对新训大队集中发生腮腺炎疫情,迅速采取措施,有效遏制蔓延势头;聘请地方专家指导基层搞好农副业生产,全年共养殖猪仔25头、山羊2只,种植蔬菜计0.53公顷(8亩)、21个品种,生产收益近6万元;加强与驻地政府和目标单位沟通协调,18套新建公寓房分配到户,一中队新营区建成入住,官兵的工作生活条件普遍改善。

从严治党　坚持靠事业凝聚、靠愿景激励、靠感情奠基、靠团结维系、靠主官带头、靠制度保证,发挥领导班子核心作用。用科学理论领班子。落实"集中学习、体会交流、笔记展评、检查批阅"学习制度,反思思想上"亚健康"、党性上"有水分"、用权上"存私心"、守纪上"缺敬畏"、家教上"不严格"等问题,以理论上的清醒确保政治上的坚定。靠民主集中制统班子。坚持开展学习研讨活动,突出学习贯彻民主集中制情况,强化知规矩、用规矩的意识。靠转改作风正班子。2017年,推荐选送中级培训对象1名、调整使用营以下干部24名,选拔技术学兵17人,转改士官52人,推荐大学生士兵提干对象3人,推荐考生15人,全部公开透明、公平公正;完善《经费物资管理措施》,行政消耗经费开支比上年下降30%;严格落实工程建设和审计程序要求,有效规避风险。　（夏　天）

【"魔鬼周"极限训练】　2017年3月26日至4月1日、6月24日至6月30日、12月2日至12月8日,为提高特战分队吃、住、打、追、搜、藏和部队整体作战能力，武警阳泉市支队三次派出精兵强将，参加“魔鬼周”极限训练，先后对体能、技能、智能、战术、心理、野外生存等6个方面70多个课目进行实战化训练。（夏　天）

【“山城卫士杯”军事体育运动会】2017年5月26日，武警阳泉市支队举办首届“山城卫士杯”军事体育运动会，来自基层各单位的10支队伍参赛，比赛包括100米跑、300米跑、立定跳远、5×10米折返跑、30米蛇形跑、两人三腿50米跑、400米障碍、翻轮胎2×30米往返接力、篮球联赛9个项目。经过两天比赛，产生优胜选手15名、优胜团体12个。（夏　天）

【后勤专业兵比武竞赛】2017年7月27日，武警阳泉市支队组织后勤专业兵进行比武竞赛，包括理论测试、专业技能比拼、体能考核等项目。经过比赛，四中队获司务长竞赛一等奖，盂县中队获炊事员竞赛一等奖，城区中队获军械员、卫生员竞赛一等奖，三中队获四小工竞赛一等奖，一中队获驾驶员竞赛一等奖，二中队获理发员一等奖。通过竞赛，调动广大后勤官兵训练热情，提高后勤人员素质能力。（夏　天）

【“庆祝建军节　喜迎十九大”专题军民联欢晚会】2017年7月31日，武警阳泉市支队举办“庆祝建军节、喜迎十九大”专题军民联欢晚会，邀请荫营矿、固庄矿、阳泉市第一监狱、阳泉市第二监狱领导，转业干部代表和部队家属代表参加。晚会以舞蹈《共圆中国梦》拉开序幕，支队官兵表演节目有快板《说说咱中队》、相声《军歌嘹亮》、小品《我要上》、诗朗诵《战友颂》、才艺展示《青春的名义》、舞蹈《特战尖兵》等，共建单位表演节目有豫剧《花木兰》、歌曲《绿旋风》《家在心里》《等待》等。（夏　天）

2017年7月31日，武警阳泉市支队举办“庆祝建军节、喜迎十九大”专题军民联欢晚会（乔银鹏供图）

【“卫士辞章”军旅诗词咏诵比赛】2017年8月18日，武警阳泉市支队开展“卫士辞章”诗词咏诵比赛，共有来自基层单位的10名选手参赛，分别朗诵《长征》《军魂颂》《满江红》等军旅作品。经过激烈角逐，四中队、一中队、勤务中队选手分别获一、二、三等奖。（夏　天）

人民防空

【人防教育“五进”工作】2017年，人防教育“五进”工作全部完成。

进社区　在城区46个社区开展发放宣传资料、悬挂条幅等形式的人防知识宣传教育活动，其中11个人防工作试点社区开展人防讲座、社村联合、社企联合等活动。

进媒体　全年向各大媒体、杂志、网站、报纸等投稿42篇。其中，国家级2篇（中国人民防空杂志1篇、新华网1篇）、省市级34篇、县（区）级6篇，受教育人数达40余万人。

进网络　利用政府门户网站、阳泉人防微信公众号进行人防知识宣传，关注人数达9000余人；市人防办官方网站也同步进行人防动态、人防理论研讨、防灾知识、军事知识等内容宣传，受教育人数达10万余人。

进企业　在阳光发电厂和阳煤集团进行人防知识宣传，将人防知识融入演习科目，受教育人数达1000余人。

进学校　在矿区赛鱼小学开展爱国主义国防教育动员会，全校1200余名教职工、学生参加；首次在城区幼儿园，利用“九一八事变纪念日”对广大师生进行爱国主义教育暨人防知识宣传；城区人防办联合城区教育局在33所中小学，通过主题班会、新生军训，开展“视军队如长城，把军人当亲人”的拥军教育，受教育人数达15万余人；选派专人在“阳泉市第十一期中青年干部培训班”和在2017年新招录公务员培训班上，开展人防教育课程，受教育人数达200余人。（李　巍）

【人防实兵演习】2017年2月10日至7月27日，阳泉市人民防空办公室完成代号为“太行—2017”山西省人民防空演习任务，350人参加演习。开展实兵演习。围绕现代战争强敌空袭特点，开展重要经济目标防护课题演练，利用创新手段进行有效防护，包括抗敌空袭阶段和消除空袭后果阶段；开展抗敌空袭演练，主要采取主动抗击和被动防护两种手段，演练包括利用高炮分队组成绵密对空抗击火力网打击敌低空飞行器、利用电子对抗手段对敌飞行器实施电子干扰、利用空飘设障专业队引偏诱爆敌巡航导弹实施被动防护3个科目；开展消除空袭后果演练，主要利用消防专业队、医疗救护专业队、抢险抢修专业队实施遭敌空袭后灭火、救护伤员和抢修受损设备3个科目演习。开展指挥部演习。参加省、市、县三级人民防空指挥机构带部分实兵研究性演习，演习达到预期效果，应急情况处置受到省指挥部好评。 （李　巍）

【心理防护专业队（试点）组建】 2017年，阳泉市人民防空办公室开展心理防护专业队（试点）组建工作。出台下发《人防心理防护专业队工作方案》《关于成立阳泉市人民防空心理防护专业队的通知》《阳泉市人防心理防护专业队训练实施方案》《2017年市人防心理防护专业队训练计划》等文件通知，与市卫计委联合下发《关于成立阳泉市人民防空心理防护专业队的通知》；与市卫生学校针对组建、培训心理防护专业队具体事宜达成一致，组建由49人组成的心理专业队；12月在市卫生学校开展组训前心理课程培训，举办授旗仪式，正式展开心理技能培训工作。 （李　巍）

【防空警报试鸣】 2017年9月18日上午10时，阳泉市防空警报试鸣统一鸣响，鸣响率达100%。为使此次试鸣取得良好效果，8月开始，市人防办着手安排部署此次试鸣工作，采取统控和现场检查相结合方式，对全市警报器进行维护。 （李　巍）

【公共设施纳入人防应急避难场所范畴】 2017年，市人防办联合阳泉经济技术开发区管理委员会、市地震局、市园林管理局签署《关于将城市公园、社区广场等公共设施纳入人防应急避难场所和建设人防嵌入式宣传教育阵地的通知》，并下发至各有关单位。9月19日，结合阳泉市创建省级文明城市工作，市人防办选定在城市中心公园、南山公园放置人防知识宣传版面3块，并对烈士陵园原有6块宣传版面进行更换，版面主要内容为防空防灾知识和突发事件中市民自救互救知识。 （李　巍）

【街道防空袭方案编制】 2017年10月，市人防办对全市主要街道多次实地勘察，对各街道办人口密度、交通状况、环境状况等进行摸底，掌握第一手资料，确定街道防空袭方案编制试点工作为城区和矿区。城区选定疏散要求较高的上站街道办事处，并成立人民防空工作领导组和疏散领导组；矿区选定在平坦街街道办事处。年底，城区、矿区分别指导街道办事处进行防空袭方案编制，并上报市人防办备案。 （李　巍）

【应急管理体系建设】 2017年，依据《山西省突发事件应急预案管理办法》和市政府应急办印发的《"十二五"期间突发事件应急体系建设评估任务分解说明》，市人防办完成部门应急预案、健全人防智慧机制、完善人防应急平台建设3项任务。市人防专业应急平台包括基本指挥所和移动指挥所，年内完成升级工作，实现高清图像传送。实现与山西省人民防空办公室、山西省军区、阳泉军分区互联互通，同矿区人防办、郊区人防办的联通，基本满足平战指挥需求。年底，市人防办向市政府提交《阳泉市人民防空办公室应急体系建设评估报告》，市应急办将人防应急平台纳入应急体系。 （李　巍）

【移动通信指挥车短途拉练】 2017年10月，市人防办与市应急办在盂县联合开展移动通信指挥车短途拉练。在行进途中利用4G终端与人防指挥所进行视频通话，预设"前方道路被毁"等情况，训练平稳有序。通过演练检验人防队伍应急支援、设备操作和互相协作能力。 （李　巍）

民主党派

中国国民党革命委员会阳泉市委员会

【思想建设】 2017年，中国国民党革命委员会阳泉市委员会把思想建设放在工作首位，坚持集中学习，每月至少组织开展1次专题学习活动，先后学习中共十九大、民革全国第十三次代表大会、民革山西省第十二次代表大会等精神，派出骨干党员参加民革山西省委在浙江大学组织的骨干党员培训班。组织党员参观平定县娘子关保卫战纪念碑、娘子关保卫战纪念馆等革命历史遗迹，开展“重温历史不忘初心，鼓足干劲携手前进”活动。开展党员思想政治工作座谈会、谈心谈话活动。选派李婷、孙小平、郭峰3人参加民革山西省委组织的知识竞赛并获三等奖。组织党员参加中共阳泉市委统战部组织的阳泉统一战线庆祝建市70周年诗歌朗诵比赛，并获优秀奖。

建立民革微信公众号，拓展民革工作宣传阵地。开展纪念阳泉民革成立30周年系列活动，召开纪念民革成立30周年大会，编撰出版《阳泉民革30年》，举办纪念阳泉民革成立30周年知识竞赛活动。民革中央网站和《山西民革》对民革阳泉市委思想建设的经验做法进行宣传报道。统战调研、信息、宣传3项工作卓有成效，主委赵海润撰写的《孙中山的伟大构想与阳泉转型发展之管见》获中共阳泉市委统战部统战理论研究成果二等奖，《秉承中山精神，同心共谋发展，挖掘中山史料，创新民革工作——民革阳泉市委近年来开展孙中山思想研究的经验和做法》获三等奖；吴晓文撰写的《关于加快城郊休闲农业供给侧结构性改革的调研报告》获三等奖。民革阳泉市委被中共阳泉市委统战部授予全市统战宣传先进单位和全市统战信息工作先进单位，赵志刚被评为统战信息工作先进个人。（朱建玲）

【组织建设】 2017年，民革阳泉市委共发展新党员7名，发展联系人士9名，为民革组织增添新鲜血液。对党员管理系统中的党员个人信息进行核实，完善规范党员信息数据库，加强对党员信息的动态管理。结合后备干部队伍建设，储备后备人才20余名，组织参加各类学习、培训、座谈等活动，为人才成长、发展和发挥才能提供平台。加强专委会建设，在7个专委会的基础上，增加经济工作、社会法制、青年工作委员会3个专委会。加强特色支部创建，9个基层支部以“一支部一特色”为思路，开展特色支部创建活动。（朱建玲）

【参政议政】 2017年，民革阳泉市委组织党员围绕智慧城市建设、环境卫生整治、精准扶贫、私立学校建设、乡村文化旅游、古村落保护、古生物化石开发利用等进行12次专题调研。全年共报送社情民意信息45篇，多篇被市政协采用，其中赵海润、赵志刚报送的《应大力推广“低碳黄金周”旅游》的社情民意被《团结报》刊登。阳泉市人大、政协“两会”期间，民革界别的5名人大代表、13名政协委员提交议案、提案、建议48篇，其中集体提案7篇，撰写社情民意信息10篇。李素鱼提出的《关于推进阳泉市开发区改革创新发展的建议》的原始议案被市人大确定为重点议案，《推动民营企业健康发展的建议》被市人大确定为重点建议。民革阳泉市委提出的修建阳泉至井陉高铁，开通太原至石家庄的站站停旅游专列被“阳泉百事通”刊登。在全省政协工作经验交流会暨提案和反映社情民意工作表彰会上，主委赵海润的提案《关于整合山西红色旅游资源　努力打造“抗日烽火燃太行”红色旅游品牌的建议》被评为优秀提案。在市政协十二届委员会提案表彰会议上，民革阳泉市委提出的《关于抓紧治理研石山污染严重问题的建议》被评为优秀团体提案，民革阳泉市委被评为优秀提案先进单位，8名民革党员的提

案被评为优秀委员提案。吴晓文被民革中央评为民革全国参政议政工作先进个人。（朱建玲）

【社会服务】 2017年，民革阳泉市委共开展各类慰问活动11次，共捐助资金6300元。联合市群众艺术馆到狮脑山驻地部队开展迎新春联谊慰问活动，到“爱心家园”慰问自闭症儿童。联合山西工程技术学院支部到盂县宋家庄村开展支教活动，并捐赠1500元的图书等学习用品。联合平定支部到平定县新关村慰问贫困家庭，送去米面油等价值2000元的慰问品。民革阳泉市委到平定县东回镇白家地掌村、矿区北头咀村等地，开展医疗服务及关注“艾滋病”健康宣传等活动，以实际行动推进“健康阳泉”建设。4月15日，与市水务局、市中医院到平定县东回镇白家地掌村举行精准帮扶联合义诊活动，共为40余位村民提供B超和化验等医疗检查服务，向村民开展慢性病知识的预防普及。4月26日，联合市政协文史委、市档案局在新华东街社区，举办档案历史图片展及专题党课等活动。（朱建玲）

【廉毅敏调研民革阳泉市委工作】 2017年4月26日，山西省委常委、省委统战部部长廉毅敏一行到新华东街社区，对民革阳泉市委的工作进行调研。廉毅敏观看“档案——我们共同的记忆”阳泉档案历史图片展览，听取民革上站支部工作汇报，查看上站支部工作资料。廉毅敏同民革党员一起听取市政协文史委主任王宇翔为民革党员讲授的党课《中共第一城——红色城市的开篇之作》，并对下一步工作提出要求。（朱建玲）

【民革阳泉市委成立30周年纪念大会】 2017年6月19日，民革阳泉市委举办成立30周年纪念大会。民革山西省委副主委、监委会主任杨俊和，中共阳泉市委常委、市委统战部部长王铁梅出席会议并讲话。会上，主委赵海润作题为《不忘初心　砥砺奋进三十年　履行职能　助推转型谱新篇》的讲话，3位优秀党员作代表发言。大会对先进支部及13名30年、33名20年以上党龄的党员颁发纪念奖牌和证书。（朱建玲）

2017年6月19日，纪念民革阳泉市委成立30周年大会召开　（刘　胜供图）

【祖统工作】 2017年中秋节期间，民革阳泉市委举办“喜迎十九大　迎中秋　促祖统”茶话会。民革阳泉市委党员撰写《关帝文化在促进祖国统一中的作用和优势》《民间家谱在促进祖国统一中发挥的独特作用》等5篇文章。组织党员中的台属加强两岸民间的沟通交流，协助固关长城景区建立抗战烈士纪念碑，挖掘娘子关战役史料，寻找抗战烈士后人，在固关长城建立民革党员教育基地，民革山西省委副主委杨俊和、组织部部长沈艺萌参加揭牌仪式。（朱建玲）

【《阳泉民革30年》发行】 2017年，为纪念民革阳泉市委30年的发展历程和取得的成绩，特聘请民革老党员、老干部参与编纂工作，并广泛征集、整理30年间民革阳泉市委发展的史志资料，经过半年的编纂，于10月26日召开《阳泉民革30年》发行仪式。《阳泉民革30年》分为大事记、综述、组织沿革、市委会工作、人物、附录等章节，共47万字。（朱建玲）

中国民主同盟阳泉市委员会

【思想建设】 2017年，中国民主同盟阳泉市委员会学习贯彻落实中共十九大全会精神及盟中央、盟省委有关会议精神，开展“不忘合作初心，继续携手前进”“拥戴核心、合作共进”专题教育活动。召开专题教育宣讲会，主委史友松围绕“不忘初心，争做合格盟员”作专题讲座。5月29日，组织骨干盟员赴七亘大捷纪念碑、八路军一二九师纪念馆，重温革命历史，接受革命传统教育。为庆祝阳泉建市70周年，民盟阳泉市委举办“热爱阳泉、心系阳泉、发展阳泉”主题朗诵会。

10月31日，民盟阳泉市委召开学习贯彻中共十九大精神座谈会，学习传达民盟山西省十一届二次常委（扩大）会议暨组宣工作会议精神。11月7日，召开学习贯彻中共十九大精神动员部署会。11月8日，组织骨干盟员到矿区段南沟社区，听取了中共十九大代表、矿区段南沟社区党总支书记、主任任红梅宣讲十九大精神，并与社区签订“共驻共建健康社区协议书”。（李永春）

【组织建设】 2017年，民盟阳泉市委坚持民盟特色和人才高质量的要求，发展教育界优秀人才，挖掘科技、文化、卫生等领域优秀人才，共发展新盟员19名，为民盟组织补充新鲜血液，使盟员结构更加合理。截至2017年底，共有14个支部、1个直属小组、274名盟员，其中，中、高级职称占64.7%。盟员中有44人担任省、市、县人大代表和政协委员。6月29日至7月2日，赵永红、史友松等6名代表参加民盟山西省第十一次代表大会。会上，市政协副主席、民盟主委史友松当选民盟山西省第十一届委员会常务委员，同时被选为出席中国民主同盟第十二次全国代表大会代表，专职副主委王凤娥当选民盟山西省第十一届委员会委员。12月6日至10日，主委史友松参加中国民主同盟第十二次全国代表大会，并于12月15日，为骨干盟员传达学习民盟十二大精神。 （李永春）

【参政议政】 2017年，民盟阳泉市委加强履职机制，注重履职成果。政协阳泉市第十三届委员会第一次会议上，民盟阳泉市委向大会提交集体提案8篇、个人提案37件和大会发言5件。其中，《立足现实、全面打造晋东区域中心城》和《关于做大做强我市旅游产业的建议》的大会发言，受到市委书记陈永奇肯定。4月11日，阳泉市召开党外人士双月座谈会，民盟阳泉市委在会上作《有效抑制道路扬尘，助力创建卫生城市》发言，得到与会领导认可。在中共阳泉市委统战部牵头，组织全市党外人士开展的迎两会"走基层、献良策、比贡献"活动月期间，民盟界人大代表、政协委员提交提案、议案40余件，有5人分别在社会联组和经济联组交流发言。民盟阳泉市委获2016年度全市统战宣传先进单位、2016年度全市统战信息工作先进单位、2016年度全市统战理论研究先进单位等称号。 （李永春）

【社会服务】 2017年，民盟阳泉市委结合自身实际，开展丰富多彩的主题活动强化社会服务。1月18日，平定支部和高专支部联合中共平定县委统战部到锁簧镇麻巷村开展"写春联送祝福"文化下乡活动。5月31日，民盟盂县直属小组联合盂县工商联（总商会）、阳泉今世缘商贸有限公司、中信焦化集团等9家企业到盂县西潘乡进圭中心小学开展"六一"慰问。9月25日，民盟阳泉市委向市公安局捐赠1套篆刻组印《阳泉公安英烈录》，向公安英烈表达敬意。11月21日，民盟阳泉市委、民盟太原市委2017年名师"送教下乡"暨教师交流活动走进平定县东回镇马山中学。12月1日第30个"世界艾滋病日"，民盟阳泉市委在阳煤集团二矿广场举办主题为"共担防艾责任、共享健康权利、共建健康中国"的预防艾滋病宣传活动。12月22日，民盟阳泉市委携手阳泉砂器行业协会开展农村教育烛光行动"关爱留守少年公益计划项目"在平定县东回中学启动。 （李永春）

【专题调研】 2017年，民盟阳泉市委根据调研课题，分小组开展调研活动。8月28日，民盟山西省委参政议政部部长刘振海、民盟山西省委民政总支主委王建伟一行到阳泉市，联合调研民办文化扶持引导与规范管理情况。9月7日，市政协副主席、民盟阳泉市委主委史友松带领市农业局、市水利局以及林业方面等的专家盟员调研组，到盂县西烟镇开展脱贫攻坚民主监督调研活动。通过实地走访调研，就精神病救治、产业扶贫、脱贫攻坚工作机制、帮扶工作、宣传等提出建议意见，并形成1篇调研报告和3篇社情民意。11月21日，民盟太原市委、民盟阳泉市委主委以及支部骨干盟员一起赴平定县七亘大捷抗战遗址、冠窑砂器陶艺有限公司进行专题调研。 （李永春）

中国民主建国会阳泉市委员会

【思想建设】 2017年，中国民主建国会阳泉市委员会围绕"不忘合作初心，继续携手前进"专题教育和"拥戴核心，合作共进"主题教育活动，开展专题学习、培训、座谈、征文、专题调研等30余场主题活动，并编撰学习资料21期、印发1000余份。10月27日，召开专题会议传达中共十九大报告和精神，印发《民建阳泉市委会关于掀起学习宣传贯彻中共十九大精神热潮的通知》。11月1日，召开学习报告会，邀请中共十九大代表任红梅为全体会员宣讲十九大报告。民建阳泉市委还在官网和微信公众平台开辟《喜迎十九大、同心促发展》《十九大精神大家谈》《牢记使命、合作共进》等栏目。在民建中央网、民建山西网、《团结报》《山西民建》等主流媒体刊登140余篇报道，编写《阳泉统战手机报》民建专刊3期、《阳泉民讯》51期，阳泉民建微信公众号编辑发布27期140余篇文章。 （史克祥）

【组织建设】 2017年，民建阳泉市委把好入门、培养、协商、考察、谈心、教育和履职"七个关"，共发展新会员14人，平均年龄35岁，其中硕士研究生1人、大学本科7人，经济界12人。基层支部换届工作全部完成，实现新老交替和政治交接。基层组织推进支部建设规范化工作，所有支部都有固定活动场所，各基层支部全年共计开展活动30余次。 （史克祥）

【参政议政】 2017年，民建阳泉市委围绕"走基层、献良策、比贡献"活动，组织会员开展调研、走访、座谈等活动。围绕创新驱动、加快转型升级、旅游产业开发等，深入基层进行调研，形成《加快滹沱河流域旅游开发》

等5篇调研报告。主委石文斌参加《政府工作报告》征求意见座谈会,各级人大代表、政协委员参加人大、政协组织的相关视察、调研、座谈等活动,参与政府相关部门对所提提案、意见建议等的沟通和办结答复等工作。市人大、政协“两会”期间,民建阳泉市委向大会提交集体提案7篇,议案、个人提案、意见建议27件,为市委、市政府的决策参考提供依据。在第十二届全国人大五次会议上,全国人大代表石文斌提交《关于将阳泉市列入国家老工业城市和资源型城市产业转型升级示范区的建议》《关于给予阳泉市矿山生态恢复环境治理资金支持的建议》等5个建议,引起相关部委重视。在全市统一战线双月座谈会上,民建阳泉市委分别就环保攻坚、信访维稳、优化营商环境、创建国家卫生城市等进行发言。全年累计反映社情民意信息50余篇,其中30余篇分别在民建中央网、民建山西网、《团结报》《阳泉日报》《阳泉政协社情民意》等媒体刊发。(史克祥)

【社会服务】 2017年,民建阳泉市委探索社会服务新途径,立足服务地方经济建设,组织广大会员到农村、社区开展服务。坚持开展新春慰问、捐资助学等活动。到郊区杨家庄乡敬老院慰问住院孤寡老人,慰问节假日坚守在工作岗位的劳动者。开展服务社区和精准帮扶活动,到平定县岔口乡红育口小学捐助慰问,到矿区蔡洼街道办事处小南坑社区、城区娘子关坡底社区等地开展送温暖等活动。会内民营企业代表人士积极投身脱贫攻坚,主动参与全市“百企帮百村”精准帮扶活动。(史克祥)

【石文斌带队到广州考察学习】 2017年6月中旬,民建阳泉市委主委石文斌带队一行10人到广州市考察学习,分别与民建广州市委、民建广州市南沙区委进行会务对接交流。广州市企业联谊会与阳泉市企业发展促进会进行友好对接,两地企业家座谈交流,分享经验,介绍企业和产品优势,寻求合作商机。考察人员就特色农产品、职业教育、冠霖电子商务等对广州多家企业进行实地考察。广州瑞草茶业有限公司与山西冠霖农业科技有限公司达成意向,共同开发小青柑—延年翘“同心茶”。(史克祥)

中国民主促进会阳泉市委员会

【思想建设】 2017年,中国民主促进会阳泉市委员会教育并引导广大会员认真学习中共十九大、民进十二大,习近平总书记视察山西重要讲话精神,全年参加学习达380人次。3月31日,举办“不忘合作初心,继续携手前进”专题报告会,市政府原副市长、民进阳泉市委原主委任衍钢和原副主委任涛海分别就《民进会史》和《社情民意信息撰写》作讲座。6月6日至11日,高爱萍参加市政协在浙江大学举办的市政协常委培训班。7月20日,召开学习贯彻习近平总书记视察山西重要讲话精神、骆惠宁在中共山西省委第十一届四次全体会议上的讲话精神和民进山西省第八次代表大会精神座谈会。10月23日至11月2日,赵志忠等8名会员参加民进山西省委在江西井冈山举办的山西民进红色教育第二期培训班。10月30日,召开学习贯彻中共十九大精神座谈会。11月28日,中共阳泉市委常委、市委宣传部部长、市委统战部部长王铁梅到市委会机关调研,并宣讲中共十九大精神。12月13日,组织部分市委委员、基层支部负责人走进矿区段南沟社区,听取中共十九大代表任红梅宣讲十九大精神。12月18日,召开传达学习民进十二大会议精神和骆惠宁走访调研各民主党派省委会讲话精神座谈会。(杨 芳)

【组织建设】 2017年,民进阳泉市委加强组织建设工作,组织建设得到进一步巩固。加强领导班子建设。通过培训、调研及搭建使用平台等方式加强领导班子建设。1月11日,召开七届二次全委会议,讨论并通过《民进阳泉市委关于加强领导班子集体领导的意见》。成立分别由民进阳泉市委委员担任主任的7个专委会,负责各个专业性界别工作的开展。7月14日至16日,民进山西省第八次代表大会召开,民进阳泉市委主委李君等9名会员参加会议。会上,李君当选为民进山西省第八届委员会常务委员、民进中央十二大代表,副主委高爱萍当选为民进山西省第八届委员会委员。7月25

2017年2月,民建阳泉市委委员到山西建工申华暖通公司调研 (史克祥供图)

日，民进中央副主委、山西省政协副主席、民进山西省委主委卫小春到民进阳泉市委指导工作。充实基层组织队伍。全年共发展新会员20名，其中本科14名、专科6名，平均年龄36岁。10月30日，召开新入会对象座谈会，举行新会员入会仪式。加强后备干部队伍建设。对会内40余名后备干部实行动态管理。6月5日至8日，张兆平等5名会员参加中共阳泉市委统战部举办的统一战线理论培训班。强化机关建设。民进阳泉市委组织机关干部参加各种学习、座谈及议题会等20余人次。4月初，在民进全国机关建设工作会议上，获民进全国机关工作先进集体称号。民进阳泉市委机关共向民进中央、民进省委、市政协及中共阳泉市委统战部报送简报58期、统战论文10篇。宣传稿件等被《团结报》刊登1篇、中国政协网刊登1篇、人民政协网刊登1篇、民进中央网站刊登17篇、山西民进网站刊登45篇、《山西民进》杂志刊登2篇、《阳泉日报》刊登通讯报道31篇、《阳泉政协》杂志刊登12篇、《阳泉统一战线》杂志刊登4篇、阳泉电视台播放3次活动新闻报道。高爱萍撰写的《绿叶对根的情怀》获民进中央"我与民进共成长"主题征文活动一等奖。（杨　芳）

【参政议政】 2017年，市人大、政协"两会"期间，民进阳泉市委20位人大代表和政协委员参加会议，并向大会提交议案4件、提案68件，其中个人议案4件、集体提案12件、个人提案56件，内容涉及国企改革、全民创卫、文化旅游、环境保护、健康扶贫等。会上，刘华庆和王英杰分别就《关于制定〈阳泉市古村落保护管理办法〉的建议》《关于医疗健康精准扶贫工作的建议》参加政协大会联组发言。年内，民进阳泉市委共提交社情民意信息136条，其中，5条被山西省政协采纳（2条被省政协报送全国政协、3条被省政协转送），25条被市政协采纳（19条被市政协报送省政协）。在中共阳泉市委统战部举办的党外人士双月座谈会上，刘晋、韩晓波、张兆平分别围绕环境保护、营商环境和创卫工作等方面提出建议。在民进山西省第八次代表大会上，民进阳泉市委被评为2016年度参政议政先进集体二等奖、2012—2017年度参政议政工作先进单位，任衍钢获信息工作先进个人称号，1篇提案获参政议政成果一等奖，3篇提案获参政议政成果二等奖。年内，民进阳泉市委结合全市工作目标和任务，开展调研工作。2月20日，组织民进阳泉市委委员及会内各级人大代表、政协委员赴平定县东回镇里洪水村调研农村脱贫攻坚工作，形成《关于当前脱贫攻坚中存在的现象和对策建议》的调研报告。8月31日至9月1日，高爱萍带队赴平定县岔口乡贫困村开展脱贫攻坚民主监督情况调研，形成《开展脱贫攻坚民主监督的实践探索和创新思考调研报告》。10月19日，组织基层支部负责人和骨干会员到会员企业昂立国际教育学校和山西同跃世纪网络技术有限公司开展调研，为企业发展出谋划策。12月1日，组织民进阳泉市委委员和会内各级人大代表、政协委员赴平定县，就电子商务和固关长城景区建设开展专题调研，形成《关于挖掘固关长城历史文化旅游资源调研报告》。（杨　芳）

【社会服务】 2017年，民进阳泉市委发挥自身优势，开展文化帮扶、智力支教、医疗义诊等一系列社会服务活动。开展文化帮扶。1月10日和16日，邀请市书法家协会和会内书法爱好者赴郊区李家庄乡柳沟村和矿区东山社区开展"春联万家、提笔送春"活动，为居民送去400余副春联。响应民进中央、民进山西省委"书香彩虹——安龙行动"的捐书号召，组织会员捐赠图书300余册。开展智力支教。5月6日，与民进山西省委、民进太原市委联合邀请省城的教学名师到郊区杨家庄中学开展智力支教讲学活动。11月1日，会员董美玲、张晓美等6名优秀教师为郊区燕龛学校开展示范教学。开展医疗义诊。10月20日，组织会内医务人员到平定县巨城镇西岭村开展医疗义诊下乡服务，免费为村民发放500余元的预防治疗感冒常用药以及200余册常见病防治宣传手册。民进阳泉市委在民进山西省第八次代表大会上被评为2012—2017年度社会服务工作先进单位。（杨　芳）

【民进阳泉市委成立30周年纪念大会】 2017年3月31日，民进阳泉市委在市文化中心报告厅召开成立30周年纪念大会。省人大常委会常委、民进山西省委专职副主委高新文，中共阳泉市委常委、市委统战部部长王铁梅出席会议并讲话。会议回顾过去

2017年3月31日，民进阳泉市委召开纪念成立30周年大会（杨　芳供图）

30年阳泉民进与中国共产党团结奋进的历史，回顾阳泉民进参政议政、履职尽责，服务社会、助推阳泉经济和社会发展的各项历程，并对下一步工作做出安排部署。会上，阳泉民进会员代表还朗诵自创诗歌，讴歌阳泉民进30年辉煌成就，抒发爱国爱党爱家的情怀。（杨 芳）

中国农工民主党阳泉市委员会

【思想建设】 2017年，中国农工民主党阳泉市委员会围绕全市中心工作，服务发展大局，农工党阳泉市委及各基层组织通过专题学习、义诊服务、扶贫调研等不同形式的实践活动，宣传、贯彻、践行中共十九大精神。6月底，习近平总书记视察山西，并发表重要讲话，农工党阳泉市委组织9个基层支部进行专题学习。年内，组织农工党阳泉市委委员及各基层组织负责人观看配乐朗诵《中国农工民主党党史长歌》；赴郊区荫营镇辛庄村、平定县巨城镇南庄村、武乡八路军太行纪念馆等地参观学习，接受革命教育；举办“不忘合作初心，重温光荣历史”主题宣讲。先后开展“不忘合作初心，继续携手前进”专题教育活动和“拥戴核心，合作共进”主题教育活动，通过爱国主义教育、扶贫调研、义诊咨询、文化下乡、捐资助学、撰写心得等多种形式，践行活动主题。（马洪亮）

【组织建设】 2017年，农工党阳泉市委加强组织建设，确保组织健康有序发展。加强领导班子建设。1月7日，农工党阳泉市委召开第六次代表大会，选举产生新一届领导班子，张立君当选主委。全年召开五次全委（扩大）会议。加强基层组织建设。以“基层组织综合考评量化指标”为指导，规范制度建设，完善工作流程。11月，组织基层支部参加全省农工党基层组织负责人培训班。全年共发展新党员15人。截至2017年底，共有农工党党员305名、基层支部14个、专委会7个。全年共编发工作简报62期。工作信息被农工党中央网站刊登8件，农工党省委网站刊登58件，《阳泉日报》刊登18件。（马洪亮）

【参政议政】 2017年，农工党阳泉市委围绕政府中心工作和人民群众关心的热点、难点问题，拟定课题，开展调研。先后组织党员赴国家级非物质文化遗产保护项目——平定县冠窑砂器陶艺有限公司和平定县华耀种植专业合作社晶鑫工艺葫芦基地开展文化产业调研；市直一支部到郊区杨家庄乡庙岭村调研乡村旅游发展建设，赴小西庄村东旭砂器有限公司调研企业生产、运行状况；郊区总支部到郊区顺天耐火公司对民营企业生存发展现状及集体经济破零存在的困难进行调研，到温河灌区了解其运行情况并对地表水资源进行现场调研；市直二支部到郊区东梁庄村调研阳大铁路自主造地项目。由平定支部魏启沁、霍燕红撰写的《乡村教师专业发展状况调查》获农工党山西省委2016年度优秀调研报告二等奖和农工党中央2016年度优秀调研报告二等奖。农工党阳泉市委制订并通过《农工党阳泉市委社情民意信息工作考评办法》，建立信息通报机制、激励机制，严格规范社情民意信息工作。全年报送社情民意信息65件，其中由市政协副主席、农工党市委主委张立君和副主委马洪亮联合反映的《关于申请以“阳泉舰”命名海军舰艇的建议》得到市领导批示。市政协十二届委员会提案表彰会上，农工党阳泉市委获优秀提案先进单位称号，1件提案被评为优秀团体提案，7名委员提案被评为优秀委员提案。市人大、政协“两会”期间，农工党内2名人大代表、15名政协委员参会，共提交建议提案33件，其中《关于加快推进我市脱贫攻坚工作的建议》被评选为重点提案。参加市委统战部组织召开的双月座谈会，围绕环境保护、信访维稳、创优营商环境等方面建言献策，发挥参政议政职能。（马洪亮）

【社会服务】 2017年，农工党阳泉市委组织党员举办惠民义诊、法律援助、捐资助学、帮贫扶困等社会公益服务。开展义诊服务。组织义诊活动10余次，先后到郊区荫营镇马庄村、城区新华东街社区、盂县北下庄乡后川村等地开展义诊咨询、免费体检及健康知识讲座，并发放宣传资料，赠送药品。组织捐资助学。高考前夕，到市第十一中学举办考前心理辅导公益讲座；“六一”前夕，平定总支部到锁簧镇东锁簧村和陈家庄村小学开展爱心捐赠；郊区总支部到河底镇东南沟村幼儿园为少年儿童送去学习用品；平定总支部到南关小学为20名外来务工困难家庭学生赠送书包、文具等学习用品，向南关小学捐赠篮球、羽毛球等体育用具。开展帮贫扶困。开展健康扶贫跟踪调研，为贵石沟街道苏村社区和义井镇瀑里村2户特困家庭送去米面油等慰问品，并为其中一户患白血病的16岁少女现场捐款；平定总支部到锁簧镇麻巷村开展送温暖扶贫活动。推动文化下乡。市直二支部发挥文艺特色优势，到平定县岔口乡甘泉井村开展文化下乡活动，为村民带去歌舞、戏曲、国画、书法等表演；到郊区东梁庄村调研，并赠送阳泉书画爱好者创作的书法、绘画等艺术作品。（马洪亮）

九三学社阳泉市委员会

【思想建设】 2017年，九三学社阳泉市委员会以基层宣讲、主题征文、专题座谈等多种形式，宣传中共十九大和九三学社十一大精神。结合“不忘合作初心，继续携手前进”“拥戴核心,合作共进”主题教育,开展多项教育活动。先后赴台儿庄战役纪念馆、西柏坡、狮脑山百团大战纪念馆、八路军纪念馆、黎城黄崖洞保卫战旧址参观学习,接受革命传统教育和爱国主义教育。组织社员参加学习培训,参加统一战线理论政策培训、机关专职干部培训以及全省各级组织领导班子素质能力提升培训。(李宏业)

【组织建设】 2017年7月中旬,九三学社阳泉市委有7名社员代表出席九三学社山西省第十次代表大会。会上,社市委主委、市科协主席杨红梅当选九三学社山西省第十届委员会常务委员,专职副主委郑世军当选九三学社山西省第十届委员会委员。全年发展新社员9名,其中博士1名、硕士研究生2名、本科学历6名,平均年龄36岁。截至2017年底,全市共有九三社员156名。其中,高级职称69名,占45%；大学文化程度及以上119名,占77%。九三学社阳泉市委有省政协委员1名，市人大代表1名、市政协委员18名，县区人大代表3名、县区政协委员17名。(李宏业)

【宣传工作】 2017年，九三学社阳泉市委结合主题教育活动,加强宣传工作。4月2日,在全社范围内举办庆祝阳泉建市70周年诗歌朗诵会,12名社员登台朗诵自己的原创作品。4月27日,参与市委统战部主办的“热爱阳泉、心系阳泉、发展阳泉”主题诗歌朗诵比赛,刘晶朗诵的原创作品《写给山城的春天》获一等奖;刘秀琴原创,刘秀琴、张永明朗诵的《阳泉,我可爱的家乡》获优秀奖。加大对外宣传工作力度,鼓励社员宣传社内重大活动和典型事例。分别在各级媒体、网站刊登先进人物事迹介绍、社务工作动态等。全年共发表九三信息45篇。其中,中共山西省委统战部网站刊载1篇、山西新闻网刊载1篇、社省委网站刊载15篇、《山西社讯》刊载3篇、《阳泉日报》《阳泉统一战线》等市级媒体刊载40篇。继续做好“一刊一网”工作,把社讯、网站、微信群打造成社员了解社务工作的资讯平台。全年出版《阳泉九三》2期,约5万字。(李宏业)

【参政议政】 2017年，九三学社阳泉市委组织开展“走基层、比贡献、献良策”系列调研活动,形成10余篇调研报告。其中赵瑞撰写的《关于加强阳泉市农村环境保护的建议》、赵纪红撰写的《关于优化阳泉市营商环境的建议》在市委统战部组织召开的双月座谈会上交流。市人大、政协“两会”期间,提交人大议案2件、政协提案42件,5人作大会发言,张秋明代表九三学社阳泉市委作《推进我市林业产业持续发展 促进农民稳定增收》的发言。九三学社阳泉市委团体提案《加快实施城市区老工业企业搬迁改造工作 打造晋东现代城市综合体》被市政协评为优秀团体提案,李胜、王振虎、张巧花等撰写的提案被评为优秀委员提案,九三学社阳泉市委被评为优秀提案先进单位。参政议政、信息工作受到九三学社山西省委表彰，获议政成果贡献集体三等奖，杨红梅获议政成果贡献个人奖。在九三学社山西省委青年工作委员会一届二次全委会上,青工委阳泉小组被评为先进集体,赵瑞被评为先进个人。全年报送社情民意稿件34篇,其中李玉霞撰写的《关于统筹扶贫资金实现精准扶贫的建议》被全国政协综合采用,赵瑞撰写的《关于加强阳泉市农村环境保护的建议》被中共山西省委统战部《直言简讯》采用,冯俊明等人撰写的《建议加强电动车、助力车的管理》等5篇社情民意在《山西政协报》刊载;九三学社阳泉市委获全省2016年度信息工作二等奖;李天祥、张巧花获全省2016年度信息工作先进个人。(李宏业)

【社会服务】 2017年，九三学社阳泉市委组织社内部分医疗专家赴盂县北下庄乡崔家庄村、郊区庙岭村开展健康扶贫专项义诊活动;到杨家庄乡白家庄村为慢病患者开展“送服务、保健康”义诊活动，为村里高血压、糖尿病患者提供用药指导、健康咨询300余人次,测量血压200余人次；开展高考志愿填报咨询活动,为400余人次考生家长提供服务;到平定县七亘村、营庄村开展脱贫攻坚服务，向村民赠送农业科技书籍2000余册。开展中医中药中国行——中医药文化进校园活动,郭昧明为杨家庄乡高垴庄小学师生进行中医药健康知识讲座。(李宏业)

【理论研究】 2017年，九三学社阳泉市委理论研究取得优异成绩。社员赵瑞撰写的《五四运动与九三学社青年社员成长》、梁董丽的《浅谈民主科学精神与九三学社健康发展》、张晓峰的《“九三”之使命是“五四”精神之延续》3篇论文入选社中央宣传部与社中央思想建设研究中心联合举办的“五四运动与九三学社缘起”研讨会论文集。赵瑞作为论文作者代表出席5月4日在苏州市举办的研讨会,并作大会发言。11月7日,赵瑞获社中央“坚持和发展中国特色社会主义学习实践活动全国先进个人”称号。组织参加社省委“不忘合作初心,继续携手前进”征文活动,获得三等奖3篇、优秀奖6篇,获奖数量为全省首位,赵美卿、宁志强撰写的《不忘合作初心，携手继续前进——九三学社与士人精神》，赵瑞的《提升五种能力,加强九三学社基层组织建设》,梁董丽的《不忘合作初心,继续携手前进》，被中共山西省委宣传部编写的论文集收录。赵瑞的《从许德珩回忆录诗词中探寻九三学社文脉之爱国主义精神》获社中央“坚持和发展中国特色社会主义论坛”征文活动二等奖。(李宏业)

人民团体

阳泉市总工会

【概况】 2017年，阳泉市各级工会学习贯彻中共十九大精神，以习近平新时代中国特色社会主义思想为指引，围绕全市中心工作和经济社会发展大局，推进改革创新，务实履职尽责，各项工作取得新进展。全年全市获得1个"全国五一劳动奖状"、1名"全国五一劳动奖章"，13名"省五一劳动奖章"、2个"省五一劳动奖状"、4个"省工人先锋号"。全市建成101个创新工作室，其中国家级1个、省级21个、市级26个。阳泉市总工会被全国总工会评为市级工会财务工作先进单位，被省总工会评为全省市级工会经审工作规范化建设考核特等奖。市总工会精神文明创建活动复查验收合格，继续保留"全国文明单位"称号，被省文明办评为2016—2017年度"山西省文明单位标兵"。（赵　谦）

【组织建设】 2017年，阳泉市总工会以"强基层、补短板、增活力"行动为抓手，在乡镇（街道）、开发区（工业园区）等主阵地，采取区域组建、行业组建、联合组建等多种模式，推进组织联合化。民营医院、建筑、快递、旅游、家政服务5个行业性市级工会联合会相继建立。工会组织网络向百度云计算、纳米洋葱碳等新产业、新业态延伸，破解非公有制企业建会难题，实现工会组织有效覆盖。全年全市新增工会组织39个，发展会员5485人。

加强基层工会选举工作规范化建设，在全国工会系统首推工会领导任职宣誓制度，率先在全省工会实施"三告知两报告二宣誓"（《企业党组织告知书》《企业行政告知书》《企业职工告知书》，严格企业建会向上级工会报告、企业工会选举结果向上级工会报告，推行新会员入会宣誓仪式、新任工会主席就职宣誓仪式）建会程序，推动乡镇（街道）工会主席由人大主席（工委主任）兼任，探索推行社会化工会工作者人事代理制度。制订基层工会建设标准，出台考核管理办法，明确推进要求，推动组织、制度、工作"三规范"向乡镇工会延伸，促进基层工会作用的发挥。强化工会干部教育培训工作，开设"阳泉工会大讲堂"，全年举办8期，邀请全国总工会、省总工会领导及知名专家学者授课，向市总工会机关全体职工和1300余名基层工会干部，进行分层次、全覆盖的培训。（赵　谦）

【"五小"竞赛活动】 2017年，阳泉市总工会狠抓以"五小"（小发明、小创造、小革新、小设计、小建议）竞赛为主要内容的职工经济技术创新活动，从拓展领域、扩大参与、激励创新、改进评审、提升实效上入手，完善竞赛常态化、长效化机制。为使竞赛活动取的预期效果，于7月25日召开全市"五小"竞赛推进会，表彰2016年度优秀成果400项，优胜单位20个。建立与市科技局、团市委、市科协协同推进的机制，确定40个示范企事业单位。扩大竞赛覆盖面，形成各行各业共同参与、整体推进的竞赛格局。建立项目申报、成果评审、数据统计、网上展示"四位一体"的"五小"竞赛线上工作平台，被省总工会评为山西省"五小"竞赛优秀成果二等奖。全年共有330个企事业单位参加"五小"竞赛活动，参赛职工16.15万人，共征集"五小"竞赛项目10163项，创造经济价值3.79亿元。市总工会获省"五小"竞赛活动综评第二名，获竞赛优秀组织奖，全市5个基层单位被评为省优胜单位，58项成果获省优秀成果奖，29项成果参加省"五小"竞赛成果精品展。（赵　谦）

【维护职工权益】 2017年，阳泉市总工会主动作为，做好经济新常态下的职工维权服务工作。健全完善维权机制，推进工资集体协商提质增效，实现数量质量双提升，市总工会被省总工会授予"推进工资集体协商三年规划”先进集体。加强以职代会为基本形式的企事业单位民主管理机制建设，推进民主管理和企务公开制度化、规范化、法制化，市总工会被省厂务公开领导组授予“山西省推动厂务公开民主管理工作先进单位”称号，山西阳泉煤业有限责任公司一矿、山西阳光发电有限责任公司受到全国厂务公开协调小组的表彰。推进去产能职工安置，参与阳泉水泵厂有限责任公司、阳泉阀门股份有限公司等企业退城进园、搬迁改制工作，在涉及职工切身利益的政策制订上加强预案审查，确保职工各项民主权利得到落实。推进“安康杯”竞赛，开展群众性安全隐患排查、监督检查。贯彻落实《山西省女职工劳动保护条例》，推动该条例内容纳入女职工权益保护专项合同。开展“女职工维权行动月”活动，完善“妈咪小屋”基础配置，增强服务功能，满足女职工的特殊需求，市“妈咪小屋”建设工作受到省人大常委会副主任刘杰和市领导的肯定，市总工会被省总工会授予2017年女职工维权行动月活动优秀组织奖。构建常态化的职工服务保障机制，推进户外劳动者服务站点建设，在70个服务站点建成运营基础上，新增47个。聘请专业心理咨询师到基层举办专场心理咨询，受益职工近1000人。困难职工帮扶系统升级完成，精准识别、结对帮扶相继展开，项目化帮扶得到改进。开展第十二期职工“大病医疗互助”活动，补偿职工从上期3088名增加到3713名，支付互助金869万元，为421名患大病职工，给予149.7万元专项医疗救助，为1233名特困职工给予专项生活救助。年内，阳泉市总工会牵头举办招聘会16场次，提供就业岗位3236个，766人达成就业意向。持续做好“金秋助学”活动，救助困难职工家庭子女由225名增加到266名，发放助学金106.4万元。春节前夕，慰问困难职工16206户，发放款物1136万元。持续推进农民工讨薪专项行动持续推进，全市各级工会共为1643名农民工提供服务，接待欠薪来访事件15起，追回欠薪144万元。市总工会帮扶工作经验在全国总工会帮扶工作培训班和社保主题调研交流研讨会上交流推介。（赵　谦）

【工会改革】 2017年，阳泉市总工会按照增“三性”(政治性、先进性、群众性)、去“四化”(机关化、行政化、贵族化、娱乐化)、强基层、促创新的总体思路，围绕完善组织体系、优化人员配备、创新工作方式、健全运行机制、强化工会综合保障5个方面内容，推进工会改革。

在改革领导机构、改进干部管理、推动力量资源向基层倾斜等重点领域和关键环节上发力，整合优化机关组织架构，减少中间层次和交叉重复，按规定配备经审会主任，选举挂职副主席，选拔任用年轻干部，进行岗位调整。推进“互联网+工会”建设，开通阳泉工会微信公众号。推进工人文化宫改革，制订改建规划和设计方案。

各县区总工会主动对接、及时跟进，研究制订各级改革方案，5个县区总工会都成立党组，各县区兼挂职副主席配备到位。全市工会系统改革全面展开，市、县、基层3个层面同步推进，省总工会提出的10项改革刚性指标落实到位，改革工作实现节点目标。（赵　谦）

【建市70周年系列活动】 2017年，阳泉市总工会以阳泉市建市70周年为契机，集中优势资源，科学安排力量，开展一系列活动。组织开展“送荣誉到基层，鼓干劲振精神”活动，“五一”期间，市委、市政府、市总工会领导带队，分7组到基层为获得市级以上表彰的模范个人和先进集体送奖牌、送荣誉。开展寻访“阳泉工匠”活动，与阳泉广播电视台联合开设专题专栏，集中2个月对全市各行各业中具有“大国工匠”精神的“阳泉工匠”先进事迹进行集中宣传报道。与市三晋文化研究会共同编撰《时代楷模》，与阳泉日报社联合编印《漾泉》，用优秀模范的先进事迹感召职工。举办以“阅读经典好书，争当工匠人才”为主题的阅读交流系列活动和“见证70年辉煌，共建美好山城”主题征文活动。（赵　谦）

中国共产主义青年团阳泉市委员会

【概况】 2017年，中国共产主义青年团阳泉市委员会以学习、贯彻、落实习近平总书记系列重要讲话精神为指引，以改革攻坚、从严治团为目标，围绕阳泉市委和团省委部署要求，为共青团当好党的助手和后备军提供坚强的组织保证，团结带领全市团员青年发挥共青团生力军和突击队作用。团市委推选的“竹石青少年分享戒烟互助成长项目”在2017年首届山西省青年社会组织公益创投大赛中获得铜奖，团市委“一线工作法”工作制度被确定为团省委改革示范项目。（王琦钧）

【共青团改革】 2017年，团市委按照《共青团阳泉市委员会改革实施方案》要求，推进各项改革举措。优化团市委机关机构设置，逐步推进市青少年宫的改革，调整团干部的选拔、任用和管理，明确在团市委、县区团委打造专兼挂相结合的团干部队伍，并对专兼挂干部的来源和考核监督进行规定。系统构建“1+1”“4+1”“1+100”联系服务青年制度体系，“1+1”是指工作机制，即团市委班子成员每人经常性联系1个县(区)，每月深入联系点调研不少于1次；

“4+1”是指团市委全体干部和县（区）团委班子成员每周4天在机关办公、1天到服务对象中工作的制度；“1+100”是指每名专职、挂职团干部经常性联系100名团员青年、每名兼职团干部经常性联系20名以上团员青年，听取意见建议，帮助解决实际问题。（王琦钧）

【青少年理想信念教育】 2017年，团市委结合建团95周年、阳泉市建市70周年、建党96周年等时间节点，组织开展阳泉市纪念建市70周年优秀基层青年选树活动和“学习总书记讲话 做合格共青团员”教育实践活动，举办阳泉市“青春喜迎十九大 不忘初心跟党走”主题团日活动102场。组织开展阳泉共青团学习中共十九大精神专题培训班，引导青少年以实际行动走在培育践行社会主义核心价值观的前列。注重加强青年榜样的选树，郊区河底中学学生武敏当选团中央全国向上向善好青年，山西阳光发电有限责任公司团委副书记禹方玮被团中央评为2016年度全国优秀共青团干部，矿区国家税务局被团中央评为2016年度全国五四红旗团支部。（王琦钧）

【青少年权益保护】 2017年，团市委加强青少年法治宣传教育。开展“未来有约定 青春不毒行”2017年阳泉市青少年禁毒宣传活动，“法治进校园”宣讲活动，推出“守护青春”青少年法治广播节目等，依托服务青少年的实体阵地开展中、高考减压活动30余场，直接服务考生和家长3000余人次。针对寒暑期青少年意外事故多发问题开展寒暑期“青春自护”教育活动，全市共举办寒暑期自护活动近百场。履行专项组组长单位职责，督促落实《阳泉市深化预防青少年违法犯罪工作的实施意见》，推动落实专门教育学校建设，教育矫治有不良或严重不良行为青少年，做好社会治安综合治理工作。畅通青少年利益诉求表达渠道，开展市、县两级“共青团与人大代表、政协委员面对面”活动，推进“青少年维权岗”和“12355”青少年服务中心建设，推动青少年相关法律法规和政策措施落在实处。（王琦钧）

【青年就业创业】 2017年，团市委以青年就业创业指导服务中心为依托，面向大中专毕业生、城乡流动青年等青年群体，通过观念引导、技能培训、岗位见习、信息对接等措施，为青年就业创业搭建职业介绍、政策咨询、技能培训等“一站式”综合服务平台。每周五定期举办青年招聘会，举办阳泉共青团春季、秋季招聘会和走进市卫校青年专场招聘会等，实现就业1032人。联合市人社局、阳泉日报社、市广播电视台举办“商业银行杯”第四届阳泉青年创新创业大赛，共决出10个获奖项目。采取“赛训结合”的方式，分别举办基础、精英、实战3期阶梯式训练营，举办成果展示会暨颁奖典礼。承办第四届山西青年创新创业大赛和山西青年高端论坛，在推介阳泉、吸引人才方面起作用。开展青年就业创业培训和青年电商培育工程，培训青年1585人次。开展青创先锋评选活动，实施青年创新人才培养工程。选树各行各业的优秀人才，培养青年创新型人才队伍。平安庄园农业有限公司董事长裴云飞被评为首批山西青年创新先锋人物，国网阳泉供电公司信通公司信息运检班被评为首批山西青年创新先锋团队，山西中兴环能科技有限公司煤层气催化裂解零排放制备纳米碳材料及其储能性能的研究、国网阳泉供电公司检修公司便携式光纤熔接盒项目等6个项目被评为首批山西青年创新先锋项目；开展企业青工“五小”（小发明、小创造、小革新、小设计、小建议）创新活动，推选报送优秀成果170个。（王琦钧）

【弱势青少年群体帮扶】 2017年元旦、春节前夕，团市委以结对帮扶、大病救助、真情助学、志愿服务“四大活动”为载体，与困难学生、患病青少年、留守儿童等特困青少年群体结成“一助一”帮扶对子176对，送去价值10万元的慰问金及米、面、油等过节物品。举办2017年阳泉希望工程圆梦行动助学金发放仪式，筹集54万元爱心资金帮助108名大学生圆梦大学，每人获得5000元助学金。4月25日，联合中国光华科技基金会举办“书海工程 悦读未来”关爱留守儿童图书捐赠活动，为北下庄乡及周边农村留守儿童捐赠图书1500余册，价值2.58万元。3月16日，团市委整合社会资源，走进平定县岔口乡，开展“送岗位、送政策、送技术、送文化、送助学金”活动3场，为待业青年送去500余个符合实际需求的岗位；发放扶贫政策宣传资料1000余份；举办农村青年就业创业技能培训，帮助150余名青年提升技能；筹集善款3.8万元，资助困难中小学生38名，每人1000元；组织青年志愿者服务队，开展以“弘扬孝德文化，共建美丽乡村”为主题的文艺表演活动和免费义诊、理发、照相等服务。（王琦钧）

【新媒体工作】 2017年，团市委开展“网上共青团”工程，以“智慧团建”和“青年之声”为重点，发挥网络宣传队伍作用，建设工作网、联系网、服务网“三网合一”的“网上共青团”。成立阳泉共青团新媒体中心，发挥阳泉共青团官方网站、微信、微博等网络宣传阵地作用，推出直击十九大、相亲交友、圆梦中国人等新栏目。“阳泉青年之声”累计浏览量308万次，提问5594条、回答4771条，平台注册专家187位。阳泉共青团官方微博全年更新757条，阅读68万次。“阳泉青年”微信公众平台发布信息294期，阅读42.17万余次，在线直播吸引观众22万余人次。（王琦钧）

【"青年之家"综合服务平台网络体系建设】 2017年,团市委以在青少年活动中心带头示范建设面向全市青少年的综合示范服务平台——阳泉"青年之家"为示范,全市每个县(区)至少打造1家县级"青年之家"和2家基层"青年之家",推动全市形成服务青少年的网络体系。召开全市"青年之家"综合服务平台网络体系建设推进会,命名7家示范性"青年之家"综合服务平台,首批31名市团代表入驻阳泉市"青年之家"综合服务平台开展志愿服务。7月,省委副书记黄晓薇到城区义家亲"青年之家"综合服务平台调研,对义家亲在邀请青年项目设计、发动青年志愿者参与项目上给予肯定。全市创建的40个"青年之家"综合服务平台入驻团中央云平台系统。（王琦钧）

【青年志愿者协会第三次会员代表大会】 2017年3月1日,团市委召开阳泉市青年志愿者协会第三次会员代表大会,李小华代表市青年志愿者协会第二届理事会作《围绕"四大定位"奉献青春智慧,全面推进我市青年志愿者事业创新发展》的工作报告。会议选举产生第三届理事会理事。确定158个会员,其中114位个人会员、44个团体会员。大会首次接纳各县区团委、市直单位团组织、各非公有制团组织、学校团委直属志愿服务队伍等团体会员。会后,新一届理事会召开第一次全体会议,选举产生协会第三届理事会理事长、副理事长、秘书长、副秘书长,李小华当选为理事长。（王琦钧）

【共青团阳泉市委第十四届六次全体会议】 2017年3月17日上午,团市委召开第十四届六次全体(扩大)会议。会议回顾总结2016年的主要成绩和取得的经验,并对2017年的工作进行安排部署。大会审议通过《共青团阳泉市委第十四届六次全体会议关于委员、候补委员卸职递补确认案》,卸免4名委员、递补4名委员。团市委书记石光源作题为《坚持党的领导,聚焦改革攻坚,在实现"四大定位"目标中建功立业,以优异成绩迎接党的十九大胜利召开》的工作报告。（王琦钧）

2017年5月3日,阳泉市纪念五四运动98周年主题团日活动在阳泉市第二中学举行（王琦钧供图）

【"五四"主题团日系列活动】 2017年"五四"期间,阳泉市开展系列主题团日活动。5月3日,市委书记陈永奇,市人大常委会主任王旭明到阳泉师范高等专科学校观摩社团活动,与青年代表座谈交流。同日,"青春喜迎十九大 不忘初心跟党走"阳泉市纪念五四运动98周年主题团日活动在阳泉市第二中学举行,市第二中学的190名新团员进行入团宣誓,市人大常委会主任王旭明出席活动并作讲话。5月4日,团市委开展阳泉市青年电商创业沙龙活动,市长董一兵到位于开发区的山城8号,参观双创基地,观摩孵化企业,并与青年创业者座谈交流。（王琦钧）

【"圆梦中国人"全国巡回宣讲团】 2017年8月16日,共青团阳泉市委牵头承办的由中央宣传部、共青团中央、全国总工会、全国妇联主办的"圆梦中国人"全国巡回宣讲团到阳泉市进行宣讲。宣讲活动中,全国道德模范、中国青年"五四"奖章获得者、全国向上向善好青年杨怀保,火箭军某部发射连连长、火箭军优秀共产党员尹东,交通部中国交通通信信息中心导航中心副主任、高级工程师、全国"三八"红旗手标兵王淑芳,全国向上向善好青年、阳泉市郊区杨家庄乡党委副书记、乡长田玲等宣讲团成员,通过分享自己平凡工作中不平凡的业绩,诠释中国人民为实现中华民族伟大复兴中国梦奋进的价值追求和精神品格。（王琦钧）

【共青团阳泉市第十五次代表大会】 2017年9月20日,共青团阳泉市第十五次代表大会在阳泉宾馆报告厅开幕。会议选举产生共青团阳泉市第十五届委员会,审议通过《共青团阳泉市第十五次代表大会关于第十四届委员会工作报告的决议》,选举产生共青团阳泉市第十五届委员会委员30名,候补委员19名。

9月21日上午,共青团阳泉市第十五届委员会第一次全体会议选举产生新一届书记、副书记和常委。石光源当选为新一届团市委书记,王克波、李俊斌、代中海(挂)、张卫珂(兼)、毕冠华(兼)5人当选为团市委副书记。（王琦钧）

阳泉市妇女联合会

【概况】 2017年，阳泉市各级妇联聚焦城市、农村、家庭“三大领域”，强化服务大局、服务妇女，打造精干高效的妇联干部队伍、有担当有爱心敢作为的妇女创业领军人才队伍、家庭教育辅导员队伍、专业化妇女维权队伍“四支队伍”，实施妇联组织功能提升工程、妇联干部能力提升工程、妇女素质提升工程、妇联治理机制提升工程、妇联工作保障水平提升工程，推进妇联改革向纵深发展，市妇联工作步入全省第一方阵，全市妇女事业取得新成就、实现新发展。市妇联获全国维护妇女儿童权益先进集体、山西省第四届“三晋巧姐”手工艺品展评展销活动优秀组织奖、山西省第三届“晋嫂”家政服务技能大赛优秀组织奖。（任　梦）

【关爱妇女儿童】 2017年，阳泉市妇女联合会结合重要时间节点，组织开展一系列妇女儿童关爱帮扶活动。春节前夕，市妇联以“暖冬活动”为载体，多方筹措资金，对全市优秀妇女代表、困境儿童、离退休老干部等20名妇女儿童进行慰问。争取到山西省特困妇女救助基金3万元，发放到10名特困妇女手中。4月18日、19日，市妇联举行“贫困母亲两癌救助”中央专项彩票公益金发放仪式，为20名患有宫颈癌、乳腺癌的贫困母亲每人发放1万元的救助基金。建军节期间，市妇联到部分军人家中开展走访慰问，为兵妈妈和军嫂送去鲜花和慰问信。5月31日上午，市委书记陈永奇带领四大班子领导，到市新华小学与小朋友共庆“六一”儿童节。（任　梦）

【“工行杯”阳泉巧姐手工艺作品展】 2017年，阳泉市妇联举办以“巧姐巧手巧致富·展评展示展风采”为主题的“工行杯”阳泉巧姐手工艺作品展评展示活动。3月2日，“工行杯”阳泉巧姐手工艺作品展郊区专场开幕，100余名巧姐的8000余件手工产品在市展览馆展出。3月5日上午，市委书记陈永奇，市委常委、市委秘书长巩成，到市展览馆参观“工行杯”阳泉巧姐手工艺作品展。6月21日，“工行杯”阳泉巧姐手工艺品暨文化旅游精品展平定县专场开展，1000余件手工艺品展出。（任　梦）

【“三八”国际劳动妇女节系列活动】 2017年，在“三八”国际劳动妇女节107周年之际，阳泉市妇联开展一系列纪念活动。2月27日至3月1日，组织医疗、法律、文化等有关专家到各县区进村入户，开展“送健康、送法律、送文化”服务到基层活动，为基层妇女群众提供免费体检、义诊和咨询服务，并发放各类宣传资料3万余册。3月3日，召开阳泉市纪念“三八”国际劳动妇女节107周年纪念会暨市妇联十一届六次执委(扩大)会，市妇联党组书记、主席卢东华作《围绕中心、服务大局，团结带领全市妇女为阳泉经济社会发展贡献巾帼力量》的工作报告。会上，对全国五好文明家庭、全国最美家庭及三晋最美家庭代表进行颁奖。3月8日，由市人社局、市妇联主办，市人才开发交流服务中心承办2017年阳泉市第九届女性专场人才交流会。3月10日，市妇联、市人社局联合举办“春风送岗”妇女专场招聘会。（任　梦）

【阳泉市“家庭 家教 家风”百人千场公益巡回宣讲活动】 2017年4月17日，阳泉市妇联举办阳泉市“家庭 家教 家风”百人千场公益巡回宣讲启动仪式。仪式上命名20个社区（村）示范家长学校、10个家庭教育指导服务示范基地，聘任100名家庭教育辅导员。8月15日，市妇联在盂县第三实验小学举办“亲子 阅读 传承”为主题的阳泉市“家庭 家教 家风”百人千场公益宣讲活动分享会，各县(区)妇联主席、分管主席、市家庭教育辅导员及家长代表80余人参会。会上，盂县妇联、郊区妇联、家长代表、家庭教育工作者及企业代表进行经验交流，与会人员现场观摩阳泉弘德国学盂县分院、量子猫科学馆、竹品教育培训中心。12月6日，市妇联召开“家庭 家教 家风”百人千场宣讲活动座谈会，总结2017年全市家庭教育工作，为2018年家庭教育工作提出意见和建议。20日，市新华小学校校长郭玉兰，盂县竹品教育培训中心负责人、盂县家庭教育协会会长张君燕被中国家庭教育学会聘为第二届中国家庭教育百名公益人物推荐活动的家庭教育辅导员。2017年，市妇联开展各类宣讲1013场，受益人数近6万人。（任　梦）

【“建行杯”阳泉市首届广场舞大赛】 2017年5月12日，“巾帼心向党·喜迎十九大”——“建行杯”阳泉市首届广场舞大赛主会场在桃林沟举行。24支队伍参加比赛，阳泉市妇幼保健院和阳泉一监的舞蹈队获一等奖，阳泉煤业有限责任公司代表队获特别奖。比赛在平定县、盂县设立分赛场，比赛历时3个月，吸引全市各县区的75支广场舞团队报名参赛，直接参赛人数2300余人。（任　梦）

【儿童帮扶】 2017年，阳泉市妇联对困难儿童开展帮扶活动。5月27日，阳泉市举行第二十四批“春蕾计划”平定县现场资助仪式，市妇联工作人员、各乡镇妇联主席、90名春蕾儿童代表参加资助仪式。全年全市共有1900余名儿童得到44万元的资助金。5月28日，市妇联开展“春蕾成长专项救助”行动，到矿区东山社区3户困境儿童家中进行走访慰问，送去救助金及书包、文具等学习用品。“六

2017 年 5 月 31 日，市领导到市新华小学与小朋友共庆“六一”儿童节
（王文利供图）

一”之际，市委书记陈永奇，市委常委、市委秘书长巩成等领导分别带队到各县区小学及困难企业幼儿园、下岗女职工自办幼儿园，看望少年儿童、教职员工及困难职工，送去 27.1 万元的慰问金。（任　梦）

【阳泉市网上家长学校成立】 2017 年 6 月 23 日，阳泉市网上家长学校成立并举行揭牌仪式，市、县（区）两级妇联、文明办、教育局等相关部门领导和部分市直机关、企事业单位、家教辅导员代表参加仪式。阳泉市妇联向全市 10 家机关企事业单位家长学校授牌，并为续聘的 11 名家庭教育辅导员颁发聘书。阳泉市网上家长学校由市妇联、市教育局、市文明办联合主办，山西省网上家长学校校长兼任阳泉市网上家长学校校长，山西省网上家长学校提供技术支撑。网上家长学校为学生、家长和教师免费提供教育资源，内容覆盖学前教育、中小学教育、中高等职业技术教育，服务范围为全市各类幼儿园、中小学、职业技术学校、市直机关事业单位及国、省、民营企业等单位。（任　梦）

【妇联系统改革】 2017 年 6 月 30 日，《阳泉市妇联改革方案》出台后，各县（区）妇联相继出台改革方案。阳泉市妇联细化妇联系统改革任务书、时间表，将改革任务细化为 28 项、132 条措施。截至 2017 年底，完成 120 条。与组织部门沟通协调，在全省妇联系统率先将妇女工作的考核纳入全市年度目标责任考核体系；推动在市直机关工委设立市直属机关妇女工作委员会，全市 80 余家机关、企事业单位的妇建工作全部纳入党建工作范畴。促进妇联干部队伍建设，制订落实妇联干部直接联系群众制度，市县乡三级妇联分别建立基层联系点，推行一名妇联干部联系 50 名妇女群众的“1+50”工作法。市妇联选配 1 名挂职副主席、4 名兼职副主席、增替补 10 名执委；100%的乡镇（街道）妇联完成区域化建设，县乡两级妇联共新增兼职副主席 146 名，乡镇（街道）妇联新增执委 125 名，村（社区）妇联新增执委 6214 名。全市 32 个乡镇、12 个街道的妇联组织区域化建设 100%完成。加强妇女小组建设，组建网格化、功能型妇女小组 3354 个。推动“妇女之家”增点扩面，全市乡镇（街道）、村（社区）“妇女之家”覆盖率达 100%，机关事业单位妇女之家覆盖率达 30%。探索推动在民营企业、工业园区、女性行业协会、众创空间等非公有制经济组织和社会组织中建立妇女组织，组建率达 60%。（任　梦）

【阳泉市妇联改革暨乡镇妇联组织区域化建设推进会】 2017 年 8 月 9 日，阳泉市召开妇联改革暨乡镇妇联组织区域化建设现场推进会，各县（区）委组织部副部长，乡镇（街道）党委副书记，县（区）妇联主席、副主席、乡镇（街道）妇联主席共 130 余人参加会议。与会人员先后观摩平定县冠山镇宋家庄村，郊区桃林沟村、汉河沟村、三都村的改革成果，通过现场观摩、观看版面、查阅资料、与基层妇女干部群众及新当选的执委面对面交谈等方式，全面了解妇联改革中取得的好经验和好做法；观摩结束后，召开总结交流会，阳泉市委组织部部务委员崔晓亮对《阳泉市妇联改革实施方案》进行解读，郊区区委常委、组织部部长梁敏，平定县妇联主席杨婵荣，郊区荫营镇妇联主席张彩虹作经验交流。（任　梦）

【“圆梦中国人·巾帼故事汇”活动】 2017 年 8 月至 9 月，阳泉市妇联成立阳泉市巾帼先锋宣讲团，并在基层开展“圆梦中国人·巾帼故事会”宣讲活动，宣讲活动邀请全国巾帼文明岗国税局开发区税务分局代表韩泽陆、全国道德模范候选人平定公交公司职工王玥、全国巾帼文明岗国网阳泉供电公司电力调度控制中心地区监控班宣讲代表赵晶晶等为讲师，以自己的亲身经历，与大家分享奋斗故事。巡讲活动共举办 6 场，先后到阳泉市三区两县的社区、乡镇、机关，为 1000 余人进行宣讲。（任　梦）

【市妇联十一届七次执委会】 2017 年 9 月 26 日，阳泉市妇联召开十一届七次执委（扩大）会议，会议替补、增补刘列萍、庞能芳、任红梅、尚娟敏、赵林英、张芳芝为市妇联十一届执委，选举康翠荣为市妇联副主席，

张芳芝为市妇联挂职副主席，任红梅、尚娟敏、赵林英、郗慧萍为市妇联兼职副主席，阳泉市妇联领导班子实现“专兼挂”配备新格局。（任　梦）

【阳泉市旗袍文化研究会成立】 2017年10月17日，阳泉市旗袍文化研究会成立大会暨第一次会员代表大会在市文化中心一楼报告厅召开。阳泉市旗袍文化研究会聘请市人大常委会原副主任吴丽萍，市政协原副主席赵永红、任美福担任名誉会长；聘请市总工会原常务副主席李兰萍，市审计局原局长李润平，阳泉鑫宇文化艺术有限公司董事长马风朝担任名誉副会长，市妇联为市旗袍文化研究会的指导和监督部门。（任　梦）

【市妇联巾帼领头雁培训班】 2017年11月30日，阳泉市妇联“巾帼领头雁”示范培训班在山西农业大学开班。山西农业大学副校长李宏全，市妇联主席、党组书记卢东华参加开班仪式。培训为期1周，阳泉市各县区103名村“两委”女委员、优秀女致富带头人和女能人、返乡创业女农民工参加。培训内容主要包括中国共产党十九大精神学习、乡村振兴战略、乡村旅游、居家花卉、电子商务基础知识等。（任　梦）

阳泉市科学技术协会

【创新驱动助力工程】 2017年，阳泉市科学技术协会根据《山西省科协创新驱动助力工程实施意见》，在全市科协系统实施创新驱动助力工程。支持盂县申报省科协创新驱动助力工程示范县，并且在盂县后川养殖专业合作社建成首个省级学会服务站，邀请省作物协会秘书长、三晋学者特聘教授王创云，省园艺学会秘书长、省农科院研究所王云山为合作社进行技术指导服务。开展林果产品的开发研制，提高项目实施的技术含量，加快当地农业和农村经济结构调整，带动当地经济发展。12月，盂县获山西省科协创新驱动助力工程示范县称号，盂县后川养殖专业合作社作为省级学会服务站，获省科协3万元资金支持。（宋崇军）

【“五小”竞赛活动】 2017年，阳泉市科协第一次进入“五小”竞赛活动组织单位行列，与市总工会、市科技局、团市委联合开展“五小”竞赛活动。市科协以科普中国乡村e站为阵地，在农村动员开展“五小”竞赛活动。经过宣传、动员，收集到“农业气象观测站对农业生产的防灾增收作用”“油用牡丹示范推广”等70个项目。其中，平定县晨鑫种植专业合作社的农药喷洒无人机项目获省“五小”竞赛三等奖。（冯　静）

【“网上科技工作者之家”建设】 2017年，为加强对科技工作者的网上联系、引导、动员、服务，让普通科技工作者能在网上找到组织、参加活动、咨询求助，市科协在官方网站上开设“科技工作者之家”专栏。专栏设置科协组织、风采名录、建言献策、呼声诉求4个子栏目，公开工作邮箱和各部室的职责、联系方式，供科技工作者反映诉求、献计献策。（石彦俊）

【全国科普日活动】 2017年，阳泉市各级科协组织围绕“创新驱动发展，科学破除愚昧”的活动主题，组织广大科技工作者、科普志愿者到乡村、社区、学校、工厂等地，面向未成年人、农民、领导干部和公务员、城镇劳动者、社区居民，开展科普教育基地、科普惠农兴村、社区科普益民、科普大篷车等活动。9月20日，在城区新华东街社区阳光广场举办全国科普日启动仪式，市科协、市教育局、市科技局、市环保局、各县区科协的负责人参加启动仪式。启动仪式现场，市科协展出科普展板80余块，发放宣传资料5000余份，现场示范讲解心肺复苏方法，为居民进行免费义诊，多支社区表演队表演科普节目。活动期间，以“科普中国”品牌为统领，围绕“科学破除愚昧”主题，利用市科协官方网站、微信公众号、科普中国乡村e站、LED大屏开展科普中国系列宣传。9月1日，与阳泉市广电合作的“科普中国”专题栏目在阳泉市科教频道正式开播。与阳泉日报

2017年9月20日全国科普日启动仪式上，阳泉市科协组织医务人员为群众讲解心肺复苏方法　（石彦俊供图）

社合作，在《阳泉日报》三版开办“科普中国”栏目，栏目每两周一期。市科协被中国科协评为全国科普日活动优秀组织单位。（冯　静）

【《阳泉科普》】 2017年，阳泉市科普宣传教育中心共编印出版《阳泉科普》6期，每期印制1000册，共印制6000册。免费向市级四大班子领导，市直各单位，省科协领导及各部室，各县区科协，市直各学会、协会、研究会，各企事业科协，科普示范学校，科普示范社区发放。栏目设置有卷首语、科普风、尖尖角、桑麻地、市井园、和谐韵。（石彦俊）

【“科普中国·百城千校万村”行动】 2017年，中国科协启动“科普中国·百城千校万村”行动。阳泉市科协开展多种活动。依托现代信息化手段，按照“有场所、有终端、有网络、有活动、有人员和统一标识”的标准，开展科普中国e站建设工作。先后在盂县北下庄乡富达康核桃产业协会、盂县丰润农场、盂县后元吉村有机功能农业促进会、山西恒赫贸易有限责任公司建设科普中国乡村e站4个，在矿区虎尾沟社区、里沙坪社区建设科普中国社区e站2个，在阳泉市第四中学、矿区赛鱼小学建设科普中国校园e站2个。（石彦俊）

【首个“全国科技工作者日”活动】 2017年5月30日是首个“全国科技工作者日”。阳泉市科协组织召开阳泉市科技工作者代表座谈会，张卫珂等20位不同领域的科技工作者代表出席会议，市委书记陈永奇出席会议并作讲话。会后，市科协整理汇总科技工作者代表意见建议报市委，其中发展中医药产业、发展养蜂产业精准扶贫、三和园双创基地增开公交车3项建议被市委、市政府采纳落实。市科协通过《阳泉日报》《阳泉科普》及官方网站、微信公众平台宣传市第一人民医院骨科专家、医学博士葛建忠，山西中兴环能科技有限公司总经理张卫珂，阳煤集团华越机械有限公司高级工程师白永胜，山西北方晋东化工有限公司研究员级高级工程师李便花等16名优秀科技工作者的先进事迹。（王与宾）

【示范院士工作站获奖】 2017年4月24日，阳煤集团院士专家工作站举行挂牌仪式，省人大常委会副主任、省科协主席周然，省科协党组书记、副主席许富昌，市委副书记、市人大常委会主任王旭明，市委常委、市委统战部部长王铁梅出席仪式。10月，山西云泉生态环境院士专家工作站和阳煤集团院士专家工作站被省科协命名为山西省示范院士专家工作站；阳煤集团院士专家工作站被评为全国示范院士工作站。（冯　静）

【阳泉市科协科技创新专家库成立】 2017年11月，阳泉市科协组建阳泉市科协科技创新专家库，为凝聚科技工作者智慧，服务全市实施创新驱动、转型发展战略。首批入选专家库成员的是13名不同行业的专家，分别为岳润庆、高志鸿、燕永红、田忠科、葛建忠、王玉清、张卫珂、周建斌、李海庆、白永胜、马维青、籍继花、李彦军。（王与宾）

【2人获山西省优秀科技工作者称号】 2017年，阳泉市科协举荐优秀科技工作者参加第九届山西省优秀科技工作者评选。经过推荐、评选，12月25日，省人力和社会资源保障厅和省科协联合发文《关于表彰第九届山西省优秀科技工作者和第八届山西省十佳中青年优秀科技工作者的决定》，山西中兴环能科技有限公司总经理、副教授张卫珂，阳煤集团山西新元煤炭公司总工程师、通风工程师张肖峰获第九届山西省优秀科技工作者称号。（冯　静）

阳泉市归国华侨联合会

【参政议政】 2017年，阳泉市归国华侨联合会向市政协推荐侨联界政协委员5名，侨界省、市人大代表各1名。发挥侨界人大代表、政协委员及侨联信息组成员的作用。在市政协十三届一次会议上共提交个人提案5件，团体提案2件，梁一轮委员就《关于对阳泉市城市建设与管理的建议》进行大会交流发言。全年共向市政协报送社情民意信息18篇，参加市委统战部召开的双月座谈会3次。（潘　闵）

【服务经济发展】 2017年，阳泉市侨联把“晋侨·金桥”行动与“晋商晋才回乡创业创新·泉心泉意共促阳泉发展”恳谈会相结合，助力经济发展。通过电子邮件、电话、微信、网站和公众平台发布信息等方式向海内外侨团、侨领发出征集合作意向函，跟踪收集海外侨团（侨胞）的合作项目5个，并与相关部门就项目的合作进行对接。7月27日，邀请中国欧美同学会副会长、加拿大加达国际商务投资咨询公司总裁闫长明先生和华澍资本创始人兼首席执行官孙国富先生参加在北京举办的新能源新材料产业发展论坛，并作演讲。为大会推荐签约项目3个。其中，“安泰时代——互联网+中医健康养生综合服务平台”项目在恳谈会上签约，总投资3000万元。9月29日，邀请晋商加拿大总商会赵向东会长一行13人到阳泉市进行项目考察对接，市发改委、经信委等19个部门及各县区分管领导和招商部门负责人就全域旅游、清洁能源、信息技术等方面进行座谈，会后实地考察阳煤集团二矿煤矸山和大阳泉古村。推荐阳泉市华商企业山西平定亮晶晶砂锅有限公司和山西天泉慧谷科技园有限公司入选第三批“山西省新侨创新创业示范基地”，推荐7家涉侨、华商企业入选“山西省侨联新侨创新创业联盟”。推荐山西金凯旋汽车租赁有限公司总经理王国梁入选“山西省海外留学归国人员创新创业协会”副会长，并参加第三届海归双创论坛。（潘　闽）

【依法维护侨益】 2017年1月4日至20日，阳泉市侨联对全市侨界人士、帮扶村和“同心共建”社区的困难群众和新侨代表、困难归侨侨眷进行走访、调研和慰问，共覆盖侨界人士及社区、农村特困人员89户，发放慰问品和慰问金3万余元。6月9日至10日，在阳泉市墨玉宾馆举办2017年山西省归侨侨眷职业技能培训（阳泉）班，开设“创业就业培训”和“母婴护理师培训”2门课程，全市各县区的71名侨界群众参加培训。6月29日，市侨联组织21名58岁以上的老归侨及侨联退休老干部进行免费健康体检。10月24日至27日，由中国侨联主办，山西省侨联、阳泉市侨联和阳泉市城区侨联承办的“中国侨联特聘专家走基层—山西阳泉肿瘤筛查义诊活动”在阳泉举行。义诊活动分别在市第三人民医院、盂县上社镇卫生院、郊区荫营镇卫生院、平定县西岭村卫生所开展，为全市归侨侨眷、社区居民和帮扶村群众等2100人进行抽血检验，免费筛查，并对筛查出的60位高值人员做2次后期跟踪服务。建立87人的“阳泉市线上侨胞之家”微信群和41人的QQ群，要求归侨侨眷和海外侨胞以实名的方式加入，并及时发送各级侨联工作信息、侨务政策、法律法规和习近平总书记系列重要讲话精神的链接进行讨论和交流。（潘　闽）

【海内外联谊】 2017年，阳泉市侨联与海外社团、海外重点人士互通邮件、信函200余封。接待回乡探亲或到阳泉市考察交流的侨界人士和海内外侨团代表70余人次。开展省内、市内交流联谊。5月19日，接待运城市侨联党组书记、主席李红光一行3人到阳泉市就新侨创新创业进行学习交流。10月16日至17日，承办山西省侨联工作座谈会。省侨联党组书记王维卿一行9人及11个地市的侨联主要负责人共计30余人参会，会上，就第三季度基层组织建设、侨胞之家建设、文化交流基地建设、市县两级侨联换届和侨联改革推进等重点工作进行交流。（潘　闽）

2017年10月24日，“中国侨联特聘专家走基层—山西阳泉肿瘤筛查义诊活动”在阳泉市举行（潘　闽供图）

【文化活动】 2017年，阳泉市侨联与各县区统战部联合组织27所中小学校参加第十八届世界华人学生作文大赛，87篇参赛作文获奖，其中特等奖1名、一等奖19名、二等奖27名、三等奖40名，69名老师获得辅导奖，市侨联获优秀组织奖。洪城河小学五年级学生张志轩的作品《门里门外》，在22个国家和地区的700余万篇作品中获特等奖（全球仅15名）。与市文联、市摄影家协会合作，各县区侨联向海内外华侨华人征集摄影作品参加第三届世界华侨华人摄影展，向组委会上报作品120余幅，其中侨眷王坚克的《玉宵春梦》（组照）获创意摄影类佳作奖。举办“庆祝建市70周年·阳泉记忆”和“根·魂·梦——我的祖（籍）国”主题征文活动，经筛选报送省侨联11篇。4月27日，参加全市统一战线庆祝阳泉市建市70周年诗歌朗诵会，市侨联法顾委委员、信息组成员许立人创作并朗诵的《我深深地热爱这片沃土、热土》获三等奖。组织侨界代表人士30余人开展庆祝阳泉建市70周年健步行活动。组织侨界代表人士和退休老干部、老归侨30余人召开庆祝阳泉建市70周年座谈会。（潘　闽）

阳泉市工商业联合会

【参政议政】 2017年，阳泉市工商业联合会履行政治协商、民主监督、参政议政的职能，发挥党和政府联系非公有制经济人士的桥梁纽带作用。市人大、政协“两会”期间，市工商联共提交人大建议24件、政协提案36件（团体提案3件、个人提案33件），2人在大会上作发言。全年搜集反映委员社情民意5件，被市政协采纳3件。市工商联把“双月座谈会”的议政议题与开展“走基层、献良策、比贡献”活动结合起来，围绕全市中心工作，到企业、社区、乡村，开展调研活动，注重与民营经济发展有关的意见和建议，统一收集分类汇总。建言献策调查研究活动中，市工商联走访调研非公有制民营企业，召开各类座谈会，发放调查问卷，形成《开展走访民营企业调研情况的报告》《市工商联

关于开展大调研的报告》《阳泉市“百企帮百村”精准扶贫工作调研报告》等5份调研报告。（郭晋兴）

【自身建设】 2017年，阳泉市工商联按照全省工商联换届工作会议和换届文件要求，严把非公有制经济代表人士入选的入口关，并于2月27日召开第十四届代表大会，选出主席1名、副主席25名、秘书长1名、副会长18名、常委55名、执委149名。9月15日，市工商联(总商会)召开第十四届一次常委会，组织建立民营经济发展委员会、参政议政委员会、法律维权和组织建设委员会、光彩事业促进委员会、宣传教育委员会5个专委会。抓机关干部队伍建设，组织学习宣讲习近平总书记视察山西重要讲话精神和中共十九大精神。4月28日，召开全市非公有制经济界“庆祝建市70周年‘热爱阳泉、心系阳泉、发展阳泉’”系列活动安排部署会，组织民营企业家代表参加全市庆祝建市70周年各项活动。7月，组织全市年轻一代民营企业家开展“纪念中国共产党建党96周年，喜迎十九大主题党日”活动。10月16日，市工商联邀请20位全省年轻一代民营企业家杰出代表，举行“喜迎十九大、坚定跟党走”理想信念教育实践交流报告会。（郭晋兴）

【“五好”县级工商联与“四好”商会创建】 2017年，阳泉市工商联在平定县、盂县、城区全面开展创建领导班子好、会员发展好、商会建设好、作用发挥好、工作保障好的“五好”工商联工作，按照制订的相关方案，从机构、经费、人员、工作等方面全面规范运行，力争全部实现“五好”。阳泉市郊区工商联、盂县工商联被全国工商联评为2017年全国“五好”县级工商联。制订方案，启动创建班子建设好、团结教育好、服务发展好、自律规范好的“四好”商会工作，与异业联盟、职业经理人协会缔结战略友好合作关系，开展互学互帮互助，同时规范街道商会组织建设，纵深发展组织网络，为乡镇、街道商会改革发展提供借鉴。11月8日，市工商联(总商会)会员联谊中心在山西丹柠国际葡萄酒庄有限公司挂牌成立。（郭晋兴）

【民营企业家素质提升工程】 2017年，阳泉市工商联为促进民营企业家健康成长，开展一系列活动。4月21日，与市中小企业局共同邀请人民大学世界经济研究中心主任、中央政治局集体学习主讲专家黄卫平教授作《解读2017年宏观经济走势与供给侧结构性改革》专题讲座。邀请百度创新中心负责人徐光耀、百度云资深解决方案架构师林孟祥、小马创业村(上海)投资管理有限公司董事长马俊杰开设“传统产业与互联网融合创业大讲堂”。6月，与慧达NLP商学院、新晋商学院就民营企业家培训培养签订战略合作协议，邀请学者或企业家在众创电子商务产业园举办“民营企业家大讲堂”，先后邀请国家金牌培训讲师刘安达、清华大学博士生导师郑毓煌、市农委祁来科、市统计局魏海文分别作《新经济形势下领导智慧之思维制胜》《创新营销思维，推动企业转型》《以世界眼光，站在国家高度纵论阳泉农业的可持续发展》《新常态下，阳泉经济形势分析》的讲座。7月1日，推荐民营企业家参加与市中小企业局联合开设的中小企业上市暨现代企业制度管理培训班学习。（郭晋兴）

【民营企业服务】 2017年3月20日，阳泉市工商联与市委统战部、市中小企业局对全市22家发展困难及列为省市重点项目的民营企业进行调研，梳理存在问题和建议，形成调研报告上报有关部门。5月3日，与市委统战部赴盂县调研民营经济发展情况，了解企业生产经营、产品销售、市场潜力等方面的情况。6月26日，组织开展民营企业政策落实“回头看”专项督查调研活动，向天元集团、阳泉衡宇电器有限公司、鑫盛瓷业有限公司、山西通宝鑫能物流有限公司征求意见建议。印发120份“兑现政府承诺征求意见表”发放到各县区民营企业，汇集梳理存在问题，对共性问题集中处理、个性问题专门解决，确保政策措施落实到位。11月8日，市非公有制经济服务中心在市开发区晋商汇小微企业孵化器有限公司挂牌成立。中心借助其业务平台，为非公有制经济人士提供工商注册代理、资质代办、代账报税、地址挂靠、小额贷款等服务，同时中心开通服务热线接受非公有制经济人士咨询。晋商汇小微企业孵化器有限公司是市工商联会员企业，截至2017年底，共孵化企业94家，承办工商注册代理企业1000余家。（郭晋兴）

【晋商晋才回乡创业创新工程】 2017年1月31日，阳泉市工商联与市委统战部、市投资促进局共同举办“晋商晋才回乡创业创新·泉心泉意共话阳泉发展”阳泉市在外代表人士新春恳谈会，搭建晋商晋才助力家乡转型升级发展沟通平台，邀请22位阳泉籍在外工商界人士为家乡发展献计献策。经3位阳泉籍在外人士牵线搭桥，在特色小镇建设、金融参股改制、森林全产业链项目、特色农庄精准扶贫项目、大连万达广场项目等方面取得实质性进展，拟在阳泉投资或参股金额50余亿元。7月27日，市委、市政府主办“晋商晋才回乡创业创新、泉心泉意共促阳泉发展”(北京站)主题招商活动，邀请市内外工商界嘉宾围绕创业创新的理念和经验，结合阳泉实际作深度分析，各县区各单位与投资商签约21个重点投资项目，总投资金额123.96亿元，涵盖信息技术、新能源、节能环保、旅游产业、现代农业等多个领域。（郭晋兴）

【"百企帮百村"精准扶贫工程】 2017年10月23日,阳泉市"百企帮百村"精准扶贫工程现场推进会在郊区召开,市工商联全体常委向全市广大非公有制经济人士发出《投身"百企帮百村"精准扶贫工程倡议书》。其间,60余名民营企业家代表,先后到郊区杨家庄乡庙岭村,西南舁乡雨下沟村、郊山村,河底镇河南村,实地考察民营企业与各村结对帮扶举措和帮扶成效。与会人员集体观看各县区"百企帮百村"项目展板、活动资料及郊区"百企帮百村"活动视频专题片。市工商联对全市"百企帮百村"精准扶贫工程进行汇报。阳泉市民营企业家捐助100万元助力"百企帮百村"精准扶贫工程,专项用于资助贫困村、低收入村贫困村民子女学习。市县(区)工商联组织非公有制经济代表人士,同步开展"十个一"活动,即民营企业家组织一个团队、组织一支服务队、走进一个贫困村、体验一天生活、召开一次村民座谈会、召开一次乡镇统筹分析会、细化实施一个脱贫项目、接受一次理想信念教育、写一份心得体会、树立一批先进典型。截至2017年底,167个民营企业和商会组织与130个建档立卡贫困村签订3年接力帮扶协议,实现民营企业对建档立卡贫困村的全覆盖,实施产业帮扶项目32个,开展就业帮扶、慰问救济帮扶、教育培训智力帮扶等活动。与市县(区)扶贫办、发改委、农委、金融办等部门联系,将国家、省、市关于脱贫攻坚的相关惠民政策编印成册,及时送到民营企业家和贫困村、贫困户手中;与农发行签订战略协议,协调农村信用社组成金融扶贫服务队,落实贴息贷款金融政策,保障产业扶贫项目实施。 (郭晋兴)

【异地商会建设】 2017年7月26日,阳泉市工商联在北京市举行北京阳泉企业商会成立大会,会议选举产生商会领导班子,82位阳泉籍民营企业家成为初始会员。北京阳泉企业商会在市委统战部、市工商联指导下,由北京盛世银泰投资控股有限公司、北京天业建材科技有限公司、北京益智伊甸园园林绿化有限公司联合发起,商会聘请百度公司创始人、董事长兼首席执行官李彦宏担任总顾问,山西益智集团总裁张益智任会长。异地商会在汇聚人才、外包服务、融通资金、招商引资、反哺家乡、对外交往等方面探索经验,发挥作用。

12月3日,在豪远国际酒店举行阳泉市河北商会成立大会。会议通过《阳泉市河北商会章程(草案)》等相关工作制度,选举产生商会领导班子。111位河北籍民营企业家成为初始会员。商会成立后,整合会员资源,团结并吸纳在阳泉工作生活的河北籍各界人士,在开拓市场、招商引资、服务会员企业、加强晋冀两地交流合作等方面发挥作用。 (郭晋兴)

【3家企业入围2017年山西民营企业100强】 2017年10月10日,由省工商联主办的2017年山西省民营企业100强发布会在太原市召开。阳泉市3家企业入围百强企业,分别是位列55位的山西南娄集团股份有限公司、94位的盂县中信焦化有限公司、96位的山西志远集团有限公司,其中盂县中信焦化公司百强销售净利润率排名第三、百强总资产净利润率排名第二。 (郭晋兴)

政法委及综治

政法工作

【违法犯罪惩治】 2017年，阳泉市政法机关落实总体国家安全观，开展“全民国家安全教育日”宣传活动，在全省率先完成县区一级“国安办”实效化建设全覆盖。反恐反邪教反渗透反间谍斗争扎实开展，国家安全人民防线不断巩固。全年全市共破获反间谍专案、邪教“法轮功”、邪教“全能神”案件9起，抓获涉案人员9名。实施“平安阳泉系列严打工程”，公安机关相继组织开展平安阳泉一号、平安阳泉二号、平安阳泉三号等严打活动。全年全市刑事案件立案5346起，比上年下降13.5%；其中“八类案件”(故意杀人、故意伤害致人重伤或死亡、强奸、抢劫、贩卖毒品、放火、爆炸、投放危险物质)立案192起，下降20.3%；打掉黑恶势力犯罪团伙11个，抓获团伙成员104名，破案91起。破获各类刑事案件1855起，其中“八类案件”136起；现行命案发12起破12起，自2012年起连续6年命案全破；打击处理各类违法犯罪人员8401人。全市检察机关批准和逮捕各类刑事案件496件633人，分别下降5.2%和9.4%；提起公诉1113件1429人，案件数上升3.4%，人数下降2.3%；受理监察委移送案件13件16人。全市法院共受理各类案件19323件，审结、执结18822件(含旧存)，分别上升1.24%和7.35%，结案率97.41%，位居全省第二。全市公众安全感指数达90.32%，提高0.41个百分点。　（赵克玉）

【法治阳泉建设】 2017年，中共阳泉市委专题研究并理顺市、县法治建设机构。9月，市委常委会研究通过《阳泉市2017年度党政主要负责人履行推进法治建设第一责任责任人职责工作清单》。继续推进领导干部学法，转发《关于完善国家工作人员学法用法制度的意见》。印发《关于实行国家机关“谁执法谁普法”普法责任制的意见》《关于推行法律顾问制度和公职律师公司律师制度的意见》，明确行政执法部门普法责任，8月完成在国家机关全面建立法律顾问制度工作。截至2017年底，市县两级党委及其所属部门、政府及其工作部门、各人民团体全部聘请法律顾问，部分事业单位、国有企业试点推行，61个事业单位已聘请法律顾问。年内，地方立法工作全面启动，起草《阳泉市城市道路交通条例管理条例》《阳泉市绿化条例》《阳泉市地方立法条例》。对新一届政府31名组成人员进行任前法律培训暨考试，任命后集体向《中华人民共和国宪法》宣誓。　（赵克玉）

【司法体制改革】 2017年，阳泉市委政法委围绕司法改革、监察体制改革、涉法涉诉信访改革开展工作。围绕司法改革所涉及的司法责任制改革、司法人员分类管理、人财物省级统一管理、司法人员职业保障四项内容开展工作。全市两级法院首批134名法官纳入员额管理，原有14个业务部门调整为7个审判团队，完成首批员额法官遴选和审判团队组建工作，全市法院一审结案率、服判息诉率、调解率较上年分别上升10.4%、2.5%、3.4%，执行到位率全省第一，“两到三年基本解决执行难”执行质效考评全省第一，是全省唯一一家高于全国平均值的法院。市人民检察院共组建31个办案组，84名员额制检察官被任命为独任职检察官，案件质效得到提升，法律监督职能加强。支持配合监察体制改革试点。贯彻落实、支持配合监察体制改革“1+4”配套制度(联席会议制度、跟踪督导制度、重大案件督办制度、重大事项和重要信息报告备案制度、重大事项协调解决制度)，建立支持配合工作基础台账，深入推动工作开展。全年全市检察机关受理监委移送案件10件

13人，提起公诉9件12人，法院作出生效判决6案7人，正在审理3案5人。检察机关受理监委移送、作出强制措施平均用时1.7天，提起公诉平均用时18.9天，低于10天、2个月的法定期限。推进涉法涉诉信访改革。开展涉法涉诉信访集中清理和依法处置违法信访专项行动，健全完善律师参与化解涉法涉诉信访制度，将涉法涉诉信访解决在司法渠道内，全市涉法涉诉信访存量、增量连续多年保持“双下降”，涉法涉诉进京非正常上访量连续多年保持全省最低。（赵克玉）

【信访工作】 2017年，阳泉市进京非正常上访16人次，赴省集体信访23批次302人次，比上年分别下降25.8%和43.7%；到市信访量7550件（人）次，下降23.3%；全市信访总量10436件（人）次，下降9.6%。全国“两会”“一带一路”国际高峰合作论坛、中共十九大等重大活动、重要时段均保持“零非访”。7月，市信访局被人力资源和社会保障部、国家信访局授予“全国信访系统先进集体”称号。阳泉市信访工作经验先后被法制网、省委《山西信息》、省委政法委《山西政法动态》转载。

责任信访 2017年，按照“知责、履责、尽责、追责”工作要求，市委出台《关于进一步加强市级领导接待信访的通知》，在全市党政主要领导中实行党政同责、一岗双责、齐抓共管、综合治理、失职追责信访工作责任制。落实领导接访责任制。市委书记、市长每季度一次到信访大厅接访，市委常委、副市长每周一、三、五轮流到大厅接访，重大情况市级领导随时赴现场接访，重要节点实行“无假日”接访。县（区）委书记、县（区）长每周一接访，县区党政领导每周至少一次接访。乡镇、街道每天有一名党政主要领导坐班接访，确保信访群众在市、县、乡三级见得到领导、诉求表达到领导。年内，市领导坐班接访群众59批119人，形成议定事项59件。落实领导包案责任制。通过市委常委包县区，副市长、法院院长、检察院检察长包领域，重点疑难信访案件全部由市委常委、副市长和县、乡、村三级领导包案化解，做到真包案、真化解、真教育、真稳控。落实案件交办责任制。年内，中央、省交办的185件信访案件全部按期按标准化解，实现“四个100%”（中央交办重点信访事项化解率、省交办重点信访事项化解率、省交办网上登记信访事项办结录入率、自行排查信访事项化解率全部达100%）。落实一线工作责任制。在重要时期和重大信访事项处置上，坚持领导一线指挥、措施一线落实、问题一线解决、群众一线劝返，筑牢“基层化解、县区教育、途中疏导、北京劝返”四道防线，确保关键节点信访维稳任务圆满完成。

阳光信访 市委政法委推行“互联网+信访”模式，提升信访工作效率，降低群众信访成本。设立市、县两级“网络投诉受理办公室”，全面建设视频信访系统，组织全市160名信访干部开展网上信访业务培训，推进信访信息系统深度应用。截至2017年底，市信访局受理办理网上信访事项809件，比上年增长106.4%；信访部门及时受理率98.3%，群众满意率96.9%，分别增长10.4%和3.0%；责任单位及时受理率99.1%，按期答复率97.2%，群众满意率95.7%，分别提高23.9%、5.9%和2.3%。市信访局在信访接待大厅安装电子屏加强宣传，通过公示职能部门责任清单、信访案件办理流程，主动接受监督。围绕“量降序好、限标保位、控新治旧、争零创无”目标，全市相继组织开展“治理信访突出问题专项行动”“依法解决群众信访诉求规范信访秩序专项治理”等活动，对信访积案进行大起底、大排查、大化解、大稳控。持续开展“学习枫桥经验，创建无越级上访乡镇（街道）”活动，全市10个乡镇（街道）由重点越级上访降为一般越级上访，4个乡镇（街道）由一般越级上访降为无越级上访，4个乡镇（街道）保持无越级上访。开展大走访活动，将走访对象从涉军群体延伸到其他领域、群体，市、县、乡三级领导干部共走访9355人次，汇总、梳理、解决群众诉求6大类951条，做到重点领域、重点群体全覆盖，国家、省、市、县四级信访信息系统登记来访批次占比分别为11.1%、7.3%、21.8%、59.9%，基层吸附力增强。

法治信访 2017年，市信访局运用“三分”原则（诉访分离、事项分类、事责分级）解决信访问题。深化律师参与信访工作制度，全市17家律师事务所33名律师轮流参与信访街道咨询900余人次，参与化解信访案件和群体性纠纷近百起，涉及群众2000余人。开展“信访工作责任落实年”活动，加大奖励问责力度，因信访工作落实不到位进行责任追究22人，提拔或调整重用成绩突出信访干部11名。（赵克玉）

【公正执法】 2017年，阳泉市中级人民法院以公开促公正，建设审判流程、裁判文书、执行信息、庭审信息四大公开平台；市人民检察院以监督促公正，通过侦查活动监督、刑事审判监督、民事行政检察监督，聚焦监督主责主业，共监督立案撤案64件，纠正漏捕漏诉51人，提出抗诉31件；市公安局以规范促公正，通过启动全市办案区升级改造工程，实行执法办案场所精细化管理，打造全省规范化办案新标杆；市司法局以服务促公正，通过开展“社区矫正教育矫治质量年”活动等，全面提升法律服务水平，其中，市法律援助中心被评为“第五届全国法律援助工作先进集体”，郊区荫营镇司法所、盂县苌池镇司法所迈入全国先进行列；市、县（区）两级党委政法委以督查促公正，组织开展“执法司法规范化建设年”活动，组织

开展案件集中评查 14 件，重点针对城区法院开展执法巡查，发现共性和个案问题 47 个。（赵克玉）

【营商环境优化】 2017 年，阳泉市委政法委建立政法机关领导干部联系重点企业制度，对影响重点工程项目的各类矛盾纠纷细化排查，及时发现、解决问题。年内，对山西兆丰铝业有限公司南山沟赤泥干堆场新建工程、阳煤矿区西 110 千伏变电站等 7 个工程项目进行社会稳定风险评估工作，并提出意见建议。公安机关在市重点工程、重点企业设立警务室，对破坏重点工程项目的违法犯罪案件迅速侦破、从严惩处，查处无正当理由干扰阻碍重点工程和项目建设、影响企业生产经营等案件 35 起，打击处理 58 人，破获各类经济案件 107 起，挽回经济损失近 300 万元，在“猎狐行动”中抓获全省首个境外逃犯。市人民检察院加大涉经济领域犯罪打击力度，对涉众经济犯罪、侵犯知识产权、破坏产权保护等案件提起公诉 186 件 272 人；开展破坏环境资源和危害食品药品安全犯罪专项立案监督活动，发现案件线索 80 余件，监督行政机关移送案件线索 31 件 32 人；全市两级检察院办理公益诉讼案件 28 件。市中级人民法院在市重点企业、重点工程和农村社区建立 11 个法律服务点，预防和化解矛盾纠纷 39 件，提出法律建议 212 条，调解民事纠纷 7 件，接受法律咨询 93 人次。市中级人民法院受理各类民商事案件 11027 件（含旧存），审结 10668 件（含旧存），比上年分别上升 7.3%和 15.5%。司法行政系统开展“法律服务进千村入万户”活动，选派 100 名机关干部、100 名法律工作者与重点企业和项目对接服务，与 68 家企业、97 个农村签订法律服务协议，共办理各类公证案件 5578 件，办理法律援助案件 708 件，受援人数达 9338 人。（赵克玉）

【中共十九大安保维稳工作】 2017 年，阳泉市政法机关和广大政法干警以中共十九大安保维稳为主线，全面实施“环京护城河”工程，做好中共十九大、全国两会、“一带一路”高峰论坛等重点时段安保安检工作。市委召开迎接中共十九大保安全护稳定誓师大会、全市信访维稳工作会、社会稳定风险隐患大排查大整治工作会等，下发全市迎接中共十九大“保安全护稳定”工作方案。坚持全市动员、全员参战，按照“实兵、实装、实地”要求，公安、军分区、消防、卫生、水电油气热、阳煤集团、阳泉一监、阳泉二监等 44 家单位 1600 余人参加誓师演练。（赵克玉）

【普法宣传】 2017 年，阳泉市委政法委严格落实普法教育第一责任，在全省率先成立市普法依法治理领导小组，组织全市 9517 人参加国家机关工作人员无纸化学法用法考试，及格率 88.2%，参考率、及格率均名列全省第三。市人民检察院开展职务犯罪预防“进企业、进机关、进社区、进学校、进农村”活动，提出检察建议 86 次，开展行贿犯罪档案查询 2678 次。10 月 31 日，市法学会第二次会员代表大会召开，完成换届工作。郊区获全国“六五”普法先进县区，市委宣传部获全国“六五”普法先进单位。

年内，阳泉市共举办法制讲座 100 余期，开展法制宣传 300 余次，发放宣传资料 6 万余份，接受群众法律咨询 3500 余次，省、市两级报刊刊发稿件 1000 余篇，电视台、电台播出栏目 200 余次，互联网专题宣传 600 余次。《阳泉日报》法治周刊全年编辑 50 期，刊登各类稿件 800 余篇。“两报一刊”（《法制日报》《山西法制报》《长安》杂志）征订工作结束，《长安》杂志第一年由自办发行转为邮政发行，完成订数 647 份，比上年增长 43.1%。（赵克玉）

【政法队伍履职能力建设】 2017 年，根据全省政法系统“大练兵、大比武、大培训”要求，阳泉市委政法委制订下发《关于加强政法队伍培训工作的意见》。市公安局组织开展“网络 + 实战”培训，市中级人民法院组织开展“庭审观摩”，市人民检察院组织开展全市首届“砺剑杯”精品案件大赛等。开展全市政法系统讲师团巡回授课工作，截至 2017 年底，完成授课 8 次，培训干警 3000 余人次。

2 月，市人民检察院创建“全国检察机关文明接待室”通过验收，被最高人民检察院授予“全国文明接待室”荣誉称号，平定县人民检察院驻所检察室被最高人民检察院评为“全国一级驻所检察室”。市中级人民法院报送案例获选全国法院系统 2017 年度优秀案例分析暨“促公证·法官梦”第四届全国青年法官优秀案例奖。3 月，市法律援助中心被全国妇联授予“全国维护妇女儿童权益先进集体”称号。（赵克玉）

【政法队伍纪律作风建设】 2017 年，阳泉市委政法委继续引深执法司法领域突出问题专项整治、“把纪律挺在前面”专项行动，按照省委政法委要求，深入开展纪律作风检查工作。制订下发《关于做好对全市政法队伍进行纪律作风检查工作的方案》，分类总结全市政法系统落实八项规定精神不严、宗旨意识不强、执行工作纪律不实等重点问题。全面梳理完善全市政法各单位原有“铁规”“禁令”，对市公安系统《现场督察、网上督察和“12389”举报投诉受理核查“三项规则”》、市人民检察系统《检察人员纪律条规手册》、市中级人民法院系统《“三谈四述一报告”制度》、市司法行政系统《岗位廉政风险点及防控措施》等 30 余部制度进行修订完善。运用监督执纪手段，对贯彻落实中央八项规定精神不力、群众反映强烈问题严肃追责，“五一”期间和8月下旬，对全市政法机关遵守纪律作风情况进行明察暗访，查出各类问题30余个，通报批评单位6家，责令作出深刻检查8人。全市政法机关党政纪处分政法干警20名。（赵克玉）

综治工作

【组织领导建设】 2017年，阳泉市加强社会治安综合治理工作组织领导建设，推动全市综治工作有序开展。

强化顶层设计 将综治工作纳入全市经济社会发展整体规划，制订下发《阳泉市2017年度社会治安综合治理工作要点》，将综治工作纳入市委、市政府目标责任考核体系。市综治委先后组织召开市综治委全体（扩大）会议、迎接“十九大”保安全护稳定誓师大会、全市信访维稳工作会等大型会议，制订下发平安阳泉建设行动计划、安全稳定风险隐患大排查大整治专项行动实施方案等，做到任务明确、职责清晰、责任落实。

强化责任落实 坚持综治工作目标管理责任制，党政一把手层层签订综治工作责任书，构建市、县（区）、乡镇街道、村社区、内部单位五级综治工作责任网络。坚持综治工作“一把手”责任制，市委书记、市综治委主任为全市综治工作第一责任人，市综治办分层分级建立完善领导干部综治工作政绩档案，综治责任人定期向综治委进行综治工作述职。执行综治审核制度，组织、人社、文明办等部门对单位及主要领导干部晋职晋级、评先受奖、出席资格等，提前征求综治部门意见，对综治工作存在问题、受到责任追究的，坚决取消评先受奖资格。年内，综治部门审核单位、个人共计360余个（人），取消市人行、郊区河底镇评选省、市文明单位资格。市县两级综治委开展综治责任追究118次，通报批评单位54个、重点管理5个、一票否决4个，对14个单位进行集中约谈。

强化督促检查 市综治办采取日常检查、暗访调查、集中督查和专案督查“四查联动”方法，加大综治督促检查力度。全年全市组织日常检查30余次、暗访检查10余次、集中督查7次、专案督查4次。督查中，市综治办变事后追究为事前预警，对存在隐患的6家单位下达《综治工作预警通知书》，推动综治责任有效落实。

强化工作保障 年内，市综治委组成人员全部调整到位，全市45个乡镇街道综治专抓副职基本配备到位。“雪亮工程”完成投资1000余万元；矛盾纠纷调解方面，累计落实以人定补、以案定补、以奖代补经费100余万元；累计投资6700余万元用于综治中心标准化建设；市县两级落实司法救助配套经费300万元；严重精神障碍患者管护方面，落实市、县两级收治管护专项经费335.4万元；解决信访群众合理诉求方面，落实资金1282.4万元。（赵克玉）

【社会治安防控】 2017年，阳泉市公安机关依托移动警务车和快反巡逻车，采取“五定”工作机制（定点、定区域、定人员、定车辆、定责任），坚持24小时无缝隙巡查防控，全年共出动警力17500余人次，巡逻车6000余辆次，对各类警情有效处置率达100%。在重要敏感时段，公安武警混合编组联勤巡逻，全年共联合武装巡逻64天，出动警力640人次，巡逻重点部位268个，协处各类警情37起。建立健全1000余人专职治安巡防队，专门负责公共区域特别是社区小区0点至凌晨6点时段治安巡逻，成为公安专业巡防重要补充。组织开展基层自巡自防工作，各村（社区）均组建由党员、机关干部、热心群众组成的治安巡逻队。推进平安志愿服务工作，发动党员干部、共青团员、社区工作者等担任平安志愿者，实现平安志愿服务工作全覆盖。创新平安志愿服务模式，开辟直接面对群众的微信公众号和手机APP客户端，畅通人民群众参与综合治理、共建平安阳泉通道。将综治工作与市政府网络问政平台“阳泉随手拍”结合，全市2238名综治网格长上报信息2000余条，解决问题1600余件。截至2017年底，全市共有群防群治队伍31593人，其中专职5529人、兼职26064人，平安志愿者注册登记人数达1.4万余人。（赵克玉）

【社会稳定整治】 2017年，全市组织开展社会稳定风险隐患大排查大整治活动。针对排查出的不同类别风险隐患，分别采取一般问题明责制、重点问题交办制、特殊问题督办制3个办法集中整治。全市共确定66项排查整治重点，明确30个牵头单位，市委政法委成立5个专项督查组，由班子成员带队，每月至少一次深入县区明察暗访、督促指导。全年全市共排查各类社会稳定风险隐患6358个，有效整治6113个，整治率达96.2%。（赵克玉）

【平安阳泉建设】 2017年，全市各级综治组织以严格落实责任制为龙头，围绕强化打击、严密防范、源头治理、打造平台等综治重点开展工作。8月25日，阳泉经济技术开发区下五渡村等5个村社区被省综治办、省公安厅命名为2016年度省级“平安社区（村）”。9月19日，阳泉开发区维稳办（公安分局）被人力资源和社会保障部、中央综治委评为全国社会治安综合治理先进集体。12月8日，市信访局等6个单位被省人力资源和社会保障厅、省综治委评为全省社会治安综合治理先进集体，市人民检察院刑事检察五部部长郭志燕等6人被评为全省社会治安综合治理先进工作者；省劳动竞赛委员会授予市综治督查科科长马青个人一等功，郊区

公安分局党委委员、副局长张晓明个人二等功。 （赵克玉）

【“雪亮工程”】 2017 年，阳泉市委、市政府成立全市“雪亮工程”建设领导组，市综治办会同市公安局、市发改委联合印发《阳泉市公共安全视频监控建设联网应用工作实施方案》，确定“雪亮工程”建设技术标准、工作要求和推进步骤等。全市开展视频监控资源建设情况摸底工作，对教育、林业、交通等 11 个系统 120 家单位视频监控资源进行摸底调查，登记造册。加强社会治安视频监控增点补位工作，实施“天网监控全覆盖”工程。全市新增视频监控探头 6427 个，探头总数达 8 万余个。对全市重点行业单位 18835 台视频监控探头进行摸底登记、技术分析、型号比对等工作，将林业、教育、交警等系统监控资源进行初步联网试运行。“雪亮工程”平台与“智慧阳泉”平台联网互通、资源共享、深度应用。 （赵克玉）

【“六类特殊人群”管控】 2017 年，阳泉市各级综治组织继续加大“六类特殊人群”（刑释解教人员、社区矫正人员、吸毒人员、艾滋病人、易肇事肇祸精神病人和社会闲散青少年）服务管理工作力度，重点开展严重精神障碍患者和吸毒人员管控工作。协调卫计、人社等相关单位解决严重精神障碍患者拖欠费用 46 万元，将 1277 名生活困难严重精神障碍患者和家庭纳入低保，落实收治管护各项措施，确保患者得到及时救治救助。全市摸排登记精神障碍患者 4761 人，管理率达 82.2%，服药率达 64.8%。加强社区矫正安置帮教基地建设。全市在册吸毒人员 5268 人，其中在社区戒毒 1923 人、康复 346 人，建成 5 个社区矫正教育管理中心和 7 个安置帮教基地，累计安置刑释解教人员 376 人，服刑在教人员信息核实率达 100%。加强艾滋病人服务管控，完成 1600 余名艾滋病高风险人群监测工作。依托市技工学校建立问题青少年帮教基地。 （赵克玉）

【矛盾纠纷排查化解】 2017 年，阳泉市综合治理办公室健全完善三级矛盾纠纷调解中心组织运行机制，实现矛盾纠纷集中梳理、归口管理、依法处理、限期办理。统筹公检法等部门资源力量，推进诉调、检调、警调、政调、访调“五调对接”，完善人民调解、行政调解、司法调解“三调联动”。全年全市法院共诉前调解案件 536 件。平定县先后在莹玉陶瓷公司、长青石油支撑剂公司等 13 个企业建立调解组织，县城 11 个居委会全部建立人民调解委员会，80 多个住宅小区建立人民调解室，实现矛盾纠纷就地化解。强化重点行业调解，3 个农业县区的 32 个乡镇成立农村土地承包调解委员会，保险、医疗、妇女维权等重点行业和重点单位建立调解委员会，基本实现行业调解全覆盖。全年全市共排查矛盾纠纷 4100 起，调解 3890 起，调解率达 94.9%。 （赵克玉）

【综治中心标准化建设】 2017 年，阳泉市综治中心制订县、乡、村三级综治中心日巡查、周汇报、月通报制度，全年全市上报信息 31.9 万件，有效处置 29.8 万件，处置率 93.56%，处置率位居全省第一。推进网格长全员入驻“阳泉随手拍”平台，加强综治信息报送，全年全市 2238 名网格长全部入驻随手拍，上报信息 2000 余条，为群众解决问题 1600 余件。依托社会服务管理（指导）中心，5 个县区组建县区级综治中心。截至 2017 年底，全市 6 个县区（含开发区）、29 个乡镇街道、288 个村社区完成综治中心建设任务。以建立案件督查、督办、登记销号和通报制度为核心，开展综治中心制度化建设，以县、乡、村三级示范点建设为引领开展综治中心达标化建设。截至 2017 年底，全市县乡村三级依托综治中心建立心理服务咨询室 356 个，聘请专业人员 482 名，针对矛盾纠纷、信访当事人等重点人员开展一对一心理服务矫治、心理干预 1200 余人次，提供心理辅导 6000 余人次。 （赵克玉）

法治政府建设

【概况】 2017 年，阳泉市人民政府法制办公室围绕市委、市政府中心工作，深入贯彻落实《中共中央关于全面推进依法治国若干重大问题的决定》《法治政府建设实施纲要（2015—2020 年）》，认真遵法学法守法用法，把政府工作全面纳入法治轨道，用法治思维、法治方法解决问题，逐步形成办事依法、遇事找法、解决问题用法、化解矛盾靠法的良好法治环境，全市依法行政工作取得新进展。

开展规范性文件管理工作。加强重点领域规范性文件制订，按照市委民主法制领域改革小组安排，2017 年，市法制办起草完成《阳泉市人民政府起草地方性法规草案和制订政府规章程序规定》等八项制度，制订过程坚持体现地方特色，切实增强可操作性；出台《阳泉市人民政府办公厅关于加强行政调解工作的意见》，起草完成《阳泉市规范性文件制定与备案办法》。严把规范性文件备案审查关，年内，市政府、市政府办公厅共公布规范性文件 6 件，按照备案审查标准，从合法性、适当性、协调性三个方面对报送备案的规范性文件进行审查，合格后向省政府、市人大常委会报送备案。

落实行政执法人员资格认证制度。全面实行行政执法人员持证上岗和资格管理制度，未通过执法资格考试者，不得授予执法资格，不得从事执法活动。市政府法制办为 2016 年全市行政执法人员资格认证培训考试合格人员发放行政执法证件 627 本。

健全重大行政决策机制。2017年,市法制办出台阳泉市第一部政府规章《阳泉市禁止燃放烟花爆竹规定》(以下简称《规定》),《规定》起草工作、专家论证、合法性审查、社会公众征求意见工作已完成,定于2018年2月1日起开始施行。向市人大常委会提交地方性法规草案两件,分别为《阳泉市城市绿化条例(草案)》《阳泉市城市道路交通管理条例(草案)》,为有效化解城市交通运行条件滞后、建设整洁优美现代化城市提供制度保障。（赵　妶）

【行政执法监督检查】 2017年,阳泉市法制办印发《阳泉市人民政府法制办公室关于推行行政执法公示制度执法全过程记录制度重大行政执法决定法制审核制度的实施方案》,督促指导全市各行政执法单位建立行政执法三项制度,结合政府信息公开、权力和责任清单公布等工作,公开行政执法主体、人员、职责、权限、随机抽查事项清单、依据、程序、监督方式和救济渠道等信息。行政执法人员从事执法活动,要佩带或出示能够证明执法资格的执法证件,出示有关执法文书,做好告知说明工作。规范事中公示。探索行政执法决定公开的范围、内容、方式、时限和程序,完善公开信息的审核、纠错和监督机制。推动事后公开。各单位通过文字、音像等记录方式,对行政执法行为进行记录并归档,实现全过程留痕和可回溯管理。作出重大执法决定之前,必须进行法制审核,未经法制审核或者审核未通过的,不得作出决定。

根据《阳泉市人民政府办公厅关于认真总结贯彻落实〈法治政府建设实施纲要(2015—2020年)〉情况并做好接受现场调研督查准备工作的通知》要求,市法制办在全市开展相关工作检查,各单位积极自查,并就查出的问题进行整改。11月,省人民防空办公室、省政府法制办公室联合对全省人民防空法律法规贯彻落实情况进行专项检查,市人防办、市法制办积极准备,就人防系统依法行政工作开展情况、人防相关法律法规执行情况、经验做法、存在问题向省检查组进行汇报。（赵　妶）

【政务公开工作】 2017年,阳泉市法制办坚持以公开为常态、不公开为例外原则,推进决策公开、执行公开、管理公开、服务公开、结果公开。完善政府信息公开制度,拓宽政府信息公开渠道,明确政府信息公开范围和内容,重点推进财政预算、公共资源配置、重大建设项目批准和实施、社会公益事业建设等领域政府信息公开。完善政府新闻发言人、突发事件信息发布等制度,做好对热点敏感问题的舆论引导,及时回应人民群众关切。创新政务公开方式,加强互联网政务信息数据服务平台和便民服务平台建设,提高政务公开信息化、集中化水平。阳泉市政府网站及时更新和维护“政策法规”“本省文件”栏目,按时发布市政府、市政府办公厅有关文件,全年在网上共发布市政府、市政府办公厅规范性文件6件。（赵　妶）

【行政复议和行政应诉】 2017年,阳泉市法制办依法履行行政复议职责,全年受理行政复议案件2起,其中,房屋拆迁补偿案1起,劳动和社会保障案1起。截至2017年底,2起案件全部依法审结。市政府行政应诉案件1起,由太原市中级人民法院作出《行政裁定书》。（赵　妶）

【法治宣传】 2017年8月,阳泉市政府组织开展全市第六届“依法行政宣传月活动”,以“全面贯彻落实法治政府建设实施纲要”为主题,制订下发《阳泉市政府法制办公室关于开展2017年度“依法行政宣传月”活动的通知》。各县(区)政府、市直各单位分别成立“依法行政宣传月活动”工作领导小组,制订活动方案,明确宣传重点内容,确保依法行政宣传落到实处。市人防办、市人社局、市国土局、市气象局等利用宣传展板、发放宣传手册、开办宣传专栏、电视、电台、报刊、网络、市区电子显示屏等方式,以及短信、QQ、微信等宣传平台开展互动交流。（赵　妶）

【法治培训学习】 2017年,阳泉市市级领导干部“中心组”“党组”组织集中学法6次。县级干部参加市委组织部集中学习,参加市行政学院“山西干部在线学院”学习。科级以下干部由各单位组织培训。各级各部门每年至少组织2次以上法制培训活动,将依法行政知识、公共法律知识、专业法律知识纳入必修内容,并将培训情况、学习成绩作为考核内容和任职晋升依据。各县(区)政府、市直各单位普遍建立“学法日”,把日常学习与集中学习相结合;采用“走出去”“请进来”的方式,把个人自学与专家教授相结合;按照“干什么学什么”“缺什么补什么”原则,把专业法律学习与公共知识学习相结合。运用多种形式,把知识学习与技能学习相结合。（赵　妶）

公　安

【概况】 2017年,阳泉市公安机关以“对党忠诚、服务人民、执法公正、纪律严明”总要求为指导,以中共十九大安保为主线,突出抓好吸毒人员大见面、涉恐要素大排查、交通秩序综合大整治、基层基础工作大推进等工作,完成各项安全保卫任务。

2017年,市公安机关完成全国“两会”“一带一路”高峰论坛等重要节点安保维稳任务。围绕维护社会政治稳定中心工作,构筑情报信息

2017 年中共十九大期间，阳泉市多警种联合执勤 （刘 刚供图）

网络，获取深层次、内幕性、预警性情报信息。以涉恐隐患排查整治专项行动为抓手，公安武警严密重大安保检查站查控措施，构筑反恐防恐屏障。围绕重点领域、重点利益诉求群体、重点部位和重点时段，成立情报工作专班，健全指挥情报工作机制，强化分级分类管控措施，实现重大活动期间和敏感节点赴省进京“零非访”目标。坚持依法管网、以人管网、技术管网、综合管网，妥善应对新型蠕虫病毒爆发事件。侦破全国首起通过网上公开执法账号破获的命案，受到公安部通报表扬。

全市公安机关建立健全内部数据采集整合、社会信息数据采集整合、基础信息采集录入应用机制，开发云搜索、吸毒人员电子档案等平台应用。根据省公安厅《2017 年“四项建设”重点工作的通知》要求，结合市公安局《阳泉市公安机关警务实战化建设实施方案》，对省公安厅要求的 9 项重点任务进行细化分工，明确责任，制订《2017 年警务实战化建设重点工作推进落实意见》，细化相应任务、制订对应机制、完善训练计划、加快基础建设，推进警务实战化建设各项工作开展。推进执法规范化建设，组织开展案件质量专项整治和执法考核指标督促通报工作。配合监察体制改革，着力从澄清底数、落实制度、配合调查、线索移送 4 个方面开展工作。完成市公安局业务技术用房建设工作，改扩建警犬基地，对反欺诈中心、武器库进行智能化改造。

全市公安机关队伍正规化建设整体推进。加强警衔晋升管理，2017 年晋升警衔 121 人，规定办理退休 65 人，落实优抚政策待遇 6 人。引深争先创优活动，开发区公安分局获全国社会治安综合治理先进集体，平定县公安局和盂县公安局信访科分别获“全国优秀公安局”“全国优秀公安基层单位”称号，赵文军、李文元两名民警分别被评为“全国特级优秀人民警察”“全国优秀人民警察”，城区分局党委委员、刑警大队大队长张亚杰当选全国百佳刑警。创新宣传主题形式，在中央电视台、中央人民广播电台、《法制日报》《人民公安报》等国家级媒体刊发稿件 17 篇、省级 100 余篇、市级 634 篇，在新华网等各大门户网站上发表稿件 800 余篇。组织随警采访专题活动，制作阳泉公安成立 70 年光辉历程电视专题片《忠诚之路》、中共十九大安全保卫工作电视专题片《决战决胜保平安》《忠诚铸警魂》《社区民警王世杰》、禁毒宣传片《爱从未停止》。继续发挥公安便民服务在线作为公安门户网站、网络服务平台的作用，全年办理业务 139 条，发布信息 1028 条。建设平安阳泉官方微博微信平台，宣传公安工作和队伍建设新举措、新成效以及好典型，为新媒体条件下的警察公共关系建设发挥积极作用。 （张振嘉）

【刑事犯罪打击】 2017 年，阳泉市公安机关部署开展安全稳定风险隐患大排查大整治专项行动。全市公安机关按照省公安厅统一部署，坚持“控制增量、减少存量”原则，开展打黑除恶“回头看”活动，健全完善打黑除恶长效机制，全年共打掉黑恶势力犯罪团伙 11 个，破获刑事案件 91 起，抓获 104 人。组织开展打击“盗抢骗”和打击电信网络诈骗犯罪专项行动，在全力侦破大要案件同时，抓住影响群众安全感的“两抢一盗”等多发性侵财犯罪开展工作，做到更快破大案、更多破小案、更准办好案、更好控发案，全年共破获盗抢骗案件 950 起，打掉跨地市盗窃团伙 6 个，9 起省督查案件全部侦破。全面部署“飓风大扫毒”专项行动，实行市局、县（区）公安分局、派出所三级包保责任制，明确连带责任，实行捆绑考核。对所有吸毒人员，坚持“见面一个、尿检一个、登记一个、采集一个、入库一个、建档一个”；坚持不定期尿检，对二次尿检呈阳性的一律强制戒毒；建立车管、禁毒每月联席制度，随时更新掌握有驾驶证吸毒人员底数；开展非法制造制毒物品高危场所集中排查行动，下发 5000 余张制毒原料加工厂识别挂图、1000 余册制毒原料非法加工识别手册，排查各类高危场所近百家，提高群众禁毒意识。公安食药部门以“利剑”行动为龙头，完成公安部、省公安厅集群案件线索核查 24 起，核查线索 120 条。 （张振嘉）

【社会治安强化】 2017 年，阳泉市公安机关集中警力对全市娱乐服务场所、“九小场所”（小学校幼儿园、小医院、小商店、小餐饮场所、小旅馆、小歌舞娱乐场所、小网吧、小美容洗浴场所、小生产加工企业)进行全方位、地毯式治安大清查,共组织集中清查行动9次,检查各类治安复杂场所2793家次,发现安全隐患222处;查破各类案件214起,打击处理183人,最大限度预防和控制“黄赌”违法犯罪活动,净化社会风气。

抓好党政机关、水电油气热重点单位和要害部位安全防范工作,开展散装汽油购销管控、寄递业治安检查和平安管道、平安校园、平安医院建设,以重点要害单位隐患大排查为重点,及时发现隐患,堵塞漏洞,有效预防各类暴恐、盗抢、破坏等案件发生。

深化治爆缉枪专项行动,紧抓民爆物品生产、销售、运输、储存、使用等环节,对义井、南娄、侯家沟等18个重点城乡接合部、城中村、外来人员聚居地,实行领导分片包干,开展“拉网式”检查,逐一登记造册,逐一落实责任,共检查涉爆单位990家次,涉枪单位104家次、“五场”(建材化工农资、五金加工、小商品批发、大型集贸、物流配货市场)168家,发现和整改各类隐患473处。

严厉打击私制、私藏、私贩、私运爆炸物品等违法犯罪活动,彻底收缴流散社会的爆炸物品、枪支弹药和剧毒等危险物品,共收缴枪支60支、子弹30823发、易制爆化学品3185.3公斤、雷管35174枚、炸药27610.9公斤、遗弃炮弹20枚、烟花爆竹101箱;查处案件17起,行政拘留3人。

按照“全覆盖、零容忍、严执法、重实效”要求,以提升火灾防控能力为核心,开展人员密集场所、文物古建筑、易燃易爆危险品场所、仓储物流场所、电动车及电气火灾防范6大类专项整治,对高层地下建筑、大型综合体等重点场所排查整治,共检查单位5519家,整改火灾隐患7452处,临时查封153家,责令“三停”(停止施工、停止使用、停止作业)77家,罚款257.45万元,拘留19人,火灾起数比上年下降51.9%,实现“零伤亡”。

推进消防安全基础工作建设,将消防安全“网格化”管理纳入综治部门基础综合服务管理平台,实现80%乡镇、街道消防安全网格化规范化管理;开创全省首家启动消防物联网系统建设并具体实施县区,实现对矿区56个重点单位、179个“九小场所”、18个行政村及阳煤集团13个小区64幢住宅楼消防远程管理。

围绕“监所安全稳定”,部署开展全市公安监所“查纪律、守规矩、树形象”专项教育整顿活动、全市看守所和拘留所执法管理专项检查等专项活动。开辟打击犯罪“第二战场”,深挖各类犯罪线索173条,破获各类案件133起。(张振嘉)

【“平安阳泉二号”专项行动】 2017年4月28日,阳泉市公安局党委部署开展“平安阳泉二号”即“飓风大扫毒”专项行动,各县区、各警种以“大起底、大见面、大收戒、大攻坚、大管控、大宣传”为核心,履行全警禁毒职责。截至2017年底,全市共破获毒品刑事案件99起、抓获毒品犯罪嫌疑人115名、缴获各类毒品1472.82克;查处吸毒人员680人,其中强制隔离戒毒324人、社区戒毒263人,全市阳泉户籍吸毒人员见面数3462人、见面率75%,建档数3049人、建档率68%。

9月26日,开发区分局与市公安局禁毒、网安支队联手侦破1起枪毒合流案件,抓获涉案嫌疑人7名,缴获各类毒品290.2余克,其中,冰毒279.37克、土制海洛因10.83克、麻古8粒;搜缴枪支6支。其中,自制手枪1支、子弹12发,BB弹手枪3支、子弹20发,改装射钉枪2支、子弹3发、铅弹113发,雷管10枚,开山斧头1把,扣押涉案车辆1辆,现金23万余元。(张振嘉)

【境外逃犯劝返】 2017年11月1日,在山西省公安厅“猎狐办”指挥下,阳泉市公安局成功将潜逃中国澳门地区的在逃犯罪嫌疑人韩某某劝返回境。6月,市公安局经侦支队接到相关案件线索,犯罪嫌疑人韩某某谎称能与和顺某公司签订长期供应柴油合同并获取高额利润,与受害人签订合作协议书并骗取合作资金,涉嫌合同诈骗罪。6月23日,市公安局经侦支队受理该案并及时立案侦查,经查,韩某某潜逃中国澳门地区;10月21日,犯罪嫌疑人韩某某表达回境投案自首意愿,在省公安厅“猎狐办”准备牵头赴珠海拱北口岸劝返韩某某时,韩某某产生思想波动,后经市公安局办案民警多次谈话规劝,11月1日上午韩某某入境。经审讯,韩某某对其犯罪事实供认不讳。(张振嘉)

【机动车和驾驶人管理】 2017年,阳泉市公安局交通警察支队推行驾考改革工作,驾驶人自主网上约考比例达100%,实现科目二、科目三考试一次性预约、连续考试。截至2017年12月中旬,网上预约考试1.87万人次,好评率达99%以上,全市机动车驾驶人考试18.04万人次,1.95万人通过考试领取驾驶证。按照公安部和省公安厅交管局要求,机动车查验区建设全部完成,为方便群众机动车检验,实行延时服务、电话预约检车、星期六免休检车制度,全面落实省内异地检车免委托、“六年免上线”等便民利民服务举措,办理“六年免上线”车辆2.54万余辆,检验机动车11.44万余辆。为加强机动车号牌管理,拓宽群众选牌渠道,开通互联网综合服务平台预选号牌、手机APP“交管12123”选取号牌号码功能,注册号码牌4800副。截至2017年底,全市共有机动车23.12万辆,其中电动汽车1876辆。考取驾驶证34.86万人。(杨江林)

【交通秩序整治】 2017年3月至12月，阳泉市开展交通秩序综合大整治工作。在城区、矿区、开发区主城区范围内开展以南大街、北大街、大连街和泉中路、宁波路为重点的示范街路创建活动；对主城区道路实施精细化管理，完成交通堵（乱）点整治；完成德胜街、新建街、洪城路等38条城市街道严管整治；整治机动车乱停、乱放、乱行，灯控路口机动车不礼让斑马线、非机动车和行人闯红灯、行人不走人行横道等10类交通乱象。开展交通基础设施改扩建工作，规划建设市区停车场（站），清理恢复被挪用停车场地，开放、共享社会停车资源。全年共组织集中行动77次，查处各类违法行为196417起，排查道路交通安全隐患点段46处；施划标线26万余平方米、人行道4638米，新增公共临时停车泊车位1838个，护栏7500余米，增设悬臂、立柱、禁停、车位等各类标志292组。（张振嘉）

【寄递业治安检查】 2017年，阳泉市公安机关对20个寄递品牌、34家寄递公司、200个寄递网点、103户物流服务企业进行安全检查，对落实“收寄验视＋实名收寄＋过机安检”3个100%工作安排部署。全年共查处非法寄运案件31起，处罚23人，行政处罚寄递企业366家次、物流企业500家次。通过寄递渠道查获涉嫌禁寄物品案件10起，查缴非法寄运物品48件。会同市委防范办、市国安、邮政等部门召开寄递企业主管人员培训会，针对提高寄递企业从业人员识别毒品、枪支零部件、爆炸物品能力进行培训，确保寄递行业安全。（张振嘉）

【民生服务工作】 2017年，阳泉市公安机关牢固树立以人民为中心理念，印发《关于优化营商环境的实施意见》《营造“六最”环境行动计划》《企业周边治安环境治理专项行动工作方案》等文件，深化“放管服效”改革，优化营商环境，推动全市经济社会发展。年内，阳泉公安便民服务在线平台实现提档升级，网上满意率达99%以上。农村转移人口市民化、老百姓异地办理身份证、长期无户口人员户籍登记等民生实事有序推进，全面开通市内跨县（区）户口网上迁移，完成居民身份证异地受理试点工作。加强出入境服务管理，全面开展出入境证件“快递送证到家”服务，消防、交管、车管等部门出台便民利民新举措，全面推行“一站式服务”。（张振嘉）

【消防概况】 2017年，阳泉市共发生火灾70起，死伤人数0人，直接经济损失259.63万元，火灾起数比上年下降43.08%，直接经济损失上升51.59%，未发生较大以上和有影响火灾。阳泉市公安消防支队共接警出动182次（含增援），出动消防车347辆次，出动官兵2213人次，抢救被困人员92人，疏散人员134人，抢救财产价值248.7万元。年内，市公安消防支队荣获全省消防部队“先进支队”“安全工作先进支队”荣誉。（王子奇）

【“集团化”消防安全检查】 2017年，阳泉市公安消防支队制订《消防安全集团化检查工作办法》，建立市、县（区）两级消防安全检查人员名库录，组建联合检查队伍，强化末端管控力量部署，组织开展公共娱乐、医疗卫生、养老机构、桑拿洗浴、金融系统、高层建筑、文物古建、易燃易爆经营场所等多个行业领域消防安全检查，检查社会单位72家、高层建筑153栋，发现隐患1970处，消除整改火灾隐患。（昝海波）

【全员实战练兵】 2017年，阳泉市公安消防支队出台疑难灾害事故处置规程，依托执勤中队完成石油化工、地震救援、地下建筑、道路交通、高层建筑5支专业队组建和训练工作；开展中石化油库演练、五架山隧道演练、二电厂演练等支队级灭火救援实战拉动演练8次，对辖区重点单位累计熟悉1150余次，开展实战演练580余次，修订重点单位灭火救援数字化预案332份；组织67名灭火救援岗位士兵开展职业技能鉴定工作，通过率达100%。（张建东）

【“智慧消防”建设】 2017年，阳泉市公安消防支队以“防消互联、以防为主”为核心，综合运用物联网网络体系，试点建设“智慧消防”“智慧物

2017年3月22日，四矿段北沟民房起火，阳泉市公安消防支队进行救援
（尹文强供图）

2017年8月30日，阳泉市公安消防支队在矿区馨泽苑小区举行高层建筑暨微型消防站联勤联动实战演练 （许佳璇供图）

业”，推进消防管理智能化、科技化、现代化，实现信息化条件下火灾防控和灭火应急救援工作转型升级。截至2017年底，争取配套经费480余万元，建设完成第一阶段“智慧消防云平台”工程，在辖区49家重点单位、11座高层建筑、2处易燃易爆场所、4座文物古建筑和120家“九小场所”安装1302个传感设备，阳煤集团10个小区57栋高层住宅接入4560个感烟式探测报警器，对社会单位和高层住宅小区建筑物进行全方位、全时段管控。 （昝海波）

【“119”消防宣传月活动】 2017年11月6日，阳泉市公安消防支队在山西工程技术学院东操场举行“119”消防宣传月活动启动仪式暨消防趣味运动会，全市消防宣传公益使者代表、支队官兵、学校消防志愿者1300余人参加活动。宣传月期间，支队围绕“关注消防、平安你我”主题开展消防宣传活动，设立消防宣传站点13个，举办消防宣传活动22次，展出消防宣传海报50余块，张贴消防宣传海报3500余份，发放消防宣传资料约2.5万余份、消防宣传用品8000余份，发送消防常识及消防安全温馨提示10万余条，解答社会各界消防问题300余条，在全市23块户外大屏、大型广告牌投放消防公益广告，在《阳泉日报》《阳泉晚报》、阳泉市电视台、阳泉市广播电台开设“119”消防宣传活动专栏，提升全民消防安全意识和自防自救能力。 （王子奇）

【消防队站及装备建设】 2017年，阳泉市公安消防支队投入1184.32万元购置城市主战、移动充气等各类消防车辆10辆，投入1600.5万元购置各类灭火、抢险救援器材和个人防护装备43193件（套）；投资3000余万元的经济技术开发区消防站和战勤保障大队投入使用。 （谷　鑫）

检　察

【司法体制改革】 2017年，阳泉市人民检察院基本完成司法体制改革，司法责任制有效落实。

完成人员分类管理改革。截至2017年底，全市共有员额制检察官84名、辅助人员125名、司法行政人员41名；出台员额制检察官绩效考核管理办法及退出机制，对不办案、不胜任办案工作或离开办案岗位的，及时退出员额。

完成检察官权利义务清单制度搭建。制订《阳泉市人民检察院关于落实司法责任制的实施意见（试行）》《担任院领导职务检察官权力清单（试行）》和侦监、公诉等9个业务部门检察人员权力清单，对每类、每项检察业务详细列举检察长（副检察长）、检察委员会、部门负责人、检察官办案组及检察官负责的办案事项，明确司法责任；突出检察官办案主体地位与检察长统一领导检察院工作相统一、明确检察官权力与强化监督制约相统一，利用统一业务应用系统、绩效考核、案件质量定期评查等手段强化必要的监督管理。

完成新办案模式运行、完善。实行独任检察官或检察官办案组两种基本办案组织形式，组建31个相对固定的检察官办案组，任命84名独任制检察官；完善案件承办确定机制，以随机分案为主、指定分案为辅；自3月新办案模式运行，截至2017年底，两级检察院共办理案件5342件，其中，检察官办理5308件，检察官办案组办理40件。执行领导干部带头办案制度，全市23名入额院领导办理案件429件，其中办理重大、疑难、复杂、新类型案件45件；5个基层检察院检察长7次出庭支持公诉，实现法院院长、检察院检察长两长同台办案。建立检察官联席会议制度，对拿不准、不好定的案件提供专业参考意见，组织召开联席会议144次，研究案件209件。员额制检察官及办案组审查逮捕、提起公诉平均办案用时6.2天和20.44天，对监委移交案件，决定逮捕、提起公诉平均用时2天和25.5天，案件质效均有提升。

完成内设机构改革。2017年5月，5个县（区）人民检察院完成内设机构改革，将原有10余个部门整合为5个大部，大批业务骨干回归办案一线；阳泉市人民检察院将原有19

2017 年 3 月 30 日，阳泉市检察机关首批员额制检察官在阳泉市人民检察院集体宣誓　　　　（李　胜供图）

个内设机构（含转隶部门），整合为“7＋5”模式；实行部长独任制，院领导不兼任部长。　　　　（蔡文丽）

【社会维稳】 2017 年，阳泉市人民检察院加强与公安机关、人民法院协同配合，通过提前介入引导公安侦查活动，对命案、重大复杂疑难敏感案件、涉众型案件，集中力量、快速办理，快捕快诉形成打击合力。全年共批准逮捕各类刑事犯罪案件 496 件 633 人，提起公诉 1113 件 1429 人。推进打黑除恶专项斗争，办理黑恶势力犯罪案件 41 件 62 人，批捕 26 人，提起公诉 42 人。针对群众反映强烈、易发多发的盗窃、抢劫、故意杀人、故意伤害等侵财侵权案件依法快捕快诉，共批捕 269 人，提起公诉 516 人。加大产权保护力度，对各类破坏产权保护犯罪案件提起公诉 86 件 130 人。依法严厉打击非法集资、非法吸收公众存款等涉众型经济犯罪，提起公诉 62 件 95 人。其中，平定县人民检察院办理的刘某某等 14 人非法吸收公众存款案，涉及受害群众 236 人，涉案金额 1519 万元。加强科技创新和知识产权司法保护力度，办理各类侵犯知识产权案件 6 件。加大对合同诈骗、强迫交易等各类市场不诚信行为打击力度，保护公民、企业合法权益，提起公诉 32 件 47 人。对环保、食药、国土、税务、盐务等重点领域主动出击，共发现危害食品药品和破坏环境资源案件线索 80 余件，监督行政机关移送案件线索 31 件 32 人，公安机关立案 24 件 24 人，占全部立案监督案件总数的 43.6%。　　　　（蔡文丽）

【法律监督】 2017 年，阳泉市检察机关聚焦监督主责主业，做好各项监督工作。加强对侦查活动监督，对公安机关应当立案而不立案的，监督立案 45 件 48 人；对不应当立案而立案的，监督撤案 19 件。纠正漏捕 13 人，纠正漏诉 38 人。将命案介入机制向重大、疑难、复杂案件推广，提前介入引导侦查 44 件次。继续开展派驻公安检察室工作，通过登录公安机关警务综合平台查询刑事受案、立案 3127 件，捕前分流案件 27 件。出台《关于加强刑事诉讼监督工作的通知》，加强对诉讼监督工作的组织领导，明确诉讼监督任务要求，细化诉讼监督工作措施，严格诉讼监督考核标准。构建新型检法关系，适应以审判为中心的刑事诉讼制度改革，在起诉阶段把好案件证据关、事实关和程序关，对证据不完善的要求补充完善证据 100 多件次，对事实不清、证据不足的作不起诉 126 件。加强刑事审判监督，按二审或审判监督程序提出抗诉 29 件，法院改判 9 件，发回重审 12 件。向法院发出量刑建议 1399 条，被法院采纳 1244 条。对法院审判过程中的违法行为发出纠正违法通知书 18 件并全部纠正。

完成对省监委、省人民检察院交办的山西警官高等专科学校原校长张某某受贿案，山西国信集团原董事长上官某某贪污、受贿案，省煤炭工业厅原副厅长杨某某受贿、巨额财产来源不明案等大要案公诉任务。强化刑事执行检察工作，组织对全市 4 个派驻检察室交叉进行检查。开展监外执行检察监督，会同市司法局对社区矫正工作开展联合执法检查，对工作中存在的空白项、不规范等问题发出书面纠正违法通知书 18 件。对判处实刑罪犯未执行刑罚和财产刑执行专项检察进行“回头看”，将未清理人员全部清理完毕，财产刑执行完 30 人，金额合计 3800 余万元。开展刑事执行监督业务，受理羁押必要性审查案件 30 件，立案 26 件，建议被采纳 19 件；监督强制医疗执行 6 件，开展死刑执行临场监督 4 件。强化民事行政检察监督，受理各类民事行政监督案件 277 件，提出抗诉 2 件，提请抗诉 18 件，提出再审检察建议 3 件，作出不支持监督申请决定 91 件，其余均做好释法说理、矛盾化解工作。做好涉检信访矛盾化解工作，畅通群众控告申诉渠道。2 月，市人民检察院创建全国检察机关文明接待室，通过最高人民检察院验收，授予“全国文明接待室”称号。全年共受理各类控告申诉案件 342 件，立案复查刑事申诉案件 25 件，复查有结果的 20 件。　　　　（蔡文丽）

【公益诉讼】 2017年7月，阳泉市人民检察院办理全省首批3件督促国土部门催缴土地出让金公益诉讼案件，实现阳泉检察机关公益诉讼案件零的突破。年内，出台公益诉讼办法4项12条，与相关行政单位会签《关于在检察机关开展公益诉讼工作中加强协作配合的意见》《阳泉市人民检察院专家辅助人参与公益诉讼活动管理办法（试行）》等。建立与行政机关常态化协调监督机制、内部各部门线索移送机制、上下一体联动机制、公益诉讼专家辅助人制度、请示报告制度，全面推进公益诉讼工作。全年两级检察院共办理公益诉讼案件28件，发出诉前检察建议26件，实现全省首家基层检察院行政公益诉讼案件立案全覆盖。 （蔡文丽）

【智慧检务建设】 2017年，阳泉市检察机关智慧检务建设工作取得新成效。全市检察机关适应司法体制改革要求，对统一业务运行系统进行机构性、功能性升级，以软件“硬制约”推动办案工作规范开展。全年共在系统内受理、办理各类案件2789件，完成各类统计分析30余次，通过系统监督、发现办案程序问题522件次。全面推行公文网上流转OA系统，6月起在全市检察机关全面推行网上办公，通过OA系统累计流转文件1294份，日均登陆、使用系统20余人次，除涉密、紧急等不宜通过系统流转的文件外，其他所有文件均实现网上流转，文件传阅时间平均缩短5天以上。与阳泉联通分公司合作研发移动办公应用“阳泉检察”APP正式上线运行，该APP包括“通知公告”“我的任务”“工作审批”“检察新闻”“党建园地”等8个功能模块，安装后可快捷实现对办文办事、学习交流、会议通知等事项的掌上处理，实现办公、辅助办案从“无纸化”到“五指化”转变。截至2017年底，利用“阳泉检察”APP发布各类信息26条，发布新闻、视频80条。 （蔡文丽）

【荫营地区检察院概况】 2017年，荫营地区人民检察院围绕“固本、创新、攻坚、合作”总体思路，落实司法体制改革任务，全面履行法律监督职能。

财产刑执行专项检察 开展财产刑执行专项检察“回头看”活动，收监检察中，将罪犯财产刑判项履行情况证明材料纳入收监检察内容，并定期与监狱职能部门沟通信息；利用调查询问、与罪犯个别谈话、向罪犯普法释法、对罪犯答疑解惑等时机，讲清有关财产性判项履行最新政策、司法实践，引导罪犯主动缴纳罚金；在减刑案件办理过程中，对确有履行能力拒不履行财产性判项的罪犯，建议法院从严掌握减刑幅度。年内，罪犯履行财产刑判项共计91.75万元，其中单笔最大数额为50万元。

刑罚执行监督工作 构建“公正为先、兼顾效率、注重实效”办理减刑案件新模式，创制阅卷笔录、拟减刑罪犯调查问卷、裁定审查表等工作文书，优化审查意见书、检察意见书、出庭意见书、审查报告等法律文书内容，编制询问拟减刑罪犯笔录模板、庭审笔录模板等。采用新型办案模式共办理减刑案件1113件，其中院领导员额检察官办理262件。强化刑罚变更执行监督，加大办理减刑案件工作力度，确保刑罚变更执行公平公正。年内，通过严格审查把关，纠正提请减刑不当9件，发出《检察建议》20份，对83案向人民法院提出改变减刑幅度的意见，法院均予以采纳。深化法律监督，将审查拟减刑罪犯的生效判决、裁定作为重点，及时发现纠正一批错误生效判决、裁定。

查办职务犯罪工作 办理职务犯罪案件2件4人，罪犯又犯罪4件5人，案件被法院作出有罪判决，其中涉嫌贪污的张某被判处10年有期徒刑，并处罚金50万元。 （李世春）

法 院

【概况】 2017年，阳泉市两级法院充分履行宪法和法律赋予的职责，开展审判执行工作和法官队伍建设，推动全市经济社会发展和“法治阳泉”建设。全市两级法院共受理各类案件19323件（含旧存），审结、执结18822件（含旧存），比上年分别上升1.24%和7.35%，结案率97.41%；其中，市中级人民法院全年受理各类案件3698件（含旧存），审结、执结3652件（含旧存），分别上升2.49%和1.96%。

刑事案件审判 全市法院共受理各类刑事案件2546件（含旧存），审结2509件（含旧存），其中市中级人民法院受理刑事案件290件（含旧存），审结284件（含旧存）。依法审理太原学院党委原副书记张某某，山西省煤炭工业厅原党组成员、副厅长杨某某，山西省国信投资集团有限公司原董事长、党委书记上官某某等职务犯罪案件，惩治和遏制职务犯罪。依法严惩危害社会秩序和人民群众生命财产安全犯罪行为。推进以审判为中心的刑事诉讼制度改革，与市司法局联合下发《关于完善刑事辩护制度的实施细则（试行）》，围绕监察体制改革背景下的庭审实质化，召开政法机关支持配合监察体制改革的“1+4制度”专题工作落实会，完成《关于办理职务犯罪案件庭外调查核实被告人自首、立功证据材料的实施办法（试行）》，促进监察体制改革工作开展。

民商事案件审判 全年全市法院共受理各类民商事案件11027件（含旧存），审结10668件（含旧存），其中，市中级人民法院受理民商事案件1462件（含旧存），审结1436件（含旧存）。对重点工程、重点项目推进过程中各种矛盾纠纷应对化解，审结山西大峪钙业有限公司与中广核盂县风力发电有限公司排除妨碍纠纷一案;推进家事审判方式和工作机制改革,引入家事调查员、调解员、社工陪护及儿童心理专家,设置家事审判前置调解程序,对未成年人、妇女和老年人等弱势群体重点保护;加大民事审判案例编写工作力度,强化案例指导作用,市中级人民法院报送案例获选全国法院系统2017年度优秀案例分析暨"促公正·法官梦"第四届全国青年法官优秀案例奖。

行政案件审判 全市法院共受理行政案件923件,审结914件(含旧存)。其中,市中级人民法院受理行政案件718件;审结712件(含旧存)。针对案件数量大幅度上升新形势,在原有审判力量基础上,引入人民陪审员制度,保障案件审判工作有序进行。持续强化与太原市政府及各县区政府行政协商,推动行政案件交叉管辖政策落实;依托行政复议与行政审判联席会议,加大与政府沟通协调,督促依法行政,通过向行政机关提出司法建议,帮助相关单位健全工作机制,堵塞行政执法漏洞;邀请行政机关旁听案件,提升依法履职意识,保障行政相对人合法权益。 (胡忠宏)

【司法改革】 2017年,阳泉市法院继续开展司法体制改革试点工作,推进建立司法人员分类管理、完善司法责任制、健全司法人员职业保障、省以下地方法院人财物统一管理4项重点改革任务。

完成首批员额法官遴选工作。研究制订司法体制改革试点工作实施方案和首批入额法官遴选考核细则,以考核为主、考试为辅,按照成绩由高到低择优提请遴选入额,两级法院首批134名法官纳入员额管理。

完成审判团队组建工作。阳泉市中级人民法院组建7个审判执行团队,各团队员额法官年均办案量差距约10件,基本实现工作量相对平衡;将原有14个业务部门调整为7个审判团队,基本实现专业相对集中;开展法院事务助理招录工作,员额法官与法官助理配比达1.79∶1,员额法官与书记员及事务助理比例达1∶1。

推进司法责任制改革。研究制订《司法责任制实施意见》等司法责任制改革配套政策,启动新审判权力运行机制,实行随机分案为主、指定分案为辅分案模式,最大限度减少行政干预,科学设定员额法官办案任务。

推进院(庭)长办案和庭审实质化。入额院领导一律编入审判执行团队、一律具体承办案件、一律参加开庭合议,不搞特殊、不签发自己没有参与案件的文书、不过问不符合监督管理职责范围内的个案,全市法院院(庭)长受理案件数量达7104件,结案数量达7081件,院(庭)长率先尝试当庭裁判,全市法院当庭裁判案件达1631件。 (胡忠宏)

【司法公开】 2017年,阳泉市法院系统通过信息化建设推进司法公开,建设完成集计算、存储、网络、安全于一体的超融合数据中心,实现诉讼服务大厅、互联网络、手机短信三位一体审判流程信息全公开。截至2017年底,共有105934件案件可供当事人查询,累计向当事人发送立案受理、移送分案、开庭排期、审结裁判、执行查控等办案环节信息34259条;在中国裁判文书网累计公开生效裁判文书17073份,在中国庭审公开网公开庭审1204件,其中市中级人民法院公开庭审324件。 (胡忠宏)

【案件执行】 2017年,阳泉市法院系统加大执行工作力度,保障当事人胜诉权益。全市法院共受理执行案件4827件,执结4731件(含旧存),结案率达98.01%,到位金额15.1亿元。其中,市中级人民法院受理执行案件229件(含旧存),执结221件(含旧存)。全市法院组织开展各类专项执行活动,加大对拒执行为打击力度。在2017年执行质效通报中,阳泉法院综合评分居全省第一,执行到位率38.44%,居全省首位。 (胡忠宏)

司法行政

【人民监督员制度】 2017年,阳泉市司法局将人民监督员制度改革融入全市深化司法体制改革工作大局,与市人民检察院协商,经公开报名、筛选考察、媒体公示等程序共产生30名新一届人民监督员,率先在全省成立人民监督员工作机构。制订出台《阳泉市人民监督员选任实施办法(试行)》《人民监督员履职工作细则(试行)》,《人民监督员对检察机关拟不起诉案件证据进行重新调查核实案例》入选司法部案例库。全年人民监督员监督评议监督案件4起,参加"检察开放日"等相关活动70人次。 (王 婴)

【司法鉴定】 2017年,阳泉市司法局严格司法鉴定审核登记、年检注册及重新延续工作,全市共核销司法鉴定业务6项,注销司法鉴定人72人。组织司法鉴定机构参加2017年度司法鉴定能力验证活动,推进司法鉴定机构参加并依法通过资质认定。举办司法鉴定人培训班,组织司法鉴定机构档案评查、互查活动,开展"查处司法鉴定违法违规案件,强化司法鉴定监督管理"活动,司法鉴定工作质量提升。全年全市司法鉴定机构共办理业务1627件。 (王 婴)

【法律援助】 2017年,阳泉市司法局加强法律援助便民大厅、12348法律援助咨询、远程视频服务系统三大平台建设。建立同行评估专家库,组织同行评估专家对全市各法律援助中心2016年所办案件进行评估,法律援助案件质量监督机制完善。开展中欧法律援助合作项目终期评估,完

2017年11月6日，中欧法律援助合作项目终期评估在新华东街社区举行
（王　婴供图）

成项目预期任务，推动业务培训、公共法律教育产品开发、同行评估等项目和成果转化。完善妇女维权机制，将“12338”妇女维权热线与“12348”法律援助咨询平台资源整合发展。全市两级法律援助中心办理法律援助案件708件，为群众免费提供咨询8190人次，为群众代写各类文书440件，受援人总数9338人。（王　婴）

【社会矛盾化解】 2017年，阳泉市司法局制订印发《发挥人民调解基础性作用健全完善矛盾纠纷多元化解机制的实施意见》，联合市妇联、综治办、公安局、民政局等部门出台《关于做好婚姻家庭纠纷预防化解工作的意见》《关于结合村（居）换届选举进一步做好人民调解委员会选举工作的通知》。在全市部署开展规范化人民调解委员会创建活动，统一全市人民调解员证和调解徽，统一换发调委会印章，打造“任红梅党代表工作室”“姚曜调解工作室”。部署“迎接党的十九大、化解纠纷促稳定”等矛盾纠纷排查专项活动。全年调处矛盾纠纷1939起，成功率达92%。（王　婴）

【隔离戒毒】 2017年，阳泉市强制隔离戒毒工作连续13年实现“六无”（无戒毒人员脱逃、无戒毒人员非正常死亡、无所内发案、无毒品流入所内、无所内重大疫情和食品安全事件、无安全生产事故）目标。落实教育基础日制度，开展法律常识、思想道德教育、心理健康、文化素质、戒毒常识等课程教育，提升教育水平。开展心理咨询工作，建立《强制隔离戒毒人员教育矫治档案》，记录戒毒人员基本情况、心理因素健康分析、入所心理评估等内容，建档率100%。加强医疗基础性工作，对戒毒人员进行疾病筛查和疾病诊治，开展医疗机构达标活动，加强与所外医疗机构沟通，定期邀请专家到所诊治。规范戒毒企业管理，健全安全生产管理机构，签订安全生产目标责任书和安全生产承诺书，坚持每月一次安全生产大检查，实现安全生产无事故。执行昼夜勤务值班制度，完善应急演练机制，开展疾病急救演练和防逃跑等应急演练，加大日常巡查和警戒安全、监控设施维护力度。年底全所在册戒毒人员275人，在所269人。（王　婴）

【安置帮教】 2017年，阳泉市司法局完善信息核查机制，全市核查总人数2429人，核实成功率100%，预释放人员信息回执率100%。累计建立安置帮教基地7个，累计安置刑满释放人员300余人。开展“温情帮教”活动，遵循“帮扶跟着需求走”工作思路，累计解决刑满释放人员帮扶需求47个，占需求总量的82%。全市共落实“两类人员”（社区服刑人员、刑满释放人员）最低生活保障120人，落实刑释人员责任田292人，指导就业就学106人，组织劳动技能培训121人，开展走访慰问1100余人次，给予款物帮助185人。（王　婴）

【社区矫正】 2017年，阳泉市司法局加强县区社区矫正场所队伍建设，全市建立社区矫正中心6个，平定县司法局招录16名社区矫正专职社工充实一线执法岗位。开展教育矫治质量年活动，制订《阳泉市社区服刑人员危险性评估办法》，全市纳入重点管理服刑人员280人。对服刑人员进行心理健康教育，心理矫正覆盖率达80%。开展案卷评查工作，对2014年至2017年社区矫正审前调查档案、执法工作档案和解矫档案进行全面评查、检查，全市社区服刑人员建档率100%，档案达标率90%以上。部署社区矫正安置帮教安全稳定风险隐患大排查大整治专项行动，与市人民检察院联合对县区社区矫正执法活动开展执法检查，发现并整改执法档案不规范、执法制度不完善、矫正措施不到位等执法不规范问题36个。加强“一带一路”高峰论坛、中共十九大等重要节点安全稳定工作，开展审前调查272件，对34名违规社区服刑人员进行警告处理，提请撤销缓刑9人次，治安处罚3人，对暂予监外执行人员收监2人。全年全市组织集中教育5341人次，组织开展社区服务和公益劳动4878场次，制订个性化矫正方案860余份。（王　婴）

【律师事务】 2017年，阳泉市司法局与市信访局联合出台《关于律师参与信访接待包案化解信访案件的办法》，推动律师参与社会治理，选派33名优秀律师值班接访，共值班395人次，接谈案件261件，化解案件93件，发现问题案件13件，申请救助案件15件；与市中级人民法院、市人民检察院联合出台《关于印发〈阳泉市律

师参与化解和代理涉法涉诉信访案件工作暂行办法(试行)〉的通知》《关于印发〈阳泉市律师参与化解和代理涉法涉诉信访案件实施办法(试行)〉的通知》,为律师协助处理信访案件提供制度保障。开展律师执业年度考核、律师事务所年度检查考核、申请律师执业人员实习考核等工作,推动市委政法委建立律师工作联席会议制度,指导市律师协会成立维护律师执业权利中心、投诉受理查处中心,畅通申请维权和投诉渠道,共受理维权申请1起、投诉9起,已处理9起。全年全市律师共办理各类案件1750件,其中,刑事案件375件、民事(经济)案件976件、行政案件24件、非诉讼案件110件、法律援助案件265件,解答法律咨询4500余人次。(王 婴)

【法治宣传教育】 2017年,阳泉市司法局制订《2017年全市普法依法治理工作要点》,抓好“七五”普法重点任务落实。在全省率先成立市普法依法治理工作领导小组,出台《普法依法治理领导小组工作制度》《工作职责及议事规则》等6项制度,推动法治宣传教育工作开展;制订《关于推行法律顾问制度和公职律师公司律师制度的意见》,推进全市法律顾问、公职律师、公司律师制度建立和落实,在全省率先实现市县两级党政机关、人民团体法律顾问全覆盖,61个事业单位聘任法律顾问。开通“阳泉司法”微信公众号,与平定、郊区、矿区“掌上公共法律服务平台”、城区“指间传法”等微信公众号,形成普法微信矩阵。在“三下乡”“3·15”国际消费者权益日、“全民国家安全教育日”“知识产权周”“12·4” 国家宪法日集中开展各类主题宣传活动。(王 婴)

【公证事务】 2017年,阳泉市司法局组织开展公证机构、公证员考核、行政体制公证机构改革、公证质量检查和专项督查、公证机构统一社会信用代码赋码、公证人员培训等工作。全市公证机构共办理公证业务5578件,其中国内公证4582件、涉外和涉港澳台公证共996件。(王 婴)

【司法所规范化建设】 2017年,阳泉市司法局继续开展规范化司法所建设,省级示范司法所11家、省级规范化司法所43家,达标率分别为25%、29.54%。(王 婴)

【基层法律服务】 2017年,阳泉市注册基层法律服务工作者116名,年检基层法律服务机构16家,完成对16家基层法律服务所社会组织信用代码赋码工作。核准基层法律服务工作者执业人员33名,对符合执业条件申请人颁发实习证19人。基层法律服务工作者担任法律顾问143家,办理各类案件872件,参与人民调解552件,业务收入达151万元。(王 婴)

【“一村(社区)一法律顾问”活动】 2017年,阳泉市司法局开展“一村(社区)一法律顾问”活动,全市组建1个市法律顾问指导群,5个县(区)法律顾问管理群,48个镇(街道)法律顾问协调群,613个村(社区)法律顾问服务群,实现“一村(社区)一法律顾问”四级微信群全覆盖,将城乡基层法律顾问经由微信群导入法治轨道,增强基层群众遵法学法守法用法意识。全年共举办法制讲座106期,开展法制宣传12余次,发放宣传资料5000余份,接受群众法律咨询100余次,参与修订涉法文书46件,参与调解纠纷106件,承办法律援助案件70件,代理诉讼案件9件,协助处理其他涉法事务60余件。(王 婴)

仲 裁

【仲裁宣传】 2017年,阳泉仲裁委员会加强仲裁宣传力度,推动仲裁发展。组织仲裁委工作人员到金融、保险等行业领域走访调研,召开企业、服务代表座谈会7次,举办仲裁法律知识讲座2次,发放仲裁法律知识宣传材料100册,接受法律咨询100余人次。通过阳泉人民广播电台《政风行风》栏目,为百姓答疑解惑,推进仲裁法律知识宣传;利用阳泉仲裁委员会网站全方位、多角度介绍仲裁工作及服务内容。推进仲裁管理与宣传手段创新,运行仲裁业务管理软件,方便当事人对仲裁业务和案件进展情况查询,实现管理手段现代化、业务管理科学化、硬件建设智能化目标。(张慧琴)

【仲裁案件办理】 2017年,阳泉市仲裁委员会严格审核裁决书、调解书,及时发现并纠正案件审理中出现的问题。发挥仲裁程序相对灵活、快捷的特点,提高办案效率,使当事人能较快地从纠纷中解脱出来,降低损失。贯彻“调解优先、调裁结合”工作原则,加强庭前调解工作,使一些不必进入庭审程序的简易案件及时得以解决,减少双方当事人费用负担。已结案件中,调解或经调解撤回仲裁申请的共944件,案件调解率达98%。做好案件裁后执行协调工作,已结案件中,当事人自动履行的共944件,自动履行率为98%。严格仲裁办案监督,研究仲裁工作领域反腐败工作面临的新情况、新问题,完善仲裁员办案动态管理统计制度,强化仲裁员与办案秘书廉政意识、责任意识和服务意识,推进严肃执法与规范执法。运行庭审监督平台,在仲裁办案过程中发挥跟案秘书随案监督、及时提示防范作用,坚决消除可能造成腐败风险的各种因素。共受理仲裁案件988起,案件标的金额2.13亿元,审办结959件,仲裁案件结案率达97%,继续保持无申诉上访、无违法违纪举报现象。结案率、调解和解率及自动履行率均达95%以上。(张慧琴)

发展和改革

【概况】 2017年,阳泉市发展和改革委员会发挥"发展策划部""参谋助手部""项目推进部""综合协调部"的作用,在宏观调控、规划编制、政策争取、项目管理等方面取得较好成效,全市经济增速总体呈现稳步回升态势,地区生产总值增量为49.1亿元,增速达6.3%。

规划政策引导。在规划引导上,编制《"十三五"规划纲要实施机制的意见》,累计完成35个专项规划的编制。在形势研判上,针对经济下行压力加大的情况,多窗口、多层次、多角度跟踪经济走势,先后提交9篇形势分析报告,为市委、市政府科学决策提供重要参考。在宏观研究上,牵头制订《阳泉市生态文明建设目标评价考核办法》《阳泉市关于在市场体系建设中建立公平竞争审查制度的通知》《关于开展解决拖欠农民工工资问题排查工作的实施方案》《阳泉市产业衰退基础研究报告》等10余项政策意见,形成一批质量较高的研究成果。

供给侧改革。以供给侧结构性改革为方向,协调推进去产能等相关任务落实,推动产业转型升级、促进经济提质增效。落实"三去一降一补"(去产能、去库存、去杠杆、降成本、补短板)五大任务,推动产业转型,培育新业态。

项目扩投资。以"投资额大、带动性强、辐射面广"为标准,筛选109个产业重点项目,建立包括煤炭、新能源、装备制造、新材料、信息、冶金、现代煤化工、物流业、旅游等九大产业在内的2017年产业重点项目库,全市重点工程项目累计完成投资150.8亿元,完成年度计划的86.6%。加强投资管理,优化审批流程。

争取国省支持。积极争取国家和省级支持,争取国道307、207线阳泉市绕城改线工程,可研报告获批复;推进"两区"(矿区独立工矿区、城区老工业区)建设,计划实施项目52个,总投资99.19亿元,年内计划投资41.96亿元。

改革机制建设。关注国、省关于深化转型综改试验区建设改革发展意见出台情况,出台一批重要政策措施。向上争取,上报《关于将阳泉市列入"国家资源型枯竭城市"的建议》和《关于将阳泉市列入"国家老工业城市和资源型城市产业转型升级示范区"的建议》等,将一批重大问题和改革事项列入省级改革的大盘。发挥综合协调作用,结合阳泉市实际,提出《阳泉市贯彻落实进一步深化改革促进资源型经济转型发展意见的行动方案》。深化改革,推动山西(阳泉)智能物联网应用基地试点建设,印发《阳泉市促进大数据发展应用的落实意见》,以政府采购方式委托专业机构进行《阳泉市大数据产业园发展规划》编制工作;加强社会信用体系建设;深化投融资体制改革,起草完善《阳泉市深化投融资体制改革的实施意见》,重点对全市投融资体制改革的工作内容、牵头部门、保障措施等方面进行细化。推进价格改革,推进污水处理费收费标准调整,完善阶梯气价制度,推进输配电价格改革,规范住宅小区物业服务收费标准审批流程,推进县级公立医院改革,健全和完善公共租赁住房租金定价机制。

民生工作。做好价格调控,实施采煤沉陷区治理工程,抓好长输油气管道保护和新能源安全生产工作,推进清洁能源取暖工作,计划实施201村(社区)57581户清洁供暖改造工程,截至2017年底完成改造任务59179户,完成年度目标任务的102.78%。 (冯晓琴)

【"三去一降一补"任务落实】 2017年,阳泉市发改委全面落实"三去一降一补"五大任务。去产能方面,10月30日,按计划关闭阳煤集团五林井和盂县万和兴煤业,新增关闭平定陈家庄煤业,提前超额完成全年关井任务，退出产能210万吨。去库存方面，商品房待售面积较上年底减少64.8万平方米，商品房去化周期降至5.5个月。去杠杆方面，支持企业在“新三板”（“新三板”市场原指中关村科技园区非上市股份有限公司进入代办股份系统进行转让试点，因挂牌企业均为高科技企业而不同于原转让系统内的退市企业及原STAQ、NET系统挂牌公司）挂牌融资，工业企业资产负债率为80.2%，比上年下降0.5个百分点。降成本方面，开展干部入企帮扶活动，规模以上工业企业每百元主营业务收入中的成本84.6亿元，比上年减少5.2元；每百元主营业务收入中的三项费用14元，比上年减少0.7元；推进大用户直供电，组织13户企业、2户售电公司参与直供电交易，截至2017年底，发电企业申请交易电量56.94亿度，电力用户申请交易电量28.55亿度。补短板方面，坚持高标准、高水平、高起点规划建设，落实各开发区建设“121”（新设立开发区在一年内打造1平方千米建设用地、2平方千米路网建设，引进1个亿元以上重点项目）工程，各项工作有序推进；实施精准扶贫方略，加强脱贫产业建设，全市未脱贫的79个贫困村基本实现产业发展“五有”（村有产业、有带动企业、有合作社，贫困户有项目、有劳动能力的有技能）全覆盖。（冯晓琴）

【产业转型】 2017年，阳泉市发改委推动产业转型。推进传统产业去产能，按照《防范和化解产能过剩工作方案》，严格产能过剩行业项目管理，未审批钢铁、焦化、水泥、电解铝、电石、铁合金等新增产能项目。按照省发改委、省经信委《关于上报钢铁行业化解过剩产能有关情况的紧急通知》文件精神，阳泉市不承担粗钢减压任务。清理整顿电解铝违法违规项目，阳煤集团山西兆丰铝业有限责任公司电解铝分公司年产12.5万吨电解铝项目办理节能手续。国际能源裕光盂县电厂2×100万千瓦项目总投资72.6亿元，2016年10月27日获省发改委核准，取得前期手续。加快推进新能源产业发展。100万千瓦采煤沉陷区光伏领跑技术基地项目9月30日实现并网发电。全市建成并网光伏电站总装机容量118.5万千瓦，建成并网风电项目总装机容量达11.78万千瓦，中广核盂县风力发电有限公司西潘风电场一期5万千瓦项目开工建设。（冯晓琴）

【新业态培育】 2017年，阳泉市出台《支持服务业发展的若干措施》《加快发展生活性服务业的实施方案》《阳泉市推进落实2017年服务业各项指标任务的实施方案》等政策措施。全年全市服务业增加值实现341.2亿元，比上年增长7.1%，占GDP比重50.8%。

发展物流业。印发《阳泉市物流业降本增效专项行动实施方案（2017—2018年）》，盂县中岚物流园开工建设，推进阳泉农副产品批发市场项目，配合郊区完成郊区粮油储备库项目。

推进双创服务。出台《推进大众创业万众创新实施方案》，推荐阳泉市平定县双创示范基地、阳泉经济技术开发区双创示范基地、阳泉市盂县双创示范基地三个双创示范基地申报区域类省级双创示范基地。

发展大数据产业。印发《阳泉市促进大数据发展应用的落实意见》，包括用电政策、数据开放共享、政府购买服务、用地保障、税收优惠、资金支持、科技创新等七个方面14条具体措施。开启《阳泉市大数据产业园发展规划》编制工作，为大数据产业做好顶层设计。（冯晓琴）

【投资管理】 2017年，阳泉市发改委加强投资管理，优化审批流程，全委审批、核准、备案项目70项。其中，审批13项、核准8项、备案8项、招标6项、节能评估1项，制订部分重要商品和服务价格8项、价格认定24项、政府定价成本监审2项。所办件无一差错，办结率和满意率100%。做好阳泉市企业投资项目试行承诺制实行无审批试点落地工作，加快项目审批进度。推进三年投资滚动计划申报工作，截至2017年底，储备项目52个，总投资244.6亿元。加快投资项目在线审批监管平台运用，在线审批监管平台上审批核准备案项目407个。其中，审批85个、核准15个、备案307个。加大项目稽察力度，严格投资监管，对2016年29个中央投资项目、阳泉职业技术学院新校区建设项目、2016年市级审批类项目、采煤沉陷区治理搬迁安置项目等进行稽察和督查。出台《阳泉市政府核准的投资项目目录（2017年本）》和《阳泉市深化投融资体制改革的实施意见》。（冯晓琴）

【项目管理工作】 2017年，阳泉市发改委对接投资体制改革相关举措，推动全市两级开发区企业投资项目试行承诺制实现全覆盖，通过领导报告、现场办公、银企洽谈、排名通报、优化环境等系列措施，一批重大转型项目加快建设，推进山西国际能源裕光煤电有限责任公司盂县电厂2×100万千瓦项目，阳泉煤业（集团）有限责任公司乙二醇项目一期20万吨投产，百度云计算（阳泉）中心、百度（阳泉）创新中心发展迅猛，山西中兴环能科技股份有限公司纳米碳材料实现全球首家吨级量产。全市固定资产投资增长6.6%，较上年同期提升3.9%，高于全省0.3个百分点，排位全省第4。（冯晓琴）

【新型城镇化工作】 2017年，阳泉市发改委根据《阳泉市新型城镇化规划（2016—2020年）》《2017年阳泉市人民政府工作报告》和《山西省关于印发加快推进新型城镇化建设行动方

2017年10月14日国家新型城镇化(阳泉)座谈会签约仪式上,阳泉市政府与中城新型城镇化基金管理公司签署合作框架协议　　（冯晓琴供图）

案的通知》,提出2017年阳泉市推进新型城镇化行动方案。该方案共五部分20项具体任务,包括推进农业转移人口市民化、促进城乡协调发展、提升城市功能和宜居水平、加快推进城乡一体化、深化重点领域改革等内容。10月14日,邀请国家发改委、经信部、国有资产监督管理委员会、国土资源部、国家旅游局等国家有关部委专家组成调研组到阳泉市,先后对桃林沟村、中环快速路建设、阳大铁路建设、百团大战遗址公园等地调研。其间,召开"中国新型城镇化建设(阳泉)座谈会",会上专家结合阳泉市发展实际,提出新型城镇化建设意见和建议;市政府与中城新型城镇化基金管理有限责任公司签署合作框架协议,共同发起设立阳泉市新型城镇化建设产业投资子基金,合力打造产业项目融资平台,为推进新型城镇化建设提供资金支撑。　　（冯晓琴）

【社会诚信建设】 2017年,阳泉市加强社会信用体系建设,推行行政许可、行政处罚"双公示"工作,取得新成效。市发改委印发《企业信用行为联合奖惩实施细则》《行政许可和行政处罚等信用信息公示实施办法》等文件。举行"诚实守信 让山城阳泉更美好"主题宣传活动,曝光4000余名"老赖",增强社会诚信意识。在第12期《全国城市信用状况监测月报》中,阳泉市在全国261个地级市中排名第135名,全省排名第5名,全市无重大失信事件发生。　　（冯晓琴）

【争取资金支持】 2017年,阳泉市发改委紧扣国家投资导向,加强与国、省发改委汇报衔接,争取国、省预算内资金和国家专项建设基金支持,争取国、省到位资金8.98亿元,占全省发改系统争取资金总额12.8%。推进城区老工业区和独立工矿区建设和资源枯竭城市扶持资金,矿区获中央转移支付9714万元(2016年和2017年),平定县获中央转移支付1317万元,郊区获中央转移支付2681万元。

年内,将陆港项目、城区产业聚集园区等18个项目(总投资约40亿元)补充列入《城区老工业区搬迁改造实施方案(2015—2022)》,上报国家发改委。启动国道307、207线绕城改线工程,可研报告获省发改委批复,投资估算54.5亿元,采用PPP模式建设经营,项目列入交通部《2018—2020年公路水路基础设施建设3年滚动计划》。　　（冯晓琴）

【PPP模式推广】 2017年,阳泉市发改委印发《阳泉市推进政府和社会资本合作(PPP)工作实施意见》,重点推介部分项目参与PPP模式建设,截至2017年底,全市纳入全省PPP项目库项目13个,分别是:阳泉北至大寨铁路,阳泉市污水处理厂二期工程,阳泉市污泥处置工程,阳泉市建筑垃圾资源化再利用工程项目,阳泉市中心人民医院建设项目,国道307、207线阳泉市绕城改线工程,阳泉市中环快速路建设工程(新建西、南环和东环改造),阳泉市平阳街西延(西中环—307复线)道路建设工程,阳泉市郊区荫营河教育局至林里村段河道综合治理工程,阳泉市郊区荫营镇污水管网修缮工程,云谷创业科技园,阳泉市洪城北路北延(平阳街—北中环)道路建设工程,阳泉市化义路道路建设工程。纳入国家PPP项目库项目7个,分别是:阳泉市汽车客运中心南站工程、阳泉市餐厨垃圾和有机废物综合处理项目、阳泉市中心人民医院建设项目、盂县三尖山景区开发项目、盂县桃峪沟景区开发项目、阳泉动物园、阳泉市综合交通客运枢纽工程。年内,全市有8个项目列入《山西省2017年第一批传统基础设施领域政府和社会资本合作(PPP)推介项目》名单,总投资120.3亿元。推进重点PPP项目,推进国道307、207线阳泉市绕城改线工程、云谷创业科技园、阳泉市中环快速路建设项目和中心人民医院项目等。　　（冯晓琴）

【采煤沉陷区治理工程】 2017年,阳泉市发改委推进行动方案,指导和督促各县区制订时间表、路线图,签订目标责任书,推进采煤沉陷区治理工作,落实项目进展半月报告制度,及时发现和协调解决工程进展中遇到的实际问题。在4月召开的全省采煤沉陷区综合治理现场推进会上,阳泉市作为2016年全省采煤沉陷区综合治理工作先进市受到省采煤沉陷区综合治理领导小组办公室通报表彰。截至 2017 年底，项目累计完成投资9.97 亿元，基本建成安置房 20 万平方米，600 余户村民得到安置。（冯晓琴）

【清洁能源取暖】 2017 年，阳泉市以居民冬季取暖为重点对象，以城市和县城建成区热电联供、集中供热、农村地区改气、改电为重点，扩大清洁供暖范围，逐步解决散煤污染问题。按照《阳泉市 2017—2019 年冬季清洁取暖工作指导意见》，2017 年计划实施 201 个村（社区）、57581 户的清洁供暖改造工程。截至 2017 年底，完成改造任务 59179 户，为年度目标任务的 102.78%。其中，平定县完成 9029 户、盂县完成 16598 户、郊区完成 10425 户、城区完成 9513 户、矿区完成 6518 户、开发区完成 7096 户。（冯晓琴）

【价格改革】 2017 年，阳泉市发改委推进调整污水处理费收费标准，召开听证会，将听证会结果上报市政府。完善阶梯气价制度，调整阳泉华润燃气有限公司非居民用天然气销售价格，降低企业用气成本，降低用气成本 188.01 万元。推进输配电价格改革，开展相关调研，为国家和省制定政策提供依据。规范住宅小区物业服务收费标准审批流程，出台《阳泉市住宅小区前期物业服务等级与收费标准》，物业服务收费开启“菜单模式”，促进物业服务健康发展。制订出台《阳泉市市级公立医院取消药品加成调整医疗服务价格方案（试行）》和《阳泉市公立医院按病种收费价格工作方案（试行）》，推进县级公立医院改革。截至 2017 年底，全市 7 所县级公立医院全部实行药品零差率销售，28 所公立医院全部推行药品采购两票制，率先在全省实施 100 种按病种收（付）费工作，推动平定县组建医疗集团。健全和完善公廉并轨后的公共租赁住房租金定价机制。（冯晓琴）

【价格调控】 2017 年，阳泉市发改委加强价格信息监测，CPI 增长 1.4%。强化“12358”价格举报平台建设，全年受理价格举报 796 起，其中当场咨询答复 723 起、受理举报 73 起，办结率 100%。开展成本监审工作，对涉及民生领域的 4 种行业和 2 家单位进行成本监审，15 家单位成本情况进行调查，通过监审核减不合理成本 1358.79 万元。（冯晓琴）

国有资产管理

【概况】 2017 年，阳泉市国有资产监督管理委员会主要经济指标超额完成年度任务。全年重点监测企业资产总额 236.3 亿元，完成目标任务的 157.5%；净资产 67.6 亿元，完成目标任务的 307.3%；实现营业收入 55.3 亿元，完成目标任务的 138.3%；实现利润 2 亿元。上缴国有资本收益 1762.5 万元。年内，市国资委被省国资委评为 2016 年度国有资产统计工作先进单位。（都超超）

【国有资产监管】 2017 年，阳泉市国资委加大国有资产监管力度，提升监管效能和服务水平。转变职能，优化设置机关内设机构。由管人管事管资产转变为以管资本为主，加强党的领导、国有资产稽查、内审监督、行政审批管理等工作。严格审计评估，杜绝资产隐形流失。在国企改革中，严格按法规政策办事，按规定程序操作，审核在改制和对外投资过程中中介机构出具的财务审计和资产评估报告，对审核中发现的问题及时纠正，保证出资人权益，确保国有资产不流失。备案资产评估报告 3 份，涉及资产 200.22 万元；核准资产评估报告 3 份，涉及资产 2.76 亿元。严格资产交易程序，企业资产转让全部进场交易。市产权交易市场完成交易项目 10 项，交易金额 940.48 万元，国有资产实现保值增值。其中，实物交易 8 项，交易额 226.37 万元；国有股权转让 2 项，交易额 714.1 万元。化解国有资产潜在风险，规范企业运营行为。国有资本运营公司针对应收债权清收难度大的问题，制订《债权清收管理办法》《不良资产清收激励办法》，开展精准清收行动，部分企业所欠债务进入司法程序予以追缴；市自来水公司职工集资款 3295 万元，全部退还职工。（都超超）

【阳泉市国资公司组建】 2017 年，以阳泉市经贸资产公司为平台，组建阳泉市国有资本运营投资有限责任公司，健全企业法人治理结构，将阳泉市奥威型煤有限责任公司等 5 户企业及阳泉市乡镇企业焦炭（供销）公司办公楼等 2 处资产划归市国有资本运营投资有限责任公司，于 9 月 1 日正式挂牌成立，国有资产管理体制实现从“管资产”向“管资本”转变。以市国有资本运营投资有限责任公司下属子公司阳泉市信益恒非融资担保有限公司为平台，组建阳泉市旅游投资有限责任公司，开展融资业务，为推动旅游景区（景点）做大做强，把旅游业打造成为支柱产业建立操作平台。（都超超）

【国企改革】 2017 年，阳泉市采取措施推进国企改革。推进分离办社会职能工作。按照“1+7 文件体系”思路统筹推进，“1” 是指《阳泉市国有企业分离办社会职能总体工作方案》，“7”是指三供一业分离、市政剥离、社区剥离、教育机构剥离、医疗机构剥离、消防机构分类改革、退休人员社会化管理 7 个配套分项工作方案。制订出台《国有企业职工家属区“三供一业”分离移交工作方案》，《国有企业办消防机构分类改革的工作方案》处于征求意见阶段；起草《国有企业市政剥离工作方案》《国有企业社区剥离工作方案》，国有企业办医疗机构剥离工作交由省国有资本投资运营公司组织实施。成立阳泉市国有企业分离办社会职能领导组以及“三供一业”分离移交、医疗机构剥离等7个工作组，工作组牵头部门分别由市经信委（国资委）和行业主管部门承担。据统计，全市供水应移交户数113198户，签署框架协议和实际移交户数100046户，完成率88.7%；供电应移交户数107937户，签署框架协议和实际移交户数100033户，完成率97.4%；供气应移交户数104199户，签署框架协议和实际移交户数102748户，完成率98.6%；供热应移交户数105878户，签署框架协议和实际移交户数102996户，完成率97.3%；物业应移交户数69286户，签署框架协议和实际移交户数53653户，完成率77.4%。医疗、生育保险机构分离工作，只涉及阳泉煤业（集团）有限责任公司一家，2018年1月1日起实现参保人员联网就医。加快推进厂办大集体改革。在16户厂办大集体企业中，阳泉市义井选煤厂的劳动服务公司、阳泉电子工程实业公司的电力物资供应站等9户完成改革任务。（都超超）

【混合所有制改革】 2017年，阳泉市国资委加大混合所有制改革力度。阳泉水泵厂有限责任公司、阳泉阀门股份有限公司“退城进园、搬迁改制”取得重大进展。通过搬改并举、统筹推进的办法，改制为民营控股、国有参股的混合所有制企业。完成场地平整、地质勘察和工程设计。阳泉蔬菜副食有限公司新建农产品批发市场主体工程完工。该项目由太行工贸房地产开发有限公司全面接管，注册成立阳泉市农产品批发市场有限公司，累计完成投资2亿元，完成建筑面积7万平方米，完成总工程量的90%。公益类企业股权多元化改革顺利推进。成立市自来水公司及污水处理厂特许经营改革工作领导组，制订工作方案，完成咨询服务、审计、评估公开招标工作。加强外出考察和调查研究，深入贵州省凯里市、贵阳市，河南省新乡市和山西省运城市，就水务市场化运作模式、企业改制方式和职工安置办法考察学习。加强市煤气公司改制调研工作，与华润（集团）有限公司初步达成促进燃气行业一体化发展基本思路。完成晟鑫期货经纪有限公司增资扩股改革。对阳泉信达投资管理公司所属晟鑫期货经纪有限公司实施增资扩股改革。公司注册资本由1亿元变更为1.25亿元。通过加快引进战略股东，从根本上解决晟鑫期货公司生存与发展问题。（都超超）

【公司制改革】 2017年，阳泉市国资委为加快公司制改革推进进程，与市银监局协调，为改制企业办理金融机构债权保全证明，和市工商局协调，为煤气、热力等公司制改制中不加字号的企业办理注册名称预核准事宜。对13户需要改革的全民所有制企业的董事会、监事会和经营层进行专题研究，对企业的改制方案、新公司章程和法人治理结构进行批复，各企业加快办理工商、税务等变更手续。（都超超）

【民营化改革】 2017年，阳泉医药药材公司与国药集团山西公司合作组建批零公司改革工作。在“央企助力山西转型综改会议”上，市医药药材公司与国药集团山西有限公司签订战略合作框架协议。9月20日，双方签订共同投资2400万元、组建批发和零售2个公司的合作备忘录。华龙赛鱼超市有限公司严格按程序完成审计评估，召开职工大会通过职工安置方案，在市产权交易市场进行产权转让，民营化经营改革工作完成。（都超超）

【“僵尸企业”清理退出】 2017年，阳泉市加大“僵尸企业”清理退出力度，利用中环快速路建设、平阳街建设和西河滩片区整体改造的机遇，将城市建设和国企国资改革结合起来，对8户企业实施歇业关闭。其中，阳泉市食品公司、阳泉市油脂公司进行清算工作；阳泉市建筑工程集团总公司机械化施工分公司、阳泉市信建资产管理公司所属信利塑胶有限公司、山西晋玛陶瓷有限公司、阳泉市建筑材料机械厂、阳泉市虹玮新型建材有限公司、阳泉市建虹无机化工厂歇业关闭完成前期准备工作。

截至2017年底，8户企业均歇业关闭，盘活土地资源23.76公顷（356.4亩），为中环路项目提供建设用地8.13公顷（122亩）。（都超超）

【党政机关与所办企业脱钩改革】 2017年7月24日，第一批市级党政机关与所办企业脱钩移交签字仪式举行，阳泉市国资委与各主管部门分别签署正式移交协议，党政机关与所办26户企业脱钩改革工作顺利完成，全市经营性国有资产统一监管体制基本完善。（都超超）

【棚户区改造】 2017年，阳泉市国资委针对部分职工住房条件差，供电、供水、供气、供暖等基本服务得不到保障的现状，加大棚户区改造工作力度。全年出资企业实施棚户区项目10个，计划投资1亿元，完成投资1.32亿元，完成目标任务的132%。（都超超）

【信访维稳】 2017年，阳泉市国资委开展信访维稳工作，解决职工民生困难问题。全年接待来信来访81批580人次，主要涉及欠（垫）缴养老医疗保险、办不了退休手续等9大类问题，共计32件，比上年下降55.3%，交办案件办结率100%，赴省进京非正常上访案件为零。（都超超）

国土资源管理

【概况】 2017年，阳泉市国土资源局层层分解指标任务，明确具体负责人；统筹兼顾，对耕地保护、土地规划、计划管理、不动产统一登记、打击非法违法采矿、查处违法用地、地质灾害防治等重点工作，坚持上下联动；建立督查通报制度，对重点工作不定期督促检查，找不足、查原因、定措施、补漏洞、促进度、保质量，完成各项既定工作指标任务。

层层签订耕地保护责任状，耕地保有量7.62万公顷（114.24万亩），基本农田保护面积5.89万公顷（88.38万亩）。推进高标准基本农田建设，将年度高标准基本农田建设任务626.67公顷（9400亩）分解下达至平定、盂县和郊区，安排下达资金401.5万元。开展永久基本农田划定工作，全市划定永久基本农田5.89万公顷（88.37万亩），五个县区均通过省级验收，数据库通过国土资源部质检。改进占补平衡管理办法，出台《阳泉市人民政府关于鼓励和引导民间资本开发造地的实施意见》，探索废弃的建设用地和煤矸石山复垦、采煤沉陷区复垦、零星分散小地块打包实施开发造地，最大可能地开发利用耕地后备资源。截至2017年底，全市累计争取城乡建设用地增减挂钩项目2个，周转指标66.67公顷（1000亩），郊区和盂县分别33.33公顷（500亩）。郊区3个拆旧复垦片区共计复垦土地40.71公顷（610.7亩），新增耕地33.89公顷（508.4亩）；盂县2个拆旧复垦区新增耕地24.17公顷（362.6亩），并已熟化，由村民耕种。通过盘活城市存量土地，提高存量土地的使用效益，探索地下、地面、地上立体空间开发利用，开展城镇低效用地再开发利用工作等，提高土地利用效率。经省国土厅考核，阳泉市建设用地节约集约利用工作居全省前三，给予33.33公顷（500亩）新增用地计划指标奖励。6月30日，平定县率先在全省完成农房不动产统一登记试点，实现国有土地、集体土地不动产统一登记全覆盖。全市发放不动产权证书10573本，不动产登记证明11878本。42座煤矿换领长期采矿许可证，8座煤矿因价款未缴纳和环评未批复，办理短期采矿许可证。全年出让8座非煤矿山，收缴价款3024万元。追缴历年欠交煤矿价款1.13亿元、矿产资源补偿费1.94亿元。（郭晓月）

【保障转型发展】 2017年，阳泉市国土资源局以增质提效为目标，严格用地管理，保障转型发展。

保障开发区建设。将山西省下达年度土地利用计划指标单列166.67公顷（2500亩），保障全市开发区和其他重点工程项目建设用地报批需求。按照“占一补一、占优补优、先补后占、以补定占”的要求，引导开发区依法合规用地，指导各县区采取政府引导、民间投资、异地补充等多种措施和方式，落实耕地占补平衡，确保建设项目依法合规落地。

建设用地配置。阳泉市坚持有保有压和差别化供地、优先保重点的原则，上报5个城市建设用地批次、2个村镇建设用地批次、5个单独选址项目和1个增减挂项目，申请使用土地275.79公顷（4136.8亩），基本保证重点项目、民生工程等用地需求。全年供应国有建设用地61宗，供应面积462.95公顷（6944.25亩），出让价款6.69亿元；划拨16宗，划拨面积337.68公顷（5065.2亩）。其中，市本级出让8宗，供应面积38.85公顷（582.75亩），出让价款2.13亿元；划拨3宗，面积37.04公顷（555.6亩），划拨价款13.31万元。（郭晓月）

【土地集约节约利用】 2017年，阳泉市推进资源节约利用，提高利用效率。建立节约用地逆向约束机制。严格执行国家土地供应和房地产用地调控政策规定，满足年度建设项目用地需求。加大对闲置土地处置力度，对国家土地督察北京局查处的11宗闲置土地全部处置完毕。严格控制地区生产总值用地量。以“化存量、控增量”为原则，落实万元地区生产总值用地量下降任务，实现单位GDP耗地率有效下降，挖潜存量建设用地，严控新增建设用地规模，开展城市节约集约用地评价工作。（郭晓月）

【地质环境管理】 2017年，阳泉市政府与各县（区）政府及市直有关部门签订地质灾害防治责任状，出台《阳泉市2017年度地质灾害防治方案》，召开全市汛期地质灾害防治工作电视电话会议，全年排查地质灾害隐患点270处，发布地质灾害气象预警信息84次，发放各类宣传资料1万余份，开展专业培训5次，开展应急避险演练23次。城区、矿区通过省国土厅地质灾害防治高标准“十有县”（有制度、有机构、有经费、有监测、有预警、有评估、有避让、有宣传、有演练和有效果）验收，阳泉市成为全省全部完成高标准“十有县”建设任务的三个地市之一。全部完成2016年87户农村地质灾害治理搬迁任务。（郭晓月）

【土地 矿产资源秩序整顿】 2017年，阳泉市国土部门强化执法监察，加大土地、矿产资源秩序整顿力度，维护国土资源开发秩序。打击非法采矿。开展10个专项行动，巡查各类非法违法采矿坑点10770余次（处），关闭矿960次（座），打击制止各类非法采矿47起，罚没款61万余元，查扣没收非法采出矿产品565.63吨。完成土地矿产卫片执法检查工作。卫片执法检查和日常巡查中发现的141宗违法用地案件全部结案，共计收缴罚款81.81万元、没收违法建筑物面积14.87万平方米、拆除违法建筑物面积16.69万平方米、84人受到党政纪处分。违法占用耕地比例控制在7.89%,存量土地违法案件逐步解决,遏制增量土地违法行为。矿产违法图斑7个,全部整改到位,收取罚没款27.07万元。重视信访工作。全年接到“12336国土资源违法举报电话”130个,全部及时登记、转办;受理各类信访件78件,结案67件,结案率86%;受理“随手拍”273件,全部进行答复。 (郭晓月)

【基础业务】 2017年,阳泉市开展国土资源管理基础业务工作。开展3项规划修编。《阳泉市土地利用总体规划》修改完成,待山西省政府批复;《阳泉市矿产资源规划报告》编制完成,待山西省国土资源厅批复;《阳泉市土地整治规划》形成送审文本。开展地籍管理工作。全市农村“两权”地籍调查涉及956个行政村21万余宗宅基地和5200余宗集体建设用地,全部通过验收,进入整改完善和数据库建库阶段。完成2016年度土地变更工作。城镇地籍调查数据成果汇交至山西省国土资源厅。第三次土地调查工作于11月10日启动,处于筹备构建组织机构,编制调查预算,组织各县区相关工作人员业务培训阶段。落实“法治国土建设”。制订《阳泉市国土资源管理系统开展法治宣传教育的第七个五年规划(2016—2020年)》。组织开展“4·22”世界地球日、“6·25”全国土地日宣传活动。承接山西省政府取消下放行政职权4项,明确职能科室,补定权责清单、审批运行流程图、廉政风险防控图,在门户网站公布。推进“互联网+”国土。完成阳泉市不动产登记信息管理平台建设经费的财政报送和评审工作。完成“一张图”数据更新工作。测绘管理工作。完成矿区1∶500地形图更新测绘工作。开展全覆盖排查整治“问题地图”专项行动,净化地图市场。 (郭晓月)

质量技术监督

【概况】 2017年,阳泉市质量技术监督部门在质量管理、计量管理、标准化管理和安全监管等方面取得新成绩。全市全年查处案件31起,处罚金额54.74万元,涉及特种设备案件12起、计量案件10起、产品质量案件6起、认证案件1起、工业产品生产许可案件2起。

质量管理 出台《阳泉市质量发展“十三五”规划》《阳泉市消费品标准和质量提升规划(2016—2020年)》,完善政府牵头组织、相关部门配合的质量共治工作格局。组织全市“优秀质量管理小组暨质量信得过班组成果交流会”,向省质监局推荐21个省级优秀质量管理小组和7个质量信得过班组。打造“阳泉制造”品牌抓质量,全市16家企业的16种产品获2017年山西省名牌产品称号。完成40家获证企业年度审查工作,对钢绞线、电线电缆、防护服、水泥等11家获证企业专项检查,对43家获证企业进行新版《工业产品生产许可证实施通则》免费培训,组织全市64家重点企业的64名“企业首席质量官”举办“企业首席质量官”第三期培训班,增强企业自律意识、诚信意识,提升企业质量管理水平。组织对煤炭、汽柴油、电线电缆、涂料等重点产品的监督抽检工作。其中,冶矿化轻类产品监督检验乳胶漆2个批次,合格率100%;汽柴油196批次,不合格4批次,合格率98%;煤炭92批次,不合格2批次,合格率98%;建材电器类产品监督检验输送带1个批次,合格率100%;电缆3个批次,合格率100%。

2017年阳泉市获山西省名牌产品称号情况统计表

表20

产　品	生产企业
天隆牌快硬硫铝酸盐水泥、铝酸盐水泥	阳泉天隆工程材料有限公司
Hopping great 牌砂轮	阳泉市中嘉磨料磨具有限公司
CQ牌陶粒砂	阳泉长青石油压裂支撑剂有限公司
建工中华牌自力式流量控制阀	山西建工中华暖通设备有限公司
雲鑫牌电线电缆	山西鑫源电线电缆有限公司
优立博牌矿用电线电缆	山西立博线缆有限公司
华越牌液压支架	阳煤集团华越机械有限公司
麟豪牌防火、防盗门	阳泉麟豪机械制造有限公司
华越牌采煤机	阳泉华越创力机械有限公司
川河牌液压支架软管及软管总成	阳泉丛鑫橡塑制品有限责任公司
奥伦牌矿用织物整芯阻燃输送带(PVC型、PVG型)	阳煤集团奥伦胶带分公司
方大牌甜蜜素	方大添加剂(阳泉)有限公司
招财鱼牌核桃油	阳泉市万和油脂有限公司
三来牌马铃薯全粉	山西三来食品有限公司
BTR牌锂离子二次电池用负极材料	山西贝特瑞新能源科技有限公司
牌家用电器零售	阳泉天元家用电器有限责任公司

计量管理　新建液压千斤顶检定装置、混凝土回弹仪检定装置和水泥软练设备校准装置3项市级社会公用计量标准；开展计量检定技术比武、计量标准量值比对，提升检定水平及技术能力；强化制造计量器具获证企业、计量授权检定机构、环境监测用计量器具、加油机、煤矿安全用计量器具和压力表等安全防护类计量器具等监督管理，对全市30余家单位110余名计量检定、管理人员开展计量免费培训；完成计量器具周期检定、校准38964台件。其中，按照检定周期实施强制检定小衡器2200余台件、加油机892台件、长度类计量器具750余台件、出租车计价器2234台件、压力表5500余台件、燃气表1.3万余台件、电能表2800余台件、医用计量器具730余台件、光干涉甲烷测定器1200余台件、催化燃烧式甲烷测定器3600余台件、矿用传感器1000余台件、矿用风速表400余台件、粉尘采样器50台件、电子汽车衡检定141台次。

标准化战略　开展“企业产品标准自我声明工作”，帮助128家企业576种产品公开标准358项；完成平定县东方世纪公交客运有限公司和宜康居家养老2个国家级标准化示范项目标准体系建设工作，启动平定县东鑫养殖有限公司承担的“肉鸡养殖”和桃林沟村美丽乡村2个国家级标准化试点项目建设工作，新推荐藏山风景区申报国家级服务业标准化试点，通过省质监局初审，上报国家标准化管理委员会等待批复；发布实施市级地方标准《废弃水井封堵和污染水井治理规程》；全市首家团体标准T/1403　YQADA001—2017《二手车鉴定评估操作技术规范》于10月9日发布，11月1日施行，在全国团体标准信息平台上公示，团体标准在全省实现零突破。

安全监管　开展“特种设备清查核查行动”，明确8大类特种设备重点隐患确定标准，提升监管效能；针对平定、盂县工商质监合并现状，对169名安全监察人员进行培训考核和发证。以特种设备安全“大检查、大整治”为主线，组织游乐设施、“反三违”(违章指挥、违章作业、违反劳动纪律)、锅炉节能、危险化学品、电梯、气瓶、“特种设备安全大排查大整治”等专项行动。其中，中共十九大期间出动执法人员223人次，检查生产使用单位105家，各类特种设备490台套，排查出各类安全隐患4条，下达特种设备检查指令书4份。突出监管重点，整治盂县西潘乡存在严重事故隐患的40余台土制起重机械；按照“一人一台、一台一案、一案一策、全部注销”要求，截至2017年10月底，除1台垃圾锅炉不属于燃煤锅炉外，其余31台10吨/时及以下燃煤锅炉全部拆除(断水断电、彻底停用)办理设备注销手续。组织编制锅炉、气瓶两个安全管理地方性法规，上报市法制办，启动地方立法程序；选择锅炉、电梯、气瓶等重点行业设备，组织编制《特种设备检验风险隐患分析报告》，推动“CNG天然气充装站和液化石油气充装站加装电子标签监管系统”建设工作；完成阳泉市特种设备动态监管系统和气瓶电子标签动态监管系统立项审批，实现采用先进信息化技术手段提高特种设备安全管理水平。制订《特种设备安全风险分级管控体系建设方案》，指导企业建立安全风险“公告牌”制度、岗位安全风险确认和安全操作“明白卡”制度。严格检验检测。全年全市在用特种设备7180台，其中锅炉230台、压力容器1606台、电梯3584台、起重机械1501台、场(厂)内机动车辆259台。全年完成到期应检特种设备检验5209台(不含安全阀3054台)，其中锅炉273台、压力容器498台、电梯3460台、起重机械711台、场(厂)内机动车辆267台；监检特种设备676台，监检率100%，其中锅炉34台、压力容器9台、电梯506台、起重机械70台、场(厂)内机动车辆57台，压力管道安装监检109.24千米；定检4533台，定检率99.4%，其中锅炉239台、压力容器489台、电梯2954台、起重机械641台、场(厂)内机动车辆210台，压力管道定期检验1352.4米。（刘　茜）

【认证认可】 2017年，阳泉市质监部门对41家资质认定检验检测机构的检验数据进行统计分析；对11家3C强制性产品认证获证企业、42家计量认证获证实验室、216家自愿性管理体系认证获证企业的管理档案进行信息更新和资料完善；对2家机动车检验机构、2家环境监测机构、2家建筑建材检验机构开展入企认证帮扶，帮助培训管理人员，熟悉管理标准，建立管理体系，完善管理制度；开展22次3C企业证后巡查、42次资质认定证后巡查、16次自愿性认证现场行政监督；组织管理体系获证企业专项检查，检查有效期内获证企业34家；在省质监局开展弹性体改性沥青防水卷材最大峰拉力、最大峰时延伸率、水泥中凝结时间、3天抗折强度和抗压强度、水中六价铬的能力验证基础上，组织开展高分子防水材料片材的拉伸强度参数的能力验证。（刘　茜）

【行政审批优化】 2017年，阳泉市质监部门以法制思维、改革精神、创新办法营造“六最”(审批最少、流程最优、体制最顺、机制最活、效率最高、服务最好)营商环境，全年办理行政许可390件(其中特种设备类许可382件，共计4032台人，计量类8件，共计21项)，办理特种设备停用、注销、报废57件，共99台，办理特种设备补证29件，共67台。

下放审批事项　出台《关于开展优化营商环境、实现“六最”目标专项行动实施方案》，将7项行政审批事项中的计量标准器具核准、制造修理计量器具许可证签发、国家法定计量检定机构任务的授权、特种设备使用登记等4项下放至平定县、盂县和开发区,下放率57%。

流程再造　做到“一切审批进大厅、大厅之外无审批”,统一简化办理流程,推行“容缺受理”管理制度;结合8月1日实施的《特种设备使用规则》,取消特种设备使用登记、特种设备作业人员考核两个行政许可事项中的批准环节,将市审批服务中心质监窗口办理的所有行政许可事项的受理环节时限减为1个工作日,办结环节时限调整为各2个工作日,特种设备使用登记、特种设备作业人员考核二项行政审批事项再次缩减办证时间5个工作日,将气瓶充装单位许可中的现场鉴定评审提前,审批时限由15个工作日缩减为7个工作日。

开展政务服务　对丢失和损坏特种设备使用登记证(表)的,质监窗口开展特种设备补证延伸服务,减少群众跑腿次数,将特种设备停用、注销、报废纳入质监窗口政务服务内容,予以现场办理。（刘　茜）

【基础建设工作】 2017年,阳泉市质监部门推动基础建设工作健康有序发展。完成液压千斤顶检定装置、混凝土回弹仪检定装置、水泥软练设备校准装置、环境试验设备温度/湿度校准装置、箱式电阻炉校准装置、存车计时计费等6项计量标准建标考核工作;完成汽油辛烷值测定仪、热量仪、定硫仪及全自动闪点测定仪、煤炭制样研磨机等仪器设备的更新升级工作,均安装调试完毕;采取上网查新和申请省情报员查新等方法,对涉及在用的检定规程、规范和检验标准进行查新,保证现行有效;开展实验室环境设施配置、技术人员能力培训等工作。（刘　茜）

【服务水平提升】 2017年,阳泉市质监部门发挥质监职能,提升服务水平。

安全生产服务　7月至9月,阳泉市开展煤矿安全用计量器具和压力表等安全防护类计量器具监督检查,检查企业32家,检查计量器具1.6万余台件,与煤矿企业签订检定与监督管理目标责任书32份,督促企业落实对安全计量工作的主体责任。

改善民生服务　对全市10家医疗单位在用的909台件大型医疗设备实施强制检定;围绕“计量与交通”主题,开展科普宣传活动、实验室开放活动和免费检测活动,采取发放宣传彩页、摆放宣传展板、设立宣传站等形式向群众宣传计量知识,免费检定、维修、校准居民使用的人体秤、血压计等计量器具700余台件。

提供企业服务　实施“减轻企业负担25条措施”,免费为企业提供涉及质监领域的业务咨询服务、标准查询服务、业务知识和法律法规培训1000余人次,免费计量器具1280余台件;4月1日起,停征产品质量监督检验和计量强制检定两项项目收费,截至2017年底,受理停征收费的强制检定计量器具33043台件,停征收费约548万元;受理停征收费的产品质量监督检验144批次,停征收费约9.4万元;减免6家福利企业10台设备,费用4773元;复检设备333台,免收费用3.33万元。（刘　茜）

【质量大会召开】 2017年12月22日,阳泉市质量大会召开。省质监局、省出入境检验检疫局和市政府领导、各县区政府县区长和分管县区长、25个质量强市领导组成员单位和相关部门主要领导和分管领导、63家2017年山西省名牌产品获奖企业、首届阳泉市市长质量奖获奖组织和个人及重点企业代表、阳泉检验检疫局和阳泉市质监系统代表参加会议。会议表彰2017年山西省名牌产品获奖企业和首届阳泉市市长质量奖获奖组织和个人,对全市推进质量强市战略,开展质量提升行动进行安排部署。首届阳泉市市长质量奖获奖单位是:阳煤集团华越机械有限公司,阳泉市长青石油压裂支撑剂有限公司;阳泉市市长质量奖提名奖获奖单位及个人是:山西盂县西小坪耐火材料有限公司,阳泉天元家用电器有限责任公司,平定冠窑砂器陶艺有限公司董事长张宏亮,山西省阳泉固庄煤矿选煤厂副厂长刘东升。（刘　茜）

【“一网一库四平台”】 2017年,阳泉市特种设备监督检验所加强特种设备检验信息化建设,升级改造特种设备检验管理系统,建立“一网一库四平台”,即一个特种设备综合业务网,一个特种设备数据中心库,以及特种设备检验业务平台、特种设备移动检验平台、特种设备企业服务平台、特种设备监察交互平台。确保数据的稳定性、准确性、唯一性,实现检验检测规范化、工作流程标准化、数据流通网络化,提高特种设备检验效率。完成初步调试工作,处于试运行阶段,2018年1月1日正式上线使用。（刘　茜）

【“3·15”消费者权益日系列活动】 2017年,阳泉市质监局在全市开展以“引导科学消费,倡导诚信经营”为主题的“3·15”系列活动。3月13日,联合消防支队和工商局,对全市销售、使用消防产品的场所开展消防产品联合大检查,对检查中发现的问题提出整改意见。结合日常监管工作,采取摆放宣传展板、发放宣传材料和现场咨询等方式,宣传产品质量知识、识假辨假常识以及标准、质量、计量、特种设备等相关知识,现场为企业和群众答疑解惑,帮助企业提升质量管理水平。深入各辖区对所使用的电梯进行安全知识宣传贯彻,现场查阅电梯维保记录、操作人员证件、注册登记证以及检验报告。通过宣传和现场检查活动,提高企业主体责任意识、质量安全意识和诚信守法意识,营造

浓厚的维权和法治氛围。其间，发放宣传资料3000余份，接受群众现场咨询百余人。（刘 茜）

【“5·20”世界计量日宣传活动】 2017年，阳泉市质监局在“世界计量日”组织开展系列关注民生、计量惠民宣传活动。

开展“计量与交通”宣传活动。市质监局与市治超办等计量相关单位联合，深入阳泉西、平定南、平定北三个高速入口和义白路驼岭头超限检测站开展宣传活动，通过悬挂条幅、发放宣传资料、现场讲解等方式，宣传准确计量、限制超载对计重收费和交通安全的重要性，发放计量宣传资料8000余份。

开展免费检测和咨询服务活动。市质监局与市科协联合开展计量科普宣传活动，现场设立免费检测和咨询服务台，免费检测血压计、人体秤和眼镜片等家用计量器具200余台件，接待咨询80余人次，发放与群众生活密切相关的水表、煤气表、电能表、热量表、加油机、电子计价秤和定量包装商品净含量等计量常识宣传资料5000余份。就如何节约能耗、正确使用计量器具等内容现场集中讲解、指导，回答群众咨询的计量相关问题，提高公众参与计量监管的积极性。

开展开放计量实验室活动。来自阳泉市朝阳小学的学生、相关企事业单位计量人员、社会各界群众300余人，参观市质量技术监督检验测试所长度、力学、温度、电学、化学等计量实验室，通过技术人员对相关计量器具量值传递、溯源工作原理的讲解及现场演示，使参观人员对计量技术、量值溯源和传递、检定（校准）的重要性等有更深层次的了解，认识到计量工作在经济发展和社会进步过程中的重要作用。（刘 茜）

【“质量月”活动】 2017年9月，阳泉市质监局围绕“提高发展质量和效益”中心，以“大力提升质量，建设质量强市”为主题，开展系列宣传活动。增加质量信用报告发布企业。在建材、农资等涉及民生的重点企业中，选择阳泉水泵厂有限责任公司、阳泉天元家用电器有限责任公司等24家单位编写企业质量信用报告，通过企业网站、质监网站等媒体，向社会发布。深入社区、企业、学校、机关以及村镇，通过座谈会、发放宣传手册等形式，普及质量安全知识。其间，发放《质量安全小常识》和《特种设备安全小常识》宣传手册1800余册。开展质量集中整治行动。高层住宅电梯专项检查，检查电梯156部，消除隐患30余条；结合中秋、国庆两节特点，开展购物中心、超市、游乐场等人员密集场所电梯和大型游乐设施安全检查；开展认证认可、工业生产许可证、涉民生强检计量器具、机动车安检机构等专项检查，营造公平竞争的良好环境。开展中小学质量教育社会实践活动，组织全市50名小记者深入市级“中小学质量教育社会实践基地”阳泉华越创力机械制造有限公司参观实践。组织全市电梯使用单位安全管理人员安全技术培训，200余家电梯使用单位派员参加；开展“电梯安全进小区”、特种设备安全知识主题宣讲、身边隐患大家查以及电梯大型应急救援演练、游乐设施应急救援演练、“城镇燃气综合应急演练”等活动，营造安全氛围。（刘 茜）

2017年5月19日，阳泉市质监局组织朝阳小学学生参观阳泉市质量技术监督检验测试所计量实验室，了解计量技术和量值传递的有关知识 （王学明供图）

工商行政管理

【概况】 2017年，阳泉市工商行政管理局以深化商事制度改革为主线，加强总体谋划、突出工作重点、锐意改革创新、深入基层调研，促进“放管服效”改革，各项工作迈上新台阶。全年全市新登记各类市场主体13914户，比上年增长12.55%，日均新登记市场主体38户。其中，新登记企业3306户、个体工商户10378户、农民专业合作社230户。截至2017年底，全市共有各类市场主体73565户，比上年增长2.23%。其中，企业18172户、个体工商户52774户、农民专业合作社2619户。

年内，市工商部门受理处理消费者咨询、投诉、举报6568起，比上年增长31.15%，查处消费侵权案件72件，为消费者挽回经济损失140万余元。其中，受理消费咨询5332件，比上年增长58.17%；受理消费申（投）诉1123件，比上年减少26.84%；受理举报113件，比上年增长10.78%。（康 杰）

【商标战略】 2017年，阳泉市加大商标品牌创新创业基地建设力度，运

阳泉市中国驰名商标统计表

表 21

商标名称	企业名称	使用商品及服务	认定时间
白羊及图	山西阳泉铝业股份有限公司	铝锭、圆铝杆	2008-3-5
吉天利 JTL	山西吉天利科技实业有限公司	蓄电池	2011-11
HUATONGGROUP 及图	华通路桥集团有限公司	建筑	2013-12-27

用商标品牌强市、兴企、富农,提升商标品牌影响力。全年全市申请注册商标 460 件,注册 247 件,培育推荐著名商标 30 件。截至 2017 年底,全市有效注册商标总量 2169 件,其中中国驰名商标 3 件。　(康　杰)

【商事制度改革】 2017 年,阳泉市推进简政放权,深化商事制度改革。推进企业简易注销改革。3 月 1 日起实施企业简易注销登记改革,缩短市场主体退出周期,降低退出成本,提高登记效率。截至 2017 年底,全市 62 户企业通过简易注销程序办理注销登记。推进“一照一码”改革。截至 2017 年底,全市核发“一照一码”营业执照 48857 张。推进“先照后证”改革。工商登记前置和后置审批事项分别削减至 32 项和 201 项;执行“双告知一承诺”[办理市场主体注册登记时,一方面告知申请人,其拟从事的经营项目中如有《山西省工商登记后置审批事项指导目录》所含事项的,应到指导目录内规定的相应审批部门办理审批,由法定代表人(负责人、经营者)或者委托代理人签署《信用承诺书》;另一方面,工商部门根据《工商登记后置审批事项经营范围用语及关键词》填写市场主体经营范围,将市场主体注册登记信息推送至“国家企业信用信息公示系统(部门协同监管平台——山西)”,由各级审批部门、行业主管部门对市场主体认领]制度,推动市场主体登记信息在工商与审批部门、行业主管部门间互联互通。推进企业名称登记改革。全年核对清理名称数据 2000 余条,梳理完成登记机关名称库,报请省工商局删除冗余数据。启动企业登记全程电子化。8 月 10 日,在市工商局举行阳泉市企业登记全程电子化启动暨全市首张电子营业执照颁发仪式。截至 2017 年底,核发电子营业执照 5 张。申报个体工商户登记改革试点。组织城区工商分局制订《个体工商户登记制度改革实施方案》,作为个体工商户登记改革试点单位上报省工商局。实施住所登记制度改革。根据 9 月 1 日出台的《山西省市场主体住所(经营场所)登记管理办法》,放宽登记条件,释放住所资源,优化营商环境。全市按照申报制登记市场主体2389 户,较上年同期增加 11.22%。加强登记窗口规范化建设。执行《山西省工商(市场监管)登记窗口工作行为规范准则》,落实服务措施,更新“阳泉市企业注册服务平台”微信公众号,向企业宣传商事制度改革最新动态,加大窗口工作人员培训力度,提升工作人员业务水平。6 月 22 日,全省工商(市场监管)部门企业登记窗口经验交流会上,市工商局武晋国被国家工商总局授予“成绩突出窗口工作人员”称号;市工商局企业登记窗口、市工商局郊区分局企业登记窗口被省工商局授予“先进窗口单位”称号;市工商局矿区分局李亚非、市工商局开发区分局张卫英被省工商局授予“先进窗口工作人员”称号。　(康　杰)

【法治工商建设】 2017 年,阳泉市工商局加强执法办案,推进法治工商建设。创办《“工商与法”半月谈》专刊,启动“阳泉工商法律大讲堂”,提高干部法律专业化水平。坚持“4856”(四审八核严把五点六不通过)案件评审制度,严把案件核审关;采取“五查五看”(查处罚结果是否公正,看案卷是否及时归档;查文书是否统一,看填写制作是否规范;查定案依据,看程序是否合法;查有关文书是否合法,看证据是否收集齐全;查执行情况,看财务票据、物品是否登记入库)的方式开展案卷评查工作;梳理工商部门执行的 8 大类 264 项权力清单。市工商局和各县(区)分局聘请专职律师,推进全市法律顾问制度。年内,市工商局被市政府推荐为全省依法行政先进集体的单位。(康　杰)

【信用体系建设】 2017 年,阳泉市工商部门坚持放管结合,加大事中事后监管力度,构建完备信用体系。开展市场主体信息公示工作。2016 年全市企业年报公示率 93.39%,农民专业合作社年报公示率 86.04%,个体工商户年报公示率 73.17%;落实行政处罚信息公示,公示行政处罚案件 455 件,公示率 100%。加强涉企信息归集共享与联合惩戒。出台《阳泉市场主体信用信息公示(共享)管理工作制度》《阳泉市市场主体信用信息公示系统信息共享、联合惩戒工作制度》。截至 2017 年底,开展涉企信息数据归集部门 120 个,归集行政许可信息 19694 条,行政处罚信息 1058 条,抽查结果录入 1746 条,签收认领企业 4078 条。实施“双随机一公开”(随机抽取检查对象,随机选派执法检查人员,抽查情况及查处结果及时向社会公开)监管。全年抽查事项清单 12 类 40 项,涵盖工商部门全部行政执法事项。建立“市场主体名录库”“执法人员名录库”，入库市场主体71744户，列入经营异常名录企业1005户，移出企业400户；入库执法人员298名。（康　杰）

【企业融资帮扶】 2017年，阳泉市工商部门宣传《中华人民共和国物权法》《中华人民共和国担保法》《动产抵押登记办法》《股权出质登记办法》等法律法规，采取个性化帮扶措施，帮助企业解决融资难题。全年办理动产抵押登记86件，动产抵押担保主债权金额18.69亿元；办理股权出质登记36起，出质股权数额5700万元，担保债权数额6354万元；市工商局、市个体劳动者协会联合郊区信用联社，推出“商易贷”金融产品，为中小微企业融资1000余万元信贷资金。（康　杰）

【市场专项整治工作】 2017年，阳泉市工商部门通过开展广告监管、商标专用权保护、网络市场监管、反不正当竞争等专项整治工作，维护规范有序的市场环境。全年查处各类经济违法违规案件233起，罚没款94.74万元。

反垄断和反不正当竞争　4月至10月，市工商部门开展集中整治仿冒侵权行为专项执法行动，5月至10月开展推进公用企业限制竞争和垄断行为突出问题集中整治行动。截至2017年底，查办不正当竞争案件46起，收缴罚没款22.74万元。

网络市场监管　以网络交易平台和网店不正当竞争、销售假冒伪劣商品等突出问题为重点，严打违法违规行为；牵头建立阳泉市网络市场监管局际联席会议制度，强化部门协作配合。截至2017年底，查办互联网违法案件11起，罚款6.15万元。

商标专用权保护　以食品、药品、保健品、烟酒、家用电器等关系民生的商品为重点，采取摸底排查、突击检查、公开曝光等方式，加大对侵犯驰名商标、著名商标专用权案件的查处力度。全年查办商标侵权案件35件，罚款12.93万元。

广告监管　加大对重点媒体、重点领域广告执法力度，突出查处医疗、药品、食品、化妆品、房地产等领域虚假违法广告。召开全市整治虚假违法广告联席会议，通报国家工商总局广告监管大数据中心监测情况。指导督促户外大屏发布单位开展公益广告宣传活动。截至2017年底，查处违法广告案件35件，罚款16.3万元。

打击传销规范直销　查办传销案件4起，举办打击传销宣传活动18次，在《阳泉日报》刊登打传警示1次，中国反传销网、网易新闻网、中国网、三晋都市报、山西新闻网等网站刊发“警惕借微商平台实施传销”警示文章6次。开展“无传销城市”创建活动，全市社区、乡镇、行政村完成率分别为89%、63%、17%。加大对直销企业监管，检查直销企业服务网点、专卖店等经营场所64个，与直销企业及服务网点负责人座谈26次。

无照经营查处　坚持“谁审批、谁监管，谁主管、谁监管”原则，履行工商市场监管职责，依法查处取缔无证无照经营行为。截至2017年底，查处无照经营案件45起，罚款12.24万元。（康　杰）

【酒类商品包装物广告专项检查】 2017年1月22日至24日，阳泉市工商局在全市范围内集中开展清理整治酒类商品包装物含有“特供”“专供”“国宴”等内容广告专项检查。对沃尔玛、华龙、美特好等大型超市，阳泉市糖酒公司、阳泉市春阳商贸等酒类批发企业和各烟酒零售网点进行拉网式排查。对阳泉广播电视台、阳泉日报社、阳泉合众传媒等广播电视、报刊、户外大屏媒体进行专项督查，严防此类广告发布。与媒体和商户签订“承诺书”，从源头上遏制和杜绝含有“特供”“专供”“国宴”等内容广告商品销售和广告发布行为。此次专项检查，全市各级工商机关出动执法人员50人次，监测各类媒体广告353条次，监测互联网平台广告95条次，检查各类市场主体525户，责令下架销售含有“国宴”“贵宾专供”等酒类商品101瓶，签订《承诺书》240份。（康　杰）

出入境检验检疫

【概况】 中华人民共和国阳泉出入境检验检疫局（简称阳泉检验检疫局）是主管阳泉地区国境卫生检疫、进出境动植物检疫和进出口商品检验、鉴定、认证和监督管理的涉外经济行政执法机构。阳泉检验检疫局业务所辖阳泉市两县三区（平定县、盂县、城区、矿区、郊区）和晋中东五县（寿阳、昔阳、和顺、左权、榆社）。

2017年，阳泉检验检疫局共检验检疫出入境货物480批，货值1532万美元，比上年分别增长5.96%和-25.05%。其中，检验检疫出境货物464批，货值1424万美元，比上年分别增长7.41%和4.02%；检验检疫入境货物16批，货值108万美元，比上年分别增长-23.81%和-83.99%。检出不合格出入境货物3批，金额3万美元。

全年签发各类原产地证358份，金额达1668万美元，比上年分别增长-6.04%和24.60%，为企业减免关税100余万美元。其中，签发普惠制原产地证书176份，签证金额997万美元，比上年分别增长-16.19%和-0.87%；签发一般原产地证书41份，签证金额413万美元，比上年增长41.38%和161.10%；签发中韩自贸协定原产地证书66份，货值80万美元，增长-23.26%和22.61%。（赵佳佳）

【进出口商品检验】 2017年，阳泉检验检疫局严格进出口商品检验，提高检验检疫把关的有效性。检出进口不合格1批，检验匈牙利进口的1批0.8万美元热水锅炉未附带中文安装使用说明书，整改安装使用。检出进境木质包装不合格2批，其中一批入境货物木质包装有一木箱未加IPPC（国际木质包装检疫措施标准）标识，发现活体昆虫、昆虫尸体，及时进行收集和采样，送省检验检疫局技术中心做鉴定；一批进境木质包装检疫时截获带有树皮木质包装，按相关规定要求企业对不合格木质包装焚烧处理，防止外来有害生物入侵。检出不合格出口食品1批，检验出口盐渍蘑菇包装破损，立即下达整改要求，经二次检验合格后出口。（赵佳佳）

【目录外进出口商品监督抽查】 2017年，阳泉检验检疫局完成目录外进出口工业品监督抽查6批，分别是进口商品4批，为成人太阳镜、电饭煲、儿童牙刷；出口商品2批，为锂质瓷砂锅、餐具，无不合格检出。（赵佳佳）

【平定砂器成为国家地理标志保护产品】 2017年，阳泉检验检疫局提供政策，指导申报、评审，平定砂器通过国家质检总局地理标志技术审查，成为阳泉市首个获国家地理标志产品保护的产品。平定砂器的入选，除可享受关税、通关等方面优惠外，对产品质量、信誉也具有证明和担保作用，提高产品品牌价值，增强产品国际竞争力。（赵佳佳）

【通关便利化提高】 2017年，阳泉检验检疫局压缩控制检验检疫流程，8月出口检验检疫时长2.15天，9月出口检验检疫时长0.7天，无进口业务，出口时长压缩1.45天。举办电子检验检疫网上申报系统和无纸化系统培训，两个系统顺利上线，运行良好，检验检疫效率提高。（赵佳佳）

【“三同”工程】 2017年，阳泉检验检疫局推进内外销产品“三同”（同线、同标、同质）工程。截至2017年9月，帮助辖区三家食品农产品企业上线“三同”平台，上线率100%。联合省检验检疫局认证处赴榆社县开展宣讲活动，对榆社县农委、食品农产品生产加工和种植养殖企业负责人50余人开展“三同”、认证认可等政策宣讲，促进地方外贸发展。（赵佳佳）

【科技强检】 2017年，阳泉检验检疫局实施科技强检，检测能力提升，通过CNAS扩项。技术中心筹备开验生活饮用水领域检测项目和大量农药残留项目检测，扩项44个项目。截至2017年底，中心可检测产品涉及食品微生物、食品理化、食品添加剂、食品接触材料、化工品、矿产品等20类，198个检测项目获认可。推进辖区内检测平台建设。与盂县食药局、平定县食药局和阳泉市食品安全委员会沟通，提供咨询及检测服务，协助落实执法任务，3月获批“阳泉市食安委指定食品安全检测机构”。参加能力提升活动。技术中心参加煤炭、白酒、接触容器、食品中农残和微生物项目的能力验证和测量审核活动，共4批次14个项目，活动按照《能力验证领域和频次表》要求，除2项目正待结果反馈，其余检测结果均为满意。在全国煤炭检测联盟技术比武中，中心人员获优秀奖。（赵佳佳）

【助力和顺县创建良好规范农业示范县】 2017年，阳泉检验检疫局向地方政府建言献策，就试点区域、品种和工作方案提出建设性意见，向重点企业宣传贯彻省政府扶持农产品发展文件，印发良好农业规范宣传材料，邀请省检验检疫局专家，开展良好农业规范培训，提高企业对良好农业规范标准的了解掌握和建立完善良好农业规范体系的能力。截至2017年底，和顺县取得GAP（良好农业规范）认证产品20个，有机认证产品3个，有机转换认证产品20个。良好规范农业示范县申报材料通过省检验检疫局认证处和阳泉检验检疫局两级初审，上报国家认监委，启动创建工作。（赵佳佳）

【山西阿胶糕实现出口零突破】 2017年，阳泉检验检疫局检验合格的榆社县1批200箱阿胶糕出口香港，实现山西省阿胶糕首次出口。为帮扶企业出口，阳泉检验检疫局多次赴实地考察、调研，送技术，送服务，协助企业通过HACCP认证，确保产品质量，顺利出口。（赵佳佳）

【和顺县自营供港活牛首次出口】 2017年，阳泉检验检疫局为落实动检业务属地化管理要求，多措并举，帮扶企业。6月28日，首批25头、价值约55.2万港元的和顺活牛自营出口供港。（赵佳佳）

【盂县创建出口食用菌省级质量安全示范区】 2017年，阳泉检验检疫局与阳泉市农委、盂县农委就特色食品农产品出口、示范区建设开展座谈会，创建盂县出口食用菌质量安全示范区。（赵佳佳）

审计管理

【概况】 2017年，阳泉市审计机关完成审计项目80个，查出违规资金1.3亿元，管理不规范资金28.78亿元，促进增收节支618万元，核减政府投资8123万元，向有关部门移送案件线索及处理事项18件，提出审计建议98条，采纳整改50条。10月，阳泉市审计局获“山西省第四届人民满意公务员集体”称号。（张大鹏）

【重大政策措施跟踪审计】 2017年，阳泉市审计局重点关注民生保障、科技创新、资源环保、加快实体经济发展等政策落实情况，组织全市审计机关对70个部门单位、79个重点项目进行跟踪审计，坚持问题导向，审计出在放管服改革、民生保障、财政资金管理、大众创业万众创新等政策落实方面存在的11个问题，促进出台临时救助、行政审批、水土保持补偿费征管等10余项制度，落实采煤沉陷区治理配套资金9208万元，推动学校校舍建设、取暖工程项目、棚改项目等重点工程建设进度。（张大鹏）

【市本级预算执行审计】 2017年，阳泉市市本级预算执行情况审计围绕增加可用财力，控制财政风险，提高资金绩效主线，以收入征管、债务管控、资金使用为重点，适度借鉴上级审计机关既有审计成果，审计出阳泉市财政管理方面存在预算编制、税费征缴、国库支付管理、财税政策落实等方面问题，有关部门单位通过整改，提升财政管理水平。堵塞管理漏洞，增加市级财政收入6513.13万元；针对管理机制缺失，水土保持补偿费征管不规范、土地增值税清算率不高等问题，相关部门立即整改，推动财税政策有效落实；规范举债工作，市政府以及市财政局、市住建局等责任部门出具25份整改文件，化解政府债务潜在风险。（张大鹏）

【政府投资项目审计】 2017年，阳泉市审计局加大政府投资项目跟踪审计监督力度，确定以“政府投资审计监督平台”为依托，重点项目跟踪审计为龙头的投资审计新模式。通过对2016年至2017年的18个合计投资总额约89亿元的重大政府投资项目实施长期跟踪审计。截至2017年底，通过平台收集项目合同、变更、征迁等资料498份，通过联网审计向项目单位发出审计核查函49件，出具审计报告5篇，向市政府及项目主管部门、建设单位提出审计建议34篇，移送处理事项7起，收缴违纪资金1亿元，为政府挽回经济损失近7.6亿元。完成项目竣工决算、结算审计项目15个，核减资金8123万元。

年内，市审计局开展阳泉市色织有限公司歇业关闭申请一次性补偿费用审计和对厂房承租方浩木健身公司的补偿情况审计调查、平阳路沿线河道治理项目涉及的机械化分公司歇业关闭审计以及冯家庄整村搬迁安置项目结算审计等，出具的审计结论作为拆迁补偿基本依据，使重点项目进展顺利。（张大鹏）

【民生审计】 2017年，阳泉市审计局先后开展教育、新农合、农村信用社、阳泉职业技术学院、养老公益苑等重大民生项目和民生资金审计，揭示资金闲置、项目推进缓慢与绩效不高等问题。其中对平定县、盂县“全面改薄”（全面改善贫困地区义务教育薄弱学校基本办学条件）专项资金审计中，深入99所基层学校调查教育政策执行情况，针对城乡学校资产使用率较大问题专题建议全省下一步改薄工作中调整规划投向，查出管理不规范金额2.37亿元，移送相关处理事项3件。全市农村信用社2015年和2016年资产、负债及损益审计中，移送相关处理事项10件，结合扶贫工作，重点对阳泉市农信社金融扶贫小额贷款发放以及相关政策执行情况进行审计调查，将发现的问题专题报告市政府，为推动阳泉市金融扶贫政策落地发挥作用。

年内，市审计局专项对甄家庄村整村搬迁资金管理使用情况和失地农民保障情况进行审计和审计调查，发现补偿资金超付多付、财务管理和会计核算不规范、工程多结算等问题和疑点，将相关责任人移送阳泉市纪律检查委员会，促进收回违规资金8735万元。（张大鹏）

【经济责任审计】 2017年，阳泉市审计局建立经济责任审计电子数据库，根据不同类型、不同单位领导干部的经济管理权限及工作性质对审计对象汇总13大类、146个职能部门的审计对象，实行数据动态更新机制，保证重要部门领导干部任期内必审一次。全年完成16名领导干部经济责任审计，查出违规金额1233万元，管理不规范金额10.59亿元，提出审计建议46条。（张大鹏）

【国有企业审计】 2017年，阳泉市审计局对阳泉市国资委管理的正常生产、占比较高的机械制造、食品加工、商贸3个行业26户企业的国有资产质量及国有资本运营情况进行审计调查。掌握阳泉市国企经营现状，助推国企改革，从结果来看，市国资委管理的国有及国有控股企业的盈利能力、国有资本运营效率和回报率不高，资产质量处于较低水平。客观分析问题产生的原因后，提出深化国有企业改革，完善国有资产管理体制，加快“僵尸企业”改革步伐，盘活闲置资产，激活国有企业活力的审计建议，为国有企业改革改制提供现实依据。（张大鹏）

投资促进工作

【概况】 2017年，阳泉市投资促进局坚持精准招商，优化营商环境，推进招商项目落地建设，完成年初确定的各项工作任务。全年全市签约招商项目141个，签约金额530.76亿元，完成市年度签约目标任务的112.93%。落地项目97个，总投资268.23亿元。其中，2017年签约落地项目77个，总投资额198.78亿元；2011年至2016年签约于2017年落地项目20个，总投资额69.45亿元。开工项目103个，总投资397.17亿元。其中，2017年签约开工项目71个，总投资额200.66亿元；2011年至2016年签约于2017年开工项目32个，总投资金额196.51亿元。到位资金165.36亿元，完成年度资金到位目标任务的110.98%。其中，

2017 年度签约项目到位资金 65.05 亿元;2011 年至 2016 年签约 2017 年到位资金 100.31 亿元。　（尹俊伶）

【招商引资】 2017 年，阳泉市投资促进局围绕京津冀、“一圈两角”(环渤海经济圈、长三角、珠三角),开展主题招商、乡情招商、服务招商等方式招商。

主题招商　围绕耐火材料产业开展专题精准招商,促成中钢集团洛阳耐火材料有限公司与阳泉华岭耐火材料有限公司深度合作。围绕新材料、电子信息和“双创”(创新创业)项目开展精准招商,赴深圳召开专题推介会，促成投资 20 亿元的高端人造石墨项目和投资 3 亿元的集成电路封装测试项目签约,赴北京考察大唐电信科技产业集团和清控科创控股股份有限公司,促成“369”云工厂和“双创大街”两个项目签约,推进“369”云工厂项目在城区落地开工。针对部分央企开展专题对接,借助央企入晋大平台签订协议合同 5 项，赴安徽、福建等地,对接企业,促成合作。

乡情招商　推行“迎老乡、回故乡、建家乡”特色乡情招商活动。7 月 27 日,在北京举办“晋商晋才回乡创业创新·泉心泉意共促阳泉发展”招商活动,签约项目 21 个,总投资 123.96 亿元。建立乡情招商信息库，与全国 64 家异地山西商会建立紧密联系。对接多批次返乡考察项目，天津市山西商会组织企业回乡,对接物流、无烟煤滤材、非遗类文化产业等项目;湖北省山西商会多次协调葛洲坝集团，对接公路改线项目;段辰辉、黄波引进“369”云工厂“双创”项目;恒天易开公司副总柴剑为家乡引进新能源汽车分时租赁项目,开始实施;魏永红投资 3 亿元建设集成电路封装测试生产线，在盂县中岚物流园奠基；侯计香带领德国比肯费尔德最高行政长官到家乡,助力两地建立友好城市等。

服务招商　阳泉市投资促进局出台《阳泉市招商引资优惠及奖励办法》《阳泉市优化营商环境专项行动实施方案》和《阳泉市企业投资项目试行承诺制无审批管理办法》;制订《阳泉市招商引资项目服务代办制》,由市、县两级招商部门牵头,对所有招商项目从签约开始至竣工投产所涉及的审批事项均实行代办服务,纳入“13710”招商引资督办系统;推行重大招商引资项目领导包保制，由市级四套班子领导对晋商晋才(北京)大会签约的 21 个项目分别包保一个重大招商项目，明确责任部门和责任县区；开展招商引资项目落地专项行动,对 2011 年至 2017 年 6 月全市 1047 个招商项目，从撤销、无进展、未审批、已审批、开工、竣工、资金到位七个方面大起底,建立项目管理台账,摸清存在问题,为下一步对重点招商项目深度跟进服务奠定基础。　（尹俊伶）

【招商宣传】 2017 年，阳泉市投资促进局加大宣传力度，实现形象招商。提升投资促进工作信息质量。全年发布投资促进工作信息 67 期、114 条，收集各县区招商引资工作信息 179 条,报刊等媒体刊发有关招商引资工作信息 92 条。通过政府采购招投标方式,重新制作《阳泉市招商引资宣传片》。加强对外宣传，设计制作招商引资宣传折页，重新布置办公区域宣传展板。根据市政府信息中心、市委网信办、市公安局网安支队等各部门要求，加强对投资促进网站管理,及时上报网站数据,定期更新、维护、充实信息。（尹俊伶）

信息工作

【政务信息公开】 2017 年,阳泉市经济信息中心提升政务信息公开质量效能,按时完成阳泉市政府信息公开年度报告及统计报送等工作,及时准确向省政府网站报送阳泉信息,全年报送 2153 条,被采用 502 条,报送采用条数全省排名第二。　（王　楠）

【“一站通”即全市“网上政务服务平台”建成】 2017 年,阳泉市经济信息中心主要负责“一站通”即全市“网上政务服务平台”建设工作的技术平台建设。平台建成后,纵向可连通省、市、县(区)政务服务平台,横向可连通市直各部门的一体化“政务网”,实现网上“行政审批”“办理公共公益服务”，形成覆盖全市的政务服务“一张网”,实现“一站通”。该项目于 2017 年 12 月 18 日正式上线试运行。　（王　楠）

2017 年 7 月 27 日,“晋商晋才回乡创业创新·泉心泉意共促阳泉发展”恳谈会在北京举行　（尹俊伶供图）

【“政府网站”改版优化和集约化建设】 2017年，阳泉市经济信息中心按照“全省一流、阳泉特色、突出新政、公众参与、为民服务、体现现代”原则和目标，坚持政府网站改版优化与集约化建设同步规划、同步推进。分类召开各种座谈会12场次，征求吸纳多方意见建议，科学规划，逐项实施，精益求精，于12月6日改版优化的政府新网站正式上线试运行。开通阳泉市政府官方微信、微博。推进政府网站群集约化建设，截至2017年12月25日，各县(区)政府、市直各单位部门网站全部完成向市政府网站群平台迁移工作，市政府网站群77家，比集约化前增加40家。 (王　楠)

【政府网站群普查 管理与网络舆情监测】 2017年，阳泉市经济信息中心与45家列入国办、省政府普查范围内的网站单位签订“政府网站运维责任书”，督促开展网站运维工作。全年下发各类督查通报文件12份，上报省政府办公厅文件11份。国办发布的3次全国政府网站抽查情况通报中，均无不合格网站，第4季度网站抽查100%合格。

年内，市经济信息中心加强和改进政府网站综合编辑、网站群管理与网络舆情监测工作。全年录制发布视频新闻约6.57万余分钟；更新政府网站主打栏目，发布各类文字新闻、专题信息2.6万余条；发布各类文字新闻信息8090条；创建各种专题，全方位报道市委全委会、市人大、市政协“两会”等重要活动；常态化、制度化加强对网络舆情信息监测工作，全年编发《舆情信息》42期103条，市长批转19条。 (王　楠)

【政务信息系统整合共享】 2017年，阳泉市被列为政务信息系统整合共享工作试点城市。市经济信息中心制订工作方案、计划，集中培训5个县(区)、53个市直部门分管领导及人员120余人，召开“全市政务信息系统整合共享工作推进会暨技术培训会”。截至2017年底，市直部门47个单位的政务信息系统专项审计工作基本结束，全市33个单位1700余条资源目录通过省经济信息中心审核导入省政务信息目录系统。 (王　楠)

【社会信用体系建设】 2017年，阳泉市经济信息中心加强社会信用体系建设，督促各单位清理存量信息和规范增量信息上报，加强信用信息数据归集、整理、上报等日常性工作。截至2017年底，全市45家信源单位完成信用信息、联系人目录归集整理，上报省信用信息管理中心。全年上报各类信用信息13223条。配合国家组织的第三方评估机构对“双公示”工作进行检查和评估。《阳泉市公共信用信息共享平台项目建设技术方案》通过专家评审。 (王　楠)

【智慧阳泉建设】 2017年，阳泉市经济信息中心起草完成《阳泉市市民卡工程实施意见》《阳泉市市民卡管理办法》。协调市国资委、市城市建设投资有限公司注册成立“阳泉市市民卡运营服务有限公司”。市经济信息中心争取人社部、省人社厅政策支持和省建设银行资金支持，阳泉市为全省唯一的“第二批第三代社会保障卡综合应用示范基地”城市，同意在社保卡上加载“阳泉市民卡”或“阳泉一卡通”字样。“12345”热线的电信号码使用证书办理完毕，与中国移动阳泉分公司签订《“12345”语音专线业务协议》，具备开通条件。优化政务云平台。对政务云进行政务网区和互联网区分离，调整优化政务云在线应用。新增部署市委、市政府“13710”督办系统、阳泉市网上政务服务平台、全市煤矿安全监控系统和特种设备动态监管系统等14个业务应用，截至2017年底承载全市29个部门41个应用系统。完善全市公共场所免费无线互联网，68个无线覆盖区域和32条主要街道的无线网运行管理，实行专人监测，发现问题及时处理，免费无线网覆盖设备保持良好工作状态。 (王　楠)

无线电管理

【“世界无线电日”宣传活动】 2017年2月13日，阳泉市无线电管理局围绕主题“无线电就是你”在天桥开展“世界无线电日”宣传活动。通过LED屏幕向公众宣传活动主题，设置宣传展位，摆放宣传展板，发放宣传手册和漫画，解答公众提出的无线电方面问题，宣传和讲解新版《中华人民共和国无线电管理条例》的修订背景和重大意义。赴平定县开展宣传活动，使宣传覆盖面深入基层。市无线电管理局人员重点向通信器材销售商开展《条例》宣传与执法检查工作，使销售商意识到遵章守法的重要性。 (宋建宏)

【无线电管理宣传进社区】 2017年，阳泉市无线电管理局为扩大《中华人民共和国无线电管理条例(修订)》宣传受众面，于7月28日组织全体党员进入开发区康达社区开展无线电管理宣传活动。其间，在康达一期小广场搭设无线电管理宣传展位，摆放在打击黑电台以及在考试保障等工作中查获的黑广播、卫星电视干扰器和考试作弊器材等，向社区居民介绍黑电台对无线电安全造成的危害以及对人民群众财产造成损失的案例，发放200余本《条例(修订)》白皮书和《科学探索无线电管理工作专刊》。 (王靖博)

【“五五节”进校园活动】 2017年5月5日，阳泉市无线电管理局在“五五中国业余无线电节”期间，组织业

2017年5月5日,阳泉市无线电管理局在阳泉市第七中学开展“五五节”进校园活动　　（吕海洋供图）

余无线电爱好者在阳泉市第七中学开展“五五节”通联活动。通过活动,同学们了解无线通联的过程和意义,激发对无线电的向往，进行现场演练；组织无人机爱好者飞行表演,感受无线电的神秘魅力和无限乐趣。在现场发放无线电科普画册和《中华人民共和国无线电管理条例》，使学生们认识无线电，了解无线电管理,成为无线电管理工作的宣传员和无线电法律法规的传播者,维护空中电波秩序的良好氛围。　　（宋建宏）

【无线电智能监测软件环境搭建和试运行】 2017年5月16日至18日，阳泉市无线电管理局协助厂家技术人员完成无线电智能监测软件环境的搭建和试运行,新增自动化数据采集、忙闲时监测资源科学配置、调用“黑广播”监测报警以及国家无线电监测原子服务等新功能。阳泉市自动化、智能化无线电监测能力提升到新水平,为阳泉市无线电频谱监测统计和无线电干扰排查的技术支持打下坚实基础。截至2017年底,该软件具备初步使用条件。　　（王靖博）

【无线电宣传月活动】 2017年9月1日,阳泉市无线电管理局在北山公园启动无线电宣传月活动。活动以《山西省无线电管理条例》颁布实施和“百日双护”(保护频率资源,维护电波秩序)专项行动为主题。通过摆放展板、拉起条幅、发放《条例》资料、展示“黑广播”“伪基站”等形式向群众介绍无线电知识、无线电管理的作用和提高防范诈骗意识。让群众了解无线电的重要性和与自身的密切关联性。阳泉电视台记者对此次活动进行现场采访，扩大宣传受众范围。　　（宋建宏）

【无线电应急通讯技术培训和应急通讯演练】 2017年11月2日至3日，阳泉市无线电管理局组织市无线电应急通讯队、各救援队和无人机协会等业余无线电爱好者，在盂县举办无线电应急通讯技术培训和应急通讯演练。管理局技术人员和应急队成员对民航航线经过区域和铁路沿线进行监测和通讯保障训练；邀请教师讲解无线电基础知识及实际应用；管理局组织在盂县进行户外无线电应急演练活动,针对紧急情况下快速架设电台、业余电台通联规则掌握、应急情况下电台功能转换和应急救援等科目进行演练，推进市无线电应急通讯队伍能力建设,强化无线电通讯知识普及,提升应急通讯在服务经济建设、应对突发情况的保障能力。　　（王靖博）

【无线电干扰排查】 2017年,阳泉市无线电管理局受理各类无线电干扰申诉7起,全部予以排查,干扰排查率100%。分别为:1月,排查郊区义井镇河下汽配城门卫升降杆系统干扰周边汽车遥控事件;2月,协调、处理阳泉电信公司FDD—LTE网络杂散辐射干扰阳泉移动公司TDD—LTE网络一事;6月6日,排查市广播接收卫星装置受雷达干扰一事;6月20日，排查两家广电单位的同频干扰事件;7月，排查盂县某局设置手机信号采集装置干扰电信基站信号事件;9月，排查居民擅自设置信号放大器干扰移动基站信号事件;11月,排查市第一监狱屏蔽器干扰移动基站通讯一事。　　（王靖博）

【考试无线电安全保障】 2017年,阳泉市无线电管理局参加各类考试保障19次,出动人员140人次、监测车45车次、监测定位设备80台套,发现作弊信号11起，实施技术阻断4起,查获作弊设备7套。　　（宋建宏）

【“黑广播”查处】 2017年12月11日,阳泉市无线电管理局发现在95.3兆赫频点上有不明调频信号出现,通过台站数据库比对和监听内容判断,确认此信号为“黑广播”电台,所播内容主要是低俗药品广告。12日,市无线电管理局和市公安局对联合打击行动进行部署。在10时锁定“黑广播”位于新奥城小区一高层住宅顶层出租屋内,进行取缔,依法收缴相关设备。12月18日,发现不明信号在95.1兆赫上出现,通过跟踪监测,该信号所播内容主要是低俗药品广告,确认其为“黑广播”电台。技术人员半小时即锁定“黑广播”位置。市无线电管理局与公安部门联合取缔此“黑广播”电台。　　（王靖博）

综合工作

【概况】 2017年，阳泉市工业系统深入推进供给侧结构性改革，统筹推动稳增长、促转型、调结构、增动能，总体呈现平稳运行发展态势。

工业经济增速呈前高后低、稳中趋进态势 综观全年规模以上工业运行轨迹，阳泉市工业增加值累计增速以10.5%高位开局；二、三季度持续中高速增长；进入四季度受环保力度加大、部分行业实施停产或限产政策和同期基数大幅抬高等影响，全市工业生产出现一定程度回落。工业经济增速呈现前高后低、稳中趋进发展态势。全市规模以上工业企业完成增加值217.03亿元，增长5.5%，较上年提高3.4个百分点，超年度目标2.5个百分点；低于全国1.1个百分点，低于全省1.5个百分点，增速在全省排名第八位，较上年同期前移1位。

分季度看，一季度规模以上工业增加值累计速度增长9.4%，上半年增长10.2%，前三季度增长9.1%，全年实现增长5.5%。

分轻重工业看，轻工业完成工业增加值3.33亿元，下降23.6%，占全市比重1.53%；重工业完成工业增加值213.70亿元，增长6.1%，占全市比重98.47%。

分隶属关系看，中央企业完成工业增加值0.92亿元，增长20.4%，占全市比重0.42%；省属企业完成工业增加值114.88亿元，增长16.4%，占全市比重52.93%；市及市以下企业完成工业增加值101.23亿元，下降5.0%，占全市比重46.64%。

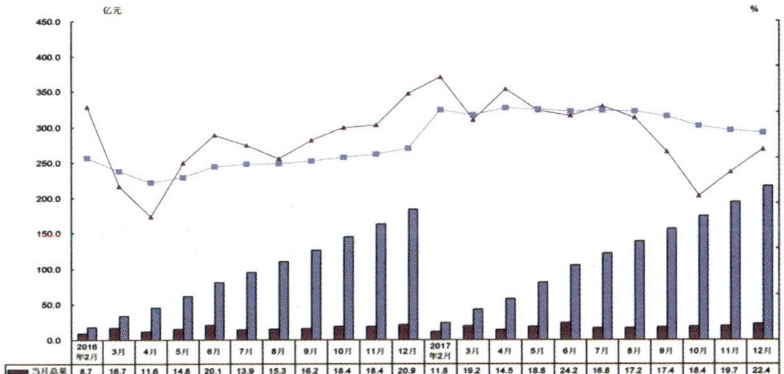

	2016年2月	3月	4月	5月	6月	7月	8月	9月	10月	11月	12月	2017年2月	3月	4月	5月	6月	7月	8月	9月	10月	11月	12月
当月总量	8.7	16.7	11.6	14.8	20.1	13.9	15.3	16.2	18.4	18.4	20.9	11.8	19.2	14.5	18.8	24.2	16.8	17.2	17.4	18.4	19.7	22.4
累计总量	17.5	34.1	45.8	61.1	81.2	95.1	110.4	126.6	145.0	163.5	184.4	23.8	43.0	57.5	80.8	105.1	121.9	139.2	156.5	174.9	194.6	217.0
当月同比	11.2	-6.2	-12.9	-1.1	4.9	2.7	-0.1	3.8	6.6	7.2	14.1	17.7	8.3	15.1	10.3	9.3	11.3	8.8	1.3	-8.3	-3.0	1.9
累计同比	-0.1	-2.9	-5.4	-4.3	-1.9	-1.4	-1.2	-0.7	0.1	0.8	2.1	10.5	9.4	10.9	10.7	10.2	10.4	10.2	9.1	7.1	6.0	5.5

图4　2016—2017年阳泉市工业增加值增速图

分企业规模看，大中型工业企业完成工业增加值171.42亿元，增长12.8%，占全市比重79.0%。其中，阳煤集团完成工业增加值101.05亿元，增长11.96%，占全市比重46.6%，拉动全市增长5.26个百分点；原煤产量3061.8万吨，增长3.3%，占全市比重59.7%；洗煤产量756.2万吨，下降11.9%，占全市31.7%。

煤炭产业占比下降，非煤产业贡献明显 年内，阳泉市加快推进产业结构调整，力促企业转型升级。煤炭行业完成工业增加值148.2亿元，占全市工业增加值的68.3%，低于上半年0.3个百分点，低于年初0.6个百分点，煤炭占比有所下降。煤炭行业拉动全市工业增加值增长0.8个百分点，较上半年降低4.1个百分点，拉动效应进一步减弱。非煤产业完成工业增加值68.8亿元，占全市工业增加值的31.7%，高于上年0.6个百分点，对全市工业贡献率达84.8%，拉动工业增长4.7个百分点。

工业主要行业“七增一降” 年内，全市工业主要行业“七增一降”，增长面87.5%，较上年提高25个百分点。煤炭增长1.19%、炼焦增长1.38%、冶金增长28.59%、电力增长33.44%、化工增长34.08%、建材增长23.06%、其他行业增长1.72%，机电行业下降18.31%。

2017 年阳泉市规模以上企业分行业指标比较简表

表 22 单位：亿元、%

行　业	完成工业增加值	比上年增降比率	占全市工业增加值比重	拉动全市增长百分点
煤炭行业	148.24	1.19	68.31	0.83
电力行业	18.93	33.44	8.72	2.56
冶金行业	12.85	28.59	5.92	1.43
炼焦行业	1.32	1.38	0.61	—
建材行业	12.72	23.06	5.86	1.18
机电行业	7.22	–18.31	3.33	–0.80
化工行业	0.94	34.08	0.44	0.13
其他行业	14.79	1.72	6.81	0.12

2017 年阳泉市规模以上工业主要行业增速简表

表 23 单位：%

主要工业行业	当月增速	累计增速	拉动工业增长百分点(个)	增加值比重	
				累计	同期
全 市	1.92	5.50	—	—	—
煤炭工业	–2.71	1.19	0.83	68.31	68.94
焦炭工业	127.73	1.38	0.00	0.61	0.91
冶金工业	6.57	28.59	1.43	5.92	4.06
电力工业	20.89	33.44	2.56	8.72	9.07
化工工业	81.63	34.08	0.13	0.44	0.49
建材工业	21.01	23.06	1.18	5.86	5.62
其他行业	14.98	1.72	0.12	6.81	6.80
机电工业	–16.42	–18.31	–0.80	3.33	4.11
战略性新兴产业	–23.76	–14.88	—	4.21	5.81

重点调控产品半数增长　年内，全市重点调控的 30 种主要产品中，产量增长的 15 种，占到重点产品的 50.0%；下降 13 种，占 43.3%。其中，原煤完成 5132.6 万吨，增长 1.1%；发电量 125.4 亿千瓦小时，增长 27.6%；焦炭 74.8 万吨，增长 7.9%；耐火材料 324.2 万吨，增长 140.0%；氧化铝 85.6 万吨，增长 13.8%；原铝 20.4 万吨，增长 39.0%；铝材 11.0 万吨，增长 7.2%；洗煤完成 2388.1 万吨，下降 29.9%；水泥 196.4 万吨，下降 22.0%。

企业整体效益改善　全市工业企业经济效益稳步提高，规模以上工业企业实现主营业务收入 739.1 亿元，增长 21.3%，高于上年 27 个百分点；实现利税 40.1 亿元，增长 91%，高于上年 113.8 个百分点（实现利润总额 –16.4 亿元，较上年同期增长盈利 1.8 亿元；实现税金 56.5 亿元，增长 44.1%）；企业“两项资金”占用 144.7 亿元，下降 9.7%（应收账款 118.1 亿元，下降 14.3%；产成品 26.6 亿元，增长 18.8%）；亏损企业 54 家，亏损面为 43.9%，较上年下降 4.1 个百分点；亏损企业亏损额 34.1 亿元，增长 30.7%；资产负债率 80.2%，低于上年 0.5 个百分点；产销率 94.3%，高于上年 2.7 个百分点。工业企业在 2 月结束 2014 年以后连续 37 个月利润亏损局面，实现由负转正持续增长转折，工业企业增加值和利税增速达 2014 年后最高值。　　　（丛　耸）

【工业经济运行特点】　2017 年，阳泉市煤炭市场总体平稳，主导产品价格高位运行，煤炭、冶金、电力等行业增长较快；受环保治理、企业开工不足和上年下半年基数较高等因素影响，全年工业经济呈现前高后低走势，一季度增长 9.4%，上半年增长 10.2%，三季度增长 9.1%，全年增长 5.5%。

各项指标持续向好　全年工业增加值完成 217.03 亿元，占到 GDP 的 32.3%，增长 5.5%；实现利税 40.1 亿元，增长 91.0%；两项指标增速是 2014 年后最高值。

先行指标运行良好　全社会用电量 82.9 亿千瓦小时，增长 16.5%（全国 6.6%、全省 10.8%）；全省排名第三位。其中，工业用电量 66.4 亿千瓦小时，增长 18.0%（全国 5.5%、全省 11.1%）；铝冶炼 30.9 亿千瓦小时，增长 41.8%。铁路货运总量 4497.1 万吨，增长 3.7%，其中煤炭货运量 4414.9 万吨，增长 3.22%。

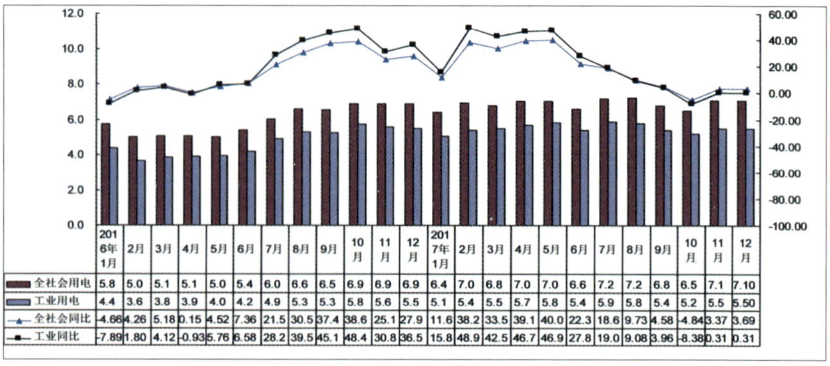

	2016年1月	2月	3月	4月	5月	6月	7月	8月	9月	10月	11月	12月	2017年1月	2月	3月	4月	5月	6月	7月	8月	9月	10月	11月	12月
全社会用电	5.8	5.0	5.1	5.1	5.0	5.4	6.0	6.6	6.5	6.9	6.9	6.9	6.4	7.0	6.8	7.0	7.0	6.6	7.2	7.2	6.8	6.5	7.1	7.10
工业用电	4.4	3.6	3.8	3.9	4.0	4.2	4.9	5.3	5.3	5.8	5.6	5.5	5.1	5.4	5.5	5.7	5.8	5.4	5.9	5.8	5.4	5.2	5.5	5.50
全社会同比	-4.66	4.26	5.18	0.15	4.52	7.36	21.5	30.5	37.4	38.6	25.1	27.9	11.6	38.2	33.5	39.1	40.0	22.3	18.6	9.73	4.58	-4.84	3.37	3.69
工业同比	-7.89	1.80	4.12	-0.93	5.76	6.58	28.2	39.5	45.1	48.4	30.8	36.5	15.8	48.9	42.5	46.7	46.9	27.8	19.0	9.08	3.96	-8.38	0.31	0.31

图5　2016—2017 年阳泉市全社会工业用电情况图

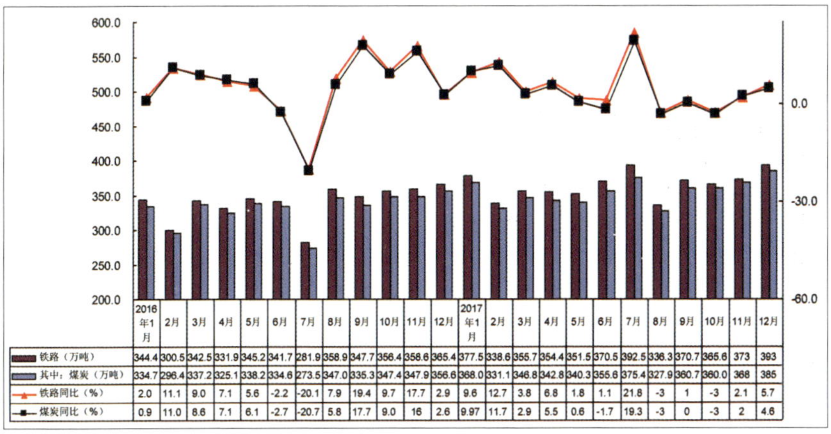

图6　2016—2017 年阳泉市铁路货运情况图　　（丛　斧）

【阳泉市分县区工业经济运行情况】 2017 年，阳泉市城区、开发区、郊区和矿区工业增速分别增长 68.37%、10.19%、9.61%和 3.84%，高出年度目标增速；盂县增长 3.50%、平定下降 2.08%，均没有达到年度目标增速。

2017 年阳泉市规模以上企业分县区指标比较简表

表 24　　单位：亿元、%

县　区	完成工业增加值	比上年增降比率	占全市工业增加值比重	拉动全市增长百分点
城　区	11.86	68.37	5.46	2.39
矿　区	78.22	3.84	36.04	1.40
郊　区	18.88	9.61	8.70	0.78
平定县	37.48	−2.08	17.27	−0.37
盂　县	65.54	3.50	30.20	1.07
开发区	5.04	10.19	2.32	0.23

2017 年阳泉市分县区工业增加值完成情况简表

表 25　　单位：亿元、%

分县区	12 月	比上年	1—12 月	比上年	占比	拉动百分点
阳泉市	22.43	1.92	217.03	5.50	—	—
城　区	1.01	11.52	11.86	68.37	5.46	2.39
矿　区	9.24	17.12	78.22	3.84	36.04	1.40
郊　区	1.44	−6.87	18.88	9.61	8.70	0.78
平定县	2.97	−33.89	37.48	−2.08	17.27	−0.37
盂　县	7.09	7.87	65.54	3.50	30.20	1.07
开发区	0.68	13.71	5.04	10.19	2.32	0.23

（丛　斧）

【工业运行存在问题】 2017 年，阳泉市工业总体呈平稳运行发展态势，但也存在结构性矛盾和历史性问题。

新兴产业发展不足，增长主要依靠传统产业　年内，全市工业增长主要依靠传统产业（煤焦冶电）拉动，全年增长 5.82%，占工业比重 83.56%，拉动工业增长 4.83 个百分点。新兴产业增长 3.75%，占比 16.44%，拉动增长 0.64 个百分点。战略性新兴产业下降 14.88%，占比 4.21%，规模小，比重低，发展相对滞后。

环保约束力度空前加大，影响工业经济稳定增长　阳泉市作为“2+26”通道城市，大气污染综合治理工作力度逐步加大，洗煤、焦化、铸造、建材、化工、冶金等行业面临大面积严格停限产，受环保约束持续加大影响，工业经济运行中的不确定、不稳定因素较多，初步测算，全年影响工业总产值 13 亿元，影响经济增长 2 个百分点。

工业企业开工率总体低于上年　年内，全市工业企业开工状况较上年明显回落。据调查，12 月全市规模以上工业企业开工率 80.4%，较上年同期下降 9.2 个百分点。停产、半停产企业 38 户，占全市规模以上工业企业的 30.9%，主要集中在煤炭（15 户）和建材行业（14 户），影响当月产值 7.0 亿元。　　（丛　斧）

【阳泉市工业主导产品价格情况】 截至 2017 年底，阳泉市地方煤矿原煤综合售价（不含税，以下同）400.83 元 / 吨，同比下跌 12.97 元 / 吨，下降 3.13%；环比下跌 1 元 / 吨，下降 0.25%。洗煤平均 613.44 元 / 吨，同比上涨 17.86 元 / 吨，增长 3.0%；环比上涨 5.5 元 / 吨，增长 0.9%。阳煤集团煤炭综合售价 405.62 元 / 吨，同比下跌 19.24 元 / 吨，下降 4.53%；环比下跌 2.16 元 / 吨，下降 0.53%。

电解铝 11927.3 元 / 吨，同比上涨 1246.4 元 / 吨，增长 11.7%；环比下跌 1285.7 元 / 吨，下降 9.7%。氧化铝 3024.9 元 / 吨，上涨 746.2 元 / 吨，增长 32.7%；环比上涨 556.9 元 / 吨，增长 22.6%。

焦炭 1645 元 / 吨，上涨 256 元/ 吨，

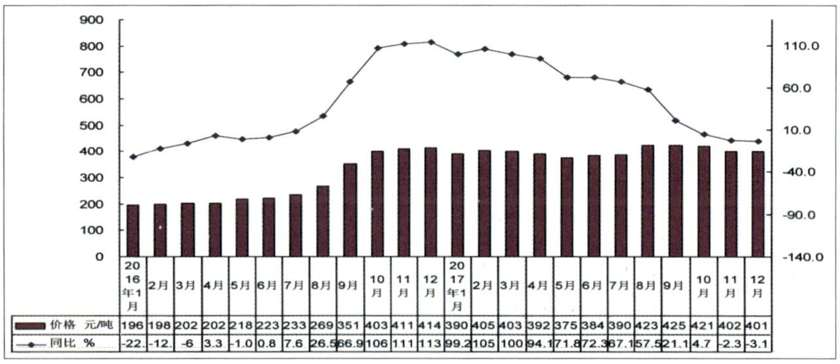

图7　2016—2017 年阳泉市地方煤矿原煤综合售价变化情况图

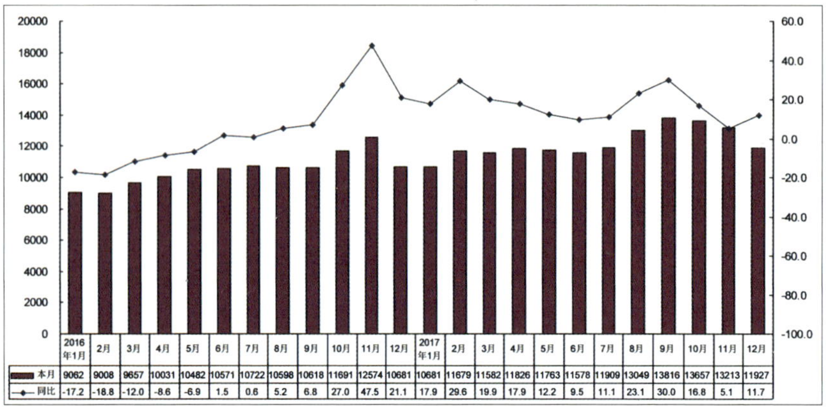

图8　2016—2017 年阳泉市电解铝价格变化情况图

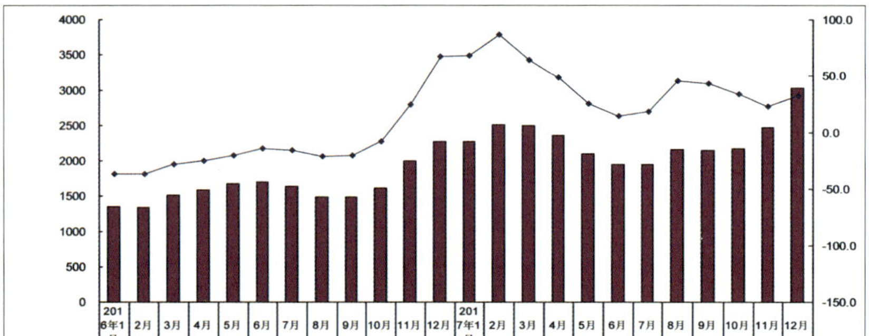

图9　2016—2017 年阳泉市氧化铝价格变化情况图

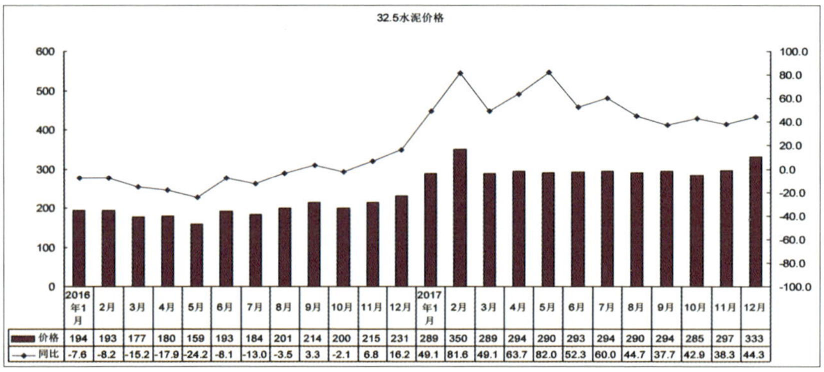

图10　2016—2017 年阳煤集团 32.5# 水泥价格变化情况图

增长 18.4%。水泥 332.7 元/吨，上涨 102.2 元/吨，增长 44.3%。（丛　耸）

【工业结构调整】 2017 年，阳泉市经济和信息化委员会贯彻“创新、协调、绿色、开放、共享”新发展理念，开展重点项目建设。对全市 40 个重点工业项目建立项目进度跟踪督办制，通过建立项目联系网，编制月调度表，对项目实际进度、资金到位情况及存在困难和问题等进行跟踪、协调、服务。先后召开重点项目协调会 5 次，下发协调函 9 份，为加快项目建设进度创造便利条件。“光伏领跑者”计划一期并网发电，完成投资 80 亿元；国际能源盂县裕光煤电 2×100 万千瓦项目，累计完成投资 9 亿元，年底在进行厂区道路及地下管网施工、地基处理等工作；阳煤集团平定乙二醇项目一期 20 万吨投产，二期工程在建完成后产能为 55 万吨，是山西省最大煤制乙二醇项目；中兴环能煤层气制备纳米洋葱碳项目实现吨级量产。装备制造业推广和应用数控系统开发等信息化、智能化装备制造，主要实施的麟豪数字化智能安全防盗门项目完工，水泵、阀门搬迁改造项目完成场地平整、地质勘查和工程设计；材料行业提高产品档次和生产规模，向精、深、专、特发展，主要实施的星火金源年产 30 万吨氧化钙生产线一期基本完工，明鑫年产5000 吨离锂子匣体工具砖项目试验成功；节能环保行业采用先进节能减排技术，发挥强制性能耗限额等标准约束作用，推动节能技术、设备和产品推广应用，提高企业能源利用效率，主要实施的阳光发电供热抽汽高背压及热网系统配套改造、奥伦公司燃煤锅炉改造等项目完工。全年全市工业完成投资 149.7 亿元，比上年增长 51.3%，远超 3%的年度目标，全省排名第一，工业技改投资占工业投资比重和技改投资增速两项指标位列全省第三。（丛　耸）

2017 年，阳煤集团平定乙二醇项目一期 20 万吨投产　　（牛青麓供图）

【综合协调服务】 2017 年，阳泉市经济和信息化委员会完善综合协调服务，助力全市工业经济稳步发展。

服务企业常态化　市经信委落实《关于建立全省服务企业常态化机制的通知》和《关于做好服务企业常态化工作的通知》精神，牵头起草《全市服务企业常态化实施方案》，推动成立市、县（区）服务企业办公室，围绕“建体系、建机制、建平台、建制度”创建服务企业常态化机制，建立服务企业部门联席会议制度，由市经信委牵头，定期总结、分析、安排服务企业相关事宜，对重大、突出的共性难题进行研究，提出解决办法；成立服务企业领导小组，组长由分管副市长担任，联席会议成员单位分管领导为成员，负责参加按月召开的领导小组专题会议，对提交领导小组的重大问题，通过召开专题会议研究协调解决；开辟服务企业专栏，利用现有门户网站设置“服务企业专栏”，建立服务企业平台；公布服务企业热线电话。

机关干部入企服务　年内，为贯彻落实省、市优化营商环境会议精神，根据《阳泉市优化营商环境专项行动实施方案》要求，市经信委加快优化营商环境，推动重点企业稳定运行和重点项目投产达效，研究制订《阳泉市经信委机关干部入企服务常态化专项行动工作方案》，建起一个体系、一个机制、一个平台、一项制度，确定常态化、长期化、制度化服务企业工作格局。在对困难企业和重点非煤增长点项目开展服务帮扶方面，按照“市县联动、分层分类”原则，对工业领域规模大、行业代表性强、增长潜力大的重点企业加大帮扶力度。其中，市经信委主要负责预增产值亿元以上重点增长点项目和重点企业、困难企业，各县（区）经信局结合实际，负责辖内重点项目和其他重点企业、困难企业服务帮扶。市经信委全体机关干部分 5 个服务小组，由委领导带队分赴各县（区），分组开展重点企业项目帮扶服务工作。组织开展央企助力山西转型综改工作，按照省政府要求和省经信委工作安排，5 月 22 日签署协议 7 个。其中，总投资 25.8 亿元的项目类协议 4 个、战略合作类协议 2 个、股权合作类协议 1 个。

助力企业降低用电成本　年内，按照省经济和信息化委员会《关于申报参加 2017 年电力用户与发电企业直接交易的通知》要求，组织相关企业开展申报，阳泉市参与全省电力直接交易发电企业 4 户、售电公司 2 户、用电企业 12 户、开发区园区打包企业 4 户，全年降低企业用电成本 1.8 亿元。

服务职称评审　年内，市经信委强化工程系列职称评审服务力度，从 10 月开始报名，收到全市基层企业和事业单位报名材料 300 份，经初审、复审、答辩等职称评审环节，最后确定 270 人通过专家评审。其中，工程师 134 人、助理工程师 127 人、技术员 9 人。　（丛　耸）

【信息化工作】 2017 年，阳泉市经济和信息化委员会加大信息化工作力度，加快发展信息化产业。

出台优惠政策　按照省政府《关于促进大数据发展应用的若干政策》要求，出台《阳泉市促进大数据发展应用的落实意见》，分 7 类 14 项，为大数据产业发展提供政策及资金优惠。用电方面，中小型大数据企业可通过本行政区域配售电公司，统一打包，享受大用户直供电政策优惠。资金方面，使用百度开放云服务的企业，根据用户规模给予使用百度云服务所产生费用 10%至 100%的补贴；鼓励国内外相关机构、创新型高科技人才将创业项目在境内孵化器落地，按“种子项目”“成长项目”和“战略合作项目”分别给予 1.5 万元、7.4 万元和 46 万元的补助。科技创新方面，对于大数据研发及应用的企业或研究机构，在新获得国家、省、市资质认定后，给予 10 万元至 100 万元奖励，对自主创新能力强、形成核心自主知识产权并快速产业化、产生良好经济和社会效益的大数据项目，给予不超过 50 万元奖励。人才方面，对长期入住阳泉经济技术开发区电子信息产业园的员工，给予研究生 5000 元 / 年和博士生 8000 元 / 年的生活补贴，在购房、纳税、户籍、医保、子女入学方面提供相关优惠。

签订合作协议　7月11日，在省长楼阳生、省经信委主任张华龙、百度总裁李彦宏共同见证下，阳泉市政府与百度公司签订战略合作框架协议。双方就探索智慧城市建设新模式、物联网数据资产生态建设、政务便民服务创新、互联网新技术培训与展示基地建设等方面达成共识。阳泉市政府、百度公司、山西大学三方签订“大数据产业技术”战略合作协议，三方就促进阳泉产业转型和优化升级、定期举办大数据智能物联网技术产业高峰论坛、共建阳泉市大数据智能物联网应用示范基地、共建阳泉市大数据实训基地、设立“阳泉大数据产学研合作基金”等方面达成共识。百度公司与阳煤集团签订战略合作框架协议，双方就煤炭云开采、智能云煤化工、公铁海物流云等方面达成合作意向。8月22日，市政府与中国铁塔公司山西省分公司签订战略合作框架协议。“十三五”期间，山西铁塔公司在阳泉计划投资4.3亿元，建设铁塔超过1260座，用于铁塔基站和室内分布系统信息通信基础设施建设，提升阳泉市移动通信网络整体覆盖率，推动智慧城市发展，助力“宽带阳泉”建设。

承办相关论坛　7月27日，按照“晋商晋才回乡创业创新、泉心泉意共促阳泉发展”(北京）主题招商活动安排，市经信委承办“传统产业转型升级发展论坛”。论坛围绕煤炭、煤化工、铝工业、耐火材料、陶瓷等传统产业发展现状和未来趋势进行深入研讨交流。中国航天建设集团、中国宝塔石化集团有限公司、北京启迪桑德集团有限公司等企业代表45人及阳泉市各县区领导和相关部门、相关行业企业负责人参加论坛。同日，由中共阳泉市委、市政府主办，阳泉经济技术开发区管委会和市经信委承办的“大数据引领智慧转型创新发展”主题论坛在北京国际会议中心举行。论坛以百度云计算中心和创新中心投产运营为契机，围绕电子信息与大数据产业发展现状和未来趋势进行研讨。其间，开发区与爱康集团签约“爱康阳泉大数据产业”项目，与颐高集团签约“大数据小镇”项目，与凡跃集团签约“互联网竞技”项目，百度（阳泉）创新中心和入驻的8家企业分别签约。

建设技术中心　市经信委鼓励企业加强技术创新，扶持企业技术中心建设。截至2017年底，全市有企业技术中心40个。其中，国家级企业技术中心1个，属于阳煤集团；省级企业技术中心9个，分别属于阳泉华越机械有限责任公司、山西太行建设开发有限公司、山西吉天利科技实业有限公司、阳泉水泵厂有限责任公司、阳泉阀门股份有限公司、山西宏厦建筑工程第三有限公司、山西宏厦建筑工程有限公司、山西宏厦建筑工程第一有限公司（2017年新增）、山西华鑫电气有限公司（2017年新增）；市级企业技术中心30个。（丛　针）

【节能降耗和资源综合利用】　2017年，阳泉市经济和信息化委员会把节能降耗与资源综合利用作为促进经济结构调整、实现绿色发展的重要任务。建立节能工作责任制，开展对节能工作宣传、统计、考核、监测和预警工作，推进全市能源管理和重点耗能企业节能管理，开展电解铝、水泥、煤炭行业节能专项监察。整合市经信委（国资委）、市节能监察支队及城区、矿区经济信息化局的节能监察、电力设施保护综合行政执法职责和队伍，组建阳泉市节能监察综合行政执法队，发挥节能监察、电力设施保护作用。6月11日至19日，以“节能有我，绿色共享”为主题与全国全省同期组织开展节能宣传周活动。下发《关于2017年阳泉市节能宣传周和低碳日活动安排的通知》，邀请市电视台、《阳泉日报》、互联网等新闻单位深入企业和单位采访，设立节能专题、专栏开展广泛宣传。推动煤炭企业利用煤矸石充填采煤塌陷区、采空区和露天矿坑及复垦造地，鼓励水泥生产企业探索煤矸石利用新技术。全市单位地区生产总值能耗下降3.21%，完成年度目标；工业固体废弃物利用率71.9%，超过全省67.2%的平均水平。（丛　针）

【错峰生产】　2017年，阳泉市经济和信息化委员会根据省经信委《关于印发〈山西省2017—2018年秋冬季钢铁建材等原材料工业企业错峰生产实施方案〉的通知》和《阳泉市大气污染防治2017年行动实施方案》工作要求，制订《阳泉市工业企业错峰生产实施方案》，下发《关于实施工业企业错峰生产的通知》，将包括混凝土搅拌站在内的146家企业纳入错峰生产企业清单。出台《阳泉市经信委（国资委）督导检查工业企业错峰生产工作实施方案》，组成12个督查组，对重点企业错峰生产情况进行督查，确保错峰生产有序开展，支持环保工作。（丛　针）

【山西阳泉大数据及智能物联网产业发展大会】　2017年10月13日，以“数聚阳泉·物联天下”为主题的山西阳泉大数据及智能物联网产业发展大会在阳泉市召开。大会分为开幕式、签约及揭牌仪式和漾泉大讲堂、主题论坛3个阶段，以打造“中国云谷·阳泉”为目标，对大数据、智能物联网发展的新形势、新成果、新技术、新模式进行探讨，通过集才引智、招商引资，推动阳泉大数据、智能物联网产业发展，促进先进技术、创新应用落户阳泉，探索富有阳泉特色的大数据、智能物联网发展路径。会上，阳泉市人民政府与中国信息通信研究院签订《关于促进阳泉市大数据及智能物联网发展的合作框架协议》，双方在调研阳泉市

2017 年 10 月 13 日，山西阳泉大数据及智能物联网产业发展大会在阳泉宾馆召开　（丛　耸供图）

大数据及智能物联网发展现状、打造阳泉大数据及智能物联网产业高地、协助阳泉市开展大数据、智能物联网企业招商引资、会展和培训等方面达成共识；阳泉经技术开发区与山西大学大数据学院签署《大数据及智能物联网产业技术产学研合作协议》。百度（阳泉）创新中心、山西大学大数据阳泉实训基地、山西慧泉大数据产业发展有限公司揭牌成立。　（丛　耸）

【阳泉信息产业有限公司成立】 2017 年 12 月，阳泉市城市建设投资有限公司和江苏福泰信息科技股份有限公司合资成立阳泉信息产业有限公司，注册资金 1000 万元，城投公司出资 600 万元，江苏福泰出资 400 万元，由阳泉城投公司控股。按照公司章程及股东合同约定，公司董事会成员 5 名。其中，城投公司 2 名、江苏福泰 2 名、百度公司 1 名。城投公司委派董事，江苏福泰委派监事、总经理，于 21 日注册成立。公司依托阳泉城投公司引领作用、福泰公司信息化产业经验、百度的排他性合作优势及百度创新中心等多方资源，建成承载产业生态，优化产业布局，引领产业发展的创新服务平台。　（丛　耸）

煤炭工业

【概况】 2017 年，阳泉市经过煤炭资源整合兼并重组，境内保留煤炭生产企业 56 家，地方煤矿保留 43 家；省属 3 家，阳煤集团、荫营煤矿、固庄煤矿。核定生产能力 6830 万吨。其中，地方煤矿 3690 万吨，省属阳煤集团 2750 万吨（阳泉境内）、荫营煤矿 240 万吨、固庄煤矿 150 万吨。

全市原煤产量 5132.6 万吨，比上年增长 1.1%。其中，阳煤集团 3061.8 万吨，占全市产量的 59.7%，增长 3.3%；煤销公司 698.5 万吨，占 13.6%，下降 10.4%；南煤集团 353.9 万吨，占 6.9%，增长 8.8%；荫营煤矿 240 万吨，占 4.7%，增长 8.6%；固庄煤矿 85.2 万吨，占 1.7%，下降 17.5%；其余地方煤矿总产量 693.3 万吨，占 13.5%，增长 1.4%。

全市洗煤产量 2388.1 万吨，比上年下降 29.9%。其中，阳煤集团 756.2 万吨，占全市产量的 31.7%，下降 11.9%；煤销公司 147 万吨，占 6.2%，下降 67%；南煤集团 332.9 万吨，占 13.9%，增长 4.7%；荫营煤矿 51.2 万吨，占 2.1%，下降 6%；固庄煤矿 23.8 万吨，占 1%，下降 11.3%；其余地方煤矿产量 1077.1 万吨，占 45.1%，下降 36.8%。

全市原煤销售量 5213.6 万吨，比上年下降 3.1%；原煤库存量 124.8 万吨，下降 34.8%。12 月，地方煤矿原煤综合售价 400.8 元/吨，比上年减少 13 元 / 吨，下降 3.1%。按销售量加权平均计算的综合售价为 412.9 元 / 吨，增加 1.1 元 / 吨，增长 0.3%。阳煤集团原煤销售量 3127.6 万吨，增长 1.9%；库存量 56.9 万吨，下降 47.7%。12 月，阳泉地区原煤综合售价 405.6 元 / 吨，减少 19.2 元 / 吨，下降 4.5%；环比减少 2.2 元 / 吨，下降 0.5%。荫营煤矿原煤销售量 248.2 万吨，下降 5%；库存量 0.7 万吨，下降 92.6%。固庄煤矿原煤销售量 86.5 万吨，下降 14.2%；库存量 0.02 万吨，下降 98.4%。12 月，原煤综合售价 510.4 元 / 吨，增加 181 元 / 吨，增长 55%；环比增加 7.9 元 / 吨，增长 1.6%。截至 2017 年底，环渤海动力煤价格指数显示，5500 大卡动力煤报收 577 元 / 吨，比年初下跌 13 元 / 吨。　（丛　耸）

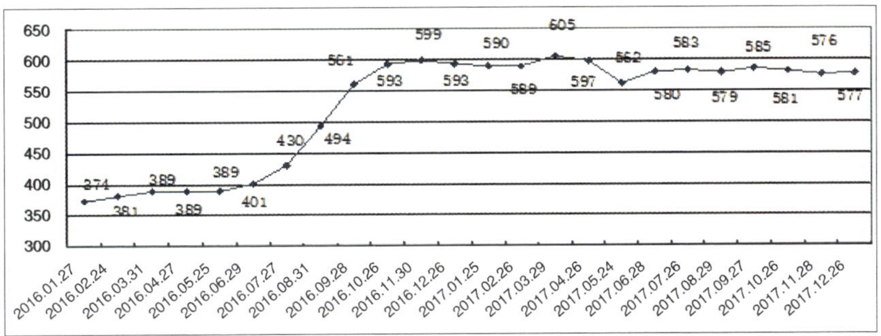

图11　2017 年阳泉市环渤海动力煤价格指数变动图

说明：12 月阳泉市 PPI 指数 100.38%，环比下降 3.28 个百分点；其中煤炭类指数 96.6%，环比下降 5.4 个百分点。全年累计 PPI 指数 108.05%，较上年提高 8.71 个百分点；其中煤炭类累计指数 105.21%，较上年提高 3.59 个百分点

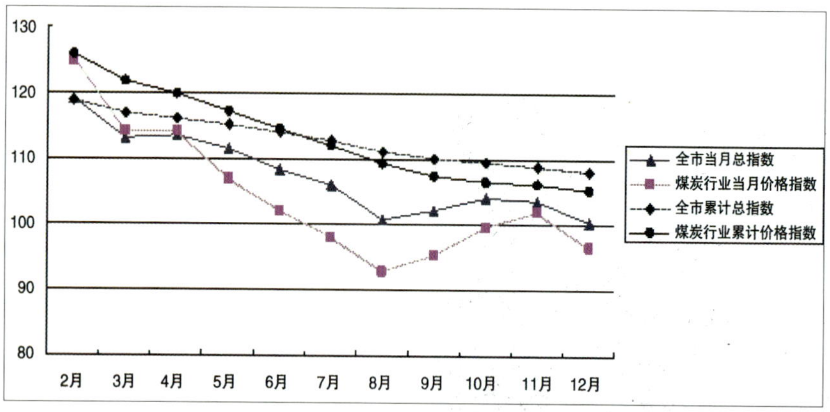

图12 2017年阳泉市煤炭价格指数图 (丛 耸)

【阳煤集团概况】 2017年，阳泉煤业集团有限责任公司(以下简称阳煤集团)面对还本付息集中期、项目投产关键期、结构调整攻坚期“三期叠加”压力，推进“127”(以煤炭开采和洗选为主业，煤化工、煤电铝为“两翼”，现代工业新业态、现代物联网大数据、现代智慧服务业、现代金融等“七大板块”协同发展的产业格局)发展战略，一举扭转连续四年生产经营困难局面，利润完成19亿元，税费完成98亿元，营业收入完成1608亿元。其中，煤炭完成8200万吨、化工完成915万吨、商品铝完成20.4万吨、氧化铝完成81万吨、电力完成64亿千瓦小时，位列世界企业500强第445位、中国企业500强第99位、中国煤炭企业50强第8位、山西百强企业前三甲。

安全管理 阳煤集团构建安全管理体系，开展“百日安全生产活动”，全员全过程抓安全、保安全氛围日益浓厚。推广瓦斯治理阳煤模式，发放瓦斯工资11亿元，比上年增长10%，为解决沁水煤田深部开采瓦斯抽采世界性难题提供阳煤实践。坚持“党政同责、一岗双责、失职追责”，严格执行煤矿安全生产“五十条禁令”，企业安全形势稳定。阳煤集团辖下煤矿和非煤产业未发生死亡事故，煤矿百万吨死亡率为零。

改革改制 阳煤集团5级以下公司清理整顿、煤矿二级管理、“三定”(定时间、定责任人、定措施)工作基本完成，混合所有制改革加快推进，阳煤集团七元煤业有限公司划归阳煤集团三矿多种经营总公司、阳煤集团西上庄低热值煤热电有限公司划归南煤、山西兆丰铝电有限公司托管南煤龙川发电有限公司、山东阳煤恒通化工股份公司托管阳煤集团恒源化工有限公司、阳煤平原化工有限公司托管和顺及阳泉煤业(集团)平定东升兴裕煤业有限公司、阳泉煤业(集团)平定裕泰煤业有限公司、阳泉煤业(集团)平定泰昌煤业有限公司划归阳泉煤业集团五矿多种经营总公司等改革全面开展，理顺管理体制，提高管理效能。开展“三项制度”(干部能上能下、工人能进能出、工资能高能低)深度改革难题试点，实行外派董事、中层干部公开选聘，推行煤矿“六大员”(生产、运输、机电、安监、总工、通风区长)“赛马”机制，建立2%人员末位淘汰机制；取消年薪制，坚持增人不增资、减人不减资的工资激励政策，突破薪酬分配藩篱，激发企业改革活力。

科技创新 阳煤集团完成科技成果鉴定58项。其中，国际领先12项、国际先进22项；授权职务发明专利60项；群众性“五小”(小发明、小创造、小革新、小设计、小建议)创新获省级以上优秀成果48项；评定高级工程师83人，其中成绩优异的高级工程师7人；集团公司院士工作站成为全国示范，获得省级科技奖5项，行业级科技奖7项，创2008年后最好水平。与行业专家院士、院校和科研院所合作，煤炭行业首家开展煤炭云技术研发，投运智能巡检机器人，高瓦斯矿井智能化开采工艺和装备研究列入国家重大专项，薄煤层智能化综采成套装备达到行业领先水平，覆岩隔离注浆充填“三下”(水体下、建筑物下、铁路下)开采获得成功，开展煤炭精准开采、物探、巷道支护新技术应用，引领煤炭生产技术革命。与美国GTI公司合作开发煤气化技术，为解决“三高煤”(煤灰的主要成分有 SiO_2、Al_2O_3、Fe_2O_3、CaO、MgO、SO_3等，当灰分大于30%至40%，硫分大于2%至3%，$(SiO_2+Al_2O_3)/(Fe_2O_3+CaO+MgO)$比值大于5)低成本气化难题提供阳煤方案，甲醇苯烷基化、丁二烯直接氰化法制己二腈催化技术及工艺国内领先，20万吨尼龙66技术研发填补行业空白，与天津大学、惠生工程技术服务有限公司合作的1000吨/年甲醇制乙醇装置建成，高效煤粉型工业锅炉技术应用开辟散煤清洁化利用新途径，推进运城千园万村精准施肥、化工重型装备小型化、3D打印铝膏材料、轻质铝镁合金等一批技术研发项目，推动阳泉集团产品创新、效益提升。

煤炭产业 阳煤集团坚持保外运、促回款、增效益，煤炭价格保持稳定运行，铁路外运创历史新高，长期协议用户运量稳步增长，煤炭大幅增收102亿元。建设先进产能，先进产能占比达67.5%，人均效率提高11%，17座生产矿井达到安全高效矿井建设标准。阳泉煤业集团七元煤业有限责任公司、阳泉煤业集团创日泊里煤业有限公司、阳泉煤业集团西上庄低热值煤热电有限公司、山西平舒煤业有限公司辖下的4座500万吨煤矿产能置换重新取得“路条”，推进大矿、好矿、强矿建设，煤炭产业实现结构优化、效率提升。

煤化工产业　阳煤集团化工板块坚持效益优先，实现整体扭亏增盈17亿元。新建项目投产达产，深州化工、寿阳化工实现满负荷稳定运行，昔阳化工加快补缺，成为化工板块新利润增长点；太化新材料生产负荷稳步提升，平定化工、国泰新华产出合格产品。

铝电产业　阳煤铝电板块围绕建设山西铝业“旗舰”，启动全省铝业整合，推进混合所有制改革，50万吨轻质铝合金产能指标落实，电量直接交易48亿千瓦小时，龙川电厂、昔阳电石电力长期协议交易实现双赢，“多联产、全循环、高端化”煤电热铝化材循环经济园区成为阳煤集团的又一张新“名片”。

新兴产业　阳煤集团发展新经济、培育新动能，推进环保、固废利用等23个新技术、新项目。现代物联网大数据发展取得突破，与北京铁路局、天津港集团组建山西（阳泉）国际陆港公司，首条“海进江”船舶“盛发海”号抵达南京西坝港，成为山西融入京津冀一体化发展和双向开放的桥头堡。加快发展现代智慧服务业，启动太化“土地+”战略，打造全国智慧文化医养先行先试项目新标杆、创新性都市生活新模式。装备制造4S中心成立煤机装备研究院，进入山煤集团、晋能集团等新市场，市场开拓、创新发展迈上新台阶；矿建安装工程中心签署巴基斯坦项目协议，投入“一带一路”；国之重器“晋华炉”领跑全球，装备制造业向现代工业新业态转型。金融服务发展迈出实质性步伐，工商银行、交通银行200亿元债转股项目加速落地，与梧桐树资本联合成立百亿元产业基金，山西首个国企混改市场化运作模式初见成效。（牛青麓）

【“智能煤矿建设关键技术与示范工程”项目获国家科学技术进步奖】 2017年2月，在国家科学技术奖励大会上，由阳泉煤业（集团）有限责任公司参与完成的“智能煤矿建设关键技术与示范工程”项目获得2016年度国家科学技术进步奖（通用项目）二等奖，系山西省5个获奖项目之一，是自2006年国家科技奖励制度改革后阳泉市获得的最高荣誉。该项目由中国煤炭工业协会推荐，由阳泉煤业（集团）有限公司与神华集团、北京天地玛珂电液控制系统有限公司、陕西煤化工集团等6家企业共同完成。此项目属于煤矿生产自动化、信息化技术领域，项目研究成果主要应用于煤矿回采工作面智能化开采。阳煤集团作为阳泉市国企龙头，坚持科技兴企，先后建立国家级企业技术中心、省级工程技术研究中心、院士工作站和博士后工作站，加大科技研发投入，提升创新能力，科技成果不断涌现，为全市实施创新驱动发展战略起到示范作用。（薄红贞）

【阳煤集团与交行山西分行签订债转股合作协议】 2017年3月31日，阳煤集团与交通银行山西省分行按照市场化、法制化原则，在交行山西省分行签订市场化债转股合作协议。阳煤集团和交通银行山西省分行早在2012年11月就签署《阳泉煤业（集团）有限责任公司——交通银行股份有限公司山西省分行银企全面战略合作协议》，双方有着广泛的合作基础和良好的合作条件。“十三五”期间，阳煤集团加大产业布局调整力度，通过产业基金等方式投资于重点产业板块，但不限于煤炭、化工、铝电等。本着“相互支持、密切合作、平等协商、互利共赢”原则，双方合作设立总规模为100亿元的“债转股”基金，主要用于阳煤集团偿还存量负债和经营周转、项目投资等。（牛青麓）

【全国首套加压气相萃冷三聚氰胺联产尿素项目在阳煤试车完成】 2017年10月31日6时，全国首套加压气相萃冷三聚氰胺联产尿素项目在阳煤丰喜集团一次试车完成。该项目技术为国内首创，直接以尿素液为原料，采用中低压连续法生产三聚氰胺，具有工艺流程短、物耗能耗低、优级品率高、开停车安全便利等优势，设备全部国产化，维护保养费用低；生产过程无废水排放，尾气可再回收生产尿素。装置对尿素进行深加工，提高产品附加值，有利于调整产品结构、产业结构，发展循环经济，推动企业持续健康发展，增强企业抵御市场风险的能力。该项目于年初开工，阳煤丰喜集团克服环保压力空前严峻及项目施工难度大、工艺复杂等不利条件，科学施工、抢抓工期，历时10个月实现年产5万吨项目投产。（牛青麓）

【“海进江”船舶启航】 2017年11月22日16时，由天津港出发的“盛发海”轮满载4.74万吨“阳优”末煤启航，驶往南京西坝码头，系阳煤集团煤炭销售史上首条“海进江”船舶。按照“先试水、再下水”原则，阳煤集团以建设山西（阳泉）国际陆港集团为目标，为集团下属中高硫无烟末煤寻找新销售渠道。阳煤集团煤炭销售公司开展市场调研，北上沿海港口，南下长江沿岸，科学比对选港，对接承运单位，优化物流线路，合理布置流程。经过前期工作，“盛发海”轮满载阳煤一矿、三矿共4.74万吨“阳优”末煤从天津港启航。煤炭在南京西坝地销1.7万吨，过驳销往江西九江1万吨，沿长江西上湖北枝城和四川宜宾销售2万吨。（牛青麓）

【阳煤集团12项科技成果获奖】 2017年11月，在2016年度山西省科学技术奖和2017年中国煤炭工业协会科学技术奖获奖项目公布榜单中，阳煤集团获得省级奖项5个、行业级奖项7个。阳煤集团的“水煤浆水冷壁气化炉研制”“阳泉矿区煤与瓦斯突出综合防治技术研究”“采动作用下低透气性本煤层瓦斯超前卸压机理及抽采技术研究”获省科技进步类二等奖,“采煤机自动化及配套三机集控系统应用研究”“阳泉矿区高产高效矿井煤与瓦斯突出动态预测技术及系统研究”获三等奖。阳煤集团有7个科技项目获2017年中国煤炭工业协会科学技术奖。其中,“低浓度瓦斯蓄热氧化井筒加热技术研究与应用”获一等奖,“阳泉矿区突出煤层底抽巷水力压裂关键技术研究”“碎软低透突出煤层大直径穿层定向长钻孔水力压裂增透技术研究”获二等奖,“突出煤层掘进巷道瓦斯超前探测技术研究”“大采高综采工作面轻型钻机研制”“阳煤集团松软煤层顶板顺层岩石长钻孔多泵协调压裂增透关键技术研究”“粉尘扩散规律和通风阻力测定风压调平模拟及防尘技术研究”获三等奖。 (牛青麓)

【山西(阳泉)国际陆港集团成立】 2017年12月28日,阳泉煤业(集团)有限责任公司联手中国铁路北京局集团有限公司、天津港(集团)有限公司,在北京市召开山西(阳泉)国际陆港集团有限公司成立新闻发布会。三方借鉴“内陆港”模式,组建山西(阳泉)国际陆港集团有限公司,旨在形成“矿、路、港”一体化发展格局,通过人工智能,融合公路、铁路、海运等多种运输方式,发展多式联运,实现货物和人才、信息、资金全面流动,建立以高速高效、绿色安全货运物流服务为主营业务的集团化运营物流新模式,建成联结东西部经济发展的现代化、智能化、国际化物流网络,构建联结“一带一路”大通道。山西(阳泉)国际陆港集团以煤炭运输业务为主,白货(含集装箱)运输业务为辅,通过构建物流信息系统,完善供应链金融支撑体系,推动物流一体化向供应链一体化转变,促进中西部陆海联合、公铁联运、信息联通、物贸联动一体化发展。通过“互联网+”,基本形成联结晋陕蒙与环渤海港口、长江沿江码头的现代物流网络,年物流货运量达千万吨以上。 (牛青麓)

【一矿概况】 2017年,阳煤集团一矿推进安全生产,各项业绩再创新高。

技术改造 一矿施工十一采区降阻巷道,完成杨坡堰风窗改造,增容瓦斯监控系统,打钻现场应用“一钻一视频”技术,确保通风、抽采、监测三大系统稳定,煤层抽放进尺完成15.5万米,抽放瓦斯1.29亿立方米。

2017年12月28日,山西(阳泉)国际陆港集团有限公司成立新闻发布会在北京举行 (牛青麓供图)

安全管理 一矿对标先进抓管理、查短板、补漏洞,通过山西省煤矿安全监察局、国家煤矿安全监察局一级矿井验收。杜绝重大事故,百万吨死亡率为零。

煤矿施工 一矿围绕“采掘同步、三量合理、有序衔接、均衡生产”目标,重点优化回采面通风系统,施工采区瓦斯抽放泵站,提高抽采能力,确保工作面正常生产;重视西部区域工程建设,施工巷道进尺4100米。

煤炭生产 一矿商品煤产量完成648万吨,进尺达33193米,双双超额完成集团公司指标,矿井先进产能优势更加凸显。块炭产量153.25万吨,末煤入洗在提高煤质的同时,其副产品配售实现再利用,创收5500万元;发挥煤泥烘干系统效能,煤粉配入末煤增收1850万元。过构造期间,实行煤矸分装分运,对原煤分级筛进行改造,块炭、末煤指标保持稳定,中块平均灰分合格率达99.58%,限下合格率达92.2%,产品竞争力得到提升。

煤矿管理 一矿推行预算管理、项目承包责任制,依托井下周转材料库,提高物资利用率,回收复用、修旧利废、自制加工完成4569万元,比上年增加417万元。全年销售收入完成31.97亿元,增收11.41亿元;实现目标利润9.06亿元,较指标增盈0.86亿元。回收区煤炭产量实现60.6万吨,中小企业销售总额达6.9亿元。应用推广岩石低位抽放巷设计,北头咀降压站试水巡检机器人,探索试验单轨吊、无极绳牵引绞车等先进装备,试验小煤柱开采和相邻采空区治理技术,提升矿井本质安全保障水平和经济效益。重点推进OMS、ERP项目建设和运行,基于4S中心平台推进生产辅助专业化管理,解决企业用工成本高问题;推行全员赛马机制,将员工安全状况、劳动纪律、综治信访、工作质量纳入考评范畴,按照2%末位淘汰,盘活劳动力资源。(牛青麓)

2017年，阳煤集团一矿推进安全生产，各项业绩再创新高　　（牛青麓供图）

【二矿概况】 2017年，阳煤集团二矿坚持“适应、巩固、创新、提高”工作思路，产量、利润、工资等11项主要指标再创新水平，安全、生产、经营等整体工作再上新台阶。

安全管理　二矿改进管控方法，安全业绩奖励侧重生产一线，采掘科队两级干部与矿班子执行同一标准；“百日安全活动”分段开展、贯穿全年，奖励力度空前。职工素质提升、通风系统优化、安全生产标准化建设三大短板逐步补齐。高质量打造15#煤12采区、北茹集中皮带巷、81218采煤工作面、81103进顺掘进工作面、地面桃南降压站等一批标准头面和示范厂区，安全生产标准化达到国家一级矿井水平。强化瓦斯治理，推行瓦斯区域钻抽技术，一钻一视频陆续投用，所有放顶煤工作面实现风排向抽采转变，全年瓦斯抽采量完成2.47亿立方米。

煤炭生产　二矿煤炭产量完成809万吨，创造建矿历史最好水平，再次刷新集团公司矿井年产纪录。为有效保护冠山狮脑山自然保护区，对矿井衔接进行大幅调整，重新规划8#煤15区巷道布置。按照下行开采思路，提前准备8#煤13区21301工作面，为其下方15#煤12区实现后退式开采奠定基础。结合8#煤15区调整工作，加快采区巷道及21301、21501等工作面衔接，15#煤12区胶轮车系统巷组织到位，保证矿井衔接正常有序。率先试验先进装备，煤巷快掘系统多次进行技术改造；推行项目承包，完成15个工作面拆安准备工作。

经营业绩　二矿品种煤产量完成208万吨。西斜井筛分系统建成投用，分类拉运、处理，提升末煤洗选能力。成本管控实行“一个思路、两种模式”承包办法：生产队组将工资成本捆绑，按照总额包干、超罚节奖的办法进行管理；辅助队组推行单项工程承包，新模式下各队组成本管控意识增强，节支效果逐步显现；全年材料复用金额2069万元，修旧利废产值完成2684万元。

重点工程　龙门分区通风系统建设按计划组织顺利，为矿井通风系统简化优化奠定基础。龙门辅助提升工程地面配套和设备安装有序进行，胶轮车系统巷掘进临近完工，起底硬化等后续工程进入准备阶段，胶轮车队伍完成组建开始实训，新提升系统和胶轮车投用在即，矿井运输进入新阶段。北茹集中皮带巷如期贯通，390水平运输能力得到提升和保障。环境保护工程实行项目法人管理，选煤厂北储煤场封闭工程分步推进，煤泥堆放实现全封闭，事故沉淀池加装抑尘网，末煤堆放场改造完成大部分基础工作，运煤车辆轮胎清洗装置顺利投用，重介、跳汰、原煤等车间除尘改造接近尾声。北茹新旧矸山生态恢复治理、全矿热风炉脱硫脱硝改造等工程按期完工，矿山生产生活环境得到明显改观。　　（牛青麓）

【南煤集团概况】 2017年，阳泉南庄煤炭集团有限公司（简称南煤集团）开展煤矿百日安全生产活动，高标准完成安全“体检”，推进短板管理和变化管理，常态化开展隐患排查治理，夯实安全管理基础。坚持开展具有南煤特色的“品牌工程”建设、“人人都是班组长”班组建设及“岗位描述”“手指口述”推广活动，推进安全生产标准化动态达标。全年未发生重伤及以上事故，安全生产标准化工作稳步提高。大阳泉矿井通过国家安监总局安全生产标准化一级矿井验收，连续11年实现安全生产；南庄矿井连续7年实现安全生产。

生产指标　南煤集团加强生产组织，在采掘队组试点推行“包”制下井，在两矿井掘进巷道推广应用高预应力锚网支护技术，生产效率大幅提高，采掘衔接有效缓解，单进水平由150米最高提至205米，掘进工效由0.087米/工提高到0.116米/工，在“一井一面”生产模式下实现南庄矿单产17.6万吨、大阳泉矿单产12万吨的历史最高水平。推进煤质管理，优化回采工艺，强化洗选流程管控，提高品种煤质量，煤质赔款同比减少2000万元以上。全年商品煤产量333.80万吨、销量339.98万吨，比上年分别增加15万吨和18.99万吨；品种煤产量262.05万吨，增加22.88万吨，均创历史最高水平。

经营业绩　南煤集团完善内部管控机制，提升企业运行质量和经济效益,通过核销破产企业债权、摊销采矿权价款、报废闲置固定资产等税收筹划措施,合计减少企业所得税3000余万元;通过资金统一管控,在保障生产经营资金需求的同时,偿还银行贷款3.77亿元,支付股利9233.8万元,支付资源价款1.2亿元,清偿其他债务1亿余元,向阳煤集团利润专户归集资金1亿元,实现资金利用最大化。全年营业收入完成19.57亿元,同比提高7.01亿元,实现利润5.36亿元,增加3.9亿元,年度经营业绩考核达到A级,位居阳煤集团第五。

改革创新　南煤集团契约化管理递次展开,按照"一企一策"原则,与5个二级单位逐一签约,将责任、目标、权力与利益挂钩。优化资产结构,隔离经营风险,龙川发电公司、两矿井低浓度瓦斯发电站相继委托兆丰铝电公司运营管理,促进电厂规范化运营。对西上庄煤矿筹建处实行模拟法人运作,促进项目规范管理;对圣天宝地煤矿实行安全生产管理合作模式,发挥优势,拓展产能;对南煤医院实行授权经营,完成精神病医院挂牌、搬迁工作,社会化经营步伐明显加快;对建材公司完成吸收合并,精减四级公司。整合成立经营管理处、信息计量中心和对外项目工作处,党委工作部与工会、纪委与监察审计处实现合署办公,形成精干高效的组织架构。（牛青麓）

【三矿概况】 2017年,阳煤集团三矿机电动力部、运输部、通风部和综合服务中心对厂房、设备、技术、人员进行摸底整合,模拟公司化运作开展细致数据测算,为实行公司制内部市场化运作奠定基础。坚定"走出去"战略,加大创收增效力度,承揽协议4134.59万元矿建工程,先后向裕泰、新景、长沟、寺家庄、鑫顺煤矿输出7个成建制队组538人,开展服务创收,完成产量24.34万吨、进尺2868.9米,取得创收3304.91万元的业绩。

生产经营　三矿科学排布衔接,均衡组织生产,商品煤产量完成526万吨,超计划36万吨;进尺完成4057米,超计划657米;块炭产量完成77.52万吨,超计划5.52万吨。推进精细化管理,成本管控水平提升,单位成本完成270.56元/吨,利润完成4.39亿元,商品煤销售收入完成21.15亿元,利润、收入位列集团公司生产经营单位前十。实施增产稳产、控工提效、狠抓品种煤质数量等一系列提质增效措施,坚持轮岗放假和富余人员外出创业,人均效率达935.13吨/人,同比增加16.83吨/人,在岗人均工资增幅达25.41%,取得集团公司经营业绩煤炭板块A级第二名成绩。

安全管理　三矿弥补"一通三防"(通风和防尘、防瓦斯、防火)短板,通风阻力由年初的5600帕降至3500帕;全年抽采完成8452.77万立方米,结算金额1.31亿元。反"三违"9846人次,罚款83万元,反馈整改隐患8.8万余条。开展各类培训143期,受训1.8万人次,在职工技术技能大赛中获集团公司优胜单位称号。安全、环保工程推进有效,实现安全隐患"零"目标。

项目投资　三矿与省政府、晋中市、寿阳县各级政府部门协调,七元矿地面基建项目开工启动。投资1483万元完成裕公井石林岗地面排水,马家坡锅炉、东西畛热风炉脱硫除尘改造,矸山维护,新建轮胎清洗,蒙东、蒙马线路1#至3#塔改造,马家坡矿井水提能改造六项重点工程。工程实施提高了矿井安全系数,弥补了环保欠账,被煤炭工业邯郸工程造价管理站评为煤炭行业造价管理先进单位。

科技创新　三矿立足煤矿安全生产实际,完成集团公司6个概算经费为628万元的研发项目。承担集团公司新研发课题4个,概算经费1510万元。在省级以上核心刊物发表科技论文26篇,3篇获科技理论成果奖。获省级"五小"竞赛奖1个、市级17个,集团公司科技进步奖4个。开展赵永峰"山西省高技能人才创新工作室"和李杰、刘爱龙、韩建华"阳泉市劳模创新工作室"创新创效活动,9人被聘为阳煤集团专家委员会成员。（牛青麓）

【五矿概况】 2017年,阳煤集团五矿进尺完成28288米,完成计划的104.04%;本煤层钻孔进尺完成14.97万米,完成计划的128.6%;本煤层瓦斯抽放量完成341.89万立方米,完成计划的118.71%;邻近层瓦斯抽放量完成2.33亿立方米,完成计划的116.68%;瓦斯抽采利用量2.03亿立方米;商品煤综合售价完成392.80元/吨,比计划提高44.95元/吨;吨煤成本比计划降低1.75元/吨;销售收入完成23.52亿元,比计划增收5.44亿元;利润完成2.88亿元;在岗人均工资75330元,比上年提高17.37%,人均效率完成986.202吨/人,完成集团公司下达效率指标的103.92%。

安全管理　五矿开展以"一通三防"、顶板、机电运输、防治水等为重点的系统会诊和重大安全隐患治理工作,打造"顶板管理、构造管理、运输管理"示范矿。加大安全投入,全年提取安全费用4411万元,完成安全项目159项。开展风险分级管控和事故隐患排查治理工作,从井上到井下全部进行风险辨识评估分级;推进变化管理、短板管理工作,全年共查短板393个;组织整改集团公司两轮大检查查出的403条隐患;严肃事故问责处理,全年追究责任人员185人次,累计罚款28.14万元。安全生产标准化建设水平稳步提升,矿井达国家一级安全生产标准化矿井;全矿井下实现无重伤以上事故,创建矿最好水平。

瓦斯治理　实施"瓦斯、防突治理工程"和"通风、抽采两大能力建设工程”,完成桑沟抽采系统改造工程、桑沟瓦斯泵站和小南庄泵站抽采系统优化工程;防突重点工程、区域消突工程全部完成目标规划,防突实验室通过验收顺利投运;推广使用水力冲穴造孔、气相压裂等新技术,全年完成水力造穴 10500 米,气相压裂 5020 米,瓦斯抽采能力提高;矿井“长、短探”作业纳入采掘生产环节,实现常态化管理,杜绝瓦斯及水害事故发生。

生产管理　五矿强化重点队、重点面生产,采一队 8136 工作面 8 月产量突破 28 万吨,创建矿队组单产最好水平,年产量突破 236 万吨,打破五矿单面年度产量纪录;科学组织 8136 过大型构造,3 个月推进 286 米,月进高达 95 米,创矿过构造推进纪录;掘开系统科学组织生产,开拓一队 8406 高抽巷,月进尺突破 171 米,刷新矿高抽巷掘进纪录;科学部署全年拆安计划,拆安工作面 11 个,实现搬家倒面不停产、煤炭产量均衡稳定。(牛青麓)

【新景公司概况】 2017 年,山西新景矿煤业有限责任公司巩固安全生产标准化示范矿井建设成果,通过国家一级矿井验收;优化完善风险管控和隐患排查治理双重预防机制,成为阳泉市首批示范矿井。开展全员考试、手指口述、事故案例等宣传培训教育,举办各类培训 291 期 53564 人次,提升员工安全素质。

瓦斯治理　新景公司实施地面钻井压裂抽采、千米钻机长钻孔水力压裂、“以岩保煤”、保护层上行开采等区域措施,开展冲孔造穴、沿空留巷“Y”型通风、采空侧小煤柱卸压掘进等措施,形成安全有效的矿井立体抽采格局。特别是通过冲孔造穴增透技术,被煤炭工业协会评为“国际先进技术”。完善通风瓦斯基础管理,推广智能巡检系统,瓦斯实验室建成投运,“一钻一视频”监控实现全覆盖,瓦斯钻场打钻管理与井上下语音对讲系统应用,智能化水平得到提升。

科技创新　新景公司现代化矿井建设稳步提升,率先引进德国布朗转载机,试验应用掘锚一体机、岩石综掘机成套设备,首次应用盾构机快速掘进工艺,推广“三高一低”支护工艺。通过工业和信息化部“两化”融合管理体系评定和年度监督,获省级技术创新奖 2 项、市级技术创新奖 6 项、集团科技进步奖 5 项,申报阳泉市市级技术中心。

经营管理　新景公司组织品种煤生产外运,在集团公司“控量保价”政策下,精煤实现超奋斗目标。完善队组工资成本捆绑承包结算办法,执行用水用电节能降耗措施,加大回收复用挖潜,实现修旧利废价值 8394 万元,在确保人均工资增长的情况下,吨煤成本较上年降低 1.9 元 / 吨。推进 ERP 系统二期项目建设,规范经营管理行为。加大环保工作力度,推进储煤场全封闭、热风炉清洁能源替代等 18 项环保工程,清洁化生产逐步实现,社会和经济效益日趋显现。强化减员提效,自主创业、轮岗放假、劳动纪律整顿有序进行,井下交接班期间人数控制在千人以下。(牛青麓)

【天成公司概况】 2017 年,阳泉天成煤炭铁路集运有限公司以增运增收为目标,进煤外运“两手抓、两手硬”,对内强化管理增效,对外强化沟通协调,在晋北成立办事处,向晋东、晋南、晋北派驻工作组,全年完成进煤 653.76 万吨,比上年增长 71.87 万吨,增幅 12.35%;完成煤炭外运670.2 万吨,增长 97.77 万吨,增幅17.08%,进煤外运均创历史最好水平。

生产经营　进煤方面,签订购销框架协议,按需采购宁武、寿阳等地区市场煤炭,每日通过合理调整进煤运输计划,实现多地区、多品种煤源上站。外运方面,开拓埠外发运业务,忻州原平、阳涉线北亩等站台直发煤炭 4.2 万吨,埠外发运辅助本部发运新格局初步形成;新增石家庄鹿华热电有限公司,重启石家庄裕华热电有限公司等企业合作;尝试开展煤炭贸易,注重规避交易风险,完成 13.24 万吨贸易业务,为增加运量提供支持。全年销售收入 27.08 亿元,比上年增长 11.66 亿元,增幅 75.62%,完成计划的 132.10%,创建企最佳业绩,实现利润 1028.31 万元,增长 102.06 万元,增幅 11.02%,保持集团公司 A 级企业水平。全年煤炭综合售价 392.98 元 / 吨,增长 122.49 元 / 吨。回款工作效果显著,全年回款 39.71 亿元,协调收回长期欠款 970 万元。筹措资金 2280 万元解决阳煤晋东物流公司工程欠款。

白货物流　协调北京铁路局推进集装箱运营业务,全年实现氧化铝、乙二醇等集装箱外运 20.55 万吨,实现收入 328.48 万元,白货物流取得实质性进展。开展仓储经营,与阳煤集团租赁站合作,续签 488 万元 / 年租赁合同,存储管理装卸设备 2230 台(套);拓展租赁业务,合理规划闲置仓库用地,同阳泉市宇通兴达商贸有限公司签订 6 万元 / 年租赁协议。

安全管理　以建设本质安全型企业为目标,投入 85.93 万元专项资金,巩固“166”安全管理体系,实现全年安全生产“零事故”目标。坚持月度办公会、月度大检查、周通报等机制,基础资料、现场作业、季节“三防”等重点巡查常态化,整改隐患 26 条,考核个人安全技能账户 12 次,经济处罚储煤场环保工程存在安全隐患的施工方、监理方 7.02 万元,责令整改专项问题 20 个,完成集团公司“引深岗位操作‘手指口述’”“安全生产月”、安全风险分级管控等各项规定任务。

环保治理　落实省、市环保部门对储煤场治理要求,开工上马总面积 7.4 万平方米储煤场全封闭工程,完成土建基础施工和网架制作,全年累计投资4775.65万元,完成投资计划的111.7%。开展绿化基础管理,获评“集团公司园林绿化目标管理考核先进单位”。落实清洁作业举措,启动恶劣空气状态应急预案、办理完结采样设施放射源环评手续、运煤车辆遮盖、未作业煤垛苫盖、喷洒降尘、场区清扫、浮煤清理等措施,场区面貌得到改善。(牛青麓)

【阳煤地产概况】 2017年,阳煤地产建设有限责任公司改革经营管理机制,推行契约化承包制,实施“走出去”发展战略,呈现出稳中有进良好发展态势,销售收入完成53.67亿元。其中,实体收入完成32.94亿元、贸易收入完成20.73亿元,利润完成6895万元,生产水泥46.72万吨,销售水泥45.76万吨;职工年人均收入5.56万元。

市场开拓 阳煤地产坚持以巩固局内市场,扩大外部市场,勇闯海外市场为目标;坚持局内局外工程齐抓,国内国外多措并举,内部、外部、海外、建材四类市场得到有效推进。内部市场以集团公司环保、选煤、电力、棚改等项目为主攻方向,先后承建南岭、平舒、新景等煤矿技改建设项目,西上庄、寿阳博奇等电厂项目,太原紫景天城、蓝月湾、古城小区、四矿小区、赛鱼小区等住宅项目工程及储煤场封闭、矸山治理、污水处理等环保项目工程。外部市场承揽山煤集团河曲露天矿、山西凌志达煤业、潞安集团长治府秀江南及山西工程技术学院等项目;抢抓“一带一路”建设机遇,与新疆江山集团、中国联通新疆分公司建立战略合作关系,承揽新疆神火煤电公司综合楼项目工程。海外市场与中国有色、中煤科工、上海电气等大型企业合作,巴基斯坦塔尔煤田一区块露天煤矿项目开工前期手续完成开工建设;塔尔煤田一区块2×660兆瓦电厂工程与上海电气集团达成合作意向;几内亚铝土矿项目有序推进。建材市场围绕阳大铁路、阳五高速,郊区、盂县、寿阳、西上庄电厂等重点项目工程,逐步提高市场占有率。水泥销量45.76万吨,销售收入增加3152万元;对生产线进行升级改造,增加石子、机制砂及脱硫石粉等新建材产品,为亚美公司走出困境探出新路。

科技创新 阳煤地产公司坚持“科技兴业,人才兴企”发展战略,推进科技项目创新,形成“应用—研发—储备”新格局,在“科技兴企”战略布局上,取得57项科技成果。其中,“QC”(英文QUALITY CONTROL的缩写,中文“质量控制”之意)项目12项、省级工法21项、专利技术发明7项、质量创优工程4项、绿色示范工程4项、科技进步奖9项,发表科技论文26篇。推动工法和专利转化运用,以节能降耗和技术创新作为主攻方向。宏厦三建推广应用“企业微信APP打卡管理系统和二维码信息识别技术”,太行公司在太原紫景天成高层建筑应用“方钢代替方木+快拆体系综合利用技术”、在西上庄间空冷塔应用“双交叉超高斜柱支撑技术”、在御康四期高层建筑应用“太阳能光热技术”。由阳泉集团太行公司第五项目部施工的西上庄2×660兆瓦低热值煤电空冷塔工程被评为山西省建筑业新技术应用示范工程。

项目承包制 阳煤地产组织召开“推行契约化引深承包制工作动员大会”,将契约化管理与承包制经营有机结合,同基层单位签订契约化管理责任状,将利润、安全作为主要指标进行考核,将人均效率、应收账款余额、信访、人均工资、党建作为辅助指标进行考核,建筑板块的西上庄电厂、太化紫景天城、阳泉天成储煤场环保工程等15个项目签订项目承包责任状;亚美公司水泥一分厂、销售中心、运输公司分别实行承包制。宏厦公司第七项目部施工的太化紫景天城项目,把项目工程分解到单位工程、分部分项工程,工序过程落实到班组、人头。截至2017年底,完成产值4044.69万元,实现利润328.88万元。西上庄电厂项目强化指挥协调,开展技术攻关,严细施工组织设计,间冷塔、主厂房、烟囱等工程有序开展,确保工程按计划施工,实现进度快、质量好、文明施工、安全生产,赢得甲方、总承包方和监理方好评。(牛青麓)

【宏厦一建(矿建安装中心)概况】 2017年,阳泉市宏厦第一建设有限责任公司实现营业收入18.15亿元。其中,实体收入完成16.54亿元,完成年计划的104.33%,比上年增加4.88亿元,增幅41.89%;实现利润2526.48万元,完成年初计划的137.9%。组织安全大检查15次,安全生产标准化验收12次,安全突查58次,查出隐患问题8223条,下达停产整改通知书37份,责令停工15个掘进头,查处严重“三违”驻班8人,安全罚款117.8万元。

科技创新 全年有16项QC成果获省、部级科技创新QC优秀小组和成果奖,“矿井建设稳车群集中控制系统”和“钻杆打捞装置”分获省级科技创新一等奖和二等奖;“煤矿岩巷掘进干工除尘系统应用”通过中国煤炭工业协会科技成果鉴定,达到国际先进水平;申报“中国煤炭工程建设质量奖”;公司技术中心通过省经信委评审,成为省级技术中心。

成本管控 推行项目经理终身责任制、项目经理离任审计制。资金管理实行集中管理,建立“依财力办事,按预算开支”的现代理财机制,发挥预算管理规划、控制和协调能力,合理安排、统一调配资金。各项目部按照“以收定支、略有节余”的原则编制资金支出计划,依据计划进行付款。全年累计考核项目部超支队组775.65万元,奖励节约队组268.53万元。在皮带等低耗投入1015.54万元的情况下，矿建材料支出占比维持在16.13%，材料成本管控取得成效。

经营管理　年内，阳煤集团矿建安装工程中心各项工作步入正轨，备案统筹队伍34支3853人全部签订个人劳动合同。中心与各主体矿签订总包合同155份、安全协议145份，与统筹队伍签订分包合同137份；施工707个单位工程，签订工程合同655个，确保统筹队伍工程结算及时办理，工资及时发放。　　（牛青麓）

【煤层气分公司概况】 2017年，阳煤集团煤层气分公司以“开源节流、挖潜增效”为主线，科学配置人力资源，层层落实管理责任，确保各项指标任务完成。全年供气量完成104351万立方米，比上年增加8855万立方米，增幅9.3%；经营收入完成35785万元，增加1344万元，增幅3.9%；利润总额完成9395万元；煤层气财政补贴11001万元，退税1729万元，两项共计12730万元。推进重点项目落地和重点工程建设，延伸拓展煤层气产业链，提高煤层气利用率。推进神堂嘴CNG项目，完成氧化铝供气专线平阳路瓦斯管路敷设工程，组织中环快速路搬迁改造(煤气部分)工程，开展七元矿煤层气利用工程项目，推进五矿南翼提浓提纯项目工程，与上海盈碳公司合作开发国内碳减排项目取得进展，矿区“煤改气”工程取得进展，部分村庄实现通气；与晋中市阳煤扬德煤层气发电有限公司签署长沟矿瓦斯供气协议，昔阳县坪上煤业有限责任公司和阳泉煤业集团兴峪煤业有限责任公司2个低浓发电厂用户用气实现归口管理，企业发展后劲增强。　　（牛青麓）

【宏厦三建BIM技术运用】 2017年1月1日，阳泉市宏厦三建成立BIM技术中心，进行“基于BIM的现场管理信息化管理技术”推广，推进建筑施工工程项目管理信息化工作，系阳泉市首家将BIM技术运用到建筑施工的企业。该技术以建筑工程项目的各项相关信息数据作为基础，通过数字信息仿真模拟建筑物所具有的真实信息，制作三维建筑模型，实现工程设计和施工、设备管理、数字化加工、工程化管理等功能；项目建设单位、设计单位、施工单位、监理单位等项目参与方可在同一平台上共享相关信息，有利于项目可视化、精细化建造。

宏厦三建将BIM应用列入技术改革目标之一，制订BIM工作各阶段实施规划，对公司20余名基层项目部技术骨干进行BIM建模培训。公司派员到太原与山西企大企业管理咨询有限公司，以阳煤太化蓝月湾6#楼项目为BIM试点工程，从初期建模至中期应用进行跟踪学习。通过3个月学习，完成该项目建筑模型、结构模型及场面布置模型，掌握基本建模能力。宏厦三建将BIM技术应用于工程实体，服务于工地现场，实现施工现场可视化，相继完成芦南井塔井口模板支撑立杆下部优化、井塔超大截面尺寸梁钢筋布筋优化、井塔超大截面尺寸梁模板支撑体系优化等模型制作，完成西上庄电厂施工场地布置、烟囱施工场地布置模型，实现场地布置科学合理。　　（牛青麓）

【阳泉市煤炭工业局概况】 2017年，阳泉市煤炭工业局加强和改进对煤炭工作的领导，推进煤炭供给侧结构性改革，完成煤炭去产能和保供应稳增长任务；应对煤炭市场形势变化，推进煤炭中长期合同签订和履约工作，煤炭经济重新步入正增长发展通道；适应国家环保新形势新要求，推进绿色矿区、美丽矿区建设，强化劣质煤炭销售管控，配合有关部门推进煤炭污染治理和生态恢复工作。全市地方煤矿45座，生产矿井21座，建设矿井4座，长期停建、缓建矿井20座，完成煤炭生产1745.64万吨，加上工程煤量和未入库产量277.26万吨，共计2022.86万吨，比上年增加4.07%。其中，市煤运公司397.48万吨，下降18.64%；盂县593.68万吨，下降7.67%；平定县204.47万吨，增长10.74%；郊区196.12万吨，增长33.79%。销售原煤1710.67万吨，比上年增加18.11万吨，增长1.07%。全年综合平均售价415.93元/吨，比上年增加125.3元，增长43.11%。实现销售收入70.84亿元，比上年增加23.46亿元，增长49.51%。完成工业增加值28.81亿元，增加8.53亿元，增长42.06%。地方煤矿未发生安全生产死亡事故，煤炭百万吨死亡率为零，安全生产态势平稳。　　（李晓晖）

【煤炭供给侧结构性改革】 2017年，阳泉市煤炭工业局按照国家、省、市推进供给侧结构性改革的要求，围绕市委、市政府“36字”调产思路，推进煤炭去产能工作，统筹处理好产能、供应和价格关系，促进煤炭行业转型提质，保障全市经济发展运行平稳有序。10月，关闭阳煤五矿五林井、盂县万和兴煤业，新增关闭平定县陈家庄煤业，提前一个月时间超额完成全年关井任务，退出产能210万吨。发展煤炭优质产能，鼓励煤炭企业对标升级，4座建设矿井完成产能置换任务，共计置换产能48.6万吨，山西煤炭运销集团阳泉二景和谐煤业有限公司、盂县路家村煤业有限公司完成产能公告正式转产，山西平定古州卫东煤业有限公司、盂县辰通煤业有限公司完成建设工程进入试运行。全市12座煤矿通过现代化矿井验收，18座煤矿被中国煤炭工业协会命名为安全高效矿井，上报的13座安全生产标准化一级矿井中，12座通过省级验收，4座通过国家级验收。　　（李晓晖）

【安全管理责任落实】 2017年，根据省煤炭厅和市委、市政府下达的目标任务，阳泉市煤炭工业局逐级分解安全责任，跟进完善责任体系，做到横向到边、纵向到底，煤矿安全监管无缝隙。坚持“关口前移、超前防范”，夯实企业主体责任、行业部门监管责任和县区属地管理责任。坚持“周一安全例会”，全市生产建设矿井实施专家“会诊”每矿2次以上，突出查大隐患、防大事故，夯实地方煤矿安全生产基础。坚持实施“红橙黄蓝”四色安全预警，构建全方位安全风险预控体系。坚持差异化分等级安全监管，健全行业部门、主体企业、煤矿自身“安全监管、业务保安、自主管理”三级安全责任体系，提升各级安全管理工作针对性和实效性。严格执行安全分片负责管理和煤矿“五人小组”安全包保责任，出动执法人员3540余人次，排查各类隐患6200余条，下达检查记录500余份；煤炭纠察支队强化执法，实施行政处罚36.7万元，推动全市地方煤矿安全生产形势由明显好转向持续好转转变。　（李晓晖）

【瓦斯防治和水害治理】 2017年，阳泉市煤炭工业局强化瓦斯、水害防治，实施瓦斯、探放水钻孔可视化管理，两大攻坚战取得新成果。推动创新管理，在全省率先推行矿井钻探可视化管理，提升煤矿瓦斯管理和防治水管理水平，全市25座生产建设矿井全部实现瓦斯抽采钻孔和探放水钻孔作业视频监控，有效杜绝了瓦斯和水害事故发生。注重瓦斯综合利用，完成盂县皇后煤业5兆瓦项目、推进大贤煤业7.8兆瓦项目建设进度，扩大全市瓦斯综合利用总量。把瓦斯抽放利用作为防治重要手段，完成瓦斯抽采3.62亿立方米，完成利用1.45亿立方米，分别达省煤炭工业厅下达指标的100.56%和103.57%。推进煤矿防治水“三区”管理模式，25座生产建设煤矿根据省、市要求完成分区管理论证工作，均按矿区水文地质查明程度和防治措施到位情况，将井田划分为“可采区”“缓采区”“禁采区”，按照分区修订煤矿防治水措施，完善地方煤矿防治水工作基础。　（李晓晖）

【地方煤矿矿井建设】 2017年，阳泉市煤炭工业局加大地方煤矿矿井建设力度，制订《2017年全市煤炭生产建设转型发展工作意见》，绘制全市2座正常在建矿井工程进度图，倒排整合矿井建设工期，确保工程稳步推进。对批准在建项目工程实施全程质量监督，先后完成盂县辰通、平定卫东2个煤矿建设项目164个单位工程的质量监督和认证，全部达到合格工程，保证基建工程建设质量，为顺利转产验收奠定基础。二景和谐、路家村煤业2座矿井转为正式生产矿井，坤宁煤业产能置换方案上报省煤炭工业厅，地方煤炭发展后劲得到增强。　（李晓晖）

【安全生产标准化建设】 2017年，阳泉市煤炭工业局把煤矿安全生产标准化建设作为加强安全、生产、技术、现场管理的重要平台和实施监督管理的重要手段，结合煤矿安全生产实际，构建风险分级管控、隐患排查治理和安全质量达标“三位一体”的煤矿安全生产标准化体系，推动煤矿安全生产关口前移，降低煤炭产能过剩时期积聚的安全风险，化解煤矿安全投入不足、基础松动、培训和现场管理滑坡等突出矛盾，有效防范和遏制重特大事故发生，全市地方煤矿安全生产标准化建设迈上新台阶。23座生产矿井中除列入关闭的鸿泰煤业外，22座达到安全生产标准化标准，其中达一级7座、达二级15座。全市地方煤矿中有6座煤矿通过现代化矿井验收，9座煤矿被中国煤炭工业协会命名为安全高效矿井，为提升地方煤矿先进产能占比奠定基础。　（李晓晖）

【生产行为和经营秩序规范】 2017年，阳泉市煤炭工业局强化行业管理，科学规范生产行为和经营秩序，重点布防劣质煤管控。行业管理方面，加强生产要素建档公告核查和采掘衔接管理，完成产能登记和变更公告11矿(次)，开展要素动态核查33矿(次)，集中核查85矿(次)，完成省级专项核查任务；对31矿(次)生产组织和采掘平面图进行规范性督导，防止辖区内煤矿超能力生产行为；制

2017年，山西平定汇能煤业有限公司向二级安全生产标准化煤矿迈进　（李晓晖供图）

订煤矿减人提效实施方案，推进劳动生产效率提高，规范地方煤炭生产行为。经营监管方面，重点加强煤炭质量管理，突出管控劣质煤销售，建立经营协同监管联席会议制度，使煤炭经营监管实现市域全覆盖；开展4次规模性排查督查行动，检查煤炭生产、洗储经营企业172家，督促煤炭企业制订质量管理制度，完善煤质台账和销售台账，严格进场产品分类存放，煤炭销售质量管理得到规范。会同工商、环保、质监等部门开展联合督查，督促重点县区建立劣质煤挂牌责任人制度，县区政府属地监管责任得到强化。　（李晓晖）

【煤炭监管信息平台建设】 2017年，阳泉市煤炭工业局在上年牵头启动煤炭监管信息平台建设基础上，与省煤炭工业厅对接，分解目标、倒排工期，截至2017年底，平台建设完成，实现与省级平台对接，24座生产建设矿井完成产运销系统接口软件开发和数据对接，云平台各子系统数据实时联网上传，煤炭监管信息平台建设进度位居全省前列。该平台是推动煤炭供给侧结构性改革和煤炭管理体制改革的具体举措，集煤炭生产、运输、销售、库存、价格、煤矿基础信息、安全监管等综合信息为一体，是基于现代技术的监管信息平台，使产能监督、产量调控、运销监管、税收征收、安全监管、应急救援等各方面数据更加精准，使各级政府和管理部门能及时、准确地掌握情况，有效避免数据失真导致的形势误判，为各级政府决策提供可靠依据。　（李晓晖）

【矿山救护应急救援】 2017年，阳泉市矿山救护大队坚持以“服从大局、服务矿山、积极救援、安全救护”为己任，加强基础理论学习、基本技能训练、体能达标锻炼，强化日常战备演练，提升矿山救护应急救援能力。全年开展技术操作训练和高温浓烟训练38队次、千米激力行走和万米耐力拉练16队次、反风演习和救灾演练32矿次，参与全市反恐应急救援演练活动和安全生产月应急演练周活动，提升专业素质、技术水平和实战能力，确保抢险救援任务完成。全年出动45队次451人次，完成抢险救援任务4次，救出遇难人员2名。市矿山救护大队建队60年，无任何自身伤亡和次生灾害发生，做到科学救援、安全救护。（李晓晖）

【荫营煤矿概况】 2017年，阳泉市荫营煤矿实现全方位安全稳定，创建全国文明单位，规范化管理、棚户区二期验收分配等重点工作取得成效，连续7年杜绝重伤以上生产事故，连续27年杜绝矿井重大事故。

煤矿生产　煤矿生产进入历史新阶段，开展安全生产“体检”和隐患排查工作，落实安全风险分级管控制度，优化改造通风、供电、运输、抽放、排水等系统，投入1.09亿元安全费用，完成瓦斯抽放泵更换、井下瓦斯抽放硐室施工、2号立井罐笼及电控系统更新等重点安全工程；完成主运输皮带更换、3个回采面安装、2个工作面回收封闭等重点生产工程，有效提升本质安全型矿井建设能力。全年累计完成原煤产量240万吨，完成生产进尺8639米。

经营管理　加强企业基础管理，形成11册305万字制度汇编。推进吨煤承包考核机制，加强物资采购和审计监督，增值税返还取得突破，“五小”竞赛活动取得93项成果，多项获省级记功表彰。紧盯煤炭市场变化，及时调整销售策略，实现经济效益最大化，全年实现营业收入12.24亿元，实现利润2.17亿元，为全系统经济扭亏为盈作出贡献。

民生环保　棚户区二期500余套住房验收分配，采暖锅炉煤改气项目如期完成，生活污水并网工程竣工，重大民生环保工作实现质的飞跃，通过国家、省及地方政府组织的30余次环保督察检查。职工收入比上年增加15.5%。加大扶贫帮困力度，为495名困难职工及优抚对象发放救济金25.95万元，为68名困难职工子女“金秋助学”9.25万元，为参加阳泉市社保退休人员落实补贴60余万元，落实退养人员生活补贴8万余元；推进“三供一业”（国有企业职工家属区供水、供电、供热（气）及物业管理）改革。　（赵贵田）

【固庄煤矿概况】 2017年，固庄煤矿坚持目标管理和安全承诺，逐级签订安全生产责任状，开展隐患排查和教育培训，组织井下水害、矿井反风演习，开展优秀工人班（组）创建活动，煤矿井下持续8年杜绝死亡事故。面对井下连续出现工作面过挠曲构造、采煤工作面末采、回收、安装、初采等难关，把“一通三防”和地测防治水作为重中之重，优化通风系统，推进瓦斯治理，提高均衡生产率和块炭率，全年生产煤炭86万吨，销售煤炭92万吨，实现利润3800万元，摆脱连年亏损状况，实现经营工作稳步向好。转型发展方面，组建正瑞通工贸有限公司，开展外购煤炭选配、铁路转运业务，转运煤炭10万余吨。利用矿内储煤、洗选、装车站、铁路专线一条龙的煤炭发运站场资源优势，借助阳煤发展陆港项目契机，积极与阳煤集团合作，启动项目前期对接程序。环保治理方面，先后签订大气、污水、固体废弃物、危险废弃物等4方面14项环保合同，保证环境管理逐步走向正轨，实现污染物达标排放；推进环保工程项目建设，完成生活水处理系统扩容升级改造工程、锅炉脱硫脱硝工程、工业广场废水收集工程和热风炉改造工程，改善矿区环境；争取到燃煤锅炉脱硫除尘改造项目中央专项资金以奖代补100万元、研石山治理及生态恢复中央专项资金1748.52万元。　（刘宏英）

【阳泉煤销公司概况】 2017年，山西煤炭运销集团阳泉有限公司（以下简称阳泉煤销公司）营业收入156亿元、利润总额2.88亿元。在集团2017年煤炭生产经营业绩考核中，阳泉煤销公司煤炭产量占16.7%，营业收入占15.2%，利润总额占17.6%，各项指标名列前茅。截至2017年底，阳泉煤销公司下辖盂县、郊区、平定3个县（区）公司，主营业务划分为煤炭生产、贸易物流、多种经营三大板块。煤炭生产板块包括阳泉市燕龛煤炭有限责任公司程庄煤矿、阳泉市上社煤炭有限责任公司、阳泉市上社二景煤炭有限责任公司、山西煤炭运销集团保安煤业有限公司、山西煤销集团旧街煤业有限公司、山西煤炭运销集团盂县恒泰常顺煤业有限公司、山西煤炭运销集团盂县恒泰皇后煤业有限公司、山西煤炭运销集团阳泉上社晋玉煤业有限公司、山西煤炭运销集团阳泉二景和谐煤业有限公司9座煤矿，配套程庄、上社、保安3座选煤厂；贸易物流板块包括春旺销售、晋煤物流、东凯贸易、神火选煤等10个公司；多种经营板块包括永昱机电、恒源经贸、欢乐喝彩等6个公司。　（孙瑾瑜）

【安全管理】 2017年，阳泉煤销公司加大安全管理力度，坚守安全红线，实现百万吨死亡率"零"目标，投入安全费用2.16亿元，补欠账、调系统、保接续，程庄、上社、常顺、皇后、二景5座矿井通过省一级标准化验收，程庄、上社、常顺、皇后4座矿井入选山西省现代化矿井。与重庆煤科院、北京天地公司、晋能集团技术研究院等科研单位合作，实现瓦斯技术服务项目对接、新型支护材料研究、工作面快速拆安和余热回收利用。坚守环保底线，10座矿井及各发煤站点完善环保手续，8个单位16台燃煤锅炉全部改为燃气锅炉，实现依法、环保、安全发展。　（孙瑾瑜）

【产业运行】 2017年，按照集团"业务归口、资产归类、专业重组"要求，阳泉煤销公司理顺体制，形成煤炭生产、贸易物流、多种经营三大板块。煤炭主业基础逐步夯实，所属各煤矿高效组织生产，实现安全长周期、综合效益升；集团"瓦斯综合治理""井下电气安全管理"两个现场会在阳泉煤销公司召开，推广典型经验，发挥标杆示范作用。理顺贸易物流体制，整合公路、铁路销售贸易业务，将自产煤销售与外采煤贸易分开，成立煤炭销售管理部和煤炭贸易公司，深化与阳光、河坡、魏桥等战略用户合作关系，深度融合"智慧供应链管理系统"，加强各环节标准化建设，实现资源共享、数据共享、全程监控，增强市场竞争力。多种经营业务优化，立足系统内煤矿，永昱公司面向区域内煤矿开展采掘、机电设备检修、矿用品加工生产等业务，实现营业收入4200万元；恒源公司立足煤矿餐饮、安保、通勤、绿化等服务项目，逐步向社会层面拓展业务；欢乐喝彩、恒泰印刷等多元企业集中统一管理后，实现整体减亏扭亏。　（孙瑾瑜）

【机构设置和职能定位完成】 2017年，阳泉煤销公司落实集团"改革攻坚年"决策部署，完成机构设置和职能定位。出台《煤矿安全生产管理体制改革实施方案》《煤矿安全生产统一管理办法》，理顺煤矿管理体制。按照"管理架构扁平化、职能部门精简化、职能管理集约化"改革路径，制订《机构优化实施方案》，将市公司机关本部原26个部门优化设置为19个职能部门，2个直属机构、1个直属公司；将5家五级法人进行处置，管理层级压减到三级；15家全民所有制及延伸企业改制、注销工作按集团要求时间节点全部完成；17户非正常运营企业和非法人分支机构注销工作规范有序推进。完善《薪酬改革实施方案》《定编定岗定员办法》等制度，精简机关人员，稳定生产队伍，盘活内部人力资源，实现瘦身健体，合理控员提效。县区公司不再承担煤矿管理职责，彻底转型为贸易公司。　（孙瑾瑜）

【精细管理】 2017年，阳泉煤销公司出台《精细化管理指导意见》《全面预算内部市场化成本管控指导意见》，在燕龛公司召开"全面预算内部市场化成本管控"现场会，以点带面，典型引领。制订《绩效考核实施方案》，健全以效率效益为中心的业绩考核、工资分配机制，月通报、季考核，严格奖惩兑现。优先"保工资、保规费、保生产"，实现财务内控逐步由统计型向管控型迈进。全年完成续贷任务39.3亿元，压减材料库存5300万元，修旧利废5480万元，基建审减3870万元，进项税抵扣4060万元，上缴各项税费10亿元。补缴拖欠社保2.75亿元，补发工资8644万元，累计清收历年欠账2.7亿元。《内部审计流程操作规范》获2017年"全国国有企业财务管理优秀成果"一等奖。坚持依法治企，应对法律纠纷，出具法律意见书229份，减少经济损失1200余万元，对清欠困难的10家用户进行法律起诉，涉案金额1.8亿元。　（孙瑾瑜）

电力工业

【概况】 截至2017年底，阳泉市有发电装机424.63万千瓦。其中，火力发电总装机容量280.30万千瓦、风力发电装机11.78万千瓦、光伏发电装机116.50万千瓦、瓦斯发电装机15.79万千瓦、水力发电装机0.26万千瓦。全市区域内有50万变电站1座、22万变电站12座、11万变电站36座、3.5万变电站89座。主要火力发电厂有阳光发电公司装机4×32万千瓦，河坡发电公司装机2×35万千瓦，阳煤集团兆丰自备电厂装机3×13.5万千瓦、第二热电厂装机3×0.6万千瓦、第三热电厂装机2×3.5万千瓦+1×6万千瓦，南煤龙川发电公司装机2×13.5万千瓦。新建光伏发电项目14个，装机容量105万千瓦，其中阳泉市采煤沉陷区国家先进技术光伏发电示范基地光伏发电项目13个，总装机容量为100万千瓦，实现并网。国家电投集团平定东方新能源发电有限公司新建平定县锁簧镇光伏发电项目，装机5万千瓦。在建火电项目1个——山西国际能源盂县裕光煤电2×100万千瓦发电项目，停建低热值煤发电项目2个——晋能集团盂县鑫磊2×35万千瓦低热值煤发电项目、阳煤集团西上庄2×66万千瓦低热值煤发电项目，在建垃圾发电项目1个——山西荣光能源公司2×1.5万千瓦垃圾发电项目。（丛 耸）

2017年阳泉市前十位客户用电统计表

表26 单位：亿千瓦小时、%

序号	用 户	用电量	比上年增减	比上年增长%
1	山西兆丰铝电有限责任公司	9.79	0.43	0.05
2	阳泉煤业(集团)股份有限公司	5.12	–0.31	–0.06
3	山西兆丰铝业有限责任公司氧化铝分公司	2.88	0.71	0.33
4	百度云计算技术(山西)有限公司	1.77	0.77	0.77
5	阳泉煤业(集团)股份有限公司发供电分公司	1.62	0.66	0.69
6	阳泉煤业集团平定化工有限责任公司	1.26	0.92	2.69
7	阳泉冀东水泥有限责任公司	1.15	–0.24	–0.17
8	北京铁路局石家庄供电段	0.90	0.00	0.00
9	山西省阳泉荫营煤矿	0.83	0.01	0.01
10	山西贝特瑞新能源科技有限公司	0.57	–0.24	–0.30

说明：此表依据供电公司售电情况统计（曲丽峰）

【国网阳泉供电公司概况】 2017年，国网阳泉供电公司优化电网架构，服务转型发展，提升服务水平，确保电力供应，完成售电量54.06亿千瓦小时，营业收入24.18亿元，上缴税金0.97亿元。阳泉地区全社会用电量82.93亿千瓦小时，比上年增长16.46%。其中，第一产业（权重0.74%）用电量0.62亿千瓦小时，增长8.27%；第二产业（权重80.73%）用电量66.95亿千瓦小时，增长18.08%；第三产业（权重11.22%）用电量9.30亿千瓦小时，增长14.28%；居民生活（权重7.31%）用电量6.06亿千瓦小时，增长4.43%。国网阳泉供电公司连续4年被评为全国“安康杯”竞赛优胜单位，连续21年保持“省级精神文明单位”称号。（曲丽峰）

【安全生产】 2017年，阳泉供电公司组织季节性检修和隐患排查治理，开展反事故应急演练，应对恶劣天气，完成“一带一路”峰会、中共十九大等重大保电任务。夯实基础方面，组织安全大检查、安全生产问题清单梳理等专项行动，首创安全作业“五星级”班组评价体系，修编完善9项安全管理制度。现场安全方面，推行军事化管理，开展安全督（纠）察，覆盖现场425个；应用“互联网+现场管控系统”处置违章37起；创新“随手拍”平台，举报违章12起；设立外用施工队伍诚信积分制，下发红、黄牌违章通知10份，约谈、处置违章单位7次，现场措施规范率、到岗到位率100%，安全管理对标全省第一。精益管理方面，110千伏蚕石站和220千伏海白Ⅱ线分别入选省公司“精益化一流变电站”和“防山火”标杆线路。（曲丽峰）

【电网建设】 2017年，阳泉供电公司加快电网优先发展，服务超特高压建设，晋北—江苏±800千伏直流输电线路工程通道清理在全省率先完成，盂县电厂—河北南网500千伏送出工程占地补偿合同全部签订。推进主网建设，开工110千伏泊里变电站增容改造、110千伏马中线入地、110千伏阳大铁路外部供电、35千伏青燕线路等4项工程，投产110千伏脉坡输变电工程，提前完成220千伏长岭增容工程，开工、竣工率100%；桃东变至白羊墅变110千伏线路工程、阳泉盂县脉坡110千伏变电站工程、盂县至西烟风电π入脉坡变电站110千伏线路工程被评为国家电网公司优质工程。推进配网建设，完成30眼机井通电、3个贫困村通动力电和16个中心村电网改造升级，10千伏盂北站Ⅰ、Ⅱ回新建工程获国家电网公司“2017年度配电网百佳工程”称号，公司获国家电网公司“两年攻坚战”工程先进集体（按照新一轮农网改造升级部署，2016至2017年省公司完成1491个小城镇和中心村电网改造升级、4.5万眼农田灌溉机井通电及460个自然村通动力电改造工程目标任务）。选派33人前往西藏丁青县进行帮扶，历时10个月高标准完成电网建设帮扶任务，成为国网西藏电力有限公司“两年攻坚战”第一个竣工投产的新建输变电工程，新

农网工程首个完工的整县，2017年西藏首个未通大电网县注入国网电，受到丁青县政府、江西省水电工程局表扬。（曲丽峰）

【供电服务】 2017年，阳泉供电公司服务政府中心工作，服务电力客户，服务发电企业，对客户缩短业务流程、开启线上线下双重受理、实行"互联网＋智能"交费，开展秋季大走访活动，收集、对接疑难问题11个，提升服务水平。

创新推行自选客户经理服务模式，满意度达100%。落实清洁取暖工作安排，开拓电能替代和清洁能源市场，完成"煤改电"项目2387户、学校48所，推广电采暖14.59万平方米；在全省首家建成市级党政机关电动汽车充电站，完成替代电量1.56亿千瓦小时；协助阳泉光伏领跑基地投产，消纳新能源电量同比增长58.38%。建成山西省首座社会责任展厅，内设公众体验项目，定期对外开放，增进社会各界对国家电网支持；打造首个社会责任管理示范基地，针对政府、媒体、客户、"三农"等不同利益相关方，提出实施方案，为辖区百姓送去温暖和光明。

黎明共产党员服务队、青年志愿者服务队、全省唯一在民政部门注册的电力"爱心启航公益志愿者"服务队等公益团队爱心开展各种志愿活动，实施电力夏令营、"点亮山城"等公益项目，提升国家电网品牌美誉度。（曲丽峰）

【阳光发电公司概况】 2017年，山西阳光发电有限责任公司（以下简称阳光发电公司）按照"精管理、惠民生、铸文化、谋发展"工作思路，坚持"人人都算效益账、处处都念管理经、时时都讲培训课、事事把好安全关"要求，执行"抓两头、控中间"精细化、低成本管控战略，推进安全生产，加大环保治理，在行业形势严峻情况下，完成年度各项生产经营目标。全年发电量完成47.967亿千瓦小时，较目标增加8.287亿千瓦小时；厂用电率完成6.62%，降低0.58%；供电煤耗完成308克/千瓦小时，降低12克/千瓦小时；供热量完成617万吉焦，较上年增加164万吉焦；机组利用小时3747小时，增加387小时；环保设施运行正常、高效，脱硫、脱硝、除尘实现超低排放，未发生环保责任事件。截至年末，公司实现安全运行无事故3670天。在2017年晋能电力集团绩效考评中排名第一，在晋能电力集团基层企业党组织书记抓党建工作专项述职会议上，公司党委书记民主测评综合满意度100%，在电力集团公司19个基层企业党组织中排名第一。公司被中国电力企业联合会评为"2016年度电力行业信用等级AAA企业"，获晋能电力集团"2017年度先进单位"称号。（傅玉珠）

【生产管理】 2017年，阳光发电公司强化安全管理，制订《安全红线管理制度》《各单位安全职责》等管理制度，完成53个现行有效安全管理制度汇总整理工作。开展各类安全知识培训教育，提高全员安全意识和技能，培训2621人次，应急演练10次，外委人员考试1578人次。开展安全生产检查，公司将"周四安全生产日"活动与"走动式巡查"管理有机结合，通过采取"领导巡查、部门自查、安监督查"方式排查各类隐患，发现隐患907条，完成整改。坚持"应修必修、修必修好"原则，开展机组检修维护工作，提高机组可靠性、经济性水平。重新修订《设备缺陷管理制度》《设备管理制度》，完成4台机组C级检修任务，完成全厂公用系统检修、锅炉燃烧优化等多项重大技术改造项目，设备健康水平提升，厂用电率、供电煤耗等主要指标改善。机组运行坚持精调细控，在锅炉燃烧控制、指标调整、大渣调控等方面精准下手，在节水、节电、节油等方面取得良好效果。开展液氨消耗值际竞赛，仅10月节约液氨16吨。（傅玉珠）

【重点区域环境治理】 2017年，阳光发电公司采取得力措施，环保治理工作取得实效。重点区域环境治理进展顺利，灰场、渣场及液氨站等地区覆土、绿化、硬化工作完成。完善煤场各类环保设施，喷淋设施恢复投入使用，8万余平方米煤场煤堆全部实施苫盖。推进煤场全封闭工作，改造方案上报晋能电力集团。环保设施运行正常高效，脱硫、脱硝、除尘均实现超低排放，设施投运率100%，脱硫效率99.70%，脱硝效率96.74%，未发生环保责任事件。（傅玉珠）

【经营管理】 2017年，阳光发电公司实施低成本、精细化管控战略，在电力营销、燃料管理和成本控制等方面取得成效，减亏3205万元。电力营销方面，主动与省经信委、国网公司、省电力交易中心等单位沟通，多方寻求电量交易，通过大用户、替代、转让等方式拓展电力市场。在基础电量大幅减少情况下，完成发电量47.967亿千瓦小时。保障4号高背压机组在供热期高负荷率运行，提高设备可靠性，确保4号机组稳发多发电。燃料管理方面，调研省内外15家火电厂燃料价格，综合分析煤炭市场情况，明确煤量煤质要求，避免热值和硫份大幅波动，保证煤质满足机组负荷和环保指标要求。公司成立煤样采制化监督小组，对燃煤采制化全过程进行跟踪，由专人监督日常煤质、煤量情况，提高采制化结果真实性和煤耗准确性。成本管控方面，公司实施低成本、精细化管控战略，成立成本战略委员会，部署成本精细化管控工作，为精细化工作提供组织保证；强化采购和工程管理，修订《招投标管理办法》《合同管理办法》等，把控项目审查、市场询价、价格谈判、合同执行等关键环节，降低采购价格和工程费用。多个重大项目取得突破，主要费用明显降低，公司全年修理费用较上年降低700余万元，管理费用降低500余万元，大宗材料单耗降低3.5%，精细化管理工作初见成效。（傅玉珠）

【河坡发电公司概况】 2017年，山西河坡发电有限责任公司（以下简称河坡发电公司）完成发电28.65亿千瓦小时，较上年增发电量14.3亿千瓦小时，供热218.9万吉焦。落实企业安全生产主体责任，健全各项安全规章制度，结合行业季节性要求开展安全大检查工作。提高机组可靠性，加大安全隐患排查治理力度，强化“两票三制”（工作票、操作票，交接班制、设备巡回检查制、设备定期维护及轮换制）等规章制度的执行。在确保机组长周期稳定运行前提下，实现脱硝超低排放自动控制；在锅炉尾部烟道加装导流板，解决锅炉烟道振动难题；挖掘机组潜力，提高机组经济运行特别是供热期安全稳定供热能力。全年安全实现“六不发生”（不发生人身伤亡事故、重大设备事故、因本单位责任引起的重大电网事故、重大火灾和交通事故、溃坝事故、有社会影响的环保事件）目标，截至2017年底，安全纪录达2721天。（吕增峰）

【阳煤集团铝电产业概况】 2017年，阳煤铝电板块产量完成商品铝20.43万吨，比上年增长39.1%；焙烧氧化铝80.96万吨，增长7.6%；发电46.51亿千瓦小时，增长18.4%；完成贸易201.8亿元，增长22.6%；实现收入280.28亿元，增长21.7%，位居集团公司前三位。兆丰天成公司产量11.35万吨，创历史新高。自备电厂争取发电负荷，机组负荷率88%，3#机组创年度商业化运行最高纪录；热电机组等效利用5504小时，瓦斯发电机组等效利用5027小时，双双领先全国行业平均水平。阳煤西上庄、博奇电厂2个重点工程取得项目前期全部手续，盂县铝土矿完成15座矿业权矿权评估、转让合同签订工作，取得省国土厅关于小岩沟、白土坡划定矿区范围整合的审批受理通知书。阳煤110千伏西站项目核准手续取得批复。争取国家增量配电网试点项目，开展第三批试点项目申报工作。山西阳煤电力销售有限公司完成在北京电力交易中心注册和推送，跨省交易展开。（牛青麓）

截至2017年底，山西河坡发电有限责任公司安全生产达2721天（吕增峰供图）

【降本增效】 2017年，阳煤铝电板块完成节支降耗工作，电解铝综合交流电耗13823千瓦小时/吨铝、氟化铝单耗18.32千克/吨铝、自备电厂发电标煤耗344克/千瓦小时，均创历史最好水平。电解铝10千伏线路改造工程年用电成本降低1080万元。托管南庄、大阳泉低浓度瓦斯电站，盘活闲置资产5000余万元。发供电分公司消化超低排放改造、市场萎缩等不利因素，实现盈利9500万元，保持铝电盈利大户。阳煤扬德公司利润3000万元，连续4年实现业绩增长。电力交易量48.09亿千瓦小时，完成计划的106.67%，交易价格比网购电价降低0.07元/千瓦小时，节约电力成本支出3.47亿元。（牛青麓）

【环保治理工作】 2017年，阳煤铝电板块践行“绿色发展”理念，完善基本管理制度，突发环境事件和重污染天气应急预案完成编制、审核、备案工作。加强环保证照办理，相关单位分别取得“现状环评备案”批复，完成排污许可证换证工作。落实“2+26”城市环保政策，重金实施环保改造工程，4个电厂超低排放改造实施，实现达标排放；启动第三热电厂锅炉“煤改气”研究论证工作，盂县铝土矿生态修复工程开始；研究电厂排灰场、电解铝厂区无组织排放治理，确定渣场提标治理及电厂废水处理方案。（牛青麓）

【企业改革改制】 2017年，围绕建设山西铝业“旗舰”，阳煤集团启动全省铝产业整合，阳泉50万吨轻质铝合金项目产能指标洽谈展开，厂址初步确定，增量配电网试点项目申报；忻州同德铝业股权购置方案在落实中；以产能指标为前提、园区建设为依托、电力改革红利惠及企业为支撑的整合全省铝产业战略布局铺开。推进寺家庄项目，新大地、阳坡堰BOT合作项目，神堂嘴余热利用EMC瓦斯发电项目。赤泥综合利用被省住建厅列为2017年度重点科学计划项目。推进契约化管理，与18家单位及部门签订责任状。托管龙川电厂，发挥售电公司平台作用，与电石长协交易实现双赢。拓展劳动力市场人员分流渠道，通过检修公司内部招聘、瓦斯发电新项目劳务输出等多种方式，安置职工228人。引进战略投资者及国内外行业领军企业，与山东信发铝电集团有限公司、汉江水利水电（集团）有限责任公司合作形成备忘录，探索股权层面合作，推进上下游产业链相互持股。在集团公司率先开展期货套期保值工作，首单创效15万元，增强企业抗风险能力。（牛青麓）

【企业科技创新】 2017年，阳煤铝电板块强化技术体系建设，成立技术中心，被市经信委认定为第九批市级企业技术中心。与运城市大运汽车合作打造山西重卡及新能源汽车产业基地，实现优势互补；与北京中煤神州节能环保技术开发有限公司合作，实施循环流化床锅炉安全运行与节能技术改造；与东北大学设计研究院开展电解车间天窗净化系统研发与应用，降低无组织排放。推进创新创效活动，电解铝创新项目达350余项，创造经济价值300余万元；发供电8项QC成果项目获省部级荣誉；推进轻质铝镁合金研发项目及3D打印项目，以市场需求倒逼产品结构扩展升级。（牛青麓）

【兆丰铝电两处低浓度瓦斯电站并网发电】 2017年8月，山西兆丰铝电公司下辖大阳泉和南庄两处低浓度瓦斯电站并网发电，投产运营。大阳泉低浓度瓦斯电站和南庄低浓度瓦斯电站隶属于南煤集团，总装机容量1万千瓦，于3月正式委托兆丰铝电公司运营管理。阳煤煤层气发电分公司组织相关技术人员对其进行全面系统性检修，做并网发电准备。技术人员与国网阳泉供电分公司协调上网发电事宜，最终通过带电调试并网发电。截至2017年底，两站发电量累计达2000万千瓦小时，实现营业收入1000万元，利润500万元。投产后，每年可利用瓦斯气1752万立方米（折纯），向国家电网输送电量4800余万千瓦小时。（牛青麓）

化学工业

【概况】 2017年，阳泉市化工产业基本以煤化工产业为主，主要生产企业有10余家，包括以乙二醇、粗苯、合成氨为主的煤化工，以氧化钙、电石为主的钙化工，以甜蜜素、涂料为主的精细化工。主要产品及产能情况为乙二醇20万吨、大颗粒尿素40万吨、焦炭120万吨、焦油5万吨、粗笨2万吨、氧化钙200万吨、电石5万吨、甜蜜素1.5万吨、涂料1万吨。还有一些规模较小的炸药、硫黄粉、氯化钡、硫氢化钠、氯化钴、稀土分离等小型无机化工企业。（丛 弅）

【阳煤集团化工产业概况】 2017年，阳煤化工集团以提高经济运行质量为目标，建立“一企一策”考核体系，强化生产运行管控，推进项目投产和达产达效，推行契约化管理。提升全系统生产管控水平，化工产业形成稳中向好发展态势。

生产经营　阳煤化工集团以提高经济运行质量为目标，抓住化工市场回暖时机，强管理、严考核，扭转连续4年亏损局面，完成营业收入600亿元，利润2亿元，实物产量896万吨。化工各企业生产经营成绩显著，恒通化工实现利润2.86亿元，主要生产装置负荷平均保持在95%以上，产品销售率和货款回收率100%。深州化工以效益为核心，精打细算，实现利润1.5亿元，是化工系统利润贡献最多的新建项目。寿阳化工系国内达产快、满负荷运行稳定的乙二醇企业，实现利润9500万元。丰喜集团结构调整、技改增效效果明显，平陆、临猗两套三聚氰胺装置增加效益1.2亿元以上，企业生产经营全面向好，实现历史性突破。化工国际商务公司完成贸易收入343亿元，实现利润1351万元，与中化化肥控股有限公司、中农集团控股股份有限公司成为化肥出口领域的“三驾马车”。化工集团位列中国煤化工企业第三、中国化肥企业第二、中国化肥装备制造企业第一，企业对外知名度、影响力不断提升。

2017年，阳煤集团恒通化工实现利润2.85亿元　（牛青麓供图）

基础管理　阳煤化工集团坚持生产运行过程与结果双管控，完善实施“一企一策”考核体系，推行契约化管理，基础管理水平和经济运行质量稳步提升。阳煤平原化工有限公司围绕生产装置“安、稳、长、满、优”，加强生产组织和基础管理工作，是化工行业同类装置中生产运行稳定、基础管理精细的企业。阳煤集团和顺化工有限公司受平原化工代管后，生产管理水平实现质的转变，全年减亏 1.81 亿元。山西阳煤电石化工有限责任公司生产电石 32.75 万吨，电石产量及各项生产指标创投产最好水平。河北阳煤正元化工集团有限公司先行先试，上线运行 ERP 系统，提升企业管控能力和管理效率。阳煤集团淄博齐鲁第一化肥有限公司克服环保压力，开好开稳丁辛醇装置，取得较好成效。

项目投产　深州化工、寿阳化工实现高负荷稳定运行，贡献利润 2 亿元以上，成为化工系统新利润增长点，开创化工集团产业结构优化调整良好局面。太化新材料实施管理流程再造，克服水资源供应等不利因素，生产负荷稳步提升，己内酰胺负荷 80%，己二酸负荷 60%。新疆国泰新华矿业股份有限公司扎根边疆，工程建设取得进展，产出高品质 BDO，为整体达产达效奠定基础。平定化工调节工艺缺陷，产出合格产品。恒源化工推进乙烷裂解制乙烯、PC 项目等前期工作，效果明显。

资产优化　制订实施阳煤化工资产结构优化调整方案，实现归属母公司利润 1 亿元以上。完成深州化肥、三维丰海、中冀正元、和顺化工等亏损企业资产剥离，减亏 4.4 亿元；齐鲁一化资产审计评估工作完成，具备剥离条件；推进寿阳化工资产审计评估工作。组织 52 家投资机构开展 8 次专题调研，公司市场形象逐步改善，初步建起上市公司与机构投资者沟通桥梁，为加强市值管理打下基础。　　（牛青麓）

【阳煤化工科技创新】　2017 年，阳煤集团化工产业以打造煤化工行业龙头企业为目标，提升阳煤化工技术创新能力，增强产业核心竞争力。组织召开化工产业首次科技工作大会，对 2012—2016 年度科技进步项目、理论成果、发明专利、科技工作先进单位及个人给予表彰奖励。

创新成果推广方面，国之重器晋华炉实现化工、电力、燃气、供热领域综合应用，为煤炭清洁高效利用提供了阳煤方案。

小试及工艺技术研发方面，与南京工业大学合作，开发合成氨驰放气制备甘氨酸技术；丁二烯直接氰化法制备己二腈技术开发项目取得新突破；甲醇氨氧化制取氰化氢技术、甲醇苯烷基化技术达到国内领先水平；环己酮制环己酮肟催化剂项目完成小试及 10L 级分子筛原粉合成放大实验；与美国加州能源环境研究院合作开发煤层气制烯烃技术，获得良好成果。

中试装置建设方面，R-GAS 气化炉项目入选工信部“2017 年绿色制造系统集成项目”，在太化新材料建设 800 吨 / 天示范装置，完成工艺包设计，基础工程设计开始，项目建设推进；在寿阳化工建成 1000 吨 / 年甲醇制乙醇中试装置，完成单机调试；在太化新材料园区实施中试基地配套建设；推进昔阳化工 1000 吨 / 年 PVC 特种树脂项目建设。

工艺优化整合及科研成果转化方面，对寿阳化工、深州化工、平定化工三套乙二醇的工艺技术整合优化；中催技术有限公司研发的 MTO 催化剂各项指标接近 UOP 催化剂，进行流化床反应中试评价装置建设；晋惠丰公司 30 万吨 / 年环己醇 / 酮装置催化剂配套生产项目，为太化新材料项目提供加氢、脱硫、水合催化剂 350 吨以上；平原化工 30 万吨 / 年 HPPO 法环氧丙烷和 20 万吨 / 年乙醇搬迁规划项目工艺包及催化剂均为阳煤化工自主开发。

智能化方面，推进与百度公司、浙江中控共同开发设计的寿阳化工智能工厂示范基地建设。（牛青麓）

【山西北方晋东化工有限公司“三供一业”分离移交】　2017 年，根据财政部、国资委《关于印发中央企业职

2017 年，阳煤化工集团努力打造具有核心竞争力的国际化煤化工企业　　（牛青麓供图）

工家属区“三供一业”分离移交中央财政补助资金管理办法的通知》《关于做好2017年中央企业“三供一业”分离移交国有资本经营预算申报和清算工作的通知》精神，山西北方晋东化工有限公司推进“三供一业”移交工作。截至2017年底，供水、供暖签订移交协议，供热分离改造部分完成，全部设计为分单元供热；供电业务移交，与国家电网山西电力公司阳泉供电公司共同完成《职工家属区供电设施分离移交情况说明》；物业与当地政府签订框架性移交协议，物业分批改造计划编制完成，改造实施后职工居住环境有较大改观；中央安排的专项补助资金4296万元拨付当地财政局，“三供一业”分离移交工作进展顺利。（云建新）

装备制造业

【概况】 2017年，阳泉市装备制造业主要包括煤矿采掘设备、煤矿电气设备、水泵、阀门、铸件、低锰耐磨铸钢、环保脱硫脱硝设备、除尘器、锅炉、工业仪表等，有各类机械制造企业50余户。煤矿机械主要产品为采煤机、掘进机、刮板输送机、提升机、液压支架等“四机一架”，煤机成套产品及移动式矿难救生舱、乳化液泵等。煤矿电气包括三大系列70余个品种，分别为煤矿电器设备——永磁电机、永磁直驱钻机、变压器、地面高低压配电盘、变频器、电气开关、电网监控系统等，运输设备——永磁直驱皮带机、高速人车、矿用电机车、起重机等，通风设备——风机变频器、智能通风机、喷雾装置、自动风门等。通用机械主要产品为阀门类产品，包括闸阀、蝶阀、煤气阀、止回阀、冶金阀等100余个系列1300余个规格产品，其中58个系列填补国家空白，10个系列达世界先进水平；水泵类产品包括离心泵、渣浆泵、水力采煤泵、叶片泵、真空泵、容积泵、射流泵等78个系列898个品种；仪表类产品包括压力测试、控制仪表、变送器、温度仪表、控制器、二次仪表等150余个系列3000余个规格产品。（丛　斧）

【华越公司概况】 2017年，阳泉煤业集团华越机械有限公司按照阳煤集团“板块化经营、专业化管理、差异化监控、集团化运作”管控思路，推进装备制造业实体化管理，汇聚产业人才、技术、市场、生产等优势资源要素，释放出强大聚合效应和发展动能。煤机装备4S中心开启从卖产品向卖服务转型新路，“百亿市场换技术”发展战略开始布局，3D增材制造项目启动，激光熔覆再制造中心投用，企业发展形成“一条龙、一站式”“制造、再制造与新型工业服务业”全产业链格局。华越公司主营收入完成26.8亿元，比上年提升41.8%；利润实现4000万元，超集团计划指标61.6%；人均效率实现97万元/人，增加24万元/人；外销收入累计完成7.6亿元，增加2.3亿元，达年度主营收入计划的34.5%，各项主要指标完成情况均创历史最好水平。华越辖下的阳煤集团奥伦贸易有限公司、山西阳煤广瑞达机械制造有限公司盈利能力稳中有进，阳煤集团华越创力公司人均效率进入集团十强。联合销售初见成效，增收2046万元。外部市场开发3个支架千万级用户，中标7500万元。奥伦胶带出口规模扩大，年出口输送带4万米，产品进入德国、荷兰、刚果、越南等国际市场。（牛青麓）

【华越公司安全管控】 2017年，华越公司开展“百日安全生产活动”，强化各单位安全主体责任和安全专职机构监管责任，执行煤矿安全生产和板块安全生产两个50条禁令，井下工作面拆安、初末采和装备制造安全管理水平稳步提升。全年投入4707万元，完成奥伦公司锅炉煤改气及VOCs治理、华越公司油漆漆雾治理、阳煤广瑞达公司喷漆房改造、华越创力公司危废库重建等一系列环保工程。（牛青麓）

【华越公司技术创新】 2017年，华越公司实施对外合作、创新驱动、人才强企战略，成立煤机装备研究院，建成6个研究所和1个德国分院，搭建高端产品研发创新平台。同国内外3家行业优势企业、6名专业领域技术领军人才完成战略合作与签约。主办高端煤机装备国际高峰论坛，扩大对外合作交流，树立良好市场形象。坚持研发创新在井下，阳煤华越公司、阳煤忻通公司、阳煤华越创力公司共同研发的薄煤层智能化综采成套装备达到国内领先水平，阳煤忻通和德国布朗公司合作研发的国内首创直角转盘式工转破一体机达到国际领先水平。瓦斯管制造项目投产，瓦斯自动放水器、硬岩截齿国产化替代、PDC钻头改进及火焰切割、搬运、码垛机器人等一批新产品、新装备投用，奥伦公司技术中心被中国橡胶工业协会认定为行业矿用输送带技术中心，晋级山西省省级技术中心，装备板块全年提交专利申请28项。（牛青麓）

【华越公司4S建设】 2017年，华越公司4S建设取得长足进步，制订完成4S中心服务标准、工程管理、调度管理、联合下矿办公等十余项制度，组建145人专业维修备案售后队伍，规范管理井下21支拆安采煤施工队伍，建立项目部管理和考核评级退出机制，建成APP外勤助手、视频会议室、远程调度监控平台，4S“一站式、一条龙”服务体系趋于完善。完成4S维修配件服务14230项，实现收入4.5亿元；完成4S拆安采煤工程66项，采煤697万吨，实现收入1.8亿元，井下工作面拆安业务拓展到集团18个矿63个工作面，井下综采设备安装工

2017 年,华越公司 4S 中心生产的液压支架　　（牛青麓供图）

程进入山煤国际能源集团股份有限公司。（牛青麓）

【中铝(阳泉)矿业有限公司概况】 中铝(阳泉)矿业有限公司位于阳泉市开发区,1966 年建矿,是中铝山东企业氧化铝生产的主要矿石供应基地,分生活区、生产区和采空区,占地面积 1578 亩。截至 2017 年底,资产总额 4926 万元,注册资金 9000 万元,员工 236 人。面对严峻生产经营形势,阳泉矿坚持市场化经营思路,优化经营结构,细化管理措施,对内深挖降本创效潜力、克服内外部不利因素保供矿任务完成;对外发挥设备和人员优势,拓展煤炭贸易、工程等非矿业务,加强矿山管控,实现账面利润 21.82 万元,上缴利税 542 余万元。阳泉矿通过限时生产、有利条件下全负荷生产等方式强化供矿生产,对生产现场进行环保提标改造,封闭原料仓、加装雾化炮、实时清扫生产现场和道路、矿石苫盖、加固挡风抑尘网等措施,保证供矿生产组织有序开展。成立工服、贸易和资源三个板块,工服板块承接山铝公司压滤、重溶、皮带、上料、天车、赤泥倒运岗位人员等公司委外项目,盘活人力资源和闲置设备;开展煤炭和铝土矿贸易,加强对三个合作矿山管控和开发,为阳泉矿扭亏作出贡献。组织安全环保大检查 12 次,专项安全检查 28 次,查处安全隐患 178 条,整改 173 条,整改率 97%。（晏　华）

【阳泉阀门股份有限公司概况】 2017 年,阳泉阀门股份有限公司面对严峻的经济形势和环保压力,充分发挥干部职工的智慧和力量,销售收入完成 2650 万元,比上年提高 5.6%;利税完成 -30 万元,比上年减少 71 万元;在岗职工年人均收入 26624.05 元,比上年提高 32.37%。职工养老、医疗、失业、工伤、生育保险 100%足额上缴;保证安全生产,杜绝重大事故发生。按照市国资委“退城进园,搬迁改制”部署,在《企业改制方案》和《职工安置方案》于上年 12 月底获得通过的基础上,推进平定县张庄镇“泵阀集团”工业园区建设项目,初具规模。（李令朝）

【世纪金星引领装备再制造技术】 阳泉市世纪金星科贸有限公司成立于 1988 年 7 月,位于阳泉经济技术开发区三亚街东区科技工业园区,是省内开展再制造较早、规模较大、技术先进的装备再制造企业;连续多年获山西省质检局 A 级信用企业称号。先后为阳煤集团、晋能集团、中煤昔阳公司、潞安煤业、神华集团、霍州煤电、冀东水泥、中铝公司等企业修复再制造液压支架立柱、千斤,采煤机摇臂、滚筒、滑靴,刮板机运输机中部槽、机头、机尾、链轮及各种转动设备轴类、减速机箱体等数万件,为企业节省资金上亿元。2017 年,销售收入 619 万元,利税 69 万元,在岗职工年人均收入为 36196.46 元。主要从事煤矿、电厂、化工、冶金、建材等行业机械设备及配件再制造,与西安交通大学、北京科技大学、装甲兵工程学院、山西工程技术学院等院校建立产学研合作关系。先后引进电弧喷涂、等离子熔覆、仿激光冷焊、美国福世蓝高分子复合材料等再制造技术及设备,拥有超音速火焰喷涂技术、激光熔覆技术、卡斯特林焊接技术等 7 项再制造技术,处于国内领先水平;拥有 9 个国家发明专利和实用新型专利,其中大功率二氧化碳激光熔覆成套设备、超音速火焰喷涂成套设备为山西省独家拥有,美国进口金属定量分析仪为阳泉市独家拥有。“大口径阀门密封面激光熔覆”“瓦斯抽放钻杆表面强化”项目先后获得阳泉市科技创新奖,“超音速火焰喷涂替代电镀硬铬”项目被列为 2015 年度山西省“重点研发计划”项目,再制造产品性能和质量达到新品效果,节能 60%以上,节材 70%以上,费用仅有新品 50%以下。（孔荣艳）

建材工业

【概况】 阳泉建材工业主要涉及铝工业、耐火材料业和新材料业。截至 2017 年底,铝工业主要产品及产能情况为:氧化铝 110 万吨,电解铝 29.5 万吨,铝板带 12 万吨、铝杆 3 万吨、铝合金 4 万吨、铝型材 5 万吨、铝焊丝0.5万吨；有电解铝企业2户，氧化铝企业1户、铝板带企业1户。耐火材料业是境内工业支柱之一，阳泉是全国著名的四大耐火材料基地之一，境内探明的铝土矿储量有1.2亿吨，产品类型主要包括硅质耐火材料、铝质耐火材料、均质耐火材料和不定形耐火材料。截至2017年底，全市有耐火材料生产企业近400家。其中，制成品企业100余家，包括硅质耐火砖、铝质耐火砖、黏土砖；不定形材料企业200余家；拥有先进高温隧道窑115条，新型回转窑12条。硅系耐火砖主要品种有焦炉用硅砖、热风炉硅砖、黏土砖（瓦）等，铝系耐火砖主要品种有刚玉砖、高铝砖、热风炉砖、黏土砖等，不定形耐火材料主要品种有均质料、合成莫来石、刚玉、浇注料、骨料等。新材料业生产企业有50余家，产品主要包括磁性材料、陶瓷、新型建材、碳素、电池负极粉、特种石墨、纳米碳、人造金刚粉、石油压裂支撑剂等，其中纳米碳、电池负极粉、特种石墨等产品具有国际、国内领先技术水平。境内石油压裂支撑剂为全国最大的生产基地，磁性材料产品有永磁铁氧体、烧结钕铁硼等，陶瓷制品有日用陶瓷、电工陶瓷、工艺陶瓷等，碳素制品有预配阳极、人造石墨、特种石墨等。（丛　釜）

【阳泉耐火产业云数据集成交易中心项目】 2017年，阳泉市贯彻《国务院关于深化“互联网＋先进制造业”发展工业互联网的指导意见》和《国务院关于支持山西省进一步深化改革促进资源型经济转型发展的意见》精神，发展耐火数字化，推进电商领域新型耐火交易及数据服务中心项目。该项目是以“区域互联、产业互联”为核心的工业互联网项目，通过电子贸易、信息、金融、制造协同、仓储物流、工业大数据采集及分析六大电子应用系统，为传统工业行业提能增效、降低交易环节成本提供便捷保障。

耐火产业云数据集成交易中心项目负责人、耐耐云商科技有限公司董事长马成通过“互联网＋工业”平台彰显大数据应用，项目于9月开工，分三期建设，截至年底，实现对矿石质量、数量建立检验数据、库位监控网上动态调取，电子系统建设、东南昇交收仓库完工。该项目投产后，可实现年中转货物100万吨，年消化工业原料800万吨，阳泉成为耐火材料集散中心，解决耐火产业面临的原料资源分配不合理等问题；可利用数据分析系统和资源优势，创建耐火原料价格涨跌机制，在全国耐火行业中形成定价优势，实现资源价值最大化。12月30日，耐火产业云数据集成交易中心举行首笔交易新闻发布会，采用线上线下同步竞价模式进行商品售卖。市东南昇地产开发有限公司的1000吨铝矾土生矿以每吨220元的价格被正式挂牌，3家企业参与竞标。经过竞拍，市正光炉料厂从市东南昇地产开发有限公司购得1000吨单价为280元的铝矾土生矿。成交后，双方通过交易市场签订购销合同，进行实物交收。（郑铭经）

【纳米洋葱碳实现吨级量产】 2017年，山西中兴环能科技股份有限公司瞄准阳泉丰富的煤层气资源，从中提取制备纳米洋葱碳，在全球率先实现吨级量产。该项目采用化学气相沉积法，对煤层气进行催化裂解，生成纳米碳材料，循环转化率达90%，伴随产出大量氢气用于氢燃料电池发电，形成完整产业链，实现“近零排放”；系2014年高层次人才项目阳泉推介会上由澳大利亚西澳大学留学博士张卫珂引入阳泉。2014年10月，山西中兴环能科技股份有限公司成立，是研发、生产和销售纳米碳材料及其系列产品的国家级高新技术企业，下设研发中心、技术中心和生产基地；拥有一支实力雄厚的研发团队，科研人员34名，全部为本科以上学历，其中5人拥有海外留学背景，6人拥有硕士学历。公司先后与西澳大学、吉林大学、西安工程大学、西北大学、电子科技大学等院校合作，产能逐步扩大，利用纳米洋葱碳生产的隐身材料、导电胶、导电涂层等实验产品制备；在超级电容器、锂离子电池、固体润滑剂、药物缓释材料等领域有广阔的应用前景。

年内，该公司项目被列入省级重点工程，公司被评为“山西省优秀企业”“山西省专精特新企业”“山西省科普基地”“2017年度山西省创新标杆企业”。采用的“煤层气催化裂解零排放制备纳米碳材料”技术拥有

2017年，山西中兴环能公司纳米洋葱碳在全球率先实现吨级量产（王学霞供图）

国家发明专利 2 项、实用新型专利 3 项，新申请国家发明专利 5 项，均属国内领先水平。纳米碳材料生产基地建设方面，投资 7000 万元用于建设一期碳材料生产基地，占地面积 7761 平方米，总建筑面积 1.3 万平方米，主要建设生产车间和综合实验楼，项目达产达效可实现年产纳米碳材料 10 吨，产值达 1.5 亿元。中兴碳元纳米碳材料产品有纳米洋葱碳和碳纳米管 2 个类别 21 种型号。中兴碳元产业链产品方面，“碳元美烯”系列润滑油于 8 月进入市场销售，有汽机油系列 5 款、柴机油系列 3 款、燃气发电机油 1 款，受到广大经销商和车主好评。富勒烯抗磨剂表现出极压抗磨性能，具有微观纳米滚珠效应，可对机械接触面微观磨痕填充、修补、磨平；储能材料经电化学测试，比容量与市场用 80F 碳提高 17.14%，经过 1000 次循环后无明显下降趋势。电磁防护吸波材料能依靠材料本身特性吸收电磁波能量，在雷达波 8-12 吉赫兹范围内，低于-10 分贝，吸波率可达 99.99%，具有吸波性能强、吸收频带可设计、厚度可调、质量轻等特点，符合军事对吸波材料要求。截至年底，公司股份制改造完成，资料内核完成，新三板挂牌上市工作稳步推进。（王学霞）

轻工业

【概况】 2017 年，阳泉市轻工业主要包括日用陶瓷、工艺陶瓷、高档实木家具、无纺布、饮品、乳制品、陈醋酿造、肉类加工、马铃薯全粉等。主要产品有锂质砂锅、日用陶瓷、工艺陶瓷、高档实木家具、服装、无纺布及制品、核桃露饮品、维尔康碳酸饮品、乳制品、罐头食品、陈醋、绞股蓝养生醋、熟肉制品、冷鲜肉、肉鸡加工、食用油、马铃薯全粉等。“大寨”核桃露饮品，在国内市场具有较大影响力，产品绿色保健；曾红及全国的“维尔康”饮品在华北碳酸饮料市场中占据一定份额。境内陈醋酿造有着悠久历史，产品以“绵、酸、香、甜、鲜”而著称。平定县刻花瓷陶瓷工艺品是在失传千年的唐代、宋代平定窑传统工艺基础上挖掘恢复的，具有很高的艺术品位和收藏价值。“三来”牌马铃薯全粉是国内第一条自主设计、自主建设的马铃薯颗粒全粉生产线，为“省农业产业化百龙企业”。（丛　耸）

【阳泉市城镇集体工业联合社概况】 2017 年，阳泉市城镇集体工业联合社有直属城镇集体企业 24 个。其中，特困企业 20 个、困难企业 2 个、较正常企业 2 个；“僵尸企业”9 个、改革改制企业 10 个、商贸流通服务企业 5 个。全系统职工 4969 人。其中，在册职工 1349 人、离退休人员 3620 人；在册职工中，在岗职工 107 人，下岗职工 1242 人。联社党委所属党总支 8 个，党支部 30 个，党员 454 名，其中在岗职工党员 115 名、下岗职工党员 51 名、离退休党员 288 名。企业资产总额 2799.5 万元，负债总额 10403.1 万元，所有者权益 -7603.6 万元，资产负债率 371.6%。停产企业多数依靠出租厂房、场地维持生存。企业欠职工工资和其他欠款 3815 万元，欠缴各项社保费用 3717.9 万元，合计 7532.9 万元。年内，联社党委团结带领全系统广大干部职工，把握“稳中求进”工作总基调，保安全，保民生，保稳定，促改革，谋发展，抓创新，完成市政府下达的年度各项目标任务。

民生保障方面，本着“应保尽保、应帮尽帮、一个不漏”原则，用好用足有关政策，加大对困难职工帮扶力度。全年发放困难企业困难职工生活费 93.9 万元，累计发放 4741 人次；为困难职工发放慰问金 52 万元，为 110 名特困职工办理“特困证”，为 14 名困难职工办理临时救助，为 18 名困难职工子女上大学办理“金秋助学”享受助学金 7.2 万元，为 674 名在职职工办理大病互助等。为保证郊区 5 户特困企业正常运行，联社机关在财政预算连年削减、经费严重不足的情况下，精简费用支出，压缩各项开支，筹措 15.5 万元经费，用于弥补特困企业在岗人员工资和办公经费的不足。

安全生产方面，与所属单位签订安全生产目标责任状、安全生产承诺书。召开安全生产例会 12 次，安排部署和组织开展安全生产活动。领导带队进行安全检查 120 次，排查安全隐患 24 条。组织各企业投入 30 余万元，对查出的隐患进行整改，未发生生产安全事故。

资产运营方面，通过加强内部管理、挖潜改造、转变经营方式等手段，克服租赁户退租、降租压力，提升资本收益。所属企业完成租赁收入 410 万元，超额完成年初预定目标，缓解企业压力。依托资产优势带动项目建设，推进家具厂棚户区改造置换家具城项目；二轻建筑装潢公司提供厂房、场地，引入“共享电动车”项目，谋求共同发展；开展“央企入晋”工作，组织盂县永恒工艺厂对接中国工美集团及中国艺品网平台，为央企、驻地企业增强合作提供协调服务。

深化企业改革方面，按照市政府专题会议要求，色织有限公司实施歇业关闭，橡胶厂、粉末冶金公司歇业关闭后遗留问题全部解决。参照《关于进一步深化国企国资改革的实施意见》，摸清企业情况，制订《城镇集体企业改革实施方案》，经 12 月 20 日市政府专题会议通过。

工艺美术工作方面，发挥协会在组织协调服务、知识产权保护、宣传推介产品等方面的作用，对工艺美术产业提供全方位服务。为 2 个传统工美保护发展项目争取省财政扶持资金 20 万元；组织工美企业、艺人参加各类展会和技能大赛，联社、

协会获“优秀组织奖”3个，企业、个人获各类奖项30余项。推荐11个村参加“山西省百名传统手工艺村镇”评选。（白建光）

【万和油脂玻态冻干生产项目竣工】 阳泉市万和油脂有限公司是专业从事核桃油压榨、灌装、销售及玻态冻干蔬果类食品的现代农业产业化企业，于2008年成立，推出“招财鱼”品牌体系食用油。先后被省农业厅授予“山西省农业产业化省级重点龙头企业”，被省农业产业化领导组授予“山西省农产品加工‘513’工程省级重点龙头企业”称号。

2017年，阳泉市万和油脂有限公司新建10万级净化无菌车间，开始建设蔬果核桃仁玻态冻干生产项目，生产核桃仁及各种蔬菜水果等玻态冻干产品。玻态冻干生产是将各类农副产品在物理清洗处理后，在降温过程中通过控制条件使各类原料中的水和水中溶解物质形成“玻璃态”，在适当真空环境下逐渐升温，使玻态冰直接升华为水蒸气除去，再利用真空系统中冷凝器（捕水器）将水蒸气冷凝，使物料低温脱水达到干燥目的。该项目突破地域和季节限制，完整保留新鲜原料热敏性活性营养成分，赋予更高效营养和养生保健功能，加工过程安全可控，无化学处理，无化学添加，无化学防腐剂，食品中的营养成分和生物活性得以充分保留。3月，公司获得省农业产业化领导小组授予的“山西省农业产业化省级重点龙头企业”称号。截至2017年底，玻态冻干生产项目竣工，公司自主研发新扩展类产品突破关键性技术。（何丽琼）

【“南宜兴 北平定”紫砂产业发展合作论坛】 2017年8月16日至18日，“南宜兴·北平定”紫砂产业发展合作论坛暨“一带一路”宜兴紫泥素韵大师作品展在平定县举办。论坛由平定县委、县政府、中国紫砂文化研究会主办，县文化局、县工商业联合会、县陶瓷协会、县紫砂研究所、县广播电视台协办。17日，“南宜兴·北平定”紫砂产业发展合作讲座和紫砂藏品鉴赏与紫砂制作交流分别在平定古窑陶艺有限公司四楼会议室、平定刻花瓷园区展厅及制作车间举办。18日进行实地参观交流。中国紫砂文化研究会会长、中国传统工艺大师周汝平，中国传统工艺大师张毅，江苏省陶瓷名人、中国传统工艺大师吴亚平等学者、专家、国家级“非遗”传承人参加论坛和展览。

紫砂矿土是制作紫砂壶专用陶土，宜兴市因紫砂产业发展迅速，陶土资源被大量开采，资源匮乏，成为制约产业发展瓶颈；而在平定县冶西镇苇池村、上南茹村、下南茹村，冠山镇冠庄垴村，郊区旧街乡等地却广为分布。论坛期间，就宜兴提供技术工艺，平定提供自然资源，共同协作发展紫砂产业进行交流。（刘建国）

【平定刻花瓷首登艺术拍卖殿堂】 2017年6月25日，在江苏省宜兴市和信拍卖会上，国家级“非遗”项目“平定黑釉刻花陶瓷制作工艺”传承人张文亮制作的3件刻花瓷作品，分别以2.2万元、6万元、7.5万元落槌成交。这是平定刻花瓷首次以拍卖形式获得国内艺术收藏品市场的肯定。

平定刻花瓷是中国传统陶瓷中的艺术珍品，始于唐、兴于宋，被称为“陶艺奇葩”，具有较高收藏价值。2014年，“平定黑釉刻花陶瓷制作技艺”入选第四批国家级非遗项目扩展名录。张文亮先后获得“山西省工艺美术大师”“中国陶瓷艺术大师”“中国工美行业艺术大师”等称号。此次以6万元成交的“一叶知秋”窑变木叶瓶，造型丰满，大肚小口，给人以能量汇聚之感、含蓄内敛之韵。以7.5万元成交的黑釉刻花“盛世和瓶”，釉色丰润，纹饰独特，是“平定黑釉刻花陶瓷制作技艺”典型代表。张文亮在瓶身设计牡丹花纹，寓意富贵中华，采取组合与嫁接绘画方法，描绘荷花，使得牡丹与荷花相映成趣，体现出“你中有我，我中有你”的哲学艺术思维。（刘建国）

2017年6月，以7.5万元成交的黑釉刻花“盛世和瓶” （刘建国供图）

中小企业管理

【概况】 2017年，阳泉市民营经济累计完成增加值92.92亿元，比上年增长4.78%；营业收入306.39亿元，比上年增长4.69%；上缴税金16.98亿元，比上年增长9.9%；实现利润16.38亿元，比上年增长27.27%。全市民营经济户数53693户，比上年增长2.78%；民营经济从业人员达24.6万人，比上年增长4.15%。

年内，全市中小企业累计完成增加值68.4亿元，比上年增长7.61%；完成现价总产值136.97亿元，比上年增长5.85%；营业收入216.87亿元，比上年增长8.45%；上缴税金14.17亿元，比上年增长16.98%；实现利润12亿元，比上年增长16.38%。全市中小企业8525个，比上年增长0.04%；中小企业从业人员12.81万人，比上年增长0.19%。主要经济指标同上年

相比均有所增长，表明经济稳中向好，效益和质量逐步提高，呈逐步增长发展态势。（张　涛）

【企业挂牌上市】 2017年，阳泉市中小企业局建立完善挂牌上市企业资源库，围绕股权融资、改制上市开展专题培训；落实资金奖励政策，对在“新三板”挂牌上市的2家企业（山西云泉岩土科技股份有限公司、山西天元绿环科技股份有限公司）申报50万元的省级直接融资奖励。截至年底，全市在“新三板”挂牌中小企业2家，在山西股权交易中心挂牌展示中小企业41家。（张　涛）

【银企对接平台】 2017年，阳泉市中小企业局与中国工商银行阳泉市分行联合启动“互联网+银企对接平台”项目开发工作，与市政府金融办、市银监局在市中小企业公共服务平台举办“创新金融服务·助推民营经济”政银企洽谈会，会上14家金融机构与企业现场签约，签约金额6880万元。（张　涛）

【省级“专精特新”中小企业培育】 2017年，阳泉市有10家企业被确定为省级“专精特新”中小企业，分别是平定县冠窑砂器陶艺有限公司、山西立博线缆有限公司、山西金鑫针布有限公司、山西欧德宝电子工程有限公司、山西盂县西小坪耐火材料有限公司、阳泉市中嘉磨料磨具有限公司、山西贝特瑞新能源科技有限公司、山西力腾高科磁业有限公司、山西中兴环能科技有限公司、山西鑫杰陶艺有限公司，省级财政奖励250万元。（张　涛）

【4家企业通过山西省中小企业技术中心认定】 2017年，山西金鑫针布有限公司技术中心、山西绿德农业科技有限公司技术中心、山西欧德宝电子工程有限公司技术中心和山西贵友自动化设备有限公司技术中心通过山西省中小企业技术中心认定，获省级资金115万元。（张　涛）

【首个“中小微企业日”宣传活动】 2017年6月27日，阳泉市中小企业局在市文化中心广场举办首个联合国“中小微企业日”宣传活动。活动现场展出展板25块、发放资料3000余份，重点宣传国家、山西省支持中小微企业发展的政策措施，宣传中小微企业在促进国民经济和社会发展的重要意义、推动中小微企业发展的先进经验、中小微企业创业创新发展的先进典型，营造中小微企业发展的良好环境。为延伸“中小微企业日”宣传活动，市中小企业局于7月在全系统开展中小微企业政策集中宣传月活动，加强政策解读，推动政策落实，营造舆论氛围，提振发展信心，推动全市中小微企业实现更好更快发展。（张　涛）

【李东洪到阳泉市开展干部入企服务和调研】 2017年8月8日至9日，山西省中小企业局党组书记、局长李东洪到阳泉市，深入平定县、盂县、开发区的部分企业开展干部入企服务，并就“小升规”企业培育、“专精特新”中小企业培育、公共服务平台建设等情况进行专题调研。阳泉市、平定县、开发区、盂县中小企业局负责人，局机关相关处室负责人参加入企服务和调研。李东洪一行先后到阳泉市煜昌机械制造有限公司、山西贝特瑞新能源科技有限公司、平定莹玉陶瓷有限公司、阳泉世纪金星科贸有限公司、百度云计算中心、山西中兴环能科技有限公司、阳泉市中小企业公共服务平台和哈德托普华亨（山西）耐磨铸业有限公司进行走访调研，并与部分企业管理人员进行座谈。

李东洪深入企业车间查看生产现场，了解企业生产经营、市场开拓、资金周转、技术开发等方面存在的困难和问题，提出建设性意见。李东洪在同市县中小企业局负责人座谈时强调，要创新融资模式，加大同银行合作力度，开发新产品，缓解中小企业融资难问题。要坚持典型引领，加强对“专精特新”中小企业的培育，支持中小企业走专业化、精细化、特色化、新颖化发展之路，打造一批中小企业发展的“中坚力量”和“未来之星”。要抓好企业规范化股份制改造工作，加强规范改制专题培训辅导，引导企业建立产权明晰、管理规范的现代企业制度，激发内部活力与动力。要加强“小升规”企业培育，将入企服务与“小升规”企业培育工作结合起来，开展“入企服务助力升规”活动，研究解决企业发展中遇到的实际困难和问题，确保“小升规”培育目标任务完成。（张　涛）

【中小企业开展交流合作活动】 2017年10月，阳泉市中小企业局组织5家企业参加第十四届中国国际中小企业国际博览会，参展产品32个品种。其间，市、县（区）中小企业局和企业发放宣传册450本，在山西展厅大屏幕上滚动播放山西欧德宝电子有限公司、山西中兴环能科技有限公司、山西贝特瑞新能源科技有限公司、山西金鑫针布有限公司和盂县永恒工艺厂的APP,对产品进行宣传、展示；山西欧德宝电子有限公司参加智能制造产品供需对接会；组织全市33家企业参加中国银行阳泉分行举办的“跨境撮合”客户招募洽谈会，在现场进行意向签约，20余家企业提交报名表；配合实施“晋商晋才回乡创业创新 泉心泉意共促阳泉发展”工程，制作《携手前行 合作共赢——阳泉市中小企业重点项目推介》宣传册，召集各地民营企业家参加市委、市政府在北京主办的“晋商晋才回乡创业创新 泉心泉意共促阳泉发展”恳谈会，共话创新发展，共谋合作共赢，促进全市中小企业健康发展。（张　涛）

综合工作

【概况】 2017年，阳泉市粮食作物播种5.63万公顷(84.52万亩),总产量2.6亿千克。农林牧渔业增加值10.5亿元,比上年增长3.1%。全年农村常住居民人均可支配收入12963元,比上年增长6.5%。500万元以上农产品加工企业销售收入达28.06亿元。

全市按照“稳粮、优经、扩饲”思路,种植业结构调整“一减三增”(玉米播种4.42万公顷，比上年减少0.19万公顷；谷子等杂粮播种0.88万公顷,比上年增加0.32万公顷;薯类0.33万公顷，比上年增加0.07万公顷；中药材比上年增加0.09万公顷)初见成效,“三带三区”(优质红薯产业带、优质小杂粮产业带、优质连翘和黄芩中药材产业带,郊区千亩坪现代农业示范园区、平定县张庄锁簧现代农业示范园区、盂县西烟东梁现代农业示范园区)建设稳步推进。

畜牧业稳步发展，结构逐步优化。全市畜禽规模养殖场达104家,畜产品综合产量7.85万吨。其中,肉类3.63万吨,比上年增长3.13%;禽蛋3.72万吨,比上年增长5.98%;奶类0.51万吨,比上年增长2.0%。

发挥区域优势，实施特色产业。全年全市新增设施蔬菜22.33公顷(335亩)，开发露地特色蔬菜140公顷（2100亩），蔬菜种植总面积达0.73万公顷(11.05万亩);食用菌生产面积99.75万平方米,山西康泰来公司出口香菇150万棒,被山西省出口检验检疫局评为“山西省农产品质量安全出口示范基地”。杂粮播种面积1.67万公顷(25万亩),新种植中药材0.11万公顷(1.68万亩),新发展和改造中低产果园255.7公顷(3835.5亩)。 (徐雪峰)

【农村人居环境改善】 2017年,阳泉市改善农村人居环境“四大工程”各类项目完成投资9.5亿元。

完善提质工程　完成新改建农村公路174.2千米，完成计划的329%，生命安全防护工程完成160.86千米,完成计划的105%;村庄绿化完成10个，完成计划的100%；日间照料中心建设建成50个，完成任务的100%。

农民安居工程　采煤沉陷区治理完成任务9个乡镇,完成率100%,累计投资3.3亿;农村地质灾害治理项目全部开工；农村危房改造竣工710户,完成投资1681万元,完成省任务994万元的169%；易地移民搬迁开工524户,完成省任务的117%,完成投资5935.48万元,占计划投资4509.12万元的132%。

环境整治工程　农村生活垃圾示范工程开工中转站10座，完成年度目标的100%；焚烧发电厂开工1座,完成全年任务;6个村生活污水治理项目全部开工,完成投资820万元。

宜居示范工程　新增郊区固庄村、平定县宋家庄村、盂县垴上村为省级美丽宜居示范创建村,全市省级示范村达11个;实施郊区东南峪村、平定县南阳胜村、盂县东苌池村3个村农村公共浴室建设项目,全部完工验收。 (徐雪峰)

【宋晓文获“全国农业劳动模范”称号】 2017年,阳泉市郊区汉河沟村党支部书记宋晓文获“全国农业劳动模范”称号。2001年宋晓文当选汉河沟村党支部书记后,带领村支两委班子,调结构、促转型、增收入、惠民生,发展农村经济，建设美丽宜居乡村。截至2017年底，汉河沟村年收入达4600余万元。 (范议及)

【休闲观光农业宣传推介】 2017年9月9日，由阳泉市农业委员会主办，郊区、平定县、盂县农业委员会协办,以“聚焦美丽田园,畅想魅力农业”为主题的阳泉市休闲观光农业宣传推介活动在北山公园开幕。活动包括广场宣传推介、户外广告宣传、微信线上宣传、现场体验评测、市级休闲农业示范点评定等内容，全方位展示全市22个休闲观光农业示范点建设成果，让更多城乡人民通过切身体验、实践参与，了解阳泉自然风光、风俗民情、农耕文化、现代农业，掀起全市休闲观光农业旅游热潮。（宁春宝）

【新型职业农民培育】 2017年，阳泉市通过应季、应时的“点餐式、分段式、学分制”精细培训模式，开设50余个新型职业农民培训班，包括果树养护、畜禽养殖、种植业生产、乡村旅游等10个专业，培育新型职业农民2020人。（邢秀龙）

【农业环境集中整治】 2017年，阳泉市加大农业环境整治力度，拆除农村违章建筑1908处18万平方米，整治村内乱搭乱建317处4.1万平方米；排查规模化畜禽养殖基地352处，整改212处，关停15处，处理病死畜禽1.09万羽；整治农业固体废弃物乱丢乱放3255处，农业废弃物无害化回收12.5吨。（徐雪峰）

【农产品加工企业】 2017年，阳泉市规模以上农产品加工企业31家，年销售收入5000万元至1亿元企业10家，年销售收入亿元以上企业7家。全市农产品加工企业销售收入30亿元，比上年增长7%。（徐雪峰）

【无公害农产品认证】 2017年，阳泉市“三品”（无公害农产品、绿色食品和有机农产品）检测面积0.29万公顷（4.3万亩），完成目标任务的142.3%；认证无公害农产品28个，完成280%；认证养殖规模19.08万头（只、箱），完成954%；涉及11个认证企业。（王金宝）

【农产品推介与展销】 2017年，阳泉市组织农业企业、合作社参加第五届中国（山西）特色农产品交易博览会。会上，28家企业的200余种产品进行展示，16家企业实现销售额40.3万元。组织山西九州香农业开发有限公司、山西金得蜂蜜饮料有限公司和盂县仙人红薯种植专业合作社3家企业，代表阳泉市参加第十五届中国国际农产品交易博览会。（王金宝）

【农业遥感监测】 2017年，阳泉市农业部门完成盂县玉米样方监测和全市种植业结构监测工作，其中在盂县布设玉米监测样方10个、在全市布设监测样段30条。全年通过对540个点位的信息采集和50个农户调查，经图像分析显示：监测样方玉米总产量接近正常年份；玉米、高粱、糜粟、经作菜地、油料等占用耕地比上年减少，其中糜粟、菜地减少较大；空地、弃耕地、还林草地、豆类、薯类、谷子等面积上升，其中薯类上升较大；从农户调查情况看，使用除草剂的地块增加，成为农药使用主流。（王金宝）

【农产品质量安全专项整治】 2017年，阳泉市制订《2017年阳泉市农产品质量安全专项整治方案》，开展农药及农药使用专项整治、兽用抗生素专项整治、农资打假专项整治等6项行动。全年检查生产经营企业304余次，出动执法人员1061人次，立案查处农资违法案件6起，处罚金额5058元。（刘　静）

【农产品质量安全县创建】 2017年7月24日，在山西省农业厅专家监督指导下，阳泉市省级农产品质量安全县创建试点单位考核组，按照《第一批省级农产品质量安全县创建试点单位核查评分表》中工作考核、质量安全水平和群众满意度3个方面内容，对平定县创建省级农产品质量安全县工作进行验收。通过验收，平定县被评为全市首家省级农产品质量安全县。（刘　静）

【农产品质量安全例行监测】 2017年，阳泉市农产品质量安全检验检测中心对全市蔬菜水果食用菌生产基地、定点屠宰场、蛋鸡奶牛养殖场生产的蔬菜、水果、食用菌、猪肉、猪肝、鸡蛋、生鲜乳等农产品进行抽样检测，检测种植业及畜禽各类农产品样品332个，抽样检测总量比上年增加46.26%，合格率98%。（侯瑞琴）

【农村土地确权】 2017年，阳泉市第二次全国土地调查耕地面积7.93万公顷（119万亩，包括园地0.32万公顷），经清查摸底和调查核实，35个村由于退耕还林和征用占用土地无耕地。全年全市有耕地的925个村中，签订农村土地承包合同的有898个，占总数的97.1%；建立农村土地承包经营权登记簿的有876个，占总数的94.7%。全市各县区建立确权登记数据库向农业部汇交确权数据，874个村的确权登记数据已入库，占总数的94.5%。（赵丽萍）

【市级农产品质量安全检验检测中心建设】 2017年，阳泉市市级农产品质量安全检验检测中心建设项目完成总投资的72.98%。仪器设备安装调试完毕，除质保金外，仪器款均已支付。实验室改造方面，于7月底与中标单位阳泉市元承建业工程有限公司签订施工合同。（侯瑞琴）

【全省农产品质量安全监测】 2017年，在山西省例行监测和专项监测中，阳泉市抽取蔬菜、水果、食用菌等10大类、140个样品。经山西省农产品质监中心检测，全市农产品基地抽取样品全部合格。（侯瑞琴）

【农业标准化评审】 2017年10月，阳泉市农委和阳泉市质检局联合对市植物保护检疫站、市农业技术推广站制订的“阳泉市玉米螟绿色防控标准化”“阳泉市大豆标准化生产技术

2017年4月，长治市质检中心抽样人员在郊区亿源蔬菜基地抽取省例行监测蔬菜样品（孙忠杰供图）

规程”等8项技术规程进行评审并予以通过。截至2017年底，全市有26项农业标准化技术规程。（刘　静）

【农村干部经济责任审计】 2017年，阳泉市全部完成专项审计的行政村有959个，审计资金总额70.91亿元。其中，违反相关制度的村有82个，违反制度总金额1509万元；发现违法违纪线索19个，违法金额137万元、违纪金额735万元。全部审计报告陆续发至被审计单位，要求按程序公示公告。（赵丽萍）

【“双随机一公开”录入和抽查】 2017年，阳泉市农业系统制订监管事项清单45条，确定生产经营单位1456家、执法人员56名。“双随机”（随机抽取检查对象，随机选派执法检查人员）抽选18次，出动执法人员44人次，检查企业、合作社22家，查处结果在“阳泉农业信息网”上公示9次，其中行政许可信息公示1次、行政处罚信息公示1次。（刘　静）

【新型经营主体健康发展】 2017年，阳泉市培育省级示范社10个、市级合作社示范社7个、县级合作社示范社14个，截至2017年底，全市有各级示范社2608个。通过检查，取消不符合条件的省级示范社6个、市级示范社9个。全市有155个家庭农场通过认定，全部录入省农业厅家庭农场登记管理系统。其中，培育省级示范性家庭农场1个，取消不符合条件家庭农场6个。（赵丽萍）

【农产品质量安全宣传周活动】 2017年6月29日至7月13日，阳泉市开展农产品质量安全宣传周活动。围绕宣传周主题，抓住群众关心、社会关注的食品安全热点问题，印制宣传资料3000份（公布农产品质量安全举报电话）；加强对农产品生产基地、农业投入品经销企业和屠宰场、奶站检查，出动执法人员80人次，未发现无证生产经营单位和个人。（刘　静）

【“12·4”法制宣传】 2017年12月4日，阳泉市在平定县张庄镇夏庄村和平定县夏阳高效农业专业合作社开展“送法下乡”活动。活动现场发放国家禁用和限用农药名录、市农业地方标准、农产品质量安全小知识等涉农政策法规资料700余份，接受农民群众咨询100余人次。（刘　静）

【农资打假专项治理】 2017年，为规范农资市场，阳泉市农业执法队伍以种子、农药、肥料、兽药等投入品为重点，集中开展农资打假专项整治。出动执法人员1061人次，检查农资生产、经营网点304个次，涉及种子经营户、农药经营户、肥料经营户、蔬菜和养殖基地等相关单位240余家，重点检查农资经营单位无证经营、种子经营未备案、包装标签不规范、一证多用、套用或冒用证件等违法行为。全市立案查处农药案件7起，累计罚没款6258.5元。（史倩倩）

【放心农资下乡宣传】 2017年，阳泉市举行放心农资下乡宣传活动3次。主要通过摆放宣传版面20块，宣传《中华人民共和国农产品质量安全法》，发放《农民购种须知》《购买农作物种子注意事项》《怎样鉴别假劣农药》《山西省农产品质量安全条例》等宣传资料5000余份，接待群众咨询100余人次。（史倩倩）

【高标准现代农业科技示范基地建设】 2017年，阳泉市围绕“加快农业科技成果转化，打造高标准现代农业科技示范基地”要求，以项目建设为抓手，以基地建设为平台，以科技创新为动力，重点建造高效循环畜牧业基地、设施蔬菜标准化生产基地、高端水果种植基地、优质杂粮生产基地。截至2017年底，各示范基地试验示范新品种31个，试验示范技术22项，辐射带动农户1210人。（邢秀龙）

种植业

【种植业供给侧结构性改革】 2017年，阳泉市为转变种植业发展方式，按照农业部《关于进一步调整优化农业结构的指导意见》和《关于“镰刀弯”地区玉米结构调整的指导意见》以及山西省、阳泉市经济工作会议精神，出台《关于深入推进农业供给侧结构性改革调整优化种植业结构的指导意见》，阳泉市农委先后出台《阳泉市种植业结构调整优化指导意见》《阳泉市杂粮产业带实施方案》《阳泉市红薯产业带实施方案》等政策措施，引导全市种植业结构调整优化和转型发展。（邢秀龙）

【食用菌出口】 2017年，山西康泰来生态农业科技有限公司出口菌包150万棒，海关出口额170万美元，比上年增长41.6%。康泰来生态农业科技有限公司所在地盂县被山西省人民政府评为省级出口食品农产品质量安全示范区。（王英利）

【露地特色蔬菜】 2017年，阳泉市新增露地特色蔬菜140公顷(2100亩)，其中盂县色素辣椒种植130.67公顷（1960亩）。继上年黄秋葵、莲藕、西瓜、夏山药等特色品种种植相继开展后，盂县政府牵头推广色素辣椒种植，成为蔬菜产业提质增效和产业扶贫重点项目。（王英利）

【设施蔬菜种植】 2017年，华北奕丰生态园有限公司、盂县百峰生态农业科技有限公司、山西泰东农业科技有限公司、阳泉市亿源种植专业合作社等坚持设施特色种植与乡村文化开发相融合，创新经营理念，突出特色，促进设施蔬菜种植提档升级。全年设施蔬菜播种面积950公顷(1.43万亩)，收入1.55亿元。（王英利）

【水果种植】 2017年，阳泉市新栽果树面积173.37公顷(2600.5亩)，其中，郊区新栽113.83公顷(1707.5亩)、平定县新栽34.67公顷(520亩)、盂县新栽24.87公顷(373亩)。全市水果总面积0.41万公顷(6.17万亩)，挂果面积0.30万公顷(4.48万亩)。水果总产量2778万千克，总产值达1.29亿元。（樊树龙）

【水果提质增效工程】 2017年，阳泉市新发展果园和改造中低产果园255.7公顷(3835.5亩，新发展果园面积173.37公顷，改造中低产果园82.33公顷)。其中，郊区完成150.5公顷(2257.5亩)、完成任务150.5%，平定县完成54.67公顷（820亩)、完成任务109.3%，盂县完成50.53公顷(758亩)、完成任务101.1%。郊区主要集中在西南舁乡西南舁、河底镇东南沟、旧街乡虎峪等村，平定县主要集中在东回镇朱峪、岔口乡主铺掌、冶西镇下冶头等村，盂县主要集中在孙家庄镇王炭咀、北下庄乡崔崖庄、上社镇教场等村。（冯瑞瑞）

【水果 中药材产业扶贫】 2017年，阳泉市在贫困村开展水果、中药材产业种植项目。截至2017年底，全市贫困村种植水果99.19公顷(1487.9亩)，涉及贫困村18个、529户，种植品种以苹果、梨为主；种植中药材531.33公顷(7969.93亩)，涉及贫困村41个、963户，种植品种以连翘、黄芩、桔梗为主。（樊树龙）

【中药种植】 2017年，阳泉市中药材新种植面积达1120.6公顷(1.69万亩)，其中，郊区137.27公顷(0.21万亩)、平定县353.33公顷(0.53万亩)、盂县630公顷(0.95万亩)，采挖面积579.27公顷(0.87万亩)，采挖量955.9吨（干品），产值达2011.48万元。种植品种主要有桔梗、连翘、黄芩、黄芪、柴胡、板蓝根等。截至2017年底，阳泉市中药材种植面积达2866.6公顷(4.30万亩)，其中，郊区668公顷(1.00万亩)、平定县1080公顷（1.62万亩)、盂县1118.6公顷(1.68万亩)。（樊树龙）

【果业 中药材技术指导和培训】 2017年，根据全市果树、中药材生长实际，阳泉市农委在全市范围内开展果业、中药材培训，市县(区)各级农业部门深入实地进行现场指导。在郊区西南舁乡、平定县朱峪村和主铺掌村、盂县柳沟村和西孟北村举办苹果春季修剪、树形改造、夏季果园管理技术培训，在平定县后沟村和新城村、盂县南头村等地对主要道地中药材黄芪、柴胡、远志、桔梗、黄芩等进行栽培技术培训。（冯瑞瑞）

【果业 中药材实用技术推广】 2017年，阳泉市农业部门因地制宜推广树形改造、防雹网、疏花疏果、果实套袋、生物覆盖、果园生草、增施有机肥和中药材野生抚育、林药间作、玉米中药材套种等先进实用技术。全年举办各类技术培训班、专业指导100余次，培训指导果农、药农5000余人次。年内，全市进行树形改造133.33公顷（0.2万亩)，疏花疏果1713.33公顷(2.57万亩)，果实套袋1100余万个，生物覆盖和果园生草1000公顷(1.5万亩)，增施有机肥0.17万公顷次(2.6万亩次)，林药间作866.67公顷（1.3万亩)，中药材野生抚育1333.33公顷(2万亩)。（冯瑞瑞）

【种子质量监督检查】 2017年，阳泉市种子站加大种子质量监督检查力度，联合各县(区)种子管理人员对各种子经营单位进行种子质量抽检，以玉米为重点，扦取玉米样品23个。经市种子站检验，扦取的23个玉米种子样品净度、发芽率合格率100%，水分有1个样品不合格，合格率96%。经山西省种子站统一田间鉴定，玉米纯度全部合格。（张晓霞）

【种子市场管理】 2017年，阳泉市种子站对全市在管理部门备案的种子经营门店进行检查，主要检查种子经营户销售手续是否合法、所售种子是否登记备案、是否建立完整台账等。全年全市备案种子经营户111家。其中，受委托代销种子经营户24家、专营经营不再分装的包装种子经营户87家，备案作物种子包括玉米、大豆、谷子、蔬菜等。（张晓霞）

【农作物新品种展示和筛选】 2017年4月，阳泉市种子站组织开展“阳泉市2017年农作物新品种展示筛选”行动，作物有玉米、大豆、谷子和马铃薯4类，所有作物品种均为国家或省级审定新品种。落实展示筛选品种92个(次)，展示筛选点14个，总面积8.87公顷(133亩)。(张晓霞)

【马铃薯产业扶贫】 2017年，阳泉市种子站在盂县西烟镇麻地掌、南贝只、黑石窑等9个贫困村建设脱毒马铃薯一级种薯繁育示范田18.67公顷(280亩)。马铃薯收获后，对各品种进行测产，其中，荷兰14比对照品种亩增产250千克至500千克，冀张薯14亩增产1000千克、亩产达2500千克。(张晓霞)

【种子品种推广项目通过验收】 2017年5月5日，阳泉市种子站承担的品种推广项目“杂交谷子新品种张杂谷5号推广项目”“万亩京科968玉米品种推广项目”通过市科技局项目验收，分别获得阳泉市科学技术进步二等奖和三等奖。(张晓霞)

【高标准农田建设】 2017年，阳泉市农委承担高标准农田建设项目1个，即盂县西潘乡高庄村、南羊圈村2村高标准农田建设项目，实施面积52.86公顷(792.89亩)，总投资100万元，项目内容包括农艺措施和工程措施。截至2017年底，修筑浆砌石挡土墙230.6米，整修田间道592米，田块覆土6.62万立方米。(乔洁婷)

【化肥使用量零增长行动】 2017年，阳泉市开展化肥使用量零增长行动。完成采集土样500个，土样分析化验3800项次，实地田间调查5个乡镇96个农户，制订县域配方3个；宣传测土配方施肥技术，培训农民1200人次，发放培训资料1.5万份，广播电视宣传1次；建立测土配方施肥手机信息平台；建立玉米示范区0.21万公顷(3.2万亩)、谷子示范区133.33公顷(2000亩)、蔬菜示范区66.67公顷(1000亩)；在776个行政村、33个种植大户和种植专业合作社发放、张贴施肥意见809个。对化肥减量增效技术模式和栽培技术模式进行总结提炼，形成《盂县玉米化肥减量增效技术模式》《平定县化肥减量增效技术模式》《平定县玉米高产高效栽培技术模式》和《盂县玉米绿色高产高效栽培技术》。(乔洁婷)

【耕地质量监测】 2017年，阳泉市制订《阳泉市2017年耕地质量监测实施方案》。为加强耕地质量监测，在盂县布设83个省级监测点位，在郊区、平定县、盂县布设长期监测点116个。截至2017年底，完成土样采集及田间调查工作。(乔洁婷)

【土壤墒情监测】 2017年，阳泉市发布7期墒情监测信息，通过市农业信息网发布。4月中旬到5月上旬土壤墒情不足，5月中旬全市出现大面积干旱，9月底到10月初降雨充足，影响秋收。(乔洁婷)

【农作物病虫害发生与防治】 2017年，阳泉市农作物病虫害总体呈中等发生，发生面积6.36万公顷次(95.46万亩次)，防治面积4.15万公顷次(62.31万亩次)。

玉米病虫害　全年全市玉米种植面积4.68万公顷(70.2万亩)，病虫害发生面积2.19万公顷次(32.9万亩次)，防治面积0.86万公顷次(12.9万亩次)。其中，虫害发生面积1.43万公顷次(21.5万亩次)，防治面积0.75万公顷次(11.3万亩次)；病害发生面积0.76万公顷次(11.4万亩次)，防治面积0.11万公顷次(1.6万亩次)。发生程度总体中等，虫害重于病害，发生期比常年略早。

蔬菜病虫害　露地和保护地蔬菜种植面积0.21万公顷(3.2万亩)，其中设施蔬菜种植面积666.67公顷(1万亩)。蔬菜病虫发生面积0.57万公顷次(8.6万亩次)，防治面积0.51万公顷次(7.7万亩次)。其中，虫害发生面积0.32万公顷次(4.8万亩次)，防治面积0.27万公顷次(4.1万亩次)；病害发生面积0.25万公顷次(3.8万亩次)，防治面积0.24万公顷次(3.6万亩次)。蔬菜病虫呈中等偏重发生，发生范围广，持续时间长，防治难度大。

果树病虫害　全年全市果树种植面积0.23万公顷(3.49万亩)，病虫害发生面积0.53万公顷次(8万亩次)，防治面积0.48万公顷次(7.2万亩次)。其中，虫害发生面积0.33万公顷次(5万亩次)，防治面积0.29万公顷次(4.4万亩次)；病害发生面积0.2万公顷次(3万亩次)，防治面积0.19万公顷次(2.8万亩次)。

马铃薯病虫害　全年全市马铃薯种植面积0.21万公顷(3.2万亩)，病虫害累计发生面积0.33万公顷次(5万亩次)，防治面积0.23万公顷次(3.5万亩次)。其中，虫害发生面积0.25万公顷次(3.8万亩次)，防治面积0.20万公顷次(3.05万亩次)；病害发生0.08万公顷(1.2万亩)，防治面积0.03万公顷(0.45万亩)。

杂粮作物病虫害　谷子种植面积1万公顷(15万亩)，病虫发生面积0.35万公顷次(5.25万亩次)，防治面积0.33万公顷次(4.99万亩次)。

暴发性害虫　黏虫零星发生，发生程度1级，发生面积0.03万公顷次(0.5万亩次)，防治面积0.01万公顷次(0.2万亩次)；小地老虎普遍发生，发生程度2级，发生面积0.04万公顷次(0.6万亩次)，防治面积66.67公顷次(0.1万亩次)。(赵　欣)

【种子市场检疫执法检查】 2017年3月，阳泉市植保站联合各县(区)植物检疫人员开展农作物种子市场检疫执法检查工作。此次检查涉及郊区、

2017年3月20日，市植保站工作人员在平定县种子公司执法检查
（岳润庆供图）

平定县、盂县的9个种子经营单位，包括玉米品种30个、蔬菜品种70个，总计检查种子50余万千克。经检查，种子检疫手续齐全。（赵　欣）

【农药经营许可证年检】 2017年4月，阳泉市农委开展农药经营许可证年检培训工作，对全市各县（区）农药经营单位进行年检。此次年检检查52家农药经营许可证（换证37家，包括1家农药生产企业阳泉市双泉化工厂），其中郊区16家、平定县17家、盂县19家。（赵　欣）

【《中华人民共和国农药管理条例》宣传月活动】 2017年6月，阳泉市植保站对新修订的《中华人民共和国农药管理条例》开展宣传。在农药经营门店、果品生产基地开展宣传5次，累计发放宣传资料1000余份、《中华人民共和国农药管理条例》200本，悬挂标语8条，电子屏宣传1次，电台宣传2次，报纸宣传1次，开展培训1次、培训人数60余人。（赵　欣）

【植物检疫宣传月】 2017年9月，阳泉市农委在全市开展农业植物检疫宣传月活动。活动期间，通过电台宣传3次、电视台宣传2次、报刊宣传7次、自媒体平台2次，走进校园宣传1次，张贴标语60余条，发放宣传资料3800余份，出动宣传车9台（次），巡回宣传8次，设立宣传点7个，摆放宣传栏20块，培训180人次，现场咨询480人次。（赵　欣）

【绿色防控】 2017年，阳泉市新建绿色防治示范区3个（总数达18个），主要使用技术包括悬挂频振式杀虫灯、投放性诱剂、投放捕食螨、悬挂黄板、使用生物农药。其中，悬挂频振式杀虫灯340盏，覆盖面积0.11万公顷（1.6万亩），主要用于鳞翅目、鞘翅目等害虫诱杀；投放桃小灵性诱剂1万枚，覆盖面积0.01万公顷（0.2万亩），主要用于桃小食心虫诱杀；投放捕食螨1万袋，覆盖面积0.01万公顷（0.2万亩），用于捕杀果园叶螨；发放广谱杀虫剂生物制剂苦参碱和阿维菌素140箱，覆盖面积0.08万公顷（1.2万亩），用于蚜虫、金纹细蛾、棉铃虫等害虫防治；悬挂黄板3.5万张，控制面积0.05万公顷（0.8万亩），主要用于蚜虫诱杀。（赵　欣）

【农药标签抽查】 2017年5月至6月，阳泉市植保站对全市8个农药经营单位106个农药产品进行抽查，其中1个标签不合格，合格率99.1%。7月，根据山西省植保站要求，通过对阳泉市丰裕农业科技有限公司、阳泉市保丰农业技术服务有限公司、阳泉市郊区农业技术服务中心、盂县供销社生产资料有限公司、阳泉市三异果业专业合作社等农药经营单位进行抽检，抽取2016年6月30日以后生产的桃小灵、高效氯氰菊酯等50个农药产品标签，合格率100%。全年全市农药经营单位未发现国家明令禁止生产和使用的高毒农药。（赵　欣）

【农药安全大检查】 2017年，阳泉市植保站对全市范围内农药生产企业、高毒定点农药经营店、农药经营店蔬菜生产基地开展定期不定期安全检查，检查23家70次，对检查中发现的问题全部进行整改。（赵　欣）

【新型植保器械引进】 2017年，阳泉市引进新型植保器械108台，包括电动喷杆喷雾机55台、植保无人机2架、风送式喷雾机1台、超低容量喷雾机、静电喷雾机50台。（赵　欣）

【盂县被评为省级出口食品农产品质量安全示范区】 2017年，阳泉市盂县被省农业厅和省出入境检验检疫局联合评为省级出口食品农产品质量安全示范区。盂县加大各种设施农业投入，食用菌设施建设和出口水平快速发展。其中康泰来农业生态科技有限公司作为出口农产品龙头企业，在原先出口菌棒基础上增加鲜菇出口，全年出口额达170万美元。通过创建出口食品农产品质量安全示范区，盂县食用菌等农产品及食品质量安全得到提高，树立“盂县食用菌”品牌形象。（陈泽阳）

【杂粮作物新品种试验示范】 2017年，阳泉市农委与山西省农科院作物所、江苏省农科院粮作所合作，引进推广适宜阳泉种植的优质杂粮品种22个，包括谷子11个、豆类8个、高粱3个，引进新优甘薯品种5个，筛

选适合阳泉种植的传统甘薯品种进行对比示范种植。试验示范和测产数据显示：省农科院作物所品种晋谷40号品种特性表现突出，平均亩产量稳定在350千克以上，可作为谷子主推品种进行推广；晋科4号豆类示范田亩产235千克，位居豆类作物产量表现第一位；晋杂22号高粱示范田亩产682千克，位居高粱示范品种产量表现第一位；苏薯16号试验田亩产可达2000千克以上，其品种特性得到试验示范户认可，可以开展示范推广。（梁建华）

【渗水地膜和肥料试验】 2017年，阳泉市农委在盂县东梁乡开展渗水地膜试验，在旱情严重情况下，晋谷40号产量在500千克以上，增产效果明显。针对春季干旱少雨情况，在平定县范家岩村和前黄安村开展土墒材料试验，该材料与肥料配合使用，在固水蓄肥、水肥缓释、节水抗旱、改良土壤、提高肥力上效果较好，与对照田相比增幅20%以上。（梁建华）

【农技培训】 2017年4月24日，阳泉市农委加大农业技术培训力度，组织召开全市甘薯标准化栽培技术培训会，邀请江苏省农科院粮作所研究员郭小丁进行授课，内容包括甘薯市场价值、品种类型、集成高产栽培技术和贮藏以及病虫害防治等。全市各级农技人员、甘薯种植大户、专业合作社和农产品加工企业负责人等60余人参加培训。8月15日，市农委与平定县科技局在岔口乡大前村联合举办枸杞栽培技术培训班，聘请山西省林科院经济林研究所所长史敏华进行授课。全年全市举办各类种植技术培训班10余次，培训内容包括杂粮品种介绍、栽培技术、农艺农机融合、病虫害防治等，累计受训基层农技人员和种植户1000余人次，印发各类技术资料2万余份。（梁建华）

【特色杂粮种植】 2017年，阳泉市开展藜麦和水稻两种特色杂粮种植。在盂县西烟镇细河村、白家庄村以及东梁乡辛庄村开展藜麦种植试验，面积约100公顷（1500亩），品种包括白、黑、红3个色系藜麦，收获后测产亩产在100千克以上。在盂县西潘乡东头村开展水稻种植试验，面积约30公顷(450亩)，机收后测产亩产在200千克以上。（王志红）

畜牧业

【畜牧业供给侧结构性改革】 2017年，为促进阳泉市现代畜牧业健康发展，阳泉市农委开展一系列工作优化畜牧业布局。组织实施全省畜牧产业提升工程财政扶持项目，改进财政资金对畜牧业扶持方式；按照全省“增猪、稳鸡、发展牛羊驴等草食畜”产业发展思路，结合阳泉市畜牧产业发展实际，以生猪、蛋鸡等优势产业企业为重点，抓管理、上档次、提高竞争力，提升企业抵御市场风险能力；以先进农业技术应用为重点，引导养殖企业提高技术水平和管理水平，增强企业市场竞争能力。（邢秀龙）

【动物强制免疫】 2017年，阳泉市累计免费发放6个病种10类疫苗，共计2155万毫升，免疫各类畜禽1011.69万头(只、羽)。应免动物免疫率达100%，群体免疫率达90%以上。全市没有发生区域性重大动物疫情，畜牧业生产形势整体平稳、防疫形势稳定。（李秀华）

【动物防疫实验室监测】 2017年，阳泉市4个兽医实验室开展动物防疫实验室监测工作，监测范围覆盖郊区、平定县、盂县32个乡镇。其中，市级实验室监测养殖场户447场次(禽场181场次，养牛场65场次、养羊场111场次、养猪场90场次)，监测各类样品10488份次；县级实验室监测养殖场户210场次（禽场72场次、养牛场8场次、养羊场16场次、养猪场114场次)，监测各类样品4980份次。（李秀华）

【H7N9流感疫情紧急防控】 2017年5月23日，阳泉市农业部门接到山西省农业厅《关于进一步做好H7N9流感防控工作的通知》和山西省疫控中心《关于全省进入H7N9防控应急状态，切实做了紧急监测的通知》后，阳泉市农委开展H7N9流感紧急防控工作。全年全市排查32个乡镇950个村2424个养殖场256.8万羽家禽，未发现家禽H7N9流感疫情。6月，市级防疫机构监测

2017年4月，市动物疫病预防控制中心工作人员在飞龙养鸡场开展动物疫病防控（武新钢供图）

养殖场30个(蛋鸡场29个、鹅场1个)、样品1140份,检测阳性场2个,阳性样品8份,平行采样病原学样品报送到省疫控中心后,未检出阳性。监测和评估分析报告全部反馈至各县区。（李秀华）

【布病监测】 2017年,阳泉市农委对未开展布鲁氏菌活疫苗免疫的奶畜进行布病监测。监测涉及62个养殖场(户)(奶牛场28个、奶羊场34个),采集牛、羊血清样品533份（牛238份、羊295份),检出布病阳性样品34份(牛14份、羊20份),群体总体阳性率为16.13%(牛为17.86%、羊为14.71%),个体阳性率为6.38%(牛为5.88%、羊为6.78%)。平定县羊群体阳性率50%、个体阳性率8.33%,牛群体阳性率23.08%、个体阳性率9.32%;郊区羊群体阳性率12.12%、个体阳性率6.71%,牛群体阳性率13.3%、个体阳性率2.5%;盂县因无奶畜,未开展监测。各县区按照农业部《布鲁氏菌病防治技术规范》对阳性畜进行扑杀和无害化处理。（李秀华）

【布病免疫】 2017年,阳泉市农业部门加大布病免疫力度,阳泉市存栏奶牛811头、肉牛5836头、羊13.05万只、奶山羊615只。布鲁氏菌活疫苗免疫牛0.43万只、免疫羊11.96万只,应免免疫密度100%。(李秀华）

【饲料质量安全专项整治检查】 2017年2月,全市饲料质量安全监管工作会后,阳泉市农委制订《2017年阳泉市饲料质量安全专项整治行动实施方案》,同全市各农业县(区）畜牧业发展中心签订“阳泉市2017年饲料质量安全监管责任书”,在全市范围内对饲料经营部进行检查。全年全市配合饲料、浓缩饲料、精料补充料合格率100%,比目标任务高5%;饲料添加剂合格率100%,比目标任务高8%;饲料标签合格率100%,比目标任务高8%;饲料中禁用物质瘦肉精、三聚氰胺、孔雀石绿、苏丹红未检出;反刍动物饲料中牛羊源性成分未检出。全年全市未发生一起饲料质量安全事故。（蔺首义）

【饲料质量安全监测】 2017年,阳泉市饲料工业管理办公室对全市饲料加工企业、饲料经销门市部及养殖场户开展饲料质量安全专项监测。全年完成饲料产品质量安全监测12批次,完成饲料安全专项监测9批次,完成反刍动物饲料中牛羊源成分例行监测3批次,涉及畜禽养殖场(户）16个、饲料经营门店8个。所抽检批次样品全部合格。（蔺首义）

【草食畜棚圈建设】 2017年,阳泉市完成草食畜棚圈建设2.21万平方米,其中平定县1万平方米、盂县1.21万平方米。新建20个牛羊养殖小区,其中,平定县14家(牛舍2家、羊舍12家)、盂县16家(羊舍13家、牛舍3家)。截至2017年底,累计新建草食畜棚圈3.66万平方米,涉及中央资金732.02万元。（蔺首义）

【养蜂业发展】 2017年,阳泉市新增40群以上规模养蜂场16家,新增贫困户养蜂户200余户,新增蜂群2000余群,全市总蜂群总量高峰时达4.2万群,蜂蜜等蜂产品年产量达700余吨,销售额达220万元。新发展蜂业专业合作社4家,总数达28家,新引进优良蜂种2个,取得无公害农产品认证2家、注册蜂产品商标3个,山西乐蜂园农业科技有限公司取得食品生产许可证。（王 刚）

【养蜂技术培训及服务推广】 2017年,阳泉市养蜂技术推广站举办各项养蜂技术培训班10期,下乡为蜂农进行技术指导、技术服务80余次。为全市蜂农推广“蜜蜂春繁分区管理饲养技术”“双王群繁殖饲养技术”“保蜂罩繁蜂技术”“两扣两放王断子治螨技术”“原蜂群育王换王技术”“室外暗室越冬技术”等实用养蜂技术10余项。（王 刚）

【优良高产蜜蜂新品种引进】 2017年,阳泉市养蜂技术推广站分别从中国农科院蜜蜂所、吉林养蜂研究所引进国家审定配套系“中蜜一号”和“白山六号”人工授精种王2个新品种,以及“蜂状元”“北京213”“美意”3个蜂种、16只种蜂王。全部派放至市级良种繁育基地以及郊区(7家)、平定县(6家)、盂县(2家)良种繁育点,各繁育点培育二级优良蜂王（台)5000

2017年,阳泉市养蜂技术推广站下乡为蜂农进行技术指导　（高志鸿供图）

余只，全部免费提供给周边蜂农，满足全市养蜂户用种需求，全市蜂种良种率达100%。（王　刚）

【养蜂特色产业扶贫】 2017年，阳泉市养蜂技术推广站帮助贫困村发展养蜂产业扶贫，新增蜂群1997群。其中，郊区旧街乡、杨家庄乡、西南舁乡和平坦镇4个乡镇11个村129贫困户，新增蜂群651群；平定县东回镇、柏井镇、娘子关镇、张庄镇、冶西镇和岔口乡6个乡镇24个村111个贫困户，新增蜂群797群；盂县西潘乡、下社乡、梁家寨乡和上社镇4个乡镇7个村12个贫困户和1个合作社，新增蜂群549群。（王　刚）

【蜜蜂授粉】 2017年4月8日至20日，阳泉市养蜂技术推广站组织蜂群分别为郊区西南舁乡王家庄村百亩樱桃园旱地樱桃树、平定县富利农业生态园的桃园进行授粉；12月，组织蜂群为矿区大村、石卜咀和郊区汉河沟大棚草莓进行蜜蜂授粉。通过蜜蜂授粉，提高坐果率和果品品质，发挥蜜蜂养殖生态效益。（王　刚）

【养蜂职业农民培训】 2017年11月至12月，阳泉市养蜂技术推广站与平定县农委合作分三期开展建档立卡贫困户劳动能力技能培训，培训贫困户100余人，举办平定县新型职业农民养蜂培训班和郊区新型职业农民养蜂培训班。培训中，组织有劳动能力贫困户和平定县新型职业农民200余人赴平定县上南茹村、白瑶村、西家庄村以及郊区南沟村等地进行蜜蜂标准化养殖现场技术交流观摩。（王　刚）

【互联网+养蜂】 2017年，阳泉市有阳泉市养蜂交流群、平定县蜜蜂养殖群、盂县养蜂群、阳泉养蜂协会群4个微信群，发布饲养管理信息200余条。市养蜂技术推广站推动10余家农户开展蜂产品线上销售，指导郊区部分蜂农开展“互联网+休闲观光蜂场”销售模式。（王　刚）

【动物产地检疫】 2017年，阳泉市完成动物产地检疫131.63万头（只）。全年全市规模养殖场产地检疫率达100%。（程中平）

【屠宰检疫】 2017年，阳泉市加大屠宰检疫力度，屠宰检疫生猪8.61万头，全部按规定进行无害化处理。屠宰环节抽检猪“瘦肉精”2584头，未检出“瘦肉精”。（程中平）

【病死猪无害化处理】 2017年，阳泉市规模养猪场病死猪无害化处理2.18万头。中央、省级财政下拨阳泉市病死猪无害化处理补助款155.96万元，全部发至养殖户。（程中平）

【动物卫生监督执法】 2017年，阳泉市加大动物卫生监督执法力度，监督检查养殖场、屠宰场、动物诊疗机构903人次，发放各类告知书、承诺书606份，下达整改通知书86份，提出整改意见215条，立案查处7起。全年全市新发动物防疫条件合格证17个，年审62个；年审动物诊疗许可证5个；确认官方兽医24人，登记乡村兽医74人。（程中平）

【动物卫生监督执法宣传月】 2017年，阳泉市开展动物卫生监督执法宣传月活动。印制病死畜禽无害化处理宣传挂图、告知书等挂图10余种5000余份；出动动物监督人员806人次，提供咨询556人次，排查各类养殖场、屠宰场、诊疗机构778户，发放宣传挂图、资料3500余份。（程中平）

【动物卫生监督专项整治】 2017年，阳泉市开展“瘦肉精”专项整治、生猪屠宰监管扫雷行动、兽医处方活动专项整治以及动物检疫官方兽医专项整治活动。通过专项整治，全市查摆出6个方面20项隐患，安全隐患58个，整改、纠正问题150个，专项整治取得实效。（程中平）

【畜牧示范站和示范场创建】 2017年，阳泉市开展畜牧示范站和示范场创建工作。平定县畜牧业发展中心被授予全国基层畜牧技术推广示范站，平定县鑫生园养殖基地和阳泉市龙飞养鸡场被命名为部级畜禽养殖标准化示范场。截至2017年底，全市有部级示范场4个、省级示范场2个。（范议及）

农业机械

【概况】 2017年，阳泉市农机总动力达33.07万千瓦，其中新增农机总动力0.70万千瓦。全市有拖拉机9265台，其中大中型拖拉机2302台、小型拖拉机6963台；拖拉机配套农具9665部，其中大中型2874部、小型6791部。全市有耕整机711台、机引犁2338台、旋耕机3628台、深松机93台、机引耙633台，玉米收获机261台、马铃薯收获机48台、青饲料收获机2台、牧草收获机1台。

农业机械化　全市综合机械化水平达65.05%，机耕面积4.22万公顷（63.37万亩），机播面积4.35万公顷（65.29万亩），机收面积1.66万公顷（24.90万亩），其中玉米机收面积1.44万公顷（21.62万亩）、马铃薯机收面积1494公顷（2.24万亩）。全市机械深松面积2000公顷（3万亩），机械化免耕播种面积4520公顷（6.78万亩），机械化农作物秸秆还田面积2.37万公顷（35.5万亩），机械化保护性耕作面积1.41公顷（21.11万亩）。农机经营总收入2.1亿元。

农机社会化　全市有农机专业合作社53个。其中，2017年全市新建农机专业合作社3个，创建农机示范合作社3个，创建机械化示范家庭农场2个；新增农机大户6户，创建农机示范大户3个，新增农机维修网点1个，新增高标准的农机4S店1个。

农机补贴　全年全市各级农机部门扶持农户数量达578户(电动农机315户)，补贴购置农机具数量达937台(电动农机561台)，补贴资金556.79万元(电动农机237.33万元)，主要购置动力机械、种植施肥机械和耕整地机械、电动农机。

农机推广　全年全市新增机械化保护性耕作面积534公顷(0.80万亩)，玉米机械化收获面积1.44万公顷(21.62万亩)，马铃薯全程机械化作业面积1494公顷（2.24万亩)，机械化秸秆还田面积2.37万公顷(35.50万亩)。

农机培训　全年全市培训农机人员4062人，其中培训管理人员567人、农机技术人员485人、农机监理人员76人、农机作业人员2934人。培训内容主要包括新型职业农民与新型农业经营主体知识、职业道德与素养、农业机械的用途与选购、农业机械基本工作原理与主要工作部件、农业机械的安全操作使用、农业机械的调整维修保养、农业机械油料选用、农机化新技术的掌握和运用、农业机械田间作业技术规范、农业机械化法律法规和经营组织管理服务、农村有关政策及市场经济理念等。

农机质量监督　年内，市农机局联合市工商局、市消费者协会在盂县东梁乡开展农机质量“3·15”宣传咨询活动，对涉及农机补贴销售企业、较大农机零配件销售企业和维修网点共4家进行检查，检查各类农机具198台(件)，包括拖拉机、微耕机、旋耕机、谷物脱粒机、播种机。全年全市未接报农机质量投诉案件。

磨坊油坊升级改造　年内，全市农村磨坊油坊升级改造项目完成，各项目单位按照实施方案进行，资金使用合理，完成农村油磨坊升级改造建设示范点1个，新建高标准农产品处理及初加工装备技术示范点2个，加工新装备、新技术培训121人，全市农副产品加工机械数量新增92台。

农机安全　年内，市农机局加强农机安全管控，全市农机事故死亡人数控制在省农机局下达的指标“千台重伤率控制在0.3‰”以下，未发生农机安全事故。（杨秀明　时晋生）

【人大执法检查】　2017年8月8日，阳泉市人大常委会副主任吕昌政带领部分人大常委会委员、人大代表及市县(区)农机中心负责人到盂县，对《中华人民共和国农业机械化促进法》贯彻实施情况进行执法检查，副市长潘海燕一同检查。检查组深入盂县启耀中药材种植专业合作社、建红粮油加工厂、牵手农机专业合作社、丰润农场等地对全市农机化发展状况进行实地察看，详细了解农机合作社发展、农机站建设以及农机科研开发、技术推广、农机质量安全、社会化服务建设和各项惠农政策措施等情况。吕昌政对全市贯彻实施《中华人民共和国农业机械化促进法》情况予以肯定，指出各相关部门要加强领导，提高认识，因地制宜，与农业供给侧改革、土地制度改革、扶贫攻坚、农民增收等工作相结合，抓好农机化工作，要加强对农机操作人员业务培训，拓宽农机化服务领域，推进全市农业机械化又好又快发展。（时晋生）

2017年6月，阳泉市农机局工作人员进行农机电动化展示　（时晋生供图）

【农机“863”重点工程】　2017年，阳泉市农机“863”重点工程(用足用好农机补贴政策、充分发挥农机合作社在生产中主力军作用等8项重点工作，山区农业机械化示范基地、玉米全程农业机械化示范基地等6项突破性工作，阳泉市林果业机械化服务基地等3大服务基地)取得进展。全市建设农业机械化示范村、农机示范合作社、玉米全程机械化示范基地等各类示范点19个，探索形成具有阳泉特色的马铃薯、玉米、谷子、中药材和林果业全程机械化技术。其中，郊区林果业种植基地机械化发展较好，林果业机械保有量增加，引进推广购置无人植保飞机、手提挖坑机、电动剪枝机、割灌机、喷雾机等13种机具130余台，加快全市农业机械化发展进程和农机新装备新技术推广应用。小杂粮种植基地由平定县富硒香农作物种植专业合作社具体承担实施，以巨城镇南庄村为核心，创建示范区66.67公顷(1000亩)，引进久保田谷子收获机、精少量播种机、谷子脱粒机等机具30台，推进谷子全程机械化作业进程。（时晋生）

【丘陵山区农机化推进示范创建项目】　2017年，阳泉市省级丘陵山区农机化技术推进示范创建项目由平定县岔口乡西头岭祥耘农机专业合作社具体实施。示范面积33.33公顷(500亩),其中玉米20公顷(300亩)、马铃薯13.33公顷(200亩),辐射面积33.33公顷(500亩)。项目区新引进各类机具16台,召开现场培训会2次,对山东常林农业装备股份有限公司生产4YZP-2玉米收获机进行试验考核。（时晋生）

【农机行业扶贫】2017年,阳泉市农机中心加大行业扶贫力度,从科技推广、农产品加工、合作社建设、机耕路建设、电动农机奖补等方面把政策和项目资金向贫困村倾斜。全年扶持盂县梁家寨乡王只村、西潘乡石家庄村等5个贫困村修建机耕路4千米,补助21万元,其中市级投入8万元、县级投入13万元;扶持平定县冶西镇端岭村、岔口乡权黄村以及郊区旧街乡庄窝村等10个贫困村购置电动农机100台,电动农机补贴资金23.98万元。针对贫困村农机化发展问题,在盂县西潘乡石家庄村、郊区旧街乡南沟村等贫困村组织召开谷子播种、电动农机推广等各类现场会7次,为当地村民现场演示新技术新机具使用。（时晋生）

【谷子生产全程机械化解决方案研究试点项目】2017年,阳泉市谷子生产全程机械化解决方案研究试点项目由盂县农机中心具体实施。示范面积为66.67公顷(1000亩),其中,盂县苌池镇芝角村、西苌池村13.33公顷(200亩),西烟镇南社村、杏树坡村、北社村33.33公顷(500亩),西潘乡李庄村20公顷(300亩),辐射面积133.33公顷(2000亩)。项目区新引进机具4台,完成播种作业66.67公顷(1000亩),机收作业66.67公顷(1000亩),举办现场会2次,参与人员达120余人次,在盂县苌池镇芝角村建立项目推广标志牌,对新引进的奇瑞谷王4LZ-7B2收获机进行试验考核。（时晋生）

【机耕路建设】2017年,阳泉市山区机耕路建设工作通过争取财政资金扶持、重点示范区域推进方法,逐渐辐射全市农村。全年全市修建机耕路14千米,涉及9个村,分别为平定县东回镇前黄安村、瓦岭村、新庄村以及柏井镇柏井三村、牌岭村,盂县下社乡庄里村、梁家寨乡对王只村、西潘乡石家庄村,郊区旧街乡南沟村。建设过程中,利用财政补贴资金引导,吸引社会投资和政策性投资向山区机耕路建设倾斜,总投资69万元,其中市级投资30万元、项目单位筹资39万元。通过项目建设,山区农业机械化作业范围可覆盖133.33公顷(2000亩),增加经济收入30万元,带动示范区域新增农机30台件。（时晋生）

【农业机械化综合示范县建设】2017年,按照山西省农机局农业机械化综合示范县建设任务和标准,阳泉市以平定县为主开展此项工作。创建示范县项目申报、落实工作。制订实施方案,编制机耕路建设标准、项目建设责任书、农机4S店建设项目申报书等,多次召开平定县率先实现农业机械化综合示范县项目培训会。建立示范区。在张庄镇、冶西镇、岔口乡等地建立示范区,通过乡镇协调、村为主体、合作社为骨干、农机户为补充的办法,采取机械播种、机械施肥、机械收获(秸秆粉碎还田)、机械整地模式,开展示范区主要农作物全程机械化作业。通过示范建设,示范村可机耕地面积增加,机械化作业程度提高,前黄安村作为山区机耕路建设试点村,建成高标准水泥硬化机耕路15千米、土石机耕路10千米,覆盖全村65%以上耕地;通过示范带动,山区机耕路建设在东回镇展开,全镇30余个村修建机耕路599.1千米,收到良好的社会效益和经济效益。平定县“智慧农机”初步建成,农机化信息网络系统、智慧农机平台软件系统部分功能启用。县农机部门可远程监控农机作业情况,合理调配农机,达到利益最大化;农机手通过系统,可实现实时定位和轨迹查询,实时测亩,自动生成作业面积等。截至2017年底,平定县农机总动力达10.54万千瓦,机播面积达1.81万公顷(27.1万

2017年阳泉市农业机械拥有量一览表

表27　　单位:万千瓦、台、万元

	农业机械总动力	拖拉机及配套机械				种植业机械				农产品初加工动力机械	农业机械净值
		拖拉机	大中型	小型	拖拉机配套农具	旋耕机	播种机	联合收割机	机动脱粒机		
全　市	33.07	9265	2302	6963	9665	3628	1709	263	664	10532	43391.00
郊　区	4.30	492	171	321	1255	372	102	37	76	2981	9576.00
平定县	10.54	1440	493	947	1200	1186	97	65	509	1335	8265.00
盂　县	18.23	7333	1638	5695	7210	2070	1510	161	79	6216	25550.00

（时晋生）

亩），完成机械化收获面积0.43万公顷（6.5万亩），全县农机作业综合机械化水平达68.45%，薯类、谷子具备全程机械化作业。（时晋生）

【农机推广】 2017年，阳泉市开展农机具推广。新增玉米收获机41台、马铃薯机具10台，召开现场会8次、培训会7次，新增省级农机新技术推广示范点2个、市县（区）农机新技术推广示范点2个。（时晋生）

【电动农机】 2017年，阳泉市郊区、平定县承担山西省电动农机新产品奖补项目。山西省财政为项目下达资金250万元，其中郊区150万元、平定县100万元。郊区奖补机具537台，受益农户355户，奖补资金使用149.78万元，兑付金额137.326万元。平定县奖补机具330台，受益农户255户，奖补资金使用100万元，兑付金额100万元。（时晋生）

林 业

【概况】 2017年，阳泉市完成各类营造林0.67万公顷（10.02万亩）。其中，完成省定任务0.33万公顷（4.92万亩，其中郊区0.09万公顷、平定县0.07万公顷、盂县0.16万公顷）；国家重点工程0.19万公顷（2.82万亩）、省级重点工程0.09万公顷（1.3万亩）、其他工程0.05万公顷（0.8万亩），太行林局合作制造林0.1万公顷（1.5万亩），社会造林0.24万公顷（3.6万亩）。全年完成义务植树200万株，建成省级绿化示范村10个；林业总产值达9.3亿元，其中第一产业4.39亿元、第二产业4.17亿元、第三产业1.37亿元，比上年增加5%；核桃基地建设在稳定2.67万公顷（40万亩）规模基础上，完成提质增效工程0.14万公顷（2.1万亩）；总育苗面积达0.27万公顷（4万亩），其中完成新育苗任务373.53公顷（5603亩）。（张 艳）

【公益林管理】 2017年底，阳泉市有国家级公益林面积2.54万公顷（38.14万亩）。其中，国有公益林0.85万公顷（12.69万亩），集体公益林1.69万公顷（25.45万亩）；狮脑山林场公益林0.07万公顷（1.05万亩），郊区公益林0.12万公顷（1.89万亩），盂县公益林1.72万公顷（25.79万亩），平定县公益林0.63万公顷（9.41万亩）。年内，全市下达公益林补助资金509.62万元，国有林每亩补偿10元，集体林每亩补偿14.75元；完成0.67万公顷（10万亩）永久性公益林落界上报工作，截至2017年底全市永久性公益林达3.21万公顷（48.14万亩）。市林业局按照省林管局要求，对2016年国家级公益林补偿情况进行自查，各县区均按照国家级公益林生态效益补偿基金细则，制订出台各县区森林生态效益补偿基金细则，规范国家级公益林补偿资金使用。5月，省林管局抽取郊区西南舁乡、西南舁林场、荫营镇、平坦镇，平定县石门口乡、东回镇、平定县林场，盂县孙家庄镇、西潘乡、诸龙山林场等10处进行检查，针对检查出的问题各林场进行整改。（张 艳）

【乡镇林业站合并】 2017年，阳泉市开展乡镇林业站并入乡镇农村综合便民服务中心管理工作。截至2017年底，全市32个乡镇农村综合便民服务中心（郊区8个、平定县10个、盂县14个）中核定林业技术编制74名，在岗职工49名（郊区9名、平定县19名、盂县21名）。（张 艳）

【经济林产业】 2017年，阳泉市以核桃产业提质增效为重点，开展以高接换优、整形修剪、肥水管理为内容的低产林改造。完成核桃提质增效工程0.13万公顷（2万亩），核桃总产量达607.5万千克。与山西大寨饮品有限公司、山西欢乐喝彩食品有限公司、阳泉市万和油脂有限公司3家核桃加工龙头企业合作，提升核桃产业效益，总产值达1.87亿元。利用市政府办公厅出台《关于做好油用牡丹、连翘等乔灌木种植的实施意见》，新发展油用牡丹90公顷（1350亩）、连翘146.67公顷（2200亩）。（张 艳）

【苗木产业】 2017年，阳泉市林木种苗产业、苗木基地建设发展较好，建立以国有场圃为龙头、民营育苗企业和育苗大户为骨干、乡村个体育苗

2017年，阳泉市郊区万亩森林公园绿意盎然 （张 艳供图）

户为补充的苗木生产体系。总育苗面积0.27万公顷(4万亩)，其中完成新育苗任务373.53公顷（5603亩）；苗木总产量7398万株。阳泉市林业局按照管理权限发放林木种子生产经营许可证，办理“林木种子生产经营许可证”23份，生产经营单位持证率达98%以上。（张 艳）

【生态旅游】 截至2017年底，阳泉市有森林公园9处，其中省级森林公园7处、城郊森林公园2处，森林公园经营总面积达0.81万公顷(12.19万亩)。全年全市各森林公园接待旅游人数42.7万人次，旅游收入197.5万元。其中，郊区和谐生态园接待1万人次、收入19.5万元，翠枫山森林公园接待2.5万人次、收入85万元，刘备山森林公园接待4万人次、收入31万元；平定县药林寺森林公园接待0.2万人次，冠山森林公园接待18万人次、收入60万元，松树山森林公园接待10万人次；盂县诸龙山森林公园接待5万人次，尖山森林公园接待2万人次、收入2万元。全年各森林公园未发生旅游安全事故和旅游投诉案件，取得较好社会效益和经济效益。（张 艳）

【国有林场改革】 2017年，阳泉市推进国有林场改革工作。狮脑山国有林场、平定县林场、盂县诸龙山林场定性为公益一类事业单位。市、县编办和人社部门对3个林场编制岗位进行重新核定：狮脑山国有林场编制26人，其中管理岗位4个、专业技术岗位12个、工勤技能岗位10个；平定县林场编制28人，其中管理岗位3个、专业技术岗位13个、工勤技能岗位12个；盂县诸龙山林场编制18人，其中管理岗位1个、专业技术岗位7个、工勤技能岗位10个。市财政和平定县财政分别给予狮脑山国有林场和平定县林场全额财政预算和“两险一金”(养老保险、医疗保险、住房公积金)保障，盂县保障诸龙山林场全额财政预算。9月19日至20日，市国有林场改革工作领导小组对狮脑山、平定县、盂县3个国有林场改革工作进行市级评估验收，全部达到优秀标准。市政府申请省国有林场改革工作领导小组对阳泉市国有林场改革工作进行省级验收，成为全省第一家上报省级验收申请地市。（张 艳）

【森林防火】 2017年，阳泉市开展森林防火工作，做到领导重视到位、责任明确到位。市政府组织修订完善市级《森林火灾应急预案》，在盂县仙人乡山北村举行市级森林火灾应急预案实战演练；开展“三化一清理”(网格化管理、格式化督查、痕迹化留存、精准化清理)工作，将全市林区划分为1.3万个防火管控网格，设立检查卡站1500个，与2.2万名定点看护人员签订管护责任书，对林区周边50米范围内0.47万公顷(7万亩)林缘可燃物进行精准清除，消除火险隐患，减轻防火压力；与省直太行林局建立联动机制，强化森林火灾信息沟通，建立联防群防新格局。全年各级防火部门执行24小时带班值班制度，市、县（区）、乡（镇）专业灭火队集中战备，全市无森林火灾发生。（张 艳）

【林业植物产地检疫】 2017年，阳泉市依法开展林业植物产地检疫，各级专职检疫员对所辖区苗圃、重点育苗户出圃苗木进行产地检疫，检疫出圃苗木573.33公顷(8600亩)，种苗产地检疫率达100%，签发植物检疫证书38份，复检苗木300万株。（张 艳）

【森林资源监管】 2017年，阳泉市严格森林资源审批程序，加大林业执法力度，依法打击各类破坏森林资源违法行为。全年全市查处各类案件47起，刑拘5人，行政处罚42人，罚款金额75.7万元。截至2017年底，全市办理林木采伐许可证30份，采伐林木蓄积2208.88立方米，占省控指标4.59万立方米的4.8%，低于省定采伐指标。（张 艳）

【林业有害生物防治】 2017年，阳泉市各级森林防护部门筹措防治资金56万元，开展核桃腐烂病、核桃举肢蛾、春尺蠖、松阿扁叶蜂、野兔等病虫害防治，动用喷雾器械102台次，悬挂诱虫灯306台，诱捕器880个，投工投劳6万余个，无公害防治各类林木病虫害0.43万公顷(6.5万亩)，无公害防治率达99.46%。全年全市发生林业有害生物0.44万公顷

2017年3月12日，阳泉市森林防火指挥部在盂县仙人乡山北村举行市级森林火灾实战应急演练（郝 乐供图）

2017 年 5 月，阳泉市林业局工作人员在市中心苗圃进行核桃举肢蛾防治
（张 艳供图）

（6.54 万亩）。其中，核桃腐烂病发生面积 0.02 万公顷（0.33 万亩），主要发生在郊区和盂县，完成防治；金龟子 23.33 公顷（350 亩），发生在郊区；核桃举肢蛾 688.67 公顷（1.03 万亩），发生在平定县和盂县；春尺蠖 1.33 公顷（20 亩），发生在平定县；松阿扁叶蜂 100 公顷（1500 亩），发生在狮脑山林场；森林兔害发生面积 0.33 万公顷（4.99 万亩），各县区均有发生，全部进行防治。全市林业有害生物成灾面积 2.07 公顷（31 亩），成灾率 0.02‰，低于 3.8‰省控指标。根据全市林业有害生物发生规律，全市合理配置松阿扁叶蜂、红脂大小蠹、油松毛虫、经济林病虫害监测网点，强化监测网络建设，对全市林地实施监测监制，灾害测报准确率达 88%。（张 艳）

【生态脱贫工程】 2017 年，阳泉市林业局按照省市行业脱贫攻坚会议要求，制订《2017 年林业生态脱贫攻坚行动计划》，细化目标任务，推进退耕还林、荒山造林、森林资源管护、核桃提质增效、林业特色产业发展五大生态工程。截至 2017 年底，全市组建专业造林合作社 46 家，完成荒山造林 0.19 万公顷（2.8 万亩），支付贫困人员劳务资金 346.36 万元，生态建设脱贫 1065 人。（张 艳）

【省二级档案达标验收】 2017 年 12 月 19 日，经阳泉市档案局检查验收，阳泉市林业局通过省二级档案达标验收，颁发“山西省档案工作目标管理证书省二级”牌匾。市林业局对 2006 年以来各类档案文件，实行科室立卷制度，先后制订《阳泉市林业局档案立卷归档制度》以及市林业局档案分类编号表、市林业局档案归档范围和保管期限表等，提高档案整理、保管和检索利用效率。截至 2017 年底，市林业局档案室保存档案包括文书档案 12207 卷又 3433 件，其中单位永久保存 1423 件、保存 30 年 1486 件、保存 10 年 524 件；会计档案 1740 卷，业务档案 685 卷，声像档案影集 9 册、数码照片 406 张，实物档案 50 件。（张 艳）

精准扶贫

【脱贫攻坚】 2017 年，山西省下达阳泉市减贫任务 8100 人，整村脱贫 44 个。其中，郊区 915 人，整村脱贫 5 个；平定县 4160 人，整村脱贫 18 个；盂县 2935 人，整村脱贫 20 个；开发区 90 人，整村脱贫 1 个。截至 2017 年底，全市减贫 8978 人，整村脱贫 47 个。其中，郊区减贫 1144 人，整村脱贫 6 个；平定县减贫 4759 人，整村脱贫 19 个；盂县减贫 2980 人，整村脱贫 21 个；开发区减贫 95 人，整村脱贫 1 个。（刘沛华）

【深度贫困村攻坚措施】 2017 年，阳泉市对 10 个深度贫困村采取八项举措，包括推进生态建设与脱贫攻坚互促共赢、打造产业扶贫新业态、实施深度贫困村光伏产业扶贫、实施免费培训促进转移就业、创新健康扶贫机制、实施贫困村提升工程、加大帮扶力量倾斜支持力度、加强贫困乡村“三基”建设，实行“六帮扶”责任制，即每个深度贫困村 1 名市级领导干部联系帮扶，1 个市（省）属国企带项目合作帮扶，1 个金融单位定点帮扶，1 家县级以上医院牵手帮扶，1 所示范高中或中职院校对口帮扶，1 个强（好、富）村结对帮扶。市级投入 600 万元用于深度贫困村基础设施和产业扶持，补齐发展短板。（刘沛华）

【产业扶贫】 2017 年，阳泉市 79 个贫困村，除开发区张家洼村整村搬迁、郊区簸箕掌村为采煤沉陷区治理外，有 77 个符合条件的贫困村实现“五有”（贫困村有脱贫产业、有带动主体、有合作经济组织，贫困户有增收产业项目、有劳动能力的有技能）目标。78 个村有主导产业，带动贫困户 2088 户；77 个村有带动主体，通过企业带动 60 个、合作社带动 57 个；77 个村有吸纳贫困户的合作经济组织，其中合作社吸纳 62 个，村集体吸纳 15 个；全市有劳动能力贫困户 2072 户，其中需要通过产业脱贫 1814 户全部有增收项目，实现有条件需靠产业脱贫的贫困户都有增收项目；全市有劳动能力的贫困人口 3865 人，有技能的贫困人口 3865 人，

2017年，平定县岔口乡大红岭村通过养殖产业致富　　（刘沛华供图）

占到有劳动能力的贫困人口的100%。全市形成郊区以果业、平定县以中药材、盂县以畜牧为主导的一业为主、多业并举的产业发展格局，实现贫困群众有业可从、有企可带、有股可入、有利可获。　（宁春宝）

【易地扶贫搬迁】 2017年，阳泉市下发《阳泉市2017年易地扶贫搬迁行动计划》，市级组建4个易地搬迁工作组，驻点督导手续办理及工程推进。全市建设集中安置点6个，实施易地扶贫搬迁524户1292人，其中建档立卡贫困人口434户1104人，同步搬迁非贫困人口90户188人，完成投资3844万元。9月，山西省易地扶贫搬迁工作进度通报中，阳泉市2016年项目进度排名第一，2017年排名第三。　（刘沛华）

【"领帮带"模式】 2017年，阳泉市脱贫攻坚"领帮带"模式颇具特色。实施联村党建，好村领差村。以一个标杆村党支部联结若干贫困村党支部，带动贫困村"领头雁"换脑筋、长本领。平定县岔口乡甘泉井村联结8村发展（其中3个贫困村），通过吸纳贫困户在农业龙头企业就业，带动贫困户户均增收2000元。实施联村开发，富村帮穷村。郊区平坦镇桃林沟村利用自身优势，与郊区杨家庄乡大南庄村联村发展，大南庄村整村搬迁至桃林沟村，村民同等待遇，腾退出的宅基地和土地，由桃林沟村统筹用于农业综合开发，成为两村持续发展的源泉。实施结对牵手，强村带弱村。全市开展"村联村""企联村""党员联党员"牵手活动，郊区10个经济强村、27家优秀企业100名优秀党员与27个贫困村、100名困难党员牵手结对，做到扶持一村、变化一村、见效一村。阳泉市脱贫攻坚"领帮带"模式在《山西日报》头版和山西电视台进行专题报道。　（刘沛华）

【生态扶贫】 2017年，阳泉市坚持生态修复与脱贫攻坚相结合，实现"增收与增绿、生态与生计"相统一。完成未成林造林地管护0.79万公顷（11.8万亩），实施核桃提质增效0.21万公顷（3.2万亩），发展油用牡丹等特色经济林200.67公顷（3010亩），退耕还林0.03万公顷（0.52万亩），成立扶贫造林专业合作社46个，吸收建档立卡贫困人口911人，聘用39名贫困人口参与国家公益林管护，聘用61名贫困人口参与未成林造林地管护。全市安排扶贫造林任务0.22万公顷（3.32万亩），郊区、平定县、盂县将任务全部下至46个扶贫造林专业合作社，截至2017年底全部完成。　（刘沛华）

【行业扶贫】 2017年，按照"统筹协调、分工负责，整合资源、合力攻坚，规划引领、分步实施，创新机制、广泛参与"原则，阳泉市以优先解决水、电、路、网、房为重点的贫困乡村基础设施为突破口，推进贫困乡村基础设施和公共服务建设。

市、县（区）水务部门对130个建档立卡贫困村饮水安全情况开展排查摸底，编制项目实施方案。新建饮水安全工程89处，总投资879.5万元。巩固提升90个村饮水条件，涉及贫困人口4424户9916人。

市、县（区）交通部门围绕农村公路完善提质、窄路面加宽、安全生命防护3个重点，制订农村公路建设扶贫规划。全年完成新改建农村公路建设174.3千米，投资5.81亿元；县乡公路改造工程23千米，窄路基路面加宽工程12.9千米；撤并建制村及其他"四好农村路"（建好、管好、护好、运营好农村公路）建设项目138.4千米；完成安全生命防护工程160.86千米。

市、县（区）住建部门制订《农村危房改造脱贫攻坚工作实施方案》，全市710户危房改造全部开工建设，中央、省、市634万元补助资金全部下达，年底前验收入住。

市、县（区）经信部门组织通信企业开展互联网宽带进村入户，全市宽带网络覆盖97个贫困村。

市、县（区）教育部门改善办学条件，对247所农村学校、36个教学点进行改造，惠及平定县、盂县全体农村学生。创新教育资源共享机制，将全市6所优质高中70%招生指标均衡分配到县域所有初中学校，组织75所优质学校与334所薄弱学校

（教学点）建立对口帮扶机制。各学龄段建档立卡家庭经济困难学生2673人,给予教育资助276.61万元。对贫困家庭学生从学前教育到大学本科生阶段，在国家补贴基础上每学年增加1000元至1500元，对硕士、博士研究生每学年补贴6000元至1万元。

市、县(区)卫计、人社、民政部门建立有效化解“支出型贫困”长效机制，落实贫困群众基本医疗各项政策,农村贫困户实现“就医有保障、报销有人管”。全市二级以上新农合定点医院免除贫困人口普通门诊挂号费3.53万人次、1.5万余元，通过绿色通道上转3682人次，下转47人次,“先诊疗后付费”服务435人次；一站式综合服务2.77万人次，大病专项累计救助187人次，救助资金50.5万元;落实门诊慢性病补偿累计救助4038人次、救助资金116.9万元;贫困孕产妇县域内住院正常分娩免费救助11人2.5万元；大病保险累计救助贫困人口70人次21.7万元。贫困村村级医疗服务能力加强，建立村卫生室103个，联村卫生室27个，实现贫困村村级医疗卫生服务全覆盖。（刘沛华）

【扶贫资金保障】 2017年,阳泉市调整财政支出结构，实现财政资金投入增量和增幅“双增长”。市级专项扶贫资金到位1513万元，县级投入专项扶贫资金2461.63万元。各县区整合农业资金支持扶贫产业发展，郊区投入1000万元用于特色产业扶持,对果业给予每亩1500元补助,种苗、药肥免费;平定县统筹安排2000万元发展农业产业,确立128个产业扶贫项目，可带动62%贫困人口脱贫增收;盂县投入938万元发展农业产业,发展辣椒、小杂粮、肉牛等产业,扶持贫困乡村依靠产业致富。全年全市安排政府债务资金4066万元用于贫困村基础设施提升工程。在金融支持上，山西省首次给阳泉市下达金融扶贫小额信贷任务8530万元,阳泉市制订《金融扶贫小额信贷实施意见》《“五位一体”扶贫小额信贷实施方案》，出台扶贫资金和互助金管理办法，县区政府分别和市农行、农村信用社签订扶贫小额信贷风险补偿协议，设立每年1300万元的县级扶贫信贷风险补偿金，与市人保财险公司签订《保险扶贫战略合作协议》。截至2017年底,全市完成扶贫小额信贷9756.99万元、完成任务114%。（刘沛华）

【扶贫队伍建设】 2017年6月,阳泉市完成“三支队伍”(驻村工作队、第一书记、帮扶工作队员)调整轮换工作。8月,抽调2名新任副县级干部到市脱贫办一线锻炼。全市34名市级领导、96名县乡领导、130个市级单位、130名第一书记、207名驻村工作队员结对帮扶130个贫困村。市级4444名党员干部、县区7642名党员干部结对帮扶全市12940户贫困户,实现党政领导包村、机关定点扶贫、党员干部结对包户、第一书记住村帮扶“四个全覆盖”。130个市级帮扶单位为帮扶村确立产业项目147个,办实事156件,投入各类帮扶资金1136万元。全市成立由78人组成的产业扶贫专家技术服务队，推行科技特派员制度，实现贫困村每村都有专业技术指导员。（刘沛华）

综合工作

【概况】 2017年,阳泉市完成水务投资5亿元,其中市级以上投资2.4亿元。全年全市用水总量1.90亿立方米。全年万元生产总值用水量下降4.21%,万元工业增加值用水量下降2.84%。全市治理水土流失面积0.93万公顷(14.02万亩),完成实际灌溉面积0.87万公顷(13.11万亩),完成地下水压采46万立方米,完成李家庄河、桃河开发区段、义井河3条黑臭水体治理任务,建立河长制工作年度任务全部完成。平定县岔口、岭南河水库除险加固工程竣工验收。市污泥处理处置中心项目开展前期工作。省级节水型城市创建工作有序推进。防汛责任制和责任人落实到位,防洪保安工作全部完成。 (陈阳春)

【"河长制"建立工作】 2017年,根据山西省水利厅安排部署,阳泉市水务系统加大"河长制"建立工作。编制"河长制"实施方案。4月底组织相关人员到先进地区学习,借鉴外省市先进经验、做法,结合实际,详细制订"河长制"实施方案内容,7月,市、县(区)、乡(镇)三级政府全部出台推行"河长制"实施方案。落实各级河长责任。全市72条主要河流建立市、县(区)、乡(镇)、村(街道)四级"河长制"体系,市委书记、市长任总河长,分管副市长任副总河长,各县(区)、乡(镇)、村(街道)党政负责人分别担任各级河长。成立市、县(区)两级河长制办公室,出台《阳泉市河长制市级会议制度》等6项制度和市级6条主要河流"一河一策"水环境综合治理工作方案。完成"河长制"验收工作。11月各县区完成对各乡镇、街道验收工作,12月市河长办对各县(区)"河长制"工作进行考核验收,月底通过省河长制验收工作组验收。 (陈阳春)

【省级节水型城市建设】 2017年,按照《阳泉市创建节水型城市实施方案》,阳泉市开展节水型城市创建工作。市水务局收集整理基本条件、基础管理、技术指标三方面资料,根据考核评分标准开展自评,自评101.5分,符合上报条件。省住建厅专家组对申报材料进行两次初审。12月,市政府向省住建厅提出创建节水型城市审验申请,等待评审验收。 (陈阳春)

水利工程

【国家水保重点建设工程】 2017年,阳泉市以南川河流域、乌河流域项目区国家水保工程为建设重点,完成水土流失治理面积0.93万公顷(14.02万亩)。其中,郊区0.06万公顷(1.00万亩)、平定县0.28万公顷(4.19万亩)、盂县0.59万公顷(8.83万亩),整修基本农田0.06万公顷(0.87万亩),营造水保林0.64万公顷(9.57万亩)、经济林0.10万公顷(1.48万亩),封禁治理0.14万公顷(2.11万亩)。 (陈阳春)

【饮水安全工程建设】 2017年,山西省水利厅安排450万元省级债券资金用于阳泉市饮水安全扶贫工程,涉及51个村(平定县21个村、盂县19个村、郊区11个村),建设饮水安全工程50处,总投资556.6万元。截至2017年底,饮水安全工程完工44处,完成投资526.6万元,占计划总投资的95%。 (陈阳春)

【贫困村饮水安全工作】 2017年,阳泉市水务局组织各县(区)水务局对130个建档立卡贫困村饮水安全情况开展3轮调查摸底。经调查,存在饮水安全问题的村有90个。针对存在问题贫困村具体情况,市水务局组织各县(区)水务局编制项目实施方案,计划于2018年底前新建饮水安全工程89处。其中提水工程25处、引水工程9处、蓄水工程50处、

2017 年 1 月，阳泉市城市饮用水水质改善设备投入运营 （陈阳春供图）

净水工程 5 处，计划总投资 879.5 万元，巩固提升 90 个村、2.38 万农村人口饮水条件，其中涉及贫困户 4424 户、9916 人。 （陈阳春）

【农村饮水水质检测】 2017 年，按照山西省水利厅《关于开展山西省非国定贫困县农村饮水安全工程水质检测工作的通知》要求，阳泉市水务局在郊区、平定县、盂县范围内开展农村饮水安全工程水质检测工作，检测 914 处工程 928 份水样，其中涉及建档立卡贫困村水样 130 份。按照省水利厅要求，928 份水样中省水文局检测 50%、各县区检测 50%。截至 2017 年底，928 份水样全部完成检测，主要指标未发现严重超标。 （陈阳春）

【农村水价综合改革】 2017 年，按照山西省水利厅统一部署，阳泉市水务局编制完成阳泉市《关于推进农业水价综合改革的实施意见》，改革任务是在郊区选 1 处至 2 处试点。截至 2017 年底，郊区水价综合改革试点村汉河沟村和三都村完成水源、管道维护及水表安装工程。 （陈阳春）

【水库标准化建设】 2017 年，根据山西省水利厅水库安全设施标准化建设第二批项目实施方案，阳泉市大石门、山南、油瓮、尚怡、原坪、上冶头 6 座水库为安全标准化建设项目，共计投资 289.34 万元。山南水库观测值班室 4 月 2 日开工，基本完成；尚怡水库观测值班室 5 月 15 日开工，水库主体工程基本完成；上冶头水库观测值班室 5 月 3 日开工，水库主体工程基本完成。 （陈阳春）

【乌河水库更新建设项目】 阳泉市乌河水库是全省百座小型水库更新建设项目之一，设计库容 953 万立方米，核准总投资 8786 万元。2017 年，大坝枢纽招投标工作全部完成，编制完成《盂县乌河水库工程移民安置规划》，省移民办组织专家对规划进行审查，于 3 月 31 日批复《盂县乌河水库工程移民安置规划大纲》。工程于 12 月 15 日开工，建成后将为盂县西部工农业生产和生活提供水源支撑保障。 （陈阳春）

【盂县龙华口水库工程下闸蓄水】 2017 年，阳泉市盂县龙华口水库工程是省政府确定的 35 项应急水源工程之一，坝址建在盂县龙华河上，包括大坝枢纽工程、公路改线工程、移民搬迁工程。大坝为碾压砼坝，最大坝高 63.2 米，总库容 3001 万立方米。山西省发改委于 2007 年 11 月批复立项，工程概算总投资 48614 万元，当年底完成投资 47723.35 万元。大坝枢纽工程于 2008 年 10 月开工建设，2010 年 12 月大坝主体碾压砼工程完工；公路改线工程共计 4.4 千米，于 2009 年 3 月开工，2009 年 11 月底完工通车，验收移交公路部门；移民搬迁工程 2012 年完成淹没区移民户、移民人口认定工作，签订移民搬迁安置协议 549 户，占搬迁户的 98%，征用土地 67.36 公顷（1010.43 亩），按协议标准补偿到位，截至 2017 年底，货币安置及异地安置的 248 户移民安置到位，后靠安置的移民新村计划 2018 年底建成，完成全部移民户安置工作。2017 年 6 月 14 日工程通过单位工程验收及合同工程验收，7 月 5 日通过库底清理验收，7 月 30 日通过下闸蓄水验收。9 月 18 日龙华口水库正式下闸蓄水，截至 2017 年底已蓄水 100 余万立方米。龙华口水库作为重要后备水源，为下一步实施龙华口调水工程奠定良好基础。 （陈阳春）

2017 年 9 月 18 日，龙华口水库下闸蓄水 （陈阳春供图）

水务管理

水资源管理与保护

【取水许可审批】 2017年，阳泉市审批取水申请3件，批复水量17.73万立方米。其中，平定县柏井镇南青村批复0.77万立方米，平定县岔口乡朱铺掌村批复1.32万立方米，山西康泰来农业生态科技有限公司批复15.64万立方米。（陈阳春）

【地表水功能区断面水质监测】 2017年，阳泉市开展地表水功能区断面水质检测，按照政府采购程序，确定北京华测技术有限公司承担工作。全年开展9期水样采集分析和评价工作。（陈阳春）

【黑臭水体治理】 2017年，阳泉市黑臭水体主要有5条，按照属地原则划分为9段，分别为桃河郊区保安口至赛鱼桥段、桃河矿区赛鱼至宏成桥段、桃河城区宏成桥至五渡桥段、桃河开发区五渡桥至白羊墅段、桃河白羊墅至阳五高架桥段、蒙村河大村至赛鱼桥段、洪城河桃林沟至入桃河段、义井河漾泉桥至入桃河段、李家庄河余积梁至入桃河段。2016年，完成桃河城区段、桃河矿区段、桃河上游郊区段3条黑臭水体。2017年，完成李家庄河、桃河开发区段、义井河3条黑臭水体治理工作。蒙村河、洪城河、桃河下游城区段治理工作展开。（陈阳春）

【建制镇污水处理设施建设】 2017年，阳泉市开展建制镇污水处理设施建设工作。郊区河底镇污水处理厂可研和初设报告完成编制及评审工作，11月1日正式开工建设。平定县冶西镇完成污水主管道铺设7千米，锁簧镇完成污水主管道铺设6千米，均接入县污水处理厂投入运行；张庄镇计划新建污水处理厂1座，规划铺设污水管道130千米，实施方案编制完成。盂县孙家庄镇铺设污水管网7.3千米，接入县污水处理厂投入运行；路家村镇阳光小区新建日处理能力500立方米/日污水处理站1座；南娄镇污水处理设施建设选址完成，初步实施方案编制完成。（陈阳春）

【《废弃水井封堵和污染水井治理规程》编制完成】 2017年，阳泉市水务局编制完成《废弃水井封堵和污染水井治理规程》。该标准规定废弃水井封堵和污染水井治理工程的设计、施工、验收标准要求，适用于阳泉市范围内废弃水井封堵和污染水井治理工程的实施与验收。规程由阳泉市质量技术监督局发布，6月1日正式实施。（陈阳春）

【最严格水资源管理制度考核】 2017年，为迎接山西省实行最严格水资源管理制度考核工作组验收，阳泉市做好用水计划分解和下达，有效节约和保护水资源，制订出台《阳泉市“十三五”实行最严格水资源管理制度考核工作实施方案》《阳泉市“十三五”水资源消耗总量和强度双控行动方案》，对各县区开展最严格水资源管理考核。省考核组通过综合自查、核查、重点抽查和现场检查等方式，对2016年度全省11个落实最严格水资源管理制度地市进行考核，经省政府审定，阳泉、长治2市被评定为良好，其余9市为合格。（陈阳春）

【“世界水日”“中国水周”宣传活动】 2017年，阳泉市水务局在3月22日“世界水日”和3月22日至28日“中国水周”期间，围绕“落实绿色发展理念，全面推行河长制”组织开展一系列宣传活动。在3月22日《阳泉日报》刊登专题版面，详细介绍推行“河长制”和阳泉市实行最严格水资源管理工作开展情况。参加市广电总台《政风行风热线》节目，对听众提出的水资源管理、供水工作、“河长制”开展情况等问题进行解答，与听众进行交流。在市委、市人大、市政府、市政协机关大楼及城区、矿区、开发区所属街道办事处及文化中心等公共场所张贴主题宣传画、悬挂宣传主题标语，通过发放《世界水日·中国水周特刊》宣传册向全社会宣传节水。组织40名小记者到市污水处理厂区，实地了解污水处理流程，感受节约用水、保护水资源的重要性。（陈阳春）

2017年1月，阳泉市污水处理二期工程正式运行 （陈阳春供图）

城市供排水

【概况】 2017年，阳泉市总供水量1.90亿立方米。其中，地表水1.31亿立方米、地下水0.45亿立方米、其他供水0.14亿立方米。全年全市总用水量1.90亿立方米。其中，生活用水0.64亿立方米、生产用水1.18亿立方米、生态用水0.14亿立方米(包括中水回用0.06亿立方米)，污水处理稳定运行。 (陈阳春)

【城镇公共供水】 2017年，阳泉市城镇公共供水企业完成供水量5088.54万吨。其中，市自来水公司4078.91万吨、平定县自来水公司473.7万吨、盂县自来水公司505.2万吨、郊区自来水公司122.64万吨(郊区部分水源为市自来水公司供水)。 (陈阳春)

【污水处理和中水回用】 2017年，阳泉市完成污水处理量5297万吨，污水处理率92.4%，其中市级污水处理厂完成污水处理量3511万吨，污处处理率94.3%。中水回用量完成505.3万吨，中水回用率9.5%，其中桃河供水402.88万吨。 (陈阳春)

【水资源税改革】 根据《山西省政府关于印发山西省水资源税改革试点实施办法的通知》，从2017年12月1日起，全省开始实施水资源税改革试点。市水务局与市地税局配合，完成全市2000余家取用水户的用户信息、取用水量、水资源费缴纳等基础信息调查工作，对12月取水户取水量进行核定，确保水资源税征收工作开展。全市征收水资源费2725万元，其中，市区征收1412万元、郊区征收518万元、平定县征收743万元、盂县征收52万元。 (陈阳春)

综合经营

【小水电站发电】 2017年，阳泉市小水电站发电1025万千瓦小时。其中，夫城口水电站完成发电量730万千瓦小时，北峪口水电站完成发电量155万千瓦小时，梁家寨水电站完成发电量140万千瓦小时。(陈阳春)

【水产品产量】 2017年，阳泉市养殖水面54公顷(810亩)，投放鱼种180吨，成鱼产量701吨，比上年增加12.8%；实现渔业产值1484万元，比上年增长1.6%。 (陈阳春)

【农村科技特派员工程】 2017年，为落实“阳泉市农村科技特派员工程”，阳泉市水务局组织盂县潘龙湖和山西娘子关渔业有限公司赴外地考察池塘内循环养殖技术，从安徽铜陵张林渔业公司引进加州鲈29万尾，从河南引入斑点叉尾鮰50万尾进行养殖，鱼类生长良好。 (陈阳春)

【山南水库】 2017年，山南水库完成供水109万立方米，超额完成年度供水任务，收缴水费300万元，基本保障水库正常开支。 (陈阳春)

水政执法

【部批水土保持方案保留项目核查】 2017年，阳泉市水务局对辖区内涉及的神木电厂—忻州—石家庄北Ⅰ Ⅱ回500千伏输变电工程、陕京三线输气管道工程两个部批水土保持方案保留项目水保工程建设情况进行核查，两个项目建设完成。(陈阳春)

【水土保持监督检查】 2017年，阳泉市水务局对全市2015年至2016年省批生产建设项目进行水土保持监督检查。检查各类水土保持项目24

2017年阳泉市用水量统计表

表28 单位：亿立方米

行政分区	农业用水量			工业用水量			生活用水量				生态环境补水量			合计
	耕地灌溉	其他	小计	火(核)电	非火(核)电	小计	居民生活 城镇	居民生活 乡村	城镇公共	小计	城镇环境	河湖补水	小计	
城　区	—	0.008	0.008	—	0.055	0.055	0.148	—	0.006	0.154	0.040	—	0.040	0.257
矿　区	—	0.012	0.012	0.053	0.150	0.203	0.152	—	0.010	0.162	0.050	—	0.050	0.427
郊　区	0.052	0.021	0.073	0.050	0.043	0.093	0.044	0.014	0.006	0.064	0.014	—	0.014	0.244
平定县	0.048	0.057	0.105	0.122	0.107	0.229	0.037	0.046	0.040	0.123	0.045	—	0.045	0.502
盂　县	0.115	—	0.115	0.180	—	0.180	0.041	0.073	0.024	0.138	0.032	—	0.032	0.465
阳泉市	0.215	0.098	0.313	0.405	0.355	0.760	0.422	0.133	0.086	0.641	0.181	—	0.181	1.895

(陈阳春)

个，对拦挡、排水、覆盖、绿化等不合格的水土保持措施提出整改意见。截至2017年底，所有检查项目全部完成整改。（陈阳春）

【水土保持专项检查】2017年，阳泉市水务局对全市2016年省级审批和部批水保设施与主体工程建设情况进行检查，涉及9项工程。平定县涉及4项，分别为平定东方新能源发电有限公司平定县锁簧镇50兆瓦光伏发电项目、山西晋中东500千伏输变电工程（未开工）、娘子关第二发电厂工程（2×600兆瓦机组，未开工）、山西阳煤远盛热电厂"上大压小"新建工程（未开工）；盂县涉及3项，分别为新建盂县牛村镇二期50兆瓦光伏发电项目、中广核山西盂县西潘风电一期（50兆瓦）工程、盂县晋能鑫磊2×35万千瓦低热值煤发电新建项目；郊区涉及2项，山西远盛电力有限公司（2×50兆瓦）煤矸石综合利用供热机组改扩建项目、山西河坡发电有限责任公司"上大压小"（2×300兆瓦）热电联产机组工程。开工建设项目未发现问题。（陈阳春）

【水土保持机构建设和补偿费征收】2017年，阳泉市开展水土保持机构建设和补偿费征收工作。平定县、盂县、城区、矿区、郊区、开发区均建立水土保持管理及补偿费征收机构，确保水土保持工作开展。全年市、县（区）两级水行政主管部门检查建设项目43个，审批水土保持方案32个，验收水土保持设施11个，收缴水土保持补偿费621万元。（陈阳春）

【水产品药残检测】2017年，阳泉市水务部门开展水产品药残检测工作。购置快速检测试剂盒，对进入阳泉市的外来水产苗种和产地水产品定期进行药残快检，快检合格率100%。按照《山西省水利厅关于印发2017年山西省产地水产品和水产苗种质量安全监督抽查计划的通知》，省水产品质量安全检测中心在阳泉市采样8次（8个样本），其中采集成鱼6次、苗种2次，检测合格率达100%。（陈阳春）

防汛抗旱

防　汛

【雨情】2017年6月至8月，阳泉市降水北少南多。阳泉市3个国家站降水量为259.2毫米至369.1毫米，与常年平均值相比，北部偏少2成，南部偏多0～2成。2017年汛期，全市降水日数多、较为分散，局部地区强降水发生频率较高，大范围强降水过程有两次。第一次降水过程发生在7月23日至29日，阳泉站降水量94.4毫米，平定站降水量130.5毫米，盂县站降水量53.0毫米；第二次强降雨发生在8月26日，阳泉站降水量45.7毫米，平定站降水量40.6毫米，盂县站降水量60.4毫米。（陈阳春）

【水情】2017年7月25日10时，阳泉市平定县南川河贵石沟站出现洪水，最大流量56.3立方米/秒。全市其他河流未发生洪水。（陈阳春）

【灾情】2017年，阳泉市未发生较大灾情。7月24日，盂县孙家庄镇后榆沟村2公顷（30亩）农田受灾，损失玉米1000斤，约800元。（陈阳春）

【河道清障】2017年汛前，阳泉市开展河道清障，完成河道清障21万立方米。根据省水利厅2017年清河行动工作部署，主汛前，全市范围内又开展清河行动专项整治工作，涉及荫营河、桃河、秀水河等13条河，清理河道内违章垃圾等堆积物11.63万立方米，清淤19.7万立方米，累计投入人工9204工日，投入机械设备729台，投入资金612.7万元。（陈阳春）

【防汛培训演练】2017年汛前，阳泉市水务局在全市范围开展防汛培训演练。派出高级工程师在阳泉军分区和预备役248团部队进行防汛抢险知识授课；两次走进阳泉广播电视台《政风行风热线》与听众交流防汛避险常识；在阳煤集团西上庄煤电建设工地开展河道溃堤抢险演练，在山南水库开展提闸泄洪演练，在全市乡镇完成山洪避险演练。城区、矿区、开发区开展防汛演练。（陈阳春）

【水毁工程修复】2017年，阳泉市防汛抗旱指挥部由于2016年"7·19"强降雨造成全市河道堤防损毁严重，下达《关于抓紧做好水毁工程修复工作的通知》，组织召开全市河道堤防水毁工程修复推进会，对水毁工程修复工作进行安排。2016年开展动员安排工作开工建设部分工程。截至2017年底，全市水毁修复水利工程全部完工，投入资金1.88亿元，修复水毁堤防419处、122.3千米。（陈阳春）

【防汛物资和抢险队伍落实】2017年，阳泉市防汛物资储备齐全，抢险队伍落实到位。县（区）级储备防汛物资主要有水泥、钢材、木材、编织袋等18个品种；市级防汛物资储备，委托阳煤集团宏厦总公司和河南宗润建筑工程有限公司2家大型企业进行代储，包括挖掘机、铲车、自卸汽车、大功率排涝水泵等大型抢险机械，抢险物资采用商品混凝土、铅丝网、防雨布等新型材料，可实现人、机械、物料整体进入抢险现场，提高抗洪抢险时效性；全市落实应急抢险队伍1.38万人。（陈阳春）

【隐患排查】2017年3月16日，阳泉市防汛抗旱指挥部下达《关于开展全市防汛隐患风险点排查处置的通知》，全市开展防汛隐患排查。排查出各类防汛隐患风险点44处，其中A类4处、B类12处、C类8处、D类

20 处。针对各类隐患，全市开展防汛隐患整改工作。截至 2017 年底，郊区山底河小沟村段河道被私挖滥采弃渣严重堵塞、盂县阴山河牛村段河道被阳大铁路施工便道堵塞、平定县桃河岩会段河道堤防坍塌、城区小酱沟高边坡上危房、矿区桥南园老三矿滑坡、开发区日昱城 10 号楼工地深基坑等 34 处隐患完成整改。对一时无法完成整改的隐患，采取落实责任人、加强巡查管控、制订紧急预案措施，确保安全度汛。 （陈阳春）

【防汛应急响应】 2017 年 7 月 24 日晚 10 时，在强降雨带即将进入之前，阳泉市启动防汛Ⅳ级应急响应。各级党委、政府领导各负其责，市委常委包县（区）检查督导防汛工作，市政府各副市长包分管领域防汛工作，市直各部门全部派出工作组指导县（区）防汛抢险，各县（区）、乡镇领导班子全部进入一线查险指导防汛抢险工作。7 月 21 日至 29 日，全市出现中到大雨，多个站点降暴雨，阳泉气象站降雨量 94.6 毫米、平定站降雨量 31.4 毫米、盂县站降雨量 53 毫米、城区北岭坡降雨量达 128.3 毫米。此次强降雨过程中，全市防汛应急响应科学指挥，安全转移居民 548 户 1934 人，无人员伤亡。（陈阳春）

抗 旱

【旱情】 2017 年 3 月至 5 月，阳泉市 3 个国家气象站降水量为 60.6 毫米至 76.6 毫米，比常年同期偏少 3.1 毫米至 26.0 毫米，偏少 0 ~ 3 成，出现较轻旱情。6 月至 8 月，阳泉市 3 个国家气象站降水量为 259.2 毫米至 369.1 毫米，与常年均值相比北部偏少 2 成、南部偏多 0 ~ 2 成，缓解部分旱情。9 月，阳泉市 3 个国家气象站降水量为 3.3 毫米至 10.4 毫米，较常年平均偏少 52.9 毫米至 62.8 毫米，偏少 8 成以上，根据综合监测，全市北中部地区发生轻度以上气象干旱，10 月中上旬强降雨对旱情有所缓解。 （陈阳春）

【农业损失】 2017 年，阳泉市春播面积 6.49 万公顷（97.3 万亩），其中粮食作物 6.01 万公顷（90.14 万亩）、经济作物 0.47 万公顷（7 万亩）。春播前出现干旱，降水不足，土壤墒情差，谷子推迟播种，对农作物收成造成影响。7 月中旬至 8 月中旬正值玉米吐丝至成熟期，由于降雨偏少，土壤水分较差，旱情明显，不利于秋作物产量形成。短时强降水、冰雹、大风造成个别乡镇农作物、林果受损。全市农作物轻度干旱面积为 2 万公顷（30 万亩），其中，郊区 1 万公顷（15 万亩）、平定县 0.33 万公顷（5 万亩）、盂县 0.67 万公顷（10 万亩）；受灾面积 0.09 万公顷（1.3 万亩），其中，郊区 0.04 万公顷（0.6 万亩）、平定县 0.02 万公顷（0.3 万亩）、盂县 0.03 万公顷（0.4 万亩）。 （陈阳春）

【人畜饮水困难】 2017 年，阳泉市 7 个乡镇、68 个行政村、2.2 万人、1500 头大畜发生临时性饮水困难。其中，郊区 2 个乡镇、14 个行政村、0.39 万人、400 头大畜缺水；平定县 3 个乡镇、19 个行政村、0.83 万人、500 头大畜缺水；盂县 2 个乡镇、35 个行政村、0.98 万人、600 头大畜缺水。缺水乡镇为郊区西南舁乡、荫营镇，平定县张庄镇、东回镇、岔口乡，盂县北下庄乡、仙人乡。缺水乡村主要为纯旱井区，由于干旱导致水源短缺。郊区西南舁乡咀子上村、霍树头村和乡敬老院等到 8 千米以外的荫营镇前洼供水点拉水。平定县张庄镇东部神峪、史家山等 5 个村、122 户、464 人饮水困难，干旱时到十几千米以外供水点拉水，每吨水费用需要 20 元以上；岔口乡岔口、良道、红峪等村 3129 人、125 头大畜因干旱缺水雇车从巨城镇集中供水工程点拉水，成本高达 30 元 / 吨。盂县重旱区在东部地区，北下庄乡、仙人乡 12 个村、1144 户、4673 人、356 头大畜饮水困难，到庄只深井供水点拉水，拉水时间较长的村子有里山南、外山南、北山、张庄、杨树洼等。 （陈阳春）

【抗旱措施】 2017 年，阳泉市以保人畜饮水、保设施蔬菜供水为重点采取措施抗旱。

市、县（区）政府分管领导带领有关部门负责人深入旱区帮助解决抗旱存在的问题，调动各方力量应对旱情，对保春浇、保春播、保人饮进行专门安排部署。

启动 10 个抗旱应急供水点，实行限价供水，规定供水点水价不超过 5 元 / 吨，抗旱应急水源 24 小时有人值守，保证旱区群众方便拉水，限价供水。3 个农业县区抗旱服务队拉运水 120 次，总拉水达 960 吨，解决临时缺水困难人口 1.51 万人、大畜 900 头（平定县 0.53 万人、大畜 300 头，盂县 0.65 万人、大畜 400 头，郊区 0.33 万人、大畜 200 头）。

完成抗旱应急水源工程建设，完成盂县苌池镇、上社镇 2 处抗旱应急水源工程，总投资461 万元。

市水务局、市农业局、市农机局等涉农部门派出工作组到 3 个农业县区指导抗旱工作，帮助维修机泵，兴建供水工程，解决临时性缺水。各抗旱服务组织利用水泵、喷灌、水包等设备开展服务，通过膜下滴灌建设广开水源、扩大浇地抵御和战胜阶段性干旱，确保全年粮食丰收。 （陈阳春）

商业贸易

国内外贸易

【概况】 2017年，阳泉市商务粮食局围绕全市转型发展中心工作，坚持目标导向、问题导向，推动开发区改革创新，促进消费增长，推动外贸转型升级，扩大对外合作，全市商务粮食工作保持稳定发展。年内，阳泉市社会消费品零售总额实现324.98亿元，比上年增长6.1%；外贸出口完成5.8亿元，比上年下降9.7%。全市内贸流通业增加值占GDP比重达12.1%、高于全省2个百分点，占服务业增加值比重达23.8%、高于全省1.1个百分点。 (闫凌莺)

2017年阳泉市社会消费品零售额统计表

表29 单位：万元、%

项　　目	绝对量	增长速度
社会消费品零售总额	3249817	6.1
按销售单位所在地分		
城镇	2931754	5.9
乡村	318064	8.2
按消费形态分		
餐饮收入	499041	8.6
商品销售	2750777	5.7
按行政区划分		
城区	1773145	5.6
矿区	265580	8.9
郊区	182983	9.3
平定	359977	5.5
盂县	514727	5.8
开发区	153406	5.9

【市场体系建设】 2017年，阳泉市商务粮食局推进市场体系建设。加大电商扶持力度。设立市级财政电子商务发展专项资金，对全市18个电商项目给予奖励支持，奖励支持总金额125.90万元。加大资金扶持力度。争取省级第二批服务业发展资金21.22万元，对家政重点项目给予支持；争取省级第四批服务业发展资金13万元，对2家中华老字号企业给予资金扶持。推动平定县电子商务进农村综合示范县建设。完成1个县农村电子商务公共服务中心、9个乡(镇)电商服务站、200个规范化村级电商便民服务点、20个贫困村低收入村电商扶贫点改造建设；完成1个县级物流仓储配送中心、1个县级物流分拣封发中心、9个乡(镇)级配送站改造建设，实现村站网点与物流配送的系统对接；确定公共服务体系建设(包含县农村电子商务公共服务中心、供应链管理和电子商务营销、电商培训)、县乡村三级物流配送体系建设、乡(镇)村电子商务服务站点、贫困村低收入村电商扶贫点建设四个项目的实施主体。 (闫凌莺)

【市场调控监测】 2017年，阳泉市商务粮食局坚持对市场进行调控监测。落实2017年度应急方便食品和瓶装水储备任务，审核2016年度重要商品储备和2016年度冬春蔬菜储备完成情况；开展春节、国庆黄金周市场监测、内贸流通统计监测工作，及时发布市场运行信息；开展落实社会消费品零售总额指标任务，召集各县区商务部门召开专题会议，分析市场运行情况，对未达限企业进行摸排，做到应统尽统。（闫凌莺）

【市场秩序监管】 2017年，阳泉市商务粮食局加强市场监管，规范市场秩序。

协调推进打击侵权假冒工作。集中开展成品油市场专项整治行动，拆除非法加油点58个，查处流动加油车7辆，没收违法油品52.22吨、案值36万余元，其中2起案件涉案金额较大，移送公安部门，净化成品油市场。保持高压态势，查处制售假冒伪劣商品案件66件、案值1417.09万元，侵犯知识产权案件33件、案值6.85万元；公安机关立案侦查案件33件、破案33件，抓获犯罪嫌疑人32人。

提升酒类流通管理效率。年内，阳泉市商务粮食局新办、变更酒类批发许可证23户，对全市218户酒类批发经营户许可证进行年检，酒类批发经营市场有序运行。

强化单用途商业预付卡管理。通过定期检查，加强备案管理，约束企业建立台账记录，规范发卡行为，促使单用途商业预付卡规范运行。

加强汽车流通行业监督管理。做好黄标车及老旧车淘汰工作和二手车流通行业指导，开展汽车销售管理对标活动，完成42家汽车销售企业备案登记。

加强对典当企业和拍卖企业的监管。对辖区内典当企业和拍卖企业进行年检，定期深入企业实地检查，促进典当企业和拍卖企业有序竞争和健康发展。（闫凌莺）

【品牌推广活动】 2017年，阳泉市商务粮食局加大品牌推广力度，举办并参加一系列活动。7月，在阳泉“晋商晋才”北京招商期间，举办阳泉现代物流产业论坛，重点推介山西（阳泉）国际陆港等重点项目活动，展示阳泉市良好区位优势和发展环境，吸引外来投资者，组织全市41家名特优产品汇聚北京，宣传、推介阳泉品牌，扩大企业对外开放与合作交流。9月8日至10日，在广交会（中国进出口商品交易会，即广州交易会，简称广交会）展馆组织举办山西品牌中华行广州站活动，组织30家企业、10大类产品、500余种商品参展，现场接洽各地客商1.5万人次，累计销售商品32.24万元，与广州市大型商超企业达成贸易合作意向42项，签订销售协议183万元，获组委会颁发“优秀组织奖”；组织平定亮晶晶砂锅有限公司等企业参加山西省商务厅主办的山西品牌中华行铁路站、合肥站、上海站、长沙站、杭州站等品牌推广活动。（闫凌莺）

【国际市场开拓】 2017年，阳泉市商务粮食局鼓励企业开拓国际市场，组织20余家企业参加第121届、第122届广交会，会上成交1.88亿元。鼓励企业参加“山西品牌丝路行”活动，取得良好效果。10月9日至11日，牵头举办山西品牌丝路行（美国圣安东尼奥站）展览活动，10家参展企业携带6大类150余种产品，接待有效客商212人，达成贸易合同和意向1.76亿元。宣传进出口优惠政策，加大对陶粒砂和化肥等出口企业宣传力度。为外贸企业争取省、市信保保费补助和中小企业开拓国际市场项目等资金支持，调动外贸企业开展自营进出口业务积极性。（闫凌莺）

【对外经济合作】 2017年，阳泉市商务粮食局制订《阳泉市参与建设丝绸之路经济带和二十一世纪海上丝绸之路实施方案》，成立参与建设“一带一路”工作领导小组，全年信息量在全省名列前茅。推动企业“走出去”，全年新增对外经济贸易企业2家，阳泉市中嘉磨料磨具有限公司开展境外股权投资。（闫凌莺）

2017年阳泉市分企业进出口情况统计表

表30　　单位：万元、%

项目 / 名称	总值	进口	出口	与上年相比
平定莹玉陶瓷有限公司	1321	0	1321	58.64
西格里泉海碳素（山西）有限公司	6921	5215	1706	22.63
阳泉市长青石油压裂支撑剂有限公司	4669	0	4669	358.17
平定县天虹石油压裂支撑剂有限公司	1861	0	1861	0.00
阳泉市兴陶压裂支撑剂有限公司	892	0	892	67.86
日本能源润滑油有限公司	19663	19663	0	45.20

续表

项目 名称	总值	进口	出口	与上年相比
方大添加剂(阳泉)有限公司	6882	97	6785	-15.80
阳泉市福赛益特国际贸易有限公司	515	142	373	353.35
阳泉市优耐特国际贸易有限公司	14	0	14	-66.64
阳泉市双龙盛国际贸易公司	1927	0	1927	-6.32
阳泉市王垅耐火材料厂	1854	0	1854	53.68
阳泉市双佰盛商贸有限公司	86	0	86	0.00
山西省阳泉市五金矿产进出口有限公司	2111	0	2111	8.54
阳泉市明迈特国际贸易有限公司	50	0	50	41.12
阳泉市信瑞商务有限公司	15	0	15	-96.08
阳泉市晨辉国际贸易有限公司	1843	0	1843	39.26
阳泉市珂耐尔进出口有限公司	672	0	672	4.72
阳泉市联吉进出口有限公司	54	0	54	35.43
阳泉市华旭国际贸易有限公司	11	0	11	15.07
阳泉市圣火炉料有限公司	494	0	494	19.14
阳泉市下千耐火材料有限公司	949	0	949	43.85
阳泉市华岭耐火材料有限公司	260	0	260	92.59
山西阳泉澳法合成材料有限公司	35	0	35	-16.86
阳泉市中嘉磨料磨具有限公司	4439	0	4439	40.96
阳泉市林里耐火材料有限公司	373	0	373	-7.57
阳泉武圣进出口公司	305	0	305	63.41
阳泉市金土耐火材料有限责任公司	5	0	5	-82.30
阳泉市永昱机电有限责任公司	106	0	106	-57.37
阳泉市中创陶粒有限公司	200	0	200	82.60
阳泉市璞鑫耐火材料厂	198	0	198	577.34
阳泉岩禾国际贸易有限公司	136	0	136	1.74
山西阳煤化工国际商务有限责任公司	19596	0	19596	-42.51
阳泉市四同瑞驰贸易有限公司	14	14	0	-31.23
盂县金刚玉石油压裂支撑剂有限公司	3523	0	3523	9.36
盂县永恒工艺厂	713	0	713	92.69
山西康泰来农业生态科技有限公司	496	0	496	-33.02
山西康默石油设备有限公司	36	0	36	0.00
盂县中信焦化有限公司	72	0	72	3.91
哈德托普华亨(山西)耐磨铸业有限公司	8	8	0	48.72

2017 年阳泉市各县区进出口总额完成情况统计表

表 31　　　　单位：万元、%

项目 县区	总值	进出口 与上年相比	进口	进口 与上年相比	出口	出口 与上年相比	出口 目标任务	出口进度
全　市	83321	−3.00	25139	17.30	58182	−9.70	64454	90.30
平定县	15664	73.37	5215	0.30	10449	172.46	3815	273.90
开发区	30941	24.84	19902	49.50	11039	−3.70	11407	99.20
城　区	4756	10.19	0	0.00	4756	10.40	4287	111.00
盂　县	4848	1.61	8	0.00	4840	1.50	4747	102.00
郊　区	7364	38.16	0	0.00	7364	38.20	5304	138.90
矿　区	19746	−47.53	14	−99.45	19732	−43.70	34894	56.60

【开发区改革创新发展】 2017 年，阳泉市商务粮食局加大开发区改革创新发展力度，帮助全市开发区建平台、建机制、创环境，抓项目、抓统计、抓考核，强服务、强协调、强督查，推动开发区改革创新发展。

科学谋划全市开发区“一体两翼”（阳泉经济技术开发区扩区，培育建设国家级开发区；平定县、盂县依托现有产业园区分别设立一个省级经济技术开发区）发展格局。制订《阳泉市开发区改革创新发展实施方案》，明确未来 5 至 10 年全市开发区经济发展、布局规划和产业定位；确定整合扩区调规、优化产业布局和体制机制改革的重大改革任务。

开发区扩区和设立工作。完成阳泉经济技术开发区扩区和平定经济技术开发区设立工作；盂县经济技术开发区设立上报山西省人民政府，等待批复。

开发区体制机制改革。按照“三化三制”（领导班子任期制、全员岗位聘任制和绩效工资制，建立专业化、市场化、国际化的管理运行机制）要求，阳泉经济技术开发区配齐领导班子，完成全员聘任工作，实施绩效工资；平定经济技术开发区完成“三制”改革任务。全市开发区通过购买服务、组建专业化公司、PPP 模式等办法推进“三化”改革。完成阳泉经济技术开发区社会事务剥离工作，设立 1000 万元市级开发区建设发展专项资金。

推进基础设施建设。全市开发区基础设施建设完成投资 10 亿元，形成平台 12 平方千米，打造“三通一平”（水通、电通、路通和场地平整）平台 4.17 平方千米，在建道路 26 千米，建成 10.5 千米。

助推招商引资项目签约落地。全市开发区累计签约项目 48 个，计划总投资 128.58 亿元；落地 25 个，计划总投资 44.23 亿元。阳泉经济技术开发区中兴环能纳米洋葱碳一期项目、郊区汉韵瓦业项目、平定经济技术开发区贝特瑞高端石墨项目、盂县经济技术开发区馨晋商集成电路封装项目等 19 个项目开工建设。

优化营商环境。阳泉市出台《招商引资优惠及奖励办法》和开展招商引资项目代办服务等办法，向阳泉经济技术开发区下放和授予行政职权事项 511 项。阳泉经济技术开发区建设便民政务大厅，开通微信政务平台，率先在全省实施投资项目承诺制管理。　（闫凌莺）

物资流通

【概况】 2017 年，阳泉市物资集团公司根据《阳泉市国资国企改革第十三个五年规划》中“三个一批”（改革重组一批重点市属国有企业、民营化一批小微市属国有企业、清理退出一批停产“僵尸企业”）改革目标要求，推进集团公司及所属企业改革改制，实现国有资产保值增值目标，完成年度改革发展稳定各项工作任务。全年实现营业收入 1.57 亿元，完成年计划的 174%；利润完成 −151 万元，超计划完成控亏目标任务。截至 2017 年底，集团公司所属单位 12 个，资产总额 1.99 亿元，负债总额 1.37 亿元，所有者权益 0.62 亿元。　（王贵润）

【企业接收与改制】 2017 年，根据阳泉市委、市政府办公厅《关于印发〈阳泉市党政机关与所办企业脱钩改革实施方案〉的通知》以及阳泉市经济和信息化委员会（阳泉市国有资产监督管理委员会）《关于将阳泉市东风印刷有限公司等 4 户企业划转到阳泉市物资集团公司有关事宜的通知》文件精神，阳泉市物资集团公司从8月起，对阳泉市广告公司、阳泉市汽车销售有限公司、阳泉建设大酒店、阳泉东风印刷有限公司进行初步接收。先行着手从人事劳资报表、经营数据统计、党务工作、财务报表等方面进行数据业务对接，之后可进入审计程序，审计结束后即可进行资产接管，完成正式接收工作。

市物资集团公司所属阳泉市物资再生利用总公司经营受环保和交通等方面的压力，为盘活资产，寻求转型发展，以出让公司土地进行开发并换购底商经营保证国有资产保值增值，可充分安置职工。6月，市物资再生利用总公司与日昱集团接洽合作开发进行商业谈判，制订《盘活资产转型发展职工安置方案》，12月10日召开全体职工大会通过改制方案，进入实际操作阶段。（王贵润）

【经营突破】 2017年，阳泉市物资集团公司所属经营类企业坚持稳中求进，采取积极经营措施，拉动集团公司整体营收和利润取得较好成绩。

阳泉旧机动车交易中心强化硬件设施提升，通过改造前后场地，解决杂乱、挤占消防通道等现象，实现新增停车车位350个，吸引10余家经销商进驻；在车管所内成立服务部，规范服务流程，提高过户手续办理效率，建立营销网站，提供信息查询和咨询服务。全年实现交易量6986辆，交易额3.3亿元，交易服务费收入344.55万元，比上年增加4.96万元，实现利润4.94万元。

阳泉市钢材市场利用集中经营优势，与北郊钢材市场实施联合经营。引入新型加工企业，提升市场服务功能，抓住后半年钢材行情回暖有利时机，实现营业收入和效益双突破。全年实现销售收入1.44亿元，比上年增加5594万元，完成年度任务的170%，超额完成控亏任务指标。

阳泉市民爆器材专营有限公司坚持火工品销售和爆破服务“双驱并进”发展方向，拓宽销售渠道，强化爆破服务延伸，致力于为市重点工程服务。其所属的阳泉市永泰爆破公司承担阳大铁路武家庄隧道的爆破任务于3月开工，8月实现隧道贯通；在介入省道双阳线灾毁恢复重点工程项目时，爆破工作现场在阳泉市郊和盂县同时展开，阳泉市永泰爆破公司合理调配工时，加强后勤保障，确保工程进度。全年阳泉市民爆器材专营有限公司实现营业收入686万元，比上年增加25.4%，利润-45万元，比上年减亏5万元。

阳泉市报废汽车回收（拆解）中心改善软硬件设施，开展优质服务规范经营。年内筹资27万元购置清障车一辆，安装电子磅一台，开展上门调查、上门拖车、主动服务，确保车辆回收；新设拆解科，采用“五定工作”（定流程、定岗位、定人员、定职责、定制度）制度，提高车辆拆解效率，压缩费用支出；掌握废旧金属行情，扩大销售；应对环保压力，改建危险废物储存库房，开展环评、可研、能评报告编制，为项目推进和企业正常经营提供保障；建立网站开展配件网络销售。全年完成回收车辆222辆，实现销售收入300万元。

阳泉建设大酒店，通过改善硬件设施美化餐厅环境，建立健全一系列管理制度，采取工资与岗位、技能、效益挂钩，开展促销活动等措施加强酒店管理，提升服务质量，增加酒店收入。全年实现营业收入210万元。（王贵润）

石油经销

【概况】 2017年，中国石化销售有限公司山西阳泉石油分公司下设12个部室和4个县（区）石油分公司。截至2017年底，阳泉石油分公司职工总数379人，铁路专用线1条，库容量4.8万立方米油库1座，成品油吞吐量34万吨/年，加油站67座。全年经营总量完成销售16.9万吨，其中零售量完成12.71万吨、直销量完成4.2万吨，非油品营业额完成7124万元。年内，阳泉石油分公司被山西省工商行政管理局授予“重合同、守信誉”企业称号。（帅栋梁）

【成品油保障】 2017年，阳泉石油分公司采取灵活机动、重点保供等措施，确保阳泉地区成品油市场供应。资源方面，加强与省石油分公司协调沟通，争取油品资源的最大兑现率，保证成品油需求；销售方面，合理配置资源，强化调控措施，严把数质量关，践行“每一滴油都是承诺”的社会责任，保障市场供应，严格经营纪律，化解矛盾，确保成品油市场稳定。（帅栋梁）

【直销工作】 2017年，阳泉石油分公司采取措施加强直销工作。开好日晨会、周例会、经营分析会。做好日点评、周分析、月总结；利用微信手段强化客户经理签到、签退、外出轨迹动态管理，提醒防范风险及业务流程管理。加强客户经理管理。客户经理人人头上有指标，做到有计划、有考核；严格执行省石油分公司每日营销策略，创新思路，紧盯目标，扩销增量；维护好现有客户，确保客户不流失；关注市场走势，抓好日常营销工作，坚持一户一策，吨油必争，量效兼顾，涨价预期，以价控量，降价预期，以价锁量。大客户由专人负责，实现一对一服务，月末由营业室人员出具本月客户电子对账单，由客户经理发送至客户，实行一条龙高质量服务。免费为客户提供油品信息，油品知识。IC卡客户只需首次上门开户注册，月底即将发票及IC卡网充回执单送至客户手中；非油品客户只需拨通电话，就送货上门、送票上门、送服务上门，使客户充分感受“一键式”服务的高品质享受。实现“油非双增长”。激发客户经理团队精神，在“油非双增长”营销工作中，全年非油品销售完成404万元，比上年增长975%。实现天然气业务“零”突破。通过对客户经理LNG专业培训及前期开展市场调研，对辖区客户地毯式摸排走访，深挖潜在客户，全年销售天然气434吨。开展大客户联谊活动。市石油分公司举办第二届“石化杯”战略合作企业体育邀请赛，增进友谊，实现共赢。展销易捷特色商品和陈年老酒，达到综合服务的深度合作，稳固合作关系。（帅栋梁）

【零售工作】 2017年，阳泉石油分公司零售工作取得一定成绩。用足用好省石油分公司营销政策。价格有收有放，优化汽柴油量价平衡点，日日分析数据，及时跟踪调整，确保稳量推价，量效兼顾。与通信、银行、保险业合作，拓展合作项目广度，强化合作内容深度。推进柴改汽项目。调整机罐，增加油品品类，加大98号汽油的站点布局，覆盖11座加油站，最大程度满足客户体验感。加大柴油联名卡宣传和推介。基层全员学会网上预约，以白泉加油站价格测算表为参照，做好政策解释，突出价格优惠，引导客户办卡，提高加油站柴油销售；依托省石油分公司激励政策，鼓励员工宣传、售卡，利用周末休息时间，进车队、进厂矿宣传，现场办卡；零售部针对柴油联名卡开展专业培训，使人人成为联名卡销售专家。加大站长队伍建设。开展储备后备站长工作，通过县（区）石油分公司民主推荐，推选42名后备站长，加快培训，时时应对工作需要。开展“油非互促”活动。加油站加强站长、员工与客户沟通；盯住大站综合管理，狠抓小站“油非互促”和“非油互促”活动；细化分解任务，精细研判和预测销售市场，落实日、周、月、季度、年度考核，在班组之间、站站之间、县（区）石油分公司之间营造浓厚竞赛氛围。（帅栋梁）

2017年6月，阳泉石油分公司在全辖区加油站创新“提篮销售”营销模式
（帅栋梁供图）

【非油品销售工作】 2017年，阳泉石油分公司加大非油品销售工作力度，实现非油品营业额和毛利额“双赢”。组织人员到大同南环等站现场观摩学习、参加省石油分公司组织的门店运营培训，推广销售经验，提高员工营销技能，全年公司燃油宝、尾气处理液、玻璃水均超额完成销售任务。践行“易捷万店无假货”社会责任，根据不同季节、不同客户需求，围绕核心商品、酒类、轮胎、粮油等开展大会战。因势利导，加大服务类项目公关，实现电话费、电费代缴、信用卡还款业务，为做大营业规模打下基础。在全区加油站创新“提篮销售”活动，非油营销阵地实现从店内到店外、从站内到站外联动，提高员工开口营销能力；加油站对外租赁3块电子滚动屏，在两个生活超市合作蛋糕店，开设“司机之家”，丰富非油品服务功能和创效能力。（帅栋梁）

【安全环保数质量工作】 2017年，阳泉石油分公司参与全市誓师安保演练，组织由52人参加的油品管道抢险方队参加“迎接十九大，忠诚保平安，中共十九大安全保卫誓师大会暨阳泉市反恐怖演习”，营造反恐维稳氛围，激发全体干部员工责任感。树立安全发展理念，建立岗位责任清单，实行“日常照单履责，失职照单追责”；落实《“三违”不良记录“黑名单”管理规定》，促进全员重视安全的自觉性，日常管控严谨规范；开展安全大检查工作，把各级政府要求落到实处，真查真改真落实，结合接受销售公司HSE管理能力测试过程中出现的问题和不足，省石油分公司督查队查出的问题，做好自查整改工作；重视现场安全管理，吸取发生在系统内外的典型事例教训，强化风险认知与防范，做到规范作业、按章操作；为应对环保要求，按照规定阳泉石油分公司燃煤锅炉全部整改到位，对油库和部分加油站进行环评，克服因油品升级带来的清罐作业等困难，确保油品质量在外部抽检中全部合格；通过零售、物流、安全和县（区）石油分公司合作，在9月底完成国Ⅵ油品升级。（帅栋梁）

【双层罐改造工作】 阳泉市作为“2+26”城市之一，双层罐改造工作是一项政治任务。2017年，阳泉石油分

2017 年，阳泉石油分公司对全辖区加油站分批分期开展双层罐改造

（帅栋梁供图）

公司推进双层罐改造工作。前期经过公开报名，资质审查，提出承包商选用初步意见。对承包商选用严格把关。组织召开开工前培训会，保证工程质量和速度；做好经营与施工无缝衔接，避免停业早而未动工现象；成立双层罐改造工程施工指挥部。明确改造有关职责。开工前，组织工程队、发规、安全、项目经理、项目监理单位、废油罐和油品处置单位等相关人员召开会议，对承包商管理、纪律、制度、培训到位；所有施工单位签订承诺书，遵守自我承诺；项目经理全天候现场办公；每个项目开工前，对工程队的设备验收，安全和质量严格把关。施工期间，各县（区）石油分公司班子成员及加油站站长和加油员纳入管理体系，现场监护。发展规划科抓紧落实，抓紧开展，统筹推进，把好依法依规关口。下发专题简报 13 期；加强与省石油分公司相关处室和各地市石油分公司沟通交流，邀请省石油分公司有关人员到现场指导工作；各有关单位、部门通力协作，推进项目工程安全、规范、顺利开展。截至 2017 年底，省石油分公司批复的 20 座站中，完工 16 座。改造过程中，同步推广和使用深化液位仪，实现加油站地罐交接。　　（帅栋梁）

粮油经销

【概况】 2017 年，阳泉市商务粮食局以推进供给侧结构性改革为主线，以粮食安全责任制考核为抓手，增强宏观调控能力、推进“粮安工程”建设、加强市场监管。全市粮食供需平衡，市场秩序良好。粮食收购 7 万吨，完成目标任务的 140%；粮食销售 20.8 万吨，完成目标任务的 126%；粮食调入 12 万吨，完成目标任务的 120%；全系统安全储粮“一符六无”（账实相符，无害虫、无变质、无鼠雀、无事故、无陈化、无污染）粮食达标率 100%；辖区内代储的中央、省级储备粮油和承储的市级储备粮油数量真实、质量良好、储存安全。　　（闫凌莺）

【粮食调控】 2017 年，阳泉市商务粮食局采取多种措施保障粮食市场稳定，调节市场供应。组织开展《阳泉市粮食应急预案》修订工作，出台《粮食质量安全事故应急预案》；巩固产销合作机制，组织企业参加 2017 年山西粮食（杂粮玉米）产销衔接会等活动，签订 2.7 万吨产销合作意向协议和购销合同，交易总额达 6378 万元；组织实施“放心粮油”示范工程建设工作，全年完成 3 个示范配送中心、2 个示范销售店和 5 个示范经销点审报认定等相关工作；组织开展全社会粮食流通统计等统计调查工作，在全市范围内建立城镇、农户固定调查点 180 个，巩固完善价格监测体系。　　（闫凌莺）

【储备粮管理】 2017 年，阳泉市各储粮单位严格遵守储备粮管理各项规定，加强以标准化、精细化管理为核心内容的储备粮管理制度体系建设。开展春秋两季储粮安全检查及粮食系统安全专项检查，纳入常规工作，确保各储粮单位粮食储存安全，达到“四无粮仓”（无虫害、无霉变、无鼠雀、无事故）标准；落实储备粮轮换任务，全年完成 11544.7 吨省级储备粮和 28384 吨市级储备粮轮换，其中市级储备粮及成品粮轮换包括小麦 2934 吨、玉米 1.95 万吨、面粉 2000 吨、大米 3000 吨、食油 950 吨。　　（闫凌莺）

【粮食流通监管】 2017 年，阳泉市商务粮食局加强粮食流通监管，开展“监管创新年”行动。优化完善粮油库存检查方式，完成省粮食局部署的检查任务，确保粮食库存自查、抽查和复查数据吻合，粮食库存账实、账账相符、库贷相符，粮食质量指标符合国家标准，储粮安全和安全生产工作基本达标，查处各类问题 15 件；开展粮食收购资格定期核查和夏粮、秋粮收购市场专项检查，督促企业落实“五要五不准”（要敞开收购，随到随收，不准折腾农民；要公平定等，准确计量，不准克扣农民；要依质论价，优质优价，不准坑害农民；要现款结算，不打白条，不准算计农民；

要优质服务，排忧解难，不准怠慢农民）粮食收购守则，保护种粮农民利益，严防发生农民“卖粮难”和“打白条”现象；开展成品粮油市场和粮食质量安全专项检查，对粮油经营者购销台账、质量档案、统计数据和执行最高最低库存量等情况进行检查，抽检原粮样品 8 个、成品粮油样品 20 个，统一送省粮油质检中心进行检验，全部合格。（闫凌莺）

【粮食产业经济发展】 2017 年，阳泉市推进粮食产业经济发展，实施“山西好粮油”行动计划。起草《阳泉市粮食产业经济发展实施意见》《阳泉市粮食产业园区建设规划》；开展“粮食科技活动周”宣传，宣传山西“好粮油行动计划”，推广“山西小米”品牌建设，组织山西九州香农业开发有限公司、阳泉市万和油脂有限公司参加 2017 年度“中国好粮油”和“山西好粮油”产品遴选及发布工作。（闫凌莺）

供销合作商业

【概况】 2017 年，阳泉市供销社（阳泉市供销合作社联合社）推进供销社综合改革，各项工作取得成效。全系统实现销售总额 20.27 亿元，比上年增长 25.01%；利润总额 224.4 万元，比上年增长 16.27%；农业生产资料销售额 1.92 亿元，比上年增长 15.7%；农副产品收购额 1.41 亿元，比上年增长 16.7%。（刘　伟）

【农业社会化服务建设】 2017 年，阳泉市供销社新建平定县岔口乡、锁簧镇，盂县西烟镇，郊区西南舁乡 4 家惠农服务中心；完成平定县石门口乡供销社，郊区杨家庄乡供销社，盂县孙家庄镇供销社 3 家基层社的改造工作；平定县锁簧镇东锁簧村社、张庄镇张庄村社，盂县牛村镇牛村社、西烟镇东村社，郊区西南舁乡社、荫营镇三郊村社等 15 家综合服务社改造完成。截至 2017 年底，全系统改造面积达 1600 平方米，经营品种新增 500 个达 1500 个，服务项目由 3 个增至 10 个，覆盖超过40%的行政村。（刘　伟）

【供销社电商平台建设】 2017 年，阳泉市供销社在全省率先实现市、县两级电商平台全覆盖。市供销社根据有关农村电商建设文件精神，依托“供销 e 家”“农芯乐”等电商平台，争取市级财政农村电子商务项目建设资金，打造阳泉市网上供销社电子商务平台，投资 50 万元进行平台线上线下建设。

阳泉市供销社与阳泉市裕盛源农产品开发有限公司、平定县冠窑砂器陶艺有限公司、盂县得心生态农业有限公司等 21 家农产品公司、特色产品公司、专业合作社进行洽谈，整合各类农产品、特色产品 200 余种，陈列于线下阳泉特色馆体验店。截至 2017 年底，在网上展出平定冠窑砂器、平定刻花瓷、黄安杂粮、平定黄瓜干、阳泉晋阳府陈醋系列、盂县杂粮、盂县芥籽油等产品。

县级电商平台打造方面，阳泉市各县（区）供销社在市供销社示范带动下，完善农村电子商务服务体系，使工业品下乡、农产品进城，构建农村电商可持续发展生态圈。

平定县供销社与阳泉向日葵信息技术服务有限公司合作成立的阳泉市新农商网络科技有限公司，在全县设立 293 个电子商务综合服务站，全年实现线上线下销售额 5000 余万元。阳泉市新农商网络科技有限公司被省供销社评为“全省供销社电子商务示范企业”；平定县被中国供销电子商务股份有限责任公司列为全国“供销 e 家”20 个样板县之一，是山西省唯一的样板县。

盂县供销社与山西供销农芯乐电子商务有限公司对接，组建成立盂县供销易佳电子商务有限公司，以聚焦“互联网 + 供销社”新业态为抓手，发展乡、村两级 134 个体验店，整合系统资源，实现上下联动，打造互联互通、为农服务的电商平台。

郊区供销社与乐村淘电子商务公司及社会第三方人士共同建设阳泉市郊区电子商务平台，截至 2017 年底，阳泉市郊区电子商务运营中心建成，“农芯乐”和乐村淘两家电子商务公司进驻办公，阳泉市郊区电子商务区级体验店建设完成。“农芯乐”新建村级体验店 30 个，全区村级体验店达 82 个，全区电子商务线上销售额达846 万元。（刘　伟）

2017 年，平定县农村电子商务网上供销社商品展示　（刘　伟供图）

【副省长郭迎光到阳泉市调研深化供销合作社综合改革工作】 2017年3月15日，副省长郭迎光一行到阳泉市，调研深化供销合作社综合改革工作，召开座谈会。郭迎光一行到山西天元绿环科技有限公司、平定农资物流配送园区、平定新农商网络科技有限公司实地考察。在阳泉市召开全省深化供销合作社综合改革工作座谈会。会上听取阳泉市供销社综合改革情况，以及平定县、盂县、山阴县、榆社等地基层供销社和专业合作社运行情况。他指出，全省供销合作社系统要秉承为农服务的宗旨，推进综合改革；以股份合作制为重点，探索建立与农民的利益联结机制，推进基层供销社组织创新和结构创新，吸收更多农民群众入社，提高农民组织化程度；健全完善供销社农业社会化服务体系，在新业态、新模式上有新突破；采取有效措施，破解农村物流“最后一公里”以及农村电商培训等制约改革发展的问题。（王　亮）

【中国“供销e家”董事长一行到阳泉市调研指导工作】 2017年2月15日，中国供销电子商务有限公司（简称“供销e家”）董事长王正伟和供销e家产业电商事业部总经理高生一行到阳泉市平定县供销社调研指导。在山西省供销社党组成员、副主任李俊德，经济发展处处长殷德春、阳泉市副市长董仙桃及市、县供销社领导陪同下，参观阳泉市新农商网络科技有限公司、宋家庄和红卫村村级电商体验店、平定县供销e家电子商务运营中心，听取新农商网络科技有限公司负责人的工作汇报及打算，就促进平定县农村电子商务又好又快发展提出建设性意见。（王　亮）

【供销扶贫】 2017年，阳泉市供销社引领农户靠劳务输出增加收入，解决贫困户家庭收入少、外出务工难的问题。66个建档立卡贫困村，基本实现“三有一能”（县有“供销e家”电商服务中心，乡镇有电子商务服务站，村有电子商务配送点，贫困户能通过电子商务销售自产产品，购买生产生活资料）目标。（刘　伟）

药材经营

【概况】 2017年，山西省阳泉医药药材公司以“谋求共赢、规模发展、举企全力、推进改制”为改革发展思路，企业上下团结一致，促进改革发展稳步推进。截至2017年底，企业资产总额1.06亿元，负债总额9462万元，所有者权益1186万元。全年销售收入6970万元。年内，申报增加易制毒化学药品“马来酸麦角新碱注射液”的经营资格，市食品药品监督管理局对申报条件进行监督检查，省食品药品监督管理局于4月6日签发《药品类易制毒化学品购用证明》。（武爱爱）

【公司改革】 2017年5月22日，在省政府主办的“央企助力山西转型综改会议”上，阳泉医药药材公司与国药集团山西有限公司签订《战略合作框架协议》，双方本着发展壮大、优势互补的原则，为实现资源快速整合，开拓阳泉药品市场，在较短时间内提升市场占有份额，经多次协商、洽谈，确定在阳泉出资共同组建药品批发和零售连锁两个公司，截至2017年底，进入实际操作阶段。（武爱爱）

【侯家沟库区拆迁】 2017年，根据阳泉市政府规划及阳泉市生态新城建设管理委员会2014年1月6日下达的“平阳路工程房屋征收及搬迁改造通知书”，阳泉医药药材公司位于平阳路的侯家沟库区7420.60平方米及地面附属建筑物全部予以拆除。拆迁涉及库区内存放的过期危险化学品处置和租赁户搬迁问题。为落实好市政府战略部署，公司领导班子组织人员展开协调，化解矛盾。过期危险化学品处置方面，经专业人员排查整理确定涉及危险化学品1.32万千克。上报市国资委批复后，委托山西省产权交易中心挂牌招投标，9月28日与中标商山西省太原固体废物处置中心（有限公司）签订固废处置合同，支付处置费、交易费共计127万元对危险化学品进行安全处置。租赁户搬迁方面，与租赁方阳泉市晋阳龙飞商贸有限责任公司于11月1日达成和解协议，公司支付对方新建房屋补偿、水电改造补偿、搬运费计114万元，退还未到期租赁费1.66万元。11月9日，公司与市生态新城建设管理中心签署地上建筑物及土地移交协议，侯家沟拆迁工作结束。（武爱爱）

盐业管理

【概况】 2017年，山西省盐业公司阳泉分公司担负阳泉市及晋中市和顺县、昔阳县各种食盐的购、销、调、运、储业务。盐业公司阳泉分公司供区人口174万人，年销售1.3万吨，储备能力达6000吨。全年销售收入1364万元，销售各类盐9277吨，其中食用盐4836吨、小工业盐4271吨、软水盐68吨、畜牧盐102吨。（王美卿）

【食盐市场整顿】 2017年3月至4月，盐业公司阳泉分公司辖区出现食盐销售下滑，假盐、外省盐涌入市场现象，食盐配送基本停滞，盐业公司阳泉分公司及时向市政府汇报食盐市场情况，与市公安局、市食品药品监督管理局磋商，会同阳泉盐务分局开展食盐市场治理整顿工作，对错误解读盐改政策，擅自批发销售食盐的情况紧急叫停，对购入的盐品就地封存。对假盐、私盐、劣质盐、脚臭盐坚决没收，依法严惩。对其他质量合格的在途盐品，尽可能帮助销售商退款、退货、减少损失。全年查获案件 53 起，出动执法人员 965 人次，查获各类盐品 9.61 吨。其中，阳泉市城区、矿区、郊区查获没收外地盐 4.1 吨，盂县查获没收外地盐 2.3 吨，和顺查获没收外地盐 3.1 吨。移交司法处理刑事案件 7 起，刑事拘留 2 人。（王美卿）

【盐业体制改革政策宣传】 2017 年，针对食盐终端客户和二级批发商对盐改政策缺乏认识，盐业公司阳泉分公司采取应对策略，印制《盐业体制改革方案》2000 份，边配送边宣传，向终端客户发放讲解政策。在华龙超市 3 家店入口位置设立“食盐专营、政府储备、国企品质、品味晋盐”广告牌。全市新增晋盐专柜 21 个，全市晋盐专柜 52 个，基本覆盖大中型超市。盐业公司阳泉分公司配合盐务部门开展盐业市场检查整顿，检查零售门店终端客户 200 余家，发放宣传资料 1000 余份，通过政策宣传和优秀服务，广大零售终端客户表示为百姓食品安全考虑，杜绝与不明来路厂家接触，盐业市场基本稳定。（王美卿）

烟草专卖

【概况】 山西省阳泉市烟草专卖局（山西省烟草公司阳泉市公司）下辖平定县、盂县烟草专卖局（卷烟营销部），担负全市卷烟市场专卖管理和满足卷烟供应的任务。2017 年，烟草公司阳泉市公司聚焦“销量、结构、税利”核心指标，以稳中求进为总基调，以“创新思维、挖潜增效、重点突破”为抓手，各项工作稳步推进。全年全市销售卷烟 4.56 万箱，比上年增长 0.89%；实现税利 2.9 亿元，增长 4%。（赵丽娟）

【卷烟经营】 2017 年，烟草公司阳泉市公司在宏观上，做好各工业企业货源组织和投放，做到“控”“投”收放有度；在微观上，定期测算不同区域销量和结构，把策略做精做细，加强订单跟踪和市场走访，提升区域客户订购率、满足率。从手段上夯实“基础是引领”的工作举措，赴运城、太原学习，消化对接全省“三个营销基础推进会”先进经验，眼睛向内，补齐短板。落实“三精一转”（精准需求预测、精准货源采购、精准货源投放，客户经理工作转型），完善货源投放规则，优化客户分类分档，把需求预测准确率纳入考核，全年全市平均预测准确率达 97.95%；制订客户经理转型计划，对照运城典型标杆，推进市场优化、流程再造、激励考核等工作；统筹落实全省卷烟营销网络建设系列指导文件，截至 2017 年底，全市建成终端示范店 18 户、占比 3.1‰，新建吸烟点 2 个，建成客户自律互助小组 32 个、成员 384 户、占比 6.62%；把新品培育作为战略发力点，强化“严进宽出”，突出投放管理和过程控制，确保新品“条盒同价”，新品培育成功率达 80.5%。（赵丽娟）

【专卖管理】 2017 年，烟草公司阳泉市公司瞄准“专卖监管新作为”，做到“四个强化”。强化打假破网，深挖线索、耐心经营。“5·10”贩售假私烟网络案件破获收网；“9·19”专案取得突破，逮捕 3 人、取保直诉 4 人、网上追逃 1 人。强化市场监管，规范市场秩序。全年全市查处各类涉烟案件 576 起，查获违法卷烟 173.82 万支，涉案金额 97 万元，查处 2 万元以上案件 7 起、查处 5 万元以上案件 2 起；开展打击物流寄递及货运领域涉烟违法专项行动，出台烟草、邮管、交通、公安联合打击工作机制，全年查处物流寄递案件 53 起，查扣违法卷烟 587 条，遏制假私非烟流入。强化大户监管。开展专项行动，依法查处违法违规卖烟大户 110 户、责令暂停整顿 23 户、降级降档 87 户，依法注销人证不符、证址不符 66 户。强化基础管理，落实“放管服”，严肃“宽进严管”，证件管理规范运行。狠抓规范经营，突出“四个着力”，着力规范经营行为，制订实施《内部专卖管理监督订单监管办法》《卷烟经营责任追究办法》；着力强化实地监管，入户约 3900 户，排查虚拟代订代收户，函询反馈涉嫌违规问题 42 个；着力监管卷烟非法流通，建立专卖、内管和营销联动机制，分析存在修改订单、同 IP 地址订货的订单 3.79 万笔；着力强化追责问责，下发质询函 31 个、提出意见建议 29 个，下发整改通知书 2 份。（赵丽娟）

贸易促进

【概况】 2017 年，中国国际贸易促进委员会阳泉市支会重点开展“三三三”工程，即加强“三基”建设（基层组织建设、基础工作建设、基本能力建设）、搭建三个平台（联络展览平台、商事法律平台、信息沟通平台）、提供三项服务（为推介产品提供服务、为促进贸易便利化提供服务、为企业获得商机提供服务），各项工作取得突破性进展，促进阳泉经济创新驱动、转型升级。（赵红梅）

【展会工作】 2017 年，阳泉市贸促会在研究市场变化的基础上，根据企业生产实际和经济转型跨越发展的目标，重点组织企业参加展会 3 次，引导域内企业和产品“走出去”。

6 月 13 日至 16 日，组织盂县西小坪耐火材料有限公司、盂县国泰耐火材料有限公司、阳泉市瀑里炉料有限公司、阳泉市下千耐火材料有限公司、阳泉华岭耐火材料有限公司、阳泉市金土耐火材料有限公司 6 家耐火企业参加在上海举行的“第十三届中国国际耐火材料及工业陶瓷展览会”。展会期间，阳泉市下千耐火材料有限公司与英国美顿耐火材料（上海）有限公司签订购销合同 2 份，金额 5 万余美元；参展企业与 38 家中外

2017年6月13日，市贸促会组织6家耐火企业参加第十三届中国国际耐火材料及工业陶瓷展览会 (赵红梅供图)

客商建立贸易合作意向，金额约2500万元。截至2017年底，市贸促会连续7年组织企业参加中国国际耐火材料及工业陶瓷展览会，在省贸促会资金支持下，连续3年对展位进行特装(每年20余万元)，整体推介“阳泉耐火”品牌，参展效果提高。市贸促会组织盂县永恒工艺厂参加在匈牙利举办的“2017年中国品牌商品(中东欧)展”、组织阳煤集团奥伦贸易有限责任公司参加“2017秘鲁国际矿业展”，均取得良好效果。 (赵红梅)

【出证认证】 2017年，阳泉市贸促会在促进国际贸易、为企业提供国际商事法律服务中，利用现代互联网技术，将传统的纸质原产地证书变为电子原产地证书，产地证网上签证率达100%。全年代理签发一般原产地证明书386份，涉及36个国家和地区。其中，签证量较多的国家为伊朗63份、印度54份，出口金额较大的国家为伊朗835.3万美元、俄罗斯547.4万美元，认证涉外商业单据85份，代办领事认证59份。新注册企业1家，为阳泉市岩禾磁电科技有限公司。截至2017年底，在市贸促会注册企业达50家。 (赵红梅)

【对外联络】 2017年，阳泉市贸促会与加拿大法亚公司(Faryad Empire Inc.)签订战略合作协议书；在新西兰设立中国国际商会阳泉商会驻新西兰代表处，签署协议书，促进地区间经济贸易往来。

围绕阳泉市产业结构调整项目，市贸促会联系台湾峰下能源山西爱克博士环保有限公司与阳泉经济技术开发区通过多次双向考察和洽谈并于3月28日落户开发区。该公司主要致力于节能减排技术推广，对于降低煤炭消耗、节省能源、打造台商投资工业园建设和吸引更多台商到阳泉市投资创业起到积极作用。

9月15日，市贸促会邀请新西兰安格斯协会主席Patrick Lane先生与新西兰东方地平线公司董事长冯永刚先生一行，到盂县西烟镇和东梁乡的养殖基地考察畜牧养殖业。通过考察交流，深入探讨养殖技术，增进了解。市贸促会在新西兰设立代表处，为今后合作顺畅通道。 (赵红梅)

【组织机构完善】 2017年，阳泉市贸促会在深入县区调研基础上，与阳泉市机构编制委员会办公室多次协商，提出健全完善县(区)贸促会(国际商会)组织机构建设的意见。3月6日，市编办以阳编办字〔2017〕11号文件《阳泉市机构编制委员会办公室关于各县区贸促会机构设置的通知》发文同意各县(区)招商局或投促局(城区)加挂贸促会牌子。截至2017年底，各县(区)、开发区贸促会机构组建到位。 (赵红梅)

【信息服务】 2017年，阳泉市贸促会利用《贸促信息》、贸促会网站、贸促会微信公众号、阳泉贸促工作QQ群等信息传播手段，搭建信息服务平台，开展全方位、立体化信息服务。全年网站发布信息260条，微信公众号发布信息35条，《贸促信息》发行29期。市贸促会采编信息被《中国贸易报》采用1篇、被《阳泉日报》采用13篇、被市委办公厅主办的《阳泉信息》采用2篇。内容侧重对阳泉市投资环境、投资项目的推介宣传，对会员会务以及自身建设的宣传，对贸促工作的宣传。通过宣传，扩大国际贸易促进工作的影响力，发挥对外经贸团体联结政府和企业的桥梁纽带作用，履行职能。 (赵红梅)

交　通

铁　路

【阳泉站概况】 2017年，中国铁路北京局集团有限公司阳泉站行政机构设办公室、劳动人事科、计划财务科、安全科、技术科、运输和统计科、职工教育科、经营开发科8个科室，党群组织设党委、纪委、工会、团委，辖党委办公室；综治环治办公室及安全监控和生产调度室、施工管理室、乘务管理室3个辅助生产机构，下设调度、运转一、运转二、运转三、客运、阳泉北站、货检、白羊墅运转8个生产车间及信息化、设备维修和阳泉行车公寓3个非生产服务车间。所辖石太线上2个一等站，14个中间站，生产班组179个。多元经营非运输企业（单位）有阳泉铁路实业总公司和阳泉劳动服务公司、白羊墅劳动服务公司。年末职工总数1801人，其中，干部299人、女职工110人，具有高、中、初级专业技术职务人员分别为1人、56人、124人，高级工369人，工人高级技师2人，技师131人。运输收入393682.11万元，其中，客运收入11345.72万元、货运收入382336.39万元；运输总支出39956.89万元；运输业劳动生产率5.71次/人·日；非乘务单位担当动车、高铁人员劳动生产率10.56万辆千米/人；客运发送量264万人，其中，阳泉站69万人、阳泉北站140万人、管内石太线各中间站55万人；货物发送4307万吨；日均装车1770车，日均卸车255车，静载重66.7吨；中转时间3.2小时，停站时间18.1小时，日办理车6599辆。截至2017年底，阳泉站连续实现安全生产2873天，连续实现第7个安全年。（武海生）

【设备管辖及担当任务】 阳泉站横跨山西、河北两省，中心里程位于石太线107千米+229米，车站等级为一等站，业务性质为客货运兼办的综合性车站，技术性质为编组站。主要客运设施有候车室6个、售票处6所、行包房1处、查危仪6台、旅客站台12个、站台雨棚2座、旅客天桥通道2座、旅客地下通道1个、客票代售点2个；办理客运固定旅客普速列车8列，日均发送旅客3400人。2017年底固定资产原值9615.51万元。主要担负山西省阳煤集团所属一、二、三矿，新景矿，国有统配煤矿荫营煤矿，固庄煤矿，南煤集团（南庄煤矿）及阳泉市聚晟煤炭运销公司，晋中聚晟煤炭运销分公司煤炭外运组织任务；管辖沿线内各中间站旅客运输、货物到达和外运；阳泉境内、晋中市昔阳县和河北省井陉县周边地区的石油、化工、煤炭、非金属矿、矿建及军运物资到发；部分上下行货物列车解体和编组及中转等技术作业。

阳泉北站中心里程位于石太客运专线108千米+400米，地处阳泉市西北部，距阳泉市中心46千米。主

2017年12月，阳泉火车站工作人员清除积雪确保线路畅通（武海生供图）

要客运设施有旅客候车室1个、查危仪3台、问讯台1处、自动扶梯5部、旅客地下通道1个、旅客站台2个、站台雨棚2座、售票处1所(包含5个售票窗口及5台自动取票机)。主要办理旅客到发业务,全年办理客运固定旅客列车69列。其中,高铁31列、动车12列、普速车26列,日均发送旅客3629人。 (武海生)

【设备设施改造】 2017年6月,阳泉站管内石太线全线三显示改四显示施工和微机联锁改造工程完工。此次改造历时三年,阳泉站管内石太正线14个行车室(其中上安站行车室2009年4月改造完成投入使用),全部由6502改为微机联锁控制;信号机全部由三显示改为四显示;取消2站(下盘石、简子沟)、4个线路所(下安、翟家庄、蔡公庄、西武庄);阳泉站中心里程变更为107千米+229米(起点为石家庄北站)。 (武海生)

【"盂县号"高铁冠名专列首发】 2017年2月26日,阳泉市高铁冠名列车"盂县号"首发仪式在阳泉北站举行。"盂县号"为山西省第一批以县域冠名的高铁列车,运营车次为G606次(太原南—北京西)和G1954(太原南—上海虹桥),途经太原南、南京南、无锡东、上海虹桥等23个站点,运行范围覆盖北京、上海两个直辖市及山西、河北、河南、安徽、江苏5省,年客流总量达233万人次;列车以海报、广播、LED显示屏、列车电视、车门贴、座椅靠背巾等为宣传载体,为来往乘客呈现"仇犹故里、忠义藏山、清凉盂县"风貌,展示盂县旅游对外开放新形象。 (王九存 史晋阳)

【阳大铁路概况】 2017年,阳泉市阳大铁路公司科学部署、积极协调、抢抓机遇,完成年初制订的各项工作目标。

工程建设 阳大铁路公司针对项目建设工作中出现的I类设计变更、局部工程建设进展不均衡等实际情况,组织总承包单位对施工组织方案科学合理优化,采取加大资金、人员、设备投入,增加工作面,增加桥梁模板套数,调整铺轨架梁施工组织,压缩验收工期和加大北京铁路局协调力度六个方面措施抢抓工期。经7个土建标段、5个采空区治理标段、2个站后施工标段、2个自主造地标段等30余个单位协作,截至2017年底,全线17座桥梁开工15座,线下主体完成13座,完成桥梁工程量的88.93%;9条隧道有8条贯通,完成工程量的93.16%;72座涵洞开工65座,完成工程量的92.16%;路基工程挖填土方完成933.25万立方米,完成工程量的84.92%;采空区地基处理工程累计灌浆30.6万立方米,完成工程量的85%;全线共需预制和架设T梁502片,累计完成预制392片,完成总量的78.09%,梁片架设完成2座,完成架设158片,完成总量的31.47%;自主造地工程全部完成。

站后工程 年内,项目部分站后工程开始施工,完成接触网支柱组立94处,完成设计总量的6.8%;阳泉北10千伏配电所、河底站房生活房屋、通信直放站开始施工建设。

征地拆迁 阳大铁路公司协调征拆工作,保障项目正常施工,与相关县区、部门形成定期会议制度,召开各类征拆协调会94次,各类调研75次。根据市政府《征地拆迁目标责任书》规定,严格审核并及时拨付征拆资金,全年审核各类协议500余份,累计拨付征拆资金4.25亿元。截至2017年底,完成永久性征地171.8公顷(2577.05亩),拆迁房屋面积9.1万平方米;坟墓迁移、树木补偿两项工作基本完成(迁移坟墓2839座,补偿树木3.45万株);完成厂矿企业搬迁41家;10千伏以上供电线路迁改完成31条;国新、华润燃气管线迁改完成9处;煤气管线、长途光缆、自来水管线迁改工作全部完成。

资金筹措 2017年,阳大铁路项目累计筹措资金43.74亿元,实际到位29.3亿元。其中,山西省能源交通投资有限公司10亿元、市国资委6.8亿元、申请专项建设基金6亿元、阳煤集团3.5亿元、荫营矿1.7亿元、固庄矿1.3亿元;与多家金融机构进行对接,申请到以中国工商银行为牵头行的银团贷款12亿元。 (翟权峰)

【杏村隧道贯通】 2017年5月16日下午5时,阳泉市阳大铁路项目杏村

2017年5月23日,阳大铁路阳泉北站站房综合楼主体工程封顶
(秦 宇供图)

隧道贯通，该隧道是阳大铁路项目首条贯通隧道。杏村隧道位于盂县孙家庄镇降香坪村与洪塘村之间，全长1120米，最大埋深32.6米，穿越多处断层破碎带和下穿浅埋段。阳大铁路公司根据杏村隧道地质特点，优化设计、完善施工方案，采取从中间明洞段进洞，向进出口两边掘进的方案，配合三台阶法施工，合理压缩施工时序，工程顺利完工。（翟权峰）

【苇泊河特大桥线下主体工程完工】2017年5月23日，阳泉市阳大铁路项目苇泊河特大桥线下主体工程完工，成为全线首座线下主体工程完工的大桥。苇泊河特大桥于2016年3月正式开工建设，北接河底站场，南通北梁隧道，全长762.41延米；有22个桥墩、2个桥台，全桥桩基212根，共计3641米；承台20个；挖井基础4个；墩台身24个，共753.31米，最高墩身达53米。（翟权峰）

【荫营河特大桥预制T梁架设工程】2017年9月1日，阳泉市阳大铁路全线最长特大桥荫营河特大桥预制T梁架设工程开始施工建设。荫营河特大桥全长2288.46米，设计墩柱65根，最高墩54米、最低墩4米。其中，下烟村跨越307国道的46号至49号桥墩连续梁于2016年12月7日合龙，林里村跨玉泉路的17号至20号桥墩连续梁于2017年5月25日合龙，全桥需架设60孔共计120片T梁。为安全、高效架设荫营河特大桥T梁，阳大铁路公司制订详尽施工方案，要求施工单位利用凌晨车流量较少时间段架设跨国道207线的两片T梁，于施工点前后50米处设置减速提示牌，T梁底部设置限高标识及反光贴，确保车辆安全通行。现场技术、管理人员严格按照施工方案指导施工，项目部对施工人员进行技术交底，提前对需架设桥梁的下部结构进行逐一检查，对墩台垫石尺寸、高程、平整度进行复核检查。阳大铁路公司工程部人员、项目部工程、试验、安全等管理人员到预制梁场，对预制T梁进行出场检验验收，确保出场合格，满足架梁要求。（翟权峰）

2017年11月，阳大铁路荫营河特大桥T梁架设工程施工现场（秦 宇供图）

【东寨隧道贯通】2017年9月4日，阳泉市全长1580米的阳大铁路东寨隧道贯通。东寨隧道是阳大铁路第一标段重难点工程，是阳大铁路直通北京、太原的咽喉工程。阳大铁路东寨隧道于2016年7月6日开工建设，项目建设中，阳大铁路第一标段工程项目部明确节点工期目标，科学编排施工组织方案，合理配置资源，组织施工，严格执行"先探测、管超前、短进尺、弱爆破、强支护、快封闭、勤量测"原则，加强对各道工序、各个施工环节监管力度，实现安全"零事故"、质量"零缺陷"预期目标。（翟权峰）

公　路

【阳泉公路分局概况】2017年，阳泉公路分局紧扣"11287"工作思路，各项工作取得新进展。

前期项目有新进展。以PPP模式建设的国道207、307线阳泉市绕城改线工程、国道207线前洼至林里公路和省道盂榆线南上社至寿阳界公路工程以及盂县郊区两项省地共建项目，共计5个项目按前期工作目标提前完成，项目落地总投资74.84亿元。

公路建设展现新气象。全年完成养建投资4.8亿元。续建的省道盂榆线盂县绕城公路工程、六项灾毁工程、韩庄桥等年度重点工程，明确以"时间表、路线图、示意图"三张图为对照，通过"挂图作战、挂牌督办、对接协调"等举措，克服资金压力大、环保要求严、征地拆迁干扰多、时间紧、任务重等压力，完成建设任务。

公路养护迈上新台阶。年内，在省公路局养护管理督导检查中连续两次取得第二名成绩。启用"互联网+公路智能养护管理"系统，与南北两个应急指挥中心整合形成"一中心、多平台"公路智能化管理体系。路面使用性能指数PQI值达83，比上年提高8.6。

路政治超实现新规范。在路政管理工作中，推行路地联动四个机制，制作"路政管控三色图"，实施路政执法"三基三化"建设（基层执法队伍职业化建设、基层执法站所标准化建设、基础管理制度的规范化建设），提升执法化管理水平。在超限治理工作中，开展整风肃纪专项行动和纪律秩序集中大整治活动，执法形象提升。8

个超限站人员于1月15日全部交流到位，队伍保持总体稳定。启用高清电子抓拍系统，依法治超、规范治超水平提升。

重点改革取得新突破。公路建设投融资方面，推行PPP建设模式，保证国道207、307线阳泉市绕城改线工程实施。养护市场化方面，推进大道班建设，道班功能实现单一到多元功能转变；以平定段为试点在路面养护中心内部探索实行独立核算，推行企业化自主经营管理。（韩 静）

【"11287"工作思路】 2017年3月19日，阳泉公路分局制订"11287"工作思路，即围绕一个目标：完成省公路局下达和分局确定的年度任务指标；树立一个理念：树立"法制先行"工作理念；开展两项活动：开展"项目落地年"和"管理提升年"两项活动；抓好八项重点工程：国道207线、307线阳泉市绕城公路改建工程，省道双阳线元吉至东蒋段路面改造工程，灾毁恢复工程，省道闫贾线、石阳线芙城口至贾家峪段路面改造工程，国道207线前洼至林里公路改建工程，省道盂榆线南上社至寿阳界公路改建工程，国道307线石门口改线工程，杨白线韩庄路段续建工程；落实七项工作措施，开展"项目落地年"，推进养护方式创新，树立法治先行理念，推动安全发展，开展"管理提升年"，加强党的建设，推进工作落实。在此思路的引导下，推动分局各项工作管理升级、改革创新，实现科学发展再上新水平。（韩 静）

【省公路局专项检查组到阳泉市检查】 2017年11月9日至10日，山西省公路局2017年度国省道干线公路养护年终检查组到阳泉市，就阳泉公路分局公路养护工作进行专项督查。检查组听取工作汇报后，先后观摩检查郊区公路管理段苇泊道班的养护工作图板和养护作业区演练操作平台、平定公路管理段省道214线大黄沟桥三类桥维修加固和盂县东公路管理段省道314线复合材料里程碑、平定公路管理段国道307线新关灾毁恢复工程挡墙文化建设和路面精准化养护、阳泉公路分局北区应急指挥中心和省道314线元吉至东蒋路面改造工程质量控制成果展示。（韩 静）

【4处公路超限检测站规范化建设工程通过竣工验收】 2017年11月30日，梁家寨、上社、东梁、槐树铺4处公路超限检测站规范化建设工程，通过阳泉市交通建设工程质量监督站竣工验收。东梁站为新建工程，梁家寨、上社、槐树铺3站为收费站改建工程，设计采用独立式港湾型普通公路检测站，建设标准为单向检测；检测站分为办公生活区、检测区和卸货区三部分。东梁站与太原境内的西殿公路超限站共同实现双向检测；梁家寨站检测河北入山西车辆，与活川口超限检测站共同实现双向超限检测；上社站检测阳泉通往忻州、定襄等地区过境车辆，与西郊超限检测站共同实现双向超限检测。（韩 静）

【杨河线纳入省道路网】 2017年12月6日，经山西省公路局批准，阳泉市境内杨河线纳入省道路网，省道编号S352，路线名称为省道杨河线。杨河线起点位于省界杨树庄，终点位于G239线河底，全长32.72千米，公路等级二级，路线由省界杨树庄到白泉线中的杨家庄至苇泊段31.55千米，接县道滴苇线1.17千米组成，全线共有桥梁15座、隧道3座。（韩 静）

【阳泉市交通运输局概况】 2017年，阳泉市交通运输系统完成年度各项工作。

工程建设　阳泉综合交通客运枢纽项目是新建阳大铁路上的主要站点，集铁路客运、长途客运、公交、出租、社会车辆等多种功能于一体，是全省首个综合交通换乘中心；工程概算10.01亿元，上级补助1.35亿元；8月29日，省发改委正式批复初步设计；年内，完成施工图设计及审查、造价咨询、BIM建模、PPP融资方案、财政投资评审等开工前工作，部分工程委托山西省阳大铁路有限公司组织施工和融资。阳泉客运南站部分启动运营，平定公交、和谐出租公司、时尚出租公司入驻南站办公，平定环城公交、农村客运、平定—太原长途班线车从南站首发。国道207、307线改线工程，全长52.75千米，路基宽度24.5米，批复概算投资约57亿元，完成PPP项目投资人招标，与中建海外阳泉公司签订正式合同。争取省市补助资金23657万元，其中"四好(建好、管好、护好、运营好)农村路"省级补助资金4500万元，市级建设及养护配套资金2280万元；县乡公路改造项目、窄路基路面拓宽改造项目、安全生命防护项目、撤并建制村、危桥改造等省级补助资金6603万元，市级建设配套资金1732万元；县乡公路养护费省级补助1195万元，市级补助200万元；公交各类补贴4147万元；公交车购车款3000万元。

农村公路　年内，市交通运输局与各县(区)政府签订《省市县(区)共建"四好农村路"协议》，印发《阳泉市"四好农村路"建设指导意见(2017—2020年)》《阳泉市交通运输局推进"四好农村路"建设实施细则(试行)》，将交通运输部、省交通运输厅、市政府及市交通运输局有关"四好农村路"建设文件汇编成册，指导服务县(区)开展"四好农村路"建设。全年完成投资58098万元。新改建农村公路174.3千米、安全生命防护工程189.86千米、危桥改造16座；开工建设县乡公路改造工程4个项目12.8千米、村通硬化路工程45个项目169千米。完成农村公路普查工作和

《“四好农村路”建设专项规划（2017—2020年）》编制工作。在省交通运输厅组织的“四好农村路”建设督导考评中，市交通运输局被省公路系统评为2017年度“管理养护优秀单位”。

旅游路建设 按照山西旅游发展大会提出的打造“黄河、长城、太行”三大旅游板块总体部署和省交通运输厅安排，为打造雄奇太行、秀丽太行、红色太行、古韵太行的精品风景旅游带，阳泉市召集相关部门和专业人员对太行山阳泉段旅游景区和待开发景区进行逐项盘点，对线位走向进行初步选定，制订太行山1号国家旅游观光公路阳泉段规划。规划线路北起牛道岭，南出鸦洼，总长665千米。其中，主线535千米，支线130千米，总投资约75亿元，整体呈现“三环嵌套、覆盖全域”局势。

精准扶贫 以“四好农村路”建设为依托，通过调研摸底，列出全市130个贫困村公路改造计划。年内计划开工17个村81千米，实际开工24个村133.7千米，完成18个村128.2千米。全市新增通客车建制村16个，其中郊区4个、平定12个，完成率达106%。

服务监管 阳泉客运总站、盂县客运站全部实现联网售票，客运联网售票率达100%。郊区基本实现村通公交车全覆盖；平定县被交通运输部确定为城乡交通运输一体化第一批示范县，县政府补贴400万元解决公交运营亏损，投资450万元建设公交客运智能安全调度管理系统，争取上级补助4500万元，发展县城公交、镇村公交、村通客运，实现具备条件的建制村通公交客车全覆盖和农村物流快递全覆盖。利用县、乡镇汽车站，引导推动农村物流企业、电商企业和邮政企业、供销社等开展深度合作，推动构建覆盖市县乡村四级农村物流网络和“多站合一”物流节点体系。推广绿色出行，全年全市新增电动公交车80辆，电动公交车总数增至607辆，占比达50%；全市每万人拥有公交车15.80标台，出行分担率27.82%；全年城镇公共交通客运总量为1.9亿人次，城镇人均公共交通客运量206次/人·年，总量排全省第二，人均居全省第一。市交通运输局会同公安交警开展打击“黑车”非法营运专项行动，采取明察暗访、源头蹲守、重点布控、群众举报等方式查处违法营运车辆75辆；全系统运行的7个公路超限检测站共检测车辆104.7万辆，查处非法超限超载车辆107辆，超限率为0.01%；发现并查处损坏公路案件46起，结案46起，发现率、查处率、结案率达100%。海事工作取得成绩，水路运输客运量19.09万人，比上年增长213%，连续8年未发生大小事故和责任事故；娘子关两个渡口码头改造工程前期工作基本完成；市地方海事局连续4年被省地方海事局评为优秀单位。

重点领域改革 推动交通运输业降本增效，中建娘子关收费站通行量全年110.2万辆次，通行费6137万元；落实“绿色通道”和重大节假日客车免费通行政策，绿色通道减免2930辆次，减免通行费36215元，节假日减免46405辆次，减免通行费46.4万元。按照国务院、省、市深化“放管服效”改革要求，承接8项省下放行政审批事项，全年市行政审批中心交通分中心办理行政审批事项6688件；加强事中事后监管，全年公示涉企信息行政许可71条，行政处罚8条，抽查检查信息21条。推动危化品运输改革，制订实施《阳泉市危险化学品运输企业规范管理改革意见》，5辆危化品运输车辆退出运输市场，企业有序取消合作经营、事实挂靠运营方式，逐步实现企业公司化经营。完成原局属4个企业转隶移交工作，实现党政机关与企业脱钩。

安全管理 市交通运输局全年召开安全生产例会12次、安全生产扩大会议2次、安全生产专题会议4次。落实企业主体责任和行业监管责任，全年出动检查组86个（次），出动检查人员209人（次），检查企业92个（次），排查整改一般隐患156条，整改率98%。全市23个“两客一危”（从事旅游的包车、三类以上班线客车和运输危险化学品、烟花爆竹、民用爆炸物品的道路专用车辆）企业和车辆、19户大型普货企业、60户维修企业、6所驾校、12个出租汽车企业全部悬挂安全生产责任牌，企业安全监管责任到人。班线客运、旅游客运、危货运输、公共交通、出租汽车等相关企业开展安全生产标准化达标考评工作。组织公交总公司参加市反恐办公室举行的应急演练和五架山隧道应急演练，组织客运总站开展灭火应急演练，提高应对突发事件能力。（王九存 史晋阳）

【省督导组到阳泉督导检查】 2017年6月14日，以山西省道路运输管理局副局长时晋杰为组长的道路运输安全生产大排查大整治专项行动督导组到阳泉市进行督导检查。督导组先后到威虎化工有限公司、晋东化工厂、山西汽运集团阳泉汽车运输有限公司听取相关企业负责人汇报并进行检查。督导组要求，运管机构及“两客一危”企业、汽车站要加强组织领导，落实行业监管责任，严守不发生重特大生产安全事故底线，推动道路运输安全生产大排查大整治专项行动开展。（王九存 史晋阳）

【纯电动出租车投入运行】 2017年，阳泉市720辆纯电动出租车投入运行。电动出租车车型为比亚迪E5、E6，车身为蓝白色相间，车内空间宽敞，可满足4至5人行李摆放需求；搭载比亚迪自主研发铁电池，动力能源转化率高达90%，远高于传统燃油车；最大功率为90千瓦，最大扭矩为450牛·米；百公里能耗为19.5千瓦小时，费用为燃油车的1/4。比亚迪E6纯电动出租车一年可减少二氧化碳排放量32吨，车辆一次性充满电约67元，可持续行驶300千米，每千米平均0.22元。（王九存 史晋阳）

【阳盂高速平定北收费站投入运营】 2017年1月19日，阳泉市阳盂高速平定北收费站投入运营，阳盂高速所设4个收费站（阳泉东、荫营、盂县东、平定北收费站）全部启用。平定北收费站紧邻王家庄工业园区，其运营方便周围群众出行，加强王家庄工业园区与外部交通联系，提高城市道路功能，对当地招商引资、产业发展等具有促进作用。（王九存）

【市客运总站实行实名制购票】 2017年3月1日，阳泉市客运总站对省际、市际客运班线实行实名制管理，开通网上购票业务，售票大厅内设立自动售票机，乘客可在售票大厅自动购票。（王九存 史晋阳）

【交通运输局获全省公路系统管理养护优秀单位称号】 2017年，阳泉市交通运输局围绕农村公路养建管中心工作，开展"四好农村路"建设和具有行业特色的社会主义劳动竞赛活动，强化质量监督管理，建立农村公路养护管理长效机制，完成省、市全年各项目标任务，被省公路系统评为2017年度管理养护优秀单位。（王九存 史晋阳）

【阳泉交通运输执法局概况】 2017年，阳泉市交通运输执法局重点开展交通运输行政执法深度监督（日常监督、治超专项监督、行政执法评议考核）、高速公路服务区资产和治超监控系统运行情况监督、收费公路收费政策执行情况专项监督及道路运输安全生产执法监督，推进阳泉交通运输执法工作开展。截至2017年底，监管境内交通运输系统路政、运政、治超、海事、质监5个执法门类，61个执法单位（部门、站点），865名执法人员；监管阳五高速（130千米）、太阳高速（124千米）2条运营高速公路，总长254千米，执法人员152人；监管高速公路治超站点22个（阳五高速4个、太旧高速18个），公路分局治超站点8个，交通局治超站点8个；监管市公路局管辖国省干线416.5千米、执法人员357人；管辖县乡村道路4940.874千米、执法人员354人；监管货运源头公示企业489家。下设城区、矿区、郊区、平定县、盂县5个基层分局和督查支队。（张 鑫）

【执法监督】 2017年，阳泉市交通运输执法局累计开展执法、治超、安全生产、收费管理监督1931次，下达意见书35份，办结各类案件30件。向省交通运输执法局推送案件18件，被评为省优案件10件、省典型案件1件、合格案件1件。（张 鑫）

【"3·31"专项行动】 2017年3月31日晚，阳泉市交通运输执法局将全局执法监督人员50人分为10组，对"太旧"和"太阳"两条高速公路"绿色通道"收费台账和免费车辆通行情况进行检查，并就检查中发现的问题提出意见建议，形成书面材料上报省交通运输执法局。（张 鑫）

【治超联网建设项目专项审计】 2017年，按照山西省交通运输厅《关于对山西治超联网建设项目开展专项审计的通知》要求，阳泉市交通运输执法局成立审计组，自3月27日起对阳泉治超站点治超信息系统联网工程进行专项检查，涉及13个单位，发现问题19项，审计组将问题汇总形成审计报告上报省交通运输厅、省交通运输执法局。（张 鑫）

【全省交通运输执法评议考核专项工作】 2017年，根据山西省交通运输厅《关于印发2017年度交通运输行政执法评议考核工作方案的通知》精神，阳泉市交通运输执法局出台《2017年度交通运输行政执法评议考核实施方案》《2017年度交通运输行政执法评议考核工作方案》。6月6日至7月18日，抽调业务精英组成评议考核第十一组对朔州辖区交通局、公路分局、高速路政3个系统完成考评，派专人协调帮助长治交通运输执法局考评组开展考评工作，组织完成执法人员考试工作。（张 鑫）

【山西汽运集团阳泉公司概况】 2017年，山西汽运集团阳泉公司全年实现营业收入7606万元、实现利润103万元、换算周转量40518万吨千米、上交管理费85万元、实现增加值3534万元，安全生产工作平稳推进，各项安全指标控制在规定范围内。

客运经营　各客运分公司为解决单车效益下滑、实载率降低、停运停驶现象突出等问题，掌握单车效益情况，协助经营合作者解决处理经营难题。变坐等收费为主动上门收取费用，将任务与职工工资挂钩考核，确保单车费用收缴工作完成；旅客出行高峰期，单车加开运行班车，增加收入。

站场经营　最大限度抓补票，各站建立"二级补票"机制，强化站外上客颗粒归仓；加入全省联网售票，阳泉公司除阳泉站不符合站场规划外，全部实现与全省联网售票系统对接，利用微信公众号进行订票宣传，提高旅客订票、购票便捷性；售票业务深入到厂矿、企业、学校、社区，在出行高峰期，将车站服务延伸至人流集聚地，各汽车站尝试开展承揽定向包、加车为主要形式的客运"定制"业务。支持配合各级执法部门开展打击"黑车"行动，整顿清理车站周边黑车待客、票托等不规范行为。

新兴产业　阳泉公司云仓科技项目引进电商入驻，净水器、热水器、油烟机等家电和洗衣片、化妆品、和顺杂粮、原浆老酒、亿佳果园饮料等电商进驻；云仓公司开展同城配送业务，日发单突破300单，日营业额达500元。旅游项目方面，阳泉公司对阳泉路路通旅游客运有限公司、阳泉市散客旅游集散中心有限公司建立完善管理体系和运营流程，开办太原武宿国际机场客运专线、旅游包车、通勤车等新业务；汽车站营销部与当地景点合作，开辟景区一日游专线，旅游集散中心与旅行社合作，开辟黄金旅游线路，年内旅游项目实现营业收入147.7万元。农村物流方面，和顺汽车站利用乡下班车通达偏远乡村资源优势，开展农村物流快递业务；和顺站自主研发物流运营流程软件，在10个乡镇和20个重点村设立60个配送站、县城范围内设立17个社区配送点，与当地20家快递公司建立合作关系；和顺农村物流收件、派件业务比上年增长52.4%和137.4%，营收突破16.6万元，实现利润7.9万元。和顺站获集团公司2017年度示范客运汽车站称号。（朱自明）

邮 电

邮 政

【阳泉市邮政管理局概况】 2017年，阳泉市邮政管理局紧抓行业安全、监管，全市邮政业呈快速健康发展局面。截至2017年底，全市有邮政普遍服务营业网点67个，快递企业备案营业网点127个，邮政快递业网上购销经济规模总量56.62亿元，邮政传统业务收入1.15亿元，快递服务收入2.83亿元；快递件总量2831万件、比上年增长38%，出港438万件、增长40%，进港2393万件、增长38%，出进比例1∶5.5，日均件7.86万件，人均发生量20件。（计 敏）

【市场监管】 2017年，阳泉市邮政管理局督导企业落实“应检必检”要求，邀请专业人员开展禁限寄物品安检影像辨识培训，提出过机安检要求，落实发放8家寄递企业安检机补贴款；推广实名信息系统应用，对问题企业进行逐个约谈；制订《关于强化寄递企业落实主体责任的指导意见》，督导寄递企业完善安全管理内控制度，加强安全隐患排查治理和人防物防技防建设，做到安全责任、安全管理、安全投入、安全培训、应急救援“五到位”；中共十九大期间，连续派出2个检查组，对全市快递企业分拣中心、70%以上营业网点开展检查，对发现的问题依法进行处理。全年检查快递营业场所252个，出动检查人员578人次，下发责令改正意见书21份，行政处罚15起，共计10.9万元。全市有83个快递网点符合标准化要求，标准化率达90%，市区及各县城主要品牌均建成标准化门店。EMS、顺丰、圆通、申通、中通、韵达、百世、天天8家市级品牌分拨中心严格按照规范化建设要求进行，其中6家达标，盂县圆通、中通、韵达、申通、百世、天天6家快递企业合作建成规范化（半自动化）快件分拣中心2个。山西工程技术学院菜鸟快递服务平台营业面积120平方米，年内增加一组快件自提柜，安装全省最先进智能出库系统，快递进校园工作取得突破性进展。（计 敏）

【邮政普遍服务】 2017年，阳泉市邮政管理局出动执法检查人员221人次，开展普遍服务合标、纪念邮票和特种邮票发行销售、机要通信监督等检查工作，检查网点67个，作出行政处罚决定1起，累计罚款8000元。通过组织培训、报刊宣传、有奖知识竞赛等活动推动新《邮政普遍服务标准》宣传贯彻实施。7月至9月，组织开展邮政普遍服务新标准专项执法检查，全市67个邮政普遍服务局所开办业务、营业时间、公示内容及服务设施达标；依据普遍服务网点分级管理办法，审定市邮政公司67个普服局所分为一级6个、二级35个、三级26个，截至2017年底，8个网点申报升级。阳泉市县级城市党政机关《人民日报》《山西日报》当日见报率达100%。（计 敏）

【中国邮政集团公司阳泉市分公司概况】 2017年，中国邮政集团公司阳泉市分公司加快改革创新，推进转型升级，实现企业整体工作较好运行。

2017年3月，阳泉市邮政管理局工作人员到寄递企业进行安全检查
（计 敏供图）

公司经营　全年累计实现业务收入1.15亿元。其中,包裹快递板块提前106天在全省率先完成目标任务,累计实现收入1051万元,比上年增长99.84%,列全省第一;文传板块《游戏规则》电影票明信片兑换券项目实现收入47.96万元,全省排名第一;渠道平台板块邮农合作社项目累计发展会员4419户。机要通信分局获"全国邮政机要通信工作先进集体"称号。

转型改革　推进代理金融自主转型和产能提升,分两批次完成52个金融网点内训师驻点帮扶;实施分户管户质量红黑榜电话抽查,全年累计抽查633户;试点开展"借力·引流"活动,8个示范网点累计开展活动78场,收集客户信息1646户,发展手机银行4180户,新增价值余额3287万元。创新营销模式,组建6支21人"阿米巴"金融专职营销团队,主攻代发工资、信用卡及对公业务等,其中市分公司"阿米巴"团队累计开发代发户数19家728户;突出寄递"尖刀"营销功能,发货43.85万件。提升渠道平台运营质效,绘本馆全年开展活动118场次,服务客户1.25万人次;组织开展创维电器直销和"邮乐919购物狂欢节"等项目营销活动,其中"邮乐919购物狂欢节"活动累计注册邮乐小店8172个,代购笔数4992笔。

资金投入　全年完成固定资产投资574.75万元。加快代理金融网点建设,完成绿卡网、综合网设备终端准入和52个网点冠字号系统上线工程,新增终端50台、PC机10台、打印设备20台、清分机15台、自助填单机20台。加大寄递网络运能建设力度,增设邮件代投代收点99处,新增、更新汽车19辆、三轮摩托3辆、电动三轮摩托9辆。加强便民服务站建设,更新PC机、打印机各13台。加大安防保障投入,完成市分公司监控中心和矿区分公司马家坪支局装修改造及监控报警设备更新。

公司管理　完成264人轮岗和768人次行为排查;组织业务技能培训,全年办班16个、培训776人次,新增银行从业持证人员56人。全年累计清理欠费3872.64万元。完成矿区分公司等7个单位主要负责人任中审计工作。服务方面,实行"提醒、警示、追责""白、黄、红"三色通知管理制度,累计下发视察报告书74份、提醒卡3份、警示卡4份、追责卡3份;组织开展"服务质量专项提升活动",加强新《邮政普遍服务标准》宣传贯彻学习,全年接收有理由投诉10起,比上年下降8起。加强日常安全和内控监管工作,完成中共十九大等重大社会活动期间寄递安全保障工作;全年检查发现各类金融违规问题758个,处罚276人次,罚款43680元。网运方面,重组邮路,优化流程,加快邮件传递时限,完成春节和"双11"等高峰时段邮件处理,全年累计处理各类邮件1690.4万件,报刊2000余万份;信息网实现全年安全无事故运行。　(韩鹏飞)

【邮农合作社】 2017年,阳泉邮政分公司邮农合作社项目累计发展会员4419户。阳泉邮政分公司把邮农合作社项目定位为专业联动平台和拉动金融业务发展重点项目,由市场、金融、包快、渠道平台等部门联合推进。各网点通过分户管户筛选农户,外拓发展会员。邮农合作依托晋邮乡情平台提供农业技术、信息、农资等服务,以蔬菜大棚等经济作物种植培训指导为重点,"送农技下乡"活动获当地政府认可。通过邮农合作社新增金融客户900户、新增价值存款193万元,实现农产品寄递2073件、发展邮乐小店812户。　(韩鹏飞)

【首家少年邮局成立】 2017年3月30日,阳泉市首家少年邮局在市第四中学成立。市第四中学于1993年成立集邮协会,组织集邮爱好者开展第二课堂活动。阳泉邮政分公司集邮协会会员多次赴阳泉四中与学校沟通协调少年邮局装修、内部组织作业、规章制度制订、邮展布置等问题,邮协会员为少年邮局捐赠大批邮品和集邮图书资料,部分老会员被聘任为省少年邮局课外辅导员。(韩鹏飞)

【阳泉机要通信分局获"全国邮政机要通信工作先进集体"称号】 2017年12月22日,国家邮政局和中国邮政集团公司联合召开电视电话会议,纪念邮政机要通信事业60周年,中国邮政集团公司阳泉市机要通信分局被评为"全国邮政机要通信工作先进集体"。阳泉市机要通信分局具有层次清晰、责权明确的立体监督检查体系,机要邮件处理规格5项综合指标合格率达100%,业务单册合格率达100%,全市机要业务档案实现统一化、规范化、标准化、图书化管理,机要窗口100%实现规范服务达标。　(韩鹏飞)

【"邮乐购"店建设】 2017年,阳泉邮政分公司将渠道建设定位为"做实一体,拉动两翼"的基础性工作,根据建设计划倒排时间,落实各级责任。渠道建设与网点金融外拓结合,以金融网点为圆心,开展"邮乐购"店建设维护。"邮乐购"店是加盟商户通过邮掌柜和邮乐小店等平台实现线上批发、代购、进销存、代收代缴等功能的邮政加盟店。截至2017年底,全市累计建设"邮乐购"店509个,在全省提前完成渠道平台建设目标。阳泉邮政分公司借助"邮乐购"店开展各项业务推广工作,成效显著。　(韩鹏飞)

【寄递业务收入增长】 2017年,阳泉邮政分公司寄递业务收入同比增长99.84%,完成预算目标的159.97%,均列全省第一。年内,阳泉邮政分公司贯彻落实全省分寄递业务重点工作部署,调动全员积极性,对接市场和客户需求，精选36个市县级重点项目实施突破，推进年度目标实现。发挥“尖刀排”“阿米巴”等专职营销团队作用，聚焦电商、微商市场，以小带大、以点带面逐步做大电商客户规模，开发蒂洁日化、米多奇、三来食品等一批优质电商客户，电商快包收入占比达60%以上，比上年增长790%，其中“尖刀排”发货量超过30万件。借助省内次日递时限稳定提升和全国重点城市时限承诺服务推广活动，优化网运流程，提升标准快递业务服务能力和客户体验，促进标准快递业务发展。（韩鹏飞）

电　信

【阳泉移动分公司概况】 2017年2月，中国移动通信集团山西有限公司阳泉分公司（以下简称阳泉移动）由外资企业转为内资企业。阳泉移动企业全年收入增幅超行业平均水平，移动通信客户规模超100万户。

市场经营　阳泉移动分公司全年净增4G客户6.1万户，4G客户渗透率达68.2%。推进全网统一4G套餐迁转，推广“任我”系列产品营销，4G客户DOU达1G以上。提升VoLTE业务质量，实现VoLTE无感知自动开通，VoLTE客户规模达11.6万户。全年集团信息化收入突破亿元。以城区天网项目、智慧安监项目等为代表的一系列重大项目实施，签约收入上千万元。开辟数字化服务新航线，云企信、咪咕产品等重点业务规模推广，咪咕文化产品等新业务收入环比提升3.7%。

网络建设　年内，阳泉移动分公司综合应用小微站等新技术、新手段，精准实施网络覆盖，强化4G网络纵深建设，着力提升4G覆盖优势，全年开通4G基站715个，4G基站累计达2788个，4G网络MR综合覆盖率达95%以上，4G平均下载速率达41.81Mbps。全年新建、改造宽带小区625个，新建端口11.2万个，宽带装维及时率达98%。全年新增宽带客户7.32万户，累计达16.4万户，宽带客户份额达33%。全年发展家庭融合用户7.3万户，比上年增长3.6%。50M以上宽带客户占比达66%，魔百和搭载率达45%。实现网络安全和信息安全“零”事故目标。

公司荣誉　2017年，阳泉移动分公司先后获“全国‘安康杯’竞赛优胜单位”“山西省信息系统五一劳动奖状”“山西省信息业工会‘五小’竞赛活动优胜单位”“阳泉市直机关落实机关党建责任制先进基层党组织”等荣誉，保持“全国文明单位”荣誉称号。（张　瑜）

【提速降费】 2017年，阳泉移动分公司贯彻落实集团公司、省公司有关提速降费的各项工作部署，于5月起实施七项降费举措，推动“互联网+”深入发展，促进数字经济加快成长。大幅下调国际长途直拨资费。自5月1日起，大幅下调70个国家和地区的国际长途直拨资费，覆盖超过90%的国际直拨长途话务量，其中，21个国家和地区从6.88元/分钟或1.88元/分钟下调至0.49元/分钟，49个国家和地区从6.88元/分钟或1.88元/分钟下调至0.99元/分钟。下调“一带一路”沿线国家和地区漫游资费。经过两个月试运行后，“一带一路”沿线国家和地区漫游资费优惠自5月1日起正式推广，沿线全部64个国家和地区国际漫游语音资费下调至0.99元/分钟；53个国家和地区国际漫游流量资费调整为30元、60元、90元的包天不限流量资费。推出“速率倍增行动”，大幅下调互联网专线资费。自5月17日起，互联网专线起步带宽从2M上调到10M，对协议期内带宽200M以内的客户，在不增加费用的情况下，经申请速率可免费升至上一档。5月17日后，新办理业务的签约客户，执行调价后的优惠资费；原有客户续签时，可自主选择执行新资费或提速方案。推出“小微宽带”特惠产品。自5月17日起，针对产业园区、商务楼宇、“双创”企业等，推出在上下行速率、产品性能、服务保障等方面满足小微企业需求的价廉质优特色宽带产品，实现“快捷接入、简单实用”需求，与互联网专线相应可比带宽产品的资费相比，优惠超过50%。推出全网流量“任我用”资费。自5月1日起，针对新客户推出188元和288元两档“任我用”资费，分别包含12GB和20GB流量。针对老客户提供238元15GB流量的“任我用”资费。推出系列流量优惠活动。自5月1日起，针对不同流量需求客户，推出系列流量优惠活动，包括流量升档计划和“任我享”流量降费红包抢购活动，流量低至5元/GB，满足客户大流量使用需求。推出“任我看”视频流量优惠包。自5月17日起，和热门视频APP网站合作，推出9元和24元两档视频流量优惠包，客户可分别获得3GB和30GB视频流量，让客户可以放心使用流量观看视频。（张　瑜）

【国内长途和漫游费取消】 2017年，阳泉移动分公司加强为民服务宗旨，坚持“提速降费”不打折扣，9月1日起，取消手机客户国内电话长途通话费和漫游通话费（不含港澳台地区）。此次取消手机客户国内电话长途通话费和漫游通话费，国内主叫通话标准按客户现行资费中本地市话标准收取，国内被叫免费，客户无须申请，自动生效。（张　瑜）

【阳泉联通分公司概况】 2017年，阳泉联通分公司全年主营业务收入累计完成3.3亿元，通信服务收入累计完成3.24亿元。其中，移动业务收入完成1.8亿元，累计发展用户17.42万户；出账用户达44.35万户，累计净增5.27万户。宽带业务收入累计完成8662万元，累计发展用户3.05万户；固网业务收入完成1.45亿元。IPTV活跃用户达6.91万户，累计净增1.55万户。

创新项目　年内，阳泉联通分公司固网突出大视频、大带宽、大融合优势；以丰富的TV视频及应用产品，开展宽带提速、智慧沃家和乐享套餐营销，主推“智慧沃家＋联通电视”产品，IPTV活跃用户达6.91万户，累计净增1.55万户，完成率全省第五；100M用户占比22.77%，线上产品丰富畅销，优化21生产组织方式，强化21线上发展与线下地推相结合，全年21用户累计发展5.99万户；推广分期购、理财等金融产品，分期购办理用户1064户，沃账户开通用户6.7万户，电子券注册、金融理财等四项指标居全省第一。实施阳泉市煤炭工业局煤炭信息监管平台、阳煤医院移动医护及灾备项目、山西省交通运输执法局GPS系统维护项目、阳泉市委移动OA项目，利用联通本地云计算服务优势进行集成，实现医疗行业ICT业务突破，全年ICT收入累计完成587.04万元。沃领航商机竞赛累计录入商机412条，商机转化率45%，全省排名第一。

网络建设　4G网新建宏站开通92个，室分新增楼宇覆盖213栋，开通率97.8%；新建微站19个，开通率100%。宽带网立项批复项目34个，其中完成新建小区进线21个；建设端口14636个，完成FTTH端口建设13184个。为64个基站、45个微站、209栋楼宇提供传输网接入。

网络质量　组织维护人员对线路质量不达标宽带用户进行集中整治，累计整治完成4880户。回收ONT设备2.1万个，IPTV设备6579个，利旧ONT设备1.1万个、IPTV设备2215个，设备利旧累计节约运维成本170万元。协同网络优化，整合4GBBU站点46个，整合3G BBU站点72个。　（王　毅）

【《宽带回家资料收集系统》获省奖项】　2017年，阳泉联通分公司系统集成中心李滨开发的《宽带回家资料收集系统》获山西省总工会“五小”（小发明、小创造、小革新、小设计、小建议）竞赛优秀成果三等奖，李滨被山西省总工会记个人二等功。《宽带回家资料收集系统》通过H5页面版和安卓版APP端，提供语音和文字输入接口，方便一线人员资料录入、数据统计、数据查询，批量导出数据，为公司经营分析提供依据。一年使用期内，收录数据170183条，协助发展异网用户750余户，为公司创收50余万元。　（王　毅）

【人员优化调整】　2017年，阳泉联通分公司设备维护中心将移动和传输专业人员进行优化调整，实现网管联合监控，降低传输网管监控故障率。将移动网基站监控网管从二枢纽机房搬迁至一枢纽传输机房，拆除交换机3台，新装交换机3台，制作和布放网线20条，拆除废旧网线40余条，调测网管终端18台。　（王　毅）

【“全光网络打通农村致富路”项目】　2017年，阳泉联通分公司“全光网络打通农村致富路”项目入选阳泉市2016年网信十大事件。全市农村宽带网络升级改造完成后，全市农村范围10M以上宽带接入端口数达16.2万个，行政村光纤宽带接入改造达827个，农村光纤宽带接入用户数达8.8万户，实现全市行政村光纤入村入户，完成从铜缆到光网的历史性跨越，对于消灭互联网时代数字鸿沟、促进农村发展、帮助农民脱贫致富具有重要意义。　（王　毅）

【中国电信阳泉分公司概况】　2017年，中国电信阳泉分公司坚持以党建统领全局，推动各项工作发展。

网络建设　4G网络方面，基本实现阳泉市4G网络全覆盖；在低频上大规模建设NB-IOT，满足物联网发展需求；石太客运专线山西段实现LTE全覆盖。光宽建设方面，大规模推进光网建设，居民光纤宽带接入能力提升至100M；建成10个高端小区作为千兆小区试点，满足客户大带宽、高品质需求。年内，完成18台OLT直挂BAS 10GE改造，减少网络跳接点；重点优化质差小区，提升基站健康率达99.7%。定期分析网络运行，形成双周报；联动省电信分公司力量推动2.1万台贝尔天翼网关升级，缓解终端吊死，降低故障率；分析预检预修工单，降低线路光衰，保障网络质量。打造差异化服务，推动落实“当日装、当日修、慢必赔”服务承诺和移动网故障两个互动，客户感知得到提升；固化装维服务及标准动作，开展路由器性能对比测试及质差小区主动上门检测服务。

业务拓展　年内，电信阳泉分公司新兴ICT业务拓展规模取得突破，与阳泉市华越机械有限公司签订工业云合作协议，通过固庄二监桌面云、市网信办等5家单位安全测评服务，10余家专线＋Wi-Fi等重点大单项目，新兴ICT收入比上年增长超过200%；通过人大政协两会会议云、大数据物联网高峰论坛、全省青年创业大赛等推介宣传，新兴ICT收入完成率全省第一。翼支付民生应用实现两大突破，与市自来水公司签订业务合作协议，缴纳水费可通过翼支付客户端进行；中石化24个加油站、平定万佳超市由POS机支付改为二维码支付，华龙超市10个连锁超市由POS机支付改为扫码支付。天翼高清以体验式营销为基础，通过多渠道搭建演示环境，配合销售路径转型动作，组播率全省排名第四，活跃率全省排名第二。天翼高清作为“宽带发展抓手，宽带维系手段，融合业务的助推剂，差异经营的主产品”，以体验式营销为基础，通过多渠道搭建演示环境，配合销售路径转型动作，突显品牌优

势。天翼高清组播率全省排名第四，活跃率全省排名第二。　（高　彬）

【渠道建设】 2017年，阳泉电信分公司自营厅完成SI改造及混编管理，提高服务水平。年内建设自营厅4个，完成SI改造营业厅4个，自营厅环境和服务硬件得到改善。在驻店商人员混编管理上，坚持落实“八统一”（统一受理、统一收银、统一价格、统一准入、统一排班、统一目标、统一考核与激励、统一着装），实现团队一体化效果。关注生态圈打造及业务宣传延伸，加快城市网格泛渠道拓展。生态圈打造即在厅店周边建设数个泛渠道商户形成规模效应；业务宣传延伸即在厅店承包的小区内建立泛渠道商户，开展业务宣传及盘点工作。城市网格针对营销路径转型、营销活动组织、营销案例分享及标准化支撑四个方面规范网格工作基本动作，确保规范动作及营销活动的有效性。农村支局对各代理商二次转训微信营销，通过规范每日转发等动作，提升微信营销作用，其中冶西支局五矿代理店、孙家庄支局中华代理店通过微信营销不限量业务使发展量快速提升。　（高　彬）

【实体渠道服务提升】 2017年，阳泉市电信分公司建立服务监督、评价体系，落实各项服务内容达标工作，提升实体渠道服务能力。制订“营业厅服务评价”标准、完善营业厅服务评价体系及奖励办法、开展多频次服务培训。组织自营厅、代理渠道营业人员开展服务礼仪、服务规范培训，涉及14个自营厅、57个代理网点，共计75人次。通过赋能平台、现场指导、不定期点检、业务测试等方式巩固培训效果，建立培训体系，提升触点人员综合素质；月度通过评价体系考评，推进营业厅达标进度。营业厅服务达标以“最佳营业厅”“赋能平台创新信息”“优秀客户建议”等评选工作为依据，将服务达标重点内容、具体动作纳入自营厅服务评价当中。将“客户满意度”作为对自营厅服务重要评价指标纳入厅店日常考评、激励机制。在全省赋能平台创新信息、最佳营业厅评选工作中，第二、三季度，阳泉电信分公司共有17篇信息获奖，位居全省前列；第三季度，天桥营业厅、平定东大街厅分获全省二、三级“最佳营业厅”称号。　（高　彬）

2017年6月，阳泉电信分公司开展维护技能比武　（高　彬供图）

【中国铁塔阳泉市分公司概况】 2017年，中国铁塔股份有限公司阳泉市分公司以提质增效和规范管理为核心，推动公司各项工作开展。截至2017年底，阳泉铁塔分公司全量铁塔维护数量超2450座、机房维护数量超1291个，全年开展应急通信保障12次，投入保障人员620人次，保障车辆160车次，保障油机280台次。承接需求1173个，其中塔类室分需求969个，年内全部完成交付，起租831个，起租及时率100%；微站需求204个，年内应交付200个，全部完成交付，起租158个，起租及时率100%。推进4G网络深度覆盖，服务于移动、联通、电信、经济信息中心、阳泉广电等多家单位，累计租户达3309户，平均站址租户数从2015年的1.12上升至1.36，共享提升至30.18%，避免运营商重复建站超716座，节约土地资源超4.296公顷。完成翠枫山、玉皇洞等景点及阳泉区域内7条重要高速公路、高铁沿线网络优化覆盖，完成五盂、阳五等多条高速78千米隧道项目，实现天桥华城、恒大影城、365商场等大型商业区、场馆室内分布式系统覆盖。　（高旭峰）

【与市政府签订战略合作协议】 2017年8月21日，山西省铁塔分公司与阳泉市人民政府签署战略合作协议，建立战略合作关系。市政府把铁塔、基站等信息通信基础设施建设纳入城乡建设总体规划，协调各级政府及管理部门、企事业单位、公共服务场所向信息通信基础设施建设有序开放，从行政审批、用电用地、安全保护、氛围营造等方面给予支持。山西铁塔分公司把阳泉市作为全省信息基础设施布局重点，加大对信息通信基础设施投入，推动智慧城市发展，助力“宽带阳泉”建设。（高旭峰）

【劳动竞赛】 2017年，阳泉铁塔分公司以提质增效和规范管理为核心，以改革性和创造性思维，开展各类劳动竞赛活动。

在运营合规性达标竞赛中通过总部验收，取得阶段性进展；室分微站竞赛中，年内需交付的207个室分微站需求全部交付，实现收入23.86

万元，完成率 3.50‰；先锋行动中获得先锋城乡规划优秀组织奖、先锋团队奖、先锋标兵奖、第三阶段工程进度奖；全生命周期竞赛中提升故障处理能力，做到告警监控全面准确，故障处理快速真实，回单闭环规范、可追溯，设备故障率降低，结合资产打标及日常巡检工作，摸查设备入网时间，坚持“能维修不替换”原则，加强成本管控，确保设备延寿性能；成本激励竞赛中获全省二等奖；筑基行动中梳理竞赛指标 55 项，对各项指标进行分解，建立问题清单，确保各项工作形成闭环管控；拓展业务竞赛中落地业务 5 项，其中站址租赁类 4 项、代维服务类 1 项，涉及站址 40 个，合同总金额 50.94 万元，全年落地收入 18.91 万元，完成率 269‰；营收竞赛中，截至 11 月账期，收回全部欠费；技术创新竞赛中上报 9 项创新项目，其中深度规划项目获得总部技术进步三等奖；资产打标竞赛完成资产现场核查工作。（高旭峰）

【对标工作】 2017 年，阳泉铁塔分公司以“对标一流、争创一流”活动为切入点，开展监控能力专项提升工作，分公司形成监控中心、代维单位、区域支撑及供应商协同团队，快速跟进，率先完成全量站址 100%动环覆盖，在开关电源离线率、运维系统与资管系统数据差异率、综合离线率等关键指标引领，确保对标一流有效落地。推进微站业务拓展工作，6 月 15 日，与阳泉移动分公司签订《关于微站商务包干定价备忘录》，将微站定价标准化，批量获取微站需求，优化公司收入结构，促进公司收入规模和效益双提升。开展微站建设工作，以批量选址、快速选址为优势，以太阳能供电等创新为突破点，主动规划，精准营销，提高微站项目建设效率，获得微站项目引领地位。（高旭峰）

2017 年 5 月 17 日，阳泉市军警民联合护线队伍整装待发　（刘晋琦供图）

【阳泉长途电信线务局概况】 2017 年，阳泉长途电信线务局以线路维护为主线，以安全生产为保障，完成全年各项工作任务。

线路维护　干线维护方面，强化巡回制度落实，加大检查考核力度，GPS 巡回到位率保持在 98.1%以上；开展线路标志明显化工作，安装不锈钢标志 400 块，补不锈钢碗 60 个，补不干胶标志 260 块，埋宣传牌 45 块，捆绑宣传牌 98 块，维修大型宣传牌 3 块，基本达到醒目、直观、清楚效果；全年监控外力影响地段 42 处，安排专人 24 小时盯守，投入盯守 2090 人（天），确保对线路有效掌控，完成全国“两会”“一带一路”峰会、中共十九大等线路保障任务。本地网维护方面，跨路升高更换跨路电杆 23 根，连片整治完成电杆 174 根和吊线 9 千米；编写杆号、杆根培土、GPS 定位采集电杆 174 根，新立电杆 2 根、扶正电杆 106 根、做拉线 12 条、架设吊线 1 档、整理余留 13 处、新装盘留架 15 付、挂光缆 16 档；处理光衰用户 612 余户，更换皮线光缆 1120 米，更换光缆 1790 米，资源清查工作录入电杆 6980 根，光交 436 座，光缆录入 8734.63 千米；对县区公司技术支援 14 次。

安全生产　落实安全制度，重点落实每日班前会安全提醒制度，对施工作业现场进行突击安全检查，确保安全生产。签订安全生产责任书 38 份、安全生产治安消防责任书 5 份，组织开展安全生产知识学习和答题活动 2 次，参与人数 75 人次。以中共十九大线路保障任务为契机，按照市政府《关于做好党的十九大期间通信光缆安全保障工作的通知》要求，安排部署中共十九大期间通信光缆保护事宜。开展军警民联合护线宣传，对光缆沿线相关单位进行走访，发放、张贴护线宣传单 1500 余份，宣传总里程 200 余千米。与市公安局在盂县政府广场开展大型定点宣传活动，参与民警 100 余人，阳泉电视台、《阳泉日报》进行宣传报道。（刘晋琦）

【异网资源清查】 2017 年，按照山西省长途电信线务局安排，阳泉长途电信线务局开展异网资源清查工作，分别向阳泉移动分公司、阳泉电信分公司、阳泉网络广播电视台等占用单位发函确认。截至 2017 年底，收到阳泉移动分公司回函确认签字私占联通核实量为 68.1721 千米，清查联通占用移动资源 105.05 千米，电信分公司回函存在部分线路需现场再核对。（刘晋琦）

综合工作

【概况】 2017年，阳泉市城市人口57.69万人，其中暂住人口1.7万人。城市面积651.99平方千米，其中建成区面积55.97平方千米。城镇化水平达67.56%。全年全市（不含平定县、盂县）城市市政公用设施建设完成投资137156万元（不含住宅投资）。完成投资按行业分：集中供热完成投资15032万元，占总投资10.9%；城市供水完成投资10235万元，占总投资7.46%；道路及排水完成投资85236万元，占总投资62.14%；其他方面完成投资26653万元，占总投资19.5%。年内，阳泉市（不含平定县、盂县）集中供热面积3537万平方米（其中住宅2838.6万平方米），普及率96.4%。居民用气人口（不含平定县、盂县）41.95万人，燃气供气总量93660万立方米，普及率98.15%。建成区绿化覆盖面积（不含平定县、盂县）2343.63万平方米，绿化覆盖率41.75%；人均公共绿地面积11.3平方米，绿地率35.9%。（鲍　亮）

【道路 排水】 2017年，阳泉市（不含平定县、盂县）城市道路长度达449.85千米，城市道路面积达645.81万平方米，人均拥有城市道路面积11.2平方米。城市排水管道长度达435千米，排水管道密度达7.63千米/平方千米。全市路灯17628盏，平均亮灯率98.6%。（鲍　亮）

【城市供水】 2017年，阳泉市（不含平定县、盂县）城市供水管道累计达699.61千米，城市供水总量4435.9万立方米，城市供水普及率100%，人均日生活用水量0.122立方米（122.1升）。（鲍　亮）

【城市人居环境改善】 2017年，阳泉市围绕设施提升、城市安居、城中村改造和环境提质“四大工程”，完成各类投资120.98亿元，推进城市人居环境改善。城市（含县城）生活垃圾无害化处理率100%，污水处理率87.5%，供水普及率100%，集中供热普及率96.4%，燃气普及率98.15%，人均城市道路面积11.2平方米，建成区绿化覆盖率41.75%。城市区道路机械化清扫率提高7个百分点，达77%。创建省级保洁示范街5条，容貌示范街5条，星级公厕2座，城市人居环境有效改善。（鲍　亮）

【保障性安居工程】 2017年，山西省政府下达阳泉市保障性安居工程建设任务为开工新建14800套，基本建成9000套，完成投资33亿元，货币化安置率不低于60%。截至2017年底，全市棚户区改造开工建设16924套，开工率114.4%；基本建成12974套，完成率144.2%；完成投资41.57亿元，完成率126%；货币化安置率达69.9%。其中，政府投资公租房累计分配6350套，分配率100%；市本级公租房南庄瑞康小区建成1620套，完成1117户入住安置工作。全市棚户区改造政策性贷款融资累计授信90.41亿元，累计发放33.07亿元。（鲍　亮）

【乡村清洁工程】 2017年，阳泉市、县两级乡村清洁工程配套资金2241.06万元落实到位，其中市级配套资金1049万元、县级配套资金1192.06万元。58个清洁达标村创建工作完成。盂县、郊区作为省农村垃圾治理试点县制订PPP项目实施方案，建设10座垃圾中转站，其中6座完工、4座建设中。乡村清洁工程5年实施情况评估报告和非正规垃圾堆放点排查整治工作完成。（鲍　亮）

规划设计

【规划编制】 2017年，阳泉市规划局以阳泉市城市总体规划和市域总体规划为指导，完成平定县县城总体规划；

开展盂县规划期到2035年的新一轮县城总体规划修编，并完成大纲评审。市级控制性详细规划覆盖率达100%，盂县报市控制性详细规划覆盖率达100%，平定县报市控制性详细规划覆盖率达72%。开展各类专项规划编制，完成城市地下综合管廊建设专项规划并报市政府批复实施，完成城镇中小学幼儿园建设规划并通过专家评审，组织编制通信基础设施规划等专项规划。（郑　洁）

【城市规划实施】 2017年，阳泉市规划局服务城乡重点工程建设，推动旧区改造和新城建设，完成射击射箭馆、综合交通枢纽、中心医院等公共服务设施前期工作，完成中环快速路、平阳街二期等路网工程规划，10个停车场建设规划设计。（郑　洁）

【市域总体规划调整】 2017年，阳泉市规划局围绕开发区改革创新发展，在全省率先完成开发区设立、扩区涉及的阳泉市域总体规划调整工作。工业空间布局结构由原来“一区、两板块、五园区”（一区：一个采煤产业区；两板块：阳泉中心城工业板块、盂县城市工业板块；五园区：西烟先进制造业工业园区、张庄煤化工工业园区、河底物流产业园区、杨家庄新型材料工业园、龙川新型材料产业园区）修改为“一带、三区、多园”（一带：一个采煤产业带；三区：即一个国家级开发区和两个省级开发区；多园：阳泉、平定、盂县经济技术开发区下辖各工业园）。调整规划用地，阳泉经济技术开发区面积调整为80平方千米，盂县经济技术开发区总规划面积调整为20平方千米，平定经济技术开发区总规划面积调整为19.9平方千米。在统筹考虑区域协调发展的基础上，对阳泉经济技术开发区、平定经济技术开发区及盂县经济技术开发区的主导产业进行优化。阳泉经济技术开发区以信息技术、装备制造、新材料及现代服务业为主，平定经济技术开发区以新型化工、煤炭循环经济为主，盂县经济技术开发区以煤炭物流、固废资源循环利用及仓储物流为主。（郑　洁）

【规划执法监察】 2017年，阳泉市规划局开展违法建设专项治理五年行动，与各县（区）、开发区的联合执法，对存量和增量违法建设采取不同措施稳妥处置，全年拆除违法建设3.9万平方米，拆除广告牌匾4万余平方米，城市建成区违法建设清理率达50%以上。（郑　洁）

【规划基础信息建设】 2017年，阳泉市规划局开展规划基础信息建设，更新新城区域内开发区东区规划区范围1：1000地形图，航测成图10平方千米，补测成图4.5平方千米。（郑　洁）

【村镇规划】 2017年，阳泉市规划局推进示范乡村建设，组织平定县、盂县县域乡村建设规划编制，开展荫营、张庄等乡镇的总体规划修编，完成郊区上千亩坪等5个实用性村庄规划的编制。推进城乡空间布局一体化，完成西河村、甘河村、邓家峪村等10余个采煤沉陷区治理规划，义东沟等10余个城中村改造保障性住房建设工程规划相关前期工作。（郑　洁）

【城市“双修”】 2017年，阳泉市规划局落实生态优先发展理念，塑造城市特色风貌，启动实施城市修补、生态修复的“双修”工作，完成城镇自然环境质量和城镇质量调查评估，建立城市“双修”项目库并实施总结，开展中央森林公园等生态修复工程规划；启动义平路、南大街“城市修补”试点工作，完成道路两侧改造规划，编制供电、通信、有线电视“三线入地”方案，配套建设停车场、公交港湾等基础设施，城市面貌得到改观。（郑　洁）

【房屋征收】 2017年，阳泉市规划局推进全市重点工程的拆迁扫障及其他重要任务，参与中环快速路、义井河桃河湿地公园环境综合整治、阳大铁路等重点项目的房屋征收工作，配合制订阳泉市房屋征收实施指导意见，确保房屋征收工作的顺利推进。组织实施万通西市场改造、洪城路地块、市政府机关后院棚户区改造等市政府重点工程的征收扫障任务。开展对保晋路、桃北东路等前期征收项目遗留问题的处理工作。依法维护被征收人的合法权益。（郑　洁）

【地下综合管廊专项规划】 2017年，阳泉市规划局完成《阳泉市地下综合管廊专项规划（2016—2030）》，阳泉市管廊建设区域包括北部生态新城及开发区、城区、矿区4个部分。根据区域性质及规划道路宽度确定不同的管廊建设原则，红线宽度大于40米的新建（改建）主干路，原则上除雨水管不入廊、污水管酌情入廊外，其余管线均进入综合管廊，管廊型式选用干线管廊（三舱）；红线宽度小于40米的新建（改建）主、次干路，以电力、通信架空线路入廊为主，除雨水管不入廊外其余管线酌情入廊，管廊型式选用直线或缆线管廊。（郑　洁）

【通信基础设施专项规划】 2017年，阳泉市规划局完成《阳泉市通信基础设施专项规划（2016—2020）铁塔布局规划》，为实现阳泉市域内信号连续覆盖，推动移动通信网络快速合理的建设，保证移动通信网络可提供基础话音业务和各类高速数据业务。规划范围为阳泉市域面积4558.93平方千米，下辖城区、矿区和郊区3个区及平定县、盂县2个县。（郑　洁）

【阳泉综合交通客运枢纽工程】 2017年，阳泉综合交通客运枢纽有限公司开展阳泉综合交通客运枢纽工程建设，建设地点为阳泉市桃坡片区（西至宁波北路、北至漾泉大道、南至平阳路、东至阳大铁路),建设定位是集铁路、长途、公交、出租车和社会车于一体的综合交通枢纽。工程规划用地115711.10平方米,建筑面积53308.48平方米。工程共6部分,站房及地下停车场建筑面积46916.38平方米,停车场及其附属用房建筑面积2953.57平方米,回用处理间建筑面积84.75平方米,公交调度中心建筑面积177.43平方米,阳泉东站信号综合楼建筑面积1381.91平方米,阳大东站生活用房建筑面积1794.44平方米,配套有社会车、出租车快速送站区。(董祯亮)

【新城村采煤沉陷区搬迁安置项目】 2017年,新城村采煤沉陷区搬迁安置项目分A、B、C 3个组团,修建15栋6层住宅。规划用地面积63276.4平方米。地上总建筑面积58149.36平方米,其中配电室面积为104平方米、水泵房面积为56平方米;地下总建筑面积为8723.04平方米;计划安置582户。(董祯亮)

【平定县农村幼儿园建设项目】 2017年,平定县农村幼儿园建设项目包括6所幼儿园,分别位于平定县冠山镇、张庄镇、锁簧镇、石门口乡,规划建筑面积1797.7平方米。其中,石门口联校前徐峪沟幼儿园建筑面积为269.6平方米,地上1层;张庄联校南后峪幼儿园、夏庄幼儿园、左家幼儿园,建筑面积分别为261.3平方米、329.9平方米、287.3平方米,均为地上1层;锁簧联校陈家庄幼儿园建筑面积为221平方米,地上1层;冠山联校常家沟幼儿园建筑面积为428.6平方米,地上2层。(董祯亮)

城市建设

【市政工程管理局概况】 2017年,阳泉市政工程管理局加大工程管理力度,完成市政工程总产值17121万元,共受理各类临时占用、掘路审批流转事项103起,收缴占道、掘路等恢复费442.62万元,市政设施规费收缴率达100%。市政养护维修完成产值406.3万元,其中,城市道路日常维修养护完成215.4万元;排水管道日常维修完成137.4万元;桥梁隧道日常维修完成53.5万元;路灯日常维修完成117.4万元,平均亮灯率达98.6%。(鲍亮)

【重点工程】 2017年,阳泉市政工程管理局完成续建重点工程3项,完成投资3380.31万元。投资1416.58万元完成南大街“三线”入地、道路维修、公交港湾改造等整治工作。投资145.73万元继续实施义井河防洪通道建设。投资1818万元完成独立工矿区、城区老工业区排水管网建设改造。(鲍亮)

【专项工程】 2017年,阳泉市政工程管理局开展专项工程11项,完成投资1385.83万元。其中,投资234.3万元实施隐患桥梁维修加固工程;投资249万元增设华盛北路东侧右转专用车道,东侧车行道沿现状路缘线向东扩宽3.5米;投资318万元完成新泉北路机动车道拓宽工程;投资144.74万元对林业宾馆北巷道路、泉中路永昌盛污水管道、北深沟立交通道护栏、市内路灯综合线路等市政设施进行维修;投资143.69万元完成桃河蓄水池清淤;投资53.08万元完成桃河蓄水池管护(水面保洁);投资73.3万元完成平定路、赛鱼路、南外环路“三路”划线;投资82.46万元完成桃河排污口管护;投资14.46万元完成武警支队院内维修;投资69.3万元对3694根路灯灯杆、21台变压器、49个节电柜、5个T接箱全部涂刷防粘贴涂料,涂刷面积共7500平方米;投资3.5万元完成惠泽园社区花坛维修等工程。(鲍亮)

【安全工作】 2017年,阳泉市政工程管理局安全工作主要目标完成,绝对死亡人数0,无重大生产事故、火爆责任事故及交通事故发生。从业人员工伤保险参保率100%。全局安全机构、安全制度、应急方案健全,责任明确、落实到位。全年开展局、部门、班组“三级”安全教育培训。局级培训参与人数为143人次;部门、班组级培训全员覆盖率100%;通过对市政设施隐患排查、辨识,共确认道路、排水、桥梁、隧道、照明等设施安全隐患14条,治理2条,还有12条在做好有效防控的基础上,寻求治理途径。完善应急救援预案,并组织各部门进行桌面推演,各管养单位,即道路养护管理所、排水设施管理所、桥梁管理所、道路照明管理所结合生产状况,按照各自突发的现场应急处置方案进行演练。(鲍亮)

【煤气公司概况】 2017年,阳泉市煤气公司全年新发展各类煤气用户6497户、液化石油气用户1986户,完成煤气销售量2.2亿立方米、液化石油气1015吨。实现管道煤气销售产值8182万元,液化石油气销售产值576万元。截至2017年底,阳泉市煤气公司供气范围东至开发东区、西至洪城河、南至平定县三岔口、北至郊区荫营镇。(张晓虹)

【安全供气】 2017年,阳泉市煤气公司围绕安全、经济、平稳的生产运营目标,聚焦生产主体运营、液化气运营、工程施工、车辆交通四大领域,贯彻安全管理相关要求,落实生产主体责任和安全监管责任,生产运营规范化管理和安全风险预控管理建设。抓气源、保障充足供给,抓规范、保障安全生产,建立《安全生产规范化管理模式》,完善工作流程,制订工作标准,健全管理制度,建立健全风险、隐患分级管理台账,强化应急演练,做到风险预控严密,隐患排查治理常态和闭环管理。承办“阳泉市城市燃气管网突发事件应急演练”。全年组织集中安全宣传65次，覆盖用户11.9万户。投入500余万元，对场站、管网、用户等老旧设备设施的安全隐患进行治理，完成1000余户居民户内老旧管网设施隐患整改，对3.3千米埋地管道、架空管道以及10余处穿越窨井的煤气管道实施改造。（张晓虹　李宝玲）

【市场发展】 2017年，阳泉市煤气公司在规模发展上，按照公司总体战略，坚持气源、管网、市场一体化发展思路，确保市场发展目标实现。在气源建设上，推进保安煤矿气源引进项目，基本办理完成除土地手续外的其他工程建设审批手续，为开工建设创造条件。在输配能力建设上，对北区储配站变压器进行扩容，风机进行检修，完成平阳路一期、御康山庄等供气管道建设，扩大管网覆盖范围，提高供气输配能力，压送输配总能力达120万立方米。在用气市场发展上，标定增量主动营销，全年新增发展工商福利用户79户，城镇居民用户4262户，农村煤改气用户2235户，液化石油气用户1986户。（张晓虹）

【企业管理】 2017年，阳泉市煤气公司建立安全生产标准化体系，编制《阳泉市煤气公司行政工作导引》《阳泉市煤气公司管理纲要》等管理工具手册，完善建立《阳泉市煤气公司非居民用户终止供气管理暂行规定》《阳泉市煤气公司停气作业管理规定》等专项管理制度，基本完成公司统计指标体系建设，完善原始记录、报表台账。公司研发的《国有市政公用企业管理模式研究》软科学成果获第三届山西省企业管理现代化创新一等成果奖；公司还被《企业管理》杂志评为2016年度中国企业管理榜优秀管理企业。探索研究企业改革，起草《阳泉市煤气公司制改革方案》，为实现向公司制治理结构转型做准备。（张晓虹　李宝玲）

【企业文化】 2017年，阳泉市煤气公司为员工定制工装，对各场站、办公区域、服务场所以及设备设施等进行外观形象规范化建设，强化员工归属感。利用企业内刊、蓝焰大讲堂、公司网站等信息平台进行舆论宣传引导。搭建企业文化承载平台，开设职工文体活动中心，举办“展巾帼风采、聚企业合力”强身健体跑步比赛等文体活动，增强员工凝聚力和团队意识。抓好企业形象塑造工作，让企业文化融入服务用户的责任中，建立用户服务标准和服务承诺，规范工程施工现场围挡、路标、标语等设置要求，严格公司对外宣传、信息发布工作流程，提升企业社会形象。（张晓虹）

【煤改气工程建设】 2017年，阳泉市煤气公司响应国家政策和政府号召，承担全市城区政府和开发区管委会所辖的河下村、大阳泉村、西峪村、王家峪村、义井村、平坦垴村、下五渡村7个行政村和北岭坡、洪城河2个散居片区的农村冬季清洁取暖煤改气工作，共完成2235户煤改气目标任务。（张晓虹　李宝玲）

【热力公司概况】 2017年，阳泉市热力公司在网面积3038万平方米（市区、郊区区域、平定区域、阳煤集团东部供热区域），实际供热用户约24万户，投运热力站254座。新增供热面积167.6万平方米，新建供热管网72.2千米。供热单耗热量每平方米0.382吉焦，水每平方米26.58千克，电每平方米1.52千瓦小时，均低于计划指标（计划指标：热量每平方米0.46吉焦，水每平方米39千克，电每平方米2.1千瓦小时）。全年安全生产零伤亡、零事故。年度全网运行安全平稳，生产消耗同比下降，绩效综合管理水平提升。（刘　倩）

【源网建设】 2017年，阳泉市热力公司推动阳光电厂首站热网循环泵改造、龙川电厂环保超低排放改造和新河电锅炉再热器整体消缺3项基础性工程，实现阳光电厂流量由9500吨/小时提升至11000吨/小时，瞬时热量增加200吉焦/小时，提升全市供热能力。开展调峰热源厂的改造，完成环保提标改造工程和烟囱防腐工程，经过实际运行后二氧化硫、氮氧化物、粉尘排放等均达到京津冀大气污染传输通道城市大气污染物排放要求。以城市新建道路配套热网为平台，推进清洁集中供热，完成沃尔玛五路口DN900管线联通管网工程、平阳街一期DN800以及李荫路DN400等热网工程；完成开发区、城区及郊区等建成区内7232户约64万平方米清洁供热工程，每年可减少原煤使用48000吨，折合标煤34280吨。新建南川河供水加压泵站，工程建成后，在增大阳光电厂运行流量的同时，龙川电厂低点不发生超压，为提升供热能力、确保安全运行创造条件。实施市区南部热力站换热器增容改造工程，完成新增板换5200平方米，南部一次网回水温度降低3度，瞬时供热量增加200吉焦/小时，高背压机组运行效率得到提高，发挥阳光热源供热能力。完成新城隔压站换热器改造工程，在原有基础上最大化增加换热面积，改造后增加换热面积2920平方米，缩小一、二次侧端差，保证新河电供热能力的转化。（刘　倩）

【企业管理】 2017年，阳泉市热力公司对涉及的工程施工、技术监管等7个部门职能进行调整，理清并细化各职能部门业务关系；明确第三产业辅业定位，确认其模拟市场化运作核算方式；在调整完善各职能部门职责的基础上，对供热工程管理中心及培训中心的经营模式进行调整。通过开展制度清理、岗位职能重新编制等举措，形成适合单位发展的定员框架模式，较好地解决男女用工差、灵活用工等问题。配合国标文件，对供热现状、热费处理问题、物资采购问题、工程价款支付等问题提出修订意见，并初拟相关制度文件4份。通过OA协同办公系统、微信、随手拍、数字城管等平台，对各类相关的政策规定、制度流程进行宣传。建立考核数据统计台账，为考核数据分析工作奠定数据基础。实施全面合同管理工作，从合同文本规范、合同审核、合同执行、档案移交、合同执行考核、合同履约分析等，把控公司合同管理工作，通过合同综合执行率、合同执行分类等级2条主线，管控公司合同执行情况。（刘　倩）

2017年，阳泉市热力公司科学调度，确保安全生产、供热运行零事故

（梁　霄供图）

【安全供热】 2017年，阳泉市热力公司在工程建设、设备检修以及供热运行等工作中，严格执行《中华人民共和国安全生产法》等法律、法规及相关制度和操作规程，强化安全意识，落实安全责任，与各部门签订责任书，给用户印发安全用热小常识宣传资料，确保安全生产、供热运行零事故。公司将20名供热服务站站长及专职支部副书记充实进安委会，在4个基层单位设置单独安全管理机构，配备专职安全员，在20个供热服务站配备兼职安全员，为公司安全生产工作开展提供组织保障。把安全生产工作目标任务按责任层层分解、层层落实，专门成立监控平台，对所辖换热站、热网、用户进行实时监控，加大安全设备设施的更新改造、隐患排查整改等方面的资金投入，改善和提升公司安全保障能力。公司组织修订《阳泉市热力公司安全生产管理办法》《阳泉市热力公司生产安全事故应急预案》《阳泉市热力公司突发事件应急管理办法》，并印发到各个基层单位。完善《阳泉市热力公司安全生产标准化工作指南（试行）》，为开展安全生产标准化自查、整改和自评等工作提供标准和依据。公司定期召开安全生产会，分析安全状况，协调解决存在问题，安排部署下一阶段安全生产工作。加强特种作业人员的培训教育，分批对电工、司炉工、软化工、焊工等85名特种岗位作业人员进行取证培训，保证特种作业人员持证上岗率100%。对120余名入企新员工、季节工、临时工进行安全教育。（刘　倩）

【供热服务】 2017年，阳泉市热力公司设立信访接待大厅，并定期召开信访工作专题会，规范信访流程，明确责任，提升信访接待的质量和水平。向全市用户公开公司信访接待热线和各供热服务站负责人电话，要求涉及用户诉求的相关责任人半小时内到达信访接待大厅，第一时间为用户解决诉求问题，做到为民服务、阳光服务。全年累计接待用户诉求130件（公司接待65件、开发区接待65件），上级信访部门转办信访件17件，信访办结率100%，未发生越级上访事件。建立监督体制，强化服务人员的考核管理，在供热服务站安装监控系统，随时监督大厅服务人员的服务情况，随时进行考核。举办2017年“热暖屋，情暖心”用户缴费有馈活动，总体参与户数比上年提高7%。（刘　倩）

【市园林局概况】 2017年，阳泉市园林局完成预算外收入85.96万元（任务目标120万元），全年接待游客400余万人次。同时，受市住建局委托，行使审核办理砍伐、移植城市树木许可项目，损毁城市绿化植物和设施的赔偿事项等工作。全年共办理行政许可项目13件，处理赔偿案件13件，赔偿收费3.1万元，结案率达100%。（鲍　亮）

【绿化管护】 2017年，阳泉市园林局投资3000余万元，实施李家庄立交桥公共绿地工程。截至2017年底，完成新增绿地面积2.47万平方米、土方回运、地下管涵铺设、园路广场铺装等工程，整体工程计划于2018年4月完工。投资727万元，完成南大街环境综合整治绿地建设工程，新建绿地11处，新增绿地面积2.13万平方米。投资1181万元，完成市区街道绿化景观提升工程，包括安装园林护栏，维修更换路缘石，安装树池盖板，移植、新植各类乔灌木等，新增绿地面积1470.73平方米。投资20万元，完成国庆花坛布置，面积1200平方米，共摆放各类品种菊花5000余盆、绿植及木本花卉2万余盆。投资50万元，完成市区街道绿化补植，共补植行道树189株、绿篱1040平方米。（鲍　亮）

【环境卫生】 2017年，阳泉市（不含平定县、盂县）环卫清扫保洁面积629万平方米，城市生活垃圾无害化处理量完成17.51万吨，无害化处理率达100%。全年污水处理量3511.4万立方米，污水处理率达87.5%。（鲍 亮）

【城区清扫保洁】 2017年，阳泉市城区环卫处对辖区212万平方米的道路进行清扫、保洁。扩大洗扫作业范围，加大洒水降尘力度，将原先夜间清洗作业模式，调整为单车辆、多地域清洗作业，出动7台清洗车除对辖区内主要大街清洗外，还增加新建路、南庄路、南外环路等主要路段的清洗。洒水车日均达15趟以上，日均洒水量150余吨。对南外环路、义平路、泉西路开展“人机结合”清扫模式，减少人工作业强度，提高工作效率。清洗护栏小组由洒水车配合，对辖区内1.7万米的马路护栏进行每周3次清洗。购置15辆电瓶收集车配给各环卫所管理员，每辆收集车配备2个小型垃圾桶，解决调配人员慢和收集速度低的问题。（王世钧）

【城区垃圾清运】 2017年，阳泉市城区环卫处将原先日产日清垃圾点改为日产多清，日产多清的垃圾点由原来100个增加到137个。多措并举，确保垃圾清运效果。为4个环卫所配备4辆小型垃圾收集车及垃圾装卸人员，提高路面垃圾、零散垃圾收集效率；利用GPS系统对生产车辆科学调配；配合全区环境卫生综合整治行动和南大街、义平路“两路”拆迁整治行动，配合各办事处、社区、驻地单位清理积存垃圾和建筑垃圾10.4万吨。针对废旧家具多、建筑垃圾多，乱扔、乱倒，没有倾倒场地的情况，自筹资金租赁场地，抽调车辆每天巡回清理路面废弃家具、建筑垃圾，确保垃圾不积存。城区环卫处针对义井镇托管后，部分托管村没有固定垃圾倾倒点，而环卫事宜又没有移交给城区环卫处的情况，上门联系群众，签订垃圾倾倒协议，解决部分村乱倒垃圾的问题。（王世钧）

【城区公厕管理】 2017年，阳泉市城区环卫处在44座公厕的日常管理和7座厕所的粪便清淘任务中，调整工作思路，加强目标考核管理，保证厕所正常运行。针对公厕数量少、开放时间长、如厕人员多、设施损毁严重的现象，完善制度，实行“定人、定岗、定指标”，从开放时间、清扫保洁、消杀、水电管理、设备管理5个方面进行管理考核；清淘工作由人工作业为主改为机械化人工配合作业模式，降低作业强度，减少安全隐患；针对环卫处责任厕和合同厕，实行管理员跟班作业，不定期跟踪检查，定期清挖水冲厕化粪池，定期核对旱厕清淘数量，全年清淘粪便约6万吨。（王世钧）

【城区环卫处微信群建立】 2017年，阳泉市城区环卫处落实环境卫生工作，了解和掌握一线工作动态，并结合随手拍、智慧城管等平台及时处理问题。城区环卫处组建“城区环卫处管理群”和“城区环卫处作业群”，管理群及时传达上级部门工作要求任务，各部门负责人、一线管理人员跟班作业，从凌晨开始，每半小时以图片、文字形式向平台发布清扫保洁、垃圾清运、公厕管理作业情况。（王世钧）

【矿区清扫保洁】 2017年，阳泉市矿区环卫处清扫保洁率达100%，机扫率达76%以上，街道冲洗率达20%，人工日清扫保洁率达100%。全年维修垃圾桶80个、更换242个，维修果皮箱130余个、更换78个。加大道路机械化洗扫力度，机扫每日4次。调整洒水作业频次、治理扬尘污染力度，3月至11月（1月、2月、12月，因天气原因不使用洒水作业），日均洒水8趟次，日均喷雾抑尘4趟次，共用水21130吨。（王宏英）

【矿区垃圾清运】 2017年，阳泉市矿区环卫处垃圾车每日对责任区内101个垃圾点生活垃圾密闭清运，做到日产日清，全部实行无害化处理，共清运各类垃圾1.74万吨，行程35万千米，无安全责任事故。对北大西街沿街150余家商铺垃圾实行定时上门收集，收集率90%以上。对垃圾中转站管理工作，做到制度健全，作业设备及时维护和保养，场内、场外及周边环境干净整洁。（王宏英）

【矿区公厕管理】 2017年，阳泉市矿区环卫处每日分3班对责任区内

2017年，投入运营的抑尘车喷雾作业（耿国玉提供）

27座（水冲厕15座、环保厕12座）公厕进行打扫。完成矿区环卫处责任范围内平坦一小区、平坦三小区、平潭街东社区、馨康社区4个水冲公厕的维修改造工作。夏季定期对公厕内外进行消杀，防止蚊虫滋生。定期对平潭街东社区居民污水管网和100余个化粪池进行疏通清淘。全年共疏通污水管网1.02万米，清理粪便950余吨。（王宏英）

【"环卫城乡一体化"工作】 2017年5月1日，郊区18个行政村由阳泉市矿区托管后，矿区环卫处按照区委、区政府要求，就《矿区城乡环卫监管工作实施意见（草案）》征求区委、区政府领导和相关责任单位的意见，形成规范性文件。建成政府领导、环卫监管、部门配合、街道办事处主管、行政村实施行政村环卫运行机制。区环卫处处长带队到各行政村对环卫队伍人数、环卫设施设备配备情况、垃圾站点建设情况进行摸底，并根据实际情况为托管后的行政村配发垃圾桶等环卫设施。通过明察暗访等形式对行政村环卫工作进行常态化督查，进一步规范行政村环卫工作。（王宏英）

村镇建设

【概况】 2017年，阳泉市下辖32个乡（镇）、942个行政村，乡村户籍人口72.73万人。国家级重点镇5个（西烟镇、南娄镇、娘子关镇、冶西镇、荫营镇），省级重点镇6个（西烟镇、南娄镇、娘子关镇、冶西镇、张庄镇、河底镇）。省级特色小城镇2个（娘子关镇、路家村镇）。绿色村庄63个（平定县53个、盂县6个、郊区4个）。中国历史文化名镇（村）3个（娘子关镇、小河村、大阳泉村）。山西省历史文化名镇（村）17个。中国传统村落24个。（鲍　亮）

【特色示范村镇申报工作】 2017年，平定县娘子关镇、盂县路家村镇被命名为省级特色小城镇。娘子关镇被列入国家级特色镇推荐名单。盂县孙家庄镇郭家坪村和平定县锁簧镇东锁簧村完成宜居小区申报。推荐平定县娘娘庙村、甘泉井村、娘子关镇，盂县闫家沟村、后元吉村、郭家坪村、垴上村，郊区孙家沟村、南沟村、咀子上村，10个村（小镇）申报宜居村庄（小镇）。推荐郊区辛庄村参加全国特色景观旅游名村申报。推荐平定县鹊山村住宅楼代表阳泉市参加住建厅田园建筑优秀实例申报。阳泉市向山西省住建厅推荐申报绿色村庄190个，其中平定县57个、盂县89个、郊区44个，在全省绿色村庄创建工作中排名第二。完成58个村庄农村气化工作，其中平定县28个、盂县10个、郊区20个。（鲍　亮）

【传统村落保护】 2017年，阳泉市完成新关、下盘石、岩会、移壤、西郊、冯家峪、大前7个村传统村落保护规划编制，并上报住建厅，等待住建厅专家委员会评审。完成72个村中国传统村落申报工作，超额完成任务（任务20个村）。投资2400万元完成8个传统村落保护项目。投资601万元，对6处传统村落保护项目进行开工建设。（鲍　亮）

【农村危房改造】 2017年，阳泉市改造农村危房710户，完成投资1681.95万元。其中，平定县144户，投资201.6万元；盂县295户，投资880万元；郊区271户，投资600.35万元。平定县农村危房改造工作代表全省接受住建部现场入户检查，在全国承担农村危房改造任务的32个省中排名第一。同时，建立全市2018—2020年农村危房改造"四类"（建档立卡贫困户、低保户、农村分散供养特困人员和贫困残疾人家庭）重点对象台账，其中全市用于保障建档立卡贫困户危房改造指标占到"四类"重点对象的63%。（鲍　亮）

建筑施工

【概况】 2017年，阳泉市政府出台《关于促进建筑业持续健康发展的实施意见》，加强政策支持，推动建筑业发展，全年建筑业实现产值69.96亿元，建筑业增加值50.78亿元。扶持培育本地建筑业企业发展，全年完成企业资质三级升二级6家，新批三级资质13家，增项三级资质12家。房屋建筑和市政基础设施工程应招标工程公开招标率达100%，建筑市场监管和诚信信息一体化平台信息报送上报率和准确率达100%，工程抗震设防合格率100%。完成对现场管理人员、技术工人、农民工等教育培训年度任务。推进"阳泉市工程造价数据库"建设，建立运行阳泉市"建设工程三价备案系统"和"建筑材料采编审系统"，其中"建设工程三价备案系统"运行使全市招标控制价、施工合同价、竣工结算价业务实现电子化备案管理。（鲍　亮）

【安全检查】 2017年，阳泉市强化建筑施工企业安全生产主体责任，加大对建筑企业安全检查力度，全年共督查建筑工程、排水防涝专项整治51项次，下达隐患整改通知书47份，排查各类安全隐患98条，整改率达100%。开展建筑施工和市政运营安全生产大检查，共检查企业（项目、片区）55个，排查隐患170条，整改率100%。开展"春季复工安全大检查""预防建筑施工模架支撑和土方（隧道）开挖坍塌事故专项整治"等一系列安全生产大检查，检查工程项目（企业）651项（次），排查治理安全隐患2500余处，全市住房城乡建设系统未发生任何事故。（鲍　亮）

【质量监管】 2017年，阳泉市加强建筑质量监管，执行建筑工程质量“六个100%”规定。市区新开工程29项、“两书一牌一档”(两书：质量终身负责制承诺书、法定代表人授权书；一牌：永久性质量责任标牌；一档：质量责任信息档案)执行率100%，工程质量监督覆盖率100%，竣工验收合格率100%，住宅工程分户验收率100%，抗震设防审查率100%，安全质量信息上报率和准确率均达100%。(鲍　亮)

【安全生产许可管理】 2017年，阳泉市137家施工企业领取安全生产许可证，其中二级以上资质26家、三级资质111家。参加安全生产许可动态考核111家(二级资质26家、三级资质85家)，未参加考核26家。(鲍　亮)

【建筑工地扬尘污染监控管理】 2017年，阳泉市房屋建筑和市政基础设施项目落实上级要求，市区项目安装扬尘污染在线监测系统，实现施工过程全程监管，房屋建筑和市政基础设施项目扬尘污染防治水平提升。下达执法文书130余份，其中限期整改80余份、停工整改50余份，共处罚59.8万元。全年无重大责任安全事故和环境污染事件。(鲍　亮)

【建筑节能】 2017年，阳泉市规划设计建筑面积137.22万平方米，建筑节能65%标准执行率100%，节能设计认定备案率100%，专项验收备案率100%。绿色建筑64.51万平方米，完成率47.01%；新建建筑执行可再生能源应用面积71.91万平方米，完成率61.92%；“绿色建筑行动”新增投资计划完成1.29亿元。(鲍　亮)

房地产业

【概况】 2017年，阳泉市完成房地产开发投资30.3亿元，比上年减少52.7%，其中商品住宅投资23.3亿元；房屋施工面积652.6万平方米，比上年增长3.8%，其中住宅施工面积518.6万平方米；房屋新开工面积121.4万平方米，比上年下降20.1%，其中住宅新开工面积89.7万平方米；房屋竣工面积47.3万平方米，比上年下降51.2%，其中住宅竣工面积46.5万平方米；商品房销售面积79.7万平方米，比上年下降16.7%，其中住宅销售面积78.1万平方米；待售面积36.2万平方米，比上年下降64.2%，其中住宅待售面积31.8万平方米。全市商品住房平均售价为3771元/平方米、同比增长7.5%，其中市本级商品住房销售价格为4171元/平方米、同比增长5.0%。

全市商品房待售面积36.2万平方米、去化周期5.5个月，全市商品房可售面积95.37万平方米、去化周期11.5个月。其中，市本级待售面积31.8万平方米、去化周期7.4个月，可售面积62.69万平方米、去化周期12.2个月；平定县待售面积4.2万平方米、去化周期2.4个月，可售面积9.38万平方米、去化周期8.1个月；盂县待售面积0.2万平方米、去化周期0.3个月，可售面积23.29万平方米、去化周期16.5个月。全年完成房地产开发投资63.2亿元，与上年基本持平。

持续推进购房补助补贴政策，累计办理购房补助补贴1645户，发放补助补贴资金1353.95万元。建设住房租赁综合服务平台，阳泉市继太原市后完成住房租赁监管服务系统和政府公共住房服务系统测试。开展住宅维修资金归集，全年共收缴2684户住宅专项维修资金2707.84万元。提高物业管理，与市发改委联合印发《阳泉市住宅小区前期物业服务等级与收费标准》，规范全市物业服务与收费行为。开展提升物业服务品质活动，活动期间指导成立业主委员会28个，检查住宅小区10个，提出整改建议12条。开展物业企业消防安全培训，提升物业企业消防安全管理能力和水平。(鲍　亮)

【不动产登记和房地产交易】 2017年，阳泉市发放不动产权证书10491本，比上年增长86.34%；发放不动产登记证明8463份，增长71.11%。办理各类不动产登记18016件，增长76.77%；建筑面积1183.77万平方米，增长79.22%。全年办理各类房屋交易(含转移、抵押、注销)7855件，交易建筑面积148.42万平方米，成交金额40.49亿元。通过市公共资源交易平台挂牌出让国有土地使用权12件，成交10宗，出让面积46.22万平方米，成交金额2.69亿元；挂牌出让采矿权10宗，成交8宗，出让面积344万平方米，成交金额3024万元；办理采矿权转让9宗，转让面积42.33万平方米，转让总金额3400万元。办理房屋租赁备案登记8件，租赁面积0.13万平方米，租赁金额115.35万元。全年收取不动产登记费124.96万元，比上年增长0.53%；收取房屋交易手续费31.11万元；收取土地矿产交易手续费72.13万元；代收土地出让金297.84万元。(王　超)

城市管理

【数字化城管】 2017年3月1日，阳泉市数字化城市管理系统上线，与阳泉随手拍并网运行。全年受理各类案件9699件，立案8405件，结案7126件，结案率84.8%。按信息来源分类，数字城管工作人员利用“城管通”手机监督采集8482件，微信公众平台受理663件，“12319”城建服务热线受理341件，阳泉随手拍转办213件。10月1日起，“12319”城建服务热线与数字城管中心合署办公。(鲍　亮)

【县区数字城管平台建设】 2017年，阳泉市数字城管中心派专人赴各县区，督促推进数字城管平台建设。截至2017年底，各县区数字城管平台基本建成，经费逐步规范。城区指挥平台设置在城区信息中心，配备6名派遣员、2名督察员，下设5个街道办和11个职能部门；矿区指挥平台设置在矿区社会服务管理指导中心（矿区综治中心），配备2名派遣员、2名督察员，下设5个街道办和5个职能部门；开发区指挥平台设置在开发区信息中心，配备4名派遣员、下设12个职能部门；郊区指挥平台设置在郊区城管执法大队，配备4名派遣员，下设11个职能部门；平定县指挥平台设置在平定县城管办，配备2名接线员、2名派遣员、2名督察员，下设24个职能部门；盂县指挥平台在盂县城镇监察执法大队，配备2名接线员、2名派遣员、2名督察员，下设22个职能部门。31家市直部门及社会责任单位接入数字城管系统平台。（鲍　亮）

【停车场（位）调查摸底】 2017年1月16日至31日，阳泉市住建局利用半个月时间，完成阳泉市城区、矿区、开发区及郊区部分区域停车场（位）摸底工作，共摸排停车泊位约5.8万个。摸底结束后，下达停车管理工作督查通报26期。与交警部门配合，在市区主干道安装停车引导标志牌70块。（鲍　亮）

【“阳泉城管服务”微信公众号开通】 2017年，阳泉市住建局为方便市民反映城市建设管理问题，于2月16日开通运营“阳泉城管服务”微信公众号，全年推送信息195期349条，收到市民各类问题663件，在受理汇总的基础上，分别妥善处理。（鲍　亮）

重点工程

【中环快速路】 2017年，阳泉市中环快速路工程以漾泉大道、平坦路、现状义白路、义平路局部和南外环路为基本框架，主线全长26千米，环内面积40.59平方千米；双向8车道；主路设计时速为60千米，辅路设计时速40千米。工程包括东环改造、西环南段改造及新建南环，总投资27.9亿元（不含征地拆迁）。全线交叉路口采用互通立交或跨线桥设计，主路全线无红绿灯。截至2017年底，项目规划、土地、环评、立项等前期手续均办理完成；西南环监理7个标段全部招标，施工分11个标段，第5标段于8月中旬完成招标进场施工，其余各标段完成施工投标资格预审；拆迁工作完成率93%；通过国开行山西省分行以PPP模式实施。（鲍　亮）

【化义路】 2017年，阳泉市化义路工程起点为南大东街商业银行东侧，由北向南至市一中北侧，全长约1500米、宽25米，总投资3249.85万元（不含拆迁费）。截至2017年底，完成规划、土地、环评、立项等前期手续和施工、监理招标，开工建设。（鲍　亮）

【垃圾焚烧电厂】 2017年，阳泉市继续推进建设垃圾焚烧电厂。该厂位于阳泉市郊区荫营镇东落堰村，占地6.33万平方米（98亩），总投资5.25亿元，于2014年9月开工建设，由山西省工业设备安装集团有限公司承建，项目设计日处理垃圾量1100吨、规模3×550吨垃圾焚烧生产线（两运一备）、2×15帕瓦直接空冷汽轮发电机组。实际根据阳泉市垃圾量分期建设，年可处理生活垃圾33万吨，发电量9900万千瓦小时、供电量8000万千瓦小时，对城市生活垃圾进行“无害化、资源化、减量化”处置，利用余热发电并达标排放。截至2017年底，完成主体工程的70%以上，完成投资2亿元，进场道路主路面铺设完毕，刚性护栏完成1200米。预计2018年9月全部建成投产。（鲍　亮）

【停车场建设】 2017年，阳泉市规划建设12个停车场，完成开发区公安局业务技术用房、城区双龙智能车库、矿区阳煤总医院地下停车场、恒大帝景地下停车场、天桥摩尔港地下停车场、北京华联地下停车场；开工建设阳泉市第六中学地下停车场、南山幼儿园停车场、四矿华龙易购西侧停车场、开发区北山西大门停车场；开展办理前期手续的是阳泉市第七中学停车场、南大街原教育学院停车场。（鲍　亮）

【洪城北路北延项目】 2017年，阳泉市洪城北路北延项目位于市区中西部，起点为洪城北路与北山中路交叉口，由南向北依次经过电石厂、巨兴小区西侧，终点至平阳街二期。洪城北路北延主线全长681.75米，总投资6412.44万元。工程在设计、立项时分为洪城北路北延（南段）道路工程和洪城北路北延（北段）道路工程两部分。截至2017年底，北山中路至平阳街段，道路前期工作全部完成，施工单位进场；平阳街至北中环段，确定与平阳街立交方案，完成规划图。（鲍　亮）

综合工作

【概况】 2017年，阳泉市环境保护工作以改善环境质量为核心，推进铁腕治污，环保工作实现新成效。市区空气质量综合指数7.28，比上年下降4.6%，居全省第六位，较上年前移三位，成为全省综合指数下降3个城市之一。按照《环境空气质量标准》(GB 3095—2012)评价，全年优良天数193天，重污染天数12天，完成“大气十条”目标任务，成为全省7个完成目标任务城市之一。全市5个省控以上地表水断面中，优良断面4个、占比80%，劣Ⅴ类断面1个、占比20%，达到省定指标要求。绵河地都出境断面由2016年劣Ⅴ类提高为Ⅲ类优良水质。地表水环境质量平均指数全省排名第三。（刘罡明）

【环境保护暨党风廉政工作会议】 2017年2月23日，阳泉市环境保护暨党风廉政工作会议召开。会议总结2016年工作，安排部署2017年全市环境保护和党风廉政建设工作。动员全市环保系统切实贯彻创新、协调、绿色、开放、共享“五大发展理念”，坚持以问题为导向，以改善环境质量为核心，全力打好大气、水、土壤污染防治“三大战役”，突出抓好服务经济转型、管理制度改革、农村环保、涉重涉危监管、核与辐射安全五项工作，强化执法监督、环保投入、督促考核、宣传动员、基础能力建设五项措施，全面提升环保管理水平，完成环境保护各项目标任务。推进全面从严治党向纵深发展，严肃党内政治生活，加强党内监督，聚焦监督执纪问责，严守底线，不碰红线。（刘罡明）

【环保工作部署会】 2017年，阳泉市委、市政府召开32次会议研究环保工作，听取汇报，解决问题，部署工作任务。面对秋冬季大气污染防治的严峻形势，市委、市政府提前部署、积极应对，分别于8月9日、9月25日，召开大会对大气污染综合治理“双百日攻坚”行动进行安排部署，多次召开市委常委会、市政府常务会、专题会等学习贯彻环保部和山西省相关会议精神，研究全市落实意见。与5个县(区)政府、阳泉经济技术开发区管委会和17个市直单位签订2017年大气、水、土壤污染防治“三大战役”目标责任书，通过完善机制、落实责任、跟踪督办、考核问责，确保各项任务有效落实。（刘罡明）

【环保行政审批】 2017年，阳泉市环保局环保窗口受理行政许可事项96件。其中，建设项目环境影响评价审批20件，核技术应用环境保护验收1件，核发排污许可证18件，辐射安全许可证核发、变更、申请、注销23件，危险废物转移29件，清洁生产许可证5件，所有行政审批事项全部在承诺期限内办理完毕。（刘罡明）

2017年8月9日，全市中央环保督查整改、大气污染综合治理“双百日攻坚”行动暨河长制工作动员部署会召开（蔺物珍供图）

【优化服务】 2017年，阳泉市环保局把服务经济转型发展作为头等大事来抓，应对经济下行压力，帮助项目单位共争取国家和省级环保治理资金4.56亿元，其中，中央资金22151.5万元、省级23434万元，分别用于大气污染治理14448万元、水污染治理3123万元、土壤污染治理110万元、农村污染防治2261.5万元、矿山生态环境恢复治理25523万元、其他120万元。完成排污权交易10宗，成交金额455.9万元，实缴国库406.7万元。抓好排污许可制度改革，全部完成7家火电、2家焦化和4家水泥企业新版排污许可证核发。全力营造营商环境，能下放审批权限全部下放，实行并联审批，全年审批建设项目环评229个，项目总投资319.2亿元，对重点项目主动提前介入，全程提供服务，保障重点工程顺利实施。 （刘罡明）

【环保宣传】 2017年，阳泉市环保局围绕大气、水污染防治，中央环保督察，环保部强化督查，“铁腕治污行动”等环保重点工作，在阳泉电视台、《阳泉日报》、阳泉市人民政府网站、阳泉市环境保护局网站分别开设中央环保督察“边督边改”、秋冬季大气污染综合治理“双百日攻坚”行动、大气污染治理强化督查等专题专栏，大范围、高密度、深层次报道环保工作，公开中央环保督察、环保部强化督查和巡查发现问题整改落实情况，宣传环保先进典型，曝光违法排污行为。借助新闻媒体开展环保法律法规和科普知识宣传，向社会公布“12369”环保举报热线、微信举报平台等。 （刘罡明）

环境治理

【大气污染防治】 2017年，阳泉市政府围绕大气污染防治行动计划和“双百日攻坚”行动任务，出台《2017—2018年秋冬季大气污染综合治理“双百日攻坚”行动方案》及配套督查方案、信息公开方案、量化问责规定、宣传方案，“1+4”方案以及《阳泉市秋冬季大气污染综合治理PM 2.5削减工作方案》《阳泉市改善空气质量十项非常措施》等一系列文件，推进专项整治。按照要求，全部、干净、彻底取缔“散乱污”企业476家；实施冬季清洁取暖工程，完成煤改气、煤改电和集中供热59179户，完成任务的102.78%；城市建成区2台20蒸吨以下和各县区建成区33台10蒸吨以下燃煤锅炉全部淘汰，淘汰率100%；全市火电、水泥、煤炭、焦化和污水处理厂五大行业54家企业全部完成工业污染源达标任务；全市7家电厂20台277.7万千瓦机组完成超低排放改造；对市区过境国道207线所有货运车辆实行分时段限行，并从1月1日起延长限行时间（由原6:00—22:00改为5:00—24:00限行），国道207、307改线工程完成招标，对市区过境国道207、307线等主干线支路进行硬化，淘汰黄标车2167辆，完成率98.2%；取缔7家违法储煤场，58家储煤场、35家料场实现全封闭管理，其余103家储煤场、75家料场采取建设挡风抑尘网、苫盖、洒水抑尘等措施，遏制扬尘污染；完成36家重点行业企业挥发性有机物综合治理；13家高架源企业自动监测设施全部安装联网到位，安装率100%；采暖季期间，共对2户焦化、8户铸造、104户建材、10户有色化工、22户混凝土企业实施错峰生产；下达重污染天气调度令8次，发布重污染天气预警17次。按照环保部要求，重新修订《阳泉市重污染天气应急预案》，统一预警分级标准，夯实应急减排措施清单，包括473家工业源、60个建筑工地扬尘源、94个道路扬尘源、20.13万辆机动车移动源项目清单，增加应急预案的可操作性、可监管性。 （刘罡明）

2017年6月5日，阳泉市纪念“六五”世界环境日暨绿色出行环保宣传活动在北山公园举行 （王瑞星供图）

【水污染防治】 2017年，阳泉市环保局推行河长制，明确72条主要河流（段）的“河长”名单，建立市、县、乡、村四级河长制；平定伟峰、平定卫东、盂县东坪、盂县跃进4家煤矿完成矿井水处理设施扩容及提标改造工程；城区老工业区和独立工矿区污水管网及桃河、义井河污水主管网基本建成；完成桃河城区段、义井河等6条（段）黑臭水体治理；启动实施平定县锁簧镇、张庄镇、冶西镇，盂县牛村镇、孙家庄镇、路家村镇和郊区河底镇7个乡镇污水处理设施建设；投入1800万元实施娘子关水源地规范化治理，投资200万元实施尚怡水库隔离防护；平定县前社、中社，盂县东苌池、西苌池、秦村、枣园6个村农村生活污水治理项

2017 年，阳煤集团矸石山生态恢复治理工程　　（王大江供图）

目全部完工；完成畜禽养殖禁养区划定，全市 106 个畜禽规模养殖场，完成治理 104 个、拟关闭搬迁 2 个；完成 70 座加油站的 316 个地下油罐防渗改造工程。　（刘罡明）

【土壤污染防治】 2017 年，阳泉市环保局印发《阳泉市土壤污染防治工作方案》《2017 年阳泉市土壤污染防治行动计划》，全市共确定土壤污染重点行业企业 65 家、对土壤环境影响突出工业园区（工业集聚区）4 个，计划详查单元 44 个，核实农用地详查点位 515 个。编制《阳泉市土壤污染治理与修复规划（2017—2030 年）》。推进矿山生态环境恢复治理，印发《阳泉市采煤沉陷区矿山生态恢复治理试点示范工程建设实施方案》，启动总投资 6.1 亿元 20 个示范项目。阳泉市开展矸石山生态恢复治理工作，矸石山改造后，建起了公园。阳煤集团二矿矸石山生态恢复治理工程受上级表彰。　（刘罡明）

环保执法

【概况】 2017 年，阳泉市环保局执行新《中华人民共和国环境保护法》及 4 个配套办法，统筹运用各种手段，落实环境保护制度。实行“领导包保制”“一线工作法”，由局领导带队，分片包干，到县区、部门、企业开展不间断督查督办，确保领导在一线督办、问题在一线解决、任务在一线落实。加大调度力度，对大气、水环境整治、环保问题整改等工作实行日调度、月通报制度。对工作任务完成情况实行台账式管理，列出问题清单、整改清单、责任清单，实现一企一档，完成一项，销号一项，确保各项整治任务落实到位。加大考核力度，对各县区空气质量实行一月一公示、一月一排队，并在《阳泉日报》、阳泉电视台等主流媒体进行公示，对排名靠后或空气质量严重恶化县区进行惩罚、约谈、通报批评等。加大查处力度，始终保持高压态势，全年共立案查处环境违法案件 432 起，实施行政处罚 2882 万元，查办典型案件 213 件，比上年增加 185 件，其中按日计罚 1 件、查封扣押 30 件、停产限产 171 家、行政拘留 10 案、移送环境犯罪 1 人。　（刘罡明）

【中央环保督察】 2017 年，阳泉市群众反映问题 33 批 338 件，全部按时办结并上报中央环保督查组，办结率 100%。其中，关停取缔 50 家，责令整改 67 家，立案处罚 43 家、罚款 253.34 万元，行政拘留 3 人，共问责处理 98 人（县处级干部 4 人、科级及科级以下干部 94 人）。中央督察组召开反馈会后，市委、市政府安排部署，成立以市委书记、市长任组长的领导小组，制订整改方案，列出问题清单，共涉及 12 项整改任务、30 项具体整改措施，实行台账式、清单式管理，定期调度，跟踪督办，督促各责任单位加大整改力度。截至 2017 年底，12 项整改任务中，需要 2017 年完成 8 项（完成 7 项、市污泥处置中心建设任务申请延期），其余 4 项均属长期任务。　（刘罡明）

【环保部强化督查】 2017 年 4 月 7 日，环保部强化督查组进驻阳泉市，共开展不间断督查 23 轮次，共检查企业、点位数 5157 个，发现问题 1964 个，到期应办 1964 个问题，办理 1964 个，办理率 100%。　（刘罡明）

【铁腕治污行动】 2017 年，阳泉市按照全省统一部署，启动“铁腕治污行动”，市委、市政府第一时间部署、第一时间公告、第一时间行动，成立由市长任组长的领导小组，出台工作方案，在全市掀起“环保严查风暴”。行动期间，共出动环保执法人员 14752 人次，开展零点行动 8 次、交叉检查 3 次，检查企业 3544 家次，排查问题 366 个，整改 366 个，整改销号率 100%。　（刘罡明）

【重点污染源自动在线监控设施监管】 2017年，阳泉市、县（区）两级环境监控部门对在用21家37台（套）重点污染源自动在线监控设施进行监管，其中国家级别的检测监督设施14家24台（套）、非国家级别的检测监督设施7家13台（套）。全年坚持每月开展一次现场巡检，共下达现场检查笔录10份，督促企业和运营机构加强对在线监控设施的运营维护，每季度开展一次数据有效性审核，有效传输率稳定在90%以上，查处5起在线监控超标排放行为，做到监控到位、查处有力。（刘罡明）

【机动车环保检测管理】 2017年，阳泉市、县（区）两级环保部门加强对全市范围内9个机动车环保检测机构、14条环保检测线日常管理，采取明察暗访方式，对各环保检测机构进行每季度不少于一次检查。根据环保部、公安部、中国国家认证认可监督管理委员会《关于进一步规范排放检验 加强机动车环境监督管理工作的通知》中，机动车排污监控系统需具备统一编码功能要求，阳泉市对机动车排污监控系统进行升级改造。（刘罡明）

【辐射环境安全执法检查】 2017年，阳泉市共有20家涉源单位，放射源202枚，其中Ⅰ类放射源1枚、Ⅱ类放射源1枚、Ⅲ类放射源1枚、Ⅳ类放射源129枚、Ⅴ类放射源70枚。在用射线装置单位77家，其中单独使用射线装置单位71家，既有放射源又有射线装置单位6家。

年内，阳泉市环保部门共出动执法人员200余人次，开展放射源安全检查专项行动，制作执法笔录40余份，下达责令改正通知书1份，检查率100%。通过检查，摸清核技术利用单位底数，确保全市核技术利用活动符合国家有关要求，推动监管工作科学化、制度化、规范化、精细化，降低辐射事故发生率，保证辐射环境安全。（刘罡明）

【排污费征收】 2017年，阳泉市各级环保部门贯彻执行《排污费征收使用管理条例》，严格执法，采取各种措施，加大排污费征收力度。全年全市共征收排污费2465.98万元，其中市环保局征收1476.56万元、平定县征收150.78万元、盂县征收386.49万元（其中焦炭排污费173.39万元）、郊区征收408.57万元、矿区征收31.78万元、城区征收2.46元、开发区9.34万元。（刘罡明）

环境监测

【概况】 2017年，阳泉市环境质量总体保持基本稳定。市区、平定县县城、盂县县城环境空气质量有所好转，郊区荫营镇环境空气质量有所下降；酸雨频率有所下降；地表水环境质量，桃河河流水质有所好转，滹沱河水质有所下降，乌河水质无明显变化，其他主要河流水质仍处于较高污染水平；城市地下水水质受到不同程度污染；声环境质量状况总体较好。（刘罡明）

【环境空气质量状况】 2017年，阳泉市、县（区）两级环境监测站分别在市区、平定县县城、盂县县城、郊区荫营镇设立11个环境空气自动监测点位，实施环境空气质量日报监测，市区监测点位6个、平定县县城监测点位2个、盂县县城监测点位2个、郊区荫营镇监测点位1个。2017年空气质量有效监测天数365天。

市区环境空气质量状况

2017年，按照《环境空气质量标准》（GB 3095—2012）评价，市区环境空气质量Ⅰ级天数11天，Ⅱ级天数182天，达标率达52.9%，达标天数比2016年减少9天，达标率下降0.3%；环境空气受到轻度污染的（Ⅲ级）天数为117天，占全年监测天数的32.1%；中度污染（Ⅳ级）天数30天，占全年监测天数8.2%；重度污染的（Ⅴ级）天数12天，占全年监测天数3.3%；无严重污染天气，年超标率为47.1%。以O_3、PM 2.5为首要污染物天数较多，分别占超标天数79.2%、73.6%。环境空气质量综合指数为7.28，比上年下降4.6%。

细颗粒物（PM 2.5）年均浓度范围15微克/立方米～200微克/立方米，年均浓度61微克/立方米（年均浓度二级标准限值35微克/立方米），与2016年相比减少2微克/立方米，超标0.74倍，超标率22.7%。

可吸入颗粒物（PM 10）年均浓度范围14微克/立方米～270微克/立方米，年均浓度116微克/立方米（年均浓度二级标准限值70微克/立方米），与2016年相比减少15微克/立方米，超标0.66倍，超标率20.7%。

二氧化氮（NO_2）年均浓度范围

2017年阳泉市区环境空气污染级别分布情况简表

表32

环境空气质量状况	优	良	轻度污染	中度污染	重度污染	严重污染	监测天数
	Ⅰ级	Ⅱ级	Ⅲ级	Ⅳ级	Ⅴ级	Ⅵ级	
阳泉市区	11天	182天	117天	30天	12天	0天	352天
平定县城	10天	224天	102天	17天	11天	1天	365天
盂县县城	48天	243天	61天	8天	3天	0天	363天
郊区荫营镇	31天	196天	102天	19天	15天	2天	365天

（刘罡明）

20微克/立方米～104微克/立方米，年均浓度48微克/立方米（年均浓度二级标准限值40微克/立方米），与2016年持平，超标0.20倍，超标率5.2%。

二氧化硫（SO_2）年均浓度范围5微克/立方米～282微克/立方米，年均浓度49微克/立方米（年均浓度二级标准限值60微克/立方米），与2016年相比减少13微克/立方米，年均浓度未超标，日均值超标率2.7%。

一氧化碳（CO）日均值第95位百分位数浓度范围0.5毫克/立方米～4.4毫克/立方米（日浓度二级标准限值4毫克/立方米），平均百分位浓度为2.5毫克/立方米，比2016年减少0.2毫克/立方米，下降7.4个百分点。

臭氧（O_3）日最大8小时第90位百分位数浓度范围13微克/立方米～342微克/立方米（日最大8小时平均浓度二级标准限值160微克/立方米），平均百分位浓度为198微克/立方米，比2016年上升30微克/立方米，上升17.9个百分点。

县区环境空气质量状况

2017年，县区空气质量按照《环境空气质量标准》（GB 3095—2012）评价，平定县县城二级以上优良天数234天，优良率达64.1%，空气质量综合指数6.71，同比下降0.3%；盂县县城二级以上优良天数291天，优良率达79.7%，空气质量综合指数5.63，同比下降6.0%；郊区荫营镇二级以上优良天数227天，优良率62.2%，空气质量综合指数6.26，同比上升7.6%。

二氧化硫（SO_2）污染状况：平定县县城、盂县县城、郊区荫营镇二氧化硫浓度范围分别为4微克/立方米～280微克/立方米、1微克/立方米～240微克/立方米、1微克/立方米～218微克/立方米，年均浓度分别为74微克/立方米、55微克/立方米、38微克/立方米；比2016年相比，分别下降18.7%、36.8%、24.0%。

二氧化氮（NO_2）污染状况：平定县县城、盂县县城、郊区荫营镇二氧化氮浓度范围分别为6微克/立方米～89微克/立方米、3微克/立方米～88微克/立方米、6微克/立方米～85微克/立方米，年均浓度分别为40微克/立方米、30微克/立方米、34微克/立方米；与2016年相比，平定县下降23.1%，盂县、郊区分别上升30.4%、13.3%。

可吸入颗粒物（PM 10）污染状况：平定县县城、盂县县城、郊区荫营镇可吸入颗粒物浓度范围18微克/立方米～452微克/立方米、2微克/立方米～342微克/立方米、16微克/立方米～426微克/立方米，年均浓度分别为125微克/立方米、94微克/立方米、107微克/立方米；与2016年相比，平定县、盂县分别下降4.6%、13.0%，郊区上升12.6%。

细颗粒物（PM 2.5）污染状况：平定县县城、盂县县城、郊区荫营镇细颗粒物浓度范围分别为8微克/立方米～228微克/立方米、12微克/立方米～188微克/立方米、15微克/立方米～262微克/立方米，年均浓度分别为60微克/立方米、49微克/立方米、66微克/立方米；与2016年相比，平定县县城、盂县持平，郊区上升13.8%。

一氧化碳（CO）污染状况：平定县县城、盂县县城、郊区荫营镇一氧化碳日均值第95位百分位数浓度范围分别为0.4毫克/立方米～5.1毫克/立方米、0.5毫克/立方米～2.8毫克/立方米、0.5毫克/立方米～2.2毫克/立方米，平均百分位浓度分别为1.6毫克/立方米、2.0毫克/立方米、0.8毫克/立方米；与2016年相比，平定县上升23.1%、盂县持平、郊区下降38.5%。

臭氧（O_3）污染状况：平定县县城、盂县县城、郊区荫营镇臭氧日最大8小时第90位百分位数浓度范围分别为2微克/立方米～256微克/立方米、12微克/立方米～166微克/立方米、1微克/立方米～328微克/立方米，平均百分位浓度分别为92微克/立方米、115微克/立方米、185微克/立方米；与2016年相比，分别上升31.4%、32.2%、28.5%。（刘罡明）

【降水污染状况】 2017年，阳泉市区大气降水共采集37个样本，监测降水量477.7毫米，pH年均值为6.06，全年pH值介于5.05～7.72之间，最小值出现在10月8日，最大值出现在3月22日，低于酸雨标准（pH值$<$5.60）的降水出现1次，全年酸雨频率为2.7%。与2016年相比，全年酸雨频率下降0.3个百分点。（刘罡明）

【地表水环境质量状况】 2017年，阳泉市、县（区）两级环境保护监测站对桃河、绵河、滹沱河、乌河、龙华河、南川河、秀水河、温河31个有效断面进行监测。其中，晓庄、枣园村、会里村断面是省控断面，白羊墅、闫家庄大桥、娘子关（地都）为国控断面；这6个断面中晓庄断面为阳泉市桃河入境断面，白羊墅断面为桃河市区段主要控制断面，地都断面为绵河出境控制断面，闫家庄大桥断面为滹沱河出境控制断面，枣园村断面为乌河控制断面，会里村断面为龙华河控制断面。县、区各监测断面为市控断面，其中南坪断面为平定县南川河主要控制断面，河下断面为盂县秀水河主要控制断面、温池断面为盂县温河主要控制断面，韩庄桥断面为郊区温河主要控制断面。

监测结果显示：31个水质监测断面中，达到Ⅰ类水质的断面（优）1个，占3.2%；达到Ⅱ类水质的断面（优）2个，占6.5%；达到Ⅲ类水质断面（良好）3个，占9.7%；Ⅳ类水质断面（轻度污染）5个，占16.1%；Ⅴ类水质断面（中度污染）3个，占9.7%；劣Ⅴ类水质断面（重度污染）17个，占 54.8%。全市主要河流水质状况总体情况与 2016 年持平，区域间差异较大，河流水质污染依然严重。

地表水水质状况

国控（省控）水质监测断面

桃河　2017 年，桃河水质属轻度污染，与 2016 年相比好转。各检测断面中：晓庄断面水质类别为Ⅱ类，水质状况为优；白羊墅断面水质类别为劣Ⅴ类，属重度污染，其主要污染物为氨氮、化学需氧量、生化需氧量；娘子关（地都）断面水质类别为Ⅲ类，水质为良好。

滹沱河　闫家庄大桥断面水质类别为Ⅲ类，水质状况为良好。

乌河　枣园村断面水质类别为Ⅱ，水质状况为优。

龙华河　会里村断面水质类别为Ⅰ，水质状况为优。

与 2016 年相比，除晓庄、白羊墅、会里断面无明显变化；闫家庄大桥、枣园村断面水质有所变差；娘子关（地都）断面明显好转。

市控主要水质监测断面

南川河　南坪断面为劣Ⅴ类水质，属重度污染。主要污染物为氨氮、生化需氧量、化学需氧量。

秀水河　河下断面为Ⅳ类水质，属轻度污染。主要污染物为化学需氧量、氨氮。

温河　温池断面为Ⅳ类水质，属轻度污染。主要污染物为化学需氧量。韩庄桥断面为劣Ⅴ类水质，属重度污染。主要污染物为氨氮、化学需氧量。

与 2016 年相比，秀水河河下断面水质状况有所好转，南坪断面、温池断面和韩庄桥断面水质状况无明显变化。

地表水主要污染物状况

氨氮监测情况

2017 年，桃河晓庄断面年平均浓度为 0.13 毫克 / 升，未出现超标（地表水Ⅲ标准 1 毫克 / 升）；白羊墅断面年平均浓度 3.83 毫克 / 升，年均浓度超过Ⅳ类标准（地表水Ⅳ类标准 1.5 毫克 / 升）1.6 倍，浓度范围为 0.55 毫克 / 升 ~ 9.34 毫克 / 升，超标率达 66.7%；娘子关（地都）断面年平均浓度 0.44 毫克 / 升，年均浓度未超过Ⅲ类标准，浓度范围为 0.06 毫克 / 升 ~ 1.06 毫克 / 升，超标率为 8.3%；滹沱河闫家庄大桥断面年平均浓度为 0.25 毫克 / 升，未超过Ⅲ类标准；乌河枣园村断面年平均浓度为 0.07 毫克 / 升，未超过Ⅲ类标准；龙华河会里村断面年平均浓度为 0.04 毫克 / 升，未出现超标。

平定南川河的南坪断面年平均浓度 4.55 毫克 / 升，超标 2.0 倍（Ⅳ类标准），超标率为 66.7%；盂县秀水河的河下断面年平均浓度为 1.09 毫克 / 升，未超过Ⅳ类标准，年均浓度范围 0.91 毫克 / 升 ~ 1.64 毫克 / 升，超标率 16.7%；温河温池断面年平均浓度为 0.52 毫克 / 升，超过Ⅲ类标准；郊区温河韩庄桥断面年平均浓度 2.54 毫克 / 升，超过Ⅳ类标准 0.7 倍，超标率 100%。

与 2016 年相比，桃河白羊墅断面、娘子关（地都）断面、温河韩庄桥断面、温河温池断面、秀水河河下断面年平均浓度均有所下降，下降幅度在 18.1% ~ 88.0% 之间；桃河晓庄断面、滹沱河闫家庄大桥断面、乌河枣园村断面、南川河南坪断面年平均浓度有所上升，上升幅度在 16.7% ~ 44.5% 之间。

化学需氧量的监测情况

2017 年，桃河晓庄断面年平均浓度为 15 毫克 / 升，未超过Ⅲ类标准（地表水Ⅲ类标准 20 毫克 / 升），浓度范围 15 毫克 / 升 ~ 25 毫克 / 升，超标率为 8.3%；娘子关（地都）断面年平均浓度为 18 毫克 / 升，未超过Ⅲ类标准，浓度范围 11 毫克 / 升 ~ 28 毫克 / 升，超标率为 33.3%；桃河白羊墅断面年平均浓度 48 毫克 / 升，年均浓度超过Ⅳ类标准（地表水Ⅳ类标准 30 毫克 / 升）0.6 倍，浓度范围 23 毫克 / 升 ~ 88 毫克 / 升，超标率达 100%；滹沱河闫家庄大桥断面年平均浓度为 16 毫克 / 升，未超过Ⅲ类标准，浓度范围 6.7 毫克 / 升 ~ 34 毫克 / 升，超标率 8.3%；乌河枣园村断面年平均浓度为 9 毫克 / 升，未超过Ⅲ类标准；龙华河会里村断面年平均浓度为 8 毫克 / 升，未出现超标。

平定县南川河南坪断面年平均浓度 53 毫克 / 升，超标 0.8（Ⅳ类标准）倍，超标率达 100%；盂县秀水河河下断面年平均浓度为 26 毫克 / 升，未超过Ⅳ类标准；温河温池断面年平均浓度为 21 毫克 / 升，未超过Ⅳ类标准；郊区温河韩庄桥断面年平均浓度 28 毫克 / 升，未超过Ⅳ类标准，浓度范围 25 毫克 / 升 ~ 30 毫克 / 升，超标率为 16.7%。

与上年相比，桃河白羊墅、娘子关（地都）、乌河枣园村、南川河南坪、温河温池、秀水河河下断面年均浓度有所下降，幅度在 1.1% ~ 64.4% 之间；桃河晓庄、滹沱河闫家庄大桥、温河韩庄桥断面年均浓度均有所上升，幅度 6.4% ~ 35.6%。　（刘罡明）

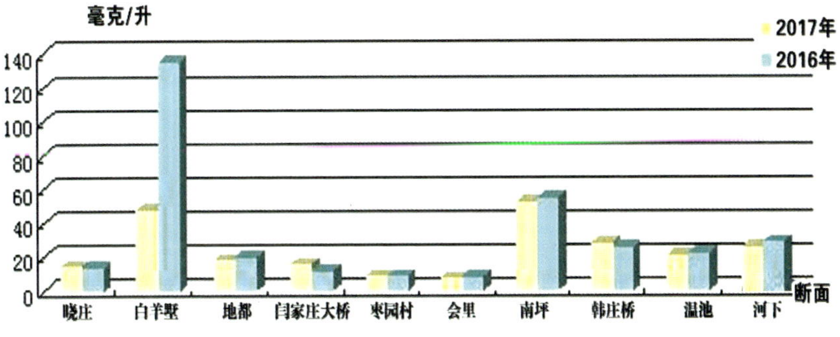

图 13　2017 年阳泉市地表水主要检测断面化学需氧量浓度比较图

2017年阳泉市地表水各监测断面水质状况统计简表

表33

市、县区	河　流	断　　面	水质类别	水　　质　　状　　况
市　区	桃　河	晓　庄*	Ⅱ	优
		白羊墅*	劣Ⅴ	重度污染(氨氮、化学需氧量、生化需氧量)
		地　都*	Ⅲ	良　好
		李家庄河	劣Ⅴ	重度污染(氨氮、化学需氧量、高锰酸盐指数)
		义井河	劣Ⅴ	重度污染(氨氮、化学需氧量、高锰酸盐指数)
盂　县	滹沱河	闫家庄大桥*	Ⅲ	良　好
	乌　河	枣园村*	Ⅱ	优
	龙华河	会里村	Ⅰ	优
平　定	南川河	苏峪桥	劣Ⅴ	重度污染(生化需氧量、化学需氧量)
		中川河	劣Ⅴ	重度污染(生化需氧量、化学需氧量)
		北川河	劣Ⅴ	重度污染(氨氮、化学需氧量、生化需氧量)
		五矿桥	劣Ⅴ	重度污染(生化需氧量、化学需氧量、氨氮)
		常家沟桥	劣Ⅴ	重度污染(生化需氧量、化学需氧量、氨氮)
		锁簧河	劣Ⅴ	重度污染(生化需氧量、化学需氧量、氨氮)
		辇石桥	劣Ⅴ	重度污染(化学需氧量、生化需氧量、氨氮)
		南坪*	劣Ⅴ	重度污染(氨氮、生化需氧量、化学需氧量)
		乱流	劣Ⅴ	重度污染(生化需氧量、氨氮、化学需氧量)
盂　县	秀水河	秀水	Ⅳ	轻度污染(化学需氧量)
		南河南	Ⅳ	轻度污染(化学需氧量、氨氮)
		石店河	Ⅴ	中度污染(化学需氧量、氨氮)
		河下*	Ⅳ	轻度污染(化学需氧量、氨氮)
		方山	Ⅲ	良　好
		温池*	Ⅳ	轻度污染(化学需氧量)
	温　河	温河水库	Ⅳ	轻度污染(氨氮)
郊　区	温　河	温河水库下游	Ⅴ	中度污染(氨氮、化学需氧量)
		下章召河	劣Ⅴ	重度污染(氨氮、化学需氧量)
		韩庄桥*	劣Ⅴ	重度污染(氨氮、化学需氧量)
		辛庄河	Ⅴ	中度污染(氨氮、化学需氧量)
		山底河	劣Ⅴ	重度污染(氨氮、化学需氧量、生化需氧量)
		苇章河	劣Ⅴ	重度污染(氨氮、化学需氧量、生化需氧量)
		白泉河	劣Ⅴ	重度污染(氨氮、化学需氧量、生化需氧量)

说明:带*号断面为河流水质代表断面

(刘罡明)

【地下水质量状况】 2017年,阳泉市环保局加大地下水质监测力度,监测井(泉)分别是桑掌村、东水源(五龙泉)、连庄深井、宁艾机井、苏村机井、水务局白泉供水站、庄只村水源井、寺平安、温池供水站、西小坪村、盂县兴道供水站共11个监测井(泉),监测泉眼为城西泉、五龙泉、水帘洞、苇泽关4个泉水点位。其中东水源与泉水五龙泉为同一点位。

地下水水质状况

2017年,阳泉市在测的14个地下水中,水质达《地下水质量标准》(GB/T 14848—1993)Ⅲ类标准的1个,为盂县温池供水站,占被测井的7.1%;水质达Ⅳ类标准7眼,为桑掌村、东水源、连庄、西小坪、盂县兴道供水站、城西泉、苇泽关,占被测井(泉)50.0%;水质达Ⅴ类标准6眼,为宁艾、苏村、庄只、水务局白泉供水站、寺平安、水帘洞,占被测井(泉)42.9%。

与上年相比,桑掌村、东水源、苏村、宁艾、寺平安、温池、城西泉、水帘同、苇泽关水质类别没有发生改变,主要超标污染物也基本未发生变化;连庄水质类别有所好转;水务局白泉供水站、西小坪、盂县兴道供水站水质类别有所变差;东庄头村水源井为庄只村水源井取代,水质类别有所变差。全市地下水主要污染物为总大肠菌群、硫酸盐、总硬度。

地下水主要污染物状况

总大肠菌群 在测井中浓度范围在未检出至230个/升之间,14个地下水中除五龙泉、宁艾、温池、苇泽关监测结果未超标外,其他10个地下水点位超标。

总硬度 在测井中浓度范围为149毫克/升~932毫克/升,年均值408毫克/升,未超过Ⅲ类标准(450毫克/升)。14个地下水中除桑掌村、连庄、白泉、庄只、寺平安、温池、西小坪、兴道、城西泉监测结果未超标外,其他5个地下水监测结果超标。总硬度与上年基本持平,浓度变化不大。

硫酸盐 在测井中浓度范围在35.9毫克/升~502毫克/升之间,年均值194毫克/升,未超过Ⅲ类标准(250毫克/升)。14个地下水监测点中,除桑掌村、连庄、白泉、庄只、寺平安、温池、西小坪、兴道、城西泉未超标外,其他5个地下水监测结果超标。 (刘罡明)

【集中式生活饮用水源地水质状况】 2017年,阳泉市城市饮用水源以集中式供水为主,主要以东水源作为取水水源。经市环保局监测,东水源水质类别为Ⅳ类,主要影响指标为总硬度、硫酸盐。总硬度浓度年均值458毫克/升,硫酸盐浓度年均值265毫克/升,总大肠菌群未检出、未超标。 (刘罡明)

【声环境质量状况】 2017年,阳泉市市区功能区噪声监测共布设7个点位,其中一类区2个、二类区2个、三类区2个、四类区1个,没有0类区。监测结果(执行《声环境质量标准》GB 3096—2008)显示,一、二、四类区全年昼夜间等效声级高于2016年,三类区低于上年。随着城市发展,阳泉市车流量不断增加,城市生活区域结构的多样化,导致一、二、三、四类区域的夜间噪声等效声级超标。

年内,阳泉市、县(区)环境保护监测站对市区55.97平方千米建成区面积、200个有效监测点位区域环境噪声进行监测,昼间平均等效声级为54.2dB(A),等级为二级,评价为较好。阳泉市、县(区)环境保护监测站按照《环境噪声监测技术规范 城市声环境常规监测》(HJ640—2012)评价,对市区50条主要交通干线路段(累计长54.04千米)进行监测,昼间平均等效声级为66.3dB(A),昼间道路交通噪声质量等级为好;平定县政府招待所门前监测点的道路交通噪声平均等效声级68.1dB(A),为二级(好);盂县西关桥东侧监测点的道路交通噪声平均等效声级65.6dB(A),为一级(好);郊区政府招待所门前监测点的道路交通噪声平均等效声级64.0dB(A),为一级(好)。 (刘罡明)

财 政

【概况】 2017年，阳泉市各级财税部门坚持“稳中求进”工作总基调，适应经济新常态，依法组织各项收入，加大财政支出结构调整力度，推进资金绩效管理，深化财税体制改革，创新金融体制机制，防范化解金融风险，较好地完成各项任务。全市财政总收入累计完成107.73亿元，比上年增长39.16%，增收30.31亿元。其中，一般公共预算收入完成50亿元，比上年增长21.12%，增收8.72亿元。全市一般公共预算支出执行106.06亿元，比上年增长10.79%，增支10.33亿元。（史军明）

【财政收入】 2017年，阳泉市财政总收入完成107.73亿元，其中税收收入完成95.59亿元，比上年增长50.61%［国税完成50.6亿元（剔除退税等因素），比上年增长58.86%；地税完成44.99亿元，比上年增长42.3%，占总收入比重88.73%］；非税收入完成12.14亿元，比上年下降12.95%，占总收入比重11.27%。全市一般公共预算收入完成50亿元，为年度预算的127.49%。其中，税收收入完成37.86亿元，为年初预算税收任务的132.83%，超收9.36亿元，比上年增长38.5%（国税完成17.02亿元，为年预算任务的117.37%，超收2.52亿元，比上年增长76.99%；地税完成20.84亿元，为年初预算任务的148.84%，超收6.84亿元，比上年增长17.62%）；非税收入完成12.14亿元，为年初预算任务的113.28%，超收1.42亿元。全市政府性基金收入累计完成9.79亿元，其中主要包括城市公用事业附加收入0.2亿元、国有土地收益基金收入0.69亿元、国有土地使用权出让收入7.9亿元、城市基础设施配套收入0.7亿元。

市本级一般公共预算收入完成29.42亿元，比上年增长35.62%，为年初预算的135.71%，超收7.74亿元，占全市收入比重58.84%，拉动全市一般公共预算收入增长18.72个百分点；各县区一般公共预算收入完成20.58亿元，增长5.06%，为年初预算的117.33%，超收3.04亿元，占全市收入比重41.16%，拉动全市一般公共预算收入增长2.4个百分点。市本级政府性基金收入累计完成2.15亿元，其中，国有土地使用权出让收入1.1亿元、国有土地收益基金收入0.23亿元。

2017年阳泉市分市县区一般公共预算收入完成情况统计表

表34　　　　单位：万元、%

市县区	1—12月	2016年	超预算收入	比上年增降比率	占全市收入	拉动全市收入增长
全 市	499961	412776	107806	21.12		21.12
市本级	294168	216900	77407	35.62	58.84	18.72
县区小计	205793	195876	30397	5.06	41.16	2.40
平定县	39658	36284	6858	9.30	7.93	0.82
盂 县	56983	53450	2475	6.61	11.40	0.86
郊 区	38388	42420	7390	−9.50	7.68	−0.98
城 区	25303	20589	6424	22.90	5.06	1.14
矿 区	26465	22782	4884	16.17	5.29	0.89
开发区	18996	20351	2361	−6.66	3.80	−0.33

税收收入　分税种看：12个税种（增值税与营业税合并计算）均为增长，主要税种情况是：增值税、营业税共完成16亿元，比上年增长20.61%，增收2.74亿元，占税收比重42.38%；企业所得税完成4.93亿元，比上年增长175.45%，增收3.14亿元，占税收比重13.03%；个人所得税完成1.25亿元，比上年增长55.99%，增收4504万元，占税收比重3.31%；资源税完成5.94亿元，比上年增长65.74%，增收2.36亿元，占税收比重15.69%；其他税种完成9.69亿元，比上年增长23.35%，增收1.83亿元，占税收比重25.59%。

分产业看：第一产业下降，第二产业和第三产业均为增长。第一产业完成税收104亿元，比上年下降52.94%，占税收比重0.03%；第二产业完成税收27.2亿元，比上年增长54.54%，占税收比重71.9%；第三产业完成税收10.62亿元，比上年增长9.59%，占税收比重28.07%。分行业看13个行业"6增7降"。

2017年阳泉市一般公共预算收入分税种统计表

表35　　单位：万元、%

项　目	1—12月	增减额	增幅	占税收	占一般公共预算收入	拉动收入增长
增值税	159975	69533	76.88	42.26	32.00	16.85
营业税	446	-42125	-98.95	0.12	0.09	-10.21
企业所得税	49313	31430	175.75	13.03	9.86	7.61
个人所得税	12548	4504	55.99	3.31	2.51	1.09
资源税	59412	23565	65.74	15.69	11.88	5.71
五大税种小计	281694	86907	44.62	74.41	56.34	21.05
城维税	27611	4471	19.32	7.29	5.52	1.08
房产税	15293	1191	8.45	4.04	3.06	0.29
印花税	15360	3522	29.75	4.06	3.07	0.85
城镇土地使用税	13691	2235	19.51	3.62	2.74	0.54
土地增值税	5044	1463	40.85	1.33	1.01	0.35
车船税	8032	658	8.92	2.12	1.61	0.16
耕地占用税	4716	2792	145.11	1.25	0.94	0.68
契税	7128	2004	39.11	1.88	1.43	0.49
其他税种小计	96875	18336	23.35	25.59	19.38	4.44

2017年阳泉市一般公共预算收入分产业分行业统计表

表36　　单位：万元、%

分产业分行业	1—12月	比上年增收	比上年增长	占税收	占一般公共预算收入	拉动收入增长
第一产业	104	-117	-52.94	0.03	0.02	-0.03
第二产业	272194	96,061	54.54	71.90	54.44	23.27
采矿业	207947	103817	99.70	54.93	41.59	25.15
其中：煤炭	206745	103114	99.50	54.61	41.35	24.98
制造业	31482	8749	38.49	8.32	6.30	2.12
电力燃气水生产供应	12810	-897	-6.54	3.38	2.56	-0.22
其中：电力	11025	-531	-4.60	2.91	2.21	-0.13
建筑业	19955	-15608	-43.89	5.27	3.99	-3.78
第三产业	106271	9299	9.59	28.07	21.26	2.25

续表

分产业分行业	1—12月	比上年增收	比上年增长	占税收	占一般公共预算收入	拉动收入增长
交通运输、仓储及邮政	3731	-1547	-29.31	0.99	0.75	-0.37
批发和零售业	35049	8783	33.44	9.26	7.01	2.13
其中:煤炭及制品批发	9126	1662	22.27	2.41	1.83	0.40
金融业	21517	2312	12.04	5.68	4.30	0.56
居民服务和其他服务	3738	-391	-9.47	0.99	0.75	-0.09
住宿和餐饮业	1520	-282	-15.65	0.40	0.30	-0.07
租赁和商务服务业	6110	1275	26.37	1.61	1.22	0.31
房地产业	17863	-3022	-14.47	4.72	3.57	-0.73
科学研究和技术服务业	2048	98	5.03	0.54	0.41	0.02
信息技术服务业	2244	-767	-25.47	0.59	0.45	-0.19
其他行业	12451	2840	29.55	3.29	2.49	0.69

分企业类型看:国有及国有控股企业税收20.23亿元，比上年增长17.81%,占税收比重53.44%;其他类型企业税收17.63亿元,比上年增长73.46%,占税收比重46.56%。其中,阳泉煤业(集团)有限责任公司(简称阳煤集团)阳泉地区一般公共税收完成19.77亿元，比上年增长66.61%,占全市税收比重52.22%,占全市一般公共预算收入比重39.54%。阳煤集团阳泉地区一般公共税收中:煤炭税收15.77亿元,占79.75%，比上年增加14.26个百分点,占全市煤炭税收的76.26%,比上年增加1.27个百分点;非煤税收4亿元,占20.25%,占全市非煤税收的23.29%。

非税收入　专项收入完成3.35亿元，比上年增长3.03%，增收987万元,占非税比重27.6%;行政事业性收费收入完成1.52亿元，比上年增长16.17%,增收2114万元,占非税比重12.51%，主要增收包括法院诉讼费比上年增收1287万元、国土收费比上年增收387万元、环保收费比上年增收1849万元;罚没收入完成2.42亿元,比上年增长39.65%,增收6878万元，占非税比重19.96%，主要为法院和检察院罚没比上年分别增收2868万元和8072万元;国有资源有偿使用收入完成2.95亿元，比上年下降47.62%,减收2.68亿元，占非税比重24.32%，主要减收为两权价款比上年减收2.28亿元;转让政府还贷道路收费权收入比上年减收3470万元。

其他各项收入完成1.89亿元,比上年下降5.91%，减收1190万元,占非税比重15.6%，主要增减为捐赠收入比上年减收1012万元，住房基金收入比上年增收8946万元，其他收入比上年减收8899万元（同期入库阳泉市公共交通总公司退库返还款5619万元和阳泉市纪委煤焦反腐款4800万元一次性入库)。(史军明)

2017年阳泉市非税收入分项目统计表

表37　　单位:万元、%

项　目	1—12月	比上年增收	比上年增降比率	占非税	占一般公共预算收入	拉动收入增长
非税收入小计	121392	-18058	-12.95	—	24.28	-4.37
一、专项收入	33510	987	3.03	27.60	6.70	0.24
其中:排污费收入	—	-2426	-100.00	—	—	-0.59
水资源费收入	—	-1809	-100.00	—	—	-0.44
教育费附加收入	15230	3302	27.68	12.55	3.05	0.80
地方教育附加收入	7011	1466	26.44	5.78	1.40	0.36
残疾人就业保障金收入	7540	-1831	-19.54	6.21	1.51	-0.44
二、行政事业性收费收入	15189	2114	16.17	12.51	3.04	0.51

续表

项　　目	1—12 月	比上年增收	比上年增降比率	占非税	占一般公共预算收入	拉动收入增长
三、罚没收入	24226	6878	39.65	19.96	4.85	1.67
四、国有资本经营收入	—	-225	-100.00	0.00	0.00	-0.05
五、国有资源(资产)有偿使用收入	29525	-26847	-47.62	24.32	5.91	-6.50
其中:转让政府还贷道路收费权收入	7330	-3470	-32.13	—	—	-0.84
排污权出让收入	5494	3494	—	4.53	1.10	0.85
矿产资源专项收入	10688	-25086	-70.12	8.80	2.14	-6.08
其中:矿产资源补偿费收入	1267	-2257	-64.05	—	—	-0.55
探矿权、采矿权价款收入	9421	-22829	-70.79	7.76	1.88	-5.53
六、捐赠收入	323	-1012	-75.81	0.27	0.06	-0.25
七、政府住房基金收入	9859	8946	979.85	8.12	1.97	—
八、其他收入	8760	-8899	-50.39	7.22	1.75	-2.16

【财政支出】 2017 年，一般公共预算支出执行 106.06 亿元，为年调整预算的 97.63%。其中民生支出 83.51 亿元，比上年增长 11.85%；占一般公共预算支出比重 78.74%，比上年增加 0.74 个百分点。全市政府性基金支出 17.99 亿元，比上年增长 50.56%，增支 6.04 亿元。在非营利性服务业主要核算依据指标中，财政 8 项支出（一般公共服务、公共安全、教育、科学技术、社会保障和就业、医疗卫生与计划生育、节能环保及城乡社区支出）2017 年支出 81.35 亿元，比 2016 年增支 6.89 亿元，增长 8.47%。全年全市“三公”[因公出国（境）、公务车购置及运行、公务接待]经费支出 0.57 亿元，比 2016 年下降 6.6%。

2017 年阳泉市一般公共预算支出分科目情况统计表

表 38　　单位：万元、%

项　　目	1—12 月	2016 年	比上年增减额	比上年增降比率	占预算
一般公共服务支出	98524	90359	8165	9.05	99.53
国防支出	2065	2452	-387	-15.78	99.95
公共安全支出	81185	80345	840	1.04	99.89
教育支出	214920	205350	9570	4.66	99.74
科学技术支出	9088	5324	3764	70.70	98.22
文化体育与传媒支出	19050	18733	317	1.69	99.98
社会保障和就业支出	158948	133366	25582	19.18	99.68
医疗卫生与计划生育支出	102978	101602	1376	1.35	97.94
节能环保支出	49086	40439	8647	21.38	86.69
城乡社区支出	98778	87802	10976	12.50	102.48
农林水支出	68251	69120	-869	-1.26	98.56
交通运输支出	33693	30760	2933	9.53	96.51
资源勘探信息等支出	13529	18246	-4717	-25.85	98.89
商业服务业等支出	4216	5250	-1034	-19.69	90.30
国土海洋气象等支出	34986	12233	22753	186.00	99.67

续表

项　　目	1—12月	2016年	比上年增减额	比上年增降比率	占预算
住房保障支出	37699	32230	5469	16.97	91.02
粮油物资储备支出	3371	4401	-1030	-23.40	97.88
其他支出	8536	4720	3816	80.85	52.94
债务付息支出	21658	14571	7087	48.64	99.04
一般公共预算支出小计	1060561	957303	103258	10.79	97.63
其中:民生支出	835064	746610	88454	11.85	98.2
占一般公共预算支出的比重	78.74	78.00	0.74	—	—

2017年,市本级一般公共预算支出执行34.06亿元,为年度调整预算的94%,比上年增长9.52%,增支2.96亿元。市本级政府性基金支出7.29亿元,比上年增长23.36%,为调整预算的87.93%。

主要支出项目情况:教育支出执行3.73亿元,为调整预算(下同)的99%,增长4.7%;医疗卫生与计划生育支出执行1.64亿元,为预算的94%,下降21.54%;社会保障和就业支出执行6.19亿元,为预算的98%,增长71.97%;文化体育与传媒支出执行0.87亿元,为预算的100%,下降12.3%;节能环保支出执行3.27亿元,为预算的84%,增长32.82%;城乡社区支出执行5.62亿元,为预算的100%,增长14.85%;农林水支出执行1.03亿元,为预算的95%,增长18.18%;科学技术支出执行0.25亿元,为预算的94%,增长44.98%;国土海洋气象等支出0.34亿元,为预算的97%,增长49.07%;住房保障支出执行0.29亿元,为预算的85%,下降77.75%。

一般公共服务支出执行3.56亿元,为预算的100%,增长4.29%;公共安全支出执行4.22亿元,为预算的100%,下降2.89%;交通运输支出执行1.23亿元,为预算的86%,与上年持平;资源勘探信息等支出0.41亿元,为预算的97%,下降30.93%;商业服务业等支出0.17亿元,为预算的54%,增长32.25%;粮油物资储备支出执行0.21亿元,为预算的97%,下降27.88%;债务付息支出执行0.78亿元,为预算的100%,增长11.3%;其他支出执行0.15亿元,为预算的15%,增长60.09%。　　(史军明)

【收入征管】 2017年,阳泉市财政局狠抓收入征管,提升财力保障。围绕全年财政收入预算目标,及时分解任务,落实征管责任,确保各项收入应收尽收和稳定增长。开展对经济形势的研判。开展调查研究,做好重点税源监控,开展零散税源和小税源征管。开展财税部门协调联动。与税务部门衔接,研究解决收入征管中出现的问题。抓好非税收入组织工作。推进非税收入票据电子化改革,规范非税收入征缴。争取上级财政支持。全年共争取上级转移支付53.7亿元,比上年增长16.97%。　　(史军明)

【支持转型发展】 2017年,阳泉市财政局发挥财政职能作用,多措并举支持全市转型发展。落实结构性减税降负政策。财税部门开展调研,及时跟踪,完善相关办法,确保为企业减税降负政策落到实处。全年累计为企业减税11.34亿元(国税7.4亿元、地税3.94亿元);6次落实普遍性降费政策,为企业减负1.35亿元,助力企业转型升级,增强企业核心竞争力。传统产业转型升级和提质改造。全年共计争取国家老工业基地搬迁改造、独立工矿区改造搬迁资金6851万元,改善工矿区经济发展和群众生活条件;统筹各级财政安排煤层气抽采利用专项资金1.09亿元,助力煤炭企业发展清洁能源。培育壮大新兴产业。抢抓国家推动山西资源型经济转型政策机遇,结合阳泉市转型思路,加强资金保障,重点培育现代物流业、健康养老业、文化旅游业等新兴产业。安排科技创新基金1650万元,支持和激励新兴产业发展。推动国企改革,加快企业兼并重组。支持阳泉泵阀科技集团有限公司“退城进园、搬迁改制”向社会融资1亿元,安排融资利息费用1219万元,推动城市产业结构调整;淘汰高能耗高污染落后产能,安排726万元支持国有资本从国有耐火公司等落后产能企业退出;争取企业分离“三供一业”中央专项资金4296万元,支持国有企业职工家属区供水、供电、供热(供气)及物业管理分离移交,剥离国有企业社会职能,减轻负担、集中精力发展主营业务。　　(史军明)

【保障和改善民生】 2017年,阳泉市财政系统调整优化支出结构、集中财力加大投入,落实各项民生政策。

运用财政政策,加大“三农”(农业、农村、农民)支持力度　统筹各类专项资金,发展农业产业化,推进农业供给侧结构性改革,全年各级财政投入累计超过4000万元,在做强畜牧、核桃、蔬菜三大主导产业基础上,助推阳泉市成为全省农村第一、第

二、第三产业融合发展示范市。推进扶持村集体经济发展及美丽乡村建设试点工作，通过组织申报、竞争立项、严格评审等程序，确定郊区为扶持村集体经济发展项目试点县、平定县岔口乡甘泉井村为美丽乡村建设试点村，分别获省奖补资金1000万元。推进农村人口市民化，获省专项转移支付奖励资金1661万元。完善扶贫投入机制，确保扶贫资金足额到位。全年各级财政安排扶贫资金6775.71万元，全部拨付至县区或项目主管部门；阳泉市扶贫公司承接山西省易地扶贫搬迁补助资金5622.79万元，全部下拨至县区。建立财政保障机制，推进“三基建设”（基层组织、基础工作、基本能力）。落实省委、市委加强“三基建设”安排部署，投入力度，省、市、县（区）三级财政安排资金1.92亿元，落实乡镇工作补贴、乡镇机关食堂伙食补助、村级组织运转经费等各项政策。

各项惠民政策落实，发展社会事业　落实各类教育家庭经济困难学生补助政策；完善城乡义务教育经费保障机制，实施义务教育阶段四项惠民政策（家庭经济困难寄宿生免住宿费、营养早餐补助、免作业本费、免教科书费），安排资金5980万元推进阳泉职业技术学院新校区建设。构建公共文化服务体系，安排资金2849.96万元，用于农村文化体系建设、文化体育场馆免费开放、“送戏下乡”文化惠民演出、省艺术节活动、《人说山西好风光》第二季电视竞演活动、文物保护和非物质文化遗产保护等。落实城乡居民医保和城乡居民低保补助等提标政策。全市城乡居民医疗保险财政补助标准由每人每年420元提高到450元；全市城市、农村最低保障标准平均每人每月统一提高35元和40元，提标后城市、农村低保标准分别达到每人每月487元和308元；开展公共医疗卫生体制改革，市财政安排1000万元用于城市公立医院取消药品加成补偿，提高城乡居民人均基本公共卫生服务经费标准，全市城乡居民人均基本公共卫生服务经费标准由40元提高到45元；落实公益性岗位提标标准，全市公益性岗位安置就业困难人员岗位补贴标准从1033元提高至1620元；提高农村特困人员供养财政补助标准，全市农村特困人员分散供养标准每人每年提高2000元，达每人每年5400元；集中供养标准每人每年提高1500元，达每人每年7900元。推进棚户区改造等保障性住房建设，支持改善城乡居民居住条件。全年安排保障性安居工程专项资金2.80亿元，其中，棚户区改造资金2.67亿元、公租房资金1207万元、城镇低收入住房家庭租赁补贴资金117万元；设立安全生产专项资金1097万元，保障安全生产执法经费。争取上级支持，推进生态环境保护。全年争取上级专项资金10.96亿元，用于采煤沉陷区搬迁安置、地质环境治理等工作；支持“煤改气”“煤改电”工程，打好打赢生态环境整治攻坚战，安排资金1.57亿元；争取上级专项资金2.02亿元，用于大气、水、土壤等污染防治，提高环境监测能力；落实“黄标车及老旧车淘汰”补贴资金1629万元。加大资金统筹力度，补齐城市“短板”。市级新增债券资金10.8亿元，支持中环快速路建设、北方地区冬季清洁取暖、生态新城开发建设、市区道路拓宽、医疗废物处置、桃河义井河综合治理及中央森林公园前期工作等。　　　（史军明）

【财政改革】 2017年，阳泉市开展财税体制改革，建立规范透明的预算管理制度。盘活存量资金。全年统筹盘活市级各类结转结余资金20.23亿元，使用盘活率87.7%，提高资金使用效益。加快支出执行进度。提早下达预算、加快资金调度、督促项目推进、强化责任考核等措施，破解支出较慢难题，取得成效。全年全市一般公共预算支出实现106.06亿元，比上年同期提高10.79个百分点，其中市本级在全省支出进度考核中六次名列前三，获省财政奖励资金600万元。推进预算绩效管理工作。提高项目支出绩效目标管理，市级预算达100万元项目和跨年度延续性安排项目都编制预算绩效目标，共批复预算绩效目标160个，涉及预算资金7.63亿元，对实现财政资金使用效益最大化起到推动作用。推广政府和社会资本合作（PPP）模式。成立领导机构，制订出台阳泉市推进政府与社会资本合作实施意见，加强PPP工作领导协调机制，加强PPP政策制度、操作流程和实务培训宣传工作，筛选储备项目，落实“常态化申报、动态化调整”工作要求，凡条件成熟项目按程序开展实质性操作。全年全市纳入财政部PPP综合信息平台管理库项目共7个，市本级3个、县区4个，总投资128亿元。加强政府采购管理，制订完善政府采购目录，规范政府采购行为；推动政府采购信息化建设；全面试行政府采购计划备案管理，建立采购计划对执行交易的控制机制。截至2017年底，市级政府采购共完成采购项目预算约3.9亿元，实际采购金额3.48亿元，节约率9.43%。　　　（史军明）

税　务

国家税务

【概况】 2017年，阳泉市国税局做好法治税务、效能税务和铁军税务，推进税收现代化建设，推动全市转型发展。全年国税系统累计完成税收收入56.7亿元，比上年增长62.8%，增收21.85亿元。其中市县级收入完成18.2亿元，比上年增长89.4%。加强纳税评估。开展房地产业、建筑业纳税评估，加强营改增后续监管。全年共开展纳税评估29批,评估入库税款5939万元。强化欠税清理。按月下达清欠计划,层层压实清欠责任,强化督办问责。全年清理欠税1.77亿元。加大税务稽查。联合阳泉市地税局、阳泉市公安局、人民银行阳泉市分行等部门开展打击发票违法犯罪专项斗争,实施郊区房地产业、建筑业税收专项整治。稽查查补入库7276万元。通过强化税收征管堵漏增收3.09亿元,对国税收入贡献率达5.45%。(王克功)

【依法治税】 2017年,阳泉市国税系统坚持“依法治税”原则,规范税收各环节工作。法治建设上,学习领会中共十九大提出的法治理念、法治精神和推进全面依法治国的重大部署,举办法治思维专题培训,建立“以案释法”制度,引导干部自觉遵纪守法,确保每一项执法行为主体合法、依据合法、程序到位。依法行政工作方式上,实行重大事项法律顾问事前审核制度,把法律顾问事前审核,作为重大案件审理、政府集中采购、重要合同签订等行政决策必经环节,确保各项决策合法合规;试点税收执法全过程记录制度,推进严格规范公正文明执法。依法治税工作整体推进方法上,县(区)国税局全部成立法律顾问办公室,统筹抓好依法治税领导体制机制建设、内控机制建设、税收普法、政务公开、税收制度质量建设五个重点工作,各基层国税局按照法治税务示范基地标准要求,加强税收法治建设。截至2017年底,全系统省级法治税务示范基地达3个。(王克功)

【“放管服效”改革】 2017年,阳泉市国税局以推进“放管服效”改革为抓手,构建规范、便民、高效的税收环境。加大简政放权力度。推行纳税人自主申报制度,还权还责于纳税人;下放商贸企业出口退税审核权至县(区)国税局,便利纳税人办理出口退税;持续减流程、减时限、减资料,当场办结事项达90%,限时办结事项的办理时限压缩30%以上,简化优化税务注销登记流程,税收优惠事项备案实现资料零报送。转变放管结合方式。建立贯穿纳税服务、政策执行、税务执法、纳税评估、税务稽查等各环节分析监控指标,定期推送任务,及时应对,提高税收遵从。优化服务。推出惠民政策“送上门”、解决难题“走进门”、政策沙龙“敞开门”、服务发展“互开门”的“四门”服务,建立税收优惠政策落地监控指标,让纳税人应享尽享政策红利。全年累计减免税7.7亿元,银税互动为中小企业融资1.35亿元。推广山西省国地税网上申报平台,推行国地税“一窗一人一机双系统”联合办税模式,实行纳税人外出经营网上报验,优化纳税人发票领用,便利纳税人申报、开票、办事。提高服务效能。研发读秒办公系统,对税务行政许可、内部流转类、省国税局和市委市政府督办、涉税限时办结等四大类事项读秒督办,提高工作效率。(王克功)

【征管改革】 2017年,阳泉市国税局以推行“虚拟实化”大部门制为抓手,持续征管体制改革。在组织架构上,虚拟设立“一办五中心”(指挥督导办公室,办税服务中心、应对执行中心、党建和人力资源管理中心、纪检监察中心、行政保障中心),实行项目化管理,75%人员力量向征管一线倾斜,聚焦税收主业。在征管职能上,上收税务稽查和重点税源企业约谈评估等复杂事项至市国税局,县级国税局专注做好办税服务和应对执行功能角色,有效减轻基层负担。在工作运转上,建立“党组指挥、主任挂帅、项目管理、团队作战”指挥领导体制,建立“数字人事推任务、‘13710’抓督办、绩效考核展作为”的“三环联动”行政管理机制,激励领导干部以上率下、担当干事。在工作方式上,以数据为依托,以风险管理为导向,建立风险指标40个,开展风险分析21个,推送风险任务29批,推行征管任务推送派单指引执行制,做到管理方式法治化、流程化、模板化、数据化。在资源配置上,根据各中心职能定位组建常设团队,承接重大工作、重点项目时组建临时团队,打造人力资源池,激发干部队伍活力。(王克功)

地方税务

【概况】 2017年,阳泉市各级地税机关通过层层传导压力、强化责任管理,督查调研、强化税收分析,开展纳税评估、强化欠税管理,加强重点税源监控管理和税种规费管理等措施加强组织收入工作,提高收入质量。全年全市地税系统共组织各项收入51.11亿元,比上年增长38.97%,增收14.33亿元。其中,税收收入完成45.00亿元,比上年增长42.30%,增收13.37亿元;规费收入完成6.11亿元,比上年增长18.57%,增收0.96亿元。在税收收入中,地方公共财政收入完成33.88亿元,比上年增长26.03%,增收7亿元;市县级公共财政收入完成20.84亿元,比上年增长17.62%,增收3.12亿元。(郭文君)

【税收营商环境优化】 2017年,阳泉市地税局制订《阳泉市税务系统落实〈全省税务系统优化税收营商环境服务经济转型发展实施意见〉任务分解及责任清单》,采取“五跟进、五不放”(税收管理跟进,责任落实不放手;税收宣传跟进,落实服务不放手;调查摸底跟进,掌握情况不放手;优质服务跟进,便民办税不放手;后续管理跟进,跟踪问效不放手),推进措施落地。全市地税系统开展“放管服”改革,坚持放管结合,将土地增值税不预缴审批权由市级审批变为县(区)地税局管理的企业由县(区)地税局审批;将审批范围由经济适用房和廉租房扩大为各级政府批准的各类保障性住房；将困难性减免房产税和土地使用税，除市直地税分局管户外，全部下放县（区）地税局审批，办税效率提升。落实税收优惠政策，调整符合条件个体工商户定额15795户，月销售额不超过3万元个体工商户个人所得税征收率核定为零政策全部落实到位；全市35033人享受“对煤炭生产企业按国家有关规定发放给井下作业职工的艰苦岗位津贴在计算个人所得税时扣除”政策，月减免个人所得税156.21万元；累计为293户小微企业共减免企业所得税234万元。将房产税计税余值扣除标准从7月1日起确定为30%，修改从价计征的房产原值户1534户。（田世熙）

【入企服务】 2017年11月，阳泉市地税局与阳泉市国税局共同制订《阳泉市地方税务局阳泉市国家税务局万名税干入企调研服务专项行动实施方案》，国税、地税一对一结成247个入企服务小组，有计划有组织深入企业，宣讲中共十九大精神，宣传全省税务系统优化税收营商环境28条措施，倾听纳税人呼声、解决纳税人难题，将优化税收环境各项简政放权便企办税措施落到实处。向纳税人发放政策汇编及各类便民指引手册4万余册，为企业发展献计献策391条，征询具体意见建议307条，收集问题273个，落实和解决问题241个，对32个无法解决的问题汇总上报省地税局研究决定。（马思宇）

【地税稽查】 2017年，阳泉市地税局加大稽查检查力度，联合国税、地税稽查，对重点税源企业开展纳税自查辅导，对旅游市场开展税收整治。严厉打击发票违法犯罪活动，共查处违法售票企业2户，查处假发票3份，开票金额173.03万元，查补各项收入29.75万元。全年全市地税稽查系统计划立案检查111户（含举报户），累计查结110户，查补入库各项收入3819.58万元。其中，自查收入697.19万元、立案查补税款2213.49万元、滞纳金598.15万元、罚款310.75万元，查结百万元以上案件5户，税务稽查作用增强。（马思宇 郭文君）

【环保税和水资源税改革】 2017年，阳泉市地税局统筹指导，强化协调跟进，保障环保税和水资源税改革。做好前期筹备。成立改革工作领导小组，落实环保税、水资源税各项前期准备工作，紧扣时间节点，确保稳步推进。向市委、市政府主要领导专题汇报，加强与市财政、水务、环保部门工作对接、联系、协调，共接收涉及水资源税纳税人157户、环保税纳税人426户。加强宣传辅导。通过微信、QQ群、纳税大厅宣传栏、电子滚动屏等，宣传两税政策和相关法律法规，提高民众认知度，营造开征氛围。通过举办纳税人学堂、“一对一”辅导、面对面答疑等方式，加强对纳税人培训辅导，帮助纳税人掌握环保税、水资源税知识，确保改革平稳运行。实地走访调研企业。利用入企服务活动，实地走访调研纳税人，了解企业生产经营状况，收集和征询企业对地税“两项改革”工作的建议以及对税法宣传、纳税咨询、办税服务方面的需求，做好记录，掌握企业的涉税需求和税源状况。剖析信息数据。针对环保、水务部门共享传递的资料数据，综合实地走访和座谈调研情况，将相关信息梳理、归类，确保数据翔实准确，结合“两项改革”工作实际，优化办税流程，整合内部征管资源，完善政策落实措施，助推环保税、水资源税改革顺利平稳。（田世熙 马思宇）

【纳税服务】 2017年，阳泉市地税系统以提高纳税人满意度为目标，优化纳税服务。围绕纳税人需求，改变税收宣传方式，主要负责人接受电视台专访，就国家税制改革热点、税务部门优化纳税服务、服务地方经济发展等主题进行专业解读，并借助《阳泉日报》平台举办税收优惠政策知识有奖问答活动，吸引社会各界人士广泛参与，共收到答题卡3385份，扩大税收政策宣传覆盖面。开展“便民办税春风行动”，细化推出5类22项60条便民措施，推进实体办税厅、网上服务平台、“12366”热线和手机掌上办税，实现办税事项同城通办、省内通办，对大企业实施常态走访、团队会诊等个性化服务，企业税收遵从度明显提升。以郊区

2017年7月4日，阳泉市国税、地税联合开展打击发票违法犯罪专项斗争动员大会召开（田世熙供图）

地税局为试点，成立地税、国税联合办税大厅，运行“一窗一人一机双系统”办税模式，实现国税、地税业务“一人通办”，缩短办税时间、提高办税效率，组建联合党支部、党小组，办税大厅实现国税、地税业务和党建工作深度融合。制订《国地税衔接工作机制》《国地税关于落实进一步减税措施优化纳税服务工作的通知》《营造“六最”营商环境改革行动计划》等一系列制度，开展提升办税服务质效专项督查，纳税服务工作进一步规范。开展纳税信用评价，发挥纳税信用联合激励惩戒作用，通过“银税互动”平台，为107户纳税信用B级以上企业提供贷款1.51亿元，对“黑名单”纳税人进行惩戒，提高纳税人税法遵从度，为构建纳税诚信和社会信用体系作出贡献。（田世熙）

金 融

银行业

【概况】 2017年，阳泉市银行业落实稳健中性的货币政策，存贷款合理适度增长，重点领域支持力度加大，信贷政策导向力增强，金融服务水平提升。

银行业资产规模保持增长，全市银行类金融机构营业网点393个，法人机构33个，从业人数达6337人，总资产达到1864亿元。2017年底全市银行业金融机构不良贷款率较年初下降1.93个百分点，资产质量稳中有升。

存款增速上升。全市金融机构本外币各项存款余额1484.6亿元，较年初增加116.6亿元，同比增长8.5%，增速同比上升7.4个百分点，同比多增101.3亿元。其中，单位存款余额452.9亿元，比年初增加32.8亿元，增长7.8%，同比少减77.3亿元；个人存款余额862.7亿元，比年初增加58.3亿元，增长7.2%，同比多增10.2亿元。

贷款投放力度加大，短期贷款增幅明显。全市金融机构本外币各项贷款余额为884.7亿元，比年初增加142.1亿元，增长19.1%，同比多增120.8亿元。贷款投向重点突出，与实体经济资金需求契合度进一步提高。从具体行业投向看，采矿业、批发零售业、电力热力燃气及水生产供应

2017年阳泉市银行类金融机构情况表

表39　　单位：个、人、亿元

机构类别	营业网点			法人机构
	机构个数	从业人员	资产总额	
大型商业银行	105	2390	653	0
政策性银行	3	67	35	0
股份制商业银行	7	72	42	0
城市商业银行	20	668	412	1
主要农村金融机构	164	2409	467	3
财务公司	1	44	120	1
邮政储蓄	65	317	109	0
新型农村机构	28	370	26	28
合　计	393	6337	1864	33

说明：数据来自金融统计监测管理信息系统

2017年阳泉市银行业存贷款情况表

表40　　单位：亿元、%

指标名称	年底余额	增　量	增　幅	增幅全省排名
各项存款	1484.57	116.59	8.52	5
储蓄存款	804.13	28.87	3.72	7
非金融企业存款	452.90	32.75	7.80	4
各项贷款	884.72	142.08	19.13	1
个人消费贷款	54.40	14.82	37.43	5
非金融企业及机关团体贷款	805.38	122.96	18.02	1
票据融资	28.06	-8.66	-23.59	7

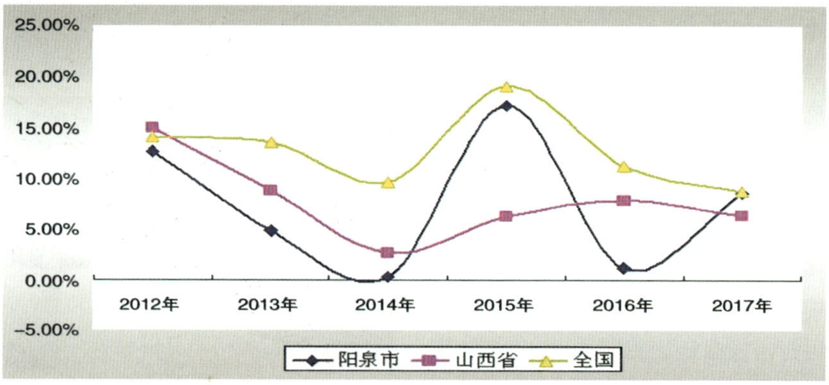

图14　阳泉市与全省全国存款增速对比图

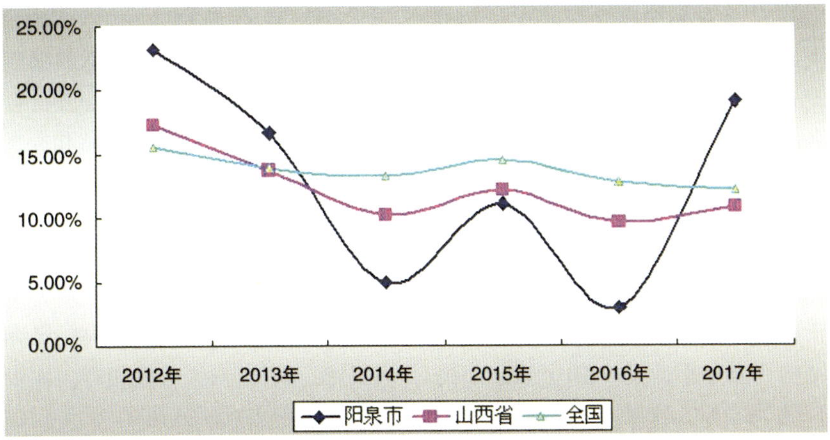

图15 阳泉市与全省全国贷款增速对比图

业、制造业和水利环境公共设施管理业贷款投放提速。从期限结构看,短期贷款投放大幅增加,中长期贷款需求增强。贷款的合理增长支持实体经济发展,特别是对煤炭行业化解过剩产能、释放优势产能发挥重要作用。

金融机构改革逐渐深化。银行业金融机构完善公司治理,改进激励机制导向,加快转型发展。农村信用社改革有序推进,探索引进战略投资者。平定昌都村镇银行筹备设立西关支行,支持县域经济的发展。截至2017年底,共有26家小额贷款公司发放贷款 16.78亿元,多层次、广覆盖、可持续、风险可控的现代农村金融体系逐步形成。

跨境人民币业务稳步推进。全市跨境人民币累计收付完成3亿元,同比增长504%。跨境人民币结算业务坚持业务发展和风险防范并重原则,结算效率和服务水平提升,提高市场主体境外融资便利性。(李政平)

【人行阳泉市中心支行概况】 2017年,中国人民银行阳泉市中心支行贯彻实施稳健的货币政策,注重发挥再贷款、再贴现、常备借贷便利的定向支持和激励作用,全年累计发放支农再贷款4亿元、支持小微企业再贷款3亿元、常备借贷便利40亿元,引导扩大小微企业、涉农贷款等全市经济重点领域和薄弱环节信贷支持成效显著。截至2017年底,全市涉农贷款余额368.9亿元,增长27.2%;小微企业贷款余额为212.0亿元,增长46.5%。人行阳泉市中心支行在全省人民银行工作业绩考核中取得第二名,被评为“业绩考核优胜单位”。(李政平)

【货币政策】 2017年,人民银行阳泉市中心支行运用货币政策工具,鼓励和引导金融机构“稳中提质”。推进地方法人金融机构宏观审慎评估,将银行表外理财资金纳入宏观审慎评估广义信贷范围,引导金融机构审慎经营、理性发展。制订《阳泉市金融支持实体经济健康发展的指导意见》《阳泉市金融支持农业供给侧改革指导意见》,引导金融机构推进供给侧结构性改革,保持货币信贷及社会融资规模适度增长。截至2017年底,全市银行业各项存款余额达1484.6亿元,比上年增长8.5%;各项贷款余额达884.7亿元,比上年增长19.1%,年度贷款增量达142.1亿元。制订《关于进一步推进阳泉市金融助推脱贫攻坚工作的指导意见》,与相关部门联合下发《阳泉市“五位一体”金融扶贫实施意见》,助推脱贫攻坚工作。全年新增扶贫小额信贷9916.6万元,完成年度任务的147.6%。落实“定向降准”政策,根据《关于做好定向降准金融机构动态调整工作的通知》,降低1家地方性商业银行存款准备金率1.5个百分点,释放资金0.7亿元。根据《关于鼓励县域法人金融机构将新增存款一定比例用于当地贷款的考核办法》,对考核达标的3家县域法人金融机构,降低存款准备金率1个百分点,共释放资金2.2亿元。落实各项利率政策,推进利率市场化改革,引导金融机构提高自主定价能力。辖区1家法人金融机构被评为全国性市场利率定价机制基础成员,3家法人金融机构被评为省内市场利率定价自律机制基础成员。推动同业存单发行,辖区2家地方法人机构发行同业存单42期50.3亿元。规范跨境人民币业务管理,提高市场主体境外融资的便利性,全年办理跨境人民币实际收付3亿元。与市金融办举办2017年金融支持重点项目及重点企业推进会,助推14家银行与15家重点项目单位签订15个贷款意向,总额度达51.2亿元。(李政平)

【金融稳定维护】 2017年,人民银行阳泉市中心支行防范和化解金融风险,维护地区金融稳定。健全阳泉市金融稳定工作协调机制,围绕补齐监管短板,制订《中国人民银行阳泉市中心支行监管专员管理办法(试行)》,增强维护辖区金融体系稳健运行能力。突破行业管理界限,构建本外币一体化、内外部联合监管新模式,与政府有关部门实现执法信息互换、监管互助和结果互认,全年共移交和协助破获6起涉及个人购付汇、洗钱的金融案件。强化日常风险监测评估。依托山西省金融风险监测系统实现银证保监测全覆盖,对辖区3家地方法人金融机构主要业务进行现场评估。依法合规组织开展“两管理、两综合”(新设机构管理、日常管理,综合执法检查、综合评价)工作,对辖区38家金融机构进行综合评价,对全市农业银行进行综合执法检查。防控各类金融风险隐患。落实《阳泉市重点企业监测制度》，完善大型有问题企业风险监测机制。对辖内4起可能引发风险问题及时报告和持续跟踪监测。加强存款保险工作，对辖内6家法人投保机构开展风险评级，进行数据真实性现场核查。组织地方法人金融机构开展突发事件应急演练，做好风险事件预防应急工作。（李政平）

【金融服务】 2017年，人民银行阳泉市中心支行增强金融服务意识，提高金融服务水平，促进阳泉市经济和社会发展。

外汇管理和服务　推进简政放权，强化外汇服务，设立统一接收各项行政审批事项的“业务窗口”，全面公示11项外汇管理行政审批事项，实行首问负责和一次性告知义务。加强境外直接投资外汇管理，助推一家大型企业签订3笔、3995万美元境外融资协议，为辖内中资企业拓宽融资渠道、降低融资成本。开展货物贸易、服务贸易、归还外债购汇付汇业务非现场核查，对1家企业、2家银行、7名个人约谈。开展打击“逃骗汇、非法逃汇”专项行动。强化负面舆情监测，制订《外汇管理负面舆情响应应对预案》《负面舆情演练实施方案》，并开展实战演练。

支付体系建设　做好支付系统参与者准入管理，完成4家银行分支机构电票系统准入初审，4家银行分支机构接入及名称变更，支持财务公司通过总行电票系统技术验收，1家地方银行机构新增即时转账业务，第二代支付系统国产密码算法获人民银行总行验收。鼓励涉农银行机构发行银联标准卡，支持平定昌都村镇银行发行“天河卡”，推动盂县农商行借助信合卡平台上线“公交一卡通”服务，推出“晋享e付”平台，扩大银行卡在社保、医保、公积金、交通、教育等公共服务行业的推广应用。推进农村金融综合服务站建设，支持盂县农商行在全省率先建立涵盖支付结算类、现金类、国库类、征信类和消费者权益保护类等功能的“小盂儿”农村金融综合服务驿站。

人民币管理　做好货币发行投放回笼，保障市场现金供应，全年累计组织调拨发行基金81.5亿元，净投放现金39.2亿元。加大小面额货币投放力度，优化流通中人民币券别结构，全年累计投放10元以下小票1.3亿元。加大残损人民币回收力度，强化复点销毁管理，全年共组织复点残损人民币3.5亿元，完成清分联机销毁任务36.5亿元和大型机械销毁任务1.8亿元。强化反假货币工作长效机制，全年累计收缴假币4392张、金额30.6万元。联合阳泉市总工会、阳泉市综治办、阳泉市公安局主办阳泉市银行业金融机构人民币反假技能大赛。

经理国库职能　夯实国库会计核算基础。全年累计完成预算收入113.5亿元，完成预算支出121.3亿元。牵头制订《山西省储蓄国债承销机构综合考评办法（试行）》，组织发行储蓄国债7.8亿元，完成储蓄国债发行、兑付工作。推进国库会计标准化建设，制订《创建县级标准库管理体系实施方案》。

社会信用体系建设　率先在全省完成公积金数据转换新接口上线运行。完成小微企业及农村信用信息系统测试及上线工作。将征信查询业务迁至阳泉市行政审批中心，完成辖区两家县支行征信服务中心的标准化改造。完善农户信用信息征集、评价和应用机制，全市建成信用乡镇2个、信用市场22个、信用村286个，评定信用农户9.4万户。发挥征信工作社会服务功能。全年共提供企业和个人征信查询3.2万人次，办理机构信用代码证9285户。推进动产融资统一登记平台与应收账款融资服务平台应用推广，全年共成交105笔87.2亿元。

金融统计和调查研究　落实2017年金融统计制度，提高数据质量。推进金融业综合统计，加强社会融资规模监测，开展资管产品和资金业务统计。加大统计管理力度，对辖区10家银行业机构和网点进行统计执法检查。开展调查研究。全年共完成22项上级行调研任务，13项人民银行阳泉市中心支行调研任务，承办人民银行天津分行、人民银行太原中心支行4项重点研究课题。

反洗钱监督管理　制订出台《阳泉市中支2017年反洗钱分类评级实施方案》。指导辖区44家金融机构进行自评，对法人机构开展现场初评，推进反洗钱合规性建设。完成辖区首例保险业反洗钱重点可疑交易线索报告，保险业预防洗钱风险能力提高。组织辖区44家金融机构开展反洗钱分类评级自评，对4家法人金融机构开展现场评级，对2家银行机构、3家保险公司、1家财务公司进行现场检查。强化反洗钱跨部门协作，全年共协助相关部门开展协查15次。

金融消费权益保护　开展金融消费者投诉分类标准应用试点工作，督促阳泉市商业银行做好试点投诉工作，推进相关金融行业标准制订工作。推动金融知识纳入国民教育体系，在阳泉师范高等专科学校开设《征信管理基础概论》选修课。与阳泉市教育局联合开展“金融与诚信”知识主题教育活动，编写《金融与诚信知识教学参考手册》，指导辖区12家金融机构与全市266所小学实现“金融知识进校园”主题教育“银校对接”，全市14043名五年级小学生全覆盖。

金融科技服务保障　完成生产环境下数据机房改造工程。发挥网络监测系统作用，通过短信报警，终端监控等手段，实现对网络设备及线路实时监控，构建信息系统安全生产“三道防线”（生产管理、风险管理、审计管理)。完成勒索病毒应对处置工作。做好银行卡有关安全管理工作，开展银行卡信息泄露风险专项排查工作，对3家地方法人金融机构进行现场核查。　（李政平）

【阳泉银监分局概况】 2017年，中国银行业监督管理委员会阳泉监管分局坚持“守住底线、回归本源、聚焦主业、稳中有为”工作思路，防范化解金融风险，支持实体经济力度，推动改革转型发展，强化监管能力建设，各项工作取得成效，全市银行业总体运行平稳，信贷保持合理增长，风险水平总体可控。截至2017年底，全市银行业金融机构资产总额1843.88亿元，较年初增加219.59亿元，增长13.52%；负债总额1766.15亿元，较年初增加209.05亿元，增长13.43%；各项贷款余额884.72亿元，较年初增加142.08亿元，增长19.13%；各项存款余额1452.86亿元，较年初增加112.47亿元，增长8.39%。（齐　峰）

【金融风险防范与化解】 2017年，阳泉银监分局主要从三方面着手，做好风险防控和化解工作。

开展专项整治。成立整治工作领导小组，统筹推进“三违反”(违法、违规、违章)“三套利”(监管套利、空转套利、关联套利)“四不当”(不当创新、不当交易、不当激励、不当收费)、银行业市场乱象等系列整治工作。强化银行业机构主体责任，组织各机构按要求开展全面自查，提升机构自查自纠动力和能力。履行监管职责，组织检查人员在做好查前培训、充分掌握检查重点和方法基础上，开展监管检查，提升现场检查质效，系列整治工作问题整改率达73.22%。

防控信用风险。开展信用风险排查，排查出近期及中长期风险引爆点7个，针对性提出监管要求22条。建立银行业防范化解风险分析研究机制，牵头起草《关于积极维护金融安全有效防范化解金融风险的实施意见》，并以市委、市政府文件印发，采取政府参与、多方联动、以点带面、综合施策的债委会工作模式，引导分类施策发力，一企一策化解信用风险。联合阳泉市中级人民法院开展涉金融案件集中执行专项活动，会同阳泉市金融办共同开展打击恶意逃废债、化解企业担保链风险专项行动，优化信用风险处置环境。按照“五个一批”(借助资产证券化、资产流转、收益权转让等“盘活”一批，用足用好呆账核销政策“核销”一批，根据客户生产经营周期科学设置贷款期限和还款方式“优化”一批，充分利用金融资产管理公司和地方资产管理公司等渠道批量“处置”一批，强化银行内部责任落实“清收”一批）分类处置不良贷款，全市不良贷款实现“双降”(不良贷款余额和占比)。

推动法人机构改制化险。督促法人机构做好流动性压力测试，定期向市政府、省银监分局汇报法人机构风险处置情况。督导阳泉市商业银行落实风险处置一揽子计划，严密盯防重点业务风险，启动行长选聘工作，推动完成10亿股增资扩股工作，明确“服务地方、服务中小、服务市民”市场定位，对业务组织架构进行再造，创新推行链式营销。组织召开农村中小金融机构风险化解工作推进会，在全市开展集中清理处置逾期拖欠农村信用社贷款工作，压实农信社风险处置主体责任，联合省联社阳泉办事处推动农信社改制化险。（齐　峰）

【金融服务实体经济】 2017年，阳泉银监分局坚持发展共赢，提升服务实体经济质效。因地制宜助力煤炭供给侧结构性改革。紧扣“三去一降一补”(去产能、去库存、去杠杆、降成本、补短板)五大任务，落实差别化信贷政策，围绕煤电铝、煤化工产业链条延伸金融服务，探索多元化融资模式和综合化金融服务，拓宽煤企融资渠道与方式，推进市场化法治化债转股。全年累计为重点煤炭企业发放贷款217亿元，支持煤炭转型综改项目13个、贷款98.28亿元，达成市场化债转股意向200亿元。开展服务实体经济系列活动。牵头起草《关于阳泉市金融支持实体经济健康发展的实施意见》，召开助力民营企业发展银企洽谈会和全市银行业涉农金融服务工作推进会。深化“银税合作”，实现辖内AB级企业纳税信息银税共享。对接省、市转型综改与重点工程项目，实行名单制管理，支持实体经济取得明显成效。截至2017年底，全市各项贷款余额较年初增长19.13%，高于全省8.09个百分点；小微企业贷款实现“三个不低于”(贷款增速不低于各项贷款平均增速，贷款户数不低于上年同期户数，申贷获得率不低于上年同期水平）目标；扶贫小额贷款完成全年任务的148.24%；涉农贷款增速高于各项贷款增速7.27个百分点；基础金融服务“村村通”覆盖率100%。（齐　峰）

【依法监管银行业】 2017年，阳泉银监分局提升监管效能，实施监管资源、检查项目统一集成的方式，提高现场检查效率。成立法律审查、信息编译等多个跨部门专项小组，集成人力资源有效提升工作质效。坚持依法监管，制(修)订制度26项，废止制度4项，做到按程序操作、按制度执行、按规矩办事。强化内部管理，严肃劳动纪律，规范工作秩序，转变工作作风，营造良好工作氛围。强化监管问责，针对“两个加强、两个遏制”(加强内部管理和外部监督，遏制违规经营和违法犯罪）回头看监管检查，银行业市场乱象系列治理等现场检查中违法违规问题，结合日常监管情况，加大行政处罚力度。全年处罚7家被监管机构和1名高管人员，并责令3家机构对相关责任人员给予纪律处分。（齐　峰）

【农发行阳泉市分行概况】 2017年，中国农业发展银行阳泉市分行以支持农业供给侧结构性改革为主线，发挥政策性金融服务“三农”职能，统筹推进业务发展、风险防控、经营管理、队伍建设等重点工作，全行业务经营保持良好增长态势，整体工作平稳运行。截至2017年底，全行各项贷款余额26.9亿元，较年初增加6.8亿元，增幅34%；各项存款余额31.4亿元，较年初增加13.1亿元，增幅72%；存款日均余额23.6亿元，比上年增加8.7亿元，增幅58%；保持不良贷款零记录，实现账面利润9179万元，比上年增加4448.7万元，增幅94%；全行资产利润率3.48%，比上年提高0.64个百分点；成本收入比为17.69%，比上年下降8.25个百分点；国际业务结算额403万美元，比上年增加37万美元，增幅10.05%。 （李晓波）

【信贷支农】 2017年，农发行阳泉市分行加大信贷支农力度。

支持粮油储备。新设行长查库制度，规范市储成品粮油管理；推进“互联网+封闭运行”，在全辖9个库点安装库存远程监控系统，提高粮食库存现代化监管水平。

支持城乡一体化发展。适应政策调整，助力棚户区改造，累计审批贷款25.1亿元；投放农业农村基础设施建设贷款1.44亿元，支持阳泉职业技术学院、平定县南川河生态环境综合治理工程、平定县冶西独立工矿区及周边生活垃圾综合处理项目。

服务脱贫攻坚。支持郊区易地扶贫搬迁、平定县冠山镇鹊山新村及盂县梁家寨乡灯花村易地扶贫搬迁等项目，累计投放易地扶贫搬迁、同步搬迁贷款3480万元，惠及建档立卡贫困人口1143人、同步搬迁607人；支持产业精准扶贫，全年投放4亿元农业农村基础设施产业精准扶贫贷款，带动建档立卡贫困人口直接受益，年底基础设施扶贫贷款余额10.4亿元；协助举办招商引资活动，建立“公司+合作社+农户”扶贫模式，引入特色种养殖项目，建立“扶贫超市”，争取农发行总行专项帮扶资金4万元，包销贫困户农产品，多措并举提高贫困户收入。 （李晓波）

【工行阳泉分行概况】 2017年，中国工商银行阳泉分行围绕全市经济发展规划，将服务实体经济与自身可持续发展相结合，运用综合化服务手段，创新融资模式，改善金融服务，支持经济建设发展。

存款业务 以客户、产品和服务为抓手，坚持存量维护和新增拓展齐头并进，截至2017年底，全行各项存款余额194亿元，较年初净增12.1亿元。其中，储蓄存款净增1.49亿元、对公存款净增10.68亿元。

信贷业务 深化目标市场梳理和拓展营销工作，全年累计发放各类融资99.19亿元，各项贷款较年初净增24亿元。年底各项贷款余额143亿元，较年初净增22亿元。阳煤集团30亿元债转股项目资金落地，20亿元超短融同期发行；牵头组建银团支持阳大铁路建设，率先投放贷款3.1亿元；为“光伏领跑者”项目投放贷款11.5亿元；为辖内制造业等优质企业提供各类融资2.18亿元。

风险管控 强化过程管理和内部控制，全年未发生任何案件和重大风险事件，公司贷款不良率为零，个人贷款不良率0.03%。压降信用卡不良900万元，不良率3.66%，较年初下降4.23个百分点。围绕员工减负和业务增效，进行信贷业务集中改革，公司信贷专业化、集约化优势突现，全年累计投放公司贷款59亿元，储备项目40亿元。

内部管理 建立科学运营体系，结构、机制和队伍优化效果显现。结构方面，个人贷款较上年增长15.1%，煤炭行业贷款占比下降8.62个百分点。存款付息率较年初下降0.24%，22类产品中间业务收入较同期实现增长。机制方面，个贷、票据、私银“三大中心”体制改革完成，出台“工行阳泉分行绩效指标(KPI)考核办法”，压实直线管理者责任担当；细化零售考核方案，实现压力逐级传导；建立专人专职组织架构。队伍方面，加强青年人才库建设，实施专项选拔、培养和岗位交流动态管理，40岁以下青年干部占比达39%；组织开展“结构化在岗培训”“管理者领导能力提升”等各类培训100期，并通过弘扬工匠精神，立标杆，树榜样，使“创造价值，以贡献者为本”理念深入人心。年内，工行阳泉分行分别获工行山西省分行“服务管理先进单位”“信贷资产质量管控先进单位”等荣誉。 （赵 晶）

【农行阳泉市分行概况】 2017年，中国农业银行股份有限公司阳泉市分行坚决履行好服务“三农”政治责任、支持地方经济发展、优化提升服务水平、夯实管理基础，推动各项业务稳健发展。以客户为中心，加大资金组织力度，市场竞争能力提升。截至2017年底，各项存款日均余额达127.59亿元，较年初提升0.8个百分点；日均增量8.54亿元。其中，对公存款日均增量4.17亿元、个人存款日均增量4.37亿元。围绕供给侧结构性改革，转变经营方式，支持阳泉城乡经济转型发展。全年全行各项贷款余额达77.49亿元，较年初增加1亿元。其中法人贷款余额71.51亿元，较年初减少9444万元；个人贷款余额5.98亿元，较年初增加1.95亿元。贴现余额6.86亿元，银行承兑汇票余额3.19亿元，较年初增加2.71亿元。履行社会责任，完成服务“三农”工作。全年涉农贷款余额14.37亿元，“三农”贷款余额12.57亿元；累计发放精准扶贫贷款1248万元，新增惠农卡有效客户17211

户，惠农服务点月均交易量83.48笔，较年初增加27笔。全年代收城乡医保费8765万元；代理涉农、惠农资金项目41项，金额3.47亿元。加大产品创新和服务转型力度，优化提升服务水平。开通自助服务终端、网上银行、掌上银行、转账电话四种水费缴纳渠道，方便城乡居民7×24小时缴纳水费；为山西工程技术学院上线网上缴费系统，提升缴费效率；与市、县（区）旅游局合作，上线"冀晋鲁旅游惠民卡"。完成辖内网点标准化服务转型导入，加大服务检查督导力度，提升客户服务体验。顺应客户对互联网金融服务需求，加快电子渠道建设进度，全年净增掌上银行活跃客户32860户、个人网上银行客户33216户、电子商务客户净增2639户、有效收单商户净增79户。

年内，农行阳泉市滨河支行获第八届"全国农行精神文明建设先进单位"称号，农行阳泉市泉中支行被山西金融工委授予"山西金融五一巾帼标兵岗"称号，农行阳泉市分行被山西省社会治安综合治理委员会和山西省公安厅联合授予2016年度山西省"平安单位"称号，农行阳泉市分行辖内平定县支行营业部、滨河支行营业部获山西省银行业服务协会"山西省银行业文明规范服务单位"称号。 （王晓婷）

【精准扶贫贷款】 2017年3月24日，农行盂县支行发放全省农行首笔"政府风险补偿金＋贷款对象"模式精准扶贫贷款。该农户扶贫小额贷款是农行盂县支行为支持精准扶贫工作而创新推出的面向县扶贫部门认定建档立卡贫困户，由政府风险补偿金提供风险分担机制（贷款风险由政府承担70%，贷款银行承担30%），金额5万元以下、3年期限以内，免抵押、免担保、基准利率发放，财政贴息的信贷产品。贫困户通过与企业、专业合作社、家庭农场等实施主体签订帮扶协议，将贷款委托给实施主体集中使用，并按帮扶协议规定支付给贷款农户保底收益，带动贫困户增收脱贫，实施主体按贷款合同期限及时替贫困户偿还贷款。截至2017年底，农行阳泉市分行共发放农户小额精准扶贫贷款1248万元。 （王晓婷）

【中行阳泉市分行概况】 2017年，中国银行股份有限公司阳泉市分行坚持稳中求进发展，在各方面取得成效。截至2017年底，人民币各项存款余额105亿元，人民币各项贷款余额62亿元，不良资产余额505万元，不良率0.08%。促成阳煤集团17亿元中期票据和30亿元私募债券发行。累计办理贸易融资14亿元，贸易融资总量实现历史性突破。分别与市养老保险中心、郊区养老保险中心签署合作协议，夯实行政事业存款基础。开展内控案防专项检查，问题总数较上年下降37个。推动智能柜台项目落地实施，渠道建设及服务水平进一步增强。与阳泉市民营企业局联合举办2017年跨境撮合服务招募会，成功助推融昇园农业技术开发有限公司与比利时三家公司达成合作意向。 （赵鹏飞）

【建行阳泉分行概况】 2017年，中国建设银行股份有限公司阳泉分行围绕"价值创造、提质增效"发展主线，在转型中求突破，在发展中求跨越。截至2017年底，全口径存款余额149.71亿元，较上年提升0.14个百分点。贷款结构优化调整，贷款余额、增量、增幅稳中有进，普惠金融新增9000万元，信用卡新增3.66亿元，个人快贷新增7062万元。中收快速增长，实现收入8480万元，其中信用卡中收2332万元，增速80%。客户账户提质增速，单位人民币结算账户新增729户，增速27.45%。资产质量有效把控。不良贷款较年初减少8145.76万元，不良贷款率0.95%。

年内，建行阳泉分行获"守合同、重信用"企业省级荣誉称号；在国家外汇管理局阳泉中心支局通报2017年度外汇管理考核中，建行阳泉分行成为全市唯一一家外汇管理进入A类行金融机构。 （赵清风）

【业务发展】 2017年，建行阳泉分行坚持"管理出效益""风险创造价值""合规创造价值"理念，全年累计发债60亿元，全市首个PPP项目阳泉污水二期落地，累计投放7000万元。大数据应用初见成效，着眼重点客户群、重要时点数据挖掘，精准营销；寺庙金客户新增（解决寺庙客户黄金购销和资产保值的一项产品）、黄金交易量显著提升；引入国外市场资金解决企业融资困境，办理跨境风参业务3955万美元。此外，建行阳泉分行开发"小微快贷""个人快贷"系列产品，为小微企业实现创业梦想保驾护航。

开展"走市场、访客户、促合作""党员＋普惠金融"等活动，累计拜访客户771人次，公司机构加权有效客户较上年增多425户，个人加权有效客户较上年多增2.3万户，卡分期交易额1.52亿元。网点智慧营运能力显著提升，智慧柜员机累计布放100台，业务迁移率达86.13%。服务模式更加贴近客户，通过建设金融生态圈链，"慧兜圈"商户入驻超千户。 （赵清风）

【交通银行阳泉分行概况】 2017年，交通银行股份有限公司阳泉分行根据交行山西省分行"稳准狠实"工作要义，完成全年经营管理任务。截至2017年底，人民币各项存款余额18.46亿元，较年初增加5.87亿元，增幅46.62%；其中，人民币对公存款余额9.36亿元，较年初增加3.44亿元，增幅58.11%；人民币储蓄存款余额9.1亿元，较年初增加2.43亿元，增幅36.43%。各类贷款余额37.74亿元，重点支持煤炭、天然气、自来水等基础设施建设及民生保障领域。包括对公贷款余额36.31亿元，较年初增加5.23亿元；小微贷款余额6163.92万元，较年初增加1553.92万元；个人住房按揭贷款余额1.11亿元，较年初净增1029.15万元。全年无不良贷款。全年经营利润完成9002.28万元，任务完成率95%，全年经济利润完成5407.21万元，任务完成率112.79%。保持全行全年无案件、无事故。

客户拓展方面，截至2017年底，交通银行阳泉分行实现对公有效户增长11户，任务完成率62.35%，实现新开对公优质客户55户；私人银行客户净增6户，任务完成率100%；沃德客户净增180户，任务完成率112.5%；交银理财客户净增843户，任务完成率99.18%。

内控案防方面，交通银行阳泉分行坚持把风险管控放在首位，把各项管控措施落实到位，对标星级网点、会计示范行评选条件，夯实营运管理基础。加强案件防控，在交通银行山西省分行“大额集中采购、基建装修工程、虚列支出套取费用”三大领域检查中，发现问题13个，并全部整改，整改率100%。（王雪峰）

【支持地方经济】 2017年，交通银行阳泉分行做好存量贷款的续贷工作，全年办理存量贷款续贷25.32亿元。寻找优质资产进行贷款投放，累计为煤炭、天然气、煤气、热力等行业新增贷款投放7.2亿元。开展“息差管理大调研、大讨论、大献策”活动，通过客户经理谈认识、讲体会、提措施，将息差大讨论成果转化为提升息差具体行动，并与客户逐笔进行议价，提高贷款收益。推进普惠金融业务，成立普惠金融事业部，实现小微业务“三个不低于”发展目标。通过与盂县人民政府、山西大汖温泉发展有限公司合作，向8户建档立卡贫困户发放40万元精准扶贫小额贷款。（王雪峰）

【阳泉市商业银行概况】 2017年，阳泉市商业银行服务全市供给侧结构性改革，强化“服务地方、服务中小、服务市民”的市场定位，打造“开放、包容、共享”精品银行，与地方经济社会发展实现共融共生、同步发展。截至2017年底，资产总额401.26亿元，较上年增加142.02亿元，增长率54.78%；负债总额376.43亿元，较上年增加135.48亿元，增长率56.23%。各项存款达253.99亿元，较上年增加44亿元，增长率20.95%；各项贷款96.89亿元，较上年增加63.21亿元，增幅187.68%，存贷比例为38.14%。全年实现各项收入18.71亿元，较上年增加3.25亿元，增长21.02%；实现利润3.72亿元，较上年增加1.92亿元，增长106.67%；缴纳税收2.02亿元，较上年增加1.05亿元，增幅108.25%；资本充足率达10.86%，核心资本充足率达10.09%。

年内，阳泉市商业银行在2017年中国金融发展论坛上被评为“最具社会责任感银行”，阳泉市商业银行北大街支行郑丽获评中国银行业协会“2017年中国银行业文明规范服务明星大堂经理”称号。（刘奇丽）

【服务转型发展】 2017年，阳泉市商业银行突出供改、综改经济工作主线，找准转型综改切入点，服务供给侧结构性改革。加大对重点项目、中小微企业信贷投放，确保信贷资金优先向实体经济、民营企业和创新型企业倾斜。为中环快速道路等市政工程、阳泉煤炭运销公司和阳泉长青石油压裂支撑剂有限公司等重点企业发放5亿元贷款，为阳煤集团及上下游企业发放短期流动性贷款58亿元；加大涉农信贷投放，提高农户收入水平，促进农业人口就业。发挥县域网点金融服务作用，办理“农保贷”2713万元、“光伏贷”33万元。加大创新力度，推出续贷通、货易贷、阳煤普惠、商e融等多款信贷产品，帮助小微企业、个人融资渡难关。（刘奇丽）

【小微金融服务】 2017年，阳泉市商业银行小微贷直营中心加强小微金融专属服务体系建设，持续拓展服务范围，加大产品研发和推广力度，实现精准量身定制，形成“小微金融服务新模式”。全年累计完成放款1514户，放款金额3.95亿元，放款增速超过200%。其中，经营类放款847户，放款金额3.27亿元，占比82.8%；工薪类放款667户，放款金额0.68亿元，占比17.2%。全年累计收回贷款本金2.22亿元，实现利息收入2338.03万元。根据工薪阶层和经营服务类个体工商户、小微企业较多地方特色，小微贷直营中心推出工薪类和经营类两大类共15种产品。为适应全市不同行业客户生产或经营特殊性，微贷中心贷款产品创新8种还款方式，与不同生产或加工周期同步，提高资金利用率。（刘奇丽）

2017年8月，阳泉市商业银行召开例行晨会（龙彩霞供图）

【阳泉市农村信用社概况】 2017年，阳泉市农村信用社不断提升党建服务、经营管理、风险防控、业务创新、服务地方工作效能和水平，走出一条符合阳泉农信改革发展实际的新路子，实现全年无案件无事故的既定目标。截至2017年底，全行各项存款余额350.83亿元，较年初增加18.05亿元，增幅5.42%；实现各项收入24.5亿元，增幅15.57%；经营利润6.25亿元，增幅65.23%；不良贷款余额27.46亿元，较年初减少8.38亿元；发行银行卡65.12万张，发展特约商户1878户，布放POS机具2313台，布放ATM机141台。调整优化信贷结构，信贷结构期限由长变短，短期贷款净增11.12亿元，中长期贷款压缩4.25亿元。风险保障能力提升，质押类贷款净增3.35亿元。调整收入结构，投资收益占比29.66%。理财、代理贵金属等新兴业务增加，收入占比为1.22%。创新服务，涉农贷款余额189.86亿元，占贷款总额的89.66%；重点支持39个涉农龙头企业、35个农民合作社、17个现代农业种养殖基地（园区）发展。小微贷款余额112.68亿元，支持1089家小微企业、10195名客户。 （张 琤）

保险业

【概况】 2017年，阳泉市保险业积极履行社会责任，提升保险业服务经济社会能力，为经济社会发展提供保障。截至2017年底，保险市场主体达28家，其中财产险公司16家、人寿险公司12家。全年共实现保费收入31.65亿元，较上年增长6.85%；给付及赔款13.86亿元，比上年增长0.58%。保险深度达到4.71%，比上年上升0.17个百分点；保险密度2255元/人，比上年提高233元/人。2016年12月2日，阳泉市保险行业协会由原山西省保险行业协会阳泉办事处改革成立。 （陈君娟）

2017年阳泉市财险经营状况简表

表41 单位：万元

机构名称	成立日期	2017年度保费收入	2017年度赔（给）付支出	总经理
人保财险	1950.11	39728.97	32827.29	李 熙
太保财险	2002.09	4190.11	2005.75	江卫明
平安财险	2005.09	12621.34	5439.98	富翔宇
大地财险	2005.09	8712.54	4229.6	胡彦红
安邦财险	2008.03	250.41	170.81	李书田
国寿财险	2008.05	8000.95	7042.88	郝志忠
阳光财险	2009.01	6898.75	3520.35	施占伟
永安财险	2009.05	2253.08	1650.2	田秀庆
中煤保险	2012.05	523.93	1218.87	王建红
华安财险	2013.08	1624.39	586.42	赵旭峰
英大财险	2013.08	355.15	257.91	杨永祥
天安财险	2014.12	851.30	552.85	崔 昺
中华财险	2015.12	1130.62	240.86	刘国庆
太平财险	2016.08	1023.39	224.11	白 云
安诚财险	2017.06	318.95	—	陈 涛
渤海财险	2017.08	—	—	徐 彬

2017年阳泉市寿险经营状况简表

表42 单位：万元

机构名称	成立日期	2017年度保费收入	2017年度赔（给）付支出	总经理
中国人寿	1950.11	92042.89	36830.32	苏风凯
太保寿险	2002.06	30269.88	8342.72	石建峰
平安人寿	2004.06	24530.08	1575.69	卫兵兵
泰康人寿	2007.07	20396.36	2367.49	王欣喜
新华人寿	2009.08	11659.01	2467.45	王艳红
太平人寿	2009.08	15911.47	3420.27	王 斌
人保寿险	2009.12	14633.45	9115.65	李庆东
阳光人寿	2011.07	7854.27	763.75	赵艾红
英大人寿	2012.12	2254.14	9.70	李志忠
农银人寿	2015.08	7636.89	0	孙耀瑜
合众人寿	2016.11	492.83	25.63	陕邵鹏
光大永明人寿	2017.07	403.14	0	梁文秀

【保险自律工作】 2017年，阳泉市保险行业协会通过调研、专项检查、柜面评比，深化人身险、财产险自律工作，提升服务质量，引导公司合规经营，促进行业有序发展；对辖区保险中介机构调研和专业中介机构巡访调研，摸清保险中介市场发展状况及与财产险公司合作情况，了解中介机构经营状况和存在问题，对发现问题提出建议；延展自律范围，开展“买送”广告宣传乱象整顿工作，探索行业自律多元化渠道。 （陈君娟）

【保险服务】 2017年，阳泉市保险行业协会发挥服务职能，助推保险行业内外交流。搭建险企与政府交流平台，拓展行业发展空间。年内，协会与市金融办、市扶贫办、市公安局、市委宣传部、市应急办、阳泉仲裁委等多个部门联系沟通，组织召开7次联席会议，协调解决行业发展过程中遇到的问题；配合地方政府及部门工作，协会与市金融办、市财政局、市民政局等部门联合签发10个文件，涉及行业落实国家有关政策、拓展保险服务领域等多个方面；与市气象局联合签署《关于服务农业保险支持地方经济建设的合作方案》，将保险行业纳入气象预警信息网络，提升保险行业在气象灾害防御、保险理赔服务能力。 （陈君娟）

【保险纠纷调处】 2017年，阳泉市保险行业协会化解保险纠纷，推进调处工作。全年协会阳泉市保险纠纷人民调解委员会、阳泉仲裁委员会保险纠纷调解中心共受理纠纷调解案件28件，调解28件，涉及金额92.05万元，调解成功率和协议执行率100%。其中，受理法院诉调对接案件2件、仲调对接案件4件、市信访局对接案件1件，参与市交调委共同调解案件8件。全年共接受各类投诉件100件，化解97件，涉及金额180.29万元。行业反保险欺诈方面，全年会员公司共拒赔疑似欺诈案件295起，止损金额达920.68万元，其中财险公司拒赔271件、止损金额884.88万元，寿险公司拒赔24件、止损金额35.8万元。 （陈君娟）

【中国人寿保险阳泉分公司概况】 2017年，中国人寿保险股份有限公司阳泉分公司对照“加快发展、转型升级、风险防控”三大任务，应对竞争挑战，奋力开拓，取得事业发展新成绩。全年总保费收入9.57亿元，比上年增长25.95%。个险渠道，5年期及以上保费收入1.38亿元，比上年增长23.73%；10年期及以上保费收入9048.36万元，比上年增长47.35%；短期险671.33万元，比上年增长77.21%。银保渠道，长期首年保费1.62亿元，比上年增长28.09%。其中，首年期交保费3857.09万元，比上年增长21.15%；10年期及以上保费932.87万元，比上年增长67.56%。团险渠道，大短期险保费4200.76万元，比上年增长21.54%。渠道短期险保费收入3410.37万元，比上年增长13.67%。全年累计支付赔款、满期给付等赔付支出5.71亿余元。 （王　钦）

【保险客户服务】 2017年，中国人寿保险阳泉分公司不断提高对内后台支持水平和对外客户服务水平。增强运营效能。保全时效、全市15日送达率、理赔平均处理时效较上年均有进步；推进“颗粒归仓”活动，清理失效保单3221件，保障客户权益；客户资料完整准确度100%；处理各类理赔案件8935件，累计发现客户信息不真实件数99件，综合治理初见成效。改善客户体验。以中国人寿保险股份有限公司第11届客户节为契机，开办系列客服活动；全年为行动不便客户提供上门服务85人次，受理伤残鉴定客户42人。全年共开展农村服务11次，办理业务444笔，服务客户300人次。助力渠道销售。召开销售渠道联系会115次，两级柜面开展送培训进职场491次，累计培训1.4万余人次。 （王　钦）

【保险风险防范】 2017年，中国人寿保险阳泉分公司开展风险防范工作。落实监管要求。开展自查自纠，针对查出问题对责任人及分管领导进行通报批评和经济处罚。强化反洗钱体系建设，开展反洗钱自评估。强化内部控制。开展非法集资专项治理工作，派出4个督导小组进行两个批次督导检查，确保工作有效开展。关键岗位风险数据排查53条，关键岗位人员轮岗2人；开展县（区）支公司“三讲”（讲风控、讲合规、讲案例）工作，推广“一手册、两平台”（内部控制执行手册，制度查询平台、举报平台）。完善审计架构，配备专兼岗审计人员11人。接受省公司经济责任审计1次，开展经济责任审计1次。严密防范各类风险。关注满期给付和退保，未引发风险事件。健全客户投诉处理机制，受理投诉13件，为公司创造健康发展环境。 （王　钦）

【精细化管理】 2017年，中国人寿保险阳泉分公司把深化改革作为科学发展根本动力，建立新型经营管理体系，加强内部精细化管理。推行个险区部改革。出台“标准化营业部管理办法”，面向全辖公开选拔营业区（部）经理，筛选出10位营业部经理，10个营业部正式授牌运营。加强人力资源管理。全年调整干部22人次，累计调整员工岗位60人次，选派2人参加后备干部培训。加强市对县（区）管控力度，开展绩效辅导10次；对基层单位进行一对一、“面对面”专项辅导。践行科技国寿战略。e宝新增注册客户54064人；在全市推广无纸化出单，比上年增长19%。 （王　钦）

【平安人寿阳泉中心支公司概况】 2017年，平安人寿阳泉中心支公司作为中国平安人寿保险股份有限公司山西分公司下属三级机构，依托于总公司完善的治理架构，专业化管理团队，建立起流程化、工厂化后台作业系统，并借助电话、网络及专业的业务员队伍，为客户提供专业化、标准化、全方位金融理财服务。截至2017年底，实现保费收入1.99亿元；共计理赔结案586件，给付理赔金554.5万元，豁免150.4万元，理赔标准案件最快时效3分钟。（姚 慧）

【太平洋寿险阳泉中心支公司概况】 2017年，中国太平洋人寿保险股份有限公司阳泉中心支公司推动实施客户需求为导向战略，优化调整业务结构，推进公司内控管理，加强成本控制，坚持合规经营，基本实现平稳健康发展。全年共实现保费收入3.15亿元，受理赔案572件，赔付金额1444万元。其中，10万元以上赔案23件，100万元以上赔案2件，在大额赔付案件中从报案、受理资料、立案、到结案的每个环节都安排专人跟踪进度，时时联系客户，受到广大客户认可。（郝玉花）

【人保寿险阳泉中心支公司概况】 2017年，中国人民人寿保险股份有限公司阳泉中心支公司实行差异化经营，精细化管理，多元化发展，以客户为中心，为客户提供岁岁盈盈、无忧人生、百万畅行等近200个保险产品服务。全年实现总保费1.49亿元，新单保费1.05亿元。其中，个险渠道实现新单保费1253.13万元，银保渠道实现新单保费8839.37万元，互动渠道实现新单保费215.12万元，团险渠道实现新单保费98.68万元，续期渠道实现新单保费112.8万元。理赔案件共151件，总赔款135.80万元。其中，学生平安意外伤害保险79件，赔款10.17万元；安祥意外卡单29件，赔款2.01万元；团体意外伤害保险6件，赔款2.98万元；长险（除一年短期保险以外的保险）32件，赔款117.12万元；小额农村5件，赔款3.52万元。（高 月）

【人寿财险阳泉市中心支公司概况】 2017年，中国人寿财产保险股份有限公司阳泉市中心支公司围绕“强党建、调结构、精管控、夯基础、促创新”工作方针，推进转型升级、落实精细管理、加强队伍建设。截至2017年底，实现总保费收入8000.9万元。其中，车险业务保费收入6668.92万元（交强险1807.43万元，占比27.10%），非车险业务保费收入1332.02万元（农险业务保费收入644.62万元）。全年总立案6076件，决赔案5753件，赔款4872.76万元，简单赔付率60.90%，满期赔付率57.36%，数量结案率94.06%，金额结案率69.19%，平均赔案处理时效42.67天。综合费用率32.53%，综合赔付率60.59%，综合成本率93.13%，承保利润499.69万元，经营利润533.52万元。（艾果平）

【客户服务质量提升】 2017年，人寿财险阳泉市中心支公司从五方面提升客户服务质量。加强营业场所硬件设施标准化管理。新租赁场所按照中国人寿财产保险股份有限公司统一标识装修；结合中共十九大会议精神更新中心支公司办公大楼文化墙和宣传挂图展板。快速处理因自然灾害发生集中报案事件。8月11日，阳泉市突降冰雹、大暴雨，伴随着大风，灾害过后，公司接到农险报案72件，农作物受灾地区涉及盂县、平定县、郊区7个乡镇55个村，险种涉及玉米、马铃薯、小杂粮、豆类、辣椒等作物；盂县西烟镇有5万余亩玉米发生病虫害。从接到报案起，启动农险理赔应急预案，成立领导组，设立3个工作小组，邀请市农委专家，到盂县、平定县、郊区实地查勘，对农险业务快速反应、及时跟进后续服务。出台《阳泉中支客户投诉管理考核办法》，引导各团队各部门重视客户现场申诉、内部投诉快速反应和处理，降低客户投诉及投诉升级。开展“星光守护”进校园公益活动，向北大街小学师生宣传交通安全和保险知识，向学生赠送熊猫版安全反光贴。与阳泉市脱贫攻坚领导组办公室签署《保险扶贫战略合作协议》。对阳泉市3个有扶贫任务县区实行扶贫保险定向开发、扶贫保障全面覆盖，实现贫困地区农业保险全覆盖、民生保障全方位、保险扶贫零距离，帮助建档立卡贫困人口尽早脱贫。（艾果平）

【平安产险阳泉中心支公司概况】 2017年，中国平安财产保险股份有限公司阳泉中心支公司业务指标均保持良好发展态势，险种结构优化，市场占有率提升。全年达成保费收

2017年10月26日，人寿财险阳泉市中心支公司在北大街小学开展“星光守护”交通安全讲座（艾果平供图）

入1.26亿元。其中,车险保费收入1.21亿元,业务占比95.92%;企业财产保险保费收入77.13万元;家庭财产保险保费收入23.83万元;责任险保费收入196.44万元;货运险保费收入56.30万元;健康险保费收入19.08万元;意外险保费收入142.78万元。

全年支付赔款3737.73万元。其中,车险赔款3588.22万元(交强险赔款1195.84万元),企财险赔款22.54万元,家财险赔款12.74万元,责任险赔款89.41万元,货运险赔款10.30万元,意外伤害险赔款10.90万元,健康险赔款3.62万元。 (杨永生)

【太平洋财险阳泉中心支公司概况】 2017年,中国太平洋财产保险股份有限公司阳泉中心支公司坚持“以客户的感觉良好为标准”服务和经营理念,承保阳泉市政府和区级政府采购中心、阳煤集团、固庄煤矿、阳泉市交通集团、阳五高速、阳大铁路等重点项目,促进地方经济发展。全年公司实现保费收入4273.38万元,比上年增长714.15万元,增幅20.06%。其中,车险保费为3209.11万元、非车非农保费983.40万元、农业保险80.87万元。非车险业务增速优于车险业务。截至2017年11月底,支付赔款1321.67万元,简单赔付率35%,综合成本率87.42%,实现利润433万元。 (牛冠楠)

【客户服务】 2017年,太平洋财险阳泉中心支公司抓基础,抓理赔,促服务,连续推出“假日出行、太保有情”你在旅途,我在身边;“太好赔”一声召唤,全程包办;“春风十里,不如有礼”等系列活动。多措并举,优化理赔时效管理流程,提升客户满意度。强化未决管理水平,坚持未决清理常态化机制,重视未决估损跟踪管理,每月进行后续清理工作。聚焦查勘、单证两大环节,实现标准化、实时化、常态化;通过对小额案件与大额案件分流管理,简化案件处理流程,缩短案件处理时效,达到车险结案周期4.2天,结案率98.5%。围绕“稳固时效、强化减损”两方面工作重点,加强理赔成本管控,提升服务水平,打造“太好赔”车险理赔服务品牌。 (牛冠楠)

【人保财险阳泉市分公司概况】 2017年,中国人民财产保险股份有限公司阳泉市分公司遵循“以市场为导向,以客户为中心”经营理念,为客户提供保险保障和保险服务。人保财险阳泉市分公司是全市唯一一家开设社区门店保险机构。全年公司实现保费收入3.97亿元;处理赔案21507件,支付赔款2.18亿元,上缴税金2204.88万元。

人保财险阳泉市分公司融入地方经济社会发展大局,全年为全市重大项目和企业提供财产险、责任险、保证保险、意外险等风险保障250.05亿元。个人贷款保证保险共发放贷款287笔,累计放款1600万元。(赵 虹)

【服务“三农”】 2017年,人保财险阳泉市分公司为全市8.2万户农民提供风险保障6.13亿元,受理农险报案1251起,赔款支出833.43万元,受益农民6.21万户(次),覆盖县区32个乡镇。公司开办农业保险品种达10余种,为适应新形势下农业生产多元化风险保障需求,在价格指数保险等领域开发创新型农险产品,全市有12个“三农”营销服务部,54个“三农”保险服务点。

人保财险阳泉市分公司与阳泉市扶贫办签订《阳泉市保险扶贫战略合作协议》,与阳泉市医保中心签订《阳泉市2017年农村建档立卡贫困人口补充医疗保险项目协议书》,为全市农村建档立卡贫困人口29506人提供补充医疗保险服务,截至2017年底,建档立卡贫困人口补充保险理赔案件162件,赔付金额24.22万元。 (赵 虹)

【医疗保险】 2017年,人保财险阳泉市分公司承办阳泉市城乡居民大病保险项目、城镇居民意外伤害基本医疗保险项目。截至2017年底,城乡居民大病保险补偿金额3588.83万元,案件数14017件,简单赔付率86.76%。城镇居民意外伤害保险支出金额616.14万元,简单赔付率92.33%。 (赵 虹)

证券 投资

【概况】 2017年,阳泉市证券公司投资者开户13.8万户,同比增加1.5万户,增长12.6%;累计交易额641.6亿元,同比增加49.5亿元,增长8.4%;手续费及佣金收入0.3亿元,同比减少0.1亿元,下降13.9%。受监管政策趋严、A股市场低迷影响,全市证券市场交易额稳步增长、佣金费率下滑态势,证券经纪、权益类投资及投行业务收入同比均有所下降。(李政平)

【山西证券阳泉分公司概况】 2017年,山西证券股份公司阳泉分公司完成营业收入3004.64万元,较上年减少28.57%;利润1255.99万元,较上年减少45.07%。新增客户14178户。产品销售完成1.02亿元,其中完成公募产品销售4404.4万元、完成资管及私募产品2.07亿元、收益凭证完成销售额4280万元、日日添利C类1.23亿元、类固收产品(晋盈系列产品)6亿元。 (李慧俊)

【证券客户服务】 2017年,山西证券阳泉分公司按照《投资者适当性管理办法》要求,做好投资者利益保护与风险教育揭示工作。加强客户参与融资融券的风险意识,通过现场风险提示、电话、短信提示等方式,对开立融资融券客户进行业务知识与风险教育培训,让投资者更加理性操作。“3·15”国际消费者权益日期间，结合融资融券、创业板、融易通、沪港通、深港通等特殊风险信用业务，通过现场张贴海报、宣传材料、户外 LED 显示屏植入、微信、短信等平台风险提示，保护投资者的合法权益；通过电话帮助客户向上市公司提出诉讼赔偿，提高客户法律维权意识；通过一对一服务及业务风险提示，帮助客户树立理性、长期、健康的投资理念。开展投资者保护“明规则 识风险”活动,按照内幕交易、市场操纵、违规信息披露、市场主体违规经营 4 个主题进行宣传活动，帮助投资者了解案例背后规则红线、风险底线，普及相关金融、法律知识，让投资者尤其是中小投资者认清违法违规主体惯用骗术和手段，增强投资者守法意识和风险防范意识。开展投资者适当性管理宣传活动，通过多种多样宣传方式使投资者了解适当性管理意义，明确产品分级和适当性匹配底线要求。开展各类适当性服务工作，在向客户推介各项业务与产品时，结合各类客户的风险等级与风险承受能力，区分不同客户推荐不同业务与产品，向风险级别较高客户介绍融资融券类业务或创业板股票投资（创业板股票活跃），向风险级别较低客户和风险厌恶型客户推荐货币基金、国债逆回购、收益凭证、资管产品等类固定收益类产品。为使投资者对市场走势有更清晰认识，满足不同客户多元化资产配置需求。5 月 6 日，山西证券阳泉分公司举行 2017 年夏季投资策略报告会。邀请方正、招商等 4 家券商分析师与广大投资者分享投资策略，为客户提供国际投资渠道、宏观投资理念、看盘操作经验等多方面投资建议。（李慧俊）

【阳泉信达投资管理公司概况】 2017 年，阳泉信达投资管理公司，通过合资合作方式，创建晟鑫期货经纪有限公司、山西鑫晟保险代理有限公司、阳泉市汇通小额贷款股份有限公司、郑州鑫晟贸易有限公司 4 个控股、参股公司。年内，阳泉信达投资管理公司开展国有企业改制，于 11 月启动改制工作，改制方案和公司章程上报审批并获批复，新公司名称通过预核准。全年公司主营业务收入 1892 万元，亏损 1975 万元。

期货经纪业务　晟鑫期货经纪有限公司分类评级为 CCC 级别，亏损幅度比上年有所下降，实现净利润 -679.32 万元。继续推进股权合作。晟鑫期货以“发展趋同性、业务协同性、公司匹配度”为着力点，保持与各领域适宜的投资意向方进行接洽，包括持牌合资证券牌照的投资银行、地方银行为主体金融投资集团、地方大型国企的生产贸易企业、金融科技类上市公司等。为满足监管要求、保障正常运营，公司再次增资扩股，注册资本由 1 亿元达 1.25 亿元，在一定时期和程度上缓解净资本风险。利用驻外营业部优势，与机构及交易团队展开合作。大连营业部与上海翼牛资产、太原营业部与山西晋龙集团、上海营业部与交易团队合作，为开发和服务机构客户打下良好基础。

小额贷款业务　面对不良资产居高不下困境，阳泉市汇通小额贷款股份有限公司继续以“全力清收不良资产”为工作重点，截至 2017 年底共收回不良资产 40 万元。

保险代理业务　山西鑫晟保险代理有限公司完成保费收入 3032 万元，主营手续费收入 665.48 万元，其中保费规模比上年大幅增长。分支机构建设稳步推进。根据业务发展需要在批设阳泉、清徐、吕梁、代县 4 家分支机构的基础上，又设立阳泉城区、太原小店 2 家分公司。开展走出去请进来的各种内训和外训，综合提升员工素质。（郝丽丽）

教 育

综合工作

【概况】 2017年，阳泉市有各级各类学校和幼儿园805所，其中普通高校1所、成人高校1所、中等职业学校14所、普通高中16所、初中66所、小学265所、幼儿园438所(不含全市小学附设幼儿班)、特殊教育学校4所;各级各类学校和幼儿园在校学生18.99万人、教职员工1.67万人。全市教育系统深化教育改革、全面实施素质教育，完善学前教育、基础教育、职业教育、继续教育和高等教育谐调发展的现代国民教育体系。

城乡义务教育一体化改革 按照《阳泉市贯彻落实〈山西省人民政府关于统筹推进县域内城乡义务教育一体化改革发展的实施意见〉的通知》要求，指导各县(区)政府和市直各相关单位落实城镇学校规划与建设、教师人事制度改革、消除大班额计划、农村寄宿制学校建设、义务教育办学模式改革、弱势群体教育公平、控辍保学机制完善七项改革发展任务，通过依法落实义务教育财政投入，加强义务教育责任督导考核，强化义务教育改革发展舆论宣传等手段，建立保障城乡义务教育一体化改革发展良性机制。指导盂县、郊区做好县域内城乡义务教育一体化省级改革试点工作，盂县就办好农村小规模学校和教学点、促进农村教育优质均衡发展进行试点，郊区就推行现代学校管理制度、落实国家《义务教育学校管理标准(试行)》进行试点。

高中教育标准化建设 按照《阳泉市教育局推进普通高中学校办学条件标准化建设实施方案》要求，推进高中教育特色化、管理精细化、办学条件标准化建设。按照普职相当的比例编制普职两类高中招生计划，压缩普通高中招生计划550人，普通高中计划占中考学生比例不超60%。实施普通高中标准化建设工程，全市16所普通高中学校基本达省定办学标准。全市高考录取新生9257人，录取率86.60%，比全省80.14%高出6.46个百分点；本科录取人数5880人，录取率为55.01%，比全省51.15%高出近4个百分点。

校园安全专项整治 围绕平安校园目标，落实“安全第一、预防为主、综合治理”方针，落实“一岗双责、党政同责、失职追责”要求，全面强化安全员岗位职责，构建安全风险管控和隐患排查双重预防机制;创新安全管理模式，创建全市校园安全管理云平台，在全省率先实现校园安全管理信息化，从安全课堂主渠道开展生命安全教育，提升学生自救自护，全年校园安全形势平稳向好。

成人教育和民办教育 年内，阳泉市加大成人教育和民办教育力度，开展农村实用技术培训和农村人才培训。依托基地，采取长期培训和短期培训相结合、推广新技术和现场指导相结合、专家走下去和把农民请上来相结合方法进行培训，培训6.8万人次。规范民办教育办学行为。围绕新修订的《中华人民共和国民办教育促进法》，严把审批关，打击非法办学。开展社区教育。全年完成社区教育培训5.4万人次，创建学习型组织66个。同时鼓励有条件的民办学校进社区开展免费培训，全市6所民办培训机构深入社区，开展家庭教育、法律知识、安全知识、文化艺术等内容的培训，共培训1500余人次。 (刘国栋 梁 波)

【教育行业脱贫管理】 2017年，阳泉市教育局加大教育脱贫宣传力度，层层签订资助工作责任书，确保资助政策规范执行，确保家庭经济困难和建档立卡学生资助全覆盖。全年共发放各类资助资金2235.27万元，覆盖各学龄段学生31499人，其中建档立卡家庭经济困难学生2673人；开展生源地信用助学贷款工作，共发放助学贷款6992.54万元，10919名家庭

经济困难学生受益。采取多形式开展催收工作，确保生源地信用助学贷款学生按时诚信还款。（刘国栋）

【教师队伍建设】 2017年，阳泉市出台《阳泉市教育局关于进一步加强师德师风建设的通知》，修订《阳泉市学校师德师风承诺书》，建立师德档案，强化对违规办学、招生、有偿补课及乱收费等现象惩治力度；推进职称改革，建立统一的中小学教师职称（职务）制度体系和职称过渡办法；推进培训交流工作，实施"国培计划"，派出12名校长参加省级专题提升培训及义务教育学校校长交流工作；深化乡村支教计划，按照《阳泉市人民政府办公厅关于印发阳泉市乡村教师支持计划实施方案的通知》要求，落实乡村支教计划，促使乡村学校教育教学能力水平稳步提升。（刘国栋）

学前教育

【概况】 2017年，阳泉市共有各级各类幼儿园（班）507所（含全市小学附设幼儿班），包括城区52所（含开发区、市直）、矿区53所、郊区88所、平定县165所、盂县149所。其中省级示范园9所、市级示范园19所。在园幼儿3.2万人，3周岁至5周岁幼儿毛入园率91.06%。

阳泉市落实《国家中长期教育改革和发展规划纲要》《国务院关于当前发展学前教育的若干意见》及新颁布的《幼儿园工作规程》和《3～6岁儿童学习与发展指南》精神，围绕"发展有质量的普惠性学前教育"中心任务，合理规划，规范管理，科学保教，全面提高学前教育城乡一体化发展水平。阳泉市托幼工作领导组办公室联合相关部门对全市学前教育发展现状调研，编制《阳泉市第三期学前教育行动计划》。9月12日，经阳泉市人民政府同意，阳泉市教育局、阳泉市发展和改革委员会、阳泉市财政局、阳泉市人力资源和社会保障局联合发文《阳泉市第三期学前教育行动计划（2017—2020）》。清理整治无证幼儿园。按照"准入一批、整改一批、取缔一批"原则，加大对无证园整治力度。年初排查出无证园52所，经整改合格颁证5所、取缔4所、新增5所，年底排查出无证园48所，其中待颁证7所、限期整改9所、待取缔32所。推进城镇住宅小区配套幼儿园建设和管理。依据《阳泉市城镇住宅小区配套幼儿园建设和管理实施办法（试行）》，全市符合配建规模小区数48个，已配建幼儿园60所，其中公办园36所、民办园24所。启动"2017—2020年学前教育第二轮结对帮扶工程"。围绕"减少盲目性，增强针对性，突出协作性，提高实效性"原则，实施第二轮优质园与乡镇中心园、薄弱园结对帮扶，扩大承担帮扶任务的优质园为28所省、市级示范园，实现市级示范园对区域内民办园、薄弱公办园的结对帮扶全覆盖。依照《幼儿园工作规程》，加大对幼儿园督查，纠正在办园条件、安全卫生、教育教学、教职工管理等方面存在的不规范办园行为，引导和规范其依法依规办园。针对督查中发现的问题，对市直三所幼儿园规范办园行为予以通报，对晋东幼儿园下发整改意见书。5月20日至6月20日期间，开展以"游戏——点亮快乐童年"为主题的学前教育宣传月活动，突出游戏对幼儿童年生活重要价值和科学育儿理念为宣传重点，营造全社会关心、支持学前教育科学发展的氛围。市托幼办与阳泉综合广播"政风行风"专栏联合，围绕"游戏对儿童的价值""经典游戏推荐"等主题，组织12名市级名师、名园长举办"专家访谈"、热线咨询，为家长解答疑惑；各县区、各级各类幼儿园通过多样形式，组织家长和教师关注并参与学前教育宣传月活动。（杨晓麟 李艳萍）

【农业县区贫困村适龄儿童入园达标】 2017年，平定县、盂县、郊区3个农业县区130个贫困村的适龄儿童710名，在园就读688名，入园率96.9%，超过全市平均水平5.84个百分点。其中，平定县240名适龄儿童，在园就读223名，入园率92.2%，超过全县平均水平5.3个百分点；盂县323名适龄儿童，在园就读318名，入园率98.5%，超过全县平均水平8.5个百分点；郊区147名全部在园就读，入园率100%，超过全区平均水平0.4个百分点。建档立卡贫困户适龄幼儿平定县49名、盂县34名、郊区43名全部在园就读，入园率100%。（高改鱼 李艳萍）

【10所民办园被认定为首批普惠性民办幼儿园】 2017年4月24日，阳泉市教育局联合阳泉市财政局出台《阳泉市普惠性民办幼儿园认定及扶持实施办法》，规范管理，扩大公益普惠学前教育资源，落实普惠性民办幼儿园认定工作，普惠性学前教育资源覆盖率达72%。依据该办法，经幼儿园申报、县区验收、市级抽查，10所民办园被认定为首批普惠性民办幼儿园，分别为平定金地幼儿园、城区小太阳幼儿园、城区天艺幼儿园、郊区小太阳幼儿园、矿区智睿童心幼儿园、矿区金鹿幼儿园、矿区艺佳佳幼儿园、开发区红星幼儿园、盂县金子塔幼儿园、盂县新蕾幼儿园。（李艳萍）

【五项课题通过山西省教育科学"十三五"规划课题立项】 2017年，根据《关于做好山西省教育科学"十三五"规划课题组织申报工作的通知》，盂县逸夫幼儿园、城区实验幼儿园、城区义井镇义井幼儿园、阳泉市实验幼儿园、阳泉市市级机关幼儿园等幼儿园申报的5项山西省教育科学"十三五"规划课题，通过专家评审立项。（高改鱼 史治勇）

【"保教能手"评选】 2017年,阳泉市贯彻落实《幼儿园教师专业标准(试行)》《3~6岁儿童学习与发展指南》,提升教师队伍专业发展水平,促进全市学前教育质量提高,按照《山西省教育厅关于评选第十二届山西省幼儿园保教能手的通知》及《关于第十二届山西省幼儿园保教能手省级评审通知》文件精神,7月,通过单位推荐、县区遴选、市级评优6名幼儿教师参加省级评选,全部获省级"保教能手"称号,分别为:市实验幼儿园李艳,城区上站幼儿园杨进、义井幼儿园白彩霞、城区幼儿园王晓莉,郊区实验幼儿园李慧伟,平定县县直机关幼儿园马艳琴。 (高改鱼)

【幼儿园升级创优】 2017年,阳泉市教育局按照星级动态管理原则,11月29日、30日对全市8所申报五星级、四星级公、民办幼儿园进行验收,通过听汇报、查资料、看活动、问卷调查等形式,郊区坪上幼儿园、郊区三都幼儿园通过验收达五星级幼儿园;平定县金地幼儿园、平定县天骄幼儿园、平定县益智幼儿园、矿区行知幼儿园通过验收达四星级幼儿园。截至2017年底,全市507所备案注册幼儿园中,五星级幼儿园39所、四星级幼儿园42所。 (高改鱼 宋春燕)

基础教育

【概况】 2017年,阳泉市基础教育工作以"均衡、公平、优质、创新"为主题,以推进城乡义务教育一体化改革、中考改革、高中教育试点改革为抓手,推进教育创新,巩固城乡义务教育均衡发展成果。截至2017年底,全市共有小学283所,在校生83015人。有普通中学82所,其中完全中学7所、单办普通高中7所、普通初中50所、九年一贯制学校16所、十二年一贯制学校2所。普通高中在校生25355人,普通初中在校生40278人。 (刘敬华)

【城镇中小学幼儿园建设专项规划编制完成】 2017年,阳泉市教育局协调各县(区)政府与规划部门,争取专项资金30万元,由市教育局和市规划局牵头,结合城乡统筹示范区建设、新型城镇化发展、户籍制度改革需求和常住人口规模、学龄人口变化趋势,委托市规划设计院编制完成《阳泉市城镇中小学(幼儿园)建设规划(2016—2020)》,包括城区、矿区、郊区和开发区,纳入城镇规划组织实施,平定县、盂县各自完成规划并上报。至2020年,市区将新建18所、改扩建3所幼儿园,改扩建15所、迁建7所、新建7所义务教育学校,通过合理规划布局,基本满足市区适龄儿童就近入园入学需求。 (刘敬华)

【中考招生制度改革】 2017年,省教育厅选定阳泉市在全省率先启动"中考改革试点工作",市教育局成立中考改革试点工作领导组,下设初中学业水平考试和中学生综合素质评价两个试点工作课题组,经过反复讨论审议及征求意见,于9月以市政府办公厅名义印发《阳泉市关于推进高中阶段学校考试招生制度综合改革试点工作实施方案》,配套印发《阳泉市初中学生综合素质评价实施方案(试行)》,召开中考改革试点启动会,全面启动试点工作。 (刘敬华)

【消除大班额专项规划落实】 2017年,阳泉市教育局督促各县区采取措施"控班额、增学位",确保按年度、按进度、按要求完成任务。秋季学期起全市义务教育起始年级无大班额和超大班额。截至2017年底,阳泉市超大班额数17个,占比0.46%;大班额数74个,占比1.98%。 (张 青)

【高中教育试点改革工作】 2017年,阳泉市6所普通高中学校承担省级高中教育试点改革工作。其中,市第十一中学、平定县第一中学为普通高中学生综合素质评价试点,市第一中学、盂县第一中学为选课走班试点,市第二中学、玉泉中学为高中学生生涯规划教育试点。市教育局指导各试点学校制订工作方案,于秋季学期启动实施,为2018年全面展开高中教育改革试点工作奠定基础。 (张 青)

【56名学生在山西省第二届大中小学生钢琴比赛中获奖】 2017年6月,从阳泉市参加第二届大中小学生钢琴比赛的460余名学生中选拔出64名选手,参加在省教育厅举办的山西省第二届大中小学生钢琴比赛,分别获一等奖22个、二等奖20个、三等奖14个。(王雁冰 李 星)

职业教育

【概况】 2017年,阳泉市有职业院校14所,其中高职2所、普通中专5所、职业高中5所、技工学校2所。截至2017年底,有国家级中等职业教育改革发展示范学校1所,国家级重点职业学校3所,国家级重点技工学校2所,省级重点职业学校3所;创建国家级专业实训基地4个,省级专业实训基地19个,省级示范专业(点)12个;创建五星级学校1所,四星级学校5所,三星级学校4所。年内,普通高中招生7953人,中等职业教育招生2483人,进入各类中等职业学校学习3983人,占高中阶段教育招生总数的33.4%。 (侯胜华)

【山西省第11届职业院校技能大赛】 2017年9月20日至10月30日,在山西省第11届职业院校技能大赛中,阳泉市教育局获团体三等奖,阳泉师范高等专科学校获优秀组织奖,45名教师被大赛组织委员会授予"优秀指导教师"奖,在参赛29个项目中,获一等奖9个、二等奖37个、三等奖40个。其中,市交通专业中专学校学生李杰获汽车维修技能项目一等奖,市卫

2017年9月20日至10月30日，山西省第11届职业院校技能大赛师范教育专业教育教学技能竞赛在阳泉师范高等专科学校举行　　（荆海龙供图）

生学校学生刘姝涵、周海发分获案例分析、农村医学技能(单项)项目一等奖，阳泉师范高等专科学校学生郭振宇、杨旭坤、李泽梅获小学教育专业教学基本功学生组项目一等奖，阳泉师范高等专科学校学生赵小芳获美术、书法作品项目一等奖，市交通职业中专学校教师王志钢获工业产品CAD项目一等奖，阳泉师范高等专科学校教师赵秀文获小学教育专业教学基本功教师组项目一等奖。（侯胜华）

【山西省第九届中等职业学校“文明风采”竞赛】 2016年10月至2017年6月，阳泉市9所中等职业学校1万余人参加山西省第九届中等职业学校“文明风采”竞赛活动。在学校初赛基础上，全市推荐优秀作品参加省级复赛，其中23人次获一等奖18个，39人次获二等奖30个，45人次获三等奖37个，17名教师作品获优秀教师奖，市教育局获优秀组织奖，市工业学校获组织奖，市教育局张静书获优秀组织工作者称号。（侯胜华）

【全国第13届中职学校“文明风采”竞赛】 2016年8月至2017年4月，阳泉市组织参加全国第13届中等职业学校“文明风采”竞赛。全市1校16个作品22名学生获奖：市工业学校获学校优秀组织奖，省特殊教育师范学校、市工业学校、市交通职业中专学校4个作品6名学生获二等奖，省特殊教育师范学校、市卫生学校、市职业中专学校、市高级技工学校5个作品5名学生获三等奖，市卫生学校、市工业学校、市高级技工学校7个作品11名学生获优秀奖。省特殊教育师范学校、市工业学校、市交通职业中专学校4名教师获优秀指导教师奖。（侯胜华）

【山西省职业院校信息化教学大赛获奖】 2017年6月至9月，阳泉市组织推荐17名教师14个教学视频参加山西省职业院校信息化教学大赛。经专家评审，共获一等奖2名、二等奖7名、三等奖8名。其中，市交通职业中专学校教师张文霞、梁翠英获信息化教学设计比赛一等奖；市交通职业中专学校教师霍富华、张晓芳、史卫芳、王志钢、刘小平、彭维华获二等奖，市交通职业中专学校教师王景获信息化课堂教学比赛二等奖；市交通职业中专学校教师闫小燕、刘晓雯、王秒秒、黄美琴、闫旭琴，市职业中专学校教师武丽楠、李玲玲获信息化教学设计比赛三等奖，市职业中专学校教师闫中融获信息化课堂教学比赛三等奖。（侯胜华）

【中等职业教育办学资质清查】 2017年，阳泉市教育局根据《山西省教育厅关于做好2017年中等职业学校办学资质清查及第四轮管理星级学校评估工作的通知》要求，积极部署，依据《中等职业学校设置标准》和《山西省中等职业学校管理星级评估指标体系》，经过学校自查、市级评估、省级复评等程序，全市共有10所中等职业学校具备中等职业学校办学资质(阳泉高级技工学校不在清查范围内)。（侯胜华）

【“星级”学校认定】 2017年，阳泉市工业学校被省教育厅认定为五星级学校，市卫生学校、市体育运动学校、山西省特殊教育师范学校、市交通职业中专学校、市第一高级职业中学被认定为四星级学校，郊区职业高级中学校、平定县高级职业中学校、盂县职业中学校、市文化艺术学校被认定为三星级学校。（侯胜华）

【三项教学研究成果分获山西省教学成果奖（职业教育）一、二等奖】 2017年，在山西省教学成果奖(职业教育)评审中，市卫生学校王海平主持研究完成的《中等职业学校护理专业实践教学创新研究与实践探索》，获一等奖；市交通职业中专学校王志钢主持研究完成的《基于“互联网+中职装饰设计课程资源库开发”的实践研究》和阳泉师范高等专科学校荆卫东研究完成的《“4G—灵动三段论”实践以教为中心转为以学为中心教育改革目标研究》，获二等奖。（侯胜华　李艳萍）

【2校3专业被山西省列入年度现代职业教育质量提升计划建设项目】 2017年，阳泉市2校3专业被山西省列入实训基地、重点专业建设项目，共获得省财政拨付建设资金500万元。其中市工业学校会计、电子商务专业分别被列为重点专业和实训

基地建设项目,获省财政拨付建设资金300万元;市高级技工学校机电设备安装与维修专业被列为实训基地建设项目,获省财政拨付建设资金200万元。 (侯胜华 李艳萍)

【3校4项目分别入选山西省职业教育实训基地、重点专业建设项目储备库】 2017年,阳泉市教育局、阳泉市财政局依据省教育厅、省财政厅下发《关于做好中等职业教育实训基地、重点专业建设项目申报工作的通知》,按照申报原则,在各中等职业学校申报基础上,对项目申报学校资质、条件审核,对确定项目推荐上报。经省教育厅联合省财政厅从“山西省职业教育专家库”中随机抽取专家评审,市交通职业中专学校计算机应用实训基地、市郊区职业高级中学园林技术实训基地、市郊区职业高级中学机电技术应用专业、市卫生学校护理专业3校4项目,分别入选山西省职业教育实训基地、重点专业建设项目储备库。 (侯胜华)

【阳泉职业技术学院新校区建设工程】 2017年,阳泉职业技术学院新校区教学服务中心、教学楼、实验楼、宿舍楼等主体工程基本完工。截至2017年底,该校区建设累计完成投资5.4亿元。(侯胜华 李艳萍)

【李悦娥带队调研阳泉市职业教育工作】 2017年12月11日,省政协副主席李悦娥带领省政协教科委有关人员到阳泉市,就“完善职业教育体系,深化产教融合、校企合作”进行专题调研。李悦娥一行到市交通集团汽车修理总厂、在建的阳泉职业技术学院工地、市工业学校,实地查看办学条件、在建工程进度和职业教育发展规划,详细了解全市职业教育基础设施建设、专业结构设置、师资力量配备及实训就业情况。随后召开座谈会,听取全市职业教育工作有关情况汇报。她指出,要科学规划、合理整合、形成特色、提高效益,做强优势专业、培育紧缺专业、减少同类专业,为经济社会发展提供人才保障,为青年发展创造更好条件,为全省经济转型作出更大贡献。她强调,要研究职业教育特点规律,提升职业教育发展质量;探索职业教育“产教融合、校企合作”新模式,增强职业教育服务地方发展的效益;要宣传职业教育作用和贡献,提高全社会对职业教育认可度和参与度,推动职业教育全面发展。 (侯胜华 李艳萍)

高等教育

【山西工程技术学院概况】 2017年,山西工程技术学院全日制在校生11967人,教学仪器设备总值8451.24万元,总占地面积73.69公顷,校舍建筑总面积25.74万平方米,图书馆馆藏纸质图书68.43万册,建成60个校内实验实训室,有60个校外教学实习基地,建立云泉绿色材料实验室、挂牌共享山西省院士专家企业协作中心云泉工作站,与曙光信息产业股份有限公司、中软国际有限公司、阳泉煤业(集团)有限责任公司等大型企业签订协议,共建专业和实验室,共同培养人才。

学院共有13个系(部、中心),4个研究机构,设有21个本科专业(含专业方向)。教职工554人,其中专任教师430人,高级职称教师占专任教师比例的30%以上,具有硕士及以上学位教师占专任教师的75%以上。学校有省级优秀教学团队1个,省级教学名师5人,省级“双师型”教学名师3人,省级“双师型”优秀教师13人,省级“131”领军人才工程第二批人选5人,省级学术技术带头人2人。引进中国工程院王一德院士为特聘教授,特聘“百人计划”马兆远教授为首席专家,并成立“量子调控产业应用研究中心”,为学院整体水平提升奠定基础。同时,实施“双百工程”,培养“双师双能型”教师82人,初步建成一支结构合理、专兼结合教师队伍。 (魏宏亮)

【招生与就业】 2017年,山西工程技术学院共招收本、专科全日制学生3732人,其中本科生3168人,占年招生计划的79.6%。学院全日制本专科毕业生共计2446人,其中本科毕业生321人,为太原理工大学阳泉学院最后一批毕业生。专科生为学院更名为山西工程技术学院后首批毕业生。全年本科毕业生就业率达91.6%,专科就业率73.9%。 (魏宏亮)

【科研工作】 2017年,山西工程技术学院利用校园网、微信公众号等渠道发布科技项目申报15次;开通各类科技平台12个;出版《山西工程技术学院教研与科研》4期;出台《山西工程技术学院科技成果转化实施办法》等文件6个;清泉讲坛举办高水平学术讲座17讲,获教育部研究项目1项,获2016年度山西省科学技术(自然科学类)二等奖1项;省级课题立项1项,参与省级项目6项、市级项目4项,校级基金项目11项,成立雄安新区调研项目立项1项;参与阳泉市成果鉴定验收120项;教师完成山西省哲学社会科学项目2项;教师发表论文130余篇,其中SCI收录4篇,授权专利11项;教师出版专著(学校立项)12部。年内,学院与中软国际有限公司校企共建计算机科学与技术专业,完成校内实践教学基地建设,按校企合作培养模式培养学生82名。深入百度云计算(阳泉)中心、阳煤集团、阳煤集团寿阳化工有限责任公司、平定莹玉陶瓷有限公司等30余家企业调研50余次,形成校企合作协同创新协议19份;和企业合作题写科技厅项目指南7项;合作申报重大项目5项;合作项目攻关1项。(魏宏亮)

【应用型本科高校建设】 2017年，山西工程技术学院响应山西产业供给侧结构性改革和国家支持山西（阳泉）智能物联网应用基地建设发展导向，按照专业对接产业，专业链服务区域产业链，推进专业产业深度融合。依据“十三五”教育教学改革与学科专业建设规划，较全面完成2018—2020年专业建设发展规划。拟增加数据科学与大数据工程、物联网工程、智能科学与技术、新能源科学与工程等新兴专业。学院组建“1331工程”[1331工程，是山西省高等教育振兴计划工程，即坚持“立德树人”一个根本任务；重点学科、重点实验室、重点创新团队三项建设；高校协同创新中心、工程（技术）研究中心、产业技术创新战略联盟三项建设；产出一批标志性成果]办公室。出台和上报《“1331工程”建设方案》等文件7个，建立“1331工程”专题网站1个；上报山西省“1331工程”各类项目10项，申报成功“材料科学与工程”山西省优势特色学科1个、“清泉”高校思想政治教育协同育人中心1个，和企业合作成功申报科技厅“陶瓷产业技术创新战略联盟”1个。学院进行31门课改立项建设工作，推进应用型转变向深度广度发展，完成创新创业教育大纲，培训二级创业咨询师5名，与阳泉市高新创业园区内3家企业签订合作协议，创办二期创新创业论坛，完成学院大学生创新创业网站建设，在全国大学生互联网+大赛中有9个项目获奖，其中二等奖3项、三等奖3项。（魏宏亮）

【思想政治教育工作】 2017年，山西工程技术学院出台《中共山西工程技术学院委员会关于加强和改进新形势下思想政治工作的实施办法》和《山西工程技术学院德育“2+X”综合改革方案》。推进德育“2+X”综合改革，发挥思想政治理论课主渠道作用，开展思想政治理论课教学改革；完善德育答辩体系建设，推进德育答辩向阶段化、过程化、全员化、计量化转变；丰富X内涵，发挥公共艺术教育、心理健康教育、国防教育、安全教育、创新创业教育、就业指导、中华传统文化教育七个直属教研室作用，按照“试点先行、总结深化、修改完善、适时推广”工作思路，推进德育“2+X”综合改革。协同山西省委党校、山西省社会科学院等单位建设“清泉”协同育人中心，该中心被评为山西省高校思想政治工作管理育人协同中心建设计划培育建设项目。（魏宏亮）

【基础工程建设】 2017年，山西工程技术学院完成18号、20号学生公寓楼工程建设并投入使用，19号学生公寓主体工程基本完工。完成力学实验室改造、数据中心改造、煤矿井下实景模拟安全教育基地、学院消防管网一期建设、东操场、西篮球场东侧挡墙维修等工程及行政办公楼、单身公寓楼、实习实训3号楼防水等基建维修工作。山西工程技术学院晋泉东路南段道路工程及运泉西路基本完工。（魏宏亮）

【师资队伍建设】 2017年，山西工程技术学院完成公开招聘工作，招聘20人，其中博士1人；人事代理聘用10人，完善人事代理人员聘用与管理。同时，推进教师进修培训工作，选送2名教师攻读博士学位，1名教师入博士后流动站。开设教师网络培训分会场2个，分别对系部主任、教研室主任进行培训；短期培训教师12人，参加国家培训教师2人；到企业实践锻炼教师9人。完成岗前培训任务（网络和实践环节）和教育教学能力测试工作，校内岗前集中培训35人。（魏宏亮）

【阳泉师范高等专科学校概况】 2017年，阳泉师范高等专科学校有全日制在校生3659人，教学班级91个。学校共有6个教学系、1个教学部。在册教职工285人，其中专任教师225人，副教授职称教师74人，具有硕士学位教师61人。

1月，阳泉师范高等专科学校申报的早期教育、摄影与摄影艺术、社区康复三个专业通过普通高等学校高等职业教育专业设置备案和审批，秋季开始招生，学制3年。截至2017年底，阳泉师范高等专科学校专业数量达12个。（荆海龙）

【招生与就业】 2017年，阳泉师范高等专科学校开展对口升学和普通高考招生宣传工作，利用网络提高招生影响力，招生1261人。就业方面，学校举办12期应届毕业生创业意识、创业计划培训，共计1830人次。举办11场就业招聘会，参展单位29个，提供600余个就业岗位，有400余名毕业生与用人单位签约。（荆海龙）

【教育科研】 2017年，阳泉师范高等专科学校修订《教育科研管理办法》《教育课题管理办法》《学术不端行为查处办法》等教科研制度，完善教学委员会机构建设文件。完成1项省级课题申报，1项山西省“十三五”规划课题完成结题，1项科研成果获2017年山西省职业教育教学成果二等奖。出版学术论著1部。作为合作单位与湖北襄阳职业技术职业技术学院合作完成一项国家级项目——《随班就读教学》特殊教育专业课程资源库建设任务。（荆海龙）

【职业院校师范教育专业教育教学技能大赛】 2017年10月16日至19日，由省教育厅、省人力资源和社会保障厅、省总工会主办的山西省第11届职业院校技能大赛师范教育专业教育教学技能竞赛在阳泉师范高等专科学校举行。比赛包括高职组小学教育专业技能、中职组学前教育专业技能、高职组学前教育专业技能3个赛项。来自全省18所师范院校、367名师生参加比赛。阳泉师范高等专科学校共34名师生参加,其中,有1名教师获一等奖,2名教师获二等奖,5名教师获三等奖;有5名学生获一等奖,4名学生获二等奖,9名学生获三等奖。另有7名教师获优秀辅导教师奖。在美术与绘画比赛中,有10幅学生作品参赛,其中2幅作品获一等奖,1幅作品获二等奖,3幅作品获三等奖。(荆海龙)

【职业教育师范类专业教学指导委员会年会】 2017年10月20日,山西省职业教育师范类专业教学指导委员会2017年年会在阳泉师范高等专科学校召开,来自全省职业教育共16所师范院校的74名委员参加会议。会议听取师范专指委委员张润喜作师范专指委2017年工作总结和2018年工作计划,就教育部《小学教育专业认证标准(征求意见稿)》《学前教育专业认证标准(征求意见稿)》进行集中研讨,并对首次举办的师范教育专业教育教学技能大赛进行总结。全体委员对师范教育工作中的问题以及师范教育教学职业技能大赛赛项、规则等提出合理化建议。(荆海龙)

【山西广播电视大学阳泉分校概况】 2017年,山西广播电视大学阳泉分校强化制度规范,完善教学模式,提高教育质量,促进学校向国家开放大学转型发展。截至2017年底,学校在册教职工41人。全年共开设课程215门,组织、安排完成各类学员期末考试工作13次、教育部网络统考工作2次,共计12989人次。全年招生547人,开放教育420人、联合办学127人;比上年增长28%。(郭赟嘉)

【学生服务工作】 2017年,山西广播电视大学阳泉分校提升班主任管理服务水平,为学生提供全方位、优良教学支持服务。研讨完善班主任手册,明确职责范围,规范岗位管理,细化工作要点与要求,切实提高班主任管理效能。完善班主任工作量考核办法,将过程考核与学生到课率、及格率、流失率、毕业率有机结合。执行学校对账制度,顺利完成班主任与校财务关于学费、教材费、考试费等对账工作。落实班主任例会制度,每次教学周之前召开班主任例会,督促班主任细化工作流程,实现学生管理工作有计划、有步骤、有检查、有效果。(郭赟嘉)

【教学与科研】 2017年,山西广播电视大学阳泉分校开展教研工作,把崇尚实践和加强研究作为提高教育质量、提升业务水平主要途径,开展立项课题研究工作。年内,承担的"基层电大开放教育教学管理模式研究"课题,被列为阳泉市教育科学"十三五"规划2017年度课题;"干部在线精品教育平台建设研究"课题,被列为山西电大2017年校基金规划立项课题。全年学校教师共发表教科研论文9篇,其中核心刊物1篇、国家级刊物6篇、省级刊物2篇。(郭赟嘉)

【"好干部在线学院"学习情况】 2017年,"山西干部在线学院"平台由"好干部在线"平台替代。学习在汲取"山西干部在线学院"培训工作成果基础上,采取措施解决各类问题,加强对学员学习督促,提高学员学习效果。截至2017年底,全市"好干部"在线学院注册人数7536人,上线率94.17%,达标率72.76%,平均完成学时101.73学时。(郭赟嘉)

【"阳泉干部在线学习中心"工作】 2017年,山西广播电视大学阳泉分校"阳泉干部在线学习中心"注重平台日常管理工作,采用电话、电子信箱、QQ群等方式解答学员问题,提供方便、快捷、迅速的学习服务。工作中,注重问题累积,详细记录学员和管理员在平台使用过程中出现的问题,向平台开发技术组即时反馈,快速解决。截至2017年底,平台共注册学员20831人,参学率60%。(郭赟嘉)

【非学历教育考试】 2017年,山西广播电视大学阳泉分校利用计算机设备及管理组织优势,完成与邮储银行阳泉市分行、市卫生和计划生育委员会、市建筑工程技术培训中心、人民银行阳泉市中心支行反假币中心承办的相关考试工作。全年组织非学历考试158场次,2853人次参加,为学校增加收入68418元。(郭赟嘉)

特殊教育

【概况】 2017年,阳泉市设有特殊教育学校4所,在校生767人,教职工72人,其中专任教师64名。特殊教育学校生均公用经费6000元,学杂费、住宿费、课本费、作业本费、伙食费全部免费,随班就读学生免除学杂费和课本费。(刘敬华 张 青)

【特殊教育提升计划落实】 2017年,阳泉市落实特殊教育提升计划,完成第二期特殊教育提升计划(2017—2020年)编制工作,全市适龄残疾儿童实现"一人一案、充分就学"。截至2017年底,全市共有6至14周岁残疾儿童529人,已入学517人,入学率97%,提前完成《山西省第二期特殊教育提升计划(2017—2020)》中规定的"到2020年残疾儿童义务教育入学率达到95%以上"目标。(张 青)

德育与安全工作

【市级评优表彰】 2017年3月至5月,阳泉市教育局在全市中小学开展2017年度"三好学生""优秀学生干部""先进班集体""优秀班主任"及"美德青少年”评选活动。经公开选拔和推荐，授予311名同学“阳泉市2017年度‘三好学生’”称号、139名同学“阳泉市2017年度‘优秀学生干部’”称号、176个班级“2017年度‘先进班集体’”称号、176名教师“2017年度‘优秀班主任’”称号、452名同学“2017年度‘美德青少年’”称号。（杨一梅）

【“阳光校园 我们是小伙伴”演讲朗诵比赛】 2017年4月和7月，阳泉市教育局组织学生参加教育部关工委“阳光校园 我们是小伙伴”演讲、朗诵比赛，经学校、县区、市级、省级层层选拔，阳泉市选手杜炜彬（市第十中学）、王璇（市实验中学）获演讲比赛省级三等奖；市第一中学校、阳泉师范高等专科学校附属学校分别获朗诵比赛省级团体一等奖和省级团体三等奖。（路 瑶）

【“百年追梦 全面小康”演讲比赛】 2017年7月，阳泉市教育局组织学生参加全国青少年爱国主义读书教育活动“百年追梦 全面小康”演讲比赛。经学校、县区、市级和省级层层选拔，阳泉市郊区荫营二中余舒雅进入全国总决赛获三等奖。（路 瑶）

【“学宪法讲宪法”演讲比赛】 2017年10月，阳泉市教育局组织学生参加全国第二届学生“学宪法讲宪法”演讲比赛，阳泉市平定县东关小学陈莹和市第十一中学王玉在山西省选拔赛中分别获得小学组和初中组省级三等奖，市第二中学选手贾鹏亮进入全国总决赛并获全国高中组季军。（杨一梅 李艳萍）

【校外教育陶艺教师培训】 2017年11月20日至22日，阳泉市教育局邀请省级陶艺中心老师，在平定县青少年活动中心对来自5个县(区)青少年活动中心、12个乡村少年宫和部分学校27名美术教师进行培训，内容包括陶艺理论知识和实践操作。（杨一梅 李艳萍）

【乡村少年宫乡镇全覆盖工作】 2017年，阳泉市教育局与市文明办、市财政局、市民政局、市体育局等单位，利用阳泉市体育彩票、福利彩票提供的40万元扶持资金，推进阳泉市乡村少年宫乡镇全覆盖工作。截至2017年底，全市共创建20所乡村学校少年宫。

年内，按照财政部、中央文明办、教育部《关于提前下达2017年中央专项彩票公益金支持乡村学校少年宫项目资金的通知》要求，经各市申报、推荐，省文明办会同省财政厅、省教育厅审核，阳泉市盂县上社镇联合学校上社小学成为山西省2017年中央专项彩票公益金支持乡村学校少年宫项目承建学校。截至2017年底，该校已建成，成为全市第12所中央专项彩票公益金乡村少年宫。（杨一梅）

【校园安全规范化长效机制】 2017年，阳泉市教育局在全市施行校园安全规范化长效机制。分级推行“一岗双责制”“安全包县区、包乡镇、包学校、包年级、包班”制度；开展“知责履责、失职追责”主题活动，签订校园安全岗位工作责任书，解决安全责任意识逐层递减、隐患排查整治不彻底等薄弱环节和突出问题，把“学校安全岗位职责全员化”做实、做细；建立校园安全及周边综合治理考核评价机制，强化日常考核；完善并推行《安全突查检查制度》《安全信息月报告制度》《安全工作月例会制度》《校园安全举报制度》，安全管理有章可循，全市校园安全工作形成规范化长效机制。（崔戎辉）

【校园安全】 2017年，阳泉市教育局开展“安全大检查”和“校园安全专项整治”活动，强化校园安全监管，推动平安校园创建。全市各级各类学校（含幼儿园）100%建立《学校安全管理日志》制度，做到校园安全隐患逐日排查、逐日登记、及时整改。安全突查检查形成常态。采取“四不两直”（不发通知、不打招呼、不听汇报、不用陪同接待、直奔基层、直插现场）方式，深入学校突查53次，下发隐患整改通知25份，提出安全指导意见240余条。结合省、市安全生产各项整治活动，同步推进校园及周边综合治理，共制订11个工作方案，开展校园安全大检查3次，专项工作督查8次。通过“平安校园”创建，强化全市校园安全。截至2017年底，全市平安校园创建数达382所，其中省级平安校园占比8.87%、市级平安校园占比40.64%、县级平安校园占比94.09%，年内，全市有5所学校申报“省级平安校园”、15所学校申报“市级平安校园”，并全部完成验收评审。完善校园安全保障体系，夯实“三防”（人防、物防、技防）基础，特别是“技防”建设，截至2017年底，全市校园监控覆盖率达99.7%；规范校园警务室建设，加强校警管理和学校应急管理，维护校园及周边稳定，保障师生生命安全。（崔戎辉）

【校园安全管理信息化】 2017年6月，阳泉市完成校园安全管理系统编写、硬件安装、调试工作。坚持“统一规划、统一标准、信息共享、互联互通”原则，利用信息化手段，将基础数据、隐患事故、应急处置等信息集成整合，实现公文传输、安全风险管控指导、隐患排查全过程监管、安全教育、安全预警等多项功能，消除学校安全管理中盲区盲点，建立全员化、体系化、流程化、规范化、网络化安全防控体系，实现科学管理、信息管理、过程管理、痕迹管理。9月，校园安全管理系统开始运行，在全省率先实现校园安全管理信息化。（崔戎辉）

【校园风险防控和隐患排查治理双重预防体系】 2017年，阳泉市教育系统遏制重特大事故系统工作全面开展。8月,市教育局召开座谈会,选定市交通职业学校作为试点,推进安全风险辨识管控工作。10月24日,试点任务完成,并通过市安监局专家评估验收。11月28日,召开阳泉市教育系统风险管控现场推进会,全市校园安全风险管控和隐患排查双重预防体系工作全面推进。 (崔戎辉)

【安全宣传教育】 2017年,阳泉市教育局本着“珍爱生命,规避危险”原则,将安全教育课列入全市义务教育阶段学校课程计划,严格落实安全教育教学计划、教材、课时、教师、教研和考核“六到位”,保证每两周1课时。年内,有338所学校开设安全课程,4024个教师参与授课,112083个学生和家庭参与学习。教育内容一方面聚焦主题教育,着眼“开学安全第一课”“防火安全教育”“暑期安全防溺水”“安全教育日”“安全生产月”等主题,强化集中教育宣传效果,形成学校、家庭、社会共同关注学生安全教育工作,共同学习安全知识技能教育模式;另一方面凝力专题教育,结合不同时段、地域特点,开展“防溺水”“交通安全”“消防安全”“流行病预防”等安全知识宣传教育和演练活动,防止多发易发和重大安全事故发生。 (崔戎辉 李艳萍)

教师队伍

【概况】 2017年,阳泉市以合理配置教育人才资源、全面提高教师素质为核心,以实行教职工全员聘任制和岗位管理为重点,加大对各级各类学校机构编制管理,调整优化中小学教职工队伍;以教师素质提升工程为引领,开展各类教师培训,通过“干训”“师训”以及教学能手、学科带头人、骨干教师评选,加强教师队伍建设,深化义务教育学校校级领导和教师交流工作,促进义务教育均衡,构建教师终身学习机制;实行教师资格准入制度,促进人才合理流动;搞活工资分配办法,建立起人员能进能出、职务能上能下、待遇能升能降,充满生机和活力的人事管理运行机制。截至2017年底,全市各级各类学校有教职工1.67万人,其中,普通高校教职工252人、成人高校教职工42人、中等职业学校教职工1156人、普通中学教职工7038人、小学教职工5544人、幼儿园教职工2590人、特殊教育学校教职工72人。(穆瑞红)

【公费师范生就业安置】 2017年,阳泉市根据《阳泉市人力资源和社会保障局关于下达2017年部分学校接受公费师范生专项计划的通知》文件精神,安置5名部属免费师范生、23名山西师范大学公费师范生到市直学校及各县区学校就业。 (李志刚)

【校长教师交流制度】 2017年,阳泉市义务教育学校已交流校长64人,占应交流校长比例22%;已交流教师707人,占应交流教师比例11.1%,实现区域内义务教育学校校级领导和教师交流全覆盖,交流比例均超过10%。骨干校长教师交流人数284人,优质学校教师交流共计348人。 (李志刚 穆瑞红)

【6名教师赴新疆对口支援工作】 2017年,阳泉市教育局落实中央和省、市关于做好选派干部和专业技术人员对口支援新疆系列文件通知精神,通过个人自荐、组织推荐、择优选拔方式,确定矿区南楼小学申坚青、阳泉新华小学秦芳、郊区育才小学李生龙、平定县岔口小学王计红、盂县下曹小学荣海成、市第三中学赵建英等6名教师赴新疆对口援助教育工作。 (李志刚 穆瑞红)

【中小学职称制度改革】 2017年,阳泉市根据《省人社厅、教育厅关于印发全面深化中小学教师职称制度改革工作实施方案的通知》精神,出台《阳泉市人力资源和社会保障局、阳泉市教育局关于印发全面深化中小学教师职称制度改革工作实施方案的通知》,全市过渡中小学教师12620人,其中高级教师1154人、中级教师5214人、初级教师6252人。 (李志刚)

【教师系列职称评审】 2017年,阳泉市根据山西省人社厅、省教育厅关于中职学校、中小学全面实行职称“评聘分离”制度规定。严格推荐与评审程序,实行分级审查、三次公示制度,完成2016年度中小学高级教师申报工作,中小学中、初级教师专业技术职务任职资格评审工作,高校、中专助理讲师任职资格评审工作以及2017年度中专讲师、高级讲师任职资格申报工作。经省高评委评审通过207名中小学高级教师;市中评委通过595名中小学一级教师、20名中小学二级教师、69名高级讲师、2名高级实验师、103名讲师、4名实验师、2名高等学校助理讲师、6名中等职业学校助理讲师。 (李志刚)

【特级教师考核】 2017年,阳泉市教育局对全市在岗特级教师19人进行考核,根据县区和学校上报资料内容进行综合评估、审核后,确定特级教师年度考核等次为:优秀5人,称职14人。 (李志刚 穆瑞红)

【教师资格认定】 2017年,阳泉市教育局面向社会进行教师资格认定,经过网上报名—现场确认—体检—领证等审核程序后,共认定教师资格763人。幼儿园教师资格98人,其中平定县54人、盂县7人、郊区21人、城区7人、矿区8人、开发区1人;小学教师资格487人,其中平定县330人、郊区30人、城区51人、矿区49人、盂县24人、开发区3人;初中教师资格97人,其中平定县27人、郊区10人、城区28人、矿

区 14 人、盂县 18 人；高级中学教师资格 65 人，中等职业教师资格资格 16 人。（李志刚）

【省级教学成果奖】 2017 年，阳泉市教育局根据《山西省教育厅关于印发〈山西省教学成果奖（基础教育）奖励实施办法（试行）〉〈山西省教学成果奖（高等教育）奖励实施办法（试行）〉〈山西省教学成果奖（职业教育）奖励实施办法（试行）〉的通知》和《山西省教育厅关于开展 2017 年省级教学成果奖评审工作的通知》要求，经过县区初选、上报，市级培训、筛选推荐，省教学成果奖评审委员会认定、批准，全市基础教育类有 17 项成果获奖，其中特等奖 4 项、一等奖 8 项、二等奖 5 项。（康月梅　李艳萍）

2017 年阳泉市省级基础教育类教学成果奖统计表

表 43

奖项	成果名称	成果类别	申报人	所在单位
特等奖	基于学生自主学习的教育新模式研究与实践	中小学教学方式、组织形式改革	阳泉市第十二中学	阳泉市第十二中学
	传统游戏的创新玩法	幼儿园教学研究与指导	阳泉市托幼办 阳泉市上站幼儿园	阳泉市托幼办 阳泉市上站幼儿园
	“4+1”家园协同教育实施方案	幼儿家庭教育指导	阳泉市实验幼儿园	阳泉市实验幼儿园
	“学案导学，自主合作”在数学课堂中应用的研究与实践	中小学教学方式、组织形式改革	王建军　郭金红 贾海鹰　高雅丽 冯东明　李　艳	阳泉市教研室
一等奖	“246+X”课堂教学模式	中小学教学方式、组织形式改革	阳泉市城区上站小学	阳泉市城区上站小学
	几何画板辅助初中数学学习	中小学教育技术教学应用与资源建设	李来芳　阎迎春 赵军才　张润明 任成维　冯向科	平定县教学研究与招生考试办公室
	平定县县域整体推进书法教育的长期实践与思考	其　他	李忠明　耿晋林 赵田明　潘成宝 张满情　白建明	平定县教育局
	“自学－实践－讨论－运用”四环节高效课堂教学模式	中小学教学方式、组织形式改革	郭润芳	盂县第三实验小学
	小课题研究引领青年教师专业发展的实践研究	中小学教学研究与教师专业发展	王晓英	阳泉六中
	高中生化学学习动机的递进式培养	中小学教学方式、组织形式改革	荆　芬　刘治红 郭存锁　潘建英 张慧丽　蒋苏丽	阳泉市郊区玉泉中学
	小课题在中小学教师专业发展中的实践研究	中小学教学研究与教师专业发展	任瑞庆　李　艳 史治勇　葛俊玲 葛俊花　郭相枝	阳泉市教育科学研究所
	高中语文“经典文化传承”校本课程	中小学课程开发与实施	程润华　张引庄 韩秀玲　杨雪凤 程润霞　王建辉	阳泉市第十一中
二等奖	“2+X”主体课模　实现高效课堂	中小学教学方式、组织形式改革	郑忠青　荆慧琴 李志秀　葛素敏 史彦伟　王建永	阳泉市郊区教育研究室
	民主、开放、和谐管理班级模式的探索与实践	中小学教育教学综合改革	张　昀　崔良珠 刘永峰　赵玉梅	盂县第四中学校
	依托小课题提升教师专业化水平	中小学教学研究与教师专业发展	杨晓玲　吕桂红 王晓英　刘雪梅 李晓颖　温建峰	阳泉市第六中学校
	公民教育综合实践活动模式研究	中小学课程开发与实施	张美玲　薛利敏 张继忠　程润华 高瑞斌　张权泉	阳泉市教研室
	特殊教育教学导向性评价体系	特殊教育改革研究	赵贵云　张倩茜 程晓珍	阳泉市特殊教育学校

【省级学科带头人】 2017年，阳泉市教育局组织参加年度省级学科带头人评选活动，经过县级推选、市教育局党组审议、市级资料评审及公开讲课，经省教育厅考核，共33名教师获评省级学科带头人。（康月梅）

2017年阳泉市获评山西省中小学省级学科带头人统计表

表44

学段	姓 名	单 位	科目
高中	王建军	市教研室	数学
	王建辉	市十一中	物理
	郭丽萍	市十一中	英语
	王爱弟	市第十五中学	英语
	郭建忠	市第十七中学	语文
	王治世	郊区玉泉中学	英语
	马春梅	平定一中	化学
	赵建新	盂县一中	化学
	王贵平	盂县一中	英语
初中	张红梅	市实验中学	生物
	米 静	城区教育局	思品
	王晓英	市第四中学校	化学
	郝 珺	平定县南坳中学	思品
	姚改英		思品
小学	郑林萍	市特殊教育学校	语文
	黄小平	上站小学校	数学
	周丽琴	南庄路学校	语文
	郭玉兰	新华小学校	语文
	孙贵英	新华小学	美术
	郭瑞英	新泉小学校	语文
	赵秀萍	矿区赛鱼小学	语文
	张文梅	矿区刘家垴小学	语文
	续雅红	矿区小南坑小学	语文
	赵秀枝	郊区实验小学	语文
	胡瑞琴	第十中学	数学
	刘宝红	郊区实验小学	语文
	李素珍	锁簧示范小学	语文
	杨爱俊	平定县中社学校	数学
	李 玲	盂县实验小学	数学
	郭润芳	盂县第三实验小学	语文
	张丽娟	盂县第二实验小学	数学
	张丽平	盂县第二实验小学	语文
幼儿园	卢晓荣	市级机关幼儿园	幼儿

【省骨干教师】 2017年，阳泉市教育局组织参加2017年度山西省中小学省级骨干教师评选活动，经过县级推选、市局党组会审议、市级资料评审、公开讲课及公示，经省教育厅考核，共70名教师获评省骨干教师，其中高中15名、初中27名、小学27名、幼儿园1名。（康月梅 李艳萍）

2017年阳泉市获评山西省中小学省级骨干教师统计表

表45

学段	姓 名	单 位	科目	姓 名	单 位	科目
高中	高 敏	市教研室	政治	王爱弟	市第十五中学	英语
	左巧珍	市教研室	地理	郭永金	市第十七中学	数学
	李 妍	市第一中学	语文	王治世	郊区玉泉中学	英语
	梁 静	市第一中学	历史	赵慧钦	平定二中	数学
	孔玉萍	市第一中学	物理	康鸿娟	平定一中	数学
	任晓慧	市第一中学	物理	岳志义	盂县第一中学校	数学
	吴振荣	市第二中学	物理	李 刚	盂县第一中学校	数学
	田金珠	市第十五中学	物理			
初中	史秀琴	市第二中学	物理	刘爱东	平定二中	语文
	卢 静	市第十一中学	数学	张继芳	平定二中	数学
	范静霞	市第十一中学	数学	李新梅	平定东关中学	历史
	任国文	市第十一中学	数学	王顺青	平定县娘子关初级中学	语文
	张晓琴	市实验中学	美术	冯向科	平定县娘子关初级中学	数学
	田 芳	市第四中学校	语文	李 莉	平定县东关初中级中学	物理
	高丽斌	市第六中学校	英语	刘建国	盂县孙家庄镇中学校	语文
	任景红	市第十二中学	数学	武晓芸	盂县第四中学校	数学
	王文杰	市第十二中学	历史	侯秋花	盂县第二中学校	思品
	王 渊	市第十五中学	英语	许秀鸿	盂县第二中学校	英语
	许 娟	郊区东村中学	思品	崔成军	盂县梁家寨乡中学	语文
	葛雅琼	郊区三泉中学	数学	郑建中	盂县二中	数学
	甄华荣	郊区东村中学	历史	史秀梅	盂县二中	物理
	李 艳	郊区河底中学	化学			
小学	赵贵云	市特殊教育学校	语文	孙红燕	冠山联校王家庄学校	英语
	赵智慧	北岭小学	语文	葛玉华	平定县锁簧联校	数学
	李志平	市实验小学	语文	石海英	平定县实验小学校	体育
	宋海霞	矿区平潭街小学	语文	王瑞萍	冠山联校中社学校	科学
	彭林娜	矿区黄石板小学	语文	谢小丽	盂县北下庄乡联合学校	语文
	穆海军	矿区段家背小学	数学	白柳青	盂县南娄镇联合学校	语文
	王红莲	矿区小南坑小学	语文	周美英	盂县第三实验小学	语文
	杨雅丽	矿区刘家垴小学	英语	封 燕	盂县路家村联校	语文
	曹丽仁	郊区教育局	语文	任晓丽	盂县实验小学	语文
	李 娜	郊区文苑小学	数学	梁彦霞	盂县逸夫实验小学	语文
	栗美芳	郊区义东沟小学	数学	张晓华	盂县路家村镇联合学校	语文
	聂文燕	郊区育才小学	语文	梁晓雁	盂县逸夫实验小学	数学
	高守华	郊区西南舁联校	数学	崔秋平	盂县教学研究室	数学
	白玉芳	平定县实验小学	语文			
幼儿园	李仙玉	市实验幼儿园	幼儿			

【2名校长入选山西省中小学名校长培养】 2017年，根据《山西省教育厅关于开展山西省中小学名校长培养人选推荐工作的通知》，全省将开展为期3年的中小学骨干校长培养工程，经县级、市直学校初选，市教育局党组会议决定，推荐6名优秀中小学校长参加评审。经省教育厅专家组评审，阳泉市郊区实验小学赵秀枝、阳泉市第三中学校刘宏彬入选该计划。（康月梅 李艳萍）

【学校语言文字工作达标建设】 2017年，阳泉市根据《山西省教育厅 山西省语委关于贯彻〈教育部 国家语委关于加强学校语言文字工作的意见〉的通知》精神，全面开展学校语言文字工作达标建设，全市有103所学校达标。（康月梅 李艳萍）

教育经费

【国家城乡义务教育经费保障机制落实】 2017年，国家统一城乡义务教育学校生均公用经费基准定额。标准为中西部地区普通小学每生每年600元、普通初中每生每年800元；在此基础上，对寄宿制学校按照寄宿生年生均200元标准增加公用经费补助，落实农村地区不足100人规模较小学校按100人核定公用经费和北方地区取暖费等政策；特殊教育学校和随班就读残疾学生按每生每年6000元标准补助公用经费；统一城乡义务教育学校冬季取暖费政策，标准为每生每年95元，所需资金由中央和地方按6：4比例分担，地方中省、市、县按5：2：3分担。

补助农村义务教育阶段家庭经济困难寄宿生生活费，小学每生每年1000元、初中每生每年1250元，资金由中央、省、市、县四级分担，中央与地方5：5分担，省、市、县按5：2：3分担。受助学生比例为寄宿生的23%。全年共下达城乡义务教育公用经费（含补助寄宿生生活费和取暖费）10747.19万元，其中：中央资金6513.98万元、省级资金2078.02万元、市级资金958.87万元、县区资金1196.32万元，共惠及学生12万余人。（郝文彪）

【创新与落实城乡义务教育保障新措施】 2017年，阳泉市加大对义务教育投入。免除义务教育阶段寄宿生住宿费，标准为每生每年108元，所需资金分担由市、县两级政府按照5：5比例分担，共下达农村义务教育阶段寄宿生住宿费67.77万元，受惠学生6000余人。实施义务教育阶段寄宿生"营养早餐"工程，对义务教育阶段寄宿生每人每天免费提供价值1.5元的牛奶，每年按200天在校时间计算。所需资金由市、县两级政府按照5：5比例分担。全年下达义务教育阶段寄宿生"营养早餐"工程专项经费184.7万元，惠及学生6000余人。免除义务教育阶段学生作业本费，全年全市共下达义务教育阶段作业本费345.74万元，所需资金由市、县两级政府按照5：5比例分担，惠及学生12万余人。免除义务教育阶段学生教科书费。免除城市义务教育阶段学生国家课程教科书费，免除城市和农村全部学生地方课程教科书费。全市免教科书市、县财政共下达资金497.18万元，惠及学生12万余人。（郝文彪 王清林）

【学前资助制度】 2017年，阳泉市教育系统实施学前资助制度，对象为家庭经济困难儿童、孤儿和残疾儿童，按每生每年1000元标准给予补助。受助儿童覆盖面按在园儿童数15%测算，实施学前教育资助制度所需经费除中央奖补资金外，不足部分由省、市、县按4：3：3比例分担。全市资助家庭经济困难儿童9000余人次，发放资助资金468.5万元。（郝文彪）

【普通高中国家助学金发放】 2017年，阳泉市继续实施贫困学生资助政策，对普通高中家庭经济困难学生发放助学金，标准为每生每年2000元，所需资金由中央和地方按照6：4比例分担。全年发放助学金1082.88万元，有5000余名普通高中学校家庭经济困难学生受益。（王清林）

【中等职业学校家庭贫困学生国家助学金发放】 2017年，国家对中等职业学校全日制正式学籍一、二年级在校涉农专业学生和非涉农专业家庭经济困难学生进行资助，资助标准每生每年2000元，中央与地方资金配套比例为6：4。全年共发放助学金159万元。有1000余名中等职业学校家庭经济困难学生受益。（王清林）

【中等职业学校免学费】 2017年，阳泉市继续实施对中等职业学校免除学费政策，免除学费标准为：职业高中每生每年2000元，普通中专、职业中专每生每年2500元。其中，普通中专体育、艺术、戏剧、广播电影类每生每年4000元，普通技工学校每生每年2500元，高级技工班学生每生每年2800元。全年全市共下达中央、省、市、县（区）免学费补助资金1989.9万元，有7000余名学生享受免学费资助政策。（王清林）

【国家助学金 国家励志奖学金和国家奖学金发放】 2017年，阳泉市实施普通高校国家助学金、国家励志奖学金和国家奖学金政策。补助标准为：国家助学金每生每年3000元，国家励志奖学金每生每年5000元，国家奖学金每生每年8000元。全年各级财政投入224.7万元，受益800余人。（郝文彪）

【大学新生入学资助】 2017年，阳泉市实施大学生新生入学资助项目。资助标准为：省内院校录取新生每人500元，省外院校录取的新生每人1000元。全年，共资助省内外大学新生303人，发放资助款23.45万元。（郝文彪　王清林）

【普通高校生源地信用助学贷款】 2017年，阳泉市推进生源地助学贷款工作，标准为每生每年贷款金额不超过8000元，研究生每生每年贷款金额不超过1.2万元（主要用于家庭经济困难学生在校期间的学费和住宿费）。全年共发放助学贷款6992.54万元，10919名家庭经济困难学生受益。（郝文彪　王清林）

【特殊教育投入】 2017年，阳泉市对市特殊教育学校在校残疾学生实施全免费教育，其中免除伙食费为每生每天补助标准16元（含营养早餐），每生每年3200元，所需资金由市财政负担。（郝文彪　王清林）

教育装备

【中小学实验教学说课活动】 2017年9月24日，阳泉市教育局在市实验中学举办阳泉市中小学实验教学说课活动，经材料审核、现场说课、评委打分，评选出阳泉市实验教学说课能手12名。于10月17日参加山西省中小学实验教学说课活动，获特等奖1名、一等奖1名、二等奖9名、三等奖1名，特等奖获得者市第三中学魏凡博代表山西省参加教育部组织的全国说课活动，获“2017年度全国中小学实验教学能手”称号，并颁发金质奖章。（李艳萍）

【中小学图书馆等级认定】 2017年11月，山西省教育技术装备中心组织专家对阳泉市新华小学和盂县第一中学2所学校图书馆进行等级认定，通过听取汇报、查看资料、实地核查、量化打分等方式评审，认定2所学校图书馆为一级图书馆。截至2017年底，阳泉市中小学达二级以上图书馆学校155所，其中一级图书馆10所、二级图书馆145所。（李艳萍）

【山西省2017最美校园书屋和山西省2017中小学图书馆榜样人物】 2017年，阳泉市第二中学校被评为山西省2017最美校园书屋，阳泉市第二中学校教师张姝被评为山西省2017中小学图书馆榜样人物。（张　黎）

【农村义务教育学生营养改善计划工作】 2017年，阳泉市平定县、郊区、盂县以学校食堂供餐形式实施农村义务教育学生营养改善计划。截至2017年底，营养改善计划共覆盖义务教育学校66所，受益学生7776人，国家奖补资金233万元。（张　黎）

【中考加试理化实验操作考试工作】 2017年5月，阳泉市教育局根据山西省教育厅《关于进一步做好中考加试理化生实验操作考试和信息技术有关工作的通知》文件精神，在全市范围内组织初中毕业升学考试加试理化实验操作考试。考试内容为物理、化学各12道实验题目，考生任意抽取物理、化学其中一道，作为考题。全市理化实验操作考试，共设考点52个，考试场次298场，应参加考生13083人，实际参加考生12917人，缺考166人，免考9人。全市优秀率83.4%，及格率93.6%。（孙秉达）

教育信息化

【信息技术考试】 2017年6月3日至4日，阳泉市举行初中信息技术考试，全市74所初中学校共设72个考点。考生报名总数13083名，实考12908名，缺考175名。全市均分9分，满分10分5933人，占比46%，没有0分。6月14日至16日，阳泉市举行普通高中信息技术学业水平考试，全市16所普通高中学校在16个考点进行121场考试，考生报名总数为8753人，实考8734人，缺考19人，作弊2人。及格人数8322人，不及格数412人。9月20日进行补考，考试总体达标率99.7%。（武璐璐）

【“一师一优课　一课一名师”活动】 2017年6月，阳泉市教育局组织全市中小学教师开展部省市2016—2017年度“一师一优课　一课一名师”活动。全市报名教师6658人，晒课教师6016人，晒课6477节，有课堂实录2384节。经评选，评出县级优课506节，市级优课279节，其中获省级“优课”93节课、部级“优课”18节课。评出市级最佳组织奖2个、优秀工作者5个。（王建军）

【基础教育教学信息化交流展示活动】 2017年，阳泉市教育局组织全市教师在山西省基础教育网活动平台上参加山西省第19届基础教育信息化交流展示活动，共上传作品511件，推荐作品113件。经省专家评审，获一等奖8件、二等奖22件、三等奖30件。市电教馆获优秀组织奖。26件作品被推荐参加全国教育教学信息化大赛。（代小霞　李艳萍）

【中小学电脑制作活动】 2017年，阳泉市中小学电脑制作活动征集作品404件，经学校、县区和市级层层评审，共选出市级一等奖22名、二等奖72名、三等奖122名、优秀奖121名、优秀辅导教师13名、优秀工作者3名、优秀组织奖3名。推荐112件作品参加“山西省第17届中小学电脑制作活动”，获一等奖14名、二等奖17名、三等奖34名；竞技类获二等奖3个、三等奖3个、优秀奖8个、优秀教师奖9名；其中矿区红岭湾小学和赛鱼小学被评为评审类“团体奖”。在“全国第18届中小学电脑制作活动”中，获国家级一等奖1名、二等奖1名、三等奖2名。（武璐璐）

【《综合实践活动信息技术(初中第一册)》新教材教法培训】 2017年9月1日,《综合实践活动信息技术(初中第一册)》新教材在初一年级投入使用。根据山西省电教馆要求,阳泉市电教馆于10月底完成对全市初中学校信息技术教师教材教法二级培训,参训教师97名。 (武璐璐)

【机器人教育培训】 2017年12月5日至7日,阳泉市电教馆联合河北儒布特教育集团在市矿区洪城河小学举行"机器人教育"培训活动,来自全市有条件开展机器人课程学校52名小学教师参加培训。活动特邀河北儒布特教育集团培训部教师耿伟肖、曹化楠和中国农大(北京)科普基地机器人项目导师、教授王学刚授课,培训部两位教师以"小盖茨机器人"为例,从零配件组装,到程序编写、自主搭建等进行详细讲解、演示,让每位参训学员通过系统学习和动手实践,初步认识机器人各个零配件及功能,利用电脑进行编程实现自身想法。王学刚以"机器人教育现状及发展需求"为题,从日常生活家用机器人为切入点,采取互动、一问一答形式,激发教师对机器人求知欲望。培训使参训教师初步掌握了机器人课程体系,填补阳泉市机器人教育工作空白。 (王志强)

教育科研

【概况】 2017年,阳泉市教研室推进课程改革和课堂教学改革,围绕教育优质均衡,内涵发展,促进全市教育教学质量提升。抓好高中教学,促进质量提升,制订《2018年普通高中学校目标考核方案》。落实教育部颁布的《高中各学科课程标准》加强对学生学科核心素养培养,高中语文、数学、英语、物理等学科组织开展全市学科核心素养教学研讨会,研讨高中新课标。围绕优质均衡,促进义教发展。开展以中考复习策略研究为主题的备考研讨会,以加强初中教学管理和评价为主题的八年级教学质量监测,以推进县域联合教研开展为主题的开发区和矿区联合教研,以加强学校教育教学精细化管理为主题的初中学科中心组活动,以及教育部有关"三科"教材培训等工作。12月8日,举办课程改革与中考改革研讨会,邀请山西省中考研究团队专家进行教学讲座,中考七个学科1000名教师参加会议。开展送教下乡,提升教师素质。开展赴平定县、郊区、盂县"送培下乡"活动,涉及小学、初中、高中政治、美术、音乐、信息技术等学科,名教师作550余节示范课,550余个专题讲座,共8300余名教师参加活动。为提升教师信息技术应用能力,作为"国培计划"信息技术能力提升项目的市级延伸,10月,组织全市的高中教师开展信息技术能力提升培训,全市高中语文、数学、英语、政治、历史、地理等学科1500余名教师参加培训。年内,阳泉市教研室被山西省总工会授予山西省教科文卫体系统"工人先锋号"称号。 (张美玲)

【全国智慧教育微课联盟第二届优秀微课评选】 2017年,阳泉市教育局组织参加由智慧教育微课联盟、教育部数字化学习支撑技术工程研究中心、东北师范大学理想信息技术研究院联合开展的全国第二届智慧教育微课联盟优秀微课评选活动,共有143名教师上传微课。经评选,市第一中学教师张亚静和市第十一中学教师戴文婷获全国三等奖。(王建军)

【基础教育"三优工程"评选活动】 2017年,阳泉市教育局组织全市第六届基础教育"三优工程"(优质课、优秀教员活动案例、优秀评价方案)评选活动,经县区推荐,市级组织评委网络评选,评出市级优质课183节,其中一等奖77节、二等奖56节、三等奖50节;市级优秀教研活动案例130篇,其中一等奖36篇、二等奖53篇、三等奖41篇;市级优秀评价方案119篇,其中一等奖37篇、二等奖48篇、三等奖34篇。经市教研室评选推送,获评省级"三优工程"优质课77节。其中,优秀教研教学案例36篇,优秀评价活动方案39个;一等奖21节,二等奖56节;优秀评价方案一等奖13个,二等奖26个;优秀教研活动案例一等奖16个,二等奖20个。 (张美玲 李艳萍)

【2项课题被立为国家级课题】 2017年,阳泉市教研室"基于学生社团活动的校本课程实践研究"被立为中国教育学会"十三五"教育科研规划课题,"中小学生社团活动校本课程开发与实践研究"被立为全国教育科学规划单位资助2017年教育部规划课题。 (张美玲 李艳萍)

【8项课题被立为省规划课题】 2017年10月19日,根据省教育科学规划领导小组办公室"关于做好山西省教育科学"十三五"规划2017年度课题组织申报工作的通知",经市教育科学规划办组织申报、省规划办批准,市教学研究室的"基于学生发展核心素养的初中语文教学策略研究"、市第一中学校的"普通高中走班制下物理分层教学研究"、市第二中学校的"高中阶段家长学校校本课程开发的实践研究"、市第十五中学校的"基于微信QQ群的中学班级管理策略研究"、市平定县第一中学校的"关于导学案在高中数学教学中的设计与运用研究""信息技术在高中数学教学中应用研究"、阳泉师范高等专科学校的"基于项目学习的小学数学综合实践活动课的研究"、市卫生学校的"中职卫校学生专业学习障碍的成因分析及对策研究"被立为省教育科学"十三五"规划2017年度课题。 (李艳萍)

2017年12月,盂县第三实验小学开展教师小课题实践活动 (李艳萍供图)

【10项"十二五"省级规划课题结题鉴定】 2017年9月28日,市教学研究室的"构建区域联合体,深化'学案导学,自主合作'数学课堂教学模式的研究"、市卫生学校的"中等卫生职业学校'工学结合'人才培养模式的创新研究"、市第一中学校的"'三维目标'相统一的高中数学教学过程优化研究"、市第二中学校的"经典名著阅读人文素养提高研究"、市第十一中学校的"自主学习中有效设问的实践研究"和"关于高中学生英语阅读理解学校策略的研究"、盂县第一中学的"学生常见心理问题及干预策略研究"和"班级管理中开展心理辅导的途径和策略研究"、城区教育局教研室的"初中思想品德课程实效性策略研究"、市第六中学校的"小课题研究引领青年教师专业发展的实践研究"等10项省级课题,经省教育科学规划领导小组办公室专家组鉴定,准予结题。其中"中等卫生职业学校'工学结合'人才培养模式的创新研究"被评为优秀,"自主学习中有效设问的实践研究""构建区域联合体,深化'学案导学,自主合作'数学课堂教学模式的研究""'三维目标'相统一的高中数学教学过程优化研究""小课题研究引领青年教师专业发展的实践研究""学生常见心理问题及干预策略研究""班级管理中开展心理辅导的途径和策略研究"等6项被评为良好,"初中思想品德课程实效性策略研究""关于高中学生英语阅读理解学校策略的研究""经典名著阅读人文素养提高研究"等3项被评为合格。此次参与鉴定课题共179项,其中优秀22项、良好95项、合格62项。 (杨 乐)

【阳泉市教师小课题带动教师专业发展工程】 2017年,阳泉市教师小课题带动教师专业发展工程由实验阶段进入成果交流推广阶段。

2月27日,组织阳泉市幼儿教师小课题研究成果上站幼儿园分享活动。各幼儿园教师分享与交流心得体会,并印发《阳泉市幼儿教师小课题研究成果分享活动资料汇编》,收录5所实验幼儿园教师小课题研究阶段成果23项共4.5万余字。

3月10日、17日和24日,组织第二批小课题研究实验学校、平定县有关学校100余人现场观摩平定县实验小学、平潭街小学、平定县第三实验小学教师20节小课题研究成果展示实践课,举行研讨交流活动。

4月26日,召开阳泉市教师小课题研讨观摩开发区实验小学现场会。其间,观摩开发区实验小学小课题研究的语文教研活动、3节实践课、微视频、社团活动以及研究资料现场展示,开发区实验小学和平定县实验小学两校校长分别进行经验介绍。会议印发《阳泉市教师小课题研讨观摩开发区实验小学现场会资料汇编》,收录8所实验校教师小课题研究阶段成果51项共8.3万余字。各县(区)教育局副局长、教研室主任、教研员代表,市级小课题研究实验校、基地校校长、副校长、教务主任和教师代表及其他有关学校代表150余人参加会议。山西省教科院党总支书记、省教育科学规划办副主任、研究员卢红,省教育科学规划办吴丽到会作专业点评和工作指导。

4月28日,成立"阳泉市教师小课题研究业务培训中心组",市教科所所长任瑞庆为组长。

5月18日,组织阳泉市教师小课题研究桃南路小学成果展示活动。观摩2节小课题研究实践课以及足球大课间展示活动,听取桃南路小学小课题研究经验介绍以及3位基地校教师小课题研究心得体会交流,来自市级基地校以及矿区17所小学60余名领导和教师参加会议。

6月至7月,2016至2017年度4所教师小课题研究实验学校和首批9所教师小课题研究成果交流推广基地学校完成校级成果鉴定与结题验收工作并报市教育科学规划办备案。全市立项备案199个小课题,其中评为优秀87个,合格104个,不合格4个,自流4个,合格率占96%,其中优秀占44%,参与教师524人。经市级复评验收,最终参评87个优秀小课题有64个晋升市级课题,晋升率74%。

9月14日,在2017年度全市教科研工作会议上,授予盂县第三实验小学、盂县苌池中学和阳泉市滨河幼儿园"阳泉市教育科研示范学校"奖牌,对盂县第三实验小学等学校31名讲授公开观摩课教师、24名小课题研究成果交流推广实践活动成果展示获奖教师和73名优秀论文（案例、体会）获奖教师予以通报，并颁发证书。在学校自愿申请、市教育科学规划办考察基础上，决定批准市第十中学等5所学校(幼儿园)为“阳泉市第二批教师小课题研究成果交流推广基地学校”。25日至26日，分别在阳泉市滨河幼儿园和郊区实验小学进行阳泉市教师小课题2017年度开题仪式。

自2013年阳泉市启动实施教师小课题带动教师专业发展工程，至2017年底，共有平定实验小学、市第六中学等12所学校为教师小课题研究实验校，平定县为实验基地；阳泉市郊区荫营二中、平定县第三实验小等14所阳泉市教师小课题研究成果交流推广基地学校。（李艳萍）

【市级规划课题立项】 2017年3月1日，阳泉市教育局下发《关于做好阳泉市教育科学“十三五”规划2017年度课题组织申报工作的通知》，全市共申报90项课题。7月，经市教育科学规划领导小组办公室组织学科专家组评审，“高中学生学习动机的培养研究”等55项课题被列为阳泉市教育科学“十三五”规划2017年度课题。（李艳萍）

【市级重点课题结题鉴定】 2017年7月，阳泉市教育科学规划领导小组办公室组织学科专家评审，依据《阳泉市教育科学规划课题成果鉴定等级评估参照指标》及相关材料，对阳泉市教育科学“十二五”规划2015年度立项30项重点课题进行评审，经评审，共有21项课题被鉴定为C级以上(A级1项、B级6项、C级14项)，准予结题，发给“阳泉市教育科学规划课题结题证书”；39项被鉴定为D级，不予结题。此次市级规划课题结题，增加现场陈述与答辩环节。（李艳萍）

【教育科研业务专题培训】 2017年3月31日，阳泉市教育局组织专业人员在阳泉市第六中学组织对市“十三五”规划课题的240余名承担教师进行课题研究专题业务培训，并在培训结束后进行书面考核，成绩合格者颁发《阳泉市教育科学规划课题研究应用能力考核合格证书》，具备申报课题资格。

教育科研业务专题培训是继2013年、2015年、2016年对全市专兼职教育科研员、承担市级规划课题教师培训之后第四期专题培训活动。培训内容包括什么是课题、什么是教育科研课题、如何确定研究课题、开展课题研究基本方式、阳泉市教育科学规划课题操作规程、教育科研成果表述、阳泉教育科学规划课题规定、要求以及课题研究遵守规范等。（李艳萍）

【《阳泉教育》第五期出版】 2017年，经阳泉市教育局同意，阳泉市文化局审批，增加出版《阳泉教育》第五期，主题为“平定县中小学教师队伍北京师范大学高级研修活动专辑”，其内容分领导篇、校长篇、班主任篇、骨干教师篇，介绍参训学员“京师问道”归来所学、所思、所悟，共计60篇8.2万余字。

“京师问道”是平定县深化教育改革、提升教师素质、促进全县城乡教育一体化发展和全县经济社会发展的中小学教师“千人培训计划”重要举措。平定县委、县政府计划从2017年开始用3年时间在教育部直属6所高等师范院校对1000名教师进行培训。

7月26日至8月1日，17名教研人员赴东北师范大学参加培训学习。8月3日至9日，100名骨干教师到北京师范大学参加培训学习，8月9日至15日，100名优秀班主任，9月28日至10月4日，100名校长到北京师范大学参加培训学习。（李艳萍）

教育督导

【“全面改薄”自查】 2017年，阳泉市全面完成义务教育薄弱学校基本办学条件全面自查和网络测评。根据国务院教育督导委员会办公室《关于开展2017年全面改善贫困地区薄弱学校基本办学条件工作专项督导的通知》精神，阳泉市按照时间节点进度和程序要求完成任务，自查学校393所，参与率100%，网络测评参与率大于1%，全市5个县区20条底线合格率均为100%。（李艳萍）

【义务教育均衡发展成果巩固】 2017年，阳泉市教育督导委员会办公室指导各县区做好城乡义务教育学校教育资源优化配置工作，重视教育统计年报在教育宏观决策中依据和指导，通过优化资源配置，达到均衡配置要求。阳泉市所属县区义务教育阶段平均差异系数小学由0.492降低到0.468，初中由0.369降低到0.332，城乡教育资源配置得到优化，义务教育均衡发展水平有所提升。（张克栋）

【优质均衡试点工作】 2017年，阳泉市指导盂县做好省级义务教育优质均衡试点工作。根据《国务院关于统筹推进县域内城乡义务教育一体化改革发展的若干意见》，阳泉市县域优质均衡试点按照要求，落实具体措施，探索出盂县模式、盂县经验，根据盂县义务教育阶段学校“小而散”特点，指导盂县走集团化办学模式，发挥资源配置中共享效益，盂县小学和初中基本均衡系数分别是0.443和0.291，优质均衡系数分别是0.455和0.305，基本达成试点目标。（张克栋 李艳萍）

【闲置教育资源利用情况排查】 2017年，阳泉市督导办与市基教科对农村中小学校撤并后闲置教育资源利用情况进行摸底,全市因撤并产生闲置校园面积27381平方米、校舍面积7882平方米,其中涉及教学点6个,闲置校园面积6815平方米,校舍面积2294平方米;小学5所,闲置校园面积20566平方米,校舍面积5588平方米。11所学校含教学点有通用教学设备4318套(台),现代教育技术设备218套(台),图书室(书刊)7583套(台、册),办公及生活设备392套(台)。（张克栋）

【乡村教师支持计划全面自查】2017年,阳泉市督导办对乡村教师支持计划落实情况进行自查,加强乡村教师队伍建设,出台《阳泉市人民政府办公厅关于印发阳泉市乡村教师支持计划的实施方案的通知》。农业县区相继出台乡村教师支持计划实施细则和办法,以长效机制为重点,建立保障有力的教师队伍建设举措,乡村教师待遇优厚、下得去、留得住、教得好局面初步形成。（李艳萍）

【幼儿园规范办园行为专项督导】2017年12月,阳泉市根据国家和省教育督导委员会办公室安排,对全市北京红黄蓝幼儿园和上海携程亲子园连锁园及无证园进行排查,未发现其连锁园,排查出无证园48所,其中待办证7所、限期整改9所、待取缔32所。（张克栋）

科　技

综合工作

【概况】2017年,阳泉市科技局以建成国家级创新型城市为目标,实施创新驱动发展战略,全市科技创新工作取得进步和提高。在先进装备制造及新材料、节能环保、现代农业和社会民生等领域投入科学技术研究与开发专项资金1550万元,占本级一般公共预算支出的0.46%。全年布局实施两批市级指导性计划260项,其中,阳煤集团99项、工业类57项、农业类64项、社发类40项,组织申报省级重大专项建议12项、省级能源革命重大专项2项、省级新材料重大专项1项,带动社会科技投入14.5亿元。市本级支持科技项目21项,其中工业领域8项,农业领域11项,社会发展领域2项。组织申报科技部和省科技厅各类项目,共争取省级以上科技计划项目10项,扶持资金239万元。评审2016年度阳泉市科技进步奖授奖项目37项。按行业分:工业类成果19项,农业类成果4项,医疗卫生类11项,软科学类3项;按项目类别分:应用研究类29项,成果推广及产业化类5项;软科学类3项。

阳泉市推荐的“阳泉矿区煤与瓦斯突出综合防治技术研究”“采动作用下低透气性本煤层瓦斯超前卸压机理及抽采技术研究”获2016年度山西省科技进步类二等奖,“采煤机自动化及配套三机集控系统应用研究”“阳泉矿区高产高效矿井煤与瓦斯突出动态预测技术及系统研究”获2016年度山西省科技进步类三等奖。

年内,市科技局获人社部、科技部表彰2013—2017年度“全国科技管理系统先进集体”称号。（李丽萍）

【科技体制改革】2017年,阳泉市科技局开展科技管理体制改革。按照“放管服”要求,制订实施《阳泉市科技计划战略咨询与综合评审委员会组建方案》和《阳泉市专业机构遴选原则及标准》,组建战略咨询与综合评审委员会及7个行业领域专家组,确定第三方项目管理专业机构,推动科技项目管理科学、公开、公正。召开首次科技计划管理联席会议,确定市科技情报研究所和市应用技术研究所为科技计划项目管理专业机构。落实国家、省关于知识价值导向分配政策相关要求,出台《阳泉市科技经费和科技活动经费管理办法(试行)》等系列具体政策措施,激发科研单位和人员的创新积极性。（李丽萍）

【“双创”工作】2017年,阳泉市科技局、阳泉市财政局联合出台《扶持众创空间发展专项资金管理办法(暂行)》,新建成2家国家备案众创空间、4家省级科技企业孵化器、4家省级众创空间。截至2017年底,全市共有国家级科技企业孵化器1家,国家级备案众创空间2家,省级科技企业孵化器6家(位居全省第二),省级众创空间11家(位居全省第四),市级众创空间19家,国家级备案“星创天地”2家,孵化器及众创空间服务面积超过13万平方米,管理运营人数近240人,提供2300余个创业工位,入驻创业团队近400家,引导创业人数超3600人。推动大唐电信“369云工厂”项目落户城区,覆盖全市的科技孵化网络体系初步形成,创业创新平台建设初具规模。（李丽萍）

【科技型企业】2017年,阳泉市国家级高新技术企业达42家,超出目标任务6家,其中新认定18家,分别是阳泉市新科联合电子科技有限公司、山西贝瑞特新能源科技有限公司、山西冠霖农业科技有限公司、山西极米软件开发有限公司、阳泉市石泉节能技术有限公司、阳泉天隆工程材料有限公司、阳泉市晋扬环保科技有限公司、山西贵友自动化设备有限公司、阳泉市联宇星信息技术有限公司、阳泉市中嘉磨科磨具有限公司、山西建工申华暖通设备有限公司、盂县晶辉机械制造有限公司、阳泉八方电气有限公司、阳泉华盛矿用设备厂有限公司、山西太钢鑫磊资源有限公司、山西元昌伟业科技有限公司、阳泉市诺立装饰家居有限公司、平定金泰家电制造有限公司。省级民营科技企业达86家，其中新认定11家，分别是山西悦琴网络科技有限公司、阳泉市好益农农业科技有限公司、山西平定亮晶晶砂锅有限公司、山西鑫杰陶艺有限公司、山西红金云网络科技有限公司、山西九州香农业开发有限公司、阳泉市泰耀工贸有限公司、阳泉市璞鑫耐火材料厂、盂县启耀中药材种植专业合作社、阳泉昌泰智胜科技有限公司、阳泉融昇园农业技术开发有限公司。专利试点企业达57家，其中新认定9家，分别是阳泉华盛矿用设备厂有限公司、阳泉新科联合电子科技有限公司、山西绿德农业科技有限公司、阳泉天隆工程材料有限公司、山西元昌伟业科技有限公司、晋扬环保科技有限公司、阳泉市联宇星信息技术有限公司、阳泉福康薯业有限公司、山西悦琴网络科技有限公司。（李丽萍）

【新兴产业培育】 2017年，阳泉市科技局贯彻落实《国务院关于支持山西省进一步深化改革促进资源型经济转型发展的意见》“支持山西（阳泉）智能物联网应用基地试点建设”精神，围绕大数据产业技术发展需求，一方面积极与掌握人才的高校取得联系，一方面与掌握项目的企业开展对接。组团赴贵阳市参观学习大数据产业发展情况及参加全国第三届大数据产业博览会；牵头起草“阳泉市政府、百度公司、山西大学大数据产业技术战略合作协议”并成功签约；以打造“中国云谷·阳泉”为目标，召开以“数聚阳泉·物联天下”为主题的山西阳泉大数据及智能物联网产业发展大会，促成市政府与中国信息通信研究院签订《关于促进阳泉市大数据及智能物联网发展的合作框架协议》，阳泉经济技术开发区与山西大学大数据学院签署《大数据及智能物联网产业技术产学研合作协议》，挂牌成立百度（阳泉）创新中心、山西大学大数据阳泉实训基地、山西慧泉大数据产业发展有限公司。（李丽萍）

【资金支持】 2017年，阳泉市科技局对阳泉市一批持续创新性高新技术企业，重点行业创新平台，优秀科技企业孵化器、众创空间，重点研发项目进行奖励和补助，共下达资金684万元。其中对阳泉经济技术开发区引进的百度（阳泉）创新中心建设项目给予100万元的补助，对国家级、省级孵化器分别给予80万元、25万元奖励，对新认定的9家高新技术企业每家给予15万元奖励，对6家省级众创空间、6家市级众创空间分别给予10万元、5万元奖励，对5家市级创新平台每家给予5万元奖励，对16家民营科技企业每家给予1万元奖励，设立30万元科技创新券补助；对“煤层气催化裂解零排放制备纳米洋葱碳材料及其推广应用”等8个重大科技专项与重点研发项目每家给予15万元补助，对“规模化肉牛养殖”等11个科技兴农与脱贫攻坚项目每家给予5万元补助，对中药材桔梗种植基地建设、阳泉市国家创新型城市建设方案研究两个社会发展项目分别给予5万元、3万元补助。（李丽萍）

【技术市场管理】 2017年，阳泉市技术合同成交总量继续实现稳步增长。全年共签订技术合同154项，成交总金额2.5亿元，其中技术交易金额2.4亿元。（李丽萍）

【农村科技特派员】 2017年，阳泉市科技局围绕“三农”发展，针对偏远贫困地区缺乏农技科技人员现状，启动实施农村科技特派员工程。印发《阳泉市农村科技特派员工程实施办法》《阳泉市科学技术局关于开展阳泉市农村科技特派员选派工作的通知》明确岗位补贴，为科技特派员深入基层一线从事农村技术承包、农村科技创新创业、科技精准扶贫等科技服务活动提供保障。召开农村科技特派员工作推进会，采取自愿申报、部门推荐的方式，坚持立足精准扶贫、特色农业、科技创新原则，优先推荐为贫困地区服务、为基层一线服务、有科技服务意向的农村科技特派员。召开阳泉市农村科技特派员启动暨业务培训会，27名农村科技特派员和3家法人单位农村科技特派员正式任命，举行特派员与服务单位签约活动。会上，邀请省农科院研究员罗建军对农村科技特派员进行岗前培训。（李丽萍）

2017年6月7日，阳泉市农村科技特派员工作会召开　（李丽萍供图）

【科技与金融结合】 2017年，阳泉市科技局推动山西云泉岩土科技股份有限公司在“新三板”挂牌上市，成为山西省岩土地质工程行业首家“新三板”挂牌企业。该公司挂牌后，企业运行更加透明规范，参与市场竞争优势明显。帮扶和跟踪辅导山西中兴环能科技股份有限公司，该公司生产洋葱纳米碳材料进入公斤级量产阶段，并改股完成进入内审阶段。（李丽萍）

【科普工作】 2017年，阳泉市科技局开展形式多样的科普活动。开展以“科技强国 创新圆梦”为主题的第17届科技活动周和以“创新创造改变生活 知识产权竞争未来”的知识产权宣传周科普活动。继续编办《科技情况与动态》双月刊，全年发行6期1600余份。编辑《阳泉科技信息》141期，为相关部门了解科技工作提供信息。在《阳泉日报》组织编辑“科技专刊”24期。新开辟阳泉科技频道《科技新视界》栏目，全年共播放32期。及时更新阳泉科技网信息，并通过网站开展网上项目申报、科技信息宣传等多种信息服务。开展多渠道、不同形式的科技宣传，展示科技发展成果，增强公众科技意识，在全社会营造学科学、爱科学、用科学浓厚氛围。（李丽萍）

知识产权

【概况】 2017年，阳泉市发明专利申请量439件，每10万人发明专利申请量31.4件。全年授权专利360件，其中发明18件、实用新型298件、外观设计44件；有效发明专利176件。下达2016年授权（或公开）专利资助资金达85万元，其中资助授权（或公开）专利490件，资助金额63.72万元；对58件有效发明专利的年费进行资助，资助资金6.28万元；奖励专利成绩突出优秀企业11家，资助资金15万元。（曹　荣）

【专利管理】 2017年，阳泉市科技局加大专利管理力度。引进知识产权服务机构，提高管理水平。

阳泉市首家专利代理机构“北京志霖恒远知识产权代理事务所太原分所阳泉工作站”落户高新技术创业园和科技大厦，为专利工作开通“一站式”绿色服务通道。

深入阳煤集团、阳光发电有限责任公司等国有大中型企业和科研院所开展专利工作。与阳煤集团人力资源部和技术中心探索共建“技能大师创新工作室”，系山西省首家开展地方与省属大型企业合作建立的创新工作室。（曹　荣）

【专利宣传活动】 2017年，阳泉市科技局开展一系列专利宣传活动。在“4·26”知识产权宣传周和“科技宣传周”期间，利用电视、广播、报纸以及网络等媒体开展知识产权集中宣传或专题宣传等活动。邀请国家知识产权局专利局太原代办处主任王勇到精准实务培训班授课，阳泉市高新技术企业、专利工作试点企业等科技型企业负责人、技术骨干及部分发明人和各县（区）科技局管理人员等60余人参加培训。对阳泉市包括高新技术企业在内的科技型企业开展专利质量摸底调查工作，到各县区工矿企业生产一线开展专利工作调研进行专利服务，挖掘指导专利申请150余件，其中发明专利申请100余件。其间，开展企业专利清零行动，5家企业实现专利申请清零工作。（曹　荣）

【专利转化运用】 2017年，阳泉市科技局对全市54家科技型企业开展专利转化摸底调研工作。截至2017年底，54家科技型企业共授权专利558件，授权发明专利128件，占授权总量的22.94%。专利转化率为38.67%（转化数比申请数），有效发明专利转化率81.71%。（曹　荣）

【专利行政执法】 2017年，阳泉市科技局完善执法人员和抽查对象名录库，确定9名执法人员和29家抽查对象，明确1项市场监管执法事项。全年共受理专利侵权举报2起，查处假冒专利案件7起，立案9起，结案9起，向专项行动领导组报送执法报表10份、执法信息10篇。（曹　荣）

青少年科技活动

【第32届青少年科技创新大赛】 2017年2月，阳泉市第32届青少年科技创新大赛共收到参赛项目和作品4353项。经评审，共评出科技创新成果竞赛一等奖19项、二等奖21项、三等奖33项；科技创意竞赛一等奖12项、二等奖23项、三等奖39项；科幻绘画比赛一等奖35幅、二等奖50幅、三等奖135幅；科技实践活动比赛一等奖1项、二等奖2项、三等奖6项；科学影像活动比赛一等奖2项、二等奖2项、三等奖5项；机器人竞赛二等奖3项、三等奖6项；科技辅导员科技创新成果竞赛一等奖5项、二等奖7项、三等奖18项；优秀科技教师48名；优秀组织奖23名。赛后，选送143件作品参加山西省第32届青少年科技创新大赛。市第一中学张馨予《阳泉市华盛桥改扩建工程绩效研究》等2件作品获省优秀科技创新成果竞赛一等奖；郊区育英小学任可凡《智能庄稼好帮手》等6幅绘画获省优秀科幻绘画一等奖；矿区红岭湾小学武思锐《夏虹》等11件作品获省科技创意竞赛一等奖；矿区小南坑小学科技小组《“煤矸相配变废为宝”科技实践活动》获省优秀科技实践活动一等奖；郊区河底联校山底小学李静《“宇宙探测器用途”的研究》等5项作品获省科技辅导员创新成果竞赛一等奖；郊区义井小学石子博、王征征、余佳丽《弹射飞机新动力》等2件作品获省科学影像节活动一等奖；还获省级二等奖55项、省级三等奖 97 项。8 月在全国青少年科技创新大赛中，郊区桃苑学校赵薇《采煤 1 号》获科幻画二等奖；市第一中学张馨予《阳泉市华盛桥改扩建工程绩效研究》获青少年科技创新成果竞赛三等奖；阳泉师范高等专科学校附校郭涛《海上求助飞船》、郊区育英小学任可凡《智能好庄稼》获科幻画三等奖；矿区小南坑小学《煤矸相配，变废为宝》获科技实践活动三等奖；矿区小南坑小学苏倩玉《空气清闲器》、王嘉《自动读谱翻页电子书》获优秀创意奖。市科协被中国科协、教育部等九部委评为全国基层赛事优秀组织单位。（宋崇军）

【青少年科学影像节活动】 2017 年，阳泉市 33 名学生参加省级青少年科学影像节活动，郊区义井小学石子博、王征征、余佳丽《弹射飞机新动力》，李亚男、吴晓雅、裴增光《新型跳绳》获省级科学影像活动一等奖，获省级二等奖 2 项、三等奖 5 项。

10 月，在全国第 8 届青少年科学影像节大赛中，矿区红岭湾小学赵冠凯、陈雨琦、孙彦《我校操场融冰的思考》，矿区刘家垴小学毛子滢《闪电的形成》，李宇翱《苹果皮的妙用》，马浩楠《烛光里的秘密》获三等奖。（宋崇军）

【第 17 届青少年机器人竞赛】 2017 年 4 月 21 日至 23 日，来自矿区赛鱼小学、郊区青少年活动中心、市第四中学、市第十七中学 21 名选手代表阳泉市参加山西省第 17 届青少年机器人竞赛，获省二等奖 3 项、省三等奖 6 项。（宋崇军）

【第 13 届宋庆龄少年儿童发明奖活动】 2017 年，在省妇儿工委与省科协联合举办的山西省第 13 届宋庆龄少年儿童发明奖评选活动中，阳泉市科协推荐 83 件作品参加活动，共获省级一等奖 14 项、二等奖 38 项、三等奖 24 项，市科协获省级优秀组织奖。（宋崇军）

【青少年高校科学营活动】 2017 年 7 月，阳泉市 19 名学生参加全国青少年高校科学营大连海事大学分营和西北工业大学分营活动。10 日，11 名师生到达大连。11 日，参加主题为“重现航海王者的荣耀”的开营仪式，聆听朱金善教授的科普讲座。在随后的 6 天时间里，全程参加云桥决断术、天工开物术等 9 项活动，并进行王者之巅决战；参观世界先进的专用远洋教学实习船——“育鲲”轮和大连现代博物馆；游览大连风景名胜——棒棰岛；参加营员联欢会。15 日，10 名师生抵达西安。随后 5 天时间，听取水下航行器研究所副所长、教育部“长江学者和创新团队发展计划”创新团队和国防科工委“国防科技创新团队”骨干成员潘光等 4 位专家关于航空、航海和航天的专题报告。学生们还“手绘三航”，制作滑翔机并参加比赛，参观西安市小雁塔景区和西安市博物馆，重点实验室及“各式各样的立方星”“从解放初到现在的各式各样的鱼雷”“各类型飞机”以和航空实验室的风洞。（宋崇军）

【青少年科学调查体验活动】 2017 年，阳泉市科协开展“我爱绿色生活”青少年科学调查体验活动。阳泉市科协组织 11 位科技教师参加省青少年活动中心主办的骨干教师培训班。随后，在市教育局、市科技局等部门配合下，动员学校利用课余时间、暑假期间组织学生开展活动。最终，15 所学校 1000 余名学生提交作品，其中有 8 件作品获全国奖，占全省获奖作品的 50%。（宋崇军）

地　震

【防震减灾宣传教育】 2017 年，阳泉市推进防震减灾宣传教育工作。

开展“5·12”“7·28”防震减灾宣传活动。通过“六进”（进机关、进学校、进企业、进社区、进农村、进家庭）和发放宣传资料、放映公益电影、组织文艺演出、微博、微信、LED 大屏幕等形式，开展宣传活动。8 月，市地震局在城市中心广场举行“纪念唐山地震 41 周年”防震减灾宣传。

在郊区荫营镇开展第六届“平安中国”防灾宣导系列公益活动暨防灾文化影视季启动仪式。通过宣传咨询台、设立宣传展板、悬挂横幅，发放预防地震科学常识资料 2000 余份、中小学防震减灾知识读本 1000 本、预防地震小常识扑克2500 副、宣传扇 700 把、宣传围裙200 个，播放公益电影 5 场。利用“平安中国”公众微信账号，动员广大群众参加“我和平安中国”有奖自拍摄影大赛和防灾文化作品征集活动，使民众可以足不出户获取自己感兴趣的防震减灾相关内容。

推进国家级防震减灾科普示范学校、地震安全示范社区创建工作。城区上站街道德胜街社区、晋东社区、小阳泉南社区、矿区平潭街街道大院社区、马家坪社区被中国地震局认定为国家地震安全示范社区；北大街小学、郊区育才小学被认定为国家防震减灾科普示范学校。（陈　琪）

【首个 I 类地震应急避难场所通过验收】 2017 年 11 月 24 日，阳泉市 I 类地震应急避难场所北山公园通过山西省地震局专家组验收。北山公园位于阳泉经济技术开发区境内，总占地面积 85.33 公顷，建设面积约 14.99 万平方米，可安置 6.22 万人。该避难场所按照 I 类地震应急避难场所——《地震应急避难场所场址及配套设施》（GB21734—2008）要求建设。（陈　琪）

【农业县区“一县一台”前兆手段全覆盖】 2017 年，阳泉市地震局按照山西省政府目标责任和地震监测手段入网管理规定，加强“一县一台”建设和管理工作。6月15日，省地震局专家组验收通过郊区小庄村大地电场项目，阳泉市地电场项目纳入山西省地震前兆数据库，实现所辖三个农业县区前兆手段全覆盖。（陈　琪）

【《国家地震烈度速报与预警工程》项目实施】 2017年，阳泉市地震局根据国家地震烈度速报与预警工程项目建设和《山西省地震局关于选取中小学校试点建设预警台站和预警信息服务系统的通知》要求，在各县区至少选择一所中学和一所小学为试点，最终选择上报6所小学、5所中学作为地震预警点，安装预警信息服务系统接收终端。（陈　琪）

阳泉市地震烈度速报与预警项目站点统计表

表46

名　称	地　点
基准站	盂县上社、西烟
	郊区三郊地震台
基本站	盂县地震局
	平定县二中
	郊区地震局、荫营二中
预警信息接收终端	盂县第二实验小学 盂县第二中学
	郊区荫营中学 郊区实验小学
	城区北大街小学 城区实验小学 阳泉市十九中学
	矿区小南坑小学 阳泉市十八中学
	平定第二实验小学 平定东关中学

【地震应急演练】 2017年，阳泉市开展多种层次、不同类型地震应急演练。5月10日，开展模拟以平定县发生5.5级地震灾害事件为背景市、县地震系统应急联动演练，市地震局各工作组、各县（区）地震局人员参加。7月11日，参加2017年全省地震系统（模拟晋中市平遥县发生6.8级地震、郊区发生5.5级地震）应急演练。8月24日，在城区开展由公安、民政、消防、卫生、地震等系统参与的防震减灾技能展演暨抗震救灾应急演练，达到检验预案、完善装备、锻炼队伍、磨合机制、理清职责和普及防震减灾应急知识的作用。（陈　琪）

2017年8月24日，防震减灾技能展演暨抗震救灾应急演练地震应急演练在城区开展（陈　琪供图）

【群测群防工作】 2017年，阳泉市地震局加强群测群防工作。加大“三网一员”（地震宏观测报网、地震灾情速报网、地震知识宣传网，防震减灾助理员）培训和检查力度，乡镇、社区助理员和灾情速报员培训400余人次；对“三网一员”和宏观观测点相关信息进行重新核实、登记、备案，9月底完成数据库更新工作，强化群测群防工作实效。（陈　琪）

【抗震设防工作】 2017年，阳泉市地震局推进抗震设防工作。宣传第五代地震动参数区划图，6月12日邀请省

2017年度阳泉市地震目录一览表

表47　　单位：时/分/秒、千米

序号	日　期	时　间	地点	纬度	经度	震级	震源深度
1	2017-1-26	5-24-38	阳泉	37.84	113.52	-0.6	11
2	2017-1-26	5-24-40	阳泉	37.83	113.52	0	6
3	2017-3-21	1-26-33	阳泉	37.83	113.52	-0.9	5
4	2017-5-16	13-12-33	盂县	38.16	113.49	0	14
5	2017-6-1	8-57-44	阳泉	37.84	113.58	2.4	10
6	2017-6-14	6-35-30	平定	37.88	113.91	-0.2	5
7	2017-9-22	5-50-55	阳泉	37.85	113.57	-0.7	13
8	2017-10-18	5-52-17	盂县	38.44	113.28	-1	5
9	2017-10-18	16-06-12	平定	37.83	113.94	0.8	16
10	2017-11-2	19-41-57	盂县	38.22	113.03	0.8	17
11	2017-11-20	10-02-23	阳泉	37.91	113.48	0.5	16
12	2017-12-20	22-39-49	平定	37.9	113.93	-0.4	1
13	2017-12-29	5-44-14	平定	37.68	113.68	-1	8

地震局震害防御处处长为全市地震系统培训区划图应用。加强抗震设防要求审批事中事后监管，根据“双随机一公开”（监管过程中随机抽取检查对象，随机选派执法检查人员，抽查情况及查处结果及时向社会公开）要求完成对阳泉仪表有限责任公司棚户区改造工程项目的事中事后监管。指导各县区开展中小学校抗震加固工作，提升中小学校舍安全。加强农民安居工程的抗震设防监管，6月23日至24日与市住建局联合开展督检，对平定县锁簧镇西锁簧村、冠山镇宋家庄村采煤沉陷区治理，郊区旧街乡新庄窝村易地扶贫搬迁，盂县路家村镇清城村采煤沉陷区治理安居工程进行抗震设防检查。推广减隔震技术应用，11月23日，开展盂县梁家寨乡灯花村异地扶贫项目考察，推广“轻钢龙骨体系”农村民居减隔震技术应用。（陈　琪）

气　象

【气象现代化建设】 2017年，阳泉市继续实施气象现代化各项工程。

智能网格预报业务　9月11日起，气象台使用MICAPS4—GFE熟悉网格订正操作，开展智能网格气象预报业务工作。12月1日起，实现全国3小时滚动制作、5000米高时空分辨率智能网格气象预报业务单轨运行。建立从分钟到10天无缝隙智能网格预报业务，强化短时临近预警和中期（4至10天）预报，实现站点预报向格点预报转变。

全市各类站点建设　全市各国家站完成天气现象仪安装，平定县、阳泉站安装硬件控制器，阳泉站安装三维闪电定位仪；完成全市6个骨干区域站、阳泉站自动土壤水分站安装。

无人值守站试点工作　根据《山西省国家级地面气象观测站无人值守试点工作实施方案》要求，盂县气象局被列为地面气象观测站无人值守试点站于11月1日正式运行。

气象监测预警系统建设　全市气象预警大喇叭行政村覆盖率超过50%，气象信息员预警接收终端（手机）实现全覆盖，乡镇气象显示屏覆盖率100%。阳泉所辖三个国家站建设新型自动气象站，区域站建设51套，并按要求开展装备保障人员技术培训，完成全市自动气象站巡检、维护、故障排除等工作。

气象现代化新媒体建设　依托CIMISS本地化数据库督促完成阳泉气象预警微信订阅号、阳泉气象服务微信公众号建设，微信集成气象地面监测、雷达卫星云图、预报预警、气象服务等科技成果，与市水务局和市水文局建立数据专线，整合市气象局54个、市水务局78个、市水文局92个自动雨量站点实时数据，建立格式统一后台数据库系统，开发统一信息共享平台，实现全市气象、水文、水务、雨情信息1张图显示。（王　琨）

【气象服务工作】 2017年，阳泉市气象局与太旧高速公路公司西南舁隧道管理站、石家庄铁路分局等大型国有企业签订气象服务合作协议，开展汛期针对性定制气象服务；将全市28座煤矿负责人（56人）纳入全市预警信息接收人员名单中，及时发布相关预警信息。截至2017年底，接收气象灾害预警信息以及重要气象信息人员3300余人，信息发送量378万余条；与市发改委研究提出适合阳泉市光伏电站的可行性专业气象服务方案。

气象信息员平台推广使用。7月至8月，市气象局通过培训信息员、电话通知、走访社区等方式开展钉钉软件推广使用活动；平定县气象局组织乡镇100余名气象信息员学习阿里钉钉软件安装与使用；盂县气象局每个乡镇确定1名副乡（镇）长和1名办公室人员为气象信息协理员，共同完成钉钉软件推广使用工作。截至2017年底，阿里钉钉手机端激活注册率分别为66.04%、55.46%、40.91%。

探索建设阳泉“智慧气象”。成立气象信息化团队，依托CIMISS系统，集合全市气象监测数据，建立气象服务一体化业务支撑平台。实现多部门、多种手段资源共享。（王　琨）

【防灾减灾工作】 2017年，阳泉市气象局加大防灾减灾工作力度。推进部门合作机制。市气象部门与环保、民政、水利、国土、农委、林业等部门签署合作协议开展合作，实现数据资源、人力资源、网络及技术资源、服务设施共享。市级突发事件预警信息发布系统投入业务运行，并实现与武警部队的系统对接。与市安监局、市地震局、市国土（资源）局等14家政府部门和单位建立气象预警发布工作机制，联合发布各类预警信息。拓展新媒体发布气象信息，建立阳泉气象预警、阳泉气象微信公众号、阳泉气象新浪微博、腾讯微博，使气象媒体大众化。（王　琨）

【气象科技管理】 2017年，阳泉市气象局加大科技管理力度，全年共发表论文6篇，其中论文《渭河流域土壤湿度异常特征与我国若干气候背景的联系》刊登在国内核心期刊《大气科学学报》上、2篇论文刊登在《农业开发与装备》上、1篇论文刊登在《现代农业科技》上、1篇论文刊登在《河北气象》上、1篇论文刊登在《农业与技术》上。1篇文章参加“中国气象科学研究院灾害天气国家重点实验室灾害性天气预报理论与方法研讨会”交流；3篇文章参加“第34届中国气象学会年会”交流；14篇文章参加“山西省气象学会2017年年会”交流。（王　琨）

2017年阳泉市主要气候资料统计简表

表 48

	阳泉							盂县							平定						
	降水（毫米）	距平（毫米）	距平百分率（%）	温度（℃）	距平（℃）	日照（小时）	距平（小时）	降水（毫米）	距平（毫米）	距平百分率（%）	温度（℃）	距平（℃）	日照（小时）	距平（小时）	降水（毫米）	距平（毫米）	距平百分率（%）	温度（℃）	距平（℃）	日照（小时）	距平（小时）
1	2.8	−1.3	−32	−2.5	0.7	178.9	−5.7	5.2	1.5	41	−3.1	2.5	178.3	−25.8	2.4	−1.2	−33	−2.2	1.9	167.3	−30.6
2	2.6	−3.9	−60	0.7	1.0	184.7	9.2	5.2	−0.7	−12	−0.5	3.3	198.0	8.0	3.6	−2.0	−36	1.0	2.1	185.7	−5.9
3	5.3	−8.1	−60	5.6	0.2	231.9	25.6	11.5	−1.7	−13	4.0	1.0	235.9	12.4	7.3	−4.7	−39	5.9	1.1	216.7	−6.4
4	13.5	−9.6	−42	14.0	0.7	232.4	−1.8	24.6	2.4	11	12.4	1.3	253.5	4.0	17.1	−4.8	−22	14.3	1.3	223.3	−28.8
5	41.8	−8.3	−17	20.9	1.9	309.8	61.3	28.8	−16.5	−36	19.6	2.6	338.0	64.8	52.2	6.4	14	21.1	2.4	309.9	32.4
6	72.9	3.5	5	21.2	−1.7	236.6	7.7	79.5	1.7	2	19.9	−1.0	257.6	7.4	71.9	6.1	9	21.5	−1.0	240.6	−10.6
7	167.9	44.8	36	24.6	0.3	207.2	10.7	83.1	−41.3	−33	23.6	1.1	219.3	−8.7	195.6	70.9	57	25.0	1.1	219.3	−6.7
8	84.7	−37.3	−31	22.5	−0.1	195.6	4.9	96.9	−28.9	−23	21.6	0.9	207.3	−15.2	101.9	−23.1	−18	22.8	0.7	198.5	−26.9
9	10.4	−52.9	−84	19.5	1.4	222.4	29.8	4.1	−62.8	−94	18.4	2.5	231.5	17.8	3.3	−60.4	−95	19.6	2.1	216.3	3.3
10	174.9	150.0	602	10.7	−1.5	130.1	−72.9	165.7	139.9	542	9.5	−0.3	123.3	−99.3	148.6	123.7	497	10.9	−0.7	127.5	−91.1
11	0.9	−12.1	−93	4.1	−0.7	226.3	37.3	2.0	−9.5	−83	2.8	0.3	232.3	25.2	4.1	−8.5	−67	4.2	0.2	212.1	8.5
12	1.0	−2.1	−68	−1.5	−0.4	202.2	20.7	1.0	−1.8	−64	−2.7	0.7	219.9	20.0	1.5	−1.5	−50	−1.4	0.5	193.0	−1.8
全年	578.7	62.7	12	11.7	0.1	2558.1	126.8	507.6	−17.7	−3	10.5	1.2	2694.9	10.6	609.5	100.9	20	11.9	1.0	2510.2	−164.6

综合工作

【概况】 2017年，阳泉市文化系统学习贯彻习近平新时代中国特色社会主义思想，开拓创新，扎实工作，推动文化改革发展迈上新台阶。

重大文化活动 市文化局组织纪念阳泉建市70周年系列文化活动，举办辉煌阳泉70年图片展、“杏花奖”晋剧折子戏晚会、公共文化大舞台等活动。举办首届山西艺术节阳泉文化艺术周，通过优秀文化成果展、优秀剧目展演、行进表演等10大项20小项活动，集中展示全市文化发展成果，被首届山西艺术节组委会授予优秀组织奖。围绕迎接和庆祝中共十九大，举办主题文艺演出、主题展览、大型诵读会等10余项活动，组织“欢乐度两节、喜迎十九大”群众性文化活动40余场。组织文艺工作者采风创作，完成慰问阳大铁路建设者文艺演出、慰问环卫职工歌舞晚会、送文化到军营等公益演出任务。完成广播剧《刻花流年》、专题片《一座战场上诞生的城市》、戏曲剧本《泥火情》、电影剧本《初心》等重点剧目(剧本)10余部，新创歌舞、小戏、小品等400余个。举办第四届“上海大连阳泉书画联展”，到山东滨州、江苏镇江举办版画联展和美术作品交流展。

公共文化服务 市文化局推动公益性文化活动开展，实施“免费送戏下乡”工程，完成送戏633场、完成率120%。举办元旦、春节、元宵节“三节”系列文化活动、“文化贺新岁、送福到万家”活动、“群星风采”广场文化活动等各类文化惠民活动2850余场，引进山西华晋歌舞团阳泉巡演12场，组织开展6大系列50余项全民阅读主题活动，完成农村、社区公益放映电影2万余场，完成中央无线数字化覆盖任务，做好农家书屋出版物补充更新。市图书馆拍摄制作的视频宣传片《书韵芳华》被推荐至中国图书馆学会，共享文丛“全民阅读速写”被新闻出版广电总局官方微博推送；市展览馆举办阵地展览44场、流动展览10场，建立6处馆外展览基地。市群艺馆设立6个长训班和8处培训基地，培训场景被中央电视台纪录频道(CCTV-9)纪录片《村晚》收录播出，承办曲艺大赛、广场舞展演赛等比赛，全省文化馆文化共享工程专题及数字文化服务推广培训在阳泉市举行；市美术院推进书画艺术进景区、进基层，策划推出加强政治文化建设主题书法展。完善公共文化服务体系，出台一系列具有顶层设计性质的规范性文件，组织开展基层综合性文化服务中心专项行动。推进优秀传统文化传承发展，利用文化课堂、桃河讲堂举办传统文化系列讲座，开展戏曲进校园、“非遗”文化进校园主题展示活动，推动桃河民俗文化园创建省级民俗文化大观园。

文化产业 市文化局加大文化产业政策支持力度，为刻花瓷文化园等企业争取中央财政专项资金等扶持资金，借助“央企入晋”合作平台，同中国工艺(集团)公司就加强文化产业项目合作达成共识，在“晋商晋才”回乡创业创新(北京)招商活动中，承办文化旅游融合发展分论坛。促进“文化+”新业态发展，突出抓好“送文化进景区”活动，组织公共文化单位和文艺院团送演艺、展览、“非遗”等进景区160余次。支持文化产品和要素市场建设，促进启点文化众创空间、搁料剧场等新平台、新业态的发展。加强文化创意产品开发，完成一批文创产品的创意设计并实现试验性开发，举办文创产品项目推荐会。

文化市场管理 市文化局加强文化市场和新闻出版广电行业监管，集中开展“零点行动”、暑期网吧整治、校园周边文化市场专项整治和“扫黄打非”等专项行动，检查各类经营场所4472家次，查缴盗版及非法出版物1000余册(盘)，查处案件10余件。强化社会监督和技术监控，受理举报处置率、文网卫士安装率达100%。推进“扫黄打非”进基

层，实现基层“扫黄打非”队伍全覆盖，市文化局被推荐为全国“扫黄打非”先进集体。规范广播影视管理，全力确保安全播出。全面深化文化市场综合执法改革，得到国务院深改督查组肯定。 （梁江伟）

【“深入生活 扎根人民”主题实践活动】 2017年，阳泉市文联开展“深入生活 扎根人民”主题实践活动。春节前夕，市文联组织书法、美术志愿服务分团80余位书画爱好者，先后到开发区惠泽园社区、城区煤气公司、市妇幼医院、市国土局等地义写春联，共书写春联6000余副、“福”字6000余个。3月17日，市文联组织市直各文艺家协会30余人，到盂县仙人乡垴上村开展采风活动。3月29日，市文联组织市作家协会、市书法家协会、市美术家协会、市摄影家协会等20余名文艺工作者到盂县苌池镇神泉村、大围村、藏山翠谷采风。6月27日，市文联组织全体党员干部，并邀请市第一人民医院7名医护人员，到盂县车箱村开展扶贫慰问活动。7月28日，市文联组织市作家协会、市书法家协会、市美术家协会、市诗词曲协会、市楹联协会等50余名文艺工作者，赴平定县西岭村参加以“和”为主题的文化节活动。9月7日，市文联组织市书法家协会、市美术家协会10余名文艺志愿者到盂县车箱村，开展“深入基层 扎根人民”文艺扶贫采风创作活动，为村民创作书法、美术作品30余件。 （赵海连）

【第五届文学艺术创作奖评奖活动】 2017年，阳泉市文联承办阳泉市第五届文学艺术创作奖评奖活动，文艺创作评奖涉及文学、戏剧(包括广播剧)、电视剧(包括电视艺术片)、电影(含微电影)、音乐、舞蹈、美术、摄影、书法、民间文艺创作等各个门类。(凡在2008年1月至2017年6月期间，在阳泉市工作的专业或业余作者创作的作品均可参评)经初评、复评，共评选出各类文艺作品213件，其中特别奖1件、金奖3件、银奖120件(成人71件、少儿49件)、铜奖89件(成人41件、少儿48件)。 （赵海连）

【建市70周年主题系列活动】 2017年5月4日下午，由阳泉市委办公厅、市政府办公厅、市委宣传部主办，市文联、市文化局、市美术院、市书法家协会、市美术家协会、阳泉展览馆承办的“辉煌阳泉70年书画展”开展，展览由“特邀作品”和“参展作品”两部分构成，“特邀作品”是省内书画名家的作品，“参展作品”是阳泉本地书画家的作品。由10位书画爱好者精心创作、全长23米《阳大筑路图》原稿首次展示。全市90余家单位干部职工、几千名群众参观展览。6月2日，市文联主办、市摄协承办的“庆祝建市70周年阳泉市民俗摄影展”开幕，160幅以阳泉民风民俗为主题的摄影作品在市展览馆展出。 （赵海连）

【“5·23”讲话发表75周年系列纪念活动】 2017年4月至7月，阳泉市文联系统为纪念毛泽东《在延安文艺座谈会上的讲话》发表75周年，开展文艺志愿服务、农村采风行、文艺惠民等200余场次活动。4月27日，市文联与市艺术研究室共同召开《一座战场上诞生的城市》审片会。5月12日，市文联和郊区文联举办采风笔会活动，50余名文艺工作者走进郊区郊里村，进行采风创作。5月14日，市作家协会、市摄影家协会、市戏剧家协会、市曲艺家协会等文艺志愿者30余人到盂县仙人村开展“送文化下基层”活动，在“文化下乡联谊会”上，为村民表演相声、女声独唱、乐器演奏等节目。5月16日，市作协20余名作家到石卜咀村石泼水农业观光园进行采风创作。5月24日，市文联、市作协联合主办“寻迹古风 记住乡愁”骆驼道采风活动。5月25日，由省作协、市委宣传部主办，市文联、市高长虹研究会承办的《狂飙社纪事》出版座谈会在省作协会议室召开，30余名专家、教授、学者与《狂飙社纪事》作者董大中一起参加座谈会。6月8日，与晋中市文联开展“走进灵石村镇银行书画笔会活动”，组织12名文艺志愿者和晋中市8名文艺志愿者为汇民村镇银行职工现场创作书画作品。7月8日，由市文联、市美协联合主办的阳泉市工人画家座谈会在市档案馆召开，30余名工人画家参加座谈会。 （赵海连）

【喜迎十九大主题系列活动】 2017年9月30日，由阳泉市文联主办、市美协承办的“喜迎十九大阳泉市美术精品展”在市展览馆开展，近百幅美术作品展出，包括国画、油画、版画、水彩、水粉、雕塑等。10月9日，由市直机关工委、市总工会、市文化局、市文联共同举办，由市书协、市美协、市摄协承办，以“心系阳泉发展、争创一流业绩、为十九大献礼”为主题的市直机关干部职工书画摄影作品展，在市委、市人大和市政府办公楼一层大厅开展，展出书法、美术、摄影作品188幅。与此同时，各县区文联、各文艺团体也开展系列迎接党的十九大召开的文艺活动。 （赵海连）

【电影剧本《中共第一城》座谈会】 2017年10月17日，阳泉市文联召开电影剧本《中共第一城》座谈会。市文联党组书记、主席侯讵望，市文联调研员、副主席李银苟及阳泉市作家、评论家共30余人参加会议。电影剧本《中共第一城》由市文联主席、市作协主席侯讵望创作，以1947年5月阳泉解放建市至中华人民共和国成立为背景，全面叙述阳泉解放建市过程，重点反映发生在阳泉市的救助饥荒、清匪反霸、土地整改、恢复工商业、发展生产等一系列事件，反映党从农村转移到城市后如何转型和市委、市政府创建新兴人民城市过程。会上，大家就《中共第一城》创作过程、意义及进一步拍摄影视作品等进行讨论。（赵海连）

【“文学照亮生活”全民公益大讲堂暨优秀文学作品诵读会】 2017年11月9日，由中国作协主办，省作协协办，阳泉市委宣传部、市文联、盂县县委宣传部、盂县文联共同承办的“文学照亮生活”全民公益大讲堂暨优秀文学作品诵读会在盂县举行。著名作家叶广芩为600余名基层作家、文学爱好者作题为《走进历史的皱褶》的讲座。讲座后举行优秀文学作品诵读会，阳泉市的作家和文学爱好者朗诵叶广芩的散文《景福阁的月》、张石山的散文《忠义藏山，高绝千古》、刘慈欣的科幻小说《流浪地球》、指尖的散文《烧树叶》等作品节选。（赵海连）

文学艺术

文 学

【刘慈欣名人效应显著】 2017年4月13日，阳泉市作协副主席、科幻作家刘慈欣以《三体》950万元的版税收入位列第11届作家榜主榜单第14位。4月29日，刘慈欣受邀参加中央电视台综合频道（CCTV-1）《朗读者》第11期，分享他生命中最难忘的“那一天”。6月21日，保利航空大世界在成都举办以“梦想plus飞凡启航”为主题的新闻发布会，宣布刘慈欣担任航空大世界首席科学顾问。11月29日，GES 2017年未来教育大会活动现场，刘慈欣与美国前总统奥巴马进行会面。年内，刘慈欣《三体Ⅲ：死神永生》英文版获“轨迹奖(Locus Award)”最佳长篇小说奖，德文版获德国科幻大奖“库尔德·拉西茨奖”最佳翻译长篇奖，西班牙语版获“伊格诺特斯奖”最佳国外长篇小说奖。（赵海连）

2017年，刘慈欣的《三体Ⅲ：死神永生》连获国际奖项 （赵海连供图）

【2部作品列入省人民出版社历史文化人物丛书计划】 2017年，以阳泉历史文化名人高长虹、王珻为内容的图书列入省人民出版社历史文化人物丛书计划。《高长虹选集》选取高长虹的17篇代表作，诗歌6篇、散文9篇、小说2篇。王珻是清代古文家、文学家、教育家，《王石和古文译注》共搜集到王珻古文与相关古文113篇，并进行断句、注释、翻译，全书约30万字。（赵海连）

【“80后”“90后”作家获奖】 2017年，阳泉市“80后”作家“特立独行的猫”凭借《当你的才华还撑不起你的梦想时》以480万元版税收入位列第11届作家榜主榜单第27位，系刘慈欣之后，阳泉市第二位跻身作家榜的作家。“90后”作家荆卓然参加中国新诗百年：河洛青年诗人对话会暨“桂冠诗人”授牌活动并被授予“桂冠诗人”称号，其作品《我想模仿白鹤，在诗经里飞翔》获中国诗歌学会主办的第三届“中国诗河·鹤壁”全国诗歌大赛优秀奖。（赵海连）

美术 书法 摄影

【美术作品参展及获奖】 2017年，全市195件美术作品入选省级以上展览。其中，入选省级展览161件，入选国家级展览3件、全国性展览26件，出国展出5件。8月，薛连生的版画《播种者》、宫来祥的水彩画《酒在西部的记忆》参加中国人民解放军建军90周年全国美术作品展览暨第13届全军美术作品展览，薛连生版画《播种者》刊登于《解放军画报》封面，并被中国美术馆收藏。崔群的版画《深谷幽探》入选中国美协主办的第九届中国体育美术作品展。22件美术作品入选省文化厅主办的“时代华章——首届山西省艺术节美术作品展”。10月27日，7件作品入选由中国工业版画研究院主办的“不忘初心 再创辉煌”全国工业版画研究院第五回年展，其中3件作品获最佳创作奖。12月，在全国工业版画研究院年会上，王雨来获中国工业版画研究院颁发的李桦工业版画奖。（赵海连）

【书法作品参展及获奖】 2017年，阳泉市书法家协会组织参加省文联、省文化厅、中国楹联学会主办的“不忘初心·圆国梦、兴三晋，喜迎十九大——联咏太行、吕梁、右玉精神‘千联千人’作品展”，市书协3人获奖，42幅作品入展。参加省妇联、省文联联合举办的“树优良家风 创最美家庭”山西省妇女儿童书法展，5人获优秀奖，6人作品入展。省书协副主席，市书协主席庞宏亮书法作品受邀参加首届山西艺术节，另有3人作品入选首届山西艺术节书法展。王惠卿篆刻作品连续3年入展西泠印社展览。市书协在元旦、春节期间，组织书法爱好者和书法志愿者到厂矿、学校、农村、社区、军营、医院等地开展文化惠民活动，市书协获2017年中国文联、中国书协“书法家送万福进万家”志愿服务公益活动先进集体称号。（赵海连）

【摄影活动】 2017年，阳泉市摄影家协会共设立5处摄影创作基地，分别为平定县西白岸村、西岭村、连庄村，郊区南沟村、固庄村。8月20日，市摄协和小河古村评梅景区联合主办的2017年第二届评梅摄影艺术节在小河村开幕，摄影艺术节共展出9个联展、50余个个展，800幅摄影作品，参展人员达120余人。评出最佳联展奖1个、最佳个展奖3个、最佳创意奖4个、最佳表现奖9个。（赵海连）

【民间文艺作品参展及获奖】 2017年，阳泉市民间文艺家协会付海云面塑作品《四大美女》在第52届全国工艺品交易会上获2017年（金凤凰）创新产品设计大奖赛金奖，《红楼十二钗》获第四届“三晋巧姐”手工艺品金奖，《水浒——梁山好汉》在第18届中国工艺美术大师作品暨国际艺术品精品博览会上获2017年（百花杯）中国工艺美术精品奖金奖。梁盛萍在山西省工艺美术首届“广灵剪纸奖·神工杯”剪纸职业技能大赛上获第一名；应邀参加2017年哈萨克斯坦阿斯塔纳世博会，剪纸作品《热烈庆祝2017年哈萨克斯坦阿斯塔纳世博会圆满成功！》以国礼赠送给主办国哈萨克斯坦。9月4日，高建国的根雕艺术馆举行揭牌仪式，馆藏600余件作品。高建国被聘为山西省首届民间工艺美术家协会根雕专委会首席评委，被山西省首届工美协会根雕专委会授予“终身奉献奖”。谢变莲剪纸《清明上河图》《一家团和》在2017年“三晋巧姐”手工艺品大赛获得银奖。高健敦制作并展示的堆塑作品《五台山大白塔》在第三届山西文化产业博览交易会上获“神工杯”工艺美术精品金奖，《白瓷水清釉释迦像》《白瓷水清釉观音像》获优秀奖。高建国、付海云被山西省民间工艺美术家协会授予山西省传统工艺美术大师称号。8月13日至18日，市民间文艺家协会组织阳泉市的民间工艺品葫芦、砂器、刻花瓷、剪纸、黄历包、刺绣、珐华器、烫画、古建模型9大类12小类12名艺人近400件作品参加和顺县首届手工艺品大展。（赵海连）

2017年8月20日，第二届评梅摄影艺术节在小河村开幕（赵海连供图）

【郊区民间文艺家协会成立】 2017年7月4日，阳泉市郊区民间文艺家协会第一次代表大会召开，郊区民间文艺家协会正式成立。大会选举张蔚然为郊区民协主席，孔玉莲、冯珍云、要丽丽、高健敦、甄国民为副主席，要丽丽兼任秘书长，史三白、张永红担任副秘书长，聘请张秋成为名誉主席。（赵海连）

音乐　曲艺

【音乐作品获奖】 2017年，阳泉市音乐家协会主席王玉兰创作的《俺村是个好地方》参加全国第二届“红领巾之歌”少儿优秀合唱展播评选，获原创优秀作品奖。闫蓝博进入山西省“人祖山杯”晋陕蒙民歌大赛决赛，获得优秀歌手奖。市音乐家协会主办的“颂祖国、唱家乡”优秀歌曲征歌评选活动共评选出5个金奖、10个银奖、15个铜奖。在中国大众音乐协会举办的“唱响中国——2017年第二届大型音乐活动”中，孙二将谱曲、李严作词的歌曲作品《点赞黄河》被评为中国歌曲创作金牌作曲称号，孙二将被评为中国大众文艺振兴先进个人。（赵海连）

【曲艺演出及获奖】 2017年，阳泉市曲艺家协会主席郑亚克赴宜兴市参加中国戏剧家协会小品创作基地优秀剧目展演活动。在交流活动中，导演并演出小品《老混混挂匾》。7月2日，王学刚成立阳泉市首家民营曲艺剧场——搁撩曲艺剧场。由盂县曲协主席张春燕与二人台表演艺术家池银寿先生、山西韵宝楼二人台艺术团的演员师国翠共同组成的山西团队，在中央电视台戏曲频道（CCTV-11）表演节目《路遇》《南瓜情》获最佳编剧奖、最佳导演奖、最佳优秀节目奖、最佳演员奖、团队金奖五项大奖。盂县曲艺家协会主席张春燕代表山西参加在北京举办的首届“寻找乡村名嘴”大型主题活动总决赛，并获得银奖。张春燕原创作品《陪伴》在歌舞中国“情系中秋·大美中国”2017年民族中秋文艺晚会上获得最佳优秀节目奖、最佳团队奖、最佳节目编导奖、最佳节目原创奖，参与节目演出的演员均获得最佳演员奖。（赵海连）

【阳泉市第二届曲艺大赛】 2017年1月8日至12日，由阳泉市文化局主办，阳泉市群艺馆、阳泉市曲艺家协会承办的阳泉市第二届曲艺大赛在铁路俱乐部举办。曲艺大赛作为全市“三节”系列文化活动中的一项活动，共有35个作品、100余人参加。最终，《强力胶》《警钟》《家和万事兴》被评为一等奖。（刘建丽）

戏剧 舞蹈

【戏剧演出及获奖】 2017年，豫剧《梦想成真》获第五届全国小戏小品大赛银奖，晋剧《玉簪记》《逃府》在第三届中国戏曲(黄河流域)红梅大赛山西选拔赛中分获金奖、银奖，小戏《传承》《重生》在全市群众文艺会演中获金奖、创作奖。（赵海连）

【舞蹈作品获奖】 2017年，阳泉市舞蹈家协会主席余丽娜带领阳泉市工人文化宫排舞队赴敦煌参加“中国梦·劳动美”全国第六届全健排舞大赛，获得团体项目单首排舞一等奖，团体项目串烧排舞一等奖，单人中级第一名，单人新晋开放组第一名、第三名，双人新晋开放组第一名。贾飞编排的单曲排舞获一等奖，广场舞项目一等奖，并担任大赛总导演。12月18日至29日，余丽娜、贾海英、吴志杰3名市舞蹈家协会会员到阳泉市对口单位新疆生产建设兵团第六师军户农场进行文化援疆排舞培训，教授排舞曲目12首，并编排串烧排舞，70余人参加培训。市舞蹈家协会副主席王水洁创作的少儿舞蹈《还一片蓝天》参加第九届“小荷风采”全国少儿舞蹈比赛山西选拔赛，获得创作一等奖、表演一等奖，并被推送参加全国选拔，最终成为全国少儿舞蹈比赛入选作品。何珊带领山西阳泉舞韵舞蹈队编排的舞蹈《亲疙蛋下河洗衣裳》代表阳泉地区参加山西省舞动三晋广场舞大赛获得展演奖，该舞蹈还代表省舞蹈家协会参加2017年“戴爱莲杯”群星璀璨人人跳全国舞蹈展演，被评为风采之星，山西阳泉舞韵舞蹈队获得星级组织称号，何珊获得潜力编导、潜力教师称号。（赵海连）

2017年10月23日至26日，阳泉市工人文化宫排舞队参加第六届全国全健排舞大赛，获团体项目单首排舞一等奖 （赵海连供图）

群众文化

【广播剧《刻花流年》录制播出】 2017年，由赵晓丽编剧、陆霞导演，阳泉市艺术研究室、阳泉综合广播历时5年共同打造的广播剧《刻花流年》于元旦期间播出。该剧以非物质文化遗产——平定刻花瓷为创作素材，讲述几代人的传承故事。《刻花流年》被省广播电影电视协会评为“2016年度山西广播影视奖广播文艺获奖作品”广播剧一等奖。（杨琛君）

【全民阅读系列活动】 2017年4月23日，阳泉市2017年“书香三晋·文化阳泉”全民阅读系列活动启动仪式在小河古村评梅景区广场举行。活动以“评梅之约·传承经典”为主题，旨在培育和践行社会主义核心价值观，营造全民读书、崇尚学习的良好社会氛围。启动仪式现场，市图书馆向郊区小河村、盂县郭家坪村、平定县西岭村3个图书流动站授牌，举办经典作品诵读，“书香三晋·文化阳泉”精品图书展，传统文化“弟子规”、国学教育、百科知识宣传展览，少儿读物捐赠和红烛读书宣传活动等。“全民阅读月”期间，全市组织开展公益讲座、全民阅读活动、主题展览、演讲比赛、经典诵读、读书征文、阅读推荐等30余项主题活动。（郭雅菁）

【阳泉市公共文化服务青少年书画展】 2017年6月12日，由阳泉市展览馆主办的“阳泉市公共文化服务青少年书画展”在市展览馆开展。共展出涵盖创意画、蜡笔画、国画、素描、水粉、版画、书法、工艺等诸多艺术种类的千余件作品。（梁江伟）

【文化艺术周活动】 2017年8月19日，由阳泉市委、市政府主办，市委宣传部、市文化局、市文联承办的“首届山西艺术节阳泉市文化艺术周”活动在太原市美术馆开幕。艺术周期间，阳泉市的民间艺人与艺术爱好者通过形式多样的文艺表演向全省人民全方位展示阳泉文化建设成果。参与表演的节目有盂县非物质文化遗产《牛斗虎》、民间社火《龙腾》、“舁上”农耕表演、广场舞《打酸枣》、舞蹈节目《五哥放羊》等。（白佳灵）

【山西艺术节“群星奖”选拔赛参赛】 2017年8月19日至22日，首届山西艺术节“群星奖”选拔赛在山西省京剧院梅兰芳剧院举行。阳泉市群众艺术馆选送平定武迓鼓《血战娘子关》、相声《桃河轶事》和少儿舞蹈《撸起袖子加油干》分别参加群星奖音乐类、曲艺类、舞蹈类的选拔赛。《血战娘子关》《桃河轶事》获得优秀节目展演奖，《撸起袖子加油干》获得舞蹈类三等奖。（白佳灵）

影 视

【“迎接党的十九大 共圆小康中国梦”主题放映活动】 2017年6月开始，阳泉市开展“迎接党的十九大 共圆小康中国梦”主题放映活动。全市47支放映队在942个行政村、53所农村寄宿制中小学校以及城市社区、厂矿、机关等地放映《中国梦》《母亲》《湄公河行动》《我不是潘金莲》《王牌逗王牌》等20余部影片4000余场次。（段晓蕾）

【电影电视作品创作及获奖】 2017年，阳泉市电影家协会协助市电影公司完成“一村一月一场”公益电影放映、“庆祝建党95周年 喜迎十九大 共圆中国梦”专题放映等放映活动15370场次。电视节目《阳泉桃林沟村：美丽“桃花源”》获山西广播影视奖三等奖，专题片《走基层：搓麻绳的手艺人》获阳泉新闻奖二等奖，电视纪录片《庙会》获第六届中国（嘉峪关）国际短片电影展推优入围证书。市电视艺术家协会筹备组建“阳泉市电视艺术家协会史晓龙工作室”，利用会员航拍技能，拍摄大量素材，制作完成20余部航拍作品，其中反映阳泉重点工程建设的5集航拍纪录片《春华秋实——阳泉文联县区采风纪实》《阳泉市国庆宣传片——喜迎十九大 共筑中国梦》等通过互联网和电视频道播出，网络点击量超过200万次。（赵海连）

文 物

【文物保护工作】 2017年，阳泉市的国、省文物保护单位全部实现专人看护；市级财政下达30万元用于古建筑专项维修补助，5个县区分别投入专项资金用于文物保护；市、县区按轻重缓急编制文物保护总体规划和年度计划；通过签订责任书、开展安全检查、举办消防培训班和灭火演练等有效措施，全年未发生安全事故。年内，还对三圣寺、马齿岩寺的保护提出指导性意见。（梁江伟）

【文物中心库预防性设施项目】 2017年7月，阳泉市文物管理中心文物中心库预防性设施项目全部完成。购置155组文物保护专用储藏柜架、制作544件无酸纸囊匣、安装1套恒温恒湿系统和4套加湿除湿系统，建立文物保存环境监测系统及温湿度控制系统，完善库房环境调控措施，实现对文物保存环境监测和控制，提升馆藏珍贵文物风险预控能力。（郑海伟）

【盂县电厂考古发掘项目】 2017年5月至12月，阳泉市文物管理中心配合山西省考古研究所实施盂县电厂考古发掘项目，共清理发掘墓葬302座，明堂3处，发掘面积1.3万余平方米。出土黑釉瓷罐、青花瓷碗、盖碗、黑釉瓷“三供”（1件香炉、2件烛台）、锡制“三供”、铜烟袋、玉烟嘴、铜钱等各类随葬品共计1169件。

该批墓葬1座为金元墓，其余均为明清时期墓葬，且清代墓葬占绝大部分。墓葬中竖穴土洞墓229座，竖穴土坑墓22座，砖室墓48座，石室墓3座。夫妻二人合葬墓106座，单人葬80座，三人合葬墓18座，四人合葬墓5座，不详者93座。该次考古工作获取大批完整的明清墓葬资料，为系统研究盂县地区明清时期家族墓葬制度提供重要实物资料。（郑海伟）

【全国可移动文物普查成果展参展】 2017年12月30日，阳泉市33件文物参加在山西省博物院开展的“厚重山西”——山西省第一次全国可移动文物普查成果展。该次展览共分金匮巨藏、九转丹成、众擎易举、光前裕后4个部分，分别展示山西省的可移动文物收藏、普查工作模式、文物收藏体系、普查对未来文物事业的意义。阳泉市送展的展品主要包括“九转丹成”板块中反映全市普查过程的通知方案、文件信息、经费明细、普查照片、验收材料等非文物类实物资料和“众擎易举”板块中的瓷器、紫砂、砂器等特色文物。（梁江伟）

图 书

【概况】 2017年，山西新华书店集团阳泉有限公司营业总收入目标值为9600万元，实际完成9614.58万元，完成目标值的100.15%；利润总额目标值为480万元，实际完成480万元，完成目标值的100%；资产经营收入目标值为168万元，实际完成172.6万元，完成目标值的102.74%。全市新华书店POS机销售任务计划1827万元，实际销售1857.95万元，完成计划的101.69%。3家公司中标农家书屋补充更新项目155万元，矿区书店和开发区书店中标阳泉矿区教育局普通高中标准化建设设备采购项目208万元，科技书店中标阳泉市第一中学学校学生机房电脑采购项目43万元。新华书店还拓宽销售渠道，取得泉林纸的阳泉地区总代理商，销售泉林纸72万元，举办"山西老酒"品鉴会，销售40.97万元。（苗红卫）

【"两教"发行】 2017年，阳泉市新华书店面对国家统编语文、历史、道德与法制3科教材、教辅修订，交货晚的问题，全部工作人员做到24小时收货、卸货，节假日加班加点，第一时间将教材全部送到学校，完成2017年秋季统编三科教材送书到校工作。全年"两教"发行计划销售4500万元，实际完成4500万元，完成全年任务的100%。（苗红卫）

【图书"七进"活动】 2017年，阳泉市新华书店各连锁门店根据自身特色开展不同主题的阅读活动和图书展。开展全民阅读进机关、进农村、进社区、进学校、进企业、进军营、进监狱的"七进"图书巡展活动。结合全民阅读月、庆祝新华书店成立八十周年、山西新华书店集团成立十五周年庆祝活动，开展"七进"活动和"手拉手传爱心"——关爱农村留守儿童图书捐赠公益活动。全年累计开展全民阅读"七进"活动45场，销售21426册，销售码洋55.34万元；捐赠活动20场，捐赠图书4804册，捐赠码洋10.26万元。（苗红卫）

【重点政治图书发行】 2017年，阳泉市新华书店各连锁门店贯彻落实省委十一届五次全会精神和全省宣传思想文化系统学习宣传贯彻落实中共十九大精神的会议精神，提高政治站位，履行文化责任，全面做好中共十九大文件及学习辅导读物的发行。各业务部门、连锁门店全体员工制订方案，细化目标，到厂矿、企业、学校、机关、农村等地开展征订发行，各连锁门店设立十九大重点政治读物专柜专架，举办"喜迎十九大图书展销"活动。《十九大报告》《中国共产党章程》等4种重点读物共销售15.4万册，销售码洋108万余元。征订发行《习近平谈治国理政》第二卷2424册、《习近平七年知青岁月》9148册、《全面从严治党面对面》4107册、《习近平讲故事》4596册。（苗红卫）

【图书馆概况】 2017年，阳泉市图书馆馆藏图书35万余册、报刊563种，其中馆藏古籍线装书籍16249册。馆藏数字资源19TB，建有《大寨》等特色数字资源库。全馆实现无线网络全覆盖、自助办证机、电子阅报机、电子书借阅机等的使用。图书馆编辑出版《阳泉工人画》《阳泉老镜头》《阳泉文物录》等"共享文丛"系列丛书20余种。城区、郊区、平定县、盂县4个分馆的藏书合计达25万余册。（李维杰）

【图书馆"两节"文化活动】 2017年，阳泉市图书馆在春节、元宵节"两节"期间，以"同筑中国梦，共度书香年"为主题开展系列文化活动，以多种形式和内容满足不同读者的假期精神文化生活需求。组织开展中学生"以文会友"、民俗展演、"寻找知识的另一面"志愿者文化沙龙等活动。"两节"期间，阳泉市图书馆共送出免费公益新春楹联及剪纸作品1000余幅，文化书签300余个，服务读者1万余人次。（李维杰）

档　案

【概况】 2017年，阳泉市档案局（馆）围绕档案资源体系、利用体系、安全体系"三个体系"建设，强化工作举措，突出档案服务和治理两种能力建设，推进全市档案事业科学健康发展。

截至2017年底，市档案馆馆藏全宗178个，保存档案案卷136859卷又131691件，录音、录像913盘，照片9923张，缩微胶片8480幅，实物档案673件，数码照片1655幅，数字录像6693.7GB，各种资料27460册。加快数字档案馆建设，全年完成档案目录录入5.13万条，完成档案全文扫描19.01万幅。全年共接待档案查阅人员1089人次，提供档案资料3595卷（件、册），为编史修志、举办展览、案件复查、清产核资、学历认证、撰写论文等提供服务。（龚玲玲）

【重大活动档案管理】 2017年，阳泉市档案局贯彻落实《山西省重大活动档案管理办法》，加强重大活动档案管理宣传，将档案工作的组织领导、收集归档、利用服务、重大活动档案管理等内容纳入全市目标责任考核体系。3月16日，《阳泉日报》专版刊发《山西省重大活动档案管理办法》。10月25日，市委、市政府印发《阳泉市重大活动档案管理实施细则》，该细则共11条，明确重大活动范围、重大活动档案内容、重大活动档案工作管理原则、重大活动档案管理和工作机制、重大活动档案归档要求、重大活动档案管理法律责任等内容。12月13日，山西省政府督察组对阳泉市重大活动档案管理工作进行专项督查。（龚玲玲）

【重点工程建设档案管理】 2017年，阳泉市档案局开展对重点工程项目五台山至盂县高速公路、阳大铁路、光伏发电建设项目档案管理工作的业务指导。对五盂高速公路项目的档案进行验收，对光伏发电项目的档案进行预验收，对山西天元绿环新建再生资源回收处理综合利用项目、阳泉市农产

品批发市场建设工程等 7 项省级重点工程的档案进行登记。（龚玲玲）

【农村土地承包经营权确权档案管理】 2017 年，阳泉市档案局加强对各涉农县区档案部门农村土地确权登记档案工作的监督指导，推进农村土地承包经营权确权档案的规范化管理。11 月 7 日至 9 日，由市档案局与县（区）档案局组成督导组对 3 个农业县（区）土地承包经营权确权登记档案工作进行督查指导，确保农村土地确权档案齐全完整，并移交到同级档案馆永久保存。（龚玲玲）

【国家重点档案保护与开发项目完成】 2017 年，阳泉市档案局在省档案局会同省财政厅统筹确定的国家重点档案保护与开发项目中，完成国家重点档案目录基础体系建设项目文件级编目档案 212 卷 21225 件的任务。申报 2018 年国家重点档案目录基础体系建设项目文件级编目档案 3971 卷 7284 件，并申报《保晋档案史料研究》（上、中、下）及大型历史文献纪录片《山西近代民族工业先驱保晋公司》2 个开发项目。（龚玲玲）

【档案执法监督检查】 2017 年，阳泉市档案局对市直党政机关进行档案执法检查，实现党政机关执法全覆盖。3 月 24 日，市档案局召开全市档案执法检查工作安排会。6 月，组成执法检查组，对 83 个市直党政机关、人民团体进行档案执法监督检查，重点检查市直各单位能否按照法律法规要求加强档案工作的组织领导、严格执行档案集中统一管理归档制度、确保档案实体及信息安全。（龚玲玲）

【法律顾问聘用】 2017 年，阳泉市档案局按照全省要求，起草《阳泉市档案局法律顾问职责》，5 月 26 日，聘请山西新东律师事务所王建伟律师为法律顾问。6 月 12 日，市档案局组织全市各级档案行政管理部门工作人员，举办档案法律法规知识培训。市档案局法律顾问王建伟律师针对档案执法依据、执法程序、违法处罚等各项法律条款作讲解，结合档案部门在实际执法工作中应注意的问题、应掌握和具备的能力等方面提出建议。（龚玲玲）

【中国共产党历次党代会历史图片展】 2017 年，在中国共产党第十九次全国代表大会召开前夕，由中共阳泉市委组织部、市委“两学一做”学习教育协调小组办公室、市委维护核心见诸行动主题教育办公室、市委“三基建设”领导小组办公室主办、市档案局（馆）承办的光辉的历程——中国共产党历次党代会历史图片展在档案局开展。展览回顾党的 18 次代表大会，再现中国共产党 90 余年奋斗历程中成长的红色足迹。展览期间，累计接待 187 个党组织、5034 人次参观。（龚玲玲）

【《阳泉解放》出版】 2017 年，庆祝阳泉建市 70 周年前夕，由市档案馆编纂、中国文史出版社出版、国家档案局《城市解放纪实》系列丛书之一的《阳泉解放》正式出版发行，该书是 2009 年版《阳泉解放》的修订发行版。全书包括解放前阳泉概况、解放阳泉、阳泉建市、巩固新生政权 4 篇和附录，集中再现阳泉解放时的历史。全书共 54.3 万字，辑录档案史料 148 份，收录历史图片 82 张。（龚玲玲）

【“档案文化进基层”系列活动】 2017 年 4 月 26 日，阳泉市档案局走进城区新华东街社区，举办“档案文化进社区暨纪念建市七十周年社区行”宣传活动，省委常委、省委统战部部长廉毅敏一行及市委副书记、市长董一兵，市委常委、市委统战部部长王铁梅观摩活动。8 月 4 日，市档案局联合城区北大街街道办事处举办“档案文化进基层”宣传活动。8 月 22 日，市档案局到阳煤集团升华分公司举办“档案文化进基层”系列宣传活动，并赠送《保晋档案》《阳泉解放》《百团大战档案史料选编》等书籍。9 月 20 日，市档案局在北大街滨河东社区举办喜迎十九大“档案文化进基层”宣传活动。（龚玲玲）

【“国际档案日”宣传活动】 2017 年 6 月 8 日，阳泉市档案局领导做客“政风行风”热线，讲述“国际档案日”来历，介绍市档案局（馆）主题宣传活动，向社会各界发出档案资料捐赠倡议和名人档案征集范围，公布 2017 年捐赠的档案资料情况，介绍市档案馆馆藏珍贵档案，宣传《山西省重大活动档案管理办法》。6 月 9 日，市档案局（馆）举办以“档案——我们共同的记忆”为主题的“国际档案日”宣传活动。举办档案资料捐赠仪式，丁贵生、刘芝田、王金锁、郝文祥、张贵银等 20 人和市文联等 3 个团体，向市档案馆捐赠档案 53 件（其中革命历史档案 37 件）、资料 240 本、光盘 6 张、照片 338 张。开展档案馆开放日活动，邀请部分市民和城区下站街道办事处、阳泉二监等单位人员参观市档案馆，体验档案查询服务。（龚玲玲）

【档案保护与开发资金管理督查】 2017 年 7 月，山西省档案局与阳泉市签订国家重点档案保护与开发项目任务委托协议书，下拨阳泉市档案局（馆）国家重点档案目录基础体系建设任务总预算 8 万元，用于 21163 条目录的采集著录加工；下拨平定县档案局（馆）2 万元，用于 5127 条目录的采集著录加工。10 月 11 日，财政部、国家档案局相关人员到阳泉市，就国家重点档案保护与开发资金管理和使用情况进行调研督查。督查组对阳泉市档案局（馆）和平定县档案局（馆）国家重点档案保护与开发资金的管理和使用情况给予肯定。（龚玲玲）

新闻 报纸

【外宣工作】 2017年，阳泉市新闻中心加强与重点部门对接，寻找采访报道的最佳结合点，挖掘反映阳泉发展、具有地方特色的稿件，提高上稿率，在对外新闻报道上打合成战、整体战，全面建立全市对外新闻报道工作协同作战新机制。市新闻中心还邀请新华社山西分社副社长、总编辑王文华到阳泉市进行专题采访，12月1日，《新华社每日电讯》整版刊发《平定娘子关:你的温柔我永远不懂》。市新闻中心先后协助中央电视台完成采访报道活动，4月20日播出“山西阳泉加速打造数据能源基地”，4月29日阳泉科幻作家刘慈欣接受《朗读者》栏目专访，5月16日播出纪录片《村晚》，10月20日《焦点访谈》栏目专访市委书记陈永奇。开拓全市对外新闻宣传的阵地建设，先后建立“阳泉外宣”微信工作交流群和“阳泉外宣快讯”短信发布平台。全年“阳泉外宣”微信工作交流群发布信息2494条，“阳泉外宣快讯”短信发布721条。

全年全市对外新闻宣传稿件刊(播)发2494篇。其中，《人民日报》、新华社、中央电视台、中央人民广播电台、人民网、新华网等中央级主流新闻媒体刊(播)发390篇(含新媒体88篇)，《山西日报》《山西经济日报》和山西电视台等省级主流新闻媒体刊(播)发2104篇。 (苏红霞)

【重点宣传】 2017年，阳泉市新闻中心围绕全市重点工作，对照市委、市政府决策部署，借助新华社推出《无烟煤城的新产业》和《阳泉采煤沉陷区上“种太阳”》2篇新华社通稿，依托《人民日报》连续3天对出席中共十九大的阳泉党代表陈永奇、翟红、任红梅进行专访，在《山西日报》刊发《阳泉转型发展再提速》《阳泉，投棋布子对标一流》《阳泉破局开路打造发展新平台》《阳泉打造开放新高地》等重点报道，在山西电视台播出《按下先进装备制造快捷键》《山西阳泉加速打造数据能源基地》《阳泉异地扶贫搬迁“搬”出新天地》《阳泉激励科技创新推动企业发展、踏上新征程开创新局面》等新闻，并与《山西日报》合作推出“阳泉建市70周年”等系列特刊。 (苏红霞)

【新闻发布】 2017年，阳泉市新闻中心以建设平台、规范秩序、组织新闻发布会为着力点，拓展新闻发布平台，在“掌上阳泉”推出“微发布”专栏，全年发布信息1850篇。规范新闻发布程序，统一新闻发布会的背景墙标识和规范发布会流程。组织召开12次新闻发布会，共集中刊发新闻报道(播)36条。 (苏红霞)

【直播先例】 2017年2月16日，阳泉市新闻中心联系新华社山西分社的采访团到阳泉市进行采访，依托新华社客户端、新浪、腾讯、凤凰、网易等国内6家大型网站以及推特、YouTube和Facebook海外主流网络媒体，对平定县娘子关镇下董寨村省级非物质文化遗产——“下董寨正月十六跑马排”民俗活动进行采访，并进行全球同步直播，全球直播在线观看人数达40余万人。10月15日，在市新闻中心全程协助下，中央电视台山西记者站王宇带队一行7人到盂县西潘乡东头村，对水稻收割的场景进行拍摄，并在中央电视台综合频道（CCTV-1）新闻直播间《金秋十月山河锦绣》栏目黄金时段进行现场直播。 (苏红霞)

【阳泉日报社概况】 2017年，阳泉日报社履行党报职责，把握好新闻舆论宣传的“时、度、效”，坚持正面宣传，弘扬主旋律，传播好声音，聚集正能量。阳泉日报社有6件作品获2016年度山西新闻奖，其中一等奖2件、二等奖1件、三等奖3件。9件作品获中国城市党报新闻奖，其中一等奖2件、二等奖2件、三等奖5件。阳泉日报社报送的稿件《争创新业绩·喜迎十九大——转型升级潮涌山城》，在中国报业协会举办的中国报业十九大融合传播峰会上被评为中国报业十九大融合传播优秀作品(报纸类)十佳，该作品是山西省唯一上榜的“十佳”作品。 (王 丰)

【新媒体矩阵】 2017年，阳泉日报社以党报意识、读者意识、用户意识、融合意识，构筑阳泉日报融媒体传播平台——《阳泉日报》+《阳泉日报(晚报版)》+“两微两端”(微博、微信、PC端、移动端)新媒体矩阵。《阳泉日报》打造推出阳泉日报综合、阳泉日报政文、阳泉日报经济、阳泉日报乡村、阳泉日报摄影、阳泉日报专题、阳泉日报晚报版、阳泉日报车生活、阳泉日报小记者9个微信公众号，形成矩阵合力，满足不同用户的阅读需求，并做到24小时传播新闻，推动采编力量及新闻信息采集、制作、发布融合，形成“一次采集、多种生成、多元传播”，呈现给用户更鲜活的新媒体产品。 (王 丰)

【阳泉日报社当选山西报业小记者联盟单位】 2017年4月24日至25日，由阳泉日报社、临汾日报社发起，临汾晚报小记者团组委会承办的山西报业小记者项目发展研讨会暨山西报业小记者联盟筹备会在洪洞县举行。全省6个地市的党报相关负责人参加会议。会议表决通过《山西报业小记者联盟章程》，完善联盟具体工作事宜。会上，临汾日报社当选为理事长单位，阳泉日报社、晋中日报社当选为副理事长单位，吕梁日报社、朔州日报社、黄河晨报社被选为理事单位，临汾晚报小记者组委会被理事长单位指定为山西报业小记者联盟秘书处。山西报业小记者联盟成立后，推动山西省报业小记者项目的整体发展，联盟从抱团取暖、抱团分析、抱团分享、抱团考察等方面入手，推进全省小记者交流学习与合作。（王　丰）

【《漾泉》出版】 2017年5月，由阳泉日报社策划并推出的阳泉地域文化书籍——《漾泉》正式出版，该书集结《阳泉日报》漾泉副刊创办10年的历史内容精选。全书分上下两卷，共收录2007年至2017年间发表在副刊版面上的百余篇文史作品，汇集10年间对阳泉历史文化发掘、探索成果，设置史海钩沉、山川蕴秀、民俗艺粹、古建文物、乡贤名士、先锋劳模等篇目。全书约50万字，由山西出版传媒集团、北岳文艺出版社出版发行。（王　丰）

【电影文学剧本《初心》出版】 2017年10月，由阳泉日报社和盂县人武部联合策划，王伟、杨抱仁共同创作，以86年前红二十四军故事为背景的电影文学剧本《初心》正式出版。11月14日，阳泉日报社、阳泉市作家协会与盂县人武部联合举办“不忘初心 牢记使命”电影文学剧本研讨会。研讨会上，与会作家学者对剧本进行讨论，就剧本内容以及如何将剧本打造成电影精品提出意见和建议。（王　丰）

广播电视

【概况】 2017年，阳泉市广播电视台开办有阳泉新闻综合频道、阳泉科教频道、测试频道3个电视频道，阳泉新闻综合广播、阳泉交通广播、阳泉经济广播3个广播频率，阳泉网络广播电视台1个互联网网站，无线阳泉、阳泉随手拍2个手机客户端，开通微信公众平台和新浪官方微博等11个新兴媒体，以及山城速购综合购物平台。阳泉新闻综合频道自办电视栏目有6个，分别是《阳泉新闻》《县区新闻联播》《泉·观察》《泉·问政》《泉·时空》《泉·消防》，节目制作时长每天120分钟。阳泉科教频道自办电视栏目共有13个，其中日播栏目有《阳泉小孩》《天天朋友圈》《今天我出彩》《这里是阳泉》《科教大课堂》《科普中国》《同步教育》，周播栏目有《小刘说道》《科技新视界》《创业吧》《健康阳泉人》《泉民健身》《评说阳泉》，节目制作时长每天225分钟。广播自办栏目有23个，分别是《阳泉新闻》《城市大管家》《美妞东哥谝阳泉》《政风行风热线》《901早班车》《车行天下》《音乐时间》《的哥你好》《天天美食》《精彩不塞车》《今晚聊吧》《王老师叨笑话》《印象山城》等。

全市共有6个发射台和转播站，阳泉有线电视实现全市一张网，网内同时传输184套数字电视节目(46套高清、138套标清)，13套广播节目和7套模拟电视节目(中央1、中央2、中央7、山西1、阳泉1、阳泉2、阳泉测试)。有线电视网内开展双向数据交换、宽带接入业务、VOD点播、时移回看、高清数字电视、EPG业务等增值业务。全市共有数字电视用户18万户，覆盖全市所有乡镇和600个行政村。无线发射节目3套，无线传输节目63套。无线数字电视入档用户5.8万户，“户户通”直播卫星接收用户保持4.6万户。（石莉萍　戴宏英）

【宣传报道】 2017年，阳泉市广播电视台通过广播、电视、网络及客户端等各种媒体，开展全方位、多角度形式多样、内容丰富的宣传报道。全年开设专栏81个，广播、电视播发各类重点报道6000余条，其中关于中共十九大的专栏类报道、公益广告、公益标版2000余条，中共十九大相关内容共计播出时长2.8万小时。

主题性重点报道　市广播电视台各频率频道围绕市委、市政府中心工作，开展喜迎十九大、“两学一做”、环保督查、城乡环境集中整治、重点工程项目、民生改善等主题宣传报道，推出《砥砺奋进的五年》《聚焦全面落实年》《环保攻坚 铁腕治污》《纪念阳泉建市70周年主题报道：魅力》《环境整治进行时》《“两学一做”在阳泉》《践行讲话精神》《率先脱贫攻坚战》《先锋》等40余个时政主题专栏，制作播出节目共计400余期。

民生类报道　市广播电视台各频率频道以“关注大民生”为出发点，坚持“群众利益无小事”报道主旨，紧盯老百姓柴米油盐、衣食住行。《政风行风热线》《泉·问政》等栏目为百姓办实事226件，有效解决率达70%以上。交通广播受理便民热线6567个，播出公益广告3700余次。

对外宣传　市广播电视台全年完成省级以上外宣任务309件，中央级媒体发稿28件、省级媒体播发281条。中共十九大召开期间，与中央电视台合作策划采制《还看今朝——山西篇》和《锦绣山河(山西篇)——阳泉：喜看稻菽千层浪》在中央电视台综合频道(CCTV-1)重点时段播出。还承担《人说山西好风光》第二季电视竞演活动，对开发全市旅游资源、提升阳泉美誉度起到作用。

精品创作　全年全市共有22件作品获省级以上奖项。综合广播录制广播剧《刻花流年》获山西广播影视剧广播剧一等奖，并作为全省地市级电视台唯一一件作品参评中国广播影视大奖。综合频道采制的电视新闻《贫困村入驻桃花源》获山西新闻一等奖，并被推荐参评中国新闻奖。导演郭东升拍摄的纪录片《村晚》《猴年马事》《山路弯弯》均在中央电视台纪录频道(CCTV-9)播出，《村晚》获2017年第五届中国·镇江西津渡国际纪录片入围奖、第七届光影纪年中国纪录片学院入围奖、第十一届中国纪录片国际选片会创优评析奖，《猴年马事》获第二十三届中国纪录片十佳十优长片好作品奖、第十一届纪录·中国创优评析三等奖，《山路弯弯》以第一的名次获国家广电总局百人百部中国梦短纪录片扶持计划作品。阳泉广电新闻综合频道及《泉·观察》栏目，在2017年中国城市广播电视媒体融合发展年会首届“一带一路”城市广播电视台台长合作论坛暨2016—2017年度全国城市广播电视媒体融合影响力指数发布大会上分别获奖。阳泉广电新闻综合频道被评为融合创新最具创新力城市电视频道，《泉·观察》栏目入围融合创新全国城市电视栏目品牌创新力20强。《阳泉新闻》栏目在亚太广播影视奖与新媒体创新大会上被评为2016—2017年度亚太地区创新力栏目。 （戴宏英）

【节目改版创新】 2017年，阳泉市广播电视台各频率频道全面改版。阳泉新闻综合频道以“泉视界　新视野”为理念，用本土化特色维度构建传媒品牌、创意特色文化、打造人文主题。除保留《阳泉新闻》栏目外，其他节目均命名为“泉”系列新闻分类组合节目，新开设《泉·观察》《泉·问政》《泉·时空》等多档栏目，打造全新闻主流媒体新矩阵，重新定义新闻综合频道文化价值和市场价值，为广大观众带去超容量新闻资讯。阳泉科教频道以“触摸智慧、点亮生活”为核心理念，以科教、社教资讯为内容主体，开办具有“平民化、服务化”，集“知识性、参与性、互动性”为一体的科教资讯节目。开办少儿节目及具有地域特色、风趣幽默的方言类节目。改版后，自办栏目由原来3档增加至13档。阳泉测试频道立足“快乐生活每一天”，开办《乐居山城》《车动山城》《食客准备》等栏目。

阳泉综合广播FM 102.7以新闻资讯、行风监督为主要内容。增加民生新闻，在强化《阳泉新闻》《政风行风热线》《行风追踪》等品牌栏目基础上，形成“新闻资讯＋音乐＋服务”频率形态。开设新节目《城市大管家》《都市她生活》等。阳泉交通广播FM 90.1以“及时的交通新闻、专业的汽车资讯、多彩的休闲娱乐、丰富的生活话题”为特点，发挥交通广播独特竞争力。阳泉经济广播FM 93.1以最新国内外资讯、经典音乐、有趣实用的节目陪伴山城听友。 （戴宏英）

【品牌增效】 2017年，阳泉市广播电视台承办山城更幸福春节联欢晚会、阳泉市第二届少儿春晚、阳泉跨年音乐会，举办文化科技卫生三下乡、阳泉市首届电视广场舞大赛、车展、大宋大冲关、阳泉广播电视台主持人大赛、第五届摩托人阳泉盛典、阳泉首届童漾全明星超级潮童秀等大型活动，实现社会效益与经营创收的双赢。 （石莉萍　戴宏英）

【技术设施建设】 2017年，阳泉市广播电视台实现采访设备统一管理，资源配置优化，有效解决设备短缺问题。根据中央广播电视无线覆盖工程总体规划，在狮脑山发射站新建一座80米高发射铁塔，解决载荷能力和无线覆盖范围不够问题。新增调频广播备机，解决调频广播单机工作无备份问题。完成汽车超市广播直播室技术构建装配并投入使用，举办全省室内“汽车博览会”。（石莉萍　戴宏英）

【安全播出】 2017年，阳泉市广播电视台加强与国安、公安等部门沟通联系，主动接受安全检查，确保安全播出无事故；严格值班制度，特别是在各级人大、政协“两会”和中共十九大召开期间及重大节日重要保障期，加强机房职守，强化各办公区域及线路巡查，消除隐患；强化播出管理，完善节目制作监审、编排、广告串编等环节的管理与监督，保证节目内容和传输安全；举办各种大型活动，严格按应急预案演练执行，强化部门间协调配合；健全广电设施保护目标责任体系，把设施保护与治安、消防、水电等管理工作有机结合，形成综合治理工作格局。全年完成电视录像83场，电视直播14场（48.5小时），广播直播3场（4小时），广播电视节目共计安全播出96782小时。 （戴宏英）

【网络建设】 2017年，阳泉市数字电视有限公司发展高清互动用户1.83万户、宽带业务5583户，架设光缆干线406.82千米，全网实现双向互动。“智慧阳泉”APP手机客户端平台搭建完成，“雪亮工程”和农村应急广播平台建设具备基础条件。无线数字电视入档用户5.8万户，“户户通”直播卫星接收用户保持4.6万户。（石莉萍）

【经营创收】 2017年，阳泉市广播电视台总收入9002.9万元。以广告经营中心为主力，调动各频率频道创收积极性，加大节目创新改版，增加栏目广告承载；通过举办阳泉春晚、少儿春晚、老年春晚等各类晚会，组织主持人大赛、健步走中环、冬日暖阳情等各种大型活动，及对外承揽专题片、汽车超市、房租等，多策并举、多元经营增加创收；推广新媒体应用，以媒体融合推介提升节目影响力，让影响力变现。 （石莉萍）

【阳泉网络电视台及无线阳泉客户端报道】 2017年，阳泉网络广播电视台全新改版上线。新增新风尚、新速览、新山城、焦点图等6个版块，开设《喜迎十九大点滴印记·讲好阳泉故事》《学好讲话、维护核心、讲好故事》《率先脱贫攻坚战》等5个专栏。阳泉网络广播电视台实现“无线阳泉”客户端直播，“阳泉广播电视台”“无线阳泉”2个微信公众号建立“微信电视”直播通道，全台自办节目实现实时直播。与新华社现场云签订直播合作协议，通过新华社手机客户端现场云板块，直播指尖问政架起民意连心桥、2017年阳泉广播电视台主持人选拔赛总决赛、2017年第五届摩托人阳泉盛典、城市交通整治进行时等大型活动。完成自办节目网站拆条4156条，“无线阳泉”手机客户端整条节目上传1500余条。（石莉萍　戴宏英）

【阳泉随手拍】 截至2017年底，阳泉随手拍入驻单位453家，入驻网格员2000余人，网站及APP注册下载用户15.60万人，微信公众号关注人数1.08万人。全年共收到网友发布各类贴文1.87万条，办结率83.8%，回复率97.1%。（石莉萍　戴宏英）

【“智慧乡村”建设工程】 2017年，阳泉市广播电视台“智慧乡村”建设工程在平定县南坪村投入运行。该工程是阳泉广播电视台针对有线网络用户流失，拓展集客业务，拓宽创收渠道，在阳泉市乡村推出的一项网络智能化工程。“智慧乡村”工程包括应急广播、视频监控、无线网络覆盖、一键报警等功能。应急广播除实现音频广播外，还实现图像视频、文字应急信息发布。视频监控实现智慧监控、可见可管，远程解决群体纠纷及预防社会破坏和盗窃案件。无线网络覆盖用户通过“智慧阳泉”APP，实现数字电视网络点播、直播观看、时移回看，随时查看本村及公共监控视频等。南坪村“智慧乡村”工程建成实时监控终端点位22个，有效监测村内主要道路和角落24小时情况。监控终端与应急广播交叉覆盖，做到“能看见、能说话、能监管、能出声”。（戴宏英）

【《山路弯弯》】 2017年，阳泉市广播电视台导演郭东升拍摄的纪录片《山路弯弯》，入围国家新闻出版广电总局“百人百部中国梦短纪录片扶持计划”作品。《山路弯弯》是继郭东升拍摄的纪录片《庙会》获选“双百扶持计划”后，又一获选作品。《山路弯弯》是由中央电视台纪录频道（CCTV-9）立项委托、阳泉广播电视台承制的3集纪录片，摄制组历时两年跟拍，记录阳泉市驻村第一书记、阳泉市政府政务服务中心谈永刚在两年扶贫工作中，践行习近平总书记关于精准扶贫的要求，帮助贫困农民脱贫致富，改善民生的工作历程。（戴宏英）

【《村晚》《下矿井》】 2017年，阳泉广播电视台郭东升工作室受中央电视台委托承制的纪录片《村晚》、微纪录《下矿井》入围第七届光影纪年——中国纪录片学院奖。《村晚》是一部反映阳泉市乡村文化生活的纪录片，于2016立项，历时4个月制作完成，2017年5月在中央电视台纪录频道（CCTV-9）播出。该片以原生态拍摄手法、浓郁的地方特色、强烈的人文关怀，记录平定县巨城镇连庄村村民老安，建立网络唱吧，和唱吧里爱好文艺的村民一起策划举办连庄村村晚的故事。《下矿井》是一部记录矿院大学生深入矿山矿井实习的微纪录片，于2017年6月拍摄完成，时长6分钟。该片真实记录刚刚走出校门的大学毕业生在实习过程中，对矿山工作的认识，对就业选择的看法，以及对生活和工作的感触。（戴宏英）

【电影《大寒》】 2017年12月12日，在第四个国家公祭日、南京大屠杀惨案发生80周年之际，由阳泉广电传媒有限公司出品，真实反映日军侵华期间强征慰安妇、揭露日军暴行的电影《大寒》在南京东南大学举行观影会。随后，电影《大寒》高校巡回点映活动拉开序幕。电影《大寒》于2015年开始创作，经过两年修改完善，正式在全国院线上映。电影从盂县慰安妇问题调查第一人——张双兵的视角出发，讲述一位抗日战争期间惨遭侵华日军残害的中国妇女的悲惨经历。（石莉萍　戴宏英）

【非法卫星电视接收设施专项整治行动】 2017年5月10日至6月10日，阳泉市文化局开展以宾馆饭店、家电商场等公共场所为重点的非法卫星电视接收设施专项整治行动。市、县（区）文化局及文化市场行政执法机构安排部署、摸排检查、集中整治，重点打击非法安装、使用卫星电视广播地面接收设施行为。集中整治行动期间，全市共出动120余人次，排查宾馆、商铺60余家。（段晓蕾）

文化产业

【文化精品展示馆“互动开放日”活动】 2017年1月7日，阳泉市文化精品展示馆首个“互动开放日”面向社会公众开放。阳泉市面塑艺人付海云、刺绣艺人梁兰花、剪纸艺人王淑珍等受邀到现场参加活动。市文化精品展示馆于2016年初完成布展并向社会免费开放，位于市展览馆三层，占地面积500余平方米，共展出1000余件文化产业精品。（白佳灵）

【深圳文博会参展】 2017年5月11日至15日，平定县冠窑砂器陶艺有限公司的砂器产品、晋明堂文化科技公司的紫砂壶、平定刻花瓷代表阳泉市参加为期5天的第十三届中国（深圳）国际文化产业博览交易会。展会期间，平定县冠窑砂器陶艺有限公司带去200余件砂器产品销售一空，销售额61200元，订单量80500元。晋明堂紫砂壶首次参加大型文博会，共带去2件作品，其中红泥《大传炉壶》作品获得中国工艺美术文化创意奖铜奖。（王景莲）

文化市场管理

【文化市场专项整治】 2017年，阳泉市文化局文化市场开展互联网上网服务营业场所违规接纳未成年人专项整治行动、强化文化市场监管净化舆论环境专项整治工作、文化市场"一带一路"高峰论坛专项保障工作、清理整顿文化类交易场所"回头看"工作、"蓝鲸"死亡游戏预警处置工作等，联合市网吧协会、娱乐业协会对200余家文化市场经营场所开展法律法规暨安全培训。专项整治工作交叉开展，做到不留空白、不留死角，促进各类文化市场经营场所依法依规经营，杜绝违法违规行为和各类安全事故的发生。（赵海珍）

【文化市场管理和执法工作专题检查】 2017年1月9日至18日，阳泉市文化局对全市三区两县文化市场管理和执法工作进行专题调研，对辖区文化市场进行安全检查。文化市场安全检查涵盖网络文化市场、歌舞娱乐市场、演出市场和艺术品市场，检查各类文化市场经营场所30余家，检查重点是查找经营场所在经营管理、消防安全等方面漏洞，及时预防并排除苗头性、倾向性问题，防止发生重大安全责任事故。（赵海珍）

【文化市场统计年报工作】 2017年，阳泉市文化局开展全市文化市场统计工作。2月11日，召开全市文化市场统计工作培训会，三区两县文化市场统计人员参加培训。培训会对文化市场统计直报系统进行详细解读，培训结束后统计人员全部进行上机操作。

截至2017年底，全市文化市场经营场所218家。其中，互联网上网服务营业场所154家、娱乐场所43家、文艺表演团体16家、演出经营场所2家、艺术品经营场所3家。从业人员1713人，固定资产投资33348.5万元，营业收入11162.4万元，营业利润总额3849万元，发放人员工资2152万元，上缴国家税金117万元。统计直报期间，市文化局还对各县区统计报送工作进行全程跟踪监督，及时对上报数据进行审核，对未完成和需修改的项目督促其及时准确上报。（赵海珍）

【知识产权宣传周版权宣传活动】 2017年，"4·26"知识产权日期间，阳泉市围绕"创新改变生活 知识产权竞争未来"的主题，组织开展系列活动。4月20日，在城市广场开展知识产权宣传活动，活动现场设立宣传展板，对《中华人民共和国著作权法》等法律法规进行宣传，现场提供版权保护相关知识咨询服务。各县区文化局组织开展各类版权宣传活动。通过设立展板、张贴海报、悬挂横幅、电子屏滚动宣传、发放宣传手册、提供咨询服务等方式，宣传普及版权相关知识。阳泉日报社、阳泉市广播电视台等新闻媒体通过版面宣传、播放宣传片等形式，对版权知识进行宣传报道。据统计，活动期间，全市共展出各类宣传展板40余块，发放宣传资料及手册3000余份，发放宣传海报300余份，接受咨询30余人次。（张瀚尹）

【网吧 娱乐场所"零点行动"专项整治】 2017年5月19日，阳泉市启动文化市场网吧、娱乐场所"零点行动"专项整治工作。专项整治期间，全市共开展31次零点检查行动，出动检查人员1682人次，检查经营场所435家次（网吧342家次、娱乐场所93家次），发现问题98家次（超时营业22家次，存在吸烟问题56家次，未认真核对上网日志13家次，安全出口锁闭、堵塞7家次），对存在吸烟现象、消防通道堵塞的经营场所进行整改，对超时营业、实名制登记不规范的30家经营场所进行处罚和立案处理，对2家经营场所下达停业通知书，办结案件10件。（赵海珍）

【印刷企业及出版物市场执法检查】 2017年5月23日，阳泉市文化局对城区部分出版物经营场所及印刷厂进行随机抽查。检查组以书店、印刷厂等经营场所为重点，对相关经营场所的证照许可情况、日常管理及经营情况、安全隐患和消防器材配备及使用情况等进行检查。在检查过程中，执法人员现场对经营户进行安全生产宣传。针对检查中发现的问题，检查组现场提出整改意见，责令相关经营单位立即停业整改，限期办理相关手续。要求文化执法部门继续做好出版物及印刷市场监管工作，对辖区内从事印刷、发行经营活动单位进行重点排查，开展"清源""固边""净网""秋风"等专项行动，加大巡查和整治力度，查处各类违法违规行为，确保文化市场安全稳定、守法经营、有序发展。（张瀚尹）

【"扫黄打非"进基层宣传活动】 2017年4月24日，阳泉市文化局在文化中心北广场举行2017年"扫黄打非"进基层宣传活动暨"绿书签2017"系列宣传活动启动仪式。活动期间，展出12块"扫黄打非"宣传版面，内容涉及文化、新闻出版、版权相关法律法规、"扫黄打非"举报管理办法等，向过往群众进行宣传展示。现场还进行"拒绝盗版 保护知识产权"签名活动，发放绿书签、宣传海报500余份，宣传资料3000余份。6月至9月，阳泉市文化局和市"扫黄打非"办公室启动"扫黄打非"动漫公益宣传片推广活动。宣传活动由市电影发行放映公司负责组织实施，市电影发行放映公司在保证放映质量和放映场次的前提下，组织全市各放映队以开展安全生产宣传专题电影放映活动和"一村一月一场"电影放映活动为契机，在全市社区和942个行政村播放全国"扫黄打非"办公室制作的"扫黄打非"动漫宣传片，使"扫黄打非"宣传覆盖到全市每个社区、农村，宣传活动得到广大百姓称赞。（张瀚尹）

卫　生

综合工作

【概况】 2017年，阳泉市卫生和计划生育委员会在全市卫生计生系统推进医药卫生体制改革中，各项工作取得新进展。医院管理加强，技术水平提高，农村癌症早诊早治工作走在全国前列，医联体建设成效明显，群众就医更加便捷、有效。全市有各级各类医疗卫生机构1548个（含村卫生室928个），实有床位7215张，执业（助理）医师3893人，注册护士4558人。全市医院49所，其中三级医院3所、二级医院12所。全年共诊疗634.84万人次，急诊20.29万人次，门诊563.51万人次。平均住院日13.1天。门诊病人人均诊疗费用153.60元，床位使用率75.48%。全市人均基本公共卫生服务项目经费提高到50元，中央、省、市、县（区）四级补助经费7094.45万元，且全部配套到位。全市城乡居民健康档案累计建档115.72万人、建档率82.76%，其中规范化电子建档108.74万人、城乡居民电子健康档案建档率77.77%。全市家庭医生签约人数75.21万人、签约率53.79%，重点人群签约人数26.76万人、重点人群签约率75.1%，建档立卡贫困人口签约29311人、签约率99.34%，计划生育特殊家庭签约637人、签约率100%。全市共组建393个家庭医生团队。全年完成农村孕产妇住院分娩补助1902例、补助57.06万元，完成农村妇女宫颈癌检查14779例、乳腺癌筛查2807例，完成农村育龄妇女增补叶酸5435例，完成孕前免费优生检查4474对。（张海银　路军平）

【城市公立医院综合改革】 2017年，阳泉市5个县区8所县级公立医院和20所城市公立医院（8所政府办、12所阳煤集团和其他国有企业办）全部取消药品加成，调整医疗服务价格，开展公立医院综合改革。政府加大对公立医院资金投入。公立医院人事薪酬制度改革和绩效考核稳步推进，市直7所公立医院和城区、矿区、郊区3所医院试点工作进展顺利。（张海银　路军平）

【县乡机构一体化改革】 2017年，阳泉市作为全省县乡医疗机构一体化改革第一批试点市，平定县、盂县和郊区组建医疗集团并完成法人登记，与医保中心签订医保总额打包付费协议，从2018年起在县区范围内实行医保总额打包付费。城区和矿区结合实际，分别以市第一人民医院和阳煤集团总医院为龙头，成立城区医疗集团和矿区医疗集团。（张海银）

【优质医疗资源下沉】 2017年，阳泉市3所三级医院共对口支援各县区医疗机构诊疗9882人次，会诊疑难病例讨论325次，开展“新技术、新项目”78次，学术讲座198次，业务培训421次，教学查房348次，手术示教88次，提高基层医院医疗水平。发挥市级专科医院和临床重点专科区域优势，组建肿瘤早诊早治和糖尿病专科联盟，协作县级医院超过10所（次），提升基层疾病救治能力。全年双向转诊13254人次，上转10768人次、下转2486人次。（张海银　路军平）

【药政管理】 2017年，阳泉市加强对全市基层医疗卫生机构基本药物配送企业履约监管，保障基层医疗卫生机构基本药物供应，全市基层医疗卫生机构基本药物配送率保持在90%以上。年内，动态调整1家配送企业。重点推进公立医院药品阳光分类采购，辖区24家县级以上公立医疗机构药品除麻醉药品、精神药品、中药饮片外全部通过省级平台阳光采购；鼓励各级各类医疗机构优先采购使用基本药物，全市二级医院基本药物采购金额占比40.16%，三级甲等医院基本药物采购金额占比34.87%，三级乙等医院基本药物采购金额占比33.46%，政府办基层医疗卫生机构基本药物采购金额占比96.47%，均达到省卫计委考核指标。8月1日，全市所有公立医院和政府办乡镇卫生院、社区卫生服务中心共计78家医疗机构，全部落实药品采购“两票制”(药品生产企业到流通企业开一次购销发票、流通企业到公立医疗机构开一次购销发票)，并指定市第一人民医院、市第四人民医院、市中医医院、市妇幼保健计划生育服务中心、北大街社区卫生服务中心、盂县秀水镇卫生院和平定县医疗集团7家医疗机构为短缺药品监测点。 (张海银 路军平)

【基层医疗建设】 2017年，阳泉市加强以县级医院为龙头的农村三级医疗卫生服务网络。全市5家卫生院获国家卫计委群众满意乡镇卫生院称号，9家卫生院获山西省卫计委群众满意的乡镇卫生院称号。全市发放大学生村医补助168万元，在岗乡村医生养老保险补助38.45万元，60周岁以上离岗乡村医生退养补贴40.08万元，村卫生室运行补助27.12万元。 (张海银 路军平)

【社区卫生服务示范单位创建】 2017年，阳泉市实施社区卫生服务提升工程，并创建示范单位11所，其中省级示范单位3所、市级示范单位5所、区级示范单位3所。矿区沙坪社区卫生服务中心、贵石沟社区卫生服务中心，城区南边堰社区卫生服务站被授予省级社区卫生服务提升工程示范单位。 (张海银 路军平)

【健康扶贫】 2017年，阳泉市卫计委建立健康扶贫组织领导体系、目标责任落实体系、贫困人口医保政策体系、贫困人口医疗服务体系，建立完善定期会议制度、督查制度、教育培训制度和数据动态管理制度。全面落实大病集中救治一批、慢病签约服务管理一批、重病兜底保障一批的“三个一批”工作，实现医疗机构落实健康扶贫政策全覆盖、健康扶贫“双签约”(组建家庭医生团队、乡村干部团队与建档立卡贫困人口或家庭签订服务协议)服务全覆盖、贫困村医疗卫生服务全覆盖。全市建档立卡贫困人口29506人，其中核准因病致(返)贫人员4540人。全年贫困大病集中救治878人、救治率99%，贫困大病专项救治114人、救治率99.13%，贫困重病救治83人、救治率98.8%，慢病签约服务5277人、救治率99.8%。 (路军平)

医政管理

【医院管理】 2017年，阳泉市调整阳泉市医疗质量控制管理中心领导组，印发《阳泉市提升医疗质量行动工作方案(2017—2019)》和《阳泉市质量控制组织管理考核方案》。组织开展医疗质量安全相关法律法规考试。组织对全市重点专科申报单位进行评审，确定阳泉市第一人民医院老年内科等36个市级重点专科。推进临床路径，全市二级及以上公立医院临床路径管理病例数占出院病例数比例达30%。全市21个质控部开展培训、督导等质控活动。各医院成立医疗安全管理组织机构，全面梳理排查医疗安全风险。 (张海银)

【中医药服务】 2017年，阳泉市开展基层中医药服务能力提升工程，全市100%乡镇卫生院、社区卫生服务中心(站)和66.26%村卫生室能够提供中医药服务。推进中医药特色基层医疗卫生机构创建工作，赛鱼社区卫生服务中心、李家庄乡卫生院、锁簧镇卫生院、孙家庄卫生院、晋东社区卫生服务站5家单位被评为山西省中医药特色基层医疗卫生机构。加强中医综合诊疗区(中医馆)项目建设，北大街社区中心、平坦镇卫生院、娘子关镇卫生院和锁簧镇卫生院4个中医馆项目全部建成。组织全市2017年传统医学医术确有专长人员考试，58人通过考核取得传统医学医术确有专长证书。启动首批市级重点中医药专科(专病)评审，评选出阳泉市中医医院中医外科、盂县中医医院针灸康复科、盂县人民医院中医内科、盂县中医医院肛肠科和平定县中医医院脑病科5个阳泉市市级重点中医药专科(专病)建设单位。启动首批市级老中医药专家学术经验继承工作，遴选出2名专家和2名继承人，开展师带徒工作。市中医医院于学仁、杨来禄和市第三人民医院檀虎亮获第二批山西省名中医称号。建立阳泉市中医药工作联席会议制度。继续扩大山西省中医药适宜技术推广视频平台入网机构数量，全年全市新增17家基层医疗机构入网，其中城区5家、矿区6家、郊区5家、开发区1家。举办“中医中药中国行——中医药健康文化推进行动”启动仪式。利用多种渠道宣传中医药法，普及中医药健康知识，提升民众中医药健康素养。 (路军平)

【阳泉市中心医院筹建】 2017年，阳泉市拟建阳泉市中心医院是一所集医疗、科研、教学、康复为一体的三甲医院，项目地址位于生态新城漾泉大道南侧、宁波路西侧。占地面积13.95万平方米(209.2亩)。按照“一次规划、分期建设”原则建设，项目总床位拟设2000张，分两期建设。阳泉市中心医院项目采用PPP模式，项目列入省发改委PPP项目库。按照PPP项目建设流程和要求，项目处于识别阶段，市政府授权市卫计委为项目实施机构，明确阳泉市城投公司为政府出资方代表，成立市中心医院项目联审小组。委托PPP项目咨询公司编制“两评估一方案”，完成两次市场测试，并就实施方案有关内容(政府可行性缺口补助、财务指标测算等)进

行调整。年底，节能评估报告已上报省发改委，等待批复。 （张海银）

【医疗便民惠民】 2017年，阳泉市第一人民医院、阳泉市第三人民医院、阳煤集团总医院接入省卫计委预约诊疗服务平台，提高预约诊疗率，有效分流患者。平定县人民医院与太原市中心医院，郊区人民医院与北京301医院，盂县中医医院与东软熙康健康科技有限公司、太原市中医医院建立远程会诊服务。阳泉市第三人民医院列入国家卫计委病理远程会诊基地，提升疾病诊治能力。全市13所二级以上医院优护病区覆盖率均达100%。通过医疗扶贫“绿色通道”上转4138人次、下转58人次，“先诊疗后付费”服务435人次，“一站式”综合服务窗口服务27776人次。全市各级医疗机构共免除普通门诊挂号费35332人次21095元，其他扶贫措施服务7397人次，减免金额27.43万元。推进医疗联合体内部检验影像检查结果互认1.3万余人次，总计减免金额180余万元。申请疾病应急救助基金和道路交通基金，全年共减免30余万元。 （张海银 路军平）

【药事管理】 2017年，阳泉市卫生部门要求各医院加强处方点评和开展临床合理用药专项整治，采取措施干预不合理用药，并按月通报全市二级及以上医院合理用药情况。举办阳泉市抗菌药物、麻醉精神药品合理用药管理师资培训班，全市4000余名医师、药师参加培训。还开展抗菌药物合理使用宣传工作。 （张海银）

【血液管理】 2017年，阳泉市共采血14557人次，采血总量575.53万毫升，比2016年分别增长6.13%和6.08%。临床供血量稳中有升，红细胞类供应量为26969单位，比上年增长4%。血小板、冷沉淀和血浆类供应也均有增长。 （张海银 路军平）

【科教管理】 2017年，阳泉市各县区、市直医疗卫生单位、乡镇卫生院继续医学教育网络化管理全覆盖，社区卫生服务机构覆盖率达80%，村卫生室覆盖率超过40%。卫生技术人员继续医学教育年度考核参与率及达标率：初级职称3999人，参加人数3355人，参与率83.9%；达标人数2999人，达标率74.9%。中级职称2102人，参加人数1903人，参与率90.53%；达标人数1786，达标率84.96%。高级职称972人，参加人数942人，参与率96.91%；达标人数894人，达标率91.97%。举办继续医学教育项目95期，参加学习2.5万余人次。申报省级继续医学教育项目19项，国家级继续医学项目1项。 （张海银）

【执业医师资格考试】 2017年，阳泉市共有518名考生报名参加全国医师资格实践技能考试，350名考生合格，合格率67.56%；综合笔试考试191名考生合格，合格率54.57%。482名考生报名参加全国护士执业资格考试，173名考生合格，合格率35.89%。1779名考生报名参加全国卫生专业技术资格考试（中级、初级），751名考生合格，合格率42.21%。199名考生报名参加全国卫生专业技术资格考试（高级），159名考生合格，合格率79.90%。（张海银 路军平）

卫生监督

【放射卫生监督】 2017年，阳泉市共出动卫生监督员493人次，监督放射诊疗工作单位198户次、职业健康检查机构12家、职业病诊断机构3家，监督覆盖率100%。下达检查笔录及卫生监督意见书182份，查处违法违规案件28家，警告26家，罚款4家共计0.75万元。 （张海银 路军平）

【医疗卫生监督】 2017年，阳泉市开展打击非法医疗美容、查处虚假违法医疗广告、医疗器械及医用耗材使用管理自查自纠、套取社保资金专项整治等专项行动，组织交叉检查、层级督查，规范医疗服务市场秩序。全市应监督医疗机构1585户，实际监督检查2114户次，查办违法违规案件58件，罚款14.8万元。 （张海银）

【学校卫生监督】 2017年，阳泉市卫计委对各类学校教学环境卫生及学生宿舍等生活场所卫生管理情况、传染病防控情况、生活饮用水卫生管理情况进行监督检查。全市应监督单位349户，实际监督630户次，经常性卫生监督覆盖率100%。对全市102所学校进行卫生综合评价，24所优秀。结合《2016年阳泉市中小学校教室照明“规范化建设”专项督查结果分析》，与市教育局共同强化市管学校教室照明工作，市管学校教室照明合格率由23%上升至97%。（张海银）

【公共卫生监督】 2017年，阳泉市卫生系统对全市城镇公共供水、自建设施供水、农村集中式供水、二次供水等各类供水单位进行摸排整治，落实卫生安全、环境保护、反恐防范等工作要求。全市涉及日供水能力千吨以上集中供水单位10个，经常性监督全覆盖。联合市旅发委开展旅游景区及周边公共场所卫生专项监督检查，对全市A级以上旅游景点（区）及周边宾馆、旅店、美容美发场所、游泳场所等各类公共场所卫生管理情况进行监督检查，共计检查旅游景区周边公共场所32家。结合国家卫生城市创建要求，开展公共卫生专项监督检查，对全市宾馆、旅店、美容美发场所、游泳场所等各类公共场所卫生管理情况进行监督检查。共监督检查1364户次，责令整改32户次，查办违法违规案件15件，罚款0.95万元，经常性卫生监督覆盖率达100%。对部分公共场所用品用具及空气卫生质量进行监测，共检测集中空调通风系统7户、美容美发场所22户、沐浴场所14户、商场超市2户、影剧院游艺厅歌舞厅音乐厅4户、游泳场所13户、住宿场所11户，其中空气质量检测均合格，用品用具部分指标超标。监督检查餐饮具集中消毒单位7家，经常性卫生监督覆盖率达100%。（路军平）

【计划生育监督】 2017年，阳泉市卫生系统对开展计划生育技术服务、母婴保健技术服务机构进行细致检查，对各级各类医疗卫生机构进行全面排查。阳泉市应监督计划生育技术服务机构53户，实际监督76户次，查办违法违规案件4件，罚款16.13万元，没收违法所得4.78万元。（张海银）

【食品安全风险监测】 2017年，阳泉市卫生系统对食品中化学污染物和有害因素监测覆盖所有县区，在所有县区开展食源性疾病监测县乡村一体化试点工作。全年共采集食品中化学污染物及有害因素监测样品119份样品，采集食品微生物及其致病因子样品136份。食源性疾病病例信息采集与调查14家哨点医院共报告病例1152例，县、乡、村一体化基层医疗卫生机构共报告55例。2家食源性疾病特定病原体监测点医院共采集样品247份。全年全市未发现疑似食源性异常病例和异常健康事件报告。（张海银 路军平）

疾病控制

【艾滋病防治】 2017年，阳泉市卫计委开展艾滋病监测工作，全年完成艾滋病筛查检测11.67万份；开展抗病毒治疗工作，治疗率89.3%。（张海银）

【传染病防控】 2017年，阳泉市乡级以上医疗卫生机构和社区卫生服务中心全部纳入网络直报管理，截至2017年底，全市共有网络直报单位87家，网报率100%。全市共报告传染病7643例，其中乙类11种2550例、丙类7种5093例，报告发病率544.53/10万。（张海银）

【结核病防治】 2017年，阳泉市卫计委开展结核病定点医院、疾病预防控制机构、基层医疗卫生机构分工明确、协调配合防治服务体系服务规范管理年活动。全年报告结核病患者700例，管理559例，发病率50.06/10万，报告肺结核患者和疑似肺结核患者总体到位率98.41%，肺结核患者病原学阳性率22.67%，病原学检查阳性肺结核患者密切接触者筛查率100%，肺结核患者治疗成功率96.20%，耐多药高危人群筛查率100%，艾滋病病毒感染者结核病检查率100%。加大对学校结核病疫情常规监测工作指导，及时处理学校结核病疫情，全年共报告本地学生肺结核51例，均为散发病例。（路军平）

【地方病防治】 2017年，阳泉市卫计委完成全市食用盐加工、批发系统碘盐监测12批次共120份，批质量合格率100%。完成居民户食用碘盐监测300份，碘盐覆盖率96.3%。完成全市碘营养监测和甲状腺肿大率筛查工作，采样儿童盐碘875份、尿碘874份、甲状腺B超检查420人和孕妇盐碘399份、尿碘394份。开展布病监测，阳泉市共报告布病56例。（张海银）

【慢病防治】 2017年，阳泉市老年人登记人数13.39万人，健康管理11.30万人；高血压患者健康管理人数13.31万人，规范管理12.22万人，管理人群血压控制数9.94万人；糖尿病患者健康管理人数3.49万人，规范管理3.18万人，管理人群血糖控制数2.40万人。

开展严重精神障碍患者救治救助专项行动，全市累计救助108例，为每名贫困严重精神障碍患者发放1400元药费补助。全年在册严重精神障碍患者5283人，报告患病率3.78‰，管理率87.6%，规范管理率77.97%，服药率64.81%。（张海银）

【城市区生活饮用水监测】 2017年，阳泉市全面完成枯水期和丰水期生活饮用水监测任务。全市62个监测点覆盖所有县区，共采集124份水样，采样量和项次检测任务完成率均达100%。在市政府网站公示二、三、四季度城区用户水龙头水质监测信息。（张海银 路军平）

【健康教育和健康促进】 2017年，阳泉市出台《关于全面加强健康教育工作的实施意见》和《健康教育“六进”活动实施方案》。组织基层健康教育人员培训。完成健康素养项目监测工作。开展健康教育“六进”（进家庭、进社区农村、进学校、进医院、进机关、进公共场所）活动，受益人数达80余万人次。开展相关调查，全市居民健康知识知晓率达79.72%，健康行为形成率85.99%；重点人群慢性病知识知晓率63.83%，行为形成率42.65%；成人吸烟率21.8%；成人经常锻炼率38.7%；食盐摄入量8.67克，食油摄入量24.72克，与上年调查数据相比，各项指标均明显改善。（张海银）

【宣传引导】 2017年，阳泉市卫计委以推进健康阳泉建设为主线，围绕全市卫生计生中心工作，加强新闻宣传和舆论引导，组织基层医疗卫生单位新闻宣传人员开展新闻稿件采写、摄影图片处理技巧培训2次。全年在市级以上媒体刊登稿件120篇，其中省级以上40篇、国家级媒体15篇。市级健康类网站、栏目、微信平台等全年发布健康信息2500余条。全年编印平面类印刷材料7种、2.6万余份，印制《健康天地报》12期3.6万

份。在全市开展中国好医生、好护士推荐活动。 （张海银 路军平）

妇幼保健

【妇幼安全】 2017年，阳泉市卫生系统完善危重孕产妇和新生儿转诊、会诊网络和机制，各级救治中心开展应急演练，加强危重孕产妇和新生儿救治网络能力建设，确保每位危重孕产妇和新生儿能得到及时治疗。全市0至6岁儿童健康管理率95.70%，孕产妇健康管理率97.33%，孕产妇系统管理率84.51%。全市孕产妇死亡率0/10万；5岁以下儿童死亡率10.41‰，其中新生儿死亡率7.25‰；出生缺陷发生率85.39/万，其中神经管畸形发生率5.34/万。 （张海银）

【基层规范化建设】 2017年，阳泉市卫计委开展妇女保健门诊、儿童保健门诊规范化建设。其中，城区南山社区卫生服务中心和矿区沙坪社区卫生服务中心的妇女保健门诊，城区上站社区卫生服务中心和郊区李家庄卫生院的儿童保健门诊分别获得省级妇女保健、儿童保健规范化门诊称号。 （张海银）

【预防接种】 2017年，阳泉市卫计委开展Ⅱ型脊髓灰质炎疫苗相关病毒登记清册工作。开展常规免疫，执行疫苗管理各项制度，加强疫苗运输储运管理，提高服务质量，全市适龄儿童国家免疫规划疫苗接种率保持在95%以上。 （张海银）

应急抢救

【突发事件处置】 2017年，阳泉市共向市委、市政府、省卫计委报告突发事件信息307条。其中，空气污染事件296条（非职业性CO中毒292条、职业性CO中毒3条、非职业性液化气中毒1条），暴发疫情7起（风疹暴发疫情1起、水痘暴发疫情2起、手足口病暴发疫情1起、流感暴发疫情3起），聚集性疫情4起、均为手足口病聚集性疫情。

全年共处置3人以上突发事件51起，伤亡总数206人，其中死亡9人、重伤27人。在参与处置突发事件中，交通事故共38起，伤亡158人，其中死亡4人、重伤18人；煤气中毒6起，伤亡18人，其中死亡5人、重度中毒7人；群殴事件6起，伤23人，无死亡病例，重伤2人；其他突发事件1起，伤亡7人，无死亡病例。 （张海银）

【卫生应急队伍建设】 2017年，阳泉市共有市级卫生应急队伍11支，其中医疗救治队伍6支、队员159人，市级突发事件处置专家咨询委员会下设5个专业组、委员95人。7月10日，与市总工会联合举办卫生应急技能竞赛比武活动，全市5个县区和市直医疗卫生单位，2000余名医护人员参加基层培训、基层练兵和基层初赛。6月7日，组织开展应对人感染H7N9禽流感疫情卫生应急演练，演练达到检验预案、磨合机制、锻炼队伍的目的。 （张海银 路军平）

计划生育

【生育政策落实】 2017年，阳泉市卫计委坚持人口和计划生育目标管理责任制，配套完善全面两孩政策措施。推进公共场所母婴设施建设，全面推行网上生育登记，加强出生人口监测，鼓励群众按政策生育。根据全员人口信息管理系统统计数字，2017年（计生年度），全市出生10167人，其中政策内生育10008人、政策外生育159人，符合政策生育率98.43%。 （张海银）

【计生家庭扶助】 2017年，全市国家计划生育家庭奖励扶助6917人（新增913人、退出164人），国家计划生育家庭特别扶助544人（新增146人、退出14人），省四项奖励中领证独生子女奖励85690人（净增39人），退二孩指标315户，双女绝育家庭3户，独生子女新增伤残、死亡89户。全年各级财政负担奖励扶助经费总额6150.34万元。投入4.84万元，为独生子女死亡家庭283人、独生子女伤残家庭401人（包括子女）办理住院护理保险。建立计划生育特殊困

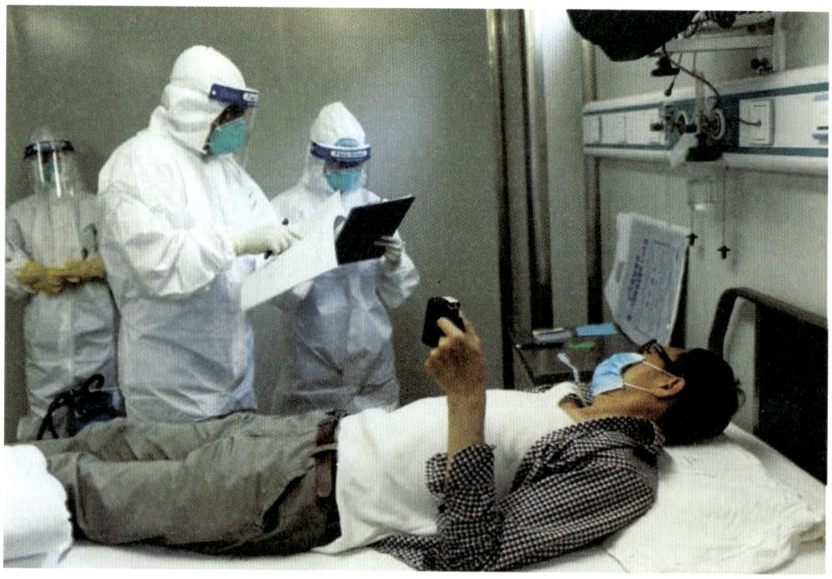

2017年6月7日，市卫计委组织开展应对人感染H7N9禽流感疫情卫生应急演练 （李绪君供图）

难家庭信息档案445户。全市确定6家医院为计划生育特殊家庭就医“绿色通道”定点医院并挂牌。春节、元宵节期间，慰问困难计生家庭220户，发放慰问金15.19万元。（张海银）

【流动人口计生服务】 2017年，阳泉市开展流动人口集中服务月活动和流动人口关怀关爱专项活动，慰问流动人口中留守儿童、留守老人、返乡农民工等家庭。在全市设置10个样本点，完成流动人口卫生计生动态监测问卷调查及录入工作，共填写录入个人问卷200份、村居问卷10份。（张海银 路军平）

【药具服务】 2017年，阳泉市执行“免费提供避孕药具”政策。全年全市执行省级药具分配需求计划59.5万元，对各县区分配计划56.1万元，参加市级各类宣传活动发放药具2万元，全市全年实际发放药具58.1万元。（张海银）

【计划生育协会工作】 2017年，阳泉市计划生育协会完成“入序”及更名工作，“阳泉市计划生育协会办公室”更名为“阳泉市计划生育协会”，单位性质由参公事业单位变为参公群团组织。召开阳泉市计划生育协会第五次全市会员代表大会，进行计划生育协会换届工作。举办阳泉市青春健康教育市级培训师和市级主持人认证会，组建一支17人的青春健康教育市级培训师和主持人队伍。开展主题宣传活动，各级协会组织开展慰问关爱服务活动141场，共计慰问独生子女伤残家庭、失独家庭、困难计生家庭、困难留守儿童和老人、计生干部家庭3895户，共发放慰问金23.04万元；举办宣传活动253场，宣传覆盖人数达8万余人。还在全市开展计生基层群众示范创建工作。全市33个村（社区）获全国人口计生基层群众自治示范村（社区）称号，80个村（社区）获山西省人口计生基层群众自治示范村（社区）称号，100个村（社区）获市人口计生基层群众自治示范村（社区）称号，城区北大街街道办事处、郊区李家庄乡、平定县岔口乡获山西省计生基层群众自治示范乡称号，郊区、矿区获山西省计生基层群众自治示范县（区）称号。（张海银 路军平）

食品药品监督管理

【概况】 2017年，阳泉市食品药品监管系统认真学习贯彻中共十九大、十九届一中、二中全会精神，以习近平新时代中国特色社会主义思想为指引，严防、严管、严控食品药品安全风险，守住不发生系统性区域性风险、不发生重大食品药品安全事故、不发生重大舆情事件3个底线。截至2017年底，全市共有各类食品药品生产经营单位16118户，其中食品生产企业58户、食品流通企业7332户、餐饮服务单位2984户、食品生产经营小作坊3025户、药品生产经营企业1250户、医疗器械生产经营企业335户、保健食品化妆品经营单位1134户，比2016年增加1815户。年内，市食品药品监督管理局被省爱卫会评为省级爱国卫生先进单位、被省食药监局评为2016年度食品安全监督抽检工作优秀组织单位。（毛赟程）

【队伍建设】 2017年，阳泉市食药监局设立开发区分局，作为市局派出机构履行食品药品监管职能。整合市稽查队、城区稽查队、矿区稽查队，组建市食品药品综合行政执法队。举办全市B类药品GSP认证检查员培训班，培训认证检查员50余人；组织托幼机构负责人开展食品安全培训，培训幼儿园负责人及食品安全管理员28人；举办全市包装饮用水企业检验人员培训班，培训检验人员60余人；全年举办培训班培训580人次，送出培训64人次。（毛赟程）

【基础建设】 2017年，阳泉市42个乡镇监管站有39个达到省政府“五个一”（一个独立办公场所、一辆执法用车、一套快检设备、一部执法记录仪、一台便携式打印机）和国家局“十个一”（一处相对独立的办公场所、一台执法车辆、一套快检设备、一部投诉电话、一台传真复印机、一台便携打印机、一台摄像机或执法记录仪、一部照相机、每人一台电脑一套办公桌椅）的规范化建设标准。市食品药品检验检测中心新增食品检验参数22个，具备64个检验参数的食品检验资质。争取到中央基建投资拨款222万元，为平定局、盂县局、城区局、矿区局各购置食品快速检验车1辆。（毛赟程）

【“12331”食药投诉举报中心建成】 2017年，阳泉市在市“12331”投诉举报中心建成的基础上，建成各县区“12331”投诉举报中心，提高全市投诉举报受理和处理能力。全年共接收投诉举报信息749件，较2016年增长6%，其中咨询287件、投诉举报462件，受理427件，回复率100%，办结率100%。从网络媒体等平台上主动收集舆情14期，起到及时风险预警的作用。（毛赟程）

【“容缺受理”审批模式】 2017年，为进一步优化全省营商环境，根据市委、市政府优化营商环境工作的总体部署，阳泉市食药监局优化行政审批流程，协调放宽受理门槛，制订《行政许可“容缺受理”清单》，探索开展行政审批“容缺受理”模式。企业或其他市场主体申报审批事项时，主要申报材料齐全有效，次要申请材料有所欠缺，由行政相对人做出补齐承诺，窗口先行受理业务，进入审查环节，审查过程中由行政相对人补齐次要申请材料，材料补齐后审批部门及时做出审批决定。

“容缺受理”模式打破原来“申请材料齐全且符合法定形式，再受理”传统，在不违反原则前提下，开辟一条“绿色通道”，允许“边补齐材料，边受理审核”。（毛贇程）

【监管工作创新】 2017年，阳泉市食品药品监督管理系统深入分析市本级监管工作中存在的突出问题，采取3项措施夯实监管责任，提升监管水平。

对重点企业实施重点监管。制订下发《关于印发市本级重点监管单位名单的通知》，筛选出63家规模较大、风险较高的单位作为市本级重点监管对象，通过强化重点检查和监督抽检，既直接掌握企业主体责任履行情况，又对县区局监管责任履行情况适时监督，及时发现监管漏洞，补齐监管短板。在重点单位监督检查过程中对基层监管人员传帮带，提升基层监管人员业务素质和监管水平。

对市本级监督检查项目实行计划管理。制订印发《2017年下半年市本级食品药品监督检查项目计划》，对市本级监督检查工作全部实行计划管理，明确检查项目、检查内容、检查方式、检查时间以及组织实施等内容，为监管人员和监管工作明确任务和方向。长期以来监督检查工作计划零星化、碎片化问题得到有效解决，监管力量和资源得到科学统一调配，为量化考核提供条件。

市食药局出台《关于进一步加大案件查办力度的意见》。全年查办结案355件，比上年增长85.86%。罚没款145.59万元，增长71.79%。矿区局、郊区局、城区局结案数分别比上年增长12.85倍、2.33倍、1.00倍，平定局罚没款比上年增长4.37倍，矿区局、综合行政执法队、城区局罚没款比上年增长60%以上，摆脱全市食品药品案件查办长期落后的局面。（毛贇程）

【风险隐患排查整治】 2017年，阳泉市食药监系统开展进口食品、调味品、食用农产品、婴幼儿配方乳粉、节日特色食品、保健食品、网络订餐、学校及周边餐饮和旅游景区餐饮安全、医疗机构大型医疗设备、植入性医疗器械、疫苗接种点、保健食品欺诈和虚假宣传整治等一系列专项整治。

全年共出动执法人数45562人，检查企业17718户，排查出隐患单位1367户、风险隐患2452条，责令整改4317户。并建立问题清单，实现销号管理。先后完成庆祝阳泉建市70周年纪念大会、《人说山西好风光第二季》电视竞演活动等各级保障任务26次。联合旅发委对风景区、旅游景点进行集中整治，对接入订餐平台944家线下餐饮服务单位进行现场核实，约谈305家。农村集体聚餐和自办宴席报告登记和上门指导1072户次。（毛贇程）

【监督抽检任务】 2017年，阳泉市食药监系统全面完成食品药品安全抽检工作，食品抽检1918批次，涵盖全市417家食品生产经营单位，合格率99.48%；药品抽检500批次，合格率99.4%；医疗器械抽检15批次，合格率100%；保健食品抽检30批次，合格率96.7%；化妆品抽检40批次，合格率95%；食用农产品检测26664批次，合格率99.3%；端午节、中秋节期间，组织抽检粽子16批次、月饼20批次，合格率均为100%。对抽检发现不合格产品及时进行查处和产品溯源协查，检验结果及时在网站和有关媒体公告。（毛贇程）

【食品安全创建活动】 2017年，阳泉市食药监局按照《关于开展创建“放心肉菜示范超市”活动工作方案》要求，确定华龙超市等10家超市为“放心肉菜示范超市”创建单位，并在《阳泉日报》和市食药监局官网进行公示。对郊区、平定县、盂县创建工作进行督查，提出意见和建议14条。推动县区创建活动开展，盂县一次性通过全省食品安全示范县验收，被省食安办授予首批山西省食品安全示范县称号。（毛贇程）

【监管信息化和可追溯体系初步建成】 2017年，阳泉市食品药品监管信息化平台初步建成，实现与省食药监局和城区、郊区平台对接。全市首批纳入信息化监管企业208户，其中市级平台16户、县区平台192户。食品药品追溯系统初步建立，食品生产环节实现食醋、肉制品生产企业产品二维码全流程可追溯，全部177户婴幼儿配方乳粉经营企业实现信息入

2017年“3·15”期间，市食药监局对市场检查过程中罚没的假冒伪劣食品药品、过期中成药和劣质中药材进行集中销毁（毛贇程供图）

网。餐饮环节292家餐饮单位实现台账登记、人员管理、添加剂使用、食品留样的信息化管理。二期项目69部执法终端全部配备到位，200家试点单位安装客户端。为执法人员配备移动办公设备35台，提高工作效率和监管效能。（毛赟程）

【食药监管宣传工作】 2017年，阳泉市食药监局利用微信公众号和政务头条号新媒体宣传食品药品监管工作。“阳泉食事药闻”头条号被今日头条与中国互联网发展基金会评为全国最具影响力民生头条号。“阳泉食事药闻”在今日头条组织开展政务头条号问答活动中获第一名。“阳泉食事药闻”政务头条号全年新增阅读量210万次，推荐量1640万次，保持在全国食药监管系统前十位，国家食药监总局在1月17日《中国医药报》头版发文肯定。（毛赟程）

【行政审批】 2017年，阳泉市食药监局继续加大放权力度，将开发区范围内食品经营、食品生产加工小作坊许可、食品摊贩登记行政审批事项下放至开发区，并且将市级许可的食品生产、药品、器械等7项行政审批事项授权开发区审批。全年共办理行政许可事项752件，其中，食品生产许可事项24件、药品经营许可事项124件、食品经营许可（餐饮类）事项105件、食品经营许可（销售类）事项159件、第三类医疗器械经营许可事项114件、办理二类医疗器械备案事项137件、办理食品生产加工小作坊许可事项89件，全部在规定时限内办结，并进行网上公示，按时办结率达100%。办理执业药师注册121人。（毛赟程）

爱国卫生

【国家卫生城市创建】 2017年，阳泉市爱国卫生运动委员会围绕创建国家卫生城市，开展系列活动。4月14日，阳泉市召开创建国家卫生城市（县城）动员会。5月3日，邀请省爱卫办原主任李立授课，为130余人进行业务培训。年内，做好以“样板”带路“试点”工作，率先打造出“一街、一区（小区）、一市场、一厕所”国家卫生城市标准“试点”。截至2017年底，除部分土建工程受季节限制外，其余要素基本达到目标。做好“合力推进”结合工作，将创建国家卫生城市与环保治理相结合，与文明城市创建相结合，与落实“河长制”相结合，与市城乡环境集中整治行动相结合，与广告牌匾、牛皮癣小广告专项整治行动相结合，与交通秩序综合整治相结合，共同推进“创卫”工作开展。年内，环境卫生面貌发生较大变化，部分主、次大街的环境面貌接近“创卫”标准。（路军平）

【爱卫宣传】 2017年，阳泉市爱卫会围绕“为了人民的健康——65年的历史与展望”主题，开展一系列活动。4月14日，在北山公园举行创建国家卫生城市宣传。城区、矿区、郊区开展相关文艺晚会、现场宣传等活动。《阳泉日报》开辟“创卫”专栏，阳泉交通广播开辟“创卫”栏目，“随手拍”加大监督力度，全市所有公交车电子屏增加“创卫”宣传标语，主要户外电子屏增加“创卫”宣传内容，全市“创卫”宣传氛围初步形成。开展“关注健康，全民健身”活动，全市参与人数达5000余人。（张海银）

【城乡环境集中整治】 2017年，阳泉市爱卫会围绕拆除违章建筑、取缔露天烧烤、清理流动摊位、整治占道经营、清理积存垃圾等开展城乡环境集中整治。各区政府动员各类人员近万人，出动各类机械1000余台，清理垃圾1.5万余吨，河道清淤50千米。拆除违建100余处、6400平方米，取缔小吃烧烤摊点200个，流动摊位200个、清理占道经营63处，整治门店200户。建成区范围内发动干部群众参与清理“小广告”5000余人次、4000余处，粉刷整饰墙体8万余平方米，处理违法张贴小广告人员11人。（张海银）

【病媒生物防制】 2017年，阳泉市爱卫会开展灭蝇、灭蚊、灭蟑螂、灭老鼠的除“四害”行动。在房前屋后、积水点等部位开展清理滋生地行动，有效扼杀病媒生物生存空间。对重点行业、饭店、餐厅，尤其是小理发店、小旅店、小浴室、小歌舞厅、小饭店、小食品店等按照统一时间、统一药品、统一投药、统一验收的“四统一”原则，进行投药消杀，确保“四害”密度控制在国家标准以内。（张海银）

【改厕工作】 2017年，阳泉市爱卫会指导各县区开展改厕工作，盂县完成双瓮式无害化卫生厕所650座，平定县结合新农村改造完成水冲式厕所1043座。对全市乡镇卫生院旱厕情况进行摸底，全市共有32个乡镇卫生院，需改造30座无害化卫生厕所。盂县东梁乡等4所乡镇卫生院、郊区河底镇等6所乡镇卫生院、平定县冠山镇卫生院、城区义井镇卫生院完成改造，达到无害化卫生厕所标准。（路军平）

体 育

综合工作

【概况】 2017年，阳泉市开展各级各类全民健身活动2000余项次，全市经常参加体育锻炼人口超过45万人，占全市总人口的32%。全年培训三级以上社会体育指导员273名。全市竞技体育在国际、国内大赛中获得10金12银10铜。全年销售体育彩票1.18亿元。市体育局被国家体育总局评为2013—2016年度全国群众体育先进单位，被省体育局评为2017年度山西省体育彩票工作突出贡献单位。市体校被国家体育总局授予2017年全国体育事业突出贡献奖（全省只有长治市和阳泉市两家），连续4个周期被国家体育总局命名为国家重点高水平体育后备人才基地。（司淑清）

【体育宣传】 2017年，阳泉市体育局共编印《阳泉体育信息》95期，在市级各新闻媒体登载和发布体育新闻和信息30余条。与阳泉电视台科教频道合作开办首档体育类民生电视栏目《"泉"民健身》（每周五晚8点20分播出），于5月19日首播，主要包括体坛快讯、赛事直击、运动之星、天天健身、体育视角等节目板块。正式印刷出版第一部体育运动志《阳泉市自行车运动志》。（司淑清）

【体育彩票销售】 2017年，阳泉市体育彩票中心结合"新11选5"乐选新玩法和"自由串关"上市，对促销、网点建设、内部管理等工作进行宣传。6月21日，阳泉体彩出现首个"体彩大乐透"一等奖1677万元。8月2日，召开全市体育彩票市场形势分析会，明确目标任务、工作措施。全市新增体育彩票销售网点12台，销售体育彩票1.18亿元，比上年翻一番，是全年任务6800万元的1.74倍。（司淑清）

【高危险性体育经营项目管理工作】 2017年6月6日，阳泉市体育局召开阳泉市经营高危体育项目（游泳）管理工作座谈会，全市16家游泳场所经营单位负责人参加会议，并汇报各游泳场所经营情况、办理高危险性体育项目经营许可证情况及存在问题。市体育局相关人员就游泳场所摩擦系数检测和游泳救生员培训等问题进行解答。11月，市体育局根据《阳泉市人民政府关于继续取消和下放一批行政职权事项的决定》，将高危险性体育经营项目行政职权下放到县区。为做好下放承接工作，下发《关于下放经营高危险性体育项目行政职权有关事宜的通知》，并于16日召开全市高危险性体育经营项目专项业务培训会，各县区分管局长及有关审批人员参加，培训会着重学习高危项目有关法规、管理通知及具体审批操作流程、方法、许可证的填写等。（司淑清）

竞技体育

【阳泉市获第二届全国青年运动会射箭比赛承办权】 2017年，阳泉市获第二届全国青年运动会射箭比赛承办权。市委、市政府组建成立"二青会"阳泉市执委会，并召开第一次执委会全体会议，印发工作方案，确定"二青会"射箭比赛场地选址于距阳五高速路阳泉东出口处3千米的阳泉生态新城，由清华大学建筑设计研究院有限公司负责完成设计方案。射箭比赛场馆建设由市住建局牵头，土地、规划、发改、体育等部门配合，确保"二青会"射箭比赛场馆建设于2018年底交付使用。（司淑清）

【解清雅入选2017年射击世界青年锦标赛国家集训队】 2017年3月30日至4月6日，阳泉市体校射击运动员解清雅参加国家体育总局射击射箭运动管理中心举办的选拔赛。此次选拔赛是为6月在德国苏尔举办的2017年射击世界青年锦标赛选拔优秀运动员。解清雅以27分的积分获得选拔赛第一名，入选国家射击集训队。（司淑清）

【赵雅婷在世界艺术体操挑战杯赛中获佳绩】 2017年6月2日至4日，阳泉市艺术体操队选送的运动员赵雅婷参加在西班牙举办的世界艺术体操挑战杯赛上取得个人单项（球）第8名，这是全省艺术体操自1988年建队以来最好成绩。（司淑清）

【蹦床运动员在第十届世界运动会中摘得两枚金牌】 2017年7月24日，在波兰弗尔兹瓦夫举行的第十届世界运动会上，阳泉籍运动员涂潇与搭档董栋参加男子双人同步蹦床比赛，以51.25分的成绩卫冕该项目金牌。7月26日，蹦床男子单跳个人比赛中，阳泉市运动员张雒夺冠，卫冕该项目金牌。（司淑清）

【王智伟在第13届全运会夺金】 2017年8月28日，第十三届全运会首个比赛日，在天津团泊体育中心射击馆举行的男子50米手枪决赛中，

2017年8月28日，第十三届全运会男子50米手枪决赛中，阳泉籍运动员王智伟夺冠（司淑清供图）

阳泉籍运动员王志伟以227.9环成绩夺得冠军。系山西省体育代表团在全运会开幕后首枚金牌。（司淑清）

【山西省业余训练现场工作会】 2017年3月23日，山西省业余训练现场工作会在阳泉市召开。省体育局青少处，竞赛管理中心负责人，省各运动管理中心分管领导，各市体育局（文化局）分管业余训练领导、体校校长，各国家级、省级体育后备人才基地负责人等100余人参加会议。其间，大同市体校、阳泉市体校等代表发言。与会人员实地观摩国家重点高水平体育后备人才基地——阳泉市体育运动学校。就新周期山西省高水平体育后备人才基地认定办法、山西省足球锦标赛竞赛规程、省运会比赛相关事宜等议题进行讨论。（司淑清）

【山西省网球排名赛分站赛参赛】 2017年4月8日至9日，阳泉市体育中心网球队参加在省体育中心综合馆举办的山西省网球排名赛分站赛。全省8个地市共180余名运动员参赛。阳泉市共派出25名网球运动员参加，经过2天比赛，获得3个冠军、3个亚军和7个季军。（司淑清）

【全市中小学生篮球赛暨“阳泉体校杯”青少年篮球联赛资格赛】 2017年5月22日至25日，由阳泉市体育局、阳泉市教育局联合主办的阳泉市中小学生篮球赛暨“阳泉体校杯”青少年篮球联赛资格赛举行。

比赛共有全市35支代表队420名运动员参赛。经过比赛，实验小学、新华小学、阳泉十九中、阳泉十八中、赛鱼小学、洪城河小学分别获得小学男子组前六名，特殊教育学校、阳泉三中、阳泉六中、阳泉十九中、阳泉四中、阳泉十八中分别获得初中男子组前六名，阳泉二中、玉泉中学、阳泉十七中、市体校（初中队）、阳泉三中、阳泉一中、荫营中学、平定职高、育英学校分别获得男子高中组前九名，阳泉四中、阳泉十九中、阳泉七中、荫营中学、玉泉中学、阳泉三中分别获得初中、高中女子前三名。（司淑清）

【山西省第15届运动会举重资格赛暨2017年山西省举重冠军赛】 2017年6月25日至7月2日，由省体育局主办、阳泉市体育局承办的山西省第十五届运动会举重资格赛暨2017年山西省举重冠军赛在阳泉市完成各项比赛。太原、大同、阳泉、长治等9个地市264名运动员和教练员参加比赛。

比赛中，山西省首次运用高台进行举重比赛，为省运会决赛积累经验。比赛采用国家体育总局最新审定的竞赛规则，选派50名裁判员（其中4名国际裁判、6名国家级裁判），确保比赛严肃、认真、公正。比赛共分为男子甲组、乙组，女子甲组、乙组4个组别20个级别，产生30枚金牌。太原代表队以总分176分获得团体总分第一名，长治代表队、大同代表队分获团体总分第二、三名。阳泉代表队、太原代表队、大同代表队获得体育道德风尚奖。阳泉市共派出14名运动员参赛，其中刘柳获得女子乙组63千克级金牌、张馨悦获得女子甲组90千克级金牌。李昆仑获得男子乙组52千克级金牌，其他级别比赛中，还获得3枚银牌、2枚铜牌、2个第四名、2个第五名、1个第六名、1个第八名。（司淑清）

群众体育

【阳泉市门球协会成立】 2017年1月2日，阳泉市门球协会在城市中心广场门球场举行成立大会及揭牌仪式。山西省门球协会主席王清选、市体育局副局长王满田、市老年体协副主席郗存祥应邀参加会议并为协会揭牌。前期筹备大会在市老干活动中心会议室召开，张宝珍当选协会主席，刘红为常务副主席，左悌堂、任拉全、赵妙川、张山川、张建华为副主席，刘红（兼）为秘书长。（司淑清）

【迎新年登高骑行活动】 2017年1月2日，阳泉市自行车运动协会举行迎新年登高骑行活动，20余名骑友参加活动。线路从阳泉文化中心开始，骑至冠山，再经平定县北茹村，最终到狮脑山，全程47千米。（司淑清）

【迎新年翠枫山半程马拉松】 2017年1月7日，阳泉市长跑健身协会连续第十年举办迎新年翠枫山半程马拉松活动，全市160余位长跑爱好者

2017年6月25日至7月2日，山西省第十五届运动会举重资格赛暨2017年山西省举重冠军赛在阳泉市举办（司淑清供图）

参加。路线为翠枫山风景区广场到城市广场,全程21千米。（司淑清）

【“庆三八”门球联谊赛】 2017年3月4日至6日,阳泉市门球协会在三矿和南山公园门球场举办阳泉市“庆三八”门球联谊赛。全市20支代表队、150名门球爱好者参加比赛。比赛共分两个阶段。第一阶段采用分组循环赛,取小组前四名,第二阶段采用抽签淘汰附加赛。经过比赛,一监队获得冠军、平定队获得亚军、二矿队获得季军,升华队、铁路队、华越队、军休队和三矿队分别获得第四至第八名。（司淑清）

【尤尼克斯阳泉市羽毛球团体赛】 2017年3月24日,由阳泉市体育中心主办,市羽毛球协会、市郊区鑫羽体育用品商店协办,尤尼克斯（上海）体育用品有限公司赞助的2017年尤尼克斯阳泉市羽毛球团体赛在市体育中心体育馆开幕。全市各行业47支代表队、600余名羽毛球爱好者参赛。比赛采用中国羽协制订的最新比赛规则,分单循环赛和淘汰附加赛两阶段进行。经过3天比赛,最终亿骅心羽一队获得比赛冠军,羽我同行一队、健翔俱乐部分别获二、三名,风羽游击队、风羽快乐一队、天翊羽毛球俱乐部龙队、扬帆俱乐部队、工程学院队分获四、五、六、七、八名。中铝山东阳泉矿、晨翔羽毛球俱乐部、博羽俱乐部队获优秀组织奖。（司淑清）

【郑开国际马拉松赛参赛】 2017年3月26日上午,阳泉市长跑健身协会20余位会员参加在郑州市举办的第十一届郑开国际马拉松赛。市长跑健身协会时志广、时斌等会员创造个人最好成绩,老会员杨瑞和、宫双锁等在规定时间完成完赛。72岁老会员武敵作为赛事“荣誉跑友”连续11次参赛。（司淑清）

【阳泉市第二届“尹占云杯”半程马拉松赛】 2017年4月29日,阳泉市举办第二届“尹占云杯”半程马拉松赛。全市长跑爱好者及阳城跑团、蟒河跑团、晋中昔阳哈哈跑团等300余名运动员参加比赛。半程马拉松路线设在桃河两岸,经过比赛,李满娣获得女子组冠军,时斌获得男子组冠军。（司淑清）

【山地车爬坡计时赛】 2017年4月29日,由阳泉市自行车运动协会主办,测石村及锦丰种植有限公司协办的阳泉市首届“锦丰杯”山地车爬坡计时赛在测石村举办。全市各自行车俱乐部及个人单车爱好者100余位运动员参加比赛。石娟芳以14分40秒的成绩夺得女子组第一名,李满娣、赵金梅分获第二、三名。张照华以11分04秒的成绩获得男子组第一名,陈晓刚、董其成分获第二、三名。（司淑清）

【华瑞疯狂铁人联赛获奖】 2017年4月30日,在太原市举行2017年华瑞疯狂铁人联赛第二站比赛,阳泉市长跑健身协会的“金刚全能王”陈晓刚在游泳、自行车和长跑3个项目中均获得第二名。（司淑清）

【毽球代表队获银牌】 2017年5月6日至7日,在长治市潞城举行的“太行山大峡谷杯”2017年山西省花毽公开赛暨潞城市第四届花毽邀请赛中,由门长锁、李文育、白雪梅、张万春、刘忠丽、史丽风等人组成的阳泉市毽球协会代表队在四人制传统花毽自选动作混合项目比赛中获得银牌。（司淑清）

【“VICTOR·百川杯”羽毛球邀请赛获奖】 2017年5月28日至29日,2017年山西省第一届“体彩杯”暨第四届“VICTOR·百川杯”羽毛球混合团体邀请赛在省体育中心体育馆举行。比赛首次设公开组和业余组,其中公开组有5支代表队、业余组有74支代表队参赛。经过2天比赛,公开组冠军被吕梁阳泉联队表演队获得,业余组冠军则是吕梁阳泉联队争先队。此次比赛,共有北京、天津、福建,以及全省各市的千余名羽毛球选手参赛。（司淑清）

【第五届摩托人阳泉盛典暨盂县摩旅文化节】 2017年7月6日至9日,由盂县县委、县政府、市体育局主办,盂县文化局、盂县文物旅游局、市摩托车运动协会承办的“星耀摩旅清凉盂县”2017年第五届摩托人阳泉盛典暨盂县摩旅文化节在盂县文化中心广场举行。全国各地2100余名摩托车爱好者向盂县人民及外地朋友展示丰富多彩的比赛表演,其中太行山机车英雄争霸赛、摩旅英雄弯道赛和摩托车项目等表演为广大群众带来惊险与刺激、速度与激情的视觉感受。大同、银川、石家庄等地车友参加机车英雄争霸赛、摩旅英雄弯道赛、摩托趣味赛、摩托车特技表演、环球飞车表演等项目。文化节期间还举办盂县特色民俗文化展演、特色产品展销等活动。（司淑清）

【阳泉市第六届体育舞蹈锦标赛】 2017年8月10日,第三届中国·阳泉全国体育舞蹈邀请赛暨阳泉市第六届体育舞蹈锦标赛在市体育馆举行,全国21个省、市包括港澳地区41支代表队、1080名选手参赛。最终产生冠军98名、亚军106名、优秀组织奖10个、体育道德风尚奖6个。（司淑清）

【“国新能源·市政杯”YBA篮球联赛】 2017年8月18日至20日,由阳泉市体育中心、阳泉市篮球协会主办,阳泉市兆和电子科贸有限公司、阳泉市黑马文化传播有限公司承办,阳泉市市政工程有限公司协办的阳泉市2017年“国新能源·市政杯”

YBA 篮球联赛决赛在市体育中心体育馆进行。共有 30 支球队参赛，其中甲 A 球队 10 支、甲 B 球队 12 支、甲 C 球队 8 支。最终，孙家沟村队、新思维教育队和东方启明星队分别获得甲 A 组冠、亚、季军，郊区政府队、国新能源队和城区政府队分别获得甲 B 组冠、亚、季军，玉泉中学队、浪漫假日队和强大铁艺队分别获得甲 C 组冠、亚、季军。（司淑清）

【“公爵·壹号杯” 乒乓球团体赛】 2017 年 8 月 27 日晚，由阳泉市体育中心主办、阳泉市兆华昌星经贸有限公司承办、日昱投资发展有限公司协办的 2017 年阳泉市“公爵·壹号杯”乒乓球团体赛在市体育中心体育馆落幕。比赛共有全市 42 支代表队、200 余名运动员参赛。赛事为期 2 天，分两阶段进行。最终，汇麦亨食品队夺得冠军，化洲百川队获亚军，香港宝城队获季军，海鑫一队、开心队、阳煤总院一队、寿阳乒协与新景矿队分获四、五、六、七、八名。（司淑清）

【市毽球协会十周年庆暨“矿区杯”第十届毽球邀请赛】 2017 年 9 月 16 日至 17 日，由矿区文化局、阳泉市毽球协会主办，市体育中心协办的阳泉市毽球协会十周年庆暨“矿区杯”第十届毽球邀请赛在市体育中心举行，200 余名毽球爱好者参赛。比赛设团体竞技赛、平踢混合三人赛、花毽四人赛、个人计数赛等项目，采用三局两胜制，并颁发奖品及证书。经过比赛，太原北宫毽球俱乐部二队、北宫毽球俱乐部一队、阳泉义东沟队分获团体竞技赛前三名，山西毽球龙队、山西毽球虎队、太原北宫毽球俱乐部二队分获平推混合三人赛前三名，新泉桥花毽队、雕花一队、南毽风花毽一队分获花毽四人组前三名，郭景念、冯月娥、秦建生获个人计数赛前三名。（司淑清）

【全省毽球锦标赛】 2017 年 10 月 13 日至 14 日，由山西省体育总会举办的“石膏山杯”2017 年山西省毽球锦标赛在晋中市灵石县举办。全省各市 40 余支代表队、300 余名运动员参赛。经过 2 天比赛，阳泉市运动员获得男子竞技组第四、第五名及优秀组织奖。（司淑清）

【山西省“三晋友谊杯”乒乓球比赛获奖】 2017 年 10 月 19 日至 22 日，2017 年山西省“三晋友谊杯”乒乓球比赛在长治市举行。全省 10 个地市、20 余个省直单位 31 支代表队、400 余名运动员、教练员参加比赛，阳泉市代表队共派出 12 名运动员参赛，其中市级领导 2 名、县处级领导 10 人。经过比赛，获得市级组女子团体第一名、男子团体第二名；张宝明获得市级组市级领导男子单打第二名，段宝山获得市级组县处级领导男子单打第三名，史瑞琴获得市级组县处级领导女子单打第三名，任巧花、王秀莲获得市级组县处级领导女子单打并列第五名；张宝明和荆文萍、张慧清和张燕萍获得市级组混双并列第五名，阳泉市代表队获得优秀组织奖。（司淑清）

【二级社会体育指导员培训班】 2017 年 4 月 26 日至 27 日，由阳泉市体育局、阳泉市体育中心主办，阳泉市体育中心承办，阳泉市体校协办的 2017 年阳泉市二级社会体育指导员培训班在市体校阶梯教室举行开班仪式。全市各县区、各单项体育协会 100 余名健身爱好者参加培训。特邀北京市红十字会五星级志愿者黄伟、公共安全培训师王志文为学员授课，授课内容包括基层群众体育活动的组织与开展及安全救护等方面的内容。培训结束后，考核合格者获得二级社会体育指导员证书。（司淑清）

【第七届武术比赛暨阳泉市武术协会首届武术比赛】 2017 年 11 月 3 日至 5 日，由阳泉市体育局主办，市体育中心、市武术协会、平定县文化局承办，市太极拳协会、市散打协会协办的阳泉市第七届武术比赛暨阳泉市武术协会首届武术比赛在市体育中心体育馆举办。共有 21 支代表队，228 名运动员参加比赛。大赛分武术各类拳种及器械、传统单练及对练、集体等 40 余个项目。在开幕式上，武术爱好者分别展示刀术、棍术、太极拳等武术项目。（司淑清）

【阳泉市羽毛球俱乐部团体赛】 2017 年 11 月 25 日至 26 日，由阳泉市体育局、阳泉市羽毛球协会、平定县文化局、平定县羽毛球协会主办，古洲狼部落俱乐部协办的 2017 年阳泉市羽毛球俱乐部团体赛在市体育中心体育馆举办。

阳泉市各行业组织 37 支代表队，500 余名羽毛球爱好者参加比赛。比赛采用中国羽协最新比赛规则，分为分组循环赛与淘汰赛两个阶段进行。经过比赛，最终游击队获得冠军，心羽俱乐部、天翊虎队分获二、三名。（司淑清）

【阳泉组队参加省健身气功功法技能交流展示大赛获金奖】 2017 年 11 月 28 日至 12 月 1 日，由山西省体育局、省体育总会主办的 2017 年山西省健身气功功法技能交流展示大赛在大同市举办，全省 23 支代表队、127 人参赛，比赛共设易筋经、五禽戏、六字决、八段锦等 9 个项目。阳泉市派出 2 支代表队 8 人参加比赛，经过 2 天竞技展示，老干部中心基地代表队获得六字决集体项目金奖和大舞集体项目银奖，老干部中心站代表队获得八段锦集体项目金奖和大舞集体项目银奖。（司淑清）

旅游服务

旅　游

【概况】 2017年，按照国家旅游统计口径计算，阳泉市商业住宿设施共接待入境游客5380人次，比上年增长11.55%；海外旅游收入119.6万美元，增长11.73%；接待国内旅游者3393万人次，增长24.14%；国内旅游收入283.8亿元，增长25.8%；旅游总收入283.93亿元，增长25.8%。截至2017年底，全市共有旅行社36家；星级酒店10家，其中五星级1家、四星级3家、三星级5家、二星级1家；国家A级景区11家，其中国家AAAA级景区4家、国家AAA级景区3家、国家AA级景区3家、国家A级景区1家；省级休闲农业及乡村旅游示范县2个，国家级休闲农业与乡村旅游示范点1个，省级休闲农业与乡村旅游示范点23个，中国最美乡村3个。

旅游规划　年内，阳泉市做好全域旅游规划编制前期工作。市旅发委指导省旅游发展重点县和市旅游综合改革试点县盂县，编制《盂县全域旅游规划》《盂县北部四乡镇全域旅游连片发展专项规划》《郊区旅游发展总体规划》《郊区旧街乡全域旅游规划》，通过专家评审；平定县及平定县娘子关镇全域旅游规划编制完成，等待专家组评审。

项目建设　年内，阳泉市建立三级旅游项目库，在优先项目建设上将3个龙头景区建设抓在手上，研究确保项目推进长效机制；对市、县旅游项目进行系统整合，形成未来五年重点项目55个，计划投资额329.5亿；推进娘子关景区与乌镇旅游股份有限公司合作，市政府成立“阳泉市娘子关旅游景区开发建设协调领导小组”，在9月21日全省旅游发展大会上，阳泉市政府与陈向宏团队签订《平定县娘子关旅游开发建设项目合作意向书》，保障项目各项工作配合衔接；支持娘子关镇申报创建国家级特色小镇，各项申报材料上报住建部，等待审核批复；市旅发委与市旅游改革发展领导小组成员单位对接，为全省“三大板块”（2017年山西旅游发展大会提出打造黄河、长城、太行三大旅游板块）编制工作做好服务，梳理汇总全市34个“三大板块”重点旅游项目，涉及投资257.85亿元，并向市直部门、县区、旅游企业征求规划编制意见50多条，收集各种规划编制材料30多种，文献资料20多种。全市19个旅游重点项目累计完成投资3.34亿元，下拨财政补助资金373万元。

行业监管　年内，阳泉市在全国率先探索旅游诚信系统，实现诚信服务等级在线查询、顾客满意度现场打分、旅游服务线上投诉、旅游服务24小时监管等功能；组织开展旅游市场检查与整顿，严厉打击“三黑”（黑旅行社、黑导游、黑车）现象、规范旅游合同等；审核电子导游证办结率超过50%，受到省旅发委好评；指导成立市导游协会，强化行业自律；完成全市旅行社审批和备案登记工作；处理旅游投诉，回访率100%，满意率100%。全年共开展旅游市场检查137次，出动检查人员385人次，检查旅游企业248家次、星级饭店12家次、旅游景区39家次、导游9人次。

旅游安全　年内，阳泉市构建旅游安全责任体系，明确安全生产主体责任，将安全生产责任目标逐级分解并签订责任状；开展全市旅游行业安全生产大检查，排查出的隐患全部按期整改到位；开展“反三违（反对违章指挥、违章作业和违反劳动纪律）”、旅游客运包车整治和防汛减灾等专项行动，在中共十九大等重要时间节点，主要领导和班子成员带队深入基层指导排查安全隐患，确保全市旅游行业安全稳定；开展旅游安全培训和宣传，邀请专家对全市旅游行业安全风险分级管控工作进行专题培训。

宣传促销　市旅发委通过对全市旅游市场分析研判，加强京津冀晋主要城市宣传推介力度。组织参加

《人说山西好风光》第二季竞演活动，挖掘、展示境内旅游资源；形成利用阳泉旅游官网和微博微信等新媒体宣传常态，在中央电视台、凤凰卫视投放阳泉市旅游宣传广告；组织参加旅游宣传推介会和展销会，在北京成功举办“阳泉市文化旅游产业融合发展暨招商引资引智论坛”；加大重点旅游节假日宣传力度，出台《2017年国庆黄金周旅游接待奖励政策》；加强区域合作，3省8地市联合发行“冀晋鲁”旅游惠民一卡通；与北京、天津等8省20市联合开展冬季旅游惠民活动。

行业扶贫　作为旅游行业脱贫攻坚主体单位，市旅发委多次召开专题会议进行研究部署，报请市政府同意成立由市政府秘书长郑清明担任组长的阳泉市旅游扶贫领导小组，下发《阳泉市乡村旅游扶贫工程行动方案》和《2017年乡村旅游扶贫行动计划及任务分解落实方案》。开展全市贫困村旅游资源调查工作，各县区按时上报完成《建档立卡贫困村旅游资源调查表》，汇总确定全市11个贫困村乡村旅游点和25个有意愿发展乡村旅游的贫困村，并针对这36个乡村旅游贫困村实际情况印发《全市旅游企业对口帮扶实施方案》，发动全市旅游企业参与到乡村旅游扶贫行动中。　（石晓军　靳红平）

【旅游业改革】 2017年，阳泉市旅游业改革成效明显，理顺旅游业发展体制机制障碍。完成市级旅游行政管理体制改革，将阳泉市旅游局更名为阳泉市旅游发展委员会（以下简称市旅发委），市文物局成建制划入，旅游部门在统筹全市旅游产业改革发展、旅游市场秩序和服务质量综合监管、组织协调旅游公共服务体系建设和管理、通过全域旅游发展推进城镇化建设和新农村建设、带动就业和扶贫工作等方面的职能得到加强。完成全省景区体制机制改革任务，在省政府确定的4个首批体制机制改革创新景区基础上，又确定7个市级体制机制改革创新景区，将改革覆盖到全市11家A级景区。截至6月底，参与改革景区全部完成管理权和经营权分离，实现企业化运作。推进旅游融资机制改革，筹备成立阳泉市旅游投融资公司，加大旅游资源开发和整合力度；通过搭建PPP融资模式，吸引专业运营团队、战略投资方及其他利益相关方组建专业旅游开发建设运营公司，共同推动龙头景区建设，助力旅游业转型升级。　（陈立胜）

【厕所革命】 2017年，阳泉市旅发委响应国家旅游局、省旅发委关于旅游厕所革命要求，抓好大数据中的“关键小事”，实现旅游厕所项目建设网上填报、跟踪、检查、验收流水作业，提质升档，创优旅游厕所建设环境。截至2017年底，全市共完成旅游厕所126座，完成率96.8%，下拨旅游厕所补助资金203.4万元。按照厕所建设计划，市旅发委结合阳泉市实际研究出台《全市旅游厕所新三年行动计划（2018年—2020年）》，实现厕所革命由城市向乡村旅游推进的可持续发展。　（陈立胜）

【“冀晋鲁旅游惠民卡”首发】 2017年，阳泉市为更好贯彻落实“同城旅游友好城市合作宣言”，促进旅游行业健康发展，带动市民出行旅游热情，石家庄、阳泉、德州、邢台、衡水、沧州、定州、辛集等3省8地市旅游部门联合推动，将“石家庄旅游惠民卡”更名为“冀晋鲁旅游惠民卡”。4月28日，市政府新闻办举行“冀晋鲁旅游惠民卡”新闻发布会暨首发仪式。市旅发委及各县（区）旅游委员会负责人，景区、旅行社、旅游协会、社会团体代表近200余人参加。“冀晋鲁旅游惠民卡”包含8地市主要A级景区和核心景区，游客仅需168元便能持卡全年无限次免门票或打折进入3省8市85家景区游览，打折入住10家星级酒店。通过打破行政区域界限，构建一体化发展平台，实现资源共享、政企协作、形象提升，做到服务于民、优惠于民。　（陈立胜）

【阳泉市特色旅游产品参加“万里茶道”市长峰会】 2017年5月16日至18日，阳泉市特色旅游产品参加在晋中市平遥古城举行的第五届中蒙俄“万里茶道”市长峰会。市旅发委组织藏山风景区、大汖温泉度假景区、小河古村评梅景区、银圆山庄、娘子关景区、固关景区等参会，娘子关脆饼、平定砂器、富硒小米、连翘茶等境内特色旅游产品倍受游客青睐，纷纷品尝或选购。中、蒙、俄三国80个节点城市的政府代表、10余个国际国内组织、专家学者、企业负责人等参加开幕式、“万里茶道”论坛、市长圆桌会等12项活动。　（陈立胜）

【阳泉市旅游诚信系统开通新闻发布会】 2017年7月3日，阳泉市政府新闻办在阳泉文化中心报告厅召开“阳泉市旅游诚信系统开通新闻发布会”，全市旅游诚信系统正式上线运行。该系统采取开放性参与模式，定期将诚信情况在境内相关媒体进行通报，并与银行、法院、工商等国家级征信系统连接，失信单位和个人将进入不良记录。　（陈立胜）

【阳泉市文化旅游产业融合发展暨招商引资引智论坛】 2017年7月27日，“阳泉市文化旅游产业融合发展暨招商引资引智论坛”在北京国际会议中心举办。论坛由阳泉市委、市政府主办，市旅发委、市文化局承办。论坛主题为：主动融入“一带一路”，打造晋东文化旅游中心城。论坛邀请到山西（阳泉）籍或与阳泉有关的学养深厚、在文化旅游领域卓有建树的专家学者、企业家嘉宾39名，其中10位嘉宾作为代表进行主题发言，对阳泉文化旅游产业发展现状进行分析点评，为阳泉文化旅游产业发展提出建设性意见和建议。4家旅游产业项目和2家文化产业项目进行宣传推介，为项目招商单位与潜在投资商沟通搭建平台。（陈立胜）

【组团参展】 2017年8月24日至28日，在太原市煤炭交易中心举办的第三届山西省文化产业博览会期间，阳泉市旅发委组织娘子关景区、固关景区、银圆山庄、大汖温泉、冠窑砂器、平定刻花瓷等重点旅游景区和旅游企业参展，共发放各类宣传资料1万余份，特色旅游特色商品企业平定刻花瓷和冠窑砂器通过博览会销售近2万元产品。

9月1日至4日，在天津市梅江会展中心举行的2017中国旅游产业博览会期间，市旅发委组织小河古村评梅景区、银圆山庄、藏山、翠枫山、桃林沟等重点旅游企业参展。9月2日，在石家庄市正定县河北省园博园举行的首届石家庄旅游产业大会上，市旅发委主任苏涛出席并代表友好城市致辞。9月20日至22日，在晋中市举行的2017年山西省旅游发展大会期间，阳泉市组织旅游重点县、县区旅游部门、国家AAAA以上旅游景区及旅游项目签约单位参会；在旅游投融资项目洽谈会上，市长董一兵作旅游项目推介，涵盖文化、体育、扶贫、特色小镇、农业等领域的57个精品领域项目，总投资达300多亿元，并完成娘子关旅游开发建设、大石门旅游开发建设等2个项目签约。

11月17日至19日，阳泉市旅游主管部门参加在昆明滇池国际会展中心举办的2017中国国际旅游交易会。旅交会由中国国家旅游局、中国民用航空局、云南省人民政府共同主办，展览面积达7万平方米，3700个标准展位，71个国家及地区的527家海外境外旅行商参加交易会。其间，通过设置展台发放旅游宣传资料和接待咨询、借助山西旅游推介会等形式宣传阳泉市旅游资源和产品，参会人员与参会客商、媒体代表及昆明市民进行互动交流，提高了旅游知名度。（陈立胜）

2017年8月27日，阳泉市首届七夕节开幕式在桃林沟举办　（许　玲供图）

【阳泉市首届七夕节在桃林沟举办】 为传承传统文化，弘扬民俗民粹，2017年8月27日，桃林沟景区举办阳泉市首届七夕节。七夕节是中国传统情人节，始于汉朝，至今2000余年，牛郎织女的故事家喻户晓，脍炙人口。活动由阳泉市旅游发展委员会主办，阳泉时光桃林旅游文化开发有限公司承办，共青团阳泉市委员会、阳泉市文化局、郊区政府特别支持，阳泉电视台、阳泉市广播电台、阳泉报社、掌上阳泉365及各大网站和各大微信公众号配合，阳泉市阳光机动车检测有限公司冠名。七夕节活动有马术表演、锣鼓表演、相亲大会等。（许　玲）

【国庆黄金周系列活动】 2017年，为促进阳泉市旅游市场发展，提升本地消费，市旅发委在国庆黄金周期间组织活动。9月25日，市旅发委组织各县（区）政府分管领导、旅游局负责人召开全市2017年国庆黄金周旅游促销活动安排会议，就国庆期间旅游促销、气氛营造和安全检查工作进行部署。市旅发委出台《阳泉市2017国庆黄金周期间的旅游接待奖励办法》，奖项资金10万元，范围由旅行社扩大到自驾俱乐部和自驾游散客。9月26日至27日，市旅发分别在太原和石家庄组织召开2场“阳泉市2017年国庆黄金周旅游接待奖励政策发布会”。针对“9·27”世界旅游日和国庆、中秋黄金周，市旅发委协调全市旅游景区推出旅游惠民和节庆活动，通过在《阳泉日报》发布专版，在阳泉旅游官方网站、微信平台进行发布，让市民提前了解节日期间各项优惠活动。9月27日，市旅发委在桃林沟举办世界旅游日主题活动暨桃林沟水世界试营业启动仪式，营造出浓厚节日氛围。截至10月8日，纳入阳泉市统计范围的16家重点景区在国庆、中秋假日共接待游客25.31万人次，按照可比口径同比增长36.8%，实现旅游收入815.43万元，增长22.86%。其中，重点景区藏山接待游客2.99万人次，实现旅游收入162.44万元；大汖温泉景区接待游客0.74万人次，实现旅游收入63.02万元；小河古村评梅景区共接待游客0.058万人次，实现旅游收入0.86万元；娘子关景区共接待游客人6.95万人次，实现旅游收入277.76万元。游客出行呈现出增长趋势，以阳泉周边自驾游游客居多，平定娘子关、盂

县藏山、大汖温泉、华北奕丰生态园及部分乡村旅游点等多条线路受到游客欢迎。（陈立胜）

【冬季旅游惠民活动】 2017年11月10日，阳泉市旅游和发展委员会受邀参加在石家庄国御温泉度假小镇举行的“庆解放、话幸福，八省二十市冬季旅游惠民活动暨国御温泉康养文化节”活动。此次冬季旅游惠民活动由石家庄市旅发委发起，联合北京、天津，保定、邯郸、邢台、沧州、承德、张家口、唐山、廊坊、辛集、定州、阳泉、新乡、德州、聊城、包头、牡丹江、锡林浩特等八省二十市（区）旅游部门，共计130家景区参与。景区推出门票打折或免费优惠，打破行政区域界限，构建一体化发展平台，实现资源共享、企业协作、产品互补、形象提升。

阳泉市冬季旅游惠民活动同时启动：藏山风景区从即日起到2018年3月31日，门票由原价每人80元优惠为每人50元；关王庙从即日起到11月30日，门票由原价每人8元调整为免费；冠山风景区从即日起到12月30日，门票由原价每人5元调整为免费；娘子关风景区从即日起到2018年2月28日，原价每人50元的玻璃栈道和吊桥票优惠为每人30元；红岩岭风景区从即日起到2018年3月31日，原价每人70元的门票优惠为每人50元。（陈立胜）

【桃林沟获“现代新村”称号】 2017年12月5日，在四川武胜县举行的中国美丽休闲乡村建设现场会上，郊区桃林沟村获“现代新村”称号。“2017年中国美丽休闲乡村”评选推介活动由农业部主办，经地方推荐和专家评审，全国150个乡村被评为“2017年中国美丽休闲乡村”，其中，特色民居村41个、特色民俗村35个、现代新村48个、历史古村26个，山西省有5个村名列其中。（许　玲）

【“现代新村”桃林沟】 桃林沟村地处阳泉市城郊接合部，距离市区2千米，面积不到2平方千米，农业人口700余人。20世纪80年代末90年代初还是“一产差、二产弱、三产没着落”的穷村。进入2000年后，桃林沟因地制宜，提出“走工农并举、经济生态和谐发展”战略，在大力发展集体经济的同时，在“桃”字上做文章，着力发展生态旅游观光业。2008年，桃林沟村经济总收入达1.05亿元，农民人均纯收入达1万元，上缴国家税金达1431万元，在全市位列前茅。经过多年建设，桃林沟综合性生态文化旅游景区雏形初具，集生态旅游、文化观光、田园体验、休闲度假、住宿娱乐、商务会议为一体，内设烟雨桃花源、自然生态岛、历史人文岛、田园风情岛、健康休闲岛5个功能分区。

桃河民俗文化园以清末民初商镇建筑景观和旧时风情为表现形式，融入大量本土物质和非物质文化遗产，山西、陕西两省省级以上非遗项目20多类，有山西民俗博物馆之称。

桃林欢乐世界总投资1.8亿元，占地面积60亩，有过山车、跳楼机、高空飞翔、50米的摩天轮、四环过山车、54米高的跳楼机，大摆锤、狂呼、轮盘及7D影院等大型娱乐设备，游乐场内还建有儿童乐园，设置豪华转马、碰碰车、弹跳城、小火车等项目。

桃林沟滑雪场于2014年投入运营，占地面积3万余平方米，是山西省雪地质量、游乐种类较齐全的滑雪场之一。悦驰卡丁车俱乐部为赛车爱好者全天候提供赛车娱乐竞技，是集运动、培训、竞赛、娱乐于一体的现代化新型运动场所，是与家人、朋友，体验速度与激情，感受运动与休闲的最佳场地。

悦洋温泉水世界经营面积3万余平方米，总投资1.5亿元，集吃、住、行、游、购、娱于一体，以玛雅文化为主体的大型儿童戏水城堡及20余项卡通儿童戏水小品，惊险水上飞龙滑梯、急速竞技滑梯、600余米动感漂流、超级海浪池等诸多水上游乐设备，另配有健身房、台球室、韩式汗蒸区等，打造集水上乐园、养生温泉SPA、运动健身、特色美食、高端客房及会议等一站式、综合性旅游戏水度假胜地。

英皇马术俱乐部主要经营马术学习、马匹繁殖、马匹骑乘等，占地6000多平方米，内有专供消遣的四合院会所，拥有优良硬件设施，专业教练团队，可在专业教练带领下与马进行亲密接触，体验喂马乐趣，观看马术场地障碍表演，马术特技表演，体验马背驰骋，拍照留念等。CS野战基地提供全套CS野战装备，专业CS野战教练指导，每场战役有不

2017年12月，郊区桃林沟村获“现代新村”称号　　（许　玲供图）

同任务目标和场景体验。截至2017年底,先后获国家AAAA级景区、全国文明村、全国精神文明创建工作先进集体、全国敬老模范村、省级文明和谐村、省十佳卫生村、省十佳魅力新农村、全省依法治村十佳单位等称号。 (许 玲)

【平定县旅游基础设施建设】 2017年,平定县旅游加大基础设施建设力度,呈现"百花齐放"发展态势。

娘子关旅游景区完成墙体粉刷绘画、全镇绿化工程、街道整治、长城亮化和平阳湖木栈道建设等,投资600万元的玻璃栈道和玻璃吊桥完工,并接待游客。

冠山舍利文化园投资1260万元,完成彩色游步道建设、槐音书院和真武洞修缮。

红岩岭自然风景区投资440万元,完成游客服务中心、停车场护坝工程、体育健身综合项目。

上艾古城乡村旅游项目投资200万元,建设旅游厕所、文化墙、景区绿化,特色民宿、部分基础设施建设、旅游总体规划和情人谷、人造湖、土地流转等工程相继完成。

寿圣山庄旅游开发建设项目投资350万元,进行环境卫生整治和古村落维护修缮。

山西阳胜河流域旅游开发项目完成投资800万元,建设植物观光园内热带植物园、小型动物园、水上乐园、牡丹园、樱桃园等,旅游总体规划完成。

宋家庄乡村旅游建设项目完成投资1000万元,建设3个特色民宿、1000多平方米特色农家乐、旅游厕所4座、滑道、滑索、元宝湖景区人造湖、玉屏氧吧、古村落维护修缮、景区电瓶车购置及其他基础设施等。

圪套村观光旅游项目投资1000万元,水利设施建设、办公区环境整治、草原草地种草、蒙古包餐饮等相继完成。

2017年阳泉市A级以上景区统计简表

表49

景区名称	景 区 地 址	负责人	电 话	等级
藏山旅游景区	阳泉市盂县苌池镇藏山村	杨建华	18618305345	AAAA
大汖温泉度假景区	阳泉市盂县梁家寨乡	高瑞廷	13934465907	AAAA
翠枫山自然风景区	阳泉市郊区平坦镇	程建青	0353-4075500	AAAA
桃林沟景区	阳泉市郊区平坦镇桃林沟村	荆文化	13835318058	AAAA
华北奕丰生态园	阳泉市盂县牛村镇前元吉	吴彦青	18635365013	AAA
固关景区	阳泉市平定县娘子关镇新关村	苏文玉	13503536818	AAA
小河评梅景区	阳泉市城区义井镇小河村	周向阳	0353-2585158	AAA
娘子关旅游景区	阳泉市平定县娘子关镇	杨文宝	0353-6031454	AA
林里关王庙	阳泉市郊区营荫镇林里村	敦 梅	0353-5053493	AA
银圆山庄景区	阳泉市矿区平坦镇官沟村	张振胜	13503537389	AA
冠山景区	阳泉市平定县冠山镇	晋 林	13453347719	A

(陈立胜)

官道沟休闲农业观光旅游建设项目投资380万元,完成枸杞和盆景果树种植、开心农场和采摘大棚建设等。 (霍红霞)

【"旅游+"推进盂县旅游大发展】 2017年,盂县通过"旅游+"模式,强力推进境内旅游实现大发展。

"旅游+体育" 盂县旅游部门承办"星耀摩旅 清凉盂县"首届摩旅文化节,省内外1000余名摩托运动骑手走进盂县,体验盂县,新华网前期进行宣传并全程直播摩旅文化节盛况,点击率达百万人次。参与承办仙人乡里山南村"仙人指路、绿动太行"越野跑邀请赛旅游活动;指导三尖山景点加快自行车赛道、登山步道、自驾游营地规划设计和前期建设。

"旅游+农业" 参与承办梁家寨乡柿子文化旅游节、仙人乡垴上红薯节、秀水镇首届荞麦花旅游节、孙家庄镇"魅力孙家庄、美丽王炭咀"等活动,注重包装建设9家国家级、省级休闲农业和乡村旅游示范点,奕丰生态园、藏山翠谷、王炭咀、垴上等示范点一期建成对外开放。

"旅游+文化" 参与承办水神山旅游文化节、梁家寨乡大崔家庄河灯节、水彩中国行走进梁家寨艺术节、仙人物资交流文化活动、上社镇首届"趣味垂钓/行摄乡村/品味绿色"旅游文化节、下社乡垂钓美食旅游文化节。

"旅游+扶贫" 围绕北下庄乡崔家庄村等5个国家旅游产业扶贫村(含3个贫困村、2个低收入村)开展工作,争取到位上级产业扶贫资金,扶持旅游产业项目基础建设,帮助贫困村和贫困群众通过乡村旅游再就业;通过宣传推广、招商引资和协助乡村举办文化创意节庆活动,带动贫困村农特产品销售和贫困人口脱贫增收,崔家庄村等通过旅游产业带动实现稳定脱贫。

"旅游+节日" 盂县将节日整合为旅游假日进行打造。五一期间,在盂县6个景区景点、8个乡镇举办旅游活动,实现游客接待量12.5万人次,比上年增长50%。举办藏山景区文化创意嘉年华、"5·19"中国旅游日主题活动、国庆黄金周"旅游文化周惠民活动",实现游客接待量21.57万人次,增长113.6%。 (王 杰)

2017年阳泉市旅发委监管旅行社统计简表

表 50

旅行社名称	地址	负责人	电话	等级
万通国际旅行社有限公司	阳泉城区南大街58号	陈庆勇	0353-2010439	L-SX-CJ00040
阳泉市交通国际旅行社有限公司	阳泉经济技术开发区盛世新城小区3号楼	邵先庆	0353-5153888	L-SX00093
阳泉市华信国际旅行社有限公司	阳泉市南大街工商大厦一层旁	陈奕俊	0353-2035004	L-SX00130
阳泉华夏旅行社有限公司	阳泉市北大街119号	崔惠勇	0353-2058500	L-SX-YQ-003
阳泉劲松旅行社有限公司	阳泉城区北大街金联大厦A座七层	程世亮	0353-2905002	L-SX00132
阳泉墨玉旅行社有限公司	阳泉矿区北大西街202号	王宝林	0353-7077800	L-SX00250
平定县娘子关旅行社有限公司	平定县东大街省运汽车站	王海平	0353-6067509	L-SX00251
盂县藏山旅行社有限责任公司	盂县政府宾馆前一楼	陈新燕	13383536466	L-SX00255
阳泉假日旅行社有限公司	阳泉市泉中路6号	李厅绩	0353-2053799	L-SX00257
阳泉市扬帆旅行社有限公司	阳泉市开发区大连路	常卫东	0353-2014488	L-SX00325
阳泉市大自然旅行社有限公司	阳泉城区桃北中路18号	袁郁华	0353-2398600	L-SX00326
阳泉市天天假日旅行和有限公司	阳泉市郊区南大街489号	张晓洁	18035317666	L-SX00474
阳泉恒泰旅行社有限公司	阳泉市新建路4楼1号	王若尧	0353-2022270	L-SX00477
阳泉市春秋旅行社有限公司	阳泉城区南大街名仕豪庭1幢1层1033号	梁素芳	0353-4260892	L-SX00478
阳泉市翔宇旅行社有限公司	阳泉市南山南路58号兴源商务会馆一层	闫　斌	0353-5678955	L-SX00479
阳泉吉祥旅行社有限责任公司	阳泉经济技术开发区大连路36号远东大厦	王冬雪	15603531780	L-SX00480
阳泉市友谊之旅旅行社有限公司	阳泉市矿区马南区3号楼4号底商	郭丽珍	0353-7086135	L-SX00661
阳泉荣国旅行社有限公司	阳泉市北大西街苹果园150号	雷雪青	0353-4062210	L-SX00664
阳泉恒信旅行社有限公司	郊区荫营镇坪上村郊区政府招待所102房	任运亮	0353-2903113	L-SX00710
阳泉市公交神洲旅行社有限公司	阳泉市城区新火车站东侧公交总公司2楼	胡近元	0353-2298298	L-SX00296
阳泉市泉美国际旅行社有限公司	阳泉市南大西街15号	高承武	0353-2937777	L-SX00780
阳泉市欣欣旅行社有限责任公司	阳泉市泰和新城小区底商3-2	崔虎成	13303534608	L-SX00848
阳泉凤凰旅行社有限公司	阳泉市桃北中路74号	顾俊江	13934288111	L-SX00849
阳泉锦绣水神山旅行社	阳泉经济技术开发区大连路世纪宏苑商4号	侯　进	0353-4204290	L-SX00862
阳泉市康辉旅行社有限公司	阳泉城区南大街名仕豪庭1幢1层1033A号	张晓捷	18635358833	L-SX00877
阳泉市晋阳假期旅行社有限公司	阳泉市城区南大街159号	王秀平	0353-3031588	L-SX00882
山西亿通旅行社有限公司	阳泉市盂县金龙西街	付　伟	0353-8027888	L-SX00923
阳泉市四海假期旅行社有限公司	阳泉市城区泰隆大厦一单元301室	刘　博	0353-2051100	L-SX00925
阳泉市华行天下旅行社有限公司	阳泉市开发区康达小区11号楼	田家良	0353-2132585	L-SX00969
盂县万达旅行社有限公司	盂县金龙东街锦隆小区	闫　燕	0353-8091686	L-SX00970
阳泉市祥云旅行社有限责任公司	阳泉市南大街颐高数码1001	樊志梅	15803530004	L-SX-YQ-001
阳泉市交广旅行社有限公司	阳泉市开发区大连路(广电大楼9层)	刘　军	0353-2903880	L-SX-YQ-002
阳泉市散客旅游集散中心有限公司	阳泉市城区68号	路永红	0353-2166699	L-SX-YQ-005
山西亦木旅游有限公司	阳泉市矿区桃北中路74号	栾瑞锋	0353-2905559	L-SX-YQ-006
阳泉市四叶草旅行社有限公司	阳泉市城区福寿街4-2-2	任根明	0353-2902327	L-SX-YQ-007
阳泉市山水旅行社有限公司	山西省阳泉市城区泉中路68号	王　英	18003530519	L-SX-YQ-008

（陈立胜）

服　务

【概况】 2017年，阳泉市服务业完成增加值341.2亿元，比上年增长7.1%，占GDP比重为50.8%，比上年提高0.5个百分点。服务业对GDP贡献率为55.3%，拉动经济增长3.5个百分点，服务业增速比上年提高2.0个百分点。服务业的七大行业中，有六个行业保持不同程度增长，其中，交通运输和仓储邮政业增长12.1%，营利性服务业增长9.7%。非营利性服务业、住宿餐饮业、金融业和批发零售业分别增长8.8%、8.7%、8.1%和2.0%，但房地产业负增长，下降0.1%。 （和继明）

【阳泉市规模以上服务业概况】 2017年，阳泉市规模以上服务业企业1月至11月在库单位数84家，占全省总数的6%；营业收入实现27.3亿元，占全省规模以上企业总营业收入的2.7%，营业收入比上年增长4%，保持稳定增长态势。分行业看，规模以上服务业9个门类中营业收入实现“6升3降”。

随着服务业尤其是现代服务业、高技术服务业等新兴服务业的快速发展，阳泉市三次产业结构持续优化，服务业对经济增长贡献度持续提升。规模以上服务业作为阳泉市服务业发展主力军，在扩大服务业发展规模、增强服务业发展活力、带动整体服务业快速发展等方面均起到显著促进作用，呈现如下发展特点。

国有企业占主导地位　年内，随着社会服务需求的多样化，阳泉市规模以上服务业呈现经营主体多元化格局。全市96.5%的规模以上服务业企业为内资企业，1月至11月共实现营业收入27.3亿元，而港、澳、台、外商投资企业仅3家。从企业控股情况看，主要是国有控股和私人控股企

2017年阳泉市七大服务行业情况简表

表51　　单位：亿元、%

服务业分类	完成增加值	比上年增长	对服务业贡献率	拉动服务业增长百分点	拉动服务业增长百分点
交通运输和仓储邮政业	50.0	12.1	24.3	1.7	14.7
批发和零售业	50.6	2.0	4.5	0.3	14.8
住宿和餐饮业	30.5	8.7	10.7	0.8	8.9
金融业	55.4	8.1	18.7	1.3	16.2
非营利性服务业	77.2	8.8	27.6	2.0	22.7
营利性服务业	35.2	9.7	14.3	1.0	10.3
房地产业	42.4	–0.1	–0.1	—	12.4

说明：营利性服务业包括信息传输计算机服务和软件业、租赁和商务服务业、文化体育娱乐业和居民服务业

（和继明）

2017年阳泉市规模以上服务业营业收入情况简表

表52　　单位：万元、%

行　业	营业收入	比上年增幅
房地产业（主要为物业和房屋出租）	4551	63.50
居民服务、修理、其他服务业	2234	39.08
交通运输、仓储、邮政业	109053	10.38
卫生、社会工作	730	10.26
信息传输、软件、信息技术服务业	125068	3.53
教　育	2498	0.77
科学研究、技术服务业	14579	–21.49
租赁、商务服务业	12735	–14.60
水利、环境、公共设施管理业	1518	–12.12

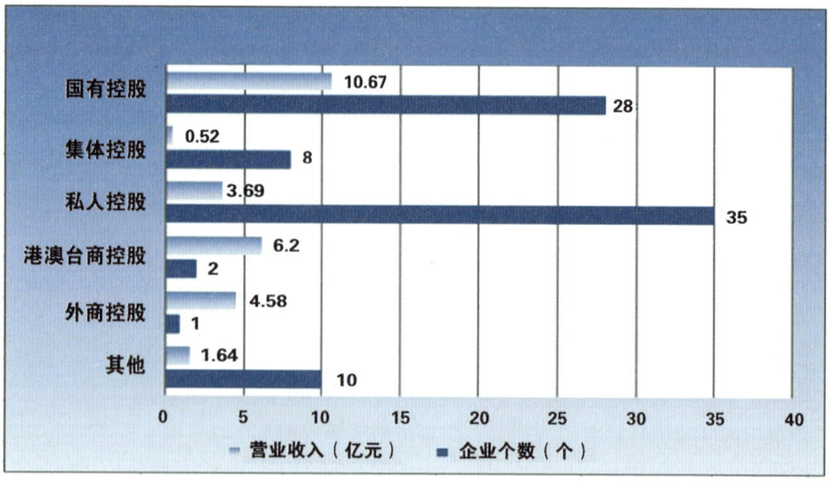

图16　2017年阳泉市1—11月规模以上服务业企业及营业收入对比图

2017年1—11月阳泉市规模以上服务业企业分行业发展情况表

表53 单位:个、万元、%

行业门类/大类名称	单位数	2017年1-11月营业收入	2016年1-11月营业收入	增 速	拉动作用
总 计	84	272965.20	262472.60	4.00	—
交通运输、仓储和邮政业	31	109052.60	98801.10	10.38	3.91
铁路运输业	1	2530.60	2170.50	16.59	0.14
道路运输业	24	82340.40	70108.30	17.45	4.66
仓储业	3	12639.10	14540.30	-13.08	-0.72
邮政业	3	11542.50	11982.00	-3.67	-0.17
信息传输、软件和信息技术服务业	8	125067.60	120808.60	3.53	1.62
电信、广播电视和卫星传输服务	7	94798.80	96032.30	-1.28	-0.47
软件和信息技术服务业	1	30268.80	24776.30	22.17	2.09
房地产业	8	4551.10	2783.50	63.50	0.67
物业管理业	7	4373.40	2734.60	59.93	0.62
自有房地产经营活动	1	177.70	48.90	263.39	0.05
租赁和商务服务业	13	12734.80	14911.90	-14.60	-0.83
商务服务业	13	12734.80	14911.90	-14.60	-0.83
科学研究和技术服务业	9	14579.10	18570.80	-21.49	-1.52
专业技术服务业	9	14579.10	18570.80	-21.49	-1.52
水利、环境和公共设施管理业	2	1518.20	1727.50	-12.12	-0.08
公共设施管理业	2	1518.20	1727.50	-12.12	-0.08
居民服务、修理和其他服务业	5	2234.40	1606.50	39.08	0.24
机动车、电子产品和日用产品修理业	4	2190.60	1577.00	38.91	0.23
其他服务业	1	43.80	29.50	48.47	0.01
教 育	6	2497.80	2478.60	0.77	0.01
教 育	6	2497.80	2478.60	0.77	0.01
卫生和社会工作	2	729.60	661.70	10.26	0.03
卫 生	2	729.60	661.70	10.26	0.03

说明:按照国家统计制度规定,参加2017年度全市GDP核算的规上服务业采用1—11月的数据进行核算

业,共63家,占规模以上服务业企业数的75%。其中,国有控股企业28家,实现营业收入10.67亿元,占规模以上服务业全部收入的39.1%;私人控股企业35家,营业收入仅实现3.69亿元。国有控股企业在规模以上服务业发展过程中起主导作用。

重点行业收入平稳增长 1月至11月,全市84家规模以上服务业企业中,45%的企业集中在交通运输、仓储、邮政业;信息传输、软件、信息技术服务业中,尽管企业个数占比不达全部企业半数,但上述两大行业门类营业收入23.4亿元,占规模以上服务业营业总收入的85.7%。带动作用较为明显的行业大类主要是铁路运输业、道路运输业、软件和信息技术服务业。

互联网大数据企业蓬勃发展 随着全国掀起的“互联网+”和云计算、大数据产业发展热潮,阳泉市大数据产业蓬勃发展。通过引进诸如百度等高科技公司,全市云计算、大数据业务为经济增长贡献率日益明显,业务发展稳定增长,增幅保持两位数趋势。

大型龙头企业支撑作用明显 全市规模以上服务业营业收入超过5000万元的企业12家,其中有5家企业超过1亿元,平均增速7.7%,超过全部行业4%的平均增速。企业主

要集中在道路运输业，电信、广播电视、卫星传输服务业，仓储邮政业，软件和信息技术服务业等行业。上述12家企业营业收入19.75亿元，占规模以上服务业全部营业收入的72.3%，重点龙头企业对全市服务业增加值具有支撑和推动作用。（史跃胜）

【规模以上服务业存在问题】 2017年，阳泉市规模以上服务业企业发展较迅速，但面临的挑战依然严峻，存在如下问题。

行业结构层次较低　从行业门类看，营业收入占比较大的行业长期是交通运输、仓储、邮政业和信息传输、软件和信息技术服务业，1月至11月两大门类实现营业收入分别为10.9亿元和12.51亿元，而与民生相关的吸纳就业能力较强的大规模的居民服务、修理、其他服务业营业收入占比不到1%。从行业大类看，1月至11月营业收入比重占总体前三位的行业分别为电信、广播电视和卫星传输服务，道路运输业，软件和信息技术服务业，合计占到服务业营业收入总量的76%。而三个大类企业数量仅为32家，其余几个大类虽然企业数居多，但经济总量却占比微乎其微，这种不平衡的发展结构，对规模以上服务业整体平稳、较快、可持续发展产生一定影响。

县区间发展差异较大　从单位分布来看，全市规模以上服务业企业数最多的为城区29家，最少的盂县和开发区分别为9家。城区规模以上服务业企业营收占到全市规模以上企业营收总量的44.4%，但对全市规模以上服务业增长拉动为负，营业收入超过5000万元的企业中，城区5家、开发区3家、郊区3家、盂县1家，县区间发展不平衡情况较为突出。

部分企业税负率有所上升　2016年，国家推进“营改增”政策，旨在减轻企业税负，促进企业发展，但运行一年看，“营改增”后，对于服务业中以人力投资为主而期间投资较少的行业，增值税税率提高，进项税额相对于销项抵扣较少，主要为进项税可抵扣项目较少，间接造成此类服务业企业税负上升；企业取得增值税专用发票困难，在购买原材料和办公用品时，若出售方为小规模纳税人，只能开具增值税普通发票，而开具增值税专用发票需到相应税务机关代开发票，由于手续多加之时间成本较高，大部分小规模纳税人会拒绝为购买方申请增值税专用发票，无法抵扣进项税额只能自行承担，增加了企业税负。

私营企业竞争力有待提高　全市84家规模以上服务业企业中，私营企业35家，占41.6%；营业收入超过1000万元的10家，逾七成私营企业营业收入不足1000万元，规模普遍较小，实力偏弱，抵御市场风险能力较差。（史跃胜）

2017年阳泉市规模以上服务业企业分县区营业收入情况简表

表54　　　　单位：万元、%

地区	企业个数	营业收入本期	营业收入上年同期	增速（%）	贡献率（%）	拉动作用
全市	84	272965.2	262472.6	4.00	100.00	—
城区	29	121241.8	124123.7	-2.32	-27.47	-1.10
矿区	14	22549.1	26049.6	-13.44	-33.36	-1.33
郊区	13	48176.0	40638.0	1.86	71.84	2.87
平定县	10	7266.5	6950.6	4.54	3.01	0.12
盂县	9	14071.5	8482.1	65.90	53.27	2.13
开发区	9	59660.3	56228.6	6.10	32.71	1.31

【阳煤集团宾馆服务中心概况】 2017年，阳煤集团宾馆服务中心围绕集团公司“板块化经营、专业化管理、差异化监控、集团化运作”的经营思路，抢抓市场回暖机遇，整合资源弥补短板，以提升服务品质为抓手，开拓创新谋发展，灵活经营促效益，取得较好经济效益和社会效益。

经营接待　阳泉宾馆营业收入完成3763万元，实现利润-482万元，比计划减亏77万元；接待人数15.8万人次，平均房价275元，平均出租率55.7%；在岗职工人均工资4.55万元，比上年增幅18%。墨玉宾馆营业收入完成2212万元，实现利润-364万元，比计划减亏251万元；接待人数11万人次，平均房价237元，平均出租率33.4%；在岗职工人均工资3.68万元，增幅21.5%。药林会议中心营业收入完成65.15万元。御康小厨营业收入完成414.36万元，实现利润20.26万元；接待人数16420人次，人均消费252元；在岗职工人均工资3.66万元，增幅44%。金玉宾馆营业收入完成103.96万元，实现利润-238.72万元；接待集团公司疗养职工1100余人次；在岗职工人均工资3.23万元，增幅15%。

创新营销　年内，阳煤集团宾馆服务中心各酒店在市场分析基础上，挖掘自身潜力，将营销重点转向百姓市场和商务会议市场。通过本部酒店营销团队整合，实行资源共享、客户共享大营销、大预订机制：加大商务会议市场营销力度，会议收入大幅增长，仅阳泉宾馆会议收入283万元，比上年增长33%，创历史新高；在品质管理和阶段促销上发力，使阳泉宾馆游泳馆接待人数突破3万人次，成为广大市民游泳健身首选场所。通过强化细节和品质服务，提升宾客满意度：阳泉宾馆、

2017 年 4 月 20 日，阳泉本部酒店举行第一届岗位服务技能大赛（韩静炜供图）

墨玉宾馆对酒店无线网络、电视信号进行改造，美化院落环境，改造套房卫生间，实施主楼外围亮化工程，重新划定停车场地面停车线；阳泉宾馆还对主楼二层包间、自助餐厅、餐饮灶房进行改造，增加营业面积，优化餐饮结构，解决接待能力不足和客人需求增大的矛盾；墨玉宾馆进行洗衣房洗涤设备和清华园汗蒸房改造；加强网络营销推广，实现网上一键订房，酒店网络、微信销售收入 105 万元，比上年增长 123%。通过创新经营项目求突破：设立中心厨房，集中制作特色肉制食品，保障各酒店提供菜品在质量和口味上统一；墨玉宾馆秉承地方传统饮食文化，推出“三八席”、大同火锅；御康小厨实行经理负责制，实现员工一人多岗，一岗多能，扭亏为盈；金玉宾馆灵活调整主打项目和淡旺季价格，增加营业收入。

业务培训　年内，中心将员工培训作为提升酒店核心竞争力的重要抓手。开展“外培＋内培”培训模式，选排 10 名业务骨干赴外培训；通过组织本部酒店间交流及外派培训心得分享，达到取长补短、提升素质的目的；8 月，还外派 6 名业务骨干赴中国煤矿工人大连疗养院进行 45 天的协助服务，受到对方酒店领导赞扬；采取“内培＋比武”培训模式，推广“师带徒”活动，使员工业务素质和服务技能得到提升，师徒结对子 12 组，覆盖员工 79 人；组织开展“阳泉本部酒店第一届岗位服务技能大赛”，通过活动，挖掘酒店技能服务人才，让员工查找自身短板，提高服务技能。（韩静炜）

【泉美国际大酒店转型】 2017 年，山西泉美国际大酒店开业 10 周年。经过完善和提升，形成建筑面积 1.3 万平方米，拥有各类客房 117 间，实现无线网全覆盖；餐厅主营粤菜及本土特色餐品，可同时容纳 700 余人用餐；有多功能会议厅、健身中心、室内恒温游泳池等各项服务设施，成为集商务、旅游、休闲、办公于一身的四星级酒店，是阳泉市对外接待服务的重要窗口，有员工 150 余人。泉美国际大酒店主动适应市场变化，在原有硬件不做大规模更新情况下，从软件上下功夫，采取走出去、请进来的方法，抓服务、抓管理、抓营销，强化对管理团队培训，提高员工综合素质。为客人提供个性化、针对性服务，宾客满意度、回购率连年提高，做到“大众消费、五星服务”。经过一年市场定位调整，从高端酒店成功转型到精品大众消费。泉美国际大酒店通过全员营销、员工激励、星级考核等措施，对困难员工、大病员工帮扶救助，带领员工投身社会公益事业，成立阳泉市义工联合会“泉美国际小分队”，组织员工无偿献血，参与城市市容市貌清洁，腊八节公益施粥，中、高考考点免费发放矿泉水、与阳光社区残疾人结对帮扶、参与七色阳光众筹助学活动等，打造“文化泉美”“幸福泉美”“公益泉美”，塑造了良好企业形象，取得较好社会效益。（陈占琳）

【北冰洋大酒店概况】 2017 年，北冰洋大酒店营业收入 2200 余万元，比上年增长 10%，上缴税金 25 万元，客房接待宾客 24409 人次，其中外宾接待 68 人次，各类型宴会、会议接待 410 场次，接待人数 10 余万人次。在完善酒店各项规章制度基础上，建立

2017 年阳泉市旅游星级宾馆统计简表

表 55　　单位：万元、%

名　称	地　址	电话(0353)	星级
阳煤集团药林会议中心	平定县药林寺森林公园	7058888	五
北冰洋大酒店	阳泉市北大街 80 号(泉中路)	4234551	四
山西泉美国际大酒店	阳泉市南大西街 15 号楼	2937777	四
阳泉祥禾大酒店	阳泉市开发区烟台路 1 号	2935888	四
阳泉宾馆	阳泉城区北大街 119 号	2031552	三
阳煤集团墨玉宾馆	阳泉市北大街 125 号	7071950	三
盂县天海大酒店	盂县秀水东路	6626666	三
盂县紫轩国际大酒店	盂县金龙西街延伸线 123 号	8188700	三
兴路酒店	阳泉市北大街 8 号	3338366	三
阳煤集团盂县温泉疗养院	阳泉市盂县梁家寨乡村委	8176033	二

（陈立胜）

明确工作目标,通过每月总结、计划,对各项工作按步骤予以实施;建立每周工作汇报制度,对各部门负责人予以考评。加强中层以上管理人员培训,对各部门员工组织开展应知应会、礼节礼貌和业务知识培训,提高客户满意度。(梁文斌)

【典当业发展】 截至2017年底,阳泉市经商务部批准或省商务厅批准报商务部备案的典当企业19家,其中城区6家、开发区5家、矿区2家、郊区1家、盂县3家、平定2家,共有网点20个。总注册资本1.76亿元,发生业务714笔,发放典当总额1.55亿元,其中,房地产1.11亿元、动产3859万元、财产权利538万元,典当余额4011万元。阳泉市首家典当行于2002年4月经山西省经济贸易委员会批准成立。经过15年发展,典当业从小到大,由弱到强,行业水平、社会认知度、整体竞争力稳步提高。

阳泉市典当业具有"小额、短期、快捷、灵活"及办理业务手续简便、放款迅速等特点,在满足短期应急性融资需求、支持中小企业和个体私营经济,促进服务业发展及经济社会多层次、多样化金融需求,便利群众生产生活方面发挥重要作用,成为社会多元化融资体系和现代服务业不可缺少的组成部分,经营规模持续扩大,业务呈现出较好发展态势。典当业主要客户有三类:投资型,占80%,当品主要是房产,客户以中小企业家、个体工商户为主;应急型,占15%,当品以传统民品为主,包括贵金属等;消费型,占5%左右,临时缴纳一定费用或消费,提前支取定期存款不划算,又不愿向亲戚朋友借钱,通过典当行暂时借款周转。

经过多年发展,典当品从过去以金银首饰、电子产品为主向房产抵押占比增加转变,基本形成以房地产占据主导(占71%)、动产次之(占24%)、财产权利第三(占5%)的结构。随着典当业务向小微化、品种多元化、回报理性化方向转变,典当服务涵盖动产、民品、机动车、数码产品、住宅、商铺、承兑汇票等多个领域,小额动产、民品、机动车典当成为行业主要发展方向;"民品典当1小时放款""汽车典当3小时放款""房屋典当48小时放款"等服务在全市推开,当品鉴定、保管等服务陆续增设,促进了经济社会发展。(李雅琼)

2017年阳泉市典当行情况一览表

表56　　　　单位:万元

典当行名称	地　址	注册资本	联系人	手　机
隆鑫典当行有限责任公司	桃南东街	500	张运怀	13483156600
天行典当行有限责任公司	泉东路113号	500	荆　博	13935353721
恒通典当行有限公司	滨河世纪城欧洲街	500	史振奋	13935354897
山西金誉典当有限公司	桃北东路意大利花园	2000	王　璐	13503535168
汇昌典当有限责任公司	新华东街博士苑底商	500	刘　秀	18635366660
金通典当行有限公司	南大西街东垴17号楼	1260	赵金国	13935318813
宝利典当行有限公司	南大街445号	1000	梁滨阳	13935358888
鸿达典当行有限责任公司	桥北街	1200	王瑞平	15110898788
博亿通典当行有限公司	馨康小区	500	王　璐	18935325663
鑫融典当行有限责任公司	桃南北路	1600	游贵文	13111130928
益申成典当有限公司	保晋路天峰国际D101	1800	翟鸿雁	15035333281
传承典当有限公司	南大东街	1100	王建平	15603536685
佳和典当有限责任公司	大连路36号	500	梁　娅	13934284551
佳和典当有限责任公司	南大街化工厂对面	500	梁　娅	13934284551
临汾融佳典当阳泉分公司	祥和花园	500	梁晓平	13700531668
金睿典当有限公司	开发区宁波路109号	1050	张　峰	13903533327
平定银通典当行有限公司	平定新安5期3号楼	1100	刘文元	15935386000
盂县金鑫典当行有限公司	盂县金龙东街	600	秦建新	13097605555
盂县顺意典当行有限公司	盂县新建西路	500	李　萍	13994637461
盂县金昇典当行有限公司	盂县秀水西街	1200	李　毅	13753113673

(李志光)

2017年阳泉市个体及私营服务业情况简表

表57　　　　单位:户、人、万元

分　类	个体工商户			私营企业			
	户数	从业人员	注册资金	户数	投资者	雇工	注册资金
旅馆业	6560	17557	33421.34	275	572	4284	60752.40
娱乐服务业	510	1303	5016.85	265	469	1606	54027.40
计算机应用服务业	755	1816	2152.28	486	887	2766	97512.20
其　他	44949	83614	216380.20	13712	45292	266814	5059595.98
合　计	52774	104290	256970.67	14738	47220	275470	5271887.98

(康　杰)

人民生活

【概况】 2017年，阳泉市居民人均可支配收入23442元，增速为6.7%，扣除价格因素实际增速5.2%。其中，城镇常住居民人均可支配收入29581元，比上年增加1780元，增长6.4%；农村常住居民人均可支配收入12963元，增加791元，增长6.5%，在全省继续保持第二名。城镇占调查总户数20%低收入户人均可支配收入10052元，增长8.2%；农村占调查总户数20%低收入户收入5553元，增长14.8%。 （和继明）

【城镇居民生活】 2017年，阳泉市委、市政府围绕“四大定位”目标，以“36”字调产思路为主攻方向，不断深化供给侧改革，突出创新驱动，致力转型升级，全市经济稳中有进、稳中向好，城镇居民收入实现平稳增长，居民消费意愿和消费能力日益增强，生活质量改善。

收入稳健增长，家庭资产殷实 年内，阳泉市城镇居民人均可支配收入29581元，比上年增长6.4%。全市GDP绝对额672亿元，增长率6.3%，城镇居民收入增幅比GDP增长率高出0.1个百分点，实现城镇居民收入增长与经济发展同步。

2017年阳泉市居民收入构成情况简表

表58 单位：元、%

居民收入构成	全体居民		城镇常住居民		农村常住居民	
	绝对额	增 速	绝对额	增 速	绝对额	增 速
可支配收入	23422	6.7	29581	6.4	12963	6.5
工资性收入	15436	6.9	19259	6.7	8337	7.5
财产净收入	2861	2.9	2971	5.2	2851	2.8
财产净收入	827	–6.4	1284	–8.0	57	18.8
转移净收入	4298	11.8	6066	9.6	1718	7.3

（赵 鹏）

2017年阳泉市各县(区)居民收入情况统计表

表59 单位：元、%

	全体居民可支配收入			GDP增幅	居民可支配收入实际增速高于GDP增速
	绝对值	名义增速	实际增速		
阳泉市	23442	6.7	5.2	6.3	–1.1
城 区	30686	6.5	4.7	10.9	–6.2
矿 区	30249	6.5	4.7	4.3	0.4
郊 区	21674	6.9	5.1	7.1	–2.0
平定县	17929	7.0	5.5	3.4	2.1
盂 县	18849	6.8	5.3	3.9	1.4

（赵 鹏）

从收入四项构成看，呈“三增一减”态势，转移净收入增幅居首，工资性收入、经营净收入平稳增长，财产净收入小幅下降。

煤炭市场回暖和一系列政策施行，工资性收入平稳增长。年内，阳泉市城镇居民人均工资性收入19259元，比上年增加1214元，增长6.7%，对可支配收入增长贡献率68%，拉动可支配收入增长4.4个百分点。工资性收入占可支配收入的65.1%，仍是居民收入增长主导力量。工资性收入平稳增长主要得益于以下三点：煤炭价格回升，企业效益好转，涉煤企业补发上年拖欠工资，职工正常开资得到保障，为工资性收入增长奠定基础。通过再就业培训、对大中专毕业生创业和小微企业实施优惠政策、减免或降低小微企业税收等方式提高劳动者就业率，从源头上增加工资性收入，全市城镇新增就业25300人。市委、市政府出台一系列增资政策，如提高企业职工工资指导线、提高最低工资标准、上调冬季采暖补贴标准、兑现2016年机关事业单位年度目标责任考核奖励资金、发放应休未休假补贴等，推动从业人员劳动报酬提高。

社会保障水平提高，转移净收入增幅居首。全市城镇居民人均转移净收入6066元，比上年增加531元，增长9.6%，增速居四大项收入之首。对可支配收入增长贡献率30%，拉动可支配收入增长1.9个百分点。转移净收入占可支配收入的20.5%，比上年提高0.6个百分点，转移净收入绝对额仅次于工资性收入，成为城镇居民可支配收入重要支撑。转移净收入较快增长的原因主要有：提高离退休人员养老金标准，从1月起调整退休人员基本养老金，涉及76739人，人均养老金由2603元调高至2771元。提高城镇居民低保标准，从1月始城乡居民低保标准上调7.7%。提高医保补助及报销标准，城乡居民基本医疗保险财政补助标准由420元提高到450元，城乡居民住院费用报销比例提高15%。

创业环境优化，经营净收入增长。在国家“大众创业，万众创新”战略指引下，市委、市政府出台加强扶持中小企业发展的政策措施，鼓励大学生和下岗、失业人员自主创业，鼓励阶段性就业和弹性就业，解决创业、融资、减负等方面存在的问题，优化登记注册服务，激发市场主体活力；随着煤炭价格走高，与煤炭经销相关的煤炭运输等行业回暖。两个因素共同推动居民经营净收入增长，全市城镇居民人均经营净收入2971元，比上年增加146元，增长5.2%。对可支配收入增长贡献率8%，拉动可支配收入增长0.5个百分点。

财产净收入小幅下降。全市城镇居民人均财产净收入1284元，比上年减少112元，下降8%。

消费日趋合理，生活水平提升 2017年，阳泉市城镇居民人均消费支出16130元，比上年增加1053元，增长7%，消费支出占可支配收入比重54.5%。

八大类消费构成呈现“六升两降”态势，城镇居民消费支出中用于发展性消费的交通通信、教育文化娱乐、医疗保健三项支出共计6115元，占消费总支出的37.9%，较上年提高1.9个百分点；用于生存性消费的食品烟酒、衣着和居住类支出共计8484元，占到消费总支出的52.6%，回落0.9个百分点。城镇居民消费由生存型消费向教育、旅游、居住等发展型和享受型消费升级，居民生活水平提升。

食品烟酒类支出小幅上涨。全市城镇居民食品消费注重健康化和科学化，食品消费结构向绿色、天然、健康升级，人均食品烟酒支出4903元，增长0.6%。

衣着类支出小幅下降。随着市场经济发展，服装、鞋帽类消费品数量和规模均有增加，总体上处于供大于求局面，绝大部分城镇居民在衣、帽、鞋、裤等方面消费可选择性大增，基本是当期购买、当季消费，人均衣着支出1473元，下降0.5%。

居住支出领跑消费。随着人们对生活环境的更高追求，住房消费成为城镇居民消费亮点。建房、购房、装修房屋热情不减，推动居住条件持续改善，人均居住支出2108元，比上年增长23.1%。

生活用品及服务下降明显。城镇居民人均生活用品及服务支出1128元，下降6.3%。

交通通信支出增长。随着居民收入水平提高及私家车普及和价格下降，城镇居民家庭轿车拥有量越来越高，拉动城镇居民在交通燃料、汽车维修、配件饰品等方面的消费支出；城镇居民移动电话更新换代速度加快，数量和质量不断提升，购机从实用实惠转为时尚智能，4G手机网络普及使广大居民家庭在享受方便、快捷，消费热情高涨；人均交通通信支出2557元，增长10.2%。

2017年阳泉市城镇居民家庭消费支出情况统计简表

表60　　单位：元、%

指　标	绝对值	比上年增长	消费结构
现金消费支出	16130	7.0	100.0
一、食品烟酒	4903	0.6	30.4
二、衣着	1473	–0.5	9.1
三、居住	2108	23.1	13.1
四、生活用品及服务	1128	–6.3	7.0
五、交通通信	2557	10.2	15.9
六、教育文化娱乐	1920	18.6	11.9
七、医疗保健	1638	10.3	10.2
八、其他用品和服务	403	4.9	2.5

（赵　鹏）

教育文化娱乐支出增长强劲。城镇居民加大对孩子教育投入，且教育消费更呈低龄化，选择幼儿园、小学，参加各种特长班、课后辅导班，让孩子接受良好教育。在拥有充足休假后，城镇居民对生活品质和自身的休闲有更高要求，到国内外名山大川旅游、健身等假日消费成为居民娱乐消费热点；人均教育文化娱乐支出1920元，增长18.6%。

医疗保健支出增加。全市城镇居民健康意识由被动就医转变为主动预防，各类医疗保健器材和滋补保健品进入普通居民家庭，医疗保健消费增长，人均医疗保健支出1638元，增长10.3%。

其他用品和服务支出增长。随着收入增加，城镇居民注重生活质量，佩饰品档次升级，购买金银首饰、手表等个人用品支出增多，美容美发成为时尚生活方式，人均其他用品支出403元，增长4.9%。（赵　鹏）

【农民生活】 2017年，阳泉市委、市政府重视农民收入增长，在率先脱贫、土地确权、稳定就业、促进“双创”（大众创业、万众创新）、完善保障、减税降点、提高效益等方面着力并取得成效。全市农村常住居民人均可支配收入12963元，比上年增加791元，增长6.5%。呈现出以下特点。

农村土地确权和龙头企业发展带动农村经济 年内，阳泉市推进农村土地承包经营权确权工作，全市955个行政村中完成权属调查和审核，近95%的村签订土地承包合同，促进农村居民生产积极性。全市规模以上农产品加工企业31家，其中，有18家列入省农产品加工“513”工程企业；年销售收入1亿元以上的农产品加工企业7家，销售收入5000万元至1亿元的企业10家，全市农产品加工企业销售收入30亿元。农业龙头企业快速发展，带动农村地区经济增长。

2017年山西省各地市农村常住居民人均可支配收入统计表

表61　　单位：元、%

	2017年	2016年	比上年增幅	按收入排位	按增幅排位
山西省	10788	10082	7.0	—	—
太原市	15595	14591	6.9	1	10
大同市	8862	8217	7.9	9	2
阳泉市	12963	12172	6.5	2	11
长治市	12705	11863	7.1	3	7
晋城市	12511	11635	7.5	4	4
朔州市	12305	11478	7.2	5	6
晋中市	12297	11525	6.7	6	8
运城市	9992	9365	6.7	8	8
忻州市	7588	7025	8.0	11	1
临汾市	10742	10005	7.4	7	5
吕梁市	8232	7644	7.7	10	3

（赵　毅）

产业脱贫重点项目成效显著 年内，全市制订特色产业扶贫规划，完善“一村一品一主体”（产业扶贫每村都要有主导产业，有新型经营主体）“一乡一站一专家”（每个贫困乡镇都要建立一个农技服务站，并配有一名技术专家）推进体系，实施林业脱贫“五大工程”（退耕还林、荒山造林、森林资源管护、核桃经济林提质增效、林业特色产业等工程），安排新造林1.26万公顷（19万亩），实施核桃提质增效0.27万公顷（3.4万亩），发展连翘等特色经济林，退耕还林0.39万公顷（5.9万亩）。成立扶贫造林专业合作社46个，吸收建档立卡贫困人口近千人。

农村居民人均可支配收入绝对额和增速同步增长 年内，各县（区）农村居民人均可支配收入稳步增长，其中，郊区13674元，比上年增幅6.7%；平定县12427元，增幅6.5%；盂县12937元，增幅6.3%。农村居民人均可支配收入绝对额在全省继续保持第二，比全省平均水平高出2175元。增幅增长6.5%，比上年高0.6个百分点。（赵　毅）

社会保障

【概况】 2017年，阳泉市人事和社会保障系统围绕年度目标任务，扭住市政府重点工作任务分解内容不放松，多措并举、狠抓落实，完成各项目标，为全市经济向好提供了保障。

就业创业 年内，阳泉市坚持“劳动者自主择业、市场调节就业、政府促进就业”方针，通过完善就业政策、拓宽就业渠道、提升就业能力、强化就业服务，促进就业增长，保持就业局势稳定。出台促进就业创业工作政策文件，推动形成“政府支持引导、技术创新引领、产业环境支撑、项目资金对接”的创新创业环境，促进就业创业工作。落实创业担保贷款贴息政策扶持创业，鼓励更多有创业意愿人员自主创业。全年共为206名创业个人、36户小微企业，审核发放财政贴息资金237.21万元。组织开展创业孵化基地、创业示范园区资金使用管理监督和检查，确保专项补贴资金专款专用。全市8个创业孵化基地入驻创业实体717个，创业带动就业

3075人；5个创业示范园区入驻创业实体353个，吸纳就业5770人。落实就业帮扶政策，多方筹集就业专项资金，开展就业援助工作。全年共为并轨困难企业代缴社会保险费3092.5万元、发放生活补助2464.92万元，审核拨付职业培训补贴407.8万元；落实鼓励高校毕业生就业政策措施，受理高校毕业生档案2076人，安置高校毕业生就业见习793人，为128名高校毕业生进行创业培训，319名大学生实现创业，全市举办现场和网络人才交流会54场，提供就业岗位2300余个。城镇登记失业率3.11%，低于省定4.2%的控制目标。

社会保险　年内，阳泉市坚持“广覆盖、保基本、多层次、可持续”方针，实施“社会保障全覆盖”计划，健全覆盖城乡居民的社会保障制度，扩大社会保障覆盖面，加快城乡社会保障统筹，提高社会保障待遇水平。城乡居民养老保险制度深入实施，城乡居民医疗保险制度实现统一，机关事业单位养老保险制度入轨运行，省内异地就医和跨省异地就医实现即时结算，完成全民参保登记计划试点任务。加强社会保险基金管理与监督能力，提高社会保险经办机构服务水平。

落实惠民政策，完成全市企业离退休人员基本养老金“十三连调”，为76739名企业离退休人员提高基本养老金，月人均基本养老金由2603元调高至2771元，人均增资168元；为76829名企业离退休人员调整冬季取暖补贴，由2400元调高至3360元，每人增加960元；提高工伤职工伤残津贴，人均每月增加待遇158元；以阳泉市委市政府文件出台《关于贯彻落实〈山西省农村建档立卡贫困人口医疗保障帮扶方案〉的实施意见》，制订全市农村建档立卡贫困人口医疗保险帮扶实施办法，对全市2017年度建档立卡贫困人口29276人就医住院医疗费用，按医保帮扶政策进行追溯报销和“一站式”结算工作，全年结算回补932人次，住院总费用824.78万元，享受“三保险”（基本医疗保险、大病保险、补充医疗保险）待遇基金支付688.43万元；落实原新农合“四项医保扶贫政策”（新农合门诊慢性病特殊补偿、孕产妇在县城内实行免费住院分娩、重大疾病补偿、大病保险报销比例提高），对享受原新农合门诊慢性病和重大疾病补偿的建档立卡贫困人员按“三保险”帮扶政策实行补差。全市社会保障卡累计发放113.18万张，完成全年目标任务103.83%。　（娄正豹）

2017年阳泉市就业再就业情况部分数据统计简表

表62　　单位：人、%

项　　目	人　　数	完成年度任务
城镇新增就业	25326	115.12
转移农村劳动力	11626	116.26
城镇失业人员再就业	14017	107.82
安置“4050”等就业困难人员	3822	112.41
创业带动就业	7675	112.87
创业培训	3686	122.87
农村劳动力技能培训	13615	113.46
城镇失业人员再就业培训	2642	176.13
新成长劳动力培训	1302	130.20
职业技能鉴定	4016	103.00
新增高技能人才	155	103.33

2017年阳泉市社会保险部分数据统计简表

表63　　单位：万人、%、亿元

项　　目	参保人员	完成年度任务	基金征缴	完成年度任务
城镇职工基本养老保险	31.09	105.01	38.44	151.23
城乡居民养老保险	44.09	100.20	0.70	143.67
城镇职工基本医疗保险	38.60	103.68	11.11	201.30
城乡居民基本医疗保险	81.56	106.88	1.26	109.85
失业保险	25.12	100.68	4.08	630.00
工伤保险	26.00	100.78	1.05	121.20
生育保险	24.67	100.47	0.30	102.71

（娄正豹）

就业再就业

【国家级创业型城市创建工作】　2017年，阳泉市人力资源和社会保障部门坚持示范引领，落实扶持政策，深化国家级创业型城市创建工作，推动大众创业、万众创新。全年拨付创业资金147.51万元，为符合条件的34人发放创业担保贷款317万元，为206名创业个人、36户小微企业发放财政贴息资金237.21万元，为21名创业人员办理税费减免。通过落实创业扶持政策，实现创业带动就业7675人，完成目标任务的112.87%。（娄正豹）

【重点人群就业促进工作】 2017年,阳泉市落实职业培训补贴、职业技能鉴定补贴、职业介绍补贴、社会保险补贴、就业困难人员公益性岗位安置等就业扶贫政策,多渠道开发就业岗位,抓好重点人群就业促进工作,全市就业形势保持稳定。就业专项资金筹集15318.06万元,支出9395.5万元,其中就业技能培训补贴214.91万元、创业培训补贴192.9万元、职业技能鉴定补贴68.21万元、社会保险补贴2865.1万元、公益性岗位补贴4971.72万元、就业见习补贴777.22万元、求职补贴69.2万元、就业创业服务补助57.37万元、其他就业补助支出178.87万元。做好"并轨困难企业"社会保险和生活补助按月审核工作,为困难企业职工代缴社会保险费3092.5万元,审核发放困难职工生活补助2464.92万元。通过多渠道促进就业,全市失业人员再就业14017人,完成年度目标任务的107.8%;安置"4050"等就业困难人员3822人,完成112.4%。(娄正豹)

【去产能企业职工分流安置】 2017年,全市化解产能过剩企业盂县万和兴煤业有限公司、阳泉煤业(集团)有限责任公司五矿五林井、平定古州陈家庄煤业有限公司,制订《化解产能职工安置分流方案》,并经职代会表决通过,3家企业1230名分流安置职工全部安置。 (娄正豹)

【2017年劳动力市场价位发布】 2017年1月,阳泉市人力资源和社会保障局通过对全市范围内26户企业8000余名在岗职工上年度工资收入情况摸底,并对采矿业、交通运输业、邮政业、金融业等经济行业中的35个工种不同专业技术等级的高、中、低位工资进行统计、汇总、分析,确定阳泉市2017年度劳动力市场指导价位,经省人力资源和社会保障厅批准进行发布。

阳泉市企业工资最高收入为矿山工程技术人员,高位达16200元/月、低位6000元/月;工资收入最低为理货员,高位2800元/月,低位1620元/月。

年内,市人力资源和社会保障局还通过新闻媒体向社会公布,为广大求职者和用人单位合理确定薪酬提供参考。 (娄正豹)

2017年度阳泉市劳动力市场工资指导价位一览表

表64 单位:元/月

工种(岗位)	技术等级	价位标准			工种(岗位)	技术等级	价位标准		
		高位	中位	低位			高位	中位	低位
矿山救护工	高级工	—	—	—	矿山安全监测工	高级工	10400	7200	6600
	中级工	—	—	—		中级工	8700	6500	4700
	初级工	6200	4900	3500		初级工	7300	6000	3000
支护工	高级工	11700	6500	5200	矿井开掘工	高级工	14400	7500	5300
	中级工	10300	5900	4500		中级工	11500	6100	4600
	初级工	8800	5400	3600		初级工	9800	5800	3300
矿井机车运输工	高级工	9100	5200	5000	矿山工程技术人员	高级工	16200	7500	6000
	中级工	8800	5000	3800		中级工	14500	6100	4500
	初级工	7400	4200	2700		初级工	11000	4800	3000
矿井通风工	高级工	8800	7300	5900	矿山检查验收工	高级工	—	—	—
	中级工	8200	6500	4500		中级工	—	—	—
	初级工	6700	4900	3000		初级工	7300	5900	4200
矿物井采辅助工	高级工	12000	7200	4100	火工品管理工	高级工	—	—	—
	中级工	11000	6300	3500		中级工	—	—	—
	初级工	9000	5500	3000		初级工	6100	5400	3000
井下采矿工	高级工	14300	8200	5300	矿灯、自救器管理工	高级工	—	—	—
	中级工	13500	7500	4200		中级工	—	—	—
	初级工	9500	6800	3000		初级工	6800	5300	4100

续表

单位:元/月

工种(岗位)	技术等级	价位标准		
		高位	中位	低位
电工	高级工	11500	9800	7200
	中级工	11100	8400	5700
	初级工	—	—	—
维修电工	高级工	10200	8600	5500
	中级工	7200	5400	4300
	初级工	—	—	—
车工	高级工	5600	4000	3300
	中级工	4000	3100	2800
	初级工	3000	2500	2000
机修钳工	高级工	5000	4100	3600
	中级工	4700	3900	3400
	初级工	3600	2900	2600
焊工	高级工	6800	4800	3600
	中级工	5700	4000	2800
	初级工	4000	2500	2000
汽车修理工	高级工	5100	4200	3600
	中级工	4500	3800	3000
	初级工	—	—	—
汽车驾驶员	高级工	5800	4500	3800
	中级工	5100	4200	3200
	初级工	4900	3900	2500
超重装卸机械驾驶员	高级工	—	—	—
	中级工	3800	3400	3300
	初级工	3600	3200	2500
会计人员	高级工	7600	4500	3600
	中级工	4800	3100	2000
	初级工	3200	2500	1800
统计人员	高级工	—	—	—
	中级工	4700	2400	1800
	初级工	—	—	—
保安员	高级工	—	—	—
	中级工	—	—	—
	初级工	2500	2100	1800

工种(岗位)	技术等级	价位标准		
		高位	中位	低位
采购员	高级工	—	—	—
	中级工	5100	4300	2000
	初级工	—	—	—
计算机操作员	高级工	—	—	—
	中级工	3600	2500	2000
	初级工	—	—	—
投递员	高级工	—	—	—
	中级工	—	—	—
	初级工	3500	2000	1620
邮政储汇员	高级工	6600	3600	2700
	中级工	4400	3300	2100
	初级工	3200	2200	2000
理货员	高级工	—	—	—
	中级工	—	—	—
	初级工	2800	1900	1620
银行储蓄员	高级工	13300	8300	5700
	中级工	11200	6700	4200
	初级工	—	—	—
其他银行业务人员	高级工	13200	8000	6000
	中级工	11500	7200	4900
	初级工	8500	6900	3300
金融守押员	高级工	—	—	—
	中级工	3400	2900	1800
	初级工	—	—	—
测绘人员	高级工	—	—	—
	中级工	6000	5300	4600
	初级工	—	—	—
电力工程内线安装工	高级工	11200	9200	8600
	中级工	10700	7600	5000
	初级工	—	—	—
通信工程技术人员	高级工	—	—	—
	中级工	12800	9500	7200
	初级工	10800	7900	3600

(娄正豹)

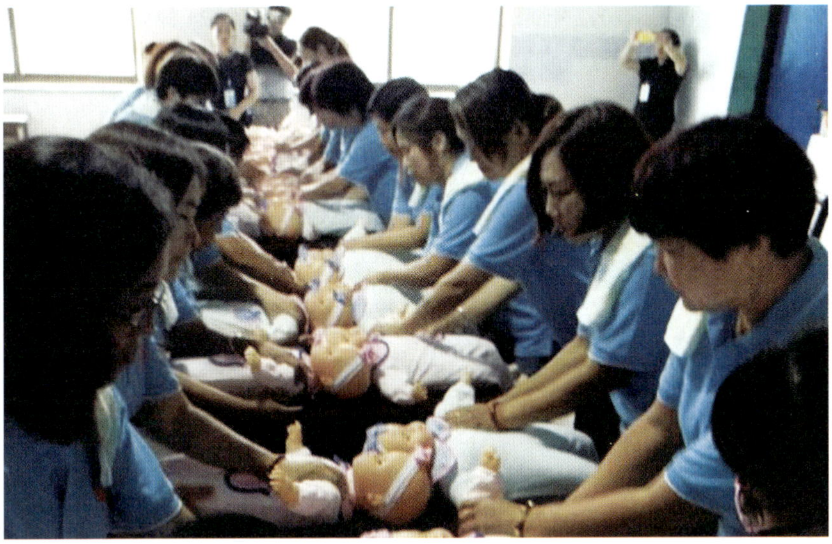

2017年7月27日，市人社部门在荫营镇韩庄村针对贫困劳动力组织的母婴护理师培训　　（娄正豹供图）

【农村贫困劳动力职业培训】 2017年，阳泉市人力和社会保障部门加大农村贫困劳动力职业培训力度，全市农村贫困劳动力技能培训991人，完成任务的110%。其中，平定县培训302人、盂县培训365人、郊区培训311人、矿区培训13人。（娄正豹）

社会保险

【机关事业单位养老保险制度改革】 2017年，阳泉市机关事业单位养老保险入轨运行工作完成。参保登记方面，市、县（区）两级接收单位1421家60828人，参保率100%。其中，市本级接收411家19720人、平定县接收237家11506人、盂县接收257家12766人、城区接收131家4300人、郊区接收222家7130人、矿区接收144家4820人、开发区接收19家586人。基金结算方面，共有缴费单位数1425家，缴费人数40648人，实收养老保险金额17.47亿元。（娄正豹）

【企业养老保险欠费清理】 2017年，阳泉市养老保险中心稽核科牵头，聘请会计事务所专业人员组成专门清欠组，对企业养老保险欠费严重单位的账目、资金流量及缴费基数进行重点检查，下发稽核通知书，制订清欠计划，清理收回历年欠费6.8亿元，于上半年提前完成省局下达的5.1亿元年度清欠任务。（娄正豹）

【失业保险待遇审核发放】 2017年，阳泉市失业保险基金支出9072.70万元（不含上解上级支出）。其中，失业金支付1406.41万元、医疗补助支出270.10万元、职业培训补贴支出8.54万元、农民工一次性生活补助1045.27万元、取暖补贴373.84万元、稳岗补贴5968.34万元。（娄正豹）

【失业保险稳岗补贴 提升职业技能补贴政策落实】 2017年，阳泉市人力资源和社会保障局对符合申请条件的134户企业分5批进行稳岗补贴资料审核，发放失业保险稳岗补贴5968.34万元，惠及123266人。根据省人力资源和社会保障厅、省财政厅《关于失业保险支持企业参保职工提升职业技能有关问题的通知》要求，受理申请18人，其中职业资格四级（中级）5人、三级（高级）13人，保证了失业保险惠民政策落实。（娄正豹）

【市本级公益岗补贴提标】 2017年，阳泉市两次提高市本级公益岗补贴标准，印发《阳泉市人社局、阳泉市财政局关于调整公益性岗位补贴标准的通知》，全市公益性岗位补贴标准从4月执行最低工资标准每月1620元。从10月起，按照《阳泉市人民政府办公厅关于调整我市最低工资标准的通知》要求，将市本级公益性岗位补贴调整到最低工资标准每月1700元。（娄正豹）

【失业保险参保扩面和基金收缴任务完成】 2017年，阳泉市参加失业保险人数25.12万人，完成目标任务的100.7%；全市失业保险基金征缴收入40793.85万元，完成630%。两项指标超额完成省年初下达的任务。落实惠民政策，降低失业保险费率，从1月1日起，将失业保险缴费比例由1.5%降低至1%。（娄正豹）

【企业拖欠失业保险信访问题源头化解专项行动】 2017年，阳泉市人力资源和社会保障部门开展企业拖欠失业保险信访问题源头化解专项行动，对民政“大走访”提供的退役士兵名册进行排查，核对身份信息、就业情况、参保情况，组织联系安置单位落实参保情况，摸清欠费底数，制订《清理失业保险欠费计划》，清理14家单位的欠缴73名退役士兵失业保险费29万元；市本级公益岗安置下岗失业退役军人43人。（娄正豹）

【医疗 工伤 生育保险扩面征缴任务完成】 2017年，阳泉市城镇职工基本医疗保险参保人数38.60万人，完成年度任务的103.68%。城乡居民基本医疗保险参保人数81.56万人，完成106.88%。其中，城镇居民基本医疗保险参保人数26.94万人，完成116.32%；农村居民基本医疗保险参保人数54.62万人，完成102.77%。

全市城乡居民医保制度整合实现覆盖范围、筹资政策、保障待遇、医保目录、定点管理和基金管理“六统一”。城镇职工工伤保险参保人数26万人，完成100.78%。城镇职工生育保险参保人数24.67万人，完成100.47%。城镇职工基本医疗保险基金征缴收入（含阳煤集团）11.11亿元，完成210.3%。城乡基本医疗保险基金征缴收入1.26亿元，完成109.85%。其中，城镇居民基本医疗保险基金征缴收入4332万元，完成124.70%；农村居民基本医疗保险基金征缴收入8243万元，完成103.39%。工伤保险基金征缴收入1.05亿元，完成121.2%。生育保险基金征缴收入（含阳煤集团）2978.58万元，完成102.71%。（娄正豹）

【异地就医直接结算】 2017年6月19日，阳泉市跨省异地就医直接结算系统接入国家平台，实现互联互通。参保人员办理备案后，可到开通异地就医直接结算平台医院看病，出院时即时结算医疗费用。（娄正豹）

【阳煤集团医疗保险纳入社会统筹】 2017年12月26日，由市政府牵头，与阳煤集团签订协议，12月31日12时，阳煤集团医疗保险信息系统停止运行。规定于2018年1月1日零时起，启用阳泉市城镇职工医疗保险市级统筹信息过渡系统，在全省率先完成封闭运行企业医保纳入社会统筹工作。（娄正豹）

劳动关系

【劳动信访工作】 2017年，阳泉市信访调解仲裁部门接待群众信访552批842人次，其中集体访15批181人次，息诉罢访率100%。接收各级交办、转办案件26件，其中省人社厅转办信访件4件、市政府办公厅转办1件、市委市政府信访局转办18件、市长接待日交办2件、市政府转办人民网地方领导留言板批阅卡信访件1件，以上信访件均在规定日期内办结并作出答复。（娄正豹）

【劳动争议仲裁】 2017年，阳泉市信访调解仲裁部门加大劳动争议仲裁力度，接收劳动争议案件424件，其中，受理劳动争议案件151件、不予受理劳动争议案件273件，结案151件，结案率100%，为劳动者解决工伤保险待遇、经济补偿金、赔偿金1019.45万元。（娄正豹）

【工伤认定及劳动能力鉴定】 2017年，阳泉市信访调解仲裁部门完成工伤认定1721件，其中死亡71件；劳动能力鉴定1335件，其中因工劳动能力鉴定1128件、非因工劳动能力鉴定207件。工伤行政复议案3件、工伤行政诉讼案6件，全部予以维持，胜诉率100%。（娄正豹）

【劳动者权益保障】 2017年，阳泉市信访调解仲裁部门接到劳动者投诉2539件，立结案102件。其中，支付工资和最低工资标准案件101件，追发拖欠工资3252.15万元，涉及2537人；参加社会保险和缴纳社会保险费案件1件，涉及490人279.5万元。处理由拖欠工资引发的突发案件11件，涉及劳动者688人。全市275个工程预存工资保证金3871.97万元。（娄正豹）

救助救济

【城乡低保提标】 2017年，阳泉市城、乡低保标准在全省统一提高20元基础上，再分别提高15元、20元，达到城市每人每月487元、农村每人每月308元。截至2017年底，全市城市低保对象17014户34338人，累计发放城市低保救助金13113.59万元；农村低保对象23122户40775人，累计发放救助金11349.80万元。（刘　蓉）

【农村贫困人口大病专项救治】 2017年，阳泉市民政局下发《关于开展农村贫困人口大病专项救治工作的紧急通知》，将符合24种大病救治条件的农村贫困对象纳入医疗救助范围，新农合基金补偿比例为70%，医疗救助对符合条件患者再救助20%。

出台《阳泉市建档立卡贫困人口24种大病晚期患者一次性关怀救助认定及救助办法》，对符合条件的晚期患者给予每人一次性5000元大病关怀救助，提高困难人群医疗保障水平。全年全市医疗住院救助7149人次，发放救助金2245.37万元；门诊救助468人次，发放救助金90.14万元。（刘　蓉）

【特困人员供养制度完善】 2017年，阳泉市出台《阳泉市人民政府办公厅关于进一步健全完善特困人员救助供养制度的实施意见》《阳泉市民政局 阳泉市财政局关于制定我市特困人员救助供养标准的通知》，建立城市特困人员供养机制，规定从2018年1月1日起，将城市低保对象中的特困人员剥离出来，享受城市特困人员的生活和护理标准，城市特困对象生活标准为每人每年8000元。提高农村特困人员供养标准，报经市政府批准，从2017年1月1日起，全市农村特困人员分散供养标准每人每年提高2000元，集中供养标准每人每年提高1500元；提标后全市农村特困人员分散供养标准为每人每年5400元，集中供养标准为每人每年7900元。

截至2017年底，全市农村特困供养对象共6323人，累计支出3816.1万元。制订护理费标准，照料护理费用于特困人员生活照料，包括日常生活、住院期间必要照料等基本服务，从2018年1月1日起，阳泉市照料护理标准分为全自理、半自理和全护理三档标准，分散供养对象照料护理标准分别为每人每月60元、120元、180元，集中供养对象照料护理标准分别为每人每月170元、425元、850元。（刘　蓉）

【农村低保制度与扶贫开发政策衔接】 2017 年，阳泉市制订下发《阳泉市农村最低生活保障制度和扶贫开发政策有效衔接实施方案》及《关于进一步加强农村最低生活保障制度与扶贫开发有效衔接的通知》，成立由民政牵头，包括发改、财政、人社、卫计委、残联等部门在内的社会保障扶贫领导小组。根据贫困对象数据库动态调整情况，推进社会保障兜底 1000 人的任务，分解任务，并签订责任状，推动扶贫任务落实。年内，阳泉市农村低保标准达每人每年 3696 元，超过扶贫线 3200 元 / 年，并将符合条件的 1312 名农村建档立卡贫困户纳入社会救助范围。全市纳入低保救助 4023 户 6295 人，医疗救助 108 户 108 人次，临时救助 538 户 538 人次，特困供养救助 118 户 120 人。（刘　蓉）

【临时救助】 2017 年，阳泉市对 10446 户家庭实施临时救助，发放救助金 1423.97 万元。在元旦、春节期间，下发《关于切实做好困难群众基本生活保障工作的通知》，为全市 2530 户困难群众家庭发放临时救助资金 174.56 万元，缓解部分城乡困难群众突发性和临时性生活困难。完善临时价格补贴、冬季取暖补助、家庭临时救助、电价补助、基本丧葬费减免、廉租房补贴等多项辅助制度，提高困难对象生活水平。（刘　蓉）

【核对系统升级改造】 2017 年，阳泉市民政局召开核对系统对接工作协调会，就信息共享实时对接与市住建、工商、国土和人社部门进行协商，并取得进展。核对系统升级改造后，形成集核对系统、网上审批系统和医疗救助"一站式"于一体的社会救助平台，横向与市公积金管理中心实现数据实时对比，纵向与省民政厅核对系统实现无缝对接，可自动比对公积金缴纳、车辆登记和工商注册信息，为社会救助工作及社会政策需要提供科学支撑。截至 2017 年底，先后对 33477 户 61103 名新申请、复核低保人员家庭经济状况信息进行核对，核对结果均运用到低保审批和复核过程中。（刘　蓉）

【防灾减灾】 2017 年，阳泉市发生 12 次自然灾害，其中，洪涝 4 次、风雹 7 次、其他 1 次，受灾人口 114917 人，直接经济损失 6916.74 万元。全年累计下发自然灾害生活补助资金 700 万元，并按时发放到受灾群众手中，完成 2016 年度倒损民房恢复重建和冬春救助等工作。出台《关于在全市加快推进精准化救灾工作的实施意见》，修订完善《阳泉市自然灾害救助应急预案》。开展冬春救助 79686 人，安排救助资金 887.90 万元。推进备灾能力建设，市级救灾物资储备库兴建项目通过山西省投资项目在线审批，被列入 2018 年"十三五"中央预算内投资计划。开展全国和省级综合减灾示范社区创建工作，申报国家级综合减灾示范社区 4 个、省级 11 个。（刘　蓉）

社会福利

【"三项补贴"落实】 2017 年，阳泉市民政部门加强对经济困难高龄老年人补贴、失能老年人补贴和困难残疾人生活补贴"三项补贴"政策落实。1 月，阳泉市制订《阳泉市经济困难失能老年人认定办法（暂行）》，明确认定标准、认定程序、审核程序、审批程序，共为全市 2234 名经济困难的高龄老年人发放补贴 53.34 万元，为全市 1299 名经济困难的失能老年人发放补贴 60.67 万元，为全市 9405 名困难残疾人发放生活补贴 362.05 万元。（刘　蓉）

【农村老年人日间照料中心建设】 2017 年，省民政厅下达阳泉市农村老年人日间照料中心建设指标 50 个，其中平定县 20 个、盂县 20 个、郊区 7 个、城区 2 个、矿区 1 个。为推进农村老年人日间照料中心建设，制订《2017 年新建 50 个农村老年人日间照料中心行动方案》《关于对农村老年人日间照料中心建设运营情况进行专项督查的通知》推动工作，市民政局还分别于 8 月 28 日至 31 日和 11 月 14 日至 15 日对新建中心进行验收，截至 2017 年底，50 个农村老年人日间照料中心建成。（刘　蓉）

【孤儿权益保障】 2017 年，阳泉市民政部门加大孤儿权益保障力度，做好孤儿基本生活费发放工作，对现有孤儿和新增孤儿核实，完善相关资料，严格申报程序，做到应保尽保，保障孤儿基本生活费足额发放。为全市 244 名孤儿发放 2017 年孤儿基本生活费 225.44 万元。探索开展社会困境儿童救助，将农村留守儿童、残疾、流浪等社会困境儿童纳入儿童福利保障体系。新建福利院"儿童家园"项目，探索推行"准家庭"寄养孤儿模式，并完成竣工验收。孤儿收养登记规范化，全年办理国内收养 5 例，涉外送养 12 例。（刘　蓉）

【养老服务体系建设】 2017 年，阳泉市民政部门加大养老服务体系建设，截至 2017 年底，共有各类养老服务机构 53 个，养老床位 8364 张，达到每千名老年人 33 张。市养老公益苑项目一期工程封顶。农村老年人日间照料中心年内新建 50 个，全市累计建成 471 个，覆盖率达 50%。市福利院老年养护楼改建项目一期工程项目总投资 5000 万元，床位 210 张，分三期进行建设；项目完成投资 2120 万元，第一期"老年公寓改建工程"及配套"营养配餐中心"改建工程于 6 月竣工并试运营。医养融合试点工作有序推进，确定天年宜康养护院等 4 家省试点。（刘　蓉）

2017年阳泉市养老机构基本情况简表

表65　　单位：张

类　型	机构名称	地　址	床位数	负责人	电　话
市级公办养老机构	阳泉市社会福利院	城区新华西街5号	150	任刚瑞	13303536767
	阳泉市老年颐养中心	城区新华西街5号	180	唐林生	13903537913
市级民办养老机构	阳泉市平定老年服务中心	平定县府新街	100	刘艳萍	0353-6062155
市级公建民营养老机构	阳泉市天年宜康养老中心	城区新华西街5号	110	冯志中	18635336104
城区公办养老机构	城区老年护理中心	青年路城区医院	82	刘丽萍	13111134811
城区民办养老机构	城区博大老年医养中心	城区桃南东街205号	50	林建成	13835333118
	城区新华老年医养中心	城区北深沟联丰商场4层	50	黄丽姗	15503530318
矿区民办养老机构	大村托养中心大村老年公寓	矿区大村村	150	荆爱军	13293639011
	二矿老年社会福利服务中心	矿区二矿中学毗邻	30	张建兵	0353-7022838
郊区公办养老机构	河底中心敬老院	河底镇河底村	100	史新文	13223631911
	平坦中心敬老院	平坦镇辛兴村	150	贾小金	18735311828
	荫营中心敬老院	荫营镇林里村	140	武瑞芹	13935302642
	杨家庄乡敬老院	杨家庄乡黑土岩村	100	王仲伟	13453332251
	旧街乡敬老院	旧街乡旧街村	70	段肖军	13994490784
	西南舁乡敬老院	西南舁村	40	王爱军	13994532370
	郊区光荣院	荫营镇白猫梁	30	任海鹰	15903538000
	李家庄中心敬老院	汉河沟村	60	李春华	13994502950
郊区民办养老机构	郊区玉金养老院	河底镇河底村	30	姜芝明	13620632968
	郊区秋虎敬老中心	河底镇下章召村	12	王秋虎	18935326315
	郊区鹤望老年公寓	杨家庄乡黑土岩村	30	孙国英	15203531970
	郊区如家颐养院	李家庄乡余结梁沟	30	吴利勇	13293539149
	颐缘助老中心	平坦镇龙凤沟村	50	王利宏	18635371912
	康城爱养之家	杨家庄乡小西庄村	20	翟瑞琴	13935313657
平定县公办养老机构	冠山镇敬老院	南关村	120	翟怀成	0353-5681916
	张庄镇敬老院	张庄村	130	郭非小	13835307868
	锁簧镇敬老院	东锁簧村	140	赵　田	13903536974
	冶西镇敬老院	冶西村	80	潘海平	13835347968
	巨城镇敬老院	巨城村	140	薛恩堂	18734327826
	柏井镇敬老院	槐树铺村	130	李海庆	13753307157
	东回镇敬老院	马山村	80	姚秀林	0353-6200099
	岔口乡敬老院	岔口村	100	王晋忠	13223633359
	石门口乡敬老院	石门口村	70	刘来生	13700536647
	娘子关镇敬老院	坡底村	80	赵千元	0353-6031878
	平定县光荣院	平定县南大街121号	80	时福明	0353-6165923

续表

单位：张

类　型	机 构 名 称	地　址	床位数	负责人	电　话
盂县公办养老机构	秀水镇中心敬老院	秀水镇贺村	70	闫晓杰	13994509450
	仙人乡中心敬老院	仙人乡交口村	72	程爱军	15223530000
	西潘乡中心敬老院	西潘乡侯庄	70	万珍如	13935359906
	南娄镇中心敬老院	南娄镇南娄村	80	贾晓晓	3534355111
	上社镇中心敬老院	上社镇肖家汇村	80	侯永康	13293655111
	北下庄乡中心敬老院	北下庄乡东木口	100	赵进国	15340775000
	下社乡枣园敬老院	下社乡枣园村	50	霍有贵	13463679899
	梁家寨乡中心敬老院	梁家寨乡王只村	140	刘林娣	0353-8176368
	路家村镇中心敬老院	路家村镇路家村	80	王元凯	13283536014
	东梁乡中心敬老院	东梁乡西梁村	80	温俏拴	13994515038
盂县民办养老机构	盂县光荣老年公寓	秀水镇南坪村	40	赵进国	1534077500
	梁家寨乡石牛敬老院	梁家寨乡吉古堂村	20	杨巧荷	13834039288
	北下庄乡西麻河驿敬老院	北下庄乡西麻河驿村	20	王成怀	15698436000
	牛村镇夕阳红敬老院	牛村镇牛村	40	郭王双	13700537352

（刘　蓉）

【医养融合试点】 2017 年，省民政厅确定阳泉市城区老年护理中心、天年宜康养护院、博大老年医养中心、平定友爱医院 4 家医养结合试点单位，均启动并实施。推动农村老年人日间照料中心与村卫生室融合发展，联合市卫计委下发融合发展试点通知，确定平定为试点县，确定东回镇营庄村、石门口乡乱流村为省级试点村，巨城镇万子足村为市级试点村。截至 2017 年底，3 个项目完成整合，实现医养融合发展。（刘　蓉）

【福彩公益金管理】 2017 年，阳泉市福利彩票完成销售 1.72 亿元。出台《关于进一步加强市级福利彩票公益金使用管理工作的若干意见》，明确资金用途，严格资金申报、审批程序，规范资金管理，遵循"扶老、助残、救孤、济困"的宗旨，专项用于老年人福利、残疾人福利、儿童福利、社会公益 4 个方面；明确监管责任，确保资金使用依法合规，专款专用。

市民政局成立专项检查领导组，制订《阳泉市民政局关于对 2014—2016 年部、省、市三级福利彩票公益金使用及管理情况进行专项检查的方案》，分成 3 个小组，于 3 月对福彩公益金使用和管理情况进行检查，对发现的问题下达整改意见书，并于 6 月对整改情况进行"回头看"，开展重点抽查，巩固工作成效。

做好福彩公益金分配，成立市级公益金评审委员会，聘请市人大代表、政协委员等参与项目评审。年内分配福彩公益金 1454.41 万元，其中，分配 2016 年农村老年人日间照料中心 450 万元、2017 年农村老年人日间照料中心 50 万元、养老护理员培训 16.5 万元，专项资助市社会福利院等 70 个社会福利和公益事业项目 937.91 万元。（刘　蓉）

【困境儿童生活救助】 2017 年，市民政局出台《阳泉市"春蕾成长"专项救助行动方案》，建立困境儿童信息台账，实现一人一档，动态管理。建立监测预防、发现报告、帮扶干预联动反应机制，构建起覆盖城乡的困境儿童社会保护网络。探索建立"家庭监护为基础，社会监督为保障，国家监护为补充"的监护制度和救助后回访慰问制度。按照 500 元、1000 元两个标准，对全市摸底排查出的 276 名困境儿童给予救助，全年共发放救助金 16.25 万元。（刘　蓉）

社会专项事务管理

【老龄服务】 2017 年，新修订的《山西省实施〈中华人民共和国老年人权益保障法〉办法》，经省十二届人大常委会第二十九次会议审议通过，于 1 月 1 日施行。该办法将老年人优惠政策从 70 周岁扩大到 65 周岁，阳泉市受惠人群增加 6 万余人。截至 2017 年底，全市高龄老人 1943 人，其中，90 岁至 94 岁 1685 人、94 岁至 99 岁 232 人、100 岁以上 26 人，90 岁以上老年人高龄津贴足额发放到位。经与财政、交通、旅游、卫计等部门协调，阳泉市 60 周岁以上老年人各项优待政策落实到位；免费乘坐市内除901路、游2路等公交线以外的所有公交车；国有控股景区首道门票免费；就医普通门诊挂号免费；免费接受法律援助等。 （刘 蓉）

【殡葬管理】 2017年清明节期间，阳泉市民政局开展“文明殡葬 绿色祭扫”主题活动，宣传殡葬法律法规知识和殡葬改革惠民政策，发放宣传资料1.5万余份，殡葬管理手册4000余册，悬挂宣传条幅12条，摆放展板7块。推进节地生态安葬，建立节地生态安葬示范区1个，包括骨灰壁葬区2个、草坪葬区2个、骨灰楼3座。市殡仪馆和市寝园通过规范管理和提升服务，火化率和骨灰寄存率均实现增长。加强公墓和殡葬市场规范化管理，纠正违规行为5起，下达整改通知书7份，公墓、殡仪馆等祭扫场所取消焚烧炉。对城市区7家重点殡仪用品经营单位进行复查，对发现的违规经营问题要求限期整改。落实殡葬惠民政策，为154人次发放惠民补贴22.07万元。 （刘 蓉）

【婚姻登记】 2017年，阳泉市婚姻登记机关7个，其中，地级市以上婚姻登记机关1个，县区级6个。共办理国内婚姻登记13654对，其中，结婚登记8435对、离婚登记2727对、补领2492对。涉外婚姻登记1对。

2017年阳泉市婚姻登记情况简表

表66　　　　单位：对、%

县区	结婚登记	离婚登记	结婚与离婚比
城区	1313	523	39.8
矿区	1804	740	41.0
郊区	1116	383	34.3
平定县	1751	447	25.5
盂县	2219	553	24.9
开发区	232	81	34.9

（刘 蓉）

住房公积金

【概况】 阳泉市住房公积金管理中心成立于2003年，为市政府直属参照公务员管理的副县级全额事业单位。截至2017年底，中心编制45人，从业人员77人，其中在编41人、非在编36人；下设办公室、信息技术科、内部审计科、资金核算科、资金管理科、征稽执法科6个科室，市区、郊区、盂县、平定县4个管理部，阳煤集团1个分中心及1个综合客户服务中心。市住房公积金管理中心坚持“依法归集、规范管理、优质服务、保值增值”原则，加大住房公积金归集执法力度，扩大归集面，推动住房公积金制度，支持职工自住和改善性购房需求，强化风险安全管理，加大科技投入力度，提升服务水平。

业务运行　在缴存方面，新开户单位73家，实缴单位1623家，净增单位17家；新开户职工0.49万人，实缴职工17.84万人，净增职工−0.96万人；缴存额16.03亿元，比上年增长62.58%。截至2017年底，缴存总额119.27亿元，增长15.53%；缴存余额32.93亿元，增长53.88%。受委托办理住房公积金缴存业务银行6家，无新增受托银行。在提取方面，全年提取4.5亿元，提取占当年缴存额比率28.07%，比上年减少82.88个百分点。截至2017年底，提取总额86.34亿元，增长5.5%。在贷款方面，个人住房贷款最高额度80万元，阳煤分中心个人住房贷款最高额度50万元。受委托办理住房公积金个人住房贷款业务银行6家，无新增受托银行。年内，发放个人住房贷款1883笔5.35亿元，分别增长30.67%、60.66%，其中，市中心发放个人住房贷款1683笔5亿元、分中心发放个人住房贷款200笔0.35亿元；回收个人住房贷款2.24亿元，其中市中心1.6亿元、分中心0.64亿元。累计发放个人住房贷款21236笔33.49亿元，贷款余额15.88亿元，分别增长12.12%、19.01%、24.45%。个人住房贷款余额占缴存余额的48.22%，减少11.41个百分点。在融资方面，归还融资4.57亿元，融资18.24亿元全部归还，融资余额为零。在资金存储方面，住房公积金存款额22.2亿元，其中，活期0.58亿元、1年以内定期3.95亿元、1年以上定期15.65亿元、其他（协议、协定、通知存款等）2.02亿元。在资金运用率方面，截至2017年底，住房公积金个人住房贷款余额、项目贷款余额和购买国债余额总和占缴存余额48.22%，减少11.41个百分点。

财务数据　在业务收入方面，住房公积金业务收入12954.43万元，比上年降低8.48%。存款利息收入8375.95万元，委托贷款利息收入4551.02万元，其他收入27.46万元。在业务支出方面，业务支出5001.85万元，降低28.81%。利息支出3689.63万元，委托贷款手续费支出258.56万元，其他支出1053.66万元。在增值收益方面，增值收益7952.59万元，增加11.56%，其中，市中心5767.89万元、分中心2184.7万元，增值收益率2.87%，减少0.01个百分点。在增值收益分配方面，提取贷款风险准备金2200.66万元，提取管理费用1158.08万元，提取城市廉租房（公共租赁住房）建设补充资金10938.07万元，其中，市中心7260万元、分中心3678.07万元。上缴财政管理费用1000万元、财政城市廉租住房（公共租赁住房）建设补充资金18560万元。在管理费用方面，支出1179.99万元，增长41.3%，其中，人员经费487.1万元、公用经费97.74万元、专项经费595.15万元。截至2017年底，逾期个人住房贷款95.35万元，个人住房贷款逾期率0.6‰。

社会经济效益　在缴存业务方面，实缴单位数、实缴职工人数和缴存额分别比上年增长1.05%、-15.77%和62.58%。缴存职工中、低收入占98.37%,高收入占1.63%。新开户职工中、低收入占99.47%,高收入占0.53%。在提取业务方面,2.39万名缴存职工提取住房公积金4.5亿元。提取金额中,住房消费提取占70.57%,其中,购买、建造、翻建、大修自住住房占35.34%,偿还购房贷款本息占14.08%,租赁住房占20.34%,其他占0.81%;非住房消费提取占29.43%,提取职工中,中、低收入占99.14%,高收入占0.86%。在贷款业务方面,支持职工购建房52.88万平方米,截至2017年底,个人住房贷款市场占有率26.47%,比上年增加3.91百分点。通过申请住房公积金个人住房贷款,节约职工购房利息支出1.27亿元。职工贷款所购住房套数中,90平方米(含)以下占13.11%,90平方米至144平方米占60.68%,144平方米以上占26.22%;购买新房占89.16%,购买存量商品住房占2.96%,建造、翻建、大修自住住房占3.38%,其他占4.50%。职工贷款笔数中,单缴存职工申请贷款占18.97%,双职工申请贷款占81.03%。贷款职工中,30岁(含)以下占22.67%,30岁至40岁(含)占35.89%,40岁至50岁(含)占28.96%,50岁以上占12.47%;首次申请贷款占92.86%,二次及以上申请贷款占7.14%;中、低收入占91.81%,高收入占8.19%。发放异地贷款95笔4077.4万元。截至2017年底,发放异地贷款总额6713.8万元,异地贷款余额6371.12万元。个人住房贷款发放额、项目贷款发放额、住房消费提取额总和与当年缴存额比率53.10%,减少65.94个百分点。 (郝转萍)

2017年阳泉市住房公积金缴存业务数据统计简表

表67　　单位:%

分　类	缴存单位	缴存职工	新开户职工
国家机关和事业单位	66.48	25.14	39.41
国有企业	26.30	70.38	33.89
城镇集体企业	2.46	2.82	4.27
外商投资企业	0.37	0.30	1.21
城镇私营企业及其他城镇企业	4.00	1.20	16.58
民办非企业单位和社会团体	0.12	0.01	0.10
其　他	0.27	0.15	4.54

(郝转萍)

【公积金归集缴存规范工作】 2017年,阳泉市住房公积金管理中心围绕"决策民主化、管理规范化、服务人性化、办事高效化"的管理目标,规范行政决策,实行政务公开,出台《关于做好2017年度住房公积金缴存基数和缴存比例调整工作的通知》,明确缴存基数上下限,维护职工权益。对归集汇缴不规范单位开展催缴和整改工作,下达整改通知书和催缴通知书,涉及单位280个、职工32393人、金额7420万元。结合工作实际,修订完善归集、贷款、会计等业务工作规范,细化公积金业务办理标准、工作操作流程;对已有制度进行摸底梳理,保留有效制度23项,废止制度11项。为确保住房公积金资金安全,对中心财务制度进行梳理,重新编制办公制度;强化内部业务岗位管理制度,完善内部控制制度。(郝转萍)

【公积金风险防控】 2017年,阳泉市住房公积金管理中心强化业务办理过程监督,执行"贷前严审、贷中规范、贷后跟进"管理机制,落实公积金贷款五级审批制度,降低资金风险;加强楼盘备案制度。审查开发商"五证一书"(国有土地使用证、建设用地规划许可证、建设工程规划许可证、建筑工程施工许可证、商品房预售许可证和发改委立项批文书),派专人负责楼盘备案审核,降低贷款风险。对全市14家受托代理银行2016年度委托贷款业务进行综合考评;由各家银行自主确定主账户,其余网点公积金账户实行零余额管理,减少银行间不良竞争,资金运用更加安全高效。对4个管理部及资金核算、管理等相关科室进行审计,完成各项审计任务。 (郝转萍)

【资金理财】 2017年,阳泉市住房公积金管理中心实现资金池管理,达到上级要求。改变各县区资金分散管理状况,平定县、郊区、盂县管理部住房公积金账户实行零余额管理,多余账户全部办理销户。提前归还4.57亿元融资借款,存量资金合理安排,经中心集体决策后转存定期,提高资金使用效率;强化资金运营,零散资金与银行沟通执行协定存款利率,除保证业务政策运转外,减少活期资金数量,争取银行利率上浮政策以取得资金最大利益。向财政上缴管理费1000万元,上缴廉租房补充资金8755万元。 (郝转萍)

【便民服务】 2017年,阳泉市住房公积金管理中心通过一系列惠民政策,为广大公积金用户提供便利。提高贷款额度、增加担保方式、放宽购买棚户区改造安置用房等住房项目办理公积金贷款业务条件等,引导职工住房消费。公积金业务管理系统以直联方式接入全国住房公积金转移接续平台，异地转出和转入业务操作均在系统内处理完成，无需登录转移接续平台办理。推广使用公积金24小时12329客服热线、中心门户网站等平台，不断提高便民服务水平。发挥信息公开平台桥梁作用，实现信息公开化，使职工查询公积金政策和办理公积金业务更加快捷。中心4个管理部与各家银行直联，实现提取金额“秒付”，方便职工，提高效率。对因病、因残、因孕、因老等行动不便群众，开展上门服务，开辟“绿色通道”，职工不出家门就能实现公积金提取。（郝转萍）

【“双贯标”通过住建部验收】 2017年8月，根据住建部、省住建厅对住房公积金“基础数据贯标”和“全国住房公积金结算应用系统”接入工作要求，阳泉市住房公积金管理中心接入结算应用系统，实现公积金系统“双贯标”。10月26日，由住建部、省住建厅公积金监管处共同组织的住房公积金信息化建设“双贯标”检查验收组到阳泉进行验收。检查组现场查看信息系统基础数据标准表和银行结算数据应用系统接入业务覆盖和接口使用情况，对财务记账、业务流水和银行结算数据应用系统接入使用情况进行了解，查看相关资料，并到市区管理部、资金核算科进行检查指导。通过听取汇报和现场检查，检查验收组对阳泉公积金中心开展“双贯标”工作给予肯定，通过验收。

市住房公积金管理中心于2015年11月25日向市政府递交相关贯标工作计划，市委常委、常务副市长、市公积金管委会主任马爱锋多次听取“双贯标”工作落实情况，要求高质量、高标准完成“双贯标”工作。11月，中心在建行总行、省行及市行支持下，启动贯标工作，至2016年3月阳泉市住房公积金业务管理系统上线，基础数据实现贯标。“双贯标”后，实现了数据完整规范，真实准确；业务提速，服务提质；三账合一，互联互查；把控风险，留痕预防；互监互督，互核互控；试算平衡，自动对账；账随人走，钱随账走；资金流向，实时监控；规模管理，效益最大；便民高效，群众满意的效果。（郝转萍）

民族　宗教

【概况】 截至2017年底，阳泉市共有38个少数民族族别，少数民族人口4492人，占全市总人口的0.32%，其中人数较多的少数民族有回族、满族、蒙古族等。此外，还有少数民族流动人口500余人，主要是在境内经商的新疆维吾尔族，西藏、四川等地的藏族和青海、甘肃等地的回族、东乡族、保安族等。少数民族相对聚居街道有城区上站街道办事处、下站街道办事处、南山路街道办事处、义井街道办事处均为回族相对居住区。少数民族聚居村盂县秀水镇东白水村，是山西唯一一个蒙古族聚居村，有蒙古族人口410人，占该村总人数的36.6%；蒙古族户数110户，占该村总户数的27%。

全市有佛教、道教、伊斯兰教、天主教、基督教五大宗教，寺观教堂和固定活动场所400余处，信教群众8.6万余人，其中佛、道教信众6.2万余人，伊斯兰教0.3万余人，天主教0.5万余人，基督教1.4万余人。宗教团体有市佛教协会、市伊斯兰教协会、市基督教“两会”（基督教“三自”爱国运动委员会、基督教协会）；全市经政府批准的法定宗教活动场所38处（登记开放33处、筹备5处），其中，佛教24处（筹备3处）、道教3处、伊斯兰教1处、天主教2处、基督教8处（筹备2处），全市依法备案的宗教教职人员66人，其中，佛教比丘（比丘尼）22人、道教3人、伊斯兰教阿訇1人、天主教神甫3人、基督教长老4人、传道员33人。（史海涛）

【廉毅敏调研民族宗教工作】 2017年4月26日，省委常委、省委统战部部长廉毅敏到阳泉市清真寺调研民族宗教工作。省委统战部常务副部长郭海刚，市委副书记、市长董一兵，市委常委、市委统战部部长王铁梅陪同调研。在城区清真寺，廉毅敏查看清真寺场所建设情况，听取市伊斯兰教协会、城区清真寺负责人关于宗教团体建设、清真寺制度建设、规范化管理等工作情况汇报。廉毅敏强调要坚持党的宗教工作基本方针，深入学习贯彻全国、全省宗教工作会议精神，坚持中国化方向，在广大信教群众中弘扬社会主义核心价值观，推动宗教融入中华优秀传统文化；要加强宗教团体建设，注重发挥宗教团体的连接党和政府与信教群众的桥梁作用，引导宗教与社会主义社会相适应，促进阳泉民族团结、宗教和睦。（史海涛）

【《阳泉文史资料》（民族宗教专辑）刊印】 2017年4月，由市政协文史委、市民族宗教事务局联合编印的第22辑《阳泉文史资料》（民族宗教专辑）刊印完成，共收录各类史料45篇17.5万余字。（史海涛）

【《开河寺志》出版】 2017年5月，平定县石门口乡乱流村党支部、村委会组织，历时2年编纂的《开河寺志》，由山西出版传媒集团、山西科学技术出版社出版，系阳泉市首部介绍寺庙历史和现状的专志。该志收集整理了开河寺自北魏永平三年凿窟造像开始至2015年1500余年的寺庙史料，分8卷40万字。（史海涛）

【德胜街社区“全国民族团结进步创建活动示范社区”揭牌】 2017年7月12日，“全国民族团结进步创建活动示范社区”揭牌仪式在德胜街社区举办。省宗教事务局（省民委）副局长（副主任）范波涛、市人大常委会副主任张宝明共同为德胜街社区揭牌。德胜街社区通过“网格化管理、新媒体支撑、双向化服务、品牌化塑造”，开创“民族团结一家亲，社会和谐促发展”的新局面。获“全省民族团结进步创建活动示范社区”“全省民族团结进步模范集体”等称号，2016年12月获“全国民族团结进步创建活动示范社区”称号。（史海涛）

【山西省第四届佛教讲经交流会在报国寺举办】 2017年8月2日至4日，山西省第四届佛教讲经交流会在盂县报国寺举办。省宗教事务局副局长侯文禄，市委常委、市委统战部部长王铁梅及省、市、县有关部门负责人出席开幕式。中国佛教协会副会长、山西省佛教协会会长妙江法师，中国佛教协会副会长、山西省佛教协会副会长如瑞法师，中国佛教协会藏传南传佛教办公室主任清远法师及省、市、县佛教协会法师、居士等300余人出席讲经交流活动。讲经交流会以“慈悲、圆融、宏博”为主题，全省各地市的26位法师登台讲经说法，听经法师、居士互动，高僧大德点评。活动共评出一等奖3名、二等奖5名、三等奖7名，阳泉市参加讲经交流活动的3名法师获得1个二等奖、2个三等奖。（史海涛）

【“宗教慈善周”活动】 2017年9月下旬，阳泉市宗教界开展以“喜迎十九大、同心共筑梦”为主题的“宗教慈善周”活动。22日，城区在义井基督教堂举办“宗教慈善周”活动启动仪式，义井基督教堂为义井街道煤改气工作中的特困群众给予5000元资助，并对社区困难群众、环卫工人、家庭困难学生等群体进行生活物资捐助。23日，平定县、郊区佛教界联合组织开展“宗教慈善周”活动，两县（区）佛教界人士深入贫困群众家中，为他们送去慰问品和慰问金，活动共捐助款物7000余元，走访慰问贫困家庭11户。25日，盂县宗教界人士深入偏远贫困乡村，走访慰问5户贫困家庭，捐资捐物达2500元。阳泉市天主教堂组织信教群众为家庭生活困难的脑出血患者捐款5000余元，矿区基督教界向矿区尿毒症患者捐款7200元，矿区马王庙为周边贫困、孤寡、生活困难的家庭送去米、面、油和慰问金，矿区王兰寺为5名品学兼优的困难家庭学生发放现金5500元，市伊斯兰教协会组织信教群众向1名尿毒症患者进行捐款。（史海涛）

【“证牌”发放工作完成】 按照省民委要求，阳泉市于10月28日起对全市清真食品生产经营工商户开展换证工作，截至2017年底完成。共为24家清真食品工商户申领核发清真食品生产经营许可证和标志牌，其中，新申领6家、核准发放18家。其间，市民族宗教事务局召开县（区）民族宗教局长会议，要求各县区把重新审核换证工作和问题排查结合起来，利用重审换证契机，解决清真食品市场存在的问题；发挥清真食品监督员力量，配合县区民族宗教局进行拉网式摸底，将辖区内涉及清真生产经营活动的企业和个体工商户建档立制，跟踪监督；根据属地管理原则，辖区民宗局人员主动上门服务，对符合换证及新办证要求的，通过书面审查、现场核查，核发清真标牌和清真食品生产经营许可证；对关停转闭的8家生产经营清真食品企业（户）收回生产经营许可证和清真标牌，并报市民族宗教局统一备案。（史海涛）

【参加“民体杯”全国民族式摔跤比赛获奖】 2017年11月7日至8日，在郑州大学体育学院登封校区举行的2017年“民体杯”全国民族式摔跤比赛中，代表山西参战的盂县东白水蒙古族聚居村6名队员，分别参加绊跤62公斤级、74公斤级，格62公斤级、74公斤级、87公斤级和博克项目的个人、团体比赛，取得团体二等奖1个，个人二等奖2个、三等奖4个的成绩。比赛由国家民委主办、河南省民委承办，全国11个省的120名队员参加比赛。（史海涛）

【阳泉市佛教协会召开第三次代表大会】 2017年11月9日，市佛教协会召开第三次代表大会。市委常委、市委宣传部部长、市委统战部部长王铁梅，副市长李君出席会议并讲话。省宗教事务局一处处长李玉应，省佛教协会副秘书长、五台山佛教协会副会长义亮法师参加会议。市级各宗教团体负责人到会祝贺。与会代表听取并审议《阳泉市佛教协会第二届理事会工作报告》，选举产生阳泉市佛教协会第三届理事会理事，通过阳泉市佛教协会第三次代表大会的决议。阳泉市佛教协会第三届理事会第一会议选举产生市佛教协会班子成员，选举汇觉法师为会长，定慧法师、一度法师为名誉会长。（史海涛）

残疾人扶助

【惠残政策】 2017年2月，阳泉市政府出台《阳泉市“十三五”加快残疾人小康进程发展规划》，涉及规划背景、总体要求、主要任务、保障条件、规划实施等方面，重点聚焦残疾人“两不愁、三保障、两扩面”，即不愁吃、不愁穿，基本医疗、义务教育、住房安全有保障和扩大基本康复服务、家庭无障碍覆盖面。市残疾人联合会坚持以残疾人基本服务状况和需求信息数据动态更新反映出的问题为导向，会同有关部门研究制订任务分工表，推动责任落实。（杨　帅）

【残疾人康复救助】 2017年，阳泉市、县（区）两级政府出台精准康复实施方案，共有康复需求的残疾儿童和持证残疾者9487人，康复服务人数

5298 人，总体康复服务率 55.84%；有康复需求的建档立卡残疾人数 441 人，康复服务 325 人，建档立卡残疾人康复服务率 73.70%。（杨　帅）

【残疾人就业】 2017 年，阳泉市残疾人联合会为21 名自主创业残疾人每人发放 2000 元创业扶持款。向省残联申报创建就业创业基地 2 个、扶贫基地 3 个，盲人按摩示范店 3 个。安置 136 名残疾人就业，其中转移型就业安置 24 人。农村各类残疾人技能培训全面开展。截至 10 月底，市直属各单位从业残疾人 482 人，其中事业单位9人、国有企业 312人。（杨　帅）

【助残扶贫】 2017 年，阳泉市在将贫困残疾人纳入省脱贫攻坚 8 大工程、20 项专项行动总体布局前提下，市残联重点聚集全市处于贫困或贫困边缘状态的 2061 户残疾人，占持证残疾人总数的 6.17%。贯彻《山西省农村残疾人扶贫开发纲要（2011—2020 年）》精神，帮助农村贫困残疾人接受实用技术培训，全市分 3 批完成 135 名培训任务；落实“两项补贴”制度，农村户口每人每月 75 元，城镇户口每人每月 125 元；为 1.2 万余人发放重度残疾人护理补贴，临时救助残疾人 159 人次，救助金额 11.96 万元。截至 2017 年底，脱贫 1063 户，占到残疾人贫困户的 51.6%。（杨　帅）

【民生实事工作】 2017 年，“实施 3.5 万名残疾预防重点干预和残疾儿童抢救性康复项目”被确定为省政府六件民生实事之一，阳泉市承担 1201 名。市残联出台实施办法，对救助指标进行分解，明确任务目标、资助条件、经费管理及职责分工，对 1713 名儿童实施残疾预防重点干预和抢救性康复，超额完成任务。（杨　帅）

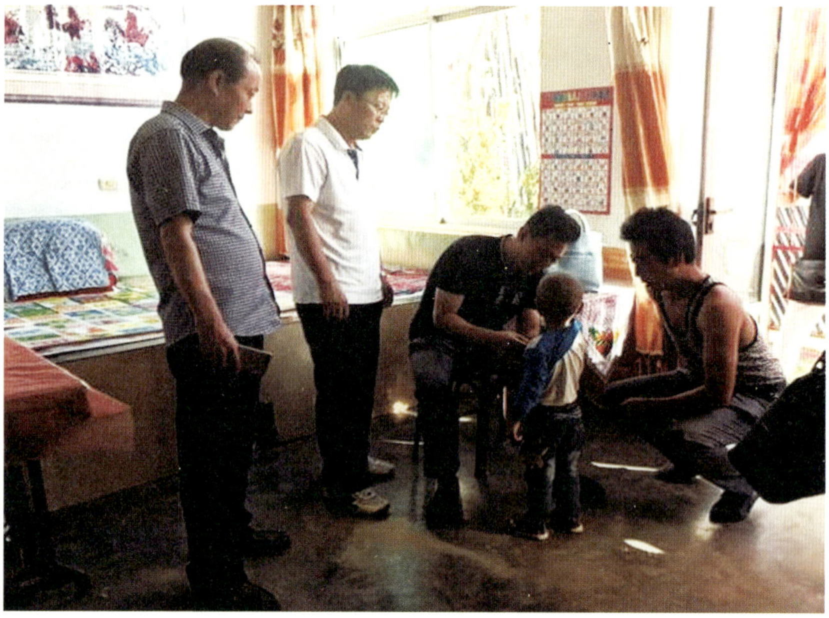

2017 年 9 月 12 日，政府民生实事项目筛查组深入残疾人家庭服务
（李文俊供图）

【特殊教育】 2017 年，阳泉市特教机构建设取得新成效，形成以市特教学校、盂县特教学校、平定特教学校、城区培智学校为主，随班就读、送教上门为辅的教育模式。特教教师享受基础工资 50%的特教津贴。截至 2017 年底，城区、矿区、平定县、盂县完成“三类”（视力障碍、听力障碍、智力障碍）适龄残疾儿童少年义务教育入学情况统计工作，三类适龄儿童 347 人，“一人一案”326 人，入学率 93.95%。阳泉市残疾考生高考录取 14 名。向省残联上报贫困残疾人家庭子女大学生助学项目 9 人。（杨　帅）

【“助残日”活动】 2017 年，阳泉市残联围绕助残日“推进残疾预防，健康成就小康”活动主题，举办慰问、辅助器具发放、爱心捐赠等形式多样的活动，共计刊登助残日系列活动新闻报道、专题采访 12 篇，发放宣传单、宣传册等 8400 余份，吸引市民了解残疾人困难，关注残疾人生活，支持残疾人事业发展。（杨　帅）

【残疾人文体活动】 2017 年，阳泉市残疾人联合会围绕残疾人文化周、残疾人健身周、特奥日、爱耳日等时间节点，借助各类媒体宣传残疾人政策和工作。在市广播电视台开办残疾人广播电视专题节目“同在蓝天下”，取得良好社会效应。残疾青年潘慧文获得“山西最美残疾人”提名奖。举办残疾人文化进家庭“五个一”（即读一本书、看一场电影、游一次园、参观一次展览及参加一次文化活动）活动，提高残疾人参与群众性文化生活积极性。选送 3 个节目参加山西省第九届残疾人艺术会演，分别为葫芦丝、陶笛、巴乌联奏《滇风古韵》，男声独唱《慈祥的母亲》和男女二重唱《鸿雁》。其中，《滇风古韵》获器乐类三等奖，《慈祥的母亲》和《鸿雁》获声乐类优秀奖。组队参加山西省第五届特奥运动会，11 名阳泉籍参赛运动员在田径、轮滑、游泳三个项目比赛中获得金牌 13 块、银牌 10块、铜牌 5 块、纪念牌 2 块，为全市残疾人争得荣誉。（杨　帅）

人物

人物传略

毛联银

(1940.2—2017.3) 山西昔阳人。大学学历。1959年12月加入中国共产党,1960年8月参加工作,任平定师范党支部干事。1964年9月在省委党校学习。1969年10月在阳泉市城区政工组工作,任教育干事。1975年6月任阳泉市城区上站公社党委副书记。1980年10月任阳泉市城区政府副区长,1983年10月任阳泉市城区区委书记。1990年4月任阳泉市郊区区委书记。1992年6月任阳泉市人民检察院检察长。2000年8月退休。2017年3月去世。

毛联银长期从事地方党政工作,在阳泉城区、郊区任区委书记期间,致力改革开放、发展经济和维护社会政治稳定,使政治经济和社会各项事业得到长足发展。

在城区任职期间,他提出"一手抓经济,一手抓街道工作"方针,克服企业无场地困难,见缝插针,发展一批区营企业和街办集体企业,为城区第三产业发展奠定基础。他重视教育工作,亲自深入教学一线听课抓典型,总结推广"启发式教学法",推动全区中小学教学方法改革和教育质量提高。为适应城市街道发展需要,新组建南山、义井、坡底3个街道办事处,加强居民区建设和领导。通过区财政补贴和街道办经济实体相结合的方式,逐步解决居民区干部报酬问题,稳定居民干部队伍,保证街道工作进行。

1990年调郊区工作时,正值全国经济治理整顿,市场竞争日趋激烈,针对郊区经济发展实际,他制定"深挖内涵,稳抓外延,狠上水平,争创名优,提高效益"发展方针,使郊区工业经济逐步由粗放型向节约化经营转化,产品由初级向中、高级转化,发展一批科技含量高的新产品,荫营镇耐火小区初具规模,市场竞争力增强。1991年底,全省县区经济综合指标考核,郊区在十强县区中名列榜首。在农业方面,他加大城郊型农业发展力度,发展高产优质高效农业。1992年,又把农业发展方针调整为"瞄准市场,调整结构,强化服务,建设基地,高产优质,提高效益,服务城市,富裕农民",为农业可持续稳定发展奠定基础。

1992年至1997年,毛联银在市人民检察院工作期间,狠抓反腐败查办大要案、严厉打击严重刑事犯罪和执法监督,开展各项检察业务。

在突出查办贪污、贿赂、徇私舞弊等大案要案方面,共受理贪污贿赂等经济犯罪案789件,立案侦查432件511人。其中有贪污案154件210人、受贿案56件56人、侵占案5件6人、偷抗骗税案145件154人、挪用公款案60件69人、其他犯罪案件12件16人。在立案查处的案件中有党政领导机关、司法机关、行政执法机关和经济管理部门等"三机关一部门"工作人员犯罪案44件46人,县处级领导干部犯罪要案10件11人,共侦查终结469件549人(含历年积存案)。通过办案,共为国家和集体挽回直接经济损失1900余万元;还立案查办350余件徇私舞弊、玩忽职守等"侵权"、渎职犯罪案件。

在打击严重刑事犯罪活动方面,受理公安机关提请批捕人犯3197案6355人,依法批准逮捕2683案5214人;受理公安机关移送起诉、免诉各类刑事犯罪案3666件6888人,向人民法院提起公诉3205案5800人,免予起诉286案604人。参与全市打击流窜犯罪、整顿农村社会治安秩序、打击破坏工农业生产设施和物资及内部盗窃犯罪活动、打击拐卖妇女儿童、执法不严、违法不究等人民群众反映强烈的问题。

在执法监督方面，坚决纠正监管改造场所工作人员犯罪案19件32人，办理被监管改造人员又犯罪案60件79人，受理、复查刑事申诉案59件。以查办不服人民法院民事、经济、行政判决、裁定的申诉案件为重点，开展民事行政检察工作，受理民事行政申诉案件137件，立案审查25件。以抓好“文明接待”为龙头，办理控告申诉案件为重点，加强控告申诉检察，受理接待来信来访1989件（次），办理各类案件75件。

毛联银在不同岗位上，坚持立党为公，勤政为民，廉洁自律，忠实履行党和人民赋予的权力和职责，以党和人民的利益为重，表现出一名共产党人为党和人民事业奋斗终生的崇高品格。（蔡文丽）

王元寿

（1945.10—2017.2） 山西盂县人。高中学历。1970年12月加入中国共产党，1971年10月参加工作，任盂县东梁公社干事。1974年1月任盂县西潘公社党委书记。1983年1月任盂县西烟镇党委书记。1987年5月任盂县县委常委、纪检委书记。1990年6月任盂县县委常委、副县长。1992年9月任平定县委副书记、县长。1995年11月任平定县委书记。2000年7月任阳泉市人民检察院代理检察长，2001年3月任检察长。2002年3月任阳泉市人大常委会副主任。2006年3月退休。因病于2017年2月26日逝世。

王元寿一生以事业为重，工作至上。25岁担任北下庄公社北下庄村党支部书记后，团结带领班子成员大搞农田水利建设和科学种田，新造和平整复垫河滩地10余公顷。努力发展多种经营，扩大编织业，组建产矿队，新建猪场、粉条厂、醋坊等小型企业，壮大集体经济，增加农民收入。在担任盂县西潘公社和西烟镇党委书记期间，与基层干部群众同吃同住同劳动，同当地群众结下感情。在西潘公社提出“山水林田路综合治理，农林牧副渔全面发展”的工作思路，带领900余名工人，历经3年打通340米隧洞，修筑750米长的拦河大坝，完成槐树岩乌河截弯取直工程，建造万亩良田。在西烟镇工作期间，正值中共十二大召开不久，他在全镇范围开展整党工作，实现党中央提出的“统一思想、整顿作风、加强纪律、纯洁组织”的要求。抢抓机遇，大胆尝试，开办乡镇企业，建起1800千伏硅铁炉2座和年产7万吨小煤矿，建成的土豆加工粉条厂、葵花加工厂、油料加工厂、南村碳素厂、南头水泥厂、西村龙窑砖厂等乡镇企业成为西烟镇经济重要支柱。1987年担任盂县纪委书记后，开展党风廉政建设和预防腐败工作，为全县改革开放发挥保驾护航作用。1990年担任常务副县长后，分管经委、计委、体改办等工作，通过努力学习，不断钻研，自身工业经济知识得到提升。

1992年，王元寿担任平定县委书记、县长后，结合平定县实际，强班子，带队伍，提出“团结拼搏，开拓创新，抢抓机遇，勇争一流”的平定精神，取得一系列重大进展。在贯彻上级精神方面，中共十五大召开后，全党深入开展“讲学习、讲政治、讲正气”教育工作，平定县作为全省开展“三讲”教育试点县，率先开展工作并收到良好效果，“三讲”教育经验在全省进行推广。在深化农村经济体制改革、推进乡镇企业改制工作中，他大刀阔斧，勇于变革，截至1996年底，全县股份制企业发展到495个，乡镇企业总产值50.77亿元，同比增长34.3%，继续保持在全省乡镇企业十强县（市、区）行列。加大扶持引导和政策支持力度，1997年全县个体户和私营企业总产值、总收入分别占到全县乡镇企业总产值、总收入的56%、61%，成为平定县经济快速增长重要增长点。在基础设施建设方面，先后完成娘子关提水二期工程、阳泉二电厂4×30万千瓦机组配套供水工程。开展声势浩大的“五路”（平定路平定段、东大街东段、碾沟路、城里街、南大街）工程建设，为提高人民生活质量，改善城市道路状况奠定基础。1993年至1996年，连续4年获“全省义务修路先进县”，1997年被省政府授予“实现公路三通县”和“村村通公路县”称号。在生态环境、社会事业等方面工作取得良好发展。

2000年6月，王元寿调任市检察院检察长，他坚持“公正执法、加强监督、依法办案、从严治检、服务大局”的工作方针，打击严重刑事犯罪，加大查办和预防职务犯罪工作力度。在强化诉讼监督方面加大立案监督、侦查监督和刑事审判监督，特别是强化刑法执行监督，共立案侦查监管干警职务犯罪4件4人，办理被监管人员又犯罪安监8件9人；针对发现的违法减刑、假释、保外就医等各种监管问题提出建议113次，纠正超期羁押29人，为维护司法公正发挥了作用。

2002年3月，王元寿调任阳泉市人大常委会副主任后，坚持履行好监督职责，提高监督水平，虚心学习，加大深入基层调研工作力度，牵头起草《关于进一步引深执法责任制和“两错”责任追究制的实施意见》，经市委同意并印发全市贯彻执行。其间，他牵头依法监督各类疑难案件，做到不失职、不越权，分管工作取得一定成绩。

2006年退休后，王元寿被聘请担任市司法鉴定人协会会长，连续8年工作在司法鉴定一线，贯彻全国人大常委会《关于司法鉴定管理问题的决定》，实践司法鉴定统一管理，为促进司法公正、维护阳泉市社会稳定作出贡献。（路洋 杨柳青）

人物简介

陈永奇

1967年11月出生，山西怀仁人。博士研究生毕业，经济师。1985年12月加入中国共产党，1992年7月参加工作。2006年起，先后任省委政策研究室副主任，省政府研究室副主任（主持工作），省政府副秘书长兼研究室主任，省政府党组成员、省政府办公厅党组书记、省政府秘书长兼应急管理办公室主任。2013年2月任中共阳泉市委副书记、市政府党组书记、代市长，2013年4月任中共阳泉市委副书记、市政府党组书记、市长。2015年11月任中共阳泉市委书记。系中共十九大代表，山西省第十届、第十一届省委委员。

任阳泉市委书记后，陈永奇坚持把方向、促落实，发挥市委常委会总揽全局、协调各方的领导核心作用，以习近平新时代中国特色社会主义思想为指引，学习贯彻习总书记视察山西重要讲话精神，贯彻落实中共十九大和山西省第十一次党代会精神，推动阳泉市党的建设和党领导的各项事业迈出新步伐。主持制订《中共阳泉市委关于制定国民经济和社会发展第十三个五年规划的建议》，组织召开市第十二次党代会，确立建设山西向东开放桥头堡、晋东区域中心城、转型发展先行市、城乡统筹示范区的“四大定位”目标。结合学用习总书记视察山西重要讲话精神，提出“三个率先”（在全省率先整体脱贫、率先实现城乡统筹发展、率先转型升级）、“三个优化”（优化自然生态环境、优化营商环境、优化政治生态）的要求，完善发展思路。

强化政治理论学习，把握正确的政治方向。以“三严三实”专题教育、“两学一做”学习教育和“两学一做”学习教育常态化制度化、维护核心见诸行动主题教育为契机，坚持不懈学习党的理论、路线、方针和政策，尤其是深入学习习近平新时代中国特色社会主义思想和党的十九大精神，研究制订《关于认真学习宣传贯彻党的十九大精神的通知》《任务分解和工作方案》，出台《关于深入学习贯彻习总书记视察山西重要讲话精神，落实省委两个〈实施意见〉的实施办法》。2015年任阳泉市委书记后，共组织市委常委会专题学习35次，中心组集体学习41次，举办“漾泉大讲堂”12期；带头为全市党员领导干部讲党课。通过学习，引导全市各级党组织和广大党员、干部树牢“四个意识”，坚定“四个自信”，确保全市上下始终与以习近平为核心的党中央保持高度一致，推动中央大政方针和省委决策部署在阳泉得到贯彻落实。

严格落实管党治党政治责任，全面加强党的建设。牢固树立“抓好党建是最大政绩”理念，构建良好政治生态。面对阳泉塌方式腐败问题，整饬干部纪律作风，制订严肃纪律规定35条。坚决肃清阳泉市委原主要领导洪发科“四个典型”6个方面的流毒影响。履行党建第一责任人责任，对党风廉政建设和反腐败斗争做到“四个亲自”，即重要工作亲自部署、重大问题亲自过问、重点环节亲自协调、重要案件亲自督办。主持制订《中共阳泉市委关于落实党风廉政建设主体责任的若干措施》《中共阳泉市委党风廉政建设约谈办法》《中共阳泉市委党风廉政建设问责办法》。注重压力传导，强化责任追究，集体约谈各县（区）委书记、纪委书记和开发区党工委书记。完成政府部门“两单两图”编制工作并率先在全省挂网运行，在全省率先探索编制党群部门职责清单并运行。保持惩治腐败高压态势，坚持挺纪在前，从严落实中央八项规定精神。发挥巡察监督利剑作用，贯彻执行《中国共产党廉洁自律准则》《中国共产党纪律处分条例》。实施组织功能、主干能力、党员素质、治理机制、保障水平“五大提升工程”，加强“三基建设”。召开市第十二次党代会，完成市县乡换届，实现“四个好”目标，一批优秀干部走上领导岗位，全市风清气正、干事创业氛围日益浓厚。

紧紧扭住发展第一要务，推动阳泉市经济发展由“疲”转“兴”。面对2013年以来经济断崖式下滑的严峻局面，坚持稳中求进，践行新发展理念，促进经济平稳健康发展。千方百计稳增长，建立全市经济形势分析联席会议制度，定期组织召开经济形势分析会，研判经济形势，采取应对措施。发挥重点工程龙头带动作用，开展“项目提质增效年”活动，突出抓好铁路、公路、低热值煤发电等十大领域“1215”工程，重点推进阳大铁路、泉西路等十大标志性项目和采煤沉陷区治理、棚户区改造等十大重点工程，“六位一体”任务完成。发展县域经济、园区经济、总部经济、飞地经济、循环经济、楼宇经济“六种经济”，培育新经济增长点。特别是痛下决心解决“一煤独大”“一股独大”“一企独大”等制约经济社会发展的深层次矛盾，推进供给侧结构性改革，推动结构调整、转型升级，提出并实施“稳定煤炭、加快电力、扩大煤化、做强装备、创新冶金、重组耐材、做大旅游、突出信息、加强物流”的调产思路，重点落实“三去一降一补”五大任务，推进煤炭供给侧结构性改革，累计压减210万吨煤炭产能。发展新兴产业，投资47亿元的百度云计算中心稳定运行并不断扩大应用领域，获批采煤沉陷区先进光伏技术示范基地，投资80亿元的一期100万千瓦光伏项目陆续建成投用，投资36亿元的煤制乙二醇一期20万吨项目建成投产，具有世界领先水平的中兴环能煤层气制备纳米洋葱碳项目实现吨级量产，山西（阳泉）国际陆港集团项目加快推进，全市输煤输电输数据并举的格局形成。三大产业比重由2012年的1.5：58.9：39.6调整为2017年的1.5：47.7：50.8。实施创新驱动战略，推动发展动能转换，推动“大众创业、万众创新”，百度创新中心落户阳泉，9家公司进入省级众创空间行列，促进全市经济发展。

全面深化改革，激发发展动力和活力。按照总书记习近平“四个亲自”要求和省委“三个三”工作方法，履行“施工队长”职责，深化各项改革。推进开发区改革创新发展，规划建设1个国家级开发区和2个省级开发区，试行企业投资项目承诺制、无审批管理，实行“组阁制”，推行“三化三制”改革。实施行政托管，针对城矿区有天无地、发展空间狭窄的瓶颈制约，在2015年开发区托管郊区、平定县6个村基础上，在行政区划调整暂时难以到位的情况下，决定矿区托管郊区18个村，面积由11平方千米增至65平方千米，城区成建制托管郊区义井镇14个村，面积由14平方千米增至55平方千米。深化国有企业改革，对国有商贸企业实行民营化改制，启动泵阀集团等企业退城进园，分类处置僵尸企业。推进投融资体制改革，完善城市商业银行股权结构、法人治理结构，推进农信社改制，支持企业直接融资。推进监察体制改革试点，在全省首家市县两级监察委员会挂牌运行，市纪委派驻机构实现全覆盖，巡察实现机构、编制、人员、工作“四到位”，制度优势正在转化为治理效能。扩大对外开放，打造“六最”营商环境，率团赴发达地区考察招商，在京举办招商引资暨产业发展恳谈会，加大招商引资力度。建立市直部门季度对口向省直厅局汇报制度，争取到老工业基地搬迁改造等国家、省29项“含金量”较高的政策支持。仅资金一项，2015年、2016年、2017年分别争取26亿元、25.6亿、8.98亿元。通过推进各项改革，全市焕发出新的生机和活力。

保障改善民生，社会保持和谐稳定。在财政十分困难的情况下，加大民生投入，民生支出占公共财政支出比例达80%左右。社会事业快速发展，在全省率先实现国家义务教育发展基本均衡县（区）全覆盖，建成阳泉第一所本科院校；率先实现60岁以上农民基础养老金发放和城乡居民大病保险全覆盖，公立医院改革取得实质性进展，城乡低保和农村五保集中供养保持全省先进水平。以解决群众合理诉求为切入点，实行首见负责制等制度，推进信访工作，一举扭转“小市大信访”被动局面，走在全省前列，被授予全省唯一的“全国信访系统先进集体”称号。带着感情实施精准扶贫、精准脱贫，2016年实现首战首胜，2017年再战再胜，为率先在全省实现整体脱贫打下基础。以实施全国遏制重特大事故试点为契机，狠抓安全生产，严厉打击私挖滥采，连续5年杜绝重特大事故，2016年、2017年煤炭百万吨死亡率为零。牢固树立生态文明理念，以“四铁”加强生态环保工作，特别是以列入“2+26”通道城市为契机，大力开展取缔“散乱污”企业等“十大专项整治行动”，生态环境改善。特别是本着功成不必在我的原则，做了一些打基础、利长远的事情，开工建设投资近50亿元、总长79千米的阳大铁路，娘子关引水二期、城市饮用水水质改善、市污水处理二期三大水利工程已全部竣工运行，奠定未来30年发展基础，启动建设投资近30亿元的中环快速路，推进投资55亿元的207、307国道市区段改线。

推进城乡统筹，城乡面貌日新月异。坚持城乡一体、绿色发展，推进规划布局、产业发展、基础设施建设、公共服务、制度安排、生态建设和环境保护等一体化，建设省级城乡统筹示范区，2017年城镇化率达67.56%。实施道路畅通工程，建成泉西路、保晋路等道路和华盛桥、新一中过街天桥，打通洪城北路、平坦立交桥等一批断头路、断头桥。以“六区六道”为重点，开展城乡环境集中整治行动，城乡面貌焕然一新。高度重视“三农”工作，粮食生产再获丰收，总产量达2.6亿公斤。以“三带三园”为重点推进农业供给侧结构性改革。土地确权工作走在全省前列。娘子关镇被列入省级特色小城镇重点培育名单，4个村获得“中国美丽休闲乡村”称号，11个村成为省级美丽宜居示范村。

统揽全局、协调各方，凝聚加快阳泉改革发展的最大合力。加强社会主义民主法治建设，支持人大及其常委会依法履职，支持人民政协履行政治协商、民主监督、参政议政职能。发挥各人民团体作用。弘扬社会主义核心价值观，开展“热爱阳泉、心系阳泉、发展阳泉”活动，凝聚起强大发展合力。善于抓班子、带队伍，注重抓好市委常委班子建设，带头执行民主集中制，对人坦诚相待，为人处事开诚布公，遇事与班子成员商量、交流、沟通，发挥班子成员作用，营造相互尊重、相互支持、相互提醒、相互配合的工作环境。忠实践行“三严三实”要求，坚持以身作则，经常放弃节假日，苦干实干加班干，为阳泉改革发展稳定尽心竭力，为开创弊革风清、富民强市新局面作出贡献。（*郑芳毅*）

王旭明

1962年3月出生，山西临县人。研究生学历，统计师，高级政工师。1985年6月加入中国共产党，1983年9月参加工作，历任临县统计局综合干事、副局长、临县人民政府办公室副主任、正科级督查员。1992年12月

到朔州市委办公厅工作，1993年7月后历任朔州市委办公厅接待处处长、市委正县级督查员兼接待处处长驻并办书记。1998年8月后历任山西省工商行政管理局仲裁委正处级干部、人事教育处处长、副局长。2006年8月任阳泉市委常委，9月任阳泉市委常委，市政府党组成员、副市长；2007年6月任阳泉市委常委，市政府党组副书记、副市长；8月任阳泉市委常委，市政府党组副书记、常务副市长。2013年4月任阳泉市委副书记，市政府党组副书记、常务副市长；5月任阳泉市委副书记、市委党校校长；2016年9月任阳泉市委副书记，市委党校校长，市总工会党组书记、主席。2017年2月任阳泉市委副书记，市人大常委会党组书记，市委党校校长，市总工会党组书记、主席；3月任阳泉市委副书记，市人大常委会党组书记，市委党校校长，市总工会党组书记、主席，并当选为阳泉市第十五届人民代表大会常务委员会主任；4月任阳泉市委副书记，市人大常委会党组书记、主任，市总工会党组书记、主席；6月任市人大常委会党组书记、主任。系山西省第十一次党代表大会代表，阳泉市第九、十、十一、十二次党代表大会代表；山西省第十三届人大代表，阳泉市第十三、十四、十五届人大代表。

王旭明先后在基层、省直机关和市级党政领导等多个岗位工作过，熟悉党务、政务、经济、社会、群团工作，具有较强组织领导能力，善于处理复杂矛盾和问题。坚持围绕中心、服务大局，调动和发挥各方面积极性、创造性，以改革创新精神破解难题、推动工作、开创局面。

在政府工作期间，王旭明所分管的宏观经济、城市建设、财税金融、环保人防等工作都取得长足发展，不少工作受到国家、省的肯定与表彰。2009年至2011年，牵头引进百度云计算中心、阳五高速公路等投资在10亿元以上带动强、效益好的一批大项目，投资亿元以上的项目200余个，拉动全社会固定资产投资年均增长29.8%，对经济增长贡献率67%。先后争取到享受国家老工业基地改造优惠政策城市、开展煤炭工业可持续发展政策措施试点市、推进循环经济发展试点市三大优惠政策，累计争取国家、省各类资金近30亿元。历时3年，投资3亿多元开展矸石山综合治理工程，开创全国矸石山综合治理先河。市区二级以上天数由2006年的275天增加到2011年的336天，在全国113个重点监控城市中空气质量排名由倒数第二前进到正数第35，前移76位，受到环保部肯定和省政府百万元重奖。获“首届山西环保公益奖”“环保专项行动先进个人”称号。以“两纵两横一循环”谋划山城交通，5年累计建设公路3852千米，路网密度达120千米/百平方千米，位居全省第一。2009年在全省率先实现村通水泥（油）路“全覆盖”，全省现场会开在阳泉。连续4年获得全省治超“优秀市”称号，得到省政府奖励金1.2亿元，个人立省政府治超工作“三等功”，被评为“治超工作优秀副市长”。以创新理念经营和管理城市，重规划，抓建设，城乡面貌发生巨大变化。2010年获“全国人防工作先进城市”，省级卫生城市环境评比居全省第一。搭建政银企服务平台，制定《阳泉银行业围绕“四大战略”服务全市经济转型跨越发展的意见》等12个区域性指导意见和办法，出台《金融支持地方经济发展奖励办法》。分管部门共获得国家、省各项表彰295项。

在市委工作期间，王旭明狠抓主体责任落实，突出改革创新，强化统筹协调，各项分管工作取得新成绩。党建工作有新成效。狠抓学习教育、制度建设、作风建设和基层基础工作，党建工作科学化水平提升。针对农村基层组织现状，开展专题调查研究，提出“一留三好”（用待遇留人，选拔好、使用好、管理好农村支部书记队伍）建议，得到上级部门认可。基层党建“五大提升工程”推进，农村“两委”换届工作完成。“三农”工作有新突破。推进精准扶贫、精准脱贫，加快现代农业发展，推进新农村建设，粮食产量稳定在24万吨以上，2016年达到25.9万吨，实现保障粮食生产安全战略目标；推进脱贫攻坚，全市8843人45个村实现脱贫，完成省定任务的110%；土地确权工作走在全省前列。加强干部教育培训。坚持“党校姓党”原则，创新培训内容、形式和载体，开展各级各类培训教育；全省党校系统马克思主义经典著作进课堂工作现场会在阳泉召开，引起国家级、省级媒体关注。群团工作亮点纷呈。着眼工会凝合力、团委增活力、妇联添生力，指导群团组织开展形式多样活动，群团组织分别获“第十届中国青年志愿者优秀组织奖”全国妇联“维权工作先进集体”等多项荣誉；特别是工会工作深入开展“六比六看”劳动竞赛活动，推进专项维权行动，做好困难职工帮扶工作，市总工会获“全国工会系统先进集体”和“省级文明单位标兵”称号。做好社会稳定工作。强化领导包案，严格责任落实，完善源头预防、联合接访、领导干部下访接访和处置涉访违法行为等工作机制，信访形势持续好转，加强社会治安综合治理，社会保持和谐稳定，受到省联席办通报表扬和省委肯定。抓紧抓好有关重点工作。狠抓制度建设，规范权力运行，“两清单、两张图”编制工作走在全省前列，在全省率先探索编制党群部门职责清单，乡村治理工作受到省委肯定，《人民日报》专版介绍郊区经验；担任“冬季行动”常务副总指挥兼办公室主任，强化组织协调，狠抓督促落实，“八大攻坚战役”成效明显，引起省内外高度关注。发挥班子一员作用，勇于担当，尽心竭力，圆满完成市委交办的各项随机性工作。

到市人大工作后，王旭明把坚持和加强党的领导贯穿工作全过程，高质量履行人大职责，发挥人大“工作机关”“代表机关”优势，努力营造风清气正的政治环境、依法履职的舆论环境、尽展才华的干事环境、团结和谐的人际环境、以诚待人的情感环境，开创各项工作新局面。履行监督职责，加强宏观经济运行、重点领域改革、重点行业发展、重大项目建设、全口径预算决算审查、生态环境保护、重点道路建设、率先整体脱贫、社会事业发展的监督，推动高质量发展；预算联网监督平台建设、国有资产监督管理工作加快推进；针对群众关注的热点问题，开展阳大铁路建设专题询问。任免工作贯彻市委意图，鼓励代表委员投好责任票、信任票、激励票，市委建议任命的69名国家工作人员，均获全票、高票通过，人民代表报以《三关点将看阳泉》进行报道。在立法工作中，坚持民主立法、科学立法、依法立法，确立“三点三同”工作思路，即把握市委工作重点、与党委同向，把握政府工作难点、与政府同力，把握百姓关注热点、与人民同心。通过阳泉市第一部地方性法规《阳泉市地方立法条例》，形成五年立法规划，《阳泉市道路交通安全管理条例（草案）》《阳泉市城市绿化条例（草案）》两部地方性法规进入审议程序。代表工作和基层人大建设走在全省前列，制定出台“14710三联系”工作制度，要求1名主任会议成员联系4名委员，联系面覆盖所有常委会委员；1名委员联系7名市人大代表，联系面覆盖所有市人大代表；1名市人大代表联系10名以上县乡人大代表和人民群众，联系面覆盖3000余名各级人大代表和人民群众，形成从市人大常委会组成人员到选民自上而下完整系统的联系机制，保障市人大常委会闭会期间代表作用的发挥，打通代表联系人民群众的最后一公里，走在了全省前列。在全省率先完成县乡人大机构建设任务，解决县级人大“一委一人”和乡级人大“单枪匹马”问题，《人民代表报》头版、《山西日报》要闻版刊发阳泉加强县乡人大机构建设的通讯；平定县石门口乡人大作为全省唯一乡镇人大代表，出席全国加强县乡人大工作和建设座谈会。同时，根据市委安排，还分别参与城建重点项目、精准扶贫、环保督查、民主法制领域改革等工作，完成各项工作任务。（乔军华　杨柳青）

杨永生

1961年10月出生，山西临猗人。大学本科学历。1991年5月加入中国共产党。1979年9月在山西大学中文系汉语言文学专业学习。1982年9月参加工作，先后任阳泉日报社总编室记者，采通部、总编室、工商部、经采部、城经部副主任；其间，作为阳泉市首批帮贫致富服务队队员下乡，1990年5月在郊区李家庄乡挂职副乡长，1991年6月在郊区荫营镇挂职副镇长；1995年8月任阳泉日报社城经部主任。1996年3月任市重点道路指挥部办公室挂职副主任，12月任阳泉市委办公室副主任，1998年4月任阳泉市委副秘书长，1999年12月任阳泉市委副秘书长兼市委政研室主任。2001年6月任阳泉市委副秘书长、阳泉日报社社长。2005年6月任阳泉市政府党组成员，8月任阳泉市政府秘书长。2006年9月任阳泉市委常委、市委统战部部长。2011年5月任阳泉市委常委、市委宣传部部长（2014年11月至2015年8月主持城区全面工作）。2017年2月，任阳泉市政协党组书记、市委常委、市委宣传部部长；3月任阳泉市政协党组书记、主席，市委常委、市委宣传部部长；6月任阳泉市政协党组书记、主席。

杨永生在阳泉市多个部门履职，工作经验丰富。2017年3月任阳泉市政协主席后，坚持“以人民为中心”价值导向，以“协商议政”为工作重点，围绕中心，服务大局，履行政治协商、民主监督、参政议政的职能。组织广大政协委员进行专题调研，形成《关于进一步促进阳泉市农民持续稳定增收的建议》和《关于加快推进阳泉市国有重点企业“退城进园、搬迁改造”的建议》等建议案，引起市委、市政府高度重视和关注。

杨永生重视提案工作，推动提案的办理和落实，研究确定重点提案，由主席、副主席牵头督办，取得成效。阳泉市提案审查和提案公开工作受到全国政协提案委员会调研组肯定。他注重发挥政协社情民意信息在党委政府舆情汇集和分析机制中的作用，广辟渠道打造精品信息，为党委和政府了解民情、体察民意、集中民智、科学决策发挥了重要作用。特别是《关于实施精准扶贫中存在问题及建议》《建议我市申请以“阳泉舰”命名的海军舰艇》等社情民意信息，引起各级党政领导的关注和重视，推动有关问题妥善解决，取得社情民意信息工作在全省排名进步的成绩。

他十分关注精准扶贫、脱贫工作，多次组织市政协委员和机关干部到包点扶贫村开展实地调研、宣讲中共十九大精神、开展脱贫攻坚主题党日等活动。并会同市农业、水利、财政、民政等部门座谈协商，做大量工作。2017年，市政协包点扶贫村盂县西烟镇下东坡村率先实现整体脱贫。

杨永生创新市政协常委会会前调研机制和全市政协系统对标创优工作推进会。通过创新开展常委会会前调研，坚持问题导向，组织政协常委既到会场又到现场，从坐而议到行而谋，常委会专题协商审议质量提高。市政协十三届二次、三次、五次常委会所形成的《关于进一步促进我市农民持续稳定增收的建议》《关于加快推进我市国有重点企业“退城进园、搬迁改造”的建议》和《关于加快推进我市公立医院综合改革》等建议案，引起市委、市政府高度重视，提升政协常委履职能力。探索以现场会、推进会、经验交流会等为载体，搭建全市政协系统沟通和联系平台，发挥市、县(区)政协上下联动优势，扩大县区政协之间横向学习交流覆盖面。在全市政协系统开展对表对标、争先创优活动，加强对县区政协工作的指导。在郊区和矿区召开全市政协系统信息工作推进会和提案工作推进会，引领全市政协系统对表对标，推动各项工作标准化、科学化、制度化。为此，人民政协报发表《学习引领调研，调研深化学习》《既到会场又到现场，从坐而议到行而谋》《哪里工作搞得好，就对标到哪里》《推进提案公开，促进“落地见效”》等文章对全市政协亮点工作进行宣传报道。

杨永生兼任市委宣传部部长期间(2017 年 1 月至 9 月)，围绕市委中心工作，实施科学理论武装工程、正确舆论引导工程、道德精神塑造工程、全面文化小康工程和阵地队伍建设工程，弘扬主旋律、传播好声音、凝聚正能量、展示新形象。全市宣传系统舆情信息、媒体融合发展、群众文化等工作继续走在全国、全省前列。2017 年上半年，组织市委中心组开展 16 次集体学习，举办 4 期“漾泉大讲堂”，创办掌上阳泉、无线阳泉、《泉问政》、阳泉“随手拍”等，发挥主流媒体引导宣传作用。举办《辉煌阳泉 70 年》图片书画展、主题知识竞赛，“热爱阳泉、心系阳泉、发展阳泉”有奖征文等活动。推进文明城市创建，命名表彰第十八批市级文明单位。开展文化惠民活动，一大批作家作品获得“赵树理文学奖”等奖项，《高长虹选集》等列入省人民社历史文化人物丛书。做好“两学一做”学习教育常态化制度化组织工作，对表对标，切实提高工作标准和落实能力。　（杨国威）

翟　红

1962 年 6 月出生，山西灵石人。工学博士，高级工程师。1984 年 9 月加入中国共产党，1982 年 1 月参加工作。中国矿业大学兼职教授，中国企业联合会职业经理人培训客座教授，中国设备工程学院专家库高级专家，山西省委、省国资委联系的高级专家。获山西省特级劳动模范、山西省功勋企业家、山西省煤炭学科带头人、中国优秀创新企业家等多项荣誉称号。历任汾西矿业集团副总经理、总经理、党委书记、董事长，山西焦煤集团董事，潞安集团总经理，2015 年 9 月任阳煤集团党委书记、董事长。系中共十九大代表、山西省十一届省委候补委员。

翟红是一名从煤矿基层成长起来的干部，既有煤矿基层工作经验，又有跨集团工作经历，熟悉山西煤炭产业总体情况，政策理论水平高，作风民主务实、公道正派，具有企业家战略眼光和开拓精神，和班子成员一道，争当能源革命排头兵，团结带领阳煤 17 万干部职工，开创企业转型升级、创新发展新局面。

以“国企之强在党建之强”为引领，筑牢国有企业的“根”与“魂”。在日常学习工作中，翟红履行企业党建第一责任人职责，履行党委把方向、管大局、保落实的主体责任。开展党员星级评价考核，实现每季评价、动态管理、对口帮扶、晋位升级。将党的领导融入到阳煤集团治理各环节，党委会成为党政联席会前置程序。加强干部队伍建设，集中开展“百期万人”大学习、大培训、大提升活动，提高干部政治素质，拓宽知识视野，增强业务本领。坚持“九个更加重视”①的干部选用导向，开展干部公开竞聘，营造公开、平等、竞争、择优用人环境。实施“111”人才工程②，为有文化、有能力、肯干事、有实绩的干部提供成长平台。履行党风廉政建设主体责任，坚决刹住满月百天、周年祭奠、乔迁暖房大操大办的“阳泉版”不正之风，查处 3 起典型案例，受到职工群众广泛好评。开展群众身边腐败和不正之风专项整治工作，净化企业风气。坚持“有案必查、有贪必肃、有责必究”，对各类违规违纪案件开展全面围剿，达到正“歪树”、治“病树”、拔“烂树”、护“森林”的实际效果。实施思想引领工程，创新提出阳煤集团“1+9”企业文化体系③，彰显时代质感，体现企业特点，获评“企业文化建设功勋人物”称号。

以推动煤炭能源革命为引领，实现企业质量变革、效率变革、动力变革。一是安全绿色智能化开采，推动煤炭生产革命。推进“166”安全管理体系④建设，开展以煤层增透为核心的瓦斯治理技术研发，构建符合阳泉矿区实际的“7+3”瓦斯治理模式⑤，为解决沁水煤田深部开采瓦斯问题提供“阳煤”方案，安全生产形势好转。通过减量置换和减量重组，重新获批七元、泊里等 7 座 500 万吨煤矿集群，先进产能占比 69.9%，国家一级质量标准化矿井验收通过率 67%，高出全国平均水平 28 个百分点。与行业专家院士、院校和科研院所合作，业内首家开展煤炭云技术研发，投运智能巡检机器人，高瓦斯矿井智能化开采工艺和装备研究列入国家重大专项，薄煤层智能化综采成套装备达到行业领先水平，煤炭精准开采、物探、巷道支护新技术应用开展，引领煤炭生产技术革命。二是清洁高效低碳化利用，推动煤炭消费革命。关键抓好煤化工气化、催化、智能化三项技术。气化方面，航天炉、晋华炉分别为国内粉煤气化和水煤浆气化行业代表，两家合作成立气体公司；并与太钢合作研发将炉内温度提高至

2200℃，与美国 GTI 公司共同开发 R-GAS 气化技术，气化成本和造价再降低 15%~30%，打造全球煤气化顶级供应商和气化岛。催化方面，阳煤研究设计院和中催技术公司研发成功一批具有自主知识产权的新产品，如环氧丙烷、煤制乙二醇、丁辛醇等；在太化新材料开展尼龙 66 中关键产品己二腈技术研发，填补国内行业空白。智能化方面，与百度、浙江中控、北京化工大学合作建设智能工厂，实现"黑屏"操作。三是培育新动能，推动企业转型发展。寻求处于研发尾部和量产首部结合的新技术，国际陆港、气凝胶、飞轮储能等一批具有前瞻性和培育潜力的大项目、好项目、强项目推进。

以改革创新为引领，激发内生活力。以 8 方面 28 项重点任务为"改革施工图"，明确方案、责任、时间，全部纳入"13710"⑥考核。确定 12 个"腾笼换鸟"项目中，有 5 个与合作方进行实质性商务对接，与山西建投的太行公司股权转让，与梧桐树资本的购买平定化工股权均进入操作阶段。混合所有制改革效果明显，与铝业巨头山东信发的氧化铝合作项目，扭转氧化铝产业长期生产经营被动局面。阳煤化工上市公司 20 亿元非公开定向增发获批、发行 30 亿元可持续债、信达 50 亿元股权"下沉"等一批债转股项目推进。推进"三项制度"⑦改革，实行煤矿"六大员"⑧、总会计师赛马和全员 2%末位淘汰机制。推行契约化，签订责任状，实现以契约化去行政化，有效提高生产力，"三供一业"⑨等一揽子改革方案进展顺利。构建"板块化经营、专业化管理、差异化监控、集团化运作"体制模式和"五个一"机制体系⑩，解决多元化企业集团管控的体制机制问题。（李　凯）

注：①"九个更加重视"：更加重视年龄结构、第一学历、专业对口、基层经历、群众口碑、就地培养、年度考核、市场化选聘、班子稳定性。

②"111"人才工程：选拔培养 100 名中层管理人员、100 名中层管理人员助理、100 名中层管理人员后备。

③阳煤"1+9"企业文化体系："1"是以"同心做人、合力做事"为核心理念；"9"是以政治文化、战略文化、安全文化、廉洁文化、学习文化、执行文化、创新文化、争先文化、融合文化为支撑。

④"166"安全管理体系："1"：树立"一种理念"，即"从零开始，向零奋斗"理念。"6"：用好"六个抓手"，即抓好"一通三防"和水害防治，变化管理，短板管理，现代化矿井建设，安全质量标准化，安全培训教育。"6"：实现"六个新提升"，实现制度执行力新提升；重大关键技术新提升；预想预控能力新提升；安全管理境界。

⑤"7+3"瓦斯治理模式：沿空留巷、以岩保煤、气相压裂、水力压裂、水力冲孔造穴、保护层开采、小煤柱泄压区掘进 7 项瓦斯治理技术，本煤层抽采标准化、瓦斯抽采量精准计量、瓦斯抽采在线监控 3 项管理。

⑥"13710"："1"即当天要研究落实；"3"即 3 天内要向"13710"办公室反馈办理情况；"7" 即一般性问题原则上 7 天内要落实解决；"1" 即重大问题包括一些复杂问题要在 1 个月内落实解决，确实解决不了的，要拿出解决方案，明确路线图、时间表和责任人；"0" 即所有事项都要跟踪到底、销号清零，做到件件有结果。

⑦"三项制度"：干部能上能下、工人能进能出、工资能高能低。

⑧煤矿"六大员"：生产（衔接）、运输、机电、安监系统分管副职，总工程师、通风区长。

⑨"三供一业：国有企业职工家属区供水、供电、供热（供气）及物业管理。

⑩"五个一"机制体系：管好一个班子、建设一支队伍、核准一套指标、审批一类事项、防控一切风险。

任红梅

女，1970 年 5 月生，山西阳泉人。大专学历。1995 年 6 月加入中国共产党，1988 年 9 月参加工作。1988 年 9 月，任阳煤集团原四矿多营团总支书记；1998 年 4 月，任中国人寿阳泉分公司讲师、组训等；2009 年 2 月，任阳泉市矿区桥头街道段北沟社区委员；2010 年 1 月，任桥头街道刘家堖社区党支部书记、主任；2013 年 1 月始，任矿区桥头街道段南沟社区党总支书记、主任。系中共十九大代表。

任红梅信念坚定，工作认真，是社区发展领头雁。带领党员干部每周定时学习习近平总书记系列重要讲话精神，按照省委"三基建设"工作要求和阳泉"四大定位"目标，不断创新城市基层工作活动方式，表现出良好的工作态度与创新精神，得到社区群众信任。针对段南沟社区是典型的资源枯竭工矿型城市社区，辖区阳煤集团原四矿是破产单位，职工到外地工作，形成社区内空巢老人多、留守儿童多、特殊人群多的"一老一小一特殊"现状，她将吉祥鸟鸿雁作为社区 LOGO 标志，凝练出奉献、责任、服务、创新、诚信的"鸿雁精神"，实施"一首两翼"工作法，以社区党组织为领头雁，居委会、便民服务中心为两翼，推行"鸿雁 365"系列为民服务活动，打造出服务型"鸿雁"品牌。

任红梅扶贫济困，一心为民，是居民群众贴心人。"早看窗帘晚看灯，社区楼里数板凳"，是她关爱空巢老人亲情化的服务方式。80 多岁的王大爷瘫痪在床，她帮助联系送去轮椅；派出所发现痴呆老人，第一个想到联系她来寻找；16 岁的吕世龙父亲去世，母亲又突然离世，她第一个到家中帮忙，并帮助申请孤儿证办理救助；她主动和孤儿琛琛等结对子，担任爱心妈妈，经常给孩子们购买衣服、书籍、文具等；每年雨季，为保证群众人身财产安全，她带领社区工作人员24小时坚守在岗位上，每天在崎岖的山路上挨家挨户查看，心中永远装着群众疾苦。

任红梅服务社区，为民谋利，是文化自信倡导者。她自费出资3万元成立全省首家亲 & 青 FAMILY 社会工作服务中心，辐射周边1.4万名青少年，主要在创业就业、心理咨询、重点青少年融入社会等方面进行专业社工探索研究和服务。邀请各级专家，开展倡导社会主义核心价值观的亲子教育、法律维权、道德讲堂等讲座70多场，举办雏雁才艺展示大赛、我为爸妈颂党恩演讲比赛、亲子趣味运动会、孝老爱亲妈妈菜、心理沙盘游戏等活动，直接参与人数达8000余人。为辖区居民搭建200多平方米鸿雁百姓大舞台、居民大讲堂、书画室、棋牌室，配置音箱、调音台、电钢琴等设备，组建200余人“鸿雁艺术团”，下设锣鼓队、舞蹈队、合唱队和曲艺队等，举办“鸿雁情”居民艺术节文艺会演、“红船精神”“美好新生活”等文娱活动，将文化自信落实在实际工作中。

任红梅带领社区全体人员不懈努力，让社区品牌“树”起来，为民服务“火”起来，鸿雁形象“动”起来，先后获得全国和谐社区建设示范社区、全国综合减灾示范社区、省级文明社区、省级科普示范社区、省级平安示范社区、省级五四红旗团支部、省级先进青少年维权岗、全省首批“青少年事务社会工作示范服务站”等20多项荣誉，社区“关注城市留守儿童”项目成为民政部、团中央重点示范项目，接受中央和省级以上检查指导30多次，工作创出特色，成为亮点，得到上级肯定。（荆　璐）

宋青红

1979年4月出生，山西定襄人。大专学历，高级工。2009年加入中国共产党，1999年9月参加工作。2017年4月，获全国“五一劳动奖章”。

1996年9月至1999年7月，宋青红就读于阳煤技校96级综采电器维修班。1999年9月，到阳煤集团三矿裕公井综四队当工人。2000年2月，到阳煤集团一矿采煤工区综四队当工人。

担任采煤机维修工后，在短短3年内便练就一身过硬技术本领，各种型号的综合机械化采煤机“毛病”手到病除，被工友们誉为“采煤机手术师”。2010年，采煤机在他的维护下，工作面开机率由原来的55%上升到67%，相当于每年提高采煤机160多个小时的运行时间。10月，在“兖矿杯”第三届全国煤炭行业职业技能大赛采煤机司机比武中获得第9名。2011年，维修机组在他的带领下，机械完好率100%，为综四队全年生产原煤150万吨奠定基础。2012年12月任一矿综采四队检修班工长。2016年11月任一矿综采四队副队长。

不论寒冬腊月还是三伏酷暑，不管白天还是晚上，他的手机都处于开机状态，随时待命准备下井解决采煤机故障。随着采煤设备更新，特别是部分进口设备的引进，采煤机日常维护难度越来越大。为此，他刻苦钻研《液压传动》《机械基础》《采机自动化基础》等8种教材，将理论与实践相结合，琢磨出一套处理采煤机故障“听声音、摸温度、看运行、量数据”的综合分析判断法，使采煤机常见故障抢修效率提高，全年累计处理急、难、险事故20余起，为全队节省工作时间50小时，创造经济效益达百万元。

宋青红常和工友商讨采煤机出现的问题及解决办法，对徒弟提出的问题有问必答。“自己技术再好，浑身都是铁，也打不了几根钉，只有让更多的人掌握了技术，后继有人，企业才有发展后劲”。他把多年积累的经验总结成一套简单易懂的资料，提供给工友，手把手教他们操作技巧，使大家在较短的时间内掌握必要的安全生产操作实用技能，带出的徒弟成为独当一面的技术骨干。

宋青红十年如一日，把生命中最美好的青春奉献给党、奉献给企业。他把每日辛劳工作看作是不断的挑战，将每次难题的破解看作是学习的过程，为广大青年职工树立榜样。2011年4月，宋青红当选“首届全国煤炭工业百名优秀青年矿工”。2012年2月，被共青团中央授予全国青年岗位能手称号；4月，获山西省“五一劳动奖章”；10月，获“全国煤炭工业劳动模范”；12月，获“全国能源化学系统五一劳动奖章”。2014年4月，获山西省特级劳动模范。2016年5月，获“全国煤炭青年五四奖章”。2017年4月，宋青红获全国“五一劳动奖章”。（赵　贤）

人物名表

副地市级以上领导人名表

(以姓氏笔画为序)

表 68

姓　名	性别	出生年月	籍贯	政治面貌	文化程度	毕业院校	参加工作时间	职务及任职时间
卫英慧	男	1966.7	山西万荣	中共党员	博士研究生	西安交通大学	1991.8	山西工程技术学院党委副书记、院长(2015.5—)
马爱锋	男	1965.10	山西临县	中共党员	大学本科	复旦大学	1988.7	市委常委(2017.2—) 常务副市长、党组副书记(2017.2—)
王旭明	男	1962.3	山西临县	中共党员	省委党校研究生 公共管理硕士	省委党校 山西财经大学	1983.9	市委常委(2006.8—2017.2) 副市长(2006.9—2013.5) 2007.8 明确为常务副市长 市政府党组副书记(2007.6—2013.5) 市委副书记(2013.4—2017.2) 市委党校校长(2013.5—2017.5) 市总工会党组书记(2016.9—2017.5) 市总工会主席(2016.11—2017.6) 市人大常委会党组书记(2017.2—) 市人大常委会主任(2017.3—)
王良义	男	1964.11	山西盂县	中共党员	大学本科	山西大学	1986.8	市政协副主席(2017.3—)
王振国	男	1956.10	山西寿阳	中共党员	中央党校大学	中央党校函授学院	1974.12	市政协副主席(2007.5—2010.5) 市总工会党组书记(2008.8—2016.9) 市总工会主席(2008.9—2016.11) 市人大常委会副主任(2010.5—2017.3) 市人大常委会党组副书记(2012.5—2017.3)
王铁梅	女	1971.3	山西孝义	中共党员	研究生	山西大学	1993.7	市委常委(2016.7—) 市委统战部部长(2016.8—) 市委宣传部部长(2017.9—)
王廉允	男	1964.3	山西隰县	中共党员	省委党校研究生	山西省委党校	1984.9	市人民检察院党组书记(2016.10—) 市人民检察院代检察长(2016.10—2017.3) 市人民检察院检察长(2017.3—)
田桂明	男	1963.4	河北辛集	中共党员	大学本科	工程兵工程学院	1980.9	阳泉军分区政治委员(2013.9—) 市委常委(2014.12—)
史友松	男	1967.12	山西寿阳	民盟	大学本科	山西农业大学	1989.7	民盟阳泉市委主委(2016.12—) 市政协副主席(2017.3—)
巩　成	男	1965.7	山西阳高	中共党员	大学本科 管理学硕士	山西大学 山西大学	1984.8	市委常委(2015.12—) 市委秘书长、市委办公厅主任(2016.1—) 市委副书记(2017.12—)
吕昌政	男	1959.10	河北井陉	中共党员	中央党校研究生	中央党校研究生院	1983.9	市人大常委会副主任(2012.5—)

续表

姓　名	性别	出生年月	籍贯	政治面貌	文化程度	毕业院校	参加工作时间	职务及任职时间
任建华	男	1965.5	山西宁武	中共党员	中央党校研究生	中央党校	1983.9	市委常委（2016.7—　） 市委组织部部长（2016.8—　） 市委党校校长（2017.5—　）
任衍钢	男	1958.10	山东济宁	民进	大学本科 教育硕士	山西师范学院	1975.1	民进阳泉市委主委（2001.11—2016.12） 市政协副主席（2007.5—2012.5） 副市长（2012.5—2017.3）
任美福	男	1957.12	山西昔阳	中共党员	大学本科	山西财经学院	1982.2	市政协副主席（2012.5—2017.3）
刘兆林	男	1953.9	阳泉郊区	民建	大学普通班	山西农学院	1976.9	副市长（2002.3—2012.5） 民建阳泉市委主委（2002.4—2016.12） 市人大常委会副主任（2012.5—2017.3）
刘志强	男	1959.5	河北深州	中共党员	大学本科	山西财经学院	1976.8	市人大常委会副主任（2012.5—　）
刘高官	男	1956.5	山西山阴	中共党员	中央党校大学 工程硕士	中央党校函授学院 西安交通大学研究生班	1972.3	市委常委（1995.1—2006.9） 市委秘书长（1995.3—2000.6） 市委副书记（2000.6—2006.9） 市政协党组书记（2006.6—2012.5） 市政协主席（2007.5—2012.5） 市人大常委会党组书记（2012.5—2017.2） 市人大常委会主任（2012.5—2017.3）
许文珍	男	1954.10	山西盂县	无党派	自考专科	山西大学	1975.12	市政协副主席（2007.5—2017.3）
孙金明	男	1960.1	山西平定	中共党员	省委党校大专	省委党校函授学院	1981.9	市人大常委会副主任（2012.5—　） 市人大常委会党组副书记（2017.2—　）
李天祥	男	1956.12	山西定襄	九三学社	大学本科	太原工学院	1974.8	九三学社阳泉市委主委（2006.4—2016.12） 市政协副主席（2007.5—2017.3）
李云峰	男	1969.7	山西洪洞	中共党员	中央党校研究生	中央党校研究生院	1994.7	市委常委（2013.4—2017.12） 市委统战部部长（2013.5—2016.8） 盂县县委书记（2016.7—2017.12） 市委副书记（2017.5—2017.12）
李　君	男	1970.12	山西平定	民进	大学本科	山西大学	1992.7	民进阳泉市委主委（2016.12—　） 副市长（2017.10—　）
李顺宽	男	1957.9	山西河曲	中共党员	中央党校大学	中央党校函授学院	1978.11	市政协副主席（2012.5—2017.3）
杨　勇	男	1963.8	山西盂县	中共党员	中央党校大学	中央党校函授学院	1984.7	阳泉师范高等专科学校党委书记（2012.7—2017.2） 市政协党组副书记（2017.2—　） 市政协副主席（2017.3—　）

续表

姓　名	性别	出生年月	籍贯	政治面貌	文化程度	毕业院校	参加工作时间	职务及任职时间
杨永生	男	1961.10	山西临猗	中共党员	大学本科	山西大学	1982.10	市委常委（2006.9—2017.2） 市委统战部部长（2006.9—2011.5） 市委宣传部部长（2011.5—2017.9） 市政协党组书记（2017.2—　） 市政协主席（2017.3—　）
杨自明	男	1960.11	山西稷山	中共党员	大学本科	太原工学院	1983.9	市委常委（2016.9—　） 市委政法委书记（2016.9—　）
杨全生	男	1960.11	山西闻喜	中共党员	大学本科	山西农业大学	1984.8	阳泉经济技术开发区管委会主任（2016.8—　） 阳泉经济技术开发区管委会党工委书记（2017.2—　） 市政协副主席（2017.3—　）
吴纪平	男	1966.9	山西永济	中共党员	省委党校研究生	省委党校	1989.8	市委常委（2016.7—　） 市纪委书记（2016.7—　） 市监察委员会主任（2017.3—　）
吴丽萍	女	1955.11	北京市	无党派	大学本科	山西大学	1975.11	市人大常委会副主任（2007.5—2017.3）
张太平	男	1967.7	山西原平	中共党员	在职研究生	西安政治学院	1983.11	阳泉军分区司令员（2015.6—　）
张立君	男	1969.6	山西平顺	农工	中央党校研究生	中央党校研究生院	1990.10	农工党阳泉市委主委（2017.1—　） 市政协副主席（2017.3—　）
张永忠	男	1962.10	山西盂县	中共党员	中央党校大学	中央党校函授学院	1980.9	市人大常委会副主任（2017.3—　） 市总工会主席（2017.6—　）
张其光	男	1977.7	河北平泉	中共党员	博士研究生	清华大学清华大学	2004.4	市委常委、盂县县委书记（2017.12—　）
张宝明	男	1963.4	阳泉郊区	中共党员	大专	天津大学阳泉班	1981.10	市人大常委会副主任（2017.3—　）
陈永奇	男	1967.11	山西怀仁	中共党员	博士研究生	山西大学	1992.7	市委副书记、市政府党组书记（2013.2—2015.11） 副市长、代市长（2013.2—2013.4） 市长（2013.4—2015.11） 市委书记（2015.11—　）
陈永昶	男	1961.11	山西芮城	中共党员	大学本科	山西师范学院	1982.7	阳泉师范高等专科学校校长党委副书记（2012.8—　）
陈明华	男	1965.7	山西柳林	中共党员	大学本科 法律硕士	山西大学	1987.7	市中级人民法院副院长、代院长（2012.8—2012.11） 市中级人民法院党组书记（2012.8—　） 市中级人民法院院长（2012.11—　）
呼亚民	男	1968.12	山西汾阳	中共党员	大学本科	山西矿院	1991.8	副市长（2017.3—　）

续表

姓　名	性别	出生年月	籍贯	政治面貌	文化程度	毕业院校	参加工作时间	职务及任职时间
郜爱国	男	1954.2	山西黎城	中共党员	中央党校大学	中央党校函授学院	1970.10	市委副书记(2000.9—2011.8) 市委党校校长(2006.12—2011.8) 阳泉行政学院院长(2007.2—2011.9) 市人大常委会副主任、党组副书记(2011.5—2012.5) 市政协党组书记(2012.5—2017.2) 市政协主席(2012.5—2017.3)
要　真	男	1956.12	山西盂县	中共党员	大学本科	太原工学院	1974.12	阳泉经济技术开发区党工委书记(2012.1—2017.1)
赵　峰	男	1956.9	山西盂县	中共党员	大学普通班	太原工学院	1972.9	郊区区委书记(2007.4—2012.4) 副市长(2011.9—2017.3)
赵平有	男	1956.10	河北定州	中共党员	大学本科	山西师范学院	1975.2	市政协副主席(2012.5—2017.3)
赵永红	女	1957.3	山西平定	民盟	大学本科	山西医学院	1974.8	民盟阳泉市委主委(2001.11—2016.12) 市政协副主席(2007.5—2017.3)
荆存柱	男	1963.9	阳泉郊区	中共党员	中央党校大学	中央党校函授学院	1983.9	阳泉职业技术学院党委书记(2017.7—　)
荆俊明	男	1966.6	山西绛县	中共党员	大学本科	石家庄陆军学院	1983.8	阳泉军分区参谋长(2010.2—　)
徐本宁	男	1963.10	广东花都	无党派	中央党校大学	中央党校函授学院	1986.7	市政协副主席(2017.3—　)
郭卫东	男	1968.5	山西河津	中共党员	省委党校研究生	省委党校	1990.11	市委常委(2017.12—　)
郭少敏	男	1960.3	山西繁峙	中共党员	中央党校研究生	中央党校研究生院	1976.6	副市长(2016.8—　)
夏　晗	男	1965.1	安徽寿县	中共党员	大学本科	长沙炮兵学院	1983.1	阳泉军分区政治部主任(2012.5—　)
曹学仁	男	1962.3	山西交城	中共党员	硕士研究生	南开大学	1981.11	阳泉职业技术学院院长(2017.8—　)
曹凯民	男	1957.10	山西芮城	中共党员	大学本科	太原工学院	1982.1	市政协副主席(2011.5—2017.3) 市政协党组副书记(2012.5—2017.2)
梁志勇	男	1967.8	山西朔州	中共党员	大学本科	山西大学	1990.7	市委常委(2017.7—2017.12)
彭喜平	女	1959.2	河南清丰	中共党员	大学本科	山西大学省委党校大学班	1976.7	市委党校常务副校长(2005.3—　) 阳泉行政学院常务副院长(2005.4—2011.12) 阳泉行政学院院长(2011.12—　)

续表

姓　名	性别	出生年月	籍贯	政治面貌	文化程度	毕业院校	参加工作时间	职务及任职时间
靳润喜	男	1966.2	山西代县	中共党员	省委党校研究生	省委党校	1988.7	副市长（2017.3—　）
董一兵	男	1963.1	山西闻喜	中共党员	大学本科 公共管理硕士	山西师范大学 新加坡南洋理工大学	1985.7	市委副书记（2015.11—2017.12） 市政府党组书记（2015.11—　） 副市长、代市长（2015.11—2016.3） 市　长（2016.3—　）
董仙桃	女	1962.10	山西五台	中共党员	硕士研究生	太原重机学院	1986.7	副市长（2011.5—2017.2）
韩保清	男	1963.10	山西盂县	中共党员	硕士研究生	山西师范大学	1987.7	太原理工大学阳泉学院院长（2010.9—2015.5） 山西工程技术学院党委书记（2015.5—　）
雷健坤	女	1971.12	山西大同	中共党员	博士研究生	南开大学	1999.7	市委副书记（2017.12—　）
潘海燕	女	1969.11	山西清徐	中共党员	大学本科	太原工业大学	1992.8	副市长（2017.2—　）

（王　玮　张　朝　杨　磊）

2017年阳泉市获“五一劳动奖章”人员名表

表69

姓　名	出生年月	文化程度	政治面貌	工作单位及职务 职称
全国“五一劳动奖章”（1名）				
宋青红	1979.4	大专	中共党员	阳泉煤业（集团）有限责任公司一矿综采四队副队长、高级工
山西省“五一劳动奖章”（13名）				
李　杰	1980.10	大学	中共党员	阳泉煤业（集团）有限责任公司三矿机电动力部综采组工人、高级技师
石亚萍（女）	1976.4	中专	群众	阳泉煤业（集团）有限责任公司升华实业分公司第五服务中心环卫队桥头组组长
陈俊明	1964.10	大学	中共党员	阳泉煤业（集团）有限责任公司二矿矿长、工程师
谢俊生	1968.11	大学	中共党员	阳泉煤业（集团）有限责任公司通风部、高级工程师
段宝山	1963.9	大学	中共党员	阳泉煤业（集团）有限责任公司总医院党委书记、院长、主任医师
王永明	1985.3	大学	群众	阳泉市燕龛煤炭有限责任公司程庄矿生产区综采队队长、助理工程师

续表

姓 名	出生年月	文化程度	政治面貌	工作单位及职务 职称
张增禄	1970.11	初中	群众	阳泉市元承建业工程有限公司装潢分公司经理
王 然	1968.3	大学	中共党员	阳泉市第三人民医院胸外乳腺科主任、主任医师
裴元钊	1970.10	大学	中共党员	山西省阳泉市中级人民法院刑事审判二庭庭长、一级法官
曾随正	1965.12	研究生	中共党员	阳泉市国家税务局党组书记、局长
任红梅（女）	1970.5	大专	中共党员	阳泉市矿区段南沟社区居民委员会主任、国家二级心理咨询师、社工师
陈培银	1970.12	初中	中共党员	平定县丰兴红薯种植专业合作社理事长
胡金毛	1952.2	初中	中共党员	盂县秀水镇东关南村党总支书记
阳泉市“五一劳动奖章”152 名				
平定县（17 名）				
张宏亮	1970.6	初中	民盟委员	平定县冠窑砂器陶艺有限公司董事长、省级工艺美术大师
葛银平	1965.10	大专	群众	平定古窑陶艺有限公司造型设计组组长
王同亮	1971.5	中专	中共党员	阳泉市长青石油压裂支撑剂有限公司制粒车间主任、工程师
陶 玮	1971.10	大专	中共党员	平定县煤气公司新安站站长
张忠华	1966.9	大专	中共党员	平定县自来水公司管道维修队队长、技师
李春林（女）	1969.3	初中	群众	平定县城市环境卫生管理处清扫组组长
裴云飞	1990.4	大学	中共党员	阳泉平安庄园农业有限公司董事长
王培德	1969.11	大学	中共党员	平定县冠山镇卫生院院长、政工师
王义平	1962.9	大学	中共党员	平定县中医医院院长、主任医师
韩 强	1970.2	大学	中共党员	平定县广播电视台播音员、主任播音员
白辉霞	1976.5	大学	群众	平定县岔口初级中学校教师、中学二级教师
翟盛华	1965.5	大学	群众	平定县第一中学校教师、中学高级教师
梁丽秀（女）	1976.4	初中	中共党员	平定县柏井镇南青村党支部书记
陈培银	1970.12	高中	中共党员	平定县丰兴红薯种植专业合作社理事长
马瑞昌	1963.7	初中	中共党员	平定县娘子关富利生态农业专业合作社理事长
祁素兵	1974.11	初中	中共党员	平定县利农农机专业合作社理事长
缠新平	1960.10	初中	中共党员	平定县银树养殖专业合作社理事长

续表

姓　名	出生年月	文化程度	政治面貌	工作单位及职务 职称
盂县(17 名)				
李峰如	1972.5	大专	中共党员	山西阳泉盂县石店煤业有限公司丈八坑口综采队队长
张志平	1965.7	大专	中共党员	山西晋盂煤业(集团)有限公司总经理、工程师
李永明	1975.9	大专	中共党员	山西太钢鑫磊资源有限公司破碎作业区主管
韩　涛	1972.6	中专	中共党员	盂县晶辉机械制造有限公司技术员
赵水北	1968.1	大专	中共党员	山西中盂综合物流园有限责任公司技术员、助理工程师
武　强	1988.8	大学	群众	山西晋盂建设投资有限公司技术员
陈彩霞(女)	1986.3	大学	中共党员	盂县凯通商贸有限公司超市营运部经理
韩秋良(女)	1979.12	大学	群众	盂县梁家寨乡联合学校北峪口中心小学校教师、小教一级
辛文君	1972.11	大学	中共党员	盂县第一中学校教师、中学高级教师
任丽仙(女)	1966.3	大学	群众	盂县人民医院神经内科主任、副主任医师
梁爱成	1966.9	大学	中共党员	盂县人民政府信访局局长
齐慧瑛(女)	1972.4	大学	中共党员	盂县人民法院民事审判一庭庭长
胡金毛	1952.2	初中	中共党员	盂县秀水镇东关南村党总支书记
李保林	1959.11	高中	中共党员	盂县蕊晶果树种植专业合作社理事长
孙建荣	1973.12	大学	中共党员	盂县丰润农场场长
赵瑞明	1973.11	初中	群众	盂县宏茂养殖专业合作社理事长
翟新明	1970.7	初中	中共党员	盂县兴垄种植专业合作社理事长
郊区(17 名)				
翟拴艮	1974.8	中专	中共党员	山西煤炭运销集团保安煤业有限公司准备队队长
佘来军	1971.5	初中	群众	阳泉市星火鑫源铸造材料厂总经理
张永东	1969.5	大学	群众	北京市康乃馨生物化妆品有限责任公司阳泉分公司总经理
陈龙江	1973.4	大专	中共党员	阳泉天龙生态农业有限公司总经理
郝　银	1963.8	高中	中共党员	山西三来食品有限公司销售部经理
史广泽	1984.11	大专	群众	山西省阳泉市贤亨耐火材料有限责任公司检验科科长

续表

姓　名	出生年月	文化程度	政治面貌	工作单位及职务 职称
魏传风	1964.7	大专	中共党员	山西圣火炉料有限公司总工程师、高级工程师
郑海生	1972.9	大学	中共党员	阳泉市公安局郊区分局治安管理大队队长、二级警督
陈丽娟（女）	1978.7	研究生	中共党员	阳泉市郊区蔬菜中心科员、中级农艺师
黄海林	1975.11	大学	中共党员	阳泉市郊区西南舁乡联合学校东南舁中心小学校教师、中小学二级教师
聂喜军	1979.3	大学	中共党员	阳泉市郊区荫营中学校教师、中教一级
赵慧军	1973.9	大学	中共党员	阳泉市郊区人民医院神经内科主任、副主任医师
李占生	1955.4	小学	中共党员	阳泉市郊区义井镇河下村垃圾清运队驾驶员
李乃珠	1961.10	中专	中共党员	阳泉市郊区平坦镇桃林沟村、党委书记
葛会林	1960.12	高中	中共党员	阳泉市郊区义井镇河下村党支部书记、村委会主任
武继和	1973.12	初中	中共党员	阳泉市东兴富士种植专业合作社理事长
乔利中	1974.5	高中	群众	阳泉市益丰昌种植专业合作社理事长
城区（3名）				
杨利江	1980.7	大学	中共党员	阳泉市城区信访局科员
荆俊生	1969.1	初中	群众	阳泉市饮料厂维修工
曹海英（女）	1972.8	大学	中共党员	阳泉市上站小学校教师、中小学一级教师
矿区（3名）				
武卫国	1970.11	大学	中共党员	阳泉市矿区国家税务局党组书记、局长
任红梅（女）	1970.5	大专	中共党员	阳泉市矿区桥头街道段南沟社区居民委员会主任、社工师
高振国	1978.11	大学	中共党员	阳泉市矿区平潭街小学校教师、小学一级教师
开发区（1名）				
王肖洋	1991.8	大学	群众	山西中兴环能科技有限公司办公室、主任
阳泉煤业集团（20名）				
李冬生	1979.6	中专	中共党员	阳泉煤业（集团）有限责任公司一矿综采三队队长
陈俊明	1964.10	大学	中共党员	阳泉煤业（集团）有限责任公司二矿矿长、采矿工程师
郭来锁	1970.12	大专	中共党员	阳泉煤业（集团）有限责任公司二矿采煤三队队长

续表

姓　名	出生年月	文化程度	政治面貌	工作单位及职务 职称
李　杰	1980.10	大学	中共党员	阳泉煤业（集团）有限责任公司三矿机电动力部综采组工人、高级技师
秦卫峰	1976.5	大专	中共党员	阳泉煤业（集团）有限责任公司五矿开拓三队队长、高级工
马晨晶	1982.6	大学	中共党员	山西新景矿煤业有限责任公司生产技术部部长、采矿工程师
苗奋明	1976.6	中专	群众	阳泉市南庄煤炭集团有限责任公司南庄分公司综采二队采煤机司机、技师
石庆中	1972.11	大专	中共党员	阳泉煤业集团兴峪煤业有限责任公司采煤队队长
王　伟	1983.10	大学	中共党员	阳泉煤业集团西上庄低热值煤热电有限公司专业工程师、工程师
张　健	1987.10	大专	中共党员	阳泉煤业（集团）股份有限公司发供电分公司第三热电厂运行车间电气技术员、高级工
刘梅生	1963.1	研究生	中共党员	阳泉煤业集团华越机械有限公司董事长、高级工程师
郝铁栓	1971.11	大学	中共党员	阳泉煤业集团华越机械有限公司技术中心主任工程师、高级工程师
秦　杰	1989.7	大学	群众	山西宏厦一建千米钻机项目部千米一队技术员、助理工程师
张义文	1964.9	大专	中共党员	山西宏厦建筑工程第三有限公司第十一项目部经理、工程师
石亚萍（女）	1976.4	中专	群众	阳泉煤业（集团）有限责任公司升华实业分公司第五服务中心环卫队桥头组组长
郑喜梅（女）	1975.8	初中	中共党员	阳泉煤业（集团）股份有限公司运输部客运一中心驾驶员、中级工
张雪峰	1975.6	大学	中共党员	阳泉煤业（集团）有限责任公司生产技术部采煤科科长、采煤工程师
谢俊生	1968.11	大学	中共党员	阳泉煤业（集团）有限责任公司通风部副部长、高级工程师
段宝山	1963.9	大学	中共党员	阳泉煤业（集团）有限责任公司总医院党委书记、院长、主任医师
庞跃锋	1972.9	大学	中共党员	阳泉煤业（集团）有限责任公司总医院泌尿外科主任、主任医师
煤炭系统（9名）				
王玉兴	1967.4	大学	中共党员	山西省阳泉荫营煤矿水暖大队队长、工程师
安年春	1963.10	大学	中共党员	山西省阳泉固庄煤矿党委书记、矿长、工程师
陈　雷	1969.3	大学	中共党员	阳泉市燕龛煤炭有限责任公司总经理、采煤工程师
王永明	1985.3	大学	群众	阳泉市燕龛煤炭有限责任公司程庄煤矿生产工区综采队队长、助理工程师
刘怀亮	1971.4	大专	中共党员	阳泉市上社煤炭有限责任公司综采一队队长
王　敏	1987.7	大学	中共党员	阳泉市上社煤炭有限责任公司技术部副部长、工程师
宋喜堂	1968.8	大专	中共党员	阳泉市上社二景煤炭有限责任公司综采队队长
闫爱枝（女）	1973.12	大专	中共党员	阳泉市永昱机电有限责任公司技术部部长、助理工程师
李江平	1970.11	高中	中共党员	阳泉市永昱机电有限责任公司支架维修工

续表

姓 名	出生年月	文化程度	政治面貌	工作单位及职务 职称
工交建通系统(18 名)				
代素军	1980.6	大专	中共党员	阳泉阀门股份有限公司销售员
王永进	1974.10	高中	中共党员	中铝(阳泉)矿业有限公司采运车间乙班班长、中级工
刘建生	1967.2	大专	中共党员	山西北方晋东化工有限公司包装公司副经理、高级工程师
施玉泉	1964.8	大专	中共党员	北京铁路局阳泉站阳泉北站车间值班员、中级工
史超峰	1967.3	大专	中共党员	山西阳大铁路有限责任公司副总经理
杨 军	1974.8	大学	中共党员	铁道第三勘察设计院集团有限公司山西阳大铁路 EPC 项目部副经理、高级工程师
王治国	1976.	大学	中共党员	阳泉市客运总站办公室主任
魏海霞(女)	1973.4	高中	群众	阳泉市公共交通总公司第七分公司驾驶员
梁成印	1961.7	高中	中共党员	山西省公路局阳泉分局盂县公路管理段路面养护中心主任
蒋 叶	1978.5	大学	中共党员	山西省公路局阳泉分局沙井公路超限检测站站长、工程师
王 英	1975.12	大学	中共党员	阳泉路路通旅游客运有限公司董事长、助理工程师
王 凌	1962.6	大专	中共党员	阳泉市城市建设投资有限公司工程管理部部长、工程师
穆艳兵	1985.11	大专	群众	阳泉市政工程公司平阳路一期道路建设工程项目部副经理、助理工程师
杨国锋	1968.8	高中	群众	阳泉市三建工程有限公司水电队副业工班组班组长
马立军	1978.10	大学	中共党员	阳泉市元承建业工程有限公司总经理、高级工程师
李江瑛(女)	1966.1	大学	中共党员	阳泉市建筑工程材料质量监督检测所所长、高级工程师
王海燕(女)	1975.7	初中	群众	中国邮政集团公司阳泉市分公司投递局大户投递部乡邮投递员、初级工
梁倚天(女)	1981.12	研究生	中共党员	中国联合网络通信有限公司阳泉市分公司责任单元负责人、工程师
电力系统(4 名)				
余龙镇	1976.5	大专	中共党员	国网山西省电力公司阳泉供电公司检修公司变电检修专业检修一班班长、技师
张 岗	1985.8	大学	群众	国网山西省电力公司阳泉供电公司检修公司二次检修一班工人、工程师、技师
刘文伟	1973.5	大学	中共党员	山西阳光发电有限责任公司总工程师、高级工程师
高天军	1968.10	大专	中共党员	山西河坡发电有限责任公司首席安全工程师、工程师

续表

姓　名	出生年月	文化程度	政治面貌	工作单位及职务 职称
财贸金融系统(11 名)				
魏艾玲(女)	1963.3	大学	中共党员	阳泉天元家用电器有限责任公司总经理、高级经济师
张海龙(女)	1975.5	大专	中共党员	阳泉百货纺织品有限公司洗涤化妆用品经销组组长
胡秀冬(女)	1979.1	高中	群众	阳泉华联商厦有限公司化妆品柜组推销员
史俊秀(女)	1986.5	大学	群众	阳泉市服装工业公司办公室科员、助理政工师
贾玉平	1959.6	大专	中共党员	山西省阳泉糖酒副食批发有限公司经营销售部部长
韩海斌	1968.7	大学	中共党员	中国农业银行股份有限公司阳泉市分行副行长、高级经济师
王考义	1981.3	大学	群众	中国银行股份有限公司阳泉市分行平定支行个贷经理
梁利君	1980.12	大学	中共党员	交通银行股份有限公司阳泉分行营业部经理
武春明	1971.2	大学	中共党员	中国邮政储蓄银行股份有限公司山西省阳泉市分行业务部经理
贾静晶(女)	1983.5	大学	群众	中国人寿保险股份有限公司阳泉分公司平定县支公司员工、助理经济师
葛二虎	1987.3	大专	中共党员	阳泉信达投资管理公司鑫晟保险客户经
文教卫生系统(10 名)				
王重阳	1979.10	大学	中共党员	阳泉市第一中学校办公室副主任、中教一级
梁翠英(女)	1973.10	大学	群众	阳泉市交通职业学校驾修教研组组长、中教一级
史生岗	1965.1	大学	中共党员	阳泉市第十一中学校党委书记、副高级教师
程久福	1964.5	大学	中共党员	阳泉市招生考试中心副主任、中教高级
李枢评	1967.8	大学	中共党员	阳泉市教育局思政科科长、盂县西潘乡羊泉村党支部第一书记
邓庆阳	1965.10	研究生	中共党员	山西工程技术学院教务处处长、教授
高利芳(女)	1982.3	大学	中共党员	阳泉市第一人民医院急诊科护士、护师
王　然	1968.3	大学	中共党员	阳泉市第三人民医院胸外乳腺科主任、主任医师
张素林	1962.8	大学	中共党员	阳泉市卫生监督所放射卫生监督科科长、主任医师
郭雅菁(女)	1973.8	大学	群众	阳泉市文化局艺术科科员

续表

姓　名	出生年月	文化程度	政治面貌	工作单位及职务 职称
市直机关(17名)				
曾随正	1965.12	研究生	中共党员	阳泉市国家税务局党组书记、局长
陈友福	1962.6	研究生	中共党员	山西省阳泉市地方税务局党组书记、局长
张秋明	1964.11	大专	群众	阳泉市高新技术创业服务中心主任
史志亮	1975.8	大学	中共党员	中国共产党阳泉市委员会宣传部调研室主任 平定县东回镇大东岔村党支部第一书记
石守锋	1979.11	大学	中共党员	阳泉市机构编制委员会办公室机关科科长 阳泉市郊区旧街乡挂职党委副书记 阳泉市郊区旧街乡路家庄村党支部第一书记
谈永刚	1966.4	大学	中共党员	阳泉市行政审批服务中心督查科科长 阳泉市郊区旧街乡虎峪村党支部第一书记
李富军	1973.12	大学	中共党员	阳泉市规划局办公室主任
李玉芳(女)	1978.4	大学	中共党员	阳泉市民政局优抚科科长、社工师、经济师
刘沛华	1975.9	大学	中共党员	阳泉市农业委员会新农村建设办公室主任、农业经济师
吕永贵	1964.9	大学	中共党员	阳泉市林业技术推广站站长、高级工程师
马星芬(女)	1970.4	大学	中共党员	阳泉市气象台台长、高级工程师
张　涛	1963.6	大学	中共党员	阳泉市市直机关工委群团部部长
张宏程	1981.2	大学	中共党员	阳泉市发展和改革委员会投资科科长
王军义	1966.6	大学	中共党员	阳泉市审计局财政科科长
吴小东	1973.2	大学	中共党员	阳泉市不动产登记中心主任、经济师
孙雪艳(女)	1978.9	研究生	中共党员	阳泉市文学艺术界联合会组联部主任、经济师
侯　洪	1962.2	高中	中共党员	阳泉市人民政府机关维修服务中心卫生组组长、技师
政法系统(5名)				
窦玉琦	1980.12	大学	中共党员	阳泉市公安局刑事侦查支队副支队长
乔晓林	1963.9	大学	中共党员	阳泉市公安局交通警察支队一大队队长
张亚东	1984.7	研究生	群众	山西省阳泉市人民检察院办公室副科级检察员
裴元钊	1970.10	大学	中共党员	山西省阳泉市中级人民法院刑事审判二庭庭长、一级法官
陶海燕(女)	1984.8	大学	中共党员	阳泉市司法局办公室主任科员

人物名录

阳泉市第十五届人民代表大会代表名录

(2017年2月28日阳泉市第十四届人民代表大会常务委员会第四十五次会议通过)

(共287名,按选举单位、姓名笔画为序)

城　区(53名)

王文玉	王文贤	王吉贵	王建明	王晓丽(女)	毛贵青	石光源	冯利民
朴雪松(朝鲜族)		吕　良	朱　卉(女)	朱艳红(女)	任　庆	任建华	刘丙强
刘志强	刘新东	刘　慧(女)	齐　帅	孙丽青(女)	杨永生	杨栋善	李　冲(女)
李金华(女)	李荣贵	李保存	李首明	李晓花(女)	李银花(女)	张卫珂	张　云(女)
张　云	张利中	张　晋	张鹏飞	陈友福	范基光	孟梅生	胡春平
荆存柱	赵华双	郭玉霞(女)	高和平	唐慧俊(女)	唐　麟	商继杰	梁　琦
葛美琴(女)	景建刚	曾随正	靳润喜	潘会平	穆红祥		

矿　区(49名)

王玉明	王付云	王其洲	王　茜(女,回族)		王　洪	王廉允	孔德芳(女)
田建亮	史生岗	刘乙佑	刘兴和	闫　月	杨自明	李怀明	李素鱼(女)
李晓光	何丽萍(女)	沈风先(女)	张小英(女)	张永忠	张旭升	张青山	张晓美(女)
张谡明	张慧清	周　亮	胡金涛(女)	胡翠英(女)	荆素俭(女)	荆　鑫(女)	赵　彦
赵素卿(女)	赵慧骄	侯彦军	段宝山	娄淼根	班美丽	高锋光	陶慧萍(女)
黄少英	梁志勇	梁　译	韩全生	董中华	裴西平	裴利峰(女)	翟　红
潘东红	潘海燕(女)						

郊　区(47名)

马军军	马爱锋	王玉明	王东红	王向红(女)	王如生	王守刚	王旭明
王明厚	王　录	王学锦	王峙斌	王桂林	王晓东	王　雪(女)	牛良玉
田　玲(女)	田俊丽(女)	史亨友	史振慧	白青海	冯爱珍(女)	任晓华	刘玉琪
刘德刚	苏玉萍(女)	杨玉明	杨志荣	杨浩宇	李文冠	李志强	李　君
李金来	宋晓文	张东红(女)	张宝明	张保亮	张海刚	张富才	陈丽娟(女)
武建功	胡凤林(女)	荆红军	荆春莲(女)	侯润林	郭　续	梁　敏(女)	

平定县(67名)

马双银	王存玲(女)	王成军	王金牛	王俊杰	王植彬	卢东华(女)	田永平
申　济	史玉宝	冯维明	巩　成	吕志坚(女)	朱继明(土家族)		延振庆
任镇方(女)	刘建平	刘建平	刘艳红(女)	刘　璇(女)	许贵琴(女)	孙金明	杨文宝
李玉娟(女)	李占刚	李　军	李明义	李素珍(女)	吴文静(女)	吴纪平	张延山
张利军	张国强	张继红(女)	张照俊(女)	陈永奇	邵永贵	郜春香(女,满族)	
武变祥(女)	范瑞平(女)	郝三昌	郝建国	郝素林(女)	赵文骥	赵计平	赵　帅
赵苗怀	赵续泉	侯成军	段　芳(女)	耿林华	贾新兵	郭少敏	郭俨锋
郭保荣	桑晓飞	崔小迷	梁丽秀(女)	韩加政	董仙桃(女)	董　英(女)	程秀宏
温东升	路海平	窦崇祥	冀虎平	穆军广			

盂　县(63名)

一　度	马　莉(女)	王丽君(女)	王丽琴(女)	王和平	王俊德	王铁梅(女)	王梅芳(女)

王雪梅(女)	邓宝柱	孔禄泉	古 英(女)	石建忠	史小梅(女)	付庄虎	付新文
白 平	邢晓慧(女)	吕昌政	刘志军	刘志勇	刘林娣(女)	刘奇瑞	闫 亮
杨 军	杨美红(女)	李云峰	李文竹(女,彝族)		李华青	李佩斯	李贵林
李富义	李瑞峰	张志平	张树青(女)	张根全	张瑞霞(女)	张翠平(女)	张 磊
陈明华	武香萍(女)	武润珍	呼亚民	郑清明	郑慧芳(女)	房学景	胡宏明
胡变梅(女)	郝金科	南秀斌	赵子炳	赵丽萍(女)	赵建红(女)	赵 琪	贾凯丽(女)
徐 献	郭 华	高彦青	崔永新	梁 芳(女)	梁海帆	董一兵	樊如珍

阳泉军分区暨驻阳泉部队(8名)

田桂明	冯鹏跃	吴海平	张太平	张文才	张 震	封士进	秦建国

政协阳泉市第十三届委员会委员名录

(2017年3月1日政协阳泉市第十二届委员会常务委员会第二十三次会议通过)

(共292名,按界别以姓氏笔画为序)

中国共产党阳泉市委员会(19名)

王 镒	王良义	王国胜	王国峰	刘振明	刘瑞平(女)	杨 勇	杨世英
杨永生	杨全生	张 弛	张丽娟(女)	张映涛	段宏华	段满英	崔国林
韩晓晨	焦文录	谭伟中					

中国国民党革命委员会阳泉市委员会(7名)

史小国	吕瑞峰	朱建玲(女)	李 强	李若冰	赵海润	贾 刚

中国民主同盟阳泉市委员会(8名)

王凤娥(女)	王智庆	史友松	邢秀龙	任计明	张立民	张瑞斌	荆丽娜(女)

中国民主建国会阳泉市委员会(7名)

马淑英(女)	王建中	方小琴	石文斌	任 武	李 鹤	张怀军

中国民主促进会阳泉市委员会(8名)

王英杰	刘华庆	闫 冰	苏巧艳(女)	杨 瑞(女)	张志军	张宝安(女)	高爱萍(女)

中国农工民主党阳泉市委员会(7名)

马洪亮	王永芳(女)	王海香(女)	王慧勇	宋晓红(女)	张立君	崔瑞平(女)

九三学社阳泉市委员会(7名)

石会民	安临斐	李 彬	杨升军	杨红梅(女)	郑世军	赵美卿(女)

无党派人士(7名)

王叶森	石文辉	刘成芳	齐敏芝(女)	陈效敏	徐本宁	董 晖

阳泉市总工会(7名)

李晓艳(女)	孟德玉	耿志国	高林峰	郭智明	韩小龙	程继喜

中国共产主义青年团阳泉市委员会(5名)

王 昭	王克波	刘艳润(女)	孙 亮	李 君

阳泉市妇女联合会(7名)

王瑞花(女)	刘华玲(女)	苏秀莲(女)	杨婵荣(女)	张林爱(女)	张翠花(女)	郭晓青(女)

阳泉市青年联合会(3名)

苏建军	李 凯	张晓军

阳泉市工商业联合会(12名)

丁国华	王学春	尹 毅	史钰文	任立萍(女)	李希明	李昕泽	张延安
张建兵	胡 湧	要俊叶(女)	徐俊明				

阳泉市科学技术协会(5名)

乔国强　张世强　张燕萍(女)　高　银　郭昧明

阳泉市归国华侨联合会(5名)

王为华(女)　卢润桃(女)　史俊宝　孟广田　梁一轮

文化艺术界(11名)

马　俊　冯海明　延鹏翀　刘卫平　李银苟　张旭红(女)　庞宏亮　郑亚克　胡奔校　唐　芳(女)　韩　静(女)

科学技术界(14名)

马凤朝　王秀平(女)　王贵如　王振虎　任候奴　李淑芸(女)　张宏亮　赵纪红(女)　赵志清　耿　雷　高俊峰　麻俊军　梁素萍(女)　穆素红

社会科学界(16名)

王志荣　王建伟(蒙古族)　石建勋　冯俊明　刘有兔　李便婵(女)　杨　慧　连　栋(女)　张　华　张东升　张兆平(女)　张桃贵　段怀平　袁全锁　郭玉珠　焦以亮

经济企业界(37名)

弓林柱　王　芳(女)　王　春　王存钧　王国梁　王春海　王树彦　王品贵　王洪震　王海祥　王谦柱　石　斌　冯志中(女)　任新建　刘文昌　刘振华　李　军　杨淇铭　张双钧　张龙龙　张丽珍(女)　武文杰　林昌平　周国峰　赵海清　赵瑞生　郝伟忠　郭小勇　郭振宇　唐甲仕　姬振良　梁佩文　彭乃良　谢圣江　鲍亚祥　薛宴军　籍继花(女)

农林界(15名)

王润红　石　旭　石文新　朱艳军　刘卫东　李　华(女)　李小梅(女)　李永幸　李建伟　杨海兵　宋学军　张秋明　高晋平　韩福军　魏树斌

教育界(16名)

弓月庭　王海平　石　鑫　石海芬(女)　白丽萍(女)　刘　婕(女)　刘海峰　李　达　张玉双(女)　张玉兰(女)　张清芳(女)　贾　蓉(女)　曹　曼(女)　曹学仁　路薇威(女)　魏启沁

体育界(4名)

王满田　巴日鲁(蒙古族)　张保泉　张海平

新闻界(3名)

冯　军　李文生　尚俊杰

医药卫生界(13名)

王　伟　权红红(女,回族)　任玉川　许学风(女)　李　丹　李向如　杨　华(女)　杨慧荣(女)　余晓琼(女)　赵　宇　赵志崇　景　秀(女)　焦文斌

对外友好团体(3名)

马小莉(女)　王洲平　龙　珑(女)

社会福利界(4名)

王　治　任刚瑞　刘爱华(女)　陈华围

少数民族(4名)

刘海民　孙二将(蒙古族)　张可宇(女,满族)　张国斋(回族)

宗教界(5名)

马连池(回族)　吴崇来　张晓虎　陈传江　定　慧

特别邀请人士(33名)

马小并　王　涛　王宇翔　王尚举　王贵平　王保柱　王振杰　吕　冬(女)　刘美英(女)　闫守成　闫庶民　孙　毅　苏风凯　李玉霞(女)　李有义　李瑞兴

杨献斌	吴 珺(女)	宋东升	张建起	张贵红	张雪梅(女)	陈 海	陈志刚
邵 喜	和继明	金振亮	聂志福	高建琴	高锦孝	高增怀	郭锦荣
温敏芬(女)							

高级专业技术人员名录(370人)

2017年,阳泉市各类专业技术人员晋升高级职务(含副高晋升正高)者共370人。其中,艺术系列正高级1人,工程系列正高级1人,新闻系列副高级3人,档案系列副高级2人,群众文化系列副高级2人,工程系列副高级17人,律师系列副高级1人,经济系列副高级3人,农业系列副高级1人,乡镇企业系列副高级5人,卫生系列正高级11人、副高级100人,中小学教师系列正高级5人、副高级207人,统计系列副高级3人,会计系列副高级8人,具体人名依系列分录于后。

艺术系列(正高级1人)

闫长现

工程系列(正高级1人)

石莉萍(女)

新闻系列(副高级3人)

黄香君(女)　侯永斌　高秀利

档案系列(副高级2人)

田 芳(女)　武丽萍(女)

群众文化系列(副高级2人)

王孝邦　郝云祥

工程系列(副高级17人)

张 强	赵雅梅(女)	冯雪平	韩墨琴(女)	高保英	李 海	王玉锁	赵向君
李俊芳(女)	韩志文	王 文	戴锐锐(女)	赵永胜	李晓峰	周海威	孟振英(女)
赵晓峰							

律师系列(副高级1人)

苏晋平

经济系列(副高级3人)

王良忠　张学宏　高岩林

农业系列(副高级1人)

任和平

乡镇企业系列(副高级5人)

梁智琳　马一民　张国云　魏小江　马立军

卫生系列(正高级11人,副高级100人)

正高级

范文平	李瑞芳(女)	王秀英(女)	王 泽	赵志敏	张蓉芳(女)	张守银	吕占赟
张年田	孙亚兵(女)	苏俭波					

副高级

黄建国	梁晓桃(女)	冯建红(女)	高海兵	荆海燕(女)	李静芳(女)	李瑞珍(女)	孟丽涛(女)
史崇智	王皓刚	王俊秀(女)	贾宇燕(女)	蔡宇春(女)	耿玉琴(女)	刘凤莲(女)	宋海霞(女)
王宝兰(女)	王艳丽(女)	魏秀琴(女)	杨 杰(女)	杨秀慧(女)	张静平(女)	张延军(女)	牛丽平(女)

杜培俊	郭凤英(女)	郭瑞芬(女)	姬俊成	李慧萍(女)	刘旭光	吕晓东	马玲梅(女)
鄯丽民	尚月静(女)	石伟兰(女)	王力平	王　涛	魏　涛	张泉静(女)	张彦红(女)
赵承芳(女)	李翠先(女)	段淑红(女)	葛建军	刘瑞红(女)	芦　晶	程艳丽(女)	石彦昌
王满红(女)	王　钰	张　琼(女)	李志英(女)	桑晓燕(女)	闫治伟	蔺守军	杨海花(女)
韩根宝	程全胜	王春花(女)	李海明	史宝迪(女)	牛永华(女)	梁海秀	王素梅(女)
张喜国	关满润(女)	时虎昌	李润明	葛志明	翟玲芳(女)	李秀宗	翟盛翔
张润平	周瑞昌	晋新祯	冯淑艳(女)	崔林梅(女)	罗　萍(女)	李峥倩	张永芝(女)
路旭红(女)	朱润香(女)	石转英(女)	赵志强	贾桂芳(女)	崔素英(女)	张晓先(女)	武秀琴(女)
赵水芳(女)	郑海莲(女)	高彩英(女)	史换生(女)	王美秀(女)	刘林林(女)	刘素琴(女)	李建红(女)
张丽红(女)	王君梅(女)	史海英(女)	王　涛				

中小学教师系列(正高级5人,副高级206人)

正高级

杨凤英(女)	李慎行	王金玲(女)	尹青春	张　昀(女)

副高级

李来芳	王世英(女)	王武斌	尹智深	赵瑞祯	蔡银明	程全全	翟永亮
李怀军	刘瑞华(女)	石艾昌	田永成	曹淑娉(女)	王双晖	王艳红(女)	王祯田
姚建明	闫　卿(女)	王建兵	李建军	康鸿娟(女)	张计生	刘满峰	周志强
王金如	郝海平	穆卫兰(女)	穆仲华(女)	王海莲(女)	张　静(女)	王朝晖	贾永平
赵芬莲(女)	尹小华	翟建军	田瑞棠(女)	巩红政	王齐龙	白存梅(女)	李志栋
刘乃芳	王贵斌	岳朝晖(女)	刘昧银	李玉仙(女)	韩宝义	郝建荣(女)	李润花(女)
冯向科	李林花(女)	胡晓荣(女)	贾海珠	王齐鸿	李恕峰	刘宏宇(女)	翟瑞祥
王润钢	魏世杰	王满文(女)	王志宏	杨文元	张月英(女)	孙云伟	刘常运
张国贤	岳志义	李国伟	崔新海	李鲜果(女)	姚　倩(女)	葛素敏(女)	冯艳云(女)
陈继瑜(女)	赵宝福	张兵兵	刘晓斌	李永红	张春万	赵彦平	任秋所
张建国	李双红(女)	王胜利	段丽平(女)	闫智萍(女)	张素梅(女)	郗彩云(女)	周崇旭
郭世存	贾爱莲(女)	王永青(女)	刘建宏	段巧花(女)	孔建忠	白姝婷(女)	杜瑞莲(女)
李素红(女)	王治世	杜瑞英(女)	张宝平	杨彦丽(女)	杨彩虹(女)	朱建炜(女)	曹冬冬
曹俊丽(女)	李海华(女)	郝山青	郑忠青(女)	任慧琴(女)	余海丽(女)	张秋燕(女)	宋建民
侯素君(女)	张瑞秀(女)	王启英(女)	高鹏莺(女)	史素玲(女)	郑林萍(女)	张玉平	丁巧娥(女)
白凤萍(女)	李晋萍(女)	戴润弟(女)	韩巧芬(女)	付　洁(女)	杨　恩	王素萍(女)	张转红(女)
杨秀亭(女)	刘玉梅(女)	卢晓倩(女)	刘海洲(女)	耿瑞平	徐红梅(女)	邵翠英(女)	李亚虹(女)
任润萍(女)	郭玉兰(女)	高新莲(女)	郝文军	黄小平	李爱生	白春梅(女)	张学珍
赵建国	刘永军	王志新	陈水英(女)	王彩虹(女)	李晓茂(女)	白　英(女)	李志伟(女)
王建明	韩贵清	张翠玲(女)	马会梅(女)	王继兰(女)	孙　艳(女)	续雅红(女)	梁倩进(女)
张建忠	郄素英(女)	郝慧俊(女)	冯丽红(女)	王学文	王海平	申立功	姚建军
王志永	张菊萍(女)	刘瑞红(女)	李彩霞(女)	刘晓洁(女)	史雅丽(女)	籍继红	王巧红(女)
侯常萍(女)	靳桂枝(女)	郑　筠	杨瑞林(女)	王爱荣(女)	赵富生	闫海香(女)	郭志红(女)
闫占荣(女)	闫惠琴(女)	任晓慧(女)	李　霞(女)	卫效文	荆存成(女)	李惠云(女)	马迎华(女)
孙　军(女)	高红平(女)	梁智红(女)	申建军	王莉娟(女)	王瑞冰(女)	赵青凡	崔少珍(女)
姬海平(女)	卢　静(女)	阎宏江	孙秀华(女)	李润忠	杨晓麟(女)	史素梅(女)	

统计系列(副高级3人)

李　慧(女)	王国婷(女)	王丽娟(女)

会计系列(副高级8人)

胡晋湘	张秀玲(女)	史建刚	武　溶(女)	李桂琴(女)	翟建红	王素英(女)	杨春林(女)

城　区

【概况】 阳泉市城区位于市区东南部，面积55.88平方千米，辖6个街道办事处46个社区居民委员会1个镇14个村（义井镇原为郊区管辖，2017年5月城区托管），常住人口22.90万人。

2017年，全区地区生产总值完成194.3亿元，比2016年增长10.9%；服务业增加值完成164.7亿元，增长10%；规模以上工业增加值完成11.9亿元，增长68.4%；一般公共预算收入完成2.53亿元，增长22.9%；全社会固定资产投资完成15.5亿元，增长7%；社会消费品零售总额完成177.3亿元，增长5.6%；城镇居民人均可支配收入30686元，增长6.5%。

产业结构不断优化。第一产业从无到有，一产、二产、三产比重为0.1∶15.1∶84.8。5月，城区正式托管义井镇，全年粮食产量计1126.7吨，畜禽养殖存栏量21.2万只(头)，为全市提供鲜活农产品6450.5吨。工业经济运行保持平稳较快发展，规模以上工业增加值增长68.4%，非煤产业占比34.1%，白羊墅光伏发电项目完成投资近4亿元。第三产业增加值占全区GDP的84.8%，社会消费品零售总额占到全市的54.6%，第三产业纳税额占到全区财政总收入的79.8%。白羊墅公铁联运物流园项目、健奔智能助力自行车项目等48个重点工程项目有序推进，总投资达113.4亿元。

发展动能加快转变。投资1500万元将城区汽贸公司厂房逐步改建成国家级“双创”中心，区物资公司免费为恒天易开新能源汽车分时租赁一体化运营项目提供办公场地。制订《区直集体企业改制意见》，加快集体企业实行股份制改制。加大“放管服效”改革力度，开展“加快招商引资项目落地、在建重点工程项目无障碍施工”等专项行动。推动大唐阳泉369云工厂项目孵化器建设，引进葫芦科技有限公司、天天安途信息技术有限公司、小豆科技有限公司、中国云·遥控云·移动电竞遥控中心4家科技型企业。“双创”氛围日渐浓厚，创新活力进一步激发，2家企业通过省级高新技术企业认定，每万人口发明专利拥有量达1.9件。

生态环境明显改善。全年累计投入5429万元，加大生态环境建设。实施污染防治行动，取缔“散乱污”企业28家，淘汰20蒸吨以下燃煤锅炉51台，完成清洁取暖9513户。启动总投资4566万元的大阳泉矿、南庄矿生态环境恢复治理工程。投资100余万元完成西峪村矸石山和义井村垃圾山治理工程。全面推行“河长制”，完成公示牌设置。开展黑臭水体治理，义井河、桃河洪城桥至五渡桥段污水全部接入排污管网。PM2.5、二氧化硫、优良天数和空气质量综合指数各项指标均有改善。开展城乡环境集中整治，拆除南外环、新华西街、桃河南岸防洪通道等违建临建202间1.3万平方米。推进南大街、义平路环境整治，拆除建筑13.3万平方米，建设绿地9.3万平方米，城市面貌和道路通达状况得到改观。

民生保障持续提升。全年实现城镇新增就业2530人，下岗再就业1305人。城市低保标准由每人每月452元提高到487元，农村低保标准由每人每月268元提高到308元。发放低保、临时救助、大病医疗救助等社会救助资金3304万元。发放保障性安居工程货币化补贴213万元、分配住房1507套。完成机关事业单位养老保险制度改革和城乡居民基本医疗保险制度整合。成立全省首家文化众创空间。投资1600余万元改善办学条件，巩固义务教育均衡发展成果。教育质量不断提高，中考成绩继续保持全市领先，在全国青少年10米气步枪冲刺射击比赛中获得1金2银的成绩。组建成立城区医疗集团，初步形成县乡医疗卫生机构一体化新格局。医养结合工作推进，天佑老年康复医院主体工程完工，区人民医院老年护理中心医养床位增加至100张，建成社区日间照料中心22个，医养融合养老机构2个。首次举办环卫工人节立功表彰大会，22万元专项资金慰问环卫职工。作为全省唯一的第三批全国社区治理和服务创新实验区通过民政部中期评估。（王世钧）

领导人名录

中共阳泉市城区委员会

书　记　张　晋
副书记　王晓丽（女）　任时杰
常　委　张　晋　王晓丽（女）
　　　　任时杰　胡秀毅　赵建军
　　　　路晓明　田　青（5月免）
　　　　高　玮　宁文鑫（5月任）
　　　　王文玉　温敏芬（女）
区委党校常务副校长　赵志勇

中共阳泉市城区纪律检查委员会

书　记　路晓明

城区监察委员会（2月成立）

主　任　路晓明

阳泉市城区人大常委会

主　任　李保存
副主任　李志军　郭智明　赵秀生
　　　　余丽红（女）

阳泉市城区人民政府

区　长　王晓丽（女）
常务副区长　赵建军
副区长　史晓文　张卫东
　　　　李志刚　杨　瑞（女）
　　　　高　鹏

政协阳泉市城区委员会

主　席　杨献斌
副主席　李　力　胡道宏
　　　　董美玲（女）　李海庆

阳泉市城区人民法院

院　长　张秋籽

阳泉市城区人民检察院

检察长　高秀瑾

阳泉市城区公安分局

局　长　张卫东

【城区区委十届四次全体会议暨经济工作会议】 2017年1月17日至18日，中国共产党阳泉市城区第十届委员会第四次全体会议暨经济工作会议召开。会议全面贯彻中央经济工作会议、省委十一届二次全会暨经济工作会议和市委十二届二次全会暨经济工作会议精神，深入落实区第十次党代会精神，听取《中共阳泉市城区区委常委会工作报告》，总结2016年全区各项工作，分析形势，部署2017年经济工作；审议通过《十届区委全会工作规则》。区委委员和候补委员出席会议。会议要求全区坚持新发展理念，坚持稳中求进工作总基调，坚持以提高发展质量和效益为中心，坚持以开展“全面落实年”为抓手，全力促进经济稳步向好和社会和谐稳定，全面构建良好政治生态，为建设生态、智慧、宜业、宜居的幸福城区奠定基础。会议强调，要把着力推进转型发展作为主线，多策并举抓好落实，促进新发展理念在城区落地生根。着眼“调结构”，改革供给侧，重点做到三个“围绕”。围绕“优化存量”，推进“三去”（去产能、去库存、去杠杆）；围绕“提高质量”，改造提升服务业；围绕“引导增量”，提升消费能力。着眼“补短板”，创造新供给。要在推进产业集聚创新、创优发展环境、强化金融保障支持等方面下功夫，提升发展能力。着眼“强后劲”，培育增长点。抓牢项目建设，加快“双创”体系建设、民营经济发展上持续释放发展动能，推进经济健康稳定发展。着眼“增福祉”，真情惠民生。在推进试验区建设、守住民生底线、促进文化繁荣发展、维护社会安全稳定方面加强民生保障，提高群众幸福感。（王世钧）

【行政托管】 2017年5月1日，阳泉市城区整建制托管郊区义井镇及所辖义井、义东沟、南庄、大阳泉、王家峪、西峪、牛家峪、西峪掌、神峪、河下、泊里、小河、圪台、白羊墅14个行政村，同时做好托管各项工作。成立托管领导组，下设9个专项工作组，全面负责与市直部门和郊区政府对接工作；对接工作实行每日一总结、一研究，确保交接工作中存在的问题及时协调，达成一致意见；城区各相关部门全面梳理防火、防汛、环保、教育、安全生产、信访维稳等底线工作，做到无缝对接；严格明确河道管理职责，强化黑臭水体治理。（王世钧）

【就业帮扶】 2017年，阳泉市城区积极帮助灵活就业人员减轻负担，实现就业。组织召开大型招聘会、服务咨询活动，免费提供就业岗位信息、职业介绍、职业指导，举办就业招聘会9次、提供职业介绍空岗岗位数951个、职业介绍成功人数133人；全年累计为符合条件的58名灵活就业人员发放养老保险补贴、34名发放医疗保险补贴，金额达20余万元；开展劳动用工专项检查、清理整顿人力资源市场秩序专项行动、最低工资标准专项检查、非法用工专项整治等行动，纠正用人单位不规范行为，确保劳动者合法权益；拨付200万元专项资金作为欠薪应急周转金，出台政府欠薪应急周转金使用和追偿办法，增强政府应急支付保障能力；全年共受理投诉举报案件39起、涉及劳动者293人，截至年底结案38起、涉及劳动者292人；为劳动者处理拖欠工资及押金166.3万元、结案率为97.4%。（王世钧）

【铁腕治污行动】 2017年，阳泉市城区开展“铁腕治污行动”，组成综合协调、工作督查、突击行动、监测抽查、宣传报道、信访受理和责任追究7个小组，对重点区域、重点地段和重点企业进行多形式突击检查。现场排查区域内工业企业、餐饮业、医疗业等行业各类环境问题12件次，受理并处理环境信访事项14件次；对停产企业、汽修企业、土小企业、煤堆料场、燃煤砖窑、医疗机构、原煤散烧等进行全面排查；市公安交警二大队、区城管执法大队组织巡查队，坚持每晚不定期巡查，累计组织对9家企业（特别是关停企业）、5家医疗单位、14家汽车修理、200余家餐饮饭店进行重点检查，发现违法行为，及时进行处理。（王世钧）

【“大唐阳泉369云工厂”项目签约】 2017年5月6日，阳泉市城区政府和大唐网络有限公司举行战略合作协议签约仪式，“大唐阳泉369云工厂”项目落户城区。该项目是大唐网络有限公司推出的科技创业孵化器项目，以培育战略新兴产业为发展方向，以创业孵化、企业加速、产业集聚为主要功能，促进多种业态相融合。项目位于城区汽修汽贸厂，占地面积1公顷（15亩），计划投资3000万元，3年内实现入驻。（王世钧）

【系列拦路入室抢劫案件侦破】 2017年，阳泉市城区公安分局刑侦大队破获15起发生在官坊街一带的系列拦路、入室抢劫案，涉案价值5万余元，犯罪嫌疑人被依法刑事拘留。2015年12月，官坊街附近居民小区内连续发生多起入室抢劫案，给社会治安带来极大危害。专案组民警依托“警务云”信息资源，对犯罪嫌疑人行动轨迹、体貌特征等展开深度研判，寻找案件突破口，并对同期发生在官坊街附近的针对单身女性拦路抢劫的案件进行梳理分析，进行案件串并。经过一年多缜密侦查，在山西省公安厅科技处协助下，专案组锁定犯罪嫌疑人张某某，并于2017年2月16日将其抓获，当场查获作案工具及大量赃物。（王世钧）

【社区治理体制机制改革】 2017年，阳泉市城区深化社区治理体制机制改革。加强社区活动场所和公益性服务设施建设，完成200平方米以下社区达标提升，全区社区服务活动场所总面积达19189平方米，平均面积417平方米，22个社区建成老年人日间照料中心；坚持协商于民、协商为民，制订实施方案、明确协商内容、培育协商组织、明确协商主体、拓展协商形式、规范协商程序、运用协商成果、健全协商制度，提炼总结“民情议事厅”等社区协商经验，并得到推广；理清社区居委会依法履行职责事项22项、依法协助政府工作事项30项、依法依规履行监督职责事项4项，明确社区居委会日常出具证明事项12项；取消社区考核评比事项17项、社区工作机构29个，实现社区减负增效。（王世钧）

【城区社区矫正中心揭牌】 2017年12月15日，阳泉市城区社区矫正中心揭牌使用。中心位于城区南大街400号，占地面积150平方米，分为报到室、办公室、审检警务室、心理矫正室、电子监控室和集中教育室6个功能室。中心的建成使用，对规范城区司法局对社区服刑人员的接收、事项审批、应急处置和调查评估等行为，强化社区服刑人员动态监督管理、加强和创新社会治理、规范社区矫正流程、创新教育矫正方法、提高社区矫正执法规范化水平、预防和减少重新犯罪具有积极作用。（王世钧）

【防震减灾示范创建工作】 2017年，阳泉市城区开展防震减灾示范社区和科普示范学校创建工作。上站街道晋东社区、小阳泉南社区、德胜街社区3个社区获得“2017年度国家地震安全示范社区”称号；阳坡垴社区和小北沟社区获得“2017年度省级防震减灾示范社区”称号。11月，中国地震局下发《2017年度国家防震减灾科普示范学校认定结果的通知》，城区北大街小学被认定为国家防震减灾科普示范学校。（王世钧）

2017年5月6日，城区政府和大唐网络有限公司举行“大唐阳泉369云工厂”项目签约仪式 （王世钧供图）

【社工人才队伍建设】 2017年，阳泉市城区采取多项措施，造就数量充足、结构合理、素质优良的社会工作专业人才队伍。采取政府购买和项目化运作方式，引导社会组织引入社工人才，开展专业社会工作服务，形成社工广泛参与各领域服务的“大社工”格局。分批次、分层级、分专题在阳泉、太原、杭州等市为社工提供11次学习考察和培训交流机会；创建社工实习基地，吸引高校人才到城区实践探索；引导持证社工成立城区同路人社会工作服务中心、城区义家亲社会工作服务中心等4个专业社工服务机构，为持证社工参与社区服务提供渠道；选定2个区级试点社区、5个街道级试点社区，探索设置社会工作专职岗位，使持证社工能集中精力从事专业社会工作。探索建立社会工作人才专业管理、薪酬保障、激励约束、内部交流4个机制，优化526名社区社会工作人才和148名持证社工结构，推动社区工作职业化和专业化，提升社工人才队伍综合素质。（王世钧）

【两个单位精神文明建设获国家级荣誉】 2017年11月17日，在全国精神文明建设表彰大会上颁布的《第五届全国文明城市、文明村镇、文明单位和第一届文明校园的表彰决定》中，城区两个单位精神文明建设获国家级荣誉。其中，小阳泉南社区是全市唯一被评为“全国文明单位”的社区，阳泉市北大街小学为全市唯一被评为第一届“全国文明校园”的学校。（王世钧）

【义家亲社会工作服务中心获全国奖】 2017年12月2日至3日，在成都市举办的第四届中国青年志愿服务项目大赛暨志愿服务交流会上，城区义家亲社会工作服务中心荣获铜奖，是山西省3个入围中国青年志愿服务公益创业赛全国赛的组织中唯一获奖组织。此次大赛共有全国179个组织参加，评出公益创业赛金奖10个、银奖40个、铜奖50个。（王世钧）

矿　区

【概况】 阳泉市矿区位于市区西部，面积87.27平方千米，辖6个街道办事处44个社区18个行政村（原为郊区管辖，2017年5月矿区托管），常住人口26.73万人，其中城镇人口25.13万人、农业人口1.6万人。

2017年，全区地区生产总值完成116.1亿元，比2016年增长4.3%；规模以上工业增加值完成78.2亿元，增长3.8%；全社会消费品零售总额完成26.6亿元，增长8.9%；社会固定资产投资完成33.8亿元，增长7.2%；一般公共预算收入2.6亿元，增长16.2%；城乡居民人均可支配收入30249元，增长6.5%。

供给侧结构性改革取得成效。落实“三去一降一补”（去产能、去库存、去杠杆，降成本，补短板）重点任务，支持阳煤五矿五林井退出产能50万吨。推进房地产去库存力度，为国电满庭春化解房地产房源18套。建立减轻企业负担联席会议制度，取消或停征设企行政事业收费项目41项，全年累计为企业减负近1亿元。农信社“漾泉微贷”“漾泉快贷”系列小微贷事业部在矿区挂牌成立，“银证税”合作机制完善。深化农业供给侧结构性改革。稳定和扩大石板片油用玫瑰种植，延伸产业价值链。推动神堂沟果品规模种植，扩大半坡、大村蔬菜种植规模，发展石卜咀、大村规模化养殖。适度开发功能农业，鼓励药食同源农产品种植，形成农村各具特色、规模适度的发展格局。

转型发展取得新突破。制订出台矿区资源型经济转型实施办法，编制完成《2018—2020年矿区独立工矿区实施方案》，争取上级专项补助和转移支付资金2.81亿元。学校基础设施改造、居民区道路绿化亮化、采煤沉陷区综合治理等一批重点工程顺利实施。简子沟棚户区改造项目启动实施，1016套棚户区改造住房建成，271套回购公租房竣工，459户公租房分配入住。中环快速路矿区段房屋征收工作完成签约或评估300户，评估率达95.2%。

融合发展取得新进展。5月，矿区托管郊区18个行政村，土地面积由19.15平方千米增加至87.27平方千米，“有天没地”的发展瓶颈初步破解。按照“城乡一体、绿色发展”理念，启动编制矿区建成区与托管区融合发展详细规划，统筹谋划四大产业集聚区。煤炭装备集聚区规划用地66.67公顷（1000亩），截至2017年底，11户企业入驻。开展农村路网普查，编制完成矿区“四好”（建好、管好、护好、运营好）农村路3年建设规划。落实各项惠农政策，发放惠农补贴246万元，建成农业科技示范基地1家。加快推动养老服务产业发展，富山养老托养中心项目推进。对易地搬迁实现脱贫的4个贫困村开展“一对一”结对帮扶；开展健康扶贫“双签约”、小额信贷等金融扶贫、“百企帮百村”行业扶贫等专项扶贫工作。

城乡环境面貌发生新变化。开展城乡环境集中整治行动，清除“小广告”9万余平方米、清运各类垃圾6万吨、拆除违建1.53万平方米、协调开放停车位1.1万个、疏通污水管网9380米、取缔或规范违规经营4000余处。西河、北头咀等6个环境整治样板村在全区进行复制推广，马家坪社区、段南沟社区、赛鱼便民市场成为市级创建国家卫生城市试点。

生态环境得到改善。实施大气、水、土壤污染防治三大战役和“铁腕治污行动”“百日攻坚行动”及十大专项整治。修订和实施《矿区重污染天气应急响应实施方案》，全区空气质量综合指数7.14，优良天数198天。居民煤改气、煤改电工作全面开展，取缔“散乱污”企业30家，完成企业锅炉煤改气任务和简子沟排洪渠雨污分流等黑臭水体治理工程。全年迎接环保部巡查督查32轮次，交办并办结环保案件161个，办结群众反映问题57件。

文化事业展现新成果。为社区增设健身器材181件，“免费送戏下乡”25场，4座街区自助图书馆、10台电子书刊借阅机实现全天候开放，举办“喜迎十九大”系列文体活动、第十四届社区“文体艺术节”等大中型文化活动30余场(次)，平潭街小学“快乐之声”作为全省推选的唯一合唱团参加了第八届中国少年儿童合唱节展演。成立全市首家县级国民体质检测中心。矿区籍运动员王智伟在第十三届全运会男子50米手枪慢射项目决赛中，蝉联该项目冠军，系该届全运会山西省代表团获得的首枚金牌；刘雨青在世界沙滩跆拳道锦标赛上，获得女子18岁以上组传统品势个人冠军；王秋霖在全国残疾人田径锦标赛中，获得女子组F37级标枪金牌、铅球银牌。

民生福祉实现新提高。全年民生支出5.89亿元，占一般公共预算支出75.5%。城镇新增就业2530人，举办创业和技能培训班7期，城镇登记失业率为3.45%。实施校园维修改造工程8项，建成3套全自动精品录播室，新招录教师65名。小南坑小学教育信息化应用案例入选全国教育信息化应用优秀案例。全区全科医生团队签约服务家庭达4万余户。引进“手掌静脉认证智能终端”，全年发放低保金、低收入住房困难补贴和各类残疾人救助金等2765万余元。

安全工作得到新加强。在全市率先开展安全生产党政同责履职考核。地质灾害防治高标准“十有县”(有制度、有机构、有经费、有监测、有预警、有评估、有避让、有宣传、有演练、有效果)创建工作通过国家验收。两个社区被评为国家级防震减灾示范社区。社区戒毒社区康复工作取得新成效，被评为全国社区戒毒社区康复工作示范单位。智慧公安综合研判中心等13个智慧项目建成运行。全年化解各类诉求377件（次）、疑难积案48件。（史润才）

领导人名录

中共阳泉市矿区委员会

书　记　梁志勇(12月免)
　　　　张志先(12月任)
副书记　刘乙佑　冉志伟(6月免)
　　　　樊志红(6月任)
常　委　梁志勇　刘乙佑
　　　　冉志伟(6月免)
　　　　樊志红(6月任)
　　　　杨志强　雷永平　王　洪
　　　　王富明　李丽新(女)
　　　　王　涛
区委党校常务副校长　任建平

中共阳泉市矿区纪律检查委员会

书　记　李丽新(女)

矿区监察委员会(2月成立)

主　任　李丽新(女)

阳泉市矿区人大常委会

主　任　侯彦军
副主任　石文辉　唐　鲁
　　　　连秀芳(女)　张栗平

阳泉市矿区人民政府

区　长　刘乙佑
常务副区长　雷永平
副区长　史友松(6月免)　王希田
　　　　段怀平(6月任)　赵海金
　　　　何　勇　王德珍(女)

政协阳泉市矿区委员会

主　席　王贵平
副主席　康银柱　温巧兰(女)
　　　　王前进　孟广田

阳泉市矿区人民法院

院　长　冯晋明

阳泉市矿区人民检察院

检察长　孔海峰

阳泉市矿区公安分局

局　长　赵海金

【矿区区委九届三次全体会议暨经济工作会议】 2017年2月6日，中共阳泉市矿区区委九届三次全体会议暨经济工作会议召开。会议全面贯彻落实中共十八届六中全会精神、中央经济工作会议精神、省委十一届二次全会暨经济工作会议精神和市委十二届二次全会暨经济工作会议精神；总结区委常委会2016年主要工作和全区经济工作，分析当前形势，安排部署2017年工作任务；审议通过《九届区委全会工作规则》。会议指出，2017年经济工作总的要求是：坚持“服务企业生产、服务居民生活”工作思路，以发展园区经济、开展城市综合治理、实施民生工程、提升居民道德素质为抓手，推进“四区”(融合发展先行区、智慧城市先进区、生态宜居示范区、平安和谐模范区)建设，促进经济稳步向好和社会和谐稳定，为塑造美好形象、实现振兴崛起奠定坚实的基础，以优异成绩迎接中共十九大胜利召开。（孙燕平）

【行政托管】 2017年5月1日，阳泉市矿区托管郊区18个行政村，分别是:半坡、大村、庙上、北头咀、前庄、老坪掌、赛鱼、官沟、神堂咀、马家坡、石板片、吴家掌、大南沟、小南沟、南山、石卜咀、富山、西河村。 (王宏英)

【国家独立工矿区改造搬迁】 2017年,阳泉市矿区争取独立工矿区中央财政支持,获得转移支付资金5484万元,矿区平潭街小学校园综合改造工程项目被列为国家独立工矿区改造项目,完成中央投资321万元。获得2015年中央支持的阳泉市第十六中学校园改造工程、阳泉市第十三中学校园改造工程、阳泉市第十二中学操场改造工程于2017年上半年改造完毕;阳泉市第十四中学综合改造一期工程、阳泉市矿区黄石板小学操场改造工程、阳泉市矿区红岭湾小学校园综合改造工程、矿区居民区道路绿化亮化等基础设施改善项目进展顺利,按进度完成。11月,区领导带队考察学习徐州贾汪区资源枯竭转型城市发展经验。12月,新编制《山西省阳泉市矿区独立工矿区改造搬迁实施方案(2018—2020)》,并上报国家发展和改革委员会。 (李荷花)

【采煤沉陷区治理搬迁安置】 2017年,阳泉市矿区采用货币化安置方式推进采煤沉陷区治理搬迁安置。确定赛鱼街道办事处的官沟村、平潭街街道办事处的西河村涉及采煤沉陷区治理搬迁安置,计划搬迁1056户3318人。其中,官沟采煤沉陷区搬迁安置,计划安置294户830人,政策配套资金3551.52万元,企业责任主体单位为阳煤集团三矿和神堂煤矿两家,为2015年项目,截至2017年底,与26户签订搬迁协议,发放搬迁安置资金759万元;西河采煤沉陷区搬迁安置计划安置762户2488人,政策配套资金9204.96万元,完成选址意见书、土地证明、户数认定、环境评审和可行性研究报告的批复,项目进入勘探和详细设计阶段。 (李荷花)

【网格化服务管理入选全国优秀案例】 2017年1月,阳泉市矿区网格化破解基层社会难题改革探索入选全国中小城市综合改革试点优秀案例,并在全国范围内进行经验推广。网格化服务管理将全区按约300户为一个单元,划分270个网格,使2188个楼院、434个单位、1822个商铺划入网格,把人、地、事、物、组织一并纳入网格,使基层社会服务管理实现精细化;建设21个社会治理重点创新项目,使基层社会服务管理实现专业化;建立区人社、公安、信访等15个部门72类综合信息服务管理数据信息平台,与智慧矿区的12个项目融合共建,使基层社会服务管理实现信息化;设立50个平安驿站、100个平安守望岗、招募3000余名平安志愿者,安装视频监控探头2万余个,为群众平安生活提供保障。网格化服务管理坚持民生导向、问题导向,围绕服务网格、服务居民,通过三级社会服务管理体系平台,相关部门可以接收网格员上报的公共服务、社会保障、平安建设、社情民意、应急处置等各类办理事项,办结处置率达91%。 (王宏英)

【掌上法律服务平台】 2017年5月,全省首家“掌上公共法律服务平台”在阳泉市矿区试运行。6月,与泉州法智星软件公司签约,“矿区掌上公共法律服务平台”运行。该平台拥有法律咨询、法律援助、法治宣传三大模块功能,是运用信息化建设“互联网+”思维打造的线上线下闭环的“互联网+”社区法律服务O2O平台,集互联网+村居法律服务方案+微信+法律援助申请+精准普法于一体的专业性、便捷性法律服务平台。居民通过智能手机扫描二维码关注矿区“掌上公共法律服务平台”公众号,便可在微信上与平台后方几千名在线律师交流,提出自己的法律问题并得到相应解答,还可以通过手机页面了解到时下最新的法律事件,掌握与居民日常生活相关的法律知识。截至2017年底,共有1226名辖区居民通过平台定期发送的177条普法文章或普法剧了解各类法律常识,152人次的法律咨询得到在线律师的解答,好评率为100%。 (孙燕平)

【中环快速路矿区段房屋征收工作】 2017年,阳泉市矿区为加快中环快速路建设,按照市政府《关于中环快速路建设工程房屋征收补偿工作的指导意见》精神,从2月16日开始,对凡属中环快速路建设项目矿区段(西河街—1#隧道段)道路规划红线范围内涉及的建(构)筑物,如居民、工矿企业和非住宅公共建筑物、各类管线、大门等附属物,进行房屋征收工作;矿区主要为马家坪小学路边楼房、桥北临建、河神庙临建房、市政排水车辆维修站、河神庙公厕、供热加压站、矿区环卫处公厕、东窑房小土沟居民楼、矿区武装部大门,矿区武装部门前院子、市政设施督察室库房及办公房、沿路电线(杆)和广告牌,阳煤集团7座住宅楼和馨康排房1至10号;涉及拆除面积3万余平方米、住户310余户。7月16日,矿区对阳煤集团东窑房11号住宅楼进行拆除,共计20户、拆除面积1337.6平方米。8月13日,对阳煤集团东窑房12号住宅楼进行拆除,共计20户、拆除面积1329.4平方米。10月16号,对阳煤集团马南8号楼进行拆除,拆除面积约2615平方米。

截至2017年底,阳煤集团住宅267户,已有204户(其中东窑房40户、马南164户)签订《补偿协议》(其中货币补偿138户、产权调换66户),245户进行房屋内装修和菜窖的评估。全年中环快速路矿区段房屋征收工作完成签约或评估300户,评估率达95.2%。 (王宏英)

【国民体质监测中心成立】 2017年，阳泉市矿区文化局成立全市首家县级国民体质监测中心。中心购置国家体育总局指定的国民体质监测器材11件，包括身高、体重、肺活量、台阶试验、坐位体前屈、握力、仰卧起坐、俯卧撑、反应时、闭眼单脚站立、纵跳等国家规定测试项目仪器；配置电脑、打印机等配套设备，安装使用《国民体质测定标准》软件，无须人工录入，实现数据互联，实时开具检测结果和运动处方，帮助居民科学选择健身项目，确定健身方法。国民体质监测中心的成立，推动全民健身活动的开展。 （王宏英）

【矿区社区矫正中心成立】 2017年，矿区社区矫正中心成立。矫正中心在桥头街道社会服务管理中心旧址基础上改建，改建投资约30万元，使用面积约150平方米，分为监控管理区、集中办公区、社区矫正宣告警示教育区三大区域共6间功能办公室，分别为社区矫正监控大厅、矫正中心办公室、社区矫正宣告室、警示教育会议室、心理矫治室及图书阅览室。社区矫正中心从接收社矫人员开始，履行资料审核、系统录入、入矫宣告、警示教育、解矫宣告等法定程序，主要职能是对社区矫正人员进行监督管理、教育矫正、社区适应性帮扶，对全区各司法所社区矫正工作进行业务指导、检查和帮扶，中心隶属于区司法局。截至2017年底，矿区共接收社区服刑人员756人，解矫622人，还有在册人员134人；社区矫正中心按规定对36名新入矫人员进行集中入矫宣告，为36名到期人员办理解矫手续，集中警示教育社矫人员600余人次。 （孙燕平）

【企业登记实现全程电子化】 2017年，阳泉市矿区实现企业登记全程电子化，企业无须到登记窗口提交纸质申请材料，即可获得电子营业执照。企业登记全程电子化，让创业者足不出户办理企业登记，简化申请资料、减少中间环节、缩短办照时间、降低创业成本；相对传统纸质执照，电子营业执照更便携、权威、安全，登记更透明、规范，公示性更强、信息量更大。 （李荷花 王宏英）

2017年，矿区企业登记实现全程电子化 （史润才供图）

【2家企业被认定为省民营科技企业】 2017年，阳泉市矿区民营科技企业阳泉吉利机械有限公司、阳泉丛鑫橡塑有限公司被山西省科技厅认定为山西省民营科技企业。截至2017年底，矿区民营科技企业11家、高新技术企业5家。（王宏英）

【突发公共卫生事件应急处理】 10月至11月，阳泉市矿区发生3起手足口病的聚集性事件，分别为阳光幼儿园、升华二中心幼儿园和刘家垴小学手足口病聚集性疫情。矿区疾病预防控制中心工作人员均到现场指导处理，按照规定及时上报疫情信息，对发病学生进行流行病学调查、采样、隔离、治疗；要求学校教室开窗通风，开展紫外线空气消毒，疫情得到控制。 （王宏英）

【《魅力矿区 创业热土》制作完成】 2017年6月，由阳泉市矿区新闻中心拍摄的电视专题片《魅力矿区 创业热土》制作完成。该片采用写实手法，从直达晋冀省会城市和京津门户的区位优势、矿产丰富的资源优势、得天独厚的产业合作优势、科技产业发展投资的广阔前景、发展服务业等第三产业的巨大潜力、广阔的发展空间、独立工矿区打造的产业发展新平台、标准化的经济项目发展规划八个方面阐述矿区招商引资的优势。 （王宏英）

【校园足球】 4月20日，山西省教育厅专家组一行3人，对矿区第十七中学、洪城河小学、桃南路小学、沙台小学4所全国校园足球特色校及黄石板小学、东四尺小学2所拟申报校的校园足球工作进行督查。专家组在实地察看各学校足球场地及器材设备、查阅相关文件资料、听取学校汇报后，召开由校长、体育教师参加的座谈会，会上，对各校的足球工作给予肯定，并提出合理化建议。6月22日至26日，矿区教育局和矿区文化局在桃南路小学联合组织矿区2017年小学生校园足球联赛；比赛有5支球队参赛，采用单循环赛制，经过一周比赛，桃南路小学获得冠军、东四尺小学获得亚军、黄石板小学获得季军。7月3日至9日，由阳泉市教育局、阳泉市体育局和阳泉日报社联合主办，阳泉市足球协会承办的

2017年7月3日，“阳泉日报杯”全市中小学生足球赛在市实验小学足球场开赛　（王宏英供图）

“阳泉日报杯”2017年阳泉市中小学生足球赛在阳泉市实验小学开赛；矿区桃南路小学“猎豹足球队”以六战全胜，继2015年获得阳泉市小学生足球赛冠军之后，再一次获得冠军。8月，矿区选送桃南路小学足球队，代表阳泉市参加全省小学生足球联赛。　（王宏英）

【矿区籍运动员在国际国内大赛中夺金】 5月5日，在希腊罗德岛举办的世界沙滩跆拳道锦标赛上，18岁的矿区籍女孩刘雨青摘得女子18岁以上组传统品势个人冠军；刘雨青、魏梦月、伍丽媚获得女子青年传统品势团体冠军。6月14日，在江苏省镇江市举办的“华诺菲”杯2017全国残疾人田径锦标赛中，矿区选手王秋霖以13米的成绩夺得女子组F37级标枪金牌；15日，王秋霖以6.3米的成绩夺得女子组F37级铅球银牌。8月28日，矿区籍运动员王智伟在第十三届全运会男子50米手枪慢射项目决赛中，以227.9环的总成绩蝉联该项目冠军，系该届全动会山西省代表团获得的首枚金牌。　（王宏英）

郊　区

【概况】 阳泉市郊区位于市区北部，辖4乡3镇146个村民委员会和6个居民委员会，面积499.62平方千米，常住人口18.93万人，其中城镇人口13.98万人、乡村人口4.95万人。

2017年，全年地区生产总值完成77.24亿元，比2016年增长7.1%；公共财政预算收入完成3.84亿元；规模以上工业增加值完成18.88亿元，增长9.61%；城镇居民人均可支配收入25103元，增长6.6%；农村居民人均可支配收入13674元，增长6.7%。

结构调整迈出坚实步伐。全年引进百万元以上经济技术合作项目23项，协议利用外资136.1亿元；实施各类投资项目77项，完成固定资产投资32.3亿元，增长6.2%。“光伏领跑者”太科、中广核等项目以及昌盛日电项目并网发电，国新能源压缩天然气、力宇煤层气发电项目建成投产，荣光能源垃圾发电等项目有序推进，新能源产业实现新突破；星火金源30万吨氧化钙项目一期工程完工投产，泰耀工贸有限公司10万吨氧化钙项目主体完工，博润废旧沥青路面回收利用项目完成，新材料产业逐步发展壮大；明鑫耐火年产1.25万吨新能源锂离子匣钵工具砖生产线试产成功，阳泉金隅通达高温材料有限公司年产3.5万吨不定型耐材和1万吨超细粉生产线投产试运行，阳泉华岭耐火材料有限公司与中钢集团签订战略合作意向，耐火产业振兴势头喜人。

开发区建设取得重大进展。贯彻落实市政府“整合扩区调规”战略部署，与阳泉经济技术开发区联手，完成杨家庄工业园、白泉工业园、荫营工业园共80平方千米规划编制。在苇泊高新产业集聚区搬山卸岭、填沟造地，累计挖掘土石方157.5万立方米，强夯28万平方米，清表7.92万平方米，打造可供企业入驻的不同标高平台106.67公顷（1600亩），形成园区东西主干道路基2千米。推进G239改线工程，截至2017年底，取得省发改委批复，完成社会资本方招标工作。

统筹城乡架构日益成型。完成阳大铁路等拆迁扫障16.3万平方米，高铁新站交通枢纽等重点工程有序实施，韩庄大桥建成通车，G207绕城改线工程重新启动，甄家庄等城中村改造回迁。推进荫营城水电气暖基础设施改建、景观绿化和大型车辆分流，引进建设九州购物中心，荫营城城市进一步功能完善。加快城乡一体融合发展，桃林沟、桃坡等新村建设及三泉保障房项目进展顺利，投资近亿元的李家庄生生大酒店建成并投入运营。围绕“六区六道”（区乡政府所在地、农村居民区、厂矿园区、库区、景区、城乡交会区和国道、省道、区道、乡道、村道、河道）开展农村环境整治，创建市级美丽宜居示范村4个、省级1个，通过省级卫生县区验收。

农业农村发展势头良好。全年新增温室大棚17.33公顷（260亩）、果园113.8公顷（1707亩），中药材种植达210公顷（3150亩），肉蛋奶产量分别达665、681和46.4万公斤。实施一产项目12项、完工8项，千亩坪万亩农业产业园列入全省第一批20家现代农业示范园，总投资4000万元的5家企业实现入驻。全力推进脱贫攻坚，6村1144名贫困人口摆脱贫困，29个无集体经济收入村全部“破零”。农村改革蹄疾步稳，全省第二个完成土地确权数据汇交，通过农业部验收；新增土地流转面积307.67公顷(4615亩)，流转率达18.3%；列入省级农村集体产权制度改革试点和集体经济扶持试点，获奖补资金1000万元；开展农村“两权”(农村集体建设用地和宅基地使用权)地籍调查，调查确认宗地44338宗。乡村旅游蓬勃发展，乡村旅游点达38个，5家A级景区全部完成改制，桃林沟村民俗文化园、悦洋水世界相继建成运营，被农业部授予“全国最美休闲乡村”称号。

创新引领跃上新的台阶。加快金融振兴，设立3800万元产业扶持资金和2000万元企业资金链应急周转保障资金，为23家中小企业发放“助保金”贷款7795万元。积极采用PPP模式推进重大项目，总投资11.98亿元的G239改线工程进入国家PPP项目库，总投资4.3亿元的区水务生态一体化工程进入省级项目库。狠抓科技创新，全年申请专利229件、发明专利118件，万新科技被认定为省级孵化器，天隆特水等3家企业进入高新技术企业行列。优化营商环境，投资500万元设立全市首家国税地税联合办税大厅，完善小微企业服务平台。帮助农信社加快改制，推动环卫服务外包取得实效。

安全环保形势好转。深入开展重点行业和领域安全大检查行动，实现安全事故和死亡人数“双下降”。重视食药监管，7个乡镇食药监管站全部完成“十个一”(有一处相对独立的办公场所、一台执法车辆、一套快检设备、一部投诉电话、一台传真复印机、一台打印机、一台执法记录仪、一部照相机、两人一台电脑和每人一套办公桌椅)标准化建设。严打私挖滥采，矿业秩序好转，地质灾害有效防治。狠抓环保治理，办理上级督察组反馈交办问题866件，取缔“散乱污”企业174家、整改46家，改造清洁取暖用户10425户，绿化高速及国省道36千米1000公顷(1.5万亩)，温河老窑水、桃林沟矸石山、汉河沟土壤等治理有序推进。全区二级以上优良天数227天，优良率达62.2%。

依法治区能力增强。全年办理人大代表意见、建议和议案70件，政协委员提案115件，办复满意率提升。推进基层民主，设立4个城市社区和15个农村社区服务中心，完成6个社区及146个村“两委”换届选举工作，固庄村被民政部确定为全国首批农村幸福社区建设示范单位。开展平安创建和普法教育，连续4年获“省级平安县区”称号，刑事案件发案率下降，群众安全感满意度提升。

民生社会事业发展进步。全年财政支出的71.6%用于民生社会事业，比2016年增长11.6%。教育事业均衡发展，4所幼儿园完成新改扩建并投入使用，义务教育“六率”(小学和初中的入学率、巩固率、毕业率)全部达100%。文化惠民深入人心，举办演出73场，放映公益电影2196场，区文化局被评为全国群众体育先进单位，荫营镇三都村农家书屋被评为全国示范农家书屋。县乡医疗卫生体制一体化改革推进，组建区医疗集团，增加分级诊疗病种，家庭医生签约服务实现全覆盖，3个乡镇卫生院入围全国最满意乡镇卫生院。社会保障能力增强，全年新增城镇就业人员3460人，转移农村劳动力3228人，失业人员再就业1843人，城镇登记失业率控制在4%以内；发放各类救助、救济资金6125万元，惠及面达3.5万人；新开工保障性住房5882套，改造农村危房241户，建设农村老年人日间照料中心7所，区社会福利养老中心主体建设完成。（侯晋元　云　霞）

领导人名录

中共阳泉市郊区委员会

书　记　王明厚
副书记　武建功　孙　毅
常　委　王明厚　武建功　孙　毅　田进勇　郗文保　梁海昌　张斌武　宁文鑫(5月免)　梁　敏(女)
党校常务副校长　罗树宏

中共阳泉市郊区纪律检查委员会

书　记　郗文保

郊区监察委员会(2月成立)

主　任　郗文保

阳泉市郊区人大常委会

主　任　王如生
副主任　陈玉俊　乔国强　张富英　潘　钰

阳泉市郊区人民政府

区　长　武建功
常务副区长　梁海昌
副区长　樊志红(6月免)　刘瑞生　韩文明　赵　旭(女)　段拥军

政协阳泉市郊区委员会

主　席　王振杰
副主席　杨济才　刘金文　李秀芳(女)　齐敏芝(女)

阳泉市郊区人民法院

院　长　梁　庆(6月免)
代院长　王忠强(6月任)

阳泉市郊区人民检察院

检察长　严志勇

阳泉市郊区公安分局

局　长　韩文明

【郊区三级干部大会】 2017年2月9日,阳泉市郊区召开区、乡(镇)、村三级干部大会。会议贯彻落实中共十八大和十八届三中、四中、五中、六中全会精神,学习贯彻习近平总书记系列重要讲话精神和治国理政新理念新思想新战略,按照中央、省、市经济工作会议和区委九届二次全体(扩大)会议要求,总结2016年工作,安排部署2017年工作,动员全区各级干部坚持稳中求进,致力转型升级,凝心聚力抓发展,迎难而上干事业,为率先打造城乡统筹示范区奠定坚实基础。会议要求,2017年全区要按照“五位一体”总体布局、“四个全面”战略布局及省委“一个指引、两手硬”重大思路和市委“四大定位”重大部署,围绕率先打造城乡统筹示范区的总目标,坚持稳中求进工作总基调,以提高发展质量和效益为中心,以深化供给侧结构性改革与深化转型综改试点区建设为引领,以深入开展“全面落实年”活动为抓手,走好转型升级之路、新型城镇化建设之路、社会治理创新之路“三条路”,以优异成绩迎接中共十九大胜利召开。全区经济工作重点抓好六个方面:以供给侧结构性改革为主线,加快产业升级,做强实体经济;以荫营开发区建设为载体,加快招商引资,抓好项目实施;以新型城镇化为路径,加快城乡统筹,推进协调发展;以全面建成小康社会为目标,加快农民增收,改善农村环境;以实施创新驱动为引领,加快动能转换,促进动力升级;以安全稳定、平安创建为保障,加强民生事业工作。 (侯晋元 云 霞)

【党建微信平台搭建】 2017年,阳泉市郊区通过建立区、乡、村三级党建微信群,增强党组织的吸引力、凝聚力和向心力。以“参与、宣传、服务、管理”为载体的郊区党建微信群,是党员干部聆听党的声音的平台、联系基层群众的纽带、提升党员队伍的窗口、服务工作大局的阵地,是全区党员干部的“微家庭”。截至2017年底,全区共有党员微信群269个,已加入微信群党员5652名。 (侯晋元 云 霞)

【村(居)委换届选举】 2017年12月21日,阳泉市郊区下辖的146个行政村、6个居民委员会换届选举工作完成。在村(居)委换届选举工作中,郊区严把政策宣传发动关、法定程序操作关、选民资格登记关、候选人提名关、资格条件审查关、依法投票选举关,选举产生新一届村(居)民委员会成员490名。此次换届选举,共审查候选人139批次、960余人,12人被取消候选人资格;共登记选民102436人。 (侯晋元 云 霞)

【韩庄大桥竣工通车】 2017年10月17日,省道杨白线韩庄路段续建工程——韩庄大桥竣工通车。4月,阳泉市郊区政府和阳泉公路分局启动省道杨白线韩庄路段续建工程项目,总投资1620万元。项目全长625米,其中包括韩庄2#桥(5至16米现浇混凝土板桥)84.16米、韩庄天桥(7.5+18+10米简支板桥,桥宽7米)39.56米,路基土石方7.41万立方米,M7.5浆砌片石上挡墙1.3万立方米。其间,项目部围绕“保安全、保质量、保进度”三大目标,克服工期短、施工干扰多等困难,科学组织,于10月16日完成韩庄路段续建工程。 (侯晋元 云 霞)

【桃河民俗文化园开园】 2017年4月15日,占地面积6公顷(90亩)、总投资2800万元的桃林沟村桃河民俗文化园(小吃一条街)开园。桃河民俗文化园于2016年4月开工建设,以传承演绎本土工商业民俗、农耕民俗、商驿民俗为主题,以清末民初商业建筑为表现形式,将传统餐饮小吃、古法作坊、建筑石雕砖雕、艺术石刻、磨盘石器、水磨水车、老字号牌匾、传统商业楹联、传统手工艺、节庆活动、艺术表演、民俗演绎等多种民俗文化元素荟萃于一园,共引进“非遗”项目50余项。 (侯晋元 云 霞)

【郊区文化局获“全国群众体育先进单位”称号】 2017年8月28日,在天津召开的全国群众体育先进及体育系统先进表彰大会上,阳泉市郊区文化局获“2013—2016年度全国群众体育先进单位”称号。区文化局重视群众体育工作,成立区老年体协、市体育舞蹈协会郊区分会、市太极拳协会郊区分会,区乒乓球、羽毛球、篮球、象棋协会等民间体育社团。组织举办全区乒乓球联赛等赛事,形成羽毛球俱乐部联赛、“泰耀杯”篮球联赛等品牌赛事。2006年至2017年,郊区农民体育健身工程累计投入各项资金5000余万元,建设体育场馆、健身广场、乡村篮球场、综合活动室、网球场、健身路径等,累计添置体育健身器材6000余件,为各行政村配置各类器材

2017年,桃河民俗文化园开园 (侯晋元供图)

1400余件。全区体育场地面积39.76万平方米，人均体育场地面积为1.42平方米。行政村体育设施实现全覆盖，校园篮球场、操场、乒乓球场实现全覆盖。2013年至2017年，郊区筹集各类资金共计100余万元对区体育馆进行改造完善。区体育馆先后承揽30余场全区性的活动比赛和培训，参加人数1万余人，培训人数800余人次。（侯晋元　云　霞）

【郊区工商联获全国"五好"县级工商联称号】 2017年，阳泉市郊区工商联被评为全国"五好"县级工商联，是全市唯一获得2016年"领导班子好、会员发展好、商会建设好、作用发挥好、工作保障好"的全国"五好"县级工商联荣誉称号单位。郊区工商联发挥职能作用，夯实工作基础，创新工作方法，工作水平和服务能力得到提升。2013年，搭建起全区非公有制经济企业数据库平台；2014年9月，全区8个乡镇全部成立乡镇商会，填补郊区乡镇商会空白；2014年11月，获全市首家由省工商联首批表彰的"五好"县级工商联创建先进单位；2015年12月，成立"阳泉市郊区非公有制企业法律服务中心"。（侯晋元）

【郊区被评为2016山西年度经济环境创优县区】 2017年，在山西省财政厅、山西省商务厅、山西省人民政府国有资产监督管理委员会等共同主办的2017山西新经济发展高峰论坛暨2016山西十大经济新闻"双创"系列颁奖仪式上，阳泉市郊区被评为2016山西年度经济环境创优县区。郊区作为省级转型综改和扩权强县"双试点"县区，2011年至2017年，共引进百万元以上经济技术合作项目256项，到位资金67316.3亿元；实施投资项目336项，完成固定资产投资335.7亿元。三次产业占比由"十一五"时期的3.2∶62.8∶34优化为2.7∶56.8∶40.5。桃林沟挂牌国家AAAA级景区，小河、官沟、辛庄和大阳泉入选"中国传统村落"。大力建设生态新城，新城大道、李家庄互通、西外环、双营路等一批路网工程竣工通车。全区森林覆盖率达25.8%。加快转型综改，开展土地收益保证贷款、土地增减挂钩、农村土地流转和土地承包经营权确权等试点工作，累计投入风险补偿金2480万元，为39家企业办理助保金贷款1.36亿元；下千耐火入选国家知识产权优势企业，阳泉八方电气等5家企业入选省级高新技术企业，中嘉磨料磨具等4家企业挂牌上股交Q板、深股交新四板，阳泉金隅通达高温材料有限公司等26家企业进入"小巨人"培育库，天隆工程材料、阳泉华岭耐火材料有限公司等11家企业获省著名商标。（侯晋元　云　霞）

【郊区档案局(馆)获全省档案系统先进集体称号】 2017年，阳泉市郊区档案局(馆)被省人力资源和社会保障厅、省档案局授予山西省档案系统先进集体称号，是全市唯一获此殊荣的单位。近几年，区档案局(馆)在档案法治建设、档案馆库建设、档案馆综合管理、"两个基地"(全国中小学档案教育社会实践基地、市级爱国主义教育基地)建设、档案信息化建设和档案服务能力方面得到发展，获得5项国家级、5项省级、6项市级奖牌。1999年、2012年，先后获全国档案系统先进集体和国家一级档案馆荣誉。（侯晋元　云　霞）

【武敏被评为全国最美中学生】 2017年，在由团中央学校部、全国学联秘书处、中国青年报社共同举办的2016年度全国"最美中学生""最美中职生"寻访活动中，阳泉市郊区河底中学学生武敏被评为全国"最美中学生"。武敏父亲肢体残疾、母亲智力残疾，整个家由奶奶操持；2012年，奶奶去世；2013年，父亲因病瘫痪；年仅13岁的武敏用自己弱小的肩膀扛起家庭重担。她喜欢演讲，坚信梦想的力量，尽管受生活琐事拖累，但她学习刻苦、成绩优秀。（侯晋元　云　霞）

阳泉经济技术开发区

【概况】 阳泉经济技术开发区位于市区东北部，面积19.19平方千米(包括郊区侯家沟、长岭、驼岭头、张家洼、路家山5个行政村和平定县庙堰村计8.63平方千米面积)，常住人口8万人，入区企业2316家。

年内，地区生产总值17.65亿元，比2016年增长7.5%；全社会固定资产投资18.6亿元，增长6%；规模以上工业增加值5.04亿元，增长10.2%；财政总收入4.01亿元，增长7.83%；社会消费品零售总额15.34亿元，增长5.9%；公共财政预算收入1.90亿元，下降6.66%。

项目建设　年内，开发区重点工程项目累计完成投资6.65亿元。北海路建设项目，投资6000万元；科技大街项目，投资1.1亿元；科技大街南平台，释放路、街周边建设用地，投资1.2亿元；投资1.7亿元的云谷科技创新园一期项目和投资1.8亿元的北山公园西大门项目完成前期手续；投资21亿元、71万平方米的5个棚户区改造项目，获得政策性贷款授信额度13.4亿元，到位资金4.9亿元，陆续开工建设，其中，张家洼和小堰村123户村民实现整村搬迁，完成城中村改造。百度5#、6#模组，中兴环能纳米洋葱碳项目，华茂圆环链项目，中电龙华余热利用项目，北京华联综合体项目等重点产业转型项目进展顺利。

招商引资　参加和组织晋商晋才回乡创业大会、山西省引进技术(上海)专题推介会、(合肥)能源博览会、(贵阳)大数据博览会、山西省招商引资珠三角推介会(广州)、全省第四届"创青春"山西青年创新创业大赛等招商活动。全年完成策划对外招商项目50个，总投资额546.35亿元；完成到位资金16.73亿元；完成签约项目31个，签约资金55.68亿元。百度创新中心、三和呼叫中心、慧泉大数据公司、上海御目品牌管理公司、爱康配售电公司、中国供销石油山西总部等一批新项目、新模式、新业态成为招商引资亮点。

创新驱动　R&D经费投入比上年增长18.57%，全区发明专利申请量34件、增长41.67%，每万人口发明专利拥有量4.3件，科技支出占一般公共预算支出比重1.82%，开展产学研合作企业所占比重15.38%，高新技术企业个数16个、15个企业获得市级以上科技奖励，中兴环能科技股份有限公司获山西省优秀企业称号。

三化三制　阳泉经济技术开发区探索招商引资、园区建设、内部管理等方面的市场化、专业化、国际化改革。在招商引资工作上，形成承接产业梯度转移的国际化招商思路、内外结合的专业化招商团队或渠道、以“双创”为重点的7个市场化招商平台；在园区项目建设运营上，形成承接不同项目的大通公司、众盈公司等专业化、市场化，并走向国际化的建设运营平台；在开发区内部管理机制上，形成具有国际化视野、适应发挥市场配置资源决定性作用需要、“一专多能”的管理队伍。出台开发区《购买招商引资服务实施办法》《招商引资引智奖励办法》，并对接上海东方龙商务咨询公司等机构，作为专业化、市场化、国际化的招商平台。

营商环境　提升服务能力，试行承诺制无审批管理，尝试“移动审批”“预约审批”等创新性办法，实现信息多跑路、企业和居民少跑腿甚至不跑腿以及“办事不出区”的服务效应。

城市环保　实施工地扬尘、黑臭水体污染、煤场料场、工业污染、燃煤锅炉、餐饮业油烟、城乡卫生、城市违建等专项整治行动，拆除康达小区、巨兴小区、桃北东街、五渡转盘、王垅片区等临建违建2.6万余平方米，取缔东区园区“散乱污”企业42家，拆除燃煤小锅炉32台，完成2.6万余平方米裸露空地的绿化，对外开放停车位19263个，整治道路小区环境卫生、乱摆乱放等，启动207国道开发区段拆违整治，城乡和园区的环境明显改善，城市管理有序。第四季度重污染天气3天、下降15天，PM2.5平均浓度下降24.4%，SO_2平均浓度下降32%。

民生事业　城镇新增就业1038人，创业带动就业200人，城镇登记失业率控制在1.39%内；开展脱贫攻坚，张家洼村实现整村脱贫；教育资助家庭困难幼儿636人31.8万元，大学生生源地助学贷款85人61.67万元；设立综治联勤公益岗位，安排22名涉军人员上岗；制订建设领域劳动用工工资支付管理规定，推动劳动用工备案制度建设。帮助450名农民工追讨工资790余万元。

社会安全　理顺安全监管责任，完成安监分局派驻。消防站完成验收，2018年投入使用。学校、市场、饭店、农村等重点领域食药监管力度加强，“三小”（小作坊、小餐贩、小摊贩）乱象得到遏制。全年未发生较大以上安全事故；100%完成全年追逃任务，开发区维稳办（公安分局）获“全国社会治安综合治理先进集体”称号；成立全省唯一的阳泉市司法局开发区社区矫正监管中心；出台开发区《贯彻实施质量发展纲要2017—2018年行动计划》，推动企业落实质量安全主体责任。　（安晋陶）

领导人名录

中共阳泉经济技术开发区党工委

书　记　要　真（1月免）
　　　　杨全生（2月任）
副书记　杨全生（2月免）　刘振明

中共阳泉经济技术开发区纪检工委

书　记　刘文军（6月免）

阳泉经济技术开发区管委会

主　任　杨全生
副主任　高　银（1月免）
　　　　刘振明（1月免）
　　　　武治学（1月免）
　　　　刘全保（1月任）
　　　　程建军（1月任）
办公室主任　杨金元
经济开发局（民营经济发展局）
　局长　朱卫东
党群工作办公室主任　张医才
社会管理局（西区街道办事处）
局长（主任）　王贵青
财政局局长　贾秉强（1月免）

市公安局开发区分局

局　长　霍晓军

【整合扩区工作】　2017年6月26日，阳泉市政府下发《阳泉市开发区改革创新发展实施方案》（阳政发〔2017〕8号），明确开发区整合扩区调规、优化产业布局、体制机制改革等重大改革事项。7月6日，省政府晋政函〔2017〕86号文件批准开发区扩区。阳泉经济技术开发区采取“一区多园”模式，以阳泉经济技术开发区为主体，整合东区工业园、白泉工业园、郊区荫营工业园进行扩区，规划面积为80平方千米，分南、北两区；其中，南区规划面积60平方千米，包括规划前开发区19.19平方千米、白泉工业园区3.31平方千米和整合东区工业园区部分37.5平方千米，北区（郊区荫营工业园）规划面积20平方千米。　（安晋陶）

【"三制"改革】 2017年，开发区推进领导班子任期制、全员岗位聘任制、绩效工资制改革，激发干部干事创业活力。领导班子任期制，规定领导班子每届任期3年，在同一岗位上连续任职不超过3个任期。全员岗位聘任制，开发区设立7个大部制机构和12个事业单位；8月，召开开发区全员岗位聘任制首批岗位聘任大会，聘任3名主任助理和7名中层正职，分批次完成部门副职、事业单位正副职和主管主办选聘工作；在原有9个机构基础上，增设食药、规划、安监、环保4个派驻机构。绩效工资制，按照《阳泉开发区绩效工资制实施方案（试行）》，开发区绩效工资突出目标导向，与开发区实际利用外来资金、一般公共预算收入、规模以上工业增加值三项经济指标和安全生产、环境保护两项约束性指标挂钩；考核绩效工资向招商引资、园区建设、产业发展等责任重的岗位、部门倾斜。 （安晋陶）

【"大数据引领智慧转型 创新发展"主题论坛】 2017年7月27日，由阳泉市委、市政府主办，阳泉经济技术开发区承办的"大数据引领智慧转型 创新发展"主题论坛在北京国际会议中心举行。论坛会上，阳泉市领导围绕"从输出煤电向输出数据转变、从传统制造向智能制造转变、从单纯引进项目向引进孵化并重转变、从地产开发向产城融合转变、从行政管理向'三化三制'转变"五个方面强调阳泉发展大数据的优势；爱康集团上海慧喆信息技术有限公司咨询总监朱华作爱康阳泉大数据项目推介；江苏三艾网络科技有限公司总经理顾蓓作百度（阳泉）创新中心项目推介。与会专家围绕主题分别进行发言，为阳泉开发区打造大数据产业提出建设性的意见和建议。论坛会期间，开发区与爱康集团签约爱康阳泉大数据产业项目，与

2017年7月27日，"大数据引领智慧转型 创新发展"主题论坛在北京国际会议中心举行 （安晋陶供图）

颐高集团签约大数据小镇项目，与凡跃集团签约互联网竞技项目；百度（阳泉）创新中心和入驻的8家企业分别签约。 （安晋陶）

【阳泉市大数据及智能物联网示范基地成立】 2017年10月13日，在阳泉市以"数聚阳泉·物联天下"为主题的山西阳泉大数据及智能物联网产业发展大会上，由爱康科技有限公司与阳泉经济技术开发区管委会联合创办的山西慧泉大数据产业发展有限公司揭牌，阳泉市大数据及智能物联网示范基地在开发区成立。山西慧泉大数据产业发展有限公司计划围绕发展大数据产业规划，在推动大数据与能源、市政、交通、煤炭、化工等行业的深度融合上进行合作，构建起以城市大数据发展为核心，以智慧产业融合发展为引擎的智慧阳泉发展框架；到2018年，建成开发区能源大数据应用平台，促进辖区用能单位能效管理，接入开发区分布式光伏等清洁能源数据，实施区域综合能源解决方案，构建区域能源互联网；到2020年，完成开发区政务、供排水、供暖、供气、环保、环卫、安全等行业大数据平台建设，开发区大数据产业体系形成，全区大数据相关产业产值突破10亿元，各重点行业示范项目应用水平提高，关键技术和产品研发取得突破，大数据产业生态形成，大数据产业和应用示范基地建成。（安晋陶）

【"移动审批""预约审批"手机微信服务开通】 2017年10月，阳泉经济技术开发区开通"移动审批""预约审批"手机微信平台服务，全方位向群众提供优质、规范、透明的审批"绿色通道"；微信平台设置有7个直属部门和11个派驻机构106项事项办事明白卡，所有行政审批事项按照个人、企业和部门分类挂网办理，实现审批事项、流程、所需材料、办理地点等信息网上查询、移动审批，方便群众"最多跑一次"，让"数据跑"代替"群众跑"。 （安晋陶）

【张家洼村实现易地搬迁脱贫】 2017年，阳泉经济技术开发区张家洼村民全部入住脱贫安置点下五渡石榴园小区4号楼，实现易地搬迁脱贫。张家洼村位于开发区东北7千米，位置偏远、交通不便，耕地面积少、无支柱产业，村民以种地为生，全村年人均收入2300元，是开发区唯一的贫困村。2016年10月，开发

区启动张家洼村易地扶贫搬迁安置工作，选派第一书记入村指导，统一村支两委和全村百姓的思想认识，全程公开、透明开展脱贫工作，解决好村民搬出后的土地利用、搬迁后续产业等具体问题；搬迁工作由开发区国有企业大通公司具体负责，村民搬出后，耕地由大通公司统一管理，根据市场行情确定种植农作物，既解决部分贫困户劳动力闲置问题，又增加村民工资性收益；为保证村民搬迁后长远生计，每人安置5平方米底商，重点打造一个有特色有规模有引领的产业项目，贫困户参与第三方公司经营，也能在安置点就近打工，提供公益性岗位；在安置点选择上，将安置点确定在离市中心近、周边交通便利、商业发达的地方，为村民自主打工脱贫创造更好条件；实行社保兜底脱贫。通过多项措施，确保全村搬迁后不因无收入而再次返贫。（安晋陶）

平定县

【概况】 阳泉市平定县位于市区东南部，面积1395平方千米，辖8镇2乡318个村民委员会和17个社区居委会，常住人口34.50万人。

2017年，平定县地区生产总值100.05亿元，比2016年增长3.4%；规模以上工业企业增加值37.48亿元，增长2.35亿元；全社会固定资产投资61.09亿元，增长6.6%；社会消费品零售总额36亿元，增长5.5%；一般公共预算收入3.97亿元，增长9.3%；城乡居民人均可支配收入分别达27259元、12427元，增长6.1%、6.5%。

发展动能有效转换 深化供给侧结构性改革，关闭阳煤五矿五林井和古州陈家庄煤矿，退出产能150万吨，承担全市70%去产能任务；完成商品房去库存1910套；争取资源枯竭型地区财政转移支付、采煤沉陷区治理、棚户区改造等项目和省级技改专线扶持资金、中小企业创业创新奖励资金等共计2.6亿元；开展入企服务常态化，落实降成本相关政策，累计为企业减负8374.95万元。签约外来投资项目21个，签约额130.33亿元；开工项目10个，到位资金40.26亿；外贸进出口总额1.57亿元、同比增长73.4%，出口额1.04亿元、增长172.5%。全年申请发明专利43件，发明专利拥有量达29件。新发展高新技术企业2家，“专精特新”企业4家，完成科技成果转化和科技创新项目19项。新登记市场主体2847户，总数达1.69万户。民间投资增长21.1%，民营企业实现营业收入63.3亿元、增长12.2%，利税2.51亿元、增长19.5%。

产业转型步伐加快 发展特色农业。在确保粮食稳产和安全基础上，杂粮、薯类、设施蔬菜种植面积和肉蛋奶产量持续增长；农业合作社、家庭农场、“一村一品”专业村等新型农业经营主体加快发展，规模以上农产品加工企业经销收入达11.24亿元；新认证“三品一标”（无公害农产品、绿色食品、有机农产品和农产品地理标志）企业6家，无公害农产品、绿色食品、有机农产品种植面积和养殖规模分别达1000公顷（1.5万亩）、18.8万头（只），被评为全省农业农村工作先进县和农产品质量安全县。发展新型工业。非煤产业占规模以上工业增长值比重达66.02%，煤炭产业占规模以上工业增加值比重降低13.06%；阳煤平定化工乙二醇（一期）投产试运行；光伏领跑者和东方新能源光伏发电项目并网发电；贝特瑞年产3万吨高端人造石墨生产线和瑞丰绿色装配式建筑产业基地项目开工建设；泵阀集团“退城入园、搬迁改制”和益智鹏宝沃特陶瓷透水砖等一大批转型项目有序推进。发展现代服务业。发展旅游产业，娘子关景区和红岩岭自然风景区升级为国家AAA级景区，娘子关景区承办全省第二季《人说山西好风光》阳泉主场竞演活动；全域旅游持续升温，接待游客55.5万人次，门票收入2036.6万元，综合收入8757万元，同比增长168%。电子商务进农村“1922”工程（2018年前建成1个县级电商综合服务中心、9个乡镇电商服务站、200个规范化村级电商便民服务点和20个贫困村电商扶贫点），县级公共服务中心，物流仓储配送中心和乡（镇）、村网点建设完成，电商交易额达3.35亿元，增长59.52%。

改革创新全面深化 推进开发区改革创新发展，申报设立省级经济技术开发区；落实“三化三制”（专业化、市场化、国际化和领导班子任期制、全员岗位聘任制、绩效工资制）要求，组建成立开发区管委会；打造平台120公顷（1800亩），建设道路4千米；引进10个项目总投资68.26亿元，5个落地项目总投资13.56亿元。打造“六最”（审批最少、流程最优、体制最顺、机制最活、效率最高、服务最优）营商环境，签订全县第一批承诺制项目8个。落实“两集中、两到位”（推进一个行政机关的审批事项向一个处室集中、行政审批处室向行政审批服务中心集中，保障进驻行政审批服务中心的审批事项到位、审批权限到位），审批时限缩短60%以上；工商登记前置审批减少到29项；按要求完成农村土地确权登记工作，确认家庭承包耕地约2.03万公顷（30.49万亩），合同签订率98.1%。

城乡建设协同推进 投资3.8亿元，新建改造县乡路网328千米；配合做好G207和G307城市过境公路前期工作，推进G307石门口段改线工程，阳泉汽车客运南站投入试运行；市政建设投资2.75亿元，新建改造城市道路14.7千米，更新100辆新能源出租车；集中供热和供气管网分别新增26千米、29.2千米，新建改造下水管网10.75千米，游园和绿化面积增加11万平方米。投入资金1.5

亿元，开展城乡环境卫生集中整治，镇村两级基本实现市级环境卫生达标全覆盖，冶西镇保持全国文明村镇称号，冠山镇宋家庄村、东回镇前黄安村获得全国文明村殊荣；县城义平路环境综合整治、市场秩序整治、交通秩序管理效果明显，新建10处公共停车场，886个停车位和2座公厕，购置5座环保公厕，南关、西关两个便民市场投入使用，鹊山天和物流园两个汽车服务市场升级改造，平定县蝉联省级卫生县。

环境整治成效显著　完成冬季清洁采暖改造9285户；取缔县域103家“散乱污”企业和县城建成区51台燃煤锅炉，实行秸秆禁烧，二氧化硫浓度降低18.7%，主要污染物减排指标完成，二级以上天气增加26天，空气质量改善。实行“河长制”，投资2.18亿元，完成367处水毁堤防修复和南川河生态环境综合治理（一期）工程；治理水土流失2780公顷（4.17万亩），营造林1060公顷（1.59万亩），生态环境改善。工业固废综合利用率达73%，地区生产总值能耗降低3.2%，万元地区生产总值用水量和用电量分别降低3%和5.59%。

民生保障持续提升　推进产业扶贫、易地扶贫搬迁、金融扶贫和生态扶贫等工作，20个贫困村退出，4759人稳定脱贫，完成383户1054人易地扶贫搬迁。完成棚户区改造4210套，货币化安置率100%；农村困难户危房改造和地质灾害治理搬迁分别完成144户、50户，456户符合保障房入住条件的家庭迁入新居。城镇新增就业3912人，转移农村劳动力3961人，城镇登记失业率3.47%。新建20个农村老年人日间照料中心，为23户特困家庭发放救助金43万元。平定二中、实验小学、第三实验小学改扩建工程推进，5所新改建公办普惠性幼儿园投入使用；高考首批达线人数居全市第一。全面深化医疗卫生体制改革，组建医联体7个，为边远乡村3万余人提供巡回医疗服务，实现贫困人口免费体检全覆盖，巨城镇卫生院获“全国卫生系统先进集体”和“全国百佳乡镇卫生院”称号。免费送戏下乡和公益电影放映分别达163场、4700多场，张庄镇宁艾村农家书屋被评为全国示范农家书屋，平定县获“全国群众体育工作先进集体”称号。

社会大局和谐稳定　煤炭百万吨死亡率为零，杜绝较大及以上安全生产事故；打击私挖滥采，打击非法违法采矿行为12起，扣押非法违法采矿机械设备23台（件）；非煤矿山、消防安全、危化品、道路交通、护林防火、防汛抗旱、食品药品等安全形势总体平稳，县地震局被评为全国防震减灾工作综合考核先进单位。积极拓宽信访渠道，努力化解社会矛盾，基层吸附和化解信访事项能力提高。开展“七五”普法，建设“平安平定”，社会治安综合治理水平提高，县公安局获“全国优秀公安局”称号。（王志锋）

领导人名录

中共平定县委员会

书　记　申　济
副书记　韩加政　李海民
常　委　申　济　韩加政　李海民
　　　　赵文骥　郭满仓　王卫东
　　　　李有义　秦建国（10月免）
　　　　王玉卿（女）　梁宝元
党校常务副校长　石银山

中共平定县纪律检查委员会

书　记　王卫东

平定县监察委员会（2月成立）

主　任　王卫东

平定县人大常委会

主　任　郝建国
副主任　张金凤（女）　郜福田
　　　　赵庆华（女）　刘顺彬

平定县人民政府

县　长　韩加政
常务副县长　郭满仓
副县长　王式清　赵前进
　　　　闫立彪　李鸿斌
　　　　张丽荣（女）
　　　　聂东江（挂职）

政协平定县委员会

主　席　高锦孝
副主席　刘同礼　张存喜　李思恭
　　　　张延安

平定县人民法院

院　长　黄计生

平定县人民检察院

检察长　王建明

平定县公安局

局　长　赵前进
政　委　于非生

【平定县三级干部会议】　2017年2月9日，阳泉市平定县三级干部大会召开。会议的主要任务是坚持以习近平总书记系列重要讲话精神为指引，认真贯彻省第十一次、市第十二次党代会和省委、市委全会暨经济工作会议精神，认真贯彻县第十四次党代会和县委十四届四次全体会议作出的决策部署，动员全县上下坚定信心，攻坚克难，稳中求进，推进各项工作取得成效，以优异成绩迎接中共十九大胜利召开。县四套班子领导，从县四套班子岗位退下来的县级老领导，其他县级领导，全县副科级以上领导干部,条管单位负责人,各村(社区)支部书记、部分村主任,重点企业主要负责人,驻平定企业、高等院校主要负责人等参加会议。县委主要领导作题为《坚定信心攻坚克难稳中求进 以优异成绩迎接党的十九大胜利召开》的讲话。县政府主要领导以《凝心聚力抓发展撸起袖子加油干 为建设美好平定实现转型崛起而努力奋斗》为题,回顾2016年经济社会工作,对全面做好2017年全县经济社会各项工作进行安排部署。会议强调,2017年平定县要重点抓好七个方面工作,扩大有效投资,持续加快推进项目建设;狠抓产业转型,着力发展有平定优势的实体经济;深化改革创新,增强发展活力;加快开发区改革创新发展,构筑全方位开放新格局;统筹城乡发展,促进城乡区域协调发展;持续改善民生,使人民群众有更多的获得感;筑牢"四条底线"(脱贫攻坚、环境保护、安全生产和社会稳定),维护发展大局。(王志锋)

【平定经济技术开发区揭牌】 2017年9月29日,阳泉市平定经济技术开发区揭牌暨第一批承诺制无审批项目签约仪式举行。平定经济技术开发区是按照"整合、改制、扩区、调规"的要求,将平定县龙川工业园区和张庄新型工业园区整合而成的。开发区总规划面积46.52平方千米,总体布局为"一区两园五个组团","一区"即开发区整体;"两园"即龙川工业园区和张庄新型工业园区;"五个组团"即煤电铝组团、陶瓷产业组团、现代化工及新材料组团、新能源组团和材料及装备制造组团。截至2017年底,已有40多家企业落地,涉及煤电铝、现代煤化工、煤基负极材料、绿色家电陶瓷陶粒砂等产业。 (王志锋)

【光伏领跑者示范基地250兆瓦项目开工】 2017年2月28日,平定县光伏领跑者示范基地250兆瓦项目开工。该项目分为3个单体项目,分别位于冶西镇东庄村、天井村区域,石门口乡南上庄村、南坪村、巨城镇神子山村一带,巨城镇龙庄村一带。位于冶西镇东庄村、天井村区域的100兆瓦光伏领跑者项目由晶科电力有限公司承建,占地面积273.33公顷(4100亩),总投资7.8亿元。位于石门口乡南上庄村、南坪村和巨城镇神子山村一带的100兆瓦光伏领跑者项目由三峡新能源公司承建,占地面积266.67公顷(4000亩),总投资74亿元。位于巨城镇龙庄村一带的50兆瓦光伏领跑者项目由中民新能投资有限公司承建,占地面积300公顷(4500亩),总投资3.5亿元。 (王志锋)

【平定县医疗集团成立】 2017年4月19日,阳泉市平定县医疗集团成立,统筹管理县乡13个公共卫生机构,包括县级医疗卫生机构3个、乡镇卫生院10个。平定县医疗集团以县级医院为龙头,整合县域医疗卫生资源,实现人、财、物一体化管理。平定县医疗集团的成立,能够推动医疗资源合理配置和有序流动,促进重心下移、资源下沉,降低管理运行和服务成本,激发基层医疗卫生机构活力,调动基层医疗卫生人员积极性,提高服务能力和效率。 (王志锋)

【暴雨冰雹灾害】 2017年6月17日,阳泉市平定县岔口、柏井2个乡镇的13个村遭受暴风雨、冰雹袭击,玉米、谷子、薯类农作物受到严重毁损,受灾面积471.2公顷(7068亩),其中玉米面积365.33公顷(5480亩)、谷子面积69.6公顷(1044亩)、薯类面积24.47公顷(367亩)、豆类面积11.8公顷(177亩)。7月9日,张庄、锁簧、冠山3个镇的27个村,发生大风暴雨冰雹灾害,受灾农作物主要是玉米,受灾面积1997.6公顷(29964亩)。7月11日,巨城镇31个村,发生大风暴雨灾害,受灾面积533.33公顷(8000亩),其中玉米333.33公顷(5000亩)、谷子53.33公顷(800亩)、薯类133.33公顷(2000亩),其他13.33公顷(200亩)。8月11日,锁簧镇一带发生一场大风、雷雨夹杂着鹌鹑蛋般大小的冰雹极端天气,573.33公顷(8600多亩)农作物受灾严重。4起灾情发生后,遭受大风暴雨冰雹灾害的农田,玉米主秆大面积倒伏,茎秆折断、叶片受损,部分农作物绝收。面对灾情,县、乡两级政府鼓励农民开展生产自救,县农委组织技术人员到受灾村指导生产,发动农民补植补种晚秋农作物,扶起倒伏的玉米主秆,减少灾害损失。负责农业受灾保险赔偿的3个保险公司,深入农田调查灾情,并进行经济赔偿。 (王志锋)

【中国供销集团领导到平定县调研】 2017年2月15日,中国供销集团副总经理、中国供销电子商务股份有限公司董事长王正伟一行到阳泉市平定县调研。调研组先后到平定县新农商网络科技有限公司,宋家庄村、红卫村电商体验店,生产资料公司农资配送物流园,了解平定县农村电商业务发展模式以及存在的困难和问题。调研组肯定平定县供销社在农村电商工作中取得的成绩,并对平定县电子商务未来运营提出建设性意见。2016年,平定县被商务部确定为"全国电子商务进农村综合示范县"。2017年1月,平定县被中国供销电子商务股份有限责任公司确定为全国"供销e家"20个样板县之一。截至2017年底,全县农村电商体验店实现全覆盖,自建平台和合作平台融合发展,消费品下乡和农产品上行同步进行,实现网上交易额1000多万元。 (王志锋)

【民国《平定县志》影印本出版】 2017年2月,由阳泉市平定县党史方志办公室组织整理的民国《平定县志》影印本出版。从2016年初开始,县党史方志办公室按照保留原貌、修旧如旧的原则，对民国《平定县志》志稿中的舆地图序、疆域略、沟洫略、名贤传、名宦录、文儒录、仕履录、进士表、举人表、岁贡表、恩贡表、武科目12卷进行整理影印；在影印编辑期间，从民间收藏者手中征集到《金石考》一册（经考证为民国《蔡同人平定金石考墨稿》翻抄本复印件），经选择、调整和技术处理，与其他卷目一并整合影印，并在卷首补增民国4年(1915)由王庆龄缩制的平定县图。该志全套3册，200余页，正文采用宣纸印刷、唐式线装，封面和函套采用锦绫裱贴。民国《平定县志》影印本的出版，对抢救平定历史资料、传承历史文化、发挥志书资政育人作用具有重要意义。 （王志锋）

【《人说山西好风光》竞演活动】 2017年5月6日，《人说山西好风光》第二季2017年山西省旅游发展大会主办城市评选活动在平定县娘子关景区上演，阳泉市与朔州市通过“我的城市我的家”“追梦新晋商”“超级导游”“大开脑洞看未来”等环节进行竞演。经过3个多小时角逐，阳泉市获得首场竞演胜利。竞演由中央电视台主持人白燕升担纲主持，北京大学中文系教授张颐武、女高音歌唱家李丹阳、国家一级演员马德华、盈科旅游集团执行总裁王涛为现场点评嘉宾，省旅发委及市、县领导到现场观看。 （王志锋）

【首届槐花文化艺术节】 2017年5月13日至15日，以“走进大美锁簧·诗意槐香白岸”为主题的首届槐花文化艺术节在阳泉市平定县锁簧镇西白岸村举办。槐花文化艺术节是以锁簧镇西白岸村为中心的探花赏景、休闲娱乐、文化交流、商贸洽谈、旅游产品体验等为一体的文化旅游项目。艺术节期间，组织“青春槐香约·环保健身行”、锁簧镇民间手工技能大赛、平定县旅游特色产品展销、“印象槐乡”书画和摄影采风、非物质文化遗产表演打铁火、稻草人雕塑展、“香香农家饭·浓浓乡里情”百家宴等活动，吸引游客赏花游玩。 （王志锋）

2017年5月，首届槐花文化艺术节在平定县锁簧镇西白岸村举办

（王志锋供图）

【纪念“七亘大捷”80周年红歌演唱会】 2017年10月26日，纪念“七亘大捷”80周年红歌演唱会在阳泉市平定县东回镇七亘村七亘大捷纪念广场举行，全市社会各界人士参加此次活动。活动由中共平定县委宣传部、中共平定县东回镇委员会、东回镇人民政府主办，平定县文化局、平定县文物旅游局协办，平定县文化馆、平定县七亘村承办。演唱会分为“太行曙光”“七亘大捷”“再铸辉煌”3个篇章。整台演出主题鲜明、气势磅礴、催人奋进，缅怀革命先辈的丰功伟绩，讴歌荡气回肠的革命精神，抒发广大干部群众爱党爱国的坚定信念，具有很强的思想教育性和艺术感染力。 （王志锋）

盂 县

【概况】 盂县位于阳泉市北部，面积2514.38平方千米，辖8镇6乡1个城镇办事处453个村民委员会和10个社区，常住人口30.79万人，其中非农业人口7.34万人。

2017年，全县生产总值127.9亿元，比2016年增长3.9%；规模以上工业增加值65.5亿元，增长3.5%；固定资产投资74.2亿元，增长6.3%；一般公共预算收入5.7亿元，增长6.6%；社会消费品零售总额51.5亿元，增长5.8%；城镇居民和农村居民人均可支配收入分别达29431元、12937元，增长6.2%、6.3%。

产业转型 煤炭产业提质增效。路家村、辰通煤业完成升级改造，常顺、恒泰皇后煤业公司初验申请国家一级质量标准化矿井，煤炭产业实现利税增长102%。电力产业快速发展。山西裕光煤电盂县2×100万千瓦燃煤发电项目开工，采煤沉陷区500兆瓦光伏发电示范基地建设并网发电，盂县跃进煤业有限公司瓦斯发电项目并轨营运，力宇煤层气上社发电项目完成基础建设。旅游发展良好。重点景区景点基础建设完成投资8000万元；摩旅文化节、水神山旅游文化节、国庆黄金周旅游惠民活动以及各种乡村旅游文化创意活动各具特色，旅游总收入同比增长26.7%。高科技电子信息填补产业空白。深圳馨晋商集成电路封装测试项目开工建设，北京镭创高度激光显示项目落户盂县。传统产业加快改造。耐材重组推进，煤焦产业延伸发展，工业总产值分别增长66.9%和85.8%。新型业态积极催生。物流、快递、电子商务等现代服

务业多领域拓展,第三产业增加值增长5.2%。全年新增中小微企业428家,新增各类市场主体2860户。

“三农”工作　盂县粮食总产量达1.44亿公斤。全县特色农产品加工收入达12.2亿元,农业增加值增长6.3%。新增耕地31.33公顷(470亩),完成高标准基本农田建设213.33公顷(3200亩),解决42个村、1.5万人饮水安全问题。农机化作业水平提高,全程农业机械化率达70%以上。脱贫攻坚成效显著,全县1290户2980人稳定脱贫,21个贫困村实现整村脱贫。

城镇化建设　盂县文化中心建成投入使用。高城山路全线贯通。李宾山路中段和水神山南路建成通车。藏山游园公路建设完成主体。县城西南外环、西北外环、东外环开工建设。省道双阳线路面改造竣工通车。永店坡老城棚户区、西关棚户区综合改造完成3990户,北关、南村、北村、秀水4个片区拆迁安置房建设进展顺利。香河滨水空间环境综合治理工程展开。龙华口水库下闸蓄水。书香广场建成。县城集中供热环保提标改造完成,城南热源厂扩容工程竣工投运,新增供热面积80万平方米。新建县城公交首末站、停靠站16个,公交车实现新能源全覆盖。完成县级公路大中修工程19.6千米,完成各类农村公路建设98.8千米。孙家庄、西烟、南娄、牛村、路家村等特色小城镇建设,闫家沟、郭家坪、垴上等美丽宜居示范村创建,大宋等传统古村落保护开发整体推进。县城形象和承载功能、乡村环境面貌和公共服务能力得到提升。

改革创新　盂县经济技术开发区建设取得突破,区域规模、产业定位等前期可研通过省市评审。“放管服效”改革不断深化,“多证合一、一照一码”和“证照分离”商事制度改革稳步推进。县五交化公司破产改制、县建筑公司资产转让有序推进,自来水厂、夫城口水电站公司化改制和华美服装厂民营化改制完成。农村土地确权颁证完成,18个小弱散贫行政村撤并试点工作完成。盂县科技孵化器提升认定为省级科技孵化器,全年申报发明专利12件。组建盂县国有投资集团,大宋温泉度假区在山西省文化旅游板挂牌。开放引进成效明显,全年累计签约项目25项,签约资金122亿元,外来资金到位40.7亿元。

安全维稳　盂县深入开展安全生产大检查和隐患排查治理,全年共查处、整改各类安全隐患3870条,煤炭行业杜绝死亡事故;非煤矿山和危化、冶金等工贸行业杜绝一般以上安全生产事故。保持严厉打击私挖滥采的高压态势,在重点区域设立电子监控系统,建立无人机巡察机制,维护盂县正常的矿业秩序。创新加强社会治理,开展信访问题源头化解专项行动,推进平安盂县建设,维护盂县社会的和谐稳定。

社会事业　盂县民生支出占到一般公共预算支出的78.7%,同比增长10.3%。新增城镇就业人员4020人,失业人员实现再就业2100人,转移农村剩余劳动力4190人,城镇登记失业率控制在3.4%。社会保障水平提高,城乡居民医保实现市级统筹全覆盖,机关事业养老保险完善提速,新建20个农村老年人日间照料中心。义务教育优质均衡试点县建设向前推进,4所幼儿园改扩建工程完成主体。县人民医院由省人民医院托管,新建中医院门诊住院大楼完工,食品药品安全监管加强。全年举办文化惠民演出150场,免费送戏下乡140场。

环境治理　盂县开展环境治理攻坚行动,取缔整改“散乱污”企业107家,停限产整改企业30家,拆改建城区供热、茶浴炉等燃煤小锅炉,开展储煤场全封闭治理。跃进、东坪煤业有限公司矿井水处理项目建成投运。完成农村煤改气管网入户15300户,完成县城和县城周边集中供热改造4000户。县城优良天数达291天。全年完成各类造林面积2000公顷(3万亩)、“四旁”(村旁、宅旁、路旁、水旁)植树180万株;完成水土流失治理2266.7公顷(3.4万亩);复垦治理矿产卫片图斑土地220公顷(3300亩)。　(郝丽花)

领导人名录

中共盂县委员会

书　记　李云峰(12月免)
　　　　张其光(12月任)
副书记　孔禄泉　李宏革
常　委　李云峰　孔禄泉　李宏革
　　　　刘志军　高建琴
　　　　刘淑英(女)　王建华
　　　　王　浩　王会平　刘计平

中共盂县纪律检查委员会

书　记　王会平

盂县监察委员会(2月成立)

主　任　王会平

盂县人大常委会

主　任　武润珍
副主任　张燕萍(女)　李俊林
　　　　崔学跃　韩忠义

盂县人民政府

县　长　孔禄泉
常务副县长　王建华
副县长　石文斌　亢晓英(女)
　　　　高尚明　杨慧文
　　　　郭方恺
　　　　郭　岚(女,挂职)

政协盂县委员会

主　席　闫庶民
副主席　王红雁(女)　张铭德
　　　　万学武　马淑英(女)

盂县人民法院

院　长　武绍晋

盂县人民检察院

检察长　贾建胜(12月免)
代检察长　姚建强(12月任)

盂县公安局

局　长　杨慧文

【盂县十三届二次全体(扩大)会议暨全县经济工作会议】 2017年2月13日，阳泉市盂县召开十三届二次全体(扩大)会议暨全县经济工作会议，会议对2016年县委常委会的工作进行回顾和总结，对2017年的工作进行部署。县委主要领导代表常委会作工作报告。报告肯定全县2016年取得的进步，指明工作中的不足和短板，并对2017年的工作提出明确要求。2017年全县经济工作的总体要求是，深入贯彻习近平总书记系列重要讲话精神和治国理政新理念新思想新战略，认真落实省委"一个指引、两手硬"重大思路和要求以及省十一次党代会提出的治晋理政总方略，重点做好煤与非煤两篇文章，发展现代农业与现代服务业，推动全域旅游与文化创意融合发展，加快中心县城建设与特色小镇建设和美丽乡村建设，实现产业转型升级、经济浴火重生，努力把盂县建设成为宜居宜业宜游、服务阳泉发展的首善之区，使盂县早日跨入全省十强县，以优异的成绩迎接中共十九大胜利召开。确定2017年主要经济指标是，重点做好制定"四张蓝图"，即搞好城市发展规划、搞好县城路网规划、搞好"一区三园"(经济技术开发区，牛村煤电化工业园、山西中岚国际物流园、山西鑫磊循环经济产业园)规划、搞好全域旅游规划，加快"一区三园"建设，培育经济新动能，发展现代特色农业，推进"全域旅游"、抓好重点工程项目，发展民生事业、"攻坚克难"等九方面的工作。对党建党务工作进行安排部署。县政府主要领导对2018年及以后的工作从七个方面进行安排部署。(郝丽花)

【中岚电子信息产业园】 中岚电子信息产业园是阳泉市盂县经济技术开发区的起步区和核心区，是县委、县政府重点打造的非煤产业项目落地平台。盂县境内有3条铁路——石太高铁、朔黄铁路和在建的阳大铁路，3条高速公路——太阳、阳五、阳泉西环高速，并设有6个高速出入口，有2条国道、3条省道、3条出省公路，是晋东重要的交通枢纽，交通区位优势明显。

中岚电子信息产业园位于石太高铁和3条高速公路交会区域，规划范围2.5平方千米。一期占地58.5公顷(877.5亩)。总投资15.22亿元。该产业园采用政府和社会资本合作(PPP)模式开展基础设施建设，县政府与山西省工业设备安装集团有限公司签订PPP模式战略合作协议。2017年8月1日，山西省工业设备安装集团有限公司入驻工地，开始基础设施建设和落地项目厂房建设工作。一期工程用地面积约合33.33公顷(500亩)平整土地完成，路面工程于10月完成，地下管网开挖完成，雨水、污水管、电网等铺设工程接近完工。2017年，盂县县委、县政府完成对东兰村的拆迁安置工作，作为园区主干道，全长4.2千米、预算总投资2.7亿元的水神山路大道贯穿中岚电子信息产业园南北全境，并且连通盂县南高速出口和阳泉北站高铁站，形成南北通畅的交通大动脉，为园区建设打下基础。截至2017年底，中岚电子信息产业园项目前期手续(备案立项、可行性研究报告、土地预审、选址意见书、环境影响评估报告、节能评估报告等)完成审批。　(郝丽花)

【中医医院综合大楼建设项目】 2017年11月，盂县中医医院综合大楼建设项目完工。该项目是盂县县委、县政府的重点民生工程，位于新开发的县城东区孙家庄镇西崖底村大井湾地段，双阳线与金龙大街延伸线交会处，交通便利。建设用地4公顷(60亩)，建筑面积19093平方米，其中门诊楼8327平方米、住院楼5466平方米、后勤楼4300平方米、附属用房

2017年11月，盂县中医医院综合大楼完工　(郝丽花供图)

1000平方米，设计床位200张。工程总投资9819万元，于2013年3月8日开工。（郝丽花）

【水神山路工程】 2017年12月，盂县水神山路路基主体工程完工，累计完成4.212千米；路面工程完成2.6千米，铺设水稳4.212千米，铺筑沥青混凝土路面4.212千米，具备通车条件。水神山路项目由迎宾大道、金运路互通、水神山南路组成，全长4.214千米，其中迎宾大道工程1200米、金运路互通工程1768.98米、水神山南路工程1244.89米。起点位于秀水镇东兰村，与S216相接，途经东兰、小横沟、下南庄、贺村、刘村、姜村、秦村，终点位于东坪村水神山路与S214相交。该项目为城市主干路，设计速度40千米/小时，道路红线宽度60米，双向八车道。工程总投资2.78亿元，2013年6月19日开工。（郝丽花）

【省道双阳线元吉至东蒋路面改造工程】 2017年9月，省道双阳线元吉至东蒋路面改造工程竣工通车。该项目4月1日开工建设，批准预算为2.08亿元。工程起点位于双阳线与阳盂高速口相交处，途经前元吉、孙家庄、南白水、小坪梁、石佛、管头、阳坪望、河底、辛庄、东梁，终点至盂县与阳曲交界东蒋，沥青砼路面工程70.89万平方米，全长46.5千米。根据山西省公路局晋公计发《省道双阳线元吉至东蒋路面改造工程可行性研究报告的批复》，由阳泉公路分局对省道双阳线元吉至东蒋段实施路面改造。（郝丽花）

【盂县文化中心建成】 2017年7月1日，盂县文化中心落成启用，占地面积10公顷（150亩），建筑面积2万平方米，总投资2.69亿元；建筑群坐北朝南呈扇形，由西向东逐渐升高，为5个独立的连体建筑（A座是档案馆，B座是新盂县编辑部、广电中心，C座是文化馆、博物馆，D座是图书馆、文联，E座是剧场）；广场面积约1.3万平方米，景观游园约2万平方米，停车位400个，绿化率达50%。（郝丽花）

2017年7月，盂县文化中心落成启用 （郝丽花供图）

【高城山路三期工程建成通车】 2017年7月1日，阳泉市盂县高城山路三期工程——金龙大街至省道双阳线段建成通车，高城山路贯通。该道路位于县城中部偏北侧，南起金龙大街，北至省道双阳线，全长约1.9千米，红线宽40米，于2016年9月15日开工建设，路面为沥青混凝土路面，是县城南北方向的交通干线。（郝丽花）

【龙华口水库工程下闸蓄水】 2017年9月17日，阳泉市盂县龙华口水库工程下闸蓄水。龙华口水库蓄水后，实现年调水及供水量7000万立方米，对于解决盂县工农业生产和生活用水、库区旅游开发、周边生态环境改善和农民增收起到推动作用。截至2017年底，已蓄水50余万立方米，水库运行正常。（郝丽花）

【《中国共产党盂县历史（1931—2012）》出版发行】 2017年12月，《中国共产党盂县历史（1931—2012）》由中共党史出版社出版发行。该书由中共盂县县委党史研究室组织编写，分上、下两册，共14编53章，约110万字，系统反映盂县地方党组织创立81年团结带领盂县人民进行革命、建设和改革开放的历程，是第一部关于盂县地方党组织建设发展的正史。（郝丽花）

【里山南全国越野跑邀请赛】 2017年6月18日，由盂县仙人乡里山南村主办，阳泉异业联盟、北京智存海纳电子商务有限公司承办的首届“哈佛杯”绿动太行、仙人指路全国越野跑邀请赛在里山南村举行。来自德国、北京、上海等国内外越野跑运动员和本地越野跑爱好者300余人参加5千米、10千米、21千米三个级别的比赛。此次邀请赛，对促进全县城乡体育事业发展，展示盂县生态旅游资源具有重要意义。（郝丽花）

【盂县获“山西省食品安全示范县”称号】 2017年，盂县被山西省食品安全办公室命名为“山西省食品安全示范县”。2015年盂县启动创建省级食品安全示范县工作，全县以“保障舌尖上的安全”为目标，贯彻落实《中华人民共和国食品安全法》，强化以“地方政府负总责、职能部门各负其责、企业履行主体责任”食品安全责任体系，创建工作取得成效。食品安全监管体系日益完善，食品安全检验检测、应急能力提升，食品安全主体责任和监管责任意识增强，食品安全违法违规案件查处力度加大，社会共治格局形成，保障全县人民群众的饮食安全。（郝丽花）

2017 年阳泉市主要核算指标一览表

表 70　　　　单位：万元、%

指 标 名 称	2017 年绝对额	2016 年绝对额	2017 年比上年增长
一、总产出	14425348	13434935	6.4
第一产业	198418	200018	2.6
农、林、牧、渔业	203562	204968	2.6
农　业	102152	102310	1.5
林　业	16331	17928	5.7
畜牧业	78244	78318	3.2
渔　业	1692	1461	12.9
农、林、牧、渔服务业	5144	4950	2.9
第二产业	8126672	7594222	5.8
工　业	6579796	6092163	6.5
第三产业	6100257	5640696	7.3
交通运输、仓储和邮政业	1186746	1078759	8.0
批发和零售业	1195187	1185395	1.4
住宿和餐饮业	460261	418689	11.8
二、地区生产总值	6720222	6249851	6.3
第一产业	102818	103059	3.1
农、林、牧、渔业	105291	105451	3.1
农　业	53566	53528	1.8
林　业	7317	7881	7.8
畜牧业	41144	40930	3.8
渔　业	791	720	7.2
农、林、牧、渔服务业	2473	2392	2.4
第二产业	3204991	3012678	5.6
工　业	2704609	2561432	5.5
第三产业	3412413	3134113	7.1
交通运输、仓储和邮政业	449668	394621	12.1
批发和零售业	506094	489657	2.0
住宿和餐饮业	304744	277218	8.7

说明：绝对额为现价，增长速度为可比价　　　　（和继明）

2017年阳泉市国民经济和社会发展主要指标一览表

表 71

指标名称	单位	2017年	2016年	2017年为2016年(%)
一、人口	—	—	—	—
总人口	万人	140.88	140.36	100.4
城镇人口	万人	95.18	93.58	101.7
乡村人口	万人	45.7	46.77	97.7
城镇人口比重	%	67.56	66.68	—
出生率	‰	9.46	8.87	—
死亡率	‰	5.74	5.08	—
自然增长率	‰	3.72	3.79	—
人口密度	人/平方千米	309	307.9	100.4
就业人员	万人	74.39	73.59	101.1
第一产业	万人	15.05	15.17	99.2
第二产业	万人	27.62	27.51	100.4
第三产业	万人	31.71	30.91	102.6
二、工业(规模以上)	—	—	—	—
工业企业单位数	个	123	122	100.8
工业增加值	亿元	217	184.4	117.7
工业总产值	亿元	585.6	536.7	109.1
年末固定资产原值	亿元	803.01	898.89	89.3
年末资产总额	亿元	2824.6	2546.62	110.9
主营业务收入	亿元	739.1	616.78	119.8
利税总额	亿元	40.1	46.18	86.8
三、农业	—	—	—	—
农村乡村人口	万人	72.8	71.4	102.0
农村乡(镇)劳动力	万人	41.6	39.6	105.1
年末实有耕地面积	公顷	76087.5	76092.78	100.0
四、工农业主要产品产量	—	—	—	—
原煤(规模以上)	万吨	5132.6	5110	100.4
发电量	亿千瓦小时	125.4	98.3	127.6
水泥	万吨	196.4	251.9	78.0
焦炭	万吨	74.8	69.3	107.9
粮食	吨	260240	259174	100.4
油料	吨	107.6	209	51.5
蔬菜及食用菌	吨	69030.7	75332	91.6
肉类	吨	21248	20221	105.1
五、交通运输和邮电业	—	—	—	—
铁路货运量	万吨	4497.1	4075.1	110.4
铁路客运量	万人次	264	260.7	101.3
邮电业务总量	亿元	16.2	26.8	60.4

续表

指　标　名　称	单　位	2017年	2016年	2017年为2016年(%)
六、固定资产投资和建筑业	—	—	—	—
全社会固定资产投资总额	万元	2457355	6171379	39.8
其中:固定资产投资	万元	2154753	5531598	39.0
房地产投资	万元	302602	639781	47.3
新增固定资产	万元	1065635	3133212	34.0
资质以上建筑企业单位数	个	95	94	101.1
建筑业总产值	万元	681476	550491	123.8
建筑业完成竣工产值	万元	343331	270612	126.9
七、城市公用事业	—	—	—	—
公共汽车运营车辆	辆	1233	1277	96.6
公共汽车客运量	万人次	19107.5	18610.5	102.7
年末实有出租车数	辆	1887	1884	100.2
人均日生活用水量	升	—	110.78	0.0
全年供水总量	万立方米	—	6201.82	0.0
燃气供气总量	万立方米	—	99932.5	0.0
集中供热面积	万平方米	—	4021.5	0.0
八、国内贸易业	—	—	—	—
社会消费品零售总额	万元	3249817	3062665	106.1
城镇零售额	万元	2931754	2768699	105.9
乡村零售额	万元	318064	293966	108.2
外贸进出口总额	万美元	12336	13211	93.4
九、社会事业	—	—	—	—
高等学校在校生	人	15067	13746	109.6
中等专业学校在校生	人	2241	2454	91.3
技工学校在校生	人	1510	2143	70.5
普通中学在校生	万人	6.56	6.66	98.5
职业中学在校生	人	7094	7985	88.8
小学在校生	万人	8.1	8.3	97.6
幼儿在园数	万人	3.2	3.12	102.6
卫生机构数	个	1548	1523	101.6
其中:医　院	个	49	51	96.1
床位数	张	7012	7280	96.3
卫生技术人员	人	10162	9893	102.7
其中:执业医师	人	3893	3843	101.3
注册护士	人	4558	4364	104.4
十、劳动工资	—	—	—	—
在岗职工年末人数	万人	24.7	24.8	99.6
其中:国有经济	万人	8.2	8.4	97.6
集体经济	万人	1.3	1.3	100.0
其他经济	万人	15.2	15.1	100.7
在岗职工工资总额	亿元	138.3	119.4	115.8
其中:国有经济	亿元	51.4	46.4	110.8

续表

指　标　名　称	单　位	2017年	2016年	2017年为2016年(%)
集体经济	亿元	5.6	4.9	114.3
其他经济	亿元	81.3	68.1	119.4
在岗职工年平均工资	元	56254	48195	116.7
其中:国有经济	元	62456	54975	113.6
集体经济	元	42605	37921	112.4
其他经济	元	54051	45275	119.4
十一、财政金融	—	—	—	—
财政总收入	亿元	107.7	77.4	139.1
公共财政预算收入	亿元	50	41.3	121.1
公共财政预算支出	亿元	105.8	95.7	110.6
金融机构人民币各项存款余额	亿元	1479	1361.2	108.7
金融机构人民币各项贷款余额	亿元	884.7	742.6	119.1
十二、家计、物价	—	—	—	—
城镇常住居民人均可支配收入	元	29581	27801	106.4
城镇常住居民人均消费性支出	元	16130	15077	107.0
农村常住居民人均可支配收入	元	12963	12172	106.5
农村常住居民人均生活消费支出	元	9541	8968	106.4
城市居民消费价格总指数	%	101.4	100.7	

(和继明)

2017年阳泉市平均每天经济活动情况表

表72

指　标　名　称	单　位	2017年	2016年	2017年为2016年(%)
地区生产总值	万元	18412	17065	107.9
农林牧渔业总产值	万元	557.7	562	99.2
工业总产值(规模以上)	万元	16044	14704.6	109.1
全社会固定资产投资	万元	6732	16907.9	39.8
公共财政预算收入	万元	1369.7	1130.9	121.1
铁路客运量	万人次	0.72	0.71	101.4
铁路货运量	万吨	12.3	11.2	109.8
原　煤(规模以上)	万吨	14.1	14	100.7
发电量	万千瓦小时	3437	2694.5	127.6
社会消费品零售总额	万元	8903.6	8390.9	106.1
国有单位职工平均工资	元	171	150.6	113.5
集体单位职工平均工资	元	117	103.9	112.6
城镇常住居民人均可支配收入	元	81.04	76.2	106.4
农村常住居民人均可支配收入	元	35.5	33.3	106.6

(和继明)

重要地方文件目录

中共阳泉市委员会文件一览表

表 73

文 号	文 件 标 题	发文日期
阳字〔2017〕1 号	中共阳泉市委关于 2016 年度工作情况的报告	2017 年 1 月 16 日
阳字〔2017〕2 号	中共阳泉市委关于阳泉市推荐提名山西省出席党的十九大代表候选人初步人选工作情况的报告	2017 年 1 月 18 日
阳字〔2017〕3 号	中共阳泉市委关于阳泉市监察委员会副主任人选的请示	2017 年 2 月 15 日
阳字〔2017〕4 号	中共阳泉市委关于阳泉市监察委员会委员人选的请示	2017 年 2 月 15 日
阳字〔2017〕5 号	中共阳泉市委关于确定阳泉市人大、政府、政协领导班子换届新提名人选考察对象的请示	2017 年 2 月 16 日
阳字〔2017〕6 号	中共阳泉市委关于阳泉市人大、政府、政协换届人事安排问题的请示	2017 年 2 月 22 日
阳字〔2017〕7 号	中共阳泉市委关于省党代会、省委全会暨经济工作会议精神贯彻落实情况的报告	2017 年 2 月 23 日
阳字〔2017〕8 号	中共阳泉市委关于 2016 年度市委常委班子民主生活会情况的报告	2017 年 3 月 2 日
阳字〔2017〕9 号	关于阳泉市第十五届人民代表大会和政协阳泉市第十三届委员会省管领导干部选举结果的报告	2017 年 3 月 10 日
阳字〔2017〕10 号	关于阳泉市深化监察体制改革试点工作进展情况的报告	2017 年 3 月 14 日
阳字〔2017〕11 号	中共阳泉市委关于阳泉市人大、政府、政协换届工作情况的报告	2017 年 3 月 17 日
阳字〔2017〕12 号	中共阳泉市委关于举行庆祝阳泉建市 70 周年活动的报告	2017 年 4 月 1 日
阳字〔2017〕13 号	中共阳泉市委关于董一兵等六位同志赴澳大利亚新西兰进行工作访问的请示	2017 年 4 月 11 日

续表

文　号	文　件　标　题	发文日期
阳字〔2017〕14号	中共阳泉市委关于阳泉市省管干部2016年度考核建议的报告	2017年4月17日
阳字〔2017〕15号	中共阳泉市委关于成立中共阳泉职业技术学院委员会和纪律监察委员会的请示	2017年4月27日
阳字〔2017〕16号	中共阳泉市委关于配备阳泉职业技术学院主要领导的请示	2017年4月27日
阳字〔2017〕17号	中共阳泉市委关于组织开展肃清原重要负责人严重违纪违法问题流毒影响警示教育的情况报告	2017年6月8日
阳字〔2017〕18号	中共阳泉市委关于市县巡察机构编制人员到位情况的报告	2017年6月29日
阳字〔2017〕19号	中共阳泉市委、阳泉市人民政府关于贯彻落实楼阳生省长在阳泉调研指导工作讲话精神情况的报告	2017年7月4日
阳字〔2017〕20号	中共阳泉市委关于我市人大常委会原主任刘高官拟担任三晋文化研究会第一常务会长的请示	2017年8月7日
阳字〔2017〕21号	中共阳泉市委关于落实骆惠宁书记对环保部强化督查组发现我市有关问题批示的情况报告	2017年8月28日
阳字〔2017〕22号	中共阳泉市委、阳泉市人民政府关于深入学习贯彻落实习总书记视察山西重要讲话精神扎实推进脱贫攻坚的情况报告	2017年8月28日
阳字〔2017〕23号	中共阳泉市委关于学习贯彻国发〔2017〕42号文件和全省大会精神情况的通知	2017年9月25日
阳字〔2017〕24号	中共阳泉市委关于对我市部分军转干部有关诉求解决情况的报告	2017年10月12日
阳字〔2017〕25号	中共阳泉市委关于学习贯彻“9·28”全省经验交流会情况的报告	2017年10月13日
阳字〔2017〕26号	中共阳泉市委关于聘请周子良等3名同志担任市委法律顾问的通知	2017年10月27日
阳字〔2017〕27号	中共阳泉市委关于推荐出席山西省第十三届人民代表大会代表候选人初步人选的请示	2017年11月21日
阳字〔2017〕28号	中共阳泉市委关于阳泉市省人大代表候选人初步人选的考察情况报告	2017年11月20日
阳字〔2017〕29号	中共阳泉市委关于阳泉市推荐山西省十二届政协委员人选情况的报告	2017年11月29日
阳字〔2017〕30号	中共阳泉市委关于阳泉市第十三届全国人大代表初步人选考察情况的报告	2017年12月2日
阳字〔2017〕31号	中共阳泉市委关于推荐姚武江、靳海军为第十三届全国人大代表初步人选的报告	2017年12月2日
阳字〔2017〕32号	中共阳泉市委关于选举出席山西省第十三届人民代表大会代表的情况报告	2017年12月5日
阳字〔2017〕33号	中共阳泉市委关于选举出席山西省第十三届人民代表大会代表情况的报告	2017年12月5日
阳字〔2017〕34号	中共阳泉市委关于杨红梅同志个人有关情况的报告	2017年12月18日

续表

文　号	文　件　标　题	发文日期
阳字〔2017〕35 号	中共阳泉市委关于赵素卿同志个人有关情况的报告	2017 年 12 月 18 日
阳字〔2017〕36 号	中共阳泉市委、阳泉市人民政府关于农村土地承包经营权确权颁证工作情况的报告	2017 年 12 月 11 日
阳发〔2017〕1 号	中共阳泉市委关于印发《十二届市委常委会工作规则》《十二届市委书记专题会议工作规则》《十二届市委全会工作规则》的通知	2017 年 1 月 19 日
阳发〔2017〕2 号	中共阳泉市委关于印发《中共阳泉市委常委会 2017 年工作要点》的通知	2017 年 3 月 10 日
阳发〔2017〕3 号	中共阳泉市委、阳泉市人民政府关于开发区改革创新发展的实施方案	2017 年 1 月 5 日
阳发〔2017〕4 号	中共阳泉市委关于贯彻落实《中共山西省委贯彻落实〈中共中央关于加强和改进保密工作的意见〉的实施意见》的实施方案	2017 年 1 月 24 日
阳发〔2017〕7 号	中共阳泉市委、阳泉市人民政府印发《关于城区、矿区托管郊区部分(乡)镇行政村的意见》的通知	2017 年 4 月 21 日
阳发〔2017〕8 号	中共阳泉市委关于转发《阳泉市人大常委会 2017 年工作要点》的通知	2017 年 4 月 26 日
阳发〔2017〕9 号	中共阳泉市委关于转发《政协阳泉市常委会 2017 年工作要点》的通知	2017 年 5 月 5 日
阳发〔2017〕10 号	中共阳泉市委关于繁荣发展社会主义文艺的实施意见	2017 年 5 月 8 日
阳发〔2017〕11 号	中共阳泉市委、阳泉市人民政府关于印发《阳泉市贯彻落实省委省政府环境保护督察组督察反馈意见整改方案》的通知	2017 年 5 月 12 日
阳发〔2017〕12 号	中共阳泉市委关于印发《阳泉市深化监察体制改革试点工作补充方案》的通知	2017 年 6 月 1 日
阳发〔2017〕13 号	中共阳泉市委关于加强和改进人民政协民主监督工作的实施意见	2017 年 6 月 23 日
阳发〔2017〕14 号	中共阳泉市委、阳泉市人民政府印发《关于贯彻落实〈山西省关于贯彻落实国家创新驱动发展战略纲要的实施方案〉的意见》的通知	2017 年 7 月 14 日
阳发〔2017〕15 号	中共阳泉市委关于印发《中共阳泉市委常委班子 2016 年度民主生活会整改方案》的通知	2017 年 7 月 17 日
阳发〔2017〕16 号	中共阳泉市委印发《关于在推进“两学一做”学习教育常态化制度化中加强“三基建设”的实施方案》的通知	2017 年 7 月 17 日
阳发〔2017〕17 号	中共阳泉市委关于市脱贫攻坚领导小组等 20 个议事协调机构组成人员任职的通知	2017 年 8 月 7 日
阳发〔2017〕18 号	中共阳泉市委关于深入学习贯彻习总书记视察山西重要讲话精神落实省委两个《实施意见》的实施办法	2017 年 8 月 3 日
阳发〔2017〕19 号	中共阳泉市委、阳泉市人民政府印发《关于贯彻落实〈山西省农村建档立卡贫困人口医疗保障帮扶方案〉的实施意见》的通知	2017 年 9 月 7 日
阳发〔2017〕20 号	中共阳泉市委关于印发《中共阳泉市委群团工作改革方案》的通知	2017 年 8 月 28 日

续表

文　　号	文　件　标　题	发文日期
阳发〔2017〕21号	中共阳泉市委、阳泉市人民政府关于积极维护金融安全有效防范化解金融风险的实施意见	2017年9月22日
阳发〔2017〕22号	中共阳泉市委、阳泉市人民政府关于命名第十九批文明单位、社区、村的决定	2017年9月26日
阳发〔2017〕24号	中共阳泉市委、阳泉市人民政府印发《关于进一步深化医疗卫生体制改革的实施方案》的通知	2017年9月29日
阳发〔2017〕25号	中共阳泉市委关于认真学习宣传贯彻党的十九大精神的通知	2017年11月10日
阳发〔2017〕26号	中共阳泉市委、阳泉市人民政府关于印发《阳泉市贯彻落实〈省委、省政府贯彻落实国务院关于支持山西省进一步深化改革促进资源型经济转型发展意见行动计划〉的行动方案》的通知	2017年12月11日
阳发〔2017〕28号	中共阳泉市委、阳泉市人民政府印发《关于进一步深化国企国资改革的实施意见》的通知	2017年12月11日
阳发〔2017〕29号	中共阳泉市委、阳泉市人民政府关于印发《阳泉市深化综合行政执法体制改革实施方案》的通知	2017年12月15日
阳发〔2017〕30号	中共阳泉市委印发《关于贯彻省委十一届五次全会精神进一步引深党的十九大精神学习宣传贯彻任务分解责任分工方案》的通知	2017年12月21日
阳发〔2017〕32号	中共阳泉市委印发《关于推进市县巡察统筹工作的实施办法》的通知	2017年12月28日
阳办发〔2017〕1号	中共阳泉市委办公厅、阳泉市人民政府办公厅关于召开中共阳泉市委十二届二次全体会议暨经济工作会议的通知	2017年1月8日
阳办发〔2017〕2号	中共阳泉市委办公厅、阳泉市人民政府办公厅关于做好2017年节假日期间值班工作的通知	2017年1月20日
阳办发〔2017〕3号	中共阳泉市委办公厅关于召开市纪委十二届二次全会第一次会议的通知	2017年1月22日
阳办发〔2017〕4号	中共阳泉市委办公厅、阳泉市人民政府办公厅印发《关于坚持和完善人口和计划生育工作目标管理责任制的实施办法》的通知	2017年1月23日
阳办发〔2017〕5号	中共阳泉市委办公厅关于印发《市委公文定密审批制度》的通知	2017年2月14日
阳办发〔2017〕7号	中共阳泉市委办公厅印发《关于贯彻落实省第十一次党代会报告目标任务的实施办法》的通知	2017年3月16日
阳办发〔2017〕8号	中共阳泉市委办公厅、阳泉市人民政府办公厅关于撤销阳泉市监察局等机构的通知	2017年3月21日
阳办发〔2017〕9号	中共阳泉市委办公厅、阳泉市人民政府办公厅关于印发《阳泉市2017年脱贫攻坚行动计划》的通知	2017年4月12日
阳办发〔2017〕10号	中共阳泉市委办公厅关于印发《中共阳泉市委全面深化改革领导小组2017年工作要点及责任分工》的通知	2017年4月12日
阳办发〔2017〕11号	中共阳泉市委办公厅、阳泉市人民政府办公厅关于印发《阳泉市配合保障中央环境保护督察工作方案》的通知	2017年4月28日

续表

文　　号	文　件　标　题	发文日期
阳办发〔2017〕12 号	中共阳泉市委办公厅印发《关于推进“两学一做”学习教育常态化制度化开展维护核心见诸行动主题教育的实施方案》的通知	2017 年 5 月 10 日
阳办发〔2017〕13 号	中共阳泉市委办公厅转发《中共阳泉市委防范和处理邪教问题领导小组 2017 年工作要点》的通知	2017 年 6 月 2 日
阳办发〔2017〕14 号	中共阳泉市委办公厅关于印发《阳泉市全面推行河长制实施方案》的通知	2017 年 6 月 6 日
阳办发〔2017〕15 号	中共阳泉市委办公厅关于转发《2016—2020 年阳泉党史工作规划》的通知	2017 年 6 月 7 日
阳办发〔2017〕16 号	中共阳泉市委办公厅、阳泉市人民政府办公厅关于转发《阳泉经济技术开发区企业投资项目试行承诺制无审批管理办法》的通知	2017 年 6 月 2 日
阳办发〔2017〕17 号	中共阳泉市委办公厅关于印发《贯彻落实省委〈关于在全省县以上党组织开展巡视整改自行“回头看”的安排意见〉的意见》的通知	2017 年 6 月 9 日
阳办发〔2017〕19 号	中共阳泉市委办公厅关于印发《全市县以上党组织开展巡视整改自行“回头看”督查方案》的通知	2017 年 6 月 14 日
阳办发〔2017〕20 号	中共阳泉市委办公厅关于印发《阳泉市优化营商环境专项行动实施方案》的通知	2017 年 6 月 15 日
阳办发〔2017〕21 号	中共阳泉市委办公厅、阳泉市人民政府办公厅关于印发《阳泉市村级集体经济“破零攻坚”指导意见》的通知	2017 年 6 月 23 日
阳办发〔2017〕22 号	中共阳泉市委办公厅、阳泉市人民政府办公厅印发《关于推进法律顾问制度和公职律师制度的意见》的通知	2017 年 6 月 27 日
阳办发〔2017〕23 号	中共阳泉市委办公厅、阳泉市人民政府办公厅印发《关于实行国家机关“谁执法谁普法”普法责任制的意见》的通知	2017 年 6 月 27 日
阳办发〔2017〕24 号	中共阳泉市委办公厅、阳泉市人民政府办公厅印发《关于深化全市公安机关执法规范化建设的实施意见》的通知	2017 年 7 月 3 日
阳办发〔2017〕25 号	中共阳泉市委办公厅关于印发《阳泉市妇联改革实施方案》的通知	2017 年 6 月 30 日
阳办发〔2017〕26 号	中共阳泉市委办公厅关于印发《阳泉市总工会改革实施方案》的通知	2017 年 7 月 5 日
阳办发〔2017〕27 号	中共阳泉市委办公厅关于印发《共青团阳泉市委员会改革实施方案》的通知	2017 年 7 月 5 日
阳办发〔2017〕28 号	中共阳泉市委办公厅关于印发《中共阳泉市委 13710 督办系统实施方案》的通知	2017 年 7 月 7 日
阳办发〔2017〕29 号	中共阳泉市委办公厅、阳泉市人民政府办公厅关于切实做好防汛减灾工作的紧急通知	2017 年 7 月 26 日
阳办发〔2017〕30 号	中共阳泉市委、阳泉市人民政府关于召开中共阳泉市委十二届三次全体会议暨上半年经济工作会议的通知	2017 年 7 月 28 日
阳办发〔2017〕32 号	中共阳泉市委办公厅、阳泉市人民政府办公厅印发《各县区、开发区和市直各部门（单位）2017 年度目标责任考核指标》的通知	2017 年 7 月 31 日

续表

文　号	文　件　标　题	发文日期
阳办发〔2017〕35号	中共阳泉市委办公厅、阳泉市人民政府办公厅印发《关于建立健全阳泉市"十三五"规划纲要实施机制的意见》的通知	2017年8月30日
阳办发〔2017〕36号	中共阳泉市委办公厅关于印发中共阳泉市委"13710"信息督办系统使用管理办法(试行)及市委各部委重要工作督办实施办法(试行)的通知	2017年8月30日
阳办发〔2017〕37号	中共阳泉市委办公厅、阳泉市人民政府办公厅关于印发《2017年重大改革事项任务分解表》等四个任务分解表的通知	2017年9月4日
阳办发〔2017〕38号	中共阳泉市委办公厅、阳泉市人民政府办公厅印发《关于金融支持实体经济健康发展的实施意见》的通知	2017年9月19日
阳办发〔2017〕39号	中共阳泉市委办公厅、阳泉市人民政府办公厅关于印发《阳泉市创建省级文明城市实施方案》的通知	2017年9月22日
阳办发〔2017〕40号	中共阳泉市委办公厅、阳泉市人民政府办公厅关于印发《阳泉市生态文明建设目标评价考核办法》的通知	2017年9月26日
阳办发〔2017〕41号	中共阳泉市委办公厅、阳泉市人民政府办公厅关于做好国庆节、中秋节和十九大召开期间应急值守工作的通知	2017年9月27日
阳办发〔2017〕42号	中共阳泉市委办公厅、阳泉市人民政府办公厅关于印发《阳泉市2017—2018年秋冬季大气污染综合治理》的通知	2017年9月30日
阳办发〔2017〕43号	中共阳泉市委办公厅、阳泉市人民政府办公厅关于印发《阳泉市2017年度党政主要负责人履行推进法治建设第一责任人职责工作清单》的通知	2017年10月11日
阳办发〔2017〕44号	中共阳泉市委办公厅、阳泉市人民政府办公厅印发《关于认真做好第十一届村民委员会换届选举工作的意见》的通知	2017年10月16日
阳办发〔2017〕45号	中共阳泉市委办公厅、阳泉市人民政府办公厅关于印发《阳泉市贯彻落实中央第二环境保护督察组反馈意见整改方案》的通知	2017年10月25日
阳办发〔2017〕46号	中共阳泉市委办公厅、阳泉市人民政府办公厅关于印发《阳泉市重大活动档案管理实施细则》的通知	2017年10月25日
阳办发〔2017〕47号	中共阳泉市委办公厅关于市委常委分工的通知	2017年10月31日
阳办发〔2017〕48号	中共阳泉市委办公厅、阳泉市人民政府办公厅关于印发《阳泉市开展扶贫领域不正之风和腐败问题专项治理工作方案》的通知	2017年11月1日
阳办发〔2017〕49号	中共阳泉市委办公厅、阳泉市人民政府办公厅关于印发《阳泉市创新驱动奖补政策十四条》的通知	2017年11月1日
阳办发〔2017〕50号	中共阳泉市委办公厅、阳泉市人民政府办公厅关于印发《阳泉市市级领导包保重点招商引资项目实施方案》的通知	2017年11月8日
阳办发〔2017〕51号	中共阳泉市委办公厅、阳泉市人民政府办公厅印发《关于在全市开展大调研工作的方案》的通知	2017年11月10日
阳办发〔2017〕52号	中共阳泉市委办公厅、阳泉市人民政府办公厅关于开展"送温暖、献爱心"社会捐助活动的通知	2017年12月8日

续表

文 号	文 件 标 题	发文日期
阳办发〔2017〕53 号	中共阳泉市委办公厅、阳泉市人民政府办公厅印发《关于在全市建立“以案释法”工作制度的实施意见》的通知	2017 年 12 月 11 日
阳办发〔2017〕54 号	中共阳泉市委办公厅关于召开中共阳泉市委十二届四次全体会议的通知	2017 年 12 月 12 日
阳办发〔2017〕55 号	中共阳泉市委办公厅关于印发《阳泉市科协系统深化改革实施方案》的通知	2017 年 12 月 20 日
阳办发〔2017〕56 号	中共阳泉市委办公厅关于印发《阳泉市经济技术开发区体制机制创新总体方案》的通知	2017 年 12 月 22 日
阳办发〔2017〕57 号	中共阳泉市委办公厅、阳泉市人民政府办公厅关于做好 2018 年元旦春节期间有关工作的通知	2017 年 12 月 28 日
阳办发〔2017〕58 号	中共阳泉市委办公厅印发《关于在全市组织开展干部保健工作的意见》的通知	2017 年 12 月 28 日
厅字〔2017〕1 号	中共阳泉市委办公厅关于市委秘书长班子成员分工的通知	2017 年 1 月 4 日
厅字〔2017〕2 号	中共阳泉市委办公厅关于潘爱斌等同志职务任免的通知	2017 年 1 月 18 日
厅字〔2017〕3 号	中共阳泉市委办公厅、阳泉市人民政府办公厅关于组织完成《阳泉年鉴(2017)》撰稿工作的通知	2017 年 1 月 18 日
厅字〔2017〕5 号	中共阳泉市委办公厅关于调整中共阳泉市委办公厅保密委员会的通知	2017 年 2 月 3 日
厅字〔2017〕7 号	中共阳泉市委办公厅关于杨中明等同志任职的通知	2017 年 2 月 24 日
厅字〔2017〕8 号	中共阳泉市委办公厅关于马凤莲同志任职的通知	2017 年 2 月 24 日
厅字〔2017〕9 号	关于对省委统一战线工作领导小组反馈意见整改落实情况的汇报	2017 年 3 月 7 日
厅字〔2017〕10 号	中共阳泉市委办公厅关于卢晓刚等同志任职的通知	2017 年 4 月 17 日
厅字〔2017〕12 号	中共阳泉市委办公厅关于开展“两学一做”学习教育常态化制度化示范点建设工作的通知	2017 年 4 月 19 日
厅字〔2017〕13 号	中共阳泉市委办公厅关于对全市党内法规工作进行督查的通知	2017 年 5 月 23 日
厅字〔2017〕14 号	中共阳泉市委办公厅关于启动运行中共阳泉市委“13710”督办系统的通知	2017 年 6 月 20 日
厅字〔2017〕17 号	中共阳泉市委办公厅、阳泉市人民政府办公厅关于成立阳泉市中央环境保护督察整改工作领导小组的通知	2017 年 8 月 14 日
厅字〔2017〕18 号	中共阳泉市委办公厅关于加强涉密党内文件管理的通知	2017 年 9 月 26 日
厅字〔2017〕19 号	中共阳泉市委办公厅关于成立阳泉市村(社区)“两委”换届选举工作领导小组的通知	2017 年 10 月 13 日
厅字〔2017〕20 号	中共阳泉市委办公厅关于认真做好 2018 年度《中办通讯》《秘书工作》征订工作的通知	2017 年 10 月 13 日

续表

文　号	文　件　标　题	发文日期
厅字〔2017〕21号	中共阳泉市委办公厅关于认真组织收听收看习近平总书记在中国共产党第十九次全国代表大会上的报告的通知	2017年10月16日
厅字〔2017〕22号	中共阳泉市委办公厅关于组织征订《中央党内法规和规范性文件汇编(1949年10月—2016年12月)》的通知	2017年11月6日
厅字〔2017〕23号	中共阳泉市委办公厅关于做好2018年度《学习与研究》杂志征订工作的通知	2017年11月8日
厅字〔2017〕24号	中共阳泉市委办公厅关于认真做好2017年工作总结的通知	2017年11月10日
厅字〔2017〕26号	中共阳泉市委办公厅关于做好2018年度党报党刊发行工作进一步规范报刊发行秩序的通知	2017年12月8日
厅字〔2017〕27号	中共阳泉市委办公厅学用《习近平关于制度治党、依规治党论述摘编》的情况报告	2017年12月26日
厅字〔2017〕28号	中共阳泉市委办公厅、阳泉市人民政府办公厅关于我市中央环保督察整改任务验收销号情况的报告	2017年12月29日

阳泉市人大常委会文件一览表

表74

文　号	文　件　标　题	发文日期
阳人发〔2017〕1号	关于补选王宏等二人为山西省第十二届人民代表大会代表的报告	2017年1月10日
阳人发〔2017〕2号	市人大常委会关于市十五届人大代表名额分配和有关选举工作的安排意见	2017年1月10日
阳人发〔2017〕3号	关于推荐市十五届人大代表候选人的通知	2017年2月13日
阳人发〔2017〕4号	关于推荐市十五届人大代表候选人的通知	2017年2月15日
阳人发〔2017〕5号	关于推荐市十五届人大代表候选人的通知	2017年2月16日
阳人发〔2017〕6号	关于推荐市十五届人大代表候选人的通知	2017年2月17日
阳人发〔2017〕7号	关于推荐市十五届人大代表候选人的通知	2017年2月17日
阳人发〔2017〕8号	关于推荐市十五届人大代表候选人的通知	2017年2月24日
阳人发〔2017〕9号	关于推荐市十五届人大代表候选人的通知	2017年2月24日
阳人发〔2017〕10号	关于市十四届人大常委会第四十五次会议人事任免议案表决结果的报告	2017年3月1日
阳人发〔2017〕11号	关于马爱锋等职务任免的通知	2017年3月1日
阳人发〔2017〕12号	关于魏海文任职的通知	2017年3月1日

续表

文　号	文　件　标　题	发文日期
阳人发〔2017〕13 号	关于市十五届人大常委会第一次会议人事任免议案表决结果的报告	2017 年 3 月 13 日
阳人发〔2017〕14 号	关于张利军等职务任命的通知	2017 年 3 月 13 日
阳人发〔2017〕15 号	关于朱刚等职务任命的通知	2017 年 3 月 13 日
阳人发〔2017〕16 号	阳泉市人大常委会关于报请批准《阳泉市地方立法条例》的报告	2017 年 3 月 15 日
阳人发〔2017〕17 号	阳泉市人大常委会关于市人大换届选举情况的报告	2017 年 4 月 7 日
阳人发〔2017〕18 号	阳泉市人大常委会关于县区间部分(乡)镇、行政村托管后涉及人大工作有关问题的请示	2017 年 5 月 25 日
阳人发〔2017〕19 号	关于市十五届人大常委会第三次会议人事任免议案表决结果的报告	2017 年 6 月 21 日
阳人发〔2017〕20 号	关于郑清明等同志任职的通知	2017 年 6 月 21 日
阳人发〔2017〕21 号	关于佘占斌等同志免职的通知	2017 年 6 月 21 日
阳人发〔2017〕22 号	关于市十五届人大常委会第四次会议人事任免议案表决结果的报告	2017 年 8 月 31 日
阳人发〔2017〕23 号	关于王计元等同志职务任免的通知	2017 年 8 月 31 日
阳人发〔2017〕24 号	关于市十五届人大常委会第五次会议人事任免议案表决结果的报告	2017 年 10 月 26 日
阳人发〔2017〕25 号	关于李君同志任职的通知	2017 年 10 月 26 日
阳人发〔2017〕26 号	关于朱刚同志免职的通知	2017 年 10 月 26 日
阳人发〔2017〕27 号	关于尚锐利等同志职务任免的通知	2017 年 10 月 26 日
阳人发〔2017〕28 号	关于罢免张存福山西省第十二届人民代表大会代表职务的请示	2017 年 11 月 23 日
阳人发〔2017〕29 号	关于罢免张存福山西省第十二届人民代表大会代表职务的报告	2017 年 11 月 30 日
阳人发〔2017〕30 号	关于阳泉市选举山西省第十三届人民代表大会代表结果的报告	2017 年 12 月 13 日
阳人办发〔2017〕1 号	关于印发《关于检查〈中华人民共和国未成年人保护法〉执行情况的报告》的通知	2017 年 1 月 6 日
阳人办发〔2017〕2 号	关于印发《阳泉市人民代表大会常务委员会监督司法工作制度》的通知	2017 年 1 月 6 日
阳人办发〔2017〕3 号	关于印发《阳泉市人民代表大会常务委员会地方立法协商工作办法》的通知	2017 年 1 月 6 日
阳人办发〔2017〕4 号	关于印发《阳泉市人民代表大会常务委员会关于对任命的地方国家机关工作人员加强监督的意见》的通知	2017 年 1 月 9 日
阳人办发〔2017〕5 号	关于印发《阳泉市人民代表大会常务委员会讨论、决定重大事项的规定》的通知	2017 年 1 月 10 日
阳人办发〔2017〕6 号	阳泉市第十四届人大常委会第四十三次会议纪要	2017 年 1 月 11 日

续表

文　号	文　件　标　题	发文日期
阳人办发〔2017〕7号	阳泉市第十四届人大常委会第四十四次会议纪要	2017年1月11日
阳人办发〔2017〕8号	关于王敦等同志任免职务的通知	2017年1月20日
阳人办发〔2017〕9号	关于对王敦等同志任免职务职数审批的请示	2017年1月20日
阳人办发〔2017〕10号	关于对2016全市国民经济和社会发展计划执行情况和2017年计划草案进行视察的通知	2017年2月7日
阳人办发〔2017〕11号	关于开展县区财经工作调研的通知	2017年2月7日
阳人办发〔2017〕12号	关于对2016年全市和市本级预算执行及2017年预算安排情况进行视察的通知	2017年2月7日
阳人办发〔2017〕13号	关于召开阳泉市第十五届人民代表大会第一次会议的通知	2017年2月22日
阳人办发〔2017〕14号	关于列席阳泉市第十五届人民代表大会第一次会议的通知	2017年2月28日
阳人办发〔2017〕15号	阳泉市第十四届人大常委会第四十五次会议纪要	2017年3月1日
阳人办发〔2017〕16号	关于印发《市人大常委会对市十四届人大六次会议代表建议办理情况报告的审议意见》的通知	2017年3月2日
阳人办发〔2017〕17号	阳泉市第十五届人大常委会第一次会议纪要	2017年3月13日
阳人办发〔2017〕18号	关于印发《阳泉市人民代表大会常务委员会关于阳泉市监察委员会副主任、委员任免和宪法宣誓程序的决定》的通知	2017年3月13日
阳人办发〔2017〕19号	关于市人大常委会主任会议成员工作分工的通知	2017年3月14日
阳人办发〔2017〕20号	关于对全市贯彻实施《中华人民共和国消防法》情况进行检查的通知	2017年3月20日
阳人办发〔2017〕21号	关于对我市中小微企业发展情况进行视察的通知	2017年3月29日
阳人办发〔2017〕22号	关于召开市十五届人大常委会第二次会议的通知	2017年4月6日
阳人办发〔2017〕23号	关于视察2016年度环境状况和环境保护目标完成情况的通知	2017年4月6日
阳人办发〔2017〕24号	关于组织省人大代表和市县乡人大机关干部参加学习培训的通知	2017年4月6日
阳人办发〔2017〕25号	关于对贯彻实施《山西省女职工劳动保护条例》情况进行自查的通知	2017年4月10日
阳人办发〔2017〕26号	关于对全市法院未成年人刑事审判工作进行视察调研的通知	2017年4月14日
阳人办发〔2017〕27号	关于做好2017年下半年人大“一报一刊”征订发行工作的通知	2017年4月14日
阳人办发〔2017〕28号	关于认真组织开展市人大代表小组活动的通知	2017年4月14日
阳人办发〔2017〕29号	关于阳泉市人大常委会设立内务司法工作委员会的报告	2017年4月26日
阳人办发〔2017〕30号	关于开展水利惠农工作专题调研的通知	2017年4月27日
阳人办发〔2017〕31号	关于开展宗教工作调研的通知	2017年5月2日

续表

文　号	文　件　标　题	发文日期
阳人办发〔2017〕32 号	关于对全市乡镇人大工作和建设情况进行调研的通知	2017 年 5 月 5 日
阳人办发〔2017〕33 号	阳泉市第十五届人大常委会第二次会议纪要	2017 年 5 月 5 日
阳人办发〔2017〕34 号	关于印发《关于检查全市贯彻实施〈中华人民共和国消防法〉情况的报告》的通知	2017 年 5 月 5 日
阳人办发〔2017〕35 号	关于对全市体育公共服务体系建设情况进行调研的通知	2017 年 5 月 9 日
阳人办发〔2017〕36 号	关于对我市贯彻实施《中华人民共和国劳动法》情况进行执法检查的通知	2017 年 5 月 9 日
阳人办发〔2017〕37 号	关于征集立法项目建议的通知	2017 年 5 月 9 日
阳人办发〔2017〕38 号	关于下拨 2017 年下半年市人大代表活动经费和加强经费使用管理的通知	2017 年 5 月 11 日
阳人办发〔2017〕39 号	关于对全市古村落保护工作情况进行专题调研的通知	2017 年 5 月 12 日
阳人办发〔2017〕40 号	关于组织人大代表和人大机关干部学习培训的通知	2017 年 5 月 12 日
阳人办发〔2017〕41 号	关于阳泉市人大常委会设立内务司法工作委员会的报告	2017 年 5 月 15 日
阳人办发〔2017〕42 号	市人大常委会办公厅关于推动落实市人大代表联系人民群众工作的通知	2017 年 5 月 15 日
阳人办发〔2017〕43 号	关于召开《山西省农村扶贫开发条例(草案)》立法调研座谈会的通知	2017 年 5 月 23 日
阳人办发〔2017〕44 号	关于转发山西省人大常委会办公厅《关于印发〈山西省人大常委会民族宗教侨务外事工作委员会关于开展宗教工作调研〉和〈山西省宗教事务条例〉〈山西省清真食品监督管理条例〉立法调研工作方案的通知》的通知	2017 年 5 月 24 日
阳人办发〔2017〕45 号	关于开展华侨权益保护情况专题调研的通知	2017 年 6 月 7 日
阳人办发〔2017〕46 号	关于市人民政府《关于全市 2016 年度环境状况和环境保护目标完成情况的报告》的审议意见	2017 年 6 月 8 日
阳人办发〔2017〕47 号	关于召开市十五届人大常委会第三次会议的通知	2017 年 6 月 9 日
阳人办发〔2017〕48 号	关于高志同志任职的通知	2017 年 6 月 12 日
阳人办发〔2017〕49 号	关于对高志同志任职职数审批的请示	2017 年 6 月 12 日
阳人办发〔2017〕50 号	关于市人民政府《关于我市中小微企业发展情况的报告》的审议意见	2017 年 6 月 14 日
阳人办发〔2017〕51 号	关于郊区部分乡镇和行政村托管后涉及人大工作有关问题的批复	2017 年 6 月 15 日
阳人办发〔2017〕52 号	阳泉市人大常委会办公厅关于县区部分乡镇和行政村托管后涉及人大工作有关问题的意见	2017 年 6 月 15 日
阳人办发〔2017〕53 号	阳泉市第十五届人大常委会第三次会议纪要	2017 年 6 月 22 日
阳人办发〔2017〕54 号	关于开展全市煤炭企业去产能情况专题调研的通知	2017 年 6 月 22 日

续表

文　号	文　件　标　题	发文日期
阳人办发〔2017〕55 号	关于对全市煤矸石治理工作情况进行专题调研的通知	2017 年 6 月 26 日
阳人办发〔2017〕56 号	关于组织市十五届新任人大代表进行集中学习培训的通知	2017 年 7 月 3 日
阳人办发〔2017〕57 号	关于增加机关信息中心人员编制的请示	2017 年 7 月 3 日
阳人办发〔2017〕58 号	关于印发《关于检查全市贯彻实施〈中华人民共和国劳动法〉情况的报告》的通知	2017 年 7 月 10 日
阳人办发〔2017〕59 号	关于开展《中华人民共和国农业机械化促进法》执法检查的通知	2017 年 7 月 12 日
阳人办发〔2017〕60 号	关于对我市财政预决算及审计工作进行视察的通知	2017 年 7 月 12 日
阳人办发〔2017〕61 号	关于对我市上半年国民经济和社会发展计划执行情况进行视察的通知	2017 年 7 月 12 日
阳人办发〔2017〕62 号	关于对全市交通安全管理工作情况进行视察的通知	2017 年 7 月 20 日
阳人办发〔2017〕63 号	关于对我市深化行政管理体制改革情况进行视察的通知	2017 年 7 月 24 日
阳人办发〔2017〕64 号	关于调研视察全市脱贫攻坚工作情况的通知	2017 年 7 月 24 日
阳人办发〔2017〕65 号	关于对市十五届人大一次会议议案和代表建议办理情况进行集中督办的通知	2017 年 7 月 25 日
阳人办发〔2017〕66 号	关于全市法院未成年人刑事审判工作情况的审议意见	2017 年 7 月 26 日
阳人办发〔2017〕67 号	关于印发《关于全市未成年人刑事审判工作情况的调研报告》的通知	2017 年 7 月 26 日
阳人办发〔2017〕68 号	关于召开市十五届人大常委会第四次会议的通知	2017 年 7 月 28 日
阳人办发〔2017〕69 号	关于做好报送备案审查材料工作有关事项的通知	2017 年 7 月 31 日
阳人办发〔2017〕70 号	关于开展《中华人民共和国旅游法》执法检查的通知	2017 年 8 月 15 日
阳人办发〔2017〕71 号	关于清理整顿办公用房的报告	2017 年 8 月 24 日
阳人办发〔2017〕72 号	关于对全市开发区工作推进情况进行专题调研的通知	2017 年 8 月 25 日
阳人办发〔2017〕73 号	关于开展 2017 年阳泉环保行活动的通知	2017 年 8 月 28 日
阳人办发〔2017〕74 号	关于对全市文化产业发展情况进行视察的通知	2017 年 8 月 31 日
阳人办发〔2017〕75 号	关于开展《中华人民共和国教师法》执法检查的通知	2017 年 8 月 31 日
阳人办发〔2017〕76 号	阳泉市第十五届人大常委会第四次会议纪要	2017 年 9 月 5 日
阳人办发〔2017〕77 号	关于全市脱贫攻坚调研情况的报告	2017 年 9 月 13 日
阳人办发〔2017〕78 号	关于对全市国资国企改革工作进行视察的通知	2017 年 9 月 19 日
阳人办发〔2017〕79 号	关于对全市贯彻实施《中华人民共和国老年人权益保障法》情况进行检查的通知	2017 年 9 月 19 日
阳人办发〔2017〕80 号	关于对加强县乡人大工作机构建设进行督导的通知	2017 年 9 月 20 日

续表

文　号	文　件　标　题	发文日期
阳人办发〔2017〕81 号	关于组织省十二届人大代表进行专题调研的通知	2017 年 9 月 20 日
阳人办发〔2017〕82 号	关于组织市人大代表开展 2017 年专题调研活动的通知	2017 年 9 月 20 日
阳人办发〔2017〕83 号	关于印送《中华人民共和国农业机械化促进法》执法检查报告的通知	2017 年 9 月 22 日
阳人办发〔2017〕84 号	阳泉市人大常委会办公厅关于申请开展机关工会账户的报告	2017 年 9 月 22 日
阳人办发〔2017〕85 号	关于市人大机关资产核实的申请	2017 年 9 月 25 日
阳人办发〔2017〕86 号	关于城市道路交通安全管理工作情况的审议意见	2017 年 9 月 25 日
阳人办发〔2017〕87 号	关于召开市十五届人大常委会第五次会议的通知	2017 年 9 月 25 日
阳人办发〔2017〕88 号	关于推行市人大代表与人民群众“三联系”工作制度的通知	2017 年 9 月 27 日
阳人办发〔2017〕89 号	关于 2017 年中秋节、国庆节期间做好党风廉政建设工作的通知	2017 年 9 月 30 日
阳人办发〔2017〕90 号	关于财政预决算及预算调整报告的审议意见	2017 年 10 月 9 日
阳人办发〔2017〕91 号	关于阳泉市 2017 年上半年国民经济和社会发展计划执行情况报告的审议意见	2017 年 10 月 9 日
阳人办发〔2017〕92 号	关于 2016 年市级财政预算执行和其他财政收支审计工作报告的审议意见	2017 年 10 月 9 日
阳人办发〔2017〕93 号	关于印发深化行政管理体制改革工作情况报告审议意见的通知	2017 年 10 月 14 日
阳人办发〔2017〕94 号	阳泉市第十五届人大常委会第五次会议纪要	2017 年 10 月 30 日
阳人办发〔2017〕95 号	阳泉市人大常委会办公厅关于交办《阳泉市人大常委会关于检查〈中华人民共和国旅游法〉贯彻实施情况报告》的通知	2017 年 11 月 1 日
阳人办发〔2017〕96 号	阳泉市人大常委会办公厅关于转发《山西省人大常委会办公厅关于市县监委主任辞职和代理有关事宜的通知》的通知	2017 年 11 月 7 日
阳人办发〔2017〕97 号	关于印发《阳泉市人大常委会关于检查〈中华人民共和国教师法〉实施情况的报告》的通知	2017 年 11 月 18 日
阳人办发〔2017〕98 号	阳泉市第十五届人大常委会第六次会议纪要	2017 年 11 月 7 日
阳人办发〔2017〕99 号	关于召开阳泉市第十五届人民代表大会第二次会议的预通知	2017 年 11 月 8 日
阳人办发〔2017〕100 号	关于对我市新兴产业及光伏基地建设发展情况进行调研的通知	2017 年 11 月 10 日
阳人办发〔2017〕101 号	关于印发《阳泉市人大常委会计划审查咨询专家库管理办法》《阳泉市人大常委会预算审查咨询专家库管理办法》的通知	2017 年 11 月 10 日
阳人办发〔2017〕102 号	关于做好机关干部大调研工作的通知	2017 年 11 月 20 日
阳人办发〔2017〕103 号	关于做好 2018 年“一报一刊”征订发行工作的通知	2017 年 11 月 22 日
阳人办发〔2017〕104 号	关于对市政府 2016 年市本级预算执行及其他财政收支审计查出问题的整改工作情况进行视察的通知	2017 年 11 月 27 日

续表

文　号	文　件　标　题	发文日期
阳人办发〔2017〕105 号	关于召开阳泉市第十五届人民代表大会第二次会议的通知	2017 年 11 月 30 日
阳人办发〔2017〕106 号	阳泉市第十五届人大常委会第七次会议纪要	2017 年 12 月 1 日
阳人办发〔2017〕107 号	关于对阳大铁路建设情况进行调研的通知	2017 年 12 月 7 日
阳人办发〔2017〕108 号	关于对市十五届人大一次会议议案和代表建议办理情况进行集中视察的通知	2017 年 12 月 8 日
阳人办发〔2017〕109 号	关于召开市十五届人大常委会第八次会议的通知	2017 年 12 月 11 日
阳人办发〔2017〕110 号	关于《市人民政府关于全市脱贫攻坚工作情况报告》的审议意见	2017 年 12 月 11 日
阳人办发〔2017〕111 号	关于《市人民政府关于全市文化产业发展情况的报告》的审议意见	2017 年 12 月 11 日
阳人办发〔2017〕112 号	阳泉市人大常委会办公厅关于召开市县人大常委会主任座谈会的通知	2017 年 12 月 14 日
阳人办发〔2017〕113 号	关于《市人民政府关于我市国企国资改革情况的报告》的审议意见	2017 年 12 月 14 日
阳人办发〔2017〕114 号	关于成立阳泉市人大常委会预算监督管理中心的请示	2017 年 12 月 22 日

阳泉市人民政府文件一览表

表 75

文　号	文　件　标　题	发文日期
阳政发〔2017〕1 号	关于做好 2017 年安全生产工作的通知	2017 年 2 月 4 日
阳政发〔2017〕2 号	关于印发阳泉市参与建设丝绸之路经济带和 21 世纪海上丝绸之路实施方案的通知	2017 年 2 月 23 日
阳政发〔2017〕3 号	关于印发阳泉市“十三五”加快残疾人小康进程发展规划的通知	2017 年 2 月 23 日
阳政发〔2017〕4 号	关于印发加快推进残疾人小康进程的实施办法的通知	2017 年 2 月 23 日
阳政发〔2017〕5 号	关于印发阳泉市 2017 年重点项目任务分解的通知	2017 年 3 月 22 日
阳政发〔2017〕6 号	关于落实省政府晋政发〔2017〕15 号取消行政许可等事项的通知	2017 年 5 月 3 日
阳政发〔2017〕7 号	关于印发 2017 年市人民政府重点工作任务分解的通知	2017 年 5 月 12 日
阳政发〔2017〕8 号	关于印发阳泉市开发区改革创新发展实施方案的通知	2017 年 6 月 23 日
阳政发〔2017〕9 号	关于下达 2017 年阳泉市国民经济和社会发展计划的通知	2017 年 6 月 29 日
阳政发〔2017〕10 号	关于向阳泉经济技术开发区下放和授予行政职权事项的通知	2017 年 7 月 21 日

续表

文　号	文　件　标　题	发文日期
阳政发〔2017〕11号	关于印发《阳泉市2017—2019年冬季清洁取暖工作指导意见》的通知	2017年8月7日
阳政发〔2017〕12号	关于印发阳泉市2018年度城乡居民基本医疗保险参保缴费工作实施方案的通知	2017年8月23日
阳政发〔2017〕13号	关于进一步完善城乡居民医疗保险政策的通知	2017年9月5日
阳政发〔2017〕14号	关于做好全市区域经济转型升级考评工作的通知	2017年9月22日
阳政发〔2017〕16号	关于继续取消和下放一批行政职权事项的决定	2017年11月12日
阳政发〔2017〕17号	关于落实省政府晋政发〔2017〕45号取消和承接一批行政职权事项的通知	2017年10月20日
阳政发〔2017〕18号	关于阳泉市贯彻落实《山西省人民政府关于统筹推进县域内城乡义务教育一体化改革发展的实施意见》的通知	2017年12月15日
阳政任字〔2017〕1号	关于潘维新免职的通知	2017年1月4日
阳政任字〔2017〕2号	关于武滨等二十二人任免职务的通知	2017年1月24日
阳政任字〔2017〕3号	关于邵喜等三人任职的通知	2017年1月24日
阳政任字〔2017〕4号	关于史金才免职的通知	2017年2月24日
阳政任字〔2017〕5号	关于魏海文任职的通知	2017年3月2日
阳政任字〔2017〕6号	关于李志刚等十人任免职务的通知	2017年3月28日
阳政任字〔2017〕7号	关于王连栓等四人免职的通知	2017年5月4日
阳政任字〔2017〕8号	关于张凤莲等五人任职的通知	2017年5月4日
阳政任字〔2017〕9号	关于贾权等十六人任免职务的通知	2017年5月9日
阳政任字〔2017〕10号	关于梁庆等二十七人任免职务的通知	2017年6月20日
阳政任字〔2017〕11号	关于郑清明等三十一人任职的通知	2017年6月22日
阳政任字〔2017〕12号	关于路予强等十四人任免职务的通知	2017年8月7日
阳政任字〔2017〕13号	关于路予强等十四人任免职务的通知	2017年8月7日
阳政任字〔2017〕14号	关于苗国昌等十人任免职务的通知	2017年10月12日
阳政任字〔2017〕15号	关于赵鉴等五人任职的通知	2017年10月12日
阳政任字〔2017〕16号	关于张敏等三十五人任免职务的通知	2017年11月13日
阳政任字〔2017〕17号	关于张卫萍等四人任职的通知	2017年11月13日

续表

文　号	文　件　标　题	发文日期
阳政任字〔2017〕18 号	关于翟建光任职的通知	2017 年 12 月 22 日
阳政办发〔2017〕1 号	关于加强 2017 年春节期间食品安全工作的通知	2017 年 1 月 13 日
阳政办发〔2017〕2 号	关于印发阳泉市创建节水型城市实施方案的通知	2017 年 1 月 18 日
阳政办发〔2017〕3 号	关于印发阳泉市污水处理二期工程 PPP 项目实施方案的通知	2017 年 1 月 18 日
阳政办发〔2017〕4 号	关于进一步规范出租汽车行业管理有关问题的意见	2017 年 1 月 19 日
阳政办发〔2017〕5 号	关于印发阳泉市采煤沉陷区国家先进技术光伏发电示范基地项目管理办法的通知	2017 年 1 月 24 日
阳政办发〔2017〕6 号	关于印发阳泉市森林火灾应急预案的通知	2017 年 1 月 24 日
阳政办发〔2017〕7 号	关于尽快完成盂钢"8·28"护坡坍塌事故调查工作的通知	2017 年 1 月 26 日
阳政办发〔2017〕8 号	关于对阳泉市郊区 2016 年"6·28"较大道路交通事故调查报告的批复	2017 年 1 月 26 日
阳政办发〔2017〕9 号	关于 2017 年春节后全市煤矿复产复建工作的通知	2017 年 2 月 4 日
阳政办发〔2017〕10 号	关于加强农超对接促进全市农产品销售的意见	2017 年 2 月 8 日
阳政办发〔2017〕11 号	关于印发阳泉市地方煤炭工业发展"十三五"规划的通知	2017 年 2 月 9 日
阳政办发〔2017〕12 号	关于印发阳泉市 2016 年度土地矿产卫片执法监督检查工作方案的通知	2017 年 2 月 13 日
阳政办发〔2017〕13 号	关于印发阳泉市"十三五"民营经济发展规划的通知	2017 年 2 月 14 日
阳政办发〔2017〕14 号	关于印发加强儿童医疗卫生服务改革与发展工作的实施方案的通知	2017 年 2 月 16 日
阳政办发〔2017〕15 号	关于推进医疗卫生与养老服务相结合的实施意见	2017 年 2 月 16 日
阳政办发〔2017〕16 号	关于印发阳泉市旅游景区（景点）体制机制改革创新工作方案的通知	2017 年 2 月 17 日
阳政办发〔2017〕17 号	关于中环快速路建设工程房屋征收补偿工作的指导意见	2017 年 2 月 20 日
阳政办发〔2017〕18 号	关于开展拖欠农民工工资问题专项整治工作的通知	2017 年 2 月 21 日
阳政办发〔2017〕19 号	关于做好油用牡丹、连翘等乔灌木种植的实施意见	2017 年 2 月 21 日
阳政办发〔2017〕20 号	关于印发阳泉市加强停车管理工作实施方案的通知	2017 年 3 月 1 日
阳政办发〔2017〕21 号	关于做好 2017 年全市政府网站普查核查整改工作的通知	2017 年 3 月 1 日
阳政办发〔2017〕22 号	关于印发阳泉市光伏项目使用林地生态保护和林地质量提升管理办法的通知	2017 年 3 月 7 日
阳政办发〔2017〕23 号	关于印发阳泉市物流业降本增效专项行动实施方案（2017—2018 年）的通知	2017 年 3 月 13 日
阳政办发〔2017〕24 号	关于印发阳泉市交通秩序综合大整治工作方案的通知	2017 年 3 月 23 日

续表

文 号	文 件 标 题	发文日期
阳政办发〔2017〕25号	关于对阳泉市郊区河底镇固庄村2016年“12·28”盗采煤炭资源引发透水事故案件调查报告的批复	2017年3月24日
阳政办发〔2017〕26号	关于市长副市长秘书长工作分工的通知	2017年3月24日
阳政办发〔2017〕27号	关于印发阳泉市贯彻中医药发展战略规划纲要（2016—2030年）实施方案的通知	2017年3月24日
阳政办发〔2017〕28号	关于印发阳泉市开展“央企入晋”对接工作实施方案的通知	2017年3月28日
阳政办发〔2017〕29号	关于印发阳泉市“十三五”综合交通运输体系建设规划的通知	2017年3月29日
阳政办发〔2017〕30号	关于印发阳泉市市本级2017年度国有建设用地供应计划的通知	2017年3月30日
阳政办发〔2017〕31号	关于下达2017年度住房保障工作目标任务的通知	2017年3月30日
阳政办发〔2017〕32号	关于印发阳泉市“十三五”质量发展规划的通知	2017年3月30日
阳政办发〔2017〕33号	关于印发阳泉市土壤污染防治工作方案的通知	2017年4月6日
阳政办发〔2017〕34号	关于进一步完善社会救助和保障标准与物价上涨挂钩联动机制的通知	2017年4月7日
阳政办发〔2017〕35号	关于印发阳泉市散煤污染整治工作方案的通知	2017年4月12日
阳政办发〔2017〕36号	关于印发阳泉市关于在市场体系建设中建立公平竞争审查制度的通知	2017年4月12日
阳政办发〔2017〕37号	关于印发第二届全国青年运动会射箭比赛筹备工作方案的通知	2017年4月12日
阳政办发〔2017〕38号	关于印发深入推进农业供给侧结构性改革调整优化种植业结构的指导意见的通知	2017年4月13日
阳政办发〔2017〕39号	关于印发阳泉市旅游发展委员会(阳泉市人民政府外事侨务办公室、阳泉市文物局)主要职责内设机构和人员编制规定的通知	2017年4月17日
阳政办发〔2017〕40号	关于印发阳泉市医疗卫生服务体系规划(2016—2020年)的通知	2017年4月18日
阳政办发〔2017〕41号	关于印发全市服务企业常态化实施方案的通知	2017年4月24日
阳政办发〔2017〕42号	关于进一步控制燃煤污染改善空气质量的通知	2017年5月3日
阳政办发〔2017〕43号	关于印发阳泉市大气污染防治2017年行动实施方案的通知	2017年5月5日
阳政办发〔2017〕44号	关于印发阳泉市矿山生态环境恢复治理试点示范工程建设实施方案的通知	2017年5月8日
阳政办发〔2017〕45号	关于印发阳泉市2017年度地质灾害防治方案的通知	2017年5月8日
阳政办发〔2017〕46号	关于印发阳泉市危险化学品安全综合治理实施方案的通知	2017年5月8日
阳政办发〔2017〕47号	关于印发阳泉市推进落实2017年服务业各项指标任务的实施方案的通知	2017年5月15日
阳政办发〔2017〕48号	关于印发阳泉市“小散乱污”企业取缔工作实施方案的通知	2017年5月16日

续表

文　号	文　件　标　题	发文日期
阳政办发〔2017〕49 号	关于印发《市政府公文定密审批制度》的通知	2017 年 2 月 27 日
阳政办发〔2017〕50 号	关于印发阳泉市水污染防治 2017 年行动计划的通知	2017 年 5 月 22 日
阳政办发〔2017〕51 号	关于印发阳泉市招商引资优惠及奖励办法的通知	2017 年 5 月 27 日
阳政办发〔2017〕52 号	关于启用阳泉市旅游发展委员会印章的通知	2017 年 6 月 1 日
阳政办发〔2017〕53 号	关于印发阳泉市处置煤炭行业“僵尸企业”实施方案的通知	2017 年 6 月 5 日
阳政办发〔2017〕54 号	关于印发阳泉市第五届中国（山西）特色农产品交易博览会工作方案的通知	2017 年 6 月 5 日
阳政办发〔2017〕55 号	关于印发全市民爆物品安全检查整治专项行动工作方案的通知	2017 年 6 月 6 日
阳政办发〔2017〕56 号	关于印发阳泉市大气污染源排放清单编制工作实施方案的通知	2017 年 6 月 8 日
阳政办发〔2017〕57 号	关于印发阳泉市城乡环境集中整治行动实施意见的通知	2017 年 6 月 8 日
阳政办发〔2017〕58 号	关于印发阳泉市安全生产大排查大整治专项行动工作方案的通知	2017 年 6 月 9 日
阳政办发〔2017〕59 号	关于落实 2017 年度全省扶贫小额信贷工作任务的实施意见	2017 年 6 月 13 日
阳政办发〔2017〕60 号	关于印发阳泉市促进大数据发展应用的落实意见的通知	2017 年 6 月 16 日
阳政办发〔2017〕61 号	关于印发阳泉市落实省环保厅约谈提出问题的整改方案的通知	2017 年 6 月 20 日
阳政办发〔2017〕62 号	关于贯彻《消费品标准和质量提升规划（2016—2020 年）》的实施意见	2017 年 6 月 23 日
阳政办发〔2017〕63 号	关于印发 2017 年市重点工程项目的通知	2017 年 6 月 23 日
阳政办发〔2017〕64 号	关于印发开展工程渣土管理综合整治的实施意见的通知	2017 年 6 月 23 日
阳政办发〔2017〕65 号	关于印发阳泉市营造“六最”营商环境实施方案的通知	2017 年 6 月 23 日
阳政办发〔2017〕66 号	关于印发阳泉市营造“六最”营商环境行动计划的通知	2017 年 6 月 23 日
阳政办发〔2017〕67 号	关于印发阳泉市良好水体保护方案的通知	2017 年 6 月 29 日
阳政办发〔2017〕68 号	关于印发阳泉市水体达标方案的通知	2017 年 6 月 29 日
阳政办发〔2017〕69 号	关于秘书长副秘书长办公厅副主任调研员副调研员室主任工作分工的通知	2017 年 6 月 29 日
阳政办发〔2017〕70 号	关于印发《阳泉市采煤沉陷区综合治理地质环境治理专项工作方案（2016—2018 年）》的通知	2017 年 6 月 14 日
阳政办发〔2017〕71 号	关于启用阳泉市河长制办公室印章的通知	2017 年 7 月 3 日
阳政办发〔2017〕72 号	关于印发阳泉市加快推进农业标准化实施意见的通知	2017 年 7 月 3 日
阳政办发〔2017〕73 号	关于印发阳泉经济技术开发区管理委员会主要职责内设机构和人员编制规定（试行）	2017 年 7 月 6 日

续表

文　号	文 件 标 题	发文日期
阳政办发〔2017〕74 号	关于印发 2017 年阳泉市省考核指标任务分解表的通知	2017 年 7 月 11 日
阳政办发〔2017〕75 号	关于印发阳泉市土壤污染防治 2017 年行动计划的通知	2017 年 7 月 11 日
阳政办发〔2017〕76 号	关于落实山西省人民政府办公厅关于开展健康扶贫“双签约”活动通知的意见	2017 年 7 月 17 日
阳政办发〔2017〕77 号	关于印发阳泉市招商引资重点产业指导目录的通知	2017 年 7 月 17 日
阳政办发〔2017〕78 号	关于印发关于加强农村留守儿童关爱保护工作的实施方案的通知	2017 年 7 月 24 日
阳政办发〔2017〕79 号	关于印发阳泉市推进政府和社会资本合作(PPP)工作实施意见的通知	2017 年 7 月 25 日
阳政办发〔2017〕80 号	关于印发市政府贯彻落实习近平总书记视察山西重要讲话精神重点任务的通知	2017 年 7 月 28 日
阳政办发〔2017〕81 号	关于开展首届阳泉市市长质量奖评选表彰工作的通知	2017 年 7 月 31 日
阳政办发〔2017〕82 号	关于分解下达 2017 年耕地保护责任目标的通知	2017 年 8 月 3 日
阳政办发〔2017〕83 号	关于做好“放管服效”改革涉及的规范性文件清理工作的通知	2017 年 8 月 3 日
阳政办发〔2017〕84 号	关于贯彻实施《进一步推进标准化工作改革发展的实施意见》重点任务分工(2017—2018 年)的通知	2017 年 8 月 16 日
阳政办发〔2017〕85 号	关于启用阳泉市政务服务中心印章的通知	2017 年 8 月 18 日
阳政办发〔2017〕86 号	关于开展招商引资项目代办服务的通知	2017 年 8 月 21 日
阳政办发〔2017〕87 号	关于发布阳泉市政府核准的投资项目目录(2017 年本)的通知	2017 年 8 月 22 日
阳政办发〔2017〕88 号	关于印发阳泉市加快推进新型城镇化建设 2017 年行动方案的通知	2017 年 8 月 22 日
阳政办发〔2017〕89 号	关于印发阳泉市撤并行政村试点工作的实施方案的通知	2017 年 8 月 31 日
阳政办发〔2017〕90 号	关于刘广利等三十人任免职务的通知	2017 年 8 月 31 日
阳政办发〔2017〕91 号	关于加快培育和发展住房租赁市场的实施意见	2017 年 9 月 5 日
阳政办发〔2017〕92 号	关于鼓励和引导民间资本开发造地的实施意见	2017 年 9 月 5 日
阳政办发〔2017〕93 号	关于印发高层建筑消防安全综合治理工作方案的通知	2017 年 9 月 5 日
阳政办发〔2017〕94 号	关于印发推进高中阶段学校考试招生制度综合改革试点工作实施方案的通知	2017 年 9 月 15 日
阳政办发〔2017〕95 号	关于印发阳泉市人民政府“13710”信息督办系统使用管理制度等 5 个文件的通知	2017 年 9 月 19 日
阳政办发〔2017〕96 号	关于印发阳泉市生产安全事故灾难应急预案的通知	2017 年 9 月 22 日
阳政办发〔2017〕97 号	关于印发阳泉市农村义务教育学生营养改善计划实施办法的通知	2017 年 9 月 25 日

续表

文　号	文　件　标　题	发文日期
阳政办发〔2017〕98 号	关于印发《阳泉市开展全覆盖排查整治“问题地图”专项行动工作方案》的通知	2017 年 9 月 29 日
阳政办发〔2017〕99 号	关于印发阳泉市 2017 年“禁煤区”建设实施方案的通知	2017 年 9 月 30 日
阳政办发〔2017〕100 号	关于调整高污染燃料禁燃区管控要求的通知	2017 年 9 月 30 日
阳政办发〔2017〕101 号	关于推进农业水价综合改革的实施意见	2017 年 9 月 30 日
阳政办发〔2017〕102 号	关于做好第二次全国污染源普查的通知	2017 年 9 月 30 日
阳政办发〔2017〕103 号	关于阳泉市“四好农村路”建设指导意见(2017—2020 年)	2017 年 10 月 9 日
阳政办发〔2017〕104 号	关于印发阳泉市深化“放管服效”改革重点任务分工方案的通知	2017 年 10 月 9 日
阳政办发〔2017〕105 号	关于印发阳泉市突发地质灾害应急预案的通知	2017 年 10 月 11 日
阳政办发〔2017〕107 号	关于认真贯彻实施《山西省流动人口服务管理办法》的通知	2017 年 10 月 19 日
阳政办发〔2017〕108 号	关于印发阳泉市推动非户籍人口在城市落户实施方案的通知	2017 年 10 月 19 日
阳政办发〔2017〕109 号	关于印发阳泉市生态环境监测网络建设工作方案的通知	2017 年 10 月 23 日
阳政办发〔2017〕110 号	关于印发阳泉市化解煤炭过剩产能验收实施方案的通知	2017 年 10 月 23 日
阳政办发〔2017〕111 号	关于加快开展 2017 年化解煤炭过剩产能验收和相关复查工作的通知	2017 年 10 月 23 日
阳政办发〔2017〕112 号	关于调整我市最低工资标准的通知	2017 年 10 月 25 日
阳政办发〔2017〕113 号	关于印发阳泉市城镇低效用地再开发工作实施方案的通知	2017 年 10 月 25 日
阳政办发〔2017〕114 号	关于印发阳泉市消防事业发展第十三个五年规划的通知	2017 年 10 月 25 日
阳政办发〔2017〕115 号	关于印发阳泉市落实中央环保督察涉及自然保护区问题整改方案的通知	2017 年 10 月 27 日
阳政办发〔2017〕116 号	关于市长副市长秘书长工作分工的通知	2017 年 10 月 27 日
阳政办发〔2017〕117 号	关于进一步加快全市农村信用社改制化险的实施意见	2017 年 11 月 1 日
阳政办发〔2017〕118 号	关于印发阳泉市重污染天气应急预案的通知	2017 年 11 月 2 日
阳政办发〔2017〕119 号	关于进一步健全完善特困人员救助供养制度的实施意见	2017 年 11 月 13 日
阳政办发〔2017〕120 号	关于印发阳泉市非集中成片棚户区改造货币化安置项目征收补偿方案的通知	2017 年 11 月 13 日
阳政办发〔2017〕121 号	关于对阳泉市众鑫聚益游乐有限公司悦洋水世界 2017 年“9·29”触电一般事故调查报告的批复	2017 年 11 月 14 日
阳政办发〔2017〕122 号	关于阳泉市开展农民工工资无拖欠城市创建活动的实施方案	2017 年 11 月 16 日

续表

文 号	文 件 标 题	发文日期
阳政办发〔2017〕123 号	关于加强防雷减灾工作有关事项的通知	2017 年 11 月 16 日
阳政办发〔2017〕124 号	关于加强行政调解工作的意见	2017 年 11 月 23 日
阳政办发〔2017〕125 号	关于集中清理处置逾期拖欠农村信用社贷款的通知	2017 年 11 月 27 日
阳政办发〔2017〕126 号	关于阳泉市大力发展装配式建筑实施意见	2017 年 11 月 27 日
阳政办发〔2017〕127 号	关于印发阳泉市结核病防治“十三五”规划实施方案的通知	2017 年 12 月 11 日
阳政办发〔2017〕128 号	关于印发阳泉市自然灾害救助应急预案的通知	2017 年 12 月 1 日
阳政办发〔2017〕129 号	关于印发《阳泉市开展码头船舶污染物接收、转运及处置能力评估并编制设施建设实施方案》《阳泉市船舶污染物接收、转运、处置联合监管制度和联单制度》和《阳泉市防治船舶及其有关作业活动污染水域环境应急能力建设规划》的通知	2017 年 11 月 28 日
阳政办发〔2017〕130 号	关于印发 2017 年全市冬春火灾防控工作方案的通知	2017 年 12 月 6 日
阳政办发〔2017〕131 号	关于印发阳泉市国有企业分离办社会职能总体工作方案的通知	2017 年 12 月 11 日
阳政办发〔2017〕132 号	关于印发阳泉市公安机关警务辅助人员管理办法的通知	2017 年 12 月 12 日
阳政办发〔2017〕133 号	关于印发阳泉市市级公共租赁住房运营管理办法的通知	2017 年 12 月 13 日
阳政办发〔2017〕134 号	关于印发阳泉市国有企业公司制改制工作实施方案的通知	2017 年 12 月 13 日
阳政办发〔2017〕135 号	关于印发阳泉市抗旱应急预案的通知	2017 年 12 月 15 日
阳政办发〔2017〕136 号	关于印发阳泉市“多规合一”工作方案的通知	2017 年 12 月 18 日
阳政办发〔2017〕137 号	关于促进建筑业持续健康发展的实施意见	2017 年 12 月 18 日
阳政办发〔2017〕138 号	关于深化集体林权制度改革继续推进集体林地承包确权登记颁证工作的实施意见	2017 年 12 月 19 日
阳政办发〔2017〕140 号	关于印发阳泉市迎峰度冬应急保供实施方案（2017—2018 年度）的通知	2017 年 12 月 21 日
阳政办发〔2017〕141 号	关于印发阳泉市秋冬季大气污染综合治理 PM2.5 削减工作方案的通知	2017 年 12 月 21 日
阳政办发〔2017〕142 号	关于印发阳泉市天然气（煤层气）迎峰度冬保供应急预案的通知	2017 年 12 月 22 日
阳政办发〔2017〕143 号	关于印发阳泉市市政工程项目应急采购管理办法（试行）的通知	2017 年 12 月 22 日
阳政办发〔2017〕144 号	关于印发阳泉市市区老旧住宅小区综合整治实施方案的通知	2017 年 12 月 26 日
阳政办发〔2017〕145 号	关于印发阳泉市气象灾害应急预案的通知	2017 年 12 月 29 日

政协阳泉市委员会文件一览表

表 76

文　号	文　件　标　题	发文日期
阳协党〔2017〕1 号	关于开好 2016 年度民主生活会的实施方案	2017 年 1 月 4 日
阳协党〔2017〕2 号	2016 年度民主生活会情况报告	2017 年 2 月 7 日
阳协党〔2017〕3 号	2016 年工作情况及 2017 年工作要点	2017 年 2 月 14 日
阳协党〔2017〕4 号	关于召开市政协十三届一次会议的请示	2017 年 2 月 24 日
阳协党〔2017〕5 号	关于呈报《关于加强人民政协民主监督的实施意见》（草案）的报告	2017 年 2 月 27 日
阳协党〔2017〕6 号	关于呈报《关于加强人民政协民主监督的实施意见》（草案）的报告	2017 年 5 月 18 日
阳协党〔2017〕7 号	中共阳泉市政协党组党风廉政建设党组主体责任清单	2017 年 7 月 3 日
阳协党〔2017〕8 号	巡视整改自行“回头看”工作整改报告	2017 年 9 月 12 日
阳协党〔2017〕9 号	市政协关于选拔任用机关、事业单位科级干部的请示	2017 年 11 月 17 日
阳协党〔2017〕10 号	关于调任郭亮同志到市政协机关任职的请示	2017 年 12 月 8 日
阳协党〔2017〕11 号	关于市政协机关进一步深入贯彻落实中央八项规定精神的实施办法	2017 年 12 月 15 日
阳协发〔2017〕1 号	关于表彰十二届一次会议以来优秀提案、提案办理先进单位和先进工作者、提案工作先进单位和先进工作者的决定	2017 年 2 月 17 日
阳协发〔2017〕2 号	关于十三届市政协秘书长、副秘书长、办公厅、研究室各专门委员会主任、副主任任职的通知	2017 年 3 月 28 日
阳协发〔2017〕3 号	关于印发《政协阳泉市委员会常务委员会 2017 年主要工作责任制》的通知	2017 年 5 月 3 日
阳协发〔2017〕4 号	关于进一步促进我市农民持续稳定增收的建议	2017 年 7 月 3 日
阳协发〔2017〕5 号	关于加快推进我市国有重点企业“退城进园、搬迁改造”的建议	2017 年 10 月 11 日
阳协办〔2017〕1 号	关于召开表彰十二届一次会议以来优秀提案、提案办理先进单位和先进工作者、提案工作先进单位和先进工作者会议的通知	2017 年 2 月 16 日
阳协办〔2017〕2 号	关于召开市政协十二届二十三次常委会议的通知	2017 年 2 月 28 日
阳协办〔2017〕3 号	关于召开政协阳泉市第十三届委员会第一次会议的通知	2017 年 3 月 1 日
阳协办〔2017〕4 号	关于列席政协阳泉市第十三届委员会第一次会议的通知	2017 年 3 月 1 日
阳协办〔2017〕5 号	关于列席政协阳泉市第十三届委员会第一次会议的通知	2017 年 3 月 1 日

续表

文　号	文　件　标　题	发文日期
阳协办〔2017〕6号	关于政协阳泉市十三届委员会主席、副主席分工的通知	2017年4月6日
阳协办〔2017〕7号	关于举办市政协十三届委员会新任政协委员培训班的通知	2017年4月7日
阳协办〔2017〕8号	关于印发十三届市政协各专门委员会委员名单的通知	2017年4月18日
阳协办〔2017〕9号	关于印发《政协阳泉市委员会办公厅、研究室和各专门委员会工作职责》和《市政协秘书长、副秘书长工作分工》的通知	2017年5月5日
阳协办〔2017〕10号	关于组织市政协常委和县(区)政协委员学习培训的通知	2017年5月9日
阳协办〔2017〕11号	关于申请市政协委员及机关干部学习培训经费的报告	2017年5月19日
阳协办〔2017〕12号	关于申请追加解决市政协十三届一次会议预算经费的报告	2017年6月5日
阳协办〔2017〕13号	关于召开市政协十三届二次常委会议的通知	2017年6月27日
阳协办〔2017〕14号	关于组织开展好中国人寿杯“喜迎十九大　同心促发展”征文活动的通知	2017年6月27日
阳协办〔2017〕15号	关于调整市政协机关年度目标责任考核领导组的通知	2017年7月14日
阳协办〔2017〕16号	《反映社情民意信息工作考评表彰办法》的通知	2017年8月12日
阳协办〔2017〕17号	阳泉市政协系统2017年上半年反映社情民意信息工作情况通报	2017年8月8日
阳协办〔2017〕18号	关于清理整顿办公用房的报告	2017年8月23日
阳协办〔2017〕19号	关于召开市政协十三届三次常委会议的通知	2017年9月27日
阳协办〔2017〕20号	关于解决政协委员提案及社情民意履职服务平台建设资金的请示	2017年9月28日
阳协办〔2017〕21号	关于政协资产清查损益情况报告	2017年10月27日
阳协办〔2017〕22号	关于报送《关于我市创建国家卫生城市的调研报告》的报告	2017年11月7日
阳协办〔2017〕23号	关于召开市政协十三届四次常委会议的通知	2017年11月13日
阳协办〔2017〕24号	阳泉市政协系统2017年第三季度反映社情民意信息工作情况通报	2017年11月28日
阳协办〔2017〕25号	关于表彰中国人寿杯“喜迎十九大　同心促发展”征文活动获奖作者的决定	2017年12月11日
阳协办〔2017〕26号	关于尚丽婧、荆珍玉同志聘任职务的通知	2017年12月11日
阳协办〔2017〕27号	关于齐刚等同志职务任免的通知	2017年12月8日
阳协办〔2017〕28号	关于召开市政协十三届五次常委会议的通知	2017年12月25日

2016年度山西省科技进步奖授奖项目一览表

表77

获奖等级	项目名称	完成项目单位	项目参加人员
科技进步奖类二等奖 2项	阳泉矿区煤与瓦斯突出综合防治技术研究	阳泉煤业（集团）有限责任公司 中国矿业大学	令狐建设 王兆丰 程远平 文光才 姚宁平 王勃 王魁军 冯增朝
	采动作用下低透气性本煤层瓦斯超前卸压机理及抽采技术研究	阳泉煤业（集团）有限责任公司 中国矿业大学	张福喜 胡国忠 赵长春 秦伟 王冬平 许家林 李淑敏 朱怡然
科技进步奖类三等奖 2项	采煤机自动化及配套三机集控系统应用研究	阳泉煤业（集团）有限责任公司 中钢设备有限公司	崔建军 胡少昆 周晓谋 李伟林 路永生 陈俊明
	阳泉矿区高产高效矿井煤与瓦斯突出动态预测技术及系统研究	阳泉煤业（集团）有限责任公司 中煤科工集团重庆研究院有限公司	王一 赵旭生 令狐建设 张庆华 刘最亮 宁小亮

2016年度阳泉市科技进步奖授奖项目一览表

表78

获奖等级	项目名称	完成项目单位	项目参加人员
应用研究一等奖6项	碎软低透突出煤层大直径穿层定向长钻孔水力压裂增透技术研究	阳泉煤业（集团）有限责任公司 中煤科工集团西安研究院有限公司	令狐建设 张培河 王立武 闫志铭 叶根飞 张燕斌 周建斌 姚宁平 孙四清 王永伟
	阳煤集团煤巷掘进多级气相致裂卸压防突关键技术研究和应用	阳泉煤业（集团）有限责任公司 河南理工大学	翟红 曹运兴 管俊才 闫志铭 张肖峰 周建斌 石晓红 王永伟 李博 张军胜
	血管紧张素受体阻滞剂对术后认知功能影响的临床研究	阳泉市第一人民医院	杨卫玉 王凯红 曾庆繁 张振泉 谷丽芳 宋菲 武瑞涛 张之儒 谢鹏 王华军
	锁定钢板内固定治疗煤矿工人股骨转子间骨折的应用研究	阳泉煤业（集团）有限责任公司总医院	张喜才 黄海 段宝山 元占玺 潘华 许丽江 左海强 周秀珍 韩翠红 曲雅丽
	大螺距双条宽螺纹圆锥型人工种植牙根在种植后即刻修复负重和拔牙后即刻种植即刻修复负重的临床应用研究	阳泉市口腔医院	郑强 朱卉
	布鲁氏菌病通用荧光PCR检测方法的建立与应用研究	阳泉市动物疫病预防控制中心	石丽瑞 李秀华 武新钢 赵继鹏 程中平 武秀勇 杨志英 李海生 郭俊华 潘晓光
成果推广及产业化一等奖1项	省级配电网运行监测关键技术研发及推广应用	国网山西省电力公司阳泉供电公司	马维青 刘守斌 郑继平 赵永平 周涛 魏青艳 薛东升 贾志义

续表

获奖等级	项目名称	完成项目单位	项目参加人员
软科学一等奖 1 项	山西省典型流域煤矿"老窑水"污染机理及关键处理技术试验研究	阳泉市水务局 中国地质科学院岩溶地质研究所	张江华　窦艳芳　赵春红　唐春雷 冯　杰　李　婷　申豪勇　王维泰 杨凤鸣　乔丽娜
应用研究二等奖 10 项	阳煤集团松软煤层顶板顺层岩石长钻孔多泵协调压裂增透关键技术研究	阳泉煤业(集团)有限责任公司 阳泉新宇岩土工程有限责任公司 重庆市能源投资集团科技有限责任公司	裴西平　管俊才　闫志铭　石晓红 周建斌　张肖峰　王永伟　李晓林 胡忠义　王玉禄
	深埋沿空松软围岩全长预应力锚固控制机理及工程应用	阳泉煤业(集团)有限责任公司 中国矿业大学	赵岩峰　韩立军　宗义江　付书俊 王冬平　左　胜　杨晓成　范军平 马忠跃　杨　勇
	深部矿井应力升高区动压巷道支护技术研究	山西煤炭运销集团保安煤业有限公司 天地科技股份有限公司	赵卫民　颜立新　张永红　张　镇 蔺苏平　王卫平　郭相平　赵富强 王玲虎　王长富
	永磁涡流传动技术在选煤厂输煤系统中的应用研究	阳泉煤业(集团)有限责任公司 山西京宇天成科技有限公司 山西京宇昊伟磁电科技有限公司	刘文昌　李玉文　左　胜　刘新潮 赵新平　张益龙　赵建平　王志平 贾建伟　李绿山　李慧生
	煤矿绞车运输安全管控系统的开发与研究	阳泉煤业(集团)有限责任公司 山东世纪矿山机电有限公司	方俊正　左　胜　王同玉　赵新平 刘永红　张益龙　商建民　石峻岭 仇德义　王德平
	影像学引导下的脊柱、肢体穿针操作训练模型的建立	阳泉市第一人民医院	葛建忠　王凯红　张　涛　武继伟 李宇新　王　英　励　钢　高靖宇 张勇威　吕晓东
	应用核磁共振对髁骨折诊断和治疗的相关性研究	阳泉市第一人民医院	王世伟　柳新华　贾学军　靳一恒 王力平　李滢江　张　博
	饮食营养教育在骨科围手术期糖尿病患者中的应用研究	阳泉市第一人民医院	卢立锦　李美琴　刘汝丰　刘　倩 李建宏　杨凤美　史鸿燕　周海燕 石舫媛
	人工椎体植(钛笼)入加装齿状垫片(终板界面)治疗煤矿脊柱创伤疾患的临床研究	阳泉煤业(集团)有限责任公司总医院	樊秋贵　王汝江　郭殿武　高琦珂 王进全　董丽军　余晓栋　杨　涛
	阳泉矿区震后主要建(构)筑物及地质灾害影响研究	阳泉市矿区地震局 山西工程技术学院	穆满根　王树理　张惠英　邓庆阳 庞学栋　史江涛
成果推广及产业化二等奖 1 项	杂交谷子新品种张杂谷 5 号推广	阳泉市种子管理站	梁双伟　唐晓贞　李世英　安保忠 张晓霞　毕建华　高　明　延根祥 胡秀斌　李建清
软科学二等奖 2 项	国有市政公用企业管理模式研究	阳泉市煤气公司	王品贵　王珍义　李贵田　卢义武 王毅民　张晓虹　张慧芳　田丽芬 谭　军　岳建平
	阳泉市科技创新驱动规划战略研究	阳泉市科技情报研究所	王意峰　王丽英　杨志平　赵亚民 高全红　尹喜平　赵　颖　高俊峰 李雪枫　王荣花

续表

获奖等级	项目名称	完成项目单位	项目参加人员
应用研究三等奖13项	阳煤集团华泓矿短壁连采技术研究及应用	阳泉煤业(集团)有限责任公司 太原理工大学	赵岩峰 陈慎心 乔志英 郑燕平 左胜 杨晓成 王冬平 杨勇 马明枢 王永伟
	大采高工作面回采期间过空巷技术研究	阳泉煤业(集团)有限责任公司 江苏博厦矿山科技有限公司	赵岩峰 何向宁 付书俊 左胜 杨晓成 张学峰 王勇健 王素立 杨勇 赵杰
	高水分大粘度煤泥旋翼式强制流态化干燥技术研究与应用	阳泉煤业(集团)有限责任公司 沈阳禹华环保有限公司	聂建民 令狐建设 马谊春 刘文昌 刘国庆 王冬平 左胜 杨志林 朱立宏 郭智旭
	15108底抽巷道穿层水力压裂增透实验研究	山西煤炭运销集团保安煤业有限公司 中煤科工集团重庆研究院有限公司	赵卫民 林府进 张永红 郭恒 王卫平 荆长胜 魏艳勇 武文宾 孙锐 李亚军
	3260-6监听音箱	阳泉市应用技术研究所	王兴旺 刘坛海 李阿京 李印纲 王兆铀 郭彦青 张会生 田忠科 姜贵福 赵亚民
	企业全员创新质量管理系统	国网山西省电力公司阳泉供电公司	王文贤 籍晓晖 潘素宏 马维青 甄彩蓉 谢春义 侯永亮
	基于负荷平衡智能控制的用户用电质量提升技术研究应用	国网山西省电力公司阳泉供电公司	马维青 任斌 武立平 姜涛 郭建斌 贾志义 张慧明
	椎板间环形减压精准神经根松解治疗退变性腰椎管狭窄症临床疗效研究	阳泉市第一人民医院	付辛荣 王涛 王琳 马健 苏斌 赵贺 陈涛涛
	椎管麻醉复合髂筋膜间隙阻滞在老年股骨骨折手术中的应用	阳泉煤业(集团)有限责任公司总医院	李斌 王义钢 赵淑华 王素锦 郗东锋 李亚南
	胫前减张切口结合锁定加压钢板治疗老年胫腓骨远端骨折的临床应用研究	阳泉煤业(集团)有限责任公司总医院	黄海 张喜才 段宝山 元占玺 潘华 许丽江 左海强 史伯伟 王炎 张儒
	阳泉地区儿童肺炎支原体感染临床相关性研究	阳泉市妇幼保健院	潘玉泉 韩培卿 宋智华 李华 葛建军 朱小宁 武永红 卫丽琴 段淑红 贾勇
	矿井水处理装置综合开发利用技术推广	山西华通蓝天环保有限公司	王殿勋 曹克 肖浩天 李继红 郭京伟
	电厂脱硫石膏综合利用研究	山西华通蓝天环保有限公司	王殿勋 曹克 肖浩天 郭京伟 齐凯天 李晶
成果推广及产业化三等奖3项	垂直煤仓防碎分层缓冲装置	阳泉市盛世宏昌经贸有限公司	刘振东 高新贞 王建平
	标准化规模养蜂综合技术示范推广	阳泉市养蜂技术推广站	高志鸿 王刚 岳润庆 赵丽萍 蔺润斌 李胜惠 宁春宝 王华斌 武晓红 李建清
	万亩京科968玉米品种推广项目	阳泉市保丰农业技术服务有限公司	梁双伟 唐晓贞 李世英 李海平 张晓霞 安保忠 延根祥 李永泉 胡秀兵 史彩霞

说 明

1.本索引为主题索引，按汉语拼音字母顺序排列。以阿拉伯数字和外文字母开头的主题词排在后面。

2.主题词后的数字是主题内容所在的页码，数字后的字母 a、b、c 分别表示左、中、右栏。

A

B

C

E

F

G

H

J

K

L

M

N

P

Q

R

S

T

W

X

Y

Z